LE

MOUVEMENT POÉTIQUE

FRANCAIS

DE 1867 À 1900

CATULLE MENDÈS

LE
MOUVEMENT POÉTIQUE
FRANCAIS
DE 1867 À 1900

RAPPORT
À M. LE MINISTRE DE L'INSTRUCTION PUBLIQUE ET DES BEAUX-ARTS
PRÉCÉDÉ DE RÉFLEXIONS SUR LA PERSONNALITÉ
DE L'ESPRIT POÉTIQUE DE FRANCE
SUIVI D'UN DICTIONNAIRE BIBLIOGRAPHIQUE ET CRITIQUE
ET D'UNE NOMENCLATURE CHRONOLOGIQUE
DE LA PLUPART DES POÈTES FRANÇAIS DU XIXE SIÈCLE

BURT FRANKLIN
NEW YORK

Published by LENOX HILL Pub. & Dist. Co. (Burt Franklin)
235 East 44th St., New York, N.Y. 10017
Originally Published: 1903
Reprinted: 1971
Printed in the U.S.A.

S.B.N.: 8337-23596
Library of Congress Card Catalog No.: 73-156389
Burt Franklin: Bibliography and Reference Series 414
Essays in Literature and Criticism 131

Reprinted from the original edition in the New York Public Library.

À M. Georges LEYGUES,

MINISTRE DE L'INSTRUCTION PUBLIQUE ET DES BEAUX-ARTS.

MONSIEUR LE MINISTRE,

Lorsque, en votre noble et actif dévouement à la Poésie qui est la beauté première et suprême, vous avez bien voulu me demander d'en tracer l'histoire durant les années écoulées depuis 1867, c'est-à-dire depuis les œuvres qui, à cette époque, furent l'objet d'un Rapport présenté au Gouvernement par l'illustre Théophile Gautier, je me suis senti très ému de tant d'estime et de confiance; mais j'ai pensé que, si d'autres eussent été plus dignes d'une telle tâche par plus de talent, de doctrine et de renommée, aucun n'y pouvait prétendre par un plus passionné amour de notre art, par un plus loyal, plus assidu effort vers son triomphe toujours continué, toujours accru; et, la tâche offerte, si grave, si périlleuse qu'elle fût, je l'ai acceptée avec gratitude, sans humilité.

Dès le commencement de mon travail, une objection s'est dressée : était-il possible et séant d'étudier le mouvement poétique de trente années environ, en l'isolant de tout ce qui l'avait précédé ? Au contraire, n'était-il pas indispensable de faire voir, par l'évocation de quelques âges précédents du Vers, en quoi et de quelle façon le mouvement nouveau s'accorde à notre primitif instinct lyrique et épique, ou en diverge ? Cette objection, Monsieur le Ministre, je vous l'ai présentée; vous avez obligeamment admis qu'elle n'était pas sans valeur, et vous avez daigné m'autoriser à faire précéder le « Rapport » proprement dit de Réflexions sur la personnalité de l'esprit poétique de France à divers moments de notre race.

Mais, la besogne achevée, un autre scrupule m'est venu. Si des théories qui me semblent très sensées, bien qu'à certains peut-être elles paraîtront hasardeuses, ne pouvaient avoir d'autre inconvénient que de nuire à leur auteur, mes jugements sur le mérite des poètes, des poètes contemporains surtout, étaient bien propres à choquer des admirations estimables, à irriter de célèbres orgueils. Sans doute, j'étais assuré que, pas une fois, ni par parti pris d'école, ni par sympathie ou antipathie personnelle, je n'avais été

*induit à dire autre chose que ce je crois être la vérité;
mais, de ce que je crois qu'une chose est vraie, il ne s'en-
suit pas qu'elle le soit en effet; et j'ai éprouvé quelque
alarme, non pas à cause de mes opinions mêmes, dont
j'aime à porter la responsabilité, mais à cause de la cérémonie qu'elles devraient à être formulées dans un ouvrage
non dépourvu de quelque chose d'officiel; j'ai eu crainte,
Monsieur le Ministre, de vous engager presque en des
querelles littéraires. C'est alors que je conçus l'idée de
joindre aux Réflexions et au Rapport un Dictionnaire
bibliographique et critique de la plupart des poètes français du XIXe siècle, — je dis « la plupart », car le moyen que
quelques grains de sable de l'immense mer ne glissent entre
les doigts ! — et de faire suivre le nom de chaque poète
d'appréciations contemporaines. Ainsi, non seulement seraient montrées mes parfaites intentions d'impartialité,
mais encore ne seraient pas passés sous silence des poètes
de valeur que la nécessaire rapidité de mon discours personnel m'avait obligé d'omettre. Une seconde fois, Monsieur le Ministre, vous avez consenti à penser que je
n'avais pas tort; et, grâce à vous, les poètes jugés sans
ménagement ou non nommés dans le Rapport trouveront
dans le Dictionnaire une large réparation de mes erreurs
ou de mes oublis.*

Telle qu'elle est devenue enfin, j'ai l'honneur de vous soumettre mon œuvre. J'y ai employé, à défaut de talent, toute ma capacité d'intelligence, de probité, d'effort, et, très ambitieusement, j'en espère une double récompense : il me serait moins précieux qu'elle fût agréée par le Ministre de l'Instruction publique et des Beaux-Arts, si elle n'était approuvée par l'auteur du Coffret brisé et de La lyre d'airain.

Croyez, Monsieur le Ministre, à mon profond respect.

CATULLE MENDÈS.

LE
MOUVEMENT POÉTIQUE
FRANÇAIS
DE 1867 À 1900

Lorsque, du point de temps où nous sommes, on considère à vol d'esprit, jusqu'au lointain de ses premières années, le XIXᵉ siècle poétique de France, là-bas baigné encore d'une brume d'aube où s'attardait la nuit de l'âge précédent, puis splendide d'un triomphant midi, puis lumineux encore d'un crépuscule d'éclipse, on demeure ébloui d'un prodigieux panorama d'œuvres sublimes, délicates, violentes, sereines, désespérées, bouffonnes, amères, tendres, atroces, mélancoliques, pieuses, sacrilèges, chastes, lascives, instinctives, volontaires, ingénues, bizarres, et dont la diversité innombrable, s'érigeant, se heurtant, s'espaçant, ici ou là, par groupes ou à l'écart, mais toujours ramifiée d'une grandeur suprême, s'harmonie en une immense vision de beauté. C'est un merveilleux paysage spirituel. Je n'ai pas à conférer cet âge de notre race à des âges d'autres races ; mais on peut affirmer que, poétiquement, il surpasse les plus fécondes, les plus magnifiques époques françaises ; il est même le seul siècle poétique de notre pays. Certes, après les premiers temps de notre fortune intellectuelle, ils furent admirables, le XVIIᵉ siècle, à qui la France a dû le théâtre, et le XVIIIᵉ siècle, à qui elle a dû le monde ; mais si, comme il convient dans ce travail, on envisage, — c'est se restreindre à un infini! — la poésie en soi-même, en soi seule, c'est-à-dire le Verbe lyrique ou épique, aucun siècle ne pourra être comparé à celui qui vient de s'achever, puisque, en ces cent années, plus qu'en aucun autre laps égal, triomphèrent d'abord, et encore, et toujours, ces deux formes premières et suprêmes de l'essor divin de l'homme : l'Ode et l'Épopée.

Dès que la France balbutie, elle commence de chanter. La langue d'oc, la langue d'oïl, sur les grand'routes, aux fêtes des bourgades, devant les chapelles, aux tentes des camps, aux poternes des châteaux, gazouillent des cantilènes. Qui les inventa? l'âme rustique et populaire, — amours, bravoures, deuils, souvenirs, rêves, scandés par l'allure du labour et le geste du métier, — ou bien l'art, déjà, de poètes errants? On ne sait que confusément ce qu'elles étaient en leur forme primitive; d'où elles émanaient, on le sait moins précisément encore. Naquirent-elles en notre atmosphère même, au cœur de France, du désir, de la mélancolie, ou de l'écho d'une cloche d'église? d'un bruit de rouet, d'un heurt sonore d'armes, ou du rythme peut-être de suivre le cri de l'alouette matinale? Venaient-elles, d'âmes en âmes, de l'Inde, comme cette mystérieuse chanson de Mireille, issue des Védas, éparse dans le monde entier? On ignore aussi ce qu'il arriva d'elles. Bientôt de savants chanteurs en formèrent-ils des poèmes plus parfaits pour de plus délicates oreilles? ou bien se sont-elles dispersées, émiettées en rondes qui font danser les fillettes, en berceuses qui endorment les berceaux? Retrouvées, elles auraient le menu charme d'un petit bruit de nid; dans ce nid pépiait notre génie lyrique.

Mais la poésie des troubadours fut délicate, subtile, et courtoise, — *cortigiana*, comme dit très finement et très justement M. Eugène Lintilhac. Il y eut en moins de deux siècles plus de six cents chanteurs de *cansòs*, de *sirventes*, de *planhs* et de *tournois;* sans compter les jongleurs, qui, non dépourvus de ressemblance avec nos hommes-orchestre des réjouissances foraines, jouaient à la fois de la trompette, du tambourin, des cymbales, de la rote aragonnaise à quinze cordes, et, après avoir accompagné de musique les récitations, ou avoir récité eux-mêmes, faisaient danser des ours et des singes savants. La Poésie des troubadours, était-ce un commencement ou un dépérissement? Faut-il voir en eux la postérité déjà lointaine de ce Venantius Fortunatus qui, chapelain du couvent de Radegonde, disait des vers latins aux nonnes extasiées, ou bien les *trouveurs* naïfs et sincères d'une inspiration personnelle? Ce qui s'éteignit d'eux dans le sang albigeois, fut-ce une rose artificielle au tulle depuis longtemps fané, ou un bourgeon d'églantine qui allait éclore pleinement? Ils ne furent pas simples, mais l'absence de simplicité n'implique pas l'absence de naïveté. Bien au contraire. Alphonse de Lamartine a dit : « La simplicité est le chef-d'œuvre de l'art »; et plus justement : « Les vices de la décadence sont aussi les vices de l'enfance des littératures ». Quoi qu'il en soit, — si l'on ne s'arrête pas aux récits épiques de Provence, dont l'autochtonie provençale n'est pas encore sûrement prouvée, et dont la valeur littéraire, hormis dans *Gératz de Rossillon,* ne paraît pas extrême, — les troubadours, depuis Guillaume IX, comte de Poitiers, et Bernard de Ventadour qui de Domestique devint Amant, jusqu'à Pierre de Corbiac qui mit en huit cent quarante alexandrins monorimes l'encyclopédie de la Gaie-Science, « romancèrent » avec un éclat d'élégance et de charme, dont la France méridionale fut éblouie et dont la France du Nord s'émerveilla jusqu'à l'envier et à l'imiter, cependant qu'il éveillait des ténèbres du moyen âge l'âme poétique de l'Italie. Presque tous, épris d'un joli idéal et pour qui les Dames étaient les Muses, furent aimables malgré l'excès de la recherche, et tendres en dépit de la fadeur; plusieurs jetèrent des cris acerbes, souvent haineux, généreux parfois; Bertrand de Born claironna fortement des *sirventes* guerriers; mais, à considérer leur œuvre dans son ensemble, soit qu'ils aient obéi à des influences temporelles et climatériques, soit qu'ils n'aient pu triompher de leur langue féminisée de syllabes fluides et puérilisée de diminutifs, ils ne nous ont guère laissé que d'assez douceâtres poèmes, d'où l'allégorie dans les sujets, l'afféterie dans le sentiment, le maniérisme dans la forme, en un mot la continuité bientôt insupportable de la galanterie et une banale virtuosité technique excluent l'émotion vraie, le rêve hautain, tout idéal grandiose; et, chez eux, l'amour même, l'amour qui est leur seule raison d'être et de chanter, est soumis à des règles que le chevalier Brito rapporta de la forêt féerique, règles aussi étroites que celles des *cansòs* et des *sirventes*. Leurs cœurs obéissent à un code, comme leurs esprits subissent une rhétorique; leurs méthodiques respects devant les Dames, en d'interminables couplets trop bien rimés, deviennent parfois si fastidieux et si exaspérants, qu'ils feraient souhaiter enfin quelque rudesse de convoitise; on voudrait qu'un Tannhæuser bafouât d'un chant de luxure et de damnation tous ces *minnessinger*, subtils et piètres pinceurs de harpes aux cordes irréprochables. Leur seul mérite incontestable, c'est d'avoir fait pénétrer, dans le langage du centre et du nord de notre pays, tant d'expressions et de tours de dire; le français est plein de latinismes provençaux; la langue vaincue fut le butin de la langue victorieuse. Pour moi, je ne saurais me repentir d'avoir dans un roman, d'ailleurs si médiocre, dit leur fait aux Cours d'amour par la voix du sauvage et véridique Pierre de Pierrefeu. La gloire des troubadours a trouvé sa juste fin dans les dessus-de-pendule empire.

Donc, en langue d'oc, la poésie lyrique, ni par la franchise de l'idée ou la sincérité du sentiment, ni par la réelle beauté de la forme, n'atteignit à son apogée; et elle y fut gâtée soit par la puérilité de la décadence, soit par le raffinement dans l'ébauche.

Qu'advenait-il d'elle dans les pays de langue d'oïl? Sans doute elle y fut naïve, tendre, touchante, exquise, tant que, voix naturelle du peuple, elle demeura la chanson de la quenouille, de l'aiguille, celle de la fileuse près de l'âtre, de la cousette à la fenêtre qui s'ouvre sur le grand chemin ou le verger; mais elle ne se déroba que peu longtemps à l'influence du Gai-Savoir méridional, elle se fit courtoise, elle aussi, maniérée, galante, allégorique; le comte Thibault ne fut en somme qu'un troubadour champenois; et quand elle dépouillait parfois son aristocratie, c'était pour se faire bourgeoise, non pour redevenir populaire.

Mais un instinct lyrique et épique vivait dans l'âme franke des trouvères d'oïl. A côté des poètes mignards, il y eut de rudes chanteurs doués d'une saine vigueur, d'une simplicité forte; ils chantaient ou récitaient les anciennes batailles, avant et après les combats; aux armées en marche, ils claironnaient l'exemple des héros et de leurs victoires; et c'est de ces odes primitives, perdues hélas! que, non sans ressemblance avec l'ode par les laisses, sortes de stances aux vers monassonants, se formera notre épopée : la Chanson de Geste.

C'est avec un juste intérêt que le moderne esprit français et la jalouse admiration de l'Allemagne savante se sont tournés vers les chansons de geste, augustes et puérils poèmes où vagit, comme dans des berceaux faits avec des lambeaux de tente guerrière, le jeune idéal de notre race. Si diverse qu'elle soit, tantôt par l'imitation naïvement et romanesquement pédante de l'antiquité historique ou fabuleuse, tantôt par l'intrusion des aventures mythiques, bientôt féeriques et galantes, que chantèrent d'abord les harpeurs bretons, tantôt par la bonne et franche matière épique de la nation franke, la Chanson de Geste s'unifie en poème roman, chrétien et féodal, par le naturel instinct des trouvères d'oïl, et elle acquiert une personnalité de familière superbe, de grandeur sans cérémonie, de bonhommie héroïque, et, non sans infatuation hâbleuse, de réelle bravoure, personnalité qui est bien de nous-mêmes, qui n'est que de nous-mêmes; il s'y mêle, — témoignage aussi de la « qualité » nationale, — un goût de l'aventure et de la surprise (car nous serons la France des romans) et quelque raillarde humeur (car nous serons la France des fabliaux). Ici, il faut se borner à nommer, bien qu'il soit grand parmi les grands primitifs, l'auteur de *Tristan*, de *Lancelot*, de *Perceval*, ce Chrestien de Troyes, prince français de la littérature arthurienne si longtemps gâtée par l'imitation allemande, mais qu'a restaurée le génie de Richard Wagner, ce Chrestien de Troyes, à qui, sans le savoir, Racine a dû de trouver dans Scudéry l'un de ses vers les plus fameux; et, après avoir cité Lambert li Cors et Alexandre de Bernay, en l'honneur de l'alexandrin, que d'ailleurs ils n'inventèrent pas, — il est bien plus ancien qu'eux! — j'en arriverai, pour faire de bref, à la Geste que « déclina » Thuroldus, à l'œuvre où, si belles que soient certaines parties de la Chanson d'*Aimeri de Narbonne*, ou de celles de *Raoul de Cambrai*, du *Couronnement de Louis*, de *Gérard de Vienne*, de *Beuve de Caumarchis*, de *Cléomadès*, le génie épique du moyen âge français s'est affirmé le plus souverainement. Aucun pays d'Europe ne saurait s'enorgueillir d'un poème primitif, ou relativement

primitif, qui soit égal à la *Chanson de Roland;* même les énormes
épopées que nous léguèrent les âges immémoriaux du monde, ne
contiennent rien de plus grand, ni les épopées plus parfaites de l'antiquité artiste, — quelqu'un a pu dire, à peine paradoxalement, qu'Homère était un poète de la décadence, — n'offrent rien de plus beau,
de plus émouvant que certaines parties de la Geste attribuée à Thurold;
il faut convenir que presque toute la fin, depuis le retour de Charlemagne à Roncevaux, est dépourvue de sincère grandeur, s'abaisse
en féerie d'après quelque vitrail d'église, n'émeut pas, ennuie; mais
quoi de plus admirable, quoi de plus auguste, avec familiarité cependant, quoi de plus touchant aussi que les laisses centrales du poème où
combattent Roland, Olivier, Turpin, pour dame Dieu, pour Charles et
pour la « doulce France », pour la chère Terre Majeure; quoi de plus
poignant que la mort des deux preux, leur mort « par amitié »; et il est
impossible qu'aucun être capable d'être ému par la beauté ne le soit
jusqu'à des larmes de miséricorde et d'admiration, lorsque les plaines
et les villes et le ciel et les éléments et toute la nature se troublent, se
désolent, rompent les lois communes de leur existence et n'en ont d'autre
cause que la « douleur pour la mort de Roland », de Roland qui devient
ainsi, au calvaire rocheux de Roncevaux, comme un Jésus en armes, et
semble crucifié sur la croix de Durandal pour la rédemption de la
défaite de France. Or, ce Roland est dans l'histoire comme s'il n'était
point; tel qu'il demeure en notre vénération enthousiaste, il a été créé
tout entier par l'imagination populaire et par l'invention poétique,
ces sœurs! L'une, l'aînée, conçoit mystérieusement la beauté, et s'en
extasie en des balbutiements, l'autre, qui écouta, ou devina, exprime
en paroles qui ne se tairont plus, en images qui ne s'effaceront pas,
le rêve primitif, ingénu, comme inconscient, presque muet, de la
première; et le grand chant des lyres est formé de l'antique et universel chuchotement des foules.

Hélas! la prodigieuse lignée de chefs-d'œuvre que semblait assurer
à notre race cette effusion de l'esprit des multitudes en l'esprit des
poètes fut bien vite interrompue. Que cela aurait été sublime, l'épopée
française toujours alimentée de la source première, jamais divergente
du peuple, d'où s'élance le naturel essor, mais toujours grandissante

vers la perfection de la pensée et de la forme, grâce à des poètes de plus en plus maîtres de l'idée et dompteurs du verbe! Mais ce n'était pas en ces temps anciens qu'une telle gloire devait nous être permise; l'effort premier n'a pas abouti.

Quelle force s'opposa à lui, le contraignit à rebrousser chemin ou, du moins, l'alentit, l'usa, le dispersa? Tout de suite, cette idée s'éveille que la Renaissance, par qui l'Antiquité nous pénétrera et nous possédera, est responsable de ce non-accomplissement de notre instinct poétique national; pour préciser ma pensée par des noms, que Ronsard a supprimé Thurold. Non, quelle que doive être plus tard la part de responsabilité de la Renaissance dans l'arrêt du normal élan français, son influence n'est pas proche encore de s'exercer; la défaite de la plus noble part de nous-mêmes va être d'abord produite par la victoire de la plus basse part de nous-mêmes; c'est le fabliau qui tuera l'ode et l'épopée.

Oui, il y avait sur notre terre deux forces adverses, l'une qu'on a nommé l'*esprit gaulois*, l'autre qu'il faut nommer l'*esprit frank*. L'esprit gaulois, c'est-à-dire la bonne humeur, la façon folâtre de croire en Dieu sans propension au martyre, d'admirer les héros quand ils sont plaisants et d'aimer quand les femmes sont grasses; l'esprit frank, c'est-à-dire le rude enthousiasme vers la guerre et vers l'amour, guerre aussi, se colletaient dans un conflit de peuples joints plutôt que mêlés, qui n'avaient encore trouvé ni leur unité politique, ni leur unité intellectuelle.

Pourquoi le nom de *gaulois* fut-il donné à l'esprit de raillardise et de gai ravalement? Il semble que la Gaule des Celtes, des Kymris, des Ibères était peu, de soi, encline à la drôlerie; l'influence latine aurait dû développer en elle le sens de la beauté plutôt que le goût de la parodie; et autrefois les Massaliotes lui avaient apporté des souvenirs de temples et des rêves de dieux. N'importe. L'Esprit gaulois, qui, par la coïncidence de son triomphe littéraire avec les empiétements, — le roi aidant, — de la Commune sur la Féodalité, démontre son origine plutôt bourgeoise que populaire, exprimait toute la poussée d'une part de la nation que nous commencions à devenir, contre l'esprit frank, contre l'esprit de liberté guerrière, de domination épique; et, non moins que l'humiliation des vassaux par Louis XI, les *Cent Nouvelles nouvelles* furent une victoire.

Le fabliau, c'est de la bassesse qui rit et de la laideur qui grimace. Relisez de « F. Fr. 19152, f. 69 v° » à « Bibl. de Berne, Mss. 354, fol. 160, r° à 162 v° » le recueil général et complet des fabliaux des xiii° et xiv° siècles, publiés par M. Anatole de Montaiglon. J'ai eu cette patience; elle n'a été récompensée que par le droit au mépris. Presque toute la bonne humeur de nos bons aïeux gît en ces six volumes in-8°, compacts, l'air bien clos, solides comme de petits sépulcres; c'est la nécropole en papier de la gaieté gauloise : il en sort une odeur charneuse, pourrie, malsaine, comme celle des gargotes où l'on mange des tripes, et des relents de clapier. Vivantes, ces saletés n'en valaient pas mieux. Le fabliau, c'est l'esprit à quatre pattes, avec le groin dans l'auge; ce qu'il mange dans cette auge, c'est l'ordure de toutes les basses satisfactions et le contentement de ne jamais lever les yeux vers le ciel. Le conte du bon vieux temps n'a souci que de s'empiffrer de victuailles et de boissons, non point acquises par travail, mais gagnées par piperie, de trousser des robes de filles, de femmes, ou de moines. Et si sa mangeaille ne se rachète par aucune délicatesse du goût, non plus que sa débauche par aucun raffinement dans ce qu'il appelle le « déduit », gardez-vous d'en faire honneur à la naïveté de nos ancêtres. Bien loin d'être naïfs ou puérils, ils sont très matois et tout à fait conscients d'eux-mêmes; s'ils sont grossiers, ce n'est pas parce qu'ils sont simples, c'est parce qu'ils sont bêtes. La malignité s'accorde fort bien avec la bêtise. Rien de plus bête que le fabliau qui, innombrable, peut pourtant être ramené à cinq ou six anecdotes de trigauderie et de salauderie. Mais il n'est pas seulement bête, il est sacrilège, basse- ment; bien qu'il s'exclame en proverbiales révérences à l'égard de Dieu et des saints, il gratte volontiers en pleine église sa gale de malice; après avoir trempé ses doigts dans le bénitier, il y éternue de rire. En outre, il est lâche; c'est aux dépens des faibles et des petits qu'il se moque; il excelle à ne pas se compromettre; avec une subtilité qui lui fait défaut dans l'invention et dans la forme, il devine de qui et jusqu'où il peut faire rire le seigneur, le prêtre, le riche; il mordille les puissants, ne les mord jamais; son coup de

gueule happe l'os espéré , se referme dessus tout de suite; et si on lui
dit : « Tu grondais ? — non, je mendiais ». Le fabliau, espèce de Fête
des Fous de l'esprit, liesse sans conséquence grave, permise par les
maîtres et où même ils voient avec plaisir une dispersion de rancunes
peut-être dangereuses, a été, pendant plusieurs siècles, le complice du noble, du clerc, du roi; et, bien payée de ses condescendances par un seigneurial acquiescement, — petit coup de main approbateur sur la joue, — la bourgeoisie, ravie, en prolongeait le geste
jusqu'au coup de pied dans les reins qui oblige les sans-défense au
prosternement; la plus grande vilenie du fabliau c'est le bafouement
des vilains. Est-ce à dire que de l'énorme tas ordement plaisant de
nos contes ne s'érige point. quelque historiette jolie ou bien quelque
récit empreint de plaintive miséricorde? non, certes; des pages,
de loin en loin, — oh! de très loin en très loin! — sont de nature à
plaire à des âmes un peu fines, tantôt par la grâce d'une amourette, tantôt par l'espièglerie d'un mot échappé. Je recommande
aux curieux du guerrier dans le gentil un fabliau qui, au reste, ne
ressemble guère à un fabliau et qui est tout pimpant d'heureuse fierté
juvénile; on l'intitule *Une Branche d'armes* et on le trouve : Bibl. nat.,
Ms. Fr., n° 837 (anc. 7218), fol. 222 v° à 223 r°. Mais que de
laideurs autour de rares joliesses ! En vain le fabliau, se haussant
jusqu'à la satire générale, deviendra le *Roman de Renart,* parodique
Chanson de Geste, qui sera le premier grand triomphe de l'esprit
bourgeois; en vain, mué en comédie, il nous donnera la *Farce de
Patelin,* considérée comme un chef-d'œuvre par les personnes qui
bornent à peu d'horizon l'essor du génie humain; en vain, ingénieusement spiritualisé et troubadouriquement allégorisé, il se continuera
avec des philosophies et des préciosités en des révoltes de « petite oie »
et de scholastique dans ce tout-puissant *Roman de la Rose,* dominateur
de deux siècles d'amants, de penseurs et de rimeurs, en qui, parce
que Guillaume de Lorris anticipa le Pays de Tendre, et parce que
Jean de Meung, artiste d'ailleurs extraordinairement minutieux et parfait, souleva avec une égrillardise impartiale le conflit entre les sexes,
un distingué critique de notre temps, (j'ai nommé M. Désiré Nisard,
qui restera fameux par une phrase sur le chapeau de Diomède, en

paille de Thessalie, et par sa consultation auprès de Napoléon III sur le génie de Victor Hugo), eut l'extraordinaire idée de trouver la source première de la poésie française; et il ne fut pas loin de croire que l'auteur de *Phèdre* devait aux auteurs du *Roman de la Rose* le plus subtil et le meilleur de sa psychologie amoureuse. Même poétisé dans le «Printemps d'Hiver», même mélancolisé par Villon, même géantisé par Rabelais (je m'expliquerai tout à l'heure à ce propos), même attendri par le royal charme féminin de la Marguerite des margue-rites, — ces marguerites hélas! les pourceaux les auraient reconnues, c'étaient des perles faites avec des gouttes de boue, — l'esprit du fabliau demeurera la déplorable tare intellectuelle d'une part de notre race. Notre gloire poétique n'en saurait être atteinte ni diminuée, car le vrai génie français, génie d'aventures, d'amour et d'idéal, étouffé, en apparence seulement, d'un fumier de médiocrité, de vile raillar-derie et de lourde farce, le secoua bientôt, et triompha, et rayonna! Mais, longtemps, l'esprit du fabliau, l'esprit gaulois fut hideux et néfaste; il a bien mérité, après les siècles et les siècles, cette abjection suprême d'agoniser gaiement et misérablement dans le vaudeville et la chanson de café-concert.

Cependant, tandis que le Récit se dispersait, s'avilissait, se vautrait dans le menu conte burlesque et grivois, et que, pour la commodité bourgeoise, on dérimait en romans les vieilles chansons de geste; tandis que le Chant se quintessenciait jusqu'aux plus absurdes arti-fices de la rhétorique et de la prosodie, à moins qu'il ne bouffonnât grossièrement dans les vaux-de-vire et dans les fatrasseries, ou bien, sur les tréteaux, dans la farce des soties, surgit tendre, délicieux, plein de repentirs plaintifs, étonnant de charme, d'émotion et d'art, l'un des plus grands poètes de France.

Sans nul doute, François Villon est imbu de l'esprit gaulois; mais il n'est pas gaulois bourgeoisement, dans le contentement ventru de la ripaille et de la copulation; il l'est en aventureux écolier, en bohème, dirions-nous aujourd'hui; son rire, s'il est vrai que parfois il rie, est celui du jeûne et de la déception. Il est vraiment extraordinaire que, dans les premières pages de son Tableau de la Poésie Française, Sainte-Beuve ait jugé avec tant de légèreté un poète si intimement

attendri, aux scrupules si douloureux. C'est à peine s'il accorde, se souvenant de La Bruyère parlant de Rabelais, que Villon a, dans le jargon
de la canaille, des mets pour les plus délicats; il ne consent qu'à regret,
semble-t-il, à quelque perle dans le fumier de Villon; lui, qui sera tout
plein de complimenteuse indulgence et comme d'adulation pour Marot,
poète de Cour, il est bien d'avis que le poète libertin et fripon de la
blanche savetière ou de la gente saulcissière a plus qu'il n'en faut pour
dégoûter les honnêtes gens. On n'aurait pas cru que Sainte-Beuve fût
si « regardant » quant au choix des amours; les belles haulmières valent
bien les grosses servantes. Au surplus, en ne voyant dans Villon qu'un
pilier de tavernes ou qu'un hanteur de clapiers, Sainte-Beuve, qui d'ordinaire réservait ses injustices à ses contemporains, confond ou feint
de confondre avec l'œuvre même la biographie si douteuse du poète.
Au contraire, cette œuvre est faite, non pas de la glorification de la
débauche, mais de l'ingénu et tendre remords de s'être laissé aller
à mal. Point de stance de maître François qui ne soit doucement,
naïvement, purement, pieusement, un recours en miséricorde devant
soi-même et devant les autres, et devant le Dieu de sa mère, « la povre
femme ». Ce qui distingue Villon d'entre tous les poètes de son temps,
c'est que, outre le talent le plus personnel et le plus rare, il montre
qu'il a une conscience; il a été le péché, oui, il l'est souvent encore,
sans doute, mais il sait ses torts et les avoue, s'en macère par l'humiliation; son âme est comme une petite Madeleine dans le désert de
l'ennui. Ce n'est pas sans raison que j'écris ce mot « ennui », en l'em-
ployant dans son sens moderne. Villon seul, en effet, avant les élégiaques de notre âge, a connu le sentiment de l'inespérance, de l'incu-
riosité, comme dira Charles Baudelaire, de l'inutilité de vivre. Dans
un treizain intitulé : *Exhortation,* j'ai écrit ce vers : « Entre l'ennui de
vivre et la peur de mourir », vers que, dans un sonnet intitulé :
Esortazione, M. Gabriele d'Annunzio a traduit ainsi, avec un rare bonheur : « *Fra il tedio de la vita et la paura de la morte* ». Il semble que Villon
ait langui entre cet Ennui et cette Peur. Je veux bien admettre que,
chez lui, cette sorte de spleen soit faite de la fatigue de l'abus, soit
comme un remords, devenu chronique, de la bombance ou de l'érotisme. N'importe. Villon est si sincèrement plaintif, sans fade sensi-

blerie, et toujours si prêt à pardonner aux autres ce qu'il ne se pardonne pas à soi-même, qu'il faut avoir un bien méchant cœur pour ne pas s'attendrir du sien. Oui, en même temps que mélancolique, — mélancolique, au xve siècle ! — il est bon d'une bonté d'enfant qui ne boude pas, se gronde soi-même, ne demande qu'à caresser ceux qui l'ont battu. Et cette douce âme fut aussi une âme haute, rêveuse de la grandeur et de la beauté. Après quelque batterie de taverne, il se souvenait du preux Charlemagne. Qui donc, en ce temps-là, pensait à Jehanne, la bonne Lorraine ? François Villon, le mauvais écolier de Paris.

Il y a un autre Gaulois, énorme. Ou, plutôt, un génie qui passe pour gaulois, et, je pense, ne l'est guère. Si Villon s'épura de la gauloiserie par la tendresse, Rabelais s'en délivra en la faisant craquer, — comme le pois colossal d'une étroite cosse, — par son développement gigantesque.

Une fois, Gustave Flaubert, devant quelques amis, prit dans sa bibliothèque « le tiers livre des faicts et dicts héroïques du bon Pantagruel » et se mit à lire à haute voix. Ce fut extraordinaire. Dans son immense robe brune, la chemise bouillonnant sur l'ampleur du ventre, le pantalon flottant et plissé comme le cuir des jambes d'éléphant, Flaubert s'érigeait, volumineux, presque géant, jovial comme un beau moine tourangeau et superbe comme un Vercingétorix ; sa face large et bonne, où montait un fort sang joyeux, s'allumait de taches rouges et bleuâtres, pareilles à des fleurs de vin ; ses yeux écarquillés s'enflambaient d'allégresse, et, sous l'envolement des moustaches, avec des râles de plaisir et des sanglots de rire, à travers des essoufflements rauques, roulait de sa bouche béante et puissamment lippue, de son « gueuloir », comme il disait, le verbe torrentiel de Rabelais : niagara prodigieux d'équivoques obscènes et d'épiques emphases, de gausseries ordurières et de sublimes utopies, tourbillon de paroles rudes comme cailloux ou fluides comme miel, exquises, immondes, chaleureuses, cyniques, qui, emportant la pensée dans une véhémence d'écroulement, la tournait, la virait, comme Diogène son tonneau, la brouillait, barbouillait, perçait, hersait, versait, renversait, nattait, grattait, flattait, barattait, tarabustait, culbutait, destoupait, détraquait, triquetait, tripotait, tracassait, cabossait, historiait, verloppait, chaluppait, guizarmait, enharnachait et caparaçonnait! J'eus la vision de Rabelais lui-même, déclamant à ses « compaings » ivres, non de purée septembrale, mais du pur vin de l'esprit, quelque page, aimée entre toutes, de sa prodigieuse épopée. Seuls, ils ont pu comprendre pleinement le grand Aristophane, cet antique Rabelais, ceux-là qui, aux fêtes de Dionysos, entendirent sa joie jaillir formidablement du porte-voix comique et la virent grimacer dans le rire plus qu'humain des masques. Gustave Flaubert, en ses jours de belle humeur, était l'énorme masque vivant et le tonitruant porte-voix de la farce rabelaisienne.

Ce qui distingue Rabelais, c'est de manquer radicalement de distinction. Nul, grâce à Dieu, n'eut moins de goût ni de réserve que lui. A ceux qui tiennent pour les talents mesurés, modérés, pondérés, allant sagement au pas et ne s'emportant jamais, bonnes rossinantes d'écurie, il ne faut pas conseiller la fréquentation de maître Alcofribas ; car il fut l'étalon en rut qui se cabre et hennit impudemment, sur le fumier ou dans le vaste ciel ; la pétarade de son génie nous éclabousse de crotte et d'étoiles.

C'est pourquoi je pense qu'il y a méprise à voir en lui le représentant par excellence de l'esprit gaulois. Au risque d'être accusé de radotage, j'insisterai encore sur un point déjà traité. L'esprit gaulois est sournois, subtil, agréable assez souvent, ingénieux quelquefois, tortillon, pointu ; il s'insinue, se glisse, a de l'audace, prudemment ; ce qu'il veut dire, il le donne à entendre plutôt qu'il ne l'exprime ; il s'avance, et se rétracte ; il offense, et s'excuse ; il évite, même dans la satire, la colère franche ; vous pensez qu'il montre les dents pour mordre ? point du tout, c'est qu'il sourit ; même dans le fabliau gaillard, c'est par bassesse, non par franchise, qu'il hasarde les mots sales. Peu à peu, il se raffinera, et, quoi qu'il dise, se le fera pardonner, tant il sera mignard et joli. Laissez passer le siècle, les siècles ! Après avoir, au *Roman de la Rose*, cueilli du bout des doigts les fleurs artificielles de l'amoureuse allégorie ; après avoir soupiré en souriant, non sans grâce, dans les rondels de Charles d'Orléans ; après avoir, d'un geste libertin, troussé, dans les *Cent Nouvelles nouvelles*, la cotte des servantes ; après avoir, en compagnie de Villon qui, du moins, l'épura jusqu'à la douloureuse pitié de soi-même et des autres, jusqu'à l'éternelle mélancolie des repentirs bohèmes, rôdé devant l'étal des rôtisseurs, une ballade à la lèvre, ou bien, une larme à l'œil, autour du Charnier des Innocents; après avoir gazouillé comme une oiselle au poing des dames, subtilement et précieusement, sur la pelouse de l'*Heptaméron;* après avoir galantisé et madrigalisé, non parfois sans agrément païen, dans les dizains de Marot, il se plaira aux corsages mi-dégrafés et aux jupes mi-soulevées dans les Contes de La Fontaine, deviendra l'ironie des petits vers de Voltaire, sera, joli, Gresset, et, fade, Bernis, sera l'épigramme de Jean-Baptiste Rousseau, de Lebrun, et enfin, modernisé, non, vieilli, agonisera dans la chanson de Béranger, dans les couplets de vaudeville, dizains aussi, dans les « mots » de comédie, dans les nouvelles à la main des journaux. Encore gaillard, je le veux bien, mais éternellement petit! Or, Rabelais, c'est le bouffon monstrueux. De l'esprit? allons donc, il n'en eut jamais : il est la grandiose et impudente farce. Sourire, lui? pour qui le prend-on? il s'esclaffe, et sa forte joie lui secoue le ventre jusqu'à faire éclater la braguette. Nul souci des petits côtés, des mièvreries, des miséricordes aimables. Son œil est comme un microscope, sous lequel tout devient immense. Ce qu'il bafoue, il le développe éperdument. Et tel fut son amour et son natif pouvoir de l'énorme, que, ayant voulu faire la parodie de son siècle, il en transforma les nains en grotesques mais formidables géants. Contre l'église, la chaire, le trône, sa besogne ne fut pas la patience des obscurs et acharnés termites, mais l'emportèment d'un taureau qui se rue les cornes en avant, dans un meuglement de joie ! Lorsque, aujourd'hui, on porte la main sur ces antiques puissances qui crouleront tout à l'heure, si nous les sentons vaciller et trembler, c'est surtout parce qu'elles furent ébranlées jadis jusque dans leurs fondements sous la catapulte de son rire.

Mais à l'admiration pour l'œuvre se mêle une pitié pour l'homme. Il fut grand, nous ne savons pas s'il fut tendre. Sans doute il est visible, son amour de l'humanité, parmi l'énormité voulue de la grotesquerie; jamais on n'y découvre une douceur particulière, une délicate émotion de cœur. Considérez son œuvre : tous s'y empiffrent en d'extraordinaires ripailles, tous s'y enivrent en de surhumaines buveries; qui donc y aime une femme ? personne. Ils courent sus, ces géants, aux belles filles grasses, dont les cuisses valent des gigots d'agnelles ou bien de truies ; mais ils les accolent comme ils embrasseraient un muid, ils leur baisent la bouche comme ils humeraient le piot. Ce ne sont pas des amants, ce sont des affamés. Leurs cœurs ne s'emplissent que comme des ventres. Certes, on sait ce qu'il faut croire de l'ivrognerie et du rut de François Rabelais ; littérature, pas autre chose ; en dépit des quelques anecdotes bouffonnes dont on a composé l'histoire de sa vie, ce colossal farceur fut un esprit grave, triste même, et je le vois, jeune, dans sa cellule de moine, vieillard, dans son presbytère, écrire lentement, patiemment, ne s'interrompre que pour boire à sa cruche pleine d'eau quand son front ruisselle par l'effort de la pensée. Eh ! non, il ne fut, en effet, ni un paillard ni un ivrogne. Mais, alors, pourquoi, parmi tant de pages, jamais une ligne attendrie ? Est-ce qu'une phrase doucement émue d'un souvenir de femme eût gâté la bouffonne harmonie du chef-d'œuvre ? Ou bien faut-il croire que, pas une fois, par la fenêtre du monastère ou de la cure, il ne se plut à voir passer, toute fraîche et tournant la tête à cause d'un amoureux qui la suit, les bûcheronnes qui vont au bois ou la lavandière qui revient du ruisseau ? Jamais quelque amie au cœur clément ne s'asseyait donc auprès de lui, à côté de la table chargée de livres, et ne lui souriait, vieillissante aussi, sous la lampe laborieuse ? A-t-il vécu seul, l'âme pleine d'ombre, et morose, plus morose encore par l'écho de son rire que lui renvoyait le monde ?

D'ailleurs, à Rabelais, prosateur incomparable, de qui la phrase s'écoule en rythmes onduleux, fut dénié le don du vers ; poète, il versifie, et rimeur, il rimaille. Il faut chercher encore la totale manifestation de l'âme lyrique, de l'esprit épique de notre race.

Il serait absurde de la voir dans Clément Marot, quelles qu'aient été la grâce spirituelle de ce poète de bonne compagnie, sa tendresse pas toujours mignarde, et parfois son élévation ; celle-ci, qui n'est jamais bien haute, s'abaisse vite, en s'édulcorant, comme une petite cime de neige fondrait en miel. On s'attarderait vainement à Melin de Saint-Gelais, rhéteur précieux, qui fut célèbre pour « Douze baisers gagnés au jeu », et qui écrivait tous « les discours, soit en vers, soit en latin, qu'il y avait à faire en la Cour » ; à Bonaventure des Perriers,

conteur vif, plat poète, bien que, se souvenant d'Ausone, il ait dit que
la vie « se passe ainsi que roses ou rosée »; à Antoine Héroet, le Subtil,
qui platonisa didactiquement; à Jacques Pelletier, plus mathématicien
que poète, donnant une précision d'algèbre aux langueurs de la Pastorale; et à tant d'autres, jolis, polis, calins, malins, fameux pour quatre
épigrammes, illustres pour un rondeau jugé parfait, immortels pour
deux ou trois « blasons ». C'était alors, dans notre France destinée à
tant de grandeur, le triomphe de la petitesse; et de tels temps hélas!
reviendront. Sans doute les poètes en qui s'amenuisait jusqu'aux plus
vaines mignotises, jusqu'aux béatilles les plus argutieuses, le fin génie
de Marot, source égrenée en gouttelettes, étaient mus d'une excellente
intention, car, en s'obstinant aux frivoles vieilleries d'une étroite rhétorique, ils voulaient défendre ce qu'ils croyaient être le véritable
esprit français contre l'âme antique réveillée et surtout contre l'âme
d'Italie, toute imbue de Grèce et de Rome. Ils se trompaient quant à
notre personnalité nationale, ou du moins ils n'avaient pas deviné
quelle en était la plus noble part; mais, contre cette personnalité, le
danger était, en effet, réel et proche. Il se dressa, dans un éblouissement. Ce fut la Renaissance. Elle triompha, splendide, et la défaite,
qu'on put croire définitive, du primitif instinct frank, de notre intime
génie lyrique et épique, fut enveloppée de tant de lumière et de joie
et de fêtes, que lui-même il la prit pour une victoire.

Le quinzième jour d'avril de l'an quatorze cent quarante-cinquième
de l'Incarnation Dominicale, près de quinze siècles après la mort de
Celui qu'on voit encore en image d'Orphée, la lyre en main, sur
un mur des catacombes de Rome, on trouva dans l'un des tombeaux
de la voie Appienne une jeune fille d'une beauté merveilleuse, et
qui était vivante. Morte et ensevelie depuis tant d'âges et d'âges, elle
n'avait pas cessé de vivre; du moins il semblait qu'elle vécût, tant une
fraîcheur d'aube était d'or dans sa chevelure, bleue dans ses yeux,
rose à ses lèvres; et au lieu de la fétidité des sépulcres, il émanait,
d'entre les pierres funèbres, une printanière et matinale odeur de fleur
neuve, d'amour qui vient d'éclore. Une inscription disait : *Julia Claudii
filia*. Et l'on porta la délicieuse vierge sur le mont Capitolin, et de toute
l'Italie vinrent vers elle les poètes pour la chanter, les peintres pour la

peindre, les musiciens pour suppléer, par la mélodie des instruments, à la voix qu'on aurait entendue, si elle avait ouvert la bouche. Puis, tout le peuple apprit que Julia, fille de Claudius, exhumée d'un tombeau de la voie Appienne, rayonnait au Capitole; car, par les champs, sur les villes, le long des plages où meurt le murmure de la mer, une parole, de nuit et de jour, vaguement fut entendue : comme, après tant d'espace de durée, une victorieuse réponse à la voix qui avait gémi : *Pan est mort!* une voix disait : *Julia est vivante!* Oui, elle renaissait, parfaite, en le symbole d'une belle vierge exhumée, l'Antiquité claire, puissante, heureuse, fastueuse, aux lignes pures, si jeune encore de son immortelle beauté. Tous furent éblouis, dans l'âme et dans la chair. Les choses mêmes rayonnèrent d'une splendeur depuis longtemps oubliée, à cause de la clarté qui était sortie d'une tombe. L'insensible haleine, exhalée des lèvres de l'immémoriale jeune fille, s'enfla en un vent de joie et de gloire, qui, chassant les crépuscules tristes des temps sans beauté, et les fanatismes mornes et les ignorances, charmant d'un parfum de bois sacré la sauvagerie forestière qu'empuantit la sueur des flagellations cénobitiques, faisait, par la fenêtre ouverte, sous les yeux des docteurs stupéfaits et ravis, se rebrousser le livre obscur de la science humaine jusqu'à ses premiers feuillets d'aurore, apportait la griserie de l'encens païen dans la froide nef des églises, jusqu'au seuil brut des cloîtres, balançait sur toute l'Italie les cloches de la catholique prière montant au ciel selon le rythme des théories phallophores qui montent vers les Parthénons! En même temps, il y eut des hamadryades dans la forêt, des sirènes dans la mer; les diables tentateurs des ermites marquaient dans la roche des pieds fourchus de faunes; et avant même que Pétrarque eût lu Cicéron, Stace, Aulu-Gelle et Macrobe, Dante s'était fait conduire par Virgile dans les Champs-Élysées de Jésus. Prodigieux recommencement de l'humanité. Tout ce qui fut la pensée, la science, la poésie, l'art, va, dans la résurrection de la beauté, être encore. Ce miracle s'accomplit que, du chaos de barbarie accumulé sur les ruines du vieux monde, resurgit la jeune maturité du monde, et les temps nouveaux égaleront les temps anciens.

Mais quoi, à l'enthousiasme que nous éprouvons encore, que l'on éprouvera toujours pour la Renaissance, ne se mêle-t-il pas une tristesse? N'est-il pas cruel de songer que l'humanité ne peut être belle et grande que comme elle le fut déjà; que son plus magnifique présent, ce présent que seront tour à tour tous ses avenirs, ne peut être que la ressemblance de son passé? Il semble qu'une si longue continuité d'écrasement, d'extinction, de mutisme, sous tant d'ombre, lui aurait dû mériter le dressement d'une autre taille, la clarté d'une aube jamais vue encore, et un verbe inouï. Ô sublimité de la beauté d'autrefois! Ô poèmes! Ô temples! Ô statues! Ô perfections divines, dignes de l'éternel agenouillement des races! Certes, il faut nous réjouir que, pareille aux vieillards d'Homère, la vieillesse du monde admire encore Hélène, debout, un lys à la main, sur les remparts de Troie. Pourtant, un furieux besoin de la nouveauté vit en nous. Hélas! il nous torture en vain. Nous sommes voués aux recommencements; nos vies ne sont faites que de résurrection; toute la durée humaine n'est qu'un retour strict et prévu de saisons. Nous ne répudierons jamais la coutume du même beau. L'inconnu, même dans le rêve, nous est interdit. *Renaissance!* ce mot lui-même est terrible; il dit naître une seconde fois, comme on était né. Il dit une seconde fois penser, aimer, admirer, vivre, comme on avait pensé, aimé, admiré, vécu. Il y a toujours, dans nos fiançailles avec l'avenir, un souvenir de funérailles, une odeur de tombe dans nos lits de nouvel hymen.

La légende, qui incarna dans le cadavre retrouvé d'une jeune fille le renouveau de l'esprit et de la forme antiques, aurait pu, aurait dû être plus vaste. Ce n'est pas seulement Julia, fille de Claudius, une enfant romaine, c'est plus, c'est mieux qu'elle, qui a resurgi comme vivante; c'est Aphrodite elle-même, et elle n'est pas issue d'un sépulcre: elle est sortie, comme autrefois, de la mer. Quelle mer! une mer mouvante de toutes les ruines, de toutes les chutes, de toutes les décadences; une mer où se heurtent comme des épaves les débris de villes et de temples, où les marées roulent, tels que des noyés, les désespoirs des buts pas atteints, les fois bafouées, les déceptions du rêve; une mer universelle, faite, sous le pesant crépuscule d'un long temps sans soleil ni étoiles, de tous les cadavres de la vie. L'Aphrodite de la Renaissance est sortie de cette mer-là; sans doute elle parut éclatante, éblouissante, adolescente; et, vers les rives de fleurs et de fruits, les flots, en une tumultueuse joie, ont étincelé, étincellent encore, comme un océan de charme, de grâce et de splendeurs. Mais, si claire que soit cette mer, elle n'en fut pas moins ténébreuse et fétide de choses mortes; Aphrodite elle-même, qui fut cadavre, n'était, dans la nouvelle gloire de son irradiation, que le spectre de la beauté.

Inévitable destin.

Mais quelles vivantes gloires s'allumèrent à cette aube issue de l'universel trépas! L'Italie d'alors nous enchante comme une Assomption portée aux cieux du rêve par une archangélique troupe de Génies. L'Allemagne, extérieurement moins splendide, s'illumina jusqu'aux profondeurs de la race; si elle ne recrée pas la Beauté, elle réintègre la Liberté; moins et plus que la Renaissance, elle est la Réforme; voici l'exemple de la Raison délivrée. Mais l'Angleterre surtout, à cause d'un seul, prédomine, universellement et éternellement. Shakespeare est né. Il n'est pas sans compagnons, certes; son rayonnement est tel, qu'il absorbe, qu'il éteint toutes les lueurs voisines. Il est le soleil Moloch de tous les petits astres d'un siècle. Et ce qu'il y a peut-être de plus admirable encore dans son œuvre que l'œuvre même, c'est que, née en ce temps de Renaissance, et lui devant non seulement la plupart de ses sujets, mais l'éclat ou la manière de sa forme, et presque tout le vocabulaire et toutes les couleurs de son éloquence et de ses peintures, elle semble cependant, en beaucoup de ses parties, en ses plus extraordinaires parties, issue d'une puissance intellectuelle, non pas rénovée, mais neuve, d'une première éclosion de race, d'une virginité de génie. De sorte que, lorsque les plus énormes, même Dante, quoique théologue; les plus parfaits, même Pétrarque, quoique amant; les plus charmants, même l'Arioste, quoique romanesque, sont des reflets de renouveau, Shakespeare, seul, en dépit des imitations, des adaptations, des emprunts d'images et de façons de dire, Shakespeare seul, dis-je, semble avoir été créateur d'après la nationalité et la personnalité de soi-même.

Parmi les races héritières de l'antiquité, la France hélas! fut bien mal partagée. Même elle n'hérita point directement : elle dut attendre comme une petite-fille ou se contenter de peu comme une collatérale ; l'Italie lui transmettait des legs non sans un air de lui faire l'aumône. Vraiment, on eût dit qu'en effet la France mendiât à l'Italie, en menue monnaie, la Renaissance. Nous ne fûmes que les imitateurs des imitateurs de l'Antiquité. On peut affirmer, je crois, que jamais moins qu'alors ne se manifesta, lyriquement ou épiquement, notre vrai instinct poétique. Et il fut aboli en même temps, l'esprit gaulois qui, moins noble, n'en était pas moins une partie intégrante de nous-mêmes. Pour l'Italie, la Renaissance avait été une vierge morte, pareille à une vivante ; pour nous, elle ne fut guère, avec des attiffements de luxe et de charme, qu'une poupée habillée à la mode d'une belle momie. Certes, nous en avons tous raffolé, de ces séduisants artistes de la Pléiade ! Nous ne saurions nous empêcher de les aimer encore, tant ils sont aimables, subtils, souriants, tant ils se haussent parfois jusqu'à des apparences de grandeur. Pierre de Ronsard est un prodigieux ouvrier du verbe et de l'image, et un incomparable rythmeur ; mais quoi ! lyrique, il pindarise ; amoureux, il pétrarquise ; bucolique, il n'est que le Tityre ou le Mélibée de la forêt de Gastine. Que de fastueux chefs-d'œuvre, çà et là, que de délicats chefs-d'œuvre presque partout ! Ronsard fut un des princes de l'ode et un des rois de l'odelette. Il ne fut ni roi ni prince de son pays. Pour ce qui est de l'épopée, (ils s'étaient donc éteints tout à fait, les derniers échos de la Chanson de Roland ?) il y rencontre, lui aussi, comme Dante, Virgile ; mais ce n'est pas vers le nouvel enfer ni vers le nouveau paradis que le conduit Virgile ; et aucune Béatrix ne se dresse au seuil des champs élyséens.....

Autour de Ronsard, ses amis, ses émules, l'approuvent, l'admirent, l'égalent presque. Joachim du Bellay mêle quelque tendresse à la rhétorique d'amour ; ses vers, tantôt sémillants et vifs, tantôt fluents et languides, imitent tour à tour, pour parler à peu près comme Charles Fontaine, le feu ou la coulée de l'huile d'olive. Ponthus de Thiard est savamment agréable ; toutes ses *Erreurs amoureuses* ne sont pas des erreurs poétiques ; il fut le subtil astrologue des yeux de Pasithée. Remi Belleau, aux vers chatoyants de pierres précieuses, se montre parfois pittoresque dans ses Bergeries que parfume la primevère, presque pas artificielle, du délicat poème d'*Avril*. Olivier de Magny, dont les *Soupirs* furent fameux, ne cesse de rivaliser avec Anacréon que pour égaler Sannazar. Jodelle, qui chantait des pœans à Arcueil, se hausse jusqu'à traduire Euripide, Baïf jusqu'à imiter Sénèque. Puis Guillaume de Salluste, seigneur du Bartas, qui eut l'étrange fortune de ne pas être inutile au Tasse, d'être plus tard lu par Milton et plus tard encore admiré par Gœthe, — d'une admiration qui peut-être n'était pas dépourvue de quelque ironique haine, — du Bartas, dis-je, en qui s'exaspéra le beau feu mourant de la Pléiade, montre un je ne sais quoi qui ressemble à une ambition de génie parfois réalisée, et raconte la création du monde avec une hâblerie grandiloquente et d'un ton de lyrique et héroïque gasconnade, dont se souviendra le baron de Fœneste, même quand il écrira les *Tragiques*. Mais pas un de ces poètes, charmants, délicats, subtils, magnifiques aussi, ne fut en effet un poète véritablement français.

Hélas! Joachim du Bellay, dans la *Défense et illustration de la langue françoise*, juvénile et rayonnant cri de guerre, la plus généreuse peut-être, la plus entraînante à coup sûr de toutes les Tyrtéennes littéraires, qui, par la beauté de l'éloquence, rachète le crime de son erreur, avait conseillé et enseigné : «Lis donc, et relis premièrement (ô poète futur), feuillette de main nocturne et journelle, les exemplaires grecs et latins; puis me laisse toutes ces vieilles poésies *françoises* aux Jeux floraux de Toulouse et au Puy de Rouen; comme rondeaux, ballades, virelais, chants royaux, chansons et autres telles épiceries qui corrompent le goût de notre langue, et ne servent sinon à porter témoignage de notre ignorance. Jette-toi à ces plaisants épigrammes, à l'imitation d'un Martial, distille avec un style coulant et non scabreux ces pitoyables élégies, à l'exemple d'un Ovide, d'un Tibulle et d'un Properce, y entremêlant quelquefois de ces fables anciennes, non petit ornement de poésie. Chante-moi ces odes, inconnues encore de la muse française, d'un luth bien accordé, au son des lyres grecques et romaines, et qu'il n'y ait vers où n'apparaisse quelque vestige de rare et ancienne érudition... Sonne-moi ces beaux sonnets, non moins docte que plaisante invention italienne. Pour le sonnet donc, tu as Pétrarque et quelques modernes Italiens. Chante-moi, d'une musette bien résonnante, et d'une flûte bien jointe, ces plaisantes églogues rustiques à l'exemple de Théocrite et de Virgile. Quant aux comédies et tragédies, si les Rois et les Républiques les voulaient restituer en leur ancienne dignité qu'ont usurpée les farces et moralités, je serais bien d'opinion que tu t'y employasses, et si tu le veux faire pour l'ornement de ta langue, tu sais où tu dois trouver les Archetypes. » Ainsi, tout net, et avec quelle chaleureuse passion, ce que le très intelligent et très lyrique Joachim du Bellay conseille, ordonne même au futur poète, au futur poète français, c'est d'être grec, latin, italien, tout ce qu'il voudra en un mot, hormis français. Abominable enseignement; et abominable exemple donné par la Pléiade. Cette heure charmante de notre poésie en est aussi une heure fatale. Alors, avec de vieux parchemins, fut bouchée pour de longs âges la source de notre inspiration nationale; désormais, assez ressemblants à quelque amphitryon imbécile qui dédaigne les francs vins de son terroir et leur préfère les rares et coûteuses liqueurs qu'on envoie de loin, c'est du passé et de l'étranger que nous fîmes venir notre génie. Personne n'ignore qu'en son adroite éloquence, Joachim du Bellay essaye de parer la servilité d'une pompeuse couleur de conquête. « Là donc, Françoys, dit-il, marchez courageusement vers cette superbe cité romaine : et des serves dépouilles d'elle (comme vous avez fait plus d'une fois) ornez vos temples et autels. Donnez vers cette Grèce menteresse, et y semez encore un coup la fameuse nation des gallo-grecs. Pillez-moi sans conscience les sacrés trésors de ce temple Delphique ainsi que vous avez fait autrefois. » Et avec un redoublement de belle fureur lyrique, Joachim du Bellay s'écrie : « Qu'il vous souvienne de votre ancienne Marseille et de votre Hercule gallique, tirant les peuples après lui par leurs oreilles, avec une chaîne attachée à sa langue ». Si éclatante et si ingénieusement conduite qu'elle soit, cette allégorie, quant à son sens intime, est absurde. Si la Pléiade a cru conquérir quelque chose, elle s'est trompée; nous avons tout reçu de Rome et d'Athènes et de l'Italie de la Renaissance, nous ne leur avons rien arraché. Nous avons été non pas des vainqueurs, mais des vaincus, qui, faisant contre fortune bon cœur, feignirent d'être satisfaits de leur sort. Gaulois latinisés une seconde fois par une nouvelle défaite, et Franks dont la personnalité s'était perdue et ne s'était plus retrouvée depuis la dispersion des primitives cantilènes, vagues au loin, et depuis la décadence, en romans de chevalerie et en épopées précieuses, de la fruste, pure et belle Chanson de Geste, nous avons accepté, avec une avidité souriante de parents pauvres, la beauté de l'art antique et la luxure de l'art italien. Comment se produisit cette pénétration de nous par l'esprit d'Italie, héritier de Rome et d'Athènes? Je ne puis m'attarder trop longtemps sur ce point. Rappelons seulement que les premiers triomphes de l'âme italienne parmi l'âme française coïncidèrent avec les relations politiques et guerrières, sous Louis XII, de la France avec l'Italie; la Renaissance fut chez nous une espèce de mal de Naples.

Il ne faut point penser d'ailleurs que nos poètes du XVIᵉ siècle, sous les enthousiasmes d'apparat, n'aient pas eu en eux la tristesse de l'infériorité où ils réduisaient notre poésie. C'était sans chagrin, sans doute, qu'ils ravalaient, qu'ils repoussaient, qu'ils eussent voulu supprimer entièrement l'esprit de raillardise et de goguenardise, tare de notre race; mais, si éblouis qu'ils fussent par le resurgissement lumineux de l'antiquité, ils ne purent tout à fait méconnaître qu'une autre part de notre génie national était réduite à la stérilité par la victoire de l'esprit latin; et j'éprouve un attendrissement profond, quelque chose comme l'illusion que jamais ne fut tout à fait interrompue dans les esprits la ligne de notre destin poétique, lorsque je lis dans cette même *Défense et illustration de la langue françoise :* « Choisis-moi quelque Vers de ces beaux vieux romans françois, comme un Lancelot, un Tristan ou aultre, et en fais renaître au monde une admirable Iliade et laborieuse Énéide ». Que cela est justement pensé ! que cela est nettement dit ! Comme on est heureux de trouver, chez un des artistes le plus éperdus de l'antiquité, cette idée que l'autochtonie du sujet, et par suite de l'inspiration, est indispensable à la manifestation du génie et qu'on ne peut égaler que par la différence.

D'ailleurs, ce besoin de nationalisme littéraire, si la Pléiade ne l'affirma que trop rarement quant à la qualité des sujets, elle le proclama en ce qui concerne la langue. Si, par ces artistes, ne s'épa-

nouit point la vraie âme poétique de France, si même aucun d'entre
eux ne reçut le don d'exprimer des émotions personnelles ni d'être
touché immédiatement par les choses de la nature, (ils aimaient
d'après Tibulle et Pétrarque, et ils traduisaient les paysages comme
la tendresse), du moins ils défendirent victorieusement notre langue
française, *notre vulgaire*, contre l'imbécile emploi de la langue grecque
ou latine par les docteurs et les pédants. Plus tard, on reprochera à
Ronsard de parler grec et latin en français. Reproche moins mérité
qu'on ne pense. Sans doute, à ce moment de l'évolution du langage,
où le vocabulaire de la poésie était encore si incertain, encore en
formation, les poètes durent tenter d'acquérir le plus grand nombre
possible de moyens d'expression; et, tout naturellement, ne devaient-
ils pas les demander aux deux langues de l'antiquité d'où procédait,
pour une grande part déjà, la nôtre, et de qui la maîtrise désormais
ne pouvait plus être secouée? Mais les vocables antiques ne furent
admis parmi les mots usuels qu'à la condition de revêtir les formes
et d'accepter les règles du langage coutumier. La langue savante se
francisait en langue commune. En outre, par un très subtil et très
bel instinct des destinées du style, ce n'est pas seulement de termes
savants, « mendiés » de l'antiquité, que Ronsard a renforci notre langue.
Il remit en honneur les vieux mots de terroir, (Bellay non plus n'était
pas de l'avis des critiques qui se raillaient des « viells mots françois »),
conseilla l'accueil des expressions provinciales, l'usage des termes de
métier; il ne tint pas à la Pléiade que le français ne devînt, dès
le xvie siècle, par la fusion épanouie de ses diverses origines, par le
mélange, en une syntaxe à la fois ferme et souple, du verbe érudit
et de la parole populaire, ce qu'il est enfin devenu en l'âge actuel de
la littérature.

En ce qui concerne la technique du vers français, l'action de la
Pléiade n'est pas moins remarquable. Tout d'abord, il faut s'étonner
que, tandis qu'elle était en train de tant gréciser et de tant latiniser,
elle n'ait pas soumis le « carme » français à la prosodie antique. Sans
doute, dans le fanatisme du premier zèle, elle s'en avisa : « Quant
aux pieds et nombres qui nous manquent, s'écria Joachim du Bellay
en la cinquantième année du xvie siècle, de telles choses ne se font

pas par la nature des langues. Qui eût empêché nos ancêtres d'allonger une syllabe et accourcir l'autre, et en faire des pieds et des mains? » Ceci était parfaitement absurde alors et ne le serait pas moins aujourd'hui. C'est, au contraire, d'un mystérieux instinct que dérive l'accentuation des syllabes; les gens de science ou d'art n'y peuvent rien du tout; il ne dépend pas du plus obstiné des grammairiens ou du plus impertinent des poètes, qu'une syllabe formée d'une consonne et d'un *e* muet devienne longue, ni que, dans le mot *amour*, par exemple, *mour* soit bref et *a* long. Quelques poètes, les plus médiocres, cela va sans dire, ce Jodelle, assez dépourvu de grâce, ce comte d'Alsinois, pédant, et, avec plus d'entêtement, Baïf, dont le pédantisme était sot, tentèrent cette réforme grotesque. On vit dans des distiques de Jodelle et de d'Alsinois, des voyelles longues, uniquement, selon la prosodie latine, parce qu'elles étaient suivies de deux consonnes; et, selon des méthodes analogues, Baïf, auteur d'insipides et plates tragédies en latin, essaya en langage vulgaire des strophes saphiques d'après Horace, qui furent naturellement dénuées de tout rythme sensible, malgré les complaisances de la musique. Vains essais, repris au xviiie siècle par l'économiste Turgot, mieux entendu aux grains ou farines qu'aux choses de la versification, et il y a une quarantaine d'années, — selon l'exemple d'un groupe d'étudiants allemands, qui se divertissaient, non sans quelque air de supériorité, à franciser latinement, — par des poètes de brasserie littéraire, naguère lycéens, persuadés qu'ils inventaient quelque chose parce qu'ils imitaient une sottise. Sainte-Beuve, vers le même temps, ne se montra pas éloigné de croire qu'une poésie, mesurée à l'antique, eût été possible en France; car il fut un temps où ce critique, en sa désolation de ne plus être un poète, et en son remords, aiguisé jusqu'à quelque intime rage, d'avoir failli à l'égard du plus grand des poètes, accueillait avec une faveur comme enthousiaste toutes les « curiosités » par où pouvait être diminuée ou mise en doute l'intégrité de l'art suprême. Pour qu'il revînt au juste sentiment des choses, il lui avait fallu lire (il s'en confessa, en petit texte de note, au bas d'une page) un opuscule de M. Mablin, qui établissait la distinction capitale entre l'*accent* et la *quantité;* « et c'est à quoi, dit Sainte-Beuve, les partisans du système métrique n'avaient pas pris garde ». Pierre de Ronsard, incomparable rythmeur, y avait pris garde tout de suite. Ni lui ni les meilleurs d'entre les siens n'usèrent de tels « carmes », car, à défaut hélas! de *génie* indigène, ils eurent l'admirable et sûre conception de l'*art* poétique national. Et, novateurs sur tant d'autres points, ils ne firent que codifier par l'*Illustration* de Du Bellay et par l'*Art poétique* de Ronsard, que solidifier et glorifier, par la beauté technique, l'immémoriale nécessité du vers français.

Oui, à parler d'une façon générale, et si, un instant, on ne tient pas compte de la succession régulière des rimes masculine et féminine et de la proscription de l'hiatus, — réformes auxquelles ne se soumirent pas toujours ceux-là mêmes qui les recommandèrent, — on peut affirmer que, par l'instinctive conception d'une loi de race, la Pléiade a accepté entier, pour le faire mieux fleurir et fructifier davantage, l'héritage prosodique, encore douteux et confus, de nos poètes primitifs, et des poètes qui l'avaient immédiatement précédée. Elle use du vers de dix syllabes, qui fut celui de la Chanson de Geste; c'est ce vers que Pierre de Ronsard choisit, en souvenir des épopées nationales, pour sa trop latine *Franciade*. Elle use du vers de huit syllabes, à l'exemple des fabliaux; elle y mêle des vers plus brefs, à l'exemple du dialogue des Mystères; elle fait plus encore : elle restaure non seulement dans le sonnet, ou l'élégie pastorale, mais dans la partie, non dépourvue de génie peut-être, en tout cas la plus haute et la plus ferme de l'œuvre ronsardienne, je veux dire les deux *Discours des misères de ce temps*, la *Remonstrance au peuple de France*, la *Response aux injures et calomnies*, elle restaure et impose, en une extraordinaire fermeté, en un rayonnant éclat, le vers de douze syllabes, le vers alexandrin, forme première et impérissable de la poésie française.

C'est une vieille erreur de rapporter à Lambert li Cors et à Alexandre de Bernay, auteurs, au XIIᵉ siècle, du *Roman d'Alexandre*, l'invention de l'alexandrin. Il avait été déjà employé, au XIᵉ siècle, par les auteurs inconnus du *Pèlerinage à Jérusalem;* et, peu après, l'an 1121, Philippe de Thann, en sa traduction du *Physiologue*, s'en était déjà servi pour chanter la Sirène, la Mandragore et toutes les bêtes fantastiques. Notez que, chez Philippe de Thann, la syllabe sixième rime avec la douzième syllabe; cette imitation du vers léonin, qui bien avant Philippe de Thann

devait être coutumière, n'implique-t-elle pas l'immédiate effusion de
la technique latine finissante, en la technique française commençante?
Remontons encore. Dans la plus antique expression poétique de la
multiple âme française, bien avant la Chanson de Geste, peu après les
serments de Louis le Germanique et de Charles le Chauve, où balbutie
l'enfance historique de deux peuples, en un mot, dans la Cantilène en
l'honneur de sainte Eulalie, apparaît, parmi des vers de dix syllabes,
non loin d'un vers de huit syllabes, l'alexandrin, et, justement, pour
exprimer la plus noble pensée de toute la Cantilène.

Ainsi, par l'effet de quelque mystérieux atavisme, qui d'une nation
se perpétue en sa descendante malgré les intrusions d'hymens étrangers, ou par la conformité du rythme avec l'haleine particulière
de l'inspiration, l'alexandrin, notre hexamètre, compté et non mesuré, selon la nouvelle loi de races renouvelées, s'érige. La chanson
de geste, puis le roman d'aventures, soucieux de raconter vite, lui
préféreront, quelquefois, le décasyllabique, qui, d'ailleurs, par l'insistance prolongée sur des *e* muets, ou sur des diphtongues complaisantes, et, souvent aussi, par le rejet, rejoint le vers de douze
syllabes. Le fabliau, trotte-menu parmi la boue, s'accommode d'un vers
plus bref dont les huit syllabes tombent l'une sur l'autre comme des
capucins de cartes qui courraient tout en trébuchant. Mais l'alexandrin toujours subsiste, héroïque et vaste; on le retrouve dans la
Bataille de trente Bretons contre trente Anglais; on le retrouve dans le
poème plébéien de Cimelier, la *Chronique de Bertrand Duguesclin.* Les
poètes courtisans, les petits « réthoricqueurs », s'en accommodèrent peu,
il les essoufflait ! Mais Pierre de Ronsard le réintègre en son impérissable triomphe, et voici qu'il va commencer d'être, chez Régnier, le
vers de *Tartuffe,* et chez Agrippa d'Aubigné, le vers des *Châtiments.*

Pour ce qui est de moi, je n'ai jamais osé formuler une pensée ou
une image en ce vers primitif et définitif, qui va du commencement
de l'esprit français à son épanouissement, de notre chanson balbutiée
à notre hymne total, qui, à tant de belles heures de notre vie intellectuelle, exprima la plus belle part de notre âme, sans éprouver le religieux frémissement que l'on aurait à parler par la bouche d'un masque
de Dieu.

A Pierre de Ronsard nous devons aussi l'invention heureuse, harmonieuse et charmante, de tant de formes de strophes, où nous nous plaisons encore à dire notre âme poétique. Ici, une fois de plus, se manifeste cette singulière contradiction entre le classicisme de l'esprit de la Pléiade et son nationalisme dans l'expression de cet esprit. On pourrait dire, je crois, qu'ils furent des poètes grecs, latins ou italiens, mais, en même temps, des artistes français. De là, sans doute, la résurrection de leur influence au commencement de notre Romantisme, où même, par une exagération de gratitude, on laissa croire qu'on leur ressemblait intimement, tandis qu'en réalité on n'imitait d'eux que l'extériorité de leur technique. En même temps que notre vrai tempérament triomphait notre art. Considérez de près les formes usitées par Pierre de Ronsard et les siens; si vous laissez un instant de côté le sonnet, conseillé par la mode italienne, et quelques stances où le rythme s'amuse à imiter par la disposition typographique, plutôt que par le nombre, les strophes des lyriques latins et des tragiques grecs, vous serez étonné de voir que les poètes de notre Renaissance ne s'attachèrent à répudier tous les petits poèmes à formes fixes de la trop maniérée poésie précédente, que pour revenir, fréquemment, aux groupements de nombres et de mesures, qui distinguèrent nos chansons plus anciennes. Ceci semble tout d'abord une affirmation étrange, n'importe; prenez la peine (bientôt récompensée d'ailleurs par de charmantes trouvailles) de relire les chansons du xiiie siècle, celles qu'on nomme Chansons d'aventures ou Chansons de toile, et les romances, les brunettes, les pastourelles, d'abord ingénues, qui les suivirent : il vous apparaîtra très clairement que, non moins souvent d'après elles que d'après les odes, les odelettes et les chœurs antiques, furent dessinées mélodieusement les stances de la Pléiade. Il faut le répéter encore : trop grecs, trop latins, trop italiens, pas assez français en un mot, ni personnels, par la matière poétique, nos poètes de la Renaissance instaurèrent, en s'inspirant de notre antiquité nationale, notre véritable forme poétique; Pierre de Ronsard a légué le parfait alexandrin à notre épopée et la strophe à notre ode.

Mais, longtemps encore, l'esprit de la Renaissance continua ses méfaits contre l'âme nationale; c'est par une aberration, qui pour être

coutumière n'en est pas moins absurde, que l'on juge son action interrompue par le triomphe de Malherbe. — Triomphe qui se produisit
d'ailleurs parmi la persistante gloire des fils de Marot, et la lignée
point éteinte des sectateurs de Ronsard. Car il y eut ce Vauquelin de la
Fresnaye, magistrat, tour à tour forestier et idyllique, satiriste aussi,
et, dans son « art poétique », historiographe, sinon législateur, du Parnasse français ; il y eut Desportes, abbé mignard, délicat desservant de
Diane, d'Hippolyte et de Cléonice, et l'évêque Bertaut, qui sonné-
tisait et psalmodiait tour à tour ; il y eut surtout Agrippa d'Aubigné,
dur, sûr, violent, féroce, esprit et cœur de fer, dont, certes, la juste
place n'est pas encore marquée dans l'admiration française, Agrippa
d'Aubigné, à tel point abondant en impétuosités de haine et d'amour et
en métaphores formidables, qu'il pourrait être compté au nombre des
premiers parmi les plus puissants lyriques, si l'indignation et l'enthousiasme valaient en effet l'inspiration, s'il n'y avait dans ses plus
forcenés emportements, plutôt que du lyrisme, une éloquence pro-
clamatoire de tribun guerrier ou de prêcheur sectaire, et si, par le
presque terre-à-terre toujours de son énorme essor, qui va droit et
vite, mais peu haut, si, par la prose dont, même terrible et effréné,
ne se désempêtre pas son vers, il n'apparaissait surtout comme l'aïeul
des grands pamphlétaires du journalisme moderne. Veuillot ne sera
pas éloigné de lui ressembler. Vous le retrouverez, plus poète, dans le
violent génie éphémère d'Auguste Barbier. Mais l'auteur des *Châtiments*
ne ressemble qu'à Isaïe, qu'il dépasse. Et il y eut aussi cet admirable
Régnier, plus ronsardien, au reste, par choix d'école que par naturel.
C'est une étrange idée qu'a eue Sainte-Beuve de voir en lui le Montaigne
de la poésie française, car il fut, précisément, dépourvu de toute hésitation et de tout juste milieu. Je l'imaginerais plutôt comme un Villon,
doué de moins de tendresse, mais d'un plus sûr regard d'observateur ;
peut-être aussi n'est-il point sans analogie avec l'antique Rutebœuf,
qu'on relit trop peu. Ce qui est certain, c'est que, quoique devant
beaucoup aux poètes de Rome et ne laissant pas d'avoir beaucoup
emprunté au Ronsard des *Discours de la Remonstrance* et de la *Res-*
ponse, il est surtout, encore que très lettré, très personnellement
« populacier », à prendre ce mot dans un sens d'éloge : de tous les poètes

de son époque, il est le seul qui, sans être gêné de souvenirs, encore qu'il traduise Horace, et sans être troublé de rêve, encore qu'il se croie inspiré, ait regardé l'humanité dans la réalité de la maison, du tripot, de la rue ; et son vers, en général sans exemple, son vers, vivant d'une familiarité de prose, subtil cependant, vif, imagier, — pittoresque, comme nous dirions aujourd'hui, — ne trouvera de ressemblance qu'au vers de Molière, plus large et plus sûrement significatif, mais moins « peuple », plus rassis, plus bourgeois. Déjà, comme Molière va être lui-même, Mathurin Régnier apparaît, dans notre nation littéraire, exceptionnel. — Mais, même sans tenir compte des résistances opposées à sa victoire, Malherbe ne fit, en somme, que canaliser le torrent de la Pléiade. Il ne fut, après la révolution, qu'une sorte de modérateur ; il a ralenti le mouvement de la Renaissance, il ne l'a pas interrompu ; il n'est pas moins grec, pas moins latin que les poètes dont il crut rebrousser et abolir l'influence. Par l'excès, d'abord, de la ruée, puis, par le lent effort d'une pénétration plus méthodique, l'Antiquité a conquis définitivement la France ; celle-ci s'est peut-être un peu désitalianisée, voilà tout ; et, après le torrent Ronsard, et Malherbe, barrage à claire-voie, s'épandit, fait des eaux de la même source, s'éploya, resplendit en surface calme le grand et beau lac du xviie siècle classique.

J'insiste sur ce point qu'a trop négligé l'attention çà et là dispersée et détournée de la vérité générale par l'étude minutieuse de tel ou tel groupe poétique, par la minutie de l'admiration vers telle ou telle individualité. Après la turbulence de sa victoire, vers le milieu du xvie siècle, turbulence qui fut seulement réglée par de Malherbe, c'est la Renaissance qui tient, qui possède, qui assujettit tout l'âge littéraire appelé le siècle de Louis XIV ; quoi qu'en ait pu penser et écrire Boileau, c'est Ronsard qui persiste et triomphe non seulement dans les cent poètes lyriques, bizarres, burlesques, que, en un récent volume, M. Paul Olivier a pris plaisir à rassembler, non seulement en la préciosité de l'hôtel de Rambouillet, qui, par delà la Pléiade même, se rattache à Guillaume de Lorris et à Jean de Meung (il y eut la Rose du *Roman de la Rose* dans la guirlande de Julie), mais chez les Tragiques et les Comiques qui illustrèrent incomparablement l'un des trois grands âges de France; et voici notre Sophocle, notre Euripide, et notre Térence avec notre Plaute. Seulement, par l'affleurement de sentiments neufs à l'antique surface, et par la rectitude, la clarté, la solidité de la forme (l'idée surgit, d'une espèce de cristal marmoréen), notre théâtre sera lumineusement et fortement français. Des matériaux, discords, épars, mouvants, de la Renaissance, s'érige enfin un monument à la parfaite ordonnance.

Pourquoi la Renaissance devenue le classicisme favorisa-t-elle, bien loin de lui nuire, ou de le détourner de sa voie personnelle, notre génie théâtral? Pourquoi, de même qu'elle opprima ou refoula non seulement l'esprit gaulois, mais l'esprit frank, c'est-à-dire notre intimité lyrique et épique, ne gêna-t-elle point notre essor tragique et comique? Je pense que j'en entrevois la double raison. Tout d'abord il faut dire, (et cette parole, de ma part, étonnera peut-être), il faut dire que, dès qu'il a cessé d'être la chanson à deux voix des primitifs tréteaux thespisiaques, ou l'hymme au seuil des temples, et la récitation, par un ou plusieurs masques énormes, des théogonies avec les faits des héros-dieux; dès qu'il consiste surtout, selon son développement normal, en l'action humaine, illustre ou humble, sublime ou basse, humaine toujours, ou semblant l'être, et en l'expression des sentiments tels que nous les éprouvons, par des paroles telles que nous les disons, le Théâtre, à parler d'une façon générale, et hors des cas où il plaît aux poètes de tenter la résurrection des vagues époques lointaines ou l'invention du pur idéal, doit différer presque totalement de l'ode ou de l'épopée; il doit faire vivre par l'action et la passion l'humanité même; et il n'en serait pas moins empêché par l'abondance torrentielle du lyrisme que par la sublimité épique, celle-ci se résignât-elle à des familiarités de langage. Ce n'est point que le discours tragique ou comique ne puisse être une poésie en effet, mais ce doit être une poésie particulière, et qui, autant que ses sœurs lyrique, épique, capable de beauté, use, pour atteindre à l'idéal commun, de moyens qui ne sont pas les leurs et qui lui appartiennent en propre. Je sais bien qu'en parlant de la sorte, je renie l'opinion de beaucoup de mes maîtres, et notamment de celui qui, par une simplification sans doute admirable, fit consister tout le

génie du poète en le seul essor lyrique. Je me résigne à cette infidé-
lité. Je suis persuadé qu'une poésie de théâtre peut exister, que dis-je,
a existé, sans ressemblance, autre que l'indispensable génie du poète,
avec l'ode ou l'épopée. C'est pourquoi, dans la suite de ces pages,
j'oserai dire que, malgré tant de chefs-d'œuvre, qui, sur notre scène
moderne, ont acquis et mérité tant de gloire, notre xixᵉ siècle, justement parce qu'il est le plus grand de nos âges lyrique et épique, s'est
haussé à l'énormité, à la singularité, plutôt qu'à la perfection, dans le
drame; et, malgré *Hernani*, *Ruy Blas* et les *Burgraves*, c'est le siècle de
Polyeucte et d'*Athalie* qui est, sinon la plus éclatante, du moins la plus
irréprochable époque de notre Théâtre. J'aurai à insister sur cette façon
de penser, qui, chez le néo-romantique que je me glorifie d'être, ne
laisse pas que de ressembler quelque peu à un blasphème. Revenons.
Puisque la Renaissance ne s'en prenait qu'à notre instinct de chant et de
récit, elle ne présentait aucun obstacle à notre tragédie ni à notre comédie; au contraire, elle les servait, en leur offrant des modèles, en leur
marquant des cadres, dont elles n'auraient pu trouver l'équivalent dans
le passé de notre propre race. S'il est déplorable que la cantilène
populaire, source nationale de l'ode, et que la chanson de geste, réalisation déjà de notre épopée, aient été vaincues, d'abord par la
laide farce bourgeoise, bientôt affinée en malice marotique, puis par
l'érudit et subtil exotisme de la Pléiade, il ne faut pas du tout regretter que tout lien de succession ait été rompu par nos poètes dramatiques et comiques avec la niaiserie des Mystères et la stupide
drôlerie des Farces et des Soties. Aucun esprit, même tout entiché
d'archaïsme, ne saurait découvrir une valeur d'ingéniosité, ni une
promesse d'art, dans l'informe et nul amas de tant de *Miracles de
Notre-Dame*, — exceptons les cas où il s'y mêle quelque chevalerie,
quelque point d'honneur d'Espagne, — et de tant de facéties écolières, intermèdes rénovés de la Fête des Fous. Il y a la Farce de Patelin. C'est peu. Puisque donc la France n'avait pas eu d'instinct théâtral digne d'être réalisé en art, il était légitime et il fut heureux que
notre Théâtre rejoignît, par delà l'infécond moyen âge, le Théâtre
antique, et en découlât. Cela était d'autant plus dénué d'inconvénients,
que le Théâtre, puisqu'il est, de son essence, obligé à l'observation et

à l'expression de l'état d'esprit contemporain, ne peut garder, des œuvres dont il procède, qu'une ressemblance seulement superficielle. Il peut tenir de l'antiquité, ou du voisinage, des costumes, à peu près, et des noms et des sujets; mais ces costumes, de jadis ou d'ailleurs, vêtent des corps actuels, les noms sont des pseudonymes, les sujets s'adaptent à des actions contemporaines, imaginaires ou réelles. Qui ne sait que *Bérénice* est une histoire de cour où Titus n'est pour presque rien? Voyez ce qu'il reste des *Guêpes* dans les *Plaideurs*. Certes, le Théâtre du xviiᵉ siècle est né de la Renaissance, mais il vit de la vie de toute la société contemporaine, et aussi, par le génie de ceux qui le créèrent, — car toujours le génie déborde le temps, — de l'universalité de la vie humaine. C'est pourquoi il est si grand, en dépit de l'étroitesse des règles, et si personnel, malgré le drame grec. Il abonde, cela est évident, en réminiscences, mais il se personnalise en des sentiments récents, même en des modes de sensibilité et de langage, qui, d'ailleurs, se généralisent par l'humanité de la passion ; et l'on pourrait dire en souriant que la tragédie de Racine danse, noblement et mélancoliquement, dans un temple antique, le menuet de toutes les âmes tendres et déchirées. Ce qui fait que Pierre Corneille, devant qui l'éternel respect des esprits s'agenouille, plus grand poète que Racine, n'est pas, quant au Théâtre, aussi parfait que lui, c'est que, en son génie, comme solitaire, éloigné des contingences, il dédaigna d'être le contemporain de soi-même. En réalité, il n'est d'ici que par d'aimables et volontaires condescendances. C'est exprès qu'il est maniéré, subtil, joli, comme on l'était; et s'il s'accorde à l'hôtel de Rambouillet, qui ne voudra pas de *Polyeucte*, c'est pour que, mis à la mode, on ne le prenne pas pour un homme de la province. Mais, dès qu'il renonce au bel air, dès qu'il se révèle soi-même, et tout entier, il semble presque étranger à son temps; sa « province », c'est l'énormité lointaine de la Grèce fabuleuse, de la chevaleresque Espagne et des pompes de Rome, et de la barbarie errante d'Attila; hormis dans les cas où Pierre Corneille prétend à rivaliser de grâce avec de « jeunes rivaux », il tâche vraiment à évoquer, sans allusions à l'actualité, la grandeur des âges anciens. Nul, plus que lui, ne semble préoccupé de l'attitude, comme hiératique, de ses

personnages ; aux plus beaux moments de son œuvre, son vers a la
sublimité d'un geste de héros ou de dieu. Ne voyez-vous point surgir
ici l'image du véritable génie Cornélien ? J'ose penser qu'en effet il fut
plutôt destiné à l'épopée qu'au drame. Certes, Pierre Corneille eut,
avec un art très ingénieux, trop subtil parfois, de composition théâtrale,
l'admirable puissance d'inventer des effets tragiques qui font penser
aux « lances » de Calderon ; et qui donc n'admire pas en lui la grandeur
et la finesse oratoires, l'éloquente impartialité, — chose indispensable
au véritable auteur dramatique, — qui plaide bien telle ou telle
passion tour à tour ? N'est-il point vrai cependant que ce qui s'évoque
dans la pensée, lorsque son nom est prononcé, c'est la vision d'un
peuple de grandeurs surnaturelles, majestueux même en la plus forcenée violence, pompeux même en les plus délicates et les plus maniérées tendresses, et toujours sublime, non sans familiarité, parfois ?
Oui, l'auteur d'*Horace*, de *Polyeucte*, de *Pompée*, de *Théodore* et de *Su-
réna* est un poète épique, et le plus grand qu'il y ait eu au théâtre
avant l'auteur des *Burgraves*. D'autre part, à peine gâté par quelque
avocasserie abondante dont il ne peut s'empêcher de paraître enchanté,
Pierre Corneille profère de magnifiques éjaculations de lyrisme chrétien, soit dans *Polyeucte*, soit dans *Théodore*, et d'infinies tendresses
lyriques, dans ses premières comédies, ou dans les élégies de *Psyché*,
ou dans les dialogues sentimentaux d'*Agésilas*. Et voilà justement
ce qui, de son temps et dans la postérité, lui a nui, en tant qu'auteur de tragédies et de comédies. Ajoutez que, par cette noblesse
d'âme qu'il avait donnée au vieil Horace et à Cornélie, et par goût
personnel, il ne voulut point rompre avec les Hardy, les Tristan, les
Cyrano, avec tous les fils de Jodelle, qui mêlaient l'ode et le drame
dans l'Évohé d'une Dionysiade gréco-latine ; même après avoir revêtu
le péplum classique, il ne dédaignait pas, avec la gueuserie royale que
lui avait conseillée Guilhem de Castro, d'arborer le haillon de la
Renaissance. Cela fit surtout plaisir à Saint-Amand, à La Fontaine, à
Saint-Évremont et à Mme de Sévigné. Et l'avenir aussi, le juste avenir,
a dû ne pas voir en Corneille le plus définitif, le plus parfait de nos
poètes dramatiques. Mais quel esprit un peu haut ne s'éblouirait pas à
rêver ce qu'eût été Corneille, ce que Corneille, épique et lyrique,

eût donné à la France, si, par une rencontre qu'aurait dû prémé-
diter la Providence, il avait été mis en jonction, non pas avec l'artificielle rhétorique des suivants de la Renaissance, si artificielle elle-
même, et non pas avec l'Espagne, de qui l'influence, heureusement
d'ailleurs, remplaçait l'influence italienne, mais avec les vraies sources
nationales, latentes, toujours vivaces sous les conquêtes de l'antiquité
et les empiétements du voisinage, de l'immortelle race franke? Qui
pourrait sans une joie énorme, suivie d'un déchirement de regret,
concevoir, tout à coup, un Pierre Corneille qui, prenant à pleines
mains de créateur la matière épique et lyrique de la Chanson de
Geste et aussi la drôlerie infâme du fabliau et aussi la scolastique mignarde et révolutionnaire du *Roman de la Rose* et quelques splendeurs
aux bûchers des Mystères, en aurait construit souverainement, ode,
épopée, théâtre aussi peut-être?, une œuvre où eût rayonné définitivement et pour ne jamais s'éteindre, notre total génie de France?

Ce fut donc alors le règne, absolu et légitime, de Jean Racine, qui,
pas épique, rarement lyrique, ne possédant même point, peut-être,
toutes les perfections de style que lui attribue la tradition des rhétoriques, mais s'aidant de l'antiquité et si intimement imbu de passion
vivante, répandait, dans les moules de l'immémoriale tragédie accom-
modée à la mode, une intensité sentimentale dont le charme et la force,
la vérité aussi et la netteté, malgré la dispersion apparente en les mille
méandres de la plus raffinée des psychologies, se manifestèrent sans
exemple et ne seront jamais surpassés. En même temps règne Molière,
miraculeusement exceptionnel. S'il est, lui aussi, l'élève de la Renaissance, rien de l'humanité entière ne lui est étranger ; il est un esprit
qui absorbe toute la vie et la résorbe en la ressemblance condensée
d'elle-même ; il peut faire tenir tout le mensonge en un seul hypocrite,
toute la loyale rudesse en un seul franc homme, qui parle haut. C'est la
prodigieuse faculté de Molière, de concentrer dans un personnage toutes
les généralités que son caractère évoque, sans que sa particularité, vrai-
semblable, fréquente, étroite s'il le faut, nous en paraisse singularisée ou
élargie. Certains grands auteurs comiques ont créé tel ou tel personnage
pareil à telle ou telle personne de la réalité, d'autres ont conçu des types
d'après des idées ; Molière, seul, sans que jamais dans son œuvre on

puisse surprendre le point où l'individu devient genre, ou bien le genre individu, invente des êtres pareils à la fois à un seul être et à tous ses congénères; et lorsqu'il semble se complaire à quelque détail d'originalité, il fait émaner, d'un tic, une ressemblance universelle. Il pourrait être comparé à un miroir fait de mille petits miroirs destinés, chacun, à refléter l'une d'innombrables fractions, et qui les résumerait toutes, sans que pas une s'effaçât, dans une image unique et simple. Une autre grandeur concilie à Molière l'admiration enthousiaste et sympathique aussi de ceux-là mêmes que l'exagération des paradoxes d'écoles détourna de lui; cette grandeur, c'est la bonté. Ceux qui ne se bornent pas à voir représenter quelquefois le *Dépit amoureux* ou les *Fourberies de Scapin,* ceux qui lisent assidûment Molière, ne peuvent se défendre d'une profonde émotion tendre pour ce délicieux homme. Tout à l'heure, j'ai écrit : exceptionnel; Molière ne l'est pas seulement par une spéciale et suprême intelligence, mais aussi par une douceur de cœur, par une effusion d'âme, non moins manifeste dans son œuvre que dans son existence. Oui, certainement, — relisez les anecdotes, concluez en la vie, — Molière a été un des meilleurs hommes qui aient vécu ; chez cet élève de Gassendi, un peu sceptique sans doute, chez ce comédien naguère errant qu'auraient pu dissuader de la confiance les décevants hasards de l'amour, chez ce protecteur des jeunes génies qu'aurait pu décourager la trahison de leurs succès, chez le longuement malade qui dut prévoir l'agonie solitaire et les obsèques désertées, ne s'éteignit jamais la foi douloureusement souriante en l'avenir de la pensée, en la câlinerie en vain traîtresse de la femme, en la franchise des hommes, en la beauté des nobles œuvres. Ce grand esprit fut un cœur charmant. Lorsque, en des heures de rêverie, on s'imagine que l'on aurait pu vivre avec ceux que l'on admire, c'est surtout de Molière qu'on voudrait avoir été le compagnon. Comme il eût été intéressant de s'entretenir avec Racine ! comme on aurait écouté, avec une humble révérence, le verbe de Corneille ! Mais combien plus doux nous eût été d'être l'ami de Molière, et de regarder se mouiller à peine ses yeux doux quand il racontait quelque mélancolique histoire de jeunesse ou levait, parmi les rouges verres des autres, sa tasse de petit lait, dans la villa d'Auteuil. Il fut doucement triste, et c'est le charme infini. La gaîté de quelques-unes de ses comédies n'est qu'une bonté de plus. Son rire, ou ce qu'on prend pour son rire, est la plus méritoire concession que le génie ait faite à tout le monde..... Achevons. Le poète Pierre Corneille, — si l'on prend le nom de poète, comme il convient ici, dans son sens exclusif, — fut plus grand que Racine, bien que Racine ait eu tant de charme et d'intimité poignante ; fut plus grand que Molière, bien que Molière en ses œuvres vastes et généreuses ait parlé une langue si extraordinairement adéquate au vouloir de sa pensée ; mais Corneille, lyrique et épique, écrivit pour le théâtre, tandis que Racine, tragique, et Molière, comique, furent le théâtre lui-même ; et il n'y eut, au xviiᵉ siècle, ni ode ni épopée.

Au xviiiᵉ siècle, il n'y a plus de poésie du tout. Naguère elle se perpétuait, assez misérablement malgré les subtilités et les joliesses, dans les menuailles des poètes galants qui ronsardisaient à l'hôtel de Rambouillet selon la préciosité des « rhétoricqueurs » d'avant et d'après Marot. Il y avait eu ce franc Saint-Amand, buveur populacier, ripailleur-rimailleur, qui eut deux ou trois fois le vin mélancolique, et de qui le broc, fantasquement, sonna de bric et de broc ; il y avait eu surtout ce douteux Jean de La Fontaine, que Lamartine a trop méprisé, sur lequel Victor Hugo a omis de dire son avis, ce Jean de La Fontaine qui laisse encore assez perplexes la plupart des poètes. Il est bien évident que ses fables, où se cache à peine un esprit assez bas, où l'affectation de la simplicité est à chaque instant démentie par une affectation aussi de rouerie, ont quelque chose de pénible et parfois de répugnant ; que ses contes sont bien de nature à choquer par la sournoiserie de l'obscénité, par la malice à la fois puérile et vieillotte, — héritage du fabliau, — de tout faire entendre sans presque rien dire ; et quand Jean de La Fontaine, quittant, fable ou conte, le récit où d'ailleurs il excelle par un sûr emploi du mot juste et par de jolis tours de langage et de rythme, se hasarde aux œuvrettes lyriques, il ne semble pas, tout d'abord, qu'il surpasse très sensiblement les communs faiseurs de madrigaux, de rondeaux et de ballades. Cependant il inquiète, et cette inquiétude n'est pas dépourvue de charme. Il faut reconnaître que, même dans ses fables et dans ses contes, que surtout dans ses poèmes à la mode, prose et vers mêlés, il y a on ne sait quoi que n'eurent point tant d'autres rimeurs ses contemporains. Vraiment oui, il laisse voir çà ou là quelque chose qui ressemble à de la tendresse, et chez lui, premier peut-être, on peut trouver une certaine impression de la nature et comme un tout menu sens du paysage. Ce très mondain bonhomme, qui vivait dans la domesticité des maisons illustres de la ville, paraît avoir fait une différence entre tel ou tel arbre; tous les arbres alors, grands, étaient des chênes, petits, des rosiers ou des lauriers; on est souvent tenté de croire qu'il a découvert des arbustes, pas prévus dans l'art poétique, au bord de ruisseaux qui étaient vraiment des ruisseaux; ses nymphes, plus d'une fois, courent entre de vraies herbes; et c'est surtout dans ce pittoresque comme involontaire, dans cette compréhension peut-être ingénue de la nature, qu'il faut chercher une excuse au prolongement de la gloire de La Fontaine; il fut en réalité, non sans quelques émotions sincères, et avec quelque ressemblance à de la chanson populaire, un aimable et fin paysagiste. — Mais au xviiie siècle, rien de pareil même aux « poetæ minores » précédents; et voici le temps de la pensée.

Certes, le Poète pense; c'est de lui, dans les temps nouveaux, que se répandent les augustes conceptions du progrès social; non pas, entendons-nous bien, dans les minuties du détail quotidien, ni dans la médiocrité des luttes politiques, mais dans l'universalité de l'idéal. Or, jusqu'à ce temps, la poésie, en apparence, toujours, et, trop souvent, en réalité, s'était réduite à des menues fonctions de charme ou d'amusement, et il était normal qu'elle cessât d'être, momentanément, lorsque l'humanité, courant au plus pressé, songea à conquérir ses droits de matérielle liberté. Ils ont surgi, ou ils vont surgir les génies extraordinaires par qui se rénovera le monde; quelques-uns porteront quelques loques poétiques, comme un déguisement d'anciens courtisans, à tromper les grands et à entrer chez eux; mais, en vérité, voici le siècle où l'art n'existe plus par lui-même, ni pour lui-même, où il n'est qu'un prétexte.

Que la Lumière soit! et Voltaire fut.

Cette lumière-là, c'est la Raison. Elle propagea par toute la France et par tout l'univers ses rayons sûrs et précis : la vérité, l'équité, la liberté. Ils pénétrèrent, fécondèrent l'ombre humaine; et naquit le

monde moderne. Mais ces éblouissements : l'illusion, le rêve, la beauté
des êtres et des choses, et l'amour aussi, s'évanouissaient dans la nouvelle clarté, nette, consciente, impitoyablement lucide, qui ne tolérait
pas, même resplendissant, le mystère ; elle s'était levée enfin, non pas
pour être belle, mais pour qu'on y vît clair. Et la poésie, — car, jusqu'alors, grecque, latine ou étrangère, toujours conventionnelle, elle
ne s'était encore imbue ni de nationalité personnelle ni d'humanité
libre, — la poésie, dis-je, ne fut plus qu'un souvenir.

Hélas! sans poésie, il y eut des poètes ; et ce fut, en même temps
qu'abominable, à peine exquis, quoi qu'on en ait pensé. Voici le temps
du mensonge, non pas grandiose ou tendre, avec des loyautés d'illusion, mais du mensonge menu, libertin, qui laisse bien voir qu'il ne
croit pas un mot de ce qu'il dit. Oui, l'affectation même de la vérité
manquera à ce mensonge-là. Non seulement il n'y aura rien de vraiment beau ni vraiment bon, mais encore rien de sincèrement joli en
effet, ni de malin pour de vrai, dans la fête masquée et musquée où
s'amusera le xviiie siècle-poète ; et la petitesse de l'Art s'avilira encore
jusqu'en les modes du métier que savent les Abbés et les Colporteurs.
Les « rhétoricqueurs » d'avant Marot peuvent, de leurs mignoteries,
faire valoir cette excuse, qu'il y avait alors quelque mérite à pédantiser
avec subtilité et non sans grâces. L'hôtel de Rambouillet montrait
une belle solennité à faire porter la queue-envoi des princières ballades par les rondeaux, pages de Cour ! les préciosités les plus futiles
gardaient quelque chose de la cérémonie des menuets tragiques de
Racine. Ici, il n'y a même plus de rhétorique artiste, et le bel esprit,
bien qu'il aille à Versailles, s'encanaille aux Porcherons. Orphée ou
Benserade, autant que Saint-Simon, auraient bien le droit de regretter
l'étiquette. C'est par une erreur, trop facilement acceptée, qu'il est convenu d'admirer chez les rimeurs du xviiie siècle, à défaut de grandeur
et de sincérité, un charme de grâce et de finesse. On les fait bénéficier,
en leur en accordant à tort quelques parcelles, de la merveilleuse
subtilité sentimentale de Marivaux, et de la psychologie, comme Cor-
nélienne, — je pense au Corneille précieux de *Psyché*, d'*Andromède*
et d'*Agésilas*, — de la psychologie, dis-je, de cet extraordinaire Crébillon le fils, esprit si minutieusement subtil, si pénétrant, si près

quelquefois d'éveiller une émotion intimement humaine, et de qui
hélas! le délicat génie a polissonné sur un trop célèbre *Sopha*. On
songe aussi à l'éperdu et farouche amant de la nature et de la
femme, au désespéré confesseur de soi-même que fut Jean-Jacques
Rousseau, et à des livres écrits par des femmes aimantes et aimables, et à l'*Histoire du chevalier Des Grieux et de Manon Lescaut*, dont
le changement des mœurs a fait un chef-d'œuvre que son auteur,
certes, n'avait pas prévu; car Des Grieux nous trouble par une pénible
anormalité de situation qui, de son temps, n'avait rien que de coutumier et d'admis. Mais ni Marivaux, ni Crébillon le fils, ni les belles
dames qui inventèrent, à peine, des romans ou écrivirent des lettres,
ni le presque toujours admirable Beaumarchais ne furent des faiseurs
de vers; et, à considérer isolément, comme il convient ici, les rimeurs
du xviii⁰ siècle, on aurait bien tort de se figurer leur muse sous l'apparence d'une fine marquise exquise, toute dentelle et soie, avec de la
chair de fleur fardée, et qui rit d'un rire pareil à un sourire, une
mouche posée, comme d'un coup d'aile de papillon, au coin de l'impertinente lèvre. Ce furent, au contraire, d'assez grossiers personnages.
Gresset, le plus aimablement badin d'entre eux, fait sacrer comme un
charretier ivre le perroquet des nonnes. D'autres mettent l'ordure en
madrigaux ou en épigrammes; leurs odelettes chansonnent; dans leurs
poèmes mythologiques, ils donnent aux déesses et aux nymphes, en
dépit du jargon courtisan, des airs et des propos de soubrettes malap-
prises; s'ils frayent avec Apollon, c'est dans l'antichambre de l'Olympe.
Huit ou dix impromptus mignards, que l'on cite encore, ne sauraient
nous faire changer d'avis; et partout, même chez les moins vils, jusque
sous les allégories, jusque parmi les didactismes idylliques ou bucoliques, éclate, ressouvenir de l'abominable *Pucelle*, cet impardonnable
mépris non seulement de la Virginité, de la Beauté et de l'Amour, mais
aussi de la sensitivité féminine qui, d'une pudeur que désormais on
ne lui permet même pas de feindre, voudrait, d'un instant du moins,
retarder le baiser. Il faudra arriver jusqu'à Évariste Parny pour trouver
un poète qui ait aimé, peut-être. Homme étrange alors, ce Parny, vraiment ému, je le crois, et singulier par le choix des sujets, et pittoresque par le goût de l'exotisme, et de qui l'Eléonore — qui sait? —

est peut-être l'avant-cousine de la divine Elvire. Mais la *Guerre des Dieux*
joua un mauvais tour à sa gloire, comme le *Sopha* à celle de Crébillon
le fils. C'est, trop souvent, de l'œuvre où il livra la moins bonne part
de lui-même, que la postérité conclut l'âme d'un poète. Elle n'a pas le
temps de lire les « Œuvres complètes »; ce qu'on prend pour sa justice
n'est souvent que l'acceptation de la mode autrefois contemporaine.
Mais quelques hésitations sur telle ou telle personnalité ne sauraient
diminuer la valeur d'un jugement général; on peut affirmer que, contrairement à l'opinion qui voit en eux des charmants, des « polis »,
des subtils, des parfumés, les poètes du xviiiᵉ siècle eurent l'âme et la
parole vulgaires, autant que petit le génie; que la plupart ne furent
pas moins la fausse élégance que ce boursouflé rhéteur, Jean-Baptiste
Rousseau, ne fut la fausse grandeur; et qu'ils étaient, poétiquement,
pis que des courtisans, des laquais. Une chose surtout les déshonore,
c'est qu'ils furent sinon les auteurs, du moins, par leur silence, qui
impliquait quelque acceptation, les complices de la plus exécrable
multiplicité d'œuvres totalement obscènes dont une époque littéraire
ait jamais été souillée. Alors, des ouvrages écrits en français furent,
vers ou prose, la furieuse et cynique exaltation de l'ignominie sexuelle;
après beaucoup d'Hésiodes du rut ordurier et de la monstrueuse débauche, le marquis de Sade apparut comme un abominable Homère.
Non, il n'y avait pas de poètes dans ce temps, puisque aucun cri d'amour
ne protesta contre la déchéance du baiser en débauche, du délice en
saleté et en terreur, de l'étreinte en étranglement qui a du sang aux
ongles! Et l'horreur avait pour envers la fadeur. Comme il faut que
tout finisse par des chansons, ce temps s'acheva dans les romances de
M. de Laborde pour la reine Marie-Antoinette, à la laiterie de Trianon.

Le lait prit très vite la couleur du sang. L'heure vient, — heure
sonnée par le tocsin d'une rouge aurore, — où rien ne se produisit
de semblable à quelque chose que l'on aurait pu prévoir. Par une
extraordinaire explosion, toute la France se rue à la possession de soi-
même. Plus de vers. Seule, une chanson surgira, faite par n'importe
qui; ce ne sera pas un poème, ni une musique, ce sera tout le cri
de tout un peuple! Mais ne pensez pas que, si indépendante qu'elle
paraisse de l'évolution poétique, la Révolution n'aura point d'influence

sur elle. Bien au contraire. Elle engendrera prochainement, — fait de tous les éléments concentrés de notre race, — un mouvement littéraire qui ne ressemblera, tant il sera personnellement français dans sa multiplicité unifiée, à aucun moment de l'essor intellectuel d'aucune autre nation. Pendant 89 oratoire, pendant 92 guerrier, pendant 93 tueur, pendant toutes les années républicaines ou impériales, il n'y aura pas de poésie, ni même de littérature ; toute notre faculté de vivre sera absorbée en l'éloquence de la tribune et en l'héroïsme du geste guerrier ; fondues dans une unité revendicatrice, toutes les races dont se forma la France ne seront plus que verbe de tribun et acte de conquérant. Et non seulement ce verbe et cet acte délivreront le monde et glorifieront, même par les excès et les défaites, la patrie ; mais, fait admirable, dont l'évidence, je l'espère, va être établie, ils auront la gloire de fonder, après la France moderne, la véritable, la totale poésie française. Oui, c'est grâce à la Révolution populaire et militaire que s'accompliront les vraies et immémoriales destinées de notre poésie. Cette affirmation, d'abord, peut paraître hasardeuse. Il me semble que, pour nouvelle qu'elle soit, il sera peu difficile de la justifier.

A moins qu'on ne veuille s'attarder aux médiocrités ou aux minuties, il faut franchir très vite, non sans quelque ironique admiration d'Écouchard Lebrun le Pindarique, ni sans étonnement de ce bizarre et soudain Népomucène Lemercier qui surgit là comme un énorme mamelon de sable, tout à coup, s'érige dans la plaine lorsque la chaîne de montagnes, au loin, n'est pas même visible encore, il faut franchir très vite, dis-je, la période Consulaire et Impériale ; poétiquement, elle n'est qu'une vaste lacune. Ce qui s'y perpétue, c'est l'ode d'après Jean-Baptiste, la tragédie imitée des plus viles imitations des chefs-d'œuvre de notre théâtre ; ce qui s'y prépare, c'est, dans la plate et spirituelle comédie bourgeoise et par les innombrables *Madame Angot,* le vaudeville et l'opérette. Mais, de notre côté de ce néant, voici bientôt, voici déjà l'apparition de la lumineuse époque poétique dont resplendira tout le XIXᵉ siècle, de son aube à son crépuscule. Supprimons par la pensée, et comme il sied en ce rapide travail, les avortements, les intervalles, les audaces et les indécisions des précurseurs ; considérons le bel horizon proche... Le Romantisme se lève.

Deux grandeurs ayant, entre elles, la plus prodigieuse avalanche de justice, de beauté, d'horreur, de gloires et de désastres, qu'ait jamais charriée le torrent de l'histoire, se dressent face à face ; là-bas il y a la Révolution, ici il y a une révolution aussi ; l'une a proclamé les Droits de l'Homme, l'autre décrétera et établira les Droits du Poète.

De même que, par la parole et l'action, à la tribune et sur les champs de bataille, enfin se manifesta après les autochtones assujettis, après les immigrations, après les partages et les accroissements, après les féodalités, les jacqueries, les communes et les monarchies, se manifesta, dis-je, avec l'aveu de toutes ses misères, avec toute l'urgente fureur de ses revendications, avec son héroïque amour de l'exploit, et sa patience à supporter les revers, une immense France comme inconnue, qui, par l'agglomération de tant de races se pénétrant l'une l'autre, était devenue désormais une patrie où prédominait heureusement à côté de la malice gauloise, qui doute, tâte et s'insinue, la primitive candeur barbare, brutale et simple, formidable et bonne, — de même, après tant de littératures diverses éjaculées de partout en notre fécond giron national ; après les allégories qui venaient de Provence, et les farces qui venaient du ruisseau ; après les « rhétoricqueurs », jolis pâtres adroits qui jonglaient tout petits avec les perles de la Marguerite ; après la délicieuse et désastreuse Renaissance, issue d'Italie ; après le Classicisme, fils auguste de la Renaissance, qui resserre la poésie jusqu'à l'étiquette, et en même temps l'élargit, dans la tragédie, jusqu'à toute l'âme humaine ; après les Riens, pas même jolis, érotiques et nuls, du siècle où Piron est encore préférable à Bernis, s'épanouit, sans avoir rien répudié de tout ce qu'elle avait reçu, et toute neuve pourtant, et parfaitement elle-même de n'avoir que renforci de tant d'engendrements divers sa fécondité personnelle, la vraie poésie française où, par l'ode et l'épopée, ces similaires du discours et de la conquête, triompha en œuvres sublimes, à côté de l'inévitable gauloiserie, le double instinct lyrique et épique de l'esprit frank, original ! Oh ! qu'il avait fallu attendre longtemps cette réalisation en chefs-d'œuvre du primitif, nombreux et fruste nous-même. C'est ainsi que 1830 fut le pendant de 1789.

Il me serait pénible d'admettre que l'on pût voir, en ce que je viens de dire, quelque intention de paradoxe. Je pense exprimer ici, pour la gloire du xixe siècle poétique, la vérité même; je vais essayer de prouver mon dire, sans m'attarder à trop de détails.

Que si l'on prononce devant des gens affairés et de qui le sourire pense à autre chose, ce mot : ROMANTISME, — mot, d'ailleurs, qui, pris dans son sens réel, n'a rien de commun, en France du moins, avec le temps et le mouvement littéraire qu'il désigne, — la première idée évoquée en eux est celle d'un gilet écarlate entre des bras qui s'agitent pour applaudir les rejets et les enjambements des tirades d'*Hernani* pendant que, des stalles d'en haut, des pelures de pommes de terre tombent sur des crânes d'académiciens! de sorte que le plus normal, le plus logique, le plus nécessaire, selon le vœu intime de notre race, le plus beau et le mieux réalisé de nos destins poétiques, s'avilit en une espèce d'émeute-farce qui a un drapeau rouge lacé dans le dos. Théophile Gautier a trop consenti à la bouffonnerie de cette légende pittoresque; sa gloire aurait pu dédaigner l'amusette d'une telle gloriole. N'ai-je pas vanté moi-même les « temps de belle folie où l'on jurait par sa bonne lame de Tolède, où tout homme qui ne portait pas à l'épaule, accroché d'une agrafe qui serrera trop la gorge de Don Saluste, le manteau court des cavaliers de Caldéron, passait pour un philistin, où quiconque s'appelait Louis se faisait appeler Aloysius, où Auguste Macquet signait Augustus Mac-Keat, où Petrus Borel, — dénué de talent, d'ailleurs, s'imaginant que la lycantropie peut suppléer au génie, et banal dès qu'il n'est plus furibond, — où Petrus Borel allait dire au bourreau de Paris : « Je désirerais, Monsieur le bourreau, que vous me guillotinassiez »? Temps de fantaisie exaspérée, mais aussi d'admirable enthousiasme, contempteur fantasque à la fois et fanatique du vieux, du laid, du vulgaire, de l'étroit, de tout ce qui, dans les mœurs et dans l'art, était classique et convenu; temps extraordinaire en effet qui ressemblait à un mardi-gras et à une croisade! » J'avais tort de parler avec une légèreté si falote; je ne me juge pas absous par l'exemple de Théophile Gautier qui, une seule fois, ne fut pas tout à fait irréprochable. Il est bien certain que la jeunesse a droit à quelque fantaisie, même dans la poursuite d'un très pur et très sévère idéal. N'importe; il eût mieux valu que, vieillis et souriants, les his-

toriens du jeune romantisme n'eussent point adhéré à la constatation
de drôleries qu'excusait peut-être la résistance, à l'esprit nouveau,
des esprits rassis et des bourgeois importants. Il eût mieux valu ne
point faire cette concession à la correcte et impassible chambellanie
de Gœthe; il ne faut jamais, à propos de choses graves, prêter à
rire aux sots. La propension qu'ont eue les reporters d'hier et d'aujourd'hui à railler la chevelure abondante des parnassiens et les
cheveux plats et longs de quelques esthètes, a été plus nuisible
qu'on ne croit à l'acceptation des œuvres parnassiennes, à la discussion équitable des théories symbolistes. Théophile Gautier avoue
qu'il fut très surpris et presque choqué de trouver en Victor Hugo,
le jour de la première visite qu'il lui fit, un jeune homme simple et
correct, habillé comme tout le monde et dénué de toute excentricité
de geste et de parole. Victor Hugo tolérait les gilets rouges, — car on
est chef d'école, — mais n'en portait pas, et ne désirait point qu'on
en portât.

Victor Hugo était la jeune France, il était surtout l'immémoriale
et éternelle France; il n'était pas Jeune-France.

Je n'aurais pas insisté sur cet acquiescement de Gautier, l'un des
plus parfaits romantiques, à la légende du romantisme extravagant,
si je n'y voyais la source probable de l'opinion commune, qui persiste
encore, sur le bric-à-brac éclatant, sur le geste et le verbe fou au
nez des bourgeois gardes-nationaux, dont on ridiculise encore les premières manifestations de notre poésie. La fantasquerie des pourpoints,
des cuirasses et des grandiloquences avec des jurons pittoresques ne
sont que la farce de quelques bousingots en belle humeur; il y avait
quelqu'un qui, — de même qu'un général en chef peu responsable
des jeunes recrues de son armée, — savait où il allait à travers les
amusements exaspérés de toute une adolescence un peu grise du vin
nouveau du génie.

D'autres personnes plus sensées, et de qui l'erreur, justement parce
qu'elle est plus défendable et plus logiquement défendue, demande à
être plus sérieusement réfutée, se gardent bien de ne voir dans l'effusion romantique qu'un carnaval furieux et amusant; mais elles le considèrent comme une aventure étrangère, contradictoire même à notre

tempérament. Et, pour cela, elles le réprouvent. Si, comme elles, je
m'en tenais à l'apparence dont elles s'autorisent, je serais tout de suite
de leur avis, çar on a pu voir mon ardente propension à ne préconiser
que la poésie réellement issue des sources ancestrales de notre race.
Mais je crois que, précisément, elles se trompent en ce qui concerne
ces sources Par le commencement et le progrès de leur éducation
littéraire, par la « naturalisation » en elles de la beauté classique, fille
de la Renaissance, dont elles ne sauraient se divertir ; par l'hellénisme et le latinisme qui les saturent, elles sont induites à croire que
cet hellénisme, que ce latinisme, où elles agréent la pénétration de
l'esprit gaulois, sont devenus l'âme même de notre race; elles voient
une nationalité où il n'y eut que l'effet d'une conquête. De sorte que
tout ce qui ne sera ni latin ni grec, ou pour parler plus nettement,
ni Renaissance ni Classicisme, leur paraîtra un attentat à l'âme
française. Voyons tout de suite si le Romantisme, ou du moins ce que
l'on nomme ainsi, ne fut pas, loin d'être une importation étrangère,
la réalisation même de notre antique instinct.

Il est bien évident, — et qui donc songerait à dire le contraire? —
qu'au début du xixᵉ siècle la France fut pénétrée par le génie anglo-
saxon et par la pensée allemande. Il y eut Chateaubriand, qui procède
de Milton et de Klopstock; Chateaubriand, vaste, bien ordonné, déver-
sant en noble langue de notre pays, comme entre de rectilignes digues,
une imagination majestueuse comme un beau fleuve, grossie de
confluents étrangers. Il y avait tous ceux qu'une recherche de la
nouveauté, après tant de vaines imitations déchues jusqu'à la parodie,
inclinait à se renouveler par la ressemblance avec Schiller. Walter
Scott, sentimental et aventureux, maître des jeunes âmes, offrait le
facile roman historique, pittoresque et attendri ; et, depuis longtemps
déjà, cet obscur, bizarre, colossal et redoutable Shakespeare conseillait toutes les audaces à des traducteurs effrayés et réticents; et
il y avait Byron, inventeur de la mélancolie moderne. En même temps
Mᵐᵉ de Staël, extraordinaire femme-homme, absorbait, comme en
une pâmoison passive, ou conquérait frénétiquement la beauté extra-
nationale. Je pense que, à ce moment de notre histoire littéraire,
la France courut, par l'acceptation inspiratrice du génie hétérogène,

le plus parfait danger de ne jamais plus se ressembler à soi-même. Ce fut le temps chez nous du romantisme allemand.

Beaucoup de gens ne savent pas nettement ce que fut le romantisme en Allemagne. On lui attribue, à cause de la similitude nominale, une ressemblance avec la libération de l'esprit hors des étroites règles; en réalité, cette ressemblance n'existe pas. Le romantisme allemand, en tant qu'école, ce n'est pas Gœthe, même quand il écrivait *Gœtz de Berlichingen;* ce n'est pas Schiller, même quand il écrivait les *Brigands*. Le romantisme allemand, qui bafoua Gœthe et qui nia Schiller, ne consiste pas en l'inspiration même, ni en la forme où elle s'exprime, mais dans le choix des sujets; il put arriver que tel auteur, romantique dans une œuvre, fut classique dans l'autre. Sans doute, les romantiques d'outre-Rhin durent beaucoup à l'esthétique schillerienne, mais ils s'éloignèrent de Schiller parce que celui-ci préconisait l'ascension des lumières pendant qu'ils rejoignaient le mysticisme chrétien ou la mythologie puérile du moyen âge. Schlœgel, Muller, Werner, entendent la messe et communient; Gentz, Jarcke, s'attardent dans les antichambres où les valets enseignent quelle poésie plaît au maître; pendant ce temps, Tieck retrouve dans le lointain du moyen âge la nuit magicienne qui évoque au clair de lune les contes et les légendes. Celui-là est romantique, qui mêle en des rondes les Ondins et les Elfes aux lacs des mystérieux sous-bois, ou qui mène les chevaliers en quête vers les châteaux hantés où se plaignent les Damoiselles. Et d'autres écoles çà et là surgissaient, dans un tohu-bohu de systèmes et d'œuvres, et s'invectivaient, et se gourmaient; brouillamini prodigieux d'emportements et d'excès, *Sturm und Drang*, que traverse, enveloppée elle-même de vents et d'éclairs, l'imagination passionnée de Schiller, et que ne réduira jamais tout à fait le génie pacifique de Gœthe.

La France était-elle destinée à subir ce romantisme-là, avec ses brumes mélancoliques ou convulsées, avec ses orages d'ombre, et aussi avec la puérilité de ses vieilleries dévotes ou féeriques? Il n'a pas tenu à Mme de Staël, approuvée par Chateaubriand, qu'un tel désastre s'achevât. Oui, notre romantisme faillit être tout imbu de celui de Solger qui, pourtant, s'inquiétait d'Hélène, et de celui de Novalis, et de celui d'Hoffmann ; nous avons failli, cueilleurs de la petite « fleur bleue » dans le mystère des vieux manoirs et des cloîtres, où s'engouffre un vent fait d'un passage de spectres, devenir de fort acceptables poètes allemands ; et Gœthe qui nous surveillait, non sans malice ni inquiétude, n'y aurait rien trouvé à redire ; car il n'entendait rien au génie poétique français, lui qui préférait Du Bartas à Corneille et Béranger à Hugo.

En même temps que l'Allemagne nous offrait un moyen âge où sa récente mélancolie rêvait sur de vieilles tourelles, l'Angleterre nous envahissait de son spleen élégant ; elle exporta chez nous ce qu'on pourrait appeler le dandysme du désespoir ; car, pour ne point parler du très vaste et très haut Shelley, chez qui l'ennui, du moins, a la beauté de la douleur, — au commencement de ce siècle, Shelley nous fut à peu près inconnu, — Lord Byron ne laisse pas, en dépit de son énorme abondance désordonnée, d'avoir quelque ressemblance avec un Brummel qui serait un grand poète ; Petrone extraordinairement lyrique et ironique d'un cant presque néronien par la férocité, il fut comme l'arbitre des désolations distinguées et des martyres dédaigneux ; et son influence qui, selon quelque équité, aurait pu être moindre, — car il y a de l'exagération à voir, comme l'a fait Gœthe, dans Euphorion, qui est Lord Byron lui-même, le suprême enfantement de Faust et d'Hélène, c'est-à-dire de la Pensée et de la Forme, — son influence chez nous fut très puissante, sinon durable. Il semble que nous lui ayons surtout attribué une urgence de mode. N'importe encore qu'elle se ravalât d'une petite imitation d'attitude et d'habits, — Werther aussi nous avait conquis par la pèlerine de la redingote étroite à la taille ; elle ne laissa pas d'être considérable, et, il faut le dire, beaucoup plus générale, dans l'extériorité, il est vrai, que celle de Shakespeare lui-même.

Voilà une chose étrange, vraie cependant : le génie shakespearien, malgré la religieuse ferveur dont l'adoreront les maîtres de notre poésie moderne, exercera sur elle une domination, plutôt conventionnelle, plutôt officielle pourrait-on dire, qu'intimement accepté. Où en faut-il chercher la cause ? en ceci, que les adaptations de l'excellent Ducis l'avaient quelque peu « classicisé » ? je ne le crois pas. Ce qui

est plus probable, ce qui me paraît certain, c'est que, par la personnalité démesurée, mais si distincte, de son génie anglo-saxon, (car il
ne dut à la Renaissance, je l'ai dit, que ce qu'il eût été impossible,
en son temps, de ne pas lui emprunter), Shakespeare, au moment
même où allait s'épanouir notre vrai instinct poétique, en choquait,
en déconcertait la nationalité, longtemps latente. Nous pouvions accepter de l'étranger ce qui n'était que du dehors et de la mode, facilement assimilables — et on l'a bien vu — en singularité française.
Mais on ne s'assimile pas Shakespeare; il est trop grand et trop rude
pour qu'on puisse le recevoir en poussière insinuée; il est un bloc
infriable; si on consent à le subir, il écrase et abolit. Le drame allemand
en sait quelque chose. C'est une de nos gloires d'avoir, — par Voltaire,
oui, par Voltaire, encore que son envieux soin d'une dominante et
universelle renommée ait bientôt rétracté son admiration, — d'avoir,
dis-je, partagé les premiers le divin Shakespeare avec l'Angleterre, et,
peut-être, de l'avoir révélé à l'Allemagne; mais nous ne devions pas le
subir, ce Dieu. Nous avions, encore inconscient et toujours rebroussé
par des intrusions d'exotisme, le sentiment précurseur de notre dieu
à nous, en qui, comme la race anglaise en lui, s'incarnerait notre
antique et éternel «Moi» poétique; de notre dieu qui allait venir,
qui ne pouvait pas ne pas venir. Il nous fallait donc répudier, non la
divinité, mais les rites du sublime Baal étranger. Croyez bien que dans
les hésitations, d'ailleurs pusillanimes et absurdes, à représenter en
France une tragédie de Shakespeare telle qu'elle fut écrite, que même
dans le sourire inepte qu'éveille encore chez quelques critiques telle
ou telle énormité shakespearienne, persiste, sous l'imbécillité, notre
normale résistance à la conquête de l'esprit anglo-saxon; représentée
dans quelque café-concert, une parodie de *Macbeth* ou d'*Hamlet* est
vile, ignoble, honteuse pour qui l'écrivit, déshonorante pour qui s'y
plaît : n'importe; à considérer les choses d'une façon générale, elle est
l'inconsciente secousse, farce et bête, mais instinctive, d'une race contre
une race.

Mais Lord Byron, précisément parce qu'il était un moment, et non
une éternité, fut reçu chez nous comme un hôte bizarre et célèbre à
qui on fait honneur. Vers le même temps triompha le roman anglais;

Walter Scott, que, beaucoup plus tard, Augustin Thierry et Leconte de Lisle devaient admirer avec une complaisance qu'ils refusèrent à Balzac, prenait possession des âmes. On fut très romanesque alors dans une France qui s'éprit d'Irlande et d'Écosse; toutes les jeunes filles, de délice et de rêverie, non sans avoir appris un peu d'histoire, s'évanouirent en Ivanhoé.

Ainsi la poésie de France, grécisée, latinisée, italianisée surtout par la Renaissance; classique, ce qui était encore une façon d'être grecque et latine, avec moins d'Italie et plus d'Espagne, dans le xviiᵉ siècle; réduite, au xviiiᵉ, à cinq ou six contes, à douze épigrammes et à vingt madrigaux, et totalement abolie durant la Révolution, l'Empire et le commencement de la Restauration, allait subir, à une époque concordante avec l'invasion étrangère, une sujétion nouvelle; allemand ou anglais, il lui arrivait du génie dans les fourgons, comme on dit, des Alliés. Une Sainte-Alliance menaçait notre nationalité poétique. Et, pour lutter contre elle, qu'avions-nous? l'œuvre inachevée d'un jeune homme qui n'était plus.

Par un hasard singulier, d'où quelque providence semble ne pas être absente, c'est en 1802 que Chateaubriand, dans une note de la première édition des *Martyrs*, révéla à notre pays l'existence du poète martyr; la même année naissait Victor Hugo.

Cependant, quelle décisive influence pouvait avoir, au commencement du siècle où devait s'épanouir enfin notre vrai génie national, la retrouvaille de quelques exquis poèmes qui, venus, non pas à leur heure, mais après leur heure, restituaient et parachevaient, avec une grâce et un charme encore inconnus, une poésie ancienne, mais n'ouvraient pas une voie nouvelle, et ne différaient de tant de poèmes antérieurs que par beaucoup plus de charme personnel et un peu plus de sincérité grecque dans les ressouvenirs de l'idylle de Théocrite? Nul plus que moi n'admire l'œuvre charmante d'André Chénier. Dans ses poèmes parfaits, surtout dans l'inachevé de ses poèmes finis et dans les fragments de ses poèmes interrompus, il y a une délicatesse infinie que notre poésie ignorait avant lui, un pittoresque d'antiquité inconnu jusqu'alors. Que fût-il advenu de son délicieux génie, si la mort ne l'avait fauché dès les premières fleurs? Écartons l'idée du déplorable

assagissement auquel aurait pu se résoudre un poète vanté en ses
jeunes années par Lebrun le Pindarique. Mais quoi! tel qu'il nous
apparaît à travers même d'excessives admirations, il n'est qu'une plus
exquise adaptation de l'esprit grec à notre race! c'est toujours la
Renaissance. Il eût mal réussi, en dépit des acquiescements de Chateaubriand, des pastiches du jeune Victor Hugo et d'Alfred de Vigny,
si jeune aussi, à repousser l'invasion étrangère; et, en tout cas, son
exemple ne pouvait en aucune façon faire triompher, en sa parfaite
manifestation, le génie lyrique et épique de la France. Seul, le romantisme, — *notre* romantisme, celui qui commence avec la jeune maturité des premiers génies de ce siècle, — devait suffire à cette double
tâche. C'est pourquoi, plus haut, j'ai confronté, des deux côtés d'un
cahos, la grande époque sociale et la grande époque poétique.
Comme 1789, je le répète, créa notre patrie politique, 1830 a créé
notre patrie littéraire.

Je tâcherai de m'exprimer clairement et de la façon la plus simple
possible, afin que l'affirmation de ce que je crois être vrai ne soit entachée pas même d'un air de subtilité.

1789, c'est la première manifestation de la totale France. Après tant
de siècles où, çà et là, par d'héroïques chefs, par des vierges pieuses ou
guerrières et par des épouses qui défendent la ville, par des soulè-
vements d'instincts populaires, par des ministres visionnaires de l'avenir et des princes obéissants, par des gloires, par des désastres, par
des luxes et des misères, elle avait tendu de tous les points espacés
d'elle-même, de toutes ses communautés d'origine, de toutes ses différences de races, de toutes ses multiplicités encore éparses, vers un
groupement non moins vaste que la dispersion de naguère, mais de
plus en plus dense, de plus en plus strict, de plus en plus solide, —
ainsi des alluvions formeraient des îles, des îles s'aggloméreraient en
continents, des continents s'agrégeraient en un seul monde, — il apparut que, innombrable et une, elle était elle enfin, elle, la France! Par
une mystérieuse loi de mutuelles attirances, loi providentielle, on peut
le croire, des ruines d'empires, des débris de royaumes, des exils
de vaincus, des ruées de hordes, et des luttes, et des accords, et des
achats de provinces, et des conquêtes de pays, et des religions fu-

rieuses, et des tueries, s'étaient conjoints en une tumultueuse et cependant ignorée embrassade de sympathies et d'incompatibilités, de divorces et d'hymens; et un seul peuple était, qui se rua. Avec tous ses instincts ancestraux et tous ses désirs nouveau-nés, il se rua vers un seul idéal de délivrance, de justice, de gloire. Et ce furent les États Généraux, les Cahiers, les frontières défendues dès qu'elles furent conçues, le discours révolutionnaire, les belles lois justes, la joie de naître, l'insouciance de tuer, le meurtre absous par l'acceptation de mourir et une innocente bannière de fraternité suivie par les effrayantes émeutes aux gestes rouges de sang! Même les résistances de la royauté, du clergé et des aristocraties n'interrompaient qu'à peine la précipitation vers l'étreinte universelle; l'effort à rebours ne faisait que rendre plus étroite, plus inséparable, la jonction; et, chose terrible, mais vraie, l'étranglement exaspérait l'accolade. Puis, pendant et après les vociférations de la rue, pendant et après les éloquences qui, d'un coup de poing sur la tribune, font tressaillir l'Europe, vint le temps des jeunes guerres conquérantes; à travers les pays accueillant avec des chants et des fleurs la Révolution qui compense un cadavre par mille hommes libres, la généreuse libération guerrière flotte aux murs des villes dans les plis du drapeau aux trois couleurs, symbole de toute la patrie conjointe! Donc, la Révolution dans notre pays avait été faite d'emportements, de clameurs et de triomphes oratoires; elle fut quelque chose comme une ode énorme dont tout un peuple était le poète. Nos combats républicains pour la liberté de toutes les nations ressemblèrent à une valeureuse chanson de geste, à un aventureux roman de chevalerie libératrice, que l'Empire, il est vrai, régularisa, avec trop de pompe peut-être, par la précision de la discipline et les splendeurs de l'étiquette.

Mais advint ce qui devait advenir : l'éloquence tarie, et l'action lasse. Voici, après le prodigieux maëlstrom de tout un peuple en rut de liberté et de gloire, la stagnance apparente dans la défaite et dans la royauté.

Ce n'est point une histoire de ces temps que j'écris ici; j'en évoque ce qu'ils ont pu avoir, ce qu'ils ont eu d'effet sur l'inspiration poétique de France.

La liberté s'est abolie en charte, la gloire s'est embourgeoisée en

garde nationale : il semble qu'il n'y ait plus dans tout le pays, veuf de
tribune et d'armée, ni la possibilité du triomphe par le verbe révolutionnaire, ni celle du triomphe par le geste guerrier ; nous sommes les
silencieux et les fainéants, en dépit de quelques superbes rescousses ;
nous allons être, après des journées où ressuscitèrent nos énergies anciennes, les satisfaits paisibles du règne de Louis-Philippe. Quoi! la
France révolutionnaire et impériale, la France de la parole terrible et
du combat conquérant, est-elle morte en effet? oui, sans doute, elle
est éreintée et rompue ; oui, sans doute, elle se résigne au repos après
tant de belles blessures ; elle est l'invalide glorieuse, et même dans les
fils des conventionnels et des généraux, des émeutiers et des soldats,
le sang transmis est fatigué et répugne aux audaces. Mais, croyez-le,
elle n'est pas morte, la force de verbe et d'acte qui fut la Révolution et l'Empire, cette force faite de tous nos éléments nationaux
unifiés en un seul peuple précipité; seulement elle se transpose, elle
ne s'exerce plus dans les assemblées ni sur les champs de bataille ;
de l'éloquence politique, de l'exploit militaire, elle reflue en le for
des âmes, en l'intimité de la pensée, en le mystère du rêve. Elle a été
de l'histoire ; elle va être de la littérature. Tout le mouvement social et
guerrier, produit suprême de tant de siècles, va, sous la fin des illusions sociales et des conquêtes guerrières, sous l'accablement de la
lente et opaque réaction, se retourner, se résorber en idées et en
poèmes. Nous allons chanter pour l'amour de la beauté, comme nous
avions parlé et agi pour l'amour de la liberté et de la victoire; nous
serons des poètes lyriques, comme nous avons été des orateurs, des
poètes épiques, comme nous avons été des guerriers; et de même que
la Révolution fut une espèce d'ode, de même que l'Empire fut une
espèce d'épopée, notre ode sera une révolution et notre épopée triom-
phera impérialement.

Ceci dit et admis, quel compte devons-nous tenir de l'influence étrangère sur notre romantisme ? Parce que les Illuminés avaient agi sur
les Jacobins, parce que Cagliostro fut peut-être envoyé par Adam
Weishaupt pour qu'un collier fût offert à la Reine, parce qu'Anacharsis
Clootz nous pénétra de ses généreuses rêveries, en conclurons-nous
que l'Illuminisme, Cagliostro, Weishaupt et Anacharsis Clootz firent la

Révolution française? Je vais plus loin : bien que je ne songe pas à nier ce que notre romantisme a dû, d'abord, aux littératures allemande et anglaise, — hélas! il a mis du temps à se débarrasser du faux mysticisme allemand et du spleen britannique, — il leur a, je pense, beaucoup plus donné qu'il n'a reçu d'elles; comme notre révolution sociale, notre révolution poétique a rayonné sur l'Europe; profondément et absolument française, elle s'est universalisée; et il ne pouvait pas en être autrement, puisque le vrai sens du mot Romantisme, le seul accepté par Victor Hugo, c'est : « Liberté dans l'Art ».

Enfin, notre poésie est libre ; libre, elle se développera personnellement et généralement, ode, poème, drame, jusqu'à ses totales destinées; et ce sera notre auguste et incomparable XIX\ siècle.

Mais à quel génie revient l'honneur d'avoir montré, par la leçon et l'exemple, la voie nouvelle? Quel fut, vraiment, le premier guide, l'initiateur? Des noms surgissent tout de suite : Victor Hugo, Lamartine, Alfred de Vigny. Alfred de Vigny était, d'âge, le premier. Je parlerai de lui d'abord. Mon admiration pour l'auteur de *Moïse*, d'*Eloa* et de la *Colère de Samson* ne m'empêchera pas de dire quelques vérités nécessaires.

Alfred de Vigny s'efforça de prendre, dès sa corporelle existence, l'attitude de sa statue; il sculptait, dans le marbre de sa vie, son idéal de lui-même, l'idéal qu'il voulait que l'avenir en eût; et, pour qu'aux yeux contemporains, qui regardent de près, ne fussent point perceptibles les défaillances, parfois, de l'attitude, les tares, çà et là, du marbre, il s'enveloppait d'isolement et de mystère; comme, dans quelques musées d'Allemagne, on vêt de gazes à peine transparentes les images des Olympiens, qui, de sembler moins réelles, sont plus admirables. Et, quand commença de monter le soir de son jour humain, il s'éloigna tout à fait de l'humanité; dans plus d'éloignement, derrière plus d'épaisseur, il devint plus auguste. Solennisé de silence et d'inconnu, il s'élaborait de plus en plus grandiose, de plus en plus sacré, pour soi-même et pour les hommes futurs; en un livre posthume, immortelle épitaphe testamentaire, il se légua divin. Que nul ne m'attribue de voir, en cette volonté vers la grandeur suprême, un amoindrissement de cette grandeur atteinte! Je pense qu'il y a déjà de la divinité en la noblesse d'y prétendre, et que virtuellement on l'avait presque toute si on la conquit en effet. Pour s'être fait dieu, on n'en mérite pas moins de n'avoir pas d'athée; au contraire, il y a sans doute, humainement, une élévation plus méritoire dans un dieu parvenu qu'en un dieu éternellement né; c'est peut-être pourquoi Jésus fut nommé le Fils de l'homme. Donc, je me garderai bien d'insinuer, docile écho d'ironies anciennes, qu'Alfred de Vigny, plutôt qu'à une instinctive conception du suprême par l'isolement et du sublime par le silence, dut aux circonstances de la vie et à l'injustice première du sort son dédain, fécond en immortalité, de la vie contemporaine; qu'il s'écarta de la popularité bien plus par le doute de l'obtenir que par le mépris de la mériter, que son recul provint surtout du pressentiment de ne pas être accueilli; qu'il s'éloigna en la fierté de ne pas être repoussé, qu'il disparut de peur de ne pas être suivi, se tut, de peur de ne pas être écouté; que son égoïste adoration de l'Honneur lui fut suggérée par le dépit de l'universelle Gloire où d'autres triomphèrent parmi le tumulte des foules; qu'il ne se fit très grand, tout seul, qu'en l'appréhension d'être comparé à d'autres grandeurs, devant tout le monde; que son auguste orgueil n'était qu'un faisceau, plus haut d'être très serré, de vingt vanités déçues; et, en un mot, qu'il se créa, par la distance, supérieur, à cause du péril d'être inférieurement inégal. Pour nous obliger à dire de telles choses, il faudrait que des imprudences, partant d'un excellent sentiment, puisqu'elles seraient dues à une amicale vénération, fussent assez malavisées pour attenter à des génies qui doivent demeurer l'intact et parfait rayonnement de notre race. Que si les panégyristes d'Alfred de Vigny se maintiennent en de justes bornes, on se gardera bien de les contredire. Je suis de ceux qui, pieusement, s'inclinent devant la solitaire renommée du divin poète silencieux! et je proclamerai la sublimité de sa pensée et l'adorable illusion de son génie. Qu'Alfred de Vigny soit fêté, admiré, aimé même, honoré surtout, — car il tenait à l'honneur! — je m'y accorde avec une enthousiaste sympathie, et je conseille à la postérité que sont pour lui les jeunes hommes actuels, de se tourner vers l'idéale Tour d'Ivoire, plus haut que laquelle, longtemps captive dedans, se dresse comme un indécis et mystérieux signe à l'avenir, la lumière d'une âme, pareille à un phare céleste et pâle.

Mais tirons d'erreur, une fois pour toutes, les personnes à qui l'on persuada, sans doute pour exalter une lumineuse renommée, mais aussi pour abaisser de plus éclatantes gloires, qu'Alfred de Vigny apparut le premier en date parmi les rénovateurs du théâtre français. Écrivant selon qu'avait parlé le poète professeur, M. Hinzelin, le regrettable critique Francisque Sarcey affirma tout net que l'*Othello* d'Alfred de Vigny avait été le premier des drames romantiques. C'est une parfaite erreur, qu'il a d'ailleurs reconnue et rétractée.

Outre qu'il n'y aurait pas lieu, vraiment, de considérer *Othello ou le More de Venise,* — composition d'après Shakespeare, selon le titre même de la pièce, — comme une œuvre originale et initiatrice, il saute aux yeux qu'il n'a pu être le premier drame romantique, puisque, joué sur le Théâtre-Français, le 24 octobre 1829, il y fut précédé notamment par *Henri III et sa cour,* d'Alexandre Dumas, joué le 11 février 1829; puisque, s'il fut représenté peu de temps avant *Hernani,* il est postérieur à *Marion Delorme,* qui fut interdite par la censure en juillet 1829 ; et surtout, puisque la préface de Victor Hugo, placée en tête de *Cromwell,* — préface illustre et drame fameux, préface qui fut au Romantisme ce que fut à la Renaissance la *Défense et illustration de la langue françoise,* par Joachim du Bellay, drame où se réalisait totalement et plus librement même qu'en aucune autre œuvre prochaine du même poète, l'audacieux système de l'école nouvelle, — puisque la préface, dis-je, de *Cromwell* date d'octobre 1827. Quant à la comédie intitulée : *Quitte pour la peur,* second ouvrage théâtral d'Alfred de Vigny, elle fut donnée le 30 mai 1833, après *la Maréchale d'Ancre,* jouée le 25 juin 1831 ; *Chatterton* fut représenté le 12 février 1835. Et ce fut tout. Après un fort beau succès, Alfred de Vigny donna, pourrait-on dire, sa démission de poète dramatique comme, capitaine, il s'était retiré de l'armée. Ce fut sans doute dédain sincère, précautionneuse prudence peut-être : quitter l'armée soldatesque ou littéraire maintient la virtualité d'en être généralissime. Que l'on m'excuse de tant de dates rapprochées, fastidieuses ; leur comparaison et leur précision étaient indispensables pour établir qu'Alfred de Vigny non seulement ne fut pas le premier, mais en réalité ne fut que le troisième entre les apôtres du nouvel évangile dramatique ; et il ne commanda ni d'abord ni en chef ; il fit partie du mouvement rénovateur et conquérant, mais non en tête. Est-ce à dire que son mérite personnel en soit diminué et que, s'il avait été au théâtre un génie créateur, la beauté de ses créations en fût moins admirable ? en aucune façon ; à n'importe quel moment d'une évolution intellectuelle commune, la suprématie, par une juste illusion, en semble devenir le commencement. Alfred de Vigny, de ceux que tentèrent l'inaugural effort vers l'idéal nouveau, ne fut ni le plus grand ni le premier.

Le More de Venise — *Othello* — est une assez timide adaptation de l'œuvre shakespearienne ; en dépit de la *Lettre sur la soirée du 24 octobre 1829 et sur un système dramatique*, adressée à Lord *** (deux ans après la préface de *Cromwell*), elle ne saurait être tenue pour un vigoureux assaut contre les routines classiques ; les préfaces mêmes n'en sont que comme un compendium des idées alors presque générales parmi la génération montante et qu'avait précédemment émises l'illustre proclamation de Victor Hugo. Très souvent Alfred de Vigny restreint, modère, édulcore Shakespeare ; lorsqu'il lui arrive de citer en note le texte shakespearien, il hésite à achever la citation, par respect, dit-il, pour quelques femmes qui savent l'anglais. Sans doute ces timidités, quant aux mots, ne seraient que médiocrement fâcheuses, quoique fort répréhensibles, mais les timidités quant aux idées, quant aux passions du drame, sont infiniment regrettables. Je me souviens d'avoir vu représenter, — Rouvière jouant Othello, — la pièce d'Alfred de Vigny. Elle est singulièrement calme, tiède, prudente, bien ordonnée ; le tigre more n'y rugit qu'avec trop peu d'emportement ; c'est un sang presque décoloré qui jaillit de sa gorge ouverte. Même on découvre en cet arrangement pour la scène française plus d'une concession au métier des auteurs dramatiques de l'Empire. Il ne laisse pas d'être pénible, par exemple, que Iago, le méchant-né qu'a voulu Shakespeare, soit, avec un excès d'insistance, banalisé par la rancune de n'avoir pas été nommé lieutenant, incident dont Shakespeare n'a fait que l'occasion de la méchanceté du Mauvais ; et le mobile précis d'un dépit à cause d'un passe-droit se substitue trop adroitement à la nécessité de l'instinct. On pourrait se demander si, comparaison faite des possibilités littéraires des diverses époques, il n'y a pas plus d'audace, en effet, dans les tentatives shakespeariennes de Ducis, doux classique effrayé, que dans celles d'Alfred de Vigny, jeune romantique hautain. Mais celui-ci déjà parle une langue sûre et pure. Ne donnez pas attention à quelques incorrections, çà et là, ni à certains vers fâcheusement prosaïques; n'écoutez pas, par exemple, Cassio dire, comme l'aurait pu dire plus tard un personnage de M. Camille Doucet: «J'ai perdu pour toujours ma réputation». En général, le style est haut, grand, ouvert, spacieux, la pensée s'y meut largement, à l'aise; celui qui allait devenir un si noble poète était un poète déjà; et c'est en somme sans trop d'infériorité que, au point de vue du verbe, sa grandeur naissante s'est confrontée à l'énormité shakespearienne.

Je n'hésite pas à considérer *Quitte pour la peur*, comédie en trois scènes, comme un tout parfait chef-d'œuvre. Non seulement Alfred de Vigny y devance, mais il y surpasse les exquises piécettes qu'on appelle les Proverbes d'Alfred de Musset. Sans doute, comme le fera Musset lui-même, il ne laisse pas d'imiter cet adorable Crébillon le fils qui, justement compromis dans l'opinion de la foule par l'inepte *Sopha*, se réhabilite en l'estime des lettrés par le délicieusement subtil *Hasard du coin du feu*. Mais à l'élégance, à l'esprit, à l'intimité délicate du charme, Alfred de Vigny ajoute un bel air de hauteur et la gravité de la pensée. Vous avez lu cette brève merveille. La duchesse, à Paris, est la maîtresse du chevalier, tandis que le duc, à Versailles, est l'amant de la marquise; le mari et la femme ne se sont vus qu'une fois, le jour des noces. Et c'étaient les ménages de ce temps-là. Mais le bon Tronchin, aimable médecin sournois, découvre que les vapeurs de la duchesse pourraient bien avoir pour cause un fort naturel accident où le duc ne serait pour rien, où le chevalier serait pour une bonne moitié de tout. Il prévient le mari. Que fera celui-ci? a-t-il le droit de la colère et du meurtre sur l'épouse, n'ayant rempli à l'égard d'elle aucun devoir d'époux? Mais il a le souci du nom qu'il lui a donné et qu'elle peut donner. Dans le tumulte des domestiques réveillés, il vient chez sa femme parce qu'il faut qu'on sache qu'il est venu une nuit chez sa femme. Et ils font connaissance. Elle a grand'peur, d'abord d'être trop rudoyée, et bientôt d'être trop aimée; les brutalités qu'il feint, et ses ironies aussi, qui souvent s'attendrissent sincèrement, voilent mal d'intimes tristesses, des regrets peut-être. Hélas! qu'il est fâcheux que la mode défende le bonheur honnête et qu'il soit de bon goût de ne pas mêler l'amour à l'hymen. La causerie du duc et de la duchesse, où s'agitent, futilement semble-t-il, tant d'éternels problèmes, leur fait paraître bien courtes les heures de la nuit, bien courtes et si douces... Ils auraient pu s'aimer! Mais ce n'est point de cela qu'il s'agit; il faut, mode aussi, mais mode auguste, que l'honneur du nom soit sauf; et c'est la grandeur de cette petite pièce qu'en même temps fait si tendre, dramatiquement, socialement aussi, l'aveu que les coupables n'ont point le droit de punir. Peut-être à cause de quelques phrases suspectes du bon Tronchin, qui n'hésite point à se vanter d'avoir, en une circonstance analogue à celle où se trouve la duchesse, «tiré la présidente d'un mauvais pas», phrases étranges, et qui, si on les étudiait avec insistance, révéleraient chez Alfred de Vigny, chaste mépriseur de la vie et pitoyable à ceux qui viennent au monde, un état d'esprit où Malthus rejoint Platon, peutêtre aussi à cause de la future maternité inévitablement présente à l'esprit du spectateur à travers les joliesses du langage et les beautés de l'idée, on ne sait quelle gêne, quel froissement d'intime conscience, même quelle révolte de sain instinct s'oppose au total plaisir que nous devrait donner *Quitte pour la peur*. N'importe. Il est possible au reste que, dans l'intention de l'auteur, ce malaise, que doivent éprouver aussi le duc et la duchesse, leur soit comme un remords de leur anormalité. Notre peine vient de la leur, qui est juste. Et il faut bien que notre sourire soit inquiet, puisqu'il y a de l'alarme dans le mensonge du leur. Mais l'honneur commande; l'enfant aura le droit du nom. Le duc retourne à la marquise, la duchesse au chevalier. Comédie badine, drame terrible. C'est exquis, triste et beau.

Il ne me semble pas qu'il faille louer avec aussi peu de réserves *la Maréchale d'Ancre*, œuvre pourtant plus considérable par les dimensions. Dans un avant-propos (juillet 1831) où il se déclare convaincu que «si l'art est une fable, il doit être une fable philosophique», — idée qui depuis *Marion Delorme*, et d'ailleurs bien avant ce drame, avait cessé d'être originale ou neuve, — Alfred de Vigny dit qu'au

centre du cercle décrit par sa composition, « un regard sûr peut entrevoir la destinée contre laquelle nous luttons toujours, mais qui l'emporte sur nous dès que le caractère s'affaiblit ou s'altère, et qui d'un
pas très sûr nous mène à ses fins mystérieuses, et souvent à l'expiation
par des voies impossibles à prévoir ». Voilà qui est fort noblement
exprimé; mais il n'est guère, je pense, de tragédie, et particulièrement de tragédie antique, à propos de laquelle on n'en pourrait dire
autant. L'auteur ajoute : « Autour de cette idée, le pouvoir souverain
dans les mains d'une femme ». Je ne crois pas qu'un tel état de choses
fût sans exemple au théâtre. L'avant-propos dit encore : « L'incapacité
d'une cour à manier les affaires publiques, la cruauté polie des favoris, les besoins et les affections des peuples sous leur règne ».
Elles sont nombreuses, les pièces historiques où de telles peintures
avaient été essayées ; et quant à la « pitié » qu'Alfred de Vigny se pro-
posa d'inspirer « après tout », personne n'ignore qu'elle a été le but du
théâtre tragique de tous les temps. A moins donc que l'on ne se com-
plaise à voir un éternel et sublime symbole dans le stratagème providentiel, un peu puéril peut-être, qui fait mourir Concini, complice de
Ravaillac, sur la borne même d'où Ravaillac donna la mort, il faut
renoncer à admirer dans *la Maréchale d'Ancre* une philosophie véritablement personnelle, et l'on n'y peut rechercher que l'intérêt dramatique et la valeur littéraire. Or, en soi, ce drame, pour ne point parler
des obscurités d'où la ligne de l'action se dépêtre mal, — je défie le
plus ingénieux des hommes de m'éclaircir par quelles circonstances
Léonora Galigaï et Concini, et le Corse Borgia, et la Florentine Isabella,
et M. de Thémines, et Picard, artisan parisien, et d'autres, et tout
le monde, se rencontrent chez le sorcier juif Samuel ! — sans insister
non plus sur maintes invraisemblances par trop excessives, — est-il
croyable, par exemple, que les juges du Parlement tenant séance, par
une procédure imprévue, dans un cachot de la Bastille, consentent à
laisser la Maréchale seule avec l'unique témoin qui l'accuse, afin, sans
doute, qu'elle ait tout le loisir de l'attendrir ou de le corrompre ? — ce
drame, dis-je, a le défaut grave de surprendre, d'inquiéter, plutôt que
d'émouvoir profondément ; et j'en crois démêler la cause dans le fait-
exprès trop visible, dans l'arbitraire et non dans le nécessaire coup

sur coup des situations que l'auteur, dirait-on, ne conçut pas en l'initiale genèse de son œuvre, mais invente au fur et à mesure du développement qu'il lui donne ; en réalité, elles n'éclatent pas de la rencontre des caractères tels qu'ils furent d'abord indiqués, ni du heurt des passions logiques en ces caractères, ni du propos primitif de la fable : au contraire, soudainement voulues et non antérieurement inévitables, elles obligent les caractères, les passions, à des modifications, sinon à des changes radicaux, et la fable à des détours, pour qu'elles puissent se continuer. Des exemples expliqueront mieux ma pensée. Si l'auteur juge l'instant venu d'émouvoir par l'expression de sentiments jaloux, Concini, « parvenu insolent » et qui nous fut donné comme seulement épris de la puissance et du lucre, devient tout à coup furieusement amoureux de sa femme, afin que, se croyant trompé par elle, l'occasion lui soit fournie de crier ses jalouses rages et de ratiociner oratoirement sur l'adultère ; de même que, rude homme d'épée, on le verra se muer en joueur de guitare, s'il est besoin d'un intermède presque musical. Beaucoup des personnages du drame se transforment ainsi, à la minute où leur transformation amènera quelque coup de théâtre souvent contradictoire d'ailleurs au plan général de l'œuvre. Mais c'est surtout dans le principal personnage, dans Léonora Galigaï, que sont sensibles ces différences de personnalité en vue de l'effet immédiat. Elle sera respectueuse envers son époux si ce respect donne lieu à une scène peut-être saisissante, et irrespectueuse dans un autre cas ; elle sera superstitieuse pour le joli jeu terrible du jeu de cartes prophétique ouvert à la dérobée sur la table, et elle bravera la superstition pour le plaisir du gant tombé, signal charmant de la tragédie ; elle sera amante, parce qu'il faut bien une scène d'amour ; mère avec ses enfants dans les jupes, parce qu'il faudrait avoir un cœur de pierre pour ne point s'attendrir d'une femme qui, entre son petit garçon et sa petite fille, subit les injures et les menaces d'une multitude en fureur ; et elle deviendra aussi quelque héroïne grandiose pour se hausser, devant la mort, à la hauteur du fatal dénouement. Notez bien que ce n'est pas du tout la multiplicité, fût-elle contradictoire, des états d'âme, comme on dit aujourd'hui, que je réprouve en ce personnage ; moins que personne je tiens aux caractères dramatiques « tout d'une pièce », et il n'y a rien de plus nombreux, je le pense, que l'unité d'une âme. La Maréchale d'Alfred de Vigny aurait parfaitement le droit d'être toutes les sortes de femmes qu'il nous montre en elle; mais il aurait fallu qu'elle les fût, toujours, toutes à la fois, ou que du moins, même aux instants où elle n'est qu'une seule de ces femmes, elle nous apparût capable de les être toutes; ce ne sont pas les diversités que je blâme, ce sont les changes; offerte comme complexe, le tort eût été qu'elle cessât de l'être; mais elle se manifeste simple en chacune de ses manifestations; elle n'est pas un mélange, elle est une division en morceaux espacés, et, de bref, elle présente, non pas un caractère fait de différences et les unifiant en une seule personnalité, mais une succession de caractères selon le caprice de l'auteur résolu successivement à tel ou tel effet tragique. Et, véritablement, je crois que *la Maréchale d'Ancre* est un drame que les théâtres feront bien désormais de laisser aux bibliothèques. Là, sa place est marquée en haut lieu, à cause de la beauté du style; ce sera longtemps, ce sera toujours pour les lettrés, un ravissement de relire cette prose pure, sûre, qu'un noble instinct d'artiste garda si jalousement des exagérations d'école et des emphases du mélodrame; et, sans renoncer à ma sympathie pour les hasardeux lyrismes, pour les abondantes improvisations des jeunesses romantiques qui, ne s'inquiétant de rien que d'être extraordinaires, bravèrent la probabilité prochaine du suranné, — je ne parle que des drames romantiques en prose, car le vers des grands poètes demeure immortellement irréprochable et invincible ! — j'admire avec vénération le modéré et délicat écrivain qui, de soi-même, élaguant de sa phrase les truculences à la mode, n'y laissa presque rien que l'avenir en pût écheniller.

Chose singulière, ce n'est point par cette prudente perfection de la langue que se recommande à la postérité l'œuvre dramatique, pourtant la plus haute par la pensée, et la plus universelle par le succès, d'Alfred de Vigny. Exalté sans doute par ce qu'avait de plus personnel à lui-même la thèse généreuse qu'il y défendait, il ne garda dans *Chatterton* aucune mesure d'artiste. La passion débrailla les droits plis de tunique de l'attitude; l'inspiration creva la syntaxe et passa au travers; pour la seule fois de sa vie peut-être, l'âme de l'espèce de

Brummel hautain qu'était Alfred de Vigny osa se montrer en négligé, et à cause de cela justement, en le tumultueux et triomphal
soir du 12 février 1835, à la Comédie-Française, elle fut comprise
par la foule, et s'y répandit.

Chatterton, c'est la magnifique revendication des droits du poète
dans la société. Oublions, parce qu'il est vraiment ennuyeux, le quaker,
oublions les lords, parce qu'ils sont vraiment trop imbécilement féroces, oublions même cette exquise Kitty Bell, si incomparablement
chaste et tendre, si inconsolablement consolatrice, et, sans nous arrêter
un instant à quelques ingénues grandiloquences, — que j'aime Alfred
de Vigny de s'être, là, abandonné ainsi, lui qui toujours fut si altiè-
rement strict! — et ne voyons, et n'entendons que le poète qui, les
mains pleines d'espoir, de rêve, d'idéal, c'est-à-dire de vérité sublime
et d'avenir, dit au monde : « Puisque je suis, dans un corps, une âme
qui apporte aux âmes leur suprême nourriture, permettez-moi de ne
pas mourir de faim ! » Il va sans dire que Chatterton lui-même, que
le vrai Chatterton n'est pour rien dans tout cela : il n'avait guère
de talent, ce poétereau mélancoliquement hargneux et non dénué de
vile envie. Au risque de contrister la sensibilité des personnes qui
s'intéressent à ce qu'il y a de romance dans la légende des jeunes
poètes phtisiques morts à l'hôpital, il faut dire que nos Chatterton
de France ne valaient pas mieux que le Chatterton d'Angleterre;
c'était un assez piètre rimeur, ce Malfilâtre, un assez plat satiriste, ce
Gilbert, l'homme à la clef; on peut plaindre Hégésippe Moreau, mais
il ne faut point croire que la poésie française crevât de faim avec lui.
L'hôpital n'est pas une preuve de génie. Un seul y mourut bien, en se
cachant d'y mourir : ce fut Louis Bertrand, que nous nommons Gaspard de la Nuit, et qui, véritable homme de talent, et simplement fier,
dédaigna de quêter l'aumône de la gloire en sa main moribonde. Et
Glatigny aussi légitimement nous émeut et nous oblige à des vénéra-
tions attendries parce qu'il mourut sans plainte, en affectant la joie de
vivre. Laissons cela. Ne nous attardons pas non plus à remarquer que,
si la société moderne s'y accordait, la thèse dramatisée par Alfred de
Vigny aboutirait peut-être au poète courtisan, au poète parasite; et
même, en mettant les choses au mieux, sans rappeler la tristesse du

génie pensionné, il n'en résulterait guère, dans la pratique, que des prix de Rome pour la poésie comme il y en a pour la musique et la peinture. Fin médiocre. L'indépendance personnelle, la gloire de ne rien devoir qu'à soi-même sont augustes et précieuses, même au prix de la misère et de la mort. Cependant celui qui, parmi les avarices, les incompréhensions, les dédains, prit au théâtre la parole pour crier le droit à la vie matérielle de ceux qui nous apportent la vie idéale, est à jamais digne de louange et de gratitude. Parmi les œuvres admirables d'Alfred de Vigny, *Chatterton* est celle qu'on n'admire pas moins, qu'on aime davantage.

Et cette revendication en faveur du poète était normale de la part de celui qui doit à la poésie en effet, à la seule poésie, l'impérissable honneur de son nom.

Il m'en coûte de ne pouvoir étudier ici l'œuvre romanesque d'Alfred de Vigny. Si *Cinq-Mars*, qui ne précéda ni *Bug-Jargal*, ni *Han d'Islande*, fut évidemment écrit sous l'influence de Walter Scott, alors maître des âmes, la propre âme d'Alfred de Vigny se révèle dans *Stello*, avec tous ses intimes orages que suivra un calme apparent, peut-être si orageux encore. Et, avant ces pures, touchantes et héroïques histoires, *Laurette ou le Cachet rouge*, *la Veillée de Vincennes*, et *la Canne de jonc*, on trouve dans le chapitre premier de *Servitude et Grandeur militaires* une vraiment poignante étude sur le caractère général des armées mercenaires, sur la misérable et sublime abnégation des soldats, et un magnanime amour de «l'époque où les armées et la guerre ne seront plus, où le globe ne portera plus qu'une nation unanime enfin sur ses formes sociales, événement qui depuis longtemps devrait être accompli». J'ai hâte d'entrer dans l'œuvre poétique d'Alfred de Vigny, mélancoliquement spacieuse et lumineuse, architecture grandiose et blême dont le portique est à la fois celui d'un temple par où l'on monte au ciel et celui d'une nécropole par où l'on s'abîme dans le néant.

Je m'attarderai le moins possible à la question de savoir si, comme l'affirma Alfred de Vigny en 1837, ses compositions poétiques devancèrent en France «toutes celles de ce genre dans lesquelles une pensée philosophique est mise en scène sous une forme épique et dramatique».

L'affirmation semble vraiment quelque peu hasardeuse ; on ne saurait s'empêcher de songer à un propos de M. Droz, — « le moins épigrammatique des hommes », dit Sainte-Beuve, — qui apprécia ainsi le discours de réception de l'auteur d'*Eloa* à l'Académie française : « M. de Vigny a commencé par dire que le public était venu là pour contempler son visage, et il a fini en disant que la littérature française avait commencé avec lui ». Elle n'avait pas commencé avec lui, non, mais elle se continua par lui, noblement et magnifiquement. Il faut toujours en revenir hélas ! aux fastidieuses dates.

Rien ne saurait empêcher qu'Alphonse de Lamartine ait écrit les premiers de ses beaux vers dès 1811, à coup sûr avant 1814 ; et les *Méditations*, étonnement des âmes nouvelles, furent publiées en 1820. D'autre part, Victor Hugo qui, « enfant sublime », avait été, vers sa quinzième année, couronné à deux reprises par l'académie des Jeux floraux et signalé d'une mention par l'Académie française, donnait en 1822 le recueil des odes, déjà imprimées, déjà célèbres. Or, à quelle date se placent les débuts poétiques d'Alfred de Vigny ? C'est en 1822 qu'il publia un très peu volumineux in-octavo intitulé : *Poèmes*. Je n'ignore pas que, beaucoup d'années plus tard, en 1829 et en 1837, Alfred de Vigny prit le soin de dater ses premières poésies de façon qu'elles témoignassent chez leur auteur d'une précocité vraiment surprenante *La Dryade* a été, affirme-t-il, écrite en 1815, et *le Bain d'une jeune Romaine* fut écrit en 1817. Il m'est cruellement pénible de suspecter la bonne foi d'un poète aussi vénérable que l'est Alfred de Vigny ; tout de même il est assez étrange qu'il n'ait précisé les moments de ses premières inspirations que lorsque ces moments pouvaient servir à corroborer ses prétentions d'initiateur ; et, encore que je démêle quelque malice et quelque fâcheuse intention de dénigrement dans l'étude de Sainte-Beuve publiée par *la Revue des Deux-Mondes* du 15 avril 1864, je ne puis pas ne pas être d'accord avec lui sur ce point qu'il faut s'en tenir à la date du premier recueil poétique d'Alfred de Vigny (1822), date qui le place en bon rang romantique, mais non pas en tête. Résignons-nous à admettre, chez un homme de génie, un double ridicule. Alfred de Vigny avait une singulière propension, — coquetterie d'homme d'une part, orgueil de poète de l'autre, — à se rajeunir quant à son âge

et à vieillir son œuvre. Il se plaisait à dire et à laisser imprimer qu'il
était né en 1799, tandis qu'il était né en 1797, non pas trois ans,
mais cinq ans avant Victor Hugo, (c'est tout récemment que la Comédie-
Française, au socle du buste que l'on voit au Foyer, a fait inscrire la
véritable date), et il a, quant à ses œuvres, « triché » en sens contraire. J'offrirai encore, sinon une preuve, du moins une vraisemblance en faveur de ma conviction que les premiers poèmes d'Alfred
de Vigny ne sont pas aussi immémoriaux qu'il se plaît à le dire et
peut-être à le croire. Dans des lettres (1821) du jeune Victor Hugo à
« M. le Comte Alfred de Vigny, au 5e régiment de la garde royale,
Rouen », lettres qui, d'ailleurs, loin de montrer la cérémonieuse déférence de l'élève envers son maître, révèlent une tendre camaraderie
d'égal à égal (Victor écrivait : mon bon Alfred, Alfred répondait sans
doute : mon bon Victor), l'auteur de *Quiberon*, en annonçant tout joyeux
qu'il a reçu de M. de Chateaubriand une lettre charmante « où il me
dit que cette ode *l'a fait pleurer* », ajoute : « Qu'est-ce auprès de votre
adorable *Symétha ?* » Ô temps heureux des amitiés premières ! temps
des loyales adolescences qui, sans envie, sans arrière-pensée, partent
ensemble, et en s'aimant, à la conquête du même avenir ! Ils sont bien
certains, ces jeunes héros, ces tendres amis, que rien ne les séparera
jamais, rien, pas même le triomphe ; ils rêvent une immortalité commune. Ils ne savent pas encore qu'il y aura la lutte pour la gloire, plus
acerbe, plus acharnée que la lutte pour la vie ; l'or des plus beaux
lauriers s'attriste de la cendre des amitiés flétries. Revenons. Est-il
possible d'imaginer, étant donnée l'intimité de Victor et d'Alfred, que
celui-là, à la veille du jour où celui-ci allait écrire *Moïse* et *Eloa*, — certainement, du projet de ces poèmes, ils avaient dû causer entre eux, —
le louât encore d'une pièce de vers, d'ailleurs assez médiocre, écrite
quatre ans auparavant ? Laissons ces chicanes de dates ; il y a, initiatrice ou non, l'œuvre poétique d'Alfred de Vigny, et elle lui vaut une
illustration qui n'a point à se soucier de la minute où elle commença.

Dès qu'on considère cette œuvre, c'est, je l'ai dit, une vaste blancheur triste qui s'ouvre. Que la mélancolie y soit faite de l'illusion
déçue et désabusée de toutes les ambitions, ou que, non sans se souvenir de l'hystérique tristesse de Byron et de la divinité égoïste de

Gœthe, elle soit éclose du sincère mépris des fortunes humaines, peu nous importe ; l'auguste miracle nous apparaît d'une âme qui pense et qui rêve, à l'écart, très lointainement, si haut. Je pense qu'on a trop insisté sur la pitié pour tous, dont témoigne, souvent sans doute, mais point toujours, la poésie d'Alfred de Vigny. Il est plutôt le Contempteur que le Compatissant ; l'aumône de sa miséricorde est plutôt une lassitude qu'une volonté de son attitude d'orgueil. Il étend un bras royal qui, fatigué, mais royal toujours, laisse choir des pardons et des condescendances. Il s'apitoie comme un prince donne sa main à baiser. Il manque de familiarité envers la misère et la douleur. Il console avec cérémonie. Il n'est pas le camarade des larmes humaines. Sa plus sincère émotion garde toujours quelque étiquette. S'il souffre lui-même, il s'en enorgueillit plutôt qu'il ne s'en plaint ; et si, des cruautés de la vie ou des lâches complots de la femme, il pleure et saigne, il ne laisse pas plus voir les gouttes de sang que les pleurs ; il ne consent qu'à de la colère et à de la malédiction, fiertés encore. Cette superbe, il la maintient aussi en face des destinées de l'homme et de l'inconnu divin ; il interroge les hauts mystères, d'une hauteur comme égale ; il se confronte à l'infini sans confesser qu'il en est vaincu. Nul autant que lui n'évoque l'idée d'un Lucifer qui n'accepta point la défaite. Il ne s'abaissera pas à supplier la divinité qui ne veut point se livrer aux mortels ; si, absente ou féroce, elle persiste à se taire, c'est par le silence qu'il répondra à ce silence éternel. Ce calme désespoir sans faiblesse, sans battement de cœur, dirait-on, fait songer à quelque blanche et énorme banquise où l'antique bouleversement furieux des flots se serait immobilisé en glaçons tout baignés de clarté polaire. Et voici que, dans l'admiration de la jeunesse nouvelle que suivront sans fin de justes postérités, sous les claires et molles nuées errantes du céleste Lamartine, sous les fulgurances éternellement dominatrices de Victor Hugo, parmi les chères plaintes fraternelles de Musset, les vermeils éblouissements de Banville, les dévots blasphèmes et les sacrilèges prières de Baudelaire, la plus désastreuse des âmes icariennes, passent en bel appareil de gloire les trois grands poètes blancs de notre âge : Alfred de Vigny, Leconte de Lisle, Léon Dierx.

Donc, je pense l'avoir établi, ce n'est point à Alfred de Vigny que

remonte l'honneur d'avoir, le premier, pris par la main la poésie de
France, pour la mener à travers le siècle dont elle fut et dont elle
est la plus haute gloire. Lequel, — car il n'y a pas lieu de parler ici
de vingt médiocres poètes, précurseurs presque inconscients, comme il
s'en manifeste toujours, par une loi mystérieuse, avant l'éclosion d'un
nouvel âge poétique, et l'on ne sait pas bien s'ils sont un reste encore de nuit constellée ou s'ils sont de l'aurore déjà, — lequel, dis-je,
de Lamartine ou de Hugo, reçut la mission de présenter à une société
nouvelle le Génie nouveau ?

Il est bien évident que si l'on voulait s'en rapporter aux dates de
leurs premiers livres, la question serait tôt résolue, puisque le premier
volume des *Odes et Ballades* parut en 1822 et que les *Méditations poétiques* avaient été imprimées en 1820. Mais les poèmes dont se composaient ces recueils étaient depuis assez longtemps connus, sinon de
tout le public, du moins des lecteurs lettrés, et si l'on se souvient
des époques, que j'ai indiquées plus haut, à l'occasion d'Alfred de
Vigny, il deviendra bien difficile de décider si c'est Lamartine, adolescent précoce, ou Victor Hugo, enfant de génie, qui se manifesta le
premier. Leurs balbutiements poétiques doivent avoir été contemporains. Mais si, comme il est de justice, on ne veut tenir compte que
d'œuvres où se révèle déjà, incontestablement, quelque part de nouveau, c'est à Lamartine, je pense, que la primauté appartiendra. Or, il
en devait être ainsi. Lamartine, de qui le génie n'est formé que de
sa propre âme, que de sa seule âme, — il dit très justement : « J'étais
né impressionnable et sensible », — se put livrer presque tout entier,
dès que ses préjugés et ses souvenirs d'école, et l'enthousiasme pour
Parny et l'amour de tête pour Éléonore à qui ressemblera très peu
Elvire, se furent évanouis, non pas, comme on l'a trop répété, dans
l'attirance byronienne (« J'avais écrit la plupart de mes *Méditations*,
dit-il, avant d'avoir lu Lord Byron »), mais dans la vaste et comme impersonnelle rêverie ossianesque. Au contraire, Victor Hugo, qui certes
était lui-même, mais un lui-même en qui tous les hommes d'un temps
devaient se confondre et s'unifier, qui était un génie spontané, mais
un génie destiné à se développer démesurément par la volonté de
la pensée et par l'effort jamais alenti de l'Art, ne pouvait se produire

que progressivement; sans doute, du germe instinctif de la vocation à l'éclosion presque parfaite déjà de l'idéal et du verbe, son épanouissement fut rapide, si rapide qu'à une certaine distance on n'en distingue plus les moments successifs; cependant, pour prompt qu'il ait été, il ne fut pas soudain; et, un temps, — non sans faire voir d'ailleurs ce qu'il ne tarderait pas à être en son vrai destin, — l'auteur des *Ballades* a été un poète fort imbu de catholicisme décoratif, selon Chateaubriand, et d'Allemagne pittoresque et mystique, selon Mme de Staël; c'était l'heure où notre romantisme fut romantique dans le sens allemand de ce mot. Donc Alphonse de Lamartine a eu raison de dire : « Je suis le premier qui ait fait descendre la poésie du Parnasse, et qui ait donné à ce qu'on nommait la Muse, au lieu d'une lyre à sept cordes de convention, les fibres mêmes du cœur de l'homme, touchées et émues par les innombrables frissons de la nature ».

Il fallait, je pense, citer cette phrase, car, en même temps que la plus vraie et la plus haute définition de la poésie lamartinienne, elle en est comme l'exemple par l'élévation du sentiment, par la pompe et la faiblesse du style, par l'incohérence et la beauté pourtant de l'image.

Oui, voici qu'en Lamartine une âme humaine s'est faite poésie. La sincérité vient de naître dans la parole rythmée et rimée. Jusqu'à ce temps, les poètes de notre pays avaient sans doute rêvé, espéré, aimé, souffert en tant qu'hommes, mais en tant que poètes, non! Comme ils sont rares, depuis que s'étaient dispersées nos primitives cantilènes, comme ils sont rares, en trois siècles littéraires, les cris de la véritable passion, les plaintes simples d'une tendresse! C'est un tel et si universel silence de l'émotion vraie, que l'on y peut tout au loin, tout là-bas, entendre battre le seul cœur de Villon. La douleur même des plus tristes et des plus grands se pare et s'agrémente; de même que l'extase a ses élégances, le désespoir se soumet à une étiquette; il y a un art poétique de l'amour; le saignement des cœurs se métaphorise en roses. Que ce dut être une noble surprise ravie, — et comme elle est légitime la gloire de l'avènement lamartinien, et comme elle mérite d'être immortelle! — lorsque les préciosités des faux abandons, la politesse des galanteries, et l'érotisme, pas même ardent, et l'art subtil, dégénéré en facile artifice, des petits poétastres qui traduisaient Ovide, Properce, Ausone, et ne traduisaient jamais leurs propres sentiments, et tout ce que, en un mot, on pourrait appeler l'ancien régime de la poésie amoureuse fut dispersé et remplacé par l'expansion, comme explosive, d'une vaste âme tendre et vraie. Quel soulagement dans toutes les âmes, à cause d'une âme qui s'offrait! Il y avait eu le mensonge, il y avait l'aveu. Il y avait eu l'acceptation, par les cœurs, de mille petites règles et l'amusette de se plaire aux débats d'une menue procédure cythéréenne; il y eut comme une revendication, comme une déclaration des droits de l'amant et de l'amante; il y eut, victorieuse des codes galants, la liberté d'aimer et de souffrir, selon les naturelles lois de la vie. De sorte que, déjà, dans l'œuvre d'Alphonse de Lamartine, poète gentilhomme qui deviendra tribun, s'affirme la correspondance (dans le sens swedenborgien de ce mot) de notre révolution sociale avec notre révolution littéraire, ou, pour parler plus précisément, la transposition de celle-là en celle-ci. Ô quelle infinie âme de poète amant fut Alphonse de Lamartine! De l'amour de la femme, ou de l'amour du rêve de la femme, qui mène à Dieu, il fit l'amour et le rêve de tout. La présence de l'aimée, ou l'espoir de cette présence, lui fait toute proche l'immensité de la nature, puisque la nature et elle c'est la même chose, à cause de l'expansion universelle de l'amour. La femme contient tout, ou tout ne contient qu'elle. C'est la même merveille qui plane sur un mont sublime ou sur un front chéri, qui se noie mélancoliquement et délicieusement dans des cieux ou dans des yeux, et dans des lacs pareils à des cieux et à des yeux. Un poète était né en France qui, le premier, concentra dans son âme-miroir toute la femme universalisée en nature, ou toute la nature incarnée en femme; et en même temps lui fut donnée la toute-puissance d'un verbe capable d'exprimer, de rendre, par le vague même et l'imprécis et le mystère, la réalité chimérique de la double et unique image dont il était rempli. Tout le monde (et Victor Hugo, le premier, dans *la Muse française*, en mai 1820) a reproché à Lamartine la prolixité du langage, la surabondance des flottantes images, et un style qui ne sait plus qu'il y a des syntaxes. Tout le monde a eu tort, si l'on se place, non pas au point de vue de l'art même, mais à celui du génie particulier, quoique si vaste, de Lamartine ; son éloquence éparse, le n'importe quoi de ses trouvailles, le n'importe comment de ses images, et l'inconsistance de sa pensée dans le brouillard de la forme, étaient les indispensables conditions de sa sublimité. On peut dire que ces imperfections étaient indispensables à sa perfection. Ce poète, meilleur, eût été moindre. C'est un génie qui coule ou s'élance avec, à travers tout, des traînées de tout ; il n'a pas à s'inquiéter de la façon dont il se répand, il suffit qu'il aille au loin, qu'il aille en haut ; il n'importe même pas qu'il atteigne ou non le but dont il eut le rêve plutôt que l'idée. Ainsi donc nous apparaît-il comme un prodigieux poète lyrique. Et son lyrisme ne sera jamais atténué, ni dans le roman en vers, ni dans le roman en prose, ni par les voyages, ni par la politique, ni même par son dédain d'amateur dandy pour les génies artistes. Même dans *la Chute d'un Ange*, cette prodigieuse conception d'épopée, il sera surtout, et avant tout, le miraculeux projecteur, presque inconscient, d'une sublime âme personnelle.

Victor Hugo, lui, est universel. C'est un poète qui sans doute est un homme distinct de tous les autres par de spéciales facultés d'éprouver, de penser, d'exprimer ; il est, oui, *original ;* mais en même temps, cet homme, cet individu absorbe et restitue toute une humanité, — toute l'humanité moderne ; l'incessant effort, à travers tant de sommeils pleins de jolis rêves, et à travers tant de gloires, qui n'avaient pas été tout à fait nationales, de notre immémorial instinct poétique, aboutit enfin, non sans s'être accru des adultérations classiques et étrangères, en la toute-puissance, si diversement une et si formidablement harmonieuse, de son œuvre. Après la France-Peuple, la France-Poésie est délivrée aussi. La préface de *Cromwell* se parallélise avec le serment du Jeu de Paume. Victor Hugo sera successivement le Mirabeau, le Vergniaud de la Révolution littéraire ; il deviendra enfin le Danton de l'Ode et le Napoléon de l'Épopée. C'est pourquoi la question, rigoureusement temporelle de son éclat premier, est en somme dénuée d'importance. Il est bien sûr qu'il a instauré le lyrisme français en sa magnificence unanime et parfaite. Il est bien certain qu'il a créé le drame moderne qui n'a pas encore cessé d'être

notre drame. Mais si n'était vrai ni cela, ni ceci, il n'importerait guère.
Il est si grand dans ce siècle, qu'il le tient, le domine, le possède tout
entier; du point où nous sommes, c'est lui que nous voyons luire au
commencement et qui à la fin rayonne encore; tel est l'éblouissement
de sa lumière, que nous ne pouvons concevoir d'autre aurore, ni admettre d'autre couchant. C'est ainsi qu'il semble que le soleil resplen-
disse déjà quand il n'est pas encore monté à l'horizon, et qu'il resplen-
disse encore, même quand il n'y est plus.

Cette œuvre!

Elle donne le vertige. S'élever ou se pencher vers l'œuvre de Victor
Hugo, — car son immensité est en haut, en bas, partout, — c'est
considérer le gouffre de la beauté. Ce gouffre, en même temps que
formidable, est adorable. Il est plein d'orages célestes et de tempêtes
souterraines, traversé de comètes, incendié d'éruptions, bouleversé de
maëlstroms, mais des oiselets y chantent, là-bas, comme des échos
légers des archangéliques hymnes de là-haut, et il y a de toutes petites
fleurs au bord de la coulée des laves. La poésie de Victor Hugo, c'est
l'énormité et c'est le charme; elle est gigantesque et elle est gracieuse.
Elle est si terrible, qu'on la vénère avec des tremblements; elle est
si aimable, qu'on en raffole. Elle érige la malédiction d'un geste divin,
elle allonge un petit doigt pour que, du bord d'une fleur, une bête
à bon Dieu y saute. Elle est le foudroiement et la caresse; son tonnerre se tait tout de suite pour ne pas effrayer les petits enfants. Je
disais tout à l'heure qu'il y a dans Victor Hugo toute l'Humanité, il
contient aussi tout l'Univers, visible et invisible. Il est les mers, les
montagnes, les ciels, le ciel; et dans tout ce qui existe, il offre asile
à tout ce qui vit; colossal, il n'a pas moins de nids pour les roitelets
que d'aires pour les aigles; il est tout-puissant et tout condescendant,
il fait des aumônes d'immensité. Certes, ce Dieu a souffert comme un
homme et il a avoué de délicieuses et désespérées faiblesses, mais il a
compris qu'il ne devait point s'isoler dans son être unique, si vaste,
si douloureux, si admirable qu'il fût. Il n'a pas voulu penser pour lui
seul, aimer et souffrir pour lui seul; son âme s'est répandue dans les
âmes, sa grandeur, comme celle de Jésus, s'est agrandie à toutes les
petitesses; il a généralisé sa douleur dans la pitié de toutes les autres

douleurs. Et ceci, c'est la part, pour ainsi dire surhumaine, si humaine pourtant, du génie de Victor Hugo; mais il ne fut pas que divin, il ne fut pas que prophète; il y avait en outre, en le maître que notre admiration a tant aimé, un poète dans le sens le plus voisin de ce mot, un poète prodigieux par l'invention, un artiste incomparable par le verbe et la forme. Il a été dans l'ode, dans le drame, dans l'épopée, la plus haute, la plus large, la plus extraordinairement féconde des imaginations. L'abondance et la diversité de ses chefs-d'œuvre demeurera l'étonnement des âges futurs, comme elle a été la stupéfaction du sien; un firmament déchiré qui s'ouvrirait en une profusion éperdue d'étoiles ne donnerait qu'une imparfaite idée de ce que Victor Hugo a projeté lumineusement d'idées et d'images; et en même temps il a été le plus magnifique, le plus subtil, le plus sonore, le plus délicat, le plus fin, le plus malin même des assembleurs de rythmes et de mots. Ô âme sublime, justice, bonté, caresse! Ô vaste cœur si doux! Ô prodigieux esprit créateur! Ô artiste parfait! Et, pour la joie de notre orgueil, il ne doit rien qu'à lui-même, c'est-à-dire qu'à nous tous, de ce qu'il y a de suprême en lui. Ceci, ce n'est pas seulement l'enthousiasme qui le proclame, c'est le bon sens qui le constate. Après les premières hésitations de son adolescence, où il se cherchait en d'autres génies, Victor Hugo s'est trouvé tout entier en son propre génie fait de notre idéal enfin réalisé. Bien vite il se dépètre des influences étrangères, de celles d'Allemagne et d'Angleterre, de celle même d'Espagne qu'il avait subie à l'exemple de Corneille, comme un nageur qui aborde se débarrasse des algues et des varechs; de la Renaissance et du Classicisme il secoue toute la fatrasserie pédante dont ils étouffaient, toute la gêne dont ils ligottaient notre inspiration; il en garde seulement ce qu'ils ont de compatible avec notre essence nationale, ce dont elle était depuis si longtemps et si profondément pénétrée, qu'on ne pouvait plus songer à l'arracher d'elle. En réalité, il ne ressemble plus à personne, ne procède plus d'aucune littérature ancienne ou moderne, il semble être même sans ancêtres français, tant sont lointains les chanteurs de nos cantilènes et les rapsodes de nos chansons de geste. Ce que je disais tout à l'heure de 1830, pendant de 1789, de la révolution littéraire, faite de tous nos instincts poétiques comme la révolution politique fut faite de tous nos besoins sociaux, s'applique surtout à lui, ou, pour mieux dire, ne s'applique qu'à lui seul. La preuve qu'il n'a rien de commun avec les étrangers, ni avec les littératures dont ils sont imbus, c'est qu'ils sont incapables de l'admirer. Gœthe, — car l'Allemagne nous permet l'originalité dans le médiocre, non dans le sublime, — préfère l'auteur du *Dieu des Bonnes gens* à l'auteur des *Orientales* et des *Feuilles d'Automne* et, lui-même, notre Henri Heine ne comprend pas ou fait semblant de ne pas comprendre notre Victor Hugo. Tant Victor Hugo est français! tant il renoue notre épanouissement à notre origine! Combien longtemps nous l'avions attendu, celui qui serait notre vrai génie lyrique, notre vrai génie épique! Ô, poétiquement, toute notre race, enfin!

Non loin de ce Dieu, un jeune homme, triste, impudent et charmant.

C'est une étrange aventure que celle d'Alfred de Musset dans l'opinion publique.

D'abord, il y eut tout le sympathique enthousiasme de la jeunesse, jaloux, exclusif, ne permettant aucune réserve, n'entendant pas que l'on admirât un autre poète, exigeant que Musset fût, lui seul, le parangon suprême de la sensibilité, et l'exemple de l'art. On fit de lui un obstacle, un : « Sésame, ferme-toi! » à toute pensée hautaine, forte, pas pleurnicharde; comme les adolescents trompés par la femme de chambre de leur maman, comme les vieilles filles hystériques qui brodent des cœurs avec la laine rose et verte, les pseudo-classiques eux-mêmes pleuraient de tendresse à cause de quelques dandysmes impertinents, qui s'attendrissaient parfois, et de quelques lendemains d'orgies, désabusés. Car l'éternelle haine de la poésie véritable avait besoin d'une admiration proclamée pour se donner l'air de bafouer impartialement Victor Hugo, Alfred de Vigny, puis Gautier, Leconte de Lisle, Baudelaire, Banville. Et nous, les Parnassiens, on nous insulta parce que nous osions croire et dire que toute l'humanité-poète ne vivait pas en un seul poète élégiaque. Que reste-t-il à présent de ces opinions de jadis? la justice de nos réserves. Mais ce n'est pas tout d'un coup que l'enthousiasme se détourna d'Alfred de Musset.

L'exaltation ne consent pas à s'avouer brusquement indifférence. On ne veut pas, si vite, avoir eu tort. Il y a le peu à peu de l'oubli. Songez à la marée descendante : il semble qu'elle ne descend pas; elle garde le mouvement, en apparence ascensionnel, des vagues; elle ne le rétracte que petit à petit, fait des poussées, s'attarde à un rocher où elle mousse en triomphe, s'attarde autour d'une hauteur de sable, a l'air de ne jamais vouloir laisser à nu cet écueil encore, là-bas, presque en pleine mer... Mais si l'on revient quelques heures après, le flot s'est tout à fait retiré, et c'est le roc, le sable, l'écueil et le désert sans marée. Ainsi décrut l'admiration pour l'œuvre de Musset. Assez vite, elle abandonna les *Premières Poésies*, les *Poésies nouvelles*, que tout le monde avait lues, comme la mer quitte d'abord la plage où tout le monde passe. Elle se retint longtemps aux *Contes*, aux *Nouvelles*, à la *Confession d'un enfant du siècle*. Peu à peu, elle les délaissa, en la lassitude de l'effort à s'y maintenir. Il y avait encore le théâtre, le théâtre charmant, joli, farouche, terrible aussi. — plus adoré d'être moins connu. Ça, on ne pourrait pas dire le contraire : elles étaient incomparablement délicieuses, ces comédies; ils étaient sincèrement, éperdument émus, ces drames; pourquoi? parce qu'on les avait moins lus, parce qu'on avait cessé de les voir sur la scène, ou parce qu'on ne les y avait point vus; et l'admiration s'accrochait à des souvenirs moins précis, pas contredits par la réalité de l'œuvre même. Pour ne point se démentir absolument, elle préférait ce qu'elle connaissait moins. Mais chaque fois qu'on ouvrait le livre où sont les comédies et les drames de Musset, chaque fois que le théâtre nous rendait l'une de ces pièces, il y avait une tristesse de désillusion. Il arriva que *On ne badine pas avec l'amour* déçut beaucoup de gens; et, naguère, en écoutant *Lorenzaccio*, que M. Armand d'Artois réduisit à la scène sans trop de sacrilège, plus d'un spectateur pensait avec mélancolie : « Je croyais bien pourtant que c'était un chef-d'œuvre! » Il semble que le flot se soit tout à fait retiré.

Mais nous qui toujours admirâmes en Alfred de Musset ses prodigieux dons de poète instinctif, et qui surtout combattîmes, à propos de lui, la sensiblerie niaise et l'insupportable outrecuidance de ses vils imitateurs, nous nous opposerons de toutes nos forces au dédain actuel, non moins injuste que l'exclusive idolâtrie de naguère. C'est nous qui maintiendrons qu'Alfred de Musset fut un poète, un vrai poète, un rare et grand poète! Et si *Lorenzaccio* lui-même (certainement son meilleur ouvrage dramatique) n'est pas un chef-d'œuvre, c'est, du moins, un bizarre, inquiétant, charmant, troublant drame, et qui a de quoi ravir et étonner encore après tout un âge évolu et après la nouvelle orientation des esprits. Tout ce qu'on peut dire contre lui, nous le savons; nous le savons d'autant mieux, que c'est nous-mêmes qui, par des réserves d'ailleurs respectueuses, avons fourni les raisons de le dire, irrespectueusement. Oui, on a lieu d'être choqué par l'incohérence des multiples actions enchevêtrées, mal excusée d'une fausse ressemblance avec la logique du désordre shakespearien; oui, on est agacé par le dandysme, — c'était affaire de mode, — de la vertu bafouée, de l'héroïsme aboli, de l'idéal ravalé à la chimère d'une griserie de vin d'Espagne; oui, on déplore cet impertinent chapeau sur l'oreille, ce sceptique poing sur la hanche, singerie de l'attitude Byronnienne; et, surtout, on reste navré d'un style incorrect, lâche, épars et turbulent, où il semble que la syntaxe ait la danse de Saint-Guy, où des images qui n'avaient que faire ensemble se rebiffent et se collètent en le tohu-bohu de l'extravagance, et, quand elles ne sont pas sublimes comme des trouvailles de Shakespeare ou de Hugo, sont désolamment romantiques comme les emphases des Augustus Mac-Keat et des Petrus Borel. Eh bien, tout de même, à chaque moment de ce drame extraordinaire jusqu'à l'évidence du fait-exprès d'être étonnant, et fou jusqu'au médiocre, surgit, éclate, rayonne, le primesaut du génie. On oublie les basses drôleries, l'excès, pas un instant émouvant tant il est chimérique, des assassinats après boire, des viols après rire; et l'on est emporté par le tourbillon d'une âme qui s'envole! C'est de la grâce, une désinvolture jamais surpassée en son bel air de gloire, et de la tendresse aux pleurs sincères, et de la force aussi. Surtout se dresse, admirable, le personnage de Lorenzo. J'accorde qu'il est, plutôt qu'un caractère humain, un paradoxe moral. J'accorde que c'est un Brutus-Hamlet-Byron, qui a mêlé son idéal de l'absinthe mêlée de cognac, — l'absinthe que Musset boira au café de la Régence. N'importe, voici un personnage que jamais n'oubliera l'humanité. Voici le symbole de tant d'âmes qui se rendirent (comme l'Élisabeth de *la Révolte*) indignes de l'action qu'elles conçurent, par l'acceptation du mensonge qui semblait la leur faciliter. Jamais l'hésitation, devant l'œuvre pourtant nécessaire, à cause de l'infamie des mains qui l'achèveront, ne fut exprimée en un aussi torturant conflit d'une âme avec l'incertitude de la conscience. Et Lorenzaccio porte à son toquet noir l'aigrette-éclair du génie !

Or, ils ne furent pas seuls, les très grands. Il y eut ce noble, pur, vaste Alexandre Soumet, pas assez lu, trop peu admiré, qui ne ferma point son esprit à la lumière des génies levants, et qui, après des tragédies au grandiose idéal, alourdies de quelque surannée emphase, osa enfin, un peu trop tard, il est vrai, pour qu'on ne la puisse attribuer qu'à lui seul, une épopée si extraordinairement belle par l'invention du sujet, — le plus sublime peut-être qu'ait jamais imaginé un poète chrétien, — et par des trouvailles d'épisodes, et par le rythme, un peu trop solennel souvent, du beau langage qui fait penser à celui de quelque Bossuet prêchant le petit carême dans le paradis, une épopée, dis-je, si extraordinairement belle, que, d'abord, on ne voit pas ce qui lui manque pour qu'elle soit comparable à *la Chute d'un Ange* ou à *la Fin de Satan*. Hélas ! on le démêle bientôt, ce qui lui manque : c'est la spontanéité créatrice, le naturel du sublime. Il est trop visible qu'Alexandre Soumet fait exprès d'être énorme, d'avoir du génie, il est une ambition plutôt qu'un instinct. Que de beautés cependant, et quelle largeur paisible de vision ! Tous les poètes ont connu des heures, après les torturantes lectures des orageux poèmes, où l'œuvre d'Alexandre Soumet leur est apparue comme un magnifique et salubre reposoir. C'est ainsi qu'après le voyage à travers des chaos de roches et de gaves on aime la belle plaine unie et sûre, majestueuse de moissons rectilignes, et traversée de canaux où se reflètent des bandes de ciel pacifique.

Il y eut ce doux Émile Deschamps, qui sonna des odes épiques dans des trompettes pareilles à celles qu'on donne en étrennes aux enfants et qui, comme sans avoir eu d'âge viril, se prolongea, madrigalesque, en vieillard infiniment affable ; il y eut Mme Desbordes-Valmore, la chère et douloureuse Marceline, la seule femme qui soit poète sans cesse d'être femme, qui n'ait pas été un « travesti » de la littérature, celle par qui ont été exprimées, en leur naturel de sexe, les piétés, les douleurs, les forces, les faiblesses de l'âme féminine, — la seule Femelle de la poésie française ; et Auguste Brizeux, élégiaquement éperdu de la coiffe de Marie accrochée à l'un des chênes qui recouvrent la terre de granit ; et Sainte-Beuve, déjà couleuvre par la grâce enlaçante, bientôt vipère par la dent mauvaise ; et Auguste Barbier, qui lança les fulgurants ïambes ; et ce rare Aloysius Bertrand, émailleur de reliquaires d'or, sculpteur de miniatures, ornemaniste de petites châsses de Saint-Sébald, — qui donc a dit de lui : « Le Michel-Ange de Lilliput ? » — et ce vague, furtif et tendre Gérard de Nerval, à la mélancolie d'effacement, si français par la clarté du langage, si lointain par le rêve d'outre-Rhin, et d'outre-monde, ce Gérard de Nerval, en qui, bien longtemps après Mme de Staël, survivait, lumineusement précisée, l'Allemagne du romantisme.

Prodigieux moment où, délivrée de toutes les conventions par la révolution littéraire, l'âme française poétisait si diversement, et innombrablement ; c'est le temps, grâce à la vaste liberté intellectuelle, de l'énormité des génies, de la singularité des talents. Ne tenez compte qu'à peine des bouffons échevelés, des Petrus Borel qui furent comme les grossiers graciosos, comme les clowns amuseurs du jeune siècle ; ou, plutôt, eux-mêmes, ils n'étaient guère, en dépit de leurs esclaffements au nez des philistins, que des bourgeois fous, ou bien soûls, soûls sans doute ; leur orgie versicolore, pas même plaisante en somme, ne fut qu'un rapide carnaval. Combien d'âmes hautes, bonnes, saines, quelques-unes tristes hélas ! mais, même douloureuses, si généreuses ; combien d'esprits hardis et magnifiques, combien de cœurs-poètes ! Et le souffle lyrique, l'esprit épique débordent dans la prose. L'éloquent roman de Georges Sand, c'est l'ode-amour, l'ode-passion, l'ode-utopie ; Balzac crée le roman-épopée, — confrontant la Comédie Humaine à la Divine Comédie. Pendant qu'Eugène Sue, pitoyable écrivain, mais inventeur prodigieux, évoque de la réalité les monstres chimériques de l'horreur, et que, trop peu admiré, Frédéric Soulié, intense, tenace, acide, qui écrit, dirait-on, à l'eau-forte, trace des cauchemars sur le mur de la vie, Alexandre Dumas, — comme Victor Hugo reconquiert pour la sublimiser la grandeur simple de la Chanson de Geste, — n'a-t-il pas retrouvé l'amusement aventureux du roman de chevalerie ? Ne pensez-vous pas que Porthos égale Fier-à-Bras, que d'Artagnan est ingénieux et brave à la façon d'Esplandian et de Galaor ? Mais je dois me borner aux œuvres poétiques. Il y eut Théophile Gautier.

Dès qu'est proféré le nom de Théophile Gautier (l'un des plus grands noms dont se puisse enorgueillir le plus grand des siècles poétiques), l'idée s'éveille d'un très hautain et très impeccable artiste, paisible, auguste, magnifique, bronze ou marbre comme la statue que nous lui élèverons; l'admiration, en présence de cet Olympien, ne va pas sans un peu de religieux effroi; on est porté à croire que tant de sérénité implique le dédain des tendresses et des passions; on le reconnaît dieu, on hésite à croire qu'il fut homme.

D'où est issu ce sentiment presque général? d'une source d'erreur assez commune.

Il arrive souvent que, entre vingt œuvres d'un poète, l'admiration de ses contemporains et celle aussi de la postérité en élisent une qui désormais sera tenue pour la plus complète manifestation du talent de son auteur. Rien de trop fâcheux en cela, si l'opinion était toujours guidée dans son choix par le seul mérite de l'ouvrage ; mais que de fois d'autres causes la déterminent : l'opportunité de la publication, un besoin de réagir contre des modes littéraires enfin surannées, ou, tout simplement, l'injuste destin des livres. Pour donner, sans ordre, des exemples, Ronsard n'apparaît-il pas, à cause de ses odelettes, comme une espèce d'exquis chansonnier, lui qui, tenant de Virgile et de Juvénal non moins que d'Anacréon ou de Moschus, chanta glorieusement les héros et les dieux et fut un rude discoureur satirique? Pierre Corneille ne semble-t-il point condensé presque tout entier en la grandeur romaine de Cinna ou de Pompée, bien qu'il nous ait donné, dans *Psyché* et dans *Agésilas*, les plus tendres, les plus délicates, les plus subtiles scènes d'amour? Est-ce que Lamartine ne demeure pas le chantre d'Elvire et le romancier lyrique de *Jocelyn*, encore que nous lui devions cette grandiose et souvent sublime épopée : *La Chute d'un Ange?*

Théophile Gautier, en tant que poète, — et c'est le poète que je dois célébrer en lui, — a subi une sélection analogue : pour la plupart, il est l'auteur d'*Émaux et Camées ;* dans ce recueil de poèmes on a mis à la geôle son génie et sa gloire. Geôle d'or, à la vérité, resplendissante de pierreries incrustées aux murs, et qui, de toutes parts, ouvre vers l'infini des fenêtres ensoleillées ! L'opinion commune s'est montrée cette fois moins inconsidérée qu'elle ne le fut en d'autres cas ; c'est un des plus impérissables chefs-d'œuvre de l'art moderne, ce livre d'où rayonnent toutes les splendeurs de la couleur, toutes les magnificences de la forme. Cependant, pour merveilleux et ample aussi qu'il soit, il n'enserre point Théophile Gautier total. Dans ces strophes incomparablement parfaites, écrites, dit-il, « Sans prendre garde à l'ouragan Qui fouettait mes vitres fermées », il s'est montré, à force de fixité sur le Beau et de raffinement dans la technique du vers, si détaché des ordinaires préoccupations de la vie, qu'on l'a pu accuser de n'être qu'un prestigieux artiste. Mais, ailleurs, en tant d'autres poèmes égaux, sinon supérieurs aux *Émaux et Camées*, bat et vibre, heureuse ou douloureuse, souriante ou pleurante, l'Humanité. Lisez-le tout entier, relisez-le tout entier. Il n'y eut jamais d'âme plus tendre ni de cœur plus ému. Ne vous laissez pas décevoir à l'affectation, çà et là, d'un scepticisme qui ricane, ou à des semblants pompeux d'indifférence ; sous le rire un peu cynique du Jeune-France, et, plus tard, derrière le masque solennel de l'Impassible, il y avait l'éternelle dupe de la vie. La faculté d'espérer et de croire, l'ingénuité de souffrir à chaque déception nouvelle, et celle de s'exposer, comme sans expérience, à des déceptions encore, ne sauraient disparaître d'un esprit sans que la poésie, avec elles, s'en exile ; et Théophile Gautier fut toujours un poète D'ailleurs, ses facilités d'être attendri, et ses illusions que ne découragent point les désenchantements, il les avoue volontiers. Rouvrez ses premiers livres. Il suit, sous les tonnelles, la fuite des robes blanches ; ce qu'il voudrait surtout, c'est « Un cœur fait pour le sien... Un cœur naïf de jeune fille ». Il s'en va au jardin du Luxembourg avec le ferme propos d'achever un poème, mais qu'il rencontre, au détour de l'allée, quelque enfant ressemblant à son rêve, vite il oublie prose et vers, et, heureux d'une tendre promesse, il s'en revient « Avec sa feuille toute blanche ».

Il aime, « Se faisant du bonheur avec la moindre chose », à voir se baigner dans une goutte d'eau « Un scarabée au corselet d'azur », à regarder longtemps « Une abeille en maraude au cœur d'une fleur rose ». Comme il s'inquiète quand celle dont il est épris n'est point venue au rendez-vous! Comme il craint d'en être oublié! « Le cœur qui n'aime plus a si peu de mémoire! » Parmi les pittoresques outrances et le dandysme des stances d'*Albertus,* sourit et pleure aussi la plus touchante, la plus décente des idylles. De sorte que ce poète, tantôt réputé insensible, tantôt accusé d'être enclin à de trop voluptueuses peintures, a de quoi faire rêver chastement, — naïf lui-même comme un petit cousin en vacances, — les plus ingénues demoiselles. Même quand l'âge et le labeur l'ont virilisé, il ne renonce pas à confesser les émotions de son cœur hélas! déchiré. Avec quelle véhémence, mais sans méchanceté, il dit les affres de la jalousie, les tortures de ne pas être aimé :

> J'étais là devant toi comme un musicien
> Tourmentant le clavier d'un clavecin sans cordes.

Avec quelle mélancolie il déplore la misère des solitudes et des lendemains :

> Maintenant, c'est le jour. La veille après le rêve ;
> La prose après les vers : c'est le vide et l'ennui ;
> C'est une bulle encor qui dans les mains nous crève,
> C'est le plus triste jour de tous, c'est aujourd'hui.

Mais ni les traîtrises, ni les abandons, ni la désolation des réveils dans la chambre naguère si amoureuse où ne tinte plus le rire de l'amie, n'alentissent en lui l'inextinguible jeunesse, c'est-à-dire le pouvoir d'aimer, de souffrir, d'aimer encore, dût-on souffrir toujours! et, dans ses ardentes élégies où l'artiste ne se laisse point voir, — un vers qui *paraîtrait* bien fait ne témoignerait pas d'une émotion assez sincère, — il s'abandonne éperdument, pareil au plus passionné des poètes-amants qui émurent les hommes par leurs joies et par leurs peines. En même temps qu'un cœur tendre, il fut un esprit plein de mystiques rêveries et sans cesse tourmenté des éternels problèmes de l'existence et du trépas. Ce poète que l'on s'imagine volontiers semblable à

quelque divinité hindoue majestueusement immobile en un radieux
Svarga ou à un roi d'Orient qui, indolent dans la mollesse des coussins, contemple d'un œil mi-clos, à travers les songes du narguilé,
la danse nue des almées, fut hanté, plus qu'aucun autre vivant, par
les affres du doute, et, s'étant longtemps penché ou dressé vers les
abîmes, il rapportait, de sa confrontation avec l'infini, des pâleurs et
des tremblements. Comme elles lui semblaient, à cause de la mort et
de l'éternité, misérables, les fastueuses formes, les arrogantes chairs,
et comme il les déshabillait de leur apparat, comme il les obligeait à
révéler la hideur de leur dessous! Tandis qu'on le supposait voluptueu-
sement ébloui des seules perfections corporelles, il dénonçait leur prochain avilissement en cadavre; il arrachait, impitoyable, les linceuls,
afin de montrer ce que deviennent dans la fosse la beauté et l'amour.
Quel prophète, envoyé du ciel pour avertir les hommes de l'universelle fin, ordonnerait le repentir et la pénitence en des monitoires aussi
effrayants que ceux de Théophile Gautier? Tels de ses poèmes, dont
Baudelaire s'est souvenu, donnent le frisson que l'on aurait tout le
long des reins à traverser, de nuit, sous une lune mauvaise effi-
loquée entre les cyprès comme des lambeaux de suaire, un pâle et
livide campo-santo dont les morts et les mortes, levant de dessous
les marbres leurs têtes où baille hideusement le trou d'« un rire sans
gencives », nous conteraient le bonheur et l'orgueil humain coulés en
pourriture et le ver grouillant dans l'ombre. Mais l'auteur des *Ténèbres*, en ses plus noires mélancolies, évoque des clartés. Ardemment
sa nuit aspire à l'aurore. Si la grâce de croire hélas! lui fut refusée,
il eut du moins ces commencements de la foi : le respect et le désir de
la foi. Ne pouvant prier lui-même, il envie, il admire ceux qui prient.
Il se plaît dans la sérénité des monastères, s'enfonce en de calmantes
méditations tandis qu'il marche entre les tombes où sont couchés les
cénobites qui s'endormirent dans la paix du Seigneur. La simplicité
d'âme, les certitudes ingénues des vieux artistes monacaux qui tail-
laient dans le chêne le Père, le Fils et les quatre Évangélistes, ou bien
peignaient des Vierges et des Saintes, non pour mériter la faveur des
hommes, mais pour être agréables à Dieu, voilà ce qu'il lui aurait
fallu; et, pieux en l'extase poétique, chrétien par amour de l'idéal,

c'est en levant des mains jointes, c'est en fermant presque les yeux pour ne point offenser d'un regard d'ici-bas le plus sacré des mystères, qu'il suit vers le beau Rédempteur en oraison les pas de la Magdalena qui rêve. Donc, vibrant de toutes les émotions humaines, et, en même temps, emporté, hors des vilenies ou des mensonges de ce monde, vers les sublimités d'en haut, tel m'apparaît cet inspiré poète en qui une erreur presque générale s'obstine à ne voir qu'un très parfait artiste. Artiste, certes, il l'était et parfait jusqu'au prodige ! mais il n'était point que cela. Et quand même il serait vrai que, dans une partie de son œuvre, il se fût détourné à la fois des tendres passions et des rêves supraterrestres, ne considérant plus dans la poésie que la poésie elle-même, bornant la vision de son âme à la splendeur des choses et des êtres tangibles, gardez-vous d'en inférer qu'il portât un cœur insensible et un esprit introublé ! C'est le contraire précisément que prouve son impassibilité. Car tout homme qui a observé et compris les poètes sait de quelles douleurs ils furent excruciés par la vie avant de s'isoler dans l'Art, et combien de fois, après les élans vers l'immatériel, ils ont dû se meurtrir en d'effroyables chutes, pour se résigner à la Beauté.

Ainsi, Hugo, unique entre les siens, triomphait. Ce temps se distingue par ces deux merveilles : le Génie et l'Admiration. Hélas ! il n'est plus. Rien n'est plus noble qu'admirer. Ce sentiment n'est pas un mérite, tant il est une joie ; cependant ceux qui l'éprouvent en sont récompensés par l'exhaussement de soi-même ; la compréhension égale, l'admiration conquiert ; les enthousiastes sont des élus qui s'assoient à la droite du génie. Que vous êtes à plaindre, vous tous qui tirez vanité du dénigrement, du bafouement, si faciles ; qui croyez prendre plaisir à la recherche de la tare dans le beau ou dans le bien, à la découverte de la plaie dans la santé, petits Américs-Vespuces de petits îlots de guano dans les Amériques d'azur, — hélas ! que vous êtes à plaindre, sceptiques, railleurs, blagueurs, gens d'esprit, imbéciles ! Notre mépris, lorsque, à l'extase de palper à pleines paumes la chevelure d'or du sublime, vous préférez la singerie d'y surprendre un pou, est vaincu par notre apitoiement. On sait de quelle façon s'excusent les plus lettrés, les moins boulevardiers d'entre vous : il y a, avant toute autre chose, le devoir de dire la vérité, de disperser l'éblouissement, de substituer, fût-il cruel, le fait au mirage. Hypocrisie du fiel. Drapement de la calembredaine dans une toge justicière. De quel droit vous targuez-vous d'un but de vérité, puisque, tireurs en bas de tout idéal, vous savez bien qu'elle est un idéal, elle aussi? Plus simplement, vous êtes ceux qui veulent se donner, en ne «s'emballant» point, l'air d'être plus malins que les autres («on ne nous la fait pas, à nous!»), ou bien ceux qui, par impuissance naturelle, sinon par naturelle bassesse, diminuent, ravalent, de peur de comparaison, les hauteurs où ils ne peuvent atteindre que du crachat de l'injure. Eh! oui, ils abondent, cela est certain, les vils thuriféraires qui, à cause de quelque intérêt personnel, — ça, c'est la claque, il y a des claqueurs dans tous les triomphes, — encensent le premier venu, au risque de se casser le nez du retour de l'encensoir, et ils sont nombreux aussi, les sincères égarés de l'enthousiasme vers de médiocres idoles; ceux-ci, d'ailleurs, prôneurs de n'importe qui, sont moins méprisables que les dénigreurs de n'importe quoi. Mais il y a l'admiration qui, fondée sur la beauté réelle, sur l'équité du choix entre les œuvres, entre les parties des œuvres, se manifeste et se perpétue orgueilleusement. Celle-ci est le fait des esprits vraiment hauts. Ils y éprouvent un infini délice. Et ils n'en sont pas amoindris. Ils ne redoutent point de s'incliner, car ils paraîtront plus grands, redressés, après l'agenouillement. Ce n'est pas la haine, — cet enthousiasme à rebours, — qui est incompatible avec le génie, c'est l'ironie. Aristophane, même quand il a tort, Juvénal, même quand il ment, Agrippa d'Aubigné, auteur des *Tragiques*, lorsqu'il s'exaspère, Victor Hugo, auteur des *Châtiments*, lorsqu'il vitupère, ah! si sublimement, sont des héros! mais les parodistes sont des pîtres. À bien voir les choses pardessus les luttes pour la gloire et les querelles de la vie, les grands hommes s'admirèrent, se vénérèrent, se magnifièrent les uns les autres; chacun d'eux fut un dieu ayant d'autres dieux pour fidèles. Auguste religion du sublime! Église du génie, où chaque banc vaut l'autel! Pour ce qui est des moindres poètes, dénués d'infini, dénués à jamais de tout espoir de réciprocité quant à l'adoration, ils doivent du moins se mêler aux rites du culte; et, vieux sous-diacre résigné, c'est mon orgueil, dans les cérémonies de la gloire, de servir la messe, humblement.

Auguste Vacquerie fut un admirateur.

Ébloui, tout jeune, de Victor Hugo, — pareil à un homme brusquement éveillé par le soleil levant, — il se précipita vers la lumière, et, désormais toujours proche d'elle, il en fut vêtu tant d'années, tant d'années, jusqu'à son jour suprême; elle fut le drap resplendissant de son cercueil.

Mais cet admirateur ne fut pas un imitateur; à cause de la faculté d'enthousiasme qui est le signe primordial des originalités futures, il ressembla au rêve que le Maître avait fait naître en lui, non pas au Maître lui-même; après l'aube évocatrice, il était, sous le plein midi rayonnant, le rayon d'un personnel instinct. Ne vous laissez pas détourner de la vérité par des légendes; ne vous attardez pas à des analogies de forme qui ne sont pas des obéissances à une discipline, mais de communes nécessités d'époque : le certain, le manifeste, c'est que, à l'heure où les plus acharnés ennemis de Hugo l'imitaient pour le honnir, se servaient pour le combattre des armes qu'il avait inventées, Auguste Vacquerie, plus qu'aucun autre, affirma, sans révolte, sa liberté; ce fidèle fut un indépendant.

Considérez toute cette vie littéraire. Poète, Auguste Vacquerie a tenté les grands problèmes de la société, du progrès, de la vie et de la mort; en même temps, non sans quelque affectation de rudesse, de stricte volonté dans l'expression, il laissait voir une âme tendre, rêveuse, chimérique parfois; chimère de qui les ailes un peu lourdes sont déjà la stabilité de la réalisation. Dramaturge, il a jeté sur la scène, par la bouche de Frédéric Lemaître, un formidable éclat de rire, et il y a Tragaldabas comme il y a Panurge; il hasarda *Les Funérailles de l'Honneur,* drame énorme et plein de défi à tout le métier d'alors, drame si précis cependant, et si logique, et si net, — car Auguste Vacquerie fut, pourrait-on dire, le classique du Romantisme, — et pour la défense duquel mes amis et moi (car nous sommes très vieux) ressuscitâmes les soirs d'*Hernani;* il consentit aux modernités de la comédie dramatique, et non sans avoir rénové, par *Souvent homme varie,* avec quelque raideur dans la grâce et un peu trop de calcul dans le rêve, l'exquise imagination shakespearienne, il tenait à pleins poings, dans *Jean Baudry* et dans *le Fils*, des misères sociales, violemment secouées; puis ce fut *Formosa*, amour, passion, triomphe. Mais, l'oserai-je dire? des œuvres d'Auguste Vacquerie, celle qui surtout me charme, m'emporte, et m'apparaît immortelle, c'est *Profils et Grimaces*. Recueil, d'ailleurs, des feuilletons dramatiques de l'antique *Événement*. Il serait extraordinaire qu'un critique des choses du théâtre n'eût pas, toujours ouvert sur sa table, ce prodigieux livre, tout enthousiasme et tout raison, tout excès et tout modération, tout paradoxe et tout vérité, qui est, à bien voir les choses, la codification totale de cet art romantique d'où se répand, différent à peine, — en apparence seulement, — notre art actuel. Or, tandis qu'il s'adonnait tout entier aux lettres, Auguste Vacquerie s'adonnait aussi tout entier aux choses de la politique; il eut cette faculté d'être double et d'être total en chacun de ses dédoublements; il a écrit des Premiers-Paris égaux à des poèmes, égaux à des drames, égaux à des romans; il donna l'incomparable exemple d'être un homme de lettres parfait, — *vir bonus, scribendi peritissimus,* — en les fonctions du journalisme quotidien où il a été l'abondant, l'éblouissant défenseur de toute beauté, de toute liberté. Et la vie de cet homme ne fut pas moins belle que son œuvre. Il n'existe pas, sur la terre des vivants, un seul être qui serait en droit d'adresser à Auguste Vacquerie un reproche. Injustices littéraires, iniquités politiques, il a tout subi, non point sans se rebeller (car il était de ceux de qui la plume, lorsqu'il le faut, est un prolongement d'ongle en colère), mais sans rancune, en son âme pitoyable, contre ceux qui lui nuisirent. Illustre sans paraître savoir qu'il fut illustre en effet, jamais il ne consentit à une autre ambition que celle d'être un poète et un journaliste républicain : on lui offrit d'être député, on lui offrit d'être sénateur, on pensa même à faire de lui un Président de la République. Qui donc mieux que lui aurait porté cet honneur suprême? Mais il préféra aller, tous les jours, à la même heure, à pied, au *Rappel*, pour faire son article, — à pied, marchant selon le rythme des vers qu'il avait rêvés le matin, — et c'était son plaisir de se remettre à son devoir de tous les jours, après avoir serré la main de Paul Meurice, ami fraternel.

Arrêtons-nous à ce nom. Honorons en Paul Meurice, robuste survivant d'une glorieuse race d'esprits, l'un des plus nobles littérateurs de France. Quelle admirable vie, entièrement dédiée à la foi en
l'idéal ! Quelle œuvre, nombreuse, diverse, fière et bonne, heureuse !
En outre, comme Auguste Vacquerie, Paul Meurice donna le long et
ardent exemple du respect; au risque de sa propre renommée, il se
dévoua continûment, avec la ferveur désintéressée d'un prêtre qui
dirait la messe pour rien, à une si rayonnante gloire, que la sienne
aurait pu y pâlir, s'y disperser. Quoi de plus auguste et de plus touchant? S'ils ne l'avaient eue en leurs âmes, instinctive, les poètes
naguère appelés Parnassiens auraient pu apprendre de Vacquerie
et de Meurice, sans rien renoncer de leurs ambitions personnelles,
l'humilité devant les maîtres; et qui vénéra, vaudra d'être vénéré.
Âmes jumelles, si religieusement filiales, notre culte vous environne.
Mais si Auguste Vacquerie n'est plus, — mort trop tôt, puisqu'il créait
encore et longtemps encore aurait pu créer, — Paul Meurice, bien
qu'attristé par le vide de sa main qui ne serre plus la chère main
amie, continue la vie d'intellectuel labeur et de pieux dévouement.
Allons, l'enthousiasme, c'est, pour les esprits, la bonne hygiène. Après
la cinquantaine, les ironistes ne sont plus capables d'un calembour.
Tant mieux.

Cependant, parmi les belles œuvres et les ferveurs non moins belles,
une réaction tenta de mettre quelque entrave à la triomphante révolution littéraire. Pendant qu'une grande actrice, Mlle Rachel, rénovait
la gloire de nos grands tragiques, — et combien elle avait raison, —
quelques hommes, suscités par la mauvaise humeur pédante des
pseudo-classiques vaincus, et moins intelligents que le haut Soumet
ou l'honnête et médiocre Casimir Delavigne, qui, eux du moins, avaient
admis de la théorie romantique tout ce qu'ils en pouvaient appliquer,
s'efforcèrent de restaurer la tragédie. Leur prétention d'évoquer Corneille et Racine n'eut d'autre effet que de ressusciter Campistron et
de continuer Luce de Lancival. M. Armand de Pontmartin lui-même,
bien qu'assez peu tendre à ce qu'on appelait encore la nouvelle école,
a dit : « Je ne croyais pas à cette réaction néo-classique, qui ne répondait à aucun instinct, à aucun besoin de notre siècle, et qui me parais-

sait tout simplement un caprice de lettrés ; » et c'est une tristesse de
se souvenir que le délicieux Alfred de Musset, dans les lettres de
Dupuis et Cottonet, et dans son discours de réception à l'Académie,
prêta l'appui d'une lamentable défection à un si vain attentat contre
la poésie moderne. D'ailleurs, cet attentat, durant quelques années,
ne fut pas sans gloire ; ses principaux auteurs, François Ponsard, Joseph
Autran qui, hors du théâtre, écrivait des vers assez dignes d'estime,
et cet excellent Latour Saint-Ybars, que l'amour de l'histoire romaine
égara jusqu'à le porter à croire que Domitius Ahenobarbus, appelé
Néron, était un fort aimable homme, purent croire à leur immortalité ; elle dura ce que durent les regains des moissons depuis longtemps
fauchées. Comme il est bien vrai que, seules, les œuvres où le génie
se manifeste en la perfection de la forme, survivent aux modes émeu-
tières et aux engouements des réactions ! Qui donc, aujourd'hui, songe
à la *Lucrèce* de Ponsard, poète qu'on avait fait venir du Dauphiné pour
être Romain, et qu'un instant, non sans la complicité envieuse des
Élites et d'un critique, — vous trouverez Sainte-Beuve partout où se
complote quelque basse besogne littéraire, — l'aberration de quelques
snobs opposa au glorieux titan de l'ode, de l'épopée et du drame, au
rayonnant souverain de toute la poésie française ? Relue aujourd'hui,
Lucrèce nous apparaît ce qu'elle est en effet, c'est-à-dire un ouvrage
assez sagement combiné, dénué d'éclat, de grandeur, de passion, et
écrit en une langue tour à tour emphatique et plate, jamais vraiment
haute ni vraiment simple, toujours incorrecte. Victor Hugo eut tort de
dire : « C'est bien, c'est très bien, mais ce n'est pas un accroissement. »
Certes, ce n'était pas un accroissement ! mais ce n'était ni très bien,
ni bien, ce n'était que prétentieusement médiocre ; et l'on éprouve une
surprise profonde, avec la gêne que cause la tare d'une grandeur,
(ô abîme, même dans les plus nobles âmes, de la rancune jalouse !)
lorsqu'on songe que Lamartine s'écria à propos de *Lucrèce :* « Cette
œuvre marque une date. C'est une jeune génération qui nous arrive
avec un esprit nouveau, la France grandit, Messieurs ! » Lamartine
admira aussi le boulanger Reboul et, approuvé par Sainte-Beuve, —
lui encore ! — le perruquier Jasmin. Car il serait peu séant et maladroit de n'admirer que soi-même, et l'on coopère volontiers à des

gloires dont on ne saurait avoir rien à craindre. Quant à *Charlotte Corday* que, dans ces derniers temps, la Comédie-Française remettait à la
scène par une fantaisie assez maussadement paradoxale et qui demeurera stérile, j'accorde que cette pièce, un peu meilleure qu'*Agnès de
Méranie*, n'est pas beaucoup plus mauvaise que *Lucrèce;* j'irai même
jusqu'à convenir que, par l'élargissement du drame jusqu'à l'histoire,
— d'après Shakespeare, — et par quelque réalité, çà et là, dans les
menus détails, — d'après les romantiques, — et surtout par une certaine hauteur de vues, — d'après le Lamartine des Girondins, — dans
la conception de trois caractères, *Charlotte Corday* n'est pas sans mériter
l'estime; on doit reconnaître quelque chose de ressemblant à de la
puissance et aussi une sorte de verve oratoire dans la scène où François Ponsard met aux prises Danton, Robespierre et Marat, en se souvenant du Corneille de *Cinna* ou de *Sertorius* et du Montesquieu du
Dialogue de Sylla et d'Eucrate. Mais que le personnage de Charlotte
Corday est niaisement, puérilement, petitement établi et développé!
Nulle explication de son intimité morale; nulle clarté apportée en
les ténèbres de cette âme peut-être étrange et profonde, enfantine
peut-être; et, malgré tant de monologues, malgré même l'énormité
de l'action, la vierge meurtrière n'est qu'une anecdote. Il va sans dire
que tout le drame parle cet extraordinaire langage, fait de superbe
et de bassesse, de magnificence et de pauvreté, de classicisme et de
solécisme, qui assure à François Ponsard une place notable parmi les
mauvais poètes tragiques; certainement, — si le grand homme aux
souliers éculés s'entretenait parfois avec le raccommodeur de sa chaus-
sure, — c'est ainsi que devait s'exprimer le Savetier de Corneille.

Mais, un peu de temps après, une autre rébellion contre notre
romantisme désormais unifié ou, plutôt, universalisé en Victor Hugo
se produisit, moins avouée, non pas plus redoutable, car l'opposition même des plus hauts talents ne saurait faire trébucher le destin
du génie, mais attristante à cause d'une sorte de défection et parce
que, en outre, elle ne laissait point d'être entachée de quelque ingratitude. Oui, c'est une chose qui n'a pas encore été dite, mais qu'il faut
dire cependant, bien qu'on s'en puisse attrister : trois jeunes hommes,
poètes magnifiquement doués, et qui devaient bientôt jeter un si grand

lustre sur la seconde moitié du siècle, ne furent pas éloignés d'abord de désavouer en celui où elle s'incarnait la révolution poétique dont ils étaient les fils ou les petits-fils. Ce reniement, ils l'enveloppèrent des plus parfaites apparences de respect et d'admiration envers l'œuvre et la gloire de Victor Hugo ; un seul d'entre eux le publia, en termes voilés d'ailleurs, dans une préface qu'il rétracta plus tard en évitant de la rééditer, et qu'on a sans doute eu tort d'insérer dans ses œuvres posthumes. Mais, malgré ce qu'il gardait de religion extérieure, ce reniment n'en existait pas moins, assez féroce. Comment expliquer cette sacrilège hostilité intime, recouverte de semblants de piété, faisant songer à des prêtres qui, tout en accomplissant les rites du culte, ne croiraient pas en leur Dieu ? Et, tout de même, malgré la discrétion sacerdotale, un peu du blasphème se répandait au dehors. Est-ce que les trois nouveaux esprits auxquels je pense étaient, chacun dans son inspiration, si étrangement originaux, si révolutionnaires eux-mêmes à leur tour, qu'ils ne pouvaient admettre ce qui fut avant eux, ce qui durerait après eux, et avaient-ils en effet besoin de nier pour être crus ? Certes, chacun d'eux fut pourvu d'un admirable tempérament personnel, bien distinct, et l'un de l'autre, et aussi du génie qui les précéda ; néanmoins leur filiation demeurait manifeste ; et ce fut le rebroussement des ruisseaux contre la source. Je crois qu'il faut plutôt chercher la cause de cette sorte de réaction dans la naturelle impatience qu'éprouvent à subir les sublimités et les renommées antérieures, de jeunes âmes éperdues de tout créer et de mériter toutes les gloires.

Au moment où nous sommes, Victor Hugo, qui, toujours grandissant depuis *les Orientales*, avait créé tout le drame lyrique par *Cromwell*, *Marion*, *Hernani* et *Ruy Blas*, et déjà toute l'épopée, même avant *la Légende des siècles*, par *les Burgraves*, et déjà toute l'ode par *les Châtiments* et *les Contemplations*, était une suprématie non moins écrasante que glorieuse ; après en avoir été le jeune Général et le Premier Consul, voici qu'il était l'Empereur de la poésie, le chef était devenu monarque ; il était un génie tyrannique ; et les jougs, quels qu'ils soient, sont insupportables aux essors juvéniles. Brutus complota contre César, quoiqu'il fût le fils de César. Les trois conspirateurs à qui je

fais allusion n'allèrent pas jusqu'à rêver qu'ils détrôneraient Victor
Hugo; mais, sans essayer de l'abolir, il leur arriva de le « débiner »,
si j'ose employer ce mot qui, seul, peut rendre la sorte de petite
guerre sournoise, — haussements d'épaules devant trop de hauteur,
complaisances aux parodies, mots irrévérencieux, tout de suite rétrac-
tés d'ailleurs par des éloges comme officiels, — qui navra si profondément l'âme ingénue et auguste du Père. Et, vraiment, cette mauvaise
tenue, que la sincérité n'excusait point, (car enfin ils étaient trop
grands, et trop lucides, ces trois poètes, pour qu'il leur fût possible de
méconnaître l'énormité et la perfection du plus grand des poètes),
était indigne d'eux.

En même temps, ils furent dévorés du besoin de ne point ressembler à Victor Hugo. Rien de plus honorable ni de plus digne d'encouragement que le désir d'être soi-même, de n'être que soi-même; ce sera
l'une des gloires du xixe siècle d'avoir associé l'idée d'une honte, autrefois presque inconnue, à l'idée de plagiat, d'imitation, ou seulement
d'emprunt. Mais, en leur jeune ardeur, ou bien, peut-être, le point
du siècle où ils se manifestèrent n'étant pas assez culminant pour
en percevoir toute l'envergure du génie de Hugo, ils ne conçurent pas
que dériver de Victor Hugo, ce n'était pas « pasticher » un grand poète,
mais user de l'universelle liberté qu'il avait édictée, mais propager
la primitive et universelle « respiration » française, à laquelle il avait
ouvert tous les avenirs. Pour en revenir à des analogies où j'ai déjà
insisté, Quarante-huit continue Quatre-vingt-neuf, et n'en est pas une
parodie.

Ils s'attachèrent minutieusement, par un appétit d'originalité, qu'ils
auraient pu satisfaire sans tant de malice, à différer de Victor Hugo
par le choix des sujets, par des évocations de légendes, de philosophies immémoriales ou exotiques, par la recherche de singularités
sentimentales. Je suis bien persuadé que l'un des trois grands poètes
qui triomphent au verso descendant de ce siècle, était porté de sa
nature, et selon André Chénier, — cette imitation-là, on ne la redoute
point, parce que l'imitateur s'y peut espérer l'égal du modèle, — à
restaurer les mythologies dédaignées, mais peut-être ne les eût-il pas
agrémentées du parisianisme de Henri Heine s'il n'avait supposé que

Victor Hugo, occupé d'autre chose, ne s'en aviserait point. L'autre, sans doute, était enclin à la contemplation des « abymes pacifiques » par la naturelle fixité de sa vaste âme écarquillée; mais eût-il, par delà l'*Énéide* et l'*Iliade*, et en dédaignant Juvénal, Aristophane et Euripide, rejoint le *Ramayana* et le *Mahabharata* s'il n'avait espéré que Victor Hugo, suspect encore de s'attarder au moyen âge selon le romantisme d'outre-Rhin, ne pénétrerait point jusqu'à cette initiale source de poésie épique et lyrique? Il y eut une recherche des continents intellectuels dont Victor Hugo n'avait pas encore été le Christophe Colomb. Le troisième des poètes de qui je fais ici le procès, — mais je les admire si ardemment, ils l'ont su, ils le savent, — traversa élégamment la littérature réaliste qui déjà essayait d'exister en ce temps-là, en retroussant, pour qu'elle ne fût point tachée de cette boue, sa soutane d'évêque *in partibus diaboli;* il portait un esprit inquiet des modernités troublantes; mais si, loin de se rasséréner en les rêves beaux et purs qui étaient, je le crois, le véritable idéal de son âme, il s'attarda souvent aux bizarreries de la beauté, aux laideurs rares, et à la mélancolie des sadismes expiés; s'il s'infraternisa l'âme angéliquement subtile et monstrueusement chaste d'Edgar Poë, c'est parce qu'il espérait que jamais Victor Hugo ne descendrait jusqu'à l'observation des helminthes de la pourriture moderne, et que jamais l'auteur de *Plein ciel* ne serait averti de l'auteur du *Ver conquérant.* De sorte que, au total, il ne faut pas se plaindre; à l'effroi de ressembler à Victor Hugo, nous sommes peut-être redevables d'une exagération de personnalités, qui nous les a rendues plus sensibles, plus précises et plus précieuses.

Cet effroi n'a pas laissé d'aller jusqu'à la puérilité; il est des rythmes de Hugo que nos trois poètes ont évité d'employer, afin de se dérober à la comparaison qu'ils eussent impliquée, par le mouvement de la strophe, par le retour, au même point, des rimes, avec tel ou tel poème du Père; et, sans inquiétude de ressemblance avec Dante ou Pétrarque, avec Villon ou Ronsard, qui étaient lointains, furent usités les tierces rimes, le sonnet, les petits poèmes à forme fixe, les strophes singulières et brèves de la Pléiade, dont Victor Hugo n'avait pas usé.

Une différence plus grave d'avec l'auteur des *Châtiments* fut tentée.

Parce que Victor Hugo, sans souvenir de la préface des *Orientales*, s'était adonné à la politique, parce qu'il avait cru devoir, en quelques-unes de ses œuvres, demander à son génie poétique la propagation de son idéal social, on eut beau jeu à réagiter la question de l'art pour l'art. Il y eut, — et cette fois l'opposition, plus générale, fut plus hautement avouée, — en face de Victor Hugo, poète et politique, les purs poètes n'ayant d'autre souci que la manifestation de leur talent, d'autre but que la beauté par la beauté. Ici, les réactionnaires eurent pour allié l'irréprochable Théophile Gautier qu'hypnotisa parfois, théoriquement du moins, la vision de Gœthe, courtisan impassible du grand-duc de Weimar. La question, du reste, est simple, facilement soluble: il est bien certain que jamais le poète, en sa générale conception des hommes et des choses, ne doit condescendre au quotidien du tohu-bohu politique. Mais si le vers répugne aux discussions actuelles, combien il a le droit de proférer les grandeurs de la justice et de la liberté. Même s'il s'écarte, — selon son droit, car il a tous les droits, — des problèmes sociaux, il concourt à l'auguste et charmant avenir espéré; si la splendeur du sublime est efficace, l'agrément du joli ne l'est pas moins; sous toutes ses formes, même sous celles réduites à la grâce, la beauté est l'éternelle et adorable moralisatrice des foules. Les trois poètes qui procédaient, et voulaient se différencier de Victor Hugo, ne l'entendaient pas ainsi; ils prenaient au propre cette expression : l'art pour l'art. D'où un long malentendu entre la poésie et le peuple. Malentendu dont toute la responsabilité incombait à celle-là. Le ciel me garde d'insinuer que, à cette époque, l'exil de Victor Hugo fut pour quelque chose dans ce retour, sous une tyrannie complaisante et dispensatrice, à un art qui ne pourrait rien avoir de subversif. Au surplus, l'hostilité de quelques poètes contre le souverain poète fut de courte durée. Dès qu'ils eurent acquis la part de gloire que méritait leur part de génie, dès qu'ils furent certains que, hors de tout reproche d'imitation, leur personnalité s'était glorieusement développée jusqu'à la limite de soi-même, ils acceptèrent, revenu d'exil et triomphant, le Maître, dont un instant ils avaient contesté la paternelle grandeur. Chacun reprit sa place et tout s'arrangea, comme on dit; bons mots et préfaces oubliés,

le Père eut autour de lui tous ses fils humbles et glorieux; et sans
ressouvenir de dissensions qui ne furent jamais des querelles, avec
toujours la restriction qu'il y en a un qui est au-dessus de tous, nous
admirons et aimons Théodore de Banville, Leconte de Lisle et Charles
Baudelaire.

Théodore de Banville!

Si les jeunes hommes avaient dans l'enthousiasme l'indomptable
hardiesse et l'extravagance généreuse et le rire au nez des imbéciles
qui s'étonnent; s'ils étaient magnanimes, excessifs, héroïques, fabuleux;
s'ils croyaient, comme ils le devraient croire! que rien ne vaut ici-bas
la peine de souffrir et de mourir, hormis, avec l'amour des mères et
des patries, l'amour de l'Amour et de l'auguste Poésie; s'ils adoraient
les Providences de leur avoir donné, en la bouche des Amantes, divin
distique rose, l'exemple adorable de la rime; si l'idée d'assister une
seule fois à la représentation d'une pièce, non pas de M. Scribe lui-
même, mais d'une pièce dont l'auteur pourrait être soupçonné d'avoir
logé un demi-jour à peine dans une rue où passa, même sans rêver à
des vaudevilles, M. Scribe, faisait se hérisser à leur menton des barbes
épouvantables aux ténébrions nocturnes; s'ils ne voulaient l'argent que
pour acheter à Lison ou à Madame de Maufrigneuse des bouquets de
violettes de trois sous (le prix a augmenté, la modestie devenant de
plus en plus rare!) ou des rivières de topazes brûlées; s'ils avaient des
cheveux, — ceux-là mêmes qui en ont n'en ont pas, tant ils les portent
courts en leur invraisemblable passion de feindre la calvitie; en un mot,
s'ils étaient pareils, jugeant que le gilet rouge des romantiques, les
soirs de *Hernani*, n'était pas assez rouge, aux extravagants que nous
fûmes: il se produirait, quelque beau soir de juin, une magnifique aventure devant Banville qui rêve en marbre blanc dans le « Luxembourg
plein de roses » où il se promena jadis « avec le jeune Baudelaire » !

Oui, une magnifique aventure.

Les plus belles Amoureuses de Paris s'avanceraient vers le cher
poète, rythmiquement processionnelles : les unes, les plus pauvres, af-
fublées, selon le conseil de leurs ingénieux amants, de satins vermeils,
de mousselines orangées, de crêpes d'or, de failles d'azur, choisis dans
une boutique à l'enseigne d'« Iris, marchande à la toilette », grisettes-

nymphes, qui, pour avoir de merveilleuses écharpes, achetèrent au
décrochez-moi-ça des loques d'arc-en-ciel; les autres, Cypris ressem-
blantes à des ambassadrices russes, Artémis et Pallas habillées par le
plus illustre des couturiers pour les mardis d'Héré, en son hôtel de
l'avenue du Bois-de-Boulogne, sur l'Olympe; et, toutes, elles seraient
le charme immémorial et nouveau, la grâce de jadis et d'aujourd'hui;
leur antiquité modernisée se raffinant encore d'un soupçon de poudre
à la maréchale vers les tempes, ou d'une mouche au coin de l'œil de
Colombine! Quant à leurs amants, ils seraient aussi bien mis qu'elles;
l'épique et bohème chimère de leur accoutrement donnant l'idée d'on
ne sait quel merveilleux ballet dont les costumes furent inventés par
Henri Heine et dessinés par Gustave Moreau et Willette; car la plupart
d'entre eux porteraient, sous la gloire des étoiles, les somptueux hail-
lons des Dieux en exil; les autres seraient les souples clowns qui, d'un
bond, crèvent vers Sirius et Aldebaran le plafond de toile des cirques,
ou les Léandres épris de leur propre image dans les yeux des Isabelles,
ou les sveltes Celios, ou les glorieux Polichinelles, Punchs, Kharageuz,
Pulcinellas, tout tintinnabulants de clochettes! Même, à cause des
hasards d'un ajustement à la hâte, on verrait là, certainement, des
Hermès coiffés du chapeau de Tabarin, des Bakkhos à la face bar-
bouillée, non de la pourpre des lies, mais de la neige des farines,
et, noirs comme l'aube ou éblouissants comme le matin, des Hadès-
Scaramouches ou des Pierrots-Apollons.

Puis, de ce peuple fantasque et charmant, plus belle que les plus
belles, d'une beauté où la nature et l'art s'associèrent pour réaliser au
delà du possible la miraculeuse créature, athénienne et parisienne,
toute d'or et de jasmin, aux lèvres de pourpre, qui traverse, avec
la nonchalance des rythmes, toute l'œuvre du Maître, sortirait une
jeune femme traînant une longue jupe aux chamarrures murmurantes;
s'approchant, et non sans une rougeur aimable, elle dirait :

« Monsieur,

« Je ne sais pas écrire. Je ne sais pas lire non plus. N'ayant pas plus
travaillé que le lys des champs, je suis ignorante de tout, sinon de la
beauté et des caresses, autant que les colombes et les cygnes. Je suis

telle que vous m'avez imaginée et voulue, c'est-à-dire belle, et rien de
plus. Il est donc bien certain que je n'ai pas rédigé moi-même le discours que je vais vous tenir; mais il fut composé par des poètes, âgés
de dix-huit avrils, qui me l'apprirent et m'engagèrent à le réciter
devant vous, parce que ma voix est aussi délicieusement susurrante
que la brise de mai entre les roseaux de l'Eurotas ou que la voix
de Mademoiselle Aventurine Meyer, des Bouffes-Parisiens. »

Puis, ce discours, elle le dirait, mélodieuse :

« Inventeur d'odes étincelantes, vous qui lancez au loin la double
flèche des rimes d'or,

« Le plus grand des musiciens de tous les temps, en parlant de
Balzac, avait coutume de dire : « Homère de Balzac »; c'est pourquoi
nous vous nommons Orphée de Banville! La lyre, c'est vous. Vous
n'avez jamais proféré une strophe où ne frémît l'essor d'un vol vers le
ciel. Vous êtes le chant furieux d'amour et de joie. Grâce à vous, les
immortels et les immortelles, déshonorés jusqu'à la bergerie dans
les allées du jardin grand comme la main où Demoustier promenait
Émilie, ont reconquis les monts augustes et siègent sur leurs trônes
d'ivoire; si les hamadryades, avec des gestes nus, se lamentent et
s'extasient encore sous le viol des chèvre-pieds, c'est à vous qu'elles le
doivent, et il faudrait être sourd pour ne pas entendre à la cime rose
et claire de vos distiques le tremblement des ailes de Psyché! Mais il
ne vous a pas suffi de restituer les dieux dans leur gloire; vous avez
pris dans l'ombre et la vilenie des proses les hommes et les femmes,
les gens pareils aux gens qui passent, et vous les avez contraints à
devenir des dieux, eux aussi! Véridique et magnifique comme le soleil,
qui fait tout voir, mais dore tout, vous avez obligé la vérité vivante à
revêtir les splendeurs, formidables ou délicieuses, du rêve. Parce que
l'amour de l'excès était en vous, vous avez développé, épanoui, exalté,
jusqu'à l'idéal lumineux ou ténébreux, toute la médiocre âme moderne;
en un temps où, la nouvelle ayant disparu avec Nodier et Gozlan,
personne ne songeait encore à écrire des contes, vous avez, en des
contes pareils à des poèmes, sublimisé la vie. Vous avez été, volontairement, et par le magnanime effort de votre pensée, l'Hésiode enthou-

siaste d'une Théogonie où la demoiselle du comptoir de lingerie, qui
dîne le dimanche dans l'arbre de Robinson, s'étonne d'être la sœur de
la Déesse aux belles bandelettes, où M. de Rothschild, grand, très fort,
horrible à nommer, est sans doute le fils de Gaïa et d'Ouranos, où
Hermès, que suit le bel Iméros, songe avec inquiétude, dans la Bourse
entourée des flots, à la réponse des primes, où le colosse, d'ailleurs
chinois, de la fête de Neuilly, tutoie fraternellement les robustes Érinnyes et les géants aux armes éclatantes. De sorte que, dans les
littéraires Champs-Élysées entrevus par Renan, Linos, qui eut son
tombeau dans Thèbes ou dans Chalcis, dit à Gavarni, rencontré sous
l'ombre des hauts lauriers-roses après l'heure où les journaux et les
livres sont arrivés de l'univers terrestre : « Il faut lire, mon cher
« collègue, le dernier conte de Théodore de Banville », et que Gavarni
lui répond : « J'allais vous le conseiller, mon cher collègue, préci-
« sément! » Mais vous ne vous êtes pas borné,

« Inventeur d'odes étincelantes, qui lancez au loin la double flèche
des rimes d'or,

« A violer la prose, cette matrone lourde, jusqu'à lui faire enfanter
des contes tout frémissants de plumes aurorales pareilles à celles des
colombes de Kythereïa ou à celles de l'aigle de Zeus, vous avez, en
passant, en songeant à autre chose, pour vous jouer, prouvé la féerie
et la comédie de Shakespeare, en écrivant des féeries et des comédies
qui auraient charmé Rosalinde et sa cousine Cœlia. Et, enfin, — ceci,
c'était le plus énorme et le plus invraisemblable des travaux, — enfin,
ô dompteur de lions et de colombes, vous avez accompli ce miracle
d'unir la poésie au journal. Cela, cette impossibilité, ce prodige, vous
l'avez réalisé! tout le monde l'a vu! personne ne peut dire le contraire!
Oui, dans des journaux, à la place même où auraient pu triompher
l'Information et le Renseignement, vous avez, avec une formidable et
paisible audace, publié des vers, publié des proses aussi belles que des
vers, vers ou proses où il ne s'agissait pas de l'événement d'hier ou de
l'événement d'aujourd'hui : vous n'y parliez que de ces actualités éternelles, la beauté, l'amour, le charme des yeux, le charme des lèvres!
et cela, vous l'avez fait, non pas un an, non pas deux ans, mais quarante ans, avec une ardeur toujours plus abondante; et le public, qui

croyait aux faits divers, cessa d'y croire, et, grâce à vous, grâce à votre exemple suivi par d'autres poètes, des journaux existèrent, lus, relus, admirés, acclamés, où, sous la discipline du beau style, qui fut imposée par vous et obéie par eux, toute la libre et généreuse fantaisie de l'esprit français s'amusait éperdument, riait, chantait, exaltait les franches filles de Montmartre ou de Milet, et s'inclinait religieusement, entre deux coups de vin de Champagne ou de vin de Lesbos, devant la pure et immarcescible Beauté! et ces journaux avaient plus d'abonnés que dans les nuits d'août il ne glisse, de l'Orient à l'Occident, d'étoiles pareilles à des comètes. Donc,

« Inventeur d'odes étincelantes, qui lancez au loin la double flèche des rimes d'or,

« Nous, la Jeunesse, nous vous aimons et nous vous célébrons parce que vous fûtes la Joie; et, bien que je ne sache ni lire ni écrire, j'ai été choisie, étant la plus belle, pour offrir à votre image, sous l'azur de ce soir, les plus royaux des lys dans la neige de mes seins victorieux, et tous les lauriers d'or dans la gloire éparse de mes cheveux roux! »

Devant Leconte de Lisle, il siérait de tenir un plus grave langage. Ce fut en même temps qu'une toute-puissante intelligence, un grand cœur triste. Je pense que le temps n'est plus, où il fallait encore défendre Leconte de Lisle du reproche d'impassibilité. À présent qu'on ne se borne plus à relire, dans les anthologies, deux ou trois de ses poèmes, à présent que toute son œuvre a pénétré dans l'esprit de tous, on sait ses véhémences, ses fureurs même, et les désespoirs de sa tendresse. Nul, d'une haine plus féroce que la sienne, n'a détesté la force injuste; les dogmes, qui enseignent un dieu inventeur de l'inéquitable et insupportable vie; les prêtres prédicateurs de ces dogmes. Et la femme, à qui, sans doute, il devait l'incessante douleur d'une antique blessure, lui apparaissait comme une belle vipère, qu'il ne faut pas caresser. Mais, en une fierté de ne pas se commettre avec « les histrions et les prostituées », fierté qui, certainement, lui était naturelle et fut corroborée du soin de ne pas imiter l'Hercule affronteur et nettoyeur des modernes étables d'Augias, l'Orphée qui ne dédaignait pas de descendre dans les nouveaux enfers

pour l'amour de l'Eurydice-Humanité, en la gêne aussi d'avouer de
viriles faiblesses, il se détourna de l'actualité des hommes et des choses,
et même de sa propre actualité. Son inspiration, issue d'un cœur
vaste et blessé, ne cessa point d'être amère, violente, désolée, et formidablement réprobatrice; non, il ne s'apaisa point, il ne s'apaisa jamais;
mais, pour s'écarter de la contemporanéité minutieuse et banale, il
exila son cœur véhément dans la largeur lointaine de sa pensée, qui
s'espaça jusqu'à l'extrémité des univers, et, d'âge en âge, jusqu'à l'origine et à la fin des existences. En vérité, je crois sincèrement que
Leconte de Lisle, sans en être conseillé qu'à peine par une ambition
de génie solitaire, évadé des similitudes, eut en effet la pudeur de vivre
la vie commune, qui passe sous la fenêtre, dans la rue des événements. Certes, sa vie personnelle, que j'ai eu, un temps, l'honneur de
considérer de près, fut exempte d'affectation de révolte, soumise aux
ordinaires règles, correcte, simple; mais il n'y concédait que la moindre
part de soi, semblait y être en séjour momentané, n'y avait point de
patrie, en acceptait les coutumes avec courtoisie, comme un hôte bien
élevé, ou en subissait la gêne avec une apparente résignation, orgueil
forçat des nécessaires réalités. Il n'était pas sans ressembler aux éléphants qu'il a dépeints dans l'un de ses plus célèbres et non de ses plus
beaux poèmes; ils consentent, ces grands animaux, sans rébellion
visible, à des fonctions humbles et coutumières; leur rêve, cependant,
mélancolie énorme, à qui l'on ne saurait mettre un joug, que l'on
ne mène pas en le pinçant à l'oreille, fuit l'étroite besogne, vers les
immensités; et ils n'engendrent pas, dit-on, lorsqu'ils ne sont pas libres;
rien ne peut les contraindre, pas même l'amour, qui n'est point mort
en eux, et qui s'exalte, au contraire, de volontaire abstinence, à perpétuer, esclave, leur sauvage énergie. Tel, dans son rêve énorme,
Leconte de Lisle a transposé, loin de la vie acceptée et méprisée, loin
des devoirs accomplis et des servitudes portées, une âme immensément indépendante et furieuse. Nulle impassibilité intime, je le
répète; mais l'expansion au loin d'un esprit dont, par la compression,
justement, de l'existence quotidienne, s'exaspère la puissance en un
rayonnement sur toute l'histoire antique, sur tout le pittoresque exotique, sur toute la légende immémoriale. Et ce qu'il y avait en lui,

selon l'évangile libre-penseur de 1848, de « mangeur de prêtres », se
répand en une inimitié, comme ancestrale, contre les cultes et les
temples; il est, se complaisant aux férocités des Bibles et des Corans,
le prophète imprécatoire des antiques nations coupables d'humilité;
tout ce qu'il y avait en lui de rage contre les tyrannies qu'il dédaigna
de combattre, assaille les trônes d'Orient, se rue aux chaires d'Abbés ou
de Papes; en même temps qu'il oppose les mauvais dévas aux dévas
triomphants, non moins haïs, des montagnes célestes, il confronte
l'évocation de Satan, noir, dur, funeste, avocassier, aux pompes paisibles et damnées aussi du pontificat suprême, dans la Rome pleine du
souvenir des antiques orgies brutales; il se précipite toujours plus loin
dans le passé des histoires et des philosophies; il s'irrite de ceux qui
espérèrent et qui crurent; entre temps il essaie de pacifier, d'éteindre,
dans la neige des mythes scandinaves, sa colère enflammée contre
les rites de tous les prêtres infâmes et de tous les croyants imbéciles;
ou bien, dans un coin lumineux de son œuvre, un poignard, à la
garde stellée de pierreries, venge à la fois les califes déshonorés et
le désespéré amant qu'il fut lui-même. Mais il ne consent longtemps
ni à lui-même ni à ce qui lui ressemblerait. Et tant de visions, loin de
soi, engendrent enfin une tristesse profonde; pour n'avoir consenti à
aucun des charmes, à aucune des grâces, — roses parmi les cruautés
et les vilenies, — des jours qui nous sont accordés, on devient, dans
plus d'énormité et dans plus de mélancolie, le contempteur non seulement de son propre être actuel, mais aussi de la vie universelle
et éternelle; et les illusions, et l'Illusion suprême, s'évanouissent. Fatalement, la contemplation de tout s'achève en l'amour de rien.
Leconte de Lisle, non pas impassiblement, car il ne fut jamais impassible, mais en une fureur domptée, a su la désespérance du bonheur
et l'inutilité d'être né. Il en vint, en dépit des épouvantes qu'inspirent
les agonies, à aimer la mort pour elle-même, c'est-à-dire pour ce
qu'elle offre de non-émotion, de non-sensation, de non-pensée. Il fut
sincère en cet appétit de ne plus sentir, de ne plus être, d'aboutir
à ce qui n'est pas, à ce qui n'a jamais été; il a conçu les immobiles
délices de la dispersion de soi dans tout ou dans rien; avec impatience il en attendait l'heure parmi les obligations sociales des céré-

monies auxquelles il faut bien qu'on assiste, et des dîners en ville, chez des gens considérables qui vous ont invité. Oui, croyez-le, le désir, le besoin de ne plus exister, s'augmentait en lui de chaque minute d'existence, intolérable ; et ce qu'il souhaitait, si jeune physiquement en sa robuste vieillesse, si vieux de tant d'éternité, ce n'était pas les larmes sincères de ses amis, ni la pompe des funérailles célèbres, c'était la disparition, en l'insecouable trépas, de tout ce qu'il avait aimé, de tout ce qu'il avait cru, de tout ce qu'il avait souffert, de tout soi. Cependant il demeura, sous ses dédains de la vie, un ardent, un violent, un excessif, — quelque chose comme un volcan couvert de glace, qui se plaît pourtant aux éruptions incendiaires ! Toute son œuvre m'apparaît comme un nirvana furibond.

S'il fut, dans le livre, une souveraine intelligence, s'il fut, dans les relations quotidiennes, un maître clément et un ami serviable à tous ceux qui l'approchèrent, il a été, il faut bien le dire, un guide et un conseiller redoutable. En ma déférente amitié, en ma religieuse admiration, j'ai pensé autrement, jadis ; j'ai cru sincèrement que nos esprits restaient libres sous sa loi ; je pense que je me trompais. Si ces conseils furent excellents en ce qui concerne la discipline de l'art et le respect de la beauté, si son intimité nous fut conseillère des beaux devoirs, il n'en faut pas moins reconnaître aujourd'hui que le joug de son génie (que, certes, il ne songeait pas à nous imposer, mais que nous subissions en notre émerveillement juvénile de son verbe et de son esprit) nous fut assez dur et étroit. Il eut, plus qu'aucun autre, bien plus même que Celui à qui appartenaient tous les enseignements, puisqu'il donnait tous les beaux exemples, la puissance, involontaire sans doute, dissimulée d'ailleurs sous tant d'indulgence, d'obliger les jeunes esprits à l'idéal qu'il avait conçu. Il répugnait hélas ! aux nouveautés, aux personnalités qui auraient pu contredire la sienne ; son amour de l'antiquité et de l'exotisme, sa certitude d'avoir inauguré, à peine un peu trop tard, un âge poétique, son dédain de la vie et son appétit de la mort, furent les trop puissants éducateurs de jeunes âmes qui, par l'adoration de son œuvre, s'accordaient à ce qu'il y avait de vaste sans doute, de borné pourtant, en sa conception du monde poétique : on peut le dire, il faillit faire de nous des poètes étran-

gers à nous-mêmes; on songe avec terreur à ce qu'aurait été la littérature contemporaine si elle avait obéi uniquement à son vouloir
accepté comme suprême. Certes, sa pensée fut merveilleusement étendue, mais dans le seul sens et vers les seuls lointains où il entendait
la diriger. Il a poussé le dédain de la vie actuelle non seulement jusqu'à
voir ce qu'elle avait de las et de médiocre, mais jusqu'à nier ce qu'elle
pouvait avoir de renaissant et de beau; affirmateur, par la beauté de
son œuvre, il fut un négateur, quant à la beauté de beaucoup d'autres
œuvres; plusieurs d'entre nous ont dû se défaire de ses injustices.
Mais tous ses disciples, avec l'admiration toujours grandie de son vaste
et parfait talent, gardent fièrement sa noble discipline technique.

Il est assez étonnant qu'il ait eu beaucoup d'estime littéraire pour
Charles Baudelaire. L'auteur des *Poèmes barbares* montra à l'égard de
l'auteur des *Fleurs du mal* un désintéressement de soi-même, une
transposition de sa propre pensée dont il était peu coutumier; il faut
qu'il l'ait jugé bien considérable par le Don et l'Art pour qu'il agréât
des poèmes où la modernité actuelle jusqu'à la minutie, la recherche
fréquente du compliqué et du pire, le maniérisme parfois libertin de
la parole, devaient singulièrement désorienter son goût du passé, son
amour de la simple et dure amplitude et la pudeur de son verbe.

L'heure est venue où, hors de l'excès des juvéniles enthousiasmes,
qui furent nécessaires, et sans se laisser aller à des irritations causées
par de déplorables dénis de justice, on doit dire sur Charles Baudelaire ce qu'il est, semble-t-il, équitable d'en penser. Il est certain
qu'il y a dans son œuvre une part d'affectation, de fait exprès, en un
mot, de « pose ». Par un naturel dandysme, à moins que ce ne fût
par une survivance étrange correctement amendée de la goguenar-
derie mystificatrice du jeune romantisme, il était hanté du besoin
d'étonner et même de terrifier les gens; quoiqu'il palliât ce goût un peu
puéril, dans le quotidien de la vie, par une belle grâce de gentilhomme,
par une très fine, très souple réserve (car elle est absurde, la légende
qui lui attribue des gestes violents, de gros mots, et, au contraire, on
a pu dire de lui : « svelte, un peu furtif, l'air d'un très délicat évêque,
à peine damné, qui aurait mis pour un voyage d'exquis habits de laïque,
Son Excellence Monseigneur Brummel! »), et bien que, ce goût, il le

rachetât, dans l'art, par la netteté de la pensée, la justesse de l'image
et la perfection pour ainsi dire classique de la forme, on ne peut s'empêcher de reconnaître en lui quelque chose comme une manie d'étrangeté; son génie, çà et là, est taré de tics, qui furent d'abord volontaires. Cela est si vrai, qu'à l'heure actuelle les jeunes hommes qui
n'ont pu frayer avec ce poète s'expliquent mal, dans ses plus parfaits
poèmes, des tournures de phrase, des expressions qui ne valaient —
valeur médiocre d'ailleurs, et même nulle — que par une bizarrerie
tout actuelle, que par l'accent pince-sans-rire dont il les fallait proférer.
Ou bien ils leur attribuent une portée infiniment lointaine, une intention de subtil et presque insaisissable symbole; ce en quoi ils ont parfaitement tort. Bien différent de quelques poètes, d'ailleurs admirables,
qui dédaignent l'achèvement, ou du moins veulent être achevés en ceux
qui les liront, Charles Baudelaire, non sans offrir à tous l'occasion du
prolongement de leur rêve, a toujours prétendu à l'expression totale et
précise de soi-même. Il se vante d'être un rhéteur. N'allons pas jusqu'à
le croire sur parole; ici encore, il usait de quelque dandysme. Mais,
sans tenir compte de ses affectations, ni des interprétations auxquelles
elles donnèrent lieu, ouvrons son livre et, l'ayant relu, pensons. Il fut,
je le crois, entre les poètes de son heure, le plus violent des révoltés,
le plus acharné des hypocrites, le plus torturé des repentants, le plus
lamentable des vaincus. Gardez-vous, je le répète, de vous attarder
au paradoxe involontaire ou voulu de sa personne instinctive ou de
son mensonge; il y a en lui, avec l'orgueil et l'humilité du péché, la
haine éternelle et l'éternelle plainte. C'est Satan élégiaque. Si furieuses
que soient les infatuations de ses révoltes, si hautainement qu'exulte et
que menace la superbe de son péché, ces fureurs et cette superbe
s'agenouillent vite et se macèrent en des humilités qu'il se plaît à
humilier encore, en un besoin à peine artificiel de rites rares, par des
confessions publiques, par des aveux de flagellations. Certes, il fut
catholique, tantôt comme un dominicain inquisiteur, tantôt comme un
ermite mangeur de racines et d'excréments, mais toujours hanté, soit
dans l'atrocité fanatique, soit dans les mortifications du « meâ culpâ »,
par toutes les Proserpines de la luxure et de la vanité. Plût à Dieu,
pour l'apaisement de son intelligence en son instant humain, qu'il eût

été athée ! mais il ne l'était point; son Reniement de saint Pierre confesse Jésus-Christ. De là un incomparable désespoir vainement adorné, comme en une minutie de damnation enragée, par toutes les curiosités du langage, par toutes les raretés ingénieuses, intimes, lointaines et exotiques aussi, de l'image, par toutes les manières enlaçantes de l'art le plus subtil, le plus reptilien. Quelque chose aurait pu rasséréner ce catholique : c'est la charité que je veux dire, ce christianisme de la bonté. Mais il ne fut point bon, — j'entends ceci quant à ce qu'on pourrait appeler le « cœur » de son œuvre; il n'eut de pleurs que de rage dans le péché sans joie, dans la pénitence sans espoir; il n'a pas connu la douceur immense de la miséricorde, si immense que, même à la répandre sur tous, il ne se peut pas que quelque caresse ne s'en attarde sur vous-même. Il eût été consolé s'il avait consolé; il n'a été que terrible et triste. Comment eût-il pu se faire qu'en cet abominable état d'esprit il ne se raccrochât point aux délices défendues, peut-être libératrices du remords, qu'offrent goutte à goutte les drogues, rosée hélas! des ciels artificiels? A coup sûr, (aujourd'hui tout le monde le sait), il n'usa jamais que théoriquement du Chanvre, du Pavot; et, de la maladie dont il est mort, de sobres gens sont quelquefois atteints; mais si, en effet, il ne fuma ni ne mangea de hachisch ni d'opium, il usa des éréthisants dans le domaine de l'irréalité; il fut l'ivrogne d'un idéal sous-humain, et surhumain. C'est, je m'imagine, en se plaçant à ce point de vue qu'il faut considérer le très particulier génie de Charles Baudelaire. Si l'on ajoute à l'originalité de son organisme spirituel, qu'il fut, prodigieusement, un chercheur du compliqué dans le rare ou le pire, un trouveur, entre les choses en apparence le plus opposées, de rapports jamais surpris, jamais guettés encore, un manieur du verbe et un artisan du vers, auquel, en notre âge romantique, aucun ne saurait être préféré, on demeure mystérieusement et douloureusement charmé d'une œuvre tentatrice, cruelle et parfaite, qui n'avait pas eu d'exemple, n'aura point de similaire; et quiconque a souci de la justice doit vouer au génie, à l'Art de Baudelaire une admiration sans réserve (admiration qui, d'âge en âge, se perpétuera en s'agrandissant), et en même temps accorder à sa Personne, désorientée, troublée, désolée, veule, atroce, pusillanime et blasphématrice, parmi toutes les angoisses du cauchemar, une pitié qu'il n'a eue hélas! ni pour soi ni pour les autres, la pitié grâce à laquelle, s'il en avait été doué, son livre de mélancolie, de volupté et d'orgueil, de ferveur aussi, n'eût pas été l'IMITATION DE N. S. LE DIABLE.

Cependant, Victor Hugo étant en exil et ne pouvant plus témoigner la persistance de son génie que par des chefs-d'œuvre qui étaient comme des coups de tonnerre de l'autre côté de la mer, ces trois grands poètes : Théodore de Banville, Leconte de Lisle, Charles Baudelaire, ne suffisaient point à retenir la foule vers la poésie, gloire principale de ce siècle. Non point que leur talent fût inégal à cette tâche, mais l'œuvre de Théodore de Banville, par la mythologie renaissante et en vain parisianisée; celle de Leconte de Lisle, par l'isolement lointain de la pensée et des sujets; et celle de Baudelaire, par ce qu'elle offrait de singularité psychique, de subtilité rare, n'avaient point de quoi susciter le commun enthousiasme; en outre, par la proclamation de cette théorie : l'art pour l'art, par le mépris de la foule qu'ils jugeaient incapable, — combien ils avaient tort! — de les entendre, ces maîtres encouraient une indifférence presque générale; et d'eux s'écarta le peuple, dont ils ne voulaient point.

Alors ce fut, pour les lettres françaises, un temps d'infécondité, de vacuité, seule lacune en notre admirable siècle poétique. Il arriva que par la parodie, jusqu'à la romance, de l'élégie lamartinienne, et par l'imitation, jusqu'à l'extravagance, de la fantaisie de Musset, et par l'intrusion, dans l'art, de la sentimentalité ou de la drôlerie bohème et de la gauloiserie boulevardière, — car, hélas! il persistait, l'esprit gaulois, facilement reconnu dans le vaudeville, dans la chronique, dans la chanson, — la poésie française, que s'efforçaient en vain de maintenir, avec trop de concessions d'ailleurs, trois nouveaux venus, Charles Bataille, Amédée Roland et Jean Du Boys, défaillait jusqu'à la non-existence. Un très brave esprit, Louis Bouilhet se leva. Il sied qu'un poète, certes le plus humble de tous, mais enfin un faiseur de vers, salue ce noble homme, dont le nom est presque oublié par les générations vieillissantes, et le révèle peut-être aux générations nouvelles.

Louis Bouilhet, qui daigna être mon ami au temps où nous avions, lui, mon âge d'à présent, moi, l'âge qu'ont aujourd'hui mes plus jeunes camarades, portait, en un vaste corps presque pareil à celui de son frère intellectuel Gustave Flaubert, une âme haute et sereine, infatigablement ambitieuse de joie, d'amour, de beauté ; on se tromperait étrangement à ne voir en lui, sur la foi de quelques affirmations trop rapidement proférées, qu'un poète à peine recommandable par une ou deux pages restées dans la mémoire des lycéens de 1860. En réalité, Louis Bouilhet fut un vrai poète, c'est-à-dire un très parfait artiste en même temps qu'un ardent inspiré ; celui qu'admirèrent George Sand, Théophile Gautier, Charles Baudelaire, Banville, Leconte de Lisle, vaut immortellement, et n'a que faire d'un peu d'estime miséricordieuse. Il parut, tout débordant d'illusions généreuses, en un morne moment. La minute d'alors offrait cette particularité, que le plus grand des poètes français souffrait en une petite île anglaise, tandis que le plus futile des musiciens allemands triomphait à Paris. Et il était naturel qu'il en fût ainsi : un bafoueur de dieux devait plaire à des renieurs de serments, à des assassins d'idéal ; c'est logiquement que le drame impérial a eu, pour musique de scène, l'opérette. Et la Poésie était dans l'Île.

Arrivé de sa province, qu'eût fait un médiocre, à la place de Louis Bouilhet ? Il aurait dit en regardant autour de lui : « Ah ! voilà comment vont les choses ? très bien », et, imitant ce qu'il approuvait, il aurait écrit des livrets d'opéras bouffes, des romans-feuilletons, se serait haussé, les jours de remords, jusqu'à quelque comédie de mœurs. Voie facile. Bouilhet tenta la voie ardue. À l'heure où l'âme française semblait vide d'espoir et d'héroïsme, où les passions, même coupables, défaillaient comme des sexes de vieillards, où le seul excès était celui de la débauche bête et du rire sans joie, il osa écrire, il osa faire jouer un drame en vers, un drame d'amour et de gloire ! Chose stupéfiante, ce drame eut un succès prodigieux, un succès qui dura longtemps, très longtemps, grandissant toujours. Ce fut comme un son de cloche d'or, éveilleur de brutes et d'ivrognes. On s'étonna, on s'éprit, on s'enthousiasma de cette *Madame de Montarcy* qui rallumait les soirs illustres du romantisme. Un instant les poètes purent croire que c'en était fait de l'opérette, et du vaudeville, et de l'école du Bon Sens; qu'ils allaient reconquérir la foule. Hélas! à peine réveillés, les ivrognes et les brutes retombèrent en leur hébétude, ne sursautant qu'au chatouillement des trilles égrillards. Mais Louis Bouilhet ne perdit pas espoir. Après le drame, des comédies, après les comédies, des drames encore, en vers toujours, en vrais vers, sonores comme des clairons et criant des dianes! Même dans les pièces bourgeoises, où il consentit deux ou trois fois, — car nul, ici-bas, n'est parfait, — il gardait une fierté presque espagnole ou romaine, castillan comme Victor Hugo et rouennais comme Corneille! De sorte enfin que, seul, — j'entends : seul de sa génération, — il maintint haut, très haut, l'admirable panache romantique, tant raillé, mais si magnifique, et qui, secoué dans l'air, éparpille des étincelles pareilles à des étoiles. Eh! je sais bien que c'était déjà, alors, la mode de nier avec d'imbéciles rires les emportements d'aimer, de haïr, de rêver. Le Bon Sens, en ce temps, était aussi niais, aussi hostile à toute idée de beauté, de tendresse, et à tout superbe essor, aussi fermeur de toutes les fenêtres sur le lointain des divines chimères que le fut naguère le bas instinct de la réalité. Presque rien de changé. Après la bourgeoisie, non pas le peuple, mais la populace. Pareille exécration des divines aristocraties de l'art. Mais bah! qu'importe! Reprenez *l'Honneur et l'Argent* à l'Odéon, — on a fait cela! — jouez au Théâtre-Chirac *l'Avortement*, après ce lever de rideau et de jupon : *le Viol :* rien n'empêchera que soient délicieuses au balcon les paroles presque baisers de Roméo caressant Juliette, et que, des plaintes de Régine vers l'hirondelle qui s'en va et reviendra peut-être, toujours s'émeuve l'âme de ceux en qui persiste indéracinablement l'amour de l'amour et l'espoir d'espérer!

Cependant, oserai-je écrire que Louis Bouilhet fut un poète de génie? non, elle ne brûla pas en lui la mystérieuse flamme par qui l'homme, à de certaines heures, devient surnaturel et à force de sublimité diffère de tous les vivants au point que son verbe doit être accepté sans conteste, n'est plus le sujet de la compréhension humaine, n'est plus justiciable des opinions humaines (je n'ai jamais pu, sans pouffer de rire, voir même le plus intelligent des critiques s'aviser de juger Shakespeare ou Hugo!). Mais, si le génie ne fut pas accordé à Louis

Bouilhet, il en eut la grandiose ambition, et souvent en mérita, par l'éperdu effort, la ressemblance. Dans ses poèmes lyriques, non moins que dans ses poèmes dramatiques, il tenta d'être grand, sembla l'être, le fut presque! A notre admiration doit se mêler la respectueuse condoléance qu'il ne l'ait pas plus divinement justifiée.

Et, en même temps que l'admiration, une infinie reconnaissance lui est due.

C'est grâce à lui que Gustave Flaubert est demeuré le prodigieux poète qu'admireront sans fin les postérités après les postérités.

Oui, — nous sommes plusieurs à le savoir, — bien des amitiés, bien des influences se disputèrent l'esprit de Gustave Flaubert. Il était, ce grand homme, si bon, si facilement ému, si enclin à s'attendrir des enthousiasmes, inégalement désintéressés, dont il fut adulé, que souvent il laissa sa propre volonté obéir à des conseils qu'il ne se serait pas donnés à lui-même. Celui qui, à vingt ans, avait conçu le plan et écrit la plus belle scène de *la Tentation de Saint Antoine*, n'en est point venu, de lui-même, à s'attarder sept années durant à l'achèvement de *Bouvard et Pécuchet*. On l'enveloppa. La force qui était en lui, plusieurs comprirent que, accaparée à leur profit, elle aiderait puissamment au succès des systèmes littéraires qui leur étaient chers; et, en le reconnaissant pour maître, ils l'obtinrent pour allié.

D'ailleurs, combien peu est condamnable cette stratégie, puisque nous lui dûmes, après *Madame Bovary*, *l'Éducation sentimentale*.

Cependant, que fût-il advenu si Gustave Flaubert avait subi la seule influence de ceux qui, en exaltant sa gloire, préparaient la leur? si aucun avertissement n'avait retenu l'auteur d'*Un Cœur simple* sur la pente où l'on glisse si vite? Louis Bouilhet était là. Fraternel admirateur de son ami, de son compatriote, il l'obligeait, par le souvenir de leurs rêves communs autrefois, par son incessant besoin d'élévation, par son exemple aussi, à relever les yeux vers les idéales cimes. Regarder en bas, c'est bien; regarder plus haut qu'en haut, c'est mieux. Louis Bouilhet, poète, exigeait que Gustave Flaubert, romancier, fût poète aussi : il l'exigeait, il l'obtenait. S'il se trouve quelques vers médiocres dans *la Conjuration d'Amboise*, il y a lieu de les pardonner à celui sans qui, peut-être, nous n'aurions eu ni *Salammbô* ni, lumineuse comme un vitrail, la Légende de Saint Julien l'Hospitalier.

Mais la presque gloire de Louis Bouilhet ne suffisait point à réveiller l'atonie universelle. J'ai pu, il y a longtemps déjà, écrire avec raison : « Hélas! la fade romance et l'élégie aux rimes pauvres triomphaient. Faisant voguer des nacelles de papier dans des cuvettes qui croyaient ressembler au lac céleste d'Elvire, repleurant, avec des yeux de veau, les larmes divines d'Alfred de Musset, quelques hommes, oh! qu'ils soient oubliés! se croyaient des poètes. De l'art, nul soupçon; de la langue, du rythme, nul souci. Du moins, la tendresse vraie, l'émotion sincère, la passion, en un mot, l'exprimaient-ils parfois? jamais. Et pas un seul d'entre eux ne posséda une seule des qualités auxquelles, précisément, ils se vantaient de sacrifier toutes les autres. » Mais l'état de la poésie française, à cette date (disons de 1860 à 1866), a été exprimé beaucoup mieux que je ne saurais le faire dans une page un peu folle et humouristique, toute charmante et si belle parfois, qu'on me saura gré de transcrire :

« En ce temps-là, *un barde* était tenu, avant toutes choses, de pleurer sans fatigue pendant au moins deux cents vers, et dispensé largement, du reste, d'expliquer pourquoi il pleurait. Ce qu'a mouillé de mouchoirs cette génération est incalculable! Pauvres gens, quelle tristesse était la leur! Mais en retour, que de dames se sont évanouies délicieusement à la lecture du *Poète malade* ou des *Jeunes Filles mourantes*, qu'on entendait le soir dans ces salons littéraires d'aspect sépulcral où l'eau sucrée coulait comme les larmes! Devant un auditoire choisi, composé de colonels en retraite, traducteurs d'Horace, de diplomates ensevelis dans d'opulentes redingotes pareilles à des linceuls, de professeurs tournant le petit vers, de philosophes éclectiques, intimement liés avec Dieu, et de bas-bleus quinquagénaires rêvant tout bas, soit l'œillet de Clémence Isaure, soit l'opprobre d'un prix de vertu; un jeune homme pâle, amaigri et se boutonnant avec désespoir, comme s'il eût collectionné dans sa poitrine tous les renards de Lacédémone, s'avançait hagard, s'adossait à la cheminée, et commençait d'une voix caverneuse la lecture d'un long poème où il était prouvé que le Ciel est une patrie

et la terre un lieu d'exil, le tout en vers de douze ou quinze pieds; ou
bien encore, quelque vieillard chargé de crimes, usurier peut-être à
ses heures, en tout cas ayant pignon sur rue, femme et maîtresse en
ville, chantait les joies de la mansarde, les vingt ans, la misère heureuse, l'amour pur, le bouquet de violettes, le travail, Babet, Lisette,
Frétillon, et, finalement, tutoyait *le bon Dieu* et lui tapait sur le ventre
dans des couplets genre Béranger.

« Et alors triomphaient à la fois la tristesse et la gaieté française!

« Nul ne s'était préoccupé d'examiner si ce qu'on venait d'entendre
était écrit dans une langue seulement décente. Qu'importait cela,
pourvu qu'on fût ému, et qu'on sentît battre les viscères sous la flanelle? L'essentiel en poésie n'est-il pas de ressentir une émotion vraie,
et quel plus bel éloge pourrait-on faire d'un poète que celui-là : « Il fit
« pleurer les dames de son temps! »

« Le plus triste est que ces malheureux avaient souillé la Nature en
la rendant complice de leurs sanglots; ils invoquaient la lune; les astres
étaient de moitié dans leurs pleurnicheries; ils déshonoraient les petits
oiseaux.

« Ce n'est pas tout! Il y avait encore l'école utilitaire, pratique, qui
méprisait la vaine harmonie des mots et ne s'attachait qu'au « fonds »,
la forme étant une question secondaire. Ah! certes, respect aux esprits
qui, dans la langue des prophètes, enseignent à l'humanité ses grands
devoirs! mais, pour ceux dont nous parlons, la poésie était d'instruire
les masses en développant des vérités usuelles, quotidiennes, banales.
Résultat : les poèmes sur la direction des ballons, la télégraphie sous-
marine et le percement de nouveaux canaux, avec dédicace menaçante
au souverain : *Cesse de vaincre ou je cesse d'écrire!* et les morceaux de
haut goût où il suffit de s'écrier : « L'âme est immortelle » ou « Le chien
« est l'ami de l'homme » pour être considéré comme un penseur.

« Parlerai-je aussi de ceux qui jugeaient bon d'informer leurs contemporains de l'amour qu'ils portaient à leurs mères? Les poètes *bons
fils* ont été innombrables. Nous en avons encore quelques-uns de cette
sorte. Aujourd'hui même, un poète est mal vu dans le monde quand il
n'a pas au moins une vieille tante à pleurer.

« Mais de tous ces mauvais poètes, les plus exécrables assurément étaient les derniers débraillés restés fidèles aux traditions du cénacle d'Henry Mürger. Ceux-là étaient les apôtres du désordre. Désireux avant tout de passer pour originaux, ils se distinguaient, d'abord par la malpropreté voulue de leurs vêtements, et ensuite par leur absence de talent poétique. Sur leurs crânes vides croissaient de véritables forêts vierges, inexplorées du peigne; dans leurs vastes poches jaunissaient des manuscrits mort-nés. Ces jolis messieurs étaient persuadés qu'une chemise crasseuse et un gilet rouge à boutons de métal remplaçaient avantageusement le génie. Mais laissons-les : il n'est resté d'eux qu'un mauvais souvenir.

« J'entends déjà les gens de bon sens et de bonne foi s'écrier : « Ah ! oui, la théorie parnassienne ? La poésie sans passion et sans pensée ? Le mépris des sentiments humains ? *Le culte des vers bien faits qui ne veulent rien dire ?* » Non.

« Nul plus que nous, sachez-le, n'admire ces purs et mélancoliques poèmes semblables à de beaux lys au fond desquels tremble une goutte de rosée qui est une larme humaine; dans cette goutte, un *poète* fait tenir tout un océan de douleurs, et c'est son triomphe d'éveiller dans l'âme de ceux qui le lisent une émotion fraternelle, mais pudique, voilée, mystérieuse, et s'exhalant simplement dans un soupir. La passion ! elle est une source éternelle de poésie. La pensée ! elle a ridé le front de tous les artistes dignes de ce nom. Lequel de nous a dit que l'art poétique pouvait se passer de ses éléments principaux de force et de grandeur, et dans quel monde inconnu trouver un poète qui ne soit pas pétri d'humanité ? Mais, encore une fois, s'il est nécessaire d'être homme et *mieux* homme qu'un autre pour être un créateur, cela ne suffit pas. L'art existe-t-il, oui ou non ? S'il ne faut qu'avoir beaucoup de chagrin pour mériter le nom sacré de poète, le digne homme qui vient d'accompagner au cimetière une jeune et adorée fille unique n'a plus, pour dépasser les artistes célibataires, qu'à faire mention, sur une feuille de papier trempée de ses larmes, de la douleur qu'il éprouve ! Misérable confusion entre les choses du cœur, qui appartiennent à tous, et la rare faculté de les exprimer idéalisées par l'imagination ! Être capable de ressentir et plus profondément que quiconque, mais avoir en surcroît le don inné, puis développé par le travail, de communiquer dans une forme parfaite ce qu'on a ressenti, voilà ce qui est indispensable pour être poète, et voilà aussi pourquoi les vrais poètes sont si rares! En un mot, puisque vous êtes homme, aimez, espérez, souffrez (cela est fatal, d'ailleurs!), mais pensez et rêvez et sachez mettre en usage, du plus noble au plus humble, du rythme à la ponctuation, tous les moyens de votre art. »

Ces dernières lignes contiennent, en effet, toute la théorie parnassienne, tant de fois moquée; et il faut ici, une fois pour toutes, s'expliquer sur le mouvement appelé parnassien, de qui l'origine, l'importance et les bornes n'ont jamais été précisément marquées.

Il arriva, tandis que « le Père était dans l'île », que quelques jeunes hommes, sans relations personnelles, d'ailleurs, avec les maîtres qu'ils s'élurent plus tard, s'avisèrent de croire en la poésie et en la beauté. Par l'enfant de dix-sept ans que j'étais alors fut fondée *la Revue fantaisiste*. Elle ne savait guère ce qu'elle voulait, cette folle; il est probable, cependant, que, parmi les vanités et les incohérents appétits de l'adolescence, je n'étais pas dénué de quelque instinct de bonne direction vers la vraie poésie, puisque, autour de moi tout petit, daignèrent se grouper les poètes qu'alors dédaignait la foule, et puisque vinrent à moi, rédacteur en chef puéril, les jeunes hommes qui avaient quelque chose de neuf et de noble à dire à tout le monde. Alors régnaient, dans le triomphe de l'aventure impériale, les opérettes, les vaudevilles, la comédie de mœurs, à qui l'on doit, sans doute, quelques œuvres considérables, mais où la poésie n'avait que voir, ni que faire. Loin de consentir aux succès de partout, *la Revue fantaisiste*, — en sollicitant, en acceptant avec une enthousiaste gratitude le suprême protectorat de Victor Hugo, — s'orienta vers tout ce que l'art pouvait avoir d'extrême et de nouveau. En même temps qu'elle vénérait l'hôte sublime de l'exil, elle s'offrait à Richard Wagner et se réjouissait de voir venir vers elle plusieurs des hommes, alors presque enfants, qui sont devenus la gloire de la seconde moitié du xixe siècle. Il eût été beaucoup plus aisé, et conforme aux frivoles appétits de l'adolescence, de fonder, avec la meilleure part de mon patrimoine, un journal dit « parisien », qu'une jeune revue poétique; je garde encore quelque gloriole d'avoir été, à dix-huit ans, le directeur, un peu falot et impertinent, de *la Revue fantaisiste* que recherchent les bibliophiles.

En somme, ce fut en cette hasardeuse et généreuse publication que commença le groupement d'une nouvelle génération poétique; quelques années plus tard, c'est-à-dire en 1865, le *Parnasse contemporain*, recueil de vers nouveaux, fut fondé par Louis-Xavier de Ricard et moi; d'où le nom de Parnassiens.

En un livre de ton fantasque, où le moindre détail, pourtant, est rigoureusement exact, j'ai raconté la légende des Parnassiens, ou plutôt ce qu'on pourrait appeler leur roman héroï-comique. Je me bornerai donc ici à relater quelques faits, à exprimer rapidement quelques idées, faits et idées sans lesquels s'interromprait la ligne historique de la poésie moderne.

En ce temps-là, Louis-Xavier de Ricard dirigeait un journal hebdomadaire intitulé : *L'Art*. Bien qu'ouverte aux poètes, cette feuille, si j'ai bon souvenir, ne laissait pas de s'adonner, selon l'esprit de son rédacteur en chef, à quelque politique et à quelque sociologie; elle était, d'ailleurs, infiniment intéressante, car Louis-Xavier de Ricard est homme de grand esprit; mais elle ne rapportait guère d'argent et en coûtait beaucoup. De même que, avec insouciance, je m'étais vu ruiné, quelques années auparavant, par *la Revue fantaisiste*, Louis-Xavier de Ricard se laissait ruiner par *L'Art*, avec placidité. C'est alors que je conseillai à l'auteur de *Ciel, Rue et Foyer*, de transformer son journal en une publication périodique ne contenant que des poésies; quoique luxueusement imprimée, en grand in-8°, elle coûterait moins cher que *L'Art;* Louis-Xavier de Ricard fut tout de suite de mon avis, et le titre : *Parnasse contemporain, Recueil de vers nouveaux*, fut alors proposé par moi et adopté malgré l'opposition de Leconte de Lisle, qui le jugeait absurde. Il avait bien raison. Moi-même je n'y tenais guère, ne l'ayant imaginé qu'en souvenir du Parnasse satirique de Théophile de Viau et d'autres «parnasses» autrefois publiés. N'importe, on s'y arrêta. Qui de nous, alors, aurait pu croire qu'il en naîtrait la dénomination d'une école? *Habent sua fata tituli.*

J'ai dit : école; je me suis trompé. Jamais le Parnasse ne prétendit être une école; il ne fut, en réalité, que l'assemblement en une amitié qui n'a jamais été disjointe, sinon par des déchirements de funérailles, et qui persiste encore, étroite et indissoluble, de quelques jeunes esprits qu'associèrent, non pas des hasards de rencontre ou des complaisances de camaraderie, mais de réciproques estimes intellectuelles; et nous eûmes bien le droit de nous préférer, puisque nous nous étions choisis. Il n'y eut jamais, je le répète, ni dans l'intention, ni dans le fait, d'école parnassienne; nous n'avions rien de commun, sinon la jeunesse et l'espoir, la haine du débraillé poétique et la chimère de la beauté parfaite. Et cette beauté, chacun de nous la conçut selon son personnel idéal. Je ne pense pas qu'à aucune époque d'aucune littérature, des poètes du même moment aient été à la fois plus unis de cœur et plus différents par l'idée et par l'expression; car ce n'est pas, me semble-t-il, une stricte similitude que de détester en commun la banalité ou l'incohérence de l'idée, et l'incorrection du verbe. Au contraire, il se produisit entre ceux qu'on appelle encore parnassiens et qu'on appellera toujours ainsi, — résignons-nous, mes frères, — une extraordinaire divergence d'inspiration, et leur œuvre qu'on incline à présenter comme collective est, au contraire, infiniment éparse et diverse. Ceux-là nous ont lus étourdiment ou sont de mauvaise foi qui ont cru ou feint de croire le contraire.

En outre, les Parnassiens se sont montrés absolument indépendants de ceux que l'on considère comme leurs maîtres immédiats; je veux dire Théophile Gautier, Théodore de Banville, Leconte de Lisle, Charles Baudelaire. Une confusion s'est produite, grâce à laquelle on a joint, dans une même étroitesse de dogme artistique, leur maturité glorieuse et nos hasardeuses jeunesses. Je pense que je démêle d'où cette erreur est née. Parce que, selon l'antique et auguste précepte de Pierre de Ronsard, nous vénérions nos aînés et les défendions par la plume, et même par l'épée, contre les imbéciles et les insulteurs, on s'est imaginé que nous étions, en même temps que les thuriféraires de leur talent, — cela, nous l'étions en effet et nous nous en faisons gloire, — les continuateurs fanatiquement esclaves de leur œuvre et les sectateurs, sans personnalité, de leur esprit. Rien de plus faux. Le mouvement parnassien ne date véritablement, en le peu qu'il a de commun dans sa diversité, que de sa propre initiative; on aurait fort

étonné les quatre grands poètes dont nous attestions la gloire, en leur
disant qu'ils étaient des parnassiens aussi; ils ne virent dans le Parnasse
qu'une généreuse activité d'inspiration libre, qu'ils protégeaient, qu'ils
ne dirigeaient pas; ils furent, avec clémence, nos conseillers, non
pas nos tyrans; et ainsi qu'ils étaient eux-mêmes dans l'achèvement
de leur œuvre, chacun de nous fut soi-même et soi seul dans l'élaboration de son talent. Oui, contrairement à ce que proclame une opinion
imbécilement invétérée, l'heure parnassienne, — j'entends l'heure
des jeunes, c'est-à-dire des vrais parnassiens, — se signala par une
nombreuse manifestation d'originalités; nous étions les prêtres fervents, non les fils de nos dieux. C'est ce qui résulte, incontestablement,
d'une étude même superficielle de leur œuvre et de la nôtre. Il va sans
dire que ce que j'exprime ici ne s'applique pas rigoureusement à nos
toutes premières éclosions. La plupart d'entre nous, sans doute, à cause
de leurs juvéniles enthousiasmes, de la bonne grâce, comme paternelle,
avec laquelle ces enthousiasmes étaient accueillis, et non sans quelque
fierté peut-être d'une adoption qui leur donnait une auguste famille,
commencèrent par l'imitation des talents le plus proches des leurs,
et furent d'abord les captifs des ressemblances que l'admiration conseille. Il serait absurde de dire qu'Albert Glatigny, d'abord, ne prolongea
point Banville, que j'aurais écrit *le Mystère du lotus,* où pourtant se
révèle déjà ma médiocrité spéciale, si Leconte de Lisle ne m'eût offert,
dans ses poèmes hindous, la beauté des Védas, que Paul Verlaine et
Stéphane Mallarmé eussent inventé, celui-là les *Poèmes saturniens,* celui-
ci *les Fenêtres* et *le Guignon,* si Charles Baudelaire n'avait pas publié
les Fleurs du Mal; et toujours les débuts s'adaptent aux achèvements.
Pour ce qui est de moi, qui apparais ici comme l'aîné de nos jeunesses
et qui, pour cette raison, suis obligé souvent de me nommer le premier,
j'accorde parfaitement que j'avais eu quelque air fantasque d'Alfred
de Musset, dans *le Roman d'une nuit,* avant même d'affecter la gravité
sacerdotale de Leconte de Lisle dans le *Dialogue d'Yama et d'Yami.* Mais
ces pastiches, qui n'étaient que l'honorable aveu de nos jeunes éblouissements, cessèrent avec une rapidité peu commune en les successions
littéraires, et nous fûmes presque tout de suite nous-mêmes, les uns
en une admirable réalisation, les autres, c'est-à-dire ceux qui ne valaient

pas mieux que moi, en une singularité à peine intéressante. Est-ce qu'il y a dans Sully Prudhomme, rêveur tendre et grave philosophe, dans Léon Dierx, vaste âme au paysage de mélancolie, dans Villiers de l'Isle-Adam qui pourtant continuera l'acoquinement avec l'auteur des *Paradis artificiels* et des *Poèmes en prose* par une commune parenté avec l'auteur de *Ligeia* et d'*Ulalume*, est-ce qu'il y a dans Armand Silvestre, distinct de tous par le culte idéal de la beauté réelle, est-ce qu'il y a dans le Verlaine définitif, naïvement dévot, catholiquement pécheur, qui se plaît aux ingénus cantiques d'une âme pèlerine vers une Lourdes idéale, et qui ne se souvient que comme d'une faute, vénielle heureusement, d'avoir appris l'élégante mélancolie des *Fêtes galantes* dans un Théodore de Banville revenu de la fête chez Thérèse, est-ce qu'il y a dans le Mallarmé suprême, mystérieux directeur de consciences poétiques et subtil prophète d'un messie sans avènement, est-ce qu'il y a dans François Coppée, charitable visiteur des chaumines au bord du champ, des cahutes au bord de l'eau, des mansardes au bord du ciel. est-ce qu'il y a enfin, en n'importe lequel d'entre nous, — sinon le beau désintéressement de l'art et la probe recherche de l'expression de plus en plus parfaite, — quelque chose qui procède directement de Théophile Gautier, de Théodore de Banville, de Leconte de Lisle, de Charles Baudelaire? Il me semble que moi-même je me suis assez écarté d'eux pour me ressembler dans les *Soirs moroses*, dans *Hespérus*, dans *le Soleil de minuit* et dans mes petits poèmes d'amour et de modernité. On pourrait croire d'abord que José-Maria de Heredia s'est moins dégagé des similitudes qu'implique une longue familiarité avec un despotique et vénérable génie. On se tromperait gravement. Il s'est distingué, lui, par l'énormité rayonnante et fulgurante, et partant personnelle, de la ressemblance même; il est, en chacun de ses sonnets, magnifique et fourmillant d'éclairs comme une touffe de pierreries, non pas un docile à-côté, mais un triomphant au-delà de Leconte de Lisle. Oui, par le prodige de la couleur et par le strict tassement de toute la joie d'être lumière et vie en des formes que resserre la ceinture de la beauté, il devient un autre Leconte de Lisle qui, renonçant à la fixité vers l'éternel néant, s'éblouit d'aurores, de midis et de soirs splendides, dans l'infini d'un miroir d'or. Donc, tous, nous différâmes de ceux que l'on crut nos maîtres parce que nous les honorions comme tels.

Ce n'est pas seulement par la qualité de nos inspirations que nous étions autres; on peut dire que, à parler généralement, le jeune Parnasse se rapprocha beaucoup plus de la grande foule universelle que ne l'avaient fait ses prédécesseurs immédiats. En dépit des affirmations impertinentes qui sont le propre de la jeunesse, nous allions beaucoup plus vers le peuple que ne l'avaient fait les précédents poètes, en leur réaction contre la gloire trop répandue, à leur sens, de Victor Hugo.

Je me heurte ici, je le sais, à une opinion si généralement admise, qu'il ne semblait pas qu'on y pût désormais contredire. Il est entendu que le Parnasse s'est jalousement écarté du public et qu'il a, lui aussi, proféré l'imbécile *Odi profanum vulgus et arceo*. Or, c'est le contraire qui est la vérité. Si l'on excepte quelques personnalités subtiles, qui durent se contenter de l'approbation stérile de ce qu'on appelle les élites, si l'on considère les sujets et le ton de nos poèmes, si l'on consent à remarquer que la plupart d'entre nous tentèrent par le roman, par le théâtre et par le journal de s'épandre en l'âme populaire, il faudra bien reconnaître que nous n'avons pas été de vains artistes mystérieux; de là s'espaça notre divorce d'avec ceux dont on nous croyait les isolés et jaloux servants.

Et la preuve, l'incontestable preuve que, toujours, nous voulûmes nous rapprocher de la Foule, pénétrer en elle, la conquérir, la posséder, dans notre conviction qu'elle seule, en qui l'instinct comprend, peut, en échange de la beauté, donner la véritable gloire, c'est que les lectures publiques de vers furent inventées et fondées par les jeunes parnassiens, — en dépit des hésitations et même des moqueries de leurs aînés. En 1871 furent affichées, au théâtre de l'Ambigu, c'est-à-dire, au centre même du Paris populaire, les *Matinées de poésie ancienne et moderne*, presque gratuites, tant le prix des places était modéré. C'est à moi, — je ne feindrai point de ne pas en être fier, — que revient l'honneur de cette initiative déjà si ancienne. Puis ce furent, avec le concours enthousiaste de mes amis, les lectures de la salle Gerson, où la grande tragédienne Agar proféra si magnifiquement nos poèmes; et l'on sait les beaux triomphes, devant un public de plus en plus nombreux, de plus en plus chaleureux, qu'ont eu, tout récemment, au théâtre de l'Odéon, au théâtre Sarah-Bernhardt, ces « concerts de poésie », sous leur nouveau titre, presque pareil au premier : *Samedis populaires de poésie ancienne et moderne*. Maintenant, à notre exemple, des entreprises généreuses à qui s'ouvrent les théâtres, les salles des mairies, versent parmi tout le grand peuple la connaissance de la beauté et l'amour des chefs-d'œuvre. Voilà qui est très bien! voilà qui est admirable! le Parnasse se réjouit et s'enorgueillit.

En outre, jamais nous ne cessâmes d'élever nos regards, par-dessus les fronts illustres de ceux à qui nous semblions obéir, vers le génie en exil, suprême dominateur de la pensée moderne. Ce sera la gloire du Parnasse de s'être toujours, hors des petites églises, oublieuses de l'unique dieu, tourné vers le Père de toute la poésie moderne, qui était là, bien qu'il ne fût point là, et qui reviendrait triomphalement. De sorte que, par cette commune acceptation du Génie qui était notre race elle-même, le Parnasse renouait, par delà les interruptions d'écoles et de modes, la grande ligne lyrique et épique de ce siècle; et nous procédions dans le sens normal de l'immémorial instinct poétique français.

Cependant les Parnassiens, bien qu'ils fussent imbus de l'âme nationale, bien qu'ils s'offrissent à tout le peuple, furent accueillis par des huées. Ce n'était point la faute de celui-ci, mais celle des intermédiaires entre l'art et lui. Nous fûmes vilipendés parce que ceux dont c'était la mission de nous présenter à l'estime du moins du public, manquèrent abominablement à leur devoir. Ces jeunes hommes, bons, hardis, généreux, qui, sans exagération emphatique d'école, préconisaient l'amour de la beauté et représentaient, en leur moment, la réalisation de l'instinct national, furent bafoués comme des pîtres eussent mérité de l'être, et traités comme des criminels. Le journalisme moderne a commis là une grande faute et, de la tache qui lui en demeura, il fut longtemps à se laver. Il y eut l'ironie contre l'espoir, la négation devant la beauté, le calembour contre le poème. Mais ce qui nous fut le plus pénible, à nous les jeunes d'alors, c'est que nous fûmes abandonnés par quelques-uns de ceux-là mêmes que leur origine et déjà la tradition auraient dû porter à nous défendre. Nous étions préparés à

être bafoués par les échotiers et les chroniqueurs; c'était une chose
dont il n'y avait pas lieu de s'inquiéter outre mesure; mais nous pen-
sions que, devenus critiques, quelques poètes de jadis trouveraient,
dans les ressouvenirs de leur ferveur ancienne, de quoi célébrer et
recommander la nôtre. Il n'en fut rien. Sainte-Beuve, notamment, fut
atroce, et fut pénible. Tant le regret d'une veine poétique, d'ailleurs médiocre, tout à coup interrompue, et le remords de la défection peuvent engendrer de rancune en un esprit qui tint d'un furtif
moment de gloire la souveraineté de juger le naissant mérite des
autres. Tout récemment, M. Henri de Régnier a apprécié et remis à sa
place, avec une parfaite justesse, Sainte-Beuve poète; plus récemment
encore, M. Gaston Deschamps s'est étonné de la légèreté des appréciations de Sainte-Beuve sur tout un groupe poétique alors nouveau.
M. Léon Deschamps ne sait peut-être point quel encouragement à nos
espoirs, quelle consolation à nos doutes, eût été, à défaut de l'éloge, la
prise en considération, du moins, de nos jeunes efforts par Sainte-
Beuve, dispensateur autorisé des renommées. Sainte-Beuve se borna
à nous regarder de haut, comme on voit passer de loin des gens par la
fenêtre. Il dit, en 1865, quand commençait de se produire l'évolution
parnassienne : «Je suis terriblement en retard avec les poètes; il y
a des années que je n'ai parlé d'eux.» En quoi il avait tort; Joseph
Delorme aurait pu se souvenir de la Rime à laquelle il devait l'autorité des Lundis. Et dans cette série d'articles qu'il consacre enfin aux
faiseurs de vers, de qui parle-t-il? d'Armand Renaud, de Mme Auguste
Penquer, de F. Fertiault, de Mme Julie Fertiault, de Mme Mitchel née
Ernestine Drouet, de M. Eugène Bazin, auteur des *Rayons*, de M. Félix
Godin, auteur des *Poésies chrétiennes*, de M. Louis Goujon, auteur des
Gerbes déliées, de M. J. Bailly, auteur, (Sainte-Beuve lui-même ne
savait pas de quoi), de M. Achille Millien, de M. André Lefèvre,
(cette fois il avait raison), de M. Just Olivier (de Lauzanne), de M. Cam-
peaux, qui écrivit, paraît-il, *le Legs de Marc-Antoine*, de M. de Montlaur, dont personne n'a lu *la Vie et le Rêve;* il s'inquiète aussi des
poèmes bretons de M. T.-M. Luzel; il est vrai qu'il ne dédaigne pas
Jasmin, troubadour agenais, ni, — si justement d'ailleurs, — Mistral,
troubadour provençal, ni ΨΥΧΗ de Jules Favre, et qu'il est plein de

tendresse pour Boulay Paty, rimeur insignifiant. Par la même occasion,
il consacre plus de deux articles à un Savoyard appelé Jean-Pierre
Veyrat, qui, né en 1812, est mort en 1844, à ce que l'on croit. Ce
Savoyard lui tient au cœur, il l'explique, le commente, l'excuse de
ses audaces révolutionnaires, le désigne à la postérité. Je ne pense pas
que vous ayez beaucoup de foi en l'immortalité de Jean-Pierre Veyrat.
D'ailleurs, malin, il se garde bien, car il faut avoir l'air, étant grand
homme, d'être bonhomme, il se garde bien de ne pas louer avec des
légèretés de phrases quelques-uns des vrais poètes d'alors qui commençaient d'attirer l'attention générale, et qu'il aurait dû, lui, poète
de jadis, encourager de sa toute-puissance. Il dit de Glatigny que,
« après les *Vignes folles*, il est venu lancer *les Flèches d'or* dont quelques-unes portent loin ». Il dit de Léon Dierx que ses poèmes sont
empreints « de force et de tristesse ». Il signale Alphonse Daudet « pour
ses vers légers et ses agréables contes »; il dit de Catulle Mendès que
« son prénom l'oblige »; d'Emmanuel des Essarts « que son nom l'oblige
aussi parce qu'il est le fils d'un poète »; s'il s'attarde un peu à Sully
Prudhomme, c'est parce que, il l'avoue, on le lui a *recommandé;* il a
quelques justes tendresses pour *Avril, Mai, Juin*, de Léon Valade et
Albert Mérat, mais il réserve sa meilleure condescendance à Georges
Lafenêtre, poète aimable, au reste, par le sentiment et le rêve; et tous
ces menus éloges qui proclamaient évidemment que Sainte-Beuve n'a-
vait pas même lu trois pages des œuvres dont il parlait, étaient comme
une hautaine et indifférente distribution de prix à la petite classe.
D'ailleurs, Sainte-Beuve ajoute : « La critique elle-même est un peu
aux ordres du public et ne saurait appeler sur les poètes une curiosité, ni forcer une attention qui se porte ailleurs. » La critique est aux
ordres du public! Cette parole, de la part d'un homme qui se crut
poète, est monstrueuse, tout simplement. Mais, en vérité, c'est précisément le devoir du critique, d'attirer l'attention du public, de forcer
sa curiosité vers les œuvres qui méritent l'une ou l'autre. Sainte-Beuve
ne pouvait hélas ! se défaire du chagrin de ne pas avoir été un grand
poète, il en voulait à Victor Hugo et à Alfred de Vigny, parce que
Joseph Delorme était mort. Il était mauvais, de n'avoir pu être sublime.
En outre, le remords d'une mauvaise action accru par ce que la lai-

deur ajoutait d'invraisemblance à l'infamie, le faisait si hostile à la beauté, qu'il crut un jour que l'œuvre de Charles Baudelaire n'avait guère d'autre valeur que celle d'un kiosque versicolore ; et il avait peur, avec des rages, dissimulées d'amabilité, des poètes nouveaux, défenseurs du génie de Victor Hugo et aussi de son foyer. Sa méchanceté, d'ailleurs adroite et qui s'affinait jusqu'à la caresse, faillit enrayer un noble mouvement poétique. Nous avions espéré de lui l'accomplissement d'un devoir, traditionnellement obligatoire ; il s'y déroba. Cette défection ne fut pas sa dernière ; il eût inventé, au besoin, des cas de trahison.

Heureusement, il y avait en nous, les Parnassiens, un enthousiasme de vertu poétique que rien ne pouvait décourager ni amoindrir. Vraiment, parmi les colères et les insultes, et près de ce martyre possible : crever de faim dans l'ombre, nous eûmes une verdeur de joie et une persévérance d'idéal dont nous avons tout de même quelque sujet de nous enorgueillir. Puis, après les misères et les luttes, (je les ai racontées dans la Légende du Parnasse contemporain), vinrent, pour la plupart, la paix, l'acceptation, et, pour quelques-uns, la gloire. Voici qu'il est temps de considérer le Parnasse en son accomplissement sans conteste.

Celui qui fut notre jeune aîné, le cher Albert Glatigny, esprit d'enfant, ébloui de tout, cœur d'enfant, épris de tout, meilleur que les meilleurs, qui nous aimait tant et que nous aimions tant, a laissé, avec une œuvre, une légende ; une œuvre de joie et de bonté, d'aventure heureuse et douloureuse, et de chimère, une légende, sœur de son œuvre, aussi joyeuse, plus douloureuse hélas ! où le désastre seul ne fut pas chimérique. Laquelle des deux survivra dans la mémoire des hommes ?

Je salue en Léon Dierx le plus pur poète, l'âme la plus irréprochable de toute une génération. En dépit des familiarités de notre vieille et cordiale camaraderie, je n'ai jamais pu me trouver en sa présence ou songer à lui sans me sentir envahi par le respect que l'on doit à quelqu'un de grand et d'auguste ; les chrétiens éprouvent sans doute une vénération analogue à l'égard d'un très simple prêtre, souriant, amical, mêlé à eux, qui est un saint cependant. En effet, Léon Dierx est l'un des saints, non le moins méritoire, de la religion poétique.

Jamais il n'a péché contre le rêve et l'idéal. Comme à d'autres, les tentations sont venues lui offrir, au prix de consentements dont personne n'aurait eu droit de lui faire reproche, les prompts succès, la renommée rapide et le bien-être où l'on peut s'entourer de belles choses, délices des yeux et de l'esprit. Mais il eût fallu, pour conquérir ces joies, qu'il détournât quelques instants sa pensée des pâles et sereines lueurs entrevues dans l'univers hyperphysique. Il refuse de ployer, en bas, les ailes de sa rêverie pareille à ces sublimes oiseaux qui ne se posent jamais que sur les cimes. Il ne blâme point ceux de ses compagnons qui, moins fiers que lui, se résignèrent à la célébrité; en son acceptation de toutes les libertés de l'art et en sa douceur, il veut bien approuver qu'ils demandent à des poèmes moins jaloux de soi-même, au drame, au roman, au conte aussi, la récompense immédiate de leurs efforts; si l'un d'entre eux, obéissant au voisinage de la vie, s'abandonne parfois jusqu'à la peinture des vices excessifs ou des frivolités perverses, il se garde de le réprimander, le défend au besoin contre les criailleries des austérités hypocrites; il offre, lui, vraiment pur, l'exemple des indulgences. Mais ce qu'il pardonne aux autres, il ne se le pardonnerait pas; il a pour soi autant de sévérité que de clémence pour eux. Par une prédestination où concourt sa volonté, il isole sa vie intellectuelle de toutes les laideurs, de toutes les bassesses, de toutes les médiocrités du vrai; ne pouvant écarter des ambiances son être corporel, du moins il leur dérobe son âme et lui fait en de hautes solitudes un lumineux palais de songe. Il est l'habitant introublé de l'irréel. Ce qui grouille dans les vils séjours humains, — ambitions, haines, impudeurs, — ne s'élève pas jusqu'à son immarcescible domaine, ou du moins n'y pénètre que transfiguré, épuré, éthérisé par le passage à travers les azurs, les rayons, les nues, et tout ce qu'ont de candeur les aubes et les nuits de lune. Solitaire, il pense, il crée, il chante; et il ne veut d'autre joie, après les affres de la conception et de la réalisation poétiques, que celle d'entendre ses poèmes répétés par l'écho des mystérieuses profondeurs. Il éveille l'idée, — mais son refuge est plus lointain, plus sacré, que les sanctuaires d'ici-bas, — de ces maîtres musiciens, joueurs d'orgues en de très vieilles églises, qui auraient pu, comme leurs émules ou leurs élèves, inventer

de profanes musiques, faire applaudir des opéras dans des salles illuminées, mais qui, ne voulant rien connaître du monde ni de la gloire,
s'obstinaient pieusement, sous les voûtes sonores, au labeur des ora-
torios et des messes; et quel salaire espéraient-ils? l'extase d'ouïr les
rêves et les espoirs de leur douce âme naïve, montant toujours, se
mêler aux concerts paradisiaques! D'ailleurs, ne vous méprenez pas.
Léon Dierx n'a rien de commun avec les artistes récents, — se trom-
pent-ils? sont-ils dans le vrai? l'avenir en décidera, — qui cherchent
un nouveau mode d'expression poétique en un verbe obscur et fuyant,
en la sonorité de rythmes imprécis où la pensée se disperse jusqu'à
devenir, pour la plupart des lecteurs, insaisissable. Non certes, il ne
leur ressemble pas. L'auteur des *Amants* et des *Lèvres closes* poétise ses
tristesses et ses joies en un beau langage clair qui n'accueille point les
néologismes, les ellipses, les raccourcis, qui ne se resserre pas en
étroites énigmes ou ne s'effiloque point en de mystérieuses mélopées
inégales; ce qu'il a voulu dire, il le dit en effet, et tous le peuvent
comprendre. En outre, la musique de son vers, si délicieusement mélodieuse et harmonieuse pourtant, révèle qu'il accepte avec religion la
discipline léguée par l'instinct immémorial de notre race et maintenue
par les illustres maîtres du xixe siècle. Qu'y a-t-il donc dans les poésies
de Léon Dierx qui en écarte certaines personnes moins rebelles à
la compréhension de quelques autres poètes, dont plusieurs ne le
valent point? Est-ce qu'il se complaît en des sujets placés hors de
la portée des communes intelligences, ou qui exigent, pour être
entendus, des connaissances peu fréquentes même en des esprits
cultivés? point du tout. Les aspirations d'un cœur noble et tendre vers
tout ce qui est grand et beau, les plaintes icariennes des douloureuses chutes après les célestes envolées, et la nature, mélancolique
ou radieuse, toujours consolatrice des essors déçus et brisés, voilà ce
qui emplit les livres de cet admirable et simple rêveur. Mais dans ces
poèmes, qui n'ont rien en leur forme ni en leurs données d'inaccessible
à la généralité des lecteurs, Léon Dierx met son âme, toute son âme;
et elle est, cette âme, par sa pureté infinie, par ses ignorances de vierge
devant le mal d'ici-bas et sa divination des sublimités supraterrestres,
si différente des autres âmes, que celles-ci éprouvent quelque peine à

la suivre dans les mystères de ses rêveries. Tant d'humaine ingénuité et de céleste science déconcerte! et dans l'œuvre de Léon Dierx on se sent dépaysé comme on le serait dans une contrée qui, sans cesser de ressembler à la terre, serait pourtant l'infini. Mais quelles joies sont réservées à ceux qui s'initieront aux arcanes sacrés de cet esprit, et devenus pour lui comme des frères, et, avec lui, dans les brumes matinales rosées d'aurore ou dans les nuits stellaires à peine, égarés à la recherche de l'Amie hélas! disparue, s'élèveront par delà les forêts d'automne et les filaos et les mers moins mystérieusement murmurantes, jusqu'aux célestes lointains où l'ineffable amoureuse, un instant posée sur la terre, s'en retourna pour jamais!

Voici longtemps qu'a volé en éclats, à cause de la poussée en tous sens de la plante avide d'espace et d'infini, le Vase où une admiration niaise, peut-être méchamment adroite, aurait bien voulu tenir captive l'inspiration de Sully Prudhomme. Voici longtemps qu'il s'est libéré des grâces sentimentales et des élégantes mièvreries, sans renoncer à sa native douceur, au contraire, pour se pénétrer plus profondément d'humaine tendresse, cet esprit hautain et pur que tentaient les sommets et les abîmes; et, maintenant, il plane, avec de lumineuses palpitations d'ailes, éveillant l'idée d'un alcyon qui aurait une envergure d'aigle. Ô belle œuvre, où abondent les chefs-d'œuvre! O belle vie, toute vouée à la vertu de l'idée et du labeur! Une vénération environne ce noble homme, illustre à l'écart; et, comme les poètes, les philosophes aiment son rêve qui sent, pense, invente, et croit.

François Coppée, qui, par le Reliquaire, conquit tout de suite, avec la fraternelle sympathie de ses pairs, l'attention publique et, bientôt, la gloire par le Passant, cette exquise et touchante idylle dramatique, se tient plus proche de la vie de tous. Notez bien qu'il y aurait la plus grande injustice à nier son bel effort vers les hautes beautés poétiques, vers l'ode ou l'épopée; il a proféré de fières strophes, tout ailées d'enthousiasme; beaucoup de ses Récits, simples et grands, ne s'effaceront jamais des mémoires. En outre, il a donné au théâtre des œuvres claires et fortes, poignantes et hautes. Néanmoins il semble que ce soit surtout dans la poésie intime, familière, soucieuse des charmes discrets de l'amour, des douleurs voilées et des petits détails du cœur, que son fin et caressant génie se développe jusqu'à être incomparable. Qui donc a eu la niaiserie de dire que François Coppée, en son soin, si délicieusement frôleur, des intimités, procéda de Sainte-Beuve? Rien de plus absurde. Dès que, pour éviter la comparaison avec les sublimités voisines, Sainte-Beuve s'avisa de vouloir être simple, il fut plat tout de suite. La platitude, d'ailleurs, fut sa seule vocation durable. Au contraire, même dans l'étroitesse, aux chaleurs de nids, des tendresses sans énormité, dans la presque banalité des arrivées furtives de l'Amie, dans les baisers aux petites mains pas encore dégantées, tandis qu'Elle se hâte de sécher sa bottine aux braises du foyer, dans le demi-mystère de la pénombre que la persienne zèbre de tranches de lumière où palpitent innombrablement les éphémères, dans toute la menuaille enfin de l'amourette coutumière, peut-être libertine, non, si chaste, d'être si tendre, François Coppée demeure exquis, délicat, ailé, vraiment poète, en un mot ; son vers s'arrête volontiers aux minuties savantes du désir et du délice, mais c'est comme un vrai papillon qui se poserait sur des fleurs artificielles; même dans le boudoir ou dans la garçonnière, il garde, au battement de ses ailes, du vrai parfum, du vrai espace et un peu d'infini. En même temps, François Coppée a été doué d'une vision, extraordinairement pénétrante, de la nature toute voisine de l'homme moderne, des paysages où se continue la ville ; et, tout de suite, des images neuves, vives, pittoresques, auxquelles personne n'avait songé avant lui, et qui ne seront plus oubliées, expriment sa vision, ou plutôt la font vivre d'une réalité à la fois facile et rare. On l'a repris d'avoir, en ses tableautins d'intérieurs bourgeois, de rues qui quittent la cité, et des banlieues où les venelles sont des ruelles, usé de locutions peu relevées, de rythmes peu magnifiques, et, en un mot, de quelque prosaïsme. Le moyen, je vous prie, qu'il fît autrement? Il siérait peu d'employer l'intensité lumineuse du Titien, ou les splendeurs grasses de Rubens, à de fins croquis réels de chambrettes ou de jardinets. Au surplus, il y a toujours une grandeur dans tous ses petits ouvrages, et, cette grandeur, ce n'est pas la moins sublime de toutes, puisque c'est la bonté. De même qu'il y a de l'amour, du vrai amour dans les plus parisiennes « Intimités » de François Coppée, il y a de la bonté, de la vraie bonté,

dans ses « Promenades et Intérieurs » ; il plaint d'une âme infiniment
tendre et comme fraternelle, les petits, les humbles, les médiocres même,
dont il décrit les séjours chétifs et laborieux, dont il conte les délasse-
ments dominicaux, hors des murs, près des guinguettes. Oui, cette
grâce suprême, la pitié, est en lui, et ses plus humbles inspirations
s'en exaltent jusqu'à la beauté, de même que, d'autre part, ses plus
familières façons de dire se rehaussent par la volonté et la sûreté de
l'art.

Villiers de l'Isle-Adam fut un parnassien d'avant le Parnasse, car il
fut mon premier et mon plus cher collaborateur à *la Revue fantaisiste*.
« A vingt ans, dit M. Henri Laujol, on vit arriver à Paris ce fils de Bretagne, aux allures conquérantes, dont les poches débordaient de manuscrits et de parchemins. Il crut d'abord de son devoir de se ruiner de
fond en comble, et, cette besogne faite, il repartit pour sa province
en laissant à ses amis stupéfaits l'impression du jeune homme le plus
magnifiquement doué de sa génération. » Maintenant, après tant d'années de labeur et de misère, il est reparti pour un autre pays plus lointain, « celui d'où encore nul pèlerin n'est revenu ». Mais, catholique de
race et de foi, il ne douta jamais de ses destinées futures ; et il arrive
aux âmes ce qu'elles ont cru. Donc, quant à lui, il n'a pas cessé d'être ;
c'est pour nous qu'il est mort ; la France a perdu le plus hautain et
le plus magnifique rêveur de la seconde moitié de notre âge ; à vrai
dire, occupée d'autres soins, attentive à de plus aimables talents ou à
de plus accessibles génies, elle n'avait point paru connaître l'honneur
qu'était pour elle l'œuvre de Villiers de l'Isle-Adam ; elle commence de
s'en apercevoir.

Un jour, le poète d'*Axel* et de *l'Ève future* me conta, en un plus
beau langage, la légende que voici : « Il y avait une fois, dans la mer
de Bretagne, une pierre obscure que battaient la querelle des ondes
et les nageoires des grands poissons ; elle était toute couverte de lichens
et de gluantes algues. Elle paraissait n'accorder aucune attention, —
ce qui était naturel puisqu'elle était une pierre, — aux mouvements
de l'eau bleue et verte, à la beauté des végétations sous-marines accrochées aux rocs comme des fleurs noyées ; rien ne la tirait de son apparente inertie. Si par suite de quelque naufrage sombraient à côté d'elle

des galions d'où s'effondraient des tonnes d'or, elle ne daignait pas s'étonner de ces richesses étincelantes; même elle ne voyait pas les cadavres des passagers ou des matelots. Elle était comme dans un impassible exil de tout. Or, une fois, un très bon saint, qui ne se contentait pas de marcher sur les flots, mais qui, en sa charité infinie, descendait dans la mer pour bénir ceux qui moururent sans confession, remarqua cette pierre et s'irrita de la voir si obtinément indifférente. « Morceau de roche, lui dit-il, pourquoi ne t'inquiètes-tu point « des choses qui vivent et qui meurent autour de toi? pourquoi restes-tu, « depuis tant de milliers de siècles, immobile et comme sans pensée ? » La pierre répondit : « C'est qu'à travers l'énorme épaisseur de l'eau, « sous les tempêtes ou la lourde accalmie, je considère éternellement, « tout au haut du ciel, la plus lointaine des étoiles ! et, quand elle disparaît, j'attends qu'elle se lève. — Voilà une singulière façon de passer « le temps, dit le saint. Qu'as-tu gagné, toi, pauvre chose, à contempler un astre ? — Écarte, répliqua la pierre, les algues et les lichens « qui me couvrent. » L'homme écarta les herbes marines. Alors il vit que la pierre était toute de diamant et qu'elle rayonnait aussi splendide que les plus lumineuses constellations de l'azur. »

C'est à ce diamant, fait de clarté céleste, que ressembla l'esprit qui nous a quittés; à force de guetter ardemment, obstinément, éperdument, la radieuse gloire de l'Idéal, il devint clair et rayonnant comme elle. On négligea trop longtemps d'écarter les lichens et les algues. Mais voici la Mort qui, de sa main voilée, lève les voiles. On verra, telle qu'elle fut, cette âme, et l'on s'étonnera de ses splendeurs trop longtemps ignorées.

Villiers de l'Isle-Adam a vécu dans le rêve, par le rêve, pour le rêve. À aucun instant il n'a cessé d'être fidèle à l'étoile. Même lorsque, dans les heures de jour, elle demeurait éteinte, il la retrouvait encore dans l'éblouissement et dans l'amour de l'avoir vue. Il passa parmi nous avec la constante préoccupation de l'en-deçà ou de l'audelà de l'humanité. Sans doute il ne pouvait pas, étant vivant, s'abstraire de la vie; il s'est aperçu des événements politiques, des écoles littéraires, des désastres, des renommées, de toutes les réalités voisines; mais, ce qui existait, il le voyait à travers le reflet de sa propre lueur, et rien ne pouvait arriver jusqu'à lui qui ne fût presque devenu lui-même; de là l'originalité prodigieuse de son œuvre.

Il ne faut pas, — abusé par ce mot facilement banal : le rêve, — confondre Villiers de l'Isle-Adam avec ces absurdes et chimériques songe-creux qui se croient quittes envers l'idéal lorsqu'ils ont suffisamment parlé du lointain sur la mer, ou de l'infini des crépuscules, ou de leur âme dédaigneuse des vulgarités, — plus vulgaire qu'elles, — ou de leur cœur incompris. Ces chanteurs de romances n'ont rien de commun avec le puissant esprit qui tant de fois nous éclaira et nous transporta. Il dédaignait de s'inutiliser dans les inconsistantes chimères où se plaisent orgueilleusement les bourgeois poétiques. Il interrogeait le réel, palpait le vrai, s'informait du pratique. En un mot, il admettait le moment, ne rougissait pas d'être un homme, en attendant mieux. Mais, grâce à une clairvoyance particulière, — une clairvoyance d'illuminé, — il démêlait, dans les choses communes, ce que n'y voient point les âmes communes; il emportait la réalité dans sa pensée pour l'y sublimiser. Il était l'idéalisateur de la vie. Ni la plus banale politique ni la plus obscure science ne le rebutaient. Il a publié des placards séditieux ! il a fait ce livre incomparable : *L'Ève future !* Mais, dans ces pages, inévitablement, les choses, transformées par la magie de sa vision, devenaient grandioses de sa grandeur, lumineuses de sa clarté intime. Avec presque tout il a fait de l'idéal. On peut dire qu'il existait dans son esprit, qu'il existe dans son œuvre un dix-neuvième siècle radicalement différent du xixᵉ siècle tel que le conçoit la généralité des modernes. Mais, de sembler imaginaire, il n'en est pas moins réel, d'une réalité plus vraie peut-être que la vérité même; par la sincérité et la puissance de sa faculté transfiguratrice, Villiers de l'Isle-Adam impose la foi en ses conceptions à tous ceux que ne déconcerte pas le grandissement de l'homme quelconque jusqu'au héros sublime ou jusqu'à l'énorme bouffon, et de l'anecdote jusqu'à l'épopée.

Cependant il est des choses si viles et des êtres si bas, que la plus clémente rêverie ne saurait les magnifier jusqu'à les rendre intéressants aux penseurs. Même sous le rayon de l'étoile, ils restent gris et sales. À l'égard de ces choses, de ces êtres, qu'a fait Villiers de l'Isle-Adam ? Il ne pouvait pas ne pas les voir; ils étalent leur stupide et impudente vraisemblance. Eh bien, puisqu'il lui était impossible de les hausser jusqu'à lui, puisqu'ils étaient la vilenie et la bêtise irrémédiables, il les a bafoués, avec quel imperturbable mépris! Et cet esprit, en qui vivait, suprême, presque divin, le pouvoir de l'idéalisation, s'est résigné à l'ironie. De là, à côté des œuvres héroïques, religieuses, comme sacrées, des livres gais avec tant d'amertume, cruellement amusants, implacables. Jamais la haine de la médiocrité, de l'hypocrisie, de l'égoïsme n'a été si subtile, si sournoise que dans certains contes de Villiers de l'Isle-Adam. Il ne fait pas aux imbéciles, — fussent-ils des méchants, — l'honneur d'une franche colère. Non, il s'approche d'eux, avec politesse, les amadoue, les câline, parle leur langage, imite leurs gestes; ils peuvent penser parfois qu'il est l'un des leurs, qu'il ne vaut pas mieux qu'eux, ou qu'il est leur dupe, qu'il croit à leur fausse vertu, à leur bonhomie, à leur conscience paisible; il leur fait risette, d'un air naïf et bonasse; impossible vraiment de se défier de lui; mais tout à coup, comme un chat qui ronronnait montre et enfonce les griffes, voici que, sans renoncer à la mielleuse douceur, au sourire toujours accommodant et si bénin, son ironie s'échappe, empoigne, déchire, pince et mord et fait sortir le sang! Il a vengé l'idéal que ces bélîtres insultèrent.

Certes, je n'espère pas avoir donné une idée même lointaine de l'extraordinaire poète qui n'est plus. C'est à peine si j'ai fait entrevoir le rêveur et le railleur qui, si logiquement, s'accordaient chez Villiers de l'Isle-Adam en une parfaite harmonie. Je n'ai même pas parlé de son admirable prose, nombreuse et pompeuse comme les plus beaux vers; et j'ajouterai seulement quelques mots. Je crois très fermement que de tous les poètes de la génération appelée parnassienne, aucun ne fut plus superbement doué que celui dont mes amis et moi nous pleurons encore la perte, survenue à l'heure où sa pensée se haussait aux plus sublimes grandeurs. Il eut vraiment cette flamme divine que nous nommons génie. C'est ce que M. Henry Laujol avait justement pressenti. Et parce que, en même temps qu'un inspiré, il fut un artiste savant, un écrivain maître et sûr de soi, son œuvre ne périra point. Déjà l'on peut prévoir les admirations prochaines qui glorifieront son avenir posthume. Elles viendront bien tard. Un peu de justice, lui vivant, l'eût empêché de mourir, peut-être. En notre douleur, il nous reste du moins cette consolation, — et cette fierté, — d'avoir soutenu Villiers de l'Isle-Adam de nos enthousiasmes fidèles, et d'avoir dit il y a vingt ans ce que tout le monde dira demain.

Parnassien aussi, Paul Verlaine fut tout de suite, de la part de tous les Parnassiens, l'objet d'une admiration spéciale, qui ne ressemblait à aucune autre. A travers ses affectations de bizarrerie et son dandysme un peu macabre, par delà les tics baudelairiens, nous distinguions une âme infiniment douce et tendre, une rêverie si lointaine qu'elle semblait venir d'avant l'horizon terrestre; il y avait un sourire d'âme vierge derrière ses diaboliques ricanements; comme en la préciosité si artiste de ses odelettes amoureuses ou libertines, se révélait une inspiration naïve, exquise. Et combien de talent déjà! Cependant il me semble qu'il ne faut pas admirer tout le vrai Verlaine dans les *Poèmes saturniens*, ni même dans les *Fêtes galantes*, si adorables, si délicieusement mélancoliques en leur grâce parée et pâmée, églogues chuchottées de vivants qui se meurent et de mortes remourantes, mystérieux frôlements sous la lune, en des parcs de Watteau pâles comme des cimetières, parmi des touffes de roses et des sépulcres qui ont pour corbeaux des colombes si tristes, mystérieux et pervers frôlements d'habits zinzolins et de linceuls de dentelle évoqués! Ici, Paul Verlaine s'adonise encore, se farde encore, n'ose pas montrer librement la toute candeur, la divine puérilité qui fut son vrai génie. Dès *la Bonne Chanson*, il est lui-même avec une déconcertante et admirable simplicité. Certes, l'art acquis, il ne le répudie pas, mais il n'en use que pour mieux mettre en lumière ses innocences, ses religions, marguerites des champs ou lys d'autel aux montures de pierreries; et voici que se succèdent, — *Romances sans paroles, Sagesse, Amour*, — tant de purs livres de repentance, de livres de foi où toute sa frêle et jeune âme chante, éperdue, ravie, éblouie, et si peureuse, comme une petite communiante qui dit des litanies.

Mais cette fraîcheur d'innocence, cette infantile ingénuité, charme frêle et impérissable de son œuvre, bouquet du mois de Marie qui ne se fanera point, lui fut dans la vie la source du continu malheur, et de tant de désespoirs! Il fut la dupe de tout : des rêves, des chimères, des paroles qu'on lui disait, des mensonges dont on le troublait, et peut-être du mal. Il croyait, il n'objectait rien, il obéissait. Il ne savait pas vivre. Les pièges du péché, les conseils de la tentation et les exemples dont on excitait son orgueil le menaient de misère en misère, sans doute d'erreur en erreur. De là cette lamentable existence, où tant de désastres, tant de larmes, tant de deuils, où la famille détournée, le fils absent, et les tristes lits des grandes salles rachetèrent si amplement les fautes, — dont il ne fut pas coupable; pas plus coupable qu'un enfant qui, quoi qu'il fasse, ne pense pas mal faire.

L'avez-vous entendu rire? Même aux heures des pires détresses, son rire sonnait clair, largement sonore, jovial. C'était le franc rire d'un honnête cœur, d'une conscience saine qui s'épanouit en belle humeur. Et combien il aimait ceux dont il se savait aimé! Quelle noble fraternité pour les artistes d'hier, ses vieux amis, qui avaient cru en lui, continuaient de croire en lui; pour les artistes nouveaux, ses jeunes compagnons, qui saluaient en lui l'inventeur sentimental d'une poésie si suave et si pure. Oui, je le dis, la société qui a laissé vivre dans la famine et mourir dans la tristesse le si doux Paul Verlaine, faillible hélas! n'a point le droit de le rendre responsable des fautes, c'est-à-dire des basses promiscuités, des misères, dont elle ne le tira point. Elle surtout fut criminelle. Il n'avait point mérité les soirs errants, les gîtes douteux, les jeûnes, les hôpitaux, où elle l'obligea; et voici, — pas autre chose, — un poète de plus assassiné par la vertu des sots et l'ingratitude austère des élites. L'avenir remettra toute chose en juste place. En même temps que l'œuvre de Paul Verlaine resplendira d'une blancheur sacrée de lys entre les cierges de l'autel, sa personnalité, délivrée des viles légendes par où l'on se donnait le droit de ne point venir en aide à ce faible et de ne point compatir à ce souffrant, sera blanche aussi dans la mémoire des hommes, blanche comme fut blanc, sous nos yeux pleins de larmes, son visage apaisé, son pâle visage apaisé, entre les doux cheveux, sur la blancheur du lit funèbre, sur la blancheur funèbre du lit virginal...

Il semble, lorsqu'on lit les poèmes d'André Theuriet, que s'est ouvert un herbier de petites fleurs forestières; et il y a, parmi les bruyères

berceuses et le rythme des chansons de vannier et les chants de bûche-
rons, des ramages d'oiseaux à la fois familiers et sauvages qui, comme
le rouge-gorge, volètent dans le bois et séjournent dans la maison.

Armand Silvestre est un inspiré. Parce que, selon la bonne et irrésistible loi qui pousse les uns vers les autres les honnêtes esprits, il fut
un Parnassien, la mode s'est établie de penser que l'auteur de la *Gloire du
Souvenir* et de *Tristan de Léonois* est un raffiné versificateur, surtout
préoccupé de la rime et des trouvailles pittoresques de rythmes et
d'images. Or, il n'en est rien : Armand Silvestre s'inquiète assez peu de la
rime, ne cherche pas l'image neuve (qu'il trouve souvent sans le faire
exprès, l'heureux homme !) et n'est pas plus malin, en fait de combinaisons rythmiques, qu'un jeune joueur de chalumeau. Mais il a en lui le
don lyrique. Et c'est pourquoi notre maître commun, vénéré et bien-
aimé, et toujours vivant en nos âmes, Théodore de Banville, pour qui le
seul lyrisme était la poésie même, toute la poésie, me dit un jour que, de
tous ses disciples, celui qui était le plus proche du cœur de son esprit,
c'était Armand Silvestre. Et, en effet, aucun poète contemporain, si l'on
excepte Victor Hugo et Théodore de Banville en France, Algernon-
Charles Swinburne en Angleterre, n'a été, au même degré qu'Armand
Silvestre, doué de cette prodigieuse puissance d'expansion de tout soi,
qui est le grand, peut-être l'unique devoir des âmes poètes ! Dans les
plus hautaines et plus parfaites œuvres de Silvestre, il y a des morceaux « lâchés », de fâcheuses répétitions de termes, un retour parfois
irritant des mêmes rimes, et même, oui, des négligences d'écriture ;
mais, aussi, dans les plus humbles, dans les plus abandonnées de ses
œuvres, il y a des emportements, des envolements de joie et de gloire
par lesquels, tout à coup, il rejoint les plus hauts essors du rêve humain ; et, hors du désordre et quelquefois de l'incohérence des tâtonnements, jaillit le vers, le vers tout d'une venue, le vers définitif, le vers
sublime et parfait où se réalise, total, un moment de l'âme divinisée ! et
ceux qui, alors, n'admirent pas Armand Silvestre, mentent quand ils
disent qu'ils admirent Lamartine, Hugo ou Musset.

Une chose était à redouter pour Armand Silvestre, c'était que la
largeur même de son lyrisme et la virtuosité pas assez diverse de sa
forme l'exposassent à des apparences de banalité, de lieu commun ; il

a été sauvé de ce péril par un dieu qui mit en lui une conception toute
particulière de l'Amour; une conception non pas intellectuelle, non
pas consciente, mais personnellement instinctive, c'est-à-dire géniale
quant aux réalisations artistiques, — de l'amour. Et cela, Mme George
Sand l'avait pressenti d'une façon vraiment prophétique dans la préface
dont elle honora, — la grande poétesse, — les premiers poèmes du
grand poète Armand Silvestre. Il se produit, en la chimère de celui-
ci, une matérialisation de l'idéal, sans que la hauteur ni la beauté de
l'idéal en soient diminuées. Il est un païen, avec des ferveurs d'ascète.
Il est prêt au martyre pour la splendeur d'une nudité. Il serait tout à
fait chrétien si l'on avait mis Aphrodite en croix! et, d'ailleurs, on l'y
a mise. C'est pourquoi il souffre, c'est pourquoi il pleure. Il connaît
toutes les angoisses d'une sorte de rut mystique toujours déçu, toutes
les extases vers une irréalité qui a des corps peut-être! et son génie est
un Ixion qui étreint, non pas des nuées, mais des femmes, célestes
cependant. Ah! les purs, les vastes, les hauts, les lumineux poèmes!
Pénétrer dans l'œuvre poétique d'Armand Silvestre, c'est s'envelopper
de plein air, de nuée et de splendide ciel. Et lorsqu'on redescend d'elle,
on se souvient d'avoir vu, plus haut que les glaciers et les neiges, des
seuils de porphyre, des vestibules d'albâtre incrustés de blanches pierreries et des colonnades de jade pâle, et au loin, si loin, parmi des fumées d'encens qui montent d'encensoirs faits en forme de lys ou d'étoiles
blanches, une prodigieuse divinité tour à tour voilée et dévoilée, couronnée d'impérissable triomphe. Ce que Charles Baudelaire, — en ses
respectueux repentirs, — disait de Théophile Gautier : « Homme heureux! homme digne d'envie! il n'a jamais aimé que le Beau! » on peut
le dire d'Armand Silvestre. Toute son innombrable invention poétique,
dix volumes compacts, plus de soixante mille vers, n'est qu'un seul
effort vers le même idéal. On demeure ébloui devant le progressif
développement de tant de lumière vers l'arrivée en l'immarcessible et
définitive lumière. Et, nul poète, avec plus de ferveur que Silvestre,
ni dans plus d'éblouissantes clartés d'apothéose, n'a gravi l'échelle où
d'échelon en échelon la réalité s'érige en idéal. Dans l'un de ses derniers livres, Armand Silvestre évoqua les *Aurores lointaines* « Que nous
doit l'immortalité » ! Ce seul livre suffirait, mon cher Armand, à les faire

luire sur votre nom. Et déjà vous nous en donniez à nous, dans
l'ombre, le délicieux pressentiment. Car jamais l'auteur du *Cygne* ne
fut plus hautement clair qu'en ce livre radieux et blanc. Là, d'un pas
plus sûr que jamais de l'arrivée aux sommets, vous avez escaladé les
montagnes; vous avez mêlé, en des sonnets insurpassables, le sang
des amours douloureuses aux violentes cascatelles des gaves, avoué vos
lâchetés, non pas devant les cimes toujours accessibles, mais devant le
désir toujours irréalisable; vu se lever encore l'aube immatérielle où
renaît la Beauté, et, plein de rut et de peur, crié de ne pas pouvoir,
de ne pas oser être quelque Pan monstrueux qui violerait la virginité
des neiges et approfondirait les gouffres en un extraordinaire hymen;
vous avez uni, en un baiser qui joint le ciel à la terre, les lèvres roses
de la montagne aux lèvres grises des buées terrestres, la nuit ancienne
au jour nouveau; vous avez râlé le cri de l'aigle, et saigné comme
le tronc des sapins; surpris, sous les brumes matinales, « un bruit mystérieux de larmes sur des fleurs! » et vous avez entendu, et répété,
dans l'hospitalité d'une suprême ruine sacrée, — écho formidable de :
« Pan est mort! Pan est mort! » — ce sanglot : « Christ est mort! »,
plus terrible.

Ah! certainement, j'en veux un peu à Armand Silvestre d'avoir
consenti à trop de poèmes qu'il n'eût point écrits si on ne les lui avait
pas demandés. Mais c'était une charité de dieu. D'ailleurs, qu'importent
quelques pages, — dont l'absence n'eût pas été regrettée, — en de
tels livres, tout traversés des rafales de la montagne, des marées sonores
de la mer, et aussi des arpèges de guitare des petits pages chanteurs
aux coussins des châtelaines, en ces livres où, de presque tous les
poèmes, monte, s'exhale, plane et s'épand l'universelle beauté.

Oui, je sais, il y a les contes fantasques, les contes comiques, les
contes excessifs, — allons, eh bien, oui, crépitants, — où s'amusait,
pour amuser le monde, la fantaisie d'Armand Silvestre. D'abord, où
est le grand mal? Pour moi, qui ne laisse pas de répugner aux facéties
qu'on appelle gauloises, je n'oserais pourtant refuser à un artiste
le droit de s'y divertir. Dans les augustes cathédrales antiques où
l'on vient prier encore, le sacristain, moyennant un pourboire, ne
manquera pas de vous montrer, aux stalles des chanoines, sous les

sièges, de fort falotes et même obscènes sculptures : garçons qui accolent des filles, évêques qui renversent des servantes, diablotins qui choisissent pour vases de nuit des bouches de cardinaux... Pensez-vous que ces drôleries à l'envers des stalles, — dont vous vous amusez, ne dites pas non, — empêchent de s'élever l'aiguille sublime du clocher et le son des cloches pures vers l'éternelle beauté du Ciel ?

J'en viens à parler d'un poète qui fut le plus délicieux des esprits, la plus aimable des âmes; et je sais que ce cher doux homme, qui repose dans le petit cimetière, près de la maisonnette, sous les fleurs que renouvellent des mains filiales, et sous le souvenir des paroles que prononça, du consentement de tous nos cœurs, M. Henry Roujon, je sais que ce cher doux homme m'aima autant que je l'aimais; je vous assure que c'est beaucoup dire. Mais, ici, je ne dois me souvenir que de l'œuvre et de l'artiste, qui furent diversement jugés; tantôt stupidement bafoués par la goguenardise de quelques bélîtres, tantôt démesurément exaltés, et dans un sens qui, peut-être, n'avait pas été d'abord celui de son dessein, par des poètes qu'un très ardent respect, ou bien, chez quelques-uns, un sentiment, on a pu le croire, moins désintéressé, égara jusqu'à l'adulation.

Pour bien permettre d'apprécier ce que fut à ses commencements, ce qu'était naguère et ce que sera probablement dans l'avenir Sté-phane Mallarmé, il faut évoquer quelques moments de sa vie.

Vers l'année 1864, — je crois cette date exacte, — Villiers de l'Isle-Adam et moi, qui habitions à Choisy-le-Roi, chez mon père, nous reçûmes la visite d'un très jeune homme qui m'était adressé par mon ami, l'excellent Emmanuel des Essarts. Après le déjeuner, Villiers de l'Isle-Adam s'enferma dans sa chambre, — il travaillait alors à *Elën*, — et j'allai me promener avec Stéphane Mallarmé, (c'était ce jeune homme), le long de la Seine. Il était peu grand, chétif, avec, sur une face à la fois, stricte et plaintive, douce dans l'amertume, des ravages déjà de détresse et de déception. Il avait de toutes petites mains fines de femmelette et un dandysme (un peu cassant, et cassé) de gestes. Mais ses yeux montraient la pureté des yeux des tout petits enfants, une pureté de lointaine transparence, et sa voix, avec un peu

de fait exprès dans la fluidité de l'accentuation, caressait. D'un air
de n'attacher aucune importance aux choses tristes qu'il disait, il me
conta qu'il avait assez longtemps vécu très malheureux, à Londres,
pauvre professeur de français ; qu'il avait beaucoup souffert, dans
l'énorme ville indifférente, de l'isolement et de la pénurie, et d'une
maladie, comme de langueur, qui l'avait, pour un temps, rendu incapable d'application intellectuelle et de volonté littéraire. Puis, il me
donna des vers à lire. Ils étaient écrits, d'une écriture fine, correcte
et infiniment minutieuse, sur un de ces tout petits carnets reliés de
carton-cuir et que ferme une bouclette de cuivre. Je lus, tout en marchant au bord·de l'eau, les premières poésies de Stéphane Mallarmé.
Et je fus émerveillé. Car ils existaient déjà, ces miracles de rêve, de
sensibilité, de charme et d'art : *Les Fenêtres, Les Fleurs, Le Guignon,
L'Azur,* d'autres encore, que nous avons tant admirés, qu'on ne cessera pas d'admirer. On conçoit la joie, ou, pour mieux dire, l'extase de ma surprise. Incontestablement, un poète, rare, exquis, parfait, se révélait à moi. Bien évidemment, le talent de Stéphane
Mallarmé ne laissait pas d'être influencé par le Spleen vers l'Idéal, par
la mélancolie et la révolte Baudelairiennes ; il n'était pas non plus
sans avoir emprunté quelque luxe à l'opulence lyrique de Banville.
N'importe. Toute originalité commence par quelque imitation ; et, au
reste, il y avait déjà dans ces vers une si personnelle éclosion d'âme
poétique, qu'il y avait lieu de tout espérer d'une telle âme, même la
nouveauté d'un vrai génie. Très vite, je ramenai Stéphane Mallarmé
à la maison, je lus ses vers à Villiers de l'Isle-Adam, qui partagea tout
de suite mon enthousiasme, et de ce jour s'établit, entre Mallarmé et
nous, une profonde affection faite, — j'ai gloire à le dire, — d'estime réciproque, de mutuelle confiance, et que rien, pas même les
différentes directions d'existence, que rien, pas même la mort, n'a
rompue. Hélas ! je survis à mes chers préférés.

Cependant Stéphane, nommé professeur d'anglais en province,
partit pour Tournon ; puis, ce fut à Avignon qu'on le relégua ; nous
fûmes, Villiers et moi, près de sept années sans le voir ; mais jamais
nous ne cessâmes de correspondre ; et, vraiment, ce n'est pas sans un
très cruel regret que j'ai obéi à la volonté de Mlle Geneviève Mallarmé,

de ne point laisser publier les lettres de son père. Je les ai là, ces
lettres, très longues, très nombreuses, sur ma table; non seulement
elles sont tendres et belles comme la douceur d'une grande âme pure,
mais, en une langue colorée, imagée, subtile, et parfaitement claire,
elles relatent des études, des réflexions, des projets d'œuvres, des
espoirs d'idéal prochainement réalisé; en même temps, avec une sorte
de coquetterie discrète dont s'augmentait notre fraternel désir d'admiration, Mallarmé s'y défend d'avouer tout à fait ce qu'il voulait
faire, ce qu'il avait déjà fait; il nous montrerait cela quand nous
viendrions à Avignon. Et comme il nous pressait d'y venir, le cher
ami qui n'écrivait qu'à nous seuls, n'avait confiance qu'en nous, ne
voulait être jugé que par nous! Villiers et moi, je l'affirme, nous étions
parfaitement convaincus qu'en six années de réserve et d'élaboration,
Stéphane Mallarmé avait entrepris, sinon achevé, quelque chef-d'œuvre
dont s'étonnerait le monde. Mais les voyages sont difficiles aux pauvres
diables que nous étions alors; ce fut seulement après un séjour à
Munich où des journaux nous avaient envoyés pour faire le compte
rendu de l'*Or du Rhin*, que nous pûmes aller en Provence. Mallarmé
nous reçut dans une petite maison rose, derrière des arbres, où il
habitait avec sa femme et sa fille. Nos mains tremblèrent de joie
en s'étreignant; mais le dîner fut très bref, encore qu'y assistât, si
j'ai bonne mémoire, le grand poète Mistral. Après le dessert, Stéphane
conduisit dans son cabinet de travail ses deux chers amis, ses deux
juges espérés; et tout de suite, sans se faire prier, car il savait bien
pourquoi nous étions venus, il se mit à nous lire l'ouvrage auquel
il travaillait. C'était un assez long conte d'Allemagne, une sorte de
légende rhénane, qui avait pour titre, — je pense bien ne pas me
tromper, — *Igitur d'Elbenone*. Dès les premières lignes, je fus épouvanté, et Villiers, tantôt me consultait d'un regard furtif, tantôt écar-
quillait vers le lecteur ses petits yeux gonflés d'effarement. Quoi!
c'était à cela, à cette œuvre dont le sujet même ne s'avouait jamais, à
ce style où l'art, certes, était évident mais où les mots, comme par
une sorte de gageure hélas! systématique, ne signifiaient pas leur sens
propre, qu'avait abouti un si long effort continu de pensée? Fallait-
il croire que, malgré notre enthousiaste complaisance aux antérieures

singularités de Stéphane Mallarmé, nous avions été, tout à coup, dé-
pouillés de toute faculté compréhensive, ou bien qu'une trop longue
solitude et une trop acharnée fixité de l'esprit sur un seul point, et une
besogne fastidieuse, avaient repris contre l'un des plus adorables
esprits qui furent jamais, l'œuvre naguère si heureusement, si magnifiquement interrompue, de la maladie et de la misère à Londres? Je
n'osais formuler un avis, j'éprouvais une immense tristesse; Villiers,
plus maître de lui, témoignait quelque admiration par ces ricanements
nerveux dont il avait l'habitude de dissimuler son embarras. Je pré-
textai la fatigue du voyage, je me retirai dans ma chambre. Le lendemain je partis pour Paris, sans que Mallarmé m'eût interrogé quant
à *Igitur d'Elbenone*. Et j'emportais deux tristesses : celle de ne plus participer au cher esprit où nous avions mis tant d'espérance, et celle,
plus grande encore, de penser au chagrin, au doute hélas! de lui-
même, qu'avait pu faire naître en Mallarmé la muette désapprobation
du non moins cher de ses deux amis. Cependant je ne pouvais me
repentir de ne pas lui avoir menti.

J'ai eu tort, au reste, d'écrire ce mot : doute. Par la nette direction
de sa pensée, six ou sept années durant, vers un seul but poétique, il
en était arrivé à une telle certitude dans l'illumination, à une si précise lucidité dans l'hypnotisme, que rien ne pouvait le troubler; et
désormais il parla, écrivit, vécut, avec l'aménité sereine de la toute-
puissance, dans un calme imperturbable. Il ne s'écarta, — car il demeurait un disciple exact et un parfait compagnon, — d'aucun de
ses amis spirituels de la première heure; mais, en réalité, il n'avait
plus pour eux que des condescendances, d'ailleurs sincères, et il était
sûr de son au-delà personnel. Il ne tarda point, d'ailleurs, à être confirmé dans son assurance par la foi qu'eut en lui, ou que s'efforça
d'avoir en lui, une jeunesse loyalement éperdue de mystère ou soucieuse d'autoriser, d'un Génie occulte, d'un Maître qui ne deviendrait
jamais populaire, des œuvres nouvelles et bizarres. Cette religion se
fortifiait chaque fois qu'il faisait connaître des vers où le sens immédiat
se dérobait de plus en plus, non pas dans le vague de l'expression,
mais, au contraire, dans la condensation stricte du verbe et de l'image;
en même temps il donnait, de loin en loin, même dans le journalisme

quotidien, des proses maniérées, torturées et tortueuses, singulièrement elliptiques, bien faites pour étonner, et qui lui valurent une
rapide renommée d'incompréhensibilité et d'incohérence. Pour ce qui
est de l'incohérence, c'était une grande erreur de la lui reprocher;
car, précisément, il n'exista jamais, étant donné son instinctif besoin
d'ésotérisme, (oui, sans doute, instinctif, et, à coup sûr, dénué de tout
charlatanisme, de tout désir d'étonner), un esprit plus logique, plus
méthodique, plus volontairement conscient que le sien. Mais l'incompréhensibilité était manifeste, et je n'ai fait que la pallier le jour où
j'ai écrit que Stéphane Mallarmé était ce qu'on appelle au collège
un « auteur difficile ». Tout de même les plaisantins eurent tort de
rire, puisqu'ils ne sont point juges en la matière, et puisqu'ils firent
les mêmes gorges chaudes à propos de tant d'autres poètes, si parfaitement clairs. Au surplus, — et cela aurait dû suffire à interrompre
les ricanements, — il y avait dans les proses et dans les poèmes de
Stéphane Mallarmé, outre un strict respect de la règle classique et
romantique, un tel bonheur, çà et là, d'images vives et fines, une
telle justesse, parfois, d'expression, — je veux dire le mot auquel aucun autre mot ne saurait être substitué, — et un si personnel, un si
perspicace sentiment du lointain et de l'inconnu, que nous, ses admirateurs de la première heure, nous nous reprenions souvent à espérer qu'il allait être le grand poète que nous avions espéré de lui. À
chaque instant, en lisant *Hérodiade* ou *l'Après-midi d'un Faune*, et même
ceux de ses poèmes plus clos encore à l'intelligence naturelle, nous
demeurions émerveillés de mainte trouvaille précieuse et d'un talent
toujours parfait. Oui, même les parties les plus obscures, les plus her-
métiques de l'œuvre de Mallarmé réservent des surprises de charme
exquis et de clarté; il y est, presque souvent, le délicieux génie en
qui nous avions eu foi les premiers. Néanmoins, il n'y a pas à dire, ce
n'est pas toujours clair, comme dit l'autre; j'ai beau m'efforcer, il ne
m'est pas possible de m'accorder à ce qu'il eut, méthodiquement d'ailleurs, d'inexpression, et je reste convaincu, — malgré les ricanements approbateurs de Villiers et l'enthousiasme de tout un groupe
de poètes naguère si jeunes, — que je ne me suis pas trompé en
n'admirant point *Igitur d'Elbenone*, légende allemande. Qui sait si,

alors, dans Avignon, comme dit le royal Mistral, une franche et robuste remise en place n'eût pas réussi à détourner Stéphane Mallarmé de la fausse voie qu'il s'était comme trouée par six ans de solitude qu'avait précédés, à Londres, tant de misère maladive? J'aurais dû, peut-être, avoir le courage d'une brusquerie brutale, qui sauve, sans ménagement. Plus d'une fois, quand nous parlions de notre ami, Villiers de l'Isle-Adam avoua quelque remords de son ricanement enthousiaste... Mais non, tout n'aurait servi de rien.

Cependant, quel était le but poursuivi, au moment où il fut quelque chose comme un chef d'école, par Stéphane Mallarmé? Il faut le demander, je pense, plutôt qu'à son œuvre si nettement ténébreuse, dont l'intention apparaît à la fois stricte et vague, au souvenir de ses conversations, charmantes et lucides. Si j'ai bien compris ce qu'il m'a répété souvent, — car nos divergences intellectuelles n'interrompirent jamais notre parfaite intimité, — il s'agissait pour lui, et tout en admettant, si diverse, la littérature environnante, de faire penser, non pas par le sens même du vers, mais par ce que le rythme, sans signification verbale, peut éveiller d'idée; d'exprimer par l'emploi imprévu, anormal même du mot, tout ce que le mot, par son apparition à tel ou tel point de la phrase et en raison de la couleur spéciale de sa sonorité, en vertu même de sa propre inexpression momentanée, peut évoquer ou prédire de sensations immémoriales ou de sentiments futurs. Cela était miraculeusement clair quand il l'énonçait par la plus diaphane parole qu'ait jamais proférée un être humain. Cela était moins visible dans la réalisation du verbe et du rythme. Néanmoins, plusieurs poètes, nouveaux en un temps pas encore lointain, constatèrent, en l'œuvre écrite de Stéphane Mallarmé, la réalisation de sa parole. Même ils découvrent, dans la moindre strophe, des intentions d'universel symbole... Et qui sait s'ils ne méritaient pas d'être crus, ceux du moins que n'inclinait pas seulement vers un art étrange et peu susceptible d'expansion la gloriole de ne point émaner d'une gloire avérée? Je suis inquiet de ce que, en moi, a pu opposer de refus incompréhensif à une idée nouvelle le traditionnel choiement d'idées préconçues et chères; il se peut que j'aie eu tort le soir de la lecture d'*Igitur d'Elbenone*, et que le rire admiratif, quoique peu sincère

et bientôt rétracté, de Villiers de l'Isle-Adam ait eu raison, comme a
eu raison, peut-être, l'admiration d'une jeunesse qui affirmait qu'elle
s'y connaissait mieux que nous. J'ajouterai que je souhaite ardemment
de m'être trompé; oui, du plus profond de mon cœur, je souhaite en
effet que le compagnon de ma jeunesse ait mérité d'être l'initiateur,
le guide spirituel de générations futures; mais, avec chagrin, je ne le
crois pas; et j'ai dû me résigner à le dire.

Autour de José-Maria de Heredia, il n'y a jamais eu de doute ; sa
gloire nous fut presque tout de suite accordée ; lui seul la retarda.

Ce fut bien longtemps après nos premières admirations que, obéissant
au conseil de son maître et de ses amis, José-Maria de Heredia se réso-
lut enfin à grouper en un livre, — Les Trophées, — des vers depuis
longtemps célèbres. Ce qui l'avait fait hésiter, c'était son amour de la
perfection, qui toujours lui faisait rêver plus beaux encore des sonnets
sans trêve remaniés; et aussi, peut-être, une modestie hautaine, alar-
mée de la pensée que, l'éclat de chacun s'éteignant des splendeurs voisines, ils ne lui valussent pas toute l'illustration dont il se savait digne,
en son orgueil ingénu. Il avait tort d'hésiter. Ils se rehaussent, au contraire, l'un par l'autre, comme dans un collier de pierreries les rubis
s'illuminent des diamants, les escarboucles des chrysolithes; et, dans
sa totalité, l'œuvre apparaît radieuse. En parlant ainsi, je ne crois pas
me laisser décevoir par l'illusion d'une amitié née en des rêves communs, fortifiée en des luttes communes, et demeurée fervente à travers le long temps. Certes, au plus profond de mon cœur, au plus cher
coin de ma mémoire, je garde les belles heures de jadis où, sous la
complaisance des maîtres, qui nous réduisit peu longtemps à l'imitation
servile, et parmi les enthousiasmes de nos compagnons, auxquels se
mêlaient les nôtres, différents par l'idéal espéré mais pareils par l'ardeur à l'atteindre, nous menions le bon combat contre la niaise sensi-
blerie des fils dégénérés du grand Lamartine et du divin Musset, contre
la verve soûle et l'art débraillé des poètes de brasserie, bas-suivants
de Murger. Si aucun de nous ne ressemblait à l'autre, si aucun de nous,
redisons-le encore, ne consentait à soumettre son inspiration personnelle au joug étroit d'une école, nous nous accordions obstinément
en la foi que l'heure était venue de rendre la hauteur à la pensée, la

pudeur à la passion, la pureté au langage et, à la forme poétique, sa précision et sa splendeur. Oh! les magnifiques espérances, alors! et les hautes aspirations, désintéressées de toute notoriété immédiate, mal acquise, seulement éperdues du noble, du grand, du beau! Si nous nous aimions tant, c'était de tant aimer l'art sacré auquel se vouait notre vie, et nous nous servions l'un de l'autre, ardemment, parce que chacun de nous était convaincu qu'en agissant de la sorte il concourait au triomphe de la poésie renovée. Et quel sincère serment de ne jamais trahir l'auguste cause, dans la camaraderie de nos poignées de mains! La cruelle vie hélas! sépare les hommes; les vieillissements ne vont pas sans les éloignements; mais ils ne disjoignent jamais les cœurs de ceux qui, jeunes, unirent leurs esprits dans l'adoration de la beauté suprême; et si lointains que nous soyons les uns des autres, à cette heure, par les exils de la vie, par la dissemblance des œuvres et des renommées, pas un de nous ne se rappelle le bel et charmant autrefois sans sentir tout son être s'épanouir en pure et délicieuse joie, sans qu'une montée de larmes heureuses lui vienne mouiller les yeux. Cependant, je le répète, quand même je n'aurais pas eu l'honneur de prendre part, — le plus humble sans doute, mais, par la date, l'un des premiers, — aux combats d'où mes amis sont sortis triomphants, mon admiration pour José-Maria de Heredia ne serait pas moindre; et c'est avec la conscience d'une absolue impartialité que je salue dans *les Trophées*, — ah! qu'il est bien nommé, ce faisceau d'éclatantes victoires et de splendeurs sonores! — une œuvre haute, forte, belle et rayonnante, qui ne s'éteindra jamais. Il me semble que Théophile Gautier eut prévu José de Heredia, lorsqu'il écrivait :

> Travaille! l'art robuste
> Seul a l'éternité;
>   Le buste
> Survit à la Cité.
>
> Et la médaille austère
> Que trouve un laboureur
>   Sous terre,
> Révèle un empereur.

Non, ni l'injustice, ni l'envie, ni le temps, ne prévalent contre l'œuvre, même de dimension restreinte, où la patiente volonté d'un esprit s'est

condensée et réalisée en beauté. L'énormité peut faire naître l'illusion
de la sublimité ! illusion bientôt dissipée. Le plus grandiose monument,
s'il n'est que grandiose, ne mérite que la surprise, bientôt dispersée en
indifférence. Mais, parfaite en son solide métal, une statuette vaut et
garde à jamais l'admiration. Le génie d'un artiste peut tenir dans la
main. C'est ce qu'a merveilleusement compris José-Maria de Heredia,
et c'est pourquoi, avec une tension d'effort dont je ne pense pas qu'il
existât jamais un exemple, il s'est contraint à resserrer son inspiration en
de strictes bornes, à l'y faire tenir toute, si vaste qu'elle fût. Eh ! nul
ne saurait douter que ce poète, — ce grand poète, — porte en lui la
nature, l'histoire, les religions, le rêve, toutes les chimères aux grandes
ailes ; les flamboiements des gloires humaines avec ceux des splendeurs
célestes ont émerveillé ses yeux, y sont entrés, s'y sont faits son regard ;
et ce qu'il a dans l'âme et dans les yeux, il aurait pu le répandre en
de longs poèmes. Mais qui sait si sa pensée, par trop d'épanouissement,
n'eût point perdu quelque chose de son intensité, si les lumineuses
magnificences, dont il s'enchante et nous éblouit, ne seraient pas, par
une trop vaste expansion, devenues une pâle brume claire, lueurs
sans doute, mais brouillards ! Par un choix dont peu de poètes sont
capables, — peut-être aussi par la fatalité native de son génie, —
José-Maria de Heredia n'a pas voulu se disperser ; tout entier il s'est
ramassé, pourrait-on dire, sur soi-même, et, comme on mettrait des
aigles en cage, il a enfermé dans le sonnet les odes et les épopées.
On s'étonne véritablement de la prodigieuse maîtrise acquise, ou bien
instinctive, qu'il lui a fallu pour obliger de telles ampleurs à une telle
étroitesse. Mais, au prix de cette domination sur sa pensée, de cet effort
toujours recommencé, quelle extraordinaire et magnifique réalisation ! Condensés, tassés, serrés en la stricte gaine jusqu'à l'impossibilité d'y rien faire tenir de plus, jusqu'à l'éclatement, l'idée, le récit,
l'image, la couleur, ont, dans l'œuvre de José-Maria de Heredia, une
robustesse, une précision, une forme, une furie de clarté que jamais encore ils n'avaient eues ; dans telle de ses strophes, il y a comme
une torsion de guerrier géant dans une armure de nain, comme
des tempêtes d'océan dans une amphore d'or ; et, rentrées les unes
dans les autres, toutes ses coruscations, — astres, aurores, rubis,

diamants, chrysoprases, béryls, escarboucles, et les métaux fulgurants!
— sont de petits soleils où il y a tout le soleil et qui, là, si près des
yeux, vous hypnotisent. Ouvrez son livre au hasard. La Grèce et la
Sicile, avec ses Bacchus et ses Arianes, avec ses faunes roux et ses
nymphes de neige ou d'ambre, avec l'or bariolé de ses plaines et l'azur
incandescent de ses flots, avec les étalons cabrés du quadrige céleste,
et l'Artémis, épouvante des bois, et les ruts des Nessus, et les centau-
resses jalouses, et l'horrible peau néméenne flottant au torse d'Hercule, remuent et flamboient en quelques sonnets. Il lui suffit de trois
fois quatorze vers pour que revive, sous le ciel triomphal, l'énorme
aventure de « Cléopâtre debout en la splendeur du soir », et de l'ardent
Impérator qui voit enfin en des yeux étoilés « toute une mer immense
où fuyaient des galères! » Et voici Rome, et voici les Barbares. Voici,
vus à travers des éblouissements de vitrail, les ateliers des ciseleurs
d'estoc, et la traîne des dogaresses, et les conquistadors qui partent
comme un vol de gerfauts. Et, dans ces brefs poèmes, où il fait tenir
les dieux et les héros, et les belles Immortelles aux cheveux étoilés
de gemmes, et les voleurs de mondes, et l'Égypte et le Japon, et les
poissons géants qui font, en naviguant entre les rameaux de corail,
« courir un frisson d'or, de nacre et d'émeraude », il met aussi le rêve
d'à présent et la nature contemporaine : la mer de Bretagne déferle en
émeraude écumante au récif mélodieux de la strophe, tandis que s'allume

> L'étoile sainte, espoir des marins en péril

et que

> .... L'Angelus courbant tous ces fronts noirs de hâle,
> Des clochers de Roscoff à ceux de Sybiril
> S'envole, tinte et meurt dans le ciel rose et pâle.

Certes, parmi les poètes qui furent les compagnons de ma jeunesse,
d'autres encore sont exquis, d'autres encore sont grands. Ce n'est pas un
groupe d'esprits destiné à l'oubli, celui auquel la France doit le charme
familier, la tendresse intime de François Coppée, la subtile et profonde
pensée de Sully Prudhomme, le haut et magnifique rêve, en pleine
nuée blanche, d'Armand Silvestre, et la sérénité ironique et irréprochable d'Anatole France, et ce délicieux et mélancolique Verlaine,

père de tant de poètes nouveaux, et l'âme infinie de Léon Dierx. Mais
José-Maria de Heredia n'a rien à envier aux plus illustres des nôtres;
les meilleurs, il les égale. Par la netteté de ses conceptions, par sa
magie à faire revivre les dieux éteints et les âges évanouis, par l'abondance et la pompe pittoresque de son invention, par le resplendissement
de son vers lumineux et sonore comme une cascatelle de pierreries, —
éclat qui ne sera jamais surpassé, — et surtout par son art vraiment
prodigieux à condenser l'idée et l'image en une forme étroite et rebelle,
qui en décuple l'intensité, il mérite d'être placé au premier rang des
poètes d'un temps que l'avenir aimera. *Les Trophées* marquent une belle
date dans l'histoire de la littérature française. Quant à moi, la journée
où j'ai pu lire en leur ensemble les sonnets de José-Maria de Heredia
a été l'une de mes plus heureuses : admirer qui l'on aime, c'est la joie.

Que d'autres, parmi les poètes de la période parnassienne, il faudrait
nommer! Qui sait même si l'avenir, revisant quelques-unes de nos
admirations, ne placera pas au premier rang, en tant que poètes, —
car quelques-uns d'entre eux conquirent d'autres gloires, — ceux que
je n'ai pas encore nommés?

Souvenons-nous d'abord de Léon Cladel, vrai poète bien qu'il ait
écrit peu de poèmes. Non seulement on lui doit des romans parmi
lesquels on peut compter trois ou quatre chefs-d'œuvre, mais il nous
donna à nous, ses contemporains, et il a légué à la jeunesse nouvelle
un parfait exemple de ce qu'on pourrait appeler l'héroïsme littéraire,
je veux dire le sacrifice de tout soi-même à l'Art, à l'Art seul, à l'Art
jaloux. Né violent, brutal, désordonné, il accepta la dure et bonne
discipline de Charles Baudelaire, — pour lequel, jusqu'à sa dernière
heure, il garda une si touchante et si vénérable reconnaissance, —
et, désormais, le fougueux inspiré qu'il avait été s'obligea, sans rien
perdre de ses qualités natives, aux rudes devoirs de la Règle. Sa vie
intellectuelle ne fut plus qu'un long corps-à-corps avec les exubérances
de son inspiration, — bêtes rebelles au joug, — qu'il soumettait
enfin à la volonté du Mot et de la Phrase; il fut comme un Jason de
taureaux et de jumarts dans les labours du Quercy. Il usa sa vie à cet
effroyable métier de dompteur de soi-même; mais il mourut glorieusement entouré d'œuvres qui avaient obéi.

Il y eut, au même temps ou environ, parnassiens peu ou prou, ou point, Charles Cros, qui fut comme un avant-reflet de Paul Verlaine; Louis Xavier de Ricard, qui mêlait des nuées de Ciel et des brouillards de Rue à la fumée des Foyers; Albert Mérat, très parfait artiste moderne, qui, à Bougival, se souvient de Venise et accommode des sérénades de lagunes à des refrains de canotiers sur la Seine; Léon Valade, tendre et rêveur, avec trop d'esprit pourtant; Henri Cazalis, qui, des langueurs élégantes d'un mélancolique dilettantisme, devait peu à peu s'élever, s'éployer, dans l'œuvre de Jean Lahor, jusqu'à la contemplation désespérée à la fois et rassérénante de l'Illusion vaincue et du glorieux Néant; Paul Arène, ayant à l'ongle du petit doigt une cigale qui savait les chansons de Paris; Maurice Rollinat, bizarre, grimaçant, puissant, torturé et qui torture, évocateur de cauchemars, fantôme effrayant des clairières nocturnes, prêtre épouvanté des sabbats, berger de goules et de striges dans les beaux paysages; Anatole France, de qui la prose n'a jamais oublié et montrera toujours qu'elle fut la fille du vers; Antony Valabrègue qui donna au frisson d'une Robe Grise une délicieuse langueur de crépuscule; Louisa Siefert, ressemblante souvent, par la sincérité cordiale de la passion, à la grande Marceline; Gabriel Vicaire, inventeur, ingénu et savant à la fois, d'une poésie sœur de la chanson populaire; Ernest d'Hervilly, dont le Harem fut un Parnasse où les Muses étaient plus de neuf; Ernest d'Hervilly, au vers farce et strict qui évoque la facétie minutieuse d'un clown-quaker, d'un Pierrot qui aurait le spleen, à la prose, au contraire, fantaisistement échevelée comme une comète qui jaillirait, par un temps de bourrasque, d'une carabine foraine de tir aux pigeons; Jean Aicard, à l'œuvre nombreuse et célèbre, tendre, ému, émouvant; Gustave Rivet, grave; Clovis Hugues, flamboyant; Victor d'Auriac, ingénu, ingénieux, aux délicates plaintes d'amour, qui effeuille des roses tristes dans la coupe d'or du sonnet. Il y avait, il y a cet ingénieux et fantasque Émile Bergerat, Coppélius d'un vers si furibondement acrobate qu'il étonne même la muse funambulesque de Banville; Paul Bourget que, dans un article contemporain de notre première camaraderie, j'appelais une jeune sœur de Charles Baudelaire, et qui depuis, de la subtilité sentimentale de ses vers, a fait de la psychologie romanesque;

Jean Rameau, de qui les odes fameuses apportent aux cités, et aux salons particulièrement, du rêve et de l'espace en des bruits d'eau et de forêts près de la mer. Vous voyez, je mêle, comme les noms, les âges. Je n'oublierai pas, surgi parmi les premiers, Emmanuel des Essarts qui, avant Théodore de Banville, restaura la ballade, et depuis témoigna par mainte œuvre de charme et de force, d'élévation fougueuse, l'activité d'un très pur esprit; ni Émile Blémont, qui entreprit presque solitairement son œuvre, en un éloignement de toute notoriété facilement acquise, et la continue en une tranquillité de douleur à l'écart et de pensée qui ne se mêle pas à la vie; ni Charles Frémine, assis entre Olivier Basselin et Pierre Dupont sous des pommiers en fleurs; ni Raoul Gineste, de qui la grâce furtive et onglée imite les chats qu'il regarde disputer à la plume le noir encrier d'où sortent les vers; ni Maurice Montégut, furieux, violent, plutôt dramaturge en effet que poète, débordant de passion forcenée.

Un temps, on nous opposa l'auteur des *Chants du soldat*, tout à coup célèbre. Nulle âme n'est plus estimable ni plus hautaine que celle de M. Paul Déroulède. Il a l'élan, la force, la sincérité, l'« emballement » des claironnantes chansons. Qui dit le contraire? qui donc, parmi nous, lui a jamais nié la loyauté ardente de l'inspiration? Je défie qu'on rappelle une phrase de moi, même proférée entre gais camarades, qu'on montre, imprimée, une ligne de moi, qui ait manqué de respect à ce sain et violent poète. Mais voilà, il n'est pas un artiste. Seuls, les artistes, les vrais artistes demeurent. M. Paul Déroulède n'a pas daigné travailler, ou n'a pas pu; car le Travail, comme le Génie, est un don. En une noble ingénuité, il a pris Tyrtée au sérieux, sans penser que Tyrtée, maître d'école, dut être, en même temps qu'un sonore précipiteur vers les batailles, un très laborieux et très conscient artisan de rythmes. Et, pour être longtemps entendues, il faut que, même patriotiques, les trompettes ne sonnent pas faux.

Il fut aussi de mode de nous opposer Jean Richepin, Maurice Bouchor, Raoul Ponchon, qui firent, pas longtemps, Parnasse à part; je me souviens d'une minute où ils opposèrent aux « Impassibles », comme on nous appelait encore, les « Vivants », qu'ils s'imaginèrent d'être. Ce furent même des querelles; comme elles furent vite vaines et oubliées ! Ces vivants ont vécu assez pour que Jean Richepin, imagier rutilant, rhéteur populacier à la fois et sublime, qui a écrit un chef-d'œuvre dans l'argot des dieux, devînt un des plus grands poètes lyriques de ce temps, pour que Maurice Bouchor, incliné, à l'heure actuelle, vers les populaires besoins de vertu et de beauté, prodiguât tant de nobles poèmes religieux, et pour que Raoul Ponchon ait égalé et continue d'égaler, avec une verve plus artiste, et d'un lyrisme plus fou à la fois et plus sobre, en ses quotidiennes improvisations, le bachique et burlesque Saint-Amand. Les petites dissensions d'école et de sous-école s'apaisèrent vite. Et tout cela, en somme, c'était du Parnasse.

N'est-ce pas ici qu'il faut placer quelques poètes, qui, beaucoup plus jeunes que nous, et n'ayant pas encore donné toute leur mesure au moment du XIXᵉ siècle où nous voici arrivés, ne tardèrent pas à nous continuer, en nous surpassant peut-être, dans les œuvres de leur maturité? M. Charles Pomairols est un cœur grave, un cœur qui rêve et pense, et de qui les nobles douleurs s'expriment en vers très purs. Auteur de comédies et de drames qui méritent et ont obtenu, non sans quelque faveur du grand public, l'estime de tous les lettrés, M. Auguste Dorchain, irréprochablement poète, se plaît, dans ses compositions lyriques, aux chastetés passionnées, aux ardeurs saines de l'amour. Il convient d'honorer, en M. Edmond Haraucourt, un vaste et haut poète, épris des cimes, pâtre, ailé lui-même, sur les neiges, d'un grand et sonore troupeau d'aigles. Je crois bien que M. Frédéric Plessis est un des artistes les plus parfaits de notre époque, de toutes les époques; il est aussi une âme tout imprégnée de lointaines rêveries; qui donc, depuis Chénier, a été plus délicieusement, plus sincèrement grec que lui? Il me semble que, parmi les poètes récents qui viennent de découvrir le Parthénon et l'île Ortygienne, plusieurs pourraient, sans renier le Théocrite de Leconte de Lisle, confesser Frédéric Plessis comme leur maître; sa poésie est une ruche familière. aux abeilles de l'Hymette. Le vicomte de Guerne apparaît, entre les épiques, pur, puissant, austère, comme sacerdotalement royal, et, lyrique, son inspiration s'envole et s'élève magnifiquement. Émile Goudeau a inventé une espèce de poésie moderne. Il est plus populacier que populaire,

plus boulevardier que parisien ; en même temps, il se souvient du
Céramique où il promène les cocottes modernes, à moins qu'il ne
montre les hétaires athéniennes faisant le persil dans l'Allée des Aca-
cias ; et il a, — chance admirable due à une sorte de petit génie, —
l'honneur d'être, avec çà et là des tendresses et des plaintes issues de
son propre cœur, un Henri Heine ou un Banville ne ressemblant que
fort peu à Banville ou à Henri Heine. Pour l'abondance somptueuse
des images et la flexibilité sonore du rythme, aucun parnassien n'est
supérieur à l'auteur du *Jardin des Rêves* et de *Vitraux*, à cet extrême
Laurent Tailhade, qui, depuis, en une rage farce, fantasquement
injurieuse, burlesquement pittoresque, fut un satiriste excessif, formidable, et pas méchant ; imaginez un canon, d'où, comme par un
miracle de saint Janvier, jailliraient des oranges d'or en manière de
mitraille. Et je ne puis me défendre d'une admiration, d'une tendresse
toutes particulières pour l'adorable et discret poète Jacques Madeleine,
plus adorable d'être si discret. Il ne ressemble à aucun autre poète,
tant il est soucieux de cultiver seulement, avec des gestes de rythmes
doux, le joli jardin de son âme isolée. Mais ce jardin est au milieu de
la forêt qui l'emplit de sa solennité et le prolonge de ses profondeurs.
Jacques Madeleine habite, au milieu de l'immensité, une délicate et
charmante solitude ; sa petitesse, volontaire, est pénétrée de grandeur ;
s'il a chanté de menus Vers Tendres, c'est à l'Orée des bois de mystère et de rêve, de réelle terreur aussi ; et tout dernièrement, en des
poèmes qui n'avaient pas eu d'exemple depuis *la Psyché* et *l'Adonis* de
La Fontaine, il a évoqué, d'une grâce infinie et exquisement moderne,
sans aucune grossièreté d'anachronisme, le Sourire d'Hellas ; ce fut
comme le conte des fées d'une théogonie où Hésiode aurait collaboré
avec Perrault. M. Jacques Madeleine, jeune encore, et minutieusement
assidu, élabore, comme avril fait les roses, une œuvre en fleur qui
ne se fanera point.

Cependant, revenons.

Par une juste Providence, le triomphe du Parnasse coïncida avec
le retour du Maître unique, qui, après *la Légende des siècles* et *les
Misérables*, nous donna *l'Année terrible* et *l'Art d'être grand-père*. En
vérité, je crois que, fait de la créatrice vieillesse du génie suprême,

et de la maturité des grands poètes qui le suivirent, et, même malgré eux, lui obéirent, et de l'enthousiasme, déjà réalisé en œuvres,
d'une jeunesse poétique ardente et probe, se produisit, les médiocres
divergences oubliées, se produisit alors, paisiblement, sans résistance,
sinon celle de l'éternelle et inévitable bêtise, le plus parfait moment
de la Poésie française; et ce fut, par-dessus les désastres guerriers et
les guerres civiles, toute notre âme lyrique et épique suprêmement
réalisée. Je ne sais pas d'époque littéraire comparable à celle-là, où
tout se rejoignait, conformément à l'immémorial dessein de notre race,
pour être de la France.

Il y eut un incident.

Lieutenant d'artillerie dans l'armée péruvienne, M. Della Rocca de
Vergalo, né à Lima, exilé de son pays, vivait à Paris très misérable et
très honnête avec un tout petit enfant qu'il adorait; c'était, — je dis :
c'était, mais j'espère bien qu'il vit encore, — un excellent homme plein
de chimères; et, comme il était Péruvien, il fonda une poésie française; déclarant tout net que, désormais, notre poésie serait vergalienne, ou ne serait pas. Ces étrangers ne doutent de rien.

A vrai dire, ce serait une assez médiocre facétie que de considérer
M. Della Rocca de Vergalo, cet ingénu excessif, comme le créateur ou
le premier chef de l'école dite décadente ou symboliste, de laquelle j'ai
à parler maintenant. Pourtant il faut bien reconnaître que, le premier,
il s'avisa de certaines innovations où s'accorderont bientôt quelques-
uns, et non les moindres, de la génération poétique presque récente
encore. Le premier, en notre temps du moins, il a supprimé la
majuscule au commencement de chaque vers, la considérant, dit-il,
comme un ridicule « artifice typographique ». Hasardeusement il conseilla de revenir à l'Inversion « non seulement dans la phrase, mais aussi
dans les pensées »; il admit les suites prolongées de rimes masculines ou
de rimes féminines, affirma que l'on pouvait ne pas compter l'*e* muet
même quand il ne s'élide pas, — « l'*e* muet final ne se prononçant
jamais, » — et que rien n'empêchait de placer dans le corps d'un
vers tous les mots terminés par un *e* muet « sans les faire suivre d'un
mot qui commence par une voyelle »; il déclara que l'hiatus reprenait sa place dans le vers français et y resterait à jamais; et, sur-

tout, il inventa la strophe Nicarine, composée soit de vers de neuf syllabes, soit de vers de onze syllabes, soit de vers plus longs, avec la césure mobile, dite vergalienne. N'y a-t-il pas ici quelque chose qui annonce la prochaine apparition de ce qu'on allait appeler le vers libre? D'ailleurs, dans son petit livre intitulé la *Poétique nouvelle* et qui parut chez Alphonse Lemerre en 1880, Della Rocca va jusqu'à dire : « composez des vers Nicarins, c'est-à-dire des *vers libres* et fiers! » Il ajoute : « ce ne sont pas non plus des lignes de prose, parce qu'ils sont mesurés; sous ce désordre apparent, le rythme n'en subsiste pas moins »; et, plus loin : « ces vers se lisent d'une seule haleine, ils sont pleins, immenses, spacieux; ils sont faits d'un seul coup de pinceau, ils sont larges et copieux ». Enfin, prophète, il s'écrie : « Ce vers fera école, parce que ce vers, c'est le progrès, c'est la réforme, c'est la révolution. Il nous fallait un monde nouveau, une vie nouvelle et nous avons trouvé tout cela... C'est à vous que nous parlons, ô jeunes et vaillants poètes! C'est à vous que nous nous adressons, ô sublimes poètes à venir, qui nous jugerez, qui nous *imiterez* et applaudirez; car il faut du temps pour comprendre et accepter les réformes, et admirer les révolutions. » Et notez que l'en-avant du digne Della Rocca ne demeura point sans écho. « J'avoue, dit-il, que le *Livre des Incas*, mon dernier volume de poésie, écrit tout entier d'après les formules de la poétique nouvelle, a eu un grand succès de lecture et de presse. » Des poètes de France complimentent ce novateur péruvien; Henri de Bornier lui écrit : « Vous avez une note personnelle, ce qui est rare »; Stéphane Mallarmé s'écrie : « Avec quel intérêt profond j'ai lu votre beau livre! » A vrai dire, Mallarmé ajoute prudemment : « Le seul petit reproche que je me permettrai de vous adresser, c'est d'avoir quelquefois poussé plus loin qu'on n'ose le faire ici même, certaines modes récentes d'unir les vers, qui tendent à supprimer l'hémistiche placé sur un mot rapide ou de son muet. Vous vous devez d'être plus sévère qu'aucun de nous, sur ce point. » Il semble que le perspicace Stéphane Mallarmé prévoyait déjà que, sur ce point, d'autres exotiques se montreraient bien moins sévères encore. Quant à Sully Prudhomme, il ne laisse pas, avec un air de se récuser, de réfuter, comme s'il la prenait au sérieux, la théorie vergalienne : « Il m'est impossible de vous donner mon jugement, car je ne me sens pas compétent en matière de réformes de notre versification française. Je ne crois pas qu'elle soit née, telle qu'elle est, du caprice des poètes; elle me semble être un fruit naturel de notre langue. »

Cependant, je le répète, il ne faut pas accorder trop d'attention aux inventions nicariennes; ce qu'on en peut dire n'a guère d'autre intérêt que celui d'une anecdote divertissante; et le très estimable Della Rocca de Vergalo est un excellent homme, un peu ridicule, féru, comme beaucoup d'étrangers, de transporter dans notre langue les règles prosodiques et même grammaticales de sa langue natale.

Que l'aimable poétesse Marie Krysinska veuille bien me pardonner si je ne prends pas beaucoup plus en considération la légende qui la présente comme la sainte-Jeanne-Baptistine de l'école vers-libriste; sans doute, elle a publié des « lignes » ressemblant à ce qu'on allait appeler des vers libres, à une époque où, malgré les indications ironiques de Charles Cros et les consentements paresseux de Mme Nina de Villard, on n'en imprimait pas encore de telles. Mais quoi! la jeune Polonaise faisait-elle bien exprès, tout à fait, de s'exprimer en cette forme? ne fut-ce pas, peut-être, à l'imitation des strophes traduites de Henri Heine, gardant quelque rythme dans la version française et quelque air de mesure dans la disposition typographique, qu'elle composa les premiers de ses délicats et émus ouvrages? En vérité, je pense que, satisfaite d'être célèbre pour l'aimable spontanéité de ses vers (puisqu'on dit que ce sont des vers), Marie Krysinska fera bien de ne point prétendre à la gloire d'avoir été une novatrice. Qu'elle se garde bien, d'ailleurs, de renoncer à la prosodie éparse, qui lui est familière! Mme Rachilde, extraordinaire romancier lyrique, qui n'est pas encore à sa vraie place dans l'admiration, critique aussi, critique ardent et subtil, a dit avec une fine justesse : « Le vers libre est un charmant non-sens, un bégaiement délicieux et baroque convenant parfaitement aux femmes poètes dont la paresse instinctive est souvent synonyme de génie. »

Il faudrait peut-être, — parlant des origines du vers libre, — prendre en considération, non pas les merveilleux petits tableautins de Gaspard de la Nuit, d'où toute cadence qui éveillerait l'idée du vers est soigneusement écartée, ni les poèmes en prose de Charles Baudelaire, qui, hormis dans deux ou trois pages, n'ont voulu être et ne sont en effet que de la prose, mais certaines compositions lyriques et épiques de M. A. de l'Estoile (Louis de Lyvron), pur et large esprit, écrivain au beau rythme, et surtout le *Livre de Jade*, de Mme Judith Gautier, aux stances exquisement sonores et mélodiquement mesurées. Moi-même, si je m'en souviens bien, (on ne s'attendait guère sans doute à me voir en cette affaire), j'écrivis à dix-neuf ans, en assez grand nombre, tout de suite après *la Revue Fantaisiste*, des stances de prose rythmée, çà et là assonante, avec des retours de phrases pareils à des refrains; et elles avaient bien la prétention d'être presque des vers. On peut les retrouver à la fin d'un de mes premiers volumes de contes : *Histoires amoureuses*, le seul livre que j'aie publié chez l'éditeur Alphonse Lemerre. Mais c'étaient là de menus jeux d'esprit, récréations entre les véritables poèmes, et qui n'aspiraient pas du tout à bouleverser l'art poétique français. Qui m'eût dit qu'une école naîtrait d'une amusette?

Donc, je m'y accorde, c'est dans l'œuvre inachevée de Jules Laforgue, et dans celle, plus définitive et qui s'accroît chaque jour, de M. Gustave Kahn, qu'il faut chercher la théorie et la première pratique précises, — dans tant d'imprécision, — d'une prosodie qui, naguère, fut nouvelle.

Tout de suite écartons cette dénomination absurde : les Décadents. Imaginée on ne sait plus par qui, — car les sots disparaissent vite, ne se remontrent que pour dire : je vous assure que ce n'est pas moi, — quelques jours acceptée, non sans un dandysme qu'ils regrettèrent bientôt, par deux ou trois poètes jeunes alors, cette épithète : décadent, est parfaitement stupide, n'a aucun sens, ne saurait avoir aucun sens. Qu'est-ce que cela signifie, la décadence? où prend-on la décadence? est-ce que Virgile est un décadent quant à Ennius, Lucain quant à Virgile, Claudien ou Ausone quant à Lucain? À ce compte-là, Homère, comme le disait Villiers de l'Isle-Adam, serait un poète de la décadence; Valmiki aussi, puisqu'il procéda si lointainement du père de famille arien improvisant, après avoir frotté les deux planchettes d'arani, un hymne en l'honneur d'Yama qui ne veut pas renaître. Fût-il vrai d'ailleurs qu'il y eût des époques de décadence, les âges futurs en seraient seuls juges; et ces paroles : nous sommes des Décadents, sont aussi parfaitement imbéciles que ce mot d'un héros de vieux mélodrame : « Nous autres, hommes du moyen âge ».

Ainsi, Décadents, pas du tout.

Symbolistes, à la bonne heure.

Je retiens cette dénomination, d'abord parce qu'elle est celle qu'acceptèrent le plus généralement un bon nombre de poètes ; ensuite parce que la sonorité en est belle et que le sens n'en saurait être que noble. Mais il s'agit de s'entendre, et c'est ici que vont commencer les difficultés. Le Symbole, qu'est-ce ? Après les significations purement historiques, les dictionnaires disent : « Figure ou image employée comme signe d'une chose ». Les dictionnaires ne disent pas tout : le Symbole nous apparaît, au point de vue poétique, à la fois plus vaste et en même temps plus spécialisé. L'emploi du symbole, en poésie, c'est, me semble-t-il, l'art, d'ailleurs instinctif, d'éveiller dans les âmes des sentiments, des souvenirs, des espoirs, des rêves, que le verbe n'exprime ni totalement ni immédiatement. Par le symbole, le poète, tout en disant ce qu'il dit, fait entendre autre chose ; et, grâce à de mystérieuses analogies, la Parole convie, restrictive à la fois et suggestrice, à la perception de l'inexprimé.

Mais, en ce cas, tout le monde serait d'accord, et les poètes appelés symbolistes n'auraient rien inventé du tout. Car, vraiment, si nous laissons de côté les chansonniers de chansons à boire et les rimeurs didactiques, quel est donc le poète qui n'a pas dit, qui du moins n'a pas espéré dire plus qu'il ne disait en effet, qui n'a pas espéré que chacune de ces paroles aurait d'esprit en esprit un retentissement différent du son premier, quoique congénère, et deviendrait, très au loin, à travers le temps et le lieu, dans quelque âme inconnue, sa propre âme qu'il ne voulut point, ou n'osa point préciser toute ? En 1829, Pierre Leroux, à propos des *Orientales*, écrivait de Victor Hugo : « On pourrait définir cette partie de sa manière, le *profusion du symbole*. » Et tous les sublimes poèmes sont des apocalypses.

Donc, je le répète, si c'est ainsi que les Symbolistes entendirent le symbole, ils n'ont rien inventé. Au reste, M. Maurice Barrès semble bien près de le croire. « Je ne m'attarderai pas, écrivit-il, à démontrer

que cette formule (celle des Symbolistes) exprime la tendance de
l'art tout entier, car j'entrevois que cela nous mènerait à affirmer que
l'histoire du symbolisme se mêlerait avec l'histoire de l'art lui-même,
et cette constatation qui fortifie, selon les uns, la situation de nos symbolistes, puisqu'elle leur donne d'excellents ancêtres, pourrait, selon
quelques autres diminuer l'originalité de leur esthétique. » Mais M. Maurice Barrès n'a raison qu'à demi; la vérité c'est que le symbole des
Symbolistes n'est pas tout à fait le symbole tel que le conçurent de
tout temps les poètes. Il en dérive, certes, car on est toujours le fils
de quelqu'un; mais Heraklès, né de Zeus, lui joua de fort vilains
tours, entre autres la délivrance de l'homme. Le Symbolisme a-t-il
délivré l'esprit poétique? M. Achille de la Roche, en un article qui
fut sans doute, à un moment, le tableau le plus complet des efforts
de l'école avant-hier nouvelle, a fort bien élucidé le mystère qui l'enveloppe; et il cite loyalement cette phrase, écrite dans le *Figaro*, par
M. Jean Moréas : « Le caractère essentiel de l'art symbolique consiste
à ne jamais aller jusqu'à la conception de l'idée en soi. »

Ici apparaît la différence. La plupart des poètes conçoivent et
expriment une idée, en l'espérance qu'elle se développera, se répandra,
se subtilisera, jusqu'à être plus qu'elle-même, sans renier sa source
première; tandis que, pour les Symbolistes, l'expression actuelle de
l'idée, et l'idée elle-même, n'importent pour ainsi dire pas, à la condition que le mystérieux prolongement en soit obtenu. Ne reconnaissez-
vous pas la théorie attribuée à Stéphane Mallarmé? Eh bien, je ne
verrais à ce système aucun inconvénient; je trouverais même admirable, — jusqu'à un certain point, — que les mots, ne signifiant plus
ce qu'ils signifient, ou ne le signifiant qu'à peine, éveillassent non
par le sens, mais par le son des syllabes, ou par la couleur des lettres,
— il y a là-dessus, vous le savez, un sonnet d'Arthur Rambaud, — et
aussi par leur fonction rythmique dans le vers, des sentiments, des
sensations, des idées tellement délicates et exquises ou suprahumaines,
que la directe et brutale netteté du verbe ne saurait être suffisante à
les produire. Et je voudrais que cela pût être vrai. Mais je doute que
cela soit possible. À coup sûr, la bonne foi des novateurs, si jeunes
il y a quinze ans, est hors de conteste. Tous, si l'on excepte quelques

plaisantins affamés de réclame, que tout le monde dédaigne, furent
persuadés, loyalement, qu'ils mettaient leur âme dans les vers où ils
voulaient à peine la laisser entrevoir, où ils ne faisaient que la promettre, que l'allégoriser, que la « futuriser ». Et pour ceux aussi qui
les entendirent lire leurs vers avec l'inflexion du désir d'être compris,
pas trop, elle s'y trouve en effet, peut-être, cette âme, un peu. Mais
voilà, il y a l'imprimerie, il y a le livre qui est le livre, qui se laisse
lire, mais qui ne chante pas; il y a le mot, cet affreux mot, clair quoi
qu'on fasse, qui, sous peine d'être un bruit vain, absurde, nul, dit la
chose qu'il dit, qui résiste à ne pas la dire, qui veut bien consentir à
être sans bornes, mais à la condition de commencer par être lui-
même, strictement. Le mot est un oiseau au vol démesuré, mais qui
s'envole d'une branche, qui ne plane qu'après s'être posé; et les hirondelles, si elles ne rencontrent pas de mât de navire, se fatiguent à
travers l'océan. Il y a cette redoutable netteté de notre langue, il
y a cette terrible précision de la langue française, qui ne s'oppose
pas au rêve, mais qui exige que ce rêve ait touché terre avant de
s'élancer en plein ciel. D'ailleurs, il peut aller aussi haut qu'il veut :
l'alouette des sillons est l'oiseau qui va le plus droit au soleil. De
sorte que je me demande si l'émotion intellectuelle que les Symbolistes espérèrent mettre dans leurs vers et y mirent en effet, j'y consens sur leur propre témoignage, est en réalité transmissible. Si elle
n'était pas transmissible, même à des esprits délicats et impressionnables,
à quoi servirait qu'elle se fût produite en des âmes qui nous demeure-
raient éternellement inconnues? Ce seraient des âmes de poètes, soit,
mais que nous importerait, puisque nous n'en pourrions jamais rien
savoir d'une façon qui nous obligerait à n'en pas douter? Il est possible, je le veux bien, il est même probable, si on l'exige, que ce vieux
berger, là-haut, sur la colline mouvante, qui tricote au haut de ses
échasses, et qui n'a guère jamais vu que le sable et le ciel, soit un
magnanime rêveur, soit à sa façon un poète. Après? le sais-je? en
suis-je sûr? Vous me direz que je ne l'entends pas parce qu'il est trop
haut. Eh! l'on grimpe aux échasses en s'efforçant un peu; et, enfin,
si je suis destiné à ignorer toujours qu'il est poète en effet, c'est parce
qu'il l'est en silence, ou en patois.

Mais, je le répète, si je doute de la transmissibilité de l'âme des symbolistes en d'autres âmes si raffinées qu'elles soient, j'admire avec une franchise parfaite, sans nulle ironie, ce qu'on pourrait appeler la distinction de leur idéal. Ah! elle serait, non seulement exquise mais parfaitement acceptable, leur chimère, si elle pouvait se réaliser, — réaliser, non, ce mot les alarme, — si elle pouvait se rendre communicable, un peu, presque pas, nous ne sommes pas exigeants, mais enfin, un peu... J'ajouterai même que le mystère poétique ne laisse pas d'avoir un grand charme. Même on pourrait soutenir (à vrai dire, sans tout à fait me convaincre), que, plus nous avançons dans le temps, plus il a sa raison d'être; il ne serait pas entièrement absurde, celui qui dirait : « Quelles que soient les opinions politiques, sociales, on ne saurait contester le mouvement grandissant, ou grossissant du prolétariat; et, par une normale antithèse, il se produit un groupement plus étroit, plus jaloux, des forces qui veulent, à tort ou à raison, prétendre isoler, rebrousser la montée populaire. Eh bien, ne serait-il pas logique qu'un phénomène analogue se produisît dans l'ordre littéraire, que deux littératures, ennemies hélas! existassent désormais? L'une, d'autant plus empiétante que s'étendrait l'instruction, serait le roman, le poème passionné, le drame, la farce, le drame musical aussi (car, par sa sensualité, la musique, même infiniment subtile, conquiert et possède les foules); elle exprimerait, et magnifierait, cette littérature, l'immense instinct unanime; et c'est en elle, par elle que se manifesteraient les hommes de génie; tandis que, loin d'elle, plus haut, ou plus bas (car sait-on ce qui est au-dessus, ou au-dessous, et de quoi?) une poésie étrange, raffinée, perceptible aux seuls initiés, donnant des jouissances exquises et rares, difficile, compliquée, de plus en plus amenuisée, serait l'apanage un peu stérile, mais presque divin, d'une intellectuelle aristocratie. » Soit, à la bonne heure, j'y consens. Mais c'est le Génie et le Peuple, élémentaires et énormes, qui auront raison, et qui triompheront. Prolongement du Romantisme, ce Quatre-Vingt-Neuf, il y aura dans les Lettres un Quatre-Vingt-Treize. Le Naturalisme peut-être. Gare aux ci-devant du Symbole, aux insermentés des petites Chapelles. M. Saint-Georges de Bouhélier aspire à présider le tribunal révolutionnaire. Les Élites, crainte de pis, seront réduites à l'émigration; ce sera, pour plus d'une, l'occasion de s'en retourner chez soi.

Cependant, leur idéal fût-il atteint, les Symbolistes ne différeraient en somme que par l'excès, des poètes qui les précédèrent, symbolistes moins radicaux.

C'est au point de vue de la technique du vers que presque tous furent et que quelques-uns encore, de moins en moins nombreux, sont vraiment novateurs et révolutionnaires; et ici, nous allons nous battre.

Vous n'ignorez pas à quel point ils saccagèrent la technique qu'ils jugeaient vieillie, que je crois éternelle. Ils ne se sont pas bornés à supprimer la césure fixe de l'alexandrin, à admettre des rythmes impairs, peu usités, à absoudre le baiser gomorrhéen, continu, des rimes; ils ont inventé, ou cru inventer, selon les très claires paroles de M. Achille Delaroche : « un vers, une strophe dont l'unité fut plutôt psychique que syllabique, et variable en nombre et en durée, selon les nécessités musicales ». Et ce vers aurait non seulement l'avantage de s'adapter comme une sorte de mouvante enveloppe à toutes les flexions de la pensée, — vous entendez bien, de la pensée-symbole, de la pensée non conçue en soi, — mais l'avantage encore de faire surgir tout entiers le tempérament et la responsabilité du poète, dégagés de la commune discipline du rythme. J'entends bien; théoriquement, je suis très intéressé. Il n'en va pas de même, dès qu'il s'agit de la mise en œuvre du précepte. En admettant qu'ils soient voulus sincèrement et artistement, qu'ils ne soient point l'effet du hasard ou de la paresse, les pourrons-nous percevoir, ces rythmes indécis, raccourcis, prolongés, revêtement vague d'une pensée elle-même non exprimée? Le poète, lui, a chanté son vers selon son rêve et son haleine, mais nous, de qui l'on ne peut exiger que nous ayons absolument le même rêve et la même haleine que lui, retrouverons-nous la mesure de son vers indéfini? et n'y aurait-il pas, si deux lecteurs même très raffinés lisaient ensemble la même page, un péril de cacophonie analogue à celle qui se produirait si deux violonistes jouaient une mélodie continue, — notez que je dis continue, — écrite sans aucune indication de mouvement, et sans aucune division en mesures?

Plaçons-nous à un point de vue plus général.

Dans un très conciliant article publié par le journal *le Temps*, M. Anatole France, philosophe enclin aux équipollences, critique avisé de tout, romancier de qui la perfection déconcerte et poète racinien, à la façon d'André Chénier, dans les *Noces Corinthiennes*, mais esprit souvent désireux sans doute de mettre tout le monde d'accord, — en littérature, s'entend, — M. Anatole France ne laisse point d'approuver, d'excuser du moins la révolution technique tentée par les Symbolistes. Il dit : « La prosodie de Boileau et des classiques est morte; pourquoi la prosodie de Victor Hugo et des romantiques serait-elle éternelle? Oh! si notre prosodie était soumise à des lois naturelles, il y faudrait bien obéir, à ces lois, mais visiblement elle est fondée sur l'usage et non sur la nature. » C'est précisément ce que nie Charles Baudelaire, aussi compétent que M. Anatole France, dans les lignes suivantes, nettes, simples, belles, et, à mon sens du moins, irréfutables : « Je ne crains pas qu'on dise qu'il y a absurdité à supposer une même méthode appliquée par une foule d'individus différents. *Car il est évident que la rhétorique et les prosodies ne sont pas des tyrannies inventées arbitrairement, mais une collection de règles réclamées par l'organisation même de l'être spirituel;* et jamais ni les prosodies ni les rhétoriques n'ont empêché l'originalité de se produire distinctement. Le contraire, à savoir qu'elles ont aidé à l'éclosion de l'originalité, serait infiniment plus vrai. » À cela on pourrait ajouter que, même en dehors du domaine de la forme, trop de liberté, je veux dire l'absence de toute borne et de tout obstacle, ne serait pas favorable à l'essor de la plus inventive imagination; par exemple, il n'existe pas de véritable beauté dans les parties seulement féeriques, arbitrairement féeriques, des poèmes-féeries, des pièces-féeries; et il faut créer des lois au miracle pour que les faits miraculeux inspirent quelque intérêt au lecteur ou au spectateur. Mais revenons à l'aimable plaidoyer de M. Anatole France, qui continue ainsi : « La suppression de la césure n'est qu'un pas de plus dans une voie dès longtemps suivie, le vers brisé devait conduire au vers à césure mobile, lequel aboutissait au vers sans césure; c'était nécessaire. » Eh bien, je crois que M. Anatole France, ici, n'est point dans le vrai. Non, les libertés prises par les vers-libristes,   libertés qui, d'ailleurs, ne se bornent pas à la

suppression de la césure, — ne sont pas la suite nécessaire des libertés
conquises par les poètes précédents. Au contraire, on peut proclamer,
(je ne parle que de l'alexandrin, le plus parfait de nos vers, pour ne
pas compliquer mes explications), on peut proclamer, dis-je, que notre
vers de douze syllabes, depuis qu'il exista, — depuis le Cantique en
l'honneur de sainte Eulalie, où il y a un alexandrin, très beau, —
jusqu'aux premiers poèmes symbolistes, n'avait jamais varié essentiellement. En dépit de dissemblances extérieures, non pas intimes, il
ne cessa jamais, depuis qu'il fut lui-même, d'être lui-même. Pour ne
pas remonter aux origines presque immémoriales, par quoi le vers de
Malherbe diffère-t-il de celui de Ronsard? par un peu plus de précision dans la tenue et un peu moins d'envolement dans le rythme; mais
c'est l'alexandrin. Corneille a le même vers que Régnier, Chénier a le
même vers que Racine; des « licences », peu à peu, seront autorisées;
la césure, sans être supprimée tout à fait, se déplace; l'enjambement
se multiplie, le rejet s'accentue; mais l'alexandrin demeure lui-même
avec cette seule différence que ce qui était exceptionnel devient plus
fréquent, que ce qui paraissait extraordinaire semble tout simple;
mais il n'y a pas dans Victor Hugo, il n'y pas dans les plus osés versificateurs de la période dite romantique ou de la période dite parnassienne, un seul rythme d'alexandrin qui n'ait eu son exemple dans
les vers des poètes les plus classiques et le plus soumis à la règle.
Insistons sur ce point. Chez aucun poète moderne, les vers–libristes
exceptés, ne se rencontre, si brisé que soit son rythme, un seul
alexandrin dont la « dislocation » n'ait eu, rarement peut-être, n'importe, quelque exemple, à diverses époques de notre littérature poétique. M. Anatole France a confondu la guerre civile avec la guerre
extérieure; les dix syllabes entre la première syllabe et la rime n'ont
pas toujours été d'accord, se sont querellées, se sont battues, colle-
tées, se sont prises à la césure, mais la forme totale, la dimension
parfaite de notre vers, comme une heureuse patrie, a gardé ses frontières. Il y a eu révolution à l'intérieur, il n'y avait jamais eu « invasion », et si Banville, Glatigny, Mendès ont fait, il y a vingt-cinq ans,
des vers ternaires, que certains symbolistes dénommèrent avec moins
de simplicité : « dodécapodes tripartites », — Corneille en a fait aussi.

En outre les vers-libristes s'en sont pris à la Rime ; la supprimant tout à fait, ou presque tout à fait, la remplaçant, pas toujours, par l'assonance tantôt aux fins de vers, tantôt dans le cours des vers. Je sais ce qu'on a dit contre la rime : qu'elle oblige à des détours de pensée, à des torsions de phrase, et qu'elle lasse enfin l'oreille par le retour de sonorités prévues. Pour ce qui est de la gêne qu'elle impose, assure-t-on, rien de plus saugrenu qu'une pareille idée. Quel est l'artiste, l'ouvrier poétique, si vous voulez, vraiment digne de ce nom, qui ne se soit rendu assez maître du langage, assez bon ordonnateur des mots pour que la Rime, loin d'être ce qu'elle semble exiger d'être, ne soit ce qu'il lui plaît, à lui, qu'elle soit ? et je ne pense point que les vers-libristes aient formé seulement le médiocre dessein de se dérober à un effort ; il ne faut jamais, quand on veut gagner le beau, enjeu suprême, « jouer la facilité ». Puis, la rime résulte-t-elle, en effet, d'un effort chez les poètes véritablement doués du don de l'art, don naturel aussi ? et l'idée ne s'érige-t-elle pas dans l'esprit, tout d'abord ornée ou armée des deux mots-rimes, des quatre mots-rimes, de qui la sonorité est comme lumineuse ? Quant à l'ennui que pourrait produire le retour des mêmes sonorités, — si l'on écarte la coutume des rimes trop riches, qui ne sont guère de mise que dans les poèmes bouffons, et dont, grandiosement ou passionnément lyrique ou épique, se garde tout vrai poète, — je n'en suis pas du tout d'accord. La rime n'est pas forcément prévue, c'est-à-dire banale ; elle paraît neuve, rare, si elle est adaptée à l'idée ou à l'image neuve, rare, par un délicat artiste ; mais, fut-elle pressentie, elle n'a rien de fastidieux si elle est l'expression simple, normale, d'une pensée, d'un sentiment, simples aussi et logiquement développés, qui devaient être exprimés. Inusitée, elle est une surprise, un plaisir subtil ; attendue, elle est une satisfaction. Mme de Staël a dit délicieusement : « La Rime est l'image de l'espérance et du souvenir. Un son nous fait désirer celui qui doit lui répondre, et, quand le second retentit, il nous rappelle celui qui vient de nous échapper. » La rime offre en outre cet avantage admirable, que le mot où elle se pose, devenant comme souligné par un son, plus remarqué, aide, chez tout bon poète, à l'expression plus intense d'une part de l'idée, de la part principale de l'idée s'il a bien su distribuer celle-ci, et, enfin, les langues insuffisamment «accentuées» ne sauraient renoncer à la rime sans renoncer au rythme lui-même qui, comme à des clous d'or, y suspend, y précise la ligne de son ondulation. Non moins en renonçant à la rime qu'en dispersant les mesures, les vers-libristes ont contrevenu à la loi du vers français.

Et c'est ce qui, pour la prosodie des symbolistes, malgré l'appui que lui prêta la complaisance d'Anatole France, c'est ce qui, pour l'avenir de cette prosodie, m'a toujours inquiété. Anatole France dit lui-même : «Ah! si notre prosodie était soumise à des lois naturelles, il y faudrait bien obéir, à ces lois.» Eh bien, quand un vers, sous une forme toujours la même en dépit des discordes intimes, a traversé tant de siècles, a reçu dans cette forme la pensée ou le rêve des esprits les plus différents, les uns fous, les autres sages, les uns bourgeois, les autres excentriques, ceux-ci modérés, ceux-là révolutionnaires et outranciers, quand il est demeuré immuable, lui seul, parmi toutes les diversités des temps et des écoles, quand il a été accepté, sans modification fondamentale, par tous les inspirés de toute une race, n'en doit-on pas conclure qu'il est mieux que le résultat d'une règle arbitraire, mieux qu'une chose nécessairement peu durable, mais que, par de mystérieux accords qu'il faudrait rechercher, qu'il ne serait pas impossible de constater, il tient à l'essence même de notre race et de notre langue, d'où il est issu ; et qu'on ne saurait le transgresser sans trahison à notre patrie intellectuelle ?

Maintenant, ma tâche sera plus agréable, car, sans m'arrêter davantage aux discussions de systèmes et aux aridités techniques, je parlerai des poètes eux-mêmes qui, par rang de date, se placent tout de suite après les Parnassiens, des poètes que, il y a quelques années, on appelait encore les nouveaux poètes ; quelques-uns, d'ailleurs, ne furent pas symbolistes, ou ne le sont plus, et beaucoup qui étaient vers-libristes ont cessé de l'être.

Faut-il, selon qu'en ont donné l'exemple des anthologies récentes, donner comme frères aînés, presque paternels, à cette génération d'esprits, — pour ne plus parler de Paul Verlaine et de Stéphane Mallarmé, de qui assez généralement elle se réclame, — ces deux poètes «maudits», selon le mot du pauvre Lélian, qui ont eu nom Tristan

Corbière et Arthur Rimbaud? Ce serait, je pense, lui faire injure; on ne voit pas bien d'ailleurs qu'il y ait même un lointain air de famille entre eux et elle qui, sans doute, ne les élut parents que par un généreux caprice d'admiration.

Il est difficile, malgré les miséricordes que l'on doit aux avortements douloureux et aux existences enguignonnées, de trouver en Tristan Corbière autre chose qu'un Pierre Dupont bassement transposé, vilainement parodié : un Pierre Dupont sans grandeur, sans bonté, sans amour, sans chimère hautaine, non pas des ateliers et de la rue ni des cabarets où s'attablent, au retour des escapades à travers les paysages pleins de légendes consolatrices, les misères sociales et les rancunes de la faim, mais des bourgades marines qui sont comme la banlieue de la mer, des routes âpres bordées d'ex-voto et des guinguettes où prie et se soûle la multitude humble et brutale des Pardons; un Pierre Dupont à la fois plus et moins artiste, volontairement débraillé, chez qui les « négligences » proviennent de l'impertinence qui défie, non d'une candeur forte. En réalité, Tristan Corbière n'ignore rien de tout ce qu'il feint de ne pas savoir, envie tout ce qu'il se donne l'air de dédaigner ou de mépriser; son apparente simplesse est faite de malignité et d'impudence rageuse. Mais, elles-mêmes, ni son ironie ni sa brutalité ne sont originales. Regardez bien : il y a le mauvais sourire de Henri Heine dans la « fringance » de sa drôlerie hasardeuse; regardez mieux : vous découvrirez la charogne baudelairienne au bord du chemin odorant de l'encens des chapelles. En outre, Jules Laforgue n'a pas eu tort de reconnaître dans l'art de Tristan Corbière le *haché* romantique.

Pour ce qui est d'Arthur Rimbaud, bien loin d'avoir rien innové du tout, il fut, non sans intensité d'ailleurs, avec quelque chaude violence d'éclat, un exaspéré Romantique attardé; et voilà, pour le Symbolisme, un imprévu initiateur. Une métaphore si prolongée qu'elle soit, — je pense au *Bateau ivre*, par instants admirable, — une métaphore étirée, étirée encore en strophes et en strophes, ne saurait constituer véritablement un poème symbolique; on n'y peut pas même voir une allégorie; ce n'est qu'une figure de rhétorique, démesurée. Dans d'autres morceaux qui sont sans doute la part la plus frappante de son œuvre,

(je songe aux *Effarés*, aux *Pauvres à l'église*, aux *Premières communions*
et même aux *Chercheuses de poux*), l'intention symbolique d'Arthur
Rimbaud paraît bien improbable. La vérité, c'est que, le plus souvent,
il s'efforce à l'expression excessive, mais directe, de ce qu'il éprouve,
de ce qu'il imagine, de ce qu'il voit. Et, romantique, — le Sonnet
sur la couleur des voyelles n'a rien qui me contredise, — il l'est quant
à la forme aussi. Son vers, à la rime riche et qui veut être rare, son
vers rude, cassant, cassé, cacophonique, (chaque strophe faisant l'effet
d'un panier plein de tessons de bouteilles), très souvent bouscule le
rythme strict, mais n'a rien qui l'outrepasse ou le rompe. C'est
pourquoi, je pense, Stéphane Mallarmé, rigide observateur toujours
des règles essentielles de notre prosodie, et Paul Verlaine, qui s'y
soumit presque toujours, hormis dans quelques improvisations sans valeur, approuvèrent et estimèrent ce vers. Un exemple. « La circulation
des sèves inouies. » Cet alexandrin, qui est d'Arthur Rimbaud, ne
semble-t-il pas avoir été écrit, en marge du *Satyre*, par un jeune poète
enthousiaste de Victor Hugo jusqu'à l'imitation servile? Mais l'auteur
des *Illuminations* ne se haussait que trop rarement à accepter la discipline, — qui laisse toute la liberté, — des grands créateurs; et, par
le tohu-bohu impertinent, et amusant, des idées, par l'incohérence
d'ailleurs pittoresque de l'image, par l'excès furibond de la couleur, il
ressemble surtout, — réactionnaire frénétique et non pas novateur, je
le répète, sorte de Jeune-France ressuscité, — à ces emphatiques et
extravagants bouzingots de la cohue romantique, qui ne furent que les
bouffons du roi Génie. L'analogie n'est-elle pas manifeste (même au point
de vue du symbole, si l'on veut voir du symbole partout) entre le *Bateau
ivre* et le *Prologue de Madame Putiphar?* Ce qui paraît distinguer
Arthur Rimbaud, ce n'est guère que la vilenie ou la malpropreté (pas
toujours, grâce au ciel!) des sujets auxquels il s'adonne. Mais cette « originalité » même, assez banale d'ailleurs, que les Symbolistes, esprits vagues
et hauts, jamais sans doute ne songèrent à approuver, ne lui est pas
entièrement personnelle; il la reçut du moment où essayaient de triompher en littérature, vils et bas imitateurs de l'épique Émile Zola, les
goinfres du laid et les renifleurs de l'ordure. De sorte que, malgré un très
réel talent estimé de tous les lettrés, Arthur Rimbaud, qui dut une gloire

peu répandue à un généreux complot d'amicales louanges et quelque
renommée moins restreinte à l'aventure mystérieuse de sa vie, ne semblera guère dans l'avenir, je pense, qu'un Petrus Borel naturaliste.

Mais Jules Laforgue, mort si jeune, tombé au seuil des rêves, fut un
esprit triste et charmant; c'est, sans doute, pour rester charmant sans
cesser d'être triste, que ce poète se complut à l'ironie, une ironie pas
méchante, qui sourit. Il y a une petite bouderie puérile dans sa façon
de se moquer; il est mécontent et hausse l'épaule, comme le bébé puni
à tort qui piétine dans un coin de la chambre. S'il est, en effet, le
premier aîné, l'initiateur d'où émana la poésie appelée symboliste,
elle a un ancêtre-enfant. Par la tendresse qu'il dut inspirer à ceux qui
avoisinèrent, qui furent comme tentés de protéger sa grâce fragile,
presque sacrée par sa fragilité même, on s'explique la sorte de
culte dont plusieurs l'environnent. Les tout petits saints ne sont pas
les moins aimables. On vénère Jésus-Christ, on raffole du petit Jésus.
Mais, — se gardant de confondre le bourrelet avec la couronne d'é-
pines, — il ne faut pas exagérer la religion pour les Bambinos, qui
n'ont point grandi en Rédempteurs. Jules Laforgue fut un délicieux commencement. De quoi? il serait bien difficile de le dire avec quelque
certitude. Des *Complaintes* jusqu'aux *Moralités légendaires*, rien que de
l'inachevé, qui voudrait bien qu'on l'acceptât pour de l'imprécis, et,
dans cet inachevé, ou cet imprécis, il y a un peu de tout, en tout
petit, comme dans une ébauche de microcosme. Vous y trouverez une
chimère balbutiante, assez personnelle, et du rêve général, à côté de la
sentimentalité sceptique de Henri Heine; de l'épopée en miniature,
du lyrisme en cataractes de pèse-goutte, du symbole de fait-divers,
de la satire à griffes de jeune chat, et l'Idéal et le Calembour. Tout
cela s'agite, se heurte, se caresse, s'évanouit en un tohu-bohu de billevesées (billevesées, dans le sens de « bulles de savon ») claires, légères,
lumineuses, coloriées. Vous est-il arrivé jamais, adolescent encore, de
regagner, seul, après quelques verres de champagne, votre logis, le soir,
le long de l'allée de printemps, sous la beauté infinie d'un ciel d'étoiles?
On est un peu gris, et, — c'est le calembour, — le ciel est si bleu! Tout,
à la fois, les espoirs, les déceptions de l'amour, et le dédain, et le charme
des choses, et l'ennui d'être pauvre, et l'enchantement de la vingtième

année, vous passe par l'esprit, s'en va, revient, tournoie, se fait parole, un peu, image, très vaguement, rythme, à peine, rimes, presque pas... On croit que ce sont des vers, oui, peut-être, des vers, exquis, rares. Mais, demain, on ne pourra pas les écrire, parce qu'on les aura oubliés, ou parce qu'ils n'ont jamais été. C'est à ces imaginations séduisantes et vaines, disparaissantes, que fait songer la poésie de Jules Laforgue, — libellule envolée en parfums, diaphane frémissement d'ailes presque invisibles, qui ne se pose point.

Plus volontairement poète, (ce mot « volontairement » implique dans ma pensée un rare et bel éloge, car si l'inspiration est indispensable au poète, la volonté, don aussi, qui choisit, règle et coordonne, ne l'est pas moins), Gustave Kahn m'apparaît comme un inventeur très divers, très puissant et très délicat. Si l'admiration qui lui est due, et que, du reste, plusieurs jeunes hommes lui témoignent, ne s'accompagne pas généralement de plus d'ardente sympathie, c'est, je crois bien, parce que beaucoup d'esprits sans méchanceté, peu enclins à se réjouir de la peine qu'on voulut faire aux autres, s'efforcent en vain d'oublier l'acerbité avec laquelle, — critique d'autant plus coupable qu'il est érudit et sagace, — il malmena plusieurs de ses aînés, probes, vaillants, admirables; un bel enthousiasme pour un poète, grand entre tous, (c'est Léon Dierx que je veux dire), ne rachète pas l'injustice de tant de dénigrements, seulement motivés, en réalité, par des différences de théories poétiques; non plus qu'il n'excuse d'exagérées condescendances envers qui se soumit à la discipline préférée. Mais c'est du poète Gustave Kahn que je dois parler ici. Quel esprit, parvenu à ne plus s'irriter des rythmes boiteux, cassés, et des vers qui ne riment point, ou qui riment par le retour fastidieux des mêmes mots, ne suivrait avec charme la rêverie errante dans les *Palais nomades*, aussi lointainement, aussi idéalement vagabonds que *la Maison du Berger?* Et il me semble bien que *le Livre d'images*, où abondent en brefs tableaux saisissants aux changes pittoresques de cinématographie versicolore, la grandeur et les familiarités de l'épopée, l'ingéniosité et la grâce du conte, est destiné à se maintenir dans les bibliothèques où l'on place les ouvrages qu'on relit; M. Gustave Kahn s'y originalise surtout par l'abondance et l'imprévu dans la trouvaille des métaphores; elles sur-

gissent, sans effort, comme naturellement, comme, dirait-on, par la
faculté même de l'esprit à concevoir les analogies, ou les différences,
entre les êtres et entre les choses; à vrai dire, — l'auteur peut-être les
voulait ainsi, — elles ne sont pas marquées d'un trait fort, elles manquent de ferme contour, bientôt leurs rebords s'amollissant, elles
s'estompent dans la mémoire, s'effacent tout à fait; n'importe, un instant
elles firent impression; leur vague même, en sa fugacité, les rendait
plus séduisantes. Mais plus encore qu'aux images du *Livre d'images*,
il faut se plaire, — en ces menus volumes : *Chansons d'amants*, *Domaine
de fée*, *La pluie et le beau temps*, — aux petits poèmes d'amour, tendresses, caresses, ironies, passion vraie, fausse aussi, et câlinerie, et
détresses maniérées, et tant de grâce, tantôt plaintive, tantôt sournoise, tout cela épars dans le songe d'une chère réalité. Ce sont comme
des fêtes galantes, et féeriques, lumineuses, pâles aussi, et qui sourient, et qui pleurent dans le parc nocturne d'une âme lunaire.

   M. Jean Moréas, qui publia *les Syrtes* en décembre 1884, défendit
d'abord impérieusement la doctrine de l'école symboliste, ou sa propre
doctrine, puis fonda l'École Romane, en compagnie, si j'ai bonne mémoire, de MM. Raymond de La Tailhède, Maurice Du Plessys, Ernest
Raynaud, moins fameux que leur jeune maître; enfin, par une heureuse
évolution, il cessa de ronsardiser en vers peu réguliers ou tout à fait
libres, pour ronsardiser en vers classiques; on pourrait suivre, peut-être,
personnalisé en ce seul poète, tout le mouvement de la poésie naguère
nouvelle, qui des anarchies premières déjà retourne, retournera plus
définitivement encore, aux justes règles, nécessités de notre race, et
dociles directrices de la vraie liberté des inspirations. Mais c'est au personnel génie de M. Jean Moréas plutôt qu'à des questions de technique
que cette page doit être consacrée. Parfait en ses manifestations récentes, il fut toujours délicat, exquis, heureux; il a, dans la peine
comme dans le délice, dans la plainte comme dans le sourire, la grâce.
Que la fleur soit salutaire ou pestilentielle, il est toujours abeille; et
voici la douceur du miel. Qu'il se soit souvenu, qu'il ait voulu se souvenir des poètes de la Pléiade, cela n'est pas contestable; mais, en
réalité, plutôt qu'à eux-mêmes, il ressemble aux poètes qu'ils imi-
tèrent; il remonte en deçà de la Renaissance française; on dirait qu'il

la précède; il semble parfois que ce soit elle qui dérive de lui. C'est qu'il est grec bien plus que Ronsard, artiste italien, et autant que Chénier même, — par la destination de son originalité, ou à cause de son origine familiale? n'importe, c'est de l'esprit grec qu'il tient le goût de l'ordre, de la mesure, le mépris de l'excès, — l'harmonie. Dès *les Cantilènes*, dès *le Pèlerin passionné*, ce «tact» dans la pensée et dans l'expression était manifeste. Il s'est affirmé plus évidemment et plus naturellement dans *les Stances*, où, dégagé de tout souci d'école, et de toute vaine ambition de novateur, M. Jean Moréas se satisfait d'exprimer le mieux qu'il peut, selon son seul instinct et selon sa seule destinée, sa propre âme; et il nous enchante en l'exprimant. Quelques personnes ont peut-être été un peu loin en prononçant, à propos de M. Jean Moréas, ces mots : «grand poète». Voilà un excès que doit réprouver M. Jean Moréas lui-même. Il suffit de dire qu'il n'y a pas en ce temps un inspiré plus sincère, un artiste plus sûr, plus charmant, plus fin.

Dès l'année 1886, M. René Ghil commença d'étonner le monde par les théories de musique verbale, d'instrumentation verbale, qu'il exposa dans son *Traité du verbe*, qu'il mit en pratique dans l'Œuvre non totalement publiée encore et qui, achevée, comprendra trois vastes poèmes : *Dire du mieux, Dire des sangs, Dire de la loi.* Les théories de M. René Ghil ne manquent ni d'énormité ni de mystère; c'est de quoi me plaire infiniment. Mais, je suis bien obligé de l'avouer, même le peu que j'en ai cru comprendre (c'est-à-dire que l'humanité, de l'Originel à l'Actuel, doit être signifiée par l'orchestre des mots) ne saurait être exprimé jusqu'en ses subtils détails par mon vocabulaire suranné de vieil écrivain; il faut que je vous renvoie aux ouvrages techniques de M. René Ghil. Pour ce qui est de son œuvre poétique elle-même, elle choque d'abord par l'obscurité, qui semble faite exprès, de l'idée, et par les rudes heurts, dans des rythmes durs, de mots rares ou pris en des acceptions peu usitées. Mais, quand on s'est familiarisé avec cette ombre et ces cahots, on ne tarde pas d'y démêler de la grandeur, du lointain, et même de la douceur. Parfois, dans quelque petit poème, s'émeut une naïveté de chanson populaire; plus souvent, parmi les ambitieux poèmes aux efforts d'escalade, tonne, pareil à un clairon d'arrivée, un vers hautain, fort, rayonnant, pareil à ceux de Victor Hugo prophète. Plaise au ciel, — car nous sommes affamés d'immensité neuve! — que M. René Ghil réalise quelque jour, pour la gloire de l'humanité, ses vastes chimères. Mais s'il lui fallait descendre, même un peu vite, du zénith rêvé, il serait encore, en bas, un poète terrien, de valeur réelle; un Icare qui pourrait fort bien voleter, sous l'infini, avec les débris de ses ailes.

D'un accord à peu près unanime, — je dis : à peu près, car le moyen que soit acceptée par tous la supériorité d'un seul? — M. Henri de Régnier passe pour « le premier et le plus célèbre » de tous les poètes qui étaient hier encore les « poètes d'aujourd'hui ». Une chose pourrait m'incliner, personnellement, vers cette opinion : depuis un temps, M. Henri de Régnier fait mine, assez souvent, de retourner vers les formes classiques de la poésie dite romantique ou parnassienne. Mais je m'efforce de ne pas tenir compte, dans mes jugements, de mes prédilections, de mes habitudes. Le certain, c'est que le talent de M. Henri de Régnier, en même temps qu'il charme les esprits par une grâce pure, par une souple élégance, les domine, les courbe à l'admiration, par l'élévation, assez souvent, des pensées, par le bel espace du rêve, par la lumière dans la sérénité. On aurait sans doute le droit de faire remarquer que ce très haut artiste, — l'un de ceux qui naguère se crurent des novateurs, — ne laissa pas tout d'abord d'être visiblement imbu, oui, visiblement, jusqu'à même l'extériorité de ses poèmes, de plusieurs grands poètes qui le précédaient à peine; il ne saurait être contesté que, en dépit d'intentions symboliques plus affirmées, plus manifestes, selon la mode, il procéda, dès le meilleur de ses premiers livres, de Théodore de Banville, de Leconte de Lisle, créateur ou traducteur, et aussi du Victor Hugo du *Groupe des idylles;* les dissemblances, dans les procédés prosodiques, ne dissimulaient que d'un *air* de nouveauté les analogies intimes et même les ressemblances de forme. C'est à travers ses aînés immédiats que M. Henri de Régnier rejoignit André Chénier, son aîné ancestral. Et ceci est confirmé par de plus récents ouvrages, notamment par des sonnets, d'une extrême beauté d'ailleurs, où il transpose en élégante mollesse, en imprécision vaguement harmonieuse, la force et l'éclat fiers, — imaginez des rubis atténués en mouvant orient de perles, — des illustres sonnets de José-Maria de Heredia.

Mais voilà de vains reproches. Il faut bien être fils avant d'être père
à son tour. Après tant de beaux poèmes déjà, M. Henri de Régnier ne
manquera pas de nous donner une longue suite d'œuvres plus admirables encore, définitivement personnelles, et d'avoir, devenu un maître
à son tour, une belle postérité de poètes. Le titre de son dernier livre
de vers calomnie cet heureux et durable artiste; ses « médailles » ne
sont pas « d'argile », mais d'albâtre lumineux et sonore.

De *Cueille d'avril*, recueil de poésies, à *la Légende ailée de Wieland le
forgeron*, poème dramatique, c'est-à-dire en plus de quatorze années,
M. Francis Vielé-Griffin a érigé une œuvre considérable, vraiment
digne d'estime par la noblesse de l'effort, par la pureté et la hauteur
du songe. En outre, je crois bien que M. Francis Vielé-Griffin partage
avec M. Gustave Kahn l'honneur d'être resté fidèle, sans défaillance
ni concession, au système poétique qu'il formula l'un des premiers dans
les *Entretiens politiques et littéraires*, avec, si j'ai bonne mémoire, une
certitude de soi qui n'allait pas sans quelque acerbe impertinence à
l'égard des personnes qui n'étaient pas de son avis. À la bonne heure.
Quand on croit avoir raison, il n'y a rien de bien répréhensible à donner trop vivement tort aux autres. Un peu de gaminerie ne messied pas
avant la virilité; les printemps ont leurs jours de colère; et ces petites
giboulées furieuses, même avant de frapper, avaient fondu. C'est donc
sans même un ressouvenir de quelque injure à quelques-uns de mes
maîtres et à plusieurs de mes amis que j'ai apporté toute l'attention
dont je suis capable à relire les livres de M. Francis Vielé-Griffin.
J'aurais voulu y prendre plus de plaisir et en garder plus d'admiration. Je vois bien que l'auteur a tenté, — et il n'est pas de plus
belle ambition, — d'ériger, symboliquement, l'âme primitive des légendes jusqu'à la plus raffinée manifestation d'art. Mais il me semble
qu'un tel idéal, ni dans *la Chevauchée d'Yeldis*, ni dans *Phocas le jardinier*, ni dans *la Légende ailée de Wieland le forgeron*, qui passent pour les
chefs-d'œuvre de M. Vielé-Griffin, n'est point du tout réalisé. Pourtant
je crois comprendre les poèmes de ce poète. Non, sans doute, je ne les
comprends pas. Heureusement. Car s'ils n'étaient que ce qu'ils m'apparaissent, qu'ils seraient peu de chose! J'aime mieux admettre que
leurs beautés réelles, leurs beautés intimes m'échappent à cause d'une

incompatibilité d'humeur poétique, causée par la différence d'éducation littéraire et par la distance d'âge, entre l'esprit de M. Vielé-Griffin, seulement mûr, et le mien, déjà vieilli.

N'aurais-je pas dû mentionner plus tôt M. Jean Lorrain, qui, par la date de ses premiers volumes, et aussi par la façon de ses vers, ne laisse pas d'être presque ancien? Plutôt qu'un vers-libriste volontaire, c'est, me semble-t-il, un parnassien négligé. Mais il a trop souvent combattu avec les Symbolistes pour que je ne lui donne pas le plaisir de le placer parmi eux. A propos d'un poème dramatique — *Viviane* — que M. Jean Lorrain a fait représenter, j'écrivais, il n'y a pas longtemps : « Lorsque Çakia-Mouni fut tenté, au Jardin des Bambous, par les soixante filles de Pipâ, chacune d'elles voulut le séduire d'un charme différent. Et celle-ci lui apparut resplendissante de pierreries et d'or. Et celle-là passait devant lui en faisant saillir d'une robe rose un sein moins rose à peine. Une autre montrait le petit signe noir qu'elle a dans de la chair de lys, près de l'aisselle. Une autre tournait sur elle-même en une danse molle et précise comme le rythme d'un vers. Et plusieurs passaient en pleurant. Et plusieurs passaient en riant. Cependant le Bouddah ne s'émouvait d'aucune, ni de celles qui étaient presque nues, ni de celles qui étaient royalement parées. Une seule fois, il tressaillit, ce fut quand se promena devant lui, nonchalamment, avec l'air de ne pas le voir, celle des filles de Pipâ (la trente-troisième, je pense), qui « faisait avec de beaux habits comme si ç'avait été de vilains habits ». C'est à la trente-troisième tentatrice de Çakia-Mouni que ressemble la poésie de M. Jean Lorrain. Elle ne s'aperçoit point, dirait-on, de ses richesses, de ses splendeurs, de toutes ses beautés; elle n'y prend point garde; elle ne les dispose pas de façon à les faire valoir, à s'en faire valoir. Sa négligence ne boucle pas les ceintures de pierreries, et même ne les ouvre pas exprès. Elle va nonchalante; elle fait, avec de beaux rêves et de belles images, comme si ce n'étaient pas de beaux rêves et de belles images ». Et je n'ai pas changé d'avis. Le moyen de ne pas être charmé, toujours, par l'imprécision, soit innée, soit volontaire, où se plaît, naïve ou précieuse, — l'un et l'autre ensemble, peut-être, — la chimère de M. Jean Lorrain, par les visions à peine sensibles, devinées exquises, qui s'évanouissent, sans s'être avouées, dans la lumière trouble et molle de ses poèmes pareils à des buées paresseuses ?

Vers le temps où commençaient de se manifester les poètes symbolistes, parut Ephraïm Mikhaël. Il ne leur ressemblait point. Maintenant qu'il n'est plus, il est vraiment trop simple de dire qu'il leur aurait bientôt ressemblé. Tous ses poèmes, dont quelques-uns sont de parfaits chefs-d'œuvre, le font des nôtres, non des leurs ; il est bien probable que, s'achevant selon son manifeste idéal, il nous eût continués, s'il n'était mort, tout jeune.

Peut-on dire qu'en effet il soit mort jeune ?

Il est impossible, désormais, de mourir jeune, tant les âmes en des corps récents sont vieilles déjà d'antérieures existences innombrables ; même dans un tout petit cercueil, ce que l'on porte en terre c'est l'éphémère enveloppe d'un immémorial esprit. Et, parce qu'elles sont si vieilles, les âmes, elles sont tristes, et acceptent avec douceur la mort. Sans garder le souvenir des vies de naguère et d'autrefois, elles éprouvent la fatigue de les avoir vécues ; elles sentent, avant la lassitude des jours nouveaux, la courbature d'avoir porté des âges ; et pareilles à des artisans qui, la veille, peinèrent, elles ne demandent pas mieux que de se rendormir, mal réveillées. Cette inappétence d'un avenir encore après tant de passés, ce consentement, toujours, à ne plus être, Ephraïm Mikhaël les avait en lui, non seulement en lui, mais dans tous les traits de son visage où la plainte de vivre affectait vainement le sourire, dans sa bouche résignée, sans joie ni amertume, dans ses yeux vagues et mélancoliques qui savaient l'inutilité de regarder les choses, et dans son geste, où la franchise et l'allégresse étaient celles d'un fantôme poli, affable, qui feindrait la vie pour ne pas inquiéter les vivants. Et lui, parce qu'il était poète, il n'ignorait pas quelles furent la naissance et les renaissances qui avaient précédé son incarnation actuelle, et la surchargeaient ! La plupart subissent inconsciemment le poids des existences anciennes qui les courbe vers la tombe. Il se souvenait. Aux heures amicales, après que le rythme des vers récités évoqua la montante résurrection des siècles, il disait, presque à voix basse, en longues mélopées qu'écoutaient notre désir et notre peur de nous souvenir comme lui, les traversées de son âme d'une rive à l'autre du temps. Nulle heure, nul lieu de l'humanité où il n'eût espéré, aimé, souffert, souffert surtout à cause de sa foi en la beauté, en l'amour, déçue ! Par instants toutes les larmes des antiques désespérances gonflaient ses yeux. Et, après tant de vains martyres, il aurait convoité le martyre encore? A quoi bon? Il était comme un Christ qui, vingt fois crucifié au sommet du calvaire sans avoir sauvé les hommes, voudrait bien tomber mort au bas de la montée, puisque l'ascension s'arrête au gibet, loin du ciel! Des amitiés peu nombreuses, un amour, — un seul amour, — le tiraient vers la réalité actuelle, l'y voulaient intéresser. Mais il savait trop bien, se souvenant, les inévitables tristesses d'être ami, ou d'être amant, pour espérer, de la poignée de main, ou du baiser, autre chose que d'amères rancœurs. Et sans doute aussi il avait pitié de la belle jeune femme, si dévouée et si constante, qui pleurerait, le cœur brisé, elle aussi, comme les autres des autres vies ! De sorte que, en sa mélancolie bénigne, désillusionné de demain par tant de cruels hiers, cela lui était bien égal d'être ou de ne pas être; en mourant, il regretterait les beaux vers sonores, aux belles épithètes; mais il se trouvait dans l'assemblée le jour où Corinne triompha de Pindare ! et durant sa longue maladie, plus longue que ne pensent ses proches (car, longtemps, il la cacha), il vit, paisiblement, sans instinct de recul, sans la prier d'un signe de ne point tant se hâter, la mort venir à lui. Puisqu'il n'aimait pas la vie. Et il avait l'habitude de mourir. Sur le grand lit couvert de fleurs, à côté de la chambre où sanglotait la mère, il avait l'air chagrin pourtant. Quand je me courbai vers lui, pour lui mettre au front mon adieu, je m'étonnai de ne pas voir sur sa face la sérénité où se détend d'ordinaire l'inutile révolte de l'agonie. Il y avait presque du courroux sur ce visage naguère si doux et si résigné. Mais je compris vite pourquoi le cher défunt était triste, pourquoi il en voulait à sa mort. C'était à cause de la peine qu'elle faisait à d'autres. Il était content d'elle, lui, puisqu'elle lui donnait le repos, trop bref hélas ! mais, au moment de s'endormir, il avait songé à ceux dont il était aimé, à celle surtout qui souffrirait d'autant plus qu'il lui faudrait cacher ses larmes; et, un instant, il avait presque regretté de mourir, parce qu'on le pleurerait.

Il laissait un livre.

Ce jeune homme, cet enfant, laissait un livre qui, tant qu'on par-
lera la langue française, sera lu, relu, admiré. Il ne s'agit point ici d'attendrir sur une existence trop tôt interrompue (cette mort, cruelle
pour nous, ne saurait vous émouvoir, vous, lecteurs indifférents, et
qui avez le droit de l'être), ni, surtout, de profiter, — comme on
fit à propos d'un Malfilâtre, d'un Gilbert ou d'un Moreau, — de
l'apitoiement du public pour lui extorquer un enthousiasme pleurni-
cheur. Ce mort mérite d'être traité comme un vivant qui se porterait à
merveille. Ephraïm Mikhaël avait du talent, non pas parce qu'il n'en
aura plus, mais parce qu'il en avait véritablement. L'admiration pour
son livre n'est pas une emphase d'oraison funèbre.

Par les soins de quelques amis, — je félicite ici MM. Pierre
Quillard, Marcel Collière et Bernard Lazare de leur fervente fidélité
à une chère mémoire, — les poèmes d'Ephraïm Mikhaël ont paru
chez un éditeur qui, en les éditant, a fait son devoir. (Je souhaite
ardemment que, contrairement au proverbe, une fois soit coutume.)
Lisez ces poèmes. Vous demeurerez délicieusement surpris de merveilleuses pages, que les plus grands poètes de notre âge seraient
fiers de signer et dont la perfection ne saurait être dépassée. Certes,
il avait vécu, — comme il le disait, comme il le croyait, — au temps
des irréprochables aèdes, et il avait reçu leurs meilleures leçons, ou
peut-être même il avait été l'un d'entre eux, l'adolescent qui ouvra
ces extraordinaires strophes, lumineuses et solides comme des touffes
de pierreries. De plus prestigieux artistes que lui, il n'en fut jamais !
Mais gardez-vous de croire que la préoccupation de l'art, — continue,
comme il convient, — nuisît, chez Ephraïm Mikhaël, au libre développement de la personnalité. S'il ressemble à quelques-uns de ses
maîtres par la magnanime volonté de la perfection, il est lui-même et
lui seul en sa libre pensée. Ses tristesses sont bien les siennes, et il
pleure, le cher enfant, nostalgique de tant de ciels de jadis, — l'automne, c'est le passé, — des larmes que ses yeux seuls ont pleurées.
La magnificence de ses vers n'en exclut pas la mélancolie, une mélancolie si sincère, si pénétrante. Il est « comme le roi » non pas d'un pays
pluvieux, mais d'un royaume ensoleillé où abondent les richesses des

mines éventrées; sa langueur, parmi les éblouissements et les luxes, s'accoude, plus désolée. Chacun de ses poèmes est comme un bûcher de trésors flambants où rêve un Sardanaple environné de nudités parées de gazes et de perles, mais un Sardanaple qui aurait écrit l'Ecclésiaste. D'autres fois, il fait penser à un royal affligé qui aurait versé, pleur à pleur, tout le sang de ses veines, dans un lacrymatoire d'or incrusté de rubis et de chrysoprases. Lisez, relisez ses vers, vous dis-je; vous admirerez celui qui n'est plus. Mais nous, en songeant à lui, nous sommes profondément tristes. Ce livre, c'est comme une résurrection de lui-même; elle nous fait penser à ce qui ne ressuscitera pas. Il est mort, le pauvre enfant. Il était si doux, si exquisement bon. S'il n'aimait pas sa propre vie, il avait tant de tendresse pour celle des autres; et jamais il n'a eu une mauvaise pensée, jamais il n'a dit une méchante parole. Ce fut une chose horrible quand on nous annonça qu'il était malade, qu'il allait mourir. Justement, nous venions de travailler ensemble pendant bien des semaines, lui, Emmanuel Chabrier et moi, lorsque j'appris qu'on désespérait de le sauver. Il était venu me voir l'avant-veille du jour où le mal le prit pour ne plus le lâcher. Maintenant, il ne sortait plus. Il pouvait à peine nous tendre la main quand nous entrions; il restait assis sur le canapé, parlant bas, d'une voix très rauque. Il n'était pas aussi mélancolique que d'ordinaire. Il feignait d'espérer une guérison prochaine. Ce qu'il espérait, c'était la prompte mort. Mais il avait l'air d'espérer la vie, pour ne pas nous faire de peine. Il rendit l'âme sans trop de souffrance. Puis ce fut ce pauvre corps grêle, sur le lit blanc, avec des jacinthes et des roses blanches; la mère en pleurs, le père qui ne voulait pas pleurer. Puis les funérailles. Je me souviens que l'un de nous, — tandis qu'on descendait la bière dans la fosse, — aperçut, vêtue de deuil, derrière une stèle, une jeune femme qui se tenait à l'écart, très voilée, comme si elle n'avait pas eu le droit d'être là, de pleurer comme les autres. Celui qui l'aperçut ne la connaissait pas. Il devina que c'était elle. Quand les assistants, après la suprême cérémonie, se furent éloignés, il cueillit une fleur à l'une des funèbres couronnes restées près de la tombe ouverte, et, s'étant approché silencieusement, il l'offrit à la pleureuse voilée, qui la baisa en sanglotant. C'est à la jeune femme qui baisa cette fleur que j'offre cette page funéraire aussi.

Ce sera quitter à peine Ephraïm Mikhaël que de parler ici de trois poètes qui furent ses fraternels amis, et qui semblent avoir gardé quelque chose de son âme. Peu de poèmes sont plus fiers, plus purs, plus noblement mélancoliques que ceux de M. Pierre Quillard, fidèle, comme Ephraïm Mikhael, à la forme traditionnelle ; et Psyché, la petite âme, s'éveille pour écouter, dans les crépuscules de jadis, sonner la Lyre héroïque et dolente. Non moins classique, M. Marcel Collière, est un rêveur doux et grave, aux œuvres trop peu nombreuses. À vrai dire, M. Ferdinand Hérold ne paraît pas encore avoir pris parti, d'une façon ferme et définitive, pour l'une ou l'autre des théories prosodiques ; et, dans ses vers, réguliers ou non, — de la *Légende de sainte Liberata,* poème déjà ancien, à ce livre tout récent : *Au hasard des Chemins,* — il y a aussi une incertitude, le vague d'une pensée encore errante. Mais cette incertitude, ce vague, ne vont point sans une très aimable langueur, sans un charme de bercement dans les doutes du rêve ; on se plaît à suivre parmi la mollesse éparse d'une brume lointaine les Chevaleries Sentimentales qui font la quête d'une beauté encore inconnue ; elles la conquerront certainement, par quelque beau plein jour, au son des clairons clairs vainqueurs des pénombres dispersées. En attendant, elles sonnent du cor, plaintivement, longuement, mystérieusement, et c'est un son très doux, là-bas, et là-haut.

Il me semble qu'à côté de ce groupe ami il faut placer M. Stuart Merrill ; mais s'il avoisine les poètes que je viens de nommer, il ne leur ressemble pas ; il est bien soi-même, par l'idée et par l'art ; il éprouve d'une âme personnelle « la vieille volupté de rêver à la mort ». Au contraire de quelques poètes dissidents qui rentrèrent dans le devoir classique, M. Stuart Merrill s'abandonne à l'excentricité désormais un peu trop banale des longs rythmes épars, sans césures sensibles, rythmes infirmes aux béquilles inégales ; son âme poétique, mélancoliquement lointaine, et que tant de charme distingue, s'y disperse, heurtée, cahotée, comme cassée à des cascatelles de cailloutis. Mais M. Stuart Merill n'y prend pas garde. Cela s'explique. Si Français qu'il soit devenu par de longs séjours en France, et par la coutume de nos Lettres, il demeure étranger néanmoins; des formes qui nous chagrinent enchantent sans doute ce compatriote de Walt Whitmann.

Cependant de remarquables poètes belges maintenaient la tradition de la forme classique, romantique, parnassienne, — ce qui est absolument la même chose.

Georges Rodenbach, mort à quarante ans, ne devint pas tout à coup célèbre. A Bruxelles, où il séjourna assez longtemps, quatre livres de vers, *le Foyer et les Champs, les Tristesses, la Mer élégante, l'Hiver mondain*, l'avaient désigné à l'attention des lettrés sans faire bien nettement prévoir le très personnel artiste, le très mystérieux et très singulier rêveur qu'il deviendrait. Physiquement aussi, il différait encore du « Lui » que les Parisiens ont connu; au lieu du visage si fin, pâlissant, du sourire si menu, si mince, et de l'allure parfois maniérée mais d'une exquise courtoisie, qui le distinguèrent bientôt, je revois une face presque large, épanouie, un peu rose sous une tignasse presque jaune et toute hérissée, et une abondance de gestes de bon vivant qui consent volontiers à quelque exubérance. Mais toute la rêverie future de ses vers s'alanguissait déjà dans la profondeur de ses yeux vagues, semblables à des yeux de jeune fille souffreteuse de trop d'espérance rêvée, qui aurait longtemps regardé par une rosace de clocher, au crépuscule, l'horizon, là-bas, là-haut, et qui en aurait conservé sous les paupières un reflet d'infini. C'est de cette vision reflétée, des lointains de la nature, dans l'intimité de l'âme, que se singularisèrent ses vers nouveaux d'un charme si personnel, fait d'inconnu à la fois et de familier, fait, si l'on peut dire, de chimérique réalité. Relisez ses romans, ses poèmes, et cette comédie, ce drame, *le Voile*, poème aussi de mélancolie et de religieux amour. Inachevée, n'importe, l'œuvre de l'auteur de *Du Silence* et du *Voyage dans les yeux*, ne saurait périr toute. S'il n'avait été qu'un rêveur aux vagues pensées, il pourrait un jour être oublié; mais il était, en même temps qu'une âme ouverte à toutes les impressions de lointain, de rêve, de forme imprécise, un artiste à l'art volontaire et sûr, savant à fixer, dans l'image et dans le rythme, le songe et le mystère, capable de « coaguler », pourrait-on dire, dans le solide cristal du vers le plus fluide idéal, la plus frissonnante, la plus instable, la plus éparse ombre de la réalité. Car il fut, très longtemps, avec une ténacité qui ne s'amollit que peu de temps avant sa mort, très fidèle à l'art

du Parnasse. Très Belge, en effet, Flamand, il a fait connaître aux lecteurs français tous les attraits défunts, délicieux pourtant, des villes où
des souvenirs de gloires et de religions mortes palpitent en des ailes
de cygnes le long des canaux voilés d'une brume de passé; et, en nous,
s'est prolongée en échos, avec des pitiés de sa désuétude, la prière un
peu froide et lividement pâmée de cloches qui sont comme les battements du cœur d'un ciel triste. Son œuvre, avec ses nuages, ses lacs
vastes et troubles, ses profondeurs de clarté à peine, et ses sonorités,
là-bas, là-haut, de bronzes mystérieux, et toute son inconsistance de
songe, évoque on ne sait quel paysage automnal qui semblerait d'abord
tout de brumes, mais où les lignes bientôt se précisent, admirables,
dans une belle rigidité de neige et de givre; et ni cette neige ni ce
givre ne fondront.

Avec une ardeur plus combative et soutenue d'une fermeté qui n'a
jamais fléchi, M. Albert Giraud tenait, en Belgique, pour la pure et
stricte technique. Mais il ne vaut point que par cette belle obstination;
son œuvre poétique, où une grande âme que désolèrent l'angoisse de
l'inconnu, la défaite des illusions, et la vanité même de la douleur,
consent quelquefois au joli, qui amuse et console, reste dans nos mémoires, claire, harmonieuse, solide. Il groupa, dans *la Jeune Belgique*,
les artistes qui ne s'adonnaient pas au vers libre; ils furent nombreux;
quelques-uns furent tout de suite, ou sont devenus d'admirables artistes.
M. Valère Gille, qui effeuilla, d'abord, la marguerite artificielle d'une
pelouse de fête galante donnée au pays des fées, a chanté, depuis,
les beautés et les héroïsmes de la parfaite Hellas en des strophes fières,
vastes, lumineuses, parfaites. Plus sombre, à l'inspiration brutale, au
rythme menaçant comme un geste d'incantation, M. Iwan Gilkin, souffre, se lamente, nous épouvante dans la Nuit; mais voici que pleure
en rosée le sourire de l'aube sur les fleurs du cerisier. Wallon, M. Fernand Severin est un esprit latin, tout imbu de Théocrite; et, dans ses
églogues exquises, où l'ingénuité évite les niaiseries de la puérilité,
dont se targuent quelques simplistes, il chante, sur de très savants
pipeaux, des pastorales d'amour et de rêve; la limpidité d'un ruisseau
murmurant, pareil à ceux de Sicile ou de l'île d'Eubée dans les prés
virgiliens, traverse les champs de Wallonie.

Les Parnassiens de Belgique eurent de redoutables adversaires.

En vérité, M. Émile Verhaeren apparaît comme un très puissant poète; si la Flandre doit s'enorgueillir d'un tel enfant, la France peut être fière qu'il ait choisi notre langue pour y figurer verbalement les paysages de sa patrie, pour y exprimer le tempérament de sa race, pour y répandre son âme juste et forte, tourmentée cependant, violente jusqu'en la mélancolie et la chimère mystique. Si, dans ses premières œuvres, — je songe aux *Flamandes*, je songe aux *Moines*, — la force, qui fut tout d'abord, qui demeurera le caractère distinctif de son inspiration et de son art, se contraignit, précise et réelle, à des règles étroites, ou se rompit à des bornes résistantes, elle se rua bientôt à travers tout, par-dessus tout, en un débordement irrésistible d'intensité; la réalité et l'idéal, dans les *Soirs*, dans les *Débâcles*, prirent les proportions fantastiques, sans cesser d'être nobles, d'on ne sait quel cauchemar déchaîné. Il semble que la pensée d'Émile Verhaeren ait longtemps vécu la terreur et la splendeur rougeâtre d'un mystère fatal, d'un mauvais rêve aux ténèbres infinies à la fois et opaques, hantées d'évocation aux sinistres gestes; et sans doute ce n'est pas sans raison que, plus chastes, plus beaux, non moins douloureux, non moins poignants, quelques-uns de ses poèmes ont pu être comparés aux terribles eaux-fortes de son compatriote Félicien Rops. Mais il n'est point d'orageux après-midi, fût-il aussi sombre et aussi bouleversé qu'une nuit de tempête, où ne puisse luire le doux arc-en-ciel réconciliateur ; et, avant l'apaisant crépuscule du soir, il y a de belles Heures Claires.

Il nous serait infiniment agréable de louer les vers de M. Maurice Maeterlinck. Il faut bien reconnaître que, dans *les Serres chaudes*, son premier livre, ils n'ont guère qu'une valeur de rythme médiocre et d'assez banale élégie, et que dans *les Douze chansons*, ouvrage plus récent, ils font un peu trop songer à des «Lieds de France» où on aurait mis quelque symbole. Le mérite, le vrai mérite de M. Maurice Maeterlinck est ailleurs. Il y a dix ans, un critique, parlant de Shakespeare, d'Alfred de Musset et de M. Maeterlink, s'avisa de dire : «le Père, le Fils, et le Petit-Esprit». Rien de plus injuste. Le talent de M. Maurice Maeterlink, dès ses premières proses, très pur, très charmant, fut aussi très haut, par le mystère; ce qui permit de le prendre, dans la pénombre, pour du génie. Et pourquoi donc, en effet, n'eût-il pas été du génie? En somme, sembler, n'est-ce pas une façon d'être? Rappelez-vous les adorables drames d'action-rêve et de parole-songe, d'où se leva la gloire de M. Maurice Maeterlinck. Ils sont pour l'esprit et le cœur comme un enchantement dans des limbes, — limbes où selon un geste, à la fois attentif et distrait, d'on ne sait qui, d'on ne sait quoi, vers l'on ne sait où, on cueille, à tâtons, de vagues idées qui s'effeuillent en cendre sonore, envolée et vaine, ou bien, peut-être, des mots éternels, qui savent tout. On se souvient de ces drames comme de chansons à la fois sublimes et puériles; on croirait qu'on a lu des tragédies que l'auteur d'*Hamlet* et de *la Tempête*, charmé de divertir les petits enfants des anges, aurait écrites pour le guignol du paradis. Puis, M. Maurice Maeterlinck, par la vertu de la volonté, s'est fortifié, virilisé; sa rêverie s'est précisée en pensée; hors des incertaines chimères du songe presque féerique, son nouvel idéal est fait d'humanité palpitante, qui aime, souffre et pense. Il affronte maintenant, dans plus de profondeur, avec moins de mystère personnel, les mystères de la Destinée et des Lois. Il avait les petites peurs des enfants dans les chambres sans lumière; il brave les terreurs des éternelles ténèbres, y veut promener sa torche. Il ne craint pas le doute terrible et douloureux, le défie pour l'amour de la justesse et de la vérité. Mais, — et c'est délicieux, — sa témérité forte, sa vigueur sans recul a je ne sais quoi qui fait que l'on y reconnaît les gracilités infantiles de naguère. Il ne peut pas s'empêcher, même grandiose, d'être exquis; et, autour de lui, tout est exquis, et doux. S'il fallait que pour le salut des hommes il endurât la Passion, il serait, sur le chemin du sacrifice, un Jésus-Christ qui serait encore le petit Jésus; on n'imagine pas son calvaire ailleurs que sur l'Hymette; l'éponge, à cause de ses Abeilles, serait une éponge de miel. Dans son dernier livre, *le Temple enseveli*, plus d'une page évoque les épouvantes du grand Philosophe Chrétien, torturé, qui pensait à côté d'un abîme. Mais M. Maurice Maeterlinck, dans les affres de la martyrisante incertitude, garde du gracieux, du joli, du mignon, du bêlant; c'est l'agneau Pascal.

Après s'être plu, à Bruxelles, aux rythmes les plus effrontément parnassiens des poètes de France, M. André Fontainas, qui est assez jeune encore pour qu'il puisse se créer une originalité, ne laissa point de ressembler tour à tour à Stéphane Mallarmé, avec moins d'obscur génie, à M. Henri de Régnier, avec moins de somptuosité, à M. Vielé-Griffin, avec moins de lointaine chimère. De sorte qu'on peut dire qu'il a des talents divers. Il a aussi beaucoup de talent; tout sera pour le mieux quand il s'imitera lui-même.

Suis-je bien sûr de ne pas oublier quelque très notoire poète belge? *Chantefable un peu naive*, de M. Albert Mockel, n'est pas sans m'inquiéter. Voilà un singulier titre. S'apercevoir qu'on est un peu naïf, ou vouloir l'être, c'est, en vérité, ne l'être pas du tout. Tout à l'heure, je reviendrai sur ce point. Naïfs ou non, les vers de M. Albert Mockel, (je suis assez surpris de n'en point trouver dans les récentes anthologies), ne manquent ni de grâce ni de tendresse en le négligé de leur apprêt. En outre, ce poète a tenu, dans l'*Art indépendant,* si j'ai bonne mémoire, des propos de littérature qui furent très remarqués; il a glorifié Stéphane Mallarmé, il a expliqué M. Henri de Régnier et M. Vielé-Griffin. Ses ouvrages de critique valent d'être consultés. M. Albert Mockel est le législateur belge du Parnasse symboliste et vers-libriste.

Revenons aux poètes français de France. Doit-on considérer surtout les premières œuvres de M. Adolphe Retté, — où il fut symboliste, je crois, vers-libriste à coup sûr, — ou bien ses œuvres plus récentes où, en une forme irrégulière encore, il chante, avec moins de rêve, mais non sans intensité d'émotion et non sans opulence d'image, les grandeurs et les beautés de la vivante nature? À mon avis, il faut le louer d'avoir renoncé aux préciosités vite surannées des allégories, et d'avoir retrempé son inspiration dans la santé de la vie universelle. Certains de ses nouveaux poèmes, spacieux, traversés de grands souffles, larges comme des plaines, profonds comme des gorges sauvages, promettent, réalisent déjà un très fort et très vaste talent; et des voix prophétiques peut-être de beauté puissante et de gloire émanent des profondeurs, encore ténébreuses, de la Forêt Bruissante.

Dans les *Ballades* de M. Paul Fort, les vers sont écrits comme s'ils étaient de la prose; pourtant ce sont non des vers libres, mais de véritables vers, assez correctement nombrés, et qui riment tant bien que mal. Cette « façon » ne laisse pas d'avoir d'abord quelque agrément de surprise. Elle est fort propre à *imiter* les abandons et les simplesses de la Chanson populaire. C'est dans ce but que j'en ai usé, le premier, je crois, dans les « Lieds de France ». Mais en somme, ce n'est qu'une amusette, dont j'avais, — dès 1868, hélas! — donné l'exemple; et il me semble que M. Paul Fort a tort d'y persister, surtout quand, en des paragraphes de prose, qui ne sont pas autre chose que des strophes formées de quatre alexandrins réguliers ou à peu près réguliers, il veut se hausser, et, ma foi, se hausse à de véritables poèmes, descriptifs, lyriques, épiques. Pense-t-il, par ce procédé qui vous a un petit air de négligence naïve, être simple en effet? Ah! l'admirable but! Car être simple, absolument, ce serait ne rien savoir de ce qui a été éprouvé, de ce qui a été écrit, recevoir, des choses et des êtres, des impressions n'éveillant la réminiscence d'aucune similitude, d'aucune analogie, et, ce qu'on perçut ainsi, l'exprimer en un langage inexpert de toutes les métaphores et de tous les tours de phrases naguère écrites, des recherches, des bizarreries, des raffinements; ce serait être pareil à un nouveau-né en qui pénètre soudainement toute la vie, imprévue, et qui balbutie son étonnement, fait de joie ou de peine, en des sons qu'il ne comprend pas et que lui arrache l'inconsciente nécessité de la parole! Ce rêve n'a qu'un défaut, c'est d'être radicalement absurde et irréalisable.

N'ayant pas vécu aux époques primitives, sinon en des existences antérieures qui m'ont laissé des souvenirs peu précis, je ne me refuse pas à admettre qu'il exista, bien avant Valmiki, Linos, Homéros, ces décadents, des poètes vraiment ingénus qui chantaient sans le faire exprès, sans même imiter l'inconsciente mélodie du souffle et des oiseaux dans les branches. Il se peut aussi que, à l'heure actuelle, dans le plus mystérieux éloignement de la noire Afrique, deux ou trois mangeurs de viande humaine, crue, — car s'ils la mangeaient cuite, ils seraient atteints de civilisation, et, alors, adieu la simplicité!

improvisent des poèmes à peu près dénués de subtilité maladive.

Mais si je rencontre, entre le théâtre Antoine et l'église de la Madeleine, un poète, ou un romancier, ou un auteur dramatique, qui, ne
pouvant ignorer cependant qu'il y a, rue de Richelieu, une bibliothèque assez bien fournie, et au Bois, à bicyclette, ou en automobile,
quelques belles personnes désaccoutumées de boire l'eau des sources
vierges dans le creux de leurs mains, me dit : « Regardez-moi! lisez-
moi! je suis un écrivain simple! » je lui réponds tout net : « Mon camarade, ce n'est pas vrai! Vous avez, c'est possible, tout le talent du
monde; il vous a été octroyé, par quelque bienfaisante fée, le don
presque miraculeux de donner la vie, la palpable vie, aux phantasmes
de votre imagination, et vous écrivez une langue que vous envient, —
bien que, çà et là, elle eût étonné Baudelaire ou Flaubert, ces classiques, — les plus parfaits artistes dont s'honorent les lettres françaises; quant à être simple, c'est une chimère à laquelle je vous
conseille et vous souhaite de renoncer. Et comment se pourrait-il que
vous fussiez simple, puisque Mme Lucie Mardrus a publié hier un
poème d'une ferveur fort complexe, — vous l'avez lu, ne dites pas
non! — et puisque, avant-hier, devant des fauteuils d'orchestre où
étaient assis des hommes beaucoup moins naïfs que les pâtres du Tyrol
autrichien et devant des baignoires où seule la solennité d'une première représentation conseillait à de jeunes femmes des réserves dénuées au reste de toute candeur, on a joué une comédie de M. Capus,
incontestablement plus compliquée que les jeux dramatiques auxquels
s'essayaient peut-être, près de Lucerne ou de Constance, les hôtes des
habitations lacustres! »

Parlons sans rire. Voyons les choses telles qu'elles sont. La simplicité
n'est plus, non, et ne saurait plus être. L'âme contemporaine, qu'elle
le veuille ou ne le veuille pas, qu'elle l'avoue ou le nie, n'a plus rien
de commun avec celle des petites filles qui n'ont pas encore fait leur
première communion : l'innocence parfaite n'est pas ce qui distingue
les hommes et les femmes de trente ans. De braves gens, il en existe,
à coup sûr! il en existe beaucoup plus qu'il n'est de mode de le dire.
Mais qui donc, parmi les plus honnêtes et les plus purs, a conservé
intacte l'illusion de la pureté et de l'honnêteté de tous? qui donc
croit à l'universelle innocence? Allons plus loin. Qui donc, à l'heure

actuelle, s'accommoderait de vivre dans une humanité où la stricte vertu, règle unique et implacable, présiderait à toutes les relations sociales ? La complexité, désormais, s'est installée, s'est développée dans tous les cœurs, dans toutes les consciences; pas un vivant qui ne se sente double, triple, et qui, dans une part ou l'autre de sa multiplicité, ne soit suspect à soi-même, — à moins qu'il n'y ait encore, buvant la neige et mangeant les racines des herbes, quelque ermite en prière devant une croix de bois pas décortiqué? Et les esprits sont plus complexes encore que les consciences et les cœurs. Après Hugo et Balzac, après Musset et Baudelaire, ces deux esprits étrangement fraternels, après les génies et les talents, après les illuminés et les malades, après tant d'efforts achevés en triomphes ou en avortements, après la pensée tirée, déchirée, étendue jusquà l'au-delà du rêve, après le langage contraint d'exprimer, à force de grandiloquence, toutes les sublimités du songe, et, à force de souplesse, de nuances, d'à-peu-près, de presque–pas, tous les dessous du spleen et du cauchemar, la littérature ne peut pas être simple! Et c'est tant mieux. Car, si elle l'était, cela prouverait qu'imbécilisée et puérilisée par l'abus de l'excessif, elle en est réduite à quelque ressemblance avec ces libertins septuagénaires qu'amuse et prédispose seule à des réminiscences d'activité l'ignominie d'être habillés, jambes nues, d'une robe de bébé, ou d'avoir un bourrelet autour de la tête. — Tout ceci ne s'applique pas, cela va sans dire, à M. Paul Fort qui est un très pur artiste, et qui, à défaut de la simplicité réelle, que personne ne saurait avoir, affirme en toute son œuvre, déjà considérable, la plus loyale sincérité et le plus vrai talent. Ses ballades disent très joliment l'élégie et la chanson du hameau, ou bien, très largement, en belles images, les paysages de la montagne, et les sources jaillissantes, comme un sang de neige, du flanc des glaciers ouverts, ou bien, très fortement, les légendes de l'histoire et de la vie. Je tiens M. Paul Fort pour un des plus intéressants poètes de sa génération, et il serait chagrinant, — autant qu'inutile, — que, pour trop vouloir être simple, il ne fût plus qu'un Simpliste.

Il serait désolant aussi que la même chose arrivât à M. Francis Jammes. Un de ses plus ardents admirateurs a écrit : « Francis Jammes

est un grand poète; il a l'audace la plus noble, celle de la simplicité. »
N'est-ce pas dire que cette « simplicité » est voulue, recherchée, obtenue par l'effort? et j'en suis pour ce que j'ai dit plus haut. Mais ne
pensez pas que je nie le charme d'intimité mélancolique, d'étroitesse
douce, qui presse et n'opprime pas, et de langueur d'enfant pâli de
fièvres intermittentes, qu'il y a dans les nombreux petits poèmes de
M. Francis Jammes; et je crois bien que les meilleures de ses menues œuvrettes, si elles étaient écrites avec moins de négligence faite
exprès, et en des rythmes plus aisément perceptibles, seraient dignes
d'être comparées aux « humbles » poèmes, si touchants, si adorables,
de François Coppée.

Un délicat, subtil et parfait artiste, — tout en constatant, comme
des dates le prouvent, que le petit livre poétique de M. Henry Bataille
ne doit rien aux poèmes de M. Francis Jammes, — voit cependant
en ces poètes « deux âmes sœurs, pareillement sensibles et qui tressaillent aux mêmes attouchements ». J'ose ne pas être entièrement
de cet avis; ils offrent, oui, des analogies de tonalité, les mêmes recherches de grisaille plaintive, de pénombre caressante, et des ressemblances de décors intimes, secrets. Mais, (sans parler de la différence des techniques, tout à fait irrégulière chez M. Francis Jammes,
presque régulière chez M. Henry Bataille), il me semble bien qu'il
y a chez ce dernier, avec moins de simplicité volontaire, un moindre
souci d'être le « poète des choses inanimées et des bêtes muettes », et
qu'au contraire sa « fontaine de pitié » pleure d'émouvantes et délicieuses larmes humaines.

Il ne me paraît point que *les Poésies d'André Walter* soient celle de
ses œuvres où M. André Gide, fort jeune encore, et sur qui beaucoup
de personnes fondent les plus hardies et les plus belles espérances, —
M. Maurice Leblanc va jusqu'à le traiter de délicieux « génie », — ait
mis la meilleure part de lui-même. De même, M. Pierre Louÿs,
qu'un roman a rendu célèbre, n'est pas tout lui-même dans le vers
proprement dit; mais, dans *les Chansons de Bilitis*, avec la littérature
d'un joli ragoût d'antiquité, qu'il y a de grâce perverse, de luxure
ingénue à la fois et si raffinée, de naïveté morbide! on pense à d'exquises fleurettes pourries. Singulière bévue d'un professeur de faculté,

ancien élève de l'école d'Athènes, qui crut, paraît-il, à une véritable Bilitis ! Une modérnité, qui s'amuse au pastiche, est à chaque instant manifeste dans les chansons de M. Pierre Louys, par la qualité du libertinage, et aussi par l'excès de l'air d'ancienneté, par la multiplicité invraisemblable des détails trop grecs; en même temps, la division de chaque petit poème toujours en quatre morcelets comme égaux fait songer à des odelettes renouvelées d'Amarou et, plus particulièrement, par la position typographique, aux délicieux chefs-d'œuvre chinois de Mme Judith Gautier, dans *le Livre de jade*.

De la complaisance et de l'animosité ont accueilli les premiers poèmes de M. Robert de Montesquiou; je pense que celle-ci, bien plus que celle-là, a contribué à leur renommée. Il est certain que, s'ils avaient de quoi séduire par une piquante aristocratie de dilettantisme très artiste, ils pouvaient irriter par une singularité dont l'outrecuidance semblait être plus volontaire que sincèrement originale. Non sans exquisité, M. Robert de Montesquiou poussait le fantasque jusqu'à la fantocherie; épris d'étonner, son vers, par le maniérisme contorsionné de l'idée, du sentiment, de l'image, par la dislocation de la forme, faisait songer à une acrobatie trop téméraire, et pas assez adroite; il lui arrivait de rater des « exercices » trop difficiles. Peu à peu, M. Robert de Montesquiou a répudié ces clowneries indignes d'un véritable poète; et, grâce à Dieu, il ne pouvait point renoncer à sa subtilité de sensation et d'expression, innée. De là, dans *les Perles rouges*, plusieurs sonnets, très personnels, presque parfaits, où la perfection ne ressemble presque pas à un prodige d'équilibre; de là, tout récemment, dans *les Prières de tous*, une âme mélancolique et religieuse, presque vraie, — pas assez vraie encore. Si M. de Montesquiou a renoncé à l'excentricité du gymnaste, il garde des plus jolis temps de sa race ancienne, la mièvrerie courtisane. Ces Prières dans les roses, — les roses, moins artificielles, sont de Mme Madeleine Lemaire, — ces Prières de tous, aux chapelles privilégiées, imitent un antiphonaire d'épigrammes sacrées, un évangéliaire funèbre de madrigaux. L'agonie, qui s'est mis du rouge, minaude le hoquet sous des éventails en croix; l'épouvante est une précieuse; le repentir clame vers le Seigneur de profundis des ruelles, et la Grâce qu'il implore a nom Aglaé, Euphrosine ou Thalie.

Pour réciter ces prières-là, Polyeucte n'aurait pas eu besoin d'ôter ses gants ; près d'un bénitier d'ambre, une gousse de vanille dans l'encensoir, l'aspergès mouillé d'eau de Hongrie, en sa fine pompe cardinalice, un peu mélancolique, pourpre endeuillée de mauve rose, M. Robert de Montesquiou, de qui la pénitence eut pour cilice les épines de la Guirlande de Julie, dit l'office des morts, exquisement, à l'autel de Rambouillet. Ou bien on s'imagine que, plus récemment, converti par une illustre Bergère, il composa ce florilège, dans le Hameau, près du temple de l'Amour ; Benjamin de La Borde avait prémédité de mettre en musique les oraisons de l'aumônier de la Reine, évêque de Trianon. Mais, par l'élégance ou l'apparat façonnier, l'horreur n'est pas diminuée. Voici le maquillage des affres, d'autant plus sinistres. Le râle, qui flirte, terrifie. La Mort, jolie, horripile. Comme toutes les mondaines qui ont beaucoup de monde à recevoir, elle a son jour, — le *Dies iræ*.

Cœur solitaire qui pleure aux funérailles d'Éros, l'angoisse et le désespoir aussi, tragiques peut-être, de M. Charles Guérin, se rassérènent de leur reflet dans les mélancolies de la nature. En se dressant, pour le blasphème, en se courbant, dans une humilité de désolation, il considéra les choses éternelles, souffrantes comme lui sans doute. Qui saura les tourments des arbres dans les vents tortureurs, et de la mer sous la flagellation de l'ouragan, et du ciel que dévorent les nuages, ou l'ancienne défaite de la lune pareille à une pâle plaie de lumière ? Mais ces douleurs, pour nous, se pacifient de mystère et d'immensité. Et l'âme du poète se charma en l'universel apaisement auquel elle se compare, où elle se mire, où elle se mêle. Elle consent, elle aussi, à la vaste et fausse accalmie, en revêt les semblances. Plutôt, elle est devenue cette accalmie elle-même ; et ses violences cruelles s'évanouissent délicieusement dans les cendres bleues et dorées des étoiles, ou dans les rosées de l'embrun. Aucun poète de l'heure actuelle n'achève, à l'égal de Charles Guérin, cette expansion de la souffrance humaine dans la nature, ou cette absorption de la nature par l'humanité, — cette mutualité d'échange entre le verbe de la vie et les existences muettes. De sorte que, avec ses incertitudes de pensée, qui ressemblent à des dispersions de brume, avec ses négligences de rythme, qui font songer à des abandons de saule pleureur, son œuvre apparaît comme le rêve de la nature dans un homme, ou comme un paysage d'âme.

Superbe, éclatant, abondant en cris de gloire et en gestes de pourpre, M. Saint-Pol Roux, qui fut, bien plus que Laurent de Médicis, digne d'être appelé le Magnifique, précipite à travers les brumes du Symbole une furieuse et rutilante orgie romantique, où les métaphores semblent les bêtes sauvages, couplées de pampres d'or, d'un triomphe de Bacchus! Comme Villiers de l'Isle-Adam, auquel on l'a souvent comparé, M. Saint-Pol Roux use plutôt d'une vaste prose rythmique que du vers proprement dit; c'est pourquoi je dois ici restreindre mon appréciation. Mais *la Dame à la faux* demeurera comme un énorme et éblouissant rêve d'épopée tragique. — Épique aussi dans des drames en prose destinés à quelque surhumain théâtre, M. Paul Claudel tente éperdument d'atteindre aux suprêmes sommets de la pensée.

Le nom d'Albert Samain évoque en écho le nom d'Ephraïm Mikhael. Rappelez-vous le vers exquis d'Ausone : « *Ros unus, color unus, et unum mane duarum.* » Ces deux adorables âmes-fleurs toutes deux sont fanées. Mais, l'un et l'autre, ces poètes avaient mieux que la fragilité du printemps; c'étaient deux artistes mûris par la volonté, par la sûreté d'un art qui acceptait la belle et libérale discipline du Parnasse; et ils sont frères par la perfection. Au contraire, leurs jeunes génies instinctifs différèrent sensiblement. Ephraïm Mikhael aspire aux larges poèmes, symboles universels de la pensée et de la vie; Albert Samain, même quand son inspiration s'espace dans le mystère des mythes, dans le lointain des légendes, ou dans les vastes paysages, ne se dépouille jamais de soi-même, ne s'évade jamais du recueil en soi; son lyrisme est une expansion d'intimité. C'est donc surtout dans les « sujets » pas énormes, sans orgueil, ressemblances de son âme, qu'il est entièrement admirable; il se plaît, pour nous en charmer et pour nous en émouvoir, dans les langueurs automnales des bois, dans les légendes délicates, un peu surannées, dans les architectures qui déclinent, dans les allégories où c'est sa propre âme, en effet, qui est l'Infante au Jardin rêvant. Il est, vraiment, sans sensiblerie larmoyante, sans cette recherche d'extorquer l'émotion, qui a, chez quelques poètes, l'air d'une importunité mendiante, un délicieux élégiaque; ses poèmes sont immortels comme la mélancolie humaine. Quelques-uns, parmi les Symbolistes, l'accusent de trop de stricte mesure dans la rêverie, de limite dans l'idéal; non sans attribuer cette étroitesse aux nécessités de la forme classique, — parnassienne, — de son œuvre; ils n'admettent pas que la plus libre pensée, que l'au-delà même du songe puisse être exprimé dans le clair langage et le rythme maintenu. Ils ont tort. Albert Samain a dit tout ce qu'il avait à dire. Charles Baudelaire, le plus lointain des rêveurs, évocateur des espérances et des épouvantes les plus mystérieuses, est le plus précis des écrivains.

Ne faudrait-il pas rapprocher aussi d'Ephraïm Mikhael M. Sébastien-Charles Leconte, plus parnassien encore, puissant, sonore, vaste, doué d'une âme si vraiment épique, et artiste si parfait, qu'on l'a pu comparer, non pas à cause d'une ressemblance nominale, à l'incomparable Leconte de Lisle.

Il y a sans doute d'excellentes raisons de se plaire aux *Chants de la pluie et du soleil*, de M. Hugues Rebell, et aux *Sonatines d'automne*, où M. Camille Mauclair, non sans mélancolie, imita les lieds d'Allemagne, et de France; mais, depuis un temps, ces deux artistes ont paru, en faveur du roman, renoncer à la poésie; et leur succès n'a pas été médiocre. Destinés, je crois, à être plus fidèles à la poésie, M. Jean Viollis, égrenant au jour le jour, en une oraison que très souvent il invente, la guirlande-rosaire des espoirs et des désillusions; M. Henry Barbusse, de qui j'ai célébré, naguère, la première œuvre poétique, que je louerais encore, s'il ne m'était devenu trop proche, — du moins il me sera permis de dire qu'il porte une âme infiniment mystérieuse, sagace pourtant dans le rêve, divinatrice de l'inconnu des êtres et des choses, et que, cette âme, il l'exprime en des vers vagues aussi, qui en sont le souffle, le parfum; M. Tristan Klingsor, troubadour ironique, qui, lui, joue les « airs de son lied » sur une guitare provençale, ou bien, mélancolique souvent, funèbre même, a des sérénades pour les endormis des cimetières; M. Édouard Ducoté, ingénieux fablier symboliste; M. Henri Degron, au chalumeau sonneur de villanelles et de brunettes; M. Emmanuel Delbousquet, paysagiste; M. André Rivoire, attendri, ému, amant peureux de l'amour, secret, discret, auteur de ce vers adorable : « C'est en moi seulement que j'ose être plus tendre »; M. Edmond Pilon, de qui la sensibilité, dans des rythmes épars, a des frissons de feuilles, de fleurs penchant des murs et de buées lointaines; M. Ivanhoë Rambosson, qui s'exalte, puis se recueille, avec un cœur tout battant d'oiseau effaré; M. Marc Lafargue, qui, de son jardin étroit encore, rêve la nature et la vie; M. Pioch, amant effréné, magnifique, de l'amour, de la liberté et de l'avenir; M. Paul Souchon, païen comme les « païens innocents » d'Hippolyte Babou, poète souriant et chaleureux de la latine Province; M. Henry Ghéon, épris des choses de la campagne, à qui plaisent les menues joliesses des champs et des orées, visionnaire aussi des destinées des choses; M. Louis Payen, à la rêverie spacieuse, où errent, vêtues de vagues brumes claires, les belles chimères évoquées de la beauté et de la douleur; et d'autres encore, tout jeunes, qui viennent de publier leurs premiers poèmes, sont de ceux, — selon l'expression de M. Edmond Pilon parlant de l'un d'eux, — « en qui vivent des espoirs nouveaux ». Qu'adviendra-t-il d'eux ? Adolescents, jeunes hommes, qu'est-ce que nous donnera leur maturité prochaine? C'est le secret de l'avenir. Le certain, c'est que le don de poésie est en eux. Pour moi, songeant à ces nouveaux venus, — « ô bataillons sacrés! » a dit Théodore de Banville, — les voyant marqués au front du signe fatal et magnifique, une sorte de vénération se mêle à ma joie; poète, au début de la vie, on admire avec un respect heureux les mystérieux aînés qui, si loin déjà, si haut, triomphent en leur gloire bien acquise; vieux à mon tour, c'est vers mes plus jeunes cadets que je reporte cette religion émue; je frissonne devant le nouveau mystère.

Cependant le vers libre, préconisé il y a quinze ans environ, par quelques poètes qui, aujourd'hui, ont cessé d'être de jeunes hommes, a-t-il eu une fortune triomphante, s'est-il victorieusement maintenu, a-t-il été adopté par les poètes plus récents, vraiment jeunes encore? Il convient de diviser la réponse à cette question. En premier lieu, il serait absolument contraire à la vérité de dire que le vers libre fut admis et employé par tous les poètes appelés Symbolistes, ou paraissant se rattacher au groupe des Symbolistes. Bien au contraire, en France et en Belgique, beaucoup d'entre eux, — et ce ne sont pas, dans l'opinion actuelle, les moindres, — restèrent fidèlement attachés à la traditionnelle discipline, normale, nécessaire, établie selon l'instinct même de notre race; et il ne saurait être contesté que la « mode » il y a trois lustres nouvelle a essayé en vain de s'imposer. Elle a rencontré quelque faveur chez les races étrangères qui ne pouvaient point n'être pas flattées de voir appliquer à la poésie française la technique de leur poésie nationale, je veux dire le rythme, non pas par le nombre des syllabes, mais par leur accent (hélas! si peu sensible en français), la suppression de la rime, ou son amoindrissement en assonance, et le prolongement non réglé, non borné, du vers : ce fut pour les prosodies allemande et anglaise, — allemande notamment, — comme une conquête, comme un asservissement de la prosodie française ; et, à cause de cela, le système du vers libre était ardemment, et naturellement, approuvé, recommandé par un assez grand nombre de nos poètes qui, quoique écrivant en français, étaient étrangers à notre pays par la naissance ou par l'origine. Mais, s'il fut adopté par des poètes vraiment français, soucieux des singularités extérieures, — à défaut d'autres peut-être, — s'il amusait de subtiles élites éprises du nouveau à tout prix, du bizarre même absurde, il n'a point conquis, d'une façon générale, l'esprit français. La preuve, irréfutable, s'en trouve dans ceci, que, parmi les inspirés et les artistes qui en usèrent et continuent d'en user, on ne pourrait, malgré le très haut ou très délicat talent dont plusieurs firent preuve, en citer un seul qui ait pénétré dans l'âme nationale, qui ait acquis l'universelle et véritable gloire. S'ils se réjouissent de leur impopularité, ils ont tort ; l'opinion de l'élite, que troublent tant de partis pris trop minutieux, tant de sensitivités trop subtiles, que bouleversent aussi tant de rages jalouses, — où est l'élite, d'ailleurs ? qu'est-ce que l'élite ? où commence-t-elle, où finit-elle ? n'est-elle pas, pour chaque auteur, le petit groupe qui l'encense, parfois dans quelque intérêt et au détriment d'autres poètes qu'encensent d'autres groupes, élites aussi ? — l'opinion de l'élite, dis-je, si elle a quelque importance comme indicatrice des talents ignorés, commençants, est impuissante à sacrer la royauté du génie, n'achève point la gloire ; pour la vraie grandeur du poète, il n'y a de bon et juste écho que dans l'immensité du peuple ; et l'on sait ce que valent, après quelques années de culte ésotérique et furtif, les petits décrets des brasseries de Ram-

bouillet. Fatalement, une forme qui, outre qu'elle contredisait le destin
normal de notre vers, demeurait inaccessible au grand public, lettré ou
non, devait peu à peu s'abolir, ou se modifier; c'est ce qui est arrivé;
personne, même en usant des plus adroites statistiques, ne saurait
prouver que cela n'est pas arrivé. Il est certain, incontestable, avéré
que, d'entre les premiers poètes vers-libristes, beaucoup, la plupart
pourrait-on dire, les uns tout à coup, les autres peu à peu, ont renoncé aux exagérations des irrégularités d'antan. M. Henri de Régnier
ne consent plus que, çà et là, aux mélopées interminées, imprécises,
coupées de brusques rythmes brefs. Je ne vois guère M. Vielé-Griffin,
né à Norfolk (Virginie), et M. Stuart Merrill, né à Hempstead, dans
l'île de Long-Island, et le très violent et très puissant Émile Verhaeren,
né à Saint-Amand, près d'Anvers, qui persistent, avec quelque éclat,
dans l'emploi du vers libre. Quant à Gustave Kahn, bien Français,
celui-là, et qu'entourent, peu nombreux, mais fidèles, d'enthousiastes
disciples, il va sans dire qu'il n'a point dévié du système qu'il s'enorgueillit d'avoir inventé; car il faut faire bonne garde autour du drapeau qu'on planta. Mais l'un des premiers sectateurs de l'hérétique
vers libre, Jean Moréas, est rentré dans le giron de la poésie ortho-
doxe; et il semble, je l'ai dit, qu'en son évolution dernière se symbolise le retour aux rites traditionnels, de toute une génération.

Est-ce à dire que, techniquement, rien n'aura résulté du mouvement tenté par Gustave Kahn, ses amis et ses émules? pas le
moins du monde. Aucun effort jeune, sincère, ardent, ne saurait demeurer totalement stérile. Le vers français lui-même, quoique éternel,
doit progresser, et c'est ce qu'ont parfaitement compris les poètes tout
récents pour qui les Symbolistes sont déjà des « anciens ». Les nouveaux, — j'en ai, ci-dessus, nommé quelques-uns, j'en nommerai
d'autres, — les tout nouveaux, à quelque école qu'ils appartiennent,
(ah! que d'écoles, presque autant d'écoles que d'écoliers!) sont, pour
la plupart, bien d'accord sur ce point, que la technique du Symbolisme, qui fut vite surannée, ne saurait être maintenue dans sa
totalité de désordre et d'inharmonie; mais, en même temps, ils en
conservent ce qu'elle leur semble offrir de juste liberté nouvelle. À la
bonne heure; on ne saurait mieux penser. Mais qu'en veulent-ils garder?
Tâchons de le démêler dans leur œuvre commençante.

S'ils rétablissent l'alexandrin en ses douze syllabes, — l'alexandrin qui se trouve dans la Cantilène de Sainte Eulalie, — ils s'accommodent, — je ne dis pas tous, mais presque tous, ou quelques-uns qui sont assez nombreux, — de l'hiatus, de l'assonance, et de l'*e* muet annulé dans le cours du vers. Ils ont tort, je pense, et je dirai pourquoi très brièvement.

Pour l'hiatus, il faut distinguer. Certains hiatus, usités chez nos plus vieux poètes, sont tolérables; Ronsard, qui les proscrivit tous, théoriquement, ne laisse point de s'en permettre quelques-uns; on peut suivre son exemple, mais dans certains cas seulement; lesquels? l'oreille du poète est le seul juge, comme l'a dit excellemment M. Remy de Gourmont. Par exemple, il saute « aux oreilles » que « çà et là », « il y a », « oui, oui », n'ont rien de choquant. Néanmoins tenez-vous en garde : le vœu de notre langue est, en réalité, contre l'hiatus; et la preuve, la parfaite preuve en est que le latin, d'où naquit le français, supprimait l'hiatus par l'élision des syllabes finales même longues, et que les chansons populaires de France, — origine immémoriale et durable de notre poésie, — le hait au point de l'éviter par l'intrusion de n'importe quelle consonne : « je t'ai vu-z-à la vigne », « ce sera-t-à mon tour », « il y a-t-un pommier doux ». Il ne faudrait donc user qu'avec un grand tact, de l'hiatus. En le proscrivant, vous perdez : « tu es » ? Eh ! mon Dieu, Racine, Lamartine et Hugo s'en sont passé ; et Musset s'en est servi, dans un mauvais vers.

L'assonance, écho trop vague, trop peu perceptible, si elle est acceptable dans les idiomes où l'accent, très marqué, suffit à préciser la cadence, ne l'est pas du tout dans notre langue, où la « longueur » et la « brièveté » des syllabes diffèrent à peine, — que ce soit un mal ou n'en soit pas un, personne n'y peut rien, — ne sont guère incontestables, pour celle-ci, que dans les terminaisons féminines, pour celle-là, que dans la dernière syllabe des mots à désinence masculine ou l'avant-dernière des mots à désinence féminine. Notre rythme, pour sa belle mélodie, dont la ligne devra être d'autant plus saisissable qu'elle se prolongera davantage, a donc besoin, pour les indispensables haltes d'où il se renvole infini et libre, de la forte et solide rime, la voyelle ou la diphtongue bien soutenue de la consonne qui l'appuie, la pousse et la fait surgir, — a besoin de la rime totale. La rime n'est pas seulement un charme et une satisfaction de l'oreille par le retour des sons en harmonieux accord; elle est une nécessité. Ajoutez que, bientôt fastidieuse, en même temps qu'inutile, dans la poésie allemande, par exemple, à cause du petit nombre des sonorités rimantes, — le renvoi du préfixe à la fin de la phrase est une des causes de leur trop rare différence, — elle ne saurait jamais, du moins chez les poètes français qui sont vraiment des artistes, engendrer aucune monotonie, tant, depuis l'absorption du langage usuel dans le langage poétique, elle est devenue diverse, imprévue, pittoresque, innombrable! Et il ne faut que savoir s'en servir, avec le souci, je l'ai déjà dit, d'en répudier la trop grande et trop facile richesse dans les poèmes de haute pensée ou de passion.

Pour ce qui est de l'*e* ne comptant pas dans l'intérieur des vers même quand il n'est pas élidé, — ce fut une des réformes préconisées par le bon Vergalo della Roca, ingénieux Péruvien, — je m'étonne que des poètes doués de quelque sens du rythme aient pu s'accorder à une telle aberration. Les Allemands ne comptent pas l'*e*, parce que chez eux, dans le vers comme dans la prose, il ne compte pas en effet, étant véritablement muet. « Die », « sie », se prononcent comme si l'on avait écrit « di », « si ». Mais, chez nous, l'*e* muet n'est muet que de nom, n'est pas muet du tout. Quelle oreille un peu sensible ne perçoit pas le « temps » peu durable, mais très sensible en la légèreté furtive et molle à la fois dont il prolonge le mot. C'est, pour employer des termes de musique, une note-soupir, note cependant. A peine syllabisé, il est une vrai syllabe cependant. Le vers, qui, à moins de l'élider, n'en fait point état, est un vers faux, tout simplement; outre qu'il se ravale à l'abject « patoisement » usité dans les couplets de vaudeville et dans les chansons de café-concert. L'*e*, qu'on a tort de nommer muet, est si réellement un son insupprimable hors du cas d'élision, que d'excellents poètes, plutôt que de l'abolir, en ont fait un « temps fort ». Villon dit : « Imperiere des infernaux paluz », et : « De lui soyent mes péchiez aboluz », et encore : « Amour dure plus que fer à mascher ». Ronsard dit : « Marie, levez-vous, vous êtes paresseuse ». Et les exemples sont innombrables, dans la chanson de geste, de l'*e* comptant pour une syllabe. Est-ce donc en vue uniquement de la facilité, que plusieurs poètes le suppriment, notamment lorsque, comme dans «joie» ou «vie», il est précédé d'une voyelle? Voilà qui serait le fait d'une paresse très fâcheuse, et dangereuse. La beauté ne s'accommode pas de la facilité. Il faut éviter les simplifications d'art poétique à l'usage des fainéants et des maladroits. Elles font penser aux réductions musicales pour petites mains.

Quelles sont donc, à mon avis, les nouveautés qui, de la technique de quelques poètes de naguère, acceptée, pas tout entière, par quelques poètes d'aujourd'hui, sont destinées à s'établir, avec une chance de durée, dans la prosodie française?

Je ne pense pas que l'on doive répudier tout à fait les rimes, nouvellement proposées, du pluriel au singulier. Il est certain qu'un *s* ou un *x*, de plus ou de moins, ne change pas le son d'une syllabe, dans les cas, cela s'entend, où il ne se heurte point, par suite d'un rapide rejet, à une voyelle du vers suivant. Tout en éprouvant une instinctive répugnance pour cette sorte de rime, qui, d'ailleurs, n'amène guère d'effets nouveaux, — car la rime de *voile* avec *étoiles* n'est pas moins banale que celle de *voile* avec *étoile*, — je reconnais que cette répugnance n'a point de motif qui soit valable d'une façon générale; il me serait impossible de rimer ainsi; cela n'empêche point que rimer ainsi ne soit loisible à tous les autres.

Mais je crois que la principale, pour ne point dire la seule nouveauté prosodique vraiment importante qui se généralisera et se perpétuera, c'est, concurremment avec la fréquence de moins en moins rare du vers de neuf syllabes et du vers de onze syllabes, le déplacement et la multiplicité de plus en plus libres de la césure dans l'alexandrin. Notre hexamètre, à cause de sa longueur qui, ininterrompue, hâterait trop le rythme et l'essoufflerait, ne saurait, cela est certain, se passer de repos, c'est-à-dire de césure. Mais pourquoi sa césure devrait-elle être toujours placée au sixième pied, et pourquoi n'aurait-il qu'une seule césure, à ce sixième pied toujours? Déjà le vers ternaire, c'est-à-dire le vers à deux césures, formé de trois fois quatre syllabes, a été employé par quelques-uns des plus grands classiques et des plus grands romantiques, qui maintenaient, à vrai dire, la halte « possible », au sixième pied. Quelques parnassiens, Banville, Glatigny, et d'autres, supprimèrent cette halte; ils eurent raison, puisque, seulement apparente, je veux dire n'existant que pour l'œil, elle n'était que l'hypocrite observance d'une vieille règle abolie en effet. On est allé plus loin encore, légitimement, et l'on continuera d'aller, j'en suis persuadé, toujours plus loin. Le poëte, selon l'haleine de son inspiration ou la ligne plus ou moins morcelée de la pensée ou du sentiment, placera la césure, ou les césures, au point, ou aux points, qu'il lui plaira. Un prosodiste trop oublié, M. Wilhem Tenint, inventa, il y a déjà bien des années, que l'hexamètre français n'était pas, à proprement parler, un vers unique, mais qu'il fallait le considérer comme formé de deux, de trois, de quatre vers de mesures pareilles ou diverses. Considéré ainsi, l'alexandrin classique, avec son repos à l'hémistiche, serait, en réalité, fait de deux vers de six syllabes chacun; le vers ternaire serait fait de trois vers de quatre syllabes; ces deux alexandrins :

> L'effrayant avoyer Gundoldingen, cassant
> Sur César le sapin des Alpes, teint de sang,

contiendraient, le premier, un vers de dix syllabes et un vers de deux syllabes, le second, un vers de trois syllabes, un vers de quatre syllabes prolongé d'une désinence féminine, qui compte, et un vers de trois syllabes. Cela est ingénieux. Mais il n'est pas nécessaire de recourir à cette ingéniosité pour motiver le droit du poëte à diviser comme il lui plaira l'alexandrin; et il n'y aura d'autre borne à sa liberté que le devoir de ne point juxtaposer, à moins qu'un effet *voulu* et *perceptible* n'en résulte, des « fragments » de vers qui, par trop ou trop peu d'inégalité, déconcerteraient l'oreille, et de préciser si nettement, si évidemment chaque césure, que jamais le lecteur ne puisse se méprendre, ne soit obligé de relire un vers pour en « éprouver » le rythme. Notez que, loin de nuire à la mélodie poétique, ce déplacement, cette multiplicité des césures, la diversifient sans la disperser, la précisent au contraire en redoublant les « temps », par où la langue française supplée à l'accentuation dont elle est trop privée; en outre, ils ont ceci d'excellent, que leur nouveauté, — évolution, non révo lution, — continue le destin de plus en plus libre de notre vers, sans qu'en soit rompue la naturelle limite, tradition et nécessité de notre race. Il y a, après l'émeute civile, une constitution interne, meilleure; mais les frontières sont intactes. Ce sera l'honneur de l'École Symboliste d'avoir, par de plus hasardeuses ambitions anarchiques, que des poètes plus récents restreignent et soumettent à l'éternelle loi, permis que s'instaure une discipline plus indépendante, qui continue d'ailleurs et parachève la technique des romantiques vainqueurs des classiques et des Parnassiens continuateurs des romantiques. Et c'est, dans l'ordre parfait, la liberté infinie.

Mais en même temps que par le retour, bien proche d'être total, à la prosodie traditionnelle, les nouveaux venus réagissent contre les Symbolistes par une conception différente de l'idéal poétique.

Tant de jeunes écoles ont çà et là surgi, nominalement diverses, parmi tant de menues querelles; tant de jeunes hommes, l'un après l'autre, ou concurremment, ont été proposés, par des admirations qui se hâtent, comme les chefs d'un mouvement nouveau, que, au moment actuel de mon travail, il me serait bien difficile de ne pas m'embrouiller quelque peu dans la cohue des menus systèmes et les mérites, tour à tour proclamés et niés, des personnalités récentes.

Il semble qu'une sorte de suprématie reconnue, il y a six ou sept ans, par quelques poètes de l'École dite « de Toulouse », à M. Maurice Magre, ne lui a pas encore été victorieusement disputée; c'est un esprit actif, ardent, passionné, et volontaire, de qui l'enthousiasme non dépourvu de méthode est capable sans doute de former et de diriger des groupes; et c'est un poète abondant, éclatant, prolixe, au lyrisme oratoire, de qui l'exubérance un peu trop facile précipite, mêlés de n'importe quoi, vers des idées de force et de beauté, de bonté aussi, des flots brouillés de violentes images; il pense se singulariser par des soucis sociaux et des visées décentralisatrices. Il semble aussi qu'une attention très sympathique accueillit les débuts de M. Fernand Gregh et suit les progrès de son talent : après avoir choyé dans la Maison de l'Enfance la renommée de Paul Verlaine, cet exquis chanteur sentimental de romances raffinées, et puériles et sacrées, il montre dans la Beauté de Vivre quelque robustesse, quelque largeur de pensée personnelle, et sa volonté ambitieuse, qui développera ses dons naturels, autorise un bel espoir. — Mais, pour établir quelque ordre dans l'actuel pêle-mêle poétique, il faut considérer surtout la réaction la plus directe et la plus précise contre l'École Symboliste dans les théories et les œuvres de M. Saint-Georges de Bouhelier, inventeur et chef incontesté, j'imagine, de l'École Naturiste.

Je n'ai pas à parler de quelque injustice de langage dont usèrent, dont usent encore les Naturistes à l'égard des Symbolistes, leurs prédécesseurs immédiats. Ces petites querelles n'ont d'autre valeur que celle de l'amusement anecdotique qui, ici, ne serait pas à sa place ; et les Symbolistes, d'ailleurs, n'ont que peu de droits à se plaindre de l'injure polémique, que beaucoup d'entre eux n'épargnèrent pas à leurs aînés. Nous avons souri, patiemment : qu'ils ne se fâchent point ! Mais voyons ce que veut et à quoi prétend le Naturisme. De jeunes esprits, las des obscurités vagues et des singularités, et des maniérismes, et, surtout, de l'irréalité, résolurent, pour la rénovation de l'art clair, ému, sincère, palpitant, de l'art pittoresque et pathétique, de tremper l'inspiration dans les splendeurs, dans les beautés, dans le mouvement immortel de la nature, dans la passion humaine, en un mot, dans l'activité universelle de la vie. Eh! voilà qui est admirable. Mais quoi ! cela est-il nouveau en effet ? Après l'École dite « Naturiste », qui est d'avant-hier, une autre école, qui s'y rattache, l'École dite « Française », a bien le droit de penser que « la fonction essentielle de la poésie est d'exprimer la vie dans sa splendeur et dans sa force »; et c'est la « foi nouvelle », de plusieurs inspirés. En vérité, qu'elle soit Naturiste ou Française, ils calomnient leur foi. Elle n'est pas nouvelle, car il est impossible de concevoir un poète vraiment poète en qui elle ne serait pas aussi essentielle que le souffle vital, car elle est éternelle comme l'âme de la lyre ! Mais le difficile, surtout en nos époques qui semblent automnales, c'est de déterminer ce qu'on entend par « la splendeur et la force de la vie »; chaque vivant, ne fût-il pas poète, a bien le droit d'avoir sur ce point un avis personnel. C'est de la vie aussi avec de la force malgré les mélancolies, avec de la splendeur à cause justement des crépuscules, et avec des résurrections convalescentes, les songes accoudés au balcon de la désespérance ! Il serait

un peu excessif que, sous peine d'être exilé de France avec défense de
porter le nom de Lamartine, d'Alfred de Vigny, de Musset, de Dierx,
ou de Verlaine, le poète dût désormais se résigner à n'être qu'une
espèce héroïque de Roger-Bontemps, qu'une façon de Fanfan la Tulipe
socialiste; et, en vérité, il a le droit d'avoir de la joie ou de la peine à
sa manière, fût-ce avec de la faiblesse subtile, avec de la préciosité
morbide. A vrai dire, l'École Naturiste et l'École Française, sa cadette,
admettent l'éternelle douleur et la moderne inquiétude, mais elles
tiennent à ce qu'elles soient pénétrées de vie et de nature. Eh! qui
s'est avisé de jamais vouloir le contraire? Est-ce que la nature et la vie
ont jamais été absentes d'aucune belle œuvre humaine? et même on
les retrouve chez ces mystérieux quintessenciers de rares mentalités
indéfinies qu'on a nommés les Décadents, même chez ces rêveurs
exquisement et lointainement épars qu'on a nommés les Symbolistes.
En somme, je pense que, de même que les Symbolistes ont eu tort de
croire qu'ils inventaient le symbole, les Naturistes se méprennent en
s'imaginant qu'ils ont découvert la nature. Mais, pour être de tous les
temps, leur « système » poétique n'en a pas moins le mérite d'une rénovation qui vient à l'heure même où elle était nécessaire; et les jeunes
Naturistes l'ont corroboré d'œuvres qui sont bien loin d'être sans
valeur. J'ai déjà parlé de M. Jean Violis, délicatesse vibrante aux
frôlements de la vie. Ardent, passionné, généreux, M. Michel Abadie
porte une âme qui bat et s'élève d'un grand souffle. Mais il faut s'inquiéter surtout de M. Saint-Georges de Bouhelier, si jeune encore,
et pourtant de qui l'œuvre : poésies, romans, théâtre, critique, est
nombreuse. Est-il parvenu à la pleine manifestation de soi? je ne le
crois point. Chacun de ses ouvrages laisse encore l'impression d'un
commencement; mais pas un d'entre eux où ne s'active une vocation
véhémente, déjà fière du lendemain. Il a la belle audace de tout entre-
prendre et l'éloquence proclamatrice des défis, presque pareille à un
enthousiasme de victoire. Il a cette grande force, l'affirmation, par où
l'on croit et fait croire. Et déjà l'admiration que lui ont vouée ses amis
et la confiance qu'il inspire à la plupart de ses lecteurs sont justifiées par
des tentatives qui sont presque des achèvements. Sa qualité principale,
c'est l'élan : il est inégal, hasardeux, maladroit, jamais sans essor. Çà

et là, d'un poème, un vers superbe éclate! En un mot, il est certain de sa gloire, et nous l'espérons. En attendant, il bataille, comme un jeune chevalier; c'est un Rodrigue, bientôt Cid. « A moi, Symbolisme, deux mots ! » Il leur en dira des milliers. Je ne parie pas pour le Comte.

A cette énumération de tant de poètes, ajouterai-je des noms de poètes encore? parlerai-je des belles poétesses, Mme Lucie Mardrus, la comtesse de Noailles, Mlle Nicole Hennique, Mme Anne Osmont, qui triomphèrent dès qu'elles parurent, — comme si le sceptre poétique était destiné à tomber en quenouille? Cela sera-t-il un bien? pas pour elles hélas! C'est toujours d'un regard de tristesse que je vois entrer de jeunes hommes dans la terrible vie littéraire. Même très bien doués, que leur œuvre sera difficile à accomplir! Et, même l'esprit très ferme et le cœur très robuste, qu'ils connaîtront d'angoisses, qu'ils subiront de défaites! Non seulement les êtres vivants, mais les circonstances sont autour du poète comme un cercle toujours plus rapproché de chiens qui veulent mordre, et qui mordent. Puis, la gloire venue, — si elle vient, elle vient toujours trop tard, à l'heure où l'on a cessé presque de la désirer, — leur vaudra-t-elle le prix dont ils l'auront payée? J'ai essayé de décourager beaucoup de jeunes artistes; j'y ai quelquefois réussi; c'est une de mes fiertés de penser que, grâce à moi, deux ou trois braves gens, qui auraient rimaillé et chroniquaillé vaille que vaille, vont à leur bureau tous les matins, se sont mariés, ont des enfants dont ils feront, je l'espère, de petits employés ou de petits négociants, et se portent bien, de corps et d'âme. C'est seulement quand j'ai cru reconnaître en un jeune homme des qualités exceptionnelles, des dons vraiment souverains dont nul n'a le droit de priver le reste de l'humanité, que je lui ai conseillé l'horrible labeur, l'effroyable lutte; et ce n'a pas été sans remords, songeant à ce qu'il allait souffrir, songeant à tout ce que l'ingratitude universelle lui réservait de tortures en échange de la beauté et de la joie qu'il lui apportait. Or, mon inquiétude, presque mon épouvante, est plus grande encore si c'est d'une femme qu'il s'agit. La pensée de ce qu'elle va affronter, en tentant l'art, elle si peu destinée aux brutalités, aux violences de la vie littéraire, me bouleverse. Notez qu'il n'y a pas de raison, en effet, pour que, faisant métier d'homme, elle y soit plus ménagée que les

hommes eux-mêmes, même par le grand public, qui n'a pas de méchanceté, même par les plus courtois des critiques; en demandant la
justice, elle se prive du droit à la déférence. Et tant d'autres détresses
que l'illusion ignore! tant d'autres chagrins! Exceptons Mme de Staël,
qui, femme-homme, fut un monstre. Je ne sais pas si la grande George
Sand, à l'heure du plus magnifique rayonnement de sa gloire, ne re-
gretta pas la lointaine et ignorée vie familiale à laquelle d'ailleurs, au
déclin de sa vie, non de son génie, elle retourna, dignement, et mélancoliquement. Elle-même, cette délicieuse et pleurante Marceline
Valmore qui, pourtant, chantait sans le faire exprès, parce qu'elle ne
pouvait pas faire autrement, méprisa peut-être d'avoir chanté et pleuré
pour d'autres que ses enfants et son mari. Demandez à cette admirable
Georges de Peyrebrune, la plus généreuse et la plus parfaite sans doute
des romancières contemporaines, quelles sont les affres de la femme
exposée à la publicité! Il semble que la poésie des femmes ne devrait
être, comme leur grâce, comme leur belle humeur, comme leur sens
délicat de tenir tout en ordre et de mettre des fleurs dans les vases,
qu'un charme de plus dans la maison. Je ne crois pas que rien, même
les triomphes, vaille pour elles la douceur des destinées obscures.
Mais, après ce radotage de poète embourgeoisé par le grand âge, je
n'ai qu'à admirer l'effrayant courage de celles qui, pour enchanter le
monde, bravent tant de désastres; et c'est seulement parce que je suis
arrivé aux bornes de ce travail, fixées par son titre même, que je ne
loue pas ici, — mais je parlerai d'elles ailleurs, — les jeunes Inspirées
à qui n'a point suffi d'être des inspiratrices.

Cependant, à ce point de mon ouvrage, une question se pose, inévitable : depuis la splendeur des génies romantiques, où s'ajoutèrent
les gloires parnassiennes, un poète, — il ne s'agit plus de juger les
systèmes de telle ou telle école, — un poète a-t-il surgi, très haut,
très vaste, très puissant, dominateur des esprits et des cœurs, et digne
de l'universel triomphe?

Non, hélas!

Certes, aucun désespoir ne serait de mise devant le nombre extraordinaire de rêveurs singuliers, de penseurs originaux, d'âmes émues,
d'artistes exquis ou violents dont s'honorent les dernières années et

l'heure actuelle. Que de maîtres! le Maître? non. Il se peut que,
bientôt, demain, il apparaisse. Qui sait s'il n'est pas parmi les tout
nouveaux venus que j'ai nommés tout à l'heure? C'est peut-être le
moins célèbre d'entre eux qui va, lentement, par l'acharné labeur, ou,
tout à coup, par une irruption de génie, devenir illustre parmi les
enthousiasmes reconnaissants; il se peut aussi que l'un des poètes d'hier,
dont plusieurs n'ont pas même atteint encore la maturité puissamment
créatrice, — oui, l'un des Symbolistes de naguère, — réalise enfin
quelque grande œuvre, magnifique, suprême, qui fera dire : « Voyez!
c'est Lui! » En attendant, si l'on ne songe qu'à la poésie proprement
dite, à celle que l'on publie par le livre, il faut bien se souvenir que
Victor Hugo, vieillissant, disait avec orgueil, avec tristesse aussi : « La
fin de ce siècle, c'est la fin d'un jour énorme, glorieux, resplendissant,
le couchant d'un prodigieux soleil; puis, après, lumineuses, pétillantes,
diverses, fines, délicieuses, les petites étoiles, innombrables. . . »

Mais une aurore s'est levée.

Dans le Drame.

Si l'on a daigné prêter quelque attention aux diverses parties de
cette étude, on se souviendra peut-être de l'affirmation que notre
race moderne n'a pas atteint, dans le drame, une beauté égale à celle
qu'elle a réalisée enfin par l'Ode et l'Épopée; je n'ai pas caché que, à
mon avis, la tragédie racinienne avait été, plus que la tragédie romantique, proche d'un théâtre vraiment théâtre, et parfait; et cela provient
justement de ce que, en notre âge, triompha incomparablement, avec
une intensité jalouse et en qui tout s'absorbe, le double génie épique
et lyrique, qui, sans doute, n'est pas le légitime prince de la création
dramatique. Faudrait-il donc rétrograder vers la formule classique?
rien ne serait plus absurde; on ne remonte pas le courant de l'esprit
humain, torrentiel et invincible. On se rappelle les tentatives misérablement avortées, malgré l'aide que leur prêtèrent l'imbécillité jalouse
et la mode, de Ponsard, de Latour Saint-Ybars, d'Autran, de plusieurs encore, gens de talent néanmoins ; et, tout récemment, lorsque
quelqu'une des œuvres du meilleur d'entre eux a été remise à la
scène, on a assisté au lamentable spectacle d'un néant de momie qui
ne ressuscitera pas. Que devrait donc être, que sera, en notre pays, le

vrai théâtre? Émanera-t-il, transformé, clarifié, « francisé », de l'individualité sentimentale et brumeusement sociale des dramaturges du
Nord? Sans avoir besoin de rien emprunter aux nations étrangères,
dérivera-t-il, splendide action-rêve, humanité surhumanisée, de l'*Axel*
de Villiers de l'Isle-Adam, qui semble bien avoir ouvert une voie neuve
aux hautaines chimères de Maeterlinck, de Saint-Pol-Roux, de Paul
Claudel, de Maurice Pottecher? ou bien sera-t-il, rythmée par le grand
cœur populaire, la vraie vie elle-même de l'humanité dans l'histoire,
comme l'espère M. Romain Rolland? Le certain, c'est que, parmi des
œuvres déjà de grâce, de force ou de beauté, elle ne s'est pas encore
manifestée, l'œuvre nouvelle véritablement sublime, dominatrice et directrice, que l'on reconnaîtra sans peut-être l'avoir prévue, et de qui,
tout à coup, on dira : « C'est elle ! » Puisse-t-elle ne pas tarder davantage ! Puisse le sort, — car ma vie s'en va finir, — ne pas me voler la
gloire et la joie de l'acclamer l'un des premiers !

Mais en l'attendant, il est impossible de ne pas reconnaître que, à
l'heure actuelle, le drame romantique, — non pas, vous m'entendez
bien, l'absurde drame tout haillonneux de vieilleries écarlates et tout
sonore de bric-à-brac, — mais le drame tel que l'entendait Victor
Hugo, le vrai drame romantique, c'est-à-dire libre, où palpitent toutes
les passions, où pleurent toutes les douleurs et rient toutes les joies, où
planent tous les rêves, charme encore et émeut, possède, maîtrise victorieusement les esprits et la foule. Un des hommes les plus distingués
de notre temps n'a pas craint d'affirmer la « faillite du drame romantique »; en vérité, l'on demeure stupéfait de voir l'esprit de parti
littéraire pousser à une aberration si absurde, si évidemment contraire à la vérité, qu'il faut beaucoup d'estime pour ne pas y voir
plus de mauvaise foi que d'erreur. On ne se trompe pas à ce point, —
à moins de le faire exprès. La vérité, c'est que jamais autant qu'hier
et aujourd'hui ne fut accueilli d'acclamations et fêté par toutes les sortes
de public, le romantisme théâtral, lyrisme et épopée en action. Si, aux
jours de l'Empire, à cause du Maître exilé, et de l'idéal restreint à la
comédie de mœurs par la médiocrité des créateurs et la médiocrité
asservie du peuple, il sembla lointain, relégué, exilé aussi, de quel
essor, dès la liberté, il reconquit le monde intellectuel! et, depuis, il

n'a pas cessé de le posséder. Le moyen de nier cela? cela saute aux yeux, cela crève les yeux. Et la Recette, cette preuve qu'exige le bon sens bourgeois, la Recette, cet enthousiasme monnayé, est d'accord avec l'admiration de tout un peuple. Aucun drame en vers, véritablement beau, — car les mauvais drames en médiocres vers, parle-t-on de cela? — qui n'ait transporté le public et enrichi le théâtre. Rappelez-vous les triomphes de Louis Bouilhet, — sous l'Empire, cependant, — d'Auguste Vacquerie, de François Coppée, d'Armand Silvestre, de Jean Richepin! Rappelez-vous les éblouissantes premières et les centièmes illustres! Dans ces dernières années, ç'a été une recrudescence d'ardentes sympathies pour le drame romantique. Oui, voilà comment le drame romantique a fait faillite, voilà comment le drame romantique est mort; et, enfin, c'est par le romantisme théâtral, délicieux, joyeux, déchirant, tendre, éblouissant, tout-puissant, qu'Edmond Rostand a charmé et dompté la France, lui a reconquis le monde! — Pour ceux qui, comme moi, gardent au fond de leur pensée que, pour être valable et féconde à son tour, toute nouveauté, même excessive, sera, nécessairement, l'effet de l'instinct et de la tradition immémoriale des races, et qui s'en réjouissent, il était, certes, légitime, et heureusement fatal, que, voué plus que tous nos siècles au triomphe, même sous la forme dramatique, de ces deux formes premières et suprêmes de l'essor divin de l'homme : l'Ode et l'Épopée, le XIXᵉ siècle, commencé en un poète tel que Victor Hugo, s'achevât par un poète tel qu'Edmond Rostand, qui recommence, et continue. Après le crépuscule étoilé, et la nuit, l'aube est née d'une dernière étincelle du couchant.

FIN DU RAPPORT.

APPENDICE.

I

Le travail que l'on vient de lire est surtout consacré à la poésie lyrique et à la poésie épique. Ce n'est qu'incidemment qu'il a pu être question du Drame. On a cru bien faire en donnant ici quelques fragments des études faites ailleurs, par l'auteur du Rapport, sur des œuvres théâtrales de M. Edmond Rostand.

LA SAMARITAINE.

(14 avril 1897.)

C'est par la faute des comédiens que beaucoup de personnes, de qui l'opinion importe, répugnent à voir figurer sur la scène les Dieux, rêves des âmes. Car cette répugnance, en réalité, n'est pas causée par le mélange du sacré au profane, de l'idéal céleste à la chimère théâtrale; au contraire, je pense que, pour tous les spectateurs de qui la religion implique un culte, les pompes de la scène, prolongeant les pompes de l'église, ne blasphèment en aucune façon celle-ci; le Spectacle n'est pas incompatible avec la Cérémonie. Non, ce qui choque dans les drames pies, ce n'est point qu'on nous y montre Jésus, Samonacodom, Parabavastu, c'est qu'on ne nous les montre pas en effet; au lieu du Dieu, paraît l'Acteur. Ah! si les comédiens, selon leur devoir, se bornaient généralement à être les interprètes du poète, s'ils avaient coutume de se modifier, de se transformer selon les rôles, s'ils ne prétendaient pas imposer leur personnalité, leur immuable et triomphante personnalité, aux personnages que tour à tour ils représentent, toute idée de sacrilège, lorsqu'ils portent des noms augustes, vénération des fidèles, serait écartée; s'ils ne persistaient pas à être, réellement, eux-mêmes, à se faire remarquer tels, il n'y aurait aucune difficulté à les croire sacrés : tout inconnu peut être un Messie. Mais nous les reconnaissons! au timbre de la voix, à l'attitude habituelle, au geste familier, à des tics qui sont comme les signes particuliers de leur talent, comme les grains de beauté de leur gloire; et, si j'accorde que le Christ se soit fait homme, je ne puis me résoudre à admettre qu'il se soit incarné, spécialement, en tel ou tel premier rôle, en tel ou tel jeune premier. Supposez que M. Péricaud joue Dieu le Père; il vous serait difficile de prendre le *Pater* au sérieux, étant tenté de le dire ainsi : «Notre père Péricaud qui êtes aux cieux!...» Je craindrais qu'il se produisît un effet peu évangélique si l'apôtre Pierre, — rôle confié à un imitateur de Paulin-Ménier, — répondait : «Je ne connais point cet homme!» avec la voix de Choppart disant : «Mais, c'est ma tête que vous me demandez là!» Et que d'intimes querelles, dénuées de toute orthodoxie, — dans les baignoires proches de la scène, dans les petites baignoires assez larges à peine pour le «seules-enfin» des menues cocottes deux par deux, qui, ayant de la religion, usent des jours saints pour s'imposer, végétariennes de Lesbos, des jeûnes de chair virile, — lorsque Marie de Magdala essuierait, de ses cheveux, des parfums aux pieds nus de M. Guitry. Pour ne point rire, le comédien ne peut que par l'impersonnalité donner l'illusion de la divinité! et vous ferez bien d'aller voir jouer la Passion par les montagnards d'Oberammergau.

C'est, je pense, pour que le Fils du Cabotin ne se substituât pas au Fils de l'Homme que M. Edmond Rostand, en son délicieux mystère : *la Samaritaine,* — en cette œuvre douce, tendre, belle aussi, pure comme une prière d'enfant, simple et haute comme la foi d'une vierge, en cette œuvre qui, à chaque instant, nous fit venir aux yeux des larmes de charme, — n'a voulu nous montrer que le Jésus des commencements de la légende, que le Jésus avant la prédication comme officielle, que le Jésus déjà divin, pas encore dieu! En outre, il l'a fait voir le moins possible, afin que, par l'absence et le silence, le Nazaréen demeurât plus mystérieusement adorable.

Mais il n'a pas obéi qu'à l'épouvante de trop nous offrir un Christ qui, encore que très intelligemment et très soigneusement joué par M. Brémont, n'eût été que M. Brémont lui-même, — Sauveur un peu ventripotent en sa robe blanche et joufflu entre ses mèches blondes; j'imagine que, ayant conçu le dessein d'un poème d'infinie tendresse, d'amour toujours pâmé en espoir, en pardon, en caresse à toutes les misères, à tous les baisers aussi, M. Edmond Rostand n'a pas jugé qu'un messie-homme, — fût-il Jésus, aux mains ouvertes d'où coule le ciel, — suffirait à répandre toute la miséricorde délicate et câline; il a pensé que, virile, la Grâce n'aurait pas, quoique divine, assez de grâce. De sorte que son Christ, ce n'est pas le Christ, c'est la Samaritaine, en qui seule se mêlent la Pécheresse et la Pardonnée; Dieu ne s'est pas fait homme, il s'est fait femme.

De là, un délice, évangélique mais poétique, auguste mais familier, sacré mais amoureux, pur mais passionné, — et le frisson comme moderne de l'immémoriale légende.

Dès que, près du puits où les patriarches s'assemblèrent pour annoncer la venue de l'Attendu, la belle et jeune courtisane, qui chante une chanson tendre, a bu l'eau immatérielle coulant non des lèvres de l'urne, mais des lèvres du prophète, l'eau de la foi, l'eau de l'espérance, l'eau du salut, elle devient le prophète lui-même, et, n'ayant jamais rien su, et, tout de suite, en quelques gouttes de parole divine, ayant tout appris, elle est celle qui portera parmi les hommes et les femmes la bonne nouvelle du royaume du ciel, du royaume de l'amour. C'est de sa chanson tendre qu'elle fait sa première prière! il y a de l'humanité féminine en sa religion. N'importe, elle sera auguste et rédemptrice, quoique si charmante toujours, quoique intimement pécheresse toujours; c'est de rester femme qu'elle sera divine. Et elle s'en va, prêchant, avertissant, promettant, — conquérant les âmes. Elle est l'apôtre-beauté, l'apôtre-amour. Celui-là ne saurait avoir aucune idée de la rédemption par Ève, victorieuse du serpent, mais ayant gardé, du serpent, la caresse de l'enlacement, qui n'a point vu la Samaritaine, Mme Sarah Bernhardt, — belle comme la jeunesse et forte comme l'amour, — séduire, charmer, surprendre, emporter, torturer de joie les âmes, et les conduire toutes, vaincues, obéissantes, vers le puits sacré, vers le puits d'avenir, où, — un homme blanc étant assis sur la margelle, — on puise l'eau immatérielle, l'eau de la foi, l'eau de l'espérance, l'eau de l'amour, l'eau du salut! Et lorsque le Christ va révéler la prière suprême, la prière unique, par qui l'humanité supplie, adore, et obtient, lorsque va s'épandre, sur tous les univers, le *Pater*, — prière de tous les enfants vers l'unique père, — elle n'a pas besoin qu'on la lui ait enseignée, la Prière, car elle la porte en elle, et elle la sait, avant Dieu lui-même! Je voudrais connaître, pour avoir l'occasion de bafouer un imbécile et de mépriser un gredin (chose justicière et toujours agréable!), celui de tous les spectateurs qui, à ce moment du drame, — quand Sarah Bernhardt s'agenouille et lève des mains sacrées! — n'a pas éprouvé l'infini brisement de l'extase consentante.

N'ai-je aucune querelle à faire au poète qu'aida une telle poètesse, — oui, poètesse, car, chanter ainsi les vers c'est comme si on les avait faits, — et M. Edmond Rostand ne me permettra-t-il pas de lui dire toute ma pensée? Il me le permettra, sachant ma manie de ne tenir aucun compte de mes préférences personnelles, ni de mes amitiés, lorsque je parle de choses de mon art. Eh bien, à dire tout ce que je pense être vrai, le vers de M. Edmond Rostand ne me satisfait pas d'une manière totale. Eh! oui, sans doute, il est harmonieux, et vif, et clair, et tendrement sonore, ce vers, et débordant d'images; il se développe éloquemment jusqu'au lyrisme; et, en outre, vous devinez quelle est ma joie de voir un artiste nouveau, en qui, souvent déjà, j'ai pu louer un remarquable poète, ne point rompre les traditionnelles règles desquelles mes amis et moi fûmes, sommes et serons toujours les défenseurs acharnés. On sait de quelle sincère sympathie, avec quel loyal désir de les voir s'affirmer en œuvres triomphales, j'accueille les plus déconcertantes audaces, — déconcertantes pour moi, — des prosodies nouvelles; mais on sait aussi combien je suis persuadé, dans le tréfonds de moi, que ces prosodies n'ont pas absolument raison, et que l'heure n'est pas éloignée où, avec non moins de talent, avec plus de talent encore qu'ils n'en déployèrent en ces tentatives hasardeuses, les meilleurs des nouveaux rentreront dans le giron commun de l'éternelle règle! Je devrais donc me réjouir d'un poète tel que M. Rostand, fidèle en apparence aux lois où je me soumets. Et, en effet, je m'en réjouis, — mais non sans réserve. C'est qu'il n'y a pas, dans l'art poétique de M. Rostand, assez de décision. Oui, ces vers sont classiques, ou romantiques, ce qui est, au reste, absolument la même chose. Mais, tout de même, il fait, par l'imprécision de la mélodie rythmique, qui parfois ne s'avoue vers qu'à la rime, de fâcheuses concessions à une nouveauté à laquelle il consent trop, — ou à laquelle il ne consent pas assez. Car, s'il y consentait totalement, je n'aurais aucune objection à lui faire. Gustave Kahn vous pourrait dire combien je suis capable de me plaire aux vers de Kahn, de Régnier ou de Vielé-Griffin, en attendant que eux-mêmes ils s'y plaisent moins; — et il me semble que M. Rostand ferait mieux d'être, prosodiquement, beaucoup plus régulier, ou de ne l'être pas du tout. Et, puisque je suis en train de mécontenter tout le monde, je veux ajouter que l'auteur de la *Samaritaine,* très souvent, me fâche par trop de malice que ne rachète pas trop de négligence; et surtout par l'affectation de ce qu'on appelle la rime riche. Certes, à mon point de vue, la rime doit être pleinement sonore, avec la consonne d'appui, — quand le mouvement lyrique n'exige pas quelque apparence d'abandon. Cette rime-là, c'est celle de Hugo, de Gautier, de Leconte de Lisle, de Baudelaire, de François Coppée, de Sully Prudhomme, d'Armand Silvestre, de Jean Richepin, de Maurice Bouchor, et de cet admirable Saint-Amant, Raoul Ponchon, et la mienne. Mais la rime comme qui dirait à deux étages, ou à double menton, la rime exagérée, la rime deux fois riche, la rime deux fois rimée, n'est véritablement de mise (relisez les *Odes Funambulesques* de Banville, les *Gilles et Pasquins,* de Glatigny, la *Nuit Bergamasque,* d'Émile Bergerat, la *Grive des vignes,* de Catulle Mendès, où d'ailleurs j'ai eu soin d'éviter la rime-calembour!), n'est, dis-je, véritablement de mise que dans les odes farces, quand le vers condescend à la blague lyrique! En les œuvres pas pour rire, la rime trop riche, ou trop imprévue, est interruptrice de l'emportement, de la tendresse, du sublime. De même que j'ai blâmé Émile Bergerat d'avoir, dans *Manon Roland,* fait rimer « Dumouriez » avec « mouriez », je blâme M. Edmond Rostand d'avoir fait rimer, dans la *Samaritaine :* « muriers » avec « murmuriez »; et il ne faut être drôle que quand on est décidé à ne pas être sérieux.

Mais tout ce que je dis là est bien peu important. À travers toutes les diverses prosodies éclate l'âme des poètes qui sont vraiment des poètes. En réalité, notre art pourrait se passer de technique. Je crois à la mienne. Je n'empêche pas les autres de croire à la leur. Et tout est bien, puisque, grâce au prodigieux génie de Mme Sarah Bernhardt, à qui, — chose sans exemple, chose qu'il faut redire, chose qu'il faut crier ! — il n'est jamais arrivé de ne pas bien dire un vers, et qui, ce soir, a dit les vers en nous donnant la surprise qu'elle ne les avait jamais aussi miraculeusement dits; et avec la musique de M. Gabriel Pierné, ingénieusement mélodique, curieusement pittoresque, plus pittoresque peut-être, à cause de quelque orientalisme, qu'il n'eût fallu, car les dieux sont des gens de tous les pays; et parmi des décors de lointains et de soleil, et une figuration qui évoque les belles foules de l'Hérodias de Flaubert, a triomphé l'œuvre tendre et heureuse du poète que je n'aime pas le moins entre ceux que je préfère.

CYRANO DE BERGERAC.

(29 décembre 1897.)

Qui veut de la joie? en voici, à profusion, toujours, et toujours, et encore après encore. Le mot pouffe de rire, le vers s'esclaffe, la ballade se tient les côtes, le rythme cabriole comme un clown omniforme et omnicolore, l'image vire et vire et vire comme une féerique mère Gigogne qui, de son ballonnement tout d'or et d'étoiles, enfante mille petites images gamines et folles; et de partout à la fois jaillissent, glissent, tintent et tintinnabulent des scintillements de verves qui s'entre-choquent, pareilles à des pointes d'épées où on aurait mis des sonnettes et qui s'envoleraient en fusées! Ah! il faut le dire : jamais le lyrisme héroï-bouffon n'avait rayonné avec plus d'abondant et d'éblouissant et d'inextinguible brio; et, tout net, ni dans les comédies de Regnard, si gaies cependant (M. Edmond Rostand n'est pas éloigné de ressembler à un Regnard ivre de Hugo, de Henri Heine et de Banville), ni dans le prodigieux quatrième acte de *Ruy Blas*, ni dans *Tragaldabas*, ni même dans les *Odes funambulesques* où pouffent des dieux-pitres et des paillasses olympiens, tant de flambante et de furieuse allégresse ne s'ébouriffa, en paillettes d'or sonore, aux mille souffles de la fantasque chimère! De sorte qu'en effet un grand poète comique, qu'avait fait prévoir le premier acte des *Romanesques* à la Comédie-Française, un grand poète, divers, multiple, heureux, follement inspiré, et prodigieusement virtuose, vient de se révéler au théâtre de la Porte-Saint-Martin, définitivement; ce que je dis ici, les quelques réserves auxquelles je serai obligé tout à l'heure ne feront, loin de l'infirmer, que le corroborer; et voici que notre cher pays de France qui, hier par les *Mauvais Bergers*, d'Octave Mirbeau, affirmait son immortelle vigueur tragique; qui, bien des fois déjà, par les intenses chefs-d'œuvre drôles et sinistres, de Georges Courteline, a prouvé la survivance de Molière, vient, dans l'œuvre d'Edmond Rostand, d'évoquer toute l'âme aventureuse et heureuse, hasardeuse et batailleuse, attendrie, mais en riant, et lyriquement joyeuse de la race que nous sommes aussi, foule gaie, et rayonnants rieurs !

Je voudrais dire, avant de parler de la pièce, quelques mots de Cyrano de Bergerac lui-même. Au delà du vers de Boileau :

> J'aime mieux Bergerac et sa burlesque audace,

entre les amusettes héroïques, gasconne légende de duels, — légende qui, d'ailleurs, s'affirme de tous les témoignages qu'apporte l'histoire, — je vois un homme brave, certes, extraordinairement brave, mais surtout honnête et touchant, qui, selon un mot fameux, eut le nez si grand et si mou, mais le cœur plus grand encore, et plus tendre; un philosophe qui rêvait bien plus de choses que ne lui en enseignèrent Gassendi et Campanella; un poète tragique, capable par la belle ordonnance du plan, et l'éloquence furieuse des tirades, de contraindre Corneille à l'admiration; un savant qui imagina bien plus que, de son temps, on ne pouvait scientifiquement supposer, et, de la sorte, il est l'incontestable inspirateur des Fontenelle, des Swift, des Edgar Poë et des Villiers de l'Isle-Adam. Ce fut aussi, sans doute, un très maniéré inventeur de brutalités foraines et subtiles, un très précieux faiseur de pointes, mais, après avoir écrit à l'énormément rotond Montfleury : « Pensez-vous donc à cause qu'un homme ne vous saurait battre tout entier en vingt-quatre heures et qu'il ne saurait, en un jour, échigner qu'une de vos omoplates, que je me veuille reposer de votre mort sur le bourreau? », sachez qu'il a écrit, (à vrai dire, je ne sais dans lequel de ses ouvrages, je recopie d'après une note que je pris autrefois), sachez qu'il a écrit, paysagiste si simple et si sincère qui semble le contemporain de Pierre Dupont, de Theuriet, ou de Jacques Madeleine, ou de Jean Lorrain, ces délicieuses lignes : « N'avez-vous pas pris garde à ce vent doux et subtil qu'on ne manque jamais de respirer à l'orée des bois? C'est l'haleine de leur parole, et ce petit murmure, ou ce bruit délicat, dont ils rompent le sacré silence de leur solitude, c'est proprement leur langage. Mais encore que le bruit des forêts semble toujours le même, il est toujours si différent, que chaque espèce de végétaux garde le sien particulier, en sorte que le bouleau ne parle pas comme l'érable, ni le hêtre comme le cerisier. »

Que cela est délicieux!

Mais jamais Cyrano de Bergerac ne fut tout à fait ce qu'il semblait qu'il fût si proche d'être... M. Edmond Rostand paraît avoir admirablement surpris l'âme même de Cyrano de Bergerac; et il la fait revivre, toute, à force de joie et de pitié. Remarquez, d'ailleurs, que s'il n'éprouvait ni joie, ni pitié, M. Rostand ne serait pas un poète, la Poésie étant faite, — en haut de la pensée, — de miséricorde et d'admiration attendrie.

Cyrano fut, certainement, de tous les hommes de son temps, celui qui aurait le plus de droits à prendre pour devise ce commencement des vers attribués à Virgile : *Sic vos non vobis!*... Et puisque Cyrano de Bergerac ne se battit jamais pour lui-même, puisqu'il ne fut jamais que « second », il était bien logique que, en les choses de l'amour et de la gloire, il ne fût que second aussi. Quel délicieux sujet de drame, — conforme, du reste, à la probabilité des traditions, éparses partout, — c'était de montrer le batailleur invincible acceptant d'être lâche (même quand on raille son nez, ce Pic de l'Honneur), parce qu'une cousine, Roxane, qu'il adore, lui recommanda d'être doux pour un bellâtre qu'elle aime. Et, désormais, Cyrano de Bergerac, pas pour soi, pour d'autres, va se battre avec tous les gens qui voudront faire du mal à l'amant de celle que, lui, il adore. C'est là toute l'exquise pièce de M. Edmond Rostand. Cyrano croit qu'il ne peut pas être aimé à cause de son nez. Mais il sera aimé sans qu'on sache que c'est lui! à cause de son esprit et de son cœur. En un sacrifice dont peut-être il est reconnaissant à l'amoureuse et à l'amoureux, car, à se sacrifier, il éprouve une exquise douleur, quelque chose comme un divin martyre, il est celui qui, pour écrire, pour parler, — car on peut parler, sous le balcon, dans l'ombre, sans que la face ou la voix soient reconnues, — se substitue à l'amant imbécile et aimé pour sa seule beauté. Je n'hésite pas à admirer ici une situation simple et tragique, comparable aux plus merveilleuses imaginations des contes des fées, ces exemples éternels! Et Cyrano, — que d'Artagnan complimenta au premier acte, — s'en va vers la guerre, pour préserver de toute malencontre, (puisque Roxane le veut), Christian qui est un sot. Alors, à travers les amusements des romanesqueries de Dumas père éclate une gaie espagnolade; Roxane arrive dans le camp, au siège d'Arras; elle est amoureuse, elle est folle, et arrogante (pour un peu elle dirait, comme une Elvire ou une Léonore, de Calderon ou de Lope de Vega : « Je suis celle que je suis! »), et elle apporte des vivres pour tous les Cadets de Gascogne, de l'amour pour son amant devenu son mari (grâce à un capucin un peu trop farce et sans drôlerie), et il va falloir mourir, tout le monde, en riant! Ah! que je suis content! Ah! que je suis aise! Je ne crois pas une minute à tous ces prochains trépas, mais je crois à la sincérité des gens qui s'y vouent; et je vois triompher, au-dessus du camp, la jolie audace, pied de nez de dentelle, — pour ce seul mot Cyrano m'eût tué! — d'un mouchoir de Précieuse, drapeau parfumé! Or voici la fusillade et la canonnade. Les burlesques et héroïques Gascons tombent en loques pittoresques. Mais je ne crois pas avoir jamais éprouvé d'émotion plus déchirante que celle d'avoir vu Roxane, sur le corps inanimé de Christian, trouver et froisser et baiser la suprême lettre qu'elle croit écrite par Christian et qui fut, en effet, écrite par Cyrano. Ah! le pauvre, qui ne voulait avouer ni son amour, ni son dévouement, ni la supercherie dont il usait pour que Roxane, tous les matins, reçût des lettres de Christian, — des lettres qu'il écrivait, lui Cyrano, et où il mettait, en effet, toute son âme, et où il niait qu'elle fût sienne, à cause de son nez à lui!

Le dernier acte est, — d'un bout à l'autre, — admirable. Christian est mort à la guerre, sa veuve est au couvent; beaucoup d'années ont suivi beaucoup d'années; et la délicieuse blancheur des nonnes aux longues traînes de neige reçoit l'aumône morte des feuilles de l'automne universel. La veuve est seule dans le jardin automnal, où le pauvre Cyrano de Bergerac, vieilli, alangui, n'essaye même plus d'être athée, vient mourir d'une blessure, — hasard, assassinat peut-être, — et alors (toujours docile au *sic vos non vobis* qui fut la loi de sa vie), il n'accepte même pas de recevoir le suprême baiser consolateur de celle qui voudrait bien se repentir de son erreur; de même qu'il n'accepte pas la gloire qu'on lui apporte en lui annonçant que Molière lui a pris la meilleure scène du *Pédant joué!* Il dit, mourant sous la chute des feuilles mortes : « Bien, bien, c'est bien... » En effet, un demi grand génie, un demi beau visage... Puis, brusquement, ce fut la très héroïque et très justement révoltée estocade de Cyrano agonisant, mais debout devant l'arbre du cloître, contre toutes les fausses sciences, contre toutes les compromissions, contre tout ce qui ne ressemble ni à la probité des vraiment braves gens ni à la vraie gloire des artistes martyrs, et je tiens à dire que cette dernière scène du drame fantasque, tendre et furibond de M. Rostand a ressemblé, — en l'angoisse des agonies, — à un miraculeux tournoi de tout l'Idéal poétique, amoureux, savant et joyeux, contre l'imbécillité de cinq ou six personnes !

Car l'heure est venue, triomphale et admirable, où les poètes sont, en effet, les maîtres de Paris.

Car la foule s'ennuie des vaudevilles, et s'ennuie des opérettes; et elle est éperdument désireuse de quelque chose qui ne serait pas en calembour, et de quelques scènes que ne heurteraient pas, devant deux notaires, les inquiétudes de deux héritiers pour une différence de quatorze centimes. Ceux qui rechignent devant l'idéal, (ils seront bien avancés), ne feront qu'inciter la foule à considérer le geste qui, une fois pour toutes, lui montrera le chemin vers le théâtre où, après toutes les tristes niaiseries de la vie quotidienne, elle trouvera la dissemblance de sa misère, — le rêve !

Le succès de la pièce de M. Edmond Rostand a été tel qu'il ne me souvient pas d'en avoir vu de plus enthousiaste. Le soir où, après tant d'années d'exil, *Hernani* fut représenté sur la scène de la Comédie-Française, le drame de Victor Hugo ne fut pas acclamé plus que ne le fut, ce soir, la pièce de M. Rostand.

C'est pourquoi, sans nuire à votre prodigieuse réussite, je puis, mon cher Edmond Rostand, vous présenter quelques observations quant à vos procédés poétiques.

Il me semble que vous faites une confusion. La farce lyrique où vous êtes un prestigieux maître, (et cette louange, de moi, ne vous sera pas sans valeur), s'accommode des surprises de rimes, des contorsions de rythmes et de mille facéties verbales, où s'amuse une impertinence qui a de la folie aux yeux et le poing sur la hanche ! C'est un joli jeu funambulesque; et la versification farce est tout à fait de mise dans les amusettes d'une œuvre pour rire, (ce n'est pas que je méprise ces œuvres-là, il ne m'est pas prouvé qu'Aristophane soit inférieur à

Sophocle!), mais dès que la passion se précipite à travers le drame, dès qu'il ne s'agit plus de rire, même quand on rit, ah! non, ah! mais non, je n'admets pas que la drôlerie funambulesque continue; et quand voici la situation tragique, j'aime mieux, à l'alexandrin, pour douzième pied, le «Moi» de Médée qu'une rime imprévue dont je peux ne pas être ému. Oui, je pense, mon cher Rostand, que vous avez tort d'user, avec trop de continuité, d'une virtuosité qui donne lieu à de si merveilleux amusements dans les scènes fantasques, mais qui, croyez-le, nuit à l'émotion dans les scènes où le public pense à l'intimité des personnages, et la veut comprendre. Ah! certes, il faut garder le rythme, cet enlacement qui conduit les âmes où le poète veut, et la juste rime, qui fixe le point d'arrivée et de départ et de retour du rythme; mais il ne faut pas faire d'une trouvaille de rime, ou de rythme, un arrêt d'émotion; et, pour concevoir tout à fait ce que je veux dire, on n'a qu'à comparer, dans *Ruy Blas,* le rôle de César de Bazan avec celui de Ruy Blas lui-même. Mais ceci, c'est querelles de gens qui sont trop du même avis pour ne point chercher, enfin, par singularité, un point où ils sont d'avis contraire; et le succès de *Cyrano de Bergerac* a été si grand, si unanime, si ardent, si furieux et si prometteur de tant de représentations, où viendra s'abreuver de joie et d'héroïsme l'admirable âme populaire de Paris, que je ne pouvais m'empêcher de songer au ravissement que le Maître unique, Victor Hugo, eût éprouvé, — je vous assure, Rostand, que je l'aurais conduit à la première de *Cyrano,* — s'il avait vu s'offrir, avec tant de généreux lyrisme, votre jeune esprit si joyeux, si fier, si tendre à l'universelle foule de qui nous dépendons, et que nous vénérons!

Il faut dire que M. Constant Coquelin vient de jouer le plus énorme, le plus extraordinaire, le plus parfait de ses rôles. Je ne suis pas sans objection quant à la manière dont il interprétait le don César de Bazan, de *Ruy Blas,* (je ne parle pas de l'autre, où la bassesse du rôle ravalait un grand artiste à la valetaillerie!); mais voici que, lyrique, il retrouve, en y joignant de neuves émotions, le beau romantisme hautain et farce à la fois que lui conseillait, aux temps de sa jeunesse, Théodore de Banville, notre maître et le sien; et ce soir, Coquelin a été prestigieusement, miraculeusement, un Cyrano fantasque, tendre, futile, grand aussi, et mourant si tendrement, et si héroïquement, et si tendrement encore. Ah! que je suis content d'avoir vu l'œuvre d'un tel poète exprimée par un tel comédien!

Oui, oui, sans doute, les décors sont très admirables, et la mise en scène n'a rien où l'on puisse redire. Tous les rôles sont fort bien joués. M. Volny est aimable; M. Desjardins est élégant; M. Péricaud est un Gascon de naissance, tandis que M. Gravier est un Gascon d'accent. Mais je ne songe qu'à louer l'œuvre qui a remporté une si belle et si juste victoire! — Et le théâtre de la Porte-Saint-Martin, après trop de fâcheuses soirées où l'on récita tant de vers, est sauvé par un poète.

L'AIGLON.

(16 mars 1900.)

Applaudissements, acclamations, trépignements, tout un beau délire de fête! Voilà comment le drame romantique est mort. Idéal dans la « Princesse lointaine », sacré dans la « Samaritaine », précieusement sentimental et picaresquement héroïque dans « Cyrano de Bergerac », le voici, dans l'« Aiglon », pareil à la fois à une chronique shakespearienne et à un rêve d'histoire; mais en toutes ces manifestations il demeure, triomphalement, le drame qui a été « Cromwell », « Hernani », « Ruy Blas », « Tragaldabas », « Florise ». Pour ceux dont ce fut le noble soin de ne pas laisser s'éteindre, après les maîtres qui l'allumèrent, le flambeau romantique, la joie est profonde de le voir rayonner encore, avec tant de splendeur, dans la nouvelle main qui le secoue éperdument; et quelle aurore éclatante et charmante pour le siècle qui naît, cette jeune gloire d'Edmond Rostand! Nous y réchauffons, vieux poètes, nos rêves enfin débiles et frileux.

Napoléon II, — tel que l'auteur de l'« Aiglon » l'a conçu, en combinant selon sa vision personnelle tous les éléments de certitude et d'incertitude qui lui étaient offerts, en soumettant à sa pensée l'histoire et à son invention l'anecdote, — apparaît comme un des caractères les plus complexes, les plus délicats, et justement, par cette délicate complexité, les plus tragiques de tous les temps. En cet adolescent, — qui a été le petit Jésus des Tuileries et va être le jeune Christ de Schœnbrunn, — non seulement se rejoignent, par un double jet de race, l'aventure révolutionnaire et l'immémoriale tradition dynastique : le sang noir du Corse et le sang blond de l'Autrichienne; mais il a en lui la fatigue de toute la jeunesse dont il est le contemporain, de cette jeunesse énervée, quant à l'action, par l'excès de l'effort chez ceux qui l'engendrèrent et presque uniquement encline à ces exquises paresses du corps : le rêve, l'art, la poésie. Le combat des deux origines a lieu dans cette lassitude, comme deux courants se heurteraient dans un marais. Oh! le marais est joli d'herbes folles, rayé d'ailes de libellules, c'est d'un jour de matin qu'il se rose et s'azure. Marais cependant. « Il y a quelque chose de pourri dans le Danemark », dit Hamlet. C'est en Napoléon II lui-même qu'il y a quelque chose de pourri, et ce quelque chose c'est le monde. De sorte que la lutte, à cause de la stagnance du champ de bataille, n'aura ni violences effrénées, ni formidables sursauts; elle sera lente, profonde et comme caressante, sous les sourires de la nappe pestilentielle; elle ne causera que de menus tourbillons, vite effacés; bientôt on ne sera pas bien sûr qu'elle ait eu lieu; elle aura consenti à cette espèce de trêve : le doute; et sur le marais s'épanouira enfin, par-dessus toutes les fleurettes, solitairement et mélancoliquement, la fleur fraîche-fanée de l'Impuissance. Alors, vienne la mort! elle sera la bienvenue, étant l'excuse de l'inaction.

Mais ce qui est incontestablement beau, et mieux que beau, sublime, c'est la scène où Metternich oblige le duc de Reichstadt à considérer en son image, dans la glace, tous les ancêtres royaux dont l'esprit est en lui. Ah! vraiment, il se croit le fils de Napoléon! Il est le petit-fils de l'empereur François, il est l'héritier de la lignée énorme et formidable de tous les tyrans de l'humanité, et il est blond, blond comme sa mère, blond comme le sang infidèle de sa mère, blond comme le doute, comme l'ironie, comme la mollesse, comme la lâcheté! Aucun poète dramatique ne donna jamais une émotion plus intense que celle dont nous tressaillîmes à ce moment; ce morceau doit être considéré, je pense, comme un chef-d'œuvre que les hommes n'oublieront point.

Oh! l'inoubliable soirée, date dans l'histoire de l'art français, où nous avons vu triompher ensemble, et l'un par l'autre, la plus grande des comédiennes de France et le meilleur de nos poètes dramatiques.

II

Bien que le Rapport sur le Mouvement Poétique s'achève avec l'année 1900, on a cru devoir donner ici la liste de quelques volumes de vers parus de 1900 à 1903.

1901.

NOMS DES AUTEURS.	TITRES DES OUVRAGES.
MM. ABADIE (Michel)	L'Angélus des sentes.
ALLORGE (Henri)	Poèmes de la Solitude.
BALDENNE (Fernand)	En marge de la vie.
BANS (Émile)	Ballades rouges.
BENJAMIN-CONSTANT (Emmanuel)	Horizons minimes et précieux.
BOISSIÈRE (Albert)	Aquarelles d'âme.
CANTACUZÈNE	Sonnets en petit deuil.
CHASSANG (Maurice)	Les Musiques du rêve et de l'espoir.
DELATTRE (Floris)	Les Rythmes de douceur.
DEUBEL (Léon)	Les Chants des routes et des déroutes.
DUMAS (André)	Paysages.
FALAISE (Marcel)	Cueillette normande.
FLEICHSMANN (Hector)	La Chanson des sabotiers.
FONTAINAS (André)	Le Jardin des îles claires.
FRANCE (Frédéric DE)	Métopes et Triglyptes.
GABORY (Émile)	Les Visions et les Voix.
GASQUET (Joachim)	L'Arbre et les Vents.
GILLE (Valère)	Le Coffret d'ébène.
GOSSEZ (A.-M.)	Six attitudes d'adolescent.
GREGH (Fernand)	La Beauté de vivre.
GUÉRIN (Charles)	Le Semeur de cendres.
HANAPPIER (L.-B.)	A l'ombre de la Mort.
HUBERT (Paul)	Aux tournants de la route.
JAMMES (Francis)	Le Deuil des Primevères.
LECOMTE (Émile)	Vers une aube.

NOMS DES AUTEURS.	TITRES DES OUVRAGES.
MM. Lem (Henri)	Ophir.
Lorrain (Jacques Le)	Çà et là.
Loyson (Paul-Hyacinthe)	Sur les marges d'un drame.
Malo (Henri)	La folle Aventure.
Mandelstamm (Valentin)	Tranquillement.
Mouquet (Jules)	Nocturnes solitaires.
Noailles (Mme la Comtesse de)	Le Cœur innombrable.
Payen (Louis)	Persée.
Perrée (José)	Le Jardin de Mélancolie.
Praviel (Armand)	Poèmes mystiques.
Prin (A. de)	Sonnets agrestes.
Raffalovich (Serge)	Poèmes.
Renan (Ary)	Rêves d'artiste.
Retté (Adolphe)	Lumières tranquilles.
Rigal (Henri)	Une syrinx aux lèvres.
Rouger (Henri)	Le Jardin secret.
Rougier (Paul)	Derniers poèmes.
Saint-Pol-Roux	La Rose et les Épines.
Samain (Albert)	Le Chariot d'or.
Souchon (Paul)	Nouvelles élévations poétiques.
Souza (Robert de)	Les Graines d'un Jour.
Suarès	Airs.
Touny-Lérys	Dans l'Idéal et dans la Vie.
Vandeputte (Henri)	La Planète.
Verhaeren (Émile)	Petites légendes.
Vignaud (Jean)	L'Accueil.
Vivien (Mlle Renée)	Cendres et Poussières.

1902.

MM. Albert (Henri)	Neuvaine pour la petite sœur au doigt coupé.
Audricourt (Paul)	Au gré du rêve.
Aurenche (A.-H.)	La Voie douloureuse.
Bernard (Émile)	La Passion.
Borys (Daniel)	La Mosaïque du rêve.
Braisne (Henri de)	Voix dans l'ombre.
Briquel (Paul)	La Gerbe de fleurs noires.
Cantacuzène (Ch.-Adolphe)	Litanies et petits états d'âme.
Casella (Georges)	Les petites Heures.
Coupel (Alfred)	L'Enclos fleuri.
Dauguet (Maurice)	A travers le voile.
Dauphin (Léopold)	L'Âme de mon violon.
Degron (Henri)	Poèmes de Chevreuse.
Delaporte (René)	Les Levantines.
Delarue-Mardrus (Mme Lucie)	Ferveur.
Delisle (Henri)	Heures.
Depax (Émile)	Au seuil de la lande.
Dominique (Jean)	L'Ombre des Roses.
Dortzal (Mme Jeanne)	Vers sur le sable.
Ducoté (Édouard)	Le Songe d'une Nuit de doute.
Fillay (Hubert)	L'Habituel roman.
Fort (Paul)	Paris sentimental.
Gibert (P.)	Offrande à l'Oubli.

NOMS DES AUTEURS.	TITRES DES OUVRAGES.
MM. Griffin (Francis Vielé-)	Sainte Julie.
Guilhaut (Georges)	Les Complaintes et les Plaintes du cœur et de l'esprit.
Hugo (Victor)	Dernière gerbe.
Humières (Robert d')	Du Désir aux destinées.
Illio (J.-B.)	Les deux Voix.
Jammes (Francis)	Le Triomphe de la Vie.
Lacuzon (Adolphe)	Éternité.
Laroussarie (Claudius)	La Chevauchée d'Hélios.
Lante (Émile)	A la gloire de Lille.
Levengard (Pol)	Georgina.
Loubet (Joseph)	Les Roses qui saignen
Magre (Maurice)	Le Tocsin.
Marieton (Paul)	Hippolyte.
Marinetti (F.-J.)	La Conquête des Étoiles.
Maurer (Théodore)	Plaisir d'amour.
Mockel (Albert)	Clarté.
Montangi (Théron de)	La Gerbe de roses.
Moutier (E.)	L'Idéale jeunesse.
O'Sandry (Sybil)	La Guirlande des Jours.
Perdriel-Vaissière	Le Sourire de Joconde.
Perrin (Georges)	Les Émois blottis.
Poujade (Jean)	Des Gerbes souveraines.
Praviel (A.)	La Ronde des Cygnes.
Regnier (Henri de)	La Cité des eaux.
Rieux (Lionel des)	Les neuf Perles de la couronne.
Roinard (P.-N.)	La mort du Rêve.
Roman (Julien)	Élévations.
Rygal (Henri)	Sur le mode Sapphique.
Simand (Arthur)	Heures savoureuses.
Souchon (Paul)	Élégies parisiennes.
Touny-Lérys	Chansons dolentes et indolentes.
Verhaeren (Emile)	Les Forces tumultueuses.
Vivien (Mlle Renée)	Brumes de Fjords.

1903.

MM. Allard (Roger)	La Féerie des Heures.
Bernard (Émile)	Extases et Luttes.
Berthou (Yves)	Le Pays qui parle.
Bouchaud (Pierre de)	Les Heures de la Muse.
Clavié (Marcel)	La Passante d'un soir de neige.
Constant (Jacques)	Les Boniments et les Mirages.
Deubel (Léon)	Sonnets intérieurs.
Fagus	Ixion.
Fort (Paul)	Les Hymnes du Feu.
Garnier (Paul-Auguste)	Rêves et Réalités.
Gossez (A.-M.)	Poètes du Nord.
Griffin (Francis Vielé-)	L'Amour sacré.
Lantoine (Albert)	Le Livre des Heures.
Lapaire (Hugues)	Au vent de galerne.
Larguier (Léo)	La Maison du Poète.
Lebesgue (Philéas)	Les Folles verveines.

DICTIONNAIRE

BIBLIOGRAPHIQUE ET CRITIQUE

DICTIONNAIRE

BIBLIOGRAPHIQUE ET CRITIQUE

DES PRINCIPAUX POÈTES FRANÇAIS

DU XIXᴱ SIÈCLE.

On trouvera dans ce Dictionnaire, outre les noms de presque tous les poètes français du xixᵉ siècle, ceux de la plupart des poètes étrangers qui, dans le même temps, ont écrit en langue française. Chaque nom est suivi, pour les poètes morts, des dates de la naissance et de la mort du poète; de l'énumération, aussi complète que possible, de ses ouvrages, et de plusieurs opinions de contemporains. — Pour les poètes vivants, il n'y aura, avec la Bibliographie et les Opinions, d'autre date que celle de la publication de leurs ouvrages.

On trouvera, à la suite du Dictionnaire, une nomenclature, non pas alphabétique, mais chronologique d'après la date de leur première publication, de tous les poètes dont les noms figurent dans ce Dictionnaire. De sorte que, en recourant de nom en nom au Dictionnaire lui-même, le lecteur pourra se former un tableau successif et complet de la poésie française au xixᵉ siècle.

IMPRIMERIE NATIONALE.

DICTIONNAIRE BIBLIOGRAPHIQUE ET CRITIQUE.

A

ABADIE (Michel).

Le Mendieur d'azur (1888). – *Sanglots d'extase* (1891). – *Le Pain qu'on pleure* (1896). – *Le Dimanche au village; Lectures, Causeries, Conférences* (1896). – *Les Voix de la montagne* (1897).

OPINIONS.

ADOLPHE RETTÉ. — M. Michel Abadie a la grandiloquence. Ses vers, parfois sonores comme des clairons d'argent clair, parfois jaseurs comme des flûtes, veulent être clamés. Ils sont d'un amoureux débordant, heureux de jeter aux pieds de l'Aimée toutes les fleurs et tout son cœur. Puis, autour de ces effusions passionnées, se dessinent de délicieux paysages. Il sent la nature. Et il possède une parfaite science du métier. Il est un très bon poète.

[*Aspects* (1897).]

SAINT-GEORGES DE BOUHÉLIER. — Il se peut que Michel Abadie soit parmi les plus grands poètes vivants en France, on l'ignore généralement. On le salue au hameau, parce qu'il est instituteur.

[*Revue Naturiste* (mars 1897).]

JEAN VIOLLIS. — J'ai dit que Michel Abadie était un poète enthousiaste. Mais enthousiasme ne signifie pas seulement violence et passion, n'oublions pas que ce mot représente encore, et mieux, l'émotion naturelle du cœur. On trouve dans cette œuvre une richesse un peu violente de clameurs, avec aussi le sentiment d'une exquise et noble tendresse. Puis, on devine en M. Abadie un cœur fraternel; le simple labeur qui sert de balancier à sa vie épanouit en lui la sympathie et la miséricorde. Il faut l'aimer, parce qu'il est un beau poète, et qu'il a droit à notre estime et à notre affection.

[*L'Effort* (octobre 1897).]

ACKERMANN (Louise-Victorine CHOQUET, dame). [1813-1890.]

Contes (1855). – *Contes et poésies* (1863). – *Premières poésies* (1874). – *Poésies philosophiques* (1874). – *Les Pensées d'une solitaire* [précédées d'une auto-biographie] (1883).

OPINIONS.

THÉOPHILE GAUTIER. — C'est une note qu'on n'est plus habitué à entendre et qui nous cause une surprise pleine de charme. Mais si, par quelques formes de son style, Madame Ackermann se rapproche du xviiᵉ siècle, elle est bien du nôtre par le sentiment qui respire dans les pièces où elle parle en son propre nom. Elle appartient à cette école des grands désespérés, Chateaubriand, lord Byron, Schelley, Leopardi, à ces génies éternellement

tristes et souffrant du mal de vivre qui ont pris pour inspiratrice la mélancolie.

[*Rapport sur le progrès des lettres*, par MM. Sylvestre de Sacy, Paul Féval, Théophile Gautier et Ed. Thierry (1868).]

ÉMILE CARO. — Au moins dans la forme d'un sentiment, sinon d'une doctrine, cette philosophie du désespoir a troublé, dans ces dernières années, plus d'une âme qui a cru se reconnaître dans l'accent amer, hautain, d'un poète de grand talent, l'auteur des *Poésies philosophiques*. Si l'on voulait démêler l'inspiration qui fait l'unité de ces poèmes étranges et passionnés, on ne se tromperait guère en la cherchant dans la conception de l'*Infelicità*. C'est un Leopardi français égalant presque l'autre par la vigueur oratoire et le mouvement lyrique.

[*Le Pessimisme au xixᵉ siècle* (1878).]

SULLY PRUDHOMME. — Ses qualités sont précisément celles qu'on rencontre le plus rarement chez les écrivains de son sexe : la vigueur de la pensée et l'éloquence de l'expression. Ses cris sont tout virils; le soupir élégiaque, si fréquent dans la poésie féminine, ne l'est point dans la sienne... Madame Ackermann a trouvé, en poésie, des accents qui lui sont propres pour exprimer le dernier état de l'âme humaine aux prises avec l'inconnu : c'est là le caractère éminent de son œuvre. Les sujets qu'elle excelle à traiter, tirés du problème de la condition de l'homme, sont d'un intérêt supérieur et permanent.

[*Anthologie des Poètes français du xixᵉ siècle* (1887-1888).]

J. BARBEY D'AUREVILLY. — Ces *Poésies* sont belles... à faire peur, comme disait Bossuet de l'esprit de Fénelon. Ce sont, à coup sûr, les plus belles horreurs littéraires qu'on ait écrites depuis *les Fleurs du mal* de Baudelaire. Et même, c'est plus beau, car dans le mal — le mal absolu — c'est plus pur. Les poésies célèbres de Baudelaire ne sont que l'expression des sens révoltés qui se tordent dans l'épuisement et la fureur de leur impuissance, serpents de Laocoon qui n'ont plus à étreindre que le fumier sur lequel ils meurent. Mais les poésies de Madame Ackermann sont le chaste désespoir de l'esprit seul!... Ses blasphèmes, à elle, n'ont pas la purulence des blasphèmes de Baudelaire. Ils sont taillés dans un marbre radieux de blancheur idéale, avec une vigueur et une sûreté de main qui indiquent que l'artiste, ici, est son propre maître, et *sans excuse*, comme Lucifer, qui ne tomba que parce qu'il voulut tomber. Transposition singulière, quand on les compare! C'est l'homme, ici, qui a chanté comme aurait pu chanter la femme, et la femme, comme l'homme n'a pas chanté. La douleur de l'athée est sublime dans les *Poésies* de Madame Ackermann. Elle y souffre comme toutes les âmes fortes, qui périssent d'orgueil, déchirées dans leur force vaine. Ces cruelles et sacrilèges *Poésies*, qui insultent Dieu et le nient et le bravent, rappellent

involontairement les plus grandes douleurs de l'orgueil humain, et on y retrouve comme un grandiose souvenir des yeux convulsés de la Niobé antique, des poignets rompus du Crotoniate et de la
cécité de Samson dans l'entre-deux de ses piliers,
— cette terrible cécité, qui renverse quand elle tâtonne! — mais ce qui fait la beauté exceptionnelle
des poésies de Madame Ackermann, c'est la largeur d'une aile qu'on ne peut guères enfermer dans
le tour d'un chapitre. Elle n'y tiendrait pas.

[*Les Œuvres et les Hommes : les Poètes* (1889).]

ADAM (F.-E.).

Les Heures calmes (1891).

OPINION.

GASTON DE LA SOURCE. — On trouvera, dans *les
Heures calmes*, la suavité de l'inspiration lamartinienne, unie au savoir-faire d'un Parnassien des
grands jours... M. F.-E. Adam est un délicat in-
timiste, mais aussi un «poète du clocher». C'est au
pays d'Anjou qu'il dédie filialement son livre, et c'est
à lui qu'il doit quelques-unes de ses plus belles envolées.

[*L'Année des Poètes* (1892).]

AICARD (Jean).

Les Jeunes Croyances (1867).— *Au clair de la
lune*, comédie (1870).— *Les Rébellions et les
Apaisements* (1871).— *Pygmalion*, poème dramatique en un acte (1872). — *Mascarille*,
à-propos en un acte (1872). — *Mascarille*,
un acte en vers (1873). — *La Vénus de Milo*,
documents (1874). — *Les Poèmes de Provence*
(1874). — *La Chanson de l'enfant* (1875). —
Visite en Hollande (1879). — *Miette et Noré*,
poésies (1880). — *Othello ou le More de Venise*, drame en cinq actes et en vers (1881).
— *Lamartine*, poème (1883). — *Smilis*, pièce
en quatre actes et en vers (1884). — *Emilio*,
drame en quatre actes, en prose (1884). —
Le Dieu dans l'Homme (1885). — *Le Livre des
petits*, poésies (1886). — *Le Livre d'heures de
l'amour*, poésies (1887). — *Au bord du désert*,
poésies (1888). — *Le père Lebonnard*, pièce
en quatre actes, en vers (1889).— *Roi de Camargue* (1890). — *Jésus* (1896). — *Notre-Dame
d'Amour* (1896). — *Tatas*, roman (1901).

OPINIONS.

PAUL GINISTY. — M. J. Aicard, dans son *Livre
d'heures de l'amour*, ne fait pas un grand pas en
avant. Des poètes qui, comme lui, ont déjà conquis
la renommée, on aimerait quelque effort nouveau.
Mais la forme est chez lui souvent exquise, ainsi
que dans ses précédents recueils, et l'inspiration délicate. Je citerai, par exemple, comme une chose
charmante, sa *Déclaration d'amitié*. Rien d'inattendu
toutefois, et c'est là ce qui fâche un peu de la part
d'un bon ouvrier comme M. Aicard. Çà et là aussi,
un certain romantisme un peu attardé dans l'expression. Par contre, il faut signaler particulièrement

de petites pièces, dans le goût des poètes grecs,
qui sont ravissantes, *la Rose jalouse*, entre autres :

Comme elle m'embrassait, une rose au corsage,
La rose me piqua, jalouse du visage;
Je baisai donc la fleur qui, rose avec pâleur,
Me parut un sourire appuyé sur ma bouche,
Ce que voyant (l'amour pour un rien s'effarouche),
L'enfant m'égratigna, jalouse de la fleur.

Mais, encore une fois, ce que l'on souhaiterait
d'un artiste comme M. Aicard, c'est une note plus
hardie, plus moderne.

[*L'Année littéraire* (7 juin 1887).]

ANDRÉ LEMOYNE. — M. Jean Aicard a de la verve,
et, selon l'expression de M. Jules Levallois, «un
fonds de tendre humanité», de la force et de l'éclat,
ainsi qu'une grande vaillance de poète. Dans *la
Chanson de l'enfant*, la *Légende du chevrier*, fraîche
idylle éclose sous les cieux clairs d'Orient, il vous
donne à la fois l'impression d'une page de la Bible
et de Théocrite. De pures images pour les yeux,
une délicieuse musique pour l'oreille et des notes
émues pour le cœur, tout y est.

[*Anthologie des Poètes français du xixᵉ siècle* (1887-
1888).]

J.-J. WEISS. — Je n'en veux pas trop à *Smilis*. A
l'occasion de *Smilis*, j'ai relu le poème *Miette et Noré*,
du même auteur. Qu'il est joli, le flic floc, par où
s'ouvre le poème! Qu'il a de la fraîcheur! Qu'il nous
met bien dans l'oreille le bruit de la petite rivière
provençale, courant, limoneuse, sur les cailloux! Ô
ubi campi! Ô vallons du Tholouet et de la Napoule!
Ô rives de l'Arc au pied des monts lumineux! Ô
bocages plantés d'oliviers! Ô blanches feuilles! Ô soleil! Mais *Smilis*? Ah! *Smilis!*

[*Autour de la Comédie-Française* (1892).]

PHILIPPE GILLE. — Je ne puis passer sous silence
le beau livre, *Poèmes de Provence*, que vient de
publier M. Jean Aicard, un poète s'il en fut et de
la bonne école... Remarquons que tout le volume
est dédié aux cigales si chères aux Provençaux...
Il ne me reste plus qu'à engager le lecteur à lire
avec recueillement ces poèmes dont chaque vers est
ciselé à la façon antique; il y a dans ce livre un
parfum de poésie grecque et une pureté de forme
et de langage qui rappellent le charme des bonnes
œuvres d'André Chénier.

[*La Bataille littéraire* (1889).]

PHILIPPE GILLE. — Il appartenait à un écrivain
comme M. Jean Aicard de nous dire, avec son éloquence, le beau et charmant poème de la naissance,
de la vie et de la mort du Christ. Ce livre a pour
titre : *Jésus*, et renferme peut-être, sous la forme
simple et châtiée, les meilleures inspirations du
poète. Il suit pas à pas l'Évangile, et, sans forcer la
forme de son vers, sans lui faire subir de cruelles
irrégularités, y fait entrer la prose des Évangiles.
Ce n'est pourtant pas une simple traduction versi-
fiée du Nouveau Testament, l'imagination y prend
sa place, la légende aussi, mais avec la discrétion
qui convient à un pareil sujet.

[*Ceux qu'on lit* (1898).]

AJALBERT (Jean).

Sur le vif, poésies (1886).— *Paysages de Femmes*
(1887). — *Sur les talus* (1888). — *Le P'tit*,

roman (1889). – *En Amour*, roman (1890).
– *Femmes et paysages* (1891). – *La Fille Élisa*, pièce tirée du roman d'Ed. de Goncourt (1891). – *En Auvergne* (1893). – *Le Cœur gros* (1894). – *Notes sur Berlin* (1894). – *L'Auvergne*(1896). – *Celles qui passent* (1898). – *Les deux justices* (1898). – *Sous le sabre* (1898).

OPINIONS.

ROBERT CAZE. — Un soir, nous causions. Vous levâtes tout à coup les yeux vers un cadre de bois laqué qui contient un mélancolique et doux pastel signé : J.-F. Raffaëlli. Un terrain vague de banlieue sali par une herbe galeuse et rare ; des arbres poitrinaires au premier plan, et, dans le fond des maisons à six étages, avec des coins de puisards noirs entrevus : tout l'envahissement de la maladive civilisation dans la malade campagne suburbaine.
— Ce sont des choses qu'il faudrait mettre en poésie, me dites-vous.
Et vous les y avez mises avec votre obstination de montagnard auvergnat qui n'économise pas les belles rimes.

[*Préface de Sur le vif* (1885).]

GUSTAVE GEFFROY. — Les *Paysages de Femmes* et *Sur les talus* révèlent plus complètement la personnalité d'Ajalbert. Dans les *Paysages*, il n'éprouve plus autant le besoin réaliste de préciser, il range ses courtes pièces de vers comme des pensées qu'il extrairait de mémoires intellectuels secrets. Dans ce poème de six cents vers : *Sur les talus*, son observation est davantage aiguisée encore, et l'harmonie poétique est neuve et curieuse. Expert dans le jeu des rimes et des rythmes, il se soucie, par-dessus tout, de subtile psychologie. Il évoque des paysages faits de tons atténués et d'échos troublants. Il est gouailleur et mélancolique. Il sait formuler d'une voix légère les axiomes et les contradictions de la fine diplomatie de l'amour.

[*Anthologie des Poètes français du XIXe siècle* (1887-1888).]

MARCEL FOUQUIER. — *Sur le vif* est un album d'aquarelles et de fusains, d'un faire singulièrement audacieux parfois, mais toujours «artiste». C'est amusant, enlevé, vivant. Quelques titres de pièces feront assez connaître la manière du poète : *Square*, *Petites ouvrières*, *Lumière crue*, *Gennevilliers* (un bon Raffaëlli), etc...

[*Profils et Portraits* (1891).]

ALAUX (J.-E.).

Les Tendresses humaines (1891).

OPINION.

FRANÇOIS COPPÉE. — J'ai lu les vers de M. Alaux, tous ses vers, les anciens, les nouveaux, et j'ai été très touché. Ce que je demande, avant tout, c'est l'émotion, la sincérité ; elles vibrent dans ces poèmes. Je sais combien sont fortes les convictions spiritualistes de M. Alaux. Elles s'affirment dans ses poèmes : ils sont souvent animés d'un souffle religieux. Je n'en veux pour preuve que cette série

de courtes élégies intitulées : *Sur une tombe*... Ce sont de purs, d'harmonieux sanglots, et l'accent de cette douleur est doux et profond comme une prière.

[*Préface aux Tendresses humaines* (1891).]

ALBY (Jules).

La Glèbe (1895).

OPINION.

CHARLES FUSTER. — Le texte (de *la Glèbe*) en beaux vers rudes et pleins est de M. Jules Alby... Le tout est sainement réaliste, d'une beauté bien portante, solide et nouvelle, avec des âpretés et de soudaines violences.

[*L'Année des Poètes* (1895).]

ALLETZ (Pierre-Édouard). [1798-1850.]

Poème sur l'institution du jury (1819). – *Dévouement des médecins et des sœurs de Sainte-Cauville* (1822). – *Abolition de la traite des noirs* (1823). – *Walpole*, poème dramatique (1825). – *Dithyrambe sur l'inauguration du monument élevé à la mémoire de Lamoignon-Malesherbes* (1826). – *Études poétiques du cœur humain* (1832). – *Esquisse de la souffrance morale*, 2 vol. (1836). – *Esquisses poétiques de la vie* (1841). – *Harmonie de l'intelligence humaine* (1845).

OPINION.

FRÉDÉRIC DEVILLE. — De bonne heure, son goût naturel le portait vers les études morales et religieuses ; il s'essaya, de bonne heure aussi, dans cette double voie, et, soit qu'il ait écrit en prose, soit qu'il ait demandé à la poésie ses inspirations, partout et toujours il a conservé intact le caractère qu'il avait revêtu, le caractère d'écrivain moraliste. Son début en littérature lui valut un prix extraordinaire de poésie, que lui décerna, en 1822, l'Académie française, et dont le sujet était la *Peste de Barcelone*. La lecture du poème couronné fit fondre en larmes la nombreuse assemblée qui assistait à cette séance, l'une des plus mémorables de l'Institut.

[*Notice sur M. Alletz* (1847).]

AMANIEUX (Marc).

La Révolution (1890). – *Formose* (1891). – *Le Drame terrestre* (1892).

OPINION.

CHARLES FUSTER. — Tous ces intermèdes (du *Drame terrestre*) ont la même valeur ; on leur reprochera l'abus de l'antithèse, mais on ne peut dénier la fermeté de la forme et l'abondance des images saisissantes.
Quant au poème lui-même, il est mouvementé, éloquent, plein de ces longues, vastes, vibrantes périodes avec lesquelles M. Marc Amanieux s'est familiarisé depuis longtemps et qu'il conduit en maître.

[*L'Année des Poètes* (1892).]

AMIEL (Henri-Frédéric). [1821-1881.]

Les Grains de mil (1854). - *Il Penseroso*
(1858). - *La Part du rêve* (1863). - *Les
Étrangères* (1876). - *Charles le Téméraire,*
romancero historique (1877). - *Jour à
jour* (1880). - *Journal intime*, 2 vol. (1883-
1884).

OPINIONS.

EDMOND SCHERER. — Je ne sais à comparer au
Journal d'Amiel, comme drame de la pensée, comme
méditation à la fois religieuse et inquiète sur les
mystères de l'existence, que les monologues de
Maine de Biran, de Maurice de Guérin et d'Obermann; mais Amiel dépasse, à mon avis, tous ces
martyrs de la pensée; il va bien plus au fond de
tout; sa philosophie spéculative est bien autrement
vaste, sa psychologie morbide bien autrement curieuse, sa perplexité morale bien autrement pathétique.

[Notice en tête du tome 1er du *Journal intime* (1883-
1884).]

FERDINAND BRUNETIÈRE. — Comme ses amis, je
pourrais croire à ce respect, à cet amour, à cette
religion de l'idéal, si cet idéaliste, se renfermant en
lui-même ou seulement dans son *Journal*, n'avait
rien écrit, rien publié, ni jamais essayé de conquérir, à défaut d'un peu de gloire, cette notoriété
qui fuyait devant lui... En réalité, il mettait dans
ses *Grains de mil* des fragments de ce *Journal,* tissé,
comme on nous dit, de sa propre substance. Plus
tard il essayait, dans son *Penseroso,* de traduire en
grands vers le plus pur de ce *Journal* même, toute
son expérience de lui-même, de l'homme et de la
vie. Et plus tard encore, dans ses *Étrangères,* le
bruit qu'il n'avait pu faire avec ses *Grains de mil*
et son *Penseroso,* ses articles et ses notices, il essayait de le faire en innovant, dans notre poésie, le
vers de quatorze et de seize syllabes :

Quand le lion, roi des déserts, pense à revoir son vaste empire,
Vers la lagune, allant tout droit, dans les roseaux il se retire;

ou encore :

Les chênes de la forêt, à l'ombre épaisse et tranquille,
Aujourd'hui, comme autrefois, m'ont chanté leur grave idylle...

Qu'était-ce donc qu'Amiel, et où le mettrons-
nous ? Poète, c'est à peine si ses vers sont des vers,
et je ne ferai pas à ses amis le chagrin d'en citer
davantage.

[*Revue des Deux-Mondes* (1er janvier 1886).]

PAUL BOURGET. — Le professeur obscur de Genève,
le poète inconnu de *Jour à jour* et des *Étrangères,*
est célèbre; et il le restera, comme il l'est devenu,
d'abord à cause de la sincérité inexorable de sa
confession, et aussi parce qu'il est un exemplaire
accompli d'une certaine variété d'âmes modernes...
Comme M. Taine et comme M. Renan, il fut imbu
des idées germaniques et il tenta de les accommoder
aux exigences de son éducation toute latine. Comme
Stendhal, comme Flaubert, comme tant d'autres
moins illustres, il subit les conséquences de l'abus
de l'esprit d'analyse. Comme M. Leconte de Lisle et
comme Baudelaire, il tenta de s'enfuir dans le rêve,
ayant trop souffert de la vie. Seulement, des conditions spéciales de milieu et de tempérament firent

que ces tendances diverses n'eurent, dans Amiel,
aucun contrepoids, en sorte qu'il laissa s'exagérer
chez lui jusqu'à la maladie et l'esprit germanique,
et l'analyse, et le goût du songe.

[*Nouveaux Essais de psychologie contemporaine* (1896).]

ANGELLIER (Auguste).

La Vie de Robert Burns (1895). - *A l'Amie
perdue* (1896).

OPINIONS.

ARMAND SILVESTRE. — J'ai rarement l'occasion de
signaler un volume de vers de la valeur de celui
que M. Auguste Angellier vient de publier sous ce
titre : *A l'Amie perdue,* et avec cette jolie épigraphe
latine, dans le goût ancien : *Amissæ Amicæ.* Il comprend cent soixante-dix sonnets développant tout
un roman d'amour qui commence par la floraison
des aveux et des premières tendresses, se continue
au bord des flots bleus, dans les monts, s'attriste
d'une querelle, se poursuit en rêveries, devant la
mélancolie des vagues grises, se termine enfin par
le sacrifice, le deuil et l'acceptation virile qui n'est
pas l'oubli... C'est bien l'histoire commune et éternelle des cœurs... C'est un véritable écrin que
l'Amie perdue, un écrin plein de colliers et de bracelets pour l'adorée, et aussi de pleurs s'égrenant
en rosaire harmonieux... C'est un des plus nobles
livres d'amour que j'aie lus, parce qu'il est plein
d'adorations et exempt de bassesses, parce que la
joie et la douleur y sont chantées sur un mode
toujours élevé, entre ciel et terre, comme le vol des
cygnes qui ne s'abaisse pas même quand leur aile
s'ensanglante d'une blessure... Je vous assure
qu'il est là tel sonnet que les amants de tous les
âges à venir, même le plus lointains, aimeront à
relire, où ils retrouveront leur propre pensée et
leur propre rêve, comme le doux André Chénier
souhaitait qu'il en fût de ses vers d'amour...

[*Le Journal* (26 juillet 1896).]

HENRI POTEZ. — M. Angellier est né dans la ville
qui a produit Sainte-Beuve : Boulogne-sur-Mer, cité
curieuse et diverse qui établit une transition et un
lien entre la France et l'Angleterre... Il y a, en
Sainte-Beuve, à le bien chercher, un cottage environné de roses de mer. Il y a en M. Angellier, qui
s'est tout particulièrement imprégné du génie de nos
voisins, une fraîche et mouvante campagne britannique, une de celles qu'emplit le clair de lune du *Songe
d'une nuit d'été,* une de celles qui chantent dans les
poètes pénétrants et subtils dont la voix nous arrive
d'outre-mer.

[*Revue de l'Enseignement secondaire* (1er juin
1897).]

GASTON DESCHAMPS. — De même que l'auteur de
l'*Imitation* a voulu se perdre en Dieu, Angellier a
voulu s'abîmer en Burns. On pourra regretter cet
élan presque mystique. Si l'on songe que, tout en
commentant les vers d'un autre, le narrateur de la
Vie de Robert Burns a écrit des vers comme ceux-ci :

Les caresses des yeux sont les plus adorables;
Elles apportent l'âme aux limites de l'être
Et livrent des secrets autrement ineffables,
Dans lesquels seuls le fond du cœur peut apparaître.

Les baisers les plus purs sont grossiers auprès d'elles ;
Leur langage est plus fort que toutes les paroles ;
Rien n'exprime que lui les choses immortelles,
Qui passent par instants dans nos êtres frivoles.

Lorsque l'âge a vieilli la bouche et le sourire
Dont le pli lentement s'est comblé de tristesse,
Elles gardent encor leur limpide tendresse.

Faites pour consoler, enivrer et séduire,
Elles ont les douceurs, les ardeurs et les charmes !
Et quelle autre caresse a traversé des larmes ?

Relisez cela, je vous prie. Relisez-le doucement,
avec la voix intérieure. Savourez-le comme on dé-
guste, à petites doses, une liqueur précieusement
distillée. Il faudrait avoir le goût très blasé par les
grosses nourritures pour n'y pas reconnaître d'abord
quelque chose de délicat, de subtil et de rare, dont
la ténuité si frêle et si pénétrante résiste à l'oubli.
Remarquez, entre autres, le dernier vers. A lui tout
seul, il est un signe d'élection.

[*La Vie et les Livres* (1897).]

ANGER (Henri-Érasme).

Chemin du retour (1899).

OPINION.

GABRIEL VICAIRE. — Ah ! laissez-moi vous dire combien votre petit livre m'a charmé... Ce que vous
avez senti, vous le rendez ingénieusement, tel que
vous l'avez senti. Vos vers sont l'expression même
de votre nature, et c'est pourquoi votre confession
nous va droit au cœur. Une âme s'y découvre bonne,
tendre, surtout rêveuse, prompte au découragement
comme à l'illusion, parfois un peu molle et abandonnée, qui n'est point du tout banale.

[Préface (1899).]

APPLETON (Jean).

Apocalypse (1888). - *Azur* (1888). - *Étapes d'a-
mour* (1897).

OPINION.

LOUIS AURENCHE. — «M. Jean Appleton affectionne
les idées générales.» C'est d'abord l'indice d'une âme
poète, puis «le vague de l'expression communique à
ses vers un flou délicieux, une grâce vaporeuse
dont on se sent enveloppé comme d'une caresse».
Peut-être M. Troccon, au lieu d'insister si longuement sur les plus saillantes idées contenues dans
les vers de M. Jean Appleton, aurait pu nous initier
à la délicatesse extrême des sentiments, à l'intime
poésie des choses que les *Étapes d'amour* dégagent
dans chaque poème.

[*La Terre Nouvelle* (mars 1900).]

ARÈNE (Paul-Auguste). [1843-1897.]

Pierrot héritier, pièce en un acte, en vers (1865).
- *Jean des Figues*, roman (1868). - *Les Comédiens errants*, pièce en vers, avec M. Valery Vernier (1873). - *Un duel aux lanternes*, comédie en un acte, en vers (1873).
- *Ilote*, avec Charles Monselet, un acte en
vers (1875). - *La Gueuse parfumée*, nouvelles, dont *Jean des Figues* (1876). - *Le
Char*, opéra-comique en vers libres, avec
Alphonse Daudet (1878). - *Le Prologue sans*

le savoir (1878). - *La vraie tentation de
Saint-Antoine*, contes de Noël (1879). - *Au
bon soleil* (1881). - *Paris ingénu* (1882). -
Vingt jours en Tunisie (1884). - *La Chèvre
d'or*, roman (1889). - *Le Midi bouge* (1895).
- *Contes choisis* (1896). - *Domnine*, roman
(1896). - *Friquettes et Friquets* (1897). -
Le secret de Polichinelle (1897). - *Les Poésies
de Paul Arène*, avec une préface d'Armand
Silvestre (1899).

OPINIONS.

TANCRÈDE MARTEL. — Paul Arène, toujours fidèle
à la lyre, faisait jouer ses *Comédiens errants*, en collaboration avec M. Valery Vernier, un *Duel aux Lanternes*, étourdissante comédie où le vers atteint aux
effets d'art les plus inattendus, *Ilote*, jolie fantaisie
athénienne rimée en compagnie de Charles Monselet,
et *le Char*, opéra-comique en vers libres, dont Alphonse Daudet cisela l'une des roues. En outre, Paul
Arène a semé, un peu partout, de ravissantes pièces
de vers d'un atticisme tendre et raffiné, d'un parisianisme étincelant.

[*Anthologie des poètes français du xixᵉ siècle* (1887-
1888).]

JULES TELLIER. — M. Paul Arène, conteur exquis
en prose, se montre, je crois, aussi souvent parisien
que provençal dans ses vers trop rares.

[*Nos Poètes* (1888).]

ANATOLE FRANCE. — «Je vins au monde au pied
d'un figuier, un jour que les cigales chantaient.» C'est
ce que rapporte de sa naissance Jean des Figues, dont
M. Paul Arène a conté l'histoire ingénue. Un jour,
quand M. Paul Arène aura sa légende, on dira que
c'est ainsi qu'il naquit lui-même, au chant des cigales, tandis que les figues-fleurs, s'ouvrant au soleil,
égouttaient leur miel sur ses lèvres. On ajoutera,
pour être vrai, qu'il avait, comme Jean des Figues,
la main fine et l'âme fière, et l'on gravera une cigale sur son tombeau, de goût presque antique, afin
d'exprimer qu'il était naturellement poète et qu'il
aimait le soleil.

[*La Vie littéraire* (1892).]

ARMAND SILVESTRE. — En réalité, le prosateur et
le poète ne firent qu'un en lui. Ce qui le distingue,
au même point, sous les deux aspects différents,
c'est l'absence absolue de cette chose odieuse qu'est
le métier. Courteline, un vrai lettré aussi, me disait
un jour, en me parlant des contes de Paul Arène :
«C'est superbe et on ne voit pas comment c'est écrit.»
Dans ses poésies non plus, c'est-à-dire dans une expansion plus intime encore de sa nature, — car c'est
dans le rythme surtout que ce poète affirme, même
inconsciemment, les sincérités de son âme, — on ne
rencontre que lui-même. Il chante comme il écrit,
par un don merveilleux de donner aux autres le
meilleur de soi dans une formule harmonieuse,
comme l'oiseau, comme la source, comme le zéphyr.
Volontiers il se comparait à la cigale. Mais c'était
une coquetterie provençale et une modestie de son
talent. Bien plutôt il fut l'abeille qu'autrefois entendit bourdonner l'Hymette et qui, immortelle à travers l'âge, nous apporta, dans son miel, un peu du
soleil d'Ionie.

[Préface aux *Poésies de Paul Arène* (1899).]

ARMAGNIN (François).

A la queue leu leu, sonnets (1891). – *Au bas de la côte* (1892).

OPINION.

CHARLES FUSTER. — Nous avons d'autant plus de plaisir à louer M. Armagnin, qu'il a dû lutter beaucoup pour arriver où il est. M. Armagnin est un travailleur, un de ceux auxquels la Muse ne peut apparaître que rarement, comme l'amie des heures de repos.

[*L'Année des Poètes* (1891).]

ARMELIN (Gaston).

La Gloire des vaincus (1893).

OPINION.

CHARLES FUSTER. — L'Académie vient de décerner une mention très honorable à ce recueil de vers, qui a une valeur et une portée particulières. L'auteur y relate des exploits trop peu connus... Ce sont partout des chaos d'armées, des mêlées de cavalerie, qu'accompagnent des paysages au charme pénétrant. Et, par-dessus tout cela, passe un admirable *Sursum Corda !*

[*L'Année des Poètes* (1893).]

ARNAUD (Simonne). [1862-1900.]

Mademoiselle de Vigan, comédie en un acte et en vers (1883). – *Les Fils de Jahel*, drame en 5 actes, en vers (1886). – *1802*, à-propos à l'occasion du 84ᵉ anniversaire de Victor Hugo (1886). – *L'Oiseau bleu*, fantaisie poétique en 2 actes et 3 tableaux, en vers (1894). – *Jeanne d'Arc*, drame en vers (1895). – *Jahel*, drame lyrique en 4 actes et 5 tableaux, avec Gallet (1899).

OPINION.

J.-J. WEISS. — Rocroi, Fribourg, le duc d'Enghien, Gassion, Bassompierre, l'hôtel de Rambouillet, Voiture ; voilà bien des noms et de bien illustres qu'a réunis, dans un seul petit acte, une jeune femme, hier inconnue et qui signe Simonne Arnaud. Il y avait de quoi trembler pour l'œuvre et pour l'auteur. Mais ce petit acte a le souffle. Mais sur un fond banal de vers quelconques et de négligences de langage, un essaim de vers bien frappés et bien placés pointent et s'épanouissent comme des roses de mai sur les broussailles. Mais la sensation générale qui ressort de la pièce est jeune et héroïque. La pièce a l'accent de France. Elle est contenue, pour ainsi dire, entre deux cris de gloire, le cri de «Condé! Condé!» et le cri «Allons prendre Fribourg». Elle débute par l'angoisse de savoir si l'Espagnol sera chassé ou non de la Champagne, et elle s'écoule dans la joie et l'orgueil de Rocroi sauvé. Beau sujet, admirablement choisi! Aussi la première représentation, qui a eu lieu jeudi, a pris les proportions d'un événement. Je n'ai guère vu, depuis un an, l'applaudissement jaillir ainsi, spontané et unanime, des entrailles d'une salle. Quand M. Delaunay est venu annoncer le nom de l'auteur, l'applaudissement a presque touché à l'acclamation.

[*Autour de la Comédie-Française* (1892).]

ARNAULT (Antoine-Vincent). [1786-1834].

Fables (1812). – *Œuvres*, 3 volumes (1818); 8 volumes (1824-1827). – *Souvenirs d'un sexagénaire*, 4 volumes (1833). – *Fables nouvelles* (1834).

OPINIONS.

MARIE-JOSEPH CHÉNIER. — D'ingénieux apologues de M. Arnault ont obtenu, à juste titre, les applaudissements d'un nombreux auditoire. Entre plusieurs que nous pourrions citer, qui ne se rappelle cette fable du *Chêne et des Buissons*, l'un des meilleurs ouvrages que l'on ait composés dans ce genre après La Fontaine.

[*Tableau historique de l'état et des progrès de la littérature française depuis 1789* (éd. de 1834).]

VILLEMAIN. — En les lisant (les *Fables* d'Arnault), on ne s'arrête pas à chaque page en disant le *bonhomme!* mais on dira toujours l'*honnête homme!*

[*Réponse au discours de M. Arnault* (Séance de l'Académie du 24 déc. 1829).]

SAINTE-BEUVE. — Comme Millevoye, Arnault avait rencontré là une de ces feuilles qui surnagent, un parfum qui devait à jamais s'attacher à son nom. Il avait eu une fois de la mélancolie et de la mollesse.

[*Causeries du lundi*, t. VII.]

EUGÈNE SCRIBE. — C'est un Juvénal fabuliste ; on a reproché à Florian d'avoir mis dans ses bergeries trop de moutons; peut-être dans les fables de M. Arnault y a-t-il trop de loups.

[*Discours de réception à l'Académie française* (1855).]

ARVERS (Alexis-Félix). [1806-1850.]

Mes heures perdues (1833); réimprimées avec une préface de Th. de Banville (1878). – *Poésies de Félix Arvers*, avec une introduction de M. Abel Avrecourt (1900).

OPINIONS.

JULES JANIN. — Tel jeune homme, à lire les *Odes et ballades*, se trouvait poète et s'écriait : Et moi aussi!... Nos souvenirs ont conservé des pièces charmantes écrites sous la vive et première impression de *Joseph Delorme*. Écoutez, par exemple, ce sonnet (d'Arvers), et dites-moi s'il n'est pas dommage que ces choses-là se perdent et disparaissent comme des articles de journaux :

Ma vie a son secret, mon âme a son mystère :
Un amour éternel en un moment conçu ;
Le mal est sans espoir, aussi j'ai dû le taire,
Et celle qui l'a fait n'en a jamais rien su.

Hélas ! j'aurai passé près d'elle inaperçu,
Toujours à ses côtés et pourtant solitaire ;
Et j'aurai jusqu'au bout fait mon temps sur la terre,
N'osant rien demander et n'ayant rien reçu.

Pour elle, quoique Dieu l'ait faite douce et tendre,
Elle suit son chemin, distraite et sans entendre
Ce murmure d'amour élevé sur ses pas.

A l'austère devoir pieusement fidèle,
Elle dira, lisant ces vers tout remplis d'elle :
«Quelle est donc cette femme?» et ne comprendra pas.

La langue est belle, la passion est vraie; il faut y croire. L'auteur est mort au moment où il allait prendre sa place au soleil.

[*Histoire de la littérature dramatique en France*, t. III (1855).]

H. Blaze de Bury. — Le sonnet d'Arvers, isolé dans son œuvre, ne vise pas telle ou telle personne de la société; il vise la femme, être essentiellement réfractaire aux choses de la poésie quand son amour-propre n'y est pas intéressé, et qui ne comprend vos vers et vos hommages que le jour où votre gloire les lui renvoie et que vous avez fait d'elle une Elvire.

[*Revue des Deux-Mondes* (février 1883).]

AUBANEL (Joseph-Marie-Jean-Baptiste-Théodore). [1829-1886.]

La Grenade entr'ouverte (La Miougrano entraduberto) (1860). – *Lou Pan dou pecat* (Le Pain du péché), drame (1878). –*Lou Pastre*, drame (1880). – *Lou Robatori*, drame (1884). – *Li Fiho d'Avignoun* (1891).

OPINIONS.

Saint-René Taillandier. — «Et toi, fier Aubanel, dit M. Mistral dans *Mireio*, toi qui des bois et des rivières cherche le sombre et le frais pour ton cœur consumé de rêves d'amour!» C'est ce poète passionné qui va se révéler dans les *Amertumes;* son recueil, espèce de *romancero* de la douleur, est composé de pièces distinctes et unies cependant par une chaîne invisible, si bien que toutes les phases de la passion s'y développent, comme les péripéties d'un drame. N'est-il pas évident, à première vue, qu'un tel poème s'adresse à des esprits cultivés? Ce ne sont ni les pâtres de la Camargue ni les fermiers des Alpines qui apprécieront ce *romancero*.

[*Revue des Deux-Mondes* (15 octobre 1859).]

Théophile Gautier. — Auprès de Mistral, il est juste de placer Aubanel, auteur de *la Grenade entr'ouverte*, dont les vers ont la fraîcheur vermeille des rubis que laisse voir en se séparant la blonde écorce de ce fruit, éminemment méridional.

[*Rapport sur le progrès des lettres* par MM. Sylvestre de Sacy, Paul Féval, Théophile Gautier et Édouard Thierry (1868).]

Jules Lemaître. — Le Théâtre Libre a donné, avec un grand succès, *le Pain du péché*, de Théodore Aubanel. Je vous avais promis de vous dire mon impression; mais, vous l'avouerai-je? je n'ai pu parvenir en huit jours à la tirer au clair. Ce n'est pourtant pas faute d'avoir été averti et renseigné. Il y avait autour du drame, pendant les entr'actes, un bruit de félibres très excités, et comme un crépitement d'ardentes cigales. Les uns disaient : «Té! c'est de l'Eschyle!» et les autres : «C'est du Shakespeare, vé!» et tous: «C'est *la Phèdre* provençale, pas moins!» Et, en effet, je sentais bien moi-même, dans l'œuvre d'Aubanel, de la grandeur, de la simplicité, de la poésie, et une flamme partout répandue. Mais, en même temps, j'y découvrais une irréflexion, une étourderie d'improvisateur, un tragique tout en superficie, un échauffement sans profondeur, une outrance et comme une gesticulation de Cane-

bière. J'y trouvais, moi, pauvre homme du Centre, plus d'«assent» que d'accent, c'est-à-dire plus de Midi que d'Humanité; trop de «poivrons» et de «fromageons», trop de «mas», de «nouvelets» et de «Gabrielous»... Et je ne sais pas bien encore, à l'heure qu'il est, si la tragédie d'Aubanel est shakespearienne ou tartarinesque... La légende est belle; et si, comme on me l'a affirmé, c'est Aubanel lui-même qui l'a inventée de toutes pièces, il l'en faut louer grandement, car elle offre tous les caractères des légendes populaires... Pour trouver de ces choses belles et obscures, pour inventer un symbole qui semble vieux de plusieurs centaines d'années et qui a l'air d'avoir subi les déformations et les additions de plusieurs siècles, certes il ne faut pas être un médiocre poète, et je n'ai pas dit que Théodore Aubanel en fût un.

[*Impressions de théâtre* (1888).]

Émile Faguet. — Sur quoi Aubanel, grand poète, mais ouvrier un peu maladroit, à ce qu'il me semble, a donné de tout son cœur sur le point désobligeant et périlleux, que la légende dérobait et lui épargnait, et s'y est attaché de tout son cœur, et en a fait le tout de son œuvre... Comme poème proprement dit, *le Pain du péché* est une belle œuvre. Les vers sont très beaux. Il y en a d'une largeur et d'une sonorité magnifiques, qui emplissent l'oreille délicieusement et qui vibrent longtemps dans la mémoire. Ce style est d'une facture large et aisée, qui convient admirablement au poème épique porté à la scène. C'est un beau succès pour Aubanel, et pour son brillant traducteur, M. Paul Arène.

[*Le Théâtre contemporain* (1888).]

Paul Mariéton. — Nous ne l'avons plus parmi nous, le lumineux poète de *la Grenade entr'ouve. te*, des *Filles d'Avignon*, et le dramaturge puissant du *Pâtre*, du *Pain du péché!* Et voilà que partout on invoque son nom comme un symbole de passion, de nouveauté et de génie. C'est que le grand Félibre ne cherchait pas la gloire; il ne vécut que pour la Beauté. Enfermé dans son Avignon, devant l'horizon de sa Provence, il écrivait ses vers à l'ombre, reprochant aux meilleurs compagnons de son art et de sa jeunesse les témoignages mêmes de leur enthousiasme. Et il n'était pas seulement cet artisan de l'art plastique qu'on nous représente. Le Beau est partout comme Dieu : il y a dans Aubanel, réaliste à sa manière et quand sa pensée l'exige, un merveilleux poète de la nature.

[*La Terre Provençale* (1890).]

Eugène Lintilhac. — Des trois félibres de la première heure, Roumanille, Aubanel et Mistral, que Saint-René Taillandier signalait, il y a trente-cinq ans, à la curiosité et à la sympathie des lettrés, il en est un dont l'étude directe servira exactement notre dessein : c'est Théodore Aubanel. En effet, l'auteur des *Margarideto*, Roumanille, se voua, dès la seconde heure et presque exclusivement, à la prose de son cher *Armana prouvençau*. Le talent de Mistral est toujours vert, et il n'a pas dit son dernier chant. Mais Aubanel, lui, a suivi jusqu'au bout son inspiration poétique, et il a terminé sa carrière... Son meilleur recueil de vers, *les Filles d'Avignon*, presque introuvable naguère, a pu être réédité enfin... Sa vie fut très simple. Elle s'écoula presque tout entière en *Avignon*, comme on dit là-bas, où il était né et où il mourut, après y avoir vécu cinquante-sept ans (1829-1886)... Son œuvre offre partout la clarté native du génie latin.

[*Les Félibres* (1895).]

AUBE (Edmond).

Égérie (1893).

OPINION.

CHARLES FUSTER. — Des ressouvenirs latins et grecs, très sobrement et artistement mis en œuvre. Certaines pièces plus personnelles, — comme *Sur mes vers* — ont un bel accent triste et contenu.

[*L'Année des Poètes* (1893).]

AUDIC (Charles).

Poèmes simples (1895).

OPINION.

RAOUL ALLIER. — Ce que j'aime le plus, dans les poèmes de M. Audic, c'est leur inspiration... Il sait les héroïsmes obscurs, et les raconte comme il en a ressenti le contre-coup, — avec tendresse. De là cette note de douloureuse pitié qui circule à travers son livre.

[Préface aux *Poèmes simples* (1895).]

AUDIGUIER (Georges).

La Fidèle Chanson (1894).

OPINION.

CHARLES FUSTER. — *La Fidèle Chanson*, une œuvre sincère bien variée, où tous les sentiments d'une âme sont dépeints «fidèlement». On y goûtera certains morceaux pour leur perfection artistique, d'autres pour leur philosophie, plusieurs pour leur trouvaille d'expression.

[*L'Année des Poètes* (1894).]

AUDY (Auguste).

L'Amour en marche (1887).

OPINION.

ARMAND SILVESTRE. — Je pourrais citer des tirades et des strophes entières qui sont d'un mouvement lyrique évident. Mais ceci n'est pas une étude critique. Ma tâche est plus modeste que de conseiller l'auteur, moins aimable que de lui être complaisant. Je n'ai voulu être pour lui que celui qui dit à l'ami partant, résolu, pour un voyage superbe et dangereux : Bonne fortune et surtout bon courage.

[Préface à *l'Amour en marche* (1887).]

AUGIER (Guillaume-Victor-Émile). [1820-1889.]

La Ciguë, comédie en deux actes (1844). — *Un Homme de bien*, comédie en trois actes et en vers (1845). – *L'Aventurière*, trois actes (1848). – *Gabrielle*, cinq actes (1849).

– *L'Habit vert*, un acte, avec Alfred de Musset (1849). – *Le Joueur de flûte*, un acte (1850). – *La chasse au roman*, comédie tirée d'un roman de Jules Sandeau (1851). – *Diane*, drame en cinq actes (1852). – *Philiberte*, trois actes en vers (1853). – *La pierre de touche*, cinq actes, avec Jules Sandeau (1854). – *Le Gendre de M. Poirier*, 4 actes, avec Jules Sandeau (1854). – *Le mariage d'Olympe*, cinq actes (1855). – *Ceinture dorée*, trois actes, avec Ed. Foussier (1855). – *Les Pariétaires*, poésies (1855). – *La Jeunesse*, cinq actes en vers (1858). – *Les Lionnes pauvres*, avec Ed. Foussier (1858). – *Les Effrontés*, cinq actes en prose (1861). – *Le Fils de Giboyer*, cinq actes en prose (1862). – *Maître Guérin*, cinq actes en prose (1864). – *La Contagion* (1866). – *Paul Forestier*, quatre actes en vers (1868). – *Le Post-scriptum*, un acte (1869). – *Lions et renards*, cinq actes en prose (1869). – *Jean de Thommeray*, cinq actes, tiré d'une nouvelle de Jules Sandeau (1873). – *Madame Caverlet*, quatre actes (1876). – *Le Prix Martin*, trois actes, avec Labiche (1877). – *Les Fourchambault*, trois actes (1878). – *Œuvres diverses* renfermant les *Pariétaires*, poésies (1878). – *Théâtre complet*, en 6 volumes (1876-1878).

OPINIONS.

LEBRUN. — Je me suis arrêté à vos comédies en vers et à celles d'entre elles qui ont mérité le plus de faveur. Vous êtes poète, j'ai voulu surtout marquer votre place, à ce titre, dans la grande littérature, honorer en vous cette constance qui vous porte à chercher les succès difficiles, et vous inviter à marcher résolument dans ce véritable domaine de l'art, que les auteurs comme le public semblent tentés d'abandonner : non que je porte à la comédie en vers une préférence académique et que je lui croie plus de dignité qu'à la comédie en prose; une grande comédie en prose est assurément une œuvre très littéraire, surtout si elle est l'œuvre d'un seul auteur; mais la comédie en vers a cet avantage d'une langue particulière qui parle à la mémoire, et d'un art choisi, précis, délicat, et d'autant plus difficile que les esprits auxquels il s'adresse sont plus cultivés.

[*Réponse de M. Lebrun au discours de M. Émile Augier* (Séance de l'Académie française du 28 janvier 1858).]

NESTOR ROQUEPLAN. — M. Augier, qui est de son temps et qui l'aime, fait la comédie de son temps; les caractères, les mœurs, l'intrigue y ont leur part mesurée et infusée dans un mélange savoureux et piquant.

[*Le Constitutionnel* (décembre 1862).]

PAUL DE SAINT-VICTOR. — La comédie de M. Augier transforme la scène en tribune, ses caractères personnifient des partis, c'est une polémique en action. Agressive jusqu'à la passion, elle provoquera les passions contraires. Nous tâcherons de l'apprécier avec l'impartialité qui lui manque. Ce qu'il y a de moins contestable, c'est le talent de l'auteur. Tout le monde n'ira pas applaudir *le Fils de Giboyer*, mais tout le monde ira le voir, et ses adversaires mêmes seront ses témoins.

[*La Presse* (5 décembre 1862).]

FRANCISQUE SARCEY. — Jamais l'auteur de *l'Aventurière* n'avait parlé au théâtre une langue plus exacte et plus colorée à la fois. Et quelle force le vers ajoute à l'idée, quand il est frappé au bon coin !

[*L'Opinion nationale* (1862).]

OCTAVE GRÉARD. — Émile Augier n'a écrit que pour le théâtre, et peu de carrières dramatiques ont été plus heureuses. A vingt-quatre ans, il faisait acclamer *la Ciguë* par une jeunesse née, comme lui, de la veille, à la poésie et à l'enthousiasme. Cette année, il voyait reprendre *Maître Guérin* au milieu des applaudissements, qui, hier encore, lui apportaient sur son lit de mort comme les premiers hommages de la postérité. De son vivant, *l'Aventurière* et *le Gendre de M. Poirier* sont devenus classiques. Et pour qu'à leur tour *les Effrontés* et *le Fils de Giboyer* aient obtenu au répertoire leur place définitive, que leur manque-t-il autre chose que ce recul du temps, toujours plus ou moins nécessaire aux comédies de mœurs, qu'il remet au point dans la perspective du passé ?

[*Discours prononcé aux funérailles de M. Émile Augier* (28 octobre 1889).]

FRANÇOIS COPPÉE. — Depuis *la Ciguë*, pure œuvre d'art qui résume toute la grâce antique, comme une statuette sortie, intacte et exquise, des fouilles d'Olympie ou de Tanagra, depuis *la Ciguë* jusqu'à cet émouvant et robuste drame des *Fourchambault*, qui naguère encore secouait tous les cœurs, Émile Augier n'a compté que d'éclatants succès. Que, dans *Gabrielle*, qui est une comédie d'une haute moralité, il mit hardiment, dans la bouche des personnages contemporains, le ferme alexandrin du XVIIe siècle; que, dans *l'Aventurière*, il fit passer, à travers ce même vers classique le souffle du lyrisme et de la fantaisie; que, pris d'une vertueuse indignation, il marquât, dans *le Mariage d'Olympe*, la fille triomphante de le fer rouge de la satire; qu'après un regard épouvanté sur les progrès d'un luxe corrupteur, il dénonçât la courtisane mariée, la lionne pauvre; — toujours il nous faisait admirer et applaudir des œuvres d'une composition solide et harmonieuse, d'un intérêt poignant et irrésistible. L'action et le dialogue courent, de l'exposition au dénouement, dans une seule et large coulée d'éloquence et de verve, où les répliques se croisent et se heurtent avec des chocs et des éclairs d'épées.

[*Discours prononcé aux funérailles de M. Émile Augier* (28 octobre 1889).]

J.-J. WEISS. — La comédie des *Effrontés* appartient au second Augier, celui qui est de son temps plus que de sa race et sur qui les influences de l'air moral ambiant ont eu plus d'action et de pénétration que les instincts de son imagination et de son cœur. Ce second Augier a commencé avec *le Mariage d'Olympe*. Le premier avait éclaté, irrésistible, avec *la Ciguë*; il nous a donné coup sur coup *l'Aventurière*, *Gabrielle*, *Philiberte;* il a fini par *la Pierre de touche*, ayant eu cependant encore,

depuis *la Pierre de touche*, deux belles explosions de la nature primitive : *la Jeunesse* et *Paul Forestier*. Sauf dans *la Pierre de touche*, le premier Augier a pris la langue des vers pour instrument comme l'autre la prose.

[*Autour de la Comédie-Française* (1892).]

AURIAC (Jules d').

Poèmes d'autrefois (1883).

OPINION.

A. L. — *Les Poèmes d'autrefois*, sorte d'épopée dont le peuple français est le sujet, pourraient s'appeler «La Légende de la France». L'auteur y procède par tableaux grandement espacés au point de vue chronologique, mais ces tableaux sont si bien choisis, que leur enchaînement s'éclaire de lui-même à travers les siècles... Le vers, bien construit, aux rythmes variés, juste de ton, accommodé aux effets voulus, se soutient sans défaillance pendant tout le cours de l'œuvre.

[*Anthologie des poètes français du XIXe siècle* (1887-1889).]

AURIAC (Victor d').

Pâques-Fleuries (1883). – *Renaissance* (1887).

OPINIONS.

MALLAT. — Victor d'Auriac chante les blondes matinées ensoleillées, les taillis criblés de traits d'or et les nids enamourés. Peut-être lui reprochera-t-on de s'attarder dans des rêveries païennes et de retrouver toujours au fond de l'idylle champêtre, comme dans les grisailles parisiennes, ce seul mot, divin rabâchage : «Je t'aime»... Les boursiers et les bookmakers hausseront les épaules devant tes vers; ils riront du rêveur qui préfère sa chanson aux performances du favori du *Derby*. Laisse-les rire.

[*Courrier du Soir* (2 avril 1883).]

LOUIS DE GRAMONT. — Sous ce titre : *Pâques-Fleuries*, M. Victor d'Auriac vient de publier un volume de vers gracieux et bien ouvragé. Ce livre est une sérieuse promesse. Quand le jeune poète, mûri, appliquera ses qualités de facture à des idées plus personnelles, ne se contentera plus de thèmes parfois banals, — thèmes éternels sans doute, mais qu'il est nécessaire de renouveler, — ce sera quelqu'un de notable.

[*L'Intransigeant* (5 avril 1883).]

FRANÇOIS COPPÉE. — M. Victor d'Auriac a trouvé un bien frais et bien gracieux titre pour ses vers de la vingtième année, *Pâques-Fleuries*. Il ne s'agit ici, en effet, que d'une grosse gerbe de fleurs de printemps, cueillies à deux dans une libre course à travers la campagne. Ces vers-ci, ce sont ceux que riment d'abord tous les amoureux, mal, quand ils ne sont que des amoureux, fort bien, lorsqu'ils sont, de plus, artistes délicats comme M. Victor d'Auriac.

[*La Patrie* (16 avril 1883).]

AURIER (G.-Albert). [1865-1892.]

Le Vieux, roman (1891). – *OEuvres posthumes*, avec une notice de Remy de Gourmont et un portrait à l'eau-forte (1893).

OPINIONS.

REMY DE GOURMONT. — Quant aux caractères propres, différentiels de la poésie, ce sont, il me semble, la spontanéité et l'inattendu. Il ne fut jamais un chercheur de pierres précieuses ; il sertissait celles qu'il avait sous la main, plus soucieux de leur mise en valeur que de leur rareté ; mais, pêcheur de perles, il le fut aussi trop peu, et, trop confiant en sa force improvisatrice, il laissa, même en des morceaux jugés par lui définitifs, échapper des à-peu-près et des erreurs. Cela vaut-il mieux que. d'être trop parfait ? Oui, quand la perfection de la forme n'est que le résultat d'un pénible limage, d'une quête aveugle des raretés éparses dans les dictionnaires, d'un effort naïf à tirer, sur le vide d'une œuvre, un rideau constellé de fausses émeraudes et de rubis inanes. Il est cependant une certaine dextérité manuelle qu'il faut posséder ; il faut être à la fois l'artisan et l'artiste, manier le ciseau et l'ébauchoir, et que la main qui a dessiné les rinceaux puisse les marteler sur l'enclume.

Mais là Aurier pécha moins par omission que par jeunesse, et s'il montra un talent moins sûr que son intelligence, c'est que toutes les facultés de l'âme n'atteignent pas à la même heure leur complet développement ; chez lui, l'intelligence avait fleuri la première et à soi la meilleure partie de la sève.

L'intelligence et le talent, voilà, je crois, une distinction qui n'a guère jamais été faite en critique littéraire ; elle est pourtant capitale... Aurier manqua de quelques années pour s'harmoniser définitivement... Presque rien de ce que nous connaissons de lui, en fait de vers, n'avait reçu la septième correction.

[*Mercure de France* (décembre 1892).]

JULIEN LECLERCQ. — Parti trop tôt, — à l'âge où l'artiste se juge à la hauteur de ses projets. Déjà ses réalisations se signalaient en indice de personnalité forte. Un ironiste, un observateur lyrique, un sensuel éloquent... Il n'est plus, mais il est encore.

[*Portraits du prochain siècle* (1894).]

AUTRAN (Joseph). [1813-1877.]

La Mer, poésies (1835). – *Ludibria ventis* (1838). – *Italie et Semaine Sainte à Rome*, souvenirs (1841). – *Milianah*, poème (1842). – *La Fille d'Eschyle*, tragédie (1848). – *Les Poèmes de la mer* (1852). – *Laboureurs et soldats* (1854). – *La vie rurale* (1856). – *Épîtres rustiques* (1861). – *Le poème des beaux jours* (1862). – *Le Cyclope* (1863).

OPINIONS.

ARMAND DE PONTMARTIN. — On commençait à être las des drames de M. Hugo, qui étaient fous quand ils s'appelaient *Ruy Blas* et ennuyeux quand ils s'appelaient *les Burgraves*. Le moment était bien choisi pour se donner le plaisir d'une réaction, et l'on sait que dans tous les genres, les plus sérieux comme les plus frivoles, la France se refuse rarement ce plaisir-là. La réaction eut lieu ; M. Ponsard en fut le héros et *Lucrèce* le signal... J'eus, vers cette époque, l'honneur de rencontrer M. Autran. Préoccupé, comme moi, du succès de M. Ponsard, de la vogue de Mademoiselle Rachel, de cette vieille route longtemps abandonnée, qui semblait tout à coup se rouvrir, et dont le poteau indicateur était glorieusement relevé par un poète de talent et une actrice de génie, il m'avoua qu'il venait d'écrire, sous cette impression nouvelle, une tragédie, moins que cela, une étude empruntée à un autre temps et à un autre ordre d'idées que *Lucrèce*, mais également inspirée par ce retour aux sources antiques, un moment taries ou troublées sous le souffle du romantisme. Cette confidence de M. Autran me causa, j'en conviens, quelque appréhension. Je ne croyais pas à cette réaction néo-classique, qui ne répondait à aucun instinct, à aucun besoin de notre siècle, et qui me paraissait tout simplement un caprice de lettrés. Je voyais avec peine un jeune poète, dont je pressentais le magnifique avenir, entrer dans cette voie où la première place était prise, et je me disais tout bas qu'il serait dur de ne s'appeler que Thomas Ponsard. *La Fille d'Eschyle* parut, et jamais doutes ne furent dissipés d'une façon plus victorieuse...

[*Causeries littéraires* (1854).]

LAMARTINE. — Autran, qui chante la mer comme un Phocéen et la campagne comme Hésiode.

[*Cours familier de littérature* (1856 et années suivantes).]

J. BARBEY D'AUREVILLY. — Toute l'œuvre poétique de M. Autran n'est pas dans les deux volumes que nous signalons aujourd'hui : *Laboureurs et soldats* et *Milianah* ; elle est encore ailleurs. Il a écrit *la Fille d'Eschyle*, étude antique qui a été couronnée par l'Académie française, et *les Poèmes de la mer*, dans lesquels il a cru un peu trop l'avoir inventée. Qu'il nous permette de lui affirmer, sur l'honneur, que la mer est dans Homère et dans Lord Byron, et que lui, M. Autran, n'en est pas uniquement l'Archimède... M. Autran est, en poésie, ce qu'on pourrait appeler un rude travailleur, et, s'il ne l'est pas, si, en fait, nous nous trompons, il en a l'air, et c'est la même chose. Rappelez-vous un mot terrible ! «Je n'ai que trente-cinq ans et pas un cheveu blanc», disait un homme amoureux à une femme trop aimée. «Vous avez l'air d'en avoir», lui répondit-elle. Eh bien, la poésie de M. Autran a cet air de cheveux blancs, et ils lui semblent venus dans la peine du labeur et des veilles de l'étude. Elle a peut-être très bien dormi, mais elle est alors naturellement fatiguée. On dirait qu'elle s'efforce, sue d'ahan, porte des fardeaux. Poésie gênée, mortifiée, qui fait souffrir plus encore qu'elle ne souffre. Elle n'enlève pas légèrement sur son front limpide tout un monde d'idées ou de sentiments, comme les Cariatides de Jean. Goujon enlèvent leurs corbeilles. Elle est une cariatide froncée, écrasée, et bien ennuyée de porter son lourd entablement, et le pis de tout cela, c'est qu'on est de son avis et qu'on ne partage pas sa sensation, à cette cariatide !

[*Les OEuvres et les Hommes : les Poètes* (1862).]

VICTORIEN SARDOU. — Ce qu'il décrit surtout, c'est le travail, les souffrances des pauvres gens, marins ou pêcheurs, toujours en lutte avec les flots. Cette préoccupation des petits, des humbles, domine toute son œuvre... Son hexamètre est sonore et bien rythmé; sa phrase, toujours musicale, se déroule largement avec une noblesse de contours qui fait penser aux volutes antiques.

[*Discours de réception à l'Académie française* (23 mai 1878).]

AVENEL (Paul).

Chansons nouvelles (1893).

OPINION.

CHARLES FUSTER. — Il y a bien des choses dans ce recueil (*Chansons nouvelles*), une comédie, des contes et récits, des dialogues, des chansons; car avant tout, M. Paul Avenel est chansonnier, excellent chansonnier.

[*L'Année des Poètes* (1893).]

AVRIL (René d').

Un jour puis l'autre (1898). – *De Messidor à Prairial* (1899). – *Procession dans l'âme* (1900).

OPINION.

CAMILLE DE SAINTE-CROIX. — Un beau volume de vers par René d'Avril et Paul Briquel : *De Messidor à Prairial*. On nous l'a présenté comme un recueil de proses rythmées avec assonances. Mais ces rythmes sont si berceurs; ces assonances si expressives, que c'est bien de la musique, ces vers, et de la plus parfaite.

[*La Petite République socialiste* (8 janvier 1900).]

AZÉMAR (Louis).

Rimes franches (1896).

OPINION.

CHARLES FUSTER. — *Rimes franches*, voilà un des meilleurs recueils récents, un de ceux où nous trouvons, largement répandue, cette qualité essentielle du poète, cette qualité qui semble en train de se perdre : le lyrisme. Le talent de M. Azémar est lyrique dans toute la force du terme; il est à la fois abondant, hardi et varié.

[*L'Année des Poètes* (1896).]

B

BAÈS (Edgard).

Les Sept lueurs d'Elohim (1897).

OPINION.

CHARLES FUSTER. — *Les Sept lueurs d'Elohim :* de belles pages symboliques, où l'auteur s'élève jusqu'aux conceptions et aux visions les plus grandioses.

[*L'année des Poètes* (1897).]

BAL (Georges).

Rêves et chimères (1887). – *Autres mondes* (1891).

OPINION.

CHARLES FUSTER. — M. Georges Bal, dans ses *Rêves et chimères*, donne libre cours à une poésie bien jaillissante.

[*Le Semeur* (25 décembre 1887).]

BANVILLE (Théodore FAULLAIN de). [1823-1891.]

Les Cariatides (1842). – *Les Stalactites* (1846). – *Les Nations*, opéra-ballet (1851). – *Le feuilleton d'Aristophane*, avec Philoxène Boyer (1852). – *Les Saltimbanques* (1853). – *Les Odelettes* (1856). – *Le beau Léandre*, un acte en vers (1865). – *Odes funambulesques* (Alençon, 1857). – *Poésies complètes* (1857). – *Le Cousin du Roi*, avec Philoxène Boyer (1857).

– *Odes funambulesques*, édition revue et augmentée (1859). – *Esquisses parisiennes* (1859). – *Diane au bois*, comédie héroïque (1863). – *Les fourberies de Nérine*, comédie (1864). – *La Pomme*, comédie (1866). – *Gringoire*, comédie (1866). – *Les Exilés* (1866). – *Les Parisiennes de Paris* (1866). – *Les Camées parisiens* (1866). – *Nouvelles Odes funambulesques* (1869). – *Florise* (1870). – *Idylles Prussiennes* (1871). – *Petit traité de poésie française* (1872). – *Les Princesses* (1874). – *Trente-six ballades joyeuses* (1875). – *Déidamia*, comédie (1876). – *Comédies* (1879). – *Contes pour les femmes* (1881). – *Contes féeriques* (1882). – *Mes souvenirs* (1882). – *Contes héroïques* (1884). – *Dames et demoiselles et Fables choisies, mises en prose* (1886). – *Le Forgeron*, scènes héroïques (1887). – *Madame Robert* (1887). – *Le Baiser*, comédie en vers (1888). – *Scènes de la vie : Les Belles Poupées* (1888). – *Les Cariatides; Roses de Noël* (1889). – *Les Exilés; Les Princesses* (1890).– *Petites études; L'Âme de Paris; Nouveaux Souvenirs* (1890). – *Poesies nouvelles; Sonnailles et Clochettes* (1890). – *Le Sang de la coupe; Trente-six ballades joyeuses; Le Baiser* (1890). – *Marcel Rabe* (1891). – *Idylles Prussiennes; Riquet à la Houppe* (1891). – *Occidentales; Rimes dorées* (1891). – *Dans la fournaise* (1892). – *Ésope*, comédie en trois actes (1893).

OPINIONS.

CHARLES BAUDELAIRE.

A Théodore de Banville.

Vous avez empoigné les crins de la Déesse
Avec un tel poignet qu'on vous eût pris, à voir
Et cet air de maîtrise et ce beau nonchaloir,
Pour un jeune ruffian terrassant sa maîtresse.

L'œil clair et plein du feu de la précocité,
Vous avez prélassé votre orgueil d'architecte
Dans des constructions dont l'audace correcte
Fait voir quelle sera votre maturité.

Poète, votre sang nous fuit par chaque pore ;
Est-ce que par hasard la robe du Centaure,
Qui changeait toute veine en funèbre ruisseau,

Était teinte trois fois dans les baves subtiles
De ces vindicatifs et monstrueux reptiles
Que le petit Hercule étranglait au berceau ?

[Pièce – 1842 – insérée plus tard dans l'édition définitive des *Fleurs du Mal* (1890).]

CHARLES ASSELINEAU. — Le livre dont je vais parler (*les Odelettes*) n'a pas soixante pages ; c'est un recueil de douze à quinze pièces de poésie, dont la plus longue n'excède pas quatre-vingt vers. Tout ce que je voudrais, à propos de ce *souvenir*, de cette carte de visite poétique adressée à quelques amis et à un petit nombre de lecteurs d'élite, ce serait de marquer dans la littérature contemporaine la place d'un poète auquel il me semble qu'on n'a pas jusqu'ici rendu pleine justice. Non pas qu'en prenant ce petit livre pour prétexte de quelques considérations générales, je veuille dire qu'il n'a que la valeur d'un prétexte : jamais le talent de l'auteur des *Cariatides* et des *Stalactites* n'a été ni plus complet, ni plus puissant ; jamais ce but qu'il a constamment poursuivi, de la correction dans la forme, et surtout de la *correction dans l'imprévu*, n'a été mieux atteint. Jamais les difficultés, cherchées et multipliées à plaisir d'artiste, de la prosodie et du rythme n'ont été mieux déguisées par la simplicité mélodique du sentiment ; et jamais la banalité du sentiment éternel n'a été mieux relevée par la recherche, la complication adroite de l'art... Aujourd'hui, M. de Banville, après avoir publié deux livres de poésies remarquables, et répandu dans les journaux, dans les revues, de nombreuses pages d'une prose savante, correcte, pleine de nombre et de mouvement, est encore considéré par bien des gens comme un jeune écrivain dont le talent promet. Évidemment, il y a là une inégalité, une injustice, un *fatum*... On peut différer de sentiment sur la poésie de M. de Banville et sur la nature de ses inspirations ; mais ce qu'on ne peut méconnaître, dès la première lecture, c'est que l'effort est complet, et qu'aucune négligence, aucune transaction ne s'est interposée entre le poète et son but... Des deux grands principes posés au commencement de ce siècle, la recherche du sentiment moderne et le rajeunissement de la langue, M. Théodore de Banville a retenu le second, et l'on peut certainement dire qu'après Théophile Gautier il est celui qui l'a le mieux compris et le mieux appliqué.

[*La Revue française* (année 1856, 6e vol.).]

VICTOR HUGO. — Je viens de lire vos *Odes.* Donnez-leur l'épithète que vous voudrez, (celle que vous avez choisie est charmante), mais sachez bien que vous avez construit là un des monuments lyriques du siècle. J'ai lu votre ravissant livre d'un bout à l'autre, d'un trait, sans m'arrêter. J'en ai l'ivresse en ce moment, et je me dirais presque que j'ai trop bu ; mais non, on ne boit jamais trop à cette coupe d'or de l'idéal. Oui, vous avez fait un livre exquis. Que de sagesse dans ce rire, que de raison dans cette démence, et sous ces grimaces, quel masque douloureux et sévère de l'art et de la pensée indignée ! Je vous aime, poète, et je vous remercie d'avoir sculpté mon nom dans ce marbre et dans ce bronze, et je vous embrasse.

[Hauteville-house, 15 mars 1857.]

AUGUSTE VACQUERIE. — A Théodore de Banville, après la lecture de ses *Odes funambulesques.*

Ton volume éclate de rire,
Mais le beau rayonne à travers.
J'aime ce carnaval du vers
Où l'Ode se masque en satire.

C'est méchant et c'est excellent !
C'est la ruade et l'étincelle,
Le coup de poing et le coup d'aile ;
Ça fredonne, même en ronflant.

C'est le babil de toutes choses,
De l'éteignoir et du flambeau ;
C'est le laid qui devient le beau ;
C'est le fumier frère des roses !

C'est l'idéal dans le réel ;
C'est la Vérité qui s'insurge ;
C'est insolent comme Panurge
Et c'est charmant comme Ariel !

C'est Rosalinde qui s'enivre !
C'est la rue et c'est le château ;
Ah ! Téniers dispute à Watteau
L'illustration de ton livre.

Derrière la strophe où tu ris
De mêler l'ortie aux pervenches,
On voit, en écartant les branches,
Régnier embrasser Lycoris.

C'est tous les jurons de l'auberge
Et toutes les chansons du bois.
Un funambule par endroits
Danse sur un fil de la Vierge.

Bottom, à vingt ânes pareil,
Tend son dos à Puck qui le monte,
Et Scapin bâtonne Géronte
Avec un rayon de soleil !

Guernesey, 27 mars 1857.

[*Odes funambulesques* (2e édition, 1859).]

HIPPOLYTE BABOU. — Les *Odes funambulesques,* c'est vous trait pour trait, c'est vous tout entier, avec votre fougue savante et votre lyrisme excessif, avec vos gammes tournoyantes d'allégresse, avec cette double force native qui ne s'est révélée qu'à demi, je le crois, dans les *Cariatides* et dans les *Odelettes*... J'ai entendu dire un jour à quelqu'un, qui songeait sans doute au vers de Boileau :

La rime est une esclave, et ne doit qu'obéir,

que vous étiez le *commandeur de la rime*. Le mot serait juste en supposant que la rime fût une esclave-maîtresse, battue et caressée de la même main vigoureuse. Je n'ajouterai rien à ce genre d'éloges. Vous avez montré, selon moi, dans les *Odes funambulesques*, un mérite plus rare et plus imprévu, mérite singulier que je ne puis exprimer suffisamment que par des comparaisons très singulières. En fermant votre livre, je suis poursuivi par trois images qui résument mes impressions. Je vois la Vénus de Milo jouant Colombine, le Bacchus indien mimant Arlequin, et l'Apollon du Belvédère avec les deux bosses de Polichinelle. Si Vénus, sans rien perdre de sa beauté, savait détacher un coup de pied comme Deburau, elle serait la vraie Muse, la Muse *pindari-comique* des *Odes funambulesques.*

[*Revue française* (1ᵉʳ avril 1857).]

CHARLES BAUDELAIRE. — J'ai dit, je ne sais plus où : «La poésie de Banville représente les belles heures de la vie, c'est-à-dire les heures où l'on se sent heureux de penser et de vivre»... Banville seul, je l'ai déjà dit, est purement, naturellement et volontairement lyrique. Il est retourné aux moyens anciens d'expression poétique, les trouvant sans doute tout à fait suffisants et parfaitement adaptés à son but.

[*L'Art romantique* (1868).]

THÉOPHILE GAUTIER. — Banville est exclusivement poète; pour lui, la prose semble ne pas exister; il peut dire, comme Ovide : «Chaque phrase que j'essayais d'écrire était un vers». De naissance, il eut le don de cette admirable langue que le monde entend et ne parle pas; et de la poésie il possède la note la plus rare, la plus ailée, le lyrisme. Il est en effet lyrique, invinciblement lyrique, et partout et toujours, et presque malgré lui, pour ainsi dire. Comme Euphorion, le symbolique enfant de Faust et d'Hélène, il voltige au-dessus des fleurs de la prairie, enlevé par des souffles qui gonflent sa draperie aux couleurs changeantes et prismatiques. Incapable de maîtriser son essor, il ne peut effleurer la terre du pied sans rebondir aussitôt jusqu'au ciel et se perdre dans la poussière dorée d'un rayon lumineux.

[*Rapport sur le Progrès des lettres et des sciences,* par MM. Sylvestre de Sacy, Paul Féval et Théophile Gautier et Édouard Thierry (1868).]

JEAN PROUVAIRE. — *Déidamia :* Le poète du *Sang de la coupe* et des *Exilés* n'a jamais été plus brillant ni plus hautain. Est-il besoin de dire que l'Aristophane, mêlé dans Théodore de Banville au lyrique Pindare, a semé dans l'œuvre nouvelle plus d'une scène joyeuse et cent morceaux piquants?

[*La République des lettres* (19 novembre 1876).]

FRANCISQUE SARCEY. — Personne ne rend plus justice que moi à la prodigieuse habileté que M. de Banville déploie dans l'art de faire le vers. Mais j'en reviens toujours là : la poésie ne me plaît au théâtre que si elle a les qualités exigées pour le théâtre, si elle est en situation, si elle exprime des sentiments qui touchent, si elle va au cœur.

[*Sur Déidamia.* — *Le Temps* (27 novembre 1876).]

MAURICE BOUCHOR.

A Théodore de Banville.

Lorsque morions ou salades
Coiffaient pédaille et chevalier,
Furent faites maintes ballades
Par le très joyeux bachelier
Que le temps ne peut oublier;
J'ai lu cent poèmes sublimes
Qu'hier on a vu publier,
Mais Banville est le roi des rimes.

Les rimes sont parfois maussades;
Il les faut alors supplier,
Les noyant d'autant de rasades
Qu'en eût pu boire un templier;
Elles sont dures à plier
A de si savantes escrimes
Où Boileau n'est qu'un écolier :
Mais Banville est le roi des rimes.

Celui-ci, l'homme des boutades,
A recours aux vers familiers ;
Cet autre dans ses incartades
Est près de vider l'étrier :
Il a beau suer et crier,
Pégase va droit aux abîmes
Pour y jeter son cavalier...
Mais Banville est le roi des rimes.

ENVOI.

Prince, ton or a beau briller ;
Augmente impôts, tailles et dîmes!
Tu peux butiner et piller,
Mais Banville est le roi des rimes.

[*La République des lettres* (24 décembre 1876).]

JULES LEMAÎTRE. — M. Théodore de Banville est un poète lyrique hypnotisé par la rime, le dernier venu, le plus amusé et dans ses bons jours le plus amusant des romantiques, un clown en poésie qui a eu dans sa vie plusieurs idées, dont la plus persistante a été de n'exprimer aucune idée dans ses vers... M. Théodore de Banville célèbre uniquement, sans arrière-pensée, — et même sans pensée, — la gloire et la beauté des choses dans des rythmes magnifiques et joyeux. Cela est fort remarquable, et cela l'est devenu, par ce temps de morosité, d'inquiétude et de complication intellectuelle. Vraiment, il plane et n'effleure que la surface brillante de l'univers, comme un dieu innocent et ignorant de ce qui est au-dessous, ou plutôt comme un être paradoxal et fantasque, un porte-lauriers pour de bon qui se promène dans la vie comme dans un rêve magnifique et à qui la réalité, même contemporaine, n'apparaît qu'à travers des souvenirs de mythologie, des voiles éclatants et transparents qui la colorent et l'agrandissent. Sa poésie est somptueuse et bienfaisante. Et comme le sentiment de la beauté extérieure et le divin jeu des rimes, s'ils ne sont pas toute la poésie, en sont du moins une partie essentielle, M. de Banville a été, à certaines heures, un grand poète et à plusieurs fois, comme il le dit volontiers, heurté les astres du front.

[*Les Contemporains* (1886-89).]

ÉMILE FAGUET. — A propos du *Baiser :* Malgré tout le talent de M. de Banville et malgré toute la considération qui s'attache à son nom, on ne l'aurait pas écouté bien longtemps, et il le sait parfaitement. Déjà, je crois devoir le dire, pour tout dire, dans ce petit poème si court, arrivés au monologue final de Pierrot, j'affirme qu'il y avait parmi nous, çà et là, des traces, je ne dirais pas de lassitude, non, mais d'un commencement de légère indifférence.

[*Le Théâtre contemporain* (1888).]

JULES BARBEY D'AUREVILLY. — Tout le monde sait la place que l'auteur des *Cariatides* et des *Stalactites* occupe dans la poésie française, et cette place, même ceux qui ne vibrent pas en accord parfait avec sa poésie, ne la lui contestent pas. Quelle que soit la manière dont elle doive le juger un jour, l'Histoire littéraire la lui conservera. Pour ceux qui viendront après nous comme pour nous, M. Théodore de Banville aura fait partie de cette brillante Heptarchie de poètes qui ont régné sur la France vers le milieu de ce siècle et dont on ne voit point les successeurs... Les autres ont déshonoré la Poésie dans les viletés de la politique, ou l'ont ridiculisée en devenant académiciens. M. Théodore de Banville n'a voulu qu'être poète et ·rien que poète. C'est du marbre aussi, cela ! — L'inspiration du poète qui était allé des *Cariatides* aux *Odes funambulesques* et s'était risqué avec tant de hardiesse sur ce dangereux trapèze lyrique, cette inspiration était bien connue. Elle avait trente ans de rayonnement. On n'imaginait pas qu'elle pût jamais changer dans le poète, et, pourtant, ce rare phénomène s'est accompli !... L'auteur des *Cariatides* a rejeté son entablement. L'aurait-on prévu jamais ? L'homme des *Idylles Prussiennes* est sorti de l'homme des *Odes funambulesques* ! Ce corps souple, — ce trop de corps ! — a trouvé cette âme. Ces *Idylles Prussiennes*, sur lesquelles je veux particulièrement insister, ne sont pas seulement les plus belles poésies du volume, mais elles portent avec elles un caractère de nouveauté si peu attendu et si étonnant, qu'en vérité on peut tout croire de la puissance d'un poète qui, après trente ans de la vie poétique de la plus stricte unité, apparaît poète tout à coup dans un tout autre ordre de sentiments et d'idées, — et poète, comme certainement jusque-là il ne l'avait jamais été !...

M. Théodore de Banville a, de nature, l'imagination joyeuse. Il a un diamant de gaîté qui rit et lutine de ses feux, et cela le met à part dans l'*Heptarchie romantique*... La gaîté de M. de Banville rit sans malice. Elle se soucie bien de la réalité ! Elle rit avec des dents d'opale qui n'ont jamais rien coupé ni rien mordu. Le poète lyrique exceptionnel qu'il est rit dans le bleu comme il y gambade ; car il y gambade ! mais j'aime mieux l'y voir rire que de l'y voir gambader... Nous arrivons à ces *Idylles Prussiennes* qui ont fait tout à coup surgir de Banville comme un Banville qu'on ne connaissait pas... Toutes les pièces de ce recueil d'*Idylles* sont superbes et d'un pathétique d'autant plus grand que le désespoir y est plus fort que l'espérance ; qu'il y a bien ici, à quelques rares moments, des volontés, des redressements et des enragements d'espérance, mais tout cela a l'air de s'étouffer dans le cœur et la voix du poète, et on épouse sa sensation... Les hommes sont si faibles et ont tant besoin d'espérer, que c'est peut-être ce qui a fait un tort relatif aux *Idylles Prussiennes* de M. Théodore de Banville. Le fait est que ces poésies d'une si mâle inspiration ont moins résonné dans les oreilles de tout le monde que les poésies de M. Déroulède, par exemple.

[*Les Œuvres et les Hommes : les Poètes* (1889).]

CHARLES MORICE. — Ce n'est pas assez de dire que M. Théodore de Banville est le plus grand des poètes vivants qui ont réalisé leur œuvre, je crois qu'il a pour âme la poésie elle-même. Par quel prodige, au milieu de ce siècle de critique et tout en subissant comme un autre les misères de ce siècle, dans ce pays de censure et d'académie, un homme de ce temps et de ce lieu a-t-il pu se ressouvenir de la vraie, pure, originelle et joyeuse nature humaine, se dresser contre le flot de la routine implacable et non pas écrire ou parler, mais «chanter» comme un de ces bardes qui accompagnèrent au siège de Troie l'armée grecque pour l'exciter avant le combat et ensuite la reposer, —toutefois, en chantant, ne point sembler (pour ne blesser personne) faire autre chose qu'écrire ou parler comme tout le monde, et, avec une langue composée de vocables caducs, usés comme de vieilles médailles, sous des doigts immobiles depuis deux siècles, donner l'illusion bienfaisante d'un intarissable fleuve de pierreries nouvelles ? — Le poète des *Exilés* et des *Odes funambulesques* a sauvé

le Parnasse du possible ridicule où son allure guindée l'eût entraîné, et, sachant que la mélancolie n'est pas le dernier but de l'Art, lui a ouvert le chemin vers cette aurore où tout se rajeunira : la Joie. Ce mot suffirait pour indiquer le rang magnifique du poète : il a la joie !

[*La Littérature de tout à l'heure* (1889).]

GABRIEL MOUREY. — M. de Banville, — cette perruque chauve, — tient un cours de cuisine poétique.

[*Entretiens politiques et littéraires* (1er septembre 1890).]

ANONYME. — Le vénérable M. de Banville a cru devoir réunir en un volume ses hebdomadaires vaticinations de l'*Écho de Paris* (journal des poètes, dit-on, ce qu'on ne croirait guère, vu la copieuse quantité de mauvais vers qui s'y publient). En quelques mots bénins, l'auteur prévient qu'il sied parfois de répandre de riches rimes pour trois sous ; et partant il avoue les avoir accrochées à de vulgaires et très compréhensibles sujets. Banville s'imagine donc avoir fait parfois autre chose ?

[*Entretiens politiques et littéraires* (1er novembre 1890).]

BERNARD LAZARE. — En somme, c'est (Théodore de Banville) une pauvre cervelle d'oiseau, pitoyable plutôt que détestable.

[*Entretiens politiques et littéraires* (1er décembre 1890).]

MARCEL FOUQUIER. — Avec Laprade et M. Arsène Houssaye, M. Théodore de Banville a été un des premiers poètes de ce temps qui aient suivi les traces de Chénier aux pentes fleuries de l'Hymette où Béranger n'éveilla pas les abeilles, un des premiers à faire sur des sujets antiques des vers nouveaux, ce qui fut la gloire vraie de Chénier. M. Théodore de Banville a été ébloui et séduit par la splendeur de la ligne dans l'art grec, dans la statuaire comme dans la pensée. Seulement s'il a connu, jeune, l'adoration mystique de la ligne, il a eu aussi la folle passion de la couleur.

[*Profils et Portraits* (1891).]

ANONYME. — Il nous revient de tous côtés que le nom de *Chevillard*, qui figurait sur un récent programme des concerts Lamoureux, abriterait de son pseudonyme transparent un des vétérans des lettres françaises, M. Théodore de Banville, le sympathique auteur de *Sonnailles et Clochettes*.

[*Entretiens politiques et littéraires* (1er décembre 1893).]

ÉMILE BESNUS. — C'est la Joie lyrique, immense, ivre encore, on dirait, du vin des rêves. Voyageur des contrées qui sont par delà l'histoire, soudain transporté ici et qui, à peine dépaysé, exempt d'étonnements, continue d'apercevoir, à travers les choses présentes, l'enchantement de la patrie primitive, toujours ouverte à son souvenir...

Venu comme pour clore une époque, alors qu'on s'imaginait assister à la disparition progressive du romantisme, il en concentra les suprêmes lueurs défaillantes, plus intenses de leur sûre agonie, et nous laissa ce spectacle imprévu d'un trophée d'artifice merveilleux. Par lui, le cycle s'achevait en apothéose : Banville avait innové le romantisme flamboyant.

Par lui fut rallié Henri Heine à Ronsard.

La fable et la fantaisie; toute l'irréalité magnifique, la Muse et la Bacchante, les mains unies; une fête prolongée, travestie et nuptiale, sans l'amertume des lendemains, ni la lie des regrets, ni la cruauté des revers, — ainsi la vie; l'Olympe et la Comédie italienne fraternisant parmi des plasticités somptueuses et les Dieux souriants, doux au bonheur des hommes, — ainsi la destinée... Ainsi se manifestait à ses yeux la splendeur des formes, une enfance du monde...

[*L'Idée libre* (1893).]

Camille Mauclair. — Le génie féerique et fantaisiste de ce prince de lettres a de secrètes affinités avec celui de Villiers, le dédain paradoxal du réel et de l'utile les faisait fraternels, et l'on reviendra un jour sur cette parité de deux grands esprits.

[*Mercure de France* (janvier 1894).]

Emmanuel Signoret. — Théodore de Banville exprima en peu de cette jeunesse des choses que regrettait si amèrement Baudelaire et vers qui s'élança toujours son cœur pesant, ulcéré et gonflé de tendresse. Mais le beau poète des *Exilés* eut des émerveillements d'enfant barbare. Bien souvent, il substitua la restauration de vieilles formes émotionnelles à la simple ivresse de créer. Néanmoins l'humanité retiendra le nom du divin poète qui chanta dans un jardin de joie, *Erynna*, *le Festin des Dieux* et *l'Âme de Coelio*, et qui écrivit aussi *le Forgeron*.

[*Mercure de France* (janvier 1896).]

. Joachim Gasquet. — Mieux que Hugo, Théodore de Banville a senti le rôle orphique du porte-lyre. Il a l'innocence du style. Son œuvre est d'un enseignement profond. Il faut lire *les Exilés* d'un cœur pieux et les relire en prenant conscience de la valeur métaphysique de nombreux mots splendides. L'art poétique, universel, idéal, qu'il grava sur les tables de marbre de son temple à Théophile Gautier, peut être considéré comme une manifestation essentielle du génie de Banville. Il mit tout son orgueil à devenir savant, à comprendre le murmure des choses. Le laurier de la Turbie le couronne. Il a contemplé les Muses vivantes. Voilà le maître intérieur auquel la jeune génération devrait dresser des autels secrets. Son esprit y descendrait tout entier. Mais peu l'aiment. On l'ignore. Il est temps qu'on le comprenne.

Ô poésie, ô ma mère mourante,

chantait le pauvre cher maître, car il ne voyait plus, autour de lui, s'échapper des touffes prophétiques la gloire vivante comme au temps de Ronsard; les larmes amoureuses que recueillait Racine ne brillaient plus sur la face de la Patrie; on ne songeait pas à Vigny; Lamartine venait de s'endormir dans son cercueil d'ivoire.

[*L'Effort* (15 janvier 1900).]

Edmond Pilon.

Ô toi dont le génie est pareil à la source
Qui coule nue et vive entre les cailloux clairs,
Banville, jeune dieu des époques de lumière,
Poète dont la voix tour à tour grave et douce
Disperse le sourire, la joie et la lumière,
Banville, sois béni entre les dieux du vers...
Ta statue est bâtie au palais des oiseaux,
Auprès des massifs frais de buis et d'anémones,

Le socle dans la mousse et le front aux couronnes
Que tressent les branchages et que mêlent les rameaux;
D'antiques marbres blancs se cachent sous les saules
Où rêve ton sourire, où de sur ton épaule
Chante le rossignol, face à face à tes eaux,
Banville, dieu des strophes, du rire et des oiseaux!
Le printanier soleil, dieu d'argent des beaux rythmes,
Père des anémones, des jacinthes et des lis,
Inspirateur des odes et donneur des cadences,
Enlace ses rayons à ton socle où tu ris,
Monte, — vif et radieux, — retombe, monte et danse,
Tel un elfe sur la pelouse Médicis.
Et toi, contemplateur des éphèbes, des naïades,
Banville, fils d'Éros, fils des dieux, fils de Diane,
Comme un pasteur paisible qui rit à son troupeau,
Tu rêves, blanc et pur, à la source, aux oiseaux,
Au vent qui passe en murmurant des voix anciennes,
Aux princesses de marbre éveillées au soleil,
A la belle Galathée, à l'immortel Acis,
Au sombre Polyphème penché sur la fontaine,
A la Grèce, au Parnasse, aux flûtes, aux abeilles,
Au furtif baiser des amants sous les treilles,
A l'admiration des jeunes gens, — ô Maître, —
Qui viennent quelquefois songer, devant ton ombre,
A la gloire, à l'amour, aux danses, aux cadences
D'une poésie pure et radieuse comme toi-même.

[*La Vogue* (juillet 1900).]

BAOUR-LORMIAN. [1770-1854.]

Traduction en vers de la *Jérusalem délivrée* (1795). — *Les trois mots* (1798). — Traduction en vers d'*Ossian* (1801). — *Le rétablissement du culte*, poème (1802). — *Recueil de poésies diverses* (1803). — *Omasis ou Joseph en Égypte*, tragédie (1807). — *Les fêtes de l'hymen et le chant nuptial* (1810). — *Mahomet II*, tragédie (1811). — *Veillées poétiques et morales* (1811). — *L'Atlantide ou le Géant de la Montagne bleue*, poème, suivi de *Rustan ou les Vœux* et de *Trente-huit songes* (1812). — *L'Aminte du Tasse*, imitée en vers (1813). — *L'oriflamme*, opéra (1828). — *Duranti ou la Ligue en province*, roman (1828). — *Légendes, ballades et fabliaux* (1829).

OPINION.

Dussault. — Il est généralement reconnu que M. Baour-Lormian est un de nos meilleurs versificateurs; son style n'est cependant remarquable par aucun de ces efforts, aucune de ces tentatives qu'on observe dans celui de la plupart de nos poètes à la mode, tout est naturel et simple dans les vers de M. de Lormian... Le fond sur lequel roulent ces *Veillées* est bien triste et bien sombre : il ne peut plaire qu'aux âmes sensibles et mélancoliques qui aiment à entendre les Muses soupirer des plaintes sublimes et moduler de tendres regrets ; elles y trouveront, dans de beaux vers, l'expression la plus parfaite des sentiments dont elles se nourrissent, et chériront le poète aimable dont les chants mélodieux s'accordent si bien avec cette voix secrète de douleur qui retentit toujours au dedans d'elles-mêmes.

[*Annales littéraires* (1818).]

BARBEY D'AUREVILLY (Jules). [1808-1889.]

Aux héros des Thermopyles [élégie dédiée à C. Delavigne] (1825). — *L'Amour impossible*,

roman (1841). – *La Bague d'Annibal* (1843).
– *Du Dandysme et de Georges Brummel*
(1845). – *Une vieille maîtresse* (1851). – *Les
Prophètes du passé* (1851). – *L'Ensorcelée*,
roman (1854). – *Une plaquette*, sans titre,
renfermant 12 pièces de vers (Caen, 1854).
– *Memorandum* (1856). – *Deux rythmes
oubliés* (1858). – *Les Œuvres et les Hommes*,
1ʳᵉ édition (4 vol., 1861-1865). – *Les Misérables de Victor Hugo* (1862). – *Les Quarante
médaillons de l'Académie* (1863). – *Le Chevalier Destouches* (1864). – *Un Prêtre marié*
(1864). – *Les Diaboliques* (1874). – *Les
Bas-Bleus* (1877). – *Gœthe et Diderot* (1880).
– *Une histoire sans nom* (1882). – *Ce qui ne
meurt pas* (1884). – *Les Vieilles Actrices, le
Musée des Antiques* (1884). – *Les Ridicules
du temps* (1884). – *Les Critiques ou les Juges
jugés* (1885). – *Sensations d'art* (1886). –
Memoranda (1887). – *Les Philosophes et les
Écrivains religieux* (1887). – *Les Œuvres et
les Hommes*, seconde édition (1889 et années
suivantes).

OPINIONS.

Alcide Dusolier. — M. Barbey d'Aurevilly est
un écrivain. Rejetez-le en arrière, jusque dans le
xvııᵉ siècle, son style aura les mêmes caractères.
Je ne sais personne à qui la définition «le style,
c'est l'homme» puisse plus justement s'appliquer.
Pour qui connaît M. d'Aurevilly, cela saute aux
yeux, — ou plutôt aux oreilles. Écoutez un moment
cette conversation de tant d'éclat et de vivacité,
abondant en traits et en aperçus, en images neuves
et toujours merveilleusement appropriées ; où l'emphase et la familiarité, la subtilité et la violence se
mêlent et s'entrelacent si originalement. Et vous
reconnaîtrez tout de suite, dans celui qui parle, celui que vous aurez lu. Mais... «la justice du
peuple» est souvent tardive, surtout en matière littéraire, et je ne l'attendrai certes pas pour saluer
en M. Barbey d'Aurevilly un critique convaincu et
sérieux sous une forme spirituelle et, — pourquoi
ne pas le dire ? — amusante, un psychologue hardi
et pénétrant ; un de nos romanciers les plus dramatiques, un écrivain très original ; et enfin, ce qu'il
ne faut pas négliger, un des rares caractères de
cette époque.

[Étude sur *Jules Barbey d'Aurevilly*, avec un portrait gravé à l'eau-forte de Legros (1862).]

Émile Zola. — Il me semble que Cyrano de Bergerac, que Théophile Gautier a mis dans ses *Grotesques*, est un ancêtre de M. Barbey d'Aurevilly.
Ce dernier aussi restera un grotesque de notre littérature ; je prends ce mot dans le bon sens, un
profil singulier et à part, une gargouille de sculpture, grimaçante et très travaillée, sans humanité
aucune d'ailleurs, perdue dans un coin de cathédrale.

[*Documents littéraires* (1881).]

Charles Buet. — Lamartine a caractérisé d'un
mot l'écrivain dont nous inscrivons le nom glorieux
en tête de cette étude : il a appelé M. Jules Barbey
d'Aurevilly *le Duc de Guise de la littérature.*

C'est en effet un jouteur et un lutteur. C'est un
soldat de la plume, ayant flamberge au vent et
feutre sur l'oreille. C'est des intelligences les
plus profondes, les plus complètes et les plus complexes de ce temps-ci, que cet homme qui aurait
pu être, à son gré, un condottiere comme Carma-
gnola, un politique comme César Borgia, un rêveur
à la Machiavel, un corsaire comme Lara, et qui
s'est contenté d'être un solitaire, écrivant des histoires pour lui-même et pour ses amis, faisant
bon marché de l'argent et de la gloire, et, prodigue
éperdu, semant à tous les vents assez de génie pour
laisser croire qu'il en a le mépris...
En M. Barbey d'Aurevilly, on ne connaît guère le
poète, qui cependant est éblouissant. Le volume de
vers, qu'il défend avec un soin jaloux contre les
tentatives des éditeurs, et qui s'appellera *Poussière !*
— titre digne de ce hautain, indifférent et méprisant, — ce volume, dis-je, étonnera bien des lettrés,
qui n'ont jamais lu les *Premières poésies* publiées à
Caen, chez Hardel, par les soins de G. S. Trébu-
cien, l'ami intime du poète, qui lui écrivit. — le
croira-t-on ? — dix-sept volumes de lettres !...

[*Médaillons et camées* (1885).]

Paul Bourget. — Depuis Rivarol et le prince de
Ligne, personne n'a causé comme M. d'Aurevilly ;
car il n'a pas seulement le *mot*, comme tant d'autres,
il a le style dans le mot, et la métaphore, et la
poésie. Mais c'est que toutes les facultés de ce rare
talent se font équilibre et se tiennent d'une étroite
manière ; et, même à l'occasion de ces feuilles légères des *Memoranda*, c'est ce talent tout entier
qu'il convient d'évoquer... Quoi qu'il en soit des
causes dont ces habitudes ont été l'effet visible, il
est certain que, pareil à ce lord Byron qu'il aime
tant, M. d'Aurevilly aura vécu dans notre dix-neuvième siècle à l'état de révolte permanente et de
protestation continue... M. d'Aurevilly est, au plus
beau et au plus exact sens de ce mot, un poète, —
un créateur ; même sa poésie est aussi voisine de
celle des Anglais que sa Normandie est voisine de
l'Angleterre.

[Préface aux *Memoranda* (1887).]

BARBIER (Henri-Auguste). [1805-1882.]

Ïambes (1831). – *Odes et Poèmes*, augmentés
d'*Il Pianto et de Lazare* (1833). – *Benvenuto
Cellini*, opéra en deux actes, avec Léon de
Wailly, musique de Berlioz (1838). – *Chants
civils et religieux* (1841). – *Rimes héroïques*
(1843). – *Le Décaméron*, de Boccace, traduction (1845). – *Jules César*, de Shakespeare,
traduction (1848). – *Silves* (1864). – *Satires*
(1865). – *Trois passions nouvelles* (1867). –
La chanson du vieux marin, de Coleridge
(1876). – *Contes du soir* (1879). – *Histoires
de voyage* (1880). – *Chez les poètes*, études,
traductions et imitations en vers (1882). –
*Souvenirs personnels et silhouettes contempo-
raines* (1883). – *Poésies posthumes* (1884).

OPINIONS.

Auguste Desplaces. — M. Barbier est, si je ne
m'abuse, le premier poète qui se soit fait jour en

deçà de 1830, car M. de Musset lui-même avait ses racines dans le cénacle. La révolution des Trois Jours avait emporté et noyé dans son brusque courant tous ces discrets ombrages du Delta romantique, lorsque cette voix stridente et rauque vint à retentir, comme pour rompre aussi de ce côté-là avec le passé. J'ai sous les yeux la première édition des *Iambes* avec une préface curieuse à consulter, car elle respire toute l'exaltation fiévreuse du moment. L'éditeur y parle des tours de force *plaisans* ou *bizarres* de la littérature présente, et à voir, selon lui, le nouveau poète armé de la massue, «vous diriez un athlète sans draperies, entraîné tout à coup dans un cirque de théâtre, parmi des danseurs couverts de paillettes et étincelants d'or faux».

[*Poètes vivants* (1847).]

GUSTAVE PLANCHE. — Auguste Barbier occupe un rang glorieux dans la poésie contemporaine ; ce rang, il ne le doit qu'à ses œuvres, car la critique n'a pas eu besoin d'intervenir et d'expliquer à la foule le sens et la valeur des paroles du poète. L'auteur de *la Curée*, de *l'Idole* et de *Popularité* a conquis par lui-même, sans le secours d'amitiés complaisantes, la place à laquelle il avait droit de prétendre.

[*Portraits littéraires* (1853).]

LAMARTINE. — Barbier, dont l'ïambe vengeur en 1830 dépasse en virilité l'ïambe d'André Chénier à l'échafaud.
... Un poète unique dans notre temps, Barbier, c'est lui qui, dans une mâle intitulé *la Curée*, a égalé Pindare en verve et dépassé Juvénal en colère, mais verve lyrique aux images de Phidias comme *la Cavale*, colère sainte aux accents d'airain comme l'Imprécation biblique.

[*Cours familier de littérature*, tomes II et III (1856 et années suivantes).]

LECONTE DE LISLE. — Au fond, et en réalité, c'est un homme de concorde et de paix, revêtu de la peau de Némée. Il est vrai que les poils du lion l'enveloppent souvent, de telle sorte qu'on s'y trompe... Certes, les *Iambes* et surtout *Il Pianto* renferment d'admirables choses. Il y a là une éruption de jeunesse pleine parfois d'énergie et d'éclat, bien que de trop fréquentes défaillances en rompent le jet vigoureux. Que de vers superbes, spacieux, animés d'un mâle sentiment de nature et se ruant à l'assaut des hautes périodes ! Mais aussi que de vers asthmatiques, blêmes, épuisés n'en pouvant plus.

[*Le Nain Jaune* (1864).]

CHARLES BAUDELAIRE. — La poésie se suffit à elle-même. Elle est éternelle et ne doit jamais avoir besoin d'un secours extérieur. Or, une partie de la gloire d'Auguste Barbier lui vient des circonstances au milieu desquelles il jeta ses premières poésies. Ce qui la fait admirables, c'est le mouvement lyrique qui les anime, et non pas, comme il le croit sans doute, les pensées honnêtes qu'elles sont chargées d'exprimer.

[*L'art romantique* (1868).]

THÉOPHILE GAUTIER. — Après les journées de Juillet, Auguste Barbier fit siffler le fouet de ses *Iambes* et produisit une vive impression par le lyrisme de la satire, la violence du ton et l'emportement du rythme. Cette gamme, qui s'accordait avec la tumultueuse effervescence des esprits, était difficile à soutenir en temps plus paisible. *Il Pianto*, destiné à peindre le voyage du poète en Italie, est d'une couleur comparativement sereine, et le tonnerre qui s'éloigne n'y gronde plus que par roulements sourds. *Lazare* décrit la souffrance des misérables sur qui roule le poids de la civilisation, les plaintes de l'homme et de l'enfant pris dans les engrenages des machines, et les gémissements de la nature troublée par les promesses du progrès.

[*Rapport sur le progrès des lettres* par MM. Sylvestre de Sacy, Paul Féval, Théophile Gautier et Ed. Thierry (1868).]

SAINT-BEUVE. — Comme un fils de bourgeois poussé et jeté hors des gonds, il avait eu, on l'a dit, son heure d'héroïsme, son jour de «sublime ribote». Cette ribote de poésie ne s'est jamais plus retrouvée depuis ce jour-là. Dans ses vers mêmes sur l'Italie, et malgré de très beaux passages, il se trahissait déjà beaucoup d'incertitude et d'indécision : Vigny disait, à propos du *Pianto* : «C'est beau, mais ce n'est déjà plus de lui». Il m'est arrivé à moi-même de le comparer dès lors à un homme qui marche dans un torrent et qui en a jusqu'au menton; il ne se noie pas, mais il n'a pas le pied sûr ; il tâtonne et vacille comme un homme ivre. Musset, dans une bambochade inédite (*Le Songe du Reviewer*), donne l'idée de Barbier comme d'un petit homme qui marche entre quatre grandes diablesses de métaphores qui le tiennent au collet et ne le lâchent pas :

> Et quatre métaphores
> Ont étouffé Barbier !

[*Portraits contemporains*, tome II (1869).]

HONORÉ DE BALZAC. — ... Barbier, c'est avec Lamartine le seul poète vraiment poète de notre époque ; Hugo n'a que des moments lucides.

[*Correspondance* (1876).]

BARBIER (Paul-Jules).

Un Poète, cinq actes (1848). – *L'Ombre de Molière*, à-propos en un acte (1849). – *Amour et Bergère*, comédie en un acte, en vers (1849). – *André Chénier*, trois actes en vers (1849). – *Jenny l'Ouvrière*, drame en cinq actes, avec M. Ad. Decourcelle (1850). – *Laurence*, drame en deux actes, avec M. Th. Barrière (1850). – *Les Contes fantastiques d'Hoffmann*, avec Michel Carré (1851). – *Le Mémorial de Sainte-Hélène*, avec M. Carré (1852). – *Les Marionnettes du docteur*, avec M. Carré (1852). – *Cora ou l'Esclavage*, avec M. Carré (1866). – *Maxwell*, avec M. Carré (1867). – *Le franc-tireur, chants de guerre* (poésies, 1871). – *Jeanne d'Arc*, drame lyrique (1873). – *Théâtre en vers*, 2 vol. (1879).

Est, en outre, l'auteur de nombreux livrets d'opéras et d'opéras-comiques : *Faust, Roméo et Juliette, le Pardon de Ploermel, la Statue, le Timbre d'argent*, etc.

OPINION.

E. LEDRAIN. — Une langue franche et ferme, de l'esprit mêlé à beaucoup de sentiment, quelque chose d'honnête et d'enthousiaste, une pensée toujours élevée, telles sont les principales qualités qui marquent les pièces de M. Jules Barbier et leur donnent une place fort distinguée parmi les œuvres des poètes contemporains.

[*Anthologie des Poètes français du xixe siècle* (1887-1888).]

BARBIER (Abbé Paul).

Le Pays natal (1892). – *Le Soldat* (1892).

OPINION.

PAUL LALLEMAND. — L'auteur a voulu venger sa terre beauceronne du mal qu'on a dit d'elle : il a réussi ...Tout jaillit, bondit, coule de source. Un vrai poète, celui-là, d'inspiration franche et naturelle !

[*L'Année des Poètes* (1892).]

BARBUSSE (Henri).

Les Pleureuses (1895).

OPINIONS.

ARMAND SILVESTRE. — Jamais poète ne parut plus dégagé des préoccupations prosodiques contemporaines que M. Barbusse, nous convaincu que les vieilles formules ont fait leur temps. La musique de son vers se cadence sur des rythmes connus et sa rythmique manque encore moins de richesse que d'aristocratie. Elle est déplorablement bonne fille. Mais il n'empêche que de l'impression de ce livre se dégage une âme de poète singulièrement subtile et noblement vibrante, une âme d'amant et de penseur pleine d'une hautaine mélancolie.

[*Le Journal* (5 juillet 1895).]

PIERRE QUILLARD. — C'est l'inspiration du présent livre qui étonne. M. Henri Barbusse semble tout à fait étranger au mode de concevoir qui fut habituel à la plupart des poètes de l'âge précédent... Par la volonté des dieux propices, il échappa à la contagion d'idées très précieuses par elles-mêmes, mais que l'indécente familiarité des sots avait aviliés, comme toujours... De là ce livre où l'on ne retrouve pas l'air de famille ordinaire aux livres de début qui s'impriment en France et en Belgique.

[*Mercure de France* (août 1895).]

JOSEPH REINACH. — La poésie a été, cette année, aussi abondante que jamais. Un volume a été immédiatement reconnu comme sortant de l'ordinaire, et son auteur, encore très jeune, peut être tout de suite placé à côté des poètes dont nous avons le droit d'être fiers. *Pleureuses,* par M. Henri Barbusse est moins une série de poèmes qu'un long poème purement subjectif, conçu sous la forme d'une rêverie, disant ce charme des matins et des ombres, de la solitude et de la tristesse.

[Trad. *The Athenæum* (1895).]

PAUL LÉAUTAUD. — Aujourd'hui critique dramatique à *La Grande Revue*, M. Henri Barbusse, jusqu'ici, n'a publié que cet unique volume de vers : *Pleureuses,* dont M. Catulle Mendès écrivait, quand il parut : «C'est plutôt un poème, ce livre, un long poème, qu'une succession de pièces, tant s'y déroule visiblement l'histoire intime et lointaine d'une seule rêverie. *Les Pleureuses* viennent l'une après l'autre ; tous leurs yeux n'ont pas les mêmes larmes, mais c'est le même convoi qu'elles suivent, le convoi, dirait-on, d'une âme morte avant de naître... C'est bien une âme, oui, plutôt même qu'un cœur, qui se désole en ce poème, tant tous les sentiments, l'amour, les désespoirs, et les haines aussi, s'y font rêve... *Les Pleureuses* pleurent sur des limbes, limbes de souvenance où se serait réflété le futur. Et en cette brume de douceur, de pâleur, de langueur, rien qui ne s'estompe, ne se disperse, ne s'évanouisse, pour reparaître à peine, délicieusement... Pas de plainte qui ne soit l'écho d'une plainte qui fut un écho. Et c'est le lointain au delà du lointain...» Et sûrement l'on goûtera, dans les quelques pièces que nous donnons dans les *Poètes d'aujourd'hui,* les beautés tristes, voilées et presque muettes qu'à tout instant elles montrent.

[*Poètes d'aujourd'hui* (1900).]

BARRACAND (Léon).

Donaniel (1866). – *Gul* (1869). – *Jeannette* (1871). – *L'Enragé* (1873). – *Lamartine et la Muse* (1883).

OPINION.

AUGUSTE LACAUSSADE. — Les dons qu'il (M. Léon Barracand) possède en propre sont la facilité et le naturel ; un vers aisé, d'une abondance souple et franche ; l'émotion dans le pittoresque ; enfin, sa qualité maîtresse, le lyrisme éloquent de la satire.

[*Anthologie des Poètes français du xixe siècle* (1887-1888).]

BARRUCAND (Victor).

Rythmes et rimes à mettre en musique (1886). – *Amour idéal ; La chanson des mois ; Une partie d'échecs ; Triomphe* (1889). *Le Pain gratuit,* avec des articles de Rochefort, Clémenceau, Geoffroy, etc... (1896). – *La vie véritable du citoyen Jean Rossignol,* publiée sur les écritures originales avec préface, notes, documents inédits (1896). – *Pour le Roi,* drame (1897).

OPINION.

FÉLIX FÉNÉON. — Victor Barrucand est né à Poitiers. Adolescent, il erre quelques années en Italie (Venise, Naples, Sicile), mais le voilà à Paris, écrivant des vers, *Rythmes et Rimes à mettre en musique*, etc. ...Au théâtre de la Bastille reconstituée, il a donné en 1888, 1889, 1890, force parades dans la manière de Tabarin : *les deux Mezzetins, Colombine jalouse, la Farce du sac !* etc.; au théâtre de l'Œuvre, le *Chariot de terre cuite*, etc.

[*Portraits du prochain siècle* (1894).]

BARTHÉLÉMY (Auguste – Marseille) [1796-1867.]

Le Sacre (1825). – *Les Sidiennes* (1825). – *La Villéliade ou la Prise du château de Rivoli* (1827). – *La Corbiéréide* (1827). – *La Peyroméide* (1827). – *Napoléon en Égypte*, avec Méry (1828). – *Le Fils de l'homme*, avec Méry (1829). – *Waterloo*, avec Méry (1829). – *OEuvres poétiques de Barthélémy et Méry*, 4 volumes (1831). – *Némésis* (1831). – *Une justification de l'état de siège* (1832). – *Les Douze journées de la Révolution* (1833-1835). – *L'Énéide*, trad. en vers, 4 volumes (1835-1838). – *La Bouillotte*, poème (1839). – *La Syphilis*, poème (1840). – *Le Baccara*, poème (1843). – *L'Art de fumer*, poème (1843). – *Le Deux-Décembre* (1852). – *Vox Populi ; le Quinze Août* (1852). – *Une Impératrice* (1853). – *Le Jour impérial* (1853). – *Le Triomphe d'Osten-Sacken* (1854). – *L'Exposition* (1855). – *Les Deux Marseille* (1855).

OPINIONS.

LAMARTINE. — Méry et Barthélémy, deux improvisateurs en bronze qui ont fait faire à la langue des miracles de prosodie.

[*Cours familier de littérature* (1856 et années suivantes).]

ÉDOUARD FOURNIER. — L'Épître M. de Chalabre, administrateur des jeux à Paris, nous fait une confidence. Elles nous dit la malheureuse passion qui dévora sa vie et, par ses insatiables exigences, fit continuellement échec à ce que le poète aurait pu mériter d'honorabilité et de gloire. Le caractère chez Barthélémy fut l'éclipse du talent.

[*Souvenirs poétiques de l'école romantique* (1880).]

MAURICE TOURNEUX. — La vénalité de l'homme et les défauts inhérents aux facultés mêmes de l'improvisateur ont singulièrement nui à la gloire littéraire de Barthélémy, que protège seul aujourd'hui le souvenir de la première *Némésis;* il y a également dans *Napoléon en Égypte* et dans *les Douze journées de la Révolution* des pages qui mériteraient de se fixer dans la mémoire des nouvelles générations.

[*La grande Encyclopédie* (1888).]

BARTHÈS (Jean).

Autour du Clocher (1896).

OPINION.

CHARLES FUSTER. — L'auteur réunit, en un recueil solide, nourrissant, plein de sève, les poésies que lui ont inspirées son existence au milieu des paysans et son amour de la campagne, ou plutôt de la montagne.

[*L'Année des Poètes* (1896).]

BATAILLE (Frédéric).

Premières rimes (1875). – *Le Carquois* (1880). – *Une lyre* (1883). – *Le Clavier d'or*, recueil de sonnets (1884). – *La Veille du péché* (1886). – *Le Vieux Miroir*, recueil de fables (1887).

OPINIONS.

JOSÉPHIN SOULARY. — J'ai toutes les superstitions du cœur; quelque chose me dit que ce recueil est appelé à un grand succès, dont on se réjouira ici et là-haut. — Votre hommage à Victor Hugo est digne du maitre à tous. Les trois vers de la fin sont délicieusement tournés. Cette idée de lui faire porter votre poème par son enfant adorée est d'une délicatesse exquise; il ne peut manquer d'être fort touché.

[*Le Carquois*, préface (1880).]

CHARLES FUSTER. — *Le Vieux Miroir* de M. Frédéric Bataille, avec sa jolie petite gravure et ses vers d'une si spirituelle honnêteté. Les enfants aimeront ces fables et les parents les comprendront. Or, comme comprendre est encore le meilleur moyen d'aimer, le livre a sa fortune faite.

[*Le Semeur* (25 déc. 1887).]

A. L. — M. Bataille est à la fois un penseur et un moraliste. La plupart de ses productions sont inspirées par le culte du beau et du juste, et elles attestent, sous une forme précise et harmonieuse, son aversion pour la bassesse et la lâcheté ainsi que son profond amour pour les âmes nobles et patriotiques.

[*Anthologie des Poètes français du XIXᵉ siècle* (1887-1888).]

BATAILLE (Henry).

La Belle au bois dormant, féerie lyrique en trois actes, en collaboration avec Robert d'Humières (1894). – *La Chambre blanche*, avec une préface de Marcel Schwob (1895). – *Ton Sang*, tragédie contemporaine précédée de la *Lépreuse*, tragédie légendaire (1898). – *L'Enchantement*, comédie en quatre actes, en prose (1900).

OPINIONS.

RACHILDE. — La féerie de MM. Bataille et d'Humières représente la pièce mondaine par excellence; c'est travaillé par un peintre de salon et un officier de cavalerie, c'est du pathos convenable, policé, élégant, très *étoffe de chez Liberty;* il y a des vers pâles et des phrases pour tous les goûts snobs. J'ai rencontré la phrase triste et *sans raison* de Mæterlinck, moins sa profondeur d'eau verte; le trait à l'Oscar Wilde, moins l'esprit; la naïveté de Dujardin, moins sa fraîcheur; la joaillerie de Jean Lorrain, mais bien plus fausse; les subtilités de Catulle Mendès, mais moins subtiles ; jusqu'à des aphorismes de Victor Hugo, furieusement posthumes, par exemple ! Et chaque fois que l'on se demandait : «Qu sont donc MM. Bataille et d'Humières?» on vous répliquait péremptoirement : «L'un est un bon peintre et l'autre monte à cheval!» Allons, tant mieux !

L'école Trarieux fils me semble fondée. Dans cette pépinière, on connaît la formule dite *décadente*, cette fumisterie inventée par Tailhade et perfectionnée par M. de Montesquiou; on se sert sans aucune vergogne du *néant aromal*, de la *lampe des rêves* que l'on accroche à l'*urne des désespoirs* (à moins que ce soit le contraire!); l'on abuse avec une candeur égale des *abîmes insondables* de Richebourg et du *vague à l'âme* de Bourget... A la répétition générale, on a hué, à la représentation, on a dormi... Impossible de lutter contre l'ennui, le mortel ennui.

[*Mercure de France* (juillet 1894).]

MARCEL SCHWOB. — Voici (*La Chambre blanche*) un petit livre tout blanc, tout tremblant, tout balbutiant. Il a l'odeur assoupie des chambres paisibles où l'on se souvient d'avoir joué, enfant, pendant les longs après-midi d'été. Toutes les petites filles y sont coloriées comme dans les livres d'images, et elles ont des noms semblables à des sanglots puérils. Toutes les petites maisons y sont de vieilles petites maisons de village, où de bonnes lampes brûlent la nuit; et toutes leurs petites chambres sont des cellules de souvenir que traversent des poupées lasses, souriantes et fanées; et on y entend le crépitement de la pluie sur le toit; et au-dessus des croisillons des fenêtres, on voit fuir les canards gris; et le matin, au cri du coq, on est saisi par l'haleine des roses. Doux petit livre qui s'attarde! Ses paroles sont murmurées ou minaudées, ses phrases emmaillotées par d'anciennes mains tendres de nourrices, ses poèmes étendus dans des lits frais et bordés où ils sommeillent à demi, rêvant de pastilles, de princesses, de nattes blondes et de tartines au miel.

[*Préface à la Chambre blanche* (1895).]

GEORGES EEKHOUD. — Chez M. Bataille, il y a surtout la sensibilité des petits bonheurs et des joies puériles de la lointaine enfance. Ses vers caressent comme des berceuses de nourrices, des ronronnements de rouets, des romances de bouilloire et des cricris de grillon, durant les veillées d'hiver. Ce sont les impressions, que l'enfant garde, d'une heure vague pendant laquelle il n'était ni endormi, ni éveillé, cette heure au bout de laquelle sa mère l'emportait pour le mettre dans son petit lit. *La Chambre blanche* fait songer aussi au *Kinderscenen* de Schumann.

[*Le Coq rouge* (janvier 1896).]

JEAN VIOLLIS. — Henry Bataille a réuni la *Lépreuse* et *Ton Sang*. Je n'ai jamais lu (sauf peut-être *Daniel Valgraive... le Lys rouge... l'Arche... les Antibel...*) de livre aussi frissonnant, aussi pénétrant, ni qui nous donne un contact plus direct avec la réalité de la vie. On n'a pas assez dit que *Ton Sang* est un admirable chef-d'œuvre.

[*L'Effort* (mars 1898).]

REMY DE GOURMONT. — Il y a, dans ce livre de l'enfance (*La Chambre blanche*), toute une philosophie de la vie : un regret mélancolique du passé, une peur fière de l'avenir. Les poèmes plus récents de M. Bataille ne semblent pas contrarier cette impression : il y demeure le rêveur nerveusement triste, passionnément doux et tendre, ingénieux à se souvenir, à sentir, à souffrir... *La Lépreuse* est bien le développement naturel d'un chant populaire, tout ce qui est contenu dans le thème apparaît à

son tour, sans illogisme, sans effort. Cela a l'air d'être né ainsi, tout fait, un soir, sur des lèvres, près du cimetière et de l'église d'un village de Bretagne, parmi l'odeur âcre des ajoncs écrasés, au son des cloches tristes, sous les yeux surpris des filles aux coiffes blanches. Tout le long de la tragédie, l'idée est portée par le rythme comme selon une danse où les coups de sabots font des poses douloureuses. Il y a du génie là-dedans. Le troisième acte devient admirable, lorsque, connaissant son mal et son sort, le lépreux attend dans la maison de son père le cortège funèbre qui va le conduire à la maison des morts, et l'impression finale est qu'on vient de jouir d'une œuvre entièrement originale et d'une parfaite harmonie. Le vers employé là est très simple, très souple, inégal d'étendue et merveilleusement rythmé : c'est le vers libre dans toute sa liberté familière et lyrique...

[*Mercure de France* (mars 1898).]

MAURICE BEAUBOURG. — Cette pièce (*L'Enchantement*), d'Henry Bataille, l'auteur de la *Belle au bois dormant*, de *Ton Sang* et de la *Lépreuse*, est, à mon avis, la plus belle et la plus forte qu'il ait écrite.

Des parties en sont parfaites, entre autres le deuxième acte tout à fait exquis, même le troisième s'il était, — affaire de pure impression personnelle d'ailleurs! — réglé et joué différemment.

Dans le premier et le quatrième se retrouvent la plupart des qualités d'Henry Bataille : véritable instinct du théâtre, aisance du dialogue, style à la fois serré et fin, d'une désinvolture aiguë et charmante, mots spirituels et profonds d'auteur dramatique, comme le : «Enfin, un homme!».

[*La Plume* (juin 1900).]

PAUL LÉAUTAUD. — M. Marcel Schwob, dans sa préface, marque aussi que le petit livre de M. Henry Bataille n'a pas été influencé par celui de M. Francis Jammes, ce que prouvent les dates des poèmes contenus dans la *Chambre blanche*. Et cette remarque n'est point négligeable. Car M. Henry Bataille montre une âme très proche de celle de M. Francis Jammes, comme «poète des choses inanimées et des bêtes muettes». Ainsi que le dit M. Marcel Schwob, «ce sont deux âmes sœurs, pareillement sensibles, et qui tressaillent aux mêmes attouchements».

[*Poètes d'aujourd'hui* (1900).]

BAUDELAIRE (Charles-Pierre). [1821-1867.]

Salon de 1845 (1845). – *Salon de 1846* (1846). – *Les Fleurs du mal*, poésies (1857). – *Étude sur Théophile Gautier* (1859). – *La morale du joujou*, compte rendu du Salon de 1859 (1859). – *Les Fleurs du mal*, édition augmentée de beaucoup de poèmes, et diminuée des pièces : Lesbos, Femmes damnées, Le Léthé, A celle qui est trop gaie, Les Bijoux, Les Métamorphoses du Vampire (1861). – *Les Paradis artificiels* (1861). – *Histoires extraordinaires; Nouvelles histoires extraordinaires; Aventures d'Arthur Gordon Pym; Eureka; Histoires grotesques et sérieuses;* œuvres traduites d'Edgar Poë, par Charles Baudelaire (1875). –

Œuvres posthumes et *Correspondance*, rassemblées par M. Eugène Crépet et contenant : des fragments des Préfaces des *Fleurs du mal* ; les scenarios de deux drames ; *Le Marquis du 1ᵉʳ Houzards*, *La Fin de Don Juan*, *Notes sur la Belgique* et *Mon cœur mis à nu* (1887). — *Œuvres complètes* (édition définitive) : *Les Fleurs du mal* ; *Curiosités esthétiques* ; *L'Art romantique* ; *Petits poèmes en prose* (1890).

OPINIONS.

CHARLES ASSELINEAU. — Sa phrase poétique n'est pas, comme celle de M. Théodore de Banville, par exemple, le développement large et calme d'une pensée maîtresse d'elle-même. Ce qui, chez l'un, découle d'un amour savant et puissant de la forme est produit, chez l'autre, par l'intensité et par la spontanéité de la passion. Puisque j'ai nommé M. Théodore de Banville, je rappellerai ce que je disais il y a un an, à propos de ses *Odelettes* : « Des deux grands principes posés au commencement de ce siècle, la recherche du sentiment moderne et le rajeunissement de la langue poétique, M. de Banville a retenu le second... » Dans ma pensée, je retenais le premier pour M. Charles Baudelaire.

[*La Revue française* (1857).]

ÉDOUARD THIERRY. — Un livre comme les *Fleurs du mal* ne s'adresse pas à tous ceux qui lisent le feuilleton. En donnerai-je une idée plus précise ? en rattacherai-je la forme au souvenir de quelque forme littéraire ? Je la rattache et je le rattache lui-même à l'ode que Mirabeau a écrite dans le donjon de Vincennes. Il en a par moments l'audace, l'hallucination sombre, les beautés formidables et toujours la tristesse. C'est la tristesse qui le justifie et l'absout. Le poète ne se réjouit pas devant le spectacle du mal.

[*Le Moniteur universel* (1857).]

SAINTE-BEUVE. — En faisant cela avec subtilité, avec raffinement, avec un talent curieux et un abandon quasi *précieux* d'expression, en *perlant* le détail, en *pétrarquisant* sur l'horrible, vous avez l'air de vous être joué ; vous avez pourtant souffert, vous vous êtes rongé à promener vos ennuis, vos cauchemars, vos tortures morales ; vous avez dû beaucoup souffrir, mon cher enfant.

[Lettre publiée dans l'Appendice aux *Fleurs du mal* (1857).]

GUSTAVE FLAUBERT. — Vous avez trouvé le moyen de rajeunir le romantisme. Vous ne ressemblez à personne (ce qui est la première de toutes les qualités). L'originalité du style découle de la conception. La phrase est toute bourrée par l'idée, à en craquer.

J'aime votre âpreté, avec ses délicatesses de langage qui la font valoir, comme des damasquinures sur une lame fine.

Voici les pièces qui m'ont le plus frappé : le sonnet XVIII, *la Beauté* ; c'est pour moi une œuvre de la plus haute valeur, et puis les pièces suivantes : *l'Idéal*, *la Géante* (que je connaissais déjà) ; la pièce XXV :

Avec ses vêtements ondoyants et nacrés...

Une charogne ; le *Chat* (p. 79) ; le *Beau navire* ; *A une dame créole* ; *Spleen* (p. 140), qui m'a navré,

tant c'est juste de couleur ! Ah ! vous comprenez l'embêtement de l'existence, vous ! Vous pouvez vous vanter de cela sans orgueil. Je m'arrête dans mon énumération, car j'aurais l'air de copier la table de votre volume. Il faut vous dire pourtant que je raffole de la pièce LXXV, *Tristesse de la lune* :

Qui d'une main distraite et légère caresse,
Avant de s'endormir, le contour de ses seins...

et j'admire profondément le *Voyage à Cythère*, etc. En résumé, ce qui me plaît avant tout dans votre volume, c'est que l'art y prédomine. Et puis, vous chantez la chair sans l'aimer, d'une façon triste et détachée, qui m'est sympathique. Vous êtes résistant comme le marbre, et pénétrant comme un brouillard d'Angleterre.

[Lettre du 13 juillet 1857, insérée dans *Charles Baudelaire ; souvenirs, correspondances, bibliographie* (1872).]

LECONTE DE LISLE. — Les *Fleurs du mal* ne sont point une œuvre d'art où l'on puisse pénétrer sans initiation. Nous ne sommes plus ici dans le monde de la banalité universelle. L'œil du poète plonge en des cercles infernaux encore inexplorés, et ce qu'il y voit et ce qu'il y entend ne rappelle en aucune façon les romances à la mode. Il en sort des malédictions et des plaintes, des chants extatiques, des blasphèmes, des cris d'angoisse et de douleur. Les tortures de la passion, les férocités et les lâchetés sociales, les âpres sanglots du désespoir, l'ironie et le dédain, tout se mêle avec force et harmonie dans ce-cauchemar dantesque troué çà et là de lumineuses issues par où l'esprit s'envole vers la paix et la joie idéales. Le choix et l'agencement des mots, le mouvement général et le style, tout concorde à l'effet produit, laissant à la fois dans l'esprit la vision de choses effrayantes et mystérieuses, dans l'oreille exercée comme une vibration multiple et savamment combinée de métaux sonores et précieux, et dans les yeux de splendides couleurs.

[*Revue européenne* (1861).]

ALFRED DE VIGNY. — J'ai besoin de vous dire combien de ces *Fleurs du mal* sont pour moi des fleurs du *bien*, et me charment ; combien aussi je vous trouve injuste envers ce bouquet, souvent si délicieusement parfumé de printanières odeurs, pour lui avoir donné ce titre indigne de lui, et combien je vous en veux de l'avoir empoisonné quelquefois par je ne sais quelles émanations du cimetière de Hamlet.

[Lettre du 27 janvier 1862, insérée dans *Charles Baudelaire ; souvenirs, correspondances, bibliographie* (1872).]

VICTOR HUGO (cité par Théophile Gautier dans sa *Notice sur Charles Baudelaire*). — Vous avez doté le ciel de l'art d'on ne sait quel rayon macabre ; vous avez créé un frisson nouveau.

[*Les Poètes français*, recueil publié par Eugène Crépet, tome IV (1863).]

JOSÉPHIN SOULARY. — Je vous tiens (je l'ai dit en maintes circonstances) pour le premier poète de notre époque.

[Lettre du 22 février 1860, insérée dans *Charles Baudelaire, souvenirs, correspondances, bibliographie* (1872).]

THÉODORE DE BANVILLE. — L'auteur des *Fleurs du mal* est non pas un poète de talent, mais un poète de génie, et de jour en jour on verra quelle grande place tient, dans notre époque tourmentée et souffrante, son œuvre essentiellement française, essentiellement originale, essentiellement nouvelle. Française, elle l'est par la clarté, par la concision, par la netteté si franche des termes qu'elle emploie, par une science de composition, par un amour de l'ordre et de la règle qui, très rigoureusement, procèdent du XVIIᵉ siècle; originale, nul ne le lui a contesté; ç'a été le grand éloge et le grand reproche que lui ont sans cesse adressés ses amis et ses ennemis; nouvelle, j'insiste là-dessus; elle a été, elle est, elle restera étonnamment nouvelle et primesautière; ceci est sa gloire, la meilleure et la plus vraie, dont rien ne peut la déshériter.

[*Discours prononcé aux obsèques de Ch. Baudelaire* (3 septembre 1867).]

FERDINAND BRUNETIÈRE. — Les vers de Baudelaire suent l'effort; ce qu'il voudrait dire, il est rare, très rare qu'il le dise; et sous ses affectations de force et de violence, il a le génie même de la faiblesse et de l'impropriété de l'expression... Prenez, une à une, dans ces *Fleurs du mal*, les pièces les plus vantées, à peine y trouverez-vous une douzaine de vers à la suite qui soutiennent l'examen; et un examen où il en faut venir, parce que Baudelaire est un pédant... Le pauvre diable n'avait rien ou presque rien du poète que la rage de le devenir. Non seulement le style, mais l'harmonie, le mouvement, l'imagination lui manquent. Pas de vers plus pénibles, plus essoufflés que les siens; pas de construction plus laborieuse, ou de période moins aisée, moins aérée, si je puis ainsi dire. Et quand il tient une image, comme il la serre, de peur qu'elle ne lui échappe! Comme il suit ses métaphores, quand il en rencontre une, parce qu'il sait bien que des mois succéderont aux mois avant qu'il en rencontre une autre! Il ne développe guère que des lieux communs, et je consens qu'il réussisse quelquefois, par les moyens que l'on a vus, à les rendre plus communs encore... Si Baudelaire ne fut pas ce que l'on appelle un fou, du moins fut-ce un malade, et il faut avoir pitié d'un malade, mais il ne faut pas l'imiter. Les imitateurs de Baudelaire n'ont pas assez vu que la perversité de leur maître ne consistait au fond que dans la perversion de ses sens et de son goût, dans une aliénation périodique de lui-même, dont il est vrai, d'ailleurs, qu'il avait le tort de se glorifier. Quand Baudelaire n'était pas malade, ou plus exactement quand sa maladie lui donnait du relâche, assez semblable alors à tout le monde, il écrivait ses *Salons*, qui ne valaient en leur genre ni plus ni moins que tant d'autres, et il traduisait Edgar Poë. Mais quand il était en proie à ses attaques et, comme les spécialistes le disent, d'un mot qui ne sera jamais mieux appliqué, quand il entrait dans la «période clownique», alors il écrivait ses *Petits poèmes en prose* et ses *Fleurs du mal*.

[*Revue des Deux-Mondes* (mai 1887).]

J. BARBEY D'AUREVILLY. — M. Charles Baudelaire n'est pas un de ces poètes qui n'ont qu'un livre dans le cerveau et qui vont le rabâchant toujours. Mais qu'il ait desséché sa verve poétique (ce que nous ne pensons pas) parce qu'il a exprimé et tordu le cœur de l'homme lorsqu'il n'est plus qu'une éponge pourrie, ou qu'il l'ait, au contraire, sur-

vidée d'une première écume, il est tenu de se taire maintenant, car il a dit les mots suprêmes sur le mal de la vie, ou de parler un autre langage. Après *les Fleurs du mal*, il n'y a plus que deux partis à prendre pour le poète qui les fit éclore : ou se brûler la cervelle... ou se faire chrétien!

[*Les OEuvres et les Hommes : les Poètes* (1889).]

PAUL BOURGET. — Tel quel, et malgré les subtilités qui rendent l'accès de son œuvre plus que difficile au grand nombre, Baudelaire demeure un des éducateurs féconds de la génération qui vient. Son influence n'est pas aussi facilement reconnaissable que celle d'un Balzac ou d'un Musset, parce qu'elle s'exerce sur un petit groupe. Mais ce groupe est celui des intelligences distinguées : poètes de demain, romanciers déjà en train de rêver la gloire, essayistes à venir. Indirectement et à travers eux, un peu des singularités psychologiques que j'ai essayé de fixer ici pénètre jusqu'à un plus vaste public; et n'est-ce pas de pénétrations pareilles qu'est composé ce je ne sais quoi dont nous disons : l'atmosphère morale d'une époque?

[*Essais de psychologie contemporaine* (1889).]

THÉOPHILE GAUTIER. — Ce poète, que l'on cherche à faire passer pour une nature satanique, éprise du mal et de la dépravation (littérairement, bien entendu), avait l'amour et l'admiration au plus haut degré. Or, ce qui distingue Satan, c'est qu'il ne peut ni admirer ni aimer... Baudelaire, comme tous les poètes-nés, dès le début posséda sa forme et fut maître de son style, qu'il accentua et polit plus tard, mais dans le même sens. On a souvent accusé Baudelaire de bizarrerie concertée, d'originalité voulue et obtenue à tout prix, et surtout de *maniérisme*. C'est un point auquel il sied de s'arrêter avant d'aller plus loin. Il y a des gens qui sont naturellement maniérés. La simplicité serait chez eux une affectation bien comme une sorte de maniérisme inverse. Il leur faudrait chercher longtemps et beaucoup pour être simples... Baudelaire avait un esprit ainsi fait, et, là où la critique a voulu voir le travail, l'effort, l'outrance et le parti pris, il n'y avait que le libre et facile épanouissement d'une individualité. Ces pièces de vers, d'une saveur si exquisement étrange, renfermés dans des flacons si bien ciselés, ne lui coûtaient pas plus qu'à d'autres un lieu commun mal rimé...

Avec ces idées, on pense bien que Baudelaire était pour l'autonomie absolue de l'art et qu'il n'admettait pas que la poésie eût d'autre but qu'elle-même et d'autre mission à remplir que d'exciter dans l'âme du lecteur la sensation du beau, dans le sens absolu du terme. A cette sensation, il jugeait nécessaire, à nos époques peu naïves, d'ajouter un certain effet de surprise, d'étonnement et de rareté. Autant que possible, il bannissait de la poésie l'éloquence, la passion et la vérité calquée trop exactement.

[*Les Fleurs du mal*, préface (éd. définitive 1890).]

FERDINAND BRUNETIÈRE. — A qui se fier, je vous le demande, ô compagnons de la vie nouvelle, et sur qui compterons-nous désormais, si M. Paul Desjardins lui-même fait défaut à la cause du «devoir présent»! Lorsque j'ai lu quelque part qu'il était question d'élever un buste (à Charles Baudelaire) ou une statue tout entière, — là-haut, devers l'Élysée-Montmartre ou du Moulin-Rouge, — je n'ai

rien dit, et j'attendais, comme tout le monde, la généreuse protestation de M. Desjardins. Il me semblait
qu'en effet il nous en devait une, ou même deux, en
sa qualité d'ouvrier du «devoir présent» et de professeur de rhétorique. Comme professeur de rhétorique,
il ne se peut pas, me disais-je, qu'une *Charogne* ou
le *Voyage à Cythère* n'offensent ou ne révoltent la délicatesse de son goût. Mais comme ouvrier du «devoir présent», quelle sera donc cette «littérature
infâme» qu'il avait pris l'engagement de combattre,
si ce n'est celle à laquelle appartiennent une *Martyre* ou les *Femmes damnées?* Cependant il a gardé
jusqu'ici le silence, et j'en cherche vainement les
raisons. Est-ce que peut-être il se réserve pour le
jour de l'inauguration? ou n'a-t-il jamais lu Baudelaire? ou attend-il à intervenir que l'on ait proposé de dresser sur la place publique, dans une
attitude analogue à leurs œuvres, la statue de
Restif de la Bretonne, ou celle de Casanova? Mais
en ce cas, qu'il nous pardonne alors d'être moins
ambitieux, ou moins dégoûtés que lui! Assurément,
il l'eût mieux dit lui-même, avec plus de pleurs
dans la voix, et je ne sais quoi de plus navré, de
plus abandonné, de plus démissionnaire dans toute
sa personne; mais enfin, si ce serait un scandale,
ou plutôt une espèce d'obscénité, que de voir un
Baudelaire en bronze, du haut de son piédestal,
continuer de mystifier les collégiens, il faut bien
que quelqu'un le dise.

[*Revue des Deux-Mondes* (1892).]

JULES LAFORGUE. — Ce grain de poésie unique où
fermente toujours (même quand les mots parlent
d'autre chose) la nostalgie des quais froids de la
Seine aux rives vicieuses et mal aux cheveux pour
la jeunesse passée aux Indes...

Ça lui fait trouver une gamme d'images qui n'est
ni l'image renforcée de Hugo, ni l'image déliques-
cente d'instinct des décadents : quelque chose d'inimitable, de sentimental...

Baudelaire : chat, Indou, Yankee, épiscopal,
alchimiste.

[*Entretiens politiques et littéraires* (1892).]

HENRI DE RÉGNIER. — Non seulement Baudelaire
fut un poète original et admirable, égal aux plus
grands, avec je ne sais quoi d'une saveur cap-
tieuse et d'un tour magnifique, un linguiste excellent, mais encore un esprit qui eût, si l'on peut
dire, de l'architecture. Les parties s'en correspondent
et, outre que les assises en sont solides, l'édifice
est parachevé par une ornementation délicate et
imprévue qui l'enjolive et le parfait.

[*Entretiens politiques et littéraires* (février 1893).]

LÉON DIERX :

Dans le jardin fermé dès l'innocent outrage
L'arbre ancestral étend ses bras insidieux,
Et le poète au cœur profond, peuplé de dieux,
En esprit rôde auprès du ténébreux ombrage.

L'archange intérieur qui tout bas l'encourage,
Le démon qui parfois transparaît dans ses yeux,
Au secret des rameaux dormant pareils chez eux,
Ont dans son œuvre ensemble admiré leur ouvrage.

Et dans le vaste Éden de l'art, autre univers
Accru de siècle en siècle, aux seuils toujours ouverts,
Un labyrinthe appelle, épouvante et fascine.

Tout, couleur, hymne, encens, cri, frisson, le flambeau
Liturgique ou maudit, l'autel ou l'officine,
Autour d'un nom magique éclate en fleurs du Beau.

[*Le Tombeau de Charles Baudelaire* (1896).]

PIERRE LOUŸS. — *Fleurs du mal :*

La tombe t'environne et le vol des harpies
Tourne autour de sa main ténébreuse, où fleurit
Comme un bouquet mauvais, le mortel manuscrit
Lié d'affreux fils blancs qu'il applique en charpies.

Sa Joie et sa Douleur le gardent, accroupies,
Et, les seins dans les mains, devant lui qui sourit,
Se touchent, rose essor et chair de son esprit,
Remords voluptueux qui tord ses yeux impies.

Mais lui, dieu de lui-même et maître d'ignorer,
Il songe à la beauté, qui porte sans pleurer
La lune à son front bleu ceint de joncs verts et d'ulve,

Déesse qui descend dans le lac des péchés
Et, dans l'ombre sur l'eau de ses cheveux penchés,
Parmi tous les iris cueille la rouge vulve.

[*Le Tombeau de Charles Baudelaire* (1896).]

GUSTAVE KAHN :

Tu sus le grand sanglot des jets d'eau,
Les affres des absences loin des terrains bleus
Tout parfumés d'essence et gais de pagnes bleus;
Tu sus ce qu'on peut savoir de nostalgique.

Quand tu fus lentement crucifié
Par de noires négresses et des bourreaux marrons,
Tu n'en donnas pour gage qu'une larme
Sortie des musiques, sertie des parfums.
Parée des splendeurs longues des chevelures,
Tu conquis l'unité de la souffrance et l'inutile.

Et lors tu aboyas à la lune, tristement,
Comme un grand chien noyé dans les ombres d'Hécate,
Et puis tu fus noyer ta pensée délicate
Dans la nuit, de la parole et du geste, complètement.

Maître, qui fus Celui, un instant, pour nous,
Tu dois, de ceux qui se passent le flambeau,
L'éternel flambeau, qui nous éclaire, nous,
Recevoir le tribut des hymnes clairs et beaux :
«Nous aurons des lits pleins d'odeurs légères,
Des divans profonds comme des tombeaux».

[*Le Tombeau de Charles Baudelaire* (1896).]

EMMANUEL SIGNORET. — *Vers dorés pour Charles
Baudelaire :*

I

La terre merveilleuse où ta proue aspira
Et que tu ne conquis qu'en chantant dans les voiles,
Nous l'avons fait surgir des mers que consacra
L'immersion d'un flot magnifique d'étoiles.

Ton verbe la créait, mais tu ne croyais pas
A la réalité splendide de ton verbe,
Et le souffle douteux que soulevaient tes pas
Éparpilla toujours l'or pompeux de tes gerbes.

Tu fatiguas les flots de nefs d'airain, courbé
Sous des spectres lointains de palme, aux vierges Îles,
Puis tu sentis en toi la vertu succomber,
Quand tu compris l'élan de tes nefs inutile.

Il eût été bien mieux de te proclamer roi,
De trompes d'or sonnant d'épouvanter les ondes
Et de faire surgir un monde égal à toi
Du tumulte pacifié des mers profondes !

Que nous importe, à nous, la révolte des mers?
Et qu'il existe ou non une terre sacrée,
Chaque nuit, le torrent des astres croule et crée
Un continent de gemme, aux verts palmiers d'éclairs !

Pour en consolider l'errante illusion,
Nous l'immobilisons du poids de notre essence;
Et puis nous imposons ces belles visions
Qui nous ont investis de leur toute-puissance.

Et le monde agonise en un ricanement;
A nos fronts incompris, il prodigue l'injure. —
Le Puits maudit veut rétrécir le firmament,
Mais l'Azur irrité plane et le transfigure.

II

Nous nous sommes conquis sur l'antique univers ;
Nous le répétirons, ô Maître, à notre image ;
Et couronnés d'insulte aussi bien que d'hommage,
C'est pourquoi nous passons, portant des rameaux verts.

Nous sommes les enfants élus de la Victoire !
Nous rêvons un empire et nous le conquerrons ;
Mais ton Ombre égarée aux bois expiatoires
Nous conduit au chant clair de ses pâles clairons.

Quand ton Ombre a passé par nos midis suprêmes,
Aux poudres des chemins nous nous sommes couchés ;
Ton Ombre a secoué sur nous, comme un baptême,
Les lys élyséens, par ta dextre fauchés.

Ah ! verse-nous aussi le pardon des colères
Et la coupe d'oubli puisée au doux Léthé,
Et l'on verra passer nos cohortes célères
Dans l'éclat pacifique et divin des étés !

[*Le Tombeau de Charles Baudelaire* (1896).]

ARMAND SILVESTRE :

O jardinier des fleurs du Mal , ô Baudelaire,
Qui , des venins amers aux lis sombres cachés,
Sus tirer la liqueur exquise des péchés,
Pour consoler d'Adam la race séculaire ;

Vigneron du coteau que mûrit la colère
Des soleils ténébreux sur la terre penchés,
Chars des Icares morts sur les chemins cherchés,
Martyrs dont le mépris des sots fut le salaire ;

Chercheur du feu sacré des éternels enfers,
Qui plongeas dans l'horreur des abîmes ouverts
Sous les pas chancelants des mornes destinées ;

Je t'aime, ô contempteur des communs paradis,
Pour ta haine des Dieux, ton amour des maudits,
Et ta grande pitié pour les femmes damnées !

[*Le Tombeau de Charles Baudelaire* (1896).]

ÉMILE VERHAEREN :

Hugo régnant, quand tous n'étaient que son reflet,
Un soir, tu les quittas et leurs routes battues,
Pour t'en venir, puissant et seul, vers les statues
D'un art en marbre noir veiné de violet,

Grandes, qui reposaient sous des roses funèbres
Les bras en croix et les deux seins désenflammés.
Ton regard clair toucha leurs pauvres yeux fermés,
Et rénova leur âme en ces closes ténèbres.

Tu les ornas de ton orgueil, toi, le hanté
De vice et de terreur, d'amour et de prière,
Et les vêtis soudain d'une telle lumière,
Qu'elles furent la Vie et ton Éternité.

Depuis, au long des jours de désir et de haine
Dont les soleils couchants meurent au fond du cœur,
Celles que tu créas rêvent d'une douleur
Étrangement nouvelle et fervemment humaine,

Et crient au loin ton nom qui rayonne d'un feu
Céleste et souterrain comme une pierre ardente.
O poète, qui retournas l'œuvre de Dante
Et mis en haut Satan et descendis vers Dieu.

[*Le Tombeau de Charles Baudelaire* (1896).]

FRANCIS VIÉLÉ-GRIFFIN :

Quand, — hommage pieux, — les poètes laurés
Jetèrent, tour à tour, leur plume sur sa bière,
Peut-être que, parmi ses clairs rêves dorés,
L'âme du vieux Spencer en a souri, plus fière ;

Mais toi !... toute la Gloire eût-elle pris ton deuil,
La Muse eût-elle dit ton haut panégyrique,
Le lourd sommeil qui t'a prosté dans le cercueil
Ne se fût pas troublé d'un rire sarcastique.

Dors, oublieux : l'Éternité n'est pas assez
Pour reposer ton cœur et ton âme lassés
De ce chemin de croix que tu semas de ronces.

Est-il un pèlerin des antres sans réponses
Qui, se penchant pour épeler ton nom si las,
Répète : Baudelaire ! — et ne s'attriste pas ?

[*Le Tombeau de Charles Baudelaire* (1896).]

GEORGES RODENBACH. — Il semble que Baudelaire ait prévu son propre cas quand il écrivit : «Les nations sont comme les familles : elles n'ont de grands hommes que malgré elles». En effet, il est surprenant de penser qu'on le conteste encore, que les critiques le dénaturent, que les anthologies le négligent, qu'on le tient tout au plus pour un poète étrange, malsain, stérile en tout cas. Mais l'opinion finale sera de le mettre enfin au premier rang, où règnent Lamartine et Victor Hugo, qu'on cite toujours en l'omettant. L'œuvre de ceux-ci fut en horizon; le génie de Baudelaire est en profondeur.

[*L'Élite* (1899).]

MAURICE LEBLOND. — Un fort méchant poète, qui nous a laissé pourtant d'excellentes critiques, — Charles Baudelaire...

[*La Revue naturiste* (mai 1900).]

EDMOND PILON :

Dirai-je ta maison et tes palais de cèdre
Sombres comme ceux de la grande Diane à Éphèse,
Ta retraite de roseaux, de platanes, de palmiers,
Construite près de l'Indus et du Gange familiers ?

Dirai-je tes sanglots, tes cris, ton amertume,
Plus rudes que le vent et plus fous que l'écume
Que verse l'Océan aux falaises, aux rochers,
A la côte marine battue et mauvaise ?

Dirai-je ton séjour sous les cieux exotiques,
Ton amour pour l'étrange, le rare et le beau,
Tes maîtresses plus parées que des idoles antiques,
Ta pensée plus choisie que le chant des oiseaux,
Plus profonde que la mer et que les tombeaux,
Plus haute que les colonnades et les portiques...

Dirai-je tes amours, tes cris et tes blasphèmes,
Tes appels au dieu noir, ta recherche des poisons,
La sauge et la ciguë tressées pour tes diadèmes,
Plantées pour tes jardins, versées pour tes poisons ?
Dirai-je le haut silence de tes méditations,
Les soleils de septembre réchauffant ta pauvre âme,
La merveille des parfums emplissant ta narine
Et de vagues musiques gonflant ta poitrine
Comme le vent les plis glorieux des oriflammes ?

Célébrerai-je en des cadences indécises,
En des strophes flottantes, en des rythmes berceurs,
Ta grande âme, ô Poète ! Irai-je sous les plantes
Porter avec ton ombre ˙˙ fleurs merveilleuses
Pour le souvenir et le grand ...eur de la servante ?
Aux barques de l'Érèbe embarquerai-je pour Toi ?
Descendrai-je les fleuves, les torrents et les grèves
Terribles comme tes chants et tes rêves de Poète,
Et pour ta seule statue et pour ton mausolée
Cueillerai-je des chrysanthèmes désolés ?

[*La Vogue* (juillet 1900).]

BAUDRY (P.).

Chansons diverses : *Bazar de Charité, Rêves de poète, A Madagascar, Nos Honorables, La Nuit de Décembre à l'Élysée, Les Lamentations de Mirman, Les Présidences de Casimir,* etc. (1895).

HORACE VALBEL. — Il (P. Baudry) fit, sur la demande de quelques chansonniers, la musique de leurs chansons, puis, trouvant que ses collaborateurs ne lui donnaient pas assez d'ouvrage, il se mit à manier la rime, s'essaya dans la chanson satirique, politique et mondaine, et remporta un très bon succès.

[*Les Chansonniers et les Cabarets artistiques* (1895).]

BAXE (Baronne de).

Grisailles et Pastels (1896).

OPINION.

CH. F. — Les *Grisailles et Pastels* n'ont rien de violent ni de tapageur. En revanche, que de distinction; de cette distinction qui, à en croire Marie Valyère, est «l'harmonie dans les tons discrets»! Quelle mélancolie vraie! Quelles tendres et fraîches musiques! Que de finesse et que de grâce!

[*L'Année des Poètes* (1896).]

BAZAN (Noël).

Vol de papillons (1889). – *Le Livre d'une femme* (1891). – *La Messe bleue* (1892).

OPINION.

CH. F. — M. Noël Bazan dit avoir reçu le manuscrit d'amour d'une femme, qui aima deux ans avec tout l'emportement de son cœur. Il n'eut qu'à le mettre en vers. Ces vers, pour les sentiments qu'ils expriment, l'angoisse qu'ils traduisent, la passion qu'ils dépeignent, sont des plus beaux que nous connaissions.

[Extrait de l'*Éclair* (1891).]

BAZIN (Eugène).

Rayons (1864).

OPINION.

SAINTE-BEUVE. — Je ne puis qu'indiquer légèrement, à mon grand regret, un autre poète distingué qui a également traduit avec âme cette pièce d'*Excelsior* (de Longfellow), M. Eugène Bazin, de Versailles, auteur d'un recueil intitulé *Rayons*, poète religieux, harmonieux, sincère, compatissant, qui ne maudit pas, qui joint à d'heureux échos de la poésie anglaise des accents qui sont bien à lui.

[*Nouveaux Lundis* (1886).]

BEAUCLAIR (Henri).

L'Éternelle chanson (1884). – *Les Horizontales* (1884). – *Pentecôte* (1885). – *Les Déliquescences*, avec Gabriel Vicaire.

OPINIONS.

STANISLAS DE GUAITA. — Je trouve divertissantes les Muses gamines du jeune ami et successeur de Valade, M. Henri Beauclair, — apte, sans doute, à une œuvre forte, et qui s'amuse, en attendant.

[*Rosa Mystica*, préface (1885).]

RODOLPHE DARZENS. — Il débuta par une plaquette, *l'Éternelle chanson* (1884), qui contient des triolets d'une jeune et saine gaîté; puis parurent *les Horizontales* (1884), recueil de parodies humoristiques; enfin *Pentecôte* (1885), poème rustique plein de saveur. M. Beauclair, qui a la narquoise bonne humeur du Normand, a écrit sous le pseudonyme d'Adoré Floupette et en collaboration avec Gabriel Vicaire : les *Déliquescences*, où sont impitoyablement raillés les plagiaires de Stéphane Mallarmé et de Paul Verlaine.

[*Anthologie des Poètes français du XIXᵉ siècle* (1887-1888).]

BEAUVOIR (Ed.-Roger DE BULLY de). [1809-1866.]

L'Écolier de Cluny (1832). – *L'Eccelenza* (1833). – *Pulcinella* (1834). – *Le Café Procope* (1835). – *L'Auberge des Trois Pins* (1836). – *La Cape et l'Épée* (1837). – *Histoires cavalières* (1838). – *L'Île des Cygnes, Le Garde d'honneur* (1844). – *L'Hôtel Pimodan* (1846-1847). – *Les Œufs de Pâques* (1857). – *Les meilleurs fruits de mon panier* (1862).

OPINIONS.

AUGUSTE DESPLACES. — L'auteur de *la Cape et l'Épée* est un de ces charmants esprits qui ont pour lyre une mandoline et dont la voix n'a jamais plus de fraîcheur que les soirs de printemps, sous les balcons, lorsque deux yeux très éveillés luisent à travers la persienne. Ses vers, diront les amis d'une littérature difficile, ne sauraient que gagner à des veilles plus sérieuses.

[*Les Poètes vivants* (1847).]

J. BARBEY D'AUREVILLY. — La Muse de M. de Beauvoir a plus d'un rapport avec une célèbre courtisane, restée sincère et tendre, malgré les dissipations de sa vie. Cette muse est une Madeleine après son péché et avant sa pénitence, mais elle a déjà les yeux *sur le crucifix*. Eh bien, quand elle s'y couchera le cœur tout entier, nous aurons un Canova de la poésie...

[*Les Œuvres et les Hommes : les Poètes* (1862).]

BÉJOT (Alfred). [1865-1895.]

Rimes maladives (1895).

OPINION.

CH. F. — *Rimes maladives* est, hélas! un livre posthume. Son jeune auteur a longtemps souffert... L'art y est bien fin, mais comme enveloppé par un brouillard de souffrance.

[*L'Année des Poètes* (1895).]

C'est un livre de poésie pure, c'est aussi un livre de réalité poignante, un salut en même temps qu'un adieu à la vie, puisqu'il s'agit d'un poète, atteint du mal inguérissable de la phtisie, dont il meurt, dont il se sent mourir, agonisant amoureux de la nature, des cieux de Provence, des joies des choses, des tendres caresses de la femme, de tout ce qui ravit les autres et qu'il faut quitter. Rien de plus poétique, rien de plus dramatique, quand on songe que les *Rimes maladives* d'Alfred Béjot ne sont pas la forme fantaisiste d'une fiction cérébrale, un symbole d'une âme seulement douloureuse, mais qu'elles constituent le testament authentique d'un jeune écrivain mort plein d'avenir, à trente ans.

[*L'Épreuve littéraire* (mai 1895).]

BELLESSORT (André).

Mythes et Poèmes (1895). – *La Chanson du Sud* (1896). – *Reine-Cœur* (1896).

OPINIONS.

FIRMIN ROZ. — Les *Mythes et Poèmes* et surtout peut-être le *Chemin du Bonheur* auront révélé un très grand poète, dont l'œuvre, venue sur le tard d'un siècle, a l'émouvante beauté d'une aurore douloureuse.

[*Portraits du prochain siècle* (1894).]

GEORGES PELLISSIER. — Dans les deux volumes de M. Bellessort, il y a une veine élégiaque d'où procèdent quelques-unes de ses meilleures pièces. Nature vigoureuse mais tendre, le poète n'est pas un impassible. Son vers n'a rien de dur ou de contraint. A la fois souple et fort, il se plie à l'émotion. M. Bellessort ne rougit point de chanter ses joies et ses tristesses. La note personnelle est, chez lui, d'une intimité discrète et pénétrante.

[*La Revue Bleue* (1ᵉʳ semestre 1896).]

BELLOY (Auguste, marquis de). [1815-1871.]

Le livre de Ruth (1843). – *La Mal'aria, Pythias et Damon*, théâtre (1853). – *Le Chevalier d'Aï* (1854). – *Légendes fleuries* (1855). – *Le Tasse à Sorrente*, pièce (1857). – *Portraits et Souvenirs* (1859). – *Les Toqués* (1860). – *Christophe Colomb* (1864),

OPINIONS.

CHARLES ASSELINEAU. — A de certains scintillements qui brillantent çà et là la poésie de M. le marquis de Belloy, on songerait plutôt à la baie de Naples et à ses heureux rivages, où l'ombre et la molle brise de Sicile lui ont sans doute conseillé ses deux dernières comédies : *Le Tasse à Sorrente* et *la Mal'aria.*

[*Les Poètes français*, recueil publié par Eugène Crépet (1861-1863).]

SAINTE-BEUVE. — Le marquis de Belloy est un poète. Cet homme de talent, modeste autant que distingué, est connu au théâtre par de jolis actes en vers.

[*Nouveaux Lundis* (1865).]

BENGY-PUYVALLÉE (Antoine de).

Les Gerfauts (1889). – *Les Ravenelles* (1890). – *Lys à deux branches* (1891). – *Émaux sur or* (1892). – *Plein air* (1893).

OPINION.

Ch. F. — M. de Bengy-Puyvallée a trouvé des mignardises tout à fait délicates et délicieuses; il s'est fait un moyen âge exquis, un dix-huitième siècle adorable, — et, à travers tout cela, la passion moderne jette parfois ses cris : l'ensemble est d'une originalité extrême, d'une fine saveur... Nous le répétons, c'est un art très particulier, très subtil et infiniment nuancé.

[*L'Année des Poètes* (1891).]

BENOIT (Émile).

Les Vagabonds (1895).

OPINION.

Ch. F. — *Les Vagabonds* : c'est là un livre douloureux, indigné, souvent attendri, mais parfois brutal et d'une âpre éloquence à la Richepin.

[*L'Année des Poètes* (1895).]

BÉRANGER (Pierre-Jean de). [1780-1857.]

Chansons morales et autres (1815). – *Chansons* (1821). – *Chansons nouvelles* (1825). – *Chansons inédites* (1828). – *Chansons nouvelles et dernières* (1833).

OPINIONS.

ARMAND CARREL. — Si Béranger n'était pas l'écrivain le plus populaire de l'époque, ce serait certainement l'un des plus ingénieux, des plus instruits, des plus attachants causeurs que l'on puisse rencontrer dans cette société qui l'a beaucoup recherché et qu'il a beaucoup fuie, lui préférant tantôt la retraite, tantôt l'amitié de quelques jeunes gens bons et généreux, enfants de ce peuple dont il est le peintre fidèle et le poète aimé.

[*Le National* (1833).]

BENJAMIN CONSTANT. — Béranger fait des odes sublimes quand il ne croit faire que de simples chansons.

[*Correspondance* (1844).]

SAINTE-BEUVE. — Les relations de Béranger dans les dix dernières années avec Chateaubriand, avec Lamennais et même avec Lamartine ont été célèbres; elles sont piquantes quand on songe au point d'où sont partis ces trois hommes. Quand je me les représente en idée tous réunis sous la tonnelle autour de l'auteur de tant de couplets narquois, j'appelle cela le *Carnaval de Venise* de notre haute littérature. Il faut rendre à Béranger cette justice, qu'il n'a pas, le premier, recherché ces hommes réputés d'abord plus sérieux que lui, qui ne le sont pas, et à aucun desquels il ne le cède par l'esprit. Ils sont venus à lui; oui, tous, un peu plus tôt, un peu plus tard, ils sont venus reconnaître en sa personne l'esprit du temps, lui rendre foi et hommage, lui donner des gages éclatants...

[*Causeries du lundi* (1852).]

ARMAND DE PONTMARTIN. — Je déclare, après avoir relu attentivement l'édition complète des *Chansons*, qu'au point de vue religieux et politique, M. Béranger a joué le rôle le plus perfide, le plus coupable et le plus vil; qu'il doit figurer au premier rang de ceux qui ont fait du mal à l'humanité, à leur époque et à leur pays; que ce mal, il l'a fait sciemment, froidement, non pas par entraînement et par passion... mais avec calcul, en versant la goutte de poison là où il savait qu'elle serait plus corrosive et plus meurtrière et en prenant pour auxiliaire, dans son œuvre criminelle, tout ce que l'esprit de parti a de plus bas, de plus méchant et de plus bête. J'affirme qu'au point de vue moral, non seulement M. Béranger a été corrupteur, mais qu'il a choisi de préférence, dans la corruption, ce côté ignoble et grossier qui n'a rien de commun avec les ardeurs de l'amour et de la jeunesse, mais qui plaît aux libertins de mauvais ton, aux sexagénaires blasés, aux Don Juan de comptoir et d'estaminet.

[*Nouvelles Causeries littéraires* (1855).]

PROUDHON. — Béranger appartient à la Révolution, sans nul doute : il vit de sa vie; ses chansons, comme les fables de La Fontaine, les comédies de Molière et les contes de Voltaire, ont conquis, parmi le peuple et les hautes classes, une égale célébrité. Et c'est ce qui élève Béranger au-dessus de tous les poètes contemporains : en fait d'art et de poésie, une pareille universalité d'admiration est décisive et dispense de tout autre argument.

[*Étude sur Béranger* (1858).]

ERNEST RENAN. — On ne peut nier que son œuvre ne soulève aux yeux du critique une singulière difficulté. La légèreté, chez lui, est réfléchie et voulue. C'était, dit-on, un homme sobre, d'un jugement rare, plein de bons conseils, buvant peu et beaucoup plus prévoyant qu'il ne voudrait le faire croire dans ses chansons. Quand on m'apprend tout cela, je suis presque tenté de m'écrier : Tant pis ! Viveur, je l'eusse placé à côté de ses confrères, représentants de l'antique gaîté, fous de bon aloi, buveurs sincères, qui ne faisaient pas de chansons sociales et philosophiques et ne voyaient rien au delà de leurs joyeux refrains. Mais si l'on m'apprend que *Lisette* et le *Chambertin* ne sont que des figures de rhétorique, que ce chanteur insouciant qui prétend n'avoir d'autres soins que les dîners du caveau et sa maîtresse, a une philosophie, une politique, et, Dieu me pardonne ! une théologie, toute mon esthétique est en désarroi.

Journal des Débats (17 décembre 1859).]

HYPPOLYTE BABOU. — Le mérite de Béranger consiste, non pas, comme on l'a dit, en ce qu'il a élevé la chanson au niveau de l'ode, mais en ce qu'il a tenté pour la chanson ce que La Fontaine avait tenté pour la fable. Il a inventé la comédie et la satire chantantes, comme La Fontaine avait réalisé l'apologue définitif, l'apologue satirique et comique. Est-ce à dire pour cela que Béranger ait atteint à la hauteur de La Fontaine? Loin de là; son génie tenait trop de l'humeur de Franklin et de la verve courante de Voltaire pour être essentiellement un génie poétique.

[*Les Poètes français*, recueil publié par Eugène Crépet (1861-1863).]

GOETHE. — Comme il tourne et façonne un sujet dans son esprit, avant de lui donner la forme définitive! Puis, quand tout est mûr, quelle finesse, quel talent, quelle ironie, quel persiflage! Que de cœur, de naïveté et de grâce!

[*Entretiens de Gœthe et d'Eckermann*, traduction (1863).]

LOUIS VEUILLOT. — Il a, pour servir ses passions, dégradé la langue comme l'âme du peuple... Il a parodié les paroles de la prière pour outrager les sentiments chrétiens; il a tourné en ridicule la foi, les sacrements, la pudeur et la mort...

[*Mélanges*, tome III, 2ᵉ série.]

PHILARÈTE CHASLES. — Béranger, qui n'a été qu'un moteur des masses et un Camille Desmoulins en chansons... s'est donné une Lisette, une bouteille et un mirliton : cela faisait partie de son équipage et de son arsenal de conspirateur. Il eut l'air de se griser, il fit semblant d'aimer la fille. Il chanta le grenier dans l'érotisme; il aiguisa, polit, compassa et lima, avec un bonheur et une recherche dignes d'Horace, son épicuréisme bourgeois et de commande. Ce fut son triomphe, car il plut à tout le monde.

[*Mémoires*, tome 1ᵉʳ (1876).]

LECONTE DE LISLE. — Le génie de Béranger est à coup sûr la plus complète des illusions innombrables de ce temps-ci, et celle à laquelle il tient le plus; aussi ne sera-ce pas un des moindres étonnements de l'avenir, si toutefois l'avenir se préoccupe de questions littéraires, que ce curieux enthousiasme attendri qu'excitent ces odes-chansons qui ne sont ni des odes ni des chansons. L'homme était bon, généreux, honnête. Il est mort plein de jours, en possession d'une immense sympathie publique, et je ne veux, certes, contester aucune de ses vertus domestiques; mais je nie radicalement le poète aux divers points de vue de la puissance intellectuelle, du sentiment de la nature, de la langue, du style et de l'entente spéciale du vers, dons précieux, nécessaires, que lui avaient refusés tous les dieux, y compris le *dieu des bonnes gens*, qui, du reste, n'est qu'une divinité de cabaret philanthropique.

[*Le Nain Jaune* (1864).]

BÉRENGER (Henry).

L'Âme moderne (1892).

OPINION.

CH. F. — Que de traits heureux et vrais, et comme cela est bien d'aujourd'hui, tout en gardant le «je ne sais quoi» éternel !

[*L'Année des Poètes* (1892).]

BERGERAT (Émile).

Une Amie, comédie en un acte, en vers (1865). — *Les deux Waterloo* (1866). — *Le Maître d'école* (1870).— *Poèmes de la guerre* (1871). — *Père et mari*, drame en trois actes (1871). — *Ange Bosani*, drame en trois actes, avec Armand Silvestre (1873). — *Séparés de corps*, comédie en un acte (1873). — *Théophile*

Gautier, entretiens, souvenirs et correspondances (1879). – *Le Nom*, comédie en cinq actes (1883). – *Enguerrande*, avec préface de Théodore de Banville (1883). – *Le Faublas malgré lui* (1883). – *Bébé et Cie* (1884). – *Mes Moulins* (1885). – *La Nuit bergamasque*, tragi-comédie en trois actes (1887). – *Le Livre de Caliban* (1887). – *Figarismes de Caliban* (1888). – *L'Amour en République* (1889). – *Le Rêve de Caliban* (1890). – *L'Espagnol* (1891). – *Théâtre envers*, 1884-1887 (1891). – *Le Salon de 1892*. – *Les Soirées de Calibangrève* (1892). – *La chasse au mouflon* (1893). – *Les Drames de l'honneur; le Chèque* (1893). – *La Vierge* (1894). – *Le Capitaine Fracasse*, comédie héroïque, tirée du roman de Théophile Gautier, cinq actes et sept tableaux (1896). – *Le Cruel Vatenguerre* (1898). – *Plus que Reine* (1899). *Théâtre* (1900).

OPINIONS.

THÉODORE DE BANVILLE. — Voici un poème dramatique d'un éclat éblouissant, compliqué et mystérieux, dont le succès est assuré d'avance, parce qu'il répond non pas à un besoin, mais, ce qui est bien plus, à une aspiration ardente, à un désir effréné. Oui, empêtrés dans les niaiseries d'un théâtre incolore et d'une littérature vulgaire et mercantile, nous voulons, nous appelons à grands cris une œuvre où se trouve réuni tout ce dont nous avons soif : l'héroïsme, l'idéal, l'outrance (pour nous faire oublier tant de platitudes!) et cette étrangeté troublante, dans laquelle, comme le dit si bien Edgard Poë, la beauté rajeunie et transfigurée ne saurait nous plaire; et cette modernité que réclame impérieusement le siècle de Balzac, eh bien! cette œuvre si douloureusement réclamée et souhaitée, la voici, étrange, originale, nouvelle, puissamment créée, jaillie comme l'éclair, écrite en vers larges, ingénieux, curieux, étincelants des ors, des pierreries et des inépuisables richesses de la rime, et en même temps exprimant nos doutes, nos angoisses, notre inextinguible appétit de la lumière et de joie, et l'hymne à la Beauté, qui, vainement étouffée et comprimée, s'échappe irrésistiblement de nos âmes.

[Préface à *Enguerrande* (1884).]

PAUL BELON. — «Vous devez être de Paris, vous! Vous avez joué aux billes avec des balles quand vous étiez gamin. Vous avez filé du collège pour l'enterrement de Lamennais, vous êtes à la coule de tout ce qui s'est passé sur le pavé de la ville, au moment des coups de chien. Ça vous connaît, rien que parce que votre berceau a posé sur cette terre qui a avalé depuis cent ans de la mitraille au quintal et bu du sang à la barrique.» C'est Jules Vallès, le grand écrivain croquemitaine, qui saluait ainsi, dans une retentissante préface, l'élégant *Homme masqué* du *Voltaire*.

Vallès ne se trompait pas.

Émile Bergerat est né à Paris, rue de la Vieille-Monnaie, près le Pont-Neuf, en 1845, au mois d'avril, alors que les arbres du boulevard poussaient leurs premières feuilles et que les moineaux francs pépiaient au bord des toits, secouant dans un rayon de soleil leur plumage lustré d'une dernière averse...

Lorsqu'il étrenna sa première culotte, ses parents, d'excellents bourgeois, décidèrent qu'il irait l'user sur les bancs d'un collège et le mirent en pension, à Vaugirard, chez les jésuites. Il n'y fit pas long feu; les injustices le crispaient; puis, il avait déjà la mauvaise habitude de dire sa pensée tout entière. Un jour, n'y tenant plus, il s'évada. On le conduisit à *Charlemagne*, — je parle du lycée, — où il acheva ses études sous la férule enguirlandée de M. Gaston Boissier.

Entre temps, pendant les vacances, Sarcey, frais émoulu de l'École Normale, lui donna des répétitions. Vous avez bien lu, Francisque Sarcey, qui alors... mais, depuis...

On comprend qu'avec de pareils guides, Bergerat ne pouvait manquer d'aller loin. Il commença par se présenter au baccalauréat, pour faire comme tout le monde, et fut «refusé» à l'unanimité.

Mais le même jour il était «reçu» à la Comédie-Française où il avait déposé un acte en vers, titre: *Une Amie*. Il débutait ainsi, à dix-huit ans, dans la carrière dramatique, que son maître, Sarcey, lui avait probablement ouverte à son insu, en lui apprenant la scène à faire aux dépens de la grammaire latine. Quoi qu'il en soit, le jeune triomphateur en tunique vit s'ouvrir à l'horizon les portes de tous les journaux. Il entra au *Figaro* comme chez lui, apportant sous son bras les *Lettres de Jean Rouge*. Tout de suite Villemessant le tutoya, et Bergerat, très à l'aise, lui tapa sur le ventre en l'appelant «mon petit père». Dès ce moment, sa «copie» eut cours sur la place; au bout d'un an, on se l'arrachait.

C'est que, d'instinct, le nouveau venu marchait sans balancier sur la corde raide du paradoxe; il trouvait la formule d'un style clownique, désarticulé, chahutant et cascadeur; des mots alertes, des phrases retroussées, lestes, pimpantes, décolletées, agaçant l'œil, qui complétaient et servaient merveilleusement son esprit incisif, mordant, railleur, prompt à la riposte et rompu à toutes les charges, à tous les argots d'atelier, de coulisses, de boulevard. Ce qui ne l'empêchait pas de fournir au *Journal officiel*, des Études et des Critiques d'art de premier ordre.

Il chroniquait à *l'Événement*, au *Soir*, au *Bien Public* et dans cinq ou six autres feuilles, quand il commença au *Voltaire* la campagne de l'*Homme masqué*. On se rappelle l'éblouissement des lecteurs de ces articles. Beaucoup achetaient des lunettes bleues pour soutenir l'éclat d'un pareil feu d'artifice. Dans les cafés, les garçons ne vous apportaient le journal qu'avec un verre fumé comme aux éclipses.

[*Les Hommes d'aujourd'hui.*]

A. L. — Comme poète, M. Bergerat a donné le *Poème de la Guerre*, recueil d'odes et de poésies patriotiques écrites pendant le siège de Paris et dont quelques-unes ont atteint et conservé la popularité. De ce nombre, il convient de citer les *Cuirassiers de Reischoffen* et le *Maître d'École*, ce dernier ouvrage surtout, dont un autre poète a dit qu'il était «le plus beau cri de douleur qu'ait poussé la patrie française pendant son martyre de 1870». Depuis cette époque, M. E. Bergerat, à demi submergé dans une production presque quotidienne de journaliste militant, n'a plus donné à la poésie que le poème intitulé *Enguerrande*, par lequel il affirme ses convictions shakespeariennes. Entre autres dons naturels précieux, M. E. Bergerat est favorisé de celui du vers comique. Il l'a exercé brillamment dans *la Nuit bergamasque*, comédie qui date des débuts du Théâtre libre, puis dans l'adaptation pour la scène du *Capitaine Fracasse* de Théophile Gauthier, beau-père de l'auteur, et enfin dans cette *Lyre comique* que publie chaque semaine le supplément du *Figaro*.

[*Anthologie des Poètes français du xixᵉ siècle* (1887-1888).]

FRANCISQUE SARCEY. — Il y a dans *Manon Roland* une très belle scène, qui était précisément la scène à faire, au quatrième acte: un fort joli acte d'intermède, le second; un dénouement pathétique; c'en est assez pour exciter la curiosité du public et justifier le succès. Je vais maintenant vous dire le vrai, le grand défaut de ce drame, celui qui est en quelque sorte répandu dans l'œuvre tout entière, et qui m'en a gâté le plaisir: il n'est pas clair. Je connais Bergerat: il va bondir sur ce mot. Car il tient que la clarté est le premier mérite de tout ce qu'il écrit. Je crois qu'il se trompe. Ce qui fait que quelques-unes de ses pièces, *le Nom*, par exemple, où se trouvent des parties admirables, des scènes de maître, ne se sont pas imposées au répertoire, c'est que l'allure générale en était incertaine, c'est que l'idée ne s'en dégageait pas nette et lumineuse. Bergerat ne saurait croire que de fois, en écoutant sa *Manon Roland*, je me suis pris la tête à deux mains, me demandant où il me menait et par quels chemins. Il me semblait marcher à tâtons derrière un guide porteur d'une lanterne sourde.

[*Le Temps* (11 mai 1896).]

BERNARD (Charles).

L'Amour en rêve (1891). – *L'Absente* (1893).

OPINION.

CHARLES FUSTER. — *L'Absente*, c'est, en quelque sorte, dans les mêmes proportions, un pendant aux *Intimités* de Coppée. Même tendresse, mêmes aveux, même alexandrin souple et musical, avec des intermèdes.

[*L'Année des Poètes* (1893).]

BERNARD (Charles).

Et chanta la feuillée (1896). – *La Belle Douleur* (1897).

OPINION.

GEORGES RENCY. — Charles Bernard, un des nôtres, dont *la Belle Douleur* m'a charmé, nous donna jadis *Et chanta la feuillée*, poème exquis, suite de sensations merveilleuses et délicates, qui vivaient pour elles-mêmes, et que n'unissait le lien d'aucune idée. Dans *la Belle Douleur*, l'horizon s'est élargi, des personnages apparaissent, l'amour palpite, la vie est précisée, sous le même clair de lune hiératique et troublant. Et pourtant, je m'en tiens encore, pour juger ce poète, à son premier livre, où je vois une plus parfaite réalisation.

[*Le Coq rouge* (février 1897).]

BERNÈS (Henri).

Les Ailes du rêve (1887).

OPINION.

A. L. — Il publia un volume de vers, *les Ailes du rêve*, où, dans une forme qui témoigne de l'étude approfondie de tous les poètes contemporains, se rencontrent de nombreuses pièces pleines de grâce et de charme.

[*Anthologie des Poètes français du* xixᵉ *siècle* (1887-1888).]

BERTHAULT (Léon).

Veillées d'armes (1887).

OPINION.

CHARLES FUSTER. — Saluons les *Veillées d'armes* de M. Berthault. Ce nous est un vif regret de trouver çà et là un peu de politique; mais, en revanche, les vers énergiques abondent, et la vie ne manque pas.

[*Le Semeur* (25 décembre 1887).]

BERTHEROY (Jean).

Vibrations (1887). – *Marie-Madeleine*, poème avec préface de François Coppée (1889). – *Femmes antiques* (1890). – *Ximénès* (1893). – *Le Mime Bathylle* (1894). – *Le Roman d'une âme* (1895). – *Aristophane et Molière* (1896). – *Le Double Joug* (1896). – *Sur la Pente* (1896). – *Les Trois Filles de Pieter Waldorp* (1897).

OPINIONS.

FRANÇOIS COPPÉE. — La *Marie-Madeleine* que Jean Bertheroy publie aujourd'hui isolément, offrira dans le futur volume, auprès de la *Judith*, un saisissant contraste. A côté du sombre et énergique tableau rayonnera cette pure fresque évangélique. Un charme pénétrant s'en dégage. Ici est évoquée, une fois de plus, et délicieusement, la si touchante figure de Marie de Magdala.

[Préface à *Marie-Madeleine* (1889).]

JEAN DE MITTY. — M. Jean Bertheroy connaît exactement le vieux monde latin. Autant que M. Gaston Boissier, il a vécu de la vie romaine et s'est promené avec savoir et curiosité à travers les cités mortes et les siècles révolus. Il y est allé au théâtre, au cirque, sur la place publique, dans les tavernes et les bains, et s'est mêlé à l'existence familière des patriciens, des poètes, des comédiens, des esclaves, des rhéteurs et des courtisanes.

Et pour donner à ces souvenirs une forme attrayante et qui ne fût pas seulement le récit d'une aventure archéologique, il en a fait des romans, comme *le Mime Bathylle* et comme *la Danseuse de Pompéi*, deux livres d'imagination et d'érudition légère, et d'une tenue littéraire exempte de tout reproche.

Et c'est ainsi que, romancier, critique, poète, conteur et lettré, Jean Bertheroy justifie, par un labeur artiste et par une pensée honnête, les lauriers académiques, l'estime des écrivains et la confiance de ses lecteurs.

De plus, et en outre, Jean Bertheroy est une femme. C'est déjà quelque chose; ce qui est mieux, c'est qu'elle est une très jolie femme.

[*Le Journal* (1900).]

BERTHOU (Yves).

Cœur breton (1894). – *La Lande fleurie* (1895). – *Les Fontaines miraculeuses* (1896). – *Âmes simples* (1896).

OPINIONS.

CHARLES LE GOFFIC. — *Cœur breton*, vers tout pénétrés de douceur, habités par le rêve, et que les gaucheries de la forme rapprochent encore de la pure et vraie poésie populaire.

[Préface au *Cœur breton* (1892).]

EDMOND PILON. — Le poème final de *la Lande fleurie* est charmant et l'une des pièces, *le Jardin des vingt vierges*, est une chose exquise.

[*L'Ermitage* (1895).]

BERTOUT (Auguste).

Simples poèmes (1892). – *Fauvettes et Corbeaux* (1894). – *Fleurs décloses* (1895). – *Au courant de la vie* (1897).

OPINION.

ANONYME. — Il faut dire que le commandant Bertout est plus philosophe que poète, au sens réel de ce dernier mot; il faut ajouter qu'il est plus encore un homme d'action qu'un philosophe. Chacune de ses pièces a presque le ton et l'allure d'une charge.

[*Le Temps* (1894).]

BERTRAND (Louis-Jacques-Napoléon, *dit* Aloïsius). [1807-1841.]

Gaspard de la Nuit, fantaisies à la manière de Rembrandt et de Callot, avec une préface de Sainte-Beuve (1842). – Réimprimé à Bruxelles par Poulet-Malassis, avec une préface d'Asselineau (1869). – Réimprimé à Paris par le *Mercure de France* (1895).

OPINIONS.

SAINTE-BEUVE. — Son rôle eût été, si ses vers avaient su se rassembler et se publier alors, de reproduire avec un art achevé, et même superstitieux, de jolis ou grotesques sujets du moyen âge finissant de nous rendre quelques-uns de ces joyaux, j'imagine, comme les Suisses en trouvèrent à Morat dans le butin de Charles le Téméraire. Bertrand me fait l'effet d'un orfèvre ou d'un bijoutier de la Renaissance; un peu d'alchimie, par surcroît, s'y serait mêlé, et, à certains signes et procédés, Nicolas Flamel aurait reconnu son élève.

En répondant à la ballade du *Pèlerin* et en parlant aussi des autres morceaux insérés dans *le Provincial*, Victor Hugo lui avait écrit qu'il possédait au plus haut point les secrets de la forme et de la facture, et que *notre Émile Deschamps lui-même*, le

maître d'alors en ces gentillesses, *s'avouerait égale*. Par malheur, Bertrand ne composa pas en ce moment assez de vers de la même couleur et de la même saison pour les réunir en volume; mécontent de lui et difficile, il retouchait perpétuellement ceux de la veille; il se créait plus d'entraves peut-être que la poésie rimée n'en peut supporter. Doué de haut caprice plutôt qu'épanché en tendresse, au lieu d'ouvrir sa veine, il distillait de rares stances dont la couleur ensuite l'inquiétait...

Bertrand est tout entier dans son *Gaspard de la Nuit*. Si j'avais à choisir entre les pièces pour achever l'idée du portrait, au lieu des joujoux gothiques déjà indiqués, au lieu des tulipes hollandaises et des miniatures sur émail de Japon qui ne font faute, je tirerais de préférence, du sixième livre intitulé *les Silves*, les trois pages de nature et de sentiment, *Ma Chaumière*, sur les *Rochers de Chèvremorte* et *Encore un Printemps*.

[Introduction aux *Fantaisies à la manière de Rembrandt et de Callot* (1842).]

CH. ASSELINEAU. — Sans réclamer pour lui le premier rang qu'il convient sans doute de réserver à des talents plus amples et plus robustes, je ne crains pas de dire que parmi les écrivains du second, en ce temps-là, il est peut-être celui dont le nom est le plus assuré de vivre, par cette seule raison qu'il s'est plus exclusivement qu'aucun autre attaché à l'art. Il s'est placé lui-même dans la famille des écrivains-artistes, «des architectes de mots et de phrases», des Remi Belleau, des La Fontaine, des La Bruyère, des Paul-Louis Courier.

[*Les Poètes français*, recueil publié par Eugène Crépet (1861-1863).]

CHAMPFLEURY. — Le pauvre Bertrand mourut à l'hôpital, enlevé par la phtisie qui a dévoré tant de poètes; mais son œuvre est restée pure, d'un travail qui fait penser aux admirables coupes de jade de la Chine.

[*Les Vignettes romantiques* (1882).]

CH. BAUDELAIRE. — J'ai une petite confession à faire. C'est en feuilletant, pour la vingtième fois au moins, le fameux *Gaspard de la Nuit*, d'Aloïsius Bertrand (un livre connu de vous, de moi et de quelques-uns de nos amis, n'a-t-il pas tous les droits à être appelé *fameux?*), que l'idée m'est venue de tenter quelque chose d'analogue, et d'appliquer à la description de la vie moderne, ou plutôt d'*une* vie moderne et plus abstraite, le procédé qu'il avait appliqué à la peinture de la vie ancienne, si étrangement pittoresque.

[Préface aux *Petits Poèmes en prose* (1887).]

BESNUS (Émile). [1867-1897.]

Le Navire d'Isis, œuvre posthume avec une préface de Maurice Pottecher (1899).

OPINIONS.

MAURICE POTTECHER. — Émile Besnus mourut, vers trente ans, comme Tellier, comme Guigout, comme Dubus et bien d'autres, pour qui des mains amies durent élever un monument hâtif et sans couronnement. Si une inclinaison irrésistible au songe, une recherche inquiète et patiente de la beauté, une sensibilité nostalgique, combattue et dominée par une faculté d'idéalisation généreuse, créent la poésie, il était né poète.

[Préface au *Navire d'Isis* (1899).]

HENRI DEGRON. — Qu'ajouter, sinon dire de relire ses poèmes empreints du charme triste qui semble prédestiné à ceux qui vont partir, et ces pages d'une beauté sûre d'un écrivain déjà maître de sa langue, qui sont *Un portrait du duc d'Albe*, et les *Trianons d'automne*.

[*La Vogue* (juillet 1899).]

BESSON (Martial).

Poésies (1885). — *Poèmes sincères* (1887). — *Anthologie scolaire du xixe siècle* (1894). — *Anthologie des Instituteurs poètes*, en collaboration avec Michel Abadie (1896).

OPINION.

LÉON CLADEL. — Instituteur primaire, vous exercez quotidiennement votre apostolat et, néanmoins, vous trouvez le temps de rimer on ne peut mieux, oui ma foi! Vos vers, vous dira-t-on, ne sont pas écrits selon telle ou telle formule, et vous n'êtes point un partisan de l'art. A cela, répondez : oui, je m'en flatte! et si vous êtes assailli par de semblables clameurs, allez, sans en être troublé, votre chemin.

[Lettre-Préface aux *Poèmes sincères* (1887).]

BEZOBRAZOW (Olga de).

Pages détachées du *Journal d'un artiste* (1892). — *Poussière d'Étoiles* (1893).

OPINION.

CHARLES FUSTER. — *Poussière d'Étoiles* nous apporte comme un poudroiement de pensées et d'images, dont plusieurs admirables. Rien de nourri, au point de vue du fond, et rien de *suggestif*, à celui de la forme, comme la poésie de Mlle de Bézobrazow.

[*L'Année des Poètes* (1893).]

BIBESCO (Prince Alexandre).

Sonnets intimes (1895).

OPINION.

CHARLES FUSTER. — *Sonnets intimes :* Ce sont là des vers très fiers et très beaux. Tous ces sonnets ont la même simplicité dans la grandeur.

[*L'Année des Poètes* (1895).]

BILLAUD (Victor).

Le Livre des baisers (1879).

OPINION.

A. L. — Pleines de grâce et de simplicité, la plupart des pièces de vers dues à la plume de M. Victor Billaud ont été inspirées par les beautés naturelles ou les coutumes pittoresques de son pays natal et révèlent une rare délicatesse de goût et de sentiment.

[*Anthologie des Poètes français du xixe siècle* (1887-1888).]

BLANC (Joseph).

Rimes blondes, avec préface de Gustave Larroumet (1895).

OPINION.

GUSTAVE LARROUMET. — Voici des vers de jeune poète, c'est-à-dire des vers d'amour. Les «Sonnets blonds», qui forment la plus grande partie du recueil, sont l'histoire d'une passion ardente, chaste et discrète, d'un de ces sentiments profonds et doux qui parfument le reste de la vie et demeurent l'honneur de celui qui les éprouva... Les parures naturelles du Quercy revivent, brillent ou chantent dans ces pièces. Les vers de Joseph Blanc s'inspirent d'une terre fortement aimée et, en retour, elle leur communique sa sève et son parfum. Ils s'adressent aussi à la grande patrie, à celle qui embrasse toutes les petites.

[Préface aux *Rimes blondes* (1895).]

BLANCHECOTTE (Auguste-Malvina Souville, dame). [1830-1878.]

Rêves et réalités, poésies (1856). — *Impressions d'une femme*, pensées, sentiments et portraits (1867). — *Tablettes d'une femme pendant la Commune* (1872). — *Les Militantes*, poésies (1876). — *Le long de la vie*, nouvelles impressions (1876).

OPINIONS.

SAINTE-BEUVE. — L'auteur, pour peu qu'il s'apaise un jour et qu'il rencontre les conditions d'existence et de développement dont il est digne, me paraît des plus capables de cultiver avec succès la poésie domestique et de peindre avec une douce émotion les scènes de la vie intime; car si Mme Blanchecotte (ce qui est, je crois, son nom) a de la Sapho par quelques-uns de ses cris, elle aurait encore plus volontiers dans sa richesse d'affections quelque chose de Mistriss Felicia Hemans et tout annonce chez elle l'abondance des sentiments naturels qui ne demandent qu'à s'épancher avec suite et mélodie. — Béranger et M. de Lamartine, chacun de leur côté, et cette fois sans qu'on puisse y soupçonner de la complaisance, ont déjà donné à l'auteur ce brevet de poète : je ne fais qu'ajouter après eux mon apostille bien sincère.

[*Causeries du lundi* (t. XV, 1862).]

THÉOPHILE GAUTIER. — Élève de Lamartine, elle a gardé du maître la forme et le mouvement lyriques, mais avec un accent profond et personnel qui fait penser à Mme Valmore. Comme celle-ci, Mme Blanchecotte a souvent des éclats et des véhémences de passion d'une sincérité poignante. Elle a de vraies larmes dans la voix. Elle peut dire avec vérité : «Ma pauvre lyre, c'est mon âme».

[*Rapport sur le progrès des lettres*, par MM. Sylvestre de Sacy, Paul Féval, Théophile Gautier et Ed. Thierry (1868).]

ALFRED MARCHAND. — Mme Blanchecotte chante les doux espoirs évanouis, les aurores pâlies, les illusions mortes, l'amour trompé et méconnu, le bonheur flétri et perdu pour toujours. C'est de la poésie de sentiment et non de sensation. Quelque chose de recueilli, de contenu, de chaste, d'intime,

qui vous attire et vous retient par un charme doux
et pénétrant. Ceux qui aiment exclusivement les
tableaux voyants, les couleurs brillantes et criardes,
les éclats de la passion sensuelle, ne goûteront point
ces chants; ceux qui aiment les émotions tendres,
les sentiments élevés, les accents purs, les liront et
les reliront avec plaisir.

[*Le Temps* (2 janvier 1872).]

Mme Alphonse Daudet. — Mme A.-M. Blanchecotte
procède de Lamartine et de Mme Desbordes-Valmore;
tout en restant originale, elle a, comme ces deux
poètes, une tendance à écouter tout ce qui chante
en elle, à le traduire avec abondance et facilité.
C'est la même imagination confiante, le même élan
continu vers la sympathie du lecteur... Mme Blanchecotte est encore, parmi nos modernes, un de
ceux qui ont le plus gardé des traditions de poésie
subjective; mais *les Militantes* marquent un grand
progrès, et, de cette personnalité un peu mélancolique, trop attachée, selon nous, à la lettre de sa
souffrance, l'auteur commence à se dégager vers
les régions supérieures où l'âme de chacun se fond
et se disperse dans la vie de tous.

[*Anthologie des Poètes français du xixe siècle* (1887).]

BLAZE DE BURY (Ange-Henri). [1813-1888.]

Faust, de Gœthe (1840). — *Rosemonde* (1841).
— *Poésies* (1842). — *Poésies de Gœthe* (1843).
— *Écrivains et poètes de l'Allemagne* (1846).
— *Souvenirs des campagnes d'Autriche* (1854).
— *Les Kœnigsmark* (1855). — *Musiciens con-
temporains* (1856). — *Intermèdes et poèmes;
Hommes du jour* (1859). — *Le Décaméron*, co-
médie; *Les Salons de Vienne* (1861). — *Les
Bonshommes de cire* (1864). — *Meyerbeer et
son temps* (1865). — *Les Écrivains modernes
de l'Allemagne* (1868). — *Les Maîtresses de
Gœthe* (1872).

OPINION.

Auguste Desplaces. — MM. Henri Blaze et
N. Martin ont importé parmi nous les inspirations
naïves de la muse allemande, tous deux avec
charme; mais le premier avec une affection trop
sensible du dilettantisme.

[*Poètes vivants* (1847).]

BLÉMONT (Léon-Émile Petit-Didier).

Contes et féeries (1866). — *Poèmes d'Italie* (1870).
— *Les Cloches*, imité de Poë (1876). — *Molière à Auteuil*, en collaboration avec Léon
Valade (1876). — *Le Barbier de Pézenas*, comédie en un acte et en vers (1877). —
Portraits sans modèle (1879). — *La Prise de
la Bastille* (1879). — *Le Jardin enchanté*
(1882). — *Le Livre d'or de Victor Hugo*
(1883). — *Poèmes de Chine* (1887). — *Roger de
Naples*, drame en 5 actes et en vers (1888).
— *La Raison du moins fort* (1889). — *Les Pommiers fleuris* (1891). — *Alphabet symbolique*
(1895). — *La Belle aventure*, vers d'amourette
et d'amour (1895). — *A. Watteau* (1896). —

La Soubrette de Molière, à-propos en un acte,
en vers (1897). — *Mariage pour rire*, comédie en un acte, en vers (1898). — *Théâtre
moliéresque et cornélien* (1898). — *En mémoire
d'un enfant* (1899). — *Les Gueux d'Afrique*
(1900).

OPINIONS.

J. P. — *Le Barbier de Pézenas* : La comédie de
MM. Émile Blémont et Léon Valade est une très
joyeuse et très littéraire farce, qui amuse par la
bouffonnerie des incidents et charme par la grâce
et l'inattendu du style.

[*La République des Lettres* (21 janvier 1877).]

Paul Ginisty. — M. Émile Blémont est connu depuis longtemps, et son amour pour la muse est déjà
d'ancienne date; ses *Poèmes de Chine* sont un caprice
raffiné de lettré qui, avec une subtilité extrême,
s'est plu, mandarin improvisé, à un pastiche délicat
des vers des poètes du Fleuve Jaune. Paul Arène a
joliment défini ainsi le Chinois : «Un homme calme,
assis dans un petit jardin, et qui songe aux aïeux
en regardant pousser ses choux.» C'est ce Chinois-là
qui apparaît à travers les séduisantes imitations de
M. Émile Blémont. Tant pis pour le Chinois, s'il n'est
pas tel dans la réalité! Et l'on voit, sous les rayons de
la lune d'argent, les ombres descendre les escaliers de jade de pagodes, ou, dans les maisons
de thé, les bons lettrés discourir sur l'amitié, le
vin, la musique. Ou bien c'est l'histoire de la belle
Lou Tho, qui dédaigne l'amour de l'Empereur, ou
encore l'aventure de la courtisane qui demande par
curiosité au juge des Enfers de renvoyer son âme
dans le sein d'une honnête femme. C'est vraiment
un livre très artiste.

En même temps, dans une note toute autre,
M. Blémont donne ses chansons normandes, qui ont
la saine senteur de la terre des bons pommiers. On
aime et on boit largement dans ces chansons rustiques.

[*L'Année littéraire* (7 juin 1887).]

Théodore de Banville. — Rapidité et variété de
l'image, harmonies bien pondérées, éclat et originalité de la rime, telles sont les qualités qui donnent aux vers de M. Émile Blémont cette étrangeté
sans laquelle la beauté ne serait rien pour nous. Il
a l'art de dire la chose à laquelle on ne s'attend pas
et qui, cependant, est celle qu'il fallait dire. Surtout il trouve, du premier coup, ingénieusement,
le trait caractéristique.

[*Anthologie des Poètes français du xixe siècle* (1887-
1888).]

Charles Fuster. — Les *Poèmes de Chine* de
M. Émile Blémont : Rien de curieux, rien de neuf
et de vieillot à la fois comme ces petits morceaux,
d'une inspiration simple et fraiche. On me permettra de donner un échantillon du genre :

> Lorsque les vierges des campagnes
> Voguent sur les flots du lac bleu,
> Les fleurs lèvent la tête un peu
> Et disent : «Voici nos compagnes!»
>
> Puis, lorsqu'au souffle de la nuit
> Toutes s'en retournent chez elles,
> La lune aux blanches étincelles
> Sur les flots clairs les reconduit.

[*Le Semeur* (1888).]

ANATOLE CERFBERR. — Poète, essentiellement poète, grisé de cadence, de mesure et de difficulté vaincue, et néanmoins facile ouvrier des assemblages de rimes; barde mariant sentiment, forme, pensée; rêveur et berceur; philosophe attendri et élevé, et musical ciseleur; combinait Hier et Aujourd'hui, fougue et élan des preux, aïeux de soixante ans écoulés et mécanisme compliqué, ouvragé des quintessenciés de notre minute.

Problème obtenu, résolu, donnant une sorte de Maître!

[*Les Hommes d'aujourd'hui.*]

PHILIPPE GILLE. — M. Émile Blémont est un poète qui ne chante qu'à ses heures, quand l'inspiration le lui commande, suivant la saison, le jour, l'événement; de là le charme varié du livre de poésies : *La Belle Aventure.* On y trouvera de tout, aussi bien une ode qu'une chanson, aussi bien une satire qu'une invocation, un quatrain qu'une belle description ou d'éloquentes stances. Les divisions de ce recueil en «Vers d'amourettes» et «Vers d'amour», «Au gré du rêve» et «Ciel de France», expliqueront mieux la pensée de l'auteur que je ne saurais le faire... M. Emile Blémont excelle à décrire en poésie, ainsi qu'on faisait jadis, les tableaux de nos peintres, auxquels ses vers semblent rendre leurs mouvements et leurs couleurs; signalons, avant de finir, une pièce charmante : «Le Volant», un élégant Watteau en quatrains. En résumé, un livre clair, intéressant et bien français dans toutes les acceptions du mot.

[*Causeries du mercredi* (1897).]

BLÈS (Numa).

Les Chansons mystiques. – Les Chansons des mal écloses. – Les Chansons des humbles (1893-1895).

OPINION.

HORACE VALBEL. — Il (Numa Blès) fréquenta quelques cabarets artistiques, et en dernier lieu celui des Éléphants, où chaque soir il faisait applaudir ses chansons d'actualité, ses chansons satiriques, parodies, poésies et monologues humoristiques, et notamment : *Nos femmes; Les cadeaux présidentiels; Conseils à Max Lebaudy; Les statues des grands hommes; Les adjoints et les maires; La contravention; Les bains de mer; Ce que je sais!* etc.

[*Les Chansonniers de Paris* (1895).]

BLOT (Georges).
Heures de rêve (1893).

OPINION.

SULLY PRUDHOMME. — Le spectacle de l'Océan, l'un des plus variés et des plus grands de la nature, vous a suggéré des enseignements moraux bien dignes d'un pareil maître. Cette alliance de la poésie et de la pensée a été le rêve de ma vie. J'en salue, dans votre ouvrage, une réalisation faite pour me toucher et m'inspirer confiance dans mon idéal.

[Lettre-préface aux *Heures de rêve* (1893).]

BOCQUET (Léon).

Les Sensations (1897). – *Flandre* (1901).

OPINION.

CHARLES FUSTER. — Il y a, dans ce livre (*Les Sensations*), une délicieuse pièce sur les *Enfants des champs*, les beaux petits si frais et si sains. Eh bien, le livre tout entier respire la même fraîcheur et la même santé. Il est aussi pareil au *Jardinet fleuri* qu'on y décrit, à la *Moisson de fleurs* que l'on y célèbre pour conclure.

[*L'Année des Poètes* (1897).]

BOÈS (Karl).

Les Opales (1893).

OPINIONS.

CHARLES MERKI. — Les vers de M. Karl Boès sont remarquables d'abord par la quantité de noms propres qu'ils recèlent, et de noms communs promus à de hautes dignités par la toute-puissance de la majuscule...

Je n'ose déclarer d'ailleurs que tout cela suffise à constituer un livre, et encore moins de beaux vers.

[*Mercure de France* (octobre 1893).]

HENRI MAZEL. — Il a intitulé son livre de vers *les Opales*... Il affectionne les coupes rares, les strophes régulières, tercets et cinquains de préférence; le vers semble pour lui un coursier à chanfrein haut et à galop sonore que le poète dompte et dirige.

[*Portraits du prochain siècle* (1894).]

BOEUF (Francis).

Sur le Sentier, vers et nouvelles (1900).

OPINION.

BENJAMIN BÉGAUD. — Sa poésie possède un charme pénétrant, quoique un peu étrange. Combien de ses strophes eût pu signer Musset! Je ne sais pas de plus beau compliment.

[Préface à *Sur le Sentier* (1900).]

BOIS (Jules).

Les Noces de Sathan (1892). – *La Douleur d'aimer* (1893). – *Le Satanisme et la Magie* (1895). – *Prières* (1895). – *L'Ève nouvelle* (1896). – *La Femme inquiète* (1897). – *Une nouvelle Douleur* (1899).

OPINIONS.

LUCIEN MUHLFELD. — *Noces de Sathan* dont on peut dire : «Depuis la destruction du Temple d'Éleusis, il y a seize siècles, le drame ésotérique s'était tu. Le savant initié et hardi poète Jules Bois a ressuscité le théâtre d'Hermès, mais en s'appuyant sur l'Évangile de Jean. Dans *les Noces de Sathan* palpite la dernière rédemption du Mal promise par le Paraclet.»

[*Revue Blanche* (Novembre 1892).]

MAURICE LE BLOND. — Si j'affectionne en lui le romancier et le thaumaturge, je suis loin d'avoir la même dévotion pour le poète. Dans son dernier recueil (*Prières*), je ne trouve pas assez d'habileté d'art pour séduire mes mauvais instincts de rhéteur, ni les sensations d'humanité et de vie que réclame ma sensibilité naturelle. Je n'en aime point la verve christolâtre, et on nous y entretient du Diable avec une crainte par trop puérile. C'est que, je crois l'avoir dit, M. Bois est un ascète, — cérébral tout au moins, — et que les Vierges-Cygnes, les Âmes-Sœurs, qui constituent, dans sa Tour d'ivoire, toute sa compagnie, sont des amantes peu fécondes... en art surtout.

[*Revue Naturiste* (décembre 1895).]

BOISSIER (Émile).

Dame mélancolie, poésies et proses rythmées, avec préface de Paul Verlaine (1893). — *Le Psautier du Barde*, avec préface par Armand Silvestre (1894).

OPINION.

ARMAND SYLVESTRE. — Dans *le Psautier du Barde*, je retrouve l'art très délicat dont la première impression me vint des *Fêtes galantes* et que certains poèmes de mon ami Laurent Tailhade m'ont rendue, depuis, avec une intensité de grâce latine dont j'ai toujours été puissamment charmé.

C'est, en effet, une œuvre d'une distinction infinie que ce recueil de vers où abondent les vers de poète, ceux en qui se formule une pensée dans une image.

[Préface au *Psautier du Barde* (28 février 1894).]

BOISSIÈRE (Jules).

Devant l'Énigme, poésies (1883). — *Provensa!* (1887).

OPINIONS.

PAUL GINISTY. — M. J. Boissière, lui, évoque dans *Provensa*, avec une chaude piété pour la terre natale, les paysages ensoleillés du Midi, et la lumière éclate dans ces vers ardents où il dit les plaines, les champs, les montagnes qui flamboient sous le ciel. Il y a en M. Boissière un paysagiste qui voit avec intensité. Je voudrais pouvoir citer de lui des strophes (*A la Charrue*), qui sont d'un large souffle.

[*L'Année littéraire* (7 juin 1887).]

AUGUSTE FOURÈS. — Les qualités du jeune poète ont pris plus de netteté et de force dans *Provensa!* qui est le nom de la petite patrie tant aimée de l'auteur. Ce livre contient de nombreux vers larges et puissants, pleins de grondements de la forêt et de la mer, pleins aussi des fortes senteurs des sapins et des algues.

[*Anthologie des Poètes français du XIXᵉ siècle* (1887-1888).]

BONAPARTE-WYSE (William-C.).

Parpaioun Blu (1868).

OPINION.

SAINTE-BEUVE. — Il faut absolument voir le recueil des *Parpaioun Blu*, de M. William-C. Bonaparte-Wyse (1868). Un enthousiasme sincère y déborde. L'archéologie y est devenue une vérité, une actualité; si l'on n'était homme du Nord et sceptique, on se croirait tout de bon à une renaissance.

[*Lundi, 3 juillet 1865. Des nouveaux lundis* (1888).]

BONNEFOY (Marc).

Le Poème du siècle (1891).

OPINION.

FRANCIS MELVIL. — Voici un élégant volume (*Le Poème du siècle*), qui ne contient pas moins de douze à treize mille vers... Il renferme, je crois, tous les genres de vers et de strophes connus... L'ouvrage contient deux parties distinctes : la première est tout historique; la seconde est la peinture animée, vivante, des efforts de notre siècle pour se reconstituer une croyance.

[*L'Année des Poètes* (1891).]

BONNERY (Raoul). [1868-1895.]

Les Lauriers et les Roses (1893). — *A côté de la vie* (1895).

OPINION.

Sous ce titre : *Les Lauriers et les Roses*, M. Raoul Bonnery a réuni des poésies de circonstance, un très grand nombre de morceaux lus par lui à mainte inauguration de statue, à mainte cérémonie commémorative, et aussi une quarantaine de pièces plus intimes, plus familières, qui n'en valent pas moins.

[*L'Année des Poètes* (1893).]

BONNIÈRES (Robert de).

Mémoires d'aujourd'hui (1885). — *Le Baiser de Maïna* (1886). — *Jeanne Avril* (1887). — *Contes dorés* (1887). — *Contes à la Reine* (1892). — *Lord Hyland*, histoire véritable (1895).

OPINIONS.

E. LEDRAIN. — Deux romans plus récents, *Le Baiser de Maïna*, rapporté de Bénarès, et *Jeanne Avril*, qui nous semble le chef-d'œuvre de M. de Bonnières, témoignent d'un peu d'apaisement dans cet esprit hautain et tourmenté. Il y a de l'indulgence délicate et même des larmes dans *Jeanne Avril*. Mais il est à craindre que cet adoucissement ne soit que passager chez M. de Bonnières et que, bientôt, il ne revienne à ses véritables goûts. Lui-même ne considère-t-il pas un peu comme des distractions et des haltes légères les histoires d'amour où il s'est un instant complu et les jolis *Contes dorés* d'où nous tirons des vers d'une forme si précise et d'une fermeté d'acier.

[*Anthologie des Poètes français du XIXᵉ siècle* (1887-1888).]

EMILE FAGUET. — M. Robert de Bonnières est assez connu du public comme romancier et comme essayiste, comme peintre mordant et aigu, de la société contemporaine. Il l'est moins comme poète. On a tort cependant, si l'on oublie ses contes en vers d'autrefois, qui étaient d'un tour si vif et si preste. Il a voulu qu'on s'en souvînt, et il vient de leur donner quelques petits frères. Ce sont les *Contes à la Reine*. M. de Bonnières, dans ce coquet volume, a tenté de ressusciter la jolie langue et la charmante allure de style des conteurs du XVIIIᵉ siècle. C'est dans ce mode, sans une fausse note, à ce qu'il me semble, sans broncher une fois sur le fond, ni sur le ton, qu'il nous déduit les aventures des bonnes et des méchantes fées, du diable au moulin, des bons saints et des bonnes bêtes qui les aiment et qui les suivent jusqu'en paradis. Il est difficile de réussir à pastiche mieux que n'a fait M. de Bonnières. Il ne faudrait pas continuer longtemps, ni recommencer; mais le volume est court, et la satiété est très loin d'avoir commencé quand on est au bout de ces deux cents petites pages. C'est un régal d'amateur que ce travail d'amateur ès lettres, si gentiment enlevé.

Voisenon ni Boufflers, — et peut-être faudrait-il remonter plus haut, — n'auraient pas fait mieux.

[*La Revue Bleue* (1892).]

Lucien Muhlfeld. — M. Robert de Bonnières dédie ses *Contes* «à la Reine». Sage modestie de n'écrire que pour une, louable orgueil de haut choisir sa lectrice. En vers français, il présente de légendaires anecdotes de Fées, de Saints, de Rois,

> Héros divers, que, sur un fond changeant,
> J'ai de mes mains vêtus d'or et d'argent,
> Et que ma voix, afin de mieux vous plaire,
> Ne fait parler qu'en une langue claire.

La reine destinataire des récits de M. de Bonnières se complaît évidemment trop à un vocabulaire vieillot, et son conteur flatte ses vénérables préférences. En prosodie, elle et lui sont demeurés à La Fontaine, à La Fontaine, moins la liberté du vers, moins quelque aisance aussi, et, plus naturellement, le léger ridicule de toute respectable imitation. «Ridicule» et «imitation» sont d'ailleurs injustes. Le ridicule, c'est d'imiter les petits-maîtres du succès récent le plus communicatif. Remonter à la tradition du conte français en vers est, d'un contemporain de MM. Renacle et Quillard, bravoure et point servilité.

Les devinettes de M. de Bonnières sont très ingénieuses et fraîches dans leur forme jadis. Leur affectation archaïque n'est pas choquante. Voilà un livre vers qui peu d'artistes s'orienteront, mais qu'ils mettront volontiers sous les yeux des reines familières. M. Viennet l'eût classé dans la cinquième classe, celle de la poésie fugitive, où il excellait, et où M. de Bonnières n'est pas médiocre.

Aussi bien n'est-ce ici qu'un «passe-temps littéraire», sans doute.

[*Revue Blanche* (octobre 1892).]

Robert de Souza. — Dans ses *Contes à la Reine*, M. Robert de Bonnières use plutôt de la forme narrative que de la lyrique. Il utilise les récits, les légendes dans un esprit très national de moraliste plutôt que de poète, mais avec un archaïsme un peu uni, une tenue classique trop sévère et, par cela même, trop éloignée des frustes abandons.

[*La Poésie populaire et le lyrisme sentimental* (1899).]

BOREL (Pierre-Joseph Borel d'Hauterive, *dit* Petrus). [1809-1859.]

Rhapsodies (1832). – *Champavert*, contes immoraux (1833). – *Madame Putiphar*, roman (1839). – *L'Obélisque de Louqsor*, pamphlet (1843).

OPINIONS.

Jules Claretie. — Les vers de Petrus Borel sont souvent personnels. Il souffre, il se plaint; je veux bien croire qu'il y a dans sa douleur quelques exagérations; cette fois, le désespéré se regarde un peu trop dans la glace; pourtant, comment ne pas se sentir ému par ce cr., par ce sombre aveu qui éclaire tristement l'époque de ses débuts?

> Travaille!... On ne croit pas aux futures merveilles.
> Travaille!... Et le besoin qui me hurle aux oreilles
> Étouffant tout penser qui se dresse en mon sein,
> Aux accords de mon luth que répondre? J'ai faim!

J'ai faim! C'est le dernier mot du livre les *Rhapsodies*. Il revient plusieurs fois sous la plume de Borel. Le poète met souvent en tête de ses vers des épigraphes qui sentent la misère.

[*Petrus Borel le «Lycantrophe»* (1865).]

Champfleury. — Ce Petrus Borel, forçant l'étrangeté pour dissimuler son peu d'imagination, se présentant en «loup» dans la civilisation, goguenard très travaillé, sans cesse en quête de sujets étonnants, voulant attirer l'attention du public par son orthographe, n'écrivant toutefois qu'avec peine de bizarres récits en prose, poète jadis, dont les vers étaient hirsutes et martelés, à la tête autrefois d'un groupe d'artistes à tous crins qui avaient laissé leurs cheveux dans les mains de l'occasion.

Petrus Borel, à bien chercher, a laissé quelques pages; mais son œuvre, à cinquante ans de distance, ne me paraît pas viable.

[*Vignettes romantiques* (1882).]

Charles Monselet. — Il y avait dans les écrits de M. Petrus Borel mieux et autre chose que ce qu'on a voulu y voir.

[*De A à Z* (1888).]

Charles Baudelaire. — Pour moi, j'avoue sincèrement, quand même j'y sentirais un ridicule, que j'ai toujours eu quelque sympathie pour ce malheureux écrivain dont le génie manqué, plein d'ambition et de maladresse, n'a su produire que des ébauches minutieuses, des éclairs orageux, des figures dont quelque chose de trop bizarre, dans l'accoutrement ou dans la voix, altère la native grandeur. Il a, en somme, une couleur à lui, une saveur *sui generis;* n'eût-il que le charme de la volonté, c'est déjà beaucoup! Mais il aimait férocement les lettres, et aujourd'hui nous sommes encombrés de jolis et souples écrivains tout prêts à vendre la muse pour le champ du potier.

[*L'Art romantique* (1888).]

BORELLI (Vicomte de).

Alain Chartier, pièce en un acte, en vers (1889). – *Le Jongleur*, poème, lu à la séance de l'Académie française du 19 novembre 1891. – *Kashiwadé*, conte japonais, en vers (1893). – *Rimes d'argent* (1893). – *Les Dactyles* (1896).

OPINIONS.

Émile Faguet. — *Alain Chartier*, de M. de Borelli, est une erreur artistique compensée par beaucoup de patriotisme et quelques beaux vers.

[*Théâtre contemporain* (1889).]

CHARLES FUSTER. — M. le vicomte de Borelli était déjà l'auteur d'un *Sursum corda* couronné par l'Académie, de cette *Légion étrangère* et de cette *Rana* qui eurent un vif succès. Depuis, il a donné *Arma, le Jongleur, Kashiwadé,* et, au Théâtre-Français, *Alain Chartier.* Il prépare un *Agrippa d'Aubigné* que nous attendons avec la plus sympathique impatience. Entre temps, sous ce joli titre : *Rimes d'argent,* il a réuni une soixantaine de morceaux fort divers et fort remarquables, où sa «muse», comme on disait jadis, se montre à la fois tendre délicieusement et martiale avec crânerie.

[*L'Année des Poètes* (1893).]

REMY DE GOURMONT. — Borelli! Borelli! Ces syllabes forment le nom d'un grand poète, et unique en son genre, au point que les échos n'en sont pas encore fatigués; toutes les gloires passent et s'en vont mourir, murmurer sous la paix des forêts; Borelli sonne et rebondit de montagne en montagne. Ce vicomte, qui mériterait au moins d'être comte, sinon duc, a donc remporté, cette fois encore, le prix de poésie française. Ah! que c'est juste! qu'il fait bien les mauvais vers! on dirait du Coppée.

[*Mercure de France* (janvier 1896).]

PHILIPPE GILLE. — De chaudes poésies patriotiques, de charmants sonnets, d'autres pièces en vers, voilà ce que contient le volume qu'un vrai poète, le vicomte de Borelli, vient de publier sous ce titre : *Les Dactyles.*

[*Ceux qu'on lit* (1898).]

BORNIER (Henri, vicomte de). [1822-1901.]

Les Premières feuilles, poésies (1845). – *Le Mariage de Luther,* drame en cinq actes et en vers (1845). – *Le Monde renversé,* comédie en vers (1853). – *Dante et Béatrix* (1853). – *La Muse de Corneille* (1854). – *Le Quinze janvier* cu *la Muse de Molière* (1860). – *Le Fils de la terre,* roman (1864). – *Agamemnon,* tragédie en cinq actes (1868). – *La Fille de Roland,* drame en quatre actes (1875). – *Les Noces d'Attila,* drame en quatre actes (1881). – *Poésies complètes, 1850–1881* (1881). – *La Lizardière,* roman (1883). – *Le Jeu des vertus,* roman d'un auteur dramatique (1885). – *Mahomet* (1888). – *Le Fils de l'Arétin* (1896). – *France... d'abord!* (1899).

OPINIONS.

EMMANUEL DES ESSARTS. — En sa qualité de méridional, dans le recueil de ses poésies complètes, Henri de Bornier devait insérer les *Cigalières.* Au nom de ses camarades, il a su répondre au grand poète Mistral. Il a fait entendre à Caen, au rendez-vous de la Pomme, la chanson paternelle des Cigaliers... Enfin il a payé sa dette avec un gracieux apologue aux fêtes données en l'honneur de Florian, tout près de ce parc de Sceaux où la duchesse du Maine avait tenu sa cour de petits poètes et présidé l'ordre de la Mouche à miel. — A la suite de ces poésies lyriques, parmi lesquelles se détache encore l'hymne éclatant à la mémoire de Paul de Saint-Victor, se placent des poèmes philosophiques qui ont

aussi leur grande valeur, d'un symbolisme profond et d'une émotion communicative; quelques-uns m'ont rappelé, avec une langue plus moderne, certaines inspirations très heureuses d'Émile Deschamps, qui présente quelques analogies avec notre poète, ne serait-ce que par un caractère commun dans leur talent, caractère de conciliation et de transaction. Ainsi qu'Émile Deschamps semblait le pacificateur des classiques et des romantiques, Henri de Bornier me semble un intermédiaire original entre l'École de 1840 et les nouveaux venus de la fin du second Empire, un médiateur entre les derniers romantiques et les Parnassiens. — Saluons encore ses chants patriotiques : *Paris et la guerre.* C'est toute une guirlande de beaux vers tressés pour le front meurtri de la France par le poète patriotique qui devait faire mieux encore dans sa *Fille de Roland* et dans son *Attila.* J'ai parcouru l'œuvre lyrique de Henri de Bornier; nulle œuvre n'est plus variée. Elle traverse tous les modes du lyrisme.

[*Portraits de Maîtres* (1888).]

JULES LEMAÎTRE. — J'ai été souvent tenté d'être injuste pour ce qu'on appelle les ouvrages estimables, ceux d'un Casimir Delavigne, si vous voulez, ou d'un Paul Delaroche, ceux où l'on voit «qu'un monsieur très sage s'est appliqué». Or, il est évident que par tout le reste de son œuvre, *Attila, Saint-Paul, Mahomet* et les poèmes couronnés par l'Académie, M. de Bornier est «un monsieur bien sage», je veux dire un excellent littérateur de plus de noblesse morale que de puissance expressive, poète par le désir et l'aspiration, mais un peu inégal à ses rêves. Et ce n'est pas un reproche au moins; l'esprit souffle où il veut, et nous attendons encore, vous et moi, qu'il souffle sur nous. Mais, le jour où il écrivait *la Fille de Roland,* cet honnête homme a, à force de sincérité, écrit, si je puis dire, une œuvre supérieure à son propre talent... Sans doute, le génie d'expression épique et lyrique n'est pas tout à coup descendu en lui par une grâce divine. Mais il a si clairement vu, si profondément senti, si passionnément aimé ce qu'il avait entrepris de faire, que la pensée a, cette fois, emporté la forme et que, même aux endroits où cette forme reste un peu courte et où se trahit le défaut d'invention verbale, une âme intérieure la soutient et communique à ces vers un frisson plus grand qu'eux. Car, bien que peut-être le mot de France y revienne un peu trop souvent à l'hémistiche ou à la rime, il n'y a rien, dans *la Fille de Roland,* de ce patriotisme de réunion publique et de café-concert qui force si grossièrement l'applaudissement de la foule et dont les déclamations sont si cruelles à entendre. L'amour de la patrie est ici l'âme même et comme la respiration de l'œuvre.

Ce qui manque dans *la Fille de Roland,* ce ne sont pas précisément les beaux vers (tous ceux qui devaient jaillir des situations, M. de Bornier les a trouvés); ce qui manque, ce sont les nappes largement épandues et tour à tour les retentissantes cataractes d'alexandrins des *Burgraves;* c'est l'abondance jamais épuisée et l'éclat souverain des images, le lyrisme et le pittoresque énorme, et comme la gesticulation d'armures; c'est la longueur de l'haleine épique, le jaillissement continu du verbe et, pour ainsi parler, l'incapacité d'être essoufflé; c'est ce qui fait enfin que, quoi qu'on en puisse dire et quoi que j'en aie dit moi-même, Victor Hugo est dieu.

[*Impressions de théâtre* (1890).]

ÉMILE FAGUET. — Mahomet conquérant, Mahomet prophète, Mahomet amoureux, voilà le triple sujet. Voilà le gros inconvénient de notre affaire. L'admirable clarté, netteté et sûreté de marche de la Fille de Roland a des chances de ne plus se retrouver ici. Il faut bien reconnaître qu'en effet elles ne s'y retrouvent pas. Jusqu'au troisième acte, nous ne savons pas très nettement où nous pouvons bien aller. Cela ne laisse pas d'être un peu pénible. Il faut même dire que, jusqu'à la fin, Mahomet est comme partagé entre ses trois rôles sans réussir à s'y reconnaître lui-même très distinctement.

[Le Théâtre contemporain (1890).]

ÉMILE FAGUET. — La reprise de la Fille de Roland a été une très belle soirée de la Comédie-Française. Nous avons été enchantés et nous n'avons pas été loin d'être enthousiastes. Le surprise, très agréable du reste, n'a pas laissé d'être assez grande. Nous nous rappelions, nous autres vétérans de l'orchestre, la Fille de Roland comme un beau succès de 1874 et comme un bon ouvrage. Nous croyions donc à un regain de succès très honorable. Mais ce vrai triomphe de mardi soir, non, nous ne nous y attendions point. Il est très mérité, il va à une belle œuvre et à l'homme le plus sympathique du monde.

[Le Théâtre contemporain (1890).]

JULES CLARETIE. — Il y avait, en effet, près de trente ans que M. Henri de Bornier attendait son heure, trente ans qu'il avait publié son premier ouvrage, un volume de vers, maintenant introuvable, disparu comme tous ces volumes de début, où les nouveaux venus mettent parfois le meilleur de leur âme. En 1845, M. de Bornier, arrivant de Lunel, faisait paraître chez l'éditeur Desloges, rue Saint-André-des-Arts, un petits volume in-18, portant ce titre : Premières feuilles, et cette épigraphe empruntée à Virgile : Versiculos. Ce premier livre a, d'ailleurs, son originalité : la préface, qui est en vers, est écrite par le père de l'auteur, M. Eugène de Bornier, souhaitant, du fond de sa province, bon vent, bonne mer, aux écrits de son fils. Ils avaient tous, plus ou moins, ce Bornier, courtisé la muse de génération en génération, et M. de Bornier, le père, s'adressant au futur auteur d'Attila, lui disait, dès 1845 :

Tes vers ont plus de prix que les miens, je suppose.
Qui pourrait entre nous décider de la chose?
Je l'admets. Feu mon père en fit, à mon avis,
Qui sentaient leur Dorat ; à ce compte, tes fils
En feront d'excellents, et tout cela fait croire
Que notre nom doit vivre au Temple de Mémoire.

[Les Hommes d'aujourd'hui.]

LUCIEN MUHLFELD. — Cette aventure (France... d'abord!), d'émotion assez mélodramatique, est contée en vers de M. de Bornier, riches d'antithèses et d'allitérations. La plus éperdue poésie n'est pas la meilleure au théâtre, et M. de Bornier a prouvé encore dans son premier acte qu'il s'entend au vers scénique. Par la suite, il a oublié souvent que la nécessaire vertu d'une telle poésie est la sonorité : trop d'alexandrins parurent sourds.

[L'Écho de Paris (11 décembre 1899).]

BOSCHOT (Jacques-Adolphe).

Matin d'automne (1894). – Rêves blancs (1894). – Faunesses et Bacchantes (1895). – Pierre Robert, roman (1896). – La Crise poétique (1897). – Poèmes dialogués (1900). – La Réforme de la prosodie (1901).

OPINIONS.

ÉMILE FAGUET. — C'est un très bon poète que M. Boschot. Nous avons déjà de lui les Rêves blancs, dont je vous ai parlé avec sympathie, un curieux et ingénieux roman Pierre Robert, où il y a du lyrisme, de la passion et je ne sais quelle étrangeté qui n'est pas toujours factice. Et voici les Poèmes dialogués, qui sont sans aucun doute, du moins de ma part, ce que l'auteur a fait de meilleur. M. Boschot s'y révèle poète philosophe, et l'on voit bien, d'abord, qu'il a beaucoup lu Sully Prudhomme et Alfred de Vigny, ensuite et surtout qu'il est capable par lui-même d'une pensée forte, pénétrante et triste...

Mais ce n'en est pas moins un poète cher au cœur et d'une singulière puissance d'émotion. Il a cet accent incisif qui fait que la voix qui parle bas semble descendre au plus profond de nous-mêmes et s'y graver. Il a surtout une méthode qu'il tient de sa manière de sentir et qui est fort originale. Le poème se présente à lui sous forme de dialogue, parce que sa pensée, complexe, est faite de plusieurs sentiments qui se heurtent ou se poursuivent et finissent par s'entrelacer en beaux groupes synthétiques..... Les Poèmes dialogués rappellent souvent les Dialogues philosophiques de M. Renan. Je dis seulement qu'ils les rappellent : mais c'est déjà un fier éloge.

... M. Boschot est un poète plein d'idées et d'idées poétiques. C'est un des citoyens les plus distingués de notre Parnasse.

[Revue Bleue (1901).]

ANDRÉ RIVOIRE. — Ce sont de véritables symphonies que ces poèmes, et les vers y sont délicieux ; il en est de très doux, comme atténués de sourdines ; d'autres, çà et là, éclatent et montent comme des cris... et voici qu'après d'indécis murmures, tout à coup, des strophes éloquentes se poussent l'une l'autre d'un large mouvement... Ce livre d'émotion, de pensée, d'harmonie, est original et reste simple.

[Revue de Paris (1900).]

GUSTAVE LANSON. — M. Adolphe Boschot nous offre, dans ses Poèmes dialogués, une pure essence de poésie : quelque chose de doux, de profond, de sincère, de pénétrant, des rêves épanouis en images, une imprécision claire, un poudroiement lumineux qui enveloppe toutes les formes et les idéalise. Il nous parle non des accidents passionnels de sa biographie, mais des inquiétudes éternelles de la vie intérieure... Il a bien fait ce qu'il a voulu.

[Revue universitaire (1900).]

BOTREL (Théodore).

Les pièces d'or (1894). – Voleur de pain (1894). – A qui le neveu, comédie en deux actes (1895). – Le Poignard d'or, comédie en un acte (1895). – Une Soirée à Strasbourg

(1895). – *Le Noël du Mousse* (1895). – *Nos bicyclettes*, opérette en un acte (1895). – *Le Serment de Tanguy* (1896). – *Le Fils de la Veuve*, récit de Bretagne (1896). – *Celui qui frappe*, légende bretonne (1897). – *Chansons de chez nous* (1898). – *Contes du Fol-Clos* (1900). – *Chanson de la fleur de lis* (1900). – *Chanson à Lison, Chantez les gas!* (1900). – *M. L'Amonin*, comédie (1900).

OPINION.

ANATOLE LE BRAZ. — Théodore Botrel a presque toujours su rester simple, sans tomber dans un prosaïsme choquant. Les épisodes de la vie paysanne et de la vie rustique se déroulent à travers son œuvre comme en une fresque naïve qui, pour ne point viser aux grands effets, n'en a pas moins son charme et, à tout prendre, sa beauté. Tel de ces courts poèmes, — *la Dernière écuelle*, par exemple, — a des grâces évocatrices... Ailleurs, ce sont des mythes d'une étrangeté saisissante, comme la *Légende du Rouet*, ou d'une ingénieuse fantaisie, comme *le Petit Grégoire* ou *la Ballade de la Vilaine*. Pour tout dire, il n'est pas une de ces chansons qui ne respire, à quelque degré, la fraîcheur des choses primitives.

[Préface aux *Chansons de chez nous* (1898).]

BOUCHARD (Joseph).

A coups d'estompe (1893).

OPINION.

CHARLES FUSTER. — C'est, croyons-nous, de François Coppée qu'il s'inspire surtout, notamment dans quelques petits récits d'ailleurs bien menés et intéressants.

[*L'Année des Poètes* (1893).]

BOUCHAUD (Pierre de).

Claudius Popelin, peintre, émailleur et poète (1894). – *Les Mirages* (1897). – *Le Recueil des souvenirs* (1899).

OPINIONS.

GASTON DESCHAMPS. — M. Pierre de Bouchaud demeure fidèle à la forme traditionnelle où Lamartine et Victor Hugo ont modelé leurs poèmes.

[*Le Temps* (31 octobre 1897).]

HENRI DE RÉGNIER. — Le caractère même de la Revue (*Mercure de France*) m'impose de parler, plutôt que de maint ouvrage méritoire et agréable peut-être, de certains livres remarquables par quelque singularité de pensée ou quelque nouveauté de forme. Aussi ne signalerai-je que brièvement *les Mirages* de M. Pierre de Bouchaud. M. de Bouchaud fréquente le Parnasse.

[*Mercure de France* (mai 1897).]

BOUCHOR (Maurice).

Les Chansons joyeuses (1874). – *Les Poèmes de l'Amour et de la Mer* (1876). – *Le Faust moderne*, histoire humoristique en vers et en prose (1878). – *Contes parisiens en vers*

(1880). – *La Messe en ré de Beethoven*, compte-rendu (1886). – *Dieu le veut*, drame en cinq actes et six tableaux (1888). – *Les Symboles*, poèmes (1888). – *Tobie*, légende biblique en vers et cinq tableaux (1889). – *Noël ou le Mystère de la Nativité*, en vers (1890). – *Trois mystères : Tobie, Noël, Sainte-Cécile* (1892). – *Les Mystères d'Éleusis*, pièce en quatre tableaux, en vers (1894). – *Les Symboles*, nouvelle série (1895). – *Les Chansons de Shakespeare* (1896). – *Conte de Noël*, un acte, en vers (1897). – *Chants populaires pour les écoles* (1897). – *Aux femmes d'Alsace* (1897). – *Lectures et récitations* (1898). – *La Chanson de Roland*, traduction en vers (1898). – *Vers la pensée et vers l'action* (1899).

OPINIONS.

CHARLES MORICE. — Le grand mérite de M. Bouchor, ce pour quoi nous l'aimons, c'est qu'il a entendu la voix profonde qui conseille au poète, en ce temps, de se ressouvenir des plus anciennes leçons, d'écouter l'enseignement immémorial des mages primitifs, de se pencher au bord des métaphysiques et des religions antiques. Malheureusement, la foi manquant, tout risque de rester stérile. Art et philosophie : les vers, savants et froids, ne chantent pas ; les pensées, niant, ne créent pas. Le manque de foi, voilà ce qui fait, à ce trop gai d'antan, une âme aujourd'hui trop triste.

[*La Littérature de tout à l'heure* (1889).]

ÉMILE FAGUET. — M. Bouchor me paraît marcher d'une très jolie et charmante allure dans une fausse route. Il veut ressusciter l'ancien mystère, notre mystère du XIVᵉ siècle, comme les Alexandrins voulaient ressusciter la poésie homérique. M. Bouchor veut faire de la naïveté, il veut faire de la poésie populaire. La naïveté ni la poésie populaire ne se font point. Ils sont où ils sont, et contrefaits par un artiste, quelque habile qu'il soit, ils ont un drôle d'air.

[*Le Théâtre contemporain* (1890).]

HENRI MERCIER. — Si la joie d'être débordait dans *les Chansons joyeuses*, *les Poèmes de l'Amour et de la Mer*, qui vinrent ensuite, révélèrent en Maurice Bouchor un autre poète, un poète du cœur, plein de tendresse pour la nature, de délicatesse en sa conception de la femme et de douce mélancolie. Je soupçonne que, de tous ses livres, c'est celui-là qu'il préfère encore, non peut-être pour sa perfection poétique, mais pour la qualité de l'émotion qui s'en dégage, pour sa jeunesse attendrie.

[*L'Art dans les Deux-Mondes* (1890-1891).]

JULES LEMAÎTRE. — Le *Noël* de M. Maurice Bouchor me paraît un petit chef-d'œuvre de grâce et d'onction. Quelques-uns ont dit que c'était de la «fausse naïveté». Ce n'est nullement mon avis... Le sentiment qui anime le poème très simple et très sincère de M. Maurice Bouchor, c'est un sentiment que Michelet a souvent traduit avec passion, et M. Renan avec beaucoup de finesse, et que le poète de *Noël* exprime à son tour avec plus de candeur et de sérénité qu'on n'avait fait avant lui : la piété sans la foi.

[*Impressions de théâtre* (1892).]

GASTON DESCHAMPS. — Voyez l'évolution de M. Maurice Bouchor. Je déclare, tout d'abord, que j'admire et que j'aime, plus que personne, le poète de *Tobie*, de *Noël* et de *Sainte-Cécile*... Je me reproche de considérer ses poèmes comme des documents historiques, au lieu de m'abandonner au murmure berceur de sa chanson. Mais les deux périodes bien distinctes de sa vie intellectuelle et morale méritent d'être comparées brièvement.

Les imagiers d'autrefois gagnaient parfois le ciel en coloriant des diptyques, tableaux doubles qui figuraient, d'un côté, la laideur du péché; de l'autre, les délices de l'état de grâce. Si jamais les hagiographes entreprennent de commenter *les Symboles*, ils pourront résumer la vie de l'auteur par une allégorie en deux morceaux.

Premier compartiment : L'Enfant prodigue. Occupations frivoles et littérature profane. Paganisme rabelaisien. Ripailles avec Raoul Ponchon. Admiration pour les truculences plus ou moins touraniennes de Jean Richepin. Odes anacréontiques et sonnets irrespectueux. En ce temps-là, M. Maurice Bouchor était plus près de l'abbaye de Thélème que de la montagne des Oliviers.

Deuxième compartiment : Le poète s'éloigne, de plus en plus, des compagnies et des divertissements où il a usé sa jeunesse. Il est renié par M. Jean Richepin, qui l'accuse de n'avoir dans les veines que du sang bleu. Il purifie le théâtre en substituant, aux comédiens qui sont d'os et de chair, des personnages de bois, qui sont parfaitement inaccessibles aux tentations et incapables de maléfices... Et le poète marche désormais vers l'amour avec une candeur de néophyte, en robe blanche, par des chemins fleuris, dans la nuit bleue, qui donne aux figures charnelles un air d'indécision et de spiritualité.

[*La Vie et les Livres* (1895).]

LOUIS PAYEN. — On connaît l'abnégation et le dévouement avec lesquels M. Maurice Bouchor essaye de hausser vers la beauté l'âme populaire. Par des causeries, des lectures, il réunit autour de lui les ouvriers, écarte pour quelques instants les voiles suspendus sur leur horizon. Les chefs-d'œuvre de la littérature classique, parce que simples de sentiment et d'action, doivent d'abord être offerts aux auditeurs. Avec un soin infatigable, M. Bouchor annote les pièces de théâtre, les poèmes dont il propose la lecture, retranchant les hors-d'œuvre, expliquant brièvement les passages dont la lecture fatiguerait, facilitant ainsi à la fois la tâche du public et du lecteur. Il faut louer très haut ce patient et vaillant effort.

Voici qu'il édite maintenant chez Hachette un livre de poèmes au titre courageux : *Vers la pensée et vers l'action*. Cet ouvrage s'adresse plus spécialement aux jeunes gens des écoles et leur sera d'une utile méditation au moment d'entrer dans la vie. Je cueille au hasard ces beaux vers :

Ne te lamente pas, homme des nouveaux âges,
Parce que, dans les yeux des voyants et des sages,
Les rêves du passé ne resplendiront plus.
N'épuisant point sa face en labeurs superflus,
L'esprit, plus sûrement, maîtrisera le monde.
Nous pouvons nous unir dans une foi profonde :
Avant que les trésors du temps nous soient ouverts,
Croyons que, dans les flancs du robuste univers,
Rien ne peut dessécher les germes de la vie.

M. Maurice Bouchor nous offre ainsi un recueil de poèmes composés dans un but moral, dont la lecture n'est point ennuyeuse. Quel plus bel éloge pourrait-on en faire?

[*Germinal* (15 novembre 1899).]

BOUDIAS (Gaston).

A travers songes (1890). – *Soleils éteints* (1893).

OPINION.

CHARLES FUSTER. — Dans ce recueil de débuts (*Soleils éteints*) «couronné par l'Académie de Bordeaux», nous trouvons des évocations à la Leconte de Lisle, et aussi des morceaux au souffle, à l'accent shakespearien, comme *Fortune*.

[*L'Année des Poètes* (1893).]

BOUILHET (Louis-Hyacinthe). [1822-1869.]

Melœnis, poème (1851). – *Madame de Montarcy*, drame en cinq actes et en vers (1856). – *Hélène Peyron*, drame en cinq actes et en vers (1858). – *Festons et Astragales* (1859). – *L'Oncle Million*, cinq actes et en vers (1860). – *Dolorès*, quatre actes et en vers (1862). – *Faustine*, cinq actes en prose (1864). – *La Conjuration d'Amboise* (1866). – *Mademoiselle Aïssé* (1869). – *Dernières chansons*, avec une notice de G. Flaubert (1872).

OPINIONS.

SAINTE-BEUVE. — *Melœnis*, conte romain (1851) par M. Louis Bouilhet, reproduit trop visiblement (j'en demande très pardon au jeune auteur) le ton, les formes et le genre de boutade de *Mardoche*.

[*Causeries du lundi* (1851).]

JULES CLARETIE. — La *Conjuration d'Amboise* n'est pas un chef-d'œuvre, à mon sens. M. L. Bouilhet, qui est un poète de talent et de courage, a, certes, fait mieux que cela. Mais, hier, comme aujourd'hui, il a fait *de l'art*. Il n'a pas accepté de transactions. Il a attendu, il a persisté. Et si bien cela, si fermement, que son heure est venue.

[*Le Figaro* (17 décembre 1866).]

GUSTAVE FLAUBERT. — Si l'on cherche dans les poésies de Louis Bouilhet l'idée mère, l'élément général, on y trouvera une sorte de naturalisme qui fait songer à la Renaissance. Sa haine du commun l'écartait de toute platitude, sa pente vers l'héroïque était rectifiée par de l'esprit; car il avait beaucoup d'esprit, et c'est même une des faces de son talent, presque inconnue... Il a dramatisé toutes les passions, dit les plaintes de la momie, les triomphes du néant, la tristesse des pierres, exhumé des mondes, peint des peuples barbares, fait des paysages de la Bible et des chants de nourrices. Quant à la hauteur de son imagination, elle paraît suffisamment prouvée par les *Fossiles*, cette œuvre que Théophile Gautier appelait «la plus difficile, peut-être, qu'ait tentée un poète!»; j'ajoute : le seul poème scientifique de toute la littérature française qui soit cependant de la poésie... Sa forme est bien à lui, sans parti pris d'école, sans recherche de l'effet, souple et véhémente, pleine et imagée, musicale toujours. La moindre de ses pièces a une composition. Les sujets, les entrelacements, les rimes, tous les secrets de la métrique, il les possède; aussi son œuvre fourmille-t-elle de bons vers, de ces vers tout d'une venue et qui sont bons partout, dans *le Lutrin* comme dans *les Châtiments*... On m'objectera que toutes ces qualités sont perdues à la scène, bref, qu'il «n'entendait pas le théâtre!» Les 78 représentations de *Montarcy*, les 80 d'*Hélène Peyron*, les 105 de *la Conjuration d'Amboise*, témoignent du contraire... On a été injuste pour *Faustine*. On n'a pas compris, non plus, l'atticisme de *l'Oncle Million*, la mieux écrite peut-être de toutes ses pièces, comme *Faustine* en est la plus rigoureusement combinée. Elles sont toutes, au dénouement, d'un large pathétique, animées d'un bout à l'autre par une passion vraie, pleine de choses exquises et fortes. Et comme il est bien fait pour la voix, cet hexamètre mâle, avec ses mots qui donnent le frisson, et ces élans cornéliens pareils à de grands coups d'ailes!

[*Préface aux Dernières Chansons* (1872).]

MAURICE TALMEYR. — *L'Oncle Million*, où Louis Bouilhet prodiguait encore l'harmonie de ses rythmes et l'or de ses rimes.

[*La République des lettres* (6 mai 1877).]

MAXIME DUCAMP. — Parmi les *poetæ minores*, il arrive en tête; certaines de ses pièces de vers subsisteront, il aura place dans tous les *Selectæ; Melænis* est une œuvre très remarquable, de longue haleine, savante, bien conduite et de forte poésie, mais, dans le défilé des poètes de ce temps, il me semble qu'il ne marche qu'après Alfred de Musset, Victor Hugo, Lamartine, Victor de Laprade, Auguste Barbier, Théophile Gautier.

[*Souvenirs littéraires* (1882-1883).]

PIERRE VEBER. — Louis Bouilhet aurait signé *Par le glaive*. Pauvre Flaubert, qui eut, en guise d'ami, Louis Bouilhet, en guise d'amie, Louise Collet! Son intime, ce piètre élève de Dumas père! l'admit-il pour que nulle crainte d'égalité ne troublât leurs relations? Il lui fit l'aumône d'un morceau dans sa notoriété; les maîtres traînent à travers les siècles une suite de comparses qui encombrent la littérature; rien d'odieux comme le pyladisme envahissant de ces gens, qui nécessitera bientôt une chambre de justice des réputations.

[*Revue Blanche* (25 avril 1892).]

JULES LEMAÎTRE. — Ce Louis Bouilhet, c'était pourtant un très brave homme, et que Flaubert aimait de tout son cœur. Il fut un bon et honnête lettré; il fut vraiment poète deux ou trois fois. Nous lui devons beaucoup de respect et de sympathie. Mais que sa *Conjuration d'Amboise* nous a donc paru cruelle l'autre soir!

[*Impressions de théâtre* (1893).]

HENRY CÉARD. — Dans le même recueil (les *Dernières Chansons*), les amateurs seront dédommagés par un petit poème de peu de vers et qui célèbre les amours d'une fleur et d'un rossignol. Quand on aura pris son parti de deux ou trois mots dont la sonorité chinoise semble bien un peu barbare à nos oreilles accoutumées à de moins rudes syllabes, on

goûtera délicieusement la délicatesse et la tendresse de l'humble fabliau où l'on ne sait

Si c'est la fleur qui chante ou l'oiseau qui fleurit.

Bouilhet disait «tenir ce récit qu'on ignore d'un mandarin de Chine au bouton de couleur». On imaginera volontiers que c'était lui le mandarin. N'importe d'où qu'il vienne, ou de Chine ou de France, ceci est assuré que le conte est délicieux et touche au chef-d'œuvre.

[*L'Événement* (30 juin 1900).]

BOUKAY (Maurice).

Chansons d'amour (1893). — *Nouvelles Chansons*, avec une préface de Sully Prudhomme (1895).

OPINIONS.

PAUL VERLAINE. — Voici donc enfin retrouvée la «bonne chanson», si j'ose m'exprimer ainsi, non plus celle si piquante de Désaugiers, si correcte de Béranger, si bourgeoise, dans le bon sens, de Nadaud, mais plutôt, à mon avis, la chanson simple et vivante, dans le goût de Pierre Dupont, avec je ne sais quoi de la grâce du XVIIIe siècle et la poésie vraie.

Oh! la simplicité! l'amour sincère et sans nulle crainte d'être ingénu, l'expression de cet amour franc, net, chaste, — parce qu'il est sincère et pur, puisqu'il est ingénu; l'accent juste sans plus; le cri, en quelque sorte, de la passion, le cri non pas tout à fait, le chant vibrant, la note vraie du cœur, — et des sens aussi.

Dans le recueil que nous donne aujourd'hui le nouveau poète que j'ai le plaisir de vous présenter, vous trouverez l'émotion, la belle candeur, tour à tour forte et charmante de la jeunesse, — la jeunesse! cette fête grandiose et si courte, mais immense.

[*Préface aux Chansons d'amour* (1893).]

SULLY PRUDHOMME. — Je regrette que vous m'ayez si tardivement communiqué les épreuves de vos *Nouvelles Chansons;* le temps me manque pour témoigner à mon gré de l'attention dont elles sont dignes. J'y sens un précieux renouveau de la bonne humeur française, rajeunie par un mélange mesuré d'émotion tendre, aussi éloignée que possible de la fadeur sentimentale qui définit la romance. Il me semble que vous avez su introduire, dans ces jolies compositions, d'une harmonie exquise, autant de poésie que le genre en comporte, et vos grands devanciers nous ont prouvé que toute inspiration peut s'y mettre à l'aise. La vôtre, qui est large, n'a pas eu à s'y réduire.

[*Lettre-préface aux Nouvelles Chansons* (1895).]

BOULAY-PATY (Évariste). [1804-1864.]

Les Grecs, dithyrambe (1825). — *Les Athéniennes* (1827). — *La bataille de Navarin* (1828). — *Odes nationales* (1830). — *Élie Mariaker* (1834). — *Poésie de la dernière saison*, œuvre posthume avec une notice par M. Eugène Lambert (1865).

OPINION.

SAINTE-BEUVE. — Boulay-Paty était un vrai poète, c'est-à-dire qu'il était cela et pas autre chose; il avait le feu sacré, la religion des maîtres, le culte de la forme; il a fait de charmants sonnets dont je comparais quelques-uns à des salières ciselées, d'un art précieux; mais les salières n'étaient pas toujours remplies; il avait plus de sentiment que d'idées. Il appartenait, par bien des côtés, à l'ancienne école poétique en même temps qu'il avait un pied dans la nouvelle. Ce n'est pas pour rien qu'il s'appelait *Évariste* : il tenait de Parny, son parrain poétique, plus que d'Alfred de Musset.

[*Lundi, 3 juillet 1865. Des nouveaux lundis* (1886).]

BOURGET (Paul).

Au bord de la mer, poésies (1872). - *La Vie inquiète*, poésies (1875). - *Edel*, poème (1878). - *Les Aveux*, poésies (1882). - *Essais de psychologie contemporaine* (1883). - *L'Irréparable* (1884). - *Deuxième amour* (1884). - *Profils perdus* (1884). - *Cruelle énigme* (1885). - *Nouveaux essais de psychologie contemporaine* (1885). - Poésies : *Au bord de la mer; La Vie inquiète*, petits poèmes (1885). - *André Cornélis* (1886). - *Un crime d'amour* (1886). - *Mensonges* (1887). - *Études et portraits* (1888). - *Pastels* (1889). - *Le Disciple* (1889). - *Un cœur de femme* (1890). - *La Terre promise* (1892). - *Cruelle énigme* (1893). - *Un scrupule* (1893). - *Cosmopolis* (1894). - *Un saint* (1894). - *Steeple-chase* (1894). - *Outre-mer*, notes sur l'Amérique (1895). - *Une idylle tragique* (1896). - *Recommencements*, nouvelles (1897). - *Voyageuses* (1897). - *Complications sentimentales* (1898). - *La Duchesse bleue* (1898). - *Trois petites filles* (1898). - *OEuvres complètes : Relique* (1899); *Un cœur de femme* (1899).

OPINIONS.

STANISLAS DE GUAITA. — Curieux des diagnostics moraux, très familier des choses du cœur, M. Bourget doit à ses préoccupations psychologiques de rares qualités de pénétration et d'analyse, sensibles jusqu'en ces poèmes d'une langue à ce point discrète et musicale, qu'on croit entendre le dialogue aérien de Miranda et d'Ariel.

[*Préface à Rosa Mystica* (1885).]

AUGUSTE DORCHAIN. — *Les Aveux* (1882) dominent jusqu'ici de très haut l'œuvre poétique de Paul Bourget. Dans ce livre, le poète nous confesse, avec une intensité douloureuse, les troubles d'un cœur désemparé, au lendemain de la grande déception d'amour à demi racontée dans *Edel*.

[*Anthologie des Poètes français du xixe siècle* (1887-1888).]

J. BARBEY D'AUREVILLY. — L'enthousiasme, je dirai plus, le fanatisme de M. Paul Bourget pour Byron, dont il descend par les sensations et par les sentiments, est assez grand et assez résolu pour ne pas souffrir d'un jugement qui le rapproche, même

pour le diminuer, du grand poète qu'il admire le plus. Venu après de Musset et le grand Lamartine, traités si haut la main de négligés et d'incorrects par les brosseurs de rimes de ce temps, M. Paul Bourget, — que Théophile Gautier aurait cru rabaisser en le traitant d'éloquent et de passionné, car il avait, Gautier, sur les éloquents et les passionnés, l'opinion que les citrouilles gelées pourraient avoir sur les boulets rouges et la poudre à canon, — M. Paul Bourget n'en restera pas moins Byronien de religion poétique, il ne changera pas l'âme qu'il a et ne se laissera pas étouffer dans d'ineptes systèmes et des poétiques de perdition. Ce Byronien, tombé comme la foudre en plein réalisme, est presque Byronien deux fois. Il a, chose singulière ! d'autres rapports avec son poète que ceux qui viennent de l'analogie des natures et des manières de sentir. Débutant à peu près au moment de la vie où Byron publiait ses *Heures de loisir*, il avait sur le Byron des *Heures de loisir* d'avoir déjà passé par les impressions que lord Byron ne connut qu'après *Child Harold*... Je l'ai dit, c'est une âme de poète que M. Paul Bourget. Il n'a pas effacé de son front ce grand et beau reflet de Dieu, qui s'y débat contre les ombres du doute quand tous les autres l'ont éteint sur le leur. Le matérialisme ne l'a point durci.

[*Les OEuvres et les Hommes : les Poètes* (1889).]

CHARLES MORICE. — La voix de M. Bourget a toujours été faible, mais elle a été juste, aristocratique et pénétrante. Dans ses vers, qui sont presque tous d'un délicieux lakiste, il atténuait la grande beauté sombre de Baudelaire, — et ce cri de râle ! — jusqu'à la plainte d'une âme où l'intelligence étouffe le cœur, et trouvait le secret d'être poète avec une psychologie un peu neutre, plus craintive qu'angoissée.

[*La Littérature de tout à l'heure* (1889).]

MARCEL FOUQUIER. — Certains vers de M. Paul Bourget seraient assez inintelligibles, ou du moins n'auraient pas leur sens réel et profond, si l'on n'y retrouvait pas l'écho de cette religion de la Beauté qui a la vertu d'un opium délicieusement mystique, l'attrait d'une révolte, la douceur d'une rédemption.

[*Profils et Portraits* (1891).]

BOUROTTE (Mélanie).

Échos des bois (1893).

OPINION.

CHARLES FUSTER. — Ce sont de beaux morceaux, des morceaux à l'ampleur toute lamartinienne, que *la Vie d'un chêne*, *les Cloches*, *la Creuse*, *la Maison abandonnée*, *Forêts des montagnes*, *l'Automne*. Ils n'ont rien de «fin de siècle», mais ils ont ce qui est éternel, la poésie, la douleur et la foi.

[*L'Année des Poètes* (1893).]

BOUTELLEAU (Georges).

Poèmes en miniature (1881). - *Le Vitrail* (1887). - *Les Cimes* (1894).

OPINIONS.

AUGUSTE DORCHAIN. — Chez lui, toute une vision ou toute une émotion est évoquée en quelques vers. Et n'eût-il écrit que les deux stances du *Colibri*, cet exquis et profond symbole, M. Boutelleau ne serait-il pas assuré, autant que personne, d'avoir cueilli du moins une fleur pour le bouquet des Anthologies futures?

[*Anthologie des Poètes français du xixe siècle* (1887-1888).]

FRANÇOIS COPPÉE. — Les *Poèmes en miniature* sont l'œuvre d'un poète ému et d'un artiste raffiné. Ces fleurettes au parfum exquis, ces petits bijoux, finement ciselés, font songer à l'*Intermezzo* et aux *Émaux et Camées*. Henri Heine et Théophile Gautier auraient souri de plaisir, croyons-nous, en écoutant la jolie musique de cette volière d'oiseaux-mouches.

[Cité dans l'*Anthologie des Poètes français du xixe siècle* (1887-1888).]

BOYER (Georges).

La Famille, un acte (1879). – *Hérode*, poème lyrique pour musique de William Chaumet (1886). – *Paroles sans musique*, avec une lettre d'Auguste Vitu (1889). – *Le Trèfle à quatre feuilles* (1890). – *Mon ami Chose* (1893). – *Le Portrait de Manon* (1894). – *Nurka* (1896).

OPINION.

AUGUSTE VITU. — Vous écrivez en vers avec aisance et liberté, vous souciant assez peu de certaines exigences de facture ; remontant, sans l'ombre de la préméditation, vers l'ancienne tradition française, vous semblez ignorer le Parnassisme et la sévérité de ses lois draconiennes. C'est de quoi je vous absous aisément.

[Lettre-préface à *Paroles sans musique* (1889).]

BOYER (Philoxène). [1827-1867.]

Le Feuilleton d'Aristophane, comédie en vers, avec Théodore de Banville (1853). – *Les Chercheurs d'amour*, scènes de la vie romanesque (1856). – *Le Cousin du Roi*, comédie en vers, avec Théodore de Banville (1857). – *Les Deux Saisons*, poésies (1867).

OPINIONS.

THÉODORE DE BANVILLE. — Ô jeune homme dont les premiers chants furent pénétrés d'une tendresse si émue, victime que l'Étude avait choisie pour montrer comme elle est une maîtresse jalouse, ô poète, cœur brisé, ô prunelle avide et curieuse, ô subtil esprit en éveil, ô mon frère endormi, chère âme!

[*Camées parisiens* (1866).]

THÉOPHILE GAUTIER. — *Les Deux Saisons* de Philoxène Boyer, où l'éloquent orateur du quai Malaquais, qui est aussi un vrai poète, résume ses joies, hélas! bien rares, ses douleurs et ses résignations.

[*Rapport sur le progrès des lettres*, par MM. Sylvestre de Sacy, Paul Féval, Théophile Gautier et Ed. Thierry (1868).]

MAXIME DUCAMP. — Il ressemblait à un chat maigre qui fait le gros dos. L'admiration le débordait; il pâlissait à la prose de Chateaubriand et sanglotait aux vers d'Hugo ; c'est lui qui, parlant de l'apostrophe de Ruy Blas aux courtisans, a dit : «C'est ruisselant d'inouïsme!» C'était un lyrique : Byron sans Haydée, Lamartine sans Elvire. Lui aussi, il avait rêvé de remplir l'univers de son nom, de faire des poèmes et des drames ; d'être à la fois Shakespeare et Musset, Gœthe et Leopardi. Il ne fut rien, car la misère le dévora. Il avait du talent qui n'était point médiocre, sans imprévu, mais d'une exubérance parfois éclatante.

[*Souvenirs littéraires* (1882-1883).]

EMMANUEL DES ESSARTS. — Reprenant en quelque sorte l'office de l'aimable Méry, il multiplia les strophes de circonstance, vers d'anniversaires, dédicaces, cantates, etc... Il porta à la perfection ce que l'on pourrait appeler l'improvisation savante, tant il y a d'étalage d'érudition dans ces œuvres nées d'un jet facile. Les pages lyriques ont été recueillies quelques mois avant sa mort, sous le titre : *Les Deux Saisons*. Le volume a trahi quelque peu l'espoir des lettrés. Il y a plus d'esprit et de science que de sentiment et d'inspiration dans ces poèmes, qui ne sont souvent que de longs madrigaux.

[*Anthologie des Poètes français du xixe siècle* (1887-1888).]

BRAHM (Alcanter de).

L'Évolution dramatique et musicale en 1893 (1894). – *L'Arriviste* (1894). – *Eros chante* (1896). – *Critique d'Ibsen* (1898). – *L'Ostensoir des Ironies* (1900).

OPINION.

Si, dans *Eros chante*, la langue de M. de Brahm n'est pas toujours exempte d'imprudence et de néologismes, l'expression en est souvent un joli tour de volupté, d'une inspiration hautaine, suave, et tour à tour choisie. Nous recommanderons seulement à l'auteur un peu plus de sobriété dans les métaphores et de clarté dans les allusions.

[*Le Courrier français* (1896).]

BRAISNE (Henri de).

Tendresse (1890). – *Éveil d'amour* (1892). – *Parmi le fer, parmi le sang* (1899).

OPINIONS.

CHARLES FUSTER. — Il y a, dans ce volume (*Éveil d'amour*), bien des morceaux dont chacun renferme, sinon une strophe, du moins un vers à citer. L'auteur est inégal; rarement il nous donne un poème, même un sonnet à apprendre par cœur d'un bout à l'autre. Mais il a des trouvailles heureuses et brillantes, des vers fortement frappés. C'est un poète véritable.

[*L'Année des Poètes* (1892).]

L. V. — Enclos en une forme parfois impeccable, parfois, je dois le dire, vacillante, de hautaines et mélancoliques pensées, de fumeuses visions de pillages, de massacres arméniens, — *Parmi le fer, parmi le sang*, — ordonnées par la Bête Rouge chère à Quillard, et aussi de claires et polychromes paysages d'Algérie ensoleillée, des danses d'almées lascives, telle est, succinctement, la matière des poèmes de M. H. de Braisne.

Un poème dédié à Rodin nous montre le sublime artisan :

> ... Retrouvant dans l'art gothique
> Le sens profond des imagiers.

Des strophes célèbrent le vieillard scandinave qui créa la folle Nora, la dure Hedda et le frêle Hedwige; je m'en voudrais, enfin, d'omettre les vers consacrés à la gloire des fresques de Chavannes, — vers irisés et fluides que Virgile eût aimés.

[*Iris* (juillet 1900).]

BRANDENBURG (Albert).

Euphorion (1897). – *Odes et Poèmes* (1899). – *Le Cœur errant* (1900).

OPINIONS.

HENRI DE RÉGNIER. — M. Albert Brandenburg est un très jeune poète, et son *Euphorion* a de réelles qualités de lyrisme. Encore que le poème soit parfois confus, il se meut d'un ample mouvement, se développe avec abondance dans une belle lumière.

[*Mercure de France* (mai 1887).]

EUGÈNE MONTFORT. — J'aime beaucoup M. Brandenburg que je crois un des poètes les mieux doués de notre génération. Il a un sentiment assez profond, ce qui fait que ses poèmes sont forcés d'émouvoir. Dans ses *Odes et Poèmes*, il me semble entendre un accent qui est assez rare aujourd'hui, et auquel il est permis d'attacher beaucoup de prix.

[*Revue Naturiste* (février 1900).]

En un temps où, assoupli, préparé par l'admirable usage qu'en ont fait nos derniers grands poètes, le vers français régulier est devenu si facilement beau, il est difficile de juger de la réelle *valeur* des poèmes de M. Brandenburg et de présumer ce qu'il nous donnera. Je suis presque inquiet de n'y pas bien sentir de défauts. — Émotion vague et continue, pensée volontairement et simplement supérieure, amplification spontanée, enlacement charmant des images, généralisations aisées, manière naturelle de montrer, plutôt que les choses, l'ombre abstraite des choses agrandies, — il a beaucoup d'un grand poète. Et déjà nous ne trouvons plus dans ses derniers vers les incorrections de syntaxe qu'on n'eût pu reprocher, sans mesquinerie, à ses premiers.

[*L'Ermitage* (février 1900).]

BRAUN (Thomas).

Le Livre des Bénédictions (1900).

OPINION.

EDWARD SANSOT-ORLAND. — C'est là un curieux recueil d'un caractère étrange autant par son aspect typographique que par son contenu littéraire. Au début, l'auteur nous prévient que ses poèmes sont conçus «selon les prières et rites de notre mère la Sainte Église», et je ne doute point qu'il en soit ainsi, quoique, à vrai dire, cela m'importe peu. L'orthodoxie d'une œuvre n'est point pour la recommander à mes yeux, car je ne saurais m'inquiéter que de sa valeur littéraire. Parmi les dix-sept poèmes dont se compose ce petit livre, il en est plusieurs qui me paraissent dénoter en M. Braun un artiste sincère et inspiré, par exemple, *la Bénédiction de l'enfant*.

[*La Vogue* (juillet 1900).]

BRETON (Jules).

Les Champs et la Mer (1887). – *Jeanne* (1887). – *La Vie d'un artiste*, art et nature (1890). – *Un Peintre paysan*, souvenirs et impressions (1895).

OPINIONS.

Mᵐᵉ ALPHONSE DAUDET. — À une époque où les littérateurs se préoccupent tellement de l'art de peindre qu'ils lui empruntent des procédés, des termes particuliers, il est curieux de voir les peintres entrer dans le domaine de la poésie avec cet éternel souci de la couleur qui peut leur devenir en littérature une qualité ou un écueil. Disons, tout de suite, que c'est le plus grand charme du livre de M. Jules Breton : *Les Champs et la Mer*. On ressent, à le feuilleter, une impression complexe, et il y a certaines de ses pièces formant si bien tableau, qu'on s'arrête pour laisser passer l'image; il faut lire *les Glaneuses*, *les Deux Croix* et le poème du *Pardon* : un long défilé de costumes bretons, de mendiants bariolés, de bannières flottantes comme de petites voiles sur cet horizon de mer qui sert de fond à toutes les fêtes bretonnes, apparaît écumant ou calme, uni ou blanchissant, entre les menhirs gigantesques, les vieilles églises romanes, comme la poésie éternelle et l'éternelle menace de la nature.

En somme, voilà une œuvre sincère, imprégnée d'art et de vie et qui renferme suffisamment l'élément philosophique réclamé de toute œuvre moderne.

[*Anthologie des Poètes français du XIXᵉ siècle* (1887-1888).]

G. LARROUMET. — Il n'est venu qu'assez tard à la poésie : «J'ai longtemps ignoré, dit-il, le poète qu'absorbait en moi l'opiniâtre travail du peintre». Il adorait la poésie, il lisait avec enthousiasme : «La Fontaine, Racine, H. Heine, V. Hugo», puis la pléiade des Parnassiens; mais il ne faisait que de rares tentatives sur un terrain qui lui semblait gardé par d'insurmontables difficultés. Il exposait depuis plus de trente ans, lorsqu'il publia son premier recueil de vers. Après les vers, est venue la prose, puis les vers et la prose mêlés. Le voilà donc prosateur et poète, avec trois volumes qui, dans leur ensemble, ajoutent quelque chose à la littérature contemporaine.

[*Études de littérature et d'art*, 4ᵉ série (1896).]

GASTON DESCHAMPS. — C'est un rêveur impressionniste. Un reflet qui passe sur un étang, le frisson d'une eau moirée, un rideau de peupliers qui découpe une mobile dentelle sur l'occident rose et bleu, voilà de la joie pour lui pendant des heures et des jours. Tout lui est sujet de rêveries. S'il voit, dans son village natal, passer une procession de communiantes, il est amusé, retenu par cette impression de blancheur innocente, et, désespérant de fixer avec des couleurs matérielles cette candeur fragile, il chante délicatement son bonheur.

[*La Vie et les Livres* (1897).]

BRIQUEL (Paul).

Soirs d'automne (1897). – *Le Sens de la vie* (1898). – *Les Joies humaines* (1899). – *De Messidor à Prairial* (1899).

OPINION.

HENRI DE RÉGNIER. — Dans les rêveries de ses *Soirs d'automne*, la pensée s'y module en fines grisailles. Sa poésie ressemble à ces jours tièdes d'arrière-saison où un oiseau encore invisible chante sur une branche qui s'effeuille. Il y a du silence autour de chaque strophe; elle y tombe avec langueur, vers par vers, avec grâce et mélancolie.

[*Mercure de France* (octobre 1897).]

BRIZEUX (Julien-Auguste-Pélage). [1803-1858.]

Racine, comédie en un acte, en vers, avec Raoul Busoni (1827). – *Marie*, roman en vers (1836). – *Voyage en Italie*, avec Auguste Barbier (1841). – *La Divine Comédie* (1843). – *Les Ternaires* (1841). – *Les Bretons* (1845).

OPINIONS.

SAINTE-BEUVE. — L'inspiration bretonne, même là où elle est le plus présente, ne communique à M. Brizeux aucun des caractères qu'on est accoutumé à attribuer aux Muses du Nord. Partout, chez lui, le contour est arrêté, la ligne définie. Le poète se considère comme un Breton venu du Midi et qui y retourne... Sa poésie est toute pleine de bons sentiments qu'il propose, d'idées et de visées qui ennoblissent, d'images qui observent l'austère beauté.

[*Portraits contemporains* (1831).]

SAINT-RENÉ TAILLANDIER. — Plus on relit les poèmes de Brizeux, plus le tissu serré de son style révèle de finesses cachées et de nuances harmonieuses.

[*Revue des Deux-Mondes* (sept. 1860).]

HIPPOLYTE BABOU. — Le fils spirituel du curé d'Arzanno me semble encore plus le descendant d'un autre Breton, de René. Il en a les ennuis, les combats, les incertitudes, les dégoûts amers et les doutes, la mélancolie incurable. Ce qui le préserve parfois de cette peste du siècle, et ce qui, par moments, le rend enchanteur, c'est la puissance d'artiste consommé qui lui fait tout à coup retrouver son cœur sous les vapeurs noires de son esprit.

Alors la Muse pastorale le porte dans ses bras et l'inspire. Le charme virgilien, le souffle de Théocrite passent en mouvements lumineux dans ses tableaux. Un rayon descend sur ses vers et la rosée s'en élève : on songe, sans s'en douter, à quelque jeune Raphaël de la poésie. Mais dès que Auguste Brizeux, préoccupé de symboles, adopte le rythme ternaire des vieilles proses de nos rituels, dès qu'à force de raffinement il croit être devenu *un vrai primitif*, tout charme s'évanouit, toute lumière et toute clarté disparaissent : il ne reste plus que des vers martelés, ternis, énigmatiques et vides.

[*Les Poètes français*, recueil publié par Eugène Crépet (1861-1863).]

AUGUSTE BARBIER. — La Fontaine, Racine et André Chénier, voilà les véritables ancêtres de M. Brizeux et les poètes qu'il relisait sans cesse. Il a donné seulement à leur idiome pur et naturel une saveur plus agreste.

[*Souvenirs personnels* (1883).]

ERNEST RENAN. — On a dit que Brizeux découvrit la Bretagne. C'est beaucoup dire peut-être. Mais il découvrit certainement une chose charmante entre toutes, il découvrit l'amour breton, amour discret, tendre, profond, fidèle, avec sa légère teinte de mysticité.

[*Discours prononcé à l'inauguration de la statue de Brizeux* (1888).]

GEORGES RODENBACH. — Certes, les idylles de *Marie* demeurent le plus durable de son œuvre, mais son originalité lui vint aussi de son zèle à transposer dans ses poèmes toutes les choses de sa Bretagne natale : les noms, légendes, traditions, coutumes, jeux et croyances. Depuis, combien de poètes ont essayé de dire leur pays; mais la plupart n'ont fait que de la poésie rustique monotone, et nul n'égale l'art de Brizeux, qui en inventa le genre.

[*L'Élite* (1899).]

BRUANT (Aristide).

Dans la Rue (1889). – *Dans la Rue*, 2ᵉ volume (1895). – *Chansons nouvelles* (1896).

OPINIONS.

FRANÇOIS COPPÉE. — Je fais grand cas de l'auteur de : *Dans la Rue*, et je le tiens pour un descendant, en ligne directe, de notre Villon. Rien de livresque, rien d'artificiel dans ses vers, d'un jet si naturel, d'un accent si populaire.

En sortant de la Chambre des horreurs de son livre, on emporte cette pensée triste, et consolante à la fois, que le vice et le crime connaissent la souffrance, et que les monstres sont à plaindre.

Ce poète, sincère jusqu'au cynisme, mais non sans tendresse, cherche ses inspirations dans le ruisseau; mais il y voit aussi briller un reflet d'étoile, la douce pitié.

[*Discours pour la réception d'Aristide Bruant à la Société des gens de lettres* (1892).]

GEORGES COURTELINE. — « Un chien, deux chiens, trois chiens, des bottes! Un pantalon de velours à côtes que complètent un gilet à revers et une veste de chasse à boutons de métal ! Un cache-nez rouge au mois de mai, une chemise rouge en tout temps ! Sous un vaste chapeau à la va-te-faire-lanlaire, la tête, belle et douce, d'un chouan résolu. Le passant inquiet s'arrête et interroge : — Bon Dieu! qu'est-ce que c'est encore que celui-là? Celui-là, c'est Montmartre, Montmartre tout entier qui prend le frais à sa porte, c'est Aristide Bruant, l'auteur de *Saint-Lazare*, né à Courtenay (Loiret), le 6 mai 1851.»

[Cité dans *Les Chansonniers de Paris* (1895).]

BRUN (Antoine).

Chansons diverses : *Fou, Amor, Nos Démons, Ma Promise, Prière d'amour, Je passe*, etc. (1890-1895).

OPINION.

HORACE VALBEL. — Un jour, un après-midi, Brun et quelques amis vinrent au *Chat Noir*, et profitant de ce qu'ils étaient seuls, ses amis le prièrent de se mettre au piano et de chanter.

Rodolphe Salis, Henri Rivière et Chassaigne, qui l'entendirent sans qu'il les vît, n'eurent garde de le laisser partir sans l'avoir au préalable invité à se faire entendre un soir au théâtre. Il y fut très goûté du public et, dès lors, Salis se l'attacha.

[*Les Chansonniers de Paris* (1895).]

BRUN (Ch.).

Chants d'Éphèbe (1891).

OPINION.

ÉMILE POUVILLON. — Votre midi n'est pas un midi quelconque, mais le midi du Languedoc, quelque chose entre l'éblouissement de la Provence et le sourire de l'Aquitaine, le midi de votre Peyrou Montpelliérain qui voit la montagne et la mer, mais qui les voit sans les toucher, dans la fluidité d'un rêve; le midi de Nîmes et de la maison Carrée, et encore, le midi de Pradier, de ce gentil statuaire qui mit un reflet de la beauté antique sur ses mièvres et voluptueuses figurines, auxquelles certaines de vos poésies font penser quelquefois.

[Préface aux *Chants d'Éphèbe* (1891).]

BUFFENOIR (Hippolyte-François).

Les Premiers Baisers (1876). – *Les Allures viriles* (1880). - *La Vie ardente* (1883). – *Cris d'amour et d'orgueil* (1887). – *Pour la gloire* (1892).

OPINIONS.

RAOUL DE NAJAC. — La muse de M. Buffenoir nous paraît être proche parente de celle d'Alfred de Musset, et c'est, selon nous, le meilleur compliment qu'on puisse lui faire.

[*Revue britannique* (1887).]

MAXIME GAUCHER. — Le poète de *Cris d'amour* admire les grands lutteurs qui ne se sont pas laissés terrasser dans le combat de la vie. Il aime à évoquer de leur tombe les stoïciens fameux dans l'histoire; il salue en eux les représentants de l'énergie et de la volonté humaine, et, en les glorifiant, il lui semble glorifier ses propres ancêtres. C'est ainsi que ses cris d'admiration deviennent des cris d'orgueil.

[*La Revue Bleue* (1887).]

BUNAND (Antonin).

Plein air (1887).

OPINION.

FIRMIN ROZ. — Son dilettantisme alterna complaisamment des impressions fraîches et simples qu'il traduit dans *Plein air*, aux sensations émouvantes d'un long voyage en Italie.

[*Portraits du prochain siècle* (1894).]

BURNIER (Charles).

En Russie, poèmes (1893).

OPINION.

CHARLES FUSTER. — L'âme russe, dans sa religiosité profonde, naïve et touchante, M. Burnier la comprend et la fait comprendre, car il a cette délicatesse du cœur qui sympathise.

[*L'Année des Poètes* (1893).]

BUSQUET (Alfred). [1819-1883.]

Le Poème des heures (1854). – *La Nuit de Noël* (1861). – *Représailles* (1872). – *Poésies posthumes* (1884). – *Le Triomphe de l'amour*, drame en vers (1885).

OPINION.

MAXIME GAUCHER. — Tantôt c'est un classique pur, tantôt un héritier de Chénier, tantôt un romantique hardi; à de certains moments, on dirait un parnassien. Est-ce éclectisme? Non. Il n'a pas tenté de fondre en une seule nuance les couleurs des différents drapeaux; il a toujours été lui-même, et étant tour à tour celui-ci et celui-là, il a suivi la fantaisie et obéi à l'inspiration du moment. Ce qui donne cependant une certaine unité à ces pages si diverses de ton et d'allure, c'est qu'on y sent toujours comme une senteur d'antiquité, alors même qu'elles sont à la mode du jour.

[*La Revue Bleue*, citée dans l'*Anthologie des Poètes français du* XIXe *siècle* (1887-1888).]

C

CALLON (Édouard).

Les Deux rêves (1894). – *Hercule vainqueur de la mort* (1896).

OPINION.

Francis Vielé-Griffin. — De l'œuvre de M. Callon, bien des intentions nous échappent; ce poète a certainement ce que les parnassiens ont appelé le don du vers; la liste de ses rimes complète celle de la *Légende des siècles;* son vocabulaire est prodigieux, sa science historique et mythologique semble vaste, sinon toujours de bon aloi, et il admire comme il sied M. de Heredia, à qui son livre est dédié.

[*Mercure de France* (avril 1896).]

CAMPAUX (Antoine).

Le Legs de Marc-Antoine (1864).

OPINION.

Sainte-Beuve. — Comment oublier M. Campaux, un poète aussi, un disciple de Villon, disciple sérieux, ennoblissant, qui relève, en l'imitant le, vieil écolier de Paris tout étonné d'être un maître.

[*Lundi, 12 juin 1865. Des nouveaux lundis* (1886).]

CANIVET (Charles).

Croquis et paysages (1878). – *Le long de la côte* (1883).

OPINION.

A. L. — Ses vers écrits et composés de temps à autre, entre deux articles de journal, ne sont guère qu'une distraction ou plutôt une récréation littéraire prise et reprise à de rares intervalles.

[*Anthologie des Poètes français du xixe siècle* (1887-1888).]

CANTACUZÈNE (Charles-Adolphe).

Les Sourires glacés (1896). – *Les Douleurs cadettes* (1897). – *Les Chimères en danger* (1898). – *Cinglons les souvenirs et cinglons vers les rêves* (1900). – *Sonnets* (1901).

OPINIONS.

Stéphane Mallarmé. — «Une naturelle et élégante badine qui cingle des fleurs et, par instants, rythme songeur un souvenir...»

[*Lettre* (juin 1897).]

Pierre Quillard. — *Sonnets :* Que par une miraculeuse transfiguration, M. Robert de Montesquiou devienne l'écrivain qu'il s'efforça d'être sans y réussir, précieux, impertinent, lyrique, capable de faire renaître dans ses vers les prêtresses antiques, les marquises et les reines, et de célébrer les grâces fragiles des Parisiennes polies dans les rues en l'an dix-neuf cent-unième, et il s'appellera

Charles-Adolphe Cantacuzène. Celui-ci, en effet, sans autre labeur que de suivre son naturel, atteint aussitôt l'étrange et le compliqué; les mots s'assemblent pour lui en couples imprévus et extravagants et, jusque dans le titre de ses livres, il consent même au calembour, si bien qu'il est assez difficile de distinguer en son œuvre où finit la farce et où commence l'émotion. Madame Luigi Botha, la reine Marguerite d'Italie, Georges-Ernest Boulenger et Madame Bonnemain, des personnes historiques ou à peu près et de petites mortes anonymes qui furent de tendres amoureuses, Edmond de Goncourt et Georges Rodenbach sont évoqués dans ces *Sonnets en petit deuil,* qui sont presque tous un peu des madrigaux macabres.

[*Mercure de France* (avril 1901).]

CAPILLERY (Louis).

En aimant (1892).

OPINION.

Charles Fuster. — Ce petit volume (*En aimant*) se compose de cinquante piécettes ou sonnets, parmi lesquels de fort remarquables morceaux, comme *Pantins et Marionnettes, Au Voleur! Le Gave, Le Glas, Vieille Masure,* etc.

[*L'Année des Poètes* (1892).]

CARRARA (Jules).

L'Art d'avoir vingt ans (1886). – *La Lyre* (1887).

OPINION.

Adolphe Ribaux. — *La Lyre,* œuvre originale, d'un souffle puissant, d'une inspiration élevée, à laquelle tous les sincères amoureux de la poésie, tous les vrais lettrés ont fait un accueil sympathique.

[*Anthologie des Poètes français du xixe siècle* (1887-1888).]

CARRÈRE (Jean).

Premières poésies (1893).

OPINION.

Adolphe Retté. — Chez Carrère, le lyrisme prend souvent, le plus souvent, la forme d'un discours en vers. De là de très belles strophes où vibrent des glaives entrechoqués, où rutilent des couchants de colère, cependant que le poète clame par les foules et leur montre l'aurore promise :

> Plus de prophètes, plus d'élus !
> Grandis, mon rêve...
> Nul sauveur ne descendra plus
> Monte, mon rêve...

D'autre fois, c'est presque un apologue, comme cet *Hymne d'hirondelles* où chantent des vers délicieux.

[*La Plume* (1893).]

CASALE (François).

Neige d'Avril (1892).

OPINION.

EUGÈNE MANUEL. — Vous avez choisi, de préférence, les frais paysages, les légendes, les confidences de l'amitié, les rêveries émues de votre âge. Aussi n'avez-vous rien écrit de mieux que *Les Hirondelles*, *Les Oubliés*, *La petite fille aux étoiles*, *Les trois gouttes de sang*, et cette *Forêt muette* qui me plaît pour des raisons personnelles.

[Préface à *Neige d'Avril* (1892).]

CASIER (Jean).

Harmonies chrétiennes (1886). - *Poésies eucharistiques* (1888). – *La Mort* (1890). – *Au ciel* (1892). – *Flammes et flammèches* (1894).

OPINION.

CHARLES FOSTER. — M. Jean Casier est un poète ; mais, avant tout, c'est un poète religieux. *Harmonies chrétiennes*, *Poésies eucharistiques*, *La Mort* l'avaient déjà prouvé. Aujourd'hui, ce sont des prières mystiques : *Au ciel*, où, sous la diversité des rythmes, dans une forme soignée, s'épanche la plus ardente adoration.

[*L'Année des Poètes* (1892).]

CASTAIGNE (Joseph).

Le Coin vert (1894).

OPINION.

ÉMILE TROLLIET. — Tel récit (de cette œuvre : *Le Coin vert*) touchant et symbolique, qui a la même inspiration que certains poèmes de François Coppée ou d'Eugène Manuel, semble avoir la même valeur.

[*Le Moniteur universel* (1894).]

CAVALIER (Stanislas).

Les Premières feuilles (1838).

OPINION.

SAINTE-BEUVE. — C'est le début d'une jeune âme qui obéit à sa sensibilité, à son amour de la nature, à ses rêves d'avenir. Ces sortes d'impressions, à un certain moment, sont communes à toutes les âmes; le poète les a rendues pour son compte avec simplicité et mélodie. Ce qu'on pourrait lui reprocher, c'est de ne pas les avoir montrées assez particulières, et d'être trop resté dans des variations générales du thème lamartinien.

[*Causeries du lundi* (1er novembre 1838).]

CAZALIS (Henri).

Les Chants populaires de l'Italie, texte et traduction (1865). - *Vita tristis*, poésies (1865). – *Melancholia* (1868). - *Le Livre du Néant* (1872). - *Étude sur Henri Regnault, sa vie*

et son œuvre (1872). – *L'Illusion* (1875). – *Le Cantique des Cantiques*, traduction en vers d'après la version de M. Reuss, publié sous le nom de Jean Lahor (1885). – *L'Illusion*, poésies complètes sous le nom de Jean Lahor (1888). – *Les grands poèmes religieux et philosophiques* (1888). - *Les Quatrains d'Al-Ghazali* (1896). - *La Gloire du Néant* (1896). – *Poésies* (1897). - *William Morris*, étude (1897).

OPINIONS.

PAUL BOURGET. — L'esprit de curiosité scientifique dont la trace se retrouve dans quelques-uns de ses meilleurs poèmes le poussa dans des directions variées. Étudiant en droit, puis en médecine, passionnément épris et profondément instruit des littératures orientales, il a joint à cette riche et multiple expérience intellectuelle celle des grands voyages et de la vie cosmopolite. C'est dire que peu d'écrivains de ce temps-ci ont coulé plus de métaux et de plus précieux dans le moule de leurs vers. Un goût souverain de l'art, un amour à la fois religieux et mélancolique de la beauté, une sorte de mysticisme nihiliste, de désenchantement enthousiaste et comme un vertige de mystère, donnent à sa poésie un charme composite, inquiétant et pénétrant comme celui des tableaux de Burne-Jones et de la musique tzigane, des romans de Tolstoï et des lieds de Heine.

[*Anthologie des Poètes français du xixe siècle* (1887-1888).]

JULES LEMAITRE. — L'*Illusion* est vraiment un fort beau livre, plein de tristesse et de sérénité. Il charme, il apaise, il fortifie. Après l'avoir relu, je le mets décidément à l'un des meilleurs endroits de ma bibliothèque, non loin de l'*Imitation*, des *Pensées* de Marc-Aurèle, de la *Vie intérieure* et des *Épreuves* de Sully-Prudhomme, — dans le coin des sages et des consolateurs.

[*Les Contemporains* (1889).]

ÉMILE FAGUET. — Jean Lahor (Cazalis) a, autant qu'il le veut, l'ampleur, la largeur, le vaste regard et la vaste envergure qui conviennent à de pareils sujets. Une seule chose était à craindre dans des poèmes qui ont tous pour matière la vanité des efforts de l'homme, de ses désirs et de ses joies; c'était la monotonie. Jean Lahor a évité cet écueil par un très bon moyen qui n'est pas à la portée de tout le monde, et qui consiste tout simplement à être pénétré et convaincu de ce qu'il dit... Je crois qu'on avait rarement traduit Schopenhauer en vers d'une façon aussi précise et aussi forte. On voit assez que l'œuvre de Jean Lahor, de l'épicurisme nous ramenant au stoïcisme par le grand et beau détour de la contemplation désintéressée, est, quoi qu'on en puisse penser au point de vue de la dialectique rigoureuse, un très grand et très séduisant voyage, fécond en fortes pensées, et du reste d'une majestueuse pensée... Je quitte à regret le recueil de Jean Lahor. C'est une œuvre forte, brillante et variée, vigoureusement pensée et le plus souvent d'un très grand style.

[*La Revue Bleue* (octobre 1893).]

CAZE (Robert). [1853-1886.]

Les Poèmes de la chair (1873). - *Hymne à la vie* (1875). - *Ritournelles* (1879). - *Poèmes rustiques* (1880). - *Les Parfums* (1885). - *Les Mots* (1886).

OPINION.

RODOLPHE DARZENS. — Méridional, il avait toute la fougue de sa race. Sa vie?... une lutte incessante. — Son talent?... celui d'un sincère artiste réellement épris de l'idéal. Nul doute que les curieux de lettres rechercheront pieusement les rarissimes volumes qui forment son œuvre poétique, et les placeront à côté de ceux des meilleurs poètes de sa génération.

[*Anthologie des Poètes français du xixe siècle* (1887-1888).]

CHAMPSAUR (Félicien).

Dinah Samuel (1882). - *Le Cœur* (1885). — *Le Massacre* (1885). - *Miss America* (1885). — *Le Cerveau de Paris*, esquisses de la vie littéraire et artistique (1886). — *Entrée de clowns* (1886). — *Les Bohémiens,* ballet lyrique (1887). — *Le Défilé* (1887). — *Parisiennes,* vers (1887). - *L'Amant des danseuses* (1888). — *Lulu,* pantomime avec préface d'Arsène Houssaye (1888). - *Les Étoiles,* ballet (1888). — *La Gomme,* trois actes (1889). — *Masques modernes* (1890). — *Le Cœur* (1890). — *Le Mandarin,* 1re partie, *Marquisette* (1895). — *Le Mandarin,* 2e partie, *Un Maître* (1896); 3e partie, *L'Épouvante* (1896). — *La chanson du Moulin à vent* (1897). — *La Glaneuse* (1897). — *Un gueux* (1898). — *Régina Sandri* (1898). — *Sa Fleur* (1898). — *Poupée japonaise* (1899).

OPINIONS.

E. LEDRAIN. — Ce ne sont pas les bois et les parfums que l'on respire dans les vers de M. Champsaur, mais les senteurs pénétrantes et artificielles s'échappant des coins les plus étrangement mondains. C'est l'iris et l'ylang-ylang qui sont répandus dans le volume si bien nommé : *Parisiennes.*

[*Anthologie des Poètes français du xixe siècle* (1887-1888).]

FRÉDÉRIC LOLIÉE. — Poète féministe, il ne tombe pas dans les langueurs et les fadeurs de l'idolâtrie. S'il s'agenouille devant la femme, c'est par une attitude naturelle et pour le plaisir attendu. Du reste, nul effet d'érotisme ou de névromanie dans tout cela; mais l'effusion bien franche d'un écrivain dont la santé physique exubère et qui, à chacune de ses pages, découvre son tempérament. M. Félicien Champsaur connaît à merveille les êtres et les choses du Paris actuel. C'est un parfum de modernité.

[*Les Hommes d'aujourd'hui.*]

JEAN MORÉAS. — Champsaur publia, il y a quelques mois, un volume de vers. Titre : *Parisiennes.* De qui tient cette poésie, sans similaire en écriture? — Rops? Degas? Forain? Willette?

[*Les Hommes d'aujourd'hui* (1887).]

CHANSROUX (Antoine).

Le Serment d'Annibal (1892). - *La Passion de Jésus* (1892).

OPINION.

CHARLES FUSTER. — Il n'y a pas que de l'enthousiasme et du respect dans le drame de M. Chansroux : *Le Serment d'Annibal;* il y a beaucoup de mouvement, des élans généreux, quelque chose de saccadé, mais de vibrant au suprême degré.

[*L'Année des Poètes* (1892).]

CHANTAVOINE (Henri).

Les Poèmes sincères (1877). — *Les Satires contemporaines* (1880). — *Ad Memoriam* (1884).

OPINION.

A. L. — En 1877, l'Académie lui décerna une mention honorable pour un éloge d'André Chénier. La même année, il publia *les Poèmes sincères,* dont un poète a écrit : «Pas un mot que nous n'entendions, pas une idée qui nous passe. Tout est simple, aisé, pris dans la bonne et franche nature». En 1880, il a fait paraître *les Satires contemporaines,* qui devraient plutôt s'appeler des «Satires inoffensives» et qui ne sont guère que des fantaisies plus malicieuses que méchantes; puis, en 1884, *Ad Memoriam,* œuvre de poésie personnelle et intime qui exprime la tristesse d'un rêve brisé!

[*Anthologie des Poètes français du xixe siècle* (1887-1888).]

CHATEAUBRIAND (François, vicomte de). [1768-1848.]

Essai historique sur les Révolutions (1797). - *Atala* (1801). — *Le Génie du Christianisme* (1802). — *René* (1807). — *Les Martyrs* (1809). — *Itinéraire de Paris à Jérusalem* (1811). — *De Buonaparte et des Bourbons* (1814). — *Réflexions politiques* (1814). — *Mélanges de politique* (1816). — *De la Monarchie selon la charte* (1816). — *La vie et la mort du duc de Berry* (1820). — *De la Restauration* (1831). — *Du bannissement de Charles X* (1831). — *Sur la captivité de la duchesse de Berry* (1833). — *Les Natchez* (dans les OEuvres complètes de 1826-1831). — *Aventures du dernier des Abencérages* (dans les OEuvres complètes de 1826-1831). — *Études sur l'Empire romain* (1831). - *Voyages en Amérique, en France et en Italie* (1834). — *Essai sur la littérature anglaise* (1836). — *Le Paradis perdu de Milton* (1836). — *Le Congrès de Vérone* (1838). — *La vie de Rancé* (1844). — *Les Mémoires d'outre-tombe* (1849).

OPINION.

MARIE-JOSEPH CHÉNIER. — M. de Chateaubriand suit la poétique extraordinaire qu'il a développée dans son *Génie du christianisme.* Un jour, sans doute, on pourra juger ses compositions et son style d'après les principes de cette poétique nouvelle, qui ne saurait manquer d'être adoptée en France du moment qu'on y sera convenu d'oublier complètement la langue et les ouvrages des classiques.

[*Tableau historique de l'état et des propos de la littérature française depuis 1789* (éd. de 1834).]

M. DE NOAILLES. — M. de Chateaubriand déploya devant nos yeux l'Océan, l'Amérique, la Grèce, la Judée, les levers et les couchers du soleil à l'horizon des mers, les cieux étoilés du Nouveau-Monde brillant sur l'immensité des fleuves et des savanes; et, par la grandeur et la nouveauté de ses descriptions, il étendit la sphère des images poétiques. Il aurait pu lui-même écrire en vers, car la muse, vous le savez, lui en a dicté d'harmonieux; mais le besoin d'écrire avec rapidité dans les agitations de ce siècle dévorant lui en a ôté le loisir.

[*Discours de réception à l'Académie* (8 décembre 1849).]

AUGUSTE DORCHAIN. — Le maître prosateur d'*Atala* et des *Mémoires* s'était cru d'abord destiné à la poésie... De ses rares poésies lyriques — vous parler d'un *Moïse* applaudi chez Mᵐᵉ Récamier, mais sifflé au théâtre — on n'a retenu que quelques stances gracieuses. On les trouve dans *le Dernier des Abencérages*... Comme Bossuet, cet autre maître du style périodique, Chateaubriand ne rima que par occasion. Peut-être doit-il à ce goût des vers quelques-unes de ses magnifiques qualités, le rythme, la mélodie des phrases; mais il lui doit peut-être aussi maint défaut qu'il trouvait l'exemple chez les versificateurs de son temps : le culte de la périphrase, l'abus des comparaisons, une certaine aversion pour le mot propre, très souvent remplacé par le terme réputé noble.

[*Anthologie des Poètes français du XIXᵉ siècle* (1887-1888).]

SAINTE-BEUVE. — Il est curieux de voir comme M. de Chateaubriand, dès qu'il écrit en vers, devient un talent pacifique et doux. Ce n'est plus du tout la même imagination. Il a perdu son instrument, son élément. Il me fait l'effet de ces coursiers indomptés qu'on embarque et qui, une fois en l'air, sont les plus apprivoisés du monde.

[*Chateaubriand et son groupe littéraire* (1861).]

MAURICE TOURNEUX. — Toute l'ambition de Chateaubriand tendait alors, a-t-il prétendu, à l'insertion dans l'*Almanach des Muses* d'une idylle : *L'Amour de la campagne*, qui parut, en effet, dans le volume de 1790 et où rien, certes, ne trahissait le génie de celui qui l'avait laborieusement rimée.

[*Grande Encyclopédie* (1892).]

CHÂTILLON (Auguste de). [1810-1882.]

A la Grand'Pinte, poésies avec une préface de Th. Gautier (1860).

OPINIONS.

THÉOPHILE GAUTIER. — M. de Châtillon, bonne fortune que lui envieront tous les poètes, a composé plus d'une de ces chansons qui semblent faites par tout le monde et n'avoir jamais eu d'auteur, telles qu'en inventent les carriers en tournant leur grande roue rouge, les charretiers au tintement des grelots de leur long attelage, les compagnons en brandissant leur canne enrubannée sur le chemin du tour de France, les villageois en versant leur hotte pleine de raisin dans la cuve de la vendange, la jeune fille en tirant son aiguille près de la fenêtre que l'hirondelle libre vient agacer de son aile. Son *Auberge de la Grand'Pinte*, entre autres, vaut, par ses tons roux, sa chaude couleur enfumée, un cabaret d'Ostade.

[*Préface d'A la Grand'Pinte* (1860).]

CHARLES ASSELINEAU. — M. Auguste de Châtillon n'est pas un régulier dans l'armée des poètes. Il y est entré presque sans s'en douter, comme ces braves et subtils enfants des campagnes qui quittent leur besogne et jettent leurs outils pour aller babiller et partager leur pitance avec les soldats d'un régiment en marche, emboîtant le pas tout naturellement. De tels engagements paraissaient tout simples il y a trente ans, lorsque le commun et ardent amour de l'art faisait fraterniser entre eux les artistes de toutes armes, de la plume, du pinceau, de l'ébauchoir et du piano. M. de Châtillon a été l'un des vaillants de ce temps-là. M. de Châtillon aura mérité d'être et de rester un vrai poète populaire.

[*Les Poètes français*, recueil publié par Eug. Crépet (1861-1863).]

J. BARBEY D'AUREVILLY. — Nous aimons à louer, avec ferveur et sympathie, un talent très réel, très ému, très naturel et aussi très cultivé, mais il faut bien reconnaître que M. de Châtillon, triple artiste, peintre, sculpteur et poète, qui n'est pas un jeune homme sans expérience, et dont le début n'est pas pour le public n'est pas un début pour la muse, n'a pas su préserver un talent d'une inexprimable délicatesse des épaisseurs et des grossièretés de l'art de son temps.

[*Les Œuvres et les Hommes : les Poètes* (1862).]

JULES CLARETIE :

C'est maintenant sur nos cheveux
Qu'il neige, neige !

On ne le connaît plus guère, aujourd'hui, le poète qui chantait ainsi, voilà quarante ans, la chanson de la neige. C'est Auguste de Châtillon, qui s'éprit des moulins de Montmartre, des lilas de Montmorency et des canots du lac d'Enghien, comme ce pauvre Paul Arène des oliviers, des mûriers, des routes blanches, des cigales et du soleil de son pays. Châtillon, que mépriseraient les nouveaux, n'est plus connu que par son ironique *Levrette en paletot* d'une gaîté stridente, et comme féroce sous son rire.

[*La Vie à Paris* (1896).]

CHAVANNE (Alexis).

Murmures (1895).

OPINION.

CHARLES FUSTER. — Dans ces sonnets précis, parfois haletants et retenant leur souffle, c'est toute une vie de pensée et d'action, de doute et de recherche ardente, c'est toute une belle et courageuse vie qui se livre à nous. Tous les dilemmes y sont posés, toutes les questions y sont nettement abordées, en une forme précise et scientifique. C'est, en ce genre, ce qu'on a fait de plus fort depuis la *Justice* de Sully Prudhomme.

[*L'Année des Poètes* (1895).]

CHEBROUX (Ernest).

Chansons et Sonnets (1885).

OPINIONS.

LÉON GLADEL. — Un sourire de Désaugiers s'y marie souvent à une larme de Pierre Dupont.

[A propos des *Chansons et Sonnets* (1885).]

SULLY PRUDHOMME. — J'ai lu vos chansons et j'en ai été charmé. J'ai vu avec un vif plaisir, par l'accueil qui vous a été fait à Lyon, qu'on y apprécie comme il convient un genre de poésie intimement lié à la musique et par cela même très expressif, à la condition de faire bénéficier l'esprit de cette alliance, au lieu de l'abaisser à des farces ridicules et stupides comme celles dont vivent les cafés-concerts.

[*Lettre* (1885).]

CHÊNEDOLLÉ (Charles-Julien LIOULT de). [1769-1833.]

Le Génie de l'homme (1807). – *Études poétiques* (1820).

OPINIONS.

Madame DE STAËL (à Chênedollé). — Vos vers sont hauts comme les cèdres du Liban.

(Cité par Hip, Babou dans *les Poètes français* d'Eug. Crépet).

JOUBERT. — Les vers de Chênedollé sont d'argent; ils font sur moi l'effet du disque argenté de la lune.

[Cité par Hip. Babou dans les *Poètes français* d'Eug. Crépet).

MARIE-JOSEPH CHÉNIER. — M. Chênedollé, dans *Le Génie de l'homme*, a développé moins de philosophie, mais plus de talent poétique. Des quatre chants de son poème, le premier seul est relatif à l'astronomie. On y trouve d'assez beaux vers sur la lune; ils n'égalent pourtant pas le superbe morceau de Lemière, et quelquefois ils le rappellent. Le troisième chant, qui a pour objet la nature de l'homme, est terminé par un épisode un peu surchargé de détails, mais où les beautés compensent les défauts. Ainsi, depuis le XVIII⁰ siècle, et spécialement depuis Voltaire, la poésie française a parlé le langage des philosophes, et même a pénétré dans le domaine des sciences physiques. Actuellement encore, les trois règnes de la nature sont l'objet des travaux d'un poète, et l'on peut compter sur un bel ouvrage; car le sujet est admirable, et le poète est M. Delille.

[*Tableau historique de l'état et des progrès de la littérature française depuis 1789.* (Éd. de 1834).]

BERNARD JULLIEN. — Le style de M. Chênedollé est, en général, très correct; il est toujours harmonieux et s'élève fort souvent aux plus hautes formes poétiques; c'en est assez pour faire concevoir que

c'est un poème didactique recommandable (*Le Génie de l'homme*); il faut avouer aussi qu'il participe au malheur de presque tous les poèmes didactiques modernes : il est extrêmement pénible à lire de suite.

[*Histoire de la poésie à l'époque impériale* (1844).]

SAINTE-BEUVE. — Chênedollé a de l'haleine; il a plus de grandiose que Delille; il fait ses vers avec son cœur.

[*Chateaubriand et son groupe littéraire* (1860).]

HIPPOLYTE BABOU. — Il est impossible de ne pas estimer et de ne pas aimer Chênedollé : c'est un esprit élevé, une imagination enthousiaste et sympathique, une conscience pure, une âme céleste. *Mais la volonté qui est l'aile du génie manqua toujours à ce poète* inquiet, chaste, platonique et précieusement timoré jusque dans ses hardiesses. On l'avait surnommé *le Corbeau* dans cette volière de Mᵐᵉ de Beaumont, où celle-ci avait pris elle-même le surnom d'hirondelle. On aurait mieux fait de l'appeler le cygne gris ou le cygne malade.

[*Les Poètes français*, recueil publié par Eug. Crépet (1861-1863).]

CHÉNIER (Marie-André). [1762-1794.]

Avis au peuple français sur ses véritables ennemis (1789). – *Le jeu de Paume*, à David, peintre (1789). – *La Jeune Captive*, publiée le 20 nivôse an III dans la «Décade philosophique»; *La Jeune Tarentine*, dans le «Mercure» du 1ᵉʳ germinal an XI. – *OEuvres complètes*, sous la direction de Henri de La Touche (1819). – *OEuvres* (éditions de 1862 et de 1872) avec commentaires de Becq de Fouquières.

OPINIONS.

CHATEAUBRIAND. — La Révolution nous a enlevé un homme qui promettait un rare talent dans l'églogue, c'était M. André Chénier. Nous avons vu de lui un petit recueil d'idylles manuscrites où l'on trouve des choses dignes de Théocrite. Cela explique le mot de cet infortuné jeune homme sur l'échafaud : il disait, en se frappant le front : *Mourir! j'avais quelque chose là*. C'était la Muse qui lui révélait son talent au moment de la mort.

[*Génie du Christianisme*, 2⁰ partie, livre III, chapitre VI (éd. de 1802).]

VICTOR HUGO. — L'autre jour, j'ouvris un livre qui venait de paraître, sans nom d'auteur, avec ce simple titre : *Méditations poétiques*. C'étaient des vers. Je trouvai dans ces vers quelque chose d'André Chénier. Continuant à les feuilleter, j'établis involontairement un parallèle entre l'auteur de ce livre et le malheureux poète de *La Jeune Captive*. Dans tous les deux même originalité, même fraîcheur d'idées, même luxe d'images neuves et vraies, seulement l'un est plus grave et même plus mystique dans ses peintures; l'autre a plus d'enjouement, plus de grâce, avec beaucoup moins de goût et de correction. Tous deux sont inspirés par l'amour. Mais, dans Chénier, se sentiment est toujours profane, dans l'auteur que je lui compare, la passion terrestre est presque toujours épurée par l'amour divin. Le premier s'est étudié à donner à la Muse les formes simples et sévères de la muse antique; le second, qui a souvent adopté le style des pères et des prophètes, ne dédaigne pas de suivre quelquefois la muse rêveuse d'Ossian et les déesses fantastiques de Klopstock et de Schiller. Enfin, si je comprends bien des distinctions, du reste assez insignifiantes, *le premier est romantique parmi les classiques, le second est classique parmi les romantiques.*

[*La Muse française* (mai 1820).]

ARNOULD FRÉMY. — Le Daphnis français dit :

Suis-moi sous ces ormeaux, viens, de grâce, écouter
Les sons harmonieux que ma flûte respire.

J'en demande pardon aux personnes qui ont cru apercevoir dans les idylles d'André Chénier tout le naturel et l'ingénuité de l'ancienne Grèce, mais si elles eussent trouvé dans Delille un vers du genre de celui-ci : *Les sons harmonieux que ma flûte respire,* elles n'eussent pas manqué de se récrier contre l'affectation d'une telle périphrase. Or pourquoi ce qui est digne de blâme chez Delille ne le serait-il pas également pour André Chénier?...

On prépare, dit-on, une nouvelle édition des œuvres de ce poète, que plusieurs pièces inédites ont rendue nécessaire. Il serait à souhaiter qu'elle fût revêtue d'un caractère critique que n'ont pas eu les éditions précédentes, qui semblent avoir été entreprises surtout dans un esprit de panégyrique et d'hommage rendu à la mémoire du poète. Alors seulement, la place d'André Chénier pourra être marquée dans le rang des lettrés contemporains. Cette place ne sera jamais, je pense, celle des écrivains classiques dignes d'être proposés comme modèles, sans restriction, aux étrangers et aux jeunes esprits dont le goût n'est pas encore entièrement formé. On cessera de louer en lui ce titre de novateur qui a fait sa première gloire, on le regrettera même de l'avoir vu appliquer les efforts de sa muse à changer les détails d'une langue poétique fixée par l'autorité d'un grand siècle. On continuera à louer en lui ces images vives et brillantes que sa muse a répandues; toutefois on ne le considérera plus comme notre seul et premier peintre poétique; on n'oubliera pas que La Fontaine, Racine, Fénelon, et même Boileau, avaient ouvert, bien avant lui, la pure et vraie source des comparaisons et des images, sans jamais tomber dans la prodigalité; on n'oubliera pas non plus que Chénier vécut dans un siècle descriptif et que ce don de peindre ou même de colorier les objets, qu'il a perfectionné sans doute, a pourtant été celui de plusieurs de ses contemporains. En admirant ses poésies, où l'on aperçoit plusieurs des parties des grands poètes, on y verra aussi la marque de l'inexpérience et de l'inachèvement; on les regardera, non comme des pièces accomplies, mais comme des fragments, des ébauches, qui ne présentent guère, si ce n'est dans une ou deux pièces, une page entière où l'on ne reconnaisse, à côté des plus heureuses qualités de l'harmonie, de la sensibilité, de la grâce, les traces de l'affectation et de faux goût.

[*La Revue française* (1844).]

SAINTE-BEUVE. — Notre plus grand classique en vers, depuis Racine et Boileau.

[*Portraits contemporains* (tome V, 1844).]

LAMARTINE. — Cet Orphée républicain du Bosphore déchiré pour sa modération par les femmes thraces de la Terreur...

Maintenant, voici quelques strophes de sa dernière élégie (*La Jeune Captive*), écrite la veille de son supplice, pour déplorer le prochain supplice de Mˡˡᵉ de Coigny, sa compagne de captivité. Jusqu'alors la France n'avait jamais pleuré ainsi. Ce sanglot donna le ton de l'élégie moderne à Mᵐᵉ de Staël, à Bernardin de Saint-Pierre, à Chateaubriand, *à moi peut-être* à mon insu.

[*Cours familier de littérature* (entretien IX) (1856-1868.]]

LAMARTINE. — Bien qu'André Chénier, dans son volume de vers, ne soit qu'un Grec du paganisme et, par conséquent, un délicieux pastiche, un pseudo-Anacréon d'une fausse antiquité, l'élégie de *La Jeune Captive* avait l'accent vrai, grandiose et pathétique de la poésie de l'âme. L'approche de la mort, qui attendait le poète à la porte de sa prison sur l'échafaud, avait changé le diapason de ce jeune Grec en diapason moderne. L'amour et la mort sont deux grandes muses ; grâce à leur inspiration réunie, la manière trop attique d'André Chénier était devenue du pathétique. Voilà le secret de cette élégie tragique de *La Jeune Captive*, qui ne ressemble en rien à cette famille d'élégies grecques que nous avons lues plus tard dans ses œuvres.

[*Cours familier de littérature* (1856-1868).]

BECQ DE FOUQUIÈRES. — Vers 1800, dans le groupe littéraire qui entourait M. de Chateaubriand, on s'occupait beaucoup d'André. Fontanes et Joubert avaient lu ses manuscrits. Le goût pur de Fontanes, la grâce attique de Joubert s'étaient laissé séduire à la fraîche muse du poète. Mᵐᵉ de Beaumont avait connu André Chénier chez «la belle Madame Hocquart» et avait su apprécier sa vive et puissante organisation poétique. Elle fit connaître à Chateaubriand *La Jeune Captive,* un peu perdue, il faut l'avouer, dans les recueils de l'époque.

[*Commentaire à l'édition de 1862.*]

VICTOR HUGO. — ... C'est surtout dans l'élégie qu'éclate le talent d'André de Chénier. C'est là qu'il est original, c'est là qu'il laisse tous ses rivaux en arrière. Peut-être l'habitude de l'antiquité nous égare, peut-être avons-nous lu avec trop de complaisance les premiers essais d'un poète malheureux ; cependant nous osons croire, et nous ne craignons pas de le dire, que, malgré tous ses défauts, André de Chénier sera regardé comme le père et le modèle de la véritable élégie...

Il est hors de doute que si André de Chénier avait vécu, *il se serait placé un jour au rang des premiers poètes lyriques.* Jusque dans ses essais informes, on trouve déjà tout le mérite du genre, la verve, l'entraînement et cette fierté d'idées d'un homme qui pense par lui-même ; d'ailleurs, partout la même flexibilité de style ; là, des images gracieuses ; ici, des détails rendus avec la plus énergique trivialité...

Il n'y aura point d'opinion mixte sur André de Chénier. Il faut jeter le livre ou se résoudre à le relire souvent ; ses vers ne veulent pas être jugés, mais sentis.

[*Littérature et philosophie mêlées* (1864).]

ANATOLE FRANCE. — Loin d'être un initiateur, André Chénier est la dernière expression d'un art expirant. Il est la fin d'un monde ; voilà précisément pourquoi il est exquis, pourquoi il est parfait. Il achève un art et il en recommence un autre. Il ferme un cycle. Il n'a rien semé, il a tout moissonné. Novateur! personne ne le fut moins. Il est étranger à tout ce que l'avenir prépare. Il n'a soupçonné ni le spiritualisme, ni la mélancolie de René, ni l'ennui d'Obermann, ni les ardeurs romanesques de Corinne.

[*La Vie littéraire* (1889-1890).]

CHEVÉ (Émile).

Virilités (1882). – *Les Océans* (1885). – *Chaos* (1887).

OPINION.

A. L. — Les œuvres de M. Chevé appartiennent surtout à un genre philosophique et descriptif. Les qualités maîtresses du poète sont une énergie poussée parfois jusqu'à la violence, une sincérité passionnée et, aussi, une très particulière puissance d'imagination avec laquelle il sait évoquer les souvenirs terribles et grandioses de sa vie maritime.

[*Anthologie des Poètes français du xixᵉ siècle* (1887-1888).]

CHOLLET (Louis).
Bas-Reliefs (1899).

OPINION.

FRANÇOIS COPPÉE. — Le lecteur, en feuilletant votre livre, éprouvera la sensation que ressent le voyageur exténué, couvert de poussière et haletant, lorsqu'il découvre tout-à-coup, sous des feuillages ombreux, le filet d'eau cristallin d'une source à demi cachée parmi les roseaux.

[*Préface* (1899).]

CLADEL (Léon). [1835-1892.]

Les Martyrs ridicules, avec une préface de Baudelaire (1862). – *Le Bouscassié*, nouvelles (1869). – *La Fête votive de Saint-Bartholomé-Porte-Glaive* (1872). – *Les Va-Nu-Pieds* (1873). – *L'Homme de la Croix-aux-Bœufs* (1878). – *Mon Ami le Sergent de ville* (1878). – *Bonshommes* (1879). – *Ompdrailles ou le Tombeau des lutteurs* (1879). – *Par-devant notaire* (1880). – *Crête-Rouge* (1880). – *Eaux-Fortes* (1881). – *L'Amour romantique* (1882). – *N'a qu'un Œil* (1882). – *Le deuxième mystère de l'Incarnation* (1883). – *Kerkadec, garde-barrière* (1883). – *Urbains et ruraux*, suite des *Va-Nu-Pieds* (1884). – *Petits Cahiers* (1885). – *Celui de la Croix-aux-Bœufs*, réédition (1885). – *Héros et pantins* (1885). – *Mi-Diable* (1885). – *Léon Cladel et sa kyrielle de chiens* (1885). – *Titi Foyssac IV* (1886). – *Gueux de marque* (1887). – *Effigies d'inconnus* (1887). – *Raca* (1888). – *Seize morceaux de littérature* (1889).

OPINIONS.

CHARLES BAUDELAIRE. — La pénétration psychique de M. Cladel est très grande, c'est là sa forte qualité ; son art, minutieux et brutal, turbulent et enfiévré, se restreindra plus tard, sans nul doute, dans une forme plus sévère et plus froide, qui mettra ses qualités morales en plus vive lumière, plus à nu. Il y a des cas où, par suite de cette exubérance, on ne peut plus discerner la qualité du défaut, ce qui serait excellent si l'amalgame était complet ; mais malheureusement, en même temps que sa clairvoyance s'exerce avec volupté, sa sensibilité, furieuse d'avoir été refoulée, fait une subite et indiscrète explosion. Aussi, dans un des meilleurs passages du livre, il nous montre un brave homme, un officier plein d'honneur et d'esprit, mais vieux avant l'âge, et livré par d'affaiblissants chagrins et par la fausse hygiène de l'ivrognerie aux gouailleries d'une bande d'estaminet. Le lecteur est instruit de l'ancienne grandeur morale de Pipabs, et ce même lecteur souffrira lui-même du martyre de cet ancien brave, minaudant, gambadant, rampant, déclamant, marivaudant, pour obtenir de ses jeunes bourreaux... quoi? l'aumône d'un dernier verre d'absinthe. Tout à coup l'indignation de l'auteur se projette d'une manière stentorienne par la bouche d'un des personnages, qui fait justice immédiate de ces divertissements de rapins. Le discours est très éloquent et très enlevant, malheureusement la note personnelle de l'auteur, sa simplicité révoltée, n'est pas assez voilée. Le poète, sous son masque, se laisse encore voir.

[*Préface aux* Martyrs ridicules (1862).]

LOUIS VEUILLOT. — Sans négliger la forme, qui n'a pas embelli, M. Léon Cladel, le nouveau peintre, va, sous la blouse et sous la peau, saisir le vice principal du paysan moderne, qui est, dit-il, l'avarice. En cherchant davantage, il trouverait un autre vice, principal aussi, qui est l'envie, et un autre encore, principal encore, l'orgueil. Mais pour saisir l'orgueil et pour savoir que l'orgueil est vice, il faut une science que, peut-être, l'auteur ne possède pas.

[*L'Univers* (5 novembre 1869).]

ANATOLE FRANCE. — Ce romancier habile et vigoureux, qui s'applique sans cesse à donner à sa prose un relief extraordinaire, était tout conduit par ses recherches quotidiennes de rythme et de facture à tenter d'écrire en vers ; il l'a fait rarement, mais toujours avec un bonheur presque complet et qui lui était bien dû, car M. Léon Cladel est peut-être le plus infatigable de tous les ouvriers en style.

[*Anthologie des Poètes français du xixᵉ siècle* (1887-1888).]

CLAUDEL (Paul).

Tête d'or (1890). – *La Ville* (1893). – *Connaissance de l'Est* (1900).

OPINIONS.

EMMANUEL SIGNORET. — Paul Claudel a écrit *Tête d'Or* et a chanté d'héroïques jardins sous la nuit tombante :

— A l'heure où les faneurs relèvent leurs râteaux.

C'est de plus un esprit hors ligne.

[*La Plume* (1ᵉʳ août 1894).]

PAUL-ARMAND HIRSCH. — Un jeune qui ne s'est nullement soucié de prodiguer sa signature, même en les recueils d'élite. — Cette haute indifférence pour les petits combats s'explique par deux drames, encore sont-ils sans nom d'auteur : *Tête d'or* et *La Ville*. Le bagage littéraire (comme on dit) de Paul Claudel se borne à ces deux chefs-d'œuvre. L'écriture en est d'une originalité exquise, ne se rattachant à aucune vieille ou récente «école», la phrase est quelquefois hachée, pittoresque, imprévue, les assonances bien en relief, le rythme déconcertant; souvent, la noble envolée lyrique s'impose en sa débordante poésie.

[*Portraits du prochain siècle* (1894).]

REMY DE GOURMONT. — Relu, *Tête d'or* m'a enivré d'une violente sensation d'art et de poésie; mais, je l'avoue, c'est de l'eau-de-vie un peu forte pour les temps d'aujourd'hui; les fragiles petites artères battent le long des yeux, les paupières se ferment; trop grandiose, le spectacle de la vie se trouble et meurt au seuil des cerveaux las de ne jamais songer. *Tête d'or* dramatise des pensées; cela impose aux cerveaux un travail inexorable à l'heure même où les hommes ne veulent plus que cueillir, comme des petites filles, des pâquerettes dans une prairie unie; mais il faut être impitoyable à la puérilité : c'est pourquoi nous exigeons de l'auteur de *Tête d'or* et de *La Ville* l'œuvre inconnue de sept années de silence.

[*Le Livre des masques*, 2ᵉ série (1898).]

CLERFEYT (René-Mary).

La Nature chante et j'écoute (1899).

OPINION.

HENRI DEGRON. — J'ai lu, relu, ce charmant petit livre aux vers frais et qui fleurent bon — si discrètement — la marjolaine du printemps et la feuille morte de l'automne. Vers qui chantent en une sourdine délicieusement émue — tels des gazouillis d'hirondelles, des sanglots susurrants de source, des bruissements légers d'intime mélancolie, je vous dirai souvent... je remercie M. Clerfeyt des émotions qu'il m'a procurées; je souhaite à beaucoup de nos poètes des vers semblables. Je n'en citerai point, il faut goûter ce livre.

[*La Vague* (1899).]

COLET (Louise REVOIL, dame). [1810-1876.]

Fleurs du Midi (1836). – *A ma mère; Jeunesse de Gœthe; Penserosa; Jules César et la tempête; Le musée de Versailles* (1839). – *Funérailles de Napoléon* (1840). – *Poésies* (1842). – *Charlotte Corday et Mᵐᵉ Roland* (1842). – *Le monument de Molière* (1843). – *Réveil de la Pologne*, chants des armes (1846). – *Le Peuple* (1848). – *Ce qui est dans le cœur des femmes* (1852). – *Poème de la femme* (1853-1856).

OPINIONS.

AUGUSTE DESPLACES. — Ses poésies sont peu originales, mais faciles et élégantes. Jeune fille, jeune femme, jeune mère, telles sont les trois phases de la vie correspondant aux trois recueils qui composent le volume de Mᵐᵉ Colet, et chacune d'elles a donné sa fleur ou son fruit.

[*Les Poètes vivants* (1847).]

EUGÈNE DE MIRECOURT. — Un quatrième triomphe académique lui échut en 1854, pour *L'Acropole d'Athènes*, dédiée à Alfred de Vigny; Mᵐᵉ Colet a consacré à cette œuvre plus de soin encore qu'aux précédents. La poésie en est grande et simple tout à la fois; elle caractérise merveilleusement, selon nous, le génie de l'auteur, qui appartient au romantisme par le fond et au génie classique par la forme. *L'Acropole d'Athènes* respire un véritable parfum d'antiquité. Si l'on peut s'exprimer de la sorte, ce poème chatoie d'images délicates et de peintures gracieuses. Presque tous les vers semblent tombés de la plume d'André Chénier.

[*Biographie de Louise Colet* (1856).]

THÉODORE DE BANVILLE. — Mᵐᵉ Louise Colet, poète d'un grand et vrai talent, a balbutié ses premiers essais dans un temps de névrose romantique où il fallait être pâle, fatal, poitrinaire et *lis penché*, sous peine de mort. Aussi fut-elle tout cela, comme l'exigeaient impérieusement la mode et les convenances; mais quels démentis cruels donnaient à ce parti pris nécessaire son beau front droit, ses grands yeux plus éveillés que les cloches de matines, son petit nez retroussé comme ceux qui changent les lois d'un empire, et l'arc de sa jolie bouche, et son menton rose, et les énormes boucles de cheveux clairs, lumineux, couleur d'or, tombant à profusion sur un buste dont les blanches, éclatantes et superbes richesses chantaient glorieusement à tue-tête la gloire de Rubens, ivre de rose! Un des héros de Sirandin s'écrie en une bonne phrase macaronique : *Ma fille est droite comme un I, sauf quelques inégalités... que tu ne blâmeras pas.* Et certes, il faudrait avoir l'esprit bien mal fait pour ne pas s'associer à la pensée qu'il exprime si judicieusement et avec une si naïve confiance; mais de quelle solide foi romantique ne devait pas être animé le statuaire qui avait représenté Mᵐᵉ Louise Colet, splendide alors et épanouie comme les Néréides du maître d'Anvers, sous la figure d'une jeune femme rêveuse et mourante, étendue près d'une fontaine, et intitulée : *Penserosa!*

[*Camées parisiens* (1866).]

COLLIÈRE (Marcel).

La Mort de l'Espoir (1888).

OPINION.

RODOLPHE DARZENS. — N'a publié qu'un petit recueil de vers sous le titre de : *La mort de l'Espoir*. Mais les poèmes dont il est l'auteur ont révélé en lui un lyrique plein d'originalité et un fin ciseleur de rimes.

[*Anthologie des Poètes français du xixᵉ siècle* (1887-1888).]

COLLIN (Paul).

Mes Petits concerts (1892).

OPINION.

CHARLES FUSTER. — M. Paul Collin a une spécialité, un rare bonheur : ses vers si faciles, si musicaux, d'un rythme si délicat, inspirent, depuis bien des années, une bonne moitié de nos compositeurs, — et pas les moins illustres. Il a fait des *libretti* pour Massenet, Lefebvre, Maréchal, César Franck, et certes, dans des œuvres si applaudies, le poète était à la hauteur du musicien.

[*L'Année des Poètes* (1892).]

CONVERSET (J.).

Philippe sans terre, drame en vers (1892).

OPINION.

CHARLES BUET. — Assurément, *Philippe sans terre* n'est pas un drame sans défaut, et la critique y trouverait à reprendre. Mais c'est une œuvre forte, vigoureuse et saine.

[Préface à *Philippe sans terre* (1892).]

COOLUS (Romain).

Le Ménage Brésil, comédie en un acte (1893). – *Raphaël*, comédie en trois actes (1896). – *L'Enfant malade*, pièce en quatre actes (1897). – *Cœurblette*, comédie en deux actes (1899). – *Le Marquis de Carabas*, comédie-bouffe en trois actes et en vers (1900). – *Exodes et Ballades* (1900). – *Les Amants de Sazy* (1901).

OPINIONS.

FRANCISQUE SARCEY. — Le *Raphaël* de M. Coolus est une pièce ni fort neuve, ni bien faite; l'auteur y fait preuve cependant d'une certaine vigueur.

[*Le Temps* (17 février 1896).]

M. Romain Coolus qui fut au théâtre le subtil et pénétrant auteur de *Raphaël*, de *Lysiane* et de *l'Enfant malade*, s'essaie en un genre nouveau : il se révèle poète funambulesque dans *Le Marquis de Carabas* renouvelé, avec esprit, du conte classique de Perrault; le charme et l'imprévu de la fantaisie de M. Coolus, sa virtuosité à se jouer des complexités du vers libre, la richesse étonnante de son vocabulaire, font de ce livre un divertissement exquis pour les délicats; peut-être la recherche est-elle quelquefois trop sensible, peut-être M. Coolus paraît-il s'étourdir lui-même au cliquetis de ses mots; son livre n'en reste pas moins dans l'ensemble plein de distinction et de charme.

[*Iris* (1900).]

LOUIS DUMUR. — *Les Amants de Sazy* sont une jolie comédie philosophique. Il y a autre chose sans doute : une anecdote piquante, un caractère de femme curieusement observé, des types d'hommes d'une fantaisie amusante, de l'esprit, encore de l'esprit, toujours de l'esprit; mais ce que l'on a surtout goûté, c'est la philosophie. Une philosophie d'un scepticisme peut-être un peu aventureux, finement gouailleuse, d'une charmante immoralité, qui on-

doie, sans en avoir l'air, autour des situations plaisantes ou gentiment sentimentales que forment Sazy, ses trois amants, son petit frère capricieux et sa maman puritaine, et les baigne de sa délicate ironie... Sazy est entretenue par un nommé Gorgeron, dont la hauteur de vue et le détachement sont vraiment admirables. Peut-être le tort de M. Coolus a été de ne pas développer davantage ce Gorgeron et en faire le personnage principal de la pièce. On ne fait que l'entrevoir dans les deux premiers actes; il ne paraît, effectivement, qu'au troisième. Il nous eût plu de faire avec lui plus intime connaissance et d'apprendre, dès le commencement, par sa bouche, le secret de son éternel sourire. C'est à lui qu'a été le succès, et le troisième acte des *Amants de Sazy* a reçu de lui son charme malicieux et sa grâce impertinente.

[*Mercure de France* (avril 1901).]

COPPÉE (Francis - Édouard - Joachim FRANÇOIS).

Le Reliquaire (1866). – *Les Intimités* (1868). – *Les Poèmes modernes* (1869). – *Le Passant*, drame en un acte et en vers (1869). – *Les Deux Douleurs*, drame en un acte et en vers (1870). – *L'Abandonnée*, drame en deux actes, en vers (1871). – *Fais ce que dois*, un acte, en vers (1871). – *Les Bijoux de la délivrance* (1872). – *Le Rendez-Vous*, un acte, en vers (1872). – *Les Humbles*, poésies (1872). – *Le Cahier rouge* (1874). – *Olivier*, poème (1875). – *Une Idylle pendant le siège* (1875). – *Le Luthier de Crémone*, un acte, en vers (1876). – *Le Trésor* (1877). – *L'Exilée* (1877). – *Les Récits et les Élégies* (1878). – *La Korigane*, ballet (1881). – *Madame de Maintenon*, cinq actes, en vers (1881). – *Les Contes en prose* (1882). – *Severo Torelli*, cinq actes, en vers (1883). – *Les Jacobites*, cinq actes, en vers (1885), – *Les Contes rapides* (1886). – *L'Arrière-Saison* (1887). – *Le Pater* (1889). – *Henriette* (1889). – *Les Paroles sincères* (1890). – *Toute une jeunesse* (1890). – *Le Petit marquis* (1891). – *La Guerre de Cent ans* (1892). – *Mon franc parler* (trois séries de 1893 à 1896). – *Contes tout simples* (1894). – *Pour la couronne* (1895). – *Le Coupable*, roman (1897). – *Les vrais riches* (1898). – *La bonne souffrance* (1898).

OPINIONS.

THÉODORE DE BANVILLE. — Ce poète a un profil digne d'être gravé sur une médaille, car avant qu'il ait atteint sa trentième année, la Pensée, qui visiblement habite son front large et bien construit, et la bonne déesse Pauvreté, qui fut sa première nourrice, lui ont donné des traits arrêtés à un âge où on n'en a pas encore. Il est d'ailleurs un bronze florentin, comme le Chanteur sculpté qu'il lui a plu d'animer dans *Le Passant*, et ce teint brun avive le gris bleu de ses yeux résolus et caressants, bien encadrés par l'arcade des sourcils. Le même hâle couvrait le maigre visage du Premier Consul, à qui Coppée aurait ressemblé, s'il l'avait voulu; mais avec la délicatesse d'un lyrique dont l'âme répugne à toute allusion trop attendue, il a résolument coupé ses longs cheveux droits, pour éviter ce lieu commun. Le nez un peu fort, aux arêtes accentuées, aurait occupé Grandville, qui, à toute force, voulait trouver dans chaque homme la ressemblance d'un animal, car il aurait évoqué dans son cerveau l'idée d'un svelte et fringant cheval arabe. Le visage de François Coppée est vraiment ovale, ce qui est plus rare qu'on ne pense, et sa bouche bien dessinée est tout à fait celle du jeune homme qui parle une langue harmonieuse. Sa tête, presque toujours inclinée en avant, a en général une expression triste, que parfois éclaire et déchire, en dépit de tout, le confiant sourire de la jeunesse, et, pour dernier trait, j'ajouterais, si ce n'était abuser même des priviléges excessifs de l'hypothèse, qu'en le regardant silencieux, je songe irrésistiblement aux quatrains adressés en 1829 à Ulric G., par Alfred de Musset : «Toi si plein, front pâli», etc.; et pour trancher le mot, il a, en 1873, quoique avec la simplicité et la tenue élégante d'un parfait gentleman, quelque chose de foncièrement romantique!

[*Les Camées parisiens* (1866).]

ALBERT WOLF. — Tenez, je voudrais avoir sous la main le manuscrit du *Passant* pour vous faire partager ma joie. Depuis longtemps je n'ai passé de plus agréable soirée qu'hier; il y a dans la petite scène que M. Coppée a fait représenter hier à l'Odéon plus de talent que dans cette comédie en cinq actes que je pourrais vous citer, si je ne craignais pas de chagriner l'auteur... Le *Passant* n'est pas une de ces pièces que l'on raconte; c'est un poème auquel l'analyse ferait perdre la saveur et la grâce, une pure œuvre d'art que je vous engage à aller voir et que vous applaudirez certainement; cela dure vingt minutes, vingt-cinq minutes au plus, et tout, depuis le premier vers jusqu'au dernier, vous charmera, je vous le jure... Enfin, voilà un début heureux au théâtre; si M. Coppée a la volonté et l'énergie voulue pour s'atteler à une œuvre, je ne dirai pas plus importante, car Le *Passant* est un petit bijou, mais plus grande, plus vaste, il aura certainement un bel avenir au théâtre.

[*Le Figaro* (16 janvier 1869).]

FRANCISQUE SARCEY. — Les *Deux Douleurs* sont dans leur ensemble une œuvre de théâtre fort médiocre. — Je conviendrai aisément que M. Coppée possède une habileté de main extrême et que, chez lui, la facture du vers est excellente. Mais ce n'est plus fort rare aujourd'hui, et tous les jeunes poètes de l'école à laquelle il appartient ne lui cèdent point à cet égard. Ils savent tout aussi bien que lui ce qui est du métier. — Toutes mes critiques n'empêchent pas qu'il y ait chez M. Coppée, en dépit d'un secret penchant à l'imitation, une vraie source de poésie. Elles justifient la sévérité avec laquelle la plupart des journaux ont accueilli Les *Deux Douleurs*. C'est une pièce de théâtre mauvaise; c'est une assez médiocre élégie.

[*Le Temps* (1870).]

FRANCISQUE SARCEY. — Le Gymnase a donné, cette semaine, L'*Abandonnée*, de M. François Coppée, un petit drame en deux actes et en vers. — Pour M. François Coppée, ce n'est qu'un thème à poésie. Ce qu'il y a dans tout ce bavardage de ciel bleu,

d'oiseaux jaseurs, de marguerites dans les prés, de ruisseaux qui murmurent, de regards du bon Dieu, n'est vraiment pas croyable. L'auteur a exhumé du tiroir où elles moisissaient toutes ces fleurs fanées de la vieille poétique des bohèmes de 1840. La sensibilité vraie est aussi parfaitement absente de ce postiche que la gaîté franche. C'est un devoir d'élève de rhétorique, assez fort en vers latins, qui pille Claudies et Stace au lieu d'imiter Virgile. — C'est un très habile homme que ce jeune poète. Il spécule avec infiniment d'adresse sur les faibles du public. A l'époque où la bourgeoisie était la plus acharnée contre les grèves, il écrit *Le Forgeron*; au moment où les grands mots de régénération et de revanche voltigeaient dans l'air, il fait réciter à l'Odéon *Fais ce que dois*. C'est un autre truc aujourd'hui et presque aussi infaillible.

[*Le Temps* (20 novembre 1871).]

PAUL STAPFER. — D'une manière générale, son progrès a été de sortir et se dégager du faux pour entrer et pénétrer plus avant dans «ce que le vulgaire appelle des riens», creuser ces riens jusqu'au fond et en extraire la perle de poésie. Quelques-uns des médaillons de dix vers qu'il a intitulés : *Promenades et intérieurs*, sont de petits chefs-d'œuvre, et telle est la puissance de la forme, que cela *existe* et palpite de vie et resplendit dans la lumière, bien que la matière qu'il a mise en œuvre se réduise au plus bas minimum possible; mais l'artiste est vraiment le créateur qui tire des êtres du néant. Quel est le sujet de ces médaillons? peu de chose :

Des couples de pioupious qui s'en vont par les champs,
Côte à côte épluchant l'écorce des baguettes;

l'éléphant du Jardin des Plantes tendant sa trompe pour «engloutir les nombreux pains de seigle»; une classe d'école où l'on voit tous les yeux épier

Un hanneton captif marchant sur du papier.

C'est la perfection même dans l'infiniment petit.

[*Le Temps* (10 avril 1873).]

H. K. — L'*Exilée* : «De douces fleurs... mouillées des larmes du sincère amour», voilà, fidèlement décrits par l'épigraphe de Shakespeare, qui les précède, les nouveaux vers de M. François Coppée. Ce charmant volume, L'*Exilée*, renferme quelques-unes des plus délicates inspirations de l'auteur du *Reliquaire* ou des *Humbles*. Que nous sommes loin du «Petit épicier de Montrouge», et combien «la Rose de Norvège» a laissé de parfums frais et ardents à la fois au front de son poète!

[*La République des Lettres* (4 mars 1877).]

ÉMILE ZOLA. — Je rappellerai la pièce de vers qui ameuta les Parnassiens et même une partie du public. Cette pièce, qui se trouve dans le recueil des *Humbles*, est intitulée : *Le Petit épicier*. Elle est restée jusqu'à ce jour le drapeau du naturalisme en poésie; en la lisant, on est loin de la *Charogne* de Baudelaire et des vers bibliques de M. Leconte de l'Isle. C'est là une note nouvelle, un écho du roman contemporain. Et l'on aurait tort de croire que la tentative était facile à faire. On ne saurait s'imaginer quelle somme de difficultés vaincues il y a dans cette pièce. Il fallait l'outil si souple et si simple de M. Coppée pour réussir... Selon moi, ce qui distingue M. Coppée, c'est justement le merveilleux outil qu'il emploie. On dirait qu'il n'a passé par le groupe parnassien que pour exercer sa forme et la rompre à toutes les difficultés. Il est le seul qu'aucun mot n'embarrasse; il fait tout entrer dans son vers. Il a des trouvailles de simplicité adorables, il descend sans platitude aux détails réputés jusqu'ici les moins poétiques.

[*Documents littéraires* (1881).]

JULES LEMAÎTRE. — Avant tout, M. François Coppée est un surprenant versificateur, non qu'il n'ait peut-être quelques égaux dans l'art de faire les vers, mais cet art, à ce qu'il me semble, se remarque chez lui plus à loisir, comme s'il était plus indé-pendant du fond. Volontiers, j'appellerais l'auteur du *Reliquaire* et des *Récits et Élégies* le plus adroit, le plus doué de nos rimeurs... M. Coppée n'en a pas moins ce grand mérite d'avoir, le premier, introduit dans notre poésie autant de vérité familière, de simplicité pittoresque, de «réalisme» qu'elle peut en admettre. *Les Humbles* sont bien à lui, et, dans une histoire du mouvement naturaliste de ces vingt dernières années, il ne faudrait point oublier son nom.

[*Les Contemporains* (1886).]

PAUL GINISTY. — On serait peut-être en droit d'attendre de M. François Coppée une œuvre plus importante que cette *Arrière-Saison*, qu'il vient de publier, encore qu'il y ait là des pages gracieuses et d'un sentiment bien humain. C'est la mélan-colique aventure d'un vieux garçon, qui croit son cœur usé et flétri, lorsqu'il rencontre une fillette qui lui donne des émotions sur lesquelles il ne comptait plus guère. Elle «n'a pas toujours été sage».

AUGUSTE DORCHAIN. — La *poésie de détail*, voilà, en effet, ce que représente excellemment M. Fran-çois Coppée. Il est venu après Victor Hugo comme Téniers après Rubens, comme Gérard Dou après Rembrandt. Pareil à ces «petits maîtres» flamands et hollandais avec lesquels il a tant de ressemblances, il a rapproché l'art de la foule sans l'éloigner des artistes. Il plaît aux simples par la simplicité vraie de ses conceptions, aux raffinés par le raffinement merveilleux de son faire; et c'est pourquoi – rare exception! il est de ceux dont la popularité ne saurait diminuer la gloire.

[*Anthologie des Poètes français au XIXe siècle* (1887-1888).]

ANATOLE FRANCE. — Celui-là a beaucoup aidé à aimer. Ce n'est pas par méprise qu'on l'a admis dans l'intimité des cœurs. C'est un poète vrai. Il est naturel. Par là il est presque unique, car le naturel dans l'art est ce qu'il y a de plus rare; je dirai presque que c'est une espèce de merveille. Et quand l'artiste est, comme M. Coppée, un ouvrier singu-lièrement habile, un artisan consommé qui possède tous les secrets du métier, ce n'est pas trop, en voyant une si parfaite simplicité, que de crier au prodige. Ce qu'il peint de préférence ce sont les sentiments les plus ordinaires et les mœurs les plus modestes. Il y faut une grande dextérité de main, un tact sûr, un sens raisonnable. Les modèles étant sous les yeux, la moindre faute contre le goût ou l'exactitude est aussitôt saisie. M. François Coppée garde presque toujours une mesure parfaite. Et

comme il est vrai, il est touchant. Voilà pourquoi il est chèrement aimé. Je vous assure qu'il n'use pas d'autre sortilège pour plaire à beaucoup de femmes et à beaucoup d'hommes. S'il suffit d'une médiocre culture pour le comprendre, il faut avoir l'esprit raffiné pour le goûter entièrement. Aussi son public est-il très étendu.

[*La Vie littéraire* (1889-1890).]

BERNARD LAZARE. — Si les élégiaques déshono-raient les petits oiseaux, comme a dit un ingé-nieux critique, il (François Coppée) sut déshonorer mieux que cela, et sur le tombeau de la sensi-blerie il sut faire pousser les plus fameux tuber-cules.

[*Entretiens littéraires et politiques* (1er décembre 1890).]

MARCEL FOUQUIER. — Plusieurs de ces poèmes de genre, de ces *quadri*, de ces croquis, sont en-levés de verve, avec une grâce très délicate ou une malice très «lyrique». La gloire du poète est ailleurs. En laissant de côté son théâtre, *La Guerre de Cent ans*, ce drame shakespearien non représenté, où les spectres jouent un grand rôle et ne feraient peut-être pas sourire, *Le Luthier de Crémone* et même *Le Passant*, M. François Coppée n'a-t-il pas écrit de vrais chefs-d'œuvre dans cette note *mo-derne* et émue qui est la sienne? Le poème d'*Olivier*, épris douloureusement d'un amour virginal et qui voit son rêve flétri par le souvenir des débauches passées, aurait charmé le Sainte-Beuve analyste des *Pensées d'août*.

[*Profils et portraits* (1891).]

H. DE RÉGNIER. — En y regardant de près, on s'aperçoit qu'il n'y a en M. Coppée ni large sym-pathie pour les petits, ni douce commisération pour les patients, et qu'il n'y a là qu'un cas de mauvaise littérature, rien de plus ni rien de moins, et que l'appréciation qu'on en peut faire relève uniquement du bon goût.

[*Entretiens politiques et littéraires* (1892).]

F. BRUNETIÈRE. — Lisez *Le Petit épicier* lui-même, *Un fils*, *En province*, *L'Enfant de la balle*, *Les Bou-cles d'oreilles*. Cette poésie bourgeoise et populaire, intime et vécue, que Sainte-Beuve avait rêvée, vous vous le rappelez, dont il n'y avait quelques accents avant lui que dans la chanson de Béranger peut-être, M. Coppée, lui, l'a réalisée, il y est passé maître; et c'est le souvenir qu'elle éveille d'abord son nom. Moins politique que Béranger; moins subtil et moins précieux, moins alambiqué que Sainte-Beuve; plus sincère, comme connaissant mieux les choses dont il parlait, les ayant observées de plus près, plus attentivement, les goûtant, les aimant davantage, il a vraiment, en ce sens, étendu le champ de la poésie contemporaine; il y a comme acclimaté des sujets qu'on en croyait indignes pour leur simplicité; et il a surtout, en les traitant, pres-que toujours évité l'écueil du prosaïsme ou celui de l'insignifiance.

[*L'évolution de la poésie lyrique* (1894).]

ROMAIN COOLUS. — Des vers de M. Coppée je ne dirai rien, sinon qu'il en est que Camille Doucet ne désavouerait pas. *Le médecin l'a dit : il faut que vous sortiez!* rappelle le célèbre alexandrin du *Fruit défendu : «Léon, je te défends de brosser ton chapeau!»*.

Me blâmera-t-on de ne point aimer les romantiques tirades où éclatent des douzaines de pieds de cette sorte :

Ce sang qui rend ma main froide comme un tombeau.
Je me serais coupé la langue avec les dents!
Murailles, croulez donc, etc.

Suis-je coupable d'estimer chevillé un vers comme celui-ci :

J'avais quelques bijoux, inutile richesse.

Surannées les apostrophes aux portraits de famille et aux armures d'ancêtres; accessoires fanés et racornis les serments, bénédictions et autres balançoires mélodramatiques!

[*Revue Blanche* (octobre 1894).]

G. LARROUMET. — Artiste toujours soucieux de perfection, et pourtant romancier et journaliste, en même temps que poète, M. François Coppée n'a pas écrit moins de quinze comédies ou drames, entre *Le Passant* et la pièce (*Pour la Couronne*) qui vient de se jouer à l'Odéon. Le théâtre a donc provoqué une part très considérable de son effort. Cependant, malgré le rang unique mérité par plusieurs de ses pièces, comme *Le Passant* et *Le Luthier de Crémone*, malgré l'importance exceptionnelle d'œuvres comme *Severo Torelli* et *Pour la Couronne*, il se pourrait que M. Coppée ne fût pas apprécié à sa valeur comme poète dramatique. En lisant les appréciations de la critique sur son dernier drame, j'étais frappé de ce que beaucoup d'entre elles exprimaient ou supposaient de réserves, disaient ou ne disaient pas, en constatant, du reste, ce grand succès, le plus grand de ces vingt-cinq dernières années.

Outre ce que les motifs personnels ou les rivalités d'école apportent toujours de restriction dans l'éloge, l'auteur en cause fût-il, comme celui-ci, particulièrement «sympathique», M. Coppée porte la peine au théâtre de son rang dans les autres genres. Poète, il est un des quatre ou cinq qui, depuis Victor Hugo, représentent quelque chose d'essentiel dans le développement de la poésie française. Le conteur, saurait égaler le poète, a donné des pages exquises. Depuis trois ans, le journaliste ajoute une originalité de plus, et très marquée, à ces originalités diverses. Enfin, des *Jacobites* à *Pour la Couronne*, il y a un intervalle de douze ans, et il faut un mérite bien solide pour maintenir son rang et retrouver toute son action après une aussi longue retraite.

Ce rang et cette action sont de premier ordre. Auteur dramatique, M. Coppée l'est au même degré que d'autres qui ne sont que cela. A cette heure, il est seul, avec deux ou trois poètes, à maintenir une haute forme d'art. Non seulement il nous donne à nous, ses contemporains, un plaisir dramatique que nous ne connaîtrions plus sans lui, mais il est certain que la postérité prêtera grande attention à la part de son œuvre où se parnassien a continué le mouvement romantique. Si, comme il est à craindre, le drame en vers ne devait pas survivre à notre siècle, M. Coppée serait digne d'en être le dernier représentant, en compagnie des maîtres et dans la même lignée.

[*Études de littérature et d'art*, 3ᵉ série (1895).]

JULES LEMAÎTRE. — Le drame de M. François Coppée, *Pour la Couronne*, représenté à l'Odéon avec un si éclatant succès, a d'abord un mérite. C'est d'être, à un degré qui rend la chose originale en ce temps de septentriomanie, — peut-être, il est vrai, finissante, — un beau drame français, écrit en français, avec une ingénuité, une générosité, une chaleur et une clarté toutes françaises, par un Parisien de Paris.

[*Impressions de théâtre* (1896).]

CORAN (Charles). [1814-1883.]

Onyx, recueil de poésies (1840). – *Rimes galantes* (1847). – *Dernières Élégances* (1869).

OPINIONS.

SAINTE-BEUVE. — C'est un poète délicat; aussi a-t-il eu contre lui le sort. On l'a oublié; on n'a pas assez remarqué dans le temps et signalé au passage deux recueils de lui (1840, 1847), pleins de fines galanteries, de rares et voluptueuses élégances.

[*Nouveaux lundis* (1865).]

ÉDOUARD FOURNIER. — Un inconnu qu'on devrait connaître. Patronné ou plutôt aiguillonné par Brizeux, qui l'avait pressenti poète, il publia en 1840, à vingt-six ans, un premier recueil, *Onyx*, qui a tout le poli et les purs reflets de la pierre sur laquelle il aime à faire jouer les rimes avec ses pensées.

[*Souvenirs poétiques de l'École romantique* (1880).]

ANDRÉ THEURIET. — Son livre (*Dernières Élégances*) vous fait l'impression du château de la Belle au bois dormant; seulement, ce château est une petite maison de la fin du XVIIIᵉ siècle, et la princesse, endormie pendant une lecture des *Contes moraux*, s'est réveillée en l'an 1869, vêtue à la mode ancienne, avec un œil de poudre et un soupçon de rouge.

[*Anthologie des Poètes français du XIXᵉ siècle* (1887-1888).]

CORBEL (Henri).

Rimes de Mai, avec préface de Gabriel Vicaire (1892).

OPINION.

GABRIEL VICAIRE. — *Rimes de Mai* est vraiment un livre de bonne foi, sincère et sans prétention, varié, aimable et fleuri comme les vingt ans de l'auteur.

[*Préface aux Rimes de Mai* (1892).]

CORBIÈRE (Tristan). [1845-1875.]

Les Amours Jaunes (1873), rééd. en 1891.

OPINIONS.

PAUL VERLAINE. — Son vers vit, rit, pleure très peu, se moque bien, et blague encore mieux. Amer d'ailleurs et salé comme son cher océan, nullement berceur ainsi qu'il arrive parfois à ce turbulent ami, mais roulant comme lui des rayons de soleil, de lune et d'étoiles dans la phosphorescence d'une houle et de vagues enragées.

[*Les Poètes maudits* (1884).]

LUCIEN MÜHLFELD. — Il y a des vers amusants et même de vigoureuses pièces dans le recueil, et ce n'est pas Corbière qu'il faut amoindrir, c'est l'enthousiasme irréfléchi dont on a trop longtemps accablé ce louable, mais un peu lourd et mal gracieux, désarticuleur, plus que libérateur, du vers. Le sentiment, chez Corbière, est outré, la forme est disloquée, sans nécessité, pour le plaisir et pour la difficulté. Il y paraît. C'est un poète pénible.

[*Revue Blanche* (janvier 1892).]

V. ÉMILE MICHELET. — Corsaire breton qui crocha dans les cordes de la lyre, avec la sauvagerie héritée de la mer et du sol granitique. Tristan Corbière passe sur les vagues des littératures comme à bord de son *Redan*, isolé et dédaigneux. Inimitable d'individualité, d'où s'élance la clameur sainte de beauté des pèlerins de Sainte-Anne-de-la-Palud, et d'où l'on entend l'ironique grelot tintant si souvent aux poitrines qui ont intimement souffert.

[*Portraits du prochain siècle* (1894).]

REMY DE GOURMONT. — Parmi les vers jamais ordinaires des *Amours jaunes*, il y en a beaucoup de très déplaisants et beaucoup d'admirables, mais admirables avec un air si équivoque, si spécieux, qu'on ne les goûte pas toujours à une première rencontre ; ensuite on juge que Tristan Corbière est, comme Laforgue, un peu son disciple, l'un de ces talents inclassables et indéniables qui sont, dans l'histoire des littératures, d'étranges et précieuses exceptions, — singulières même en une galerie de singularités.

[*Le Livre des masques*, 1re série (1896).]

A. VAN BEVER. — A Paris, il se lia avec de nombreux artistes, et, en 1873, collabora, sous le pseudonyme de Tristan, à *La Vie Parisienne*. C'est là que parurent ses premiers vers, entre autres *La Pastorale de Conlie*, *Veder Napoli* (24 mai), *Cris d'aveugle* (20 septembre), *Le Fils de Lamartine et de Graziella*, *Vésuves et Cie* (27 septembre). Il réunit la même année tous ses poèmes et les fit paraître en une édition de luxe, qu'il orna d'un étrange frontispice à l'eau-forte.

Il avait alors pour logis une chambre uniquement meublée d'un coffre à bois, sur lequel, dit-on, il couchait tout habillé. Sur la cheminée traînaient des louis ; en prenait qui voulait. Terrassé par une affection de poitrine toujours menaçante, il fut transporté à la Maison Dubois. Il ne se fit aucune illusion sur son sort, et alla consciemment mourir à Morlaix, le 1er mars 1875. C'est tout ce qu'on a pu recueillir sur sa vie privée. Quant à sa vie littéraire, si l'on tient compte de l'oubli fait autour de son lit d'agonisant, elle ne se réalisa que plusieurs années après sa mort. Encore faut-il ajouter que son œuvre, très courte, faite de hâtives notations, n'appartint jamais au grand public.

[*Poètes d'aujourd'hui* (1900).]

COSNARD (Alexandre). [1815-1866.]

Tumulus, poésies (1843).

OPINION.

EUGÈNE CRÉPET. — Le titre de l'unique recueil publié par M. Alexandre Cosnard, *Tumulus*, en dit d'un mot toute la pensée. C'est un mausolée qu'il a consacré à ses plus saintes affections, à ses plus vives espérances, comme à sa légitime ambition de poète. C'est dans cette poésie de deuil et de regret que le poète a rencontré les notes les plus émouvantes, et la monotonie même qui s'y fait sentir s'harmonise parfaitement avec le motif presque invariable qui revient sans cesse à travers tout le volume.

[*Les Poètes français*, recueil sous la direction d'Eugène Crépet (1861-1863).]

COULON (François).

Euryalthès, drame (1895).

OPINION.

CHARLES FUSTER. — *Euryalthès* est un très intéressant «essai de rénovation théâtrale». Il prête à la discussion et à une discussion passionnante. Comme forme, ce sont des vers sans rimes, — et cent fois plus poétiques, plus riches de symbole et d'au delà que la plupart des vers rimés.

[*L'Année des Poètes* (1895).]

COURT (Jean).

Les Trêves (1891).

OPINION.

CHARLES MORICE. — Le très jeune homme qui a fait ces vers (*Les Trêves*) est un poète, et je salue avec joie cette allégorie ancienne de l'art comparé à un temple, qui resterait une «allégorie ancienne» si elle n'avait pas été inspirée au poète par le pressentiment de la grande réalité religieuse et moderne de la beauté en soi.

[*Portraits du prochain siècle* (1894).]

COURTELINE (Georges).

Les Gaîtés de l'escadron (1886). — *Le 51e chasseurs* (1887). — *Les Femmes d'Amis* (1888). — *Le train de 8 h. 47* (1888). — *Madelon, Margot et Co* (1890). — *Potiron* (1890). — *Lidoire* (1891). — *Boubouroche*, deux actes, en prose (1893). — *Les Facéties de Jean de la Butte* (1893). — *Messieurs les ronds de cuir* (1893). — *Ah ! Jeunesse !* (1894). — *Ombres parisiennes* (1894). — *La peur des coups*, un acte (1895). — *Le Droit aux étrennes*, un acte (1896). — *Un client sérieux* (1897). — *Hortense, couche-toi*, un acte (1897). — *M. Badin*, un acte (1897). — *Les Boulingrin*, un acte (1898). — *La Cinquantaine*, un acte (1898). — *Gros chagrin* (1898). — *Une lettre chargée* (1898). — *Lidoire et Potiron* (1898). — *Théodore cherche des allumettes* (1898). — *La Voiture versée* (1898).

OPINIONS.

MAURICE BEAUBOURG. — Notre Courteline, comme dit Catulle Mendès...

J'ai dit que, parmi un grand nombre d'autres nouvelles, toutes celles en général qui composent *L'Ami des lois*, puis *Amitiés féminines*, *Ferme ta malle, Le Constipé récalcitrant, La Mégère apprivoisée,* etc., etc., *Hortense, couche-toi*, était celle qui m'avait le plus séduit. Il y a là un entremêlement de vers et de prose du plus haut comique, un chœur de déménageurs qui réapparaît comme un chœur antique, disant du ton le plus noble les choses qui le sont le moins :

LE CHŒUR DES DÉMÉNAGEURS.

Le temps passe, que rien ne saurait prolonger.
Le nouveau locataire est là qui veut la place.
Commençons par déménager
Ce seau, cette pendule et cette armoire à glace.
Sur nos nuques et sur nos dos,
Chargeons, Messieurs, chargeons les lourds fardeaux.

Cette piécette est à peu près la même que celle du théâtre de Guignol, *Le Déménagement*. J'aimerais mieux la voir jouer dans la même baraque, par les mêmes acteurs à la tête vermillonnée, avec le seau, la pendule, l'armoire à glace, le lit, tout le mobilier habituel de ce théâtre. Mais si elle ne se termine pas sur l'étonnante drôlerie de Guignol à son propriétaire :

«LE PROPRIÉTAIRE. — Ah ça! Guignol! vous me faites dormir debout avec vos histoires!

GUIGNOL. — Tiens, c'est vrai; on commence à avoir sommeil; allons nous coucher!»

combien elle est supérieure par sa modernité, sa finesse, son appropriation au code et à l'âme des propriétaires du jour, surtout par cette invention qui, pas plus que les Déménageurs, n'est dans Guignol, cette divine Hortense, enceinte de neuf mois, autour de laquelle pivote l'action, et qui est ainsi saluée à son entrée :

LE CHŒUR DES DÉMÉNAGEURS.

Ciel, quel spectacle! ah! quelle est belle à voir!
Quelle aimable pudeur! quels feux en sa prunelle!

(A part, badins) :

L'espiègle enfant en son tiroir
Dissimule un polichinelle...
Affectons de point nous en apercevoir.

(Haut) :

Sur nos nuques et sur nos dos,
Chargeons, Messieurs, chargeons les lourds fardeaux,

puis qui, la loi lui donnant neuf jours pour accoucher, se couche, tandis que le propriétaire, le cruel Saumâtre, est obligé de passer par toutes ses fantaisies et par celles de son amant.

Les Souvenirs de l'Escadron, d'un tout autre genre, sont aussi fort jolis, avec une teinte de sentiment qui est loin de déplaire.

[*Mercure de France* (juillet 1894).]

ROMAIN COOLUS. — Courteline est un des mieux doués parmi les auteurs dramatiques de ce temps. Il a le don rare de créer des types, c'est-à-dire de donner une personnalité, une individualité esthétiques à des personnages assez généraux pour garder, après l'époque, une indestructible vérité. Il ne m'étonnerait point que Courteline fût le grand auteur comique de cette génération. Son *Boubouroche* me paraît d'une qualité très voisine du Georges Dandin de Molière. Ses types militaires sont destinés à devenir populaires : Potiron et Lidoire se substitueront dans l'imagination faubourienne au fusilier Pitou et à l'archaïque Dumanet.

[*Revue Blanche* (1ᵉʳ mars 1895).]

PIERRE ET PAUL. — C'est du régiment, c'est de la caserne que devait se dégager le vrai Courteline; et effectivement c'est le séjour qu'il fit au 13ᵉ chasseurs, à Bar-le-Duc, qui nous a valu ses admirables *Gaîtés de l'Escadron* qui partout respirent la pitié pour le soldat, et une fraternelle espérance de justice, et dont les chapitres notamment intitulés *Un mal de gorge* et *Les têtes de bois* sont des chefs-d'œuvre de la plus rare inspiration et d'une perfection impeccable.

Vous y avez remarqué, sous la gaîté débordante de l'exposition et des dialogues, cette tristesse que nous vous signalions tout à l'heure. Le volume est trop dans toutes les mains pour que nous y insistions davantage; mais ce n'est pas un mal qu'il n'y ait besoin que d'une indication rapide au courant de la plume, et que le livre ait obtenu le plus vif succès. Après avoir paru d'abord dans les *Petites Nouvelles*, où Courteline était chroniqueur fantaisiste, il fut réuni en volume chez les éditeurs Marpon et Flammarion et réimprimé plus tard dans la collection à 60 centimes de ces mêmes éditeurs. Seulement *Les Gaîtés de l'Escadron* avaient alors changé de titre et s'appelaient : *Le 51ᵉ chasseurs.*

Les Femmes d'Amis (1888) n'eurent pas un moindre succès. On a reproduit partout *Margot, Une bonne fortune* et cette perle du livre : *Henriette a été insultée*, que nous citerions ici, s'il ne la fallait reproduire de la première à la dernière ligne sans en passer une.

[*Les Hommes d'aujourd'hui.*]

COURTOIS (Pierre).

Dans la paix du soir (1897).

OPINION.

ANDRÉ THEURIET. — Sous ce titre enchanteur : *Dans la paix du soir*, M. Pierre Courtois me semble avoir réuni ce que sa jeunesse lui inspira de pensées, de sentiments et de rêves. Il fut peut-être un peu trop indulgent dans son travail de sélection. L'œuvre est cependant très distinguée.

[*Le Journal* (7 octobre 1897).]

COUTURIER (Claude).

Chansons pour toi, avec un avant-propos par Théodore de Banville (1889). – *Le Lit de cette personne* (1895).

OPINION.

THÉODORE DE BANVILLE. — Le poète des *Chansons pour toi* écrit dans une langue imagée, correcte, extrêmement précise, très éclectique et ne recule pas devant le mot sublime, s'il le trouve, ni devant le mot canaille du voyou, si c'est celui-là qu'il lui faut... Le poète des *Chansons* est déjà un ouvrier et fait bien les vers, parce que la musique du rythme et le don de la rime lui sont naturels, et parce qu'il a étudié respectueusement les maîtres.

[Avant-propos aux *Chansons pour toi* (1889).]

CROISSET (Francis de).

Les Nuits de Quinze ans, avec une préface d'Octave Mirbeau (1898). — *L'Homme à l'oreille coupée*, pièce (1900).

OPINIONS.

OCTAVE MIRBEAU. — Si vos nuits ne sont pas encore un chef-d'œuvre, elles en donnent l'espérance, et c'est déjà beaucoup et c'est aussi très rare. Elles ont ceci de précieux pour moi, qu'elles sont bien réellement le cri, et, malgré l'artifice ici et là, le jaillissement spontané de votre jeunesse, l'expression naïve quelquefois à force d'être insolemment jeune, de vos rêves - et de nos rêves - d'adolescents. Elles ont le trouble fiévreux, la violence de possession, le charme impur, et c'est ce qu'il faut, des pubertés qui s'éveillent et qui dans une seule et multiple étreinte voudraient conquérir tout l'amour... En elles, et c'est par là que je les aime, je me revois parmi les images de ma jeunesse, paysages, figures, rêves, de très vieilles choses, déjà un peu effacées aujourd'hui..., impuretés, désespoirs, négations et blasphèmes, tout cela si candide !...

[Lettre-préface aux *Nuits de Quinze ans* (1898).]

FERNAND SÉVERIN. — Je regrette cependant, pour ma part, que ce livre (*Les Nuits de Quinze ans*) où la volupté charnelle parle seule, soit dépourvu de tristesse, de mélancolie, ou, du moins, de gravité (car les pièces de la fin, où l'auteur a mis quelque chose qui ressemble à des remords, n'ont guère l'accent de la sincérité). Le ton est d'ordinaire dégagé, léger et même un peu fat, ce qui choque, en de telles matières. Qu'on se rappelle, par contre, l'allure tragique que Baudelaire a su donner à ses femmes damnées ; à elle seule, elle fait presque oublier le côté scabreux du sujet. Rien de pareil, ici, et cette sensualité effrénée et égoïste, que ne refrène aucun sérieux retour sur soi-même, a quelque chose d'exceptionnel et d'inquiétant. Les meilleurs poèmes de M. de Croisset sont de beaux monstres ; il y a de l'horreur dans le frisson d'art qu'ils nous arrachent.

[*Études* (1898).]

ANDRÉ RIVOIRE. — Voilà un poète, un très jeune poète, parfois négligé, — mais, chez lui, c'est un charme, car son cœur est ardent, spontané, curieux de toutes choses et plus particulièrement de l'amour et du plaisir. Toute volupté le trouble et l'attire, brutale ou subtile, furtive ou continue, et il a su exprimer avec une grâce pénétrante des réalités ou des rêves, — qu'importe ! Dans l'âme du poète, tout est vrai, ce qu'il sent et ce qu'il imagine.

[*La Revue de Paris* (1898).]

CROS (Charles). [1842-1888.]

Le Coffret de Santal (1873).

OPINIONS.

PAUL VERLAINE. — Génie, le mot ne semblera pas trop fort à ceux assez nombreux qui ont lu ses pages impressionnantes à tant de titres, et ces lecteurs, je les traite d'assez nombreux en vertu de la clarté, même un peu nette, un peu brutale, et du bon sens parfois aigu, paradoxalement dur, toujours à l'action, qui caractérise sa manière si originale d'ailleurs. De la taille des plus hauts entre les écrivains de premier ordre, il a parfois sur eux ce quasi avantage et cette presque infériorité de se voir compris, mal, à la vérité, dans la plupart des cas, et c'est heureux et honorable, par des lecteurs d'ordinaires rebelles à telles œuvres de valeur exceptionnelle en art et en philosophie. Et pourtant amère et profonde, ce qui est souvent, mais ici bien particulièrement synonyme, se manifeste en tout lieu la philosophie de Charles Cros, desservie par un art plutôt sévère sous son charme incontestable, mais d'autant plus pénétrant. Lisez, par exemple, ces étranges *Nouvelles Correspondances interastrales*, et surtout *La Science de l'Amour*, cruelle satire où toute mesure semble gardée dans la plaisanterie énorme.

Lisez parmi ses monologues (c'est lui, entre parenthèses, qui a créé, ou je me trompe fort, ce genre charmant, le monologue, qu'on a sans doute bien galvaudé postérieurement à lui et dont Coquelin Cadet fut l'impayable propagateur), liiez, dis-je, entre de nombreux chefs-d'œuvre en l'espèce, *Le Bilboquet*, flegme tout britannique, verve bien gauloise, exquis mélange d'humour féroce et de bon gros rire fin et sûr. Lisez encore ces choses, ni poèmes en prose (titre et forme bien affadis depuis ces maîtres, Aloysius Bertrand, Charles Baudelaire, Stéphane Mallarmé, Arthur Rimbaud), ni contes, ni récits, ni même histoires, *Le Hareng saur*, angélique enfantillage justement célèbre, et *Le Meuble*, que j'ai toutes raisons d'environner de sympathies même intrinsèques pour ainsi parler, l'ayant possédé, ce meuble, du temps où je possédais quelque chose au soleil de tout le monde. Enfin fouillez les publications exclusivement consacrées aux belles et bonnes lettres, d'il y a quelque temps, *La Renaissance*, *La Revue du Monde nouveau*, plus récemment, *La Décadence*, etc. Vous reviendrez charmés puissamment, délicieusement frappés de ce voyage au pays bleu. Car Charles Cros, il ne faut jamais l'oublier, demeure poète, et poète très idéaliste, très chaste, très naïf, même dans ses fantaisies les plus apparemment terre-à-terre ; cela, d'ailleurs, saute aux yeux dès les premières lignes de n'importe quoi de lui.

Mais, pour le juger, pour l'admirer dans toute sa puissance de bon et très bon poète, *es menester*, comme dit l'Espagnol, de se procurer l'unique recueil de vers de Charles Cros, *Le Coffret de Santal*, et de se l'assimiler d'un bout à l'autre, besogne charmante mais bien courte, car le volume est matériellement mince et l'auteur n'y a mis que ce que, bien trop modeste, il a cru être tout le dessus de son magique panier. Vous y trouverez, sertissant des sentiments tour à tour frais à l'extrême et raffinés presque trop, des bijoux tour à tour délicats, barbares, bizarres, riches et simples comme un cœur d'enfant et qui sont des vers, des vers ni classiques, ni romantiques, ni décadents, bien qu'avec une pente à être décadents, s'il fallait absolument mettre un semblant d'étiquette sur de la littérature aussi indépendante et primesautière. Bien qu'il soit très soucieux du rythme et qu'il ait réussi à merveille de rares et précieux essais, on ne peut considérer en Cros un virtuose en versification, mais sa langue très ferme, qui dit haut et loin ce qu'elle veut dire, la sobriété de son verbe et de son discours, le choix toujours rare d'épithètes jamais oiseuses, des rimes excellentes sans l'excès odieux, constituent en lui un versificateur irréprochable qui laisse au thème toute sa grâce ingénue ou perverse.

[*Les Hommes d'aujourd'hui.*]

JULES TELLIER. — M. Charles Cros n'est point du tout un néo-catholique; mais c'est du moins un baudelairien. Il est surtout connu comme monologuiste. Il mériterait de l'être comme poète, pour quelques pièces du *Coffret de Santal*, qui sont d'un artiste étrange et sincère.

[*Nos Poètes* (1888).]

MARCEL FOUQUIER. — J'ai là, sous les yeux, le seul volume de vers qu'ait publié Charles Cros, *Le Coffret de Santal*. Ce livre unique est celui d'un vrai poète, au charme étrange et réel, qui procède de Baudelaire et des Parnassiens, mais qui n'imite personne. C'est l'œuvre d'un patient ciseleur de rimes, amoureux des mots scintillants, qui, avec un grand fond de tendresse, souvent se plaît à voir la nature et l'âme comme à travers un prisme, qui cherche à saisir le caprice de la couleur et du reflet.

[*Profils et Portraits* (1891).]

LAURENT TAILHADE. — Ce n'était pas Verlaine, mais c'était un poète encore et non des moins exquis.

[*La Plume* (1896).]

D

DAMEDOR (Raphaël).

Les Mélancolies (1893).

OPINIONS.

SAINTE-CLAIRE. — Forme parnassienne, pensée, musique, s'unissent dans ce petit recueil au grand profit du lecteur simple qui cherche la seule émotion.

[*La Plume* (1893).]

FRANCIS-VIÉLÉ-GRIFFIN. — Les vers de Damedor ne valent ni plus ni moins que la moitié des vers des *Châtiments;* la satire politique en vers est presque toujours insupportable et difficilement littéraire. Qu'elle ne s'exprime donc qu'en prodigieuses synthèses, comme dans l'étonnant *Ubu Roi* de M. A. Jarry, qu'il est impossible de lire, je crois, sans un franc rire approbateur.

[*Mercure de France* (août 1896).]

DANIEL (Georges).

Sèves (1896).

OPINION.

PHILIPPE GILLE. — Un volume de *poésies* par M. Georges Daniel. Il a pour titre : *Sèves*, et est divisé en trois parties : Bleu, Vert, Or. C'est une suite de tableaux, je dirai d'impressions d'après nature, traduites en vers pleins de vie et de lumière, œuvre attrayante de peintre et de poète à la fois.

[*Le Figaro* (2 janvier 1896).]

DARZENS (Rodolphe).

La Nuit (1884). – *Le Psautier de l'Amie* (1885). – *L'Amante du Christ* (1888). – *Strophes artificielles* (1888).

OPINIONS.

E. LEDRAIN. — Sa nature, essentiellement ardente, ne peut supporter longtemps rien qui ressemble à un emprisonnement.

M. Darzens est tout élan et tout flamme. Aussi son lyrisme indépendant a-t-il vite commencé d'éclater d'abord dans *Le Psautier de l'Amie* et dans cette belle pièce, *L'Amante du Christ,* où tout est étincelle et vie.

[*Anthologie des Poètes français du XIXᵉ siècle* (1887-1888).]

MARCEL FOUQUIER. — M. Rodolphe Darzens, directeur de *La Pléiade*, et qui est déjà célèbre dans un petit cénacle de poètes, a publié récemment *La Nuit*. C'est le livre d'un amant des Muses, dont l'originalité est encore très indécise. M. Darzens, qui est heureusement très jeune, passe de l'imitation de M. C. Mendès à celle de M. Baudelaire. Le Baudelaire qu'il me semble préférer est précisément le Baudelaire que, pour ma part, j'aime le moins, celui de l'*Ex-Voto espagnol*.

[*Profils et Portraits* (1891).]

DAUDET (Alphonse). [1840-1898.]

Les Amoureuses, poésies (1858). – *La Double Conversion*, poème (1861). – *La Dernière idole*, théâtre de l'Odéon (1862). – *L'Œillet blanc*, Comédie-Française (1865). – *Les Absents*, opéra-comique (1865). – *Le Frère aîné*, drame en un acte (1868). – *Le Petit Chose*, roman (1868). – *Le Sacrifice*, comédie en trois actes (1869). – *Les Lettres de mon moulin* (1869). – *Les Lettres à un absent* (1871). – *Lise Tavernier*, drame en un acte (1872). – *L'Arlésienne*, pièce en trois actes (1872). – *Tartarin de Tarascon* (1872). – *Fromont jeune et Risler aîné* (1874). – *Fromont jeune et Risler aîné*, pièce avec Ad. Belot (1876). – *Jack* (1876). – *Le Char*, opéra-comique, musique de Pessard (1877). – *Le Nabab* (1878). – *Les Rois en exil* (1879). – *Numa Roumestan* (1880). – *Le Nabab*, pièce, avec P. Elzéar (1880). – *Théâtre*, recueil (1880). – *Jack*, pièce (1881). – *L'Évangéliste* (1883). – *Les Cigognes*, légende rhénane (1883). –

Sapho (1884). – *Les Femmes d'artiste* (1885).
– *Sapho*, pièce, avec Ad. Belot (1885). –
Tartarin sur les Alpes (1886). – *La Belle
Nivernaise* (1886). – *Numa Roumestan*, pièce
(1887). – *Tartarin sur les Alpes*, pièce avec
MM. de Gourcy et Bocage (1888). – *L'Im-
mortel* (1888). – *Trente ans de Paris, à tra-
vers ma vie et mes livres* (1888). – *Souvenirs
d'un homme de lettres* (1888). – *La Lutte pour
la vie* (1889). – *L'Obstacle* (1890). – *Port-
Tarascon* (1890). – *L'Obstacle*, pièce (1891).
– *L'Arrivée; Mon tambourinaire* (1891). –
Rose et Ninette (1892). – *La Menteuse*, pièce
avec Léon Hennique (1893). – *Entre les
frises et la rampe* (1894). – *L'Élixir du R. P.
Gaucher* (1894). – *La Petite paroisse* (1895).
– *Trois souvenirs : Au fort de Montrouge; à
la Salpêtrière; Une Leçon* (1896). – *L'Enlève-
ment d'une étoile* (1896). – *La Fédor* (1897).
– *Soutien de famille* (1898). – *Le Sous-
Préfet aux champs*, poème en prose (1898).

OPINIONS.

THÉODORE DE BANVILLE. — Une tête merveilleusement charmante, la peau d'une pâleur chaude et
couleur d'ambre, les sourcils droits et soyeux, l'œil
enflammé, noyé, à la fois humide et brûlant, perdu
dans la rêverie, n'y voit pas, mais est délicieux à
voir. La bouche voluptueuse, songeuse, empourprée
de sang, la barbe douce et enfantine, l'abondante
chevelure brune, l'oreille petite et délicate, concourent à un ensemble fièrement viril, malgré la grâce
féminine. Avec ce physique invraisemblable, Alphonse
Daudet avait le droit d'être un imbécile; au lieu de
cela, il est le plus délicat et le plus sensitif de nos
poètes.

[*Camées parisiens* (1866).]

PAUL STAPFER. — On ne peut rien lire de plus
gracieux que *Les Amoureuses* de M. Daudet; il y a
du Musset dans son *Épître à Célimène; Les Cerisiers*,
les triolets des *Prunes* sont de véritables bijoux.

[*Le Temps* (10 avril 1873).]

JULES LEMAÎTRE. — Je ne connais pas de volume
de débutant plus vraiment jeune que le petit livre
des *Amoureuses*.

[*Les Contemporains*, 2ᵉ série (1886).]

GUSTAVE GEFFROY. — Le débutant qui écrit *Les Amoureuses*, et bientôt après, *La double Conversion*, a
lu en artiste les poètes du XVIᵉ siècle, a compris
du premier coup le joli français résumatoire de
La Fontaine, a aimé l'accent nerveux et passionné de
Musset. Les pièces sur les enfants font songer aux
«enfantelets» qui sourient dans notre littérature
depuis Clotilde de Surville jusqu'à Baïf. — Les
Bottines, *Miserere de l'Amour*, *Le Rouge-Gorge*,
Trois jours de vendanges, *Les Cerisiers*, *Les Prunes*,
Dernière Amoureuse, tous ces sourires de dessins si
divers, tous ces cris où il y a du roucoulement et
de la violence, évoquent une physionomie personnelle d'écrivain curieux de sentiments, épris de
la musique des mots, habile à faire une longue
et complète vision dans une phrase brève, sensuelle,
dont la raillerie confine sans cesse à l'émotion. Cette

physionomie s'accentue encore dans l'apostrophe
sereine qui termine *La Double Conversion*, et dans
cet *Oiseau Bleu*, qui restera à n'en pas douter, auprès
des versets de l'*Intermezzo*, entre la pièce la plus
célèbre de Sully Prudhomme et certains sonnets de
Soulary. — Si Alphonse Daudet n'est pas resté
attaché à la forme du vers, du moins il n'a pas à
désavouer sa tentative, il a mis la subtile empreinte
de ses premières années sur ces chansons inconsciemment chantées. Pour se servir d'une comparaison presque empruntée à ce délicat recueil de
la dix-huitième année, on peut bien dire que *Les
Amoureuses* restent comme un verger de printemps
avec des arbres blancs et roses odorants comme des
bouquets, tout doré de soleil, tout plein de voix,
traversé par des robes claires, obscurci par instants
sous un nuage d'orage. Depuis l'écrivain en marche
a quitté ce beau jardin, il est parti par les routes,
il a traversé des forêts, il s'est frayé un âpre chemin
à travers des espaces vierges.

[*Anthologie des Poètes français du* XIXᵉ *siècle* (1887-
1888).]

JULES TELLIER. — C'est de Musset encore que
procède l'auteur des *Amoureuses*, M. Alphonse
Daudet, qui fut un aimable prosateur en vers avant
de devenir çà et là un grand poète en prose.

[*Nos Poètes* (1888).]

GEORGES RODENBACH. — On peut définir Alphonse
Daudet le poète du roman. Il eut, du poète, le don
d'imagination et, du romancier, l'esprit d'observation. L'une et l'autre faculté, qu'on dirait contradictoires, s'unirent en lui merveilleusement. A l'origine, le poète prédomina un peu, puisque, dans
l'aube rose de l'adolescence, il est naturel que
l'imagination surtout fermente, flambe, fleurisse,
feu et fleurs! Si cet état d'âme eût persisté; si Alphonse Daudet, au surplus, fût demeuré dans son
Midi natal, il est possible que nous eussions compté
un poète de plus, écrivant aussi en provençal,
émule de Mistral et de Roumanille.

[*L'Élite* (1899).]

DAUDET (Julia ALLARD, Madame Al-
phonse).

Impressions de nature et d'art (1879). – *L'Enfance d'une Parisienne* (1883). – *Fragments
d'un livre inédit* (1885). – *Enfants et Mères*
(1889). – *Poésies* (1895). – *Notes sur Londres*
(1897). – *Journée de femmes; Alinéas* (1898).

OPINIONS.

JOSE MARIA DE HEREDIA. — Fille et femme de
poètes, elle est poète aussi. Parmi ses *Impressions
de nature et d'art*, elle a jeté, comme des fleurs
entre les pages, des vers d'une grâce triste, d'une
couleur fine, d'une facture minutieuse et savante,
délicatement ouvragés.

[*Anthologie des Poètes français au* XIXᵉ *siècle* (1887-
1888).]

PHILIPPE GILLE. — Il peut paraître étrange que,
pour donner idée des vers d'un poète, on cite de sa
prose; c'est pourtant le meilleur moyen de faire
connaître la genèse du talent de Mᵐᵉ Alphonse

Daudet, talent qui se manifeste déjà, comme on pourra le constater, dans le volume qu'elle intitule : *Poésies.* «... Plus tard, je continuai, à des dates éloignées, et je griffonnai des vers comme un peintre des croquis, au bas d'un registre de comptes, au revers d'un devoir de mes enfants, ou de pages lignées d'une fine et serrée écriture qui s'est faite glorieuse.

«Ce petit volume a donc été composé inconsciemment, et peut s'attribuer à quelque élévation courte et subtile d'une pensée féminine vers ce qui n'est pas la tâche journalière ou l'obligation mondaine...»

Voilà de la prose exquise qui nous dispense, je crois, de citer les vers, non moins exquis, de Mᵐᵉ Daudet.

[*Causeries du mercredi* (1897).]

DAUPHIN (Léopold).

Raisins bleus et gris (1897). - *Couleur du temps* (1899). - *Pipe au bec*, (1900).

OPINION.

CHARLES GUÉRIN. — *Raisins bleus et gris :* Ils sont frais, clairs, translucides. M. Mallarmé nous les voulut bien présenter au bout de son thyrse. Oui, ils procureront une griserie mélancolique.

La mélancolie en est si douce, on croit voir entre leurs feuilles le sourire du cher disparu, Verlaine ; une rosée de larmes s'égoutte de leurs grappes...

Ils sont frais, clairs, translucides.

[*L'Ermitage* (juin 1897).]

DAUTEL (Albert).

Les Avrils (1896).

OPINION.

HENRI DE RÉGNIER. — M. Albert Dautel n'est pas naturiste. Ses *Avrils* ne sont pas d'un «penseur enivré» et sa préface n'est pas d'un penseur du tout. Elle semble touchante. Il y avoue quelques concessions au symbolisme : je les ai cherchées à travers le fatras qui compose le volume. Elles existent certainement dans une pièce appelée *l'Inutile Révolte.*

[*Mercure de France* (novembre 1896).]

DECLAREUIL (Joseph).

Prestiges (1892). - *Heures Bleues* (1895).

OPINION.

ALPHONSE GERMAIN. — A donné *Prestiges*, vers précieux et riches de tons où éclate. à chaque instant, la note *noir et or*, en si parfaite concordance avec son psychisme ; travaille aux *Heures Bleues.*

[*Portraits du prochain siècle* (1894).]

DEGRON (Henri).

Corbeille ancienne, poème avec racontars préalables d'Adolphe Retté (1895).

OPINIONS.

ADOLPHE RETTÉ. — *Corbeille ancienne :* Ce sont des villanelles émancipées et des sérénades en trilles de rossignol et des aubades en roucoulis de tourterelles et en gazouillis de rouges-gorges. Et le soleil éclate et des fleurs s'écroulent en cascades bariolées et parfumées... les rythmes de M. Degron gardent une souplesse tout à fait de bon aloi.

[*La Plume* (1895).]

EDMOND PILON. — M. Henri Degron appartient à cette génération de poètes en qui vivent des espoirs nouveaux. Aux voix des frères de sa vingtième année, il a su joindre sa personnelle chanson et unir aux hymnes déjà grandioses de plusieurs l'humble et exquise mélodie de ses pipeaux de pâtre... Je crois que ce pastourel a été un peu à l'école du Rève chez Shakespeare et Henri Heine, à celle des beaux vers chez Léon Cladel et Paul Verlaine, et c'est un peu pour cela que l'on ne pourrait définir absolument les endroits où il lui plaît de s'arrêter. Les fées et les lutins l'égarent. Hier, il chantait des barcarolles sur le Lido ; ce matin, il rythmait des pagaies rouges sur le fleuve jaune d'un Japon vert, et, pourtant, cette nuit, il errait dans Athènes, autour du palais de Thésée.

[*L'Ermitage* (septembre 1895).]

DEJOUX (François).

Blanchefleur et la Riviera (1894). - *Aissé*, cinq actes, en vers (1897). - *Saint-François d'Assise* (1897).

OPINION.

CHARLES FUSTER. — Il y a dans *Blanchefleur* et dans *la Riviera* beaucoup de piécettes personnelles, certes, et même dont l'accent, en sa sincérité, est même très particulier.

[*L'Année des Poètes* (1894).]

DELAIR (Paul). [1842-1894.]

Les Nuits et les Réveils, poésies (1870). - *Éloge d'Alexandre Dumas* (1872). - *La Voix d'en haut*, un acte, en vers (1872). - *Garin*, drame en cinq actes et en vers (1880). - *Le Fils de Corneille*, à - propos en vers (1881). - *Les Contes d'à présent* (1881). - *L'Aîné*, drame en cinq actes (1883). - *Le Centenaire de Figaro*, à-propos (1884). - *Apothéose*, un acte, en vers, à propos de la mort de Victor Hugo (1885). - *Louchon*, roman (1885). - *La Vie chimérique* (1893).

OPINIONS.

FRANCISQUE SARCEY. — M. Delair est un tout jeune homme qui avait fait un à-propos en vers pour la cérémonie que M. Ballande consacra à la mémoire d'Alexandre Dumas père. Cet à-propos était vraiment digne de cette distinction. Il pétillait de détails ingénieux et de beaux vers. J'ignore si M. Delair sera un poète dramatique. C'est à coup sûr un écrivain de grand mérite et dont l'avenir sera très brillant.

[*Le Temps* (3 juin 1872).]

André Lemoyne. — Le second volume de Paul Delair, *les Contes d'à présent*, est une œuvre sérieuse de maturité, où les fruits ont tenu la promesse des fleurs. L'ensemble offre à la fois quelque chose de salubre et de viril. De belles pensées graves, une pitié profonde pour les humbles et les petits, ont une certaine parenté avec les vers émus des *Pauvres gens*, de Victor Hugo,

[*Anthologie des Poètes français du xixᵉ siècle* (1887-1888).]

Alphonse Daudet. — Paul Delair, écrivain de grand talent, un peu confus parfois, mais avec des éclairs et de la grandeur, un poète.

[*Souvenirs d'un homme de lettres* (1888).]

DELAROCHE (Achille).

Aénor (1888). - *Les Jardins d'Adonis*, fragments (1890-1891).

OPINION.

Henri Degron. — Delaroche, qui, des premiers, porta haut la bannière de l'Idéalisme, me paraît le parfait chevalier-poète d'une époque belle entre toutes, où rois et pages étaient poètes, et dont, — par Durandal! — les rimes sonnaient sonores, comme le chant des boucliers!

[*Portraits du prochain siècle* (1894).]

DELARUE-MARDRUS (Mᵐᵉ Lucie).

Occident, poèmes (1900).

OPINIONS.

Tristan Klingsor. — Voici d'une femme, chose rare, un livre de beaux vers. Le titre en fut inspiré sans doute par l'antithèse qu'il fait avec ces merveilleuses *Mille et une nuits* d'Orient que nous donne le docteur Mardrus. Les poèmes en sont simples, d'une pensée douce et un peu grave, d'une forme et d'un rythme sûrs... Mᵐᵉ Lucie Mardrus peut être rangée au nombre des meilleurs poètes.

[*La Vogue* (novembre 1900).]

Pierre Quillard.—Sans doute, Mᵐᵉ Lucie Delarue-Mardrus fit sienne quelquefois la règle des Stoïques, ἀπέχου καὶ ἀνέχου, et elle en put épigraphier l'un de ses poèmes. Mais il ne faut point chercher en son livre seulement de fières paroles selon Épictète, et elle ne s'est pas enfermée en une doctrine immuable, mais au cours des saisons et des heures, — les saisons et les heures de toute une jeunesse, — elle a chanté son émotion immédiate, tout en demeurant maîtresse absolue de sa volonté en présence du monde; elle sait qu'une âme humaine, dans la fiction qu'elle se crée des êtres et des formes, est la principale collaboratrice, et que le véritable mystère est en elle, non dans les choses...

Si elle se laisse attrister par les présages de mort épars dans les bois et dans le ciel d'automne, c'est qu'elle y aura consenti, et elle ne sera point l'esclave même du Beau, ayant écrit ce vers doré :

Tâcher d'aimer le Beau sans être son amant.

La seule domination qu'elle tolère est l'impérieux appel de son génie :

C'est un dieu qu'on ignore et qui me survivra.

Le dieu, donc, a emprunté sa voix grave et forte,

et elle a dit les spectacles variés des choses et des hommes, toujours avec un accent presque mâle.

Mais comme les dieux sont faillibles, à l'image des simples mortels et des poètes qui les inventèrent, il advient que, parfois, Mᵐᵉ Delarue-Mardrus soit égarée par celui qui l'inspire et qui lui conseilla quelques afféteries peu dignes d'elle.

... Ce sont gentillesses qu'il faut dédaigner quand on a le droit, comme Mᵐᵉ L. Delarue-Mardrus, de saluer, à travers les siècles, la grande Sapphô.

[*Mercure de France* (décembre 1900).]

DELAVIGNE (Jean-François-Casimir). [1793-1843.]

Dithyrambe sur la naissance du roi de Rome (1811). - *Charles XII à Narva*, poème (1813). - *Sur la découverte de la vaccine*, poème (1815). - *Trois Messéniennes*, élégies sur les malheurs de la France (1818). - *Les Vêpres siciliennes*, théâtre (1819). - *Les Comédiens*, comédie (1820). - *Le Paria*, pièce (1821). - *Nouvelles Messéniennes* (1822). - *L'École des vieillards*, comédie (1823). - *Poésies diverses* (1823). - *Trois nouvelles Messéniennes* (1824). - *Messénienne sur lord Byron* (1824). - *Sept nouvelles Messéniennes* (1827). - *La Princesse Aurélie*, comédie (1828). - *Marino Falieri*, tragédie (1829). - *Nouvelles Messéniennes* (1830). - *La Parisienne*, hymne, musique d'Auber (1830). - *Messéniennes et poésies diverses* (1831). - *Louis XI*, drame (1832). - *Les Enfants d'Édouard* (1833). - *Don Juan d'Autriche*, comédie en prose (1835). - *Une Famille au temps de Luther*, tragédie en un acte, en vers (1836).- *La Popularité*, comédie en vers (1838). - *La Fille du Cid*, tragédie en cinq actes et en vers (1839). - *Messéniennes et Chants populaires* (1840). - *Le Conseiller rapporteur*, comédie en prose (1841). - *Charles VI*, opéra en collaboration avec Germain Delavigne (1843). - *Derniers chants*, poésies posthumes (1844). - *OEuvres complètes*, avec notice de G. Delavigne (6 volumes, 1845).

OPINIONS.

Théophile Gautier. — Quand on marche toujours sur le grand chemin, il est rare qu'on tombe. Icare et Phaéton sont tombés, mais du haut du ciel; c'est un malheur qui n'arrivera jamais à M. Delavigne. Son Pégase est un cheval sans ailes; il peut bien trotter et même galoper, mais il ne vole pas. M. Delavigne n'a pas l'audace qu'il faut pour enfourcher l'indocile Hippogriffe; mais, s'il court moins de risques, il ne voit pas non plus se déployer sous lui, comme une carte immense, la figure du monde et l'infini des horizons; il ne peut pas, au détour d'un nuage, entrer en conversation avec un ange qui monte, ni passer sa main dans les cheveux d'or des étoiles; le moindre mur, la plus petite colline bleue suffisent à masquer sa perspective... M. Delavigne, malgré sa réputation, n'est qu'un poète de second ou de troisième ordre... Sa respiration rythmique n'est pas libre; il a l'haleine courte et ne peut souffler un vers d'un seul jet. Il faut qu'il se reprenne; mais, pendant ce temps-là, la phrase en fusion se fige et perd sa ductilité; ce qui explique la quantité d'incidences, de juxtapositions et de soudures que l'on remarque dans la versification de M. Delavigne... Dans le monde des arts, il y a toujours au-dessous de chaque génie un homme de talent qu'on lui préfère; le génie est inculte, violent, orageux; il ne cherche qu'à se contenter lui-même et se soucie plus de l'avenir que du présent. L'homme de talent est propre, bien rasé, charmant, accessible à tous; il prend chaque jour la mesure du public et lui fait des habits à sa taille; tandis que le poète forge de gigantesques armures que les Titans seuls peuvent revêtir. Sous Delacroix, vous avez Delaroche; sous Rossini, Donizetti; sous Victor Hugo, M. Delavigne. A propos de Delaroche, sa peinture est la meilleure idée approximative qu'on puisse donner de la poésie de M. Delavigne; les tableaux du peintre sont d'excellents sujets de tragédie pour le poète, et les tragédies du poète seraient d'excellents sujets de tableaux pour le peintre; chez tous les deux, même exécution pénible et patiente, même couleur plombée et fatiguée, même recherche de la fausse correction et du faux dramatique. Il est impossible de rencontrer deux natures plus semblables; chez tous deux, le satin, la paille, la hache seront toujours rendus scrupuleusement avec une minutie hollandaise; il ne manquera à l'œuvre, pour être parfaite, que des éclairs dans les yeux et du souffle dans les bouches.

[*La Presse* (1839).]

VICTOR HUGO. — Quoique la faculté du beau et de l'idéal fût développée à un rare degré chez M. Delavigne, l'essor de la grande ambition littéraire, en ce qu'il peut avoir parfois de téméraire et de suprême, était arrêté en lui et comme limité par une sorte de réserve naturelle, qu'on peut louer ou blâmer, selon qu'on préfère dans les productions de l'esprit le goût qui circonscrit ou le génie qui entreprend, mais qui était une qualité aimable et gracieuse, et qui se traduisait en modestie dans son caractère et en prudence dans ses ouvrages.

[*Discours prononcé aux funérailles de Casimir Delavigne* (1843).]

ALFRED DE MUSSET. — ... Cette autre poésie et cet autre charme des *Vêpres siciliennes* et de l'*École des vieillards*, cette fermeté, cette pureté de style que Casimir Delavigne possédait si bien; cette faculté précieuse qui a fait dire à Buffon : «Le génie, c'est la patience!»

[*Discours d'inauguration prononcé au Havre* (9 août 1852).]

GUSTAVE PLANCHE. — Le style de *Louis XI* est quelque chose d'inouï et de merveilleux : c'est une sorte de poésie acrobatique, où l'alexandrin, entre deux rimes qui ne sont pas toujours sœurs, exécute, sans balancier, les évolutions et les pas les plus variés. Le poète a du velours et de la soie pour toutes les idées qu'il met en œuvre. Dans *Louis XI*, la périphrase règne en souveraine, le sang et le cadavre sont ennoblis, rien ne s'appelle par son nom, la cheville, toujours présente au premier vers, reparaît souvent au second.

[*Portraits littéraires* (1853).]

PIERRE MALITOURNE. — L'œuvre lyrique de Casimir Delavigne ne lui constitue, en résumé, qu'un rang secondaire entre les maîtres de ce genre qui ont surgi un peu après lui, et qui l'ont promptement effacé. L'ensemble de ses compositions dramatiques, quoique dénué d'un vrai cachet d'originalité, demeure néanmoins individuel dans son laborieux éclectisme.

[*Les Poètes français*, recueil publié par Eug. Crépet (1861-1863).]

NETTEMENT. — Casimir Delavigne a su rarement se dégager de cet esprit voltairien ou philosophique qui est devenu le moule de son esprit, et ce moule étroit a étouffé en lui l'inspiration poétique dont il avait reçu le germe. Aussi ses admirateurs eux-mêmes conviennent-ils que ses compositions manquent d'émotion et d'élan. Casimir Delavigne n'était qu'un versificateur élégant, minutieux et habile jusque dans le choix de ses sujets, qu'il prenait toujours dans l'ordre d'idées dont la vogue lui promettait un succès facile.

[*Poètes et artistes contemporains* (1862).]

J. BARBEY D'AUREVILLY. — Casimir Delavigne, très supérieur à Ponsard, avait déjà, bien avant lui, porté et senti sur son talent, sans grande vigueur pourtant, la flamme de cet astre du Romantisme qui se levait et qui n'était qu'à ses premiers feux.

[*Les quarante médaillons de l'Académie* (1863).]

SAINTE-BEUVE. — Byron, Walter Scott, Shakespeare, il ne s'inspirait d'eux tous que dans sa mesure. Jusque dans ce système moyen si bien mis en œuvre par lui, et qu'il faisait chaque fois applaudir, il avait conscience de sa résistance aux endroits qu'il estimait essentiels. Pourquoi ne pas tout dire, ne pas rappeler ce que chacun sait? Bienveillant par nature, exempt de toute envie, il ne put jamais admettre ce qu'il considérait comme des infractions extrêmes, à ce point de vue primitif auquel lui-même n'était plus que médiocrement fidèle; il croyait surtout que l'ancienne langue, celle de Racine, par exemple, suffit; il reconnaissait pourtant qu'on lui avait rendu service en faisant accepter au théâtre certaines libertés de style qu'il se fût moins permises auparavant et dont la trace se retrouve évidente chez lui, à dater de *Louis XI*.

[*Portraits contemporains* (1869).]

ÉDOUARD FOURNIER. — Tandis qu'il multipliait au grand jour, en s'en faisant gloire, les éditions de ses *Messéniennes*, si peu lisibles aujourd'hui, avec leur versification de l'Empire, où la phraséologie du rhéteur parle plus haut que le cœur du patriote, il cachait obscurément dans un recueil son admirable ballade l'*Âme du Purgatoire*; dans le coin d'une note, sa romance de *la Brigantine* où Mᵐᵉ Pauline Duchambre la découvrit pour la mettre en musique; et je ne sais où, son adorable pièce de *Néra*, que Scudo ramassait de même pour y appliquer une de ses plus pures mélodies.

[*Souvenirs poétiques de l'École romantique* (1880).]

JULES LEMAÎTRE. — J'ai parcouru les œuvres de Casimir Delavigne avec la sympathie qu'on a pour les esprits sages, adroits, tempérés, surtout quand on s'est résigné à n'être tout au plus qu'un de ceux-là. J'ai trouvé que l'*École des vieillards* ne manquait ni de vérité ni de force, et que la confes-

v.

sion de Louis XI à François de Paule était une scène singulièrement dramatique; et j'ai goûté, dans les *Poésies posthumes*, le rythme berceur et le charme gris des Limbes... Je n'avais pas lu *Une Famille au temps de Luther*, mais j'en avais d'avance une assez bonne opinion, et je comptais que la représentation serait pour le moins intéressante. Je me trompais, et j'en suis fâché. Si j'en avais le loisir, je chercherais quelque détour pour vous faire entendre, sans vous le dire, que nous nous sommes fort ennuyés... C'est au point que cette impression d'ennui est à peu près tout ce que j'ai retenu de la pièce.

[*Impressions de théâtre* (1888).]

EUGÈNE LINTILHAC. — *Le Paria* (1829), dont les chœurs sont fort beaux et annoncent la poésie des *Poèmes antiques* d'Alfred de Vigny; *Marino Faliero* (3o mai 1829), dont les audaces sont antérieures à celles d'*Hernani*, et en sont toutes voisines, puisque le poète s'y affranchit de l'unité de lieu et admet le mélange du comique dans le dialogue...; *Louis XI*, d'un effet si sûr à la scène; *les Enfants d'Édouard*, si adroitement découpés dans Shakespeare...

[*Précis historique et critique de la littérature française* (1895).]

DELBOUSQUET (Emmanuel).

En les landes (le lointain cor) [1896]. - *Églogues* (1897).

OPINION.

EDMOND PILON. — La poésie de M. Delbousquet est printanière et fraiche, inspirée le plus souvent par les spectacles de la Nature. Les églogues qu'il a publiées ont le parfum de terroir, qui ne trompe pas, et par quoi on reconnaît réellement, depuis Horace jusqu'à M. André Theuriet, les contemplateurs véritables et émus d'éternels et de divins paysages. Les vers de M. Delbousquet peignent à la fois la beauté des sites et l'harmonie des êtres qui y passent. Ce sont les miroirs très fidèles d'une belle âme ingénue.

[*L'Œuvre* (1896).]

DELPIT (Albert). [1849-1892].

L'Invasion, poème (1870). - *Robert Pradel*, pièce (1873). - *Jean-nu-pieds* (1875). - *Le Message de Scapin* (1876). - *La Vieillesse de Corneille*, à-propos en vers (1877). - *Le Fils de Coralie*, roman (1879). - *Le Mariage d'Odette* (1880). - *Les Dieux qu'on brise*, poème (1881). - *Le Père de Martial* (1881). - *La Marquise*, pièce en 4 actes (1882). - *Les Amours cruelles* (1884). - *Solange de Croix-Saint-Luc* (1885). - *Mademoiselle de Bressier* (1886). - *Thérésine* (1888). - *Disparu* (1888). - *Passionnément*, comédie en 4 actes (1891).

OPINION.

FRANCISQUE SARCEY. — M. Albert Delpit, qui est jeune et bouillant, a conté au jour le jour nos douleurs, nos rages, nos espoirs de vengeance, l'héroïsme de nos soldats et les trahisons de la fortune. La forme est trop souvent lâchée dans ces improvisations rapides, mais on y sent battre un cœur

chaud. Les vers sont pleins de sentiments généreux et de cris patriotiques. *L'Invasion* est un livre où les délicats et les puristes trouveront bien à reprendre, mais qui leur plaira à tous par la sincérité de l'accent et la vivacité du style.

[*Le Temps* (1870).]

DELTHIL (Camille).

Les Poèmes parisiens (1873). - *Les Rustiques* (1875). - *Les Martyrs de l'Idéal*, poème (1882). - *Les Lambrusques* (1884).

OPINIONS.

LÉON CLADEL. — Ce Quercy dont j'ai peint de mon mieux les êtres et les choses si bien magnifiés par mon plus vieil ami, Camille Delthil, le Cygne de Moissac.

[*Préface* à la *Poésie des Bêtes*, de François Fabié (1886).]

JULES TELLIER. — M. Camille Delthil est le « chantre » du Quercy. Ses *Rustiques* l'ont placé au nombre de nos meilleurs et de nos plus consciencieux poètes de la campagne. J'y note un *Moulin à vent* qui est simplement ravissant. Dans *les Lambrusques*, l'artiste est en pleine possession de lui-même et dans toute sa maturité.

[*Nos Poètes* (1888).]

DEMENY (Paul).

Les Glaneuses (1870). - *Les Visions* (1873). - *La Flèche de Diane*, comédie en un acte, en vers. - *Ivan le Terrible*, adaptions en 5 actes et en vers, d'après le comte Tolstoï.

OPINION.

AUGUSTE DORCHAIN. — Ses poésies se recommandent par la délicatesse et l'élévation des sentiments; on y rencontre un certain mysticisme, une inspiration romantique et une note patriotique très accentuée.

[*Anthologie des Poètes français du xixᵉ siècle* (1887-1888).]

DENISE (Louis).

La merveilleuse doxologie du lapidaire (1893).

OPINIONS.

REMY DE GOURMONT. — Louis Denise dont les vers sont si suggestifs d'au delà.

[*Enquête sur l'évolution littéraire*, p. 140 (1891).]

CAMILLE DE SAINTE-CROIX. — Nul de ses vers qui ne soit archiplein; et, s'ils sont encore peu nombreux, c'est que Louis Denise, rétif aux sollicitations de l'Esprit facile, profondément scrupuleux, n'a jamais voulu rien émettre qui ne soit pas de lui,

[*Portraits du prochain siècle* (1894).]

DENNE-BARON (Pierre-Jacques-René). [1780-1854.]

Héro et Léandre (1806). - *Élégies de Properce* (1813). - *La Nymphe Pyrène*, ode suivie d'autres pièces (1823). - *Les Fleurs poétiques*

(1825). – *Traduction en prose d'Anacréon* (1841). – *Traduction en vers du Corsaire de Byron* (1841).

PHILARÈTE CHASLES. — Souvent remarqué par les critiques et apprécié de la partie saine du public, ce poète, dont les premiers pas avaient été contrariés par la Révolution, eut à subir en outre les conséquences non moins fatales pour son talent d'un changement de mode littéraire. La muse grecque l'avait nourri de son miel et bercé de ses caresses, lui avait inspiré son premier et excellent ouvrage, *Héro et Léandre*.

[*Dictionnaire de la conversation* (1858).]

SAINTE-BEUVE. — Denne-Baron lui-même qu'était-il et quel rôle pourrait-on lui assigner, en le nommant, dans une histoire de la poésie française au XIXᵉ siècle? Il a été un précurseur : il a eu en lui quelque chose d'André Chénier, alors peu connu et presque inédit; il a eu quelque chose de Lamartine. Nous savons par cœur *le Lac*, cette divine plainte de ce qu'il y a de fugitif et de passager dans l'amour. Denne-Baron, dans une pièce lyrique qui semble avoir été composée avant *le Lac*, a rendu à sa manière un soupir né du même sentiment. L'ode est intitulée : *A Daphné sur la fuite de ses charmes;* c'est une consolation tirée de la ruine des empires et des changements insensibles des choses de la terre.

[*Causeries du lundi* (1870).]

CHARLES ASSELINEAU. — Le mérite de M. Denne-Baron, son titre de gloire, est dans ses traductions, dans sa traduction de Properce principalement, et en général dans sa coopération à ce grand travail de style et de recomposition qui, au commencement du siècle, a préparé la renaissance de la poésie lyrique en France.

[*Bibliographie romantique* (1872).]

DEPONT (Léonce).

Sérénités (1897).

ANDRÉ THEURIET. — En première ligne, je vous présente M. Léonce Depont, l'auteur des *Sérénités*, pur, grave et noble livre, qui est, on le sent, le résultat d'un long travail, d'un choix sévère parmi beaucoup de pages condamnées. Partout, ici, vous rencontrerez une haute et sérieuse pensée, un style ample et sûr.

[*Le Journal* (7 octobre 1897).]

DÉROULÈDE (Paul).

Juan Strenner, drame en un acte et en vers (1869). – *Les Chants du soldat* (1872). – *Les Nouveaux chants du soldat* (1875). – *L'Hetman*, drame en cinq actes et en vers (1877). – *La Moabite*, drame en cinq actes et en vers (1880). – *Les Marches et Sonneries* (1881). – *De l'Éducation nationale* (1882). – *Monsieur le Uhlan et les Trois couleurs* (1884). – *Le Premier grenadier de France* (1886). – *Le Livre de la Ligue des pa-*

triotes (1887). – *Refrains militaires* (1888.) – *Histoire d'amour*, roman (1890). – *Messire Duguesclin*, pièce en trois actes et en vers (1895). – *Poésies militaires* (1896). – *La Mort de Hoche*, drame en prose en quatre actes (1898). – *La plus belle fille du monde*, conte dialogué en vers libres (1898).

FRANCISQUE SARCEY. — M. Déroulède est tout jeune; il a de l'esprit, il manie l'alexandrin avec facilité; il a écrit son *Juan Strenner* avec un soin infini de la forme; les tirades abondent en vers aisés et spirituels.

[*Le Temps* (1869).]

PAUL STAPFER. — Il y a un poète encore plus soldat que littérateur, et qui justement, pour ce motif, a trouvé la vraie note guerrière : c'est M. Paul Déroulède. Son petit livre mérite d'être distingué.

[*Le Temps* (13 avril 1873).]

ARMAND DE PONTMARTIN. — La poésie de Paul Déroulède est prise dans les entrailles mêmes des sujets qu'elle traite; elle en a les ardeurs, les fiertés, les tristesses viriles, l'humeur guerrière, le patriotisme invincible. Elle reste militante quand le pays ne se bat plus; elle est l'intrépide sentinelle des lendemains de la défaite. C'est une poésie toute d'action, conçue dans la douleur, née dans l'orage, familiarisée dès le berceau avec l'odeur de la poudre, le sifflement des obus et le bruit du canon, ayant eu pour langes le lambeau d'un drapeau troué de balles ou le linceul d'un mobile mort en criant : «Vive la France!».

[*Nouveaux Samedis* (1865-1875).]

PAUL DE SAINT-VICTOR. — Le talent est grand, mais l'inspiration est plus haute encore. Le poète se soucie moins de ciseler ses vers que de les tremper. Leur éclat est celui des armes, leur cadence semble réglée sur celle d'une marche guerrière. Il n'entre que du fer dans les cordes de cette lyre martiale; c'est de l'héroïsme chanté.

[Cité dans *Les Hommes d'aujourd'hui*.]

GUSTAVE LARROUMET. — Je suis de ceux qui, en 1872, lurent avec émotion les *Chants du soldat*. Saignants comme notre patriotisme, fiers de la patrie et confiants en elle, tandis que l'ennemi vainqueur campait encore sur notre sol, ils étaient écrits dans une chambre de sous-lieutenant, par un poète qui venait de se battre, par un frère blessé en sauvant son frère, par un jeune homme qui, riche, épris de littérature et pouvant compter sur de prompts débuts, préférait, à cette carrière facile, l'honneur laborieux de son métier d'occasion. Ainsi le jeune officier commençait sa carrière aussi bien que Vauvenargues et mieux que Vigny. Le poète, incomplet et inégal, se rattachait aussi peu que possible, à l'école alors régnante des Parnassiens. Il savait mal son métier; ses rimes étaient pauvres et, parfois, se réduisaient à la simple assonance. Il y avait de l'à peu près dans ses termes, et au lieu du sens net et plein qu'exigent les vers, de médiocres équivalences. Mais l'inspiration, haute et sincère, dominait et emportait ses faiblesses. Dans ce petit livre, que terminait un appel éloquent à

Corneille, les accents cornéliens ne manquaient pas...

Vous retrouverez dans les *Chants du paysan* l'impression des *Chants du soldat*, le même patriotisme et la même flamme; et aussi la même supériorité de la pensée sur l'expression, quoique celle-ci soit souvent neuve et pleine. C'est un vrai poète qui a trouvé cette comparaison devant une carte de France :

> Et les contours sacrés de son vieux territoire
> Comme un portrait d'aïeul sont fixés dans mes yeux.

[*Études de littérature et d'art* (1895).]

JOACHIM GASQUET. — Un jour d'hiver, nous étions bloqués par les neiges dans l'un des forts de la Corniche. Un exemplaire des *Chants du soldat* traînait sur un lit de la chambrée. Un sergent, je crois, l'avait oublié là. A cette époque, comme beaucoup de jeunes intellectuels, je méprisais les vers de M. Paul Déroulède, ne les ayant jamais entendus que braillés par des commères tricolores de café-concert. Pourtant, je pris le livre. Ma surprise fut profonde. Dans cette casemate, au milieu de ce paysage de la Turbie, où Banville lui-même chanta jadis son amour du laurier, parmi ces braves gens qui fumaient, dormaient ou jouaient aux cartes autour de moi, et que j'avais lentement appris à connaître depuis trois ou quatre mois, les mots, même les plus simples, avaient pris un nouveau sens, plus vivant, plus humain, s'étaient gonflés pour moi d'une sève nouvelle, d'une substance plus française, plus noble et plus populaire à la fois. Je m'en aperçus en lisant. Tout ce qu'il y a de sang gaulois dans le cœur du petit livre de M. Paul Déroulède battait soudain entre mes mains et dans ma voix avec le rythme tout populaire de ces vers :

> Il fait nuit; la diane a sonné, tout s'éveille;
> Les hommes sont sortis des tentes qu'on abat;
> La soupe est sur le feu, le vin dans la bouteille.
> Et, chantant et riant à la flamme vermeille,
> Ces diables de Français commencent leur sabbat,
> C'est le joyeux lever d'un matin de combat...

Je récitais ces vers à haute voix. Mes camarades se groupèrent autour de mon lit. Et, ce jour-là, nous comprimes toute la force de notre métier. Les vers, vierges de toute littérature, étaient allés droit à l'âme des simples, et, grâce à ses chants modestes, tous ces braves gens s'étaient sentis soudain liés à la vie de leurs compagnons, à l'avenir de leur régiment, aux destinées de leur pays. Je le vis à leurs regards, en écoutant les conversations qui suivirent et à la joyeuse fraternité qui ne cessa depuis d'emplir notre chambrée.

[*Le Pays de France* (février 1900).]

DÉSAUGIERS (Marc-Antoine). [1772-1827.]

Chansons et poésies diverses de Marc-Antoine Désaugiers, convive du Caveau moderne (1827 et 1858).

OPINIONS.

BERNARD JULLIEN. — Ce qui distingue éminemment les chansons de Désaugiers, et toutes ses productions, c'est la verve, le naturel, la bonne et franche gaîté, la peinture vraie et plaisante des mœurs et des ridicules de tous les états, souvent aussi une fécondité singulière pour tirer une mul-

titude de pensées d'un fond qui ne semblait pas les comporter.

[*Histoire de la poésie française à l'époque impériale.*
2 vol. (1844).]

CHARLES NODIER. — Le ciel, qui lui avait donné le génie d'Anacréon, lui en devait peut-être aussi les cheveux blancs... Désaugiers, si heureusement inspiré par le plaisir, avait aussi des chants pour la sagesse. Sa philosophie élégante et presque voluptueuse d'Aristippe et de Platon n'a rien à envier aux Muses... La haine a respecté sa conduite, comme l'envie a respecté son talent. Malin sans méchanceté, il a fait rire aux dépens de tout et ne s'est jamais permis de faire rire aux dépens de personne. On ne saurait lui reprocher une seule épigramme.

[*Revue de Paris* (1850).]

ERNEST RENAN. — Désaugiers, si inférieur à Béranger sous le rapport de la portée d'esprit, me semble un bien meilleur chansonnier, car il n'a pas d'arrière-pensée, sa gaîté est bien la vieille gaîté sans conséquence.

[*Le Journal des Débats* (17 décembre 1859).]

HIPPOLYTE BABOU. — Tonin Désaugiers n'est qu'un Boufflers d'arrière-boutique, un épicurien de comptoir ou de bureau, qui, de ses voyages en Amérique, n'a pas rapporté de plus belle découverte que la suivante :

> J'ai, par terre et sur l'onde,
> Visité l'étranger,
> Dans tous les coins du monde
> Où j'ai pu voyager
> J'ai vu boire et manger,

qui, de son contact avec les événements et les hommes, n'a retiré, pour règle de sa vie, que cette maxime de philosophie et de morale :

> Aimons bien, buvons bien, mangeons bien.

[*Les Poètes français*, recueil publié par Eug. Crépet (1861-1862).]

LAMARTINE. — Désaugiers, contemporain de Béranger, délire plus sincèrement; il est ivre lui-même de l'ivresse de verve qu'il répand à plein verre autour de lui; le plaisir est la seule politique de cet Anacréon de Paris.

[*Cours familier de littérature* (1856-1868).]

J. BARBEY L'AUREVILLY. — Désaugiers est le premier chansonnier de France, incomparable et sans rival. Il a le génie de la chanson quand Béranger n'en a que le talent. Il est tout verve, rondeur, élan, *furia* française dans la gaîté. Il a beau être gourmand et ivrogne, c'est une âme!

[*Le Nain Jaune* (1864).]

SAINTE-BEUVE. — Je puis assurer les élégiaques et les rêveurs que Lamartine, qui effleura cette vie de l'Empire dans sa jeunesse, apprécie fort et sait très bien rappeler à l'occasion certaines des plus belles chansons de Désaugiers.

[*Portraits contemporains* (1869).]

DESBORDES-VALMORE (Marceline-Félicité-Joséphine DESBORDES, dame LANCHANTIN, *dite*). [1786-1859.]

Élégies et Romances (1818-1819). - *Élégies et Poésies nouvelles* (1825). - *Poésies inédites*

(1829). – *Album du jeune âge* (1829). – *Les Pleurs*, précédés d'une préface d'Alexandre Dumas (1833). – *Pauvres fleurs* (1839). – *L'Inondation de Lyon* (1840). – *Contes en vers pour les enfants* (1840). – *Poésies*, précédées d'une préface de Sainte-Beuve (1842). – *Bouquets et Prières* (1843). – *Poésies inédites*, réédition (1860). – *Les Poésies de l'enfance*, réédition (1881). – *OEuvres choisies*, avec préface d'Auguste Lacaussade (1886-1887). – *Correspondance intime*, 2 vol. (1896).

OPINIONS.

ALEXANDRE VITET. — Dans aucun recueil de vers modernes, nous n'avons si souvent rencontré des mots sacrés; mais jamais aussi nous ne les avons vu profaner d'une manière aussi affligeante. D'autres ont parlé dans leurs vers de Dieu, de Jésus-Christ et des anges, mais à titre de poésie, sans conséquence mauvaise ni bonne; et cela même était triste. Les poésies de Mᵐᵉ Desbordes-Valmore sont remplies de ces grands noms; le dernier surtout y est prodigué à un point qui frappe tout le monde et appliqué comme aucune femme ne s'en était encore avisée; c'est que le ciel seul lui fournit des images proportionnées à une passion qui n'est qu'une perpétuelle apothéose :

> Dieu, c'est toi pour mon cœur; j'ai vu Dieu, je t'ai vu!
> Et lui, mon Dieu, si ce n'est pas toi-même,
>   Malheur à moi!

Ce sont là de grandes impiétés et mieux vaudrait cent fois l'absence de toute allusion aux idées religieuses qu'une aussi déplorable profanation.

[*Le Semeur* (1833).]

SAINTE-BEUVE. — Elle et lui, Lamartine et Madame Valmore ont de grands rapports d'instincts et de génie naturel : ce n'est point par simple rencontre, par pure et vague bienveillance, que l'illustre élégiaque a fait les premiers pas au-devant de la pauvre plaintive; toute proportion gardée de force et de sexe, ils sont l'un et l'autre de la même famille de poètes.

[*Portraits contemporains* (1855).]

LAMARTINE. — A Madame Desbordes-Valmore :

> . . . .
> Sous une voile dont l'orage
> En lambeaux déroulait les plis,
> Je voyais le frêle équipage
> Disputer son mât qui surnage
> Aux coups des vents et du roulis.
> . . . .
> Cette pauvre barque, ô Valmore,
> Est l'image de ton destin.
> La vague, d'aurore en aurore,
> Comme elle te ballotte encore
> Sur un Océan incertain.
> . . . .

[*Cours familier de littérature* (1856-1868).]

J. MICHELET. — Mon cœur est plein d'elle. L'autre jour, en voyant *Orphée*, elle m'est revenue avec une force extraordinaire et toute cette puissance d'orage qu'elle *seule* a jamais eue sur moi.

Que je regrette de lui avoir si peu marqué, de son vivant, cette profonde et unique sympathie!...

Je ne l'ai connue qu'âgée, mais plus émue que jamais, troublée de sa fin prochaine, et (on aurait pu le dire) ivre de mort et d'amour.

[*Lettre* du 25 décembre 1859.]

CHARLES BAUDELAIRE. — Je rêve à ce que me faisait éprouver la poésie de Madame Valmore quand je la parcourus avec ces yeux de l'adolescence qui sont, chez les hommes nerveux, à la fois si ardents et si clairvoyants. Cette poésie m'apparaît comme un jardin, mais ce n'est pas la solennité grandiose de Versailles; ce n'est pas non plus le pittoresque vaste et théâtral de la savante Italie qui connaît si bien l'art d'*édifier les jardins* (*œdificat hortos*); pas même la *Vallée des flûtes* ou le *Ténare* de notre vieux Jean-Paul. C'est un simple jardin anglais, romantique et romanesque. Des massifs de fleurs y représentent les abondantes expressions du sentiment. Des étangs, limpides et immobiles, qui réfléchissent toutes choses s'appuyant à l'envers sur la voûte renversée des cieux, figurent la profonde résignation toute parsemée de souvenirs. Rien ne manque à ce charmant jardin d'un autre âge...

[*Les Poètes français*, recueil par Eug. Crépet (1861-1863).]

THÉODORE DE BANVILLE. — Ne me demandez pas comment, née à une époque où la poésie s'était faite romance et chantait les hussards vêtus d'azur, — où les robes étaient, comme dans *Marie*, des «robes de bergère», cette muse, cette femme amoureuse et désolée, n'a pu être entachée par le ridicule environnant : ceci prouve seulement que le génie est une flamme pure, inextinguible, qui redonne à tout sa splendeur native! Oui, dans le premier et célèbre portrait, malgré la robe de moyen âge de pendule, malgré la coiffure à la Ninon, malgré la lyre venue de chez le luthier, la grande Marceline, avec ses beaux yeux enflammés et humides, avec ce front droit et ces sourcils fièrement tracés, avec ce nez si caractérisé, aux bosses hardies et spirituelles, avec ce menton pointu, finement pensif, ces lèvres épaisses et si arquées, ce col énergique, attire, charme et retient le regard, qui se sent en face d'une pensée et d'une âme. Et plus tard, dans le célèbre médaillon de David, vue de profil, — avec les mêmes traits, mais devenus si sérieux et si calmes, avec la grande paupière baissée, avec cette chevelure toujours courte qui s'arrange en masses, dignes de la statuaire, — comme à ce moment-là elle est épique et vraiment imposante! Alors elle a laissé échapper tous les sanglots, toutes les larmes de son cœur déchiré, et pâle, austère, silencieuse, elle se repose un instant d'avoir loyalement exhalé vers les cieux tant de cris immortels, tant de plaintes désespérées!

[*Camées parisiens* (1866).]

VICTOR HUGO. — ... Vous êtes la femme même, vous êtes la poésie même. — Vous êtes un talent charmant, le talent de femme le plus pénétrant que je connaisse...

[Cité par Sainte-Beuve, *Mᵐᵉ Desbordes-Valmore, sa vie et sa correspondance* (1870).]

ALFRED DE VIGNY. — Le plus grand esprit féminin de notre temps.

[Cité par Sainte-Beuve, *Mᵐᵉ Desbordes-Valmore, sa vie et sa correspondance* (1870).]

AUGUSTE LACAUSSADE. — C'est dans l'élégie que Mᵐᵉ Valmore se révèle tout entière, dans l'originalité de sa nature et de son talent. Là, nulle trace de réminiscence, nulle trace des influences d'alentour; forme et fond, tout y est bien elle et rien qu'elle, le cœur à nu, l'âme palpitante sous le coup de foudre de la passion... l'élégie était le vrai domaine lyrique de Mᵐᵉ Valmore, le champ d'inspirations où son expansif et doux génie se donnait carrière.

[Commentaire aux poésies de Marceline Desbordes-Valmore, édition Lemerre (1886-1887).]

Comte ROBERT DE MONTESQUIOU-FEZENSAC. — La vraie Valmore à édifier et déifier est une Valmore de vers, de ses vers groupés à l'entour de son nom en la délicate élite et la délicieuse prédilection d'une dédicace réversible... Telles pièces sont plus parfaites, plus délibérément réussies, mais qu'on n'oserait guère déclarer plus que d'autres adéquates à leur visée, mieux moulées sur nature. Fût-ce les trop célèbres *romances*, plusieurs drôlement datées et démodées et pour lesquelles l'indulgence tourne presque à du goût. «Dans Shakespeare, j'admire tout comme une brute», fait un dire célèbre de Victor Hugo. Dans Valmore faudrait-il varier? J'aime tout comme une âme; d'amant? non, d'enfant.

[*Félicité* (1894).]

SULLY PRUDHOMME :

Au pied du vert laurier, la Muse, un jour, pleurait.
«Ah! que ma gloire est loin de sa candide aurore,
«Quand, sur le luth nouveau, le cœur novice encore
«Cherchait l'être naïf de son tourment secret!

«Qui donc les lui rendra les accords sans apprêt.
«Les cris jumeaux des siens dans la fibre sonore?»
— Comme un appel sacré, Marceline Valmore,
Tu la sentis dans l'ombre exhaler ce regret...

Tel un saule épuisé, relique d'un autre âge,
Que remue et soudain ranime un vent d'orage,
Le grand luth soupira tout entier palpitant!

Ce long soupir, mouillé d'une larme qui tremble,
Ma sœur, c'était ton âme, où l'âme humaine entend
Vers l'infini gémir tous les amours ensemble.

[*Monument de Marceline Desbordes-Valmore* (1896).]

ANATOLE FRANCE. — Disons tout de suite qu'elle était douée entre toutes les femmes pour aimer et souffrir, et montrons ses premières douleurs, ses premières blessures, avec respect, comme la source cachée d'où coula un flot abondant et pur de poésie... Faible, elle obsédait les puissants pour leur arracher des grâces. Ainsi elle mérita d'être appelée, comme l'a fait Sainte-Beuve, «l'âme féminine la plus pleine de courage, de tendresse, de miséricorde». Elle était en sympathie avec toute la nature; ce fut son don précieux, et c'est par là qu'elle fut poète...

[*Discours prononcé à Douai, pour l'inauguration du monument de Marceline Desbordes-Valmore*, le 13 juillet 1896).]

MARCEL PRÉVOST. — Marceline Desbordes-Valmore incarne le type classique de la femme française, lettrée et *sensible*, de son temps. Goût de l'amour, dès l'enfance, avant même de se douter de ce qu'est l'amour; sentiment un peu sanglotant de la nature; aspiration à se dévouer sans relâche, avec un secret contentement de souffrir pour son dévouement; félicité de la meurtrissure sentimentale, optimisme extraordinairement vivace, abrité du scepticisme comme par une ouate de mélancolie douce... Ajoutez

à ces dons naturels la vie la plus romanesque, romanesque jusqu'à l'invraisemblable, une gageure du destin tenue et gagnée contre les caprices de l'imagination : l'héritage sacrifié à la foi religieuse, les voyages tragiques, la guerre, la tempête, la séduction, l'abandon, le théâtre avec le succès d'abord, et bientôt la perte de la voix, la misère, la mort de l'enfant adoré, de quoi défrayer vingt romans conçus avec quelque économie. L'échappement sur la littérature était inévitable. Marceline fut donc poète par la force expansive de sa sensibilité.

[*Le Journal* (13 juillet 1896).]

GEORGES RODENBACH. — Marceline Valmore est la plus grande des femmes françaises. À ceux qui insistent, aujourd'hui, sur l'infériorité des femmes, sur leur incapacité foncière et pour ainsi dire organique, il suffit de répondre par ce nom-là, une femme tout uniquement de génie, mieux que George Sand, trop consacrée, et qui, vraiment, ne fut, elle, qu'un homme de lettres.

[*L'Élite* (1899).]

DESCHAMPS (Antoine-François-Marie, *dit* ANTONY). [1800-1869.]

La Divine Comédie, du Dante, traduite en vers français (1829). - *Trois Satires politiques* (1831). - *Résignation* (1839). - *Poésies d'Émile et d'Antony Deschamps*, nouvelle édition revue et augmentée (1841). - *La Jeune Italie* (1844).

OPINIONS.

THÉOPHILE GAUTIER. — Antony Deschamps imita avec bonheur l'austère allure du style dantesque et peignit dans ses *Italiennes* le pays des chênes verts et des rouges terrains avec le contour net de Léopold Robert et la solide couleur de Schnetz.

[*Rapport sur le progrès des lettres*, par MM. Sylvestre de Sacy, Paul Féval, Th. Gautier et Éd. Thierry (1868).]

D. BONNEFON. — Il a surtout cultivé avec succès l'élégie; ce genre convenait mieux que tout autre à son caractère mélancolique. On y sent un cœur ému et, lorsqu'il nous parle de ses douleurs, qui ont été grandes, il excite notre intérêt et notre sympathie.

[*Les Écrivains modernes de la France* (1873).]

AUGUSTE BARBIER. — Ses vingt chants du Dante que personne n'a surpassés, comme expression du style et du caractère poétique du grand maître, quelques paysages italiens vrais et colorés, trois ou quatre vigoureuses satires politiques et surtout ses élégies, cris de souffrances pendant des heures de maladie, et qu'on a si bien nommées un *requiem de la douleur*, laisseront certainement trace dans la mémoire des vrais lettrés.

[*Souvenirs personnels* (1883).]

MAURICE TOURNEUX. — Antony Deschamps n'a produit qu'un petit nombre d'œuvres d'une inspiration mélancolique et d'une forme très personnelle.

[*La grande Encyclopédie* (1892).]

DESCHAMPS (Émile). [1791-1871.]

La Paix conquise, ode (1812). – *Selmour et le tour de faveur*, comédie en vers, en collaboration avec H. de Latouche (1818). – *Le Jeune-Moraliste*, poème (1826). – *Les Études françaises et étrangères*, avec préface de l'auteur, poésies (1828). – *Roméo et Juliette*, traduction (1829). – *Poésies d'Émile et d'Antony Deschamps*, nouvelle édition revue et augmentée (1841). – *Macbeth*, traduction en collaboration avec Alfred de Vigny (1848). – *Contes physiologiques* (1854). – *Réalités fantastiques* (1854). – *Œuvres complètes* (1872-1874).

OPINIONS.

Auguste Desplace. — M. Émile Deschamps est un de ces poètes qui valent mieux que leur œuvre; d'où il ne faudrait pas conclure son œuvre soit sans distinction et sans mérite. Mais combien de talents qui ont perdu l'occasion de donner toute leur mesure!

[*Galerie des Poètes vivants* (1847).]

Lamartine. — Émile Deschamps, écrivain exquis, improvisateur léger quand il était debout, poète pathétique quand il s'asseyait, véritable pendant en homme de Madame de Girardin en femme, seul capable de donner la réplique aux femmes de cour, aux femmes d'esprit comme aux hommes de génie.

[*Cours familier de littérature* (1856-1868).]

Édouard Fournier. — Victor Hugo avait déployé l'étendard de l'école nouvelle; Émile Deschamps (dans la préface des *Études françaises et étrangères*) le lui prenait des mains pour ne pas le porter moins haut.

[*Souvenirs personnels* (1880).]

Auguste Barbier. — Comme poète, il avait peu d'invention et de sentiment, mais une facture de vers remarquable, une grande habileté dans la connaissance et le maniement des rythmes lyriques; ses poésies légères, voltairianisme un peu romantisé, et son petit poème de *Florinde*, tiré du *Romancero*, resteront comme des œuvres pleines de grâce et d'habileté.

[*Souvenirs personnels* (1883).]

DES ESSARTS (Alfred). [1813-1893.]

Les Chants de la Jeunesse; Le Livre des Pleurs (1847). – *La Comédie du monde* (1851). – *La Guerre des frères* (1867). – *De l'aube à la nuit* (1882).

OPINION.

Alfred des Essarts se jeta vers 1832 dans le mouvement de l'école romantique, à laquelle il est demeuré fidèle, tout en ayant modifié et perfectionné sa facture depuis l'évolution marquée par *la Légende des siècles*. Écrivain fécond et soigneux, en même temps romancier, auteur dramatique, poète, M. des

Essarts a touché à tous les genres avec une remarquable souplesse de talent.

[*Anthologie des Poètes français du xixᵉ siècle* (1887-1888).]

DES ESSARTS (Emmanuel).

Poésies parisiennes (1862). – *Les Élévations* (1864). – *Les Voyages de l'Esprit*, critiques (1869). – *Origines de la poésie lyrique en France au xviᵉ siècle* (1873). – *Les Prédécesseurs de Milton* (1875). – *Du Génie de Chateaubriand* (1876). – *Éloge de la Folie*, d'Érasme, traduction (1877). – *Poèmes de la Révolution* (1879). – *Portraits de maîtres* (1888).

OPINIONS.

Sainte-Beuve. — Emmanuel des Essarts, que son nom oblige, fils de poète, un de mes élèves à l'École normale, et qui sait allier la religion de l'antiquité aux plus modernes ardeurs. Il a déjà donné deux recueils, les *Poésies parisiennes* et, en dernier lieu, les *Élévations*. Les sensations, les nobles désirs, les aspirations généreuses y débordent; le jeune auteur voudrait tout réunir, tout embrasser.

[*Nouveaux lundis. De la poésie en 1865.*]

Théophile Gautier. — Nourri de l'antiquité grecque et latine, des Essarts la mélange dans les proportions les plus heureuses avec la modernité la plus récente. Parfois la robe à la mode dont sa muse est revêtue dans les *Poésies parisiennes* prend des plis de tunique et appelle quelque chaste statue grecque. Le beau antique corrige à propos le joli et l'empêche de tourner au coquet...

Dans les *Élévations*, l'auteur peut laisser ouvrir à son lyrisme des ailes qui se seraient brûlées aux bougies d'un salon; il vole à plein ciel, chassant devant lui l'essaim de strophes et ne redescend que sur les cimes.

[*Rapport sur le progrès des lettres*, par MM. Sylvestre de Sacy, Paul Féval, Théophile Gautier et Ed. Thierry (1868).]

Paul Stapfer. — Il est étrange que le huitain de Villon, d'un charme si pénétrant, d'une musique si douce et si expressive, ait été abandonné presque sans retour dès le temps de François Iᵉʳ; M. Emmanuel des Essarts a employé ce rythme une fois avec bonheur dans ses aimables *Poésies parisiennes*, mais en le compliquant d'une difficulté inutile.

[*Le Temps* (28 mars 1873).]

Émile Faguet. — L'Odéon a commémoré (au souvenir de Molière) par une pièce très soignée, due à la plume experte de M. Emmanuel des Essarts et intitulée : *L'Illustre Théâtre*. C'est l'histoire, parfaitement imaginaire, je crois, mais fondée sur une légende recueillie par Grimarest, d'un certain Pourceaugnac qui, à Limoges, aurait monté une cabale contre Molière, dont il fut grièvement puni par la suite, comme vous savez. La légende n'a aucune authenticité; mais elle ne laisse pas d'avoir un peu de vraisemblance. Molière ne pardonnait pas, on le sait, avec une extrême facilité. Tant y a que l'on pouvait tirer de là un poème agréable et que M. des Essarts en est venu facilement à son honneur...

...Voilà qui est congrûment rimé et qui sent d'une lieue à la ronde son école parnassienne. On m'excusera sur mon âge d'en être charmé. Comme dit Chrysale :

Cela ragaillardit tout à fait mes vieux jours
Et je me ressouviens de mes jeunes amours.

[*Le Journal des Débats* (1900).]

DEVALDÈS (Manuel).

Hurles de haine et d'amour (1898).

OPINION.

GUSTAVE KAHN. — A côté de défauts d'exubérance qui ne sont pas les plus fâcheux à rencontrer chez un jeune homme, il y a là de la verve et de louables alliances de mots, et des notations de sensations qui seraient jolies si elles étaient plus condensées.

[*La Revue Blanche* (1898).]

DEVOLUY (Pierre).

Flumen, poème (1890).

OPINION.

RENÉ GHIL. — Pierre Devoluy, le poète de *Flumen*, un superbe poème évolutif.

[*Enquête sur l'Évolution littéraire*, par M. Jules Huret, p. 114 (1891).]

DIERX (Léon).

Aspirations poétiques (1858). – *Poèmes et Poésies* (1864). – *Lèvres closes* (1867). – *Les Paroles d'un vaincu* (1871). – *Poésies complètes* (1872). – *La Rencontre*, scène dramatique (1875). – *Les Amants* (1879). – *Poésies complètes*, corrigées et augmentées (1890).

OPINIONS.

STANISLAS DE GUAITA. — M. Dierx, — familier des bois jaunissants où s'accroît le mystère, sous un jour qui s'atténue par degrés, — est, avant tout, le poète crépusculaire et automnal. Dans le rythme grave de ses périodes, on entend sourdre la voix des fins de saison, — plaintive et toujours la même, néanmoins si captivante!... Et telle est l'impression à lire les *Lèvres closes*, que le tempérament de ce tendre matérialiste semble mentir aux rigueurs de sa philosophie.

[*Rosa Mystica*, préface (1885).]

CHARLES MORICE. — L'œuvre de M. Léon Dierx est très noble et très pure. Ce poète, que le succès, aussi peu quêté, a peu favorisé, durera, cher surtout aux jeunes poètes. Une mélancolique intelligence de la nature et de ses correspondances humaines, un art très harmonieux et d'un homme qui sent et pense. Comme dit très justement M. Mendès : «Je ne crois pas qu'il ait jamais existé un homme plus intimement, plus essentiellement poète que M. Léon Dierx».

[*Littérature de tout à l'heure* (1889).]

A. DE VILLIERS DE L'ISLE-ADAM. — Léon Dierx avait alors trente ans, à peu près. On avait représenté de lui un drame en un acte, en vers, *La Rencontre*, se résumant en trois scènes d'une donnée amère, mais laissant l'impression d'une très pure poésie. Nous avions connu Léon Dierx, autrefois, chez M. Leconte de Lisle. C'était un pâle jeune homme, aux regards nostalgiques, au front grave; il venait de l'île Bourbon, dont l'exotisme le hantait. En ses premiers vers d'une qualité d'art qui nous charma, Dierx disait le bruissement des *filaos*, la houle vaste où s'endormait son île natale, et les grandes fleurs qui en encensaient les étendues ; — puis, les forêts, les lointains, l'espace, et les figures de femmes, ayant des yeux merveilleux, *Les yeux de Nyssia*, par exemple, apparaissaient en ses transparentes strophes.

Avec les années, sa poésie s'est faite plus profonde. Sans l'inquiétude mystique dont elle est saturée, elle serait d'un sensualisme idéal. Bien qu'il devienne peu à peu célèbre dans le monde supérieur de l'art littéraire, ses livres : *Les Lèvres closes, la Messe du vaincu, les Amants, Poèmes et Poésies...* sont peu connus de la foule, — et je suis sûr qu'il n'en souffre pas.

C'est qu'en cette poésie vibrent des accents d'un charme triste, auquel il faut être initié de naissance pour les comprendre et pour les aimer; c'est que, sous ses rythmes en cristal de roche, ce rare poète, si peu soucieux de réclame et de «succès», connaît l'art de serrer le cœur; c'est qu'il y a, chez lui, quelque chose d'attardé, de mélancolique et de vague, dont le secret n'importe pas aux passants.

Et le fait est que la sensation *d'adieux*, qu'éveille sa poésie, oppresse par sa mystérieuse intensité; le sombre de ses *Rimes* et de ses *Arbres*, et de ses *Femmes* aussi, et de ses *Cieux* surtout! donnent l'impression d'un deuil d'âme occulte et glaçant. Ses vers, pareils à des diamants pâles, respirent un tel détachement de vivre, qu'en vérité... ce serait à craindre quelque fatal renoncement chez ce poète, si l'on ne savait pas que, tôt ou tard, les âmes limpides sont toujours attirées par l'espérance.

[*Chez les Passants* (1890).]

PAUL VERLAINE. — Où l'admiration se vit forcée parmi les compétents, ce fut à l'apparition des *Lèvres closes*, puis des *Amants*.

Le premier de ces volumes, très compact, contient des récits dont les uns remontent aux premiers âges du monde; d'autres ressembleraient à ce que le romantisme appelait des *mystères*; d'autres enfin sont tout modernes. Tout le monde qui lit a dans la mémoire le magnifique *Lazare* et

La grande forme aux bras levés vers l'Éternel.

Tout ce monde-là se rappelle également ces troublants paysages, les *Filaos*, souvenir de l'île natale, et ces *Automnes* où

Le monotone ennui de vivre est en chemin,

et ces pièces où le vers revient sans monotonie, forme toute nouvelle, car Baudelaire, qui lui-même a emprunté à Edgar Poë la réitération du vers, se borne, comme son modèle, à en faire un véritable refrain revenant toujours à la même place, tandis que Dierx promène, en écoliers buissonniers, plusieurs vers dans la même pièce, comme un improvisateur au piano qui laisse errer plusieurs notes, toujours les mêmes, à travers l'air qu'il a trouvé, ce qui produit un effet de vague d'autant plus délicieux que le vers de notre poète est particulièrement *fait* et très précis, toute flottante que **veuille** être parfois sa pensée, mystique et sensuelle.

[*Les Hommes d'aujourd'hui.*]

PAUL BOURGET. — M. Léon Dierx, d'une bien haute inspiration dans son *Lazare*, étrange et sombre poème où est évoquée la figure du ressuscité, incapable de se rendre à la vie, maintenant qu'il a vu la mort face à face.

[*Études et Portraits* (1894).]

GUSTAVE KAHN. — M. Léon Dierx est vraiment un admirable poète. Il n'y a nulle exagération à dire', et le disant on n'apprend rien à personne, qu'il est et demeurera une des plus hautes figures littéraires de notre temps, et par un très haut talent et par cette vie entièrement dédiée à la poésie, et à la plus hautaine.

En relisant ces deux tomes de poésies complètes (nous espérons bien que des vers nouveaux viendront encore augmenter sa gloire), on est surpris de l'initiale solidité de cette œuvre et de voir combien tout, après les années écoulées, reste debout, ferme et gracieux, combien les mélancolies de Dierx ont gardé toute la fraîcheur du décor sylvestre dont il s'est plu à les parer. Si quelques poèmes, emplis d'un lointain parfum d'arbres et de mers, nous montrent les étés des grandes îles de rêve, presque toujours le poète se promène dans une fastueuse allée de forêt, dans la forêt Ile-de-France, aussi belle et peuplée de songes que la mystique forêt des Ardennes. Et, se promenant dans cette allée de hauts arbres qui se rouillent, le poète évoque le grand accord des choses, non leurs larmes, il sait qu'elles n'en ont point, mais leur grand et unanime consentement à la langueur, leur appétit de nirvâna, leur désir de fusion dans la nuit, qu'y lisent ou que leur prêtent les grandes âmes teintes de tristesse contemplative. Léon Dierx est le poète de la forêt d'automne. Il y entend des cors graves et lointains, il saisit l'orgue, les lents murmures d'eau et des bruissements de feuilles. Par son vers, la forêt chante une hymne large; elle chante un mélancolique conseil, les surates d'un Coran de renoncement, le monotone enseignement de l'inconscient bibliquement proclamé, ainsi qu'en témoignera, tant qu'on aimera les beaux vers, le *Soir d'octobre*, où le monotone ennui de vivre est en chemin, avec telle magnifique escorte de fatigue des ciels et de douceur fanée des sons. Le poète vit aussi à de plus belles heures passer la *Nuit de juin* traînant

Le somptueux manteau de ses cheveux sur l'herbe.
. . . . ; . . . .
Comme sort du satin une épaule charnue,
La lune à l'horizon sort des nuages bruns,
Et plus languissamment s'élève large et nue

sur ce décor de silence velouté. Et cette âme de la nuit est encore une femme aux beautés magnifiques, mais un spectre silencieux. C'est une autre face de l'énigme des saisons si douces et si lourdes, si profondément sévères, de quels pampres ou de quelles corbeilles de fleurs qu'elles se parent extérieurement. Personne avant Dierx n'avait aussi bien vu, dans la plus saisissante métaphore qu'ait trouvée la nature, soit la splendeur floue des beaux soirs, vivant un instant, sur la rapide destruction quotidienne, ce contraste du dur déterminisme universel et des toilettes coquettes de ce vieil univers inso-

luble, couronnes de roses sur le front dur du sphinx.

[*La Revue Blanche* (1896).]

EDMOND PILON. — Notre grand poète (Paul Verlaine) n'est plus; avec présomption on va lui chercher, dans notre respect et notre admiration, quelqu'un digne de lui succéder. En vérité, il y aura beaucoup d'injustice dans cette enquête. S'il faut un poète divin, à force de modestie, et noble, à cause d'œuvres splendides et méconnues, j'élis tout de suite Léon Dierx.

[*La Plume* (février 1896).]

ADOLPHE RETTÉ. — M. Léon Dierx use des thèmes chers à ses émules : poèmes égyptiens, hindous, armoricains, un monceau de bas-reliefs romantiques exposés sous des vitrines impitoyablement uniformes. Et pourtant, — ce pourquoi je l'aime et l'admire, — il laisse parfois jaillir son émotion. Par exemple, en ce superbe cri de guerre : *La Soif*. Admirable également *la Nuit de juin* : des strophes d'amour et de lune merveilleusement palpitantes. D'ailleurs, tout le volume fourmille de vers émus, d'une musique exquise, échappée aux armatures de l'impassible. Je citerai encore *les Yeux de Nyssia*.

[*Aspects* (1897).]

VIELÉ-GRIFFIN. — Sans médire des sympathies aussi précieuses, mais plus récentes, conquises par cette génération de 1885, il est permis d'estimer que M. Léon Dierx reste le poète le plus généralement aimé par elle.

[*La Presse* (6 octobre 1898).]

EUGÈNE MONTFORT. — Il y a aujourd'hui un admirable poète. Ce poète, ce pur parleur aux âmes, c'est Léon Dierx.

[*La Presse* (6 octobre 1898).]

STUART MERRILL. — Si ce titre de prince des poètes doit s'adresser non seulement au talent, mais au caractère, j'opte pour ce grand écrivain et cet honnête homme qu'aimait Mallarmé, Léon Dierx.

[*La Presse* (8 octobre 1898).]

ÉMILE VERHAEREN. — Le choix étant limité aux noms de mes aînés, je donne mon suffrage à M. Léon Dierx. Quelques-unes de ses poésies, grâce à leur personnalité et à leur beauté, le désignent à ma profonde admiration, et son caractère fier et simple me le fait aimer.

[*La Presse* (8 octobre 1898).]

MAURICE LE BLOND. — Parmi les poètes parnassiens, celui dont, toujours, nous avons aimé le haut talent et admiré le pur génie, c'est Léon Dierx, le poète de *Odeur sacrée*, du *Gouffre*, de l'*Ode à Corot*, de tant de chefs-d'œuvre d'une sensibilité si frémissante et si aiguë, qui n'est point sans analogie avec celle des naturistes.

[*La Presse* (8 octobre 1898).]

SAINT-GEORGES DE BOUHÉLIER. — Je crois que M. Léon Dierx mérite complètement notre admiration. Cet homme vénérable et charmant a su ,répandre une égale innocence dans toute sa vie et dans toute son œuvre à la fois. Il a composé, en silence, de claires mélodies languissantes : *Odeur sacrée, le Soir d'octobre, la Croisée ouverte* et *le Survivant*. Immortels poèmes, pages d'azur, chants des âges ingénus du monde ! Un tel auteur honore les lettres. Son génie est suave et brûlant. Sa destinée est secrète. Ses actions ne sont pas moins graves que ses poèmes. Le même incorruptible éclat fait briller les uns et les autres. Ils vivront dans l'éternité, célébrons-les.

[*La Presse* (10 octobre 1898).]

HENRI DEGRON. — Je m'incline avec respect devant Léon Dierx.

[*La Presse* (10 octobre 1898).]

LÉON DESCHAMPS. — Le poète dont la vie fut noblement acquise à l'art, celui dont l'œuvre témoigne d'un inquiétant souci de beauté souveraine, est M. Léon Dierx.

[*La Presse* (15 octobre 1898).]

LORENZI DE BRADI. — Vivant dans la résignation et l'humilité, épris de silence et de solitude au sein de Paris, seul peut-être aujourd'hui, M. Léon Dierx incarne la poésie !

[*La Presse* (15 octobre 1898).]

DOCQUOIS (Georges).

Mélie, comédie en un acte (1892). – *Le Congrès des Poètes* (1894). – *Bêtes et Gens de lettres* (1895). – *Avant la fin du jour,* un acte (1895). – *La Demande*, un acte, en collaboration avec Jules Renard (1895). – *Paris sur le Pont*, revue tabarinique (1895). – *Le Petit Champ*, farce tabarinique en vers (1896). – *Pantomime de poche*, récit animé (1896). – *Lucas s'en va-t-aux Indes*, farce tabarinique en vers (1896). — *Compliment de la Parisienne à François Coppée* (1896). – *Le Pont aux ânes*, farce en un acte, en vers (1897). – *Théâtre Bref*, en collaboration avec Émile Coden (1897-1898). – *Paris sur la route*, revue, en collaboration avec Lucien Métivet (1897). – *On demande un jeune ménage*, un acte, en collaboration avec Em. Marchais (1898). – *Le Facteur bien noté*, un acte, avec Em. Marchais (1898). – *En voulez-vous des chansons ?* pièce bouffe en un acte, avec Em. Coden (1898). – *Boulogne en 80 minutes*, revue, avec Henri Caudevelle (1898). – *Madame Bigarot n'y tient pas*, un acte, en collaboration avec Félix Cressan (1899).

OPINION.

MARIO VARVARA. — Dramaturge perspicace, Docquois a donné au Théâtre-Libre : *Mélie*, un long acte, d'après une nouvelle de M. Jean Reibrach. Mais il n'a utilisé que l'ossature de la nouvelle, le récit nu, tel qu'il eût pu le trouver dans un fait-divers. C'est donc une œuvre d'initiative personnelle, que les habitués de chez Antoine applaudirent énergiquement. En collaboration avec l'exquis ironiste

Jules Renard, Docquois a écrit *la Demande*, œuvre en nuances sobres, en teintes fines, que nous fera savourer bientôt, je l'espère, une de nos scènes d'avant-garde, ou l'Odéon, à la rigueur ; le second Théâtre-Français ne pourrait que s'honorer et s'applaudir d'un tel choix. — *Avant la fin du jour*, un acte en vers, lumineux, souple, entraînant par la grâce des scènes et le cliquetis des gaîtés ironiques, vient d'être reçu aux «Escholiers» et sera joué au mois de février prochain.

Docquois romancier se révélera dans *le Carrefour*. Il serait outrecuidant de juger publiquement l'ouvrage d'après le premier chapitre, que je connais. Mais je suis convaincu que ce volume sera, pour les intéressés d'art, une heureuse surprise.

Docquois journaliste broche sur le tout. Les nécessités de la lutte vitale l'y ayant poussé, il a marché sans hésitation au combat, se forgeant des habiletés neuves, orientant ses qualités de recherche, d'observation aiguë et de sang-froid vers la chasse quotidienne à l'actualité. Artiste, il a traité le document du jour avec un soin tout particulier, éclairant les faits, posant les personnages en quelques traits d'une rapidité sûre, fixant les notes significatives des milieux. Hors des redites et des banalités, il sait relater, en phrases substantielles, colorées, durables, tels aspects et mouvements caractéristiques de la vie moderne. Un livre, préfacé par M. Ledrain, assemblera dignement quelques-uns parmi ses plus importants articles, sélection alléchante qui paraîtra sous le titre heureux et juste de : *Attitudes de ce temps*.

Par la vigueur et la variété de son tempérament littéraire, que sert à merveille une volonté d'acier, George Docquois demeure dès à présent marqué sur la liste des victorieux.

[*La Plume* (1er décembre 1894).]

DODILLON (Émile).

Les Écolières (1874). — *La Chanson d'hier* (1881).

OPINION.

Venu à la suite des Parnassiens, il apprit à leur école son métier de rimeur. Il en connaît toutes les ressources et les possède si bien, qu'il se donne, quand il le veut, l'air de les négliger.

[*Anthologie des Poètes français du XIXe siècle* (1887).]

DONCIEUX (Georges).

Le Mystère de Madeleine (1891). – *Amis et Amies* (1893).

OPINION.

CHARLES MORICE. — *Le Mystère de Madeleine* rappelle ces tableaux naïfs à dessein, où le peintre se plaisait à confondre la date du jour et celle d'autrefois pour mieux animer les saints et les anges en les regardant de plus près. *Amis et Amies* est du moyen âge humain et légendaire, où le critique et le poète ont heureusement collaboré.

[*Portraits du prochain siècle* (1894).]

DONNAY (Maurice).

Eux! (1891). – *Savoir attendre* (1891). – *Ailleurs* (1892). – *Lysistrata*, 4 actes en prose, prologue en vers (1893). – *Éducation de Prince* (1894). – *Folle Entreprise*, un acte (1894). – *Phryné* (1894). – *Chères Madames* (1895). – *Amants*, 5 actes (1896). – *La Douloureuse*, 4 actes (1897). – *L'Affranchie*, 3 actes (1898). – *La Clairière*, avec L. Descaves (1900).

OPINIONS.

JULES LEMAÎTRE. — Vous trouverez dans la revue symbolique de M. Maurice Donnay, *Ailleurs!* la traduction plastique de quelques-unes des idées les plus chères à MM. Lavisse et de Voguë, ces deux guides autorisés de la jeunesse contemporaine. Car, pour plaire au premier, les vieux adolescents pessimistes et symbolistes y sont traités avec un généreux mépris, et, pour plaire au second, un vague esprit évangélique y circule, un Christ ami du monde moderne y apparaît, et l'aube des temps nouveaux y est saluée.

[*Impressions de théâtre* (1892).]

HENRY BAUËR. — M. Donnay est l'auteur de deux jolies piécettes : *Phryné* et *Ailleurs*, représentées sur le théâtricule d'Ombres-Parisiennes du Chat-Noir. La dernière surtout nous charma par une exquise fantaisie, par l'esprit le plus vif et le plus délicat, par une aimable grâce de poésie, par la finesse de la plaisanterie et la générosité de la pensée. Ce début de l'auteur sur une grande scène parisienne était donc attendu avec curiosité, et nos meilleurs souhaits l'y accompagnaient. Il a fallu en rabattre, et l'événement nous a déçu, non pas que M. Donnay ait subitement aboli toute sa verve, la vivacité et l'ingéniosité de son esprit, mais le sujet de *Lysistrata* ne prêtait point aux grâces de la poésie, ni ne permettait les sentiers pittoresques de la fantaisie.

[*L'Écho de Paris* (24 décembre 1892).]

PIERRE VEBER. — La *Lysistrata* de M. Donnay produit l'impression d'une revue manquée. Et ces insipides *mots drôles*, si laborieux. Beaucoup de jolies filles; mais je pense que la pièce de M. Donnay gagnerait en intérêt si les spectateurs étaient admis (prix à débattre, nécessairement) à jouer un rôle actif. Je ne déplore pas que Lysistrata soit trop obscène; je regrette qu'elle ne le soit pas assez. On pourrait supprimer les barcarolles, les petits morceaux de versification personnelle que M. Donnay a jugé bon d'introduire çà et là, les puériles discussions du banquet, la danse serpentine, ne laisser subsister que la partie saine et virile de l'œuvre. Pas de mots, des actes.

[*La Revue Blanche* (25 janvier 1893).]

HENRY BAUËR. — De ces jolies et parfois exquises variations, dans *Amants*, il demeure une impression de déconvenue, de regret. Vous est-il arrivé de vous asseoir à une table délicatement servie, où les mets rares et excitants, les gibiers, les truffes, les sauces veloutées et légères s'arrosent des grands crus de Bourgogne, de Champagne et du Rhin! Le palais en savoure la joie, l'estomac en accueille sans peine le ragoût et le parfum. Ah! la chère exquise! la fête de gourmandise! Et le lendemain, votre bouche est amère, votre estomac brûlant, et vous sentez tout le prix de l'eau fraîche, des légumes au naturel, de l'odeur des fleurs des champs et de la simplicité!

[*L'Écho de Paris* (7 novembre 1895).]

HORACE VALBEL. — *Phryné*, de Maurice Donnay, qui se révéla maître fantaisiste, d'une impeccabilité absolue, poète charmant, ironiste précieux, que Porel arracha au Chat-Noir à prix d'or et dont il fit, à l'Éden, représenter *Lysistrata*. Toutefois Donnay fit encore, pour le Chat-Noir, *Ailleurs*, cette revue si curieusement cruelle, d'un symbolisme ardent, qui, avec les merveilleux décors d'Henri Rivière, fut un véritable régal pour les délicats.

[*Les chansonniers et les cabarets artistiques* (1895).]

ADOLPHE BRISSON. — Les vers de M. Donnay ne sont pas la moindre partie de son œuvre. J'ai pu me convaincre qu'ils plaisaient aux femmes. Ils ont de quoi les séduire, car ils sont pleins d'elles. Ils sont tout ensemble gais ou tendres; et ce mélange de sensualité et de raillerie légère est on ne peut plus voluptueux. Il les disait d'ailleurs fort bien, d'une voix pénétrante, alanguie, et dont la monotonie savante excitait, comme une lente caresse, les nerfs de ses auditrices.

[*Le Figaro* (15 décembre 1898).]

DORCHAIN (Auguste).

La Jeunesse pensive (1881). – *Conte d'avril*, comédie shakespearienne en quatre actes et six tableaux (1885). – *Maître Ambros*, drame en vers, en collaboration avec François Coppée (1886). – *A Racine*, à-propos en vers (1888). – *Sans lendemain*, poésie (1890). – *La Jeunesse pensive*, avec préface de Sully Prudhomme (1893). – *Vers la lumière*, poésies (1894). – *Rose d'automne*, comédie en un acte, en vers (1894). – *Poésies d'Auguste Dorchain* (1881-1894) [1895]. – *Ode à Michelet* (1898).

OPINIONS.

JULES TELLIER. — M. Dorchain n'a donné, jusqu'ici (1888), qu'un recueil : *La Jeunesse pensive*. Tout le long du livre, il se pose cette seule question : «S'il doit, ou non, perdre sa candeur, et s'il peut se permettre de consommer l'œuvre de chair en dehors du mariage?» Le «Baiserai-je, papa?» du jeune Diafoirus, c'est à lui-même que ce poète l'adresse, et il n'obtient pas sa propre autorisation. Les propos enflammés de D'Arcy à l'abbesse de Jouarre, c'est à lui-même que ce rimeur les tient, et il ne parvient point à se détourner du devoir. Ce n'est point qu'il ne se donne de bonnes raisons : «Tu seras plus tranquille ensuite, tu auras la tête moins lourde et tu travailleras mieux». Mais, tout de suite après, il s'interrompt et se tance :

> Ah! sophiste éhonté, cœur fragile, âme lâche,
> Tu glisses, malheureux!

Ce cas de conscience a son intérêt, sûrement;

mais c'est beaucoup de l'agiter durant deux cents pages.

[*Nos Poètes* (1888).]

Adolphe Brisson. — Un jour, il s'avise d'ouvrir les comédies de Shakespeare. Son imagination l'enflamme, l'emporte en un monde féerique, plein de songes, de musique, et jette sur le papier les premières scènes de *Conte d'avril*. L'heureux temps! le fécond enthousiasme! Dorchain a goûté là les plus douces joies qui soient données à l'artiste ; vivre dans son œuvre; ne s'occuper que d'elle, s'y enfoncer, en être pénétré et possédé... *Conte d'avril* était tout à fait digne de la Comédie-Française.

[*Portraits intimes* (1894).]

Gustave Larroumet. — L'originalité de ce débutant qui se réclamait de MM. Sully Prudhomme et François Coppée, c'est qu'il n'aimait pas seulement pour leur mérite propre la rime ingénieuse, l'épithète rare et le rythme savant; il les trouvait lui aussi, mais pour les subordonner à une pensée qui était l'objet de son principal effort. Cette pensée, il voulait la revêtir de grâce et de charme, sachant bien que le but de la poésie c'est, avant tout, de satisfaire le besoin de la beauté; mais il pensait, sans le dire, que le travail de la forme pour elle-même, permis aux arts plastiques, risque de réduire la poésie au rôle de simple amusement... *Vers la lumière* respire le bonheur partagé, mérité et permis. Entre les notes si diverses que fait entendre la poésie du siècle, celle qui résonne dans ces vers est d'un charme pénétrant.

[*Étude de littérature et d'art* (1895).]

Gaston Deschamps. — M. Auguste Dorchain n'écrit presque jamais en prose. Comme Brizeux, auquel il ressemble par la valeur de son lyrisme voilé, il a aimé la Muse d'un amour exclusif, délicat et scrupuleux... Le poète de l'*Âme vierge* n'a pas attendu, pour nous dire sa chanson, que les annonciateurs de «formules» nouvelles aient prédit une révolution du goût. Insoucieux de la mode, étranger aux cénacles, respectueux des maîtres, il a regardé d'un œil craintif les femmes qui passaient sur sa route. Longuement il arrêta ses yeux sur l'une d'elles. Et l'éblouissement de ses yeux a fait parler son cœur... Il a aimé, il a chanté. C'est tout bonnement ce que font les poètes, grands ou petits. M. Dorchain est un poète... Il est idéaliste et ne craint pas de s'exposer, par sa naïveté sentimentale, aux risées de ceux qui confondent la vulgarité avec le bon sens. Il aura l'approbation, l'applaudissement et, ce qui vaut mieux, la sympathie de tous ceux qui croient qu'une société, même démocratique, ne peut pas vivre sans idéal.

[*La Vie et les Livres* (2ᵉ série, 1895).]

DORIAN (Princesse Mestchersky, Tola).

Les Cenci, traduction de Schelley (1883). – *Poèmes lyriques* (1888). – *Âmes slaves*, nouvelles (1890). – *Vespérales* (1894). – *Roses remontantes* (1897).

OPINIONS.

Philippe Gille. — On a trop parlé des *Poèmes lyriques* de Mᵐᵉ Tola Dorian pour que je ne les

signale pas spécialement. Rarement j'ai trouvé, dans la plume d'une femme, d'une étrangère, une telle énergie, une telle puissance d'impression.

[*La Bataille littéraire* (1891).]

Remy de Gourmont. — La fréquentation des poètes lyriques anglais, allemands, russes, le tourment d'une âme qui ne veut pas désespérer, quoiqu'elle sache l'inutilité des révoltes et combien sont précaires, puisqu'elles sont limitées, les réalisations humaines, — et le désir de rythmer de telles émotions et de se les rendre sensibles, il y aurait bien là de quoi faire un poète, même en négligeant d'autres causes, le don naturel, la sensibilité native, l'orgueil de se vouloir égaler à son propre idéal. Mais ce petit livre est aussi écrit, et surtout, nous dit le poète, pour prendre congé des douces choses,

Des choses sans pitié, des choses sans retour, ·

pour dire le champ vespéral de l'angélus, irrévocable clôture de la bonne ou mauvaise journée.

Quant à la dernière pièce, elle est très fière et d'une belle venue; il la faudrait dire toute; c'est une sorte de *Marseillaise* du révolté idéal. On voit la variété et la distinction de ce livret de vers, et quel succès il mériterait si la culture du talent était, même quelquefois, récompensée à l'égal de la culture des jardins; mais que les âmes jouissent de la grâce qui leur est départie, et qu'elles en jouissent, égoïstes, en attendant que les autruis qui méritent d'y communier forcent les portes de la cellule pour prendre part, — en voleurs, — au festin mystique.

[*Mercure de France* (juillet 1894).]

DOUCET (Camille). [1812-1895.]

Léonce ou Propos de jeune homme, vaudeville en trois actes (1838). – *Versailles*, poésie (1840). – *Un jeune homme*, comédie-drame en trois actes et en vers (1841). – *L'Avocat de sa cause*, comédie en un acte et en vers (1842). – *Le six juin 1806*, à-propos en un acte et en vers (1842). – *Le Baron de Lafleur ou les Derniers Valets*, trois actes en vers (1842). – *Velasquez*, cantate (1846). – *La Chasse aux fripons*, comédie en trois actes et en vers (1846). – *Le dernier banquet de 1847*, comédie-revue en trois tableaux et en vers (1847). – *Les Ennemis de la maison*, comédie en trois actes et en vers (1850). – *Le Fruit défendu*, comédie en trois actes et en vers (1857). – *La Considération*, comédie en quatre actes et en vers (1860).

OPINIONS.

Sandeau. — Vous donniez presque coup sur coup au même théâtre deux comédies nouvelles : *L'Avocat de sa cause* et *le Baron Lafleur*, toutes les deux en vers. Dans *l'Avocat de sa cause*, vous persifliez agréablement l'arbre du bel esprit chez les femmes, et nous y prenions un plaisir extrême, tant les vers bien frappés, tant les traits bien aiguisés se succédaient rapidement dans cette amusante satire.

[*Réponse de M. Sandeau, directeur de l'Académie française, à M. Camille Doucet* (22 février 1866).]

Jacques Normand. — Quant aux vers plats, aux vers prosaïques qu'on s'est plu à relever dans le théâtre de M. Doucet, ils sont l'écueil forcé du genre. Les comédies d'Augier et de Ponsard en sont pleines, pour ne parler que de ceux-là, et en laissant de côté les Étienne, les Andrieux, les Collin d'Harleville, et tout le répertoire de second ordre de la fin du XVIIIᵉ siècle.

[*La Revue Bleue* (13 avril 1895).]

DOVALLE (Charles). [1807-1829.]

Le Sylphe, recueil de poésies posthumes précédé d'une lettre de Victor Hugo et d'une notice par L. Louvet (1830).

OPINIONS.

Victor Hugo. — Heureux pour lui-même le poète qui, né avec le goût des choses fraîches et douces, aura su isoler son âme de toutes les impressions douloureuses, et, dans cette atmosphère flamboyante et sombre qui rougit l'horizon longtemps encore après une révolution, aura conservé rayonnant et pur son petit monde de fleurs, de rosée et de soleil !
M. Dovalle a eu ce bonheur, d'autant plus remarquable, d'autant plus étrange chez lui, qui devait finir d'une telle fin et interrompre si tôt sa chanson à peine commencée ! Il semblerait d'abord qu'à défaut de douloureux souvenirs on rencontrera dans son livre quelque pressentiment vague et sinistre. Non, rien de sombre, rien d'amer, rien de fatal. Bien au contraire, une poésie toute jeune, enfantine parfois ; tantôt les désirs de Chérubin, tantôt une sorte de nonchalance créole.

[*Préface du Sylphe* (1830).]

Ch. Asselineau. — Charles Dovalle n'est point une des étoiles radieuses de la poésie moderne, c'est plutôt une nébuleuse au reflet doux qui se mêle, sans s'y confondre, à la trace lactée des poètes de la première phase de notre renaissance poétique. Dans cette période où la poésie française cherchait à se régénérer par l'étude du sentiment, en attendant la rénovation puissante de forme et d'expression que devait lui donner l'auteur des *Orientales*, Charles Dovalle eut son heure ; sa voix a été entendue, écoutée, et méritait de l'être.

[*Bibliographie romantique* (1874).]

DROUET (Ernestine).

Caritas (1863).

OPINION.

Sainte-Beuve. — Je ne ferai que saluer au passage notre amie Mˡˡᵉ Esnestine Drouet, aujourd'hui Mᵐᵉ Mitchell, l'une de nos dames inspectrices les plus instruites, les plus capables, mais que ces graves fonctions n'ont pas arrachée à la poésie. Couronnée, il y a quelques années, par l'Académie, pour son poème *la Sœur de charité*, elle a recueilli, à la suite, ses pièces diverses, le tout sous le titre général de *Caritas* (1863) qui se justifie. Le poète, en effet, a vraiment à cœur de rapprocher les divers cultes qui lui sont chers, celui de son vieux maître Béranger, de son ancien catéchiste de première communiante, M. Dupanloup, et elle s'est même

risquée jusqu'à lancer une épître à l'illustre émir Abd-el-Kader, dont une fille, disait-on, venait de se faire religieuse et sœur de charité. Il y a bien de l'esprit sous ce talent.

[*Lundi 12 juin 1865. Des nouveaux lundis* (1886).]

DUBUS (Édouard). [1864-1895.]

Les Violons sont partis (1892).

OPINIONS.

Bernard Lazare. — Chez M. Dubus, l'influence de Baudelaire, celles aussi de Verlaine, de Watteau, sont palpables. Je ne le lui reproche pas, car vraiment il aurait pu choisir plus mal ; cependant il aurait intérêt à se dégager des maîtres qu'il aime, et dont les œuvres, — M. Dubus ne s'en offensera, pas — nous attireront toujours davantage que *Quand les violons sont partis*. Je ne veux pas dire que M. Dubus ait imité *les Fleurs du Mal* ou *les Fêtes galantes*, mais il a repris quelques-uns de leurs motifs caractéristiques, et il en illustre ses poèmes madrigalesques.

[*Entretiens politiques et littéraires* (1892).]

Edmond Barthélemy. — Édouard Dubus nous apparaît surtout comme un poète du sentiment, un des derniers poètes du sentiment, tout à fait près de Verlaine, avec, pourtant, des garanties de développements, de certains développements qui donneront autre chose… Un poète du sentiment, mais point sentimental ; de là, sans doute, le sourire minavré, mi-ironique de cette poésie où toutes sortes de tendresses s'évaporent dans le doute, se meurent d'incertitude, encens à qui l'espace fait défaut.

[*Portraits du prochain siècle* (1894).]

DU CAMP (Maxime). [1822-1894.]

Souvenirs et Paysages d'Orient (1848). - *Égypte, Nubie, Palestine et Syrie* (1852). - *Le Nil ou Lettres sur l'Égypte et la Nubie* (1854). - *Livre posthume ou Mémoires d'un suicidé* (1855). - *Chants modernes* (1855). - *L'Eunuque*, mœurs musulmanes (1856). - *Le Salon de 1857* (1857). - *Convictions*, poème (1858). - *Le Salon de 1859* (1859). - *L'Expédition des Deux-Siciles* (1861). - *L'Homme aux bracelets d'or* (1862). - *Le Chevalier du cœur saignant* (1862). - *Les Buveurs de cendre* (1866). - *Les Forces perdues* (1867). - *L'Orient et l'Italie* (1868). - *Paris, ses organes, sa fonction et sa vie* (1869). - *Souvenirs de l'an 1848* (1876). - *L'Attentat Fieschi* (1877). - *Les Convulsions de Paris* (1878-1879). - *Souvenirs littéraires* (1882-1883). - *Une Histoire d'amour* (1889). - *Théophile Gautier* (1890).

OPINIONS.

Sainte-Beuve. — M. Maxime du Camp, avec moins de fini, se rattache, par le côté de Théophile Gautier à l'école de Victor Hugo ; il aime et cultive la description pour elle-même, il la cherche ; un de ses premiers soins a été de visiter cet Orient que le maitre n'avait chanté oue de loin et sur la foi du rêve... Il y a de beaux vers, surtout des poussées éloquentes. La plus remarquable pièce du recueil est incontestablement la pièce intitulée : *Malédiction*, et dont le dernier cri est : *,Qu'il soit maudit! qu'il soit maudit!* De qui s'agit-il en cette formidable invective? Peu nous importe. On ne demande pas à la poésie d'être équitable, mais d'être ardente et passionnée. Dans ses vers *A Aimée*, sa vieille servante, dans la pièce sur *la Maison démolie*, M. Du Camp exprime avec cœur des sentiments affectueux; il y porte toutefois la marque de l'imitation.

[*Causeries du lundi* (juillet 1855).]

ANDRÉ LEMOYNE. — Dans les *Chants modernes*, la désespérance de l'ancien romantisme jette çà et là sa note funèbre un peu incohérente, mais les hauts faits de la grande industrie contemporaine ont éveillé surtout le lyrisme de l'auteur, qui glorifie dignement les travaux herculéens des classes déshéritées. Le volume des *Convictions* est remarquable par un accent de sincérité et de fière indépendance, qui relève bien l'homme, un abrupt civilisé qui prétend n'appartenir à aucune classe, à aucune coterie, et qui n'a publié ses vers qu'à rares intervalles, au gré de sa libre fantaisie, dans sa vie errante et active à la fois.

[*Anthologie des Poètes français du XIXᵉ siècle* (1887).]

MAURICE TOURNEUX. — La préface des *Chants modernes* est restée célèbre par sa violence contre l'Académie et l'influence néfaste qu'elle lui attribuait; ce recueil et les *Convictions* forment une série à part dans l'œuvre très considérable de M. Du Camp.

[*La grande Encyclopédie* (1892).]

DUCHANGE (Jacques).

Le Dégoût, poésies (1897).

OPINION.

FRANCISQUE SARCEY. — Je me suis beaucoup moqué, quand j'avais votre âge, des fausses élégances de Delille et des emphases d'Écouchard Lebrun; vous pouvez railler de même mes scrupules, qui sentent leur vieux temps. Au moins sentirez-vous, dans la façon dont je vous les expose, beaucoup de sympathie pour votre jeune talent.

Allez, mon ami; ouvrez vos ailes, et sans vous laisser arrêter ni retarder par nos inquiétudes, filez d'un vol rapide vers les régions mystérieuses où se lève le soleil de la poésie nouvelle.

[Préface (1897).]

DUCHOSAL (Louis).

Le Livre de Thulé (1891).

OPINION.

CHARLES FUSTER. — Ce livre a été écrit sous les toits, devant un ciel triste, par un poète qui souffre, qui souffre véritablement et dont un mal cruel rend la voix plus étrangement suave...

[*L'Année des Poètes* (1881).]

DUCOTÉ (Édouard).

La première étape (1895). – *Aux Écoutes* (1896). – *Le Septénaire de notre amour* (1896). – *Fables* (1897). – *Aventures* (1897). – *Renaissance* (1898). – *Le Chemin des Ombres heureuses* (1899). – *Merveilles et Moralités* (1900).

OPINIONS.

LIONEL DES RIEUX. — M. Ducoté se définit lui-même le pasteur de la mélancolie. Et l'on ne saurait plus exactement dépeindre, il me semble, la physionomie de ce poète. Pour moi, je ne vois aucun des écrivains nouveaux qui ait ainsi exprimé l'ennui de vivre.

[*L'Ermitage* (1896).]

HENRI DE RÉGNIER. — On peut aimer les *Fables* de La Fontaine et aimer les *Fables* de M. Edouard Ducoté. On n'y retrouve pas les animaux chers au grand Champenois. C'est aussi loin de Florian que de M. le duc de Nivernais. J'avais craint que M. Ducoté n'eût cédé à ce goût de pastiche qui sévit déplorablement et qui gâte plusieurs bons esprits. Il n'en est rien, heureusement. Les Fables de M. Ducoté sont des petits récits ingénieux, contés avec grâce et mesure, en vers souvent heureux et toujours habiles. Dans quelques-uns, la pensée grandit et le ton s'aggrave, et après avoir lu, l'un après l'autre, les apologues qui composent son livre, on ne ferme sur le beau poème de *Circé* qui le termine et qui dresse parmi les bas-reliefs d'argile sa statue de marbre magique.

[*Mercure de France* (mai 1897).]

HENRI DEGRON. — Il a écrit deux volumes, notamment *Fables* et *Renaissance*, qui témoignent de recherches curieuses et d'un réel talent. En ce dernier recueil, un poème, *Simplice*, est de premier ordre. Aujourd'hui, nous retrouvons les mêmes qualités dans le livre où M. Ducoté nous donne le résultat de son dernier effort, la quintessence de ses derniers rêves, sous ce titre : *Le Chemin des Ombres heureuses*... C'est un fort beau livre...

[*La Vogue* (15 décembre 1899).]

ANDRÉ THEURIET. — Dès les pages du début de *Renaissance*, j'ai pu constater que, si le versificateur ne me contentait pas toujours, j'avais du moins affaire à un poète souvent exquis. M. Ducoté est un sincère, et quand il ne cherche pas à quintessencier, il sait dans une langue excellente exprimer des sentiments très humains et des sensations très délicates.

[*Le Journal* (15 juillet 1898).]

DUJARDIN (Édouard).

Les Hantises (1886). – *A la Gloire d'Antonia* (1887). – *Pour la Vierge du roc ardent* (1888). – *Les Lauriers sont coupés* (1888). – *Antonia* (1891). – *La Comédie des Amours* (1891). – *Réponse de la Bergère au Berger* (1892). – *Le Chevalier du Passé* (1892). – *La Fin d'Antonia* (1893). – *Les Lauriers sont coupés*, avec trois poèmes et les *Hantises* (1898). – *L'Initiation au Péché et à l'Amour* (1898).

OPINIONS.

Paul Adam. — A la représentation d'*Antonia*, les dames du balcon étaient bien les sœurs de ces misérables filles, rendues malades de rire, par la beauté d'un costume inhabituel. Mais sur celles-ci, celles-là l'emportaient en impéritie mentale. Instruites et averties par l'éducation, elles n'avaient pas l'excuse d'ignorance. En vérité, faut-il avoir l'âme humble d'une pauvre fille, vendeuse de bonheur, pour ne pas affirmer une prudente admiration devant des strophes aussi parfaitement heureuses que celles-ci, prises dans la tragédie d'Édouard Dujardin :

> Quelquefois, au hameau,
> Je descends où sont les *réjouissances* et le repos;
> Je me rencontre à mes frères, à mes sœurs,
> Et puis chacun nous repartons vers les hauteurs.
>
> On dit que, loin des solitudes où nous sommes,
> Il est de grandes foules d'hommes,
> Des amas de pierres et de marbres,
> Des floraisons merveilleuses d'arbres, etc., etc.

[*Entretiens politiques et littéraires* (25 juillet 1893).]

Jean Thorel. — M. Dujardin écrivit cette extraordinaire trilogie d'*Antonia*, où plus rien de réel ne subsiste, qui finit par une ode triomphale à l'Absolu et qui semblait donc faite à peine pour les austères et sublimes joies de la lecture solitaire.

[*Portraits du prochain siècle* (1894).]

Remy de Gourmont. — La poésie comme la prose de M. Dujardin est toujours sage, prudente et calme ; s'il y a des écarts de langue, des essais de syntaxe un peu osés, la pensée est sûre, logique, raisonnable. Qu'on lise le deuxième intermède de *Pour la Vierge du roc ardent*, en quelques strophes aux rimes monotones, éteintes, le poète y dit toute la vie et tout le rêve de la jeune fille.

[*Le Livre des Masques*, 2ᵉ série (1898).]

Tristan Klingsor. — A vrai dire, il ne faudrait pas s'attendre à trouver en M. Dujardin un émule de Ponsard. Ses personnages n'existent qu'à l'état d'entités sentimentales ou symboliques ; ils s'appellent l'Amant, l'Amante, la Courtisane, la Mendiante ; ils ont si peu de réalité extérieure, qu'on ne sait à quelle époque les situer et quels costumes leur donner. Est-ce du théâtre ? Les personnages de M. Dujardin parlent par couplets. Ce sont tous d'admirables poètes. Les rimes se groupent au lieu de s'entre-croiser, et l'auteur tire, de ce procédé, des effets charmants. Le vers court, rapide, se brise, reprend ; c'est d'une technique qui tient le milieu entre la fantaisie de Banville pour la rime et de Gustave Kahn pour le rythme.

[*La Vogue* (15 août 1899).]

DUMAS (Alexandre Davy de la Pailleterie Dumas, dit Alexandre). [1802-1870.]

Élégie sur la mort du général Foy (1825). — *La Chasse et l'Amour*, vaudeville (1825). — *Dithyrambe en l'honneur de Canaris* (1826). — *Nouvelles contemporaines* (1826). — *La Noce et l'Enterrement*, vaudeville (1826). — *Henri III et sa cour*, drame en cinq actes, en prose (1829). — *Stockholm, Fontainebleau et Rome*,

trilogie en cinq actes, en vers, avec prologue et épilogue, intitulée d'abord *Christine* (1830). — *Antony* (1831). — *Napoléon Bonaparte ou Trente Ans de l'histoire de France* (1831). — *Charles VII chez ses grands vassaux*, tragédie en cinq actes et en vers (1831). — *Richard Darlington*, pièce en trois actes et en prose (1831). — *Térésa*, drame en cinq actes (1832). — *La Tour de Nesles*, pièce en cinq actes et 9 tableaux (1832). — *Angèle*, drame en cinq actes (1833). — *Impressions de voyage en Suisse* (1833). — *Catherine Howard*, drame en cinq actes (1834). — *Souvenirs d'Antony*, nouvelles (1835). — *Don Juan de Marana ou La Chute d'un ange*, drame en cinq actes (1836). — *Kean*, drame en cinq actes et en prose (1836). — *Piquillo*, opéra-comique en trois actes, en collaboration avec Gérard de Nerval (1837). — *Caligula*, tragédie en cinq actes et en vers (1837). — *Paul Jones*, drame en cinq actes (1838). — *Mademoiselle de Belle-Isle*, drame en cinq actes et en prose (1839). — *L'Alchimiste*, drame en cinq actes, en vers (1839). — *Bathilde*, pièce en trois actes, en prose (1839). — *Quinze jours au Sinaï*, suivi de *Monseigneur Gaston de Phébus* (1839). — *Une année à Florence* (1840). — *Aventures de John Davy* (1840). — *Le Capitaine Pamphile* (1840). — *Maître Adam le Calabrais* (1840). — *Othon l'Archer* (1840). — *Un Mariage sous Louis XV*, cinq actes, en collaboration (1841). — *Excursions sur les bords du Rhin* (1841). — *Praxédès*, suivi de *Dom Martin de Freytas* et de *Pierre le Cruel* (1841). — *Le Speronare* (voyage en Sicile) [1842]. — *Lorenzino*, pièce en cinq actes et en prose (1842). — *Aventures de Lydéric* (1842). — *Les Demoiselles de Saint-Cyr*, pièce en cinq actes et en prose (1843). — *Louise Bernard*, pièce en cinq actes et en prose (1843). — *Georges* (1843). — *Ascanio* (1843). — *Le Chevalier d'Harmental* (1843). — *Le Laird de Dumbicky* (1843). — *Le Corricolo* (1843). — *La Villa Palmieri* (1843). — *Le Château d'Eppstein* (1844). — *Cécile* (1844). — *Gabriel Lambert* (1844). — *Sylvandrie* (1844). — *Fernande*, avec Hippolyte Auger (1844). — *Les Trois Mousquetaires* (1844). — *Amaure*, avec P. Meurice (1844). — *Histoire d'un casse-noisette* (1845). — *La Bouillie de la comtesse Berthe* (1845). — *Le Comte de Monte-Christo* (1844-1845). — *Le Garde forestier*, comédie en deux actes et en prose (1845). — *Une Fille du Régent* (1845). — *La Reine Margot* (1845). — *Les Frères Corses* (1845). — *Vingt ans après* (1845). — *La Guerre des Femmes* (1845-1846). — *Michel-Ange et Raphaël* (1846). — *Le Chevalier de Maison-Rouge* (1846). — *La Dame de Montsoreau* (1846). — *Le Bâtard de Mauléon* (1846). — *Mémoires d'un médecin* (1846-1848). — *De Paris à Cadix* (1848). — *Le Véloce ou Alger, Tanger et Tunis* (1848).

– *Dix ans plus tard* ou *Le Vicomte de Brage-lonne* (1848-1850). – *Les Quarante-Cinq* (1848). – *Les Mille et un fantômes* (1849). – *La Guerre des Femmes* (1849). – *La Jeunesse des Mousquetaires*, drame (1849). – *Louis XV* (1849). – *La Régence* (1849). – *Louis XVI* (1850). – *Le Drame de 93* (1850). – *La Femme au collier de velours* (1851). – *Le Comte de Morcerf et Villefort* (1851). – *Olympe de Clèves* (1852). – *Histoire de deux siècles* (1852). – *Histoire politique et privée de Louis Philippe* (1852). – *Urbain Grandier*, drame (1852). – *Mes Mémoires* (1852-1854). – *Un Gil Blas en Californie* (1852). – *Isaac Laquedem* (1852). – *Ange Pitou* (1853). – *La Comtesse de Charny* (1853-1855). – *Le Pasteur d'Ashbourn* (1853). – *El Salteador* (1853). – *Conscience d'Innocent* (1853). – *Souvenirs de 1830 à 1842* (1854).– *Catherine Blum* (1854). – *Ingénue* (1854). – *Les Mohicans de Paris* (1854-1858).– *Romulus*, comédie en un acte, en prose (1854). – *L'Arabie heureuse* (1855). – *L'Orestie*, tragédie en trois actes et en vers (1856). – *Le Verrou de la reine*, trois actes (1856). – *L'Invitation à la valse*, comédie en un acte (1857). – *Les Compagnons de Jéhu* (1857). – *Les Grands hommes en robe de chambre* (1857). – *L'Honneur est satisfait*, un acte (1858). – *Salvator* (1855-1859). – *Les Louves de Machecoul* (1859). – *Le Caucase* (1859). – *La Dame de Montsoreau*, drame en cinq actes (1860). – *De Paris à Astrakan* (1860). – *La Route de Varennes* (1860). – *Le Père Gigogne* (1860). – *Les Baleiniers*, journal d'un voyage aux antipodes (1861). – *Madame de Chambly* (1863). – *La Jeunesse de Louis XIV*, comédie en cinq actes et en prose (1864). – *Les Mohicans de Paris*, drame en cinq actes (1864). – *La San-Felice* (1864-1865). – *Les Blancs et les Bleus* (1867-1868).

OPINIONS.

Alfred Nettement. — Un caractère aventureux dans une destinée d'aventurier, tel est toujours l'idéal de M. Alexandre Dumas qui aime à mettre l'individu aux prises avec la société et à donner l'avantage à la force individuelle contre l'autorité sociale. Ce type lui est d'abord apparu sous les traits de Saint-Mégrin, dans son drame de *Henri III*; puis quand il a cédé à l'influence transitoire de la passion révolutionnaire, sous les traits de Robespierre dans l'histoire, d'Antony dans le drame ; puis que la passion de 1830 est refroidie, on voit reparaître dans ses ouvrages toute une famille de personnages dont Saint-Mégrin est l'aîné, intelligences avisées et pleines de ressources, caractères sans peur et sans scrupule, poignets vigoureux, beaux joueurs qui se font place dans le monde à la pointe de l'épée et de l'esprit : Saint-Mégrin, dans *Henri III* ; d'Artagnan, dans *les Mousquetaires* ; Bussy, dans *la Dame de Montsoreau*... Sans doute, M. Dumas est un remarquable conteur ; il sait intéresser le lecteur par les qualités d'une imagination brillante qui, au don heureux de l'invention dramatique, joint la

verve, l'action, la rapidité du récit, l'agilité d'un style qui court à son but et s'arrête peu pour décrire, encore moins pour prouver, car l'auteur n'a pas de systèmes; mais cependant avec tous ces avantages, ses succès n'auraient pas été aussi grands s'il ne s'était pas servi de ces trois mobiles : la glorification de la personnalité humaine, les peintures hardies qui troublent les sens, les lieux communs du scepticisme voltairien. Il remplace par ces trois torts une qualité littéraire qui manque à tous ses écrits, la maturité qui donne la réflexion... Si le bruit et le mouvement n'y manquent pas, la vérité, l'harmonie, la raison y manquent presque toujours. Par suite de cette même habitude d'improvisation, son style, semblable à ces plantes éphémères qui naissent à la surface du sol, n'a ni couleur ni caractère...

[*Histoire de la littérature française sous la Restauration* (1853).]

Jules Janin. — La scène du IVᵉ acte, entre Monaldeschi et Sentinelli (dans *Christine*), représente l'action la plus puissante du drame moderne, et les plus vieux dramaturges en seraient fiers. Rien de plus terrible que le piège infernal de ce meurtrier Sentinelli priant et suppliant Monaldeschi, son rival, par tous les motifs d'une ancienne amitié : enfants de la même patrie, esclaves des mêmes ambitions. «Que ferais-tu, Monaldeschi, si j'étais à tes pieds, demandant grâce et pitié? — *Je te repousserais.* — C'en est donc fait, ni grâce ni pitié, rien!» Alors, voilà Sentinelli qui se relève avec ce grand cri, digne au moins du dernier mot que dira la reine :

Au nom de notre reine indignement trompée,
Comte Monaldeschi, rendez-moi votre épée.

C'était vraiment superbe...

Gœthe, en son paradis de Weimar, fut très préoccupé des commencements de ce jeune homme (Alexandre Dumas) : «Ami, lui disait-il, n'allez pas plus loin que vos maîtres, Casimir Delavigne et Béranger, Schiller et Walter Scott. Gardez-vous d'exagérer votre activité... Il faut que l'art soit la règle de l'imagination pour qu'elle se transforme en poésie...»

Critique admirable et digne absolument de l'esprit sans règle et sans frein dont les premiers tumultes se faisaient entendre à tout le genre humain.

[*Alexandre Dumas* (1871).]

Alexandre Dumas fils. — Il y a dans mon enfance un souvenir qui secrètement battait en brèche mes jeunes vanités. C'est celui de la première représentation de *Charles VII* à l'Odéon. Ce fut un *four*, comme on dirait aujourd'hui... Les cinq actes se déroulèrent au milieu d'un silence morne... Je ne suis jamais revenu d'une de mes premières représentations les plus bruyantes et les plus applaudies sans me rappeler le froid de cette grande salle... et sans me dire tout bas, pendant que mes amis me félicitaient : «C'est possible; mais j'aimerais mieux avoir fait *Charles VII* qui n'a pas réussi».

[*Préface au Père naturel*, de *Préfaces* (1877).]

Jules Lemaître. — Il y a deux choses dans *Charles VII* : un drame d'amour qui semble directement inspiré d'*Andromaque*, quoique, peut-être, l'auteur n'y ait point songé, et un morceau d'histoire de France accommodé à la Dumas. Le père de d'Artagnan a une philosophie de l'histoire éminemment agréable et facile, où tout s'explique par l'amour, par la vaillance ou la subtilité des aventuriers généreux aimés des femmes et par l'influence des grandes dames scélérates ou des courtisanes sympathiques. Ici, nous voyons arriver chez le comte de Savoisy le petit roi de Bourges, gai, pimpant, insouciant, appuyé sur Agnès Sorel. Savoisy lui remontre avec éloquence que la France est perdue; le petit roi répond d'un ton dégagé qu'il est venu pour chasser au faucon. Puis nous le voyons dans les bras d'Agnès, le canon tonne; ce sont ses derniers fidèles qui se battent pour lui. Savoisy survient : «Réveillez-vous, sire !» Puis il s'adresse à Agnès, et la bonne courtisane promet de rendre un roi à la France. Vous voyez, on ferait de cela une série d'images populaires. Le dramaturge ne fait que réaliser une métaphore que vous trouverez, j'en suis sûr, dans plus d'un manuel de l'histoire de France : «Le roi s'endormait dans les bras de la mollesse; le canon de l'étranger le réveilla enfin». C'est l'histoire de France à l'usage des masses, tout en action, tout en vignettes, tout en reliefs, les traits grossis et forcés, avec de la générosité, du romantisme, du bric à brac, de la galanterie, du troubadourisme et même du sublime. C'est amusant, on ne peut le nier...

J'ai eu cette impression que *Charles VII* qui est, si je ne me trompe, un peu antérieur à *Hernani*[1], ressemblait à la fois à une tragédie de Voltaire et à un drame romantique. Les effets sont ceux qu'aimait et que recherchait Voltaire (voyez *Alzire*, *Zaïre* et *Tancrède*). Mais un certain éclat, une certaine outrance de la forme, la couleur «moyenâgeuse», le cerf du premier acte, le chapelain, le burnous de Jacoub sentent déjà le romantisme. Il y a des vers qui n'auraient pu être écrits avant 1825; par exemple, quand Bérengère, suppliant une dernière fois Savoisy qui reste muet, lui dit :

On répond quelque chose à cette pauvre femme !

En réalité, je ne sais pas si c'est à une tragédie de Voltaire ou à un drame d'Hugo que *Charles VII* ressemble le plus, et M. Deschanel avait peut-être beaucoup plus raison que je ne prétendais en faisant de Voltaire un préparateur du drame romantique.

[6 septembre 1886.]

J.-J. WEISS. — De son propre aveu, d'ailleurs, la trilogie en vers de *Christine*, quoiqu'elle n'ait été représentée que le 30 mars 1830 à l'Odéon, fut, elle aussi, composée bien antérieurement à *Henri III*. En 1829, Dumas avait vingt-six ans; c'est le bel âge, dans toutes les branches de l'activité humaine, pour déployer ce qu'on porte en soi; c'est l'âge du Béarnais à Cahors et de Bonaparte en Italie. Heureux ceux qui, ayant le génie, obtiennent, à cet âge, le théâtre où ils le mettront en lumière! Dumas eut ce bonheur. Il le dut au flair littéraire du baron Taylor et au flair artistique de Mˡˡᵉ Mars, qui, parvenue alors à la cinquantaine, devina, dans le personnage de Catherine de Clèves, un rôle où elle se renouvellerait à sa gloire. La pièce fut reçue d'accla-

[1] Erreur matérielle. *Charles VII* fut représenté pour la première fois à l'Odéon le 20 octobre 1831. *Hernani* avait été joué à la Comédie-Française en février 1830.

C. M.

mation par le comité de lecture du Théâtre-Français. On en parla tout aussitôt dans Paris comme de quelque chose de neuf et qui porterait coup. A la première représentation, tout Paris était là. Le duc d'Orléans, qui comptait Dumas parmi les commis aux écritures de sa maison, occupait la première galerie avec sa famille et ses amis. Dans une loge, la Malibran, haletante d'admiration. Quand Firmin vint nommer l'auteur, ce fut une explosion d'enthousiasme, le duc d'Orléans se tenant debout et découvert pour écouter le nom de son employé. Quel beau commencement d'une vie littéraire qui reste l'une des plus dignes d'envie de ce siècle, malgré les fréquentes misères dont elle a été troublée par l'imprévoyance, la prodigalité et le désordre !

[*Le théâtre et les mœurs* (1889).]

EUGÈNE LINTILHAC. — *Charles VII chez ses grands vassaux; Kean* et *Caligula* (qui fit créer le verbe *caliguler* dans le sens de se dépenser beaucoup et de n'amuser guère), pour ne citer que les plus fameux de ces drames innombrables bâclés par Dumas père, avec une si remarquable entente de la scène, qu'une demi-douzaine d'entre eux supportent encore fort bien l'épreuve de la représentation, en dépit de l'improvisation du style, laquelle reste sensible même à la représentation.

[*Précis historique et critique de la littérature française* (1895).]

GUSTAVE LARROUMET. — Dans la première partie de son livre (*Le Drame d'Alexandre Dumas*), M. Parigot démêle la part des influences anglaises et allemandes sur la formation de Dumas. C'est un modèle d'information et d'analyse. Dumas «n'a guère compris Shakespeare, mais il s'est découvert en lui». A Walter Scott il doit beaucoup : le cadre, le décor et le magasin du drame; or on sait l'importance de tout cela pour le genre nouveau. A Byron, il n'emprunte guère qu'un masque, le satanisme : «Il a pris l'empreinte de ce curieux visage, plutôt que la mesure de cet esprit». Gœthe avait trop peu de don du théâtre pour lui fournir grand'chose et *Manfred* le dispensait de *Werther*, car le révolté anglais est autrement scénique que le révolté allemand. En revanche, il doit beaucoup à Schiller, qui, s'il n'a pas le «don» du théâtre, en a le «sens». C'est même à travers l'influence de Schiller qu'il a subi le plus celle de Shakespeare. En somme, le drame de Dumas est «une imitation de Shakespeare d'après Schiller et Walter Scott».

Dans cette imitation, Dumas a mis son individualisme de plébien, son tempérament d'athlète sensuel et bon, son imagination puissante et foncièrement scénique, son style vivant et lâché. Pour un coup de maître, il a créé dès son premier essai le drame historique et populaire : *Henri III et sa cour*. Une série de tâtonnements, *Christine, Caligula, Catilina*, lui ont fait éliminer les éléments tragiques, qu'il s'efforçait d'abord de retenir par respect pour le genre noble (mais je ne verrais pas, comme M. Parigot, une tragédie manquée dans *Charles VII chez ses grands vassaux*, qui me paraît être, malgré les vers, un des meilleurs drames historiques de Dumas). Il a créé le drame populaire de cape et d'épée par un chef-d'œuvre en son genre, *la Tour de Nesles*, qui est bien à lui, malgré la collaboration de Gaillardet, et que M. Parigot a bien raison d'étudier à fond et de mettre très haut, malgré les dédains des lettrés.

Enfin il a créé le drame moderne avec *Antony*, où s'incarnent, d'une part, le plébéien révolté contre les contrats et les hiérarchies sociales, de l'autre, la femme de la société nouvelle, unissant sa propre révolte à celle de l'homme qui la désire passionnément et par-dessus tout comme le bien suprême, le plus défendu par cela même et le plus attaqué. Pour tout le reste du siècle, leur double révolte va défrayer le théâtre.

Ce bilan établi, M. Parigot est en droit de proclamer Dumas père comme le créateur du théâtre romantique. Il est en droit aussi de déclarer que nul, en son temps, ne posséda aussi complètement et au même degré le don spécial du théâtre, le génie dramatique, qu'il pratiqua «le métier» en ouvrier incomparable, qu'à ce point de vue, Hugo, malgré *Hernani* et *Ruy Blas*, Vigny, malgré *la Maréchale d'Ancre* et *Chatterton*, lui furent bien inférieurs.

[*Le Temps* (25 septembre 1899).]

DUMAS fils (Alexandre). [1824-1895.]

Péchés de jeunesse (1857). – *Les Aventures de quatre femmes et d'un perroquet* (1846-1847). *Césarine*, roman (1848). – *Atala*, scène lyrique en deux actes (1848). – *La Dame aux Camélias* (1848). – *Le Roman d'une femme* (1848). – *Le Docteur Servais* (1849). – *Antonine* (1849). – *Tristan le Roux* (1850). – *Trois Hommes forts* (1850). – *Revenants* (1851). – *Diane de Lys* (1851). – *Contes et nouvelles* (1853). – *Sophie Printemps* (1853). – *La Dame aux Perles* (1854). – *La Boîte d'argent* (1855). – *Le Demi-Monde* (1855). – *La Question d'argent* (1857). – *Le Fils naturel* (1858). – *Le Père prodigue* (1859). – *L'Ami des femmes* (1864). – *Le Supplice d'une femme*, avec M. de Girardin (1865). – *Les Idées de Madame Aubray* (1867). – *L'Affaire Clémenceau* (1867). – *Théâtre complet* (1868). – *Lettre sur les choses du jour* (1870). – *Nouvelle lettre de Junius* (1871). – *Une Visite de noces* (1871). – *La Princesse Georges* (1871). – *L'Homme-Femme* (1872). – *La Femme de Claude* (1873). – *Monsieur Alphonse* (1873). – *Thérèse* (1875). – *L'Étrangère* (1876). – *Les Danicheff*, en collaboration (1876). – *La Comtesse Romani* (1876). – *Entr'actes* (1877-1879). – *Les Préfaces* (1877). – *Joseph Balsamo* (1878). – *La Question du divorce* (1880). – *Les Femmes qui tuent et les femmes qui votent* (1880). – *La Princesse de Bagdad* (1881). – *Lettre à M. Naquet* (1882).

OPINION.

MAURICE TOURNEUX. — Il avait à peine dix-huit ans quand *la Chronique*, revue mensuelle (1842), inséra ses premiers vers, réimprimés depuis dans un recueil de poésies, intitulé d'abord *Préface de la vie*, puis *Péchés de jeunesse* (1847).

[*La grande Encyclopédie* (1892).]

DUMUR (Louis).

La Néva (1890). – *Albert* (1890). – *Lassitudes* (1891). – *La Motte de terre* (1895). – *La Nébuleuse* (1895). – *Rembrandt*, en collaboration avec Virgile Josz (1896). – *Pauline ou la liberté de l'amour* (1896).

OPINIONS.

CHARLES MORICE. — Louis Dumur, d'origine suisse et italienne, versifie une poétique nouvelle, du moins renouvelée de poétiques étrangères — aussi — et classiques... Sans accorder ni refuser au système de Louis Dumur plus ni moins de confiance qu'aux autres poétiques nouvelles dont la nouveauté consiste à démembrer le vieux vers français, je constate son effort et je l'inscris comme un des signes les plus nets qui marquent le désir d'une nouveauté, en effet, dont l'avènement plane autour de nous.

[*La littérature de tout à l'heure* (1889).]

BERNARD LAZARE. — J'ai rarement lu le livre plus terne, plus insipide que *Lassitudes*. Nulle conception qui retienne, nulle évocation qui captive; ni image séduisante ou belle, ni sensation curieuse, rare ou simplement naïve, d'une charmante naïveté. Des déclamations redondantes ou plates, exprimant la médiocre philosophie d'un mauvais élève des derniers romantiques; des phrases d'un français déplorable, construites sans art, avec la plus absolue méconnaissance du sens des mots; des tropes ridicules; des comparaisons d'une désespérante banalité. Ajoutez à cela des prétentions généreuses à la sévérité moraliste et philosophique, et le livre vous apparaîtra tel qu'il m'est apparu : un fort mauvais recueil de mauvais vers.

[*Entretiens politiques et littéraires* (février 1892).]

MATHIAS MORHARDT. — Correct, non sans cordialité d'ailleurs, timide, non sans quelque audace, Louis Dumur se montre le rêveur scrupuleux, l'écrivain méditatif, le philosophe laborieux et sage qu'il est. Rien de ce qu'il publia qu'il ne puisse avouer à l'heure actuelle.

[*Portraits du prochain siècle* (1894).]

DUPONT (Pierre). [1821-1870.]

Les Deux Anges, poème (1842). – *Les Chants et chansons* de Pierre Dupont (1852-1854). – *Muse Juvénile* (1859). – *Sur certains bruits de coalition* (1860). – *La Légende du Juif-Errant* (1862). – *Dix Églogues* (1864).

OPINIONS.

SAINTE-BEUVE. — Ces sortes de chants sont, à proprement parler, le pendant et l'accompagnement du genre d'épopée rustique et d'idylle que Mme Sand, au même moment, mettait à la mode par *le Champi*, *la Mare au Diable* et *la Petite Fadette*. Mme Sand raconte, décrit et peint; elle fait le drame. Pierre Dupont mène le chœur et remplit les intermèdes par ses chansons.

[*Causeries du lundi* (1852).]

CHARLES BAUDELAIRE. — C'est à cette grâce, à cette tendresse féminine, que Pierre Dupont est redevable de ses premiers chants. Par grand bonheur, l'activité révolutionnaire, qui emportait à cette époque presque tous les esprits, n'avait pas absolument détourné le sien de sa voie *naturelle*. Personne n'a dit, en termes plus doux et plus pénétrants, les petites joies et les grandes douleurs des petites gens. Le recueil de ses chansons représente tout un petit monde où l'homme fait entendre plus de soupirs que de cris de gaîté et où la nature, dont notre poète sent admirablement l'immortelle fraîcheur, semble avoir mission de consoler, d'apaiser, de dorloter le pauvre et l'abandonné.

[*L'Art romantique* (1868).]

PAUL MARIÉTON. — Soulary, qui n'est pas populaire, passe pour classique auprès des *dilettanti*, le dernier public des poètes. Pierre Dupont, qui le sera un jour, n'est encore que populaire... Mais il est venu à son heure; et en rendant, je le répète, la chanson plus humaine, il a fait œuvre de génie.

[*Joséphin Soulary et la Pléiade lyonnaise* (1884).]

HENRI AVENEL. — Pierre Dupont n'est pas un chansonnier proprement dit, c'est un faiseur d'idylles, c'est une façon de Virgile égaré parmi les *poetæ minores* qui s'occupent de la chanson. La Révolution de 1848 l'a, un instant, détourné de sa voie, mais après les événements il y est vite revenu. Les grands bois, la verdure, le murmure du ruisseau, le chant de l'oiseau, les grands bœufs, les paysans, les rossignols et les roses, lui ont fait vite oublier les pavés des barricades, les maigres menus des banquets démocratiques, les bruits politiques de la rue et les conciliabules de l'estaminet. Il avait un génie rustique qui s'accordait mal avec la vie bruyante des villes.

[*Chansons et Chansonniers* (1890).]

ARMAND SILVESTRE. — Pierre Dupont ce n'est pas seulement un poète, mais un très grand poète ayant, pour frère, dans nos lettres et l'amour de la nature, notre La Fontaine qui, d'ailleurs, n'est pas un rimeur plus sévère que lui. *Les Sapins* sont certainement une autre noble idylle que *le Chêne et le Roseau*. Personne n'a cependant encore eu, que je sache, l'intention de rayer La Fontaine de la liste de nos poètes. Oui, Dupont est de la même famille, avec un ardent amour de l'humanité et de la misère, qui ne me paraît pas moralement inférieur à l'égoïsme épicurien du familier de Mᵐᵉ de la Sablière et de Fouquet.

[*La Plume* (1893).]

EUGÈNE LINTILHAC. — ... Le Théocrite lyonnais, l'auteur des *Bœufs*, qui est aussi le Tyrtée du peuple, par l'accent si pénétrant, les nobles coups d'ailes et aussi par les délicieuses rencontres et la poésie naturelle de ses chansons intitulées : *Le Chant du pain*, le *Chant des ouvriers*, le *Louis d'or*, le *Braconnier*, etc... qui vieilliront moins que celles de Béranger.

[*Précis historique et critique de la littérature française* (1895).]

HENRI ROUJON. — Nous l'aimons parce qu'il verse la joie. Assez de poètes ont mis et mettront encore leur moi périssable au centre des choses, et feindront de pleurer sur tous pour avoir le droit de pleurer sur eux-mêmes. L'éternelle révolte de l'homme contre les lois inéluctables est aussi vieille que le monde; elle exhalera éternellement sa plainte inutile. Nous ne voulons pas dire qu'elle n'a pas inspiré de beaux cris. Mais que la poésie est donc meilleure conseillère lorsqu'elle nous persuade de pardonner à la nature, et d'y voir le bien en même temps que le mal! Pierre Dupont ne montrait pas moins de clairvoyance que les élégiaques pessimistes quand il déclarait les joies vivantes et réelles, à l'égal des douleurs. On sort de son œuvre comme d'un bain de jeunesse et de santé, plus vaillant, meilleur, presque en confiance avec cette compagne si peu sûre qui s'appelle l'humaine destinée. Il est le Tyrtée, tendre et fort, des batailles du pain quotidien.

Nous l'aimons aussi pour avoir réflété en son clair regard les mille et mille merveilles du décor où se joue le drame éphémère de notre destin. Il trouvait la vieille terre adorable, il la contemplait avec des yeux d'amant. C'est en le lisant que nous comprenons, nous autres serfs de l'existence moderne et prisonniers des villes, à quel point notre existence est un long crime contre la nature. Nous n'apercevons le ciel qu'entre deux toits, nous ne saluons jamais l'aurore chez elle, le couchant déroule ses pourpres loin de nos yeux. Mais les vers de Pierre Dupont nous envoient la fraîcheur des brises et tous les parfums de la forêt. Son panthéisme ingénu, sa botanique de berger chercheur de simples, sa divination de sylvain initié au langage des bêtes, nous font entrevoir, mieux que tous les livres, le mystère de l'immense vie qui circule autour de notre conscience éperdue. Pierre Dupont amène l'homme à se réjouir de sa royauté d'un instant; il lui persuaderait, à force d'optimisme et de bonne humeur, que l'univers se rapporte à lui. Il nous conduit au verger; il y répand le sang des fraises comme une libation de gratitude. Il énumère dans les métamorphoses des sapins géants autant de bienfaits pour l'être chétif que leur majesté domine. Il vénère et chérit nos humbles frères, ces animaux que nul n'a chantés, pas même La Fontaine, avec plus de justice et de tendresse. Quand il parle du bœuf et de l'âne, il s'inspire lui-même des pensées naïves qu'il prête à ses paysans de la nuit de Noël, au retour de la messe de minuit. Dans ces deux infatigables compagnons de l'effort humain, il honore les créatures, élues entre toutes pour réchauffer de leur haleine la crèche où vagissait l'esprit de fraternité.

Nous l'aimons parce qu'il triompha de Belzébuth et du sombre génie de la haine. «Aimons-nous», voilà son refrain. S'il est vrai, comme le dit une parole magnifique, qu'«aimer c'est comprendre», nul n'aura compris à ce point. Le «nom infini de l'amour» sort toujours de ses lèvres. A force de vouloir l'homme heureux, il parviendrait à le rendre tel, par un miracle de charité. Il se souhaiterait meunier, pour remplir la huche du pain de l'aumône; il se rêve roi, pour distribuer des largesses à tous les gueux de son empire :

Cest le rêve qu'il a rêvé.

Mais ce qu'il refuse d'accepter, c'est l'anathème qui fait du travail une loi de colère et de malédiction. Il encourage un par un tous les métiers, il anoblit toutes les tâches qu'accomplit l'homme, aux villes comme aux champs. Sa muse visite la grange et l'atelier. Elle montre au forgeron les rougeurs féeriques de l'incendie qui l'environne, elle chante à l'oreille du soldat pour rythmer l'étape, elle siffle avec le maçon sur son échelle, elle montre au bûcheron les nids qui s'envolent à chaque coup de la cognée, elle berce le pêcheur sur la mer, et, pour égayer le laboureur, elle pose sur les cornes noires de ses bêtes la gentillesse de l'oiseau. Pierre Dupont, pour tous ceux qui peinent, est le donneur de bonnes réponses. On trace plus droit et l'on creuse plus profond dans les sillons où passe sa chanson.

[*Discours prononcé à Lyon à l'inauguration du monument de Pierre Dupont* (le 3o avril 1899).]

DUPUY (Ernest).

Les Parques (1883).

OPINIONS.

JULES TELLIER. — Je retrouve l'influence de Hugo près de celle de Sully chez un autre poète philosophe, M. Ernest Dupuy, l'auteur des *Parques*. L'emploi des procédés de Hugo est ici moins discret, et l'effet me paraît moins heureux. Mais le poème de M. Dupuy n'est, ni pour la forme, sans mérite, ni, pour le fond, sans portée.

[*Nos Poètes* (1888).]

JEAN AJALBERT. — Peu de poètes ont, comme l'auteur des *Parques*, taillé en plein verbe le «misérable néant de la grâce effacée», «le désabusement de l'erreur d'être nés»! Ils sont rares ceux qui ont coulé de la pensée philosophique la moins malléable dans le rythme le plus ample, le plus souple. Écoutez (le poète s'interroge si la mort est la fin) :

Non , ce pesant silence est lui-même un mensonge,
Ce sommeil décevant durera moins qu'un songe ,
Ce tableau du néant n'est qu'une illusion.
Le corps n'est pas gisant dans une journée
Que , dans ses profondeurs , la vie est ramenée ;
Les ferments ont trahi leur sourde invasion ;
Le cadavre s'émeut , frappé par la lumière ,
Et l'on voit s'altérer sa majesté première
Sous le labeur hideux d'une autre vision...
....
Et ce débris boueux qui fut la créature ,
Touché par l'aquilon brûlant de la nature ,
Au lieu de reposer s'évertue à pourrir.
....

Mais il faut s'arrêter. Juste la place de citer l'auteur des *Parques*, M. Ernest Dupuy, — rien des ministères. Je n'ai pas d'autres renseignements. En jetant son nom au *Congrès des poètes*, je ne désire qu'inciter quelques camarades à lire des pages admirables, qui valent d'être mises en lumière. Les maîtres pour qui je ne vote pas m'excuseront s'ils connaissent les *Parques*. Ils me remercieraient si j'avais eu le bonheur de les leur faire connaître.

[*Le Gil Blas* (5 août 1894).]

DUROCHER (Léon).

Clairons et binious (1886). – *La Marmite enchantée*, comédie en un acte, en vers (1887). – *Le Rameau d'or* (1889). – *La Légende du baron de Saint-Amand* (1890). – *Le Cabaret de la belle étoile*, apologue (1893).

OPINIONS.

JULES TELLIER. — Je veux citer encore *Clairons et binious*, poésies bretonnes et patriotiques, par M. Léon Durocher.

[*Nos Poètes* (1888).]

R. E. — C'est un barde d'Armor, un trouvère de notre chère Bretagne, un nostalgique des landes... Ses poèmes, qu'il éparpilla, au hasard des revues, un joli trésor... Durocher est poète ; non pas seulement ciseleur de rimes, sertisseur de verbes, gonfleur de bulles irisées, mais très subtil orfèvre, sachant tailler de superbes châsses qu'il orne ensuite des plus précieuses pierreries, pour coucher, dans ces reliquaires, les reines pâles, les jolies reines de pensée et de poésie, vivantes toujours et palpitantes, figées pour ainsi dire dans l'immortalité des vers impérissables.

[*La Plume* (1893).]

DUVAUCHEL (Léon).

Le Médaillon (1875). – *La Clef des champs* (1881). – *La Moussière*, roman forestier (1886). – *Le Tourbier*, mœurs picardes (1888.) – *Le Livre d'un forestier*, prose, vers et dessins (1892). – *Chez Nous*, prose et vers (1895). – *M'zelle*, roman (1895). – *L'Hortillonne* (1897). – *Pour mon pays* (1898).

OPINIONS.

PAUL ARÈNE. — *Le Chapeau bleu*, marivaudage en jolis vers traversés de rayons et peuplés de ramiers, de M. L. Duvauchel, un de ceux qui, à l'exemple d'Albert Mérat, ont le mieux chanté la grâce spéciale et printanière de nos environs parisiens.

[*La République française* (24 février 1880.)]

EMMANUEL DES ESSARTS. — La recherche du vrai et l'attachement au goût trouvent leur compte dans l'aimable volume de Léon Duvauchel... Il manie le triolet avec la perfection de Amant et de Blot, ces maîtres du genre. *Aux lilas panachés*, *l'Alouette*, sont des petits chefs-d'œuvre. Les sonnets de *Sylvie* et de *la Fraise* mériteraient la même appellation... La poésie «de genre» compte un maître de plus.

[*Le Midi* (septembre 1881).]

ÉMILE BLÉMONT. — *Chez Nous*. C'est un joli volume de prose et de vers alternés... Avec quel plaisir nous avons lu les belles pages que l'auteur consacre à la Picardie. Il porte au cœur l'amour de la vaillante et glorieuse province ; aussi la célèbre-t-il dignement en prose dans l'article intitulé : *Ave, Picardia Nutrix* ; en vers, dans la pièce intitulée : *A ceux de Picardie*...

[*Revue du Nord* (1er mars 1895).]

DUVAUT (Albert).

Les Matins roses (1891). – *L'Amour dans la rosée* (1891).

OPINION.

CHARLES FUSTER. — Ce petit livre (*Les Matins roses*) est né au pays du Morvan, dans la solitude de la campagne. Dans une note qui fut celle d'André Theuriet, M. Duvaut a fait des trouvailles : on *voit* ce qu'il dépeint...

[*L'Année des Poètes* (1891).]

E

ELSKAMP (Max).

Dominical (1892). – *Salutations, dont d'angéliques* (1893). – *En symbole vers l'apostolat*
(1895). – *Six Chansons de pauvre homme pour
célébrer la semaine de Flandre* (1896). – *La
Louange de la Vie* (1898). – *Enluminures*
(1898).

OPINIONS.

F. VIELÉ-GRIFFIN. — M. Max Elskamp, par ses
Salutations, nous rappelle le vivant *Souvenir* de
Jules Laforgue et encore cette *Sagesse* de Verlaine :
il n'y a pas ici imitation, mais une parenté lointaine peut-être, suffisante en tout cas pour que notre
sympathie aille, d'abord, à l'auteur.

[*Entretiens politiques et littéraires* (1893).]

VICTOR REMOUCHAMPS. — En des tournures impul-
sives, effarantes d'abord, charmeuses ensuite comme
une révélation lointaine, il a su exprimer ce qu'il
y a en nous de candeur latente, de joie insoup-
çonnée; il a su noter les rêves blancs; il a fait
fleurir, sur les vies les plus stériles, tout un miracle
de sensations jeunes; il a ressuscité, en leur frai-
cheur d'aurore, les plus exquis symboles catholiques. Sa phrase est enfantine de ferveur et de
piété. On dirait d'un enfant de chœur génial.

[*Portraits du prochain siècle* (1894).]

ALBERT ARNAY. — Le titre seul, *Six chansons de
pauvre homme pour célébrer la semaine de Flandre*,
dit bien ce que le poète s'est proposé. Chaque jour
de la semaine est défini en ces pages selon sa caractéristique, chaque jour y a sa chanson : lundi, où
chôment les établis; mardi, toute la blancheur des
toiles et des langes; mercredi, le «grand jour des
jardiniers» et des marchés où sonnent les carillons;
jeudi, le jeudi des amoureux, baisers donnés, baisers à rendre; vendredi, «l'heure des bouches», et
samedi, «avec votre bel habit noir», ce sont les six
jours de non-repos évoqués l'un après l'autre, et
c'est la vie honorée plus simplement, s'il se peut,
que dans *En symbole vers l'apostolat*, honorée en
pensée humble, en paroles portant modeste robe de
bure...

Et voici : les quatre volumes que signa M. Elskamp forment un même tout harmonieusement ordonné. *Dominical*, c'est la belle prière enseignée par
le Christ, c'est le pain demandé, c'est l'existence
conduite aux bonnes voies. *Salutations*, dit la reconnaissance envers Celle qui fut tutélaire aux vœux et
à l'attente. *En symbole vers l'apostolat*, c'est le Credo,
c'est la bonté, la pitié indiquées comme le but à
atteindre ici bas. Et les *Six Chansons* nous appren-
nent que le poète l'atteignit, qu'il est entré dans
sa Terre promise, qu'il est à présent selon ses vœux.
Je vous le demande : est-il plus belle gloire et destinée plus enviable ?

[*Le Réveil* (février 1896).]

REMY DE GOURMONT. — Voici une âme de Flandre
et d'en haut. Dans les campagnes nues ou dans les
cathédrales fleuries, qu'il regarde la mélancolie de
l'Escaut jaune et gris ou la sérénité des vieux vitraux couleur de mer, qu'il aime les douces Flamandes aux bras nus ou Marie-aux-cloches, Marie-
aux-îles, Marie-de-beaux-navires, Max Elskamp est
le poète de la Flandre heureuse. Sa Flandre est
heureuse parce qu'il y a une étoile à la pointe de
ses mâts et de ses clochers, comme il y avait une
étoile sur la maison de Bethléem. Sa poésie est
charmante et purificatrice... Max Elskamp chante
comme chante un enfant ou un oiseau de paradis.
Il se veut un enfant; il est l'oiseau des légendes
qu'un moine écouta pendant plus de cinq cents ans;
et, de même qu'en la légende, lorsqu'on l'a écouté
et qu'on revient à la vie, il y a du nouveau dans
les gestes des hommes et dans les yeux des femmes.
On peut aller sans peur vers Max Elskamp et accepter la corbeille de fruits qu'il nous offre dorée «par
un printemps très doux», et boire au puits qu'il a
creusé et d'où jaillissent «des eaux heureuses», des
eaux fraiches et pleines d'amour. On mangera et on
boira de la grâce et de la tendresse.

[*Le Livre des Masques*, 2° série (1898).]

ROBERT DE SOUZA. — M. Max Elskamp a touché de
plus près qu'aucun, dans son parler et dans ses
gestes, le simple. Il nous a rendu la candeur des
gens du Nord, leur foi têtue. Leurs rêves bleus ont
des lignes courtes, un peu sèches, droites et brus-
quées :

> Marie épandez vos cheveux :
> Voici rire les Anges bleus,
> Et dans vos bras Jésus qui bouge
> Avec ses pieds et ses mains rouges,
> Et puis encore les Anges blonds
> Jouant de tous leurs violons...

Ce sont pieuses gens qui laissent leurs paroles
suivre la pente des litanies. Ce sont primitifs qui
martèlent leurs dires en sentences, et la naïveté de
leurs yeux marque les choses de cernures égales.

[*La poésie populaire et le lyrisme sentimental* (1899).]

ELZÉAR (Pierre).

Les Écoliers d'amour, un acte, en vers (1875).
– *Le cousin Florestan*, un acte, en vers (1877).
– *Le grand Frère*, trois actes, en vers (1877).
– *Racine sifflé*, un acte, en vers (1877). –
Bug-Jargal, drame en sept tableaux (1881).
– *Christine Bernard* (1882). – *La Femme de
Roland* (1882). – *Le Brion* (1883). – *L'Oncle
d'Australie* (1886).

OPINION.

JEAN PROUVAIRE. — Nous avions eu le plaisir d'entendre lire cette pièce (*Le grand Frère*), et elle nous
avait paru tout à fait agréable. L'effet en scène n'a
pas répondu à notre attente. L'action, assez peu dépourvue de banalité, languit, se traîne, se détire,
bâille pour ainsi dire, et le spectateur va peut-être
en faire autant, quand tout à coup il est réveillé
par une image gracieuse ou un aimable vers. On a
beaucoup applaudi à la fin.

[*La République des lettres* (12 novembre 1876).]

ERNAULT (Louis).

Visions polaires (1896). – *La Douleur du Mage* (1897). – *Chants royaux; L'Homme* (1898). – *Le Miracle de Judas* (1899). – *La Mort des Syrènes* (1900).

OPINIONS.

V. Émile-Michelet. — La conception de ce drame (*Le Miracle de Judas*) est très haute à la fois et très ingénieuse, œuvre de vrai poète. Il est très difficile de faire œuvre dramatique en prenant pour sujet le miracle. Ce qui fait l'intérêt d'un drame, c'est avant tout la lutte qui se déroule au cœur des hommes. Or, l'intervention du surnaturel, en général, détruit l'intérêt de cette lutte, puisqu'elle dénoue trop facilement ce qu'avait noué l'élément humain. M. Ernault a tourné la difficulté en présentant le surnaturel manié à rebours, c'est-à-dire accomplissant son œuvre sur l'évocation d'un homme, mais sur l'évocation blasphématoire. Judas ayant accompli un miracle, ayant rendu la vie à une jeune fille morte, le miracle aura sa suite logique; il aura des conséquences impures, puisqu'il a obéi à l'incantation d'un être impur. La jeune ressuscitée deviendra donc une prostituée. Un charme de Goëtie l'attachera aux pas de son sombre thaumaturge. M. Ernault a engendré une belle idée dramatique. Il l'a mise en œuvre noblement et habilement. La forme de son vers atteste une grande recherche de pureté; mais elle est parfois raide, comme enserrée dans une gaine hiératique. La réalisation de cette conception était certes difficile. Le poète s'en est tiré à son honneur.

[*L'Humanité Nouvelle* (10 juillet 1899).]

Stéphane Mallarmé.' — «Merci, Monsieur et poète, pour un des premiers très beaux aboutissements de la pensée magique à la poésie intègre et pure que j'ai lus. Il suffit d'y goûter celle-ci, amplement et ingénieusement comme vous l'épandez, pour pénétrer tout l'arcane de votre drame mental. Permettez que je vous félicite tout à fait...»

[Lettre.]

ESPÉRON (Paul).

Douloureusement (1892).

OPINION.

Émile Portal. — Fidèle à la prosodie parnasienne, rappelle le Coppée des *Intimités* et le Sully Prudhomme des *Vaines tendresses*, mais avec, dans l'inspiration, plus de spontanéité et de fraîcheur ingénue.

[*Portraits du prochain siècle* (1894).]

ESQUIROS (Alphonse). [1814-1876.]

Les Hirondelles (1834). – *Les Magiciens* (1837). – *Charlotte Corday* (1840-1841). – *L'Évangile du Peuple* (1840). – *Chants d'un prisonnier* (1841). – *Les Vierges martyres, folles et sages* (1841-1842-1843), – *Histoire des Montagnards* (1847). – *Histoire des Amants célèbres* (1848). – *Fleur du Peuple* (1848). – *La Vie future* (1850). – *Histoire des Martyrs de la Liberté* (1851). – *Les Fastes populaires* (1851-1853).

OPINION.

Auguste Desplaces. — M. Esquiros tend à inspirer par ses vers l'amour et la fréquentation des beautés naturelles du monde, telles que les varie le cours harmonieux des saisons; c'est là une prédication aussi haute que morale... On doit à M. Esquiros, pour les thèmes accoutumés de ses chants, des éloges sans réserve; on lui en doit beaucoup aussi pour les formes piquantes dont il est habile à parer ses inspirations. Évidemment résolu à ne jamais tomber dans le *poncif* de la diction courante, il trouve parfois des effets de mots et d'images très pittoresques.

[*Galerie des Poètes vivants* (1847).]

EVRARD (Laurent).

Fables et Chansons.

OPINION.

Pierre Quillard. — M. Laurent Evrard, à la fin du court avertissement où il justifie son système rythmique, ajoute : «Ce n'est donc pas de la matière sonore ni du nombre métrique que le lecteur pourra se plaindre, mais du poète qui ne sait pas, dans les entraves d'or, marcher d'un pas agile ou boiter comme un dieu.» A quoi d'aucuns objecteraient que le poète eût mieux fait de ne se mettre aux chevilles nulle entrave, même d'or... Ce poète sait voir et exprimer; il observe la vie latente des eaux, des pierres et des plantes; l'obscur frisson des choses inertes ne lui a pas échappé.

[*Mercure de France* (juin 1900).]

F

FABIÉ (François).

La Poésie des Bêtes (1886). – *Le Clocher* (1887). – *Amende honorable à la Terre* (1888). – *La Bonne Terre* (1889). – *OEuvres* (1888-1892). – *Les Voix rustiques* (1894).

OPINIONS.

Léon Cladel. — Un poète qui sait honorer ainsi que François Fabié les illettrés dont il est issu, ne les oubliera ni ne les reniera pas plus qu'il ne sera lui-même oublié ni renié par la postérité; c'est un artiste en même temps qu'un homme, et celui-ci, non, non, ne diminue en rien celui-là !

[Préface à la *Poésie des Bêtes* (1886).]

François Coppée. — Son enfance, passée en pleine nature, à dénicher les oiseaux, à courir sous les grands hêtres et parmi les genêts et les bruyères du Ségala, a fait de lui un poète rustique, d'un accent un peu âpre, mais très sincère et très pénétrant. Il a notamment fixé son regard sur les animaux sauvages et domestiques et, souvent, il a peint leurs mœurs et leur caractères avec une franchise et une vérité qui eussent réjoui le bon La Fontaine. Ce que Brizeux fut pour la Bretagne, ce qu'est André Theuriet pour la Lorraine, François Fabié le sera pour son cher pays, pour le Rouergue.

[*Anthologie des Poètes français du xixᵉ siècle* (1887-1888).]

JULES TELLIER. — M. François Fabié est le poète du Rouergue. Il nous a donné deux recueils à peu d'intervalle (*La Poésie des Bêtes; le Clocher*). Cladel a écrit pour lui une préface curieuse et il a eu bien raison de signaler *la Chatte noire* comme un chef-d'œuvre en son genre :

> Dans le moulin de Ponpeyrac,
> Se tient assise sur son sac
> Une chatte couleur d'ébène,
> Il est bien certain qu'elle dort :
> Ses yeux ne sont que deux fils d'or
> Et ses griffes sont dans leur gaine.

Cette admirable vérité du détail, vous la trouverez partout chez M. Fabié. Pas de poésie plus sincère-ment et franchement rustique que la sienne. Tout ce qu'il décrit, on sent qu'il l'a observé longuement et avec amour. Je crois après cela qu'il a tort de dire à son père :

> Et ma plume rustique est fille de ta hache...

Et tout le long de ses livres, je note un je ne sais quoi de fruste et de gauche. A propos d'un chat qui poursuit une souris, le poète se croit obligé de se rappeler Achille poursuivant Hector autour des murs de Troie. Il a souvent de ces pédanteries faciles. Il m'apparaît comme un mélange singulier (intéressant et sympathique après tout) de rustique et d'universitaire de province.

[*Nos Poètes* (1888).]

ADOLPHE BRISSON. — M. François Fabié est né dans le Rouergue, d'une mère paysanne et d'un père bûcheron. Son enfance s'est passée à courir le long des bois, à pêcher des truites dans les torrents et à suivre les troupeaux de bœufs qui paissent sur les montagnes. Supposez que M. Fabié fût venu au monde cent ans plus tôt : il eût été bûcheron comme ses aïeux, ou laboureur, ou berger, et son âme de poète fût demeurée ensevelie sous son rude sayon de villageois.

[*Portraits intimes* (1894).]

FABRÈGUE (Aimée).

Le Livre d'heures de l'amant (1898).

FRÉDÉRIC MISTRAL. — Je ne doute pas de votre victoire, car vous avez une flamme de jeunesse et de foi capable de mettre le feu aux quatre coins de la ville, ou de la vie, si vous aimez mieux.

[*Lettre-préface* (octobre 1898.)]

FARAMOND (Maurice de).

Quintessences (1886). – *Le Livre des Odes* (1897). – *La Noblesse de la Terre*, théâtre (1899). – *Monsieur Bonnet*, théâtre (1900).

GUSTAVE KAHN. — Vers solides et concis, ambi-tion de plastique élégante et sobre, avec beaucoup de modernisme à manier les masques antiques. M. Maurice de Faramond est certainement un poète intéressant; il a, ce qui est la plus belle qualité du poète, une note personnelle, et cela nous promet, de sa part, un curieux développement.

[*Revue Blanche* (1897).]

PIERRE QUILLARD. — Vers l'époque où MM. Paul Adam et Jean Moréas collaboraient au *Thé Chez Mi-randa*, M. Maurice de Faramond publiait *Quintes-sences*. Depuis, il s'était tu, et de nouveau chantant le *Livre des Odes*, il est resté assez fidèle à l'esthé-tique que préconisèrent ces deux écrivains et qui était la sienne dès lors... En vingt poèmes, M. Mau-rice de Faramond s'est plu à créer, diverses et sem-blables, des personnes légendaires qui expriment, sous forme de déclamation sentimentale, les aven-tures pathétiques de la vie... Le charme de leurs propos est singulier, inattendu et déconcertant...

[*Mercure de France* (février 1898).]

HENRI GHÉON. — Certes, *la Noblesse de la Terre* et *M. Bonnet* diffèrent assez pour mériter deux études distinctes. Mais, en dépit de l'apparence, une es-thétique unique les régit, modifiée de l'un à l'autre drame, et complétée. Et c'est elle qu'il s'agit avant tout de discerner, en rapprochant attentivement les traits épars.

En principe, antérieurement à toute préoccupa-tion artistique, M. de Faramond prétendit évoquer des «hommes». Il ne se passionna point à l'étude exclusive d'un ou deux caractères, au rigoureux dé-veloppement d'un seul conflit. Il vit dans la moder-nité non simplement un cadre, mais presque un personnage, — en tout cas un élément tragique es-sentiel. Il conçut l'humanité sociable, sociale, formée et menée par le milieu. Et il peignit non des hommes, mais des «groupes d'hommes», famille, ferme, vil-lage, ville. Il assumait ainsi un art de groupement et d'harmonie, — non de ligne et de déduction. En cela consiste son originalité fondamentale.

Les personnages de M. de Faramond sont viables. Il n'en fit point des entités, ni des héros. Il com-posa leur figure avec une âpre précision, un soin minutieux, un lyrisme ardent. Tous les traits psy-chologiques, tous les tics, tous les gestes furent par lui scrupuleusement choisis, pour particulariser des êtres dont nul ne ressemblât aux autres. Il leur donna une apparence et une intimité, et aussi une sorte d'ardeur vitale, puisée à chaque instant dans ce qui les entoure. La terre, un jour, parla par eux. Et ce jour-là, on salua un sens neuf du dialogue, précis, coloré, raccourci.

Au reste, les personnages de *la Noblesse de la Terre* ne faisaient que vivre, sans plus. Le poète nous les montra dans leurs occupations quotidiennes, dans leurs ordinaires joies, dans leurs naturelles douleurs. Ce fut moins une pièce qu'une série de tableaux d'une réalité si simple et si profonde que, dépassant le réalisme, ils atteignaient à l'épique parfois...

Et voici que M. Bonnet, œuvre plus aboutie dans deux actes au moins, de tenue verbale presque par-faite, — sans de ces accrocs ingénus qui avaient pu susciter des rires, naguère, — se diminue du même fait : l'abstraction. Cette fois, Maurice de Faramond, sans cependant renoncer à son esthétique «harmoniste», voulut «construire». Chaque acte évoquant un milieu existerait en soi, mais fortement uni aux autres. Une trame motiverait les groupements, éclairerait les caractères, développés, non plus seulement présentés. Union de la forme scénique traditionnelle à la conception novatrice. Belle tentative, difficile, périlleuse. Mais M. de Faramond est un audacieux.

[*L'Ermitage* (avril 1900).]

FAUVEL (Henri).

L'Art et la Vie (1888).

OPINION.

JULES TELLIER. — Parmi les disciples de M. Paul Bourget, je distingue un jeune poète de talent, M. Henri Fauvel.

[*Nos Poètes* (1888).]

FAVRE (Jules). [1809-1880.]

Anathème (1834). – ΨΥΧΗ (1864). – *Dis-moi qui tu hantes*, proverbe (1866). – *Discours du bâtonnat. Défense de Félix Orsini*, etc. (1866). – *Mélanges politiques, judiciaires et littéraires* (1882).

OPINIONS.

THÉODORE DE BANVILLE. — Ce titan en habit noir dit-il quelque chose en effet, lorsque, plus bruyant et plus terrible que ses collègues Brontès et Stéropès, il fabrique et débite ses foudres dans la célèbre armoire aux paroles, à côté du verre d'eau sucrée? Ce front bosselé, ce nez indigné, cette lèvre inférieure qui va au-devant de l'objection, cette prunelle tranchante, ce sourcil en zigzag de feu, ce tas de cheveux irrités, cette joue mobile sont mieux que des traits éloquents, ils sont l'éloquence même.

[*Camées parisiens* (1866).]

SAINTE-BEUVE. — C'eût été peut-être une indiscrétion à moi, mais qu'on aurait excusée, de parler encore d'un petit recueil, d'une plaquette qui ne porte que ce titre unique, ΨΥΧΗ (Âme), et dont la poésie naturelle, coulant de source, a quelque chose de la fraîcheur d'une fontaine rustique.

[*Lundi, 3 juillet 1865. Des nouveaux lundis* (1886).]

PAUL MARITAIN. — La sève qui fécondait sa belle intelligence ne s'est pas ralentie un instant; et dans les pages suprêmes qu'il traçait de sa main défaillante, lorsque les ombres sinistres du trépas commençaient à pâlir son front, on retrouve la pureté harmonieuse, la fraîcheur de sentiments et d'images, la noblesse et l'élévation de pensées qui resteront comme les traits caractéristiques de son génie.

[Préface aux *Mélanges politiques, judiciaires et littéraires de J. Favre* (1882).]

FÉLINE (Michel).

L'Adolescent confidentiel (1892).

OPINION.

JEAN COURT. — Les jolis vers ne sont point rares dans cette œuvrette, mais l'âme de l'adolescent qui

écrivit ces pseudo-confidences est sans doute un peu artificieuse et dénuée de toute sincérité. Les préférences de M. Michel Féline vont à Jules Laforgue, à qui le recueil est dédié.

[*Mercure de France* (septembre 1892).]

FÉRAUDY (Maurice de).

Heures émues (1896).

OPINION.

ARMAND SILVESTRE. — Je me ferai un reproche de dénouer ici la gerbe des *Fleurs d'amour* qui composent la première moisson des fleurs de ce bouquet. Que de jolis vers, et vraiment émus, j'en pourrais détacher pourtant ! J'aime mieux en signaler la douceur commune d'impressions, tout ce qui s'en dégage, comme un arome pénétrant, d'adoration et de respect pour la femme; le dire juste et vraiment senti des souffrances qui font, dès ici-bas, des amants, les élus d'une douceur divine; la simplicité d'une expression qui semble jaillir de l'âme sans s'attarder aux artifices menteurs du style convenu.

[Préface (1896).]

FERNY (Jacques).

Trente-cinq minutes de procédure (1886). – *Une Nuit à Trianon* (1886). – *Chansons diverses* (1891 à 1900).

OPINION.

RENÉ MAIZEROY. — L'un des plus personnels et des plus intéressants «nouveaux» qui se prodiguent dans le cabaret de Salis a des trouvailles de blague, des fins de couplet, des cinglées d'ironie qui font songer à ces mazarinades dont se grisaient jadis les bons bourgeois de Paris et aussi aux poèmes batailleurs de Méry. Signe particulier : N'aura certainement jamais une commande de cantate officielle

[*Le Gil Blas* (6 décembre 1891).]

FERTIAULT (F. et Julie).

Les Voix amies (1864).

OPINION.

SAINTE-BEUVE. — Je ne ferai que passer devant vous, couple conjugal qui unissez vos deux voix; qui, après avoir perdu un enfant, votre unique amour, l'avez pleuré dans un long sanglot, et qui, cette fois, inconsolés encore, mais dans un deuil apaisé, avez songé à lui en composant des chants gradués pour les divers âges, continuant ainsi en idée, d'une manière touchante, à vous occuper, dans la personne des autres, de celui qui n'a pas assez vécu pour nous.

[*Lundi, 12 juin 1865. Des nouveaux lundis* (1886).]

FÉVRIER (Raymond).

Les Élévations poétiques (1892).

OPINION.

CHARLES FUSTER. — La poésie de M. Raymond Février (dans les *Élévations poétiques*) est chaste, grave, religieuse... Sa langue poétique est très ferme, très solide, et, — chose plus rare, — les pensées abondent sous sa plume.

[*L'Année des Poètes* (1892).]

FLÉGIÈS (Blanche).

Brumes et Rayons (1891).

OPINION.

CHARLES FUSTER. — Sous ce titre : *Quelques maîtres*, ce sont d'abord des sonnets sur les plus puissants musiciens, soit anciens, soit actuels. A dire vrai, et quoique l'auteur ait toutes les habiletés de l'art impersonnel, nous l'aimons mieux dans les pièces plus intimes, dont quelques-unes sont de véritables cris de détresse.

[*L'Année des Poètes* (1891).]

FLEURIGNY (Henri de).

Éclats de verre (1894).

OPINION.

LOUIS DUPONT. — C'est un poète aimable que M. de Fleurigny, et le volume qui vient de paraître sous son nom (*Éclats de verre*) renferme plus d'une pièce d'un rare sentiment d'à propos et d'humour.

[*La Chronique des lettres* (1894).]

FLEURIOT-KÉRINOU.

Les Lointains (1887). – *Flammes de vie* (1895).

OPINION.

CHARLES FUSTER. — M. Fleuriot-Kérinou avait déjà donné des poèmes dans la manière de Leconte de Lisle. Il a le sens du grand, et même du grandiose. Ainsi, au commencement des *Flammes de vie*, la *Prière des sillons* est magistrale.

[*L'Année des Poètes* (1895).]

FLEURY (Albert).

Poèmes étranges (1894). – *Les Évocations* (1895). – *Paroles vers Elle* (1895). – *Sur la route* (1896). – *Impressions grises* (1897). – *Pierrot* (1898). – *Poèmes* (1895-1899, 1899). – *Confidences* (1900).

OPINIONS.

MAURICE LE BLOND. — Ce que je préfère de beaucoup dans les *Paroles vers Elle*, c'est leur gaucherie exquise à la fois d'expression et de sentiment. Les madrigaux ne sont ni précieux ni fardés, comme il est coutume. Le poète a su balbutier. Ce n'est pas un aède qui chante, d'une voix sympathique, sur un rythme uniforme. Il a voulu devenir l'enfant qui souffre et qui tremble, fébrile et troublé de l'émoi d'une première passion. Et c'est tantôt une rêverie, tantôt un cri de passion inapaisé. C'est aussi cette élégie qu'il composa à cause d'une marguerite mal effeuillée et que j'aime pour sa naïveté exaspérée.

[*Revue Naturiste* (1895).]

EDMOND PILON. — C'est ainsi qu'est notre sort : nous nous éveillons héroïques ou triomphants, puis la vie vient et nous baise sur la bouche avec des fruits entre les dents ; nous connaissons l'amour au lieu des armes, et les airs pastoraux des flûtes, nous les rythmons dans nos caresses. Ce poète a su cela. De ses *Évocations*, souvent hautaines, il a passé aux simples chants de son bonheur. L'effigie de son Amie est délicate. Nous la pensons dédicatoire de beauté, et les lignes sont flexueuses et tendres, entre lesquelles il la limite. Les vers libres qu'il lui offre sont gauches quelquefois, émus souvent, exquis toujours, et des leitmotives de sa passion nous gardons de doux murmures :

> Rien qu'une fois, elle a passé dans le chemin,
> Elle a chanté de charmantes caresses,
> Elle a fait oublier l'ennui morne des heures.

Ainsi viennent de jeunes pâtres dont la voix est naturelle. Ils ne font plus de la peinture ni de la musique. Leur probité prononce l'éviction des autres arts de la poésie. Ils sont angéliques et graves. M. Fleury, qui est parmi eux, donne un exemple de leur candeur et de leur grâce.

[*Mercure de France* (mars 1896).]

PIERRE QUILLARD. — J'aime trop un livre pareil pour insister sur quelques critiques de détail ; cependant il vaut mieux dire que certaines chansons sonnent trop exactement au diapason de Verlaine et que, — mais si rarement ! — la langue défaille, soit dans le vocabulaire, soit dans sa syntaxe, en quelques formes barbares. Mais combien, en somme, M. Albert Fleury donne raison à ceux qui augurèrent beaucoup de ses œuvres antérieures, à M. Henri de Régnier notamment, qui, l'un des premiers, en discerna le charme, et combien je suis heureux d'avoir trouvé en un confrère de qui j'ignore tout, sauf ses vers, un aussi bon compagnon de pensée pour les heures tristes !

[*Mercure de France* (mars 1898).]

GEORGES PIOCH. — En intitulant : *Confidences*, son dernier livre de poèmes, M. Albert Fleury a prouvé qu'il discernait sûrement la valeur émotive de son art. Ce sont bien des confidences, en effet, ces poèmes où le rythme semble dérouler tout ce qui, dans la nature, souffre, s'effraie et s'atténue : l'automne et les suprêmes parfums passant dans le sillage des départs ailés ; les couchants dont des nuages en fuite pansent la gloire meurtrie ; les yeux stagnants des vieilles résignant, songe à songe, leur vie ; les vaisseaux que cerne la brume marine ; les pleurs que font tinter dans l'air les clochers exhalant l'Angélus ; — et la mélancolie du Désir, nostalgique et toujours inassouvi, qui supplante aux fins de l'étreinte la fougue lassée du déduit.

[*Revue Franco-Allemande* (25 mai 1900).]

FLEURY (Ernest).

Andantes (1892).

OPINION.

CHARLES FUSTER. — Parmi les pièces à noter dans ce recueil de début (*Andantes*), citons surtout : *La Marque*, les jolies strophes sur un *Rayon de lune*, l'*Idylle*, les *Saisons*, *Matinale*, *Au temps jadis*, *Never More ! Suprêmes consolations*, et bien d'autres poèmes jeunes et vibrants.

[*L'Année des Poètes* (1892).]

FOISSAC (Ernest).

La Chair souveraine (1895).

OPINION.

L'œuvre de M. Foissac, *la Chair souveraine*, demande à être lue tout entière : c'est une des tentatives les plus curieuses qui aient été faites depuis des années ; c'est, du coup, la consécration brusque et définitive d'un talent de premier rang.

[*L'Année des Poètes* (1896).]

FONTAINAS (André).

Le Sang des fleurs (1889). – *Les Vergers illusoires* (1892). – *Nuits d'Épiphanie* (1894). – *Les Estuaires d'ombre* (1896). – *Crépuscules* (1897). – *L'Ornement de la solitude*, roman (1899). – *Le Jardin des îles claires* (1901).

OPINIONS.

Lucien Muhlfeld. — M. André Fontainas dessine des *vergers illusoires*, vignes folles et sages espaliers. Les vers réguliers de M. Fontainas sont malaisés, ses pièces libres sont plus souples, mais la peine des premières me rend suspecte la *nécessité* rythmique des autres. Tout de même, M. Fontainas n'est pas négligeable. Nourri d'Henri de Régnier, s'il n'en connaît pas tous les détours, toutes les séductions, il vaut encore par une spontanéité d'images élégantes, pures et bien ajustées.

[*Revue Blanche* (novembre 1892).]

Henri de Régnier. — On imagine volontiers son profil bossué au bronze de quelque médaille du temps des Flandres bourguignonnes, et, au revers, pour allégoriser d'emblèmes décoratifs le poète du *Sang des fleurs* et des *Vergers illusoires*, on figurerait, dans une guirlandes en entrelacs, un miroir, une épée et une grappe, car ses vers, à des vigueurs héroïques, allient des nuances opalines d'eaux calmes et mêlent les saveurs telluriques d'un noble cru.

[*Portraits du prochain siècle* (1894).]

Émile Besnus. — Dans les dix sonnets qui sont ces *Estuaires d'ombre*, M. Fontainas désavouerait-il avoir tenté l'ésotérique et précieuse concision mallarméenne ? Il l'a tentée, — ou elle l'a tenté. Il l'a voulue, ou il en a subi l'influence ; dans l'un ou l'autre cas, ce n'est point d'un esprit qui se contente d'un but médiocre et de réalisations communes.

[*L'Idée libre* (1896).]

Charles Guérin. — Ample, sonore, éclatant, mystérieux.
En M. Fontainas j'aime le prestigieux technicien, le poète visionnaire, et un autre qui serait mélancolique un peu comme le cor dont les dernières notes s'étouffent.
Lisez dans *Crépuscules* le long poème intitulé : *L'Eau du Fleuve*, arrêtez-vous plus particulièrement à la pièce qui commence ainsi :

La lune illumine la nuit du fleuve

et vous connaîtrez l'ampleur de vision de M. Fontainas en même temps que sa virtuosité de parfait ouvrier les rythmes.

[*L'Ermitage* (juin 1897).]

Remy de Gourmont. — Tandis que, dans *les Estuaires d'ombre*, M. Fontainas avait subi, trop exactement, l'empreinte de M. Mallarmé, dans *l'Eau du Fleuve*, il se rend personnel le mode prosodique qui s'est imposé à lui. Il donne alors au vers libre l'allure qu'il avait donnée à l'alexandrin ; il le fait lent, calme, un peu solennel, sérieux, un peu sévère :

Midi s'apaise et les vagues s'allongent.
Ô rêves reposés de langueur et de charme,
Ô calmes songes !
Sur la mousse, à l'ombre d'aulnes et d'ormes,
Les pêcheurs paisibles dorment,
Tandis qu'en l'eau presque mourante un long fil plonge.
Nul frisson ne court plus aux feuillages,
Le soleil ne jette aucun rayon,
Tout est calme...

Et c'est bien, dite avec grâce par lui-même, l'impression finale que donne la poésie de M. Fontainas : l'eau calme, grave et tiède d'une anse où, parmi les roseaux, les nénuphars et les joncs, le fleuve, dans la sérénité du soir, se repose et s'endort.

[*Le Livre des Masques* (1898).]

A. Van Bever. — Outre de nombreuses études qui le désignèrent comme l'historien des tendances nouvelles, apportant à l'art une compréhension très complète de la Beauté (lire ses travaux sur quelques maîtres contemporains, tels Rodin, Monet, etc.), on lui doit une œuvre personnelle offrant dans le domaine du rythme et de la fiction une surprenante originalité. Pour avoir suivi (après la publication de son premier recueil : *Le Sang des fleurs*, 1889) les subtils contours de Mallarmé, ce poète, dont nous retiendrons les consolants mirages, n'en a pas moins su transformer sa manière au point de rendre personnel, selon M. Remy de Gourmont, «le mode prosodique qui s'est imposé à lui. Il donne alors au vers libre l'allure qu'il avait donnée à l'alexandrin, il le fait lent, calme, un peu solennel, sérieux, un peu sévère»...

[*Poètes d'aujourd'hui* (1900).]

FONTANEY (Auguste). [1803-1837.]

Ballades, mélodies et poésies diverses (1825). – *Scènes de la vie castillane et andalouse* (1835).

OPINIONS.

Charles Asselineau. — Fontaney est de ces écrivains peu connus dont l'étude prouve la supériorité et la force de la génération à laquelle ils ont appartenu. Lui-même, rendant compte en 1836 des poésies nouvellement publiées, constatait la décadence générale de la poésie secondaire, tout à l'honneur, disait-il, de la poésie du même rang qui florissait sous la Restauration. En disant cela, il tirait son propre horoscope ou plutôt il était lui-même la preuve de ces paroles... Assurément, c'était une forte génération que celle qui pouvait, sans se diminuer, laisser perdre de telles choses et oublier de tels talents.

[*Bibliographie romantique* (1874).]

Édouard Fournier. — On croit qu'il était de Paris, et du même âge à peu près que Victor Hugo, qui fut son guide et son dieu. Il fit partie du cénacle. Un des sonnets les plus célèbres qui furent inscrits à la gloire du grand Victor, sur les marges du Ronsard in-folio, qui en était comme le livre d'or, portait la signature de Fontaney.

[*Souvenirs poétiques de l'École romantique* (1880).]

FORGET (Jules).

En plein bois (1887).

OPINIONS.

PAUL GINISTY. — Les vers de M. Jules Forget (*En plein bois*) ont une aimable saveur forestière, et c'est sincèrement qu'il s'écrie :

Vous êtes, ô forêts vertes, la beauté même !

[*L'Année littéraire* (7 juin 1887).]

A. L. — De 1885 à 1886, M. Forget écrivit ses poésies forestières, réunies sous le titre d'*En plein Bois* (1887) et dédiées au grand paysagiste lorrain, au poète forestier par excellence, enfant lui-même du Barrois, André Theuriet.

[*Anthologie des Poètes français du XIXᵉ siècle* (1887-1888).]

FORT (Paul).

La Petite Bête (1890). — *Plusieurs choses* (1894). — *Premières Lueurs sur la colline* (1894). — *Presque les doigts aux clefs* (1894). — *Monnaie de fer* (1894). — *Il y a là des cris* (1895). — *Ballades : Ma Légende* (1896). — *Ballades : La Mer* (1896). — *Ballades : Les Saisons* (1896). — *Ballades : Louis XI, curieux homme* (1896). — *Ballades françaises*, 1ʳᵉ série (1897). — *Montagne, ballades françaises*, 2ᵉ série (1898). — *Le Roman de Louis XI, ballades françaises*, 3ᵉ série (1899). — *Les Idylles antiques, ballades françaises*, 4ᵉ série (1900).

OPINIONS.

L.-P. FARGUE. — *Premières lueurs sur la colline :* L'étonnement, apprenti d'un sens supplémentaire qui débuterait, médiante, d'une croyance d'hier; d'un excentrique prétexte prématurément doué que par une révolution de capitale fonction dans la vie. Dès que blessé du fardeau relayé, le poète s'y devine indiqué seul : et rapacement, que ce soit écrit. Est-il assez content? Maintenant nous voilà un homme (si l'on débutait éternellement sans s'accoiser). Il sent si frileux, cousu du capuce de pénitent sans faute, ho-norifiquement lourd, sans tenir chaud! Transplanter serait donner tare et pèse du pain. — Rêve sans temps au même site, si naïf, que si loin qu'aille le chemineau, sensuelle milice, il ne gagne un pouce sur l'astre auquel il s'acoquine. Or, sous le rouet d'aube, malle-poste, une main convalescente sort d'un lit, au secours du Fatigué d'action timide, tar-dive, malgré qu'il trébuche, pour se mouvoir *en dépit du sommeil* devant la ville sypnotique. En avè-nement, il choque le rempart, écolier qui, après l'inscrite borne munificente, chût derrière la colline dans un trône; roi soudain d'un peuple tourmenté, sans espoir, par coutume d'habitacle. — Se bat avec ses sens, doux relaps; tâche de tout voir en la plaine convoitée; cursif avare, glisse et déplore, inscient de la distance, au ciel ciroféraire; sans abrivent que

l'angle obtus, et chante l'effroi rural en faisant souris aux calus, médian tombeau du regard, vacillant et visant la mi-côte du ciel trop parallèle au sol. Si on le savait là, on s'éveillerait plus vite et le cherche-rait; *car le but est le supplice* où l'on viole le droit d'asile du Christ huillier ci-devant; les ouvrages de défense gourmands ne tolèrent une prémice de bon-heur et avancent de la porte Sud. — Or, le guet se dégrade *lui-même*, belluaire pleurant devant le chré-tien. Et le poète plein de cachet qui *fait la lecture* a converti, stimulé, se·donnant *lui-même* la disci-pline : c'est la vie.

[*Mercure de France* (juillet 1894).]

TRISTAN KLINGSOR. — Ce que voulut pour le vers Stuart Merrill, Paul Fort le veut pour la prose. Le style des *Ballades* a les tons merveilleux d'un tableau de Van Eyck ou bien d'un conte de Chaucer. Toutes les nuances de l'arc-en-ciel et toutes les richesses de l'Orient, il les a. Comme chez Gustave Kahn, la phrase chatoie, multicolore et changeante. Parfois, le mot s'irradie subitement, fait place à des teintes plus douces et reparaît de nouveau dans tout son éclat. Ailleurs, ce sera une description d'une lumi-nosité limpide.

Il semble que Paul Fort se rapproche de Gustave Kahn par les images. Dirai-je, en outre, qu'il a des points communs avec Jules Laforgue pour la con-ception? Il s'agit d'affinités intellectuelles seule-ment, cela va sans dire, et non pas d'imitation : l'auteur des *Ballades* est trop personnel pour qu'on puisse lui faire un pareil reproche. Paul Fort, comme Laforgue, regarde la vie dans quelque miroir légendaire.

[*Le Livre d'Art* (mars 1896).]

FRANCIS VIELÉ-GRIFFIN. — M. Fort a pris à travers champs; sa cueillette est brutale parfois, car il a pris la fleur avec la racine; il s'est ordonné un bou-quet spécieux d'un arome rustique, où le franc parfum d'une herbe se mêle à l'odeur d'imprimé que dégage le papier dont il protège les tiges. — M. Fort est parfois très obscur et n'aime pas l'alinéa. Nos goûts sont autres.

[*Mercure de France* (avril 1896).]

PIERRE LOUŸS. — Les *Ballades françaises* sont de petits poèmes en vers polymorphes ou en alexandrins familiers, mais qui se plient à la forme normale de la prose, et qui exigent (ceci n'est point négligeable) ·non pas la diction du vers, mais celle de la prose rythmée. Le seul retour, parfois, de la rime et de l'assonance distingue ce style de la prose lyrique.

Il n'y a pas à s'y tromper, c'est bien un style nouveau. Sans doute, M. Péladan (*Queste du Graal*) et M. Mendès (*Lieder*) avaient tenté quelque chose d'approchant, l'un avec une richesse de vocabulaire, l'autre avec une virtuosité de syntaxe, qui espacent aisément les rivaux. En remontant davantage encore dans notre littérature, on trouverait même déjà de curieux essais de strophes en prose... Si la ten-tative de M. Paul Fort a eu quelques précédents, elle n'en est que plus audacieuse. On trouve d'ailleurs des ancêtres aux méthodes les plus per-sonnelles, et celle-ci serait mauvaise si elle était sans famille.

M. Paul Fort l'a faite sienne par la valeur théo-rique qu'il lui a donnée, par l'importance qu'elle affecte dans son œuvre et mieux encore par les développements infiniment variés dont il a démontré qu'elle était susceptible.

[*Ballades françaises*, préface (1897).]

FRANÇOIS COPPÉE. — M. Paul Fort me rappelle le romantique Aloysius Bertrand dont le livre unique de poèmes en prose est aujourd'hui tombé dans un très injuste oubli. L'imagination de M. Paul Fort, comme celle de son devancier, est brillante et pittoresque; j'ajoute qu'elle est plus abondante et plus étendue. Il se plaît à écrire de courtes pages d'un art subtil et parfait. Celle-ci donne la sensation d'une image d'Épinal collée au mur d'une auberge de village; celle-là fait songer à une pierre gravée, à un camée grec, et cette autre est pareille à une feuille de parchemin, ornée et fleurie par le soigneux pinceau de l'imagier. Certainement, nous sommes en droit d'attendre beaucoup de M. Paul Fort, qui possède à un haut degré le sentiment de la légende et de la chanson populaire.

[*Le Journal* (7 octobre 1897).]

HENRI DE RÉGNIER. — Ce livre (*Ballades françaises*) me paraît tout à fait, par rapport à l'œuvre future de M. Paul Fort, ce que furent les *Serres chaudes* au début de celles de M. Maurice Maeterlinck. De même que M. Maeterlinck y exposait, sous la vivante forme de poèmes, sa méthode d'analogies, qui, développée et mûrie, a donné ses drames et ses essais, ainsi M. Paul Fort offre un vaste répertoire d'images et de pensées. Il y a là, il faut le dire, une abondance singulière et une vitalité puissante, toute la plantureuse confusion d'un esprit qui se cherche et s'exerce dans tous les sens, à travers les zigzags de toutes ses fantaisies, obéissant à des poussées disparates, à des intuitions subites, aux soubresauts d'une verve capricieuse, à tout ce que l'instant fait passer d'émotions, d'images et de rythmes en une âme extraordinairement vibrante et attentive, prompte à les saisir au passage et à en fixer la nuance, la forme ou le mouvement. Il y a là un don remarquable d'expression, une dextérité rare à surprendre l'idée non seulement en sa poussière lumineuse d'aile envolée, mais à la capturer toute palpitante de son vol. En appelant le livre des *Ballades françaises* de M. Paul Fort un répertoire, j'ai voulu seulement en indiquer un aspect et y voir une sorte de fonds où l'auteur certainement reviendra puiser d'autant plus sûrement qu'il est représenté là par les attitudes les plus diverses de son esprit; il y donne son prisme mental.

[*Mercure de France* (mai 1897).]

REMY DE GOURMONT. — Celui-ci fait des ballades. Il ne faut rien lui demander de plus ou, du moins, présentement. Il fait des ballades et veut en faire encore, en faire toujours. Ces ballades ne ressemblent guère à celles de François Villon ou de M. Laurent Tailhade; elles ne ressemblent à rien. Typographiées comme de la prose, elles sont écrites en vers et supérieurement mouvementées... Ce poète est une perpétuelle vibration, une machine nerveuse sensible au moindre choc, un cerveau si prompt, que l'émotion, souvent, s'est formulée avant la conscience de l'émotion. Le talent de Paul Fort est une manière de sentir autant qu'une manière de dire.

[*Le Livre des Masques*, 2ᵉ série (1898).]

RENÉ BOYLESVE. — Celui qui, à mon sens, a le mieux parlé de Paul Fort, c'est Henry Ghéon, qui l'a comparé à nos cathédrales gothiques. Ceci est d'une magnifique clairvoyance. Aucun autre objet au monde, sinon des merveilles monumentales de l'art français, ne pourrait lier en une si parfaite unité le sublime au familier, l'élan céleste et les pauvres contorsions de la physionomie humaine. Je crois très réellement voir ressusciter en Paul Fort l'âme ancienne de la France, toute pure, sans mélange aucun : généreuse, ardente, étourdie, éperdue de beaux désirs, ignorante de la conception de beauté qui nous vint plus tard d'Italie, religieuse et maligne, hardie et libre jusqu'à la témérité, avec des frousses, des peurs nerveuses du diable ou de son ombre, enfin spirituelle, facétieuse et familière. Ne vous sentez-vous pas passer de la dalle où le fidèle se prosterne jusqu'au faîte vertigineux des hautes voûtes et à l'éclat des verrières, puis retomber à l'humble posture de l'oraison, dans ces quelques lignes d'une ballade :

«Tout taré que je suis, me voici donc ce simple, devant ta majesté qui me courbe! et je t'aime de ne plus me comprendre, dans ta foule, ô Forêt, que comme une floraison très pâle seulement.

. . . .

«Jalousies, vous naissez. Les chênes et les mousses : voilà des différences dont l'être souffre et meurt.

«On souffre. Les petits étouffent les plus grands, ou les plus grands écrasent... Et que c'est saint, au fond, cette lutte infinie vers la lumière! Que sais-je?... C'est la vie que Dieu veut ainsi, non autrement.»

[*L'Ermitage* (mai 1898).]

A. VAN BEVER. — Empruntant, sous les contours fallacieux de la prose, la plastique et la rythmique du vers, mêlant aux images les plus transparentes le coloris violent des réalités, l'art de ce poète s'affirme en petits tableaux parfaitement achevés, où l'habileté du peintre ne le cède en rien au lyrisme de l'évocateur.

[*Poètes d'aujourd'hui* (1900).]

FOUINET (Eugène).

La Strega, roman (1832). - *La Caravane des morts* (1836). - *Le Pâtre Andéol* (1842).

OPINION.

CHARLES ASSELINEAU. — L'auteur de *La Strega* avait, en vers, la grande manière de son temps. Il avait fréquenté à la Place-Royale, et une pièce de lui a été copiée sur les marges du fameux Ronsard donné par Sainte-Beuve à Victor Hugo.

[*Bibliographie romantique et Appendice* (1877).]

FOULON de VAUX (André).

Les Jeunes Tendresses (1895). - *Les Floraisons fanées* (1895). - *Les Lèvres pures* (1895). - *Les Vaines Romances* (1896). - *La Vie éteinte* (1896). - *Deux Pastels* (1896). - *L'Accalmie* (1897). - *Le Jardin désert* (1898).

OPINIONS.

ANTONY VALABRÈGUE. — Ce volume d'un débutant, *Les Jeunes Tendresses*, qui mérite d'exciter l'intérêt, est présenté au public, par M. Gabriel Vicaire, qui a écrit, pour le jeune poète, une préface des plus courtoises et des plus amicales. L'auteur du *Bois-Joli* et du *Miracle de Saint-Nicolas*, le chantre des paysans et des sites de la Bresse, aurait été réellement ingrat s'il n'avait pas accordé son patronage à M. Foulon de Vaux. Celui-ci l'aime d'un véritable amour ; il a adopté sa vision délicate de la vie réelle et du monde mystique ; il porte un peu, à son chapeau, la cocarde du maître. Il s'est fait, pour parler ainsi et pour user d'une expression du moyen âge, un joli *chapel de fleurs*, composé des mêmes guirlandes et où brillent les mêmes couleurs.

[*La Revue Bleue* (19 janvier 1895).]

ÉMILE TROLLIET. — La grâce est ce qui caractérise le mieux l'auteur des *Lèvres pures*, une grâce naïve, amoureuse, douloureuse, qui est d'un grand charme.

[*L'Année des Poètes* (1895).]

GASTON DESCHAMPS. — Le poète des *Jeunes Tendresses* souffre de cette barbarie de la coutume et de la loi qui condamne le jeune homme à opter entre l'observance d'un vœu quasi monastique et la pente qui mène aux dangereuses flâneries, aux irréparables concessions. Mais ne le plaignons pas. Il s'est consolé et diverti. Heureux les poètes ! Ils font la fête chez eux, loin du bruit, à peu de frais et royalement. Ils n'ont rien à envier aux compagnons de la « haute vie ». Leur âme ressemble à ces chambres obscures où dort un foyer de lumière électrique. Pressez un bouton. Tout resplendit...

[*La Vie et les Livres*, 2° série (1896).]

FOUREST (Georges).

La Chanson falote (1893).

OPINION.

JOSEPH DECLAREUIL. — Il inaugura cette *Chanson falote* qui n'est pas seulement un livre, chef-d'œuvre d'humour et de verve bizarre, mais sa vie même : Spleen gai !

[*Portraits du prochain siècle* (1894).]

FOURNIER (Édouard).

La Musique chez le peuple (1847). — *Souvenirs historiques et littéraires du département du Loiret* (1847). — *Album archéologique de l'église abbatiale de Saint-Benoît-sur-Loire* (1851). — *Le Livre d'or des métiers* (1851). — *Le Roman du village*, comédie en vers, en un acte (1853). — *Paris démoli* (1853). — *Les Lanternes* (1854). — *L'Esprit des autres* (1855). — *Variétés historiques et littéraires* (1855-1863). — *L'Hôtesse de Virgile*, comédie en un acte et en vers (1859). — *Le Vieux neuf* (1859). — *Énigmes des rues de Paris* (1860). — *Histoire du Pont-Neuf* (1862). — *Corneille à la butte Saint-Roch*, comédie en un acte et

en vers (1862). — *La Fille de Molière*, comédie en un acte et en vers (1863). — *L'Espagne et ses comédiens* (1864). — *L'Art de la reliure* (1864). — *Racine à Uzès*, comédie en un acte et en vers (1865). — *La Valise de Molière*, comédie en un acte et en prose (1868). — *Gutenberg*, drame en cinq actes et en vers (1869). — *Le Théâtre et les pauvres* (1869). — *Les Prussiens chez nous* (1871). — *Le Théâtre français au XVI° et au XVII° siècle* (1871). — *La Farce de Maître Pathelin*, avec traduction en vers modernes (1872). — *Histoire de la butte des Moulins* (1877). — *Le Mystère de Robert-le-Diable*, transcrit en vers modernes (1879). — *Souvenirs poétiques de l'école romantique* (1880). — *Histoire des enseignes de Paris* (1884). — *Histoire des jouets* (1889).

OPINION.

J. BARBEY D'AUREVILLY. — Pressé que je suis d'arriver à ce qui vaut le plus dans ce drame de *Gutenberg*, lequel peut-être eût été sauvé par les vers, comme *le Passant* de M. Coppée, si nous n'en avions pas en cinq actes ! La fortune du *Passant* de M. Coppée, c'est qu'il a vite passé !

Dans la pièce de M. Fournier, le style est de la partie forte, la partie rachetante. L'auteur de *Gutenberg* a certainement le vers beaucoup plus plein et plus mûr que M. Coppée, ce poète en herbe trouvé délicieux par des admirateurs qui le broutent et se lèchent les naseaux de jouissance, après l'avoir brouté.

[*Le Nain Jaune* (1869).]

FRANCE (Anatole).

La Légende de sainte Radegonde, reine de France (1859). — *Alfred de Vigny*, étude (1868). — *Les Poèmes dorés* (1873). — *Jean Racine*, notice (1874). — *Les Poèmes de J. Breton*, étude (1875). — *Bernardin de Saint-Pierre et la princesse Marie Miesnik*, notice (1875). — *Racine et Nicole ; La Querelle des imaginaires* (1875). — *Les Noces corinthiennes, Leuconoé, la Veuve, la Pia, la Prise de Voile* (1876). — *Lucile de Chateaubriand*, étude (1879). — *Jocaste et le Chat maigre* (1879). — *Le Crime de Sylvestre Bonnard* (1881). — *Les Désirs de Jean Servien* (1882). — *Abeille*, conte (1883). — *Le Livre de mon ami* (1885). — *Nos Enfants*, scène de la ville et des champs (1887). — *La Vie littéraire* (1888-1892). — *Balthasar* (1889). — *Thaïs* (1891). — *L'Étui de nacre* (1892). — *Les Opinions de M. Jérôme Coignard* (1893). — *La Rôtisserie de la reine Pédauque* (1893). — *Le Jardin d'Épicure* (1894). — *Le Lis Rouge* (1894). — *Le Puits de Sainte-Claire* (1895). — *L'Elvire de Lamartine* (1896). — *Poésies. Les Poèmes dorés. Idylles et Légendes. Les Noces corinthiennes* (1896). — *Discours de réception à l'Académie* (1896). — *Pages choisies*, avec notice de Lanson (1897). — *L'Orme*

du Mail (1897). – *Le Mannequin d'osier*
(1897). – *La Leçon bien apprise*, conte
(1898). – *Au Petit Bonheur*, comédie en un
acte (1898). – *Le Lis rouge*, pièce (1899). –
Pierre Nozière (1899). – *Clio*, choix (1900).

OPINIONS.

JULES LEMAÎTRE. — Pendant que M. Renan pour-
suivait la délicieuse *Histoire des origines du christianisme*, M. Anatole France écrivait *les Noces corinthiennes*. J'y trouve une vive intelligence de l'histoire,
une sympathie abondante, une forme digne d'André
Chénier; et je doute qu'on ait jamais mieux exprimé la sécurité enfantine des âmes éprises de vie
terrestre et qui se sentent à l'aise dans la nature
divinisée, ni, d'autre part, l'inquiétude mystique
d'où est née la religion nouvelle.

(*Les Contemporains*, 2ᵉ série (1886).)

MAURICE BARRÈS. — Dans *les Noces corinthiennes*
«il n'y a plus qu'une vierge sensible qui meurt de
son amour froissé». C'est Hellas tout de joie exquise
et de poésie, à qui le dieu nouveau ne permet plus
de sourire...

[*Anatole France* (1883).]

JULES TELLIER. — La sympathie de M. Anatole
France est plus large. Il est épris tout à la fois de
la douceur païenne et de la douceur chrétienne; et,
ainsi, il était mieux préparé que personne à dramatiser, pour nous, la lutte de la doctrine ancienne
et du dogme nouveau dans la Grèce vieillie. Il l'a
fait avec une singulière pureté de forme, dans ce
beau poème des *Noces corinthiennes*, qui, par delà
les Poèmes antiques, rappelle ceux du divin Chénier,
avec plus de spontanéité et une science plus complète.

[*Nos Poètes* (1888).]

E. LEDRAIN. — Ciseleur habile, M. France semble
surtout destiné à exercer son art sur les petites
choses. Si le socialisme régnait dans la République
des lettres et qu'on y fît la répartition du travail,
il faudrait confier à cet artiste le soin des plus petits bijoux pour les tailler et les mettre au point.
Dans les courtes pièces des *Poèmes dorés*, combien
de pages ravissantes. Après *les Poèmes dorés* sont
venues *les Noces corinthiennes*. Les beaux vers, où
se montre l'influence de M. Leconte de Lisle, abondent dans ce long poème si justement estimé...
Nous avons bien là, parfaitement marqués, une certaine date littéraire et un groupe important : le
Parnasse avec sa couleur particulière. Si les premières années de notre ère sont parfois difficiles à
percevoir en l'œuvre du poète, 1875 y éclate dans
le moindre vers.

[*Anthologie des Poètes français du xix<ᵉ siècle* (1887-
1888).]

MARCEL FOUQUIER. — M. A. France, en écrivant
les Noces corinthiennes, a écrit un chef-d'œuvre.

[*Profils et Portraits* (1891).]

HUGUES REBELL. — Anatole France, l'auteur de
Thaïs et des *Noces corinthiennes*, qui, dans sa prose
et ses vers lumineux, nous conduisit vers une souriante et noble beauté.

[*La Plume* (31 octobre 1894).]

GEORGES RODENBACH. — M. France est, certes, très
intelligent, mais il est poète aussi, ce qui est autre
chose et vaut mieux. Il a écrit *les Poèmes dorés*, *les
Noces corinthiennes*, qui apparaissent de nobles mélopées pathétiques.

[*L'Élite* (1899).]

FRANCK (Félix).

Chants de colère (1871). – *Le Poème de la
femme* (1876). – *La Chanson d'amour*
(1885).

OPINION.

Le dernier volume publié par Félix Franck, *La
Chanson d'amour* (1885), qui annonce plus de maturité et une plus grande sûreté de main comme exécution, est une œuvre chaude et colorée, qui semble
remonter au paganisme dans sa modernité.

[*Anthologie des Poètes français du xix<ᵉ siècle* (1887-
1888).]

FRANC-NOHAIN.

*Les Inattentions et sollicitations du poète Franc-
Nohain* (1894). – *Flûtes* (1898). – *La Chanson
des trains et des gares* (1899). – *La Nouvelle
Cuisinière bourgeoise* (1900).

OPINIONS.

CAMILLE DE SAINTE-CROIX. — La blague de Franc-
Nohain est volontiers panthéiste. Elle prête une âme
aux choses, et sa verve jette un reflet de vie sur les
pauvres objets, accessoires familiers de tous les ridicules humains, de nos faiblesses et de nos infir-
mités. Il chante l'angoisse des *Chandelles d'hôtel
meublé* attendant le client imprévu qui les fera témoins, jusqu'à l'aube, de quelque frénétique adultère, ou de ses cauchemars... ou de ses indiges-
tions; — il chante la tristesse et la solitude de la
pauvre bottine de l'invalide *qui a son autre jambe en
bois!* il chante les nostalgies de la petite éponge qui
s'étiole parmi les objets de toilette et songe à sa jeunesse vécue sur un libre rocher couvert d'algues
vertes, en pleine mer, dans la familiarité sauvage
des crabes, des homards et des crevettes...

Les fables de Franc-Nohain, ingénues, falotes et
charmantes, sont certes d'une puissante gaîté. Mais
il y a quelque chose de plus en elles : ce quelque
chose qui révèle le pur poète sous la grimace du
bouffon, — le cœur du bon et subtil Tabarin sous
l'effrontée tabarinade. Et c'est ainsi qu'en riant à ces
folies, on se sent parfois tout près d'un très sincère
et très avouable attendrissement.

[*La Petite République* (19 juillet 1898).]

FRANCISQUE SARCEY. — Depuis huit jours, je suis
plongé dans ce volume, et je pouffe de rire. Il a
pour titre : *Flûtes*, et pour auteur Franc-Nohain.
C'est d'une fantaisie étonnante, avec une merveilleuse gravité de pince-sans-rire. L'auteur a signé de
mon nom la préface de ce livre. J'en ai été un peu
étonné d'abord et même offusqué. Car, enfin, ce
n'est pas l'usage de prendre, sans y être autorisé,
la signature d'un écrivain, cet écrivain fût-il un
oncle. Mais j'ai pardonné à mon coquin de neveu en
lisant ses badinages. Mon Dieu! qu'il y en a de

drôles. Celle des *Pédicures* est impayable, et que dites-vous de celle-ci, qui porte ce titre élégiatique : *Sol'tudes :*

> A boutons, ou à élastiques,
> Ou à lacets, ô bottine mélancolique
> Des personnes qui ont leur autre jambe en bois,
>   Ô bottine mélancolique
> Sur ton isolement je pleure quelquefois.
>   Ce n'était pas ta destinée
>   D'écouler ainsi tes années
>   Dans le veuvage ou dans le célibat ;
>   Moins loin de la campagne, hélas !
>   Que Crépin t'avait destinée
>   Et dont le sort te sépara,
>   Tu vas, solitaire, ici-bas,
>   Rencontrer de par la ville
>   Bottines et souliers agiles
> Qui se promènent côte à côte — destin prospère !
>   En paire !

Je m'arrête ; car je citerais toute la pièce. Elle ne passera pas dans les anthologies ; n'importe ! elle est bien amusante.

[*Le Temps* (8 août 1898).]

GUSTAVE KAHN. — On connaît la manière verveuse de M. Franc-Nohain, enfant perdu du vers libre, qu'il manie de toutes façons picaresques, et non, je le crois, sans par-ci par-là quelques parodies de ses contemporains. Nul mieux que lui ne conclut une strophe un peu burlesque, soigneusement découpée en ses principales parcelles rythmiques par un majestueux ternaire, et souvent le sérieux de la forme est complice de la drôlerie du fond pour exciter l'éclat de rire, ou plutôt le sourire, car c'est à susciter ce sourire que vise M. Franc-Nohain. Il désire que l'on soit tout à fait surpris par une fine concordance verbale, inédite ou rare. Les personnes qui, selon la règle classique, tiennent à ce que le comique découle des caractères, et non des situations ou des mots, ne trouvent pas toujours leur compte aux petits poèmes de M. Franc-Nohain, mais on ne peut contenter tout le monde, l'Institut, le boulevard et les lettrés. Je crois que M. Franc-Nohain a lâché l'Institut, et qu'il tient particulièrement aux lettrés du boulevard, ce qui est une plausible ambition. Il y a là, en tout cas, un don de déformation logique des choses qui est du talent, et du talent amusant.

[*Revue blanche* (15 juillet 1899).]

ERNEST LA JEUNESSE. — De Franc-Nohain, quelque chose échappera toujours un peu, sa poésie, son ironie, son rythme ou sa fantaisie. Ce jeune homme ne déteste pas le mystère. Dans sa pièce : *Vive la France !* c'est de l'ironie, du lyrisme qui s'arrête pour sourire de soi, de la tendresse qui hésite, un rire qui se détourne pour ne pas pleurer ; c'est de la sensibilité qui dit : « Tu sais, je blague », pendant qu'elle frissonne, et c'est de la gaîté tout de même — et une gaîté qui chatouille, qui enveloppe, qui emporte ; c'est de la joie, de la joie philosophique.

[*Le Journal* (1899).]

FRANÇOIS (Pierre-A.).

Les Souffrances (1893).

OPINION.

GABRIEL MONAVON. — M. François s'apitoie sur les souffrances de la vie, sur les misères de la condi-

tion humaine. Il a l'âme élevée et le cœur compatissant, mais son lyrisme est surtout élégiaque.

[*L'Année des Poètes* (1893).]

FRÉCHETTE (Louis).

Mes Loisirs (1863). — *La Voix d'un Exilé* (1867). — *Pêle-Mêle* (1877). — *Les Fleurs boréales* (1880). — *Les Oiseaux de neige* (1880). — *La Légende d'un peuple* (1888).

OPINION.

E. LEDRAIN. — Louis Fréchette, né au Canada, n'est pas un poète ordinaire, chantant ses impressions fugitives, ses joies et ses douleurs particulières. Il sert de voix à tout un peuple dont il rend, en beaux vers lyriques, la grande passion. Le passé français vit là-bas au cœur de tout Canadien et s'échappe des lèvres impersonnelles de M. Fréchette dans *La Légende d'un peuple.*

[*Anthologie des Poètes français du XIXᵉ siècle* (1887-1888.)]

FRÉJAVILLE (Gustave).

Près de toi (1899).

OPINION.

HENRI DEGRON. — Acceptable, la petite offrande de M. Gustave Fréjaville : *Près de toi*, malgré des réminiscences de Francis Jammes. Mais cela chantonne d'une tendresse si fraîche, si émue ; cela nous frôle avec des caresses si simples et si douces...

[*La Vogue* (15 juillet 1899).]

FRÉMINE (Aristide).

Le Long du chemin (1863). — *La Légende de Normandie* (1886). — *Chants de l'Ouest.*

OPINIONS.

Il a donné *La Légende de Normandie*, qui témoigne d'une réelle puissance d'imagination et d'une grande sincérité de sentiment. On lui doit, en outre, de nombreuses pièces de vers d'une expression fort originale, qui ont paru dans diverses revues et formeront un troisième volume, sous le titre de : *Chants de l'Ouest.*

[*Anthologie des Poètes français du XIXᵉ siècle* (1887-1888).]

JULES TELLIEZ. — M. Aristide Frémine a donné une *Légende de Normandie*. M. Charles Frémine, le plus connu des deux, a, dans ses recueils (*Floréal* ; *Vieux Airs et Jeunes Chansons*), consacré çà et là d'excellents vers à son pays.

[*Nos Poètes* (1888).]

FRÉMINE (Charles).

Floréal (1870). — *Vieux Airs et Jeunes Chansons* (1884). — *Poésies* (1900).

OPINIONS.

AUGUSTE VACQUERIE. — C'est un poète et un vrai. Ses vers sont pris sur le vif de la vie et de la nature,

vécus et vus. Il sont la chaleur pénétrante de la sincérité. Par *moments, il semble qu'on se promène
sous des pommiers en fleurs ot qu'une brise tiède
fait pleuvoir sur nous ce que Victor Hugo a si admirablement appelé «la neige odorante du printemps».

[*Anthologie des Poètes français au xix* siècle* (1887-
1888).]

MAURICE BOUCHOR. — Il y a un grand charme dans
le livre de M. Charles Frémine, la note y est juste,
le passage vu et rendu avec une émotion délicate.
De jolis profils de femmes traversent ces pages, où
l'auteur a su traduire les fraîches impressions de la
jeunesse en ouvrier consciencieux et habile. Le style
est simple et l'image, toute naturelle, a souvent la
saveur de l'imprévu.

[*Anthologie des Poètes français du xix* siècle* (1887-
1888).]

CAMILLE DE SAINTE-CROIX. — Charles Frémine publie un recueil de poésie : *Floréal, Chanson d'été,
Bouquet d'automne*, où son heureuse et libre nature
s'épanche en vivantes confidences, exhalant une
inlassable tendresse pour tous les francs esprits de
nature, à la ville et aux champs.

La riche sève galloise coule abondamment dans
ces strophes robustes dont la santé cède parfois à
de furtives mélancolies, mais résiste toujours aux
noires atteintes du pessimisme pervers.

L'admirable poème des *Pommiers*, d'une si noble
carrure antique et si virilement filial, suffirait à la
popularité d'un poète qui n'aurait pas, comme Charles
Frémine, conquis depuis longtemps sa gloire de
prince des poètes normands :

Quand les récoltes sont rentrées
Et que l'hiver est revenu,
Des arbres en files serrées
Se déroulent sur le sol nu.
Ils n'ont pas le port droit des ormes,
Ni des chênes les hauts cimiers,
Ils sont trapus, noirs et difformes...
Pourtant, qu'ils sont beaux, mes pommiers !
....

[*La Petite République* (29 mai 1900).]

FURSY.

Chansons rosses (1895).

OPINION.

HORACE VALBEL. — Parmi ses chansons les plus
connues, je citerai : *Les joyeux Fêtards, La Cause
philanthropique, Lamentations d'un Patineur, Nos
Concierges, Soireux, Repos à la mer*, et au nombre
de ses chansons d'actualité, toutes marquées au bon
coin de l'ironie que, d'ailleurs, sa physionomie, son
œil rieur et narquois indiquent à première vue...
A un volume : *Chansons rosses*.

[*Les Chansonniers et les Cabarets artistiques* (1895).]

FUSTER (Charles).

L'Âme pensive (1884). – *La Tendresse* (1886).
– *L'Âme des Choses* (1888). – *Poèmes* (1888).
– *Les Poètes du Clocher*, études (1889). –
Louise, poème (1893). – *Un Poète de Chevet*,
Hipp. Lucas (1893). – *Gouttes de poésie*
(1894). – *L'Âme endormie*, un acte, en vers
(1895). – *Le Cœur vendéen* (1896). – *Les
Pensées d'une mondaine* (1897). – *L'Année
des Poètes*, 8 volumes (1890-1897). – *Des
Yeux au cœur* (1890). – *Le Livre d'amour*
(1898).

OPINIONS.

PHILIPPE GILLE. — M. Charles Fuster qualifie :
roman lyrique, l'ouvrage qu'il vient de publier sous
le titre de *Louise*. De fait, il s'agit d'un roman ou
plutôt d'une nouvelle développée, mise en vers,
tout comme le *Jocelyn* de Lamartine. En composant
Louise, M. Charles Fuster, qui est poète, a cherché
et trouvé prétexte à des élans poétiques, conduisant
son roman un peu à la façon des livrets d'opéras où
l'auteur a pour principal souci de créer ce qu'on
appelle des situations musicales à son collaborateur.
Or, tout est situation musicale, comme tout est situation poétique dès l'instant qu'il y a ce que nous appelons : situation. Les hors-d'œuvre, les explications
sont donc simplifiés à l'extrême, réduits à exposer
très brièvement la fable et à ne laisser que les
points où le musicien ou le poète peuvent exercer
leur virtuosité.

Sans analyser en détail l'action de l'œuvre de
M. Ch. Fuster, je dirai qu'elle se passe pendant la
dernière guerre; que deux fiancés, Louise et Pierre,
recueillent, soignent un blessé, lequel se prend
d'amour pour la jeune fille; mais le malade, rendu
à la santé, retourne parmi les siens; Louise revient peu à peu à celui qui n'a cessé de l'aimer et
oublie ce mirage d'un instant qui avait trompé son
cœur.

Sur ce thème très simple, M. Fuster a trouvé des
développements fort touchants, et sa muse y a pris
prétexte à chanter aussi bien les grandes guerres,
l'héroïsme, que le charme de la nature et les phrases
d'un amour qui s'éteint et se ranime.

[*Les Mercredis d'un critique* (1895).]

ÉMILE TROLLIET. — Dans Charles Fuster, il y a
un poète spiritualiste persistant sous le poète passionnel. Passionnel, il a écrit : *Les Tendresses, Le
Cœur, Du fond de l'Âme, Louise*; spiritualiste, il a
composé : *L'Âme pensive, Les Enthousiasmes, Les
Sonnets*, — dont quelques-uns sont très beaux, un
entre autres intitulé : *La Bonne souffrance*, que je
n'ai point oublié; — *L'Âme des choses*, où palpite
encore et surtout l'âme des hommes.

[*La Revue Idéaliste* (1er décembre 1899).]

G

GALLET (Louis). [1835-1899].

Patria (1888). – *Jeanne de Soyans*, roman avec M. Montagne (1893). – *Livret de Thaïs* (1894). – *Les Fêtes d'Apollon*, prologue en un acte, en vers (1897). – *Le Capitaine Satan* (1898). Plus un grand nombre de livrets d'opéras et d'opéras-comiques.

OPINION.

CHARLES LE GOFFIC. — Comme littérateur, on lui doit un nombre considérable d'ouvrages de toutes sortes ; en poésie : *Patria* (1873), recueil de poèmes réédités en 1868, avec le sous-titre de : *Memento de l'année 1870-1871*.

[*La grande Encyclopédie*, t. XVIII (1894).]

GALLOIX (Jacques-Imbert). [1827-1828.]

Œuvres poétiques, publication posthume (1834).

OPINIONS.

VICTOR HUGO. — Sa poésie ne se produit guère qu'à l'état d'ébauche. Dans l'ode son vers était trop haletant et avait trop courte haleine pour courir fermement jusqu'au bout de la strophe. Sa pensée, toujours déchirée par de laborieux enfantements, n'emplissait qu'à grand'peine les sinuosités du rythme et y laissait souvent des lacunes partout.

[*L'Europe littéraire* (décembre 1833).]

ÉDOUARD FOURNIER. — Quelques pages de Victor Hugo, publiées dans *L'Europe littéraire* de décembre 1833, puis avec moins de développement, dans un de ses deux volumes : *Littérature et philosophie mêlées*, ont rendu Imbert Galloix célèbre. Il était de Genève et, comme Rousseau, il en avait l'esprit de raisonnement et d'opposition en tout.

[*Souvenirs poétiques de l'École romantique* (1880).]

GARNIER (Paul-Louis).

Mélopées lointaines (1896). – *Le Spectre de gloire*, poèmes, prose et vers (1897). – *L'Été* (1898).

OPINIONS.

F. VIELÉ-GRIFFIN. — M. Paul-Louis Garnier est un poète de dix-sept ans. N'est-ce pas charmant que la première plaquette d'un aussi jeune homme soit peine de choses chantantes ?

[*Mercure de France* (juin 1896).]

YVES BERTHOU. — Certains poètes se recommandent par un don d'émotion, c'est-à-dire de sincérité, d'autres, et c'est le cas de M. P.-L. Garnier, par celui d'imagination.

[*La Trêve-Dieu* (octobre 1897).]

GAUBERT (Ernest).

Vers les lointains échos (1899). – *Flore d'éveil* (1899). – *Les Vendanges de Vénus* (1900).

OPINION.

PAUL BRIQUEL. — L'auteur, dans son envoi à Laurent Tailhade, nous parle de sa dix-septième année. C'est un charme de plus de connaître sa jeunesse, en lisant ces notations frêles et ténues, mais vécues par le rêve. C'est à nous rendre jaloux du soleil du Midi, quand nous voyons ces éclosions trop précoces pour notre ciel du Nord. Et je détache, avec plaisir, des *Poèmes de légende et d'amour*, ces quelques vers :

Et notre barque, aux flots menteurs de l'Avenir,
Sous le ciel fastueux comme un dais de parade,
Flottera, s'attardant et lente, vers la rade
Où s'égrènent les chansons grêles des cigales,
Où l'ombre des palmiers frêles, sur l'eau tranquille,
Tisse au soir glorieux un manteau de silence
Comme un rêve d'amour épandu sur les îles,
Plein d'un chant nostalgique et doux de fiancées
Dont les ailes du soir ont pris la douceur blanche.

[*La Grange lorraine* (1899).]

GAUCHE (Alfred).

Au Seuil du Paradis (1895).

OPINION.

Au Seuil du Paradis : Des vers de la plus vive originalité, avec des recherches de rythme et des hardiesses de pensées.

[*L'Année des Poètes* (1895).]

GAUD (Auguste).

Les Chansons d'un rustre (1892).

OPINION.

CHARLES FUSTER. — Ces «poèmes de jeunesse», comme les appelle l'auteur lui-même, ont des violences d'expression, mais aussi du pittoresque et un parfum de rusticité sincère.

[*L'Année des Poètes* (1892).]

GAUDIN (Félix).

Poésies chrétiennes (1864).

OPINION.

SAINTE-BEUVE. — Je ne ferai que nommer M. Félix Gaudin, auteur de *Poésies chrétiennes* (1864), âme honnête, éprouvée, reconnaissante, que l'injustice a atteinte, que la foi a relevée et consolée, humble acolyte en poésie, et qui, dans le pieux cortège, me fait l'effet de psalmodier ses rimes à mi-voix, en tenant à la main le livre de l'*Imitation*, d'où la joie et la paix lui sont revenues.

[*Lundi*, 12 *juin* 1865. *Des nouveaux lundis* (1886).]

GAULMIER (Antoni-Eugène). [1795.-1829.]

Œuvres posthumes, 3 vol. (1830).

OPINION.

H. Boyer. — Ses vers, empreints de beaucoup de charme et de grâce, ont été recueillis après sa mort et publiés sous ce titre : *Œuvres posthumes d'* l.-E. *Gaulmier.*

[*Nouvelle biographie générale*, t. XIX (1858).]

GAUTIER (Judith).

Le Livre de Jade (1867). – *Le Dragon impérial* (1869). – *Lucienne* (1877). – *Les Cruautés de l'amour* (1879). – *Les Peuples étranges* (1879). – *Richard Wagner* (1882). – *Isoline* (1882). – *L'Usurpateur* (1883). – *La Femme de Putiphar* (1884). – *Iseult* (1885). – *Poèmes de la libellule* (1885). – *Iskender* (1886). – *La Marchande de sourires* (1888). *La Conquête du Paradis* (1890). – *Fleurs d'Orient* (1893). – *Mémoires d'un éléphant blanc* (1893). – *Le Vieux de la Montagne* (1893). – *La Sonate du clair de lune*, opéra, un acte (1894). – *Khou-n-Atonou* (1898). – *Les Princesses d'amour* (1900).

OPINIONS.

Théodore de Banville. — Voyez comme les nobles lignes de ce visage primitif, auquel nos yeux rêvent les bandelettes sacrées, ressemblent à celles des plus purs bas-reliefs d'Égine! La ligne du nez continue celle du front, comme aux âges heureux où les divinités marchaient sur la terre, car il a été donné au poète que ses filles fussent véritablement créées et modelées à l'image de sa pensée. Les cheveux noirs sont légèrement frisottants et crèpelés, ce qui leur donne l'air ébouriffé; le teint d'un brun mat, les dents blanches, petites et espacées, les lèvres pourprées d'un rouge de corail, les yeux petits et un peu enfoncés, mais très vifs, et qui prennent l'air malin quand le rire les éclaire, les narines ouvertes, les sourcils fins et droits, l'oreille exquise, le col un peu fort et très bien attaché, sont d'une sphinge tranquille et divine, ou d'une guerrière de Thyatire dont la beauté simple, accomplie et idéalement parfaite ne peut fournir aucun thème d'illustration aux dessinateurs de *La Comédie Humaine*. Telle fut sans doute aussi cette mystérieuse Tahoser, que le poète nous montre coiffée d'un casque formé par une pintade aux ailes déployées, et portant sur la poitrine un pectoral composé de rangs d'émaux, de perles d'or et de grains de cornaline. Judith Walter a écrit, et cette strophe délicieuse et savante évoque son image, bien mieux que je n'ai su le faire : Derrière les treillages de sa fenêtre, une jeune femme qui brode les fleurs brillantes sur une étoffe de soie, écoute les oiseaux s'appeler joyeusement dans les arbres.

[*Camées parisiens* (1866).]

Francisque Sarcey. — (Sur *La Marchande de sourires.*) Elle réussit à faire sentir dans son style la préciosité de cette littérature, vieille et raffinée. Elle parle, sans efforts, une langue imagée où éclatent les couleurs de l'Orient; elle en a surpris le secret au foyer de famille, en écoutant causer son illustre père et aussi en traduisant pour son propre compte tant de récits empruntés aux romanciers et aux poètes de la Chine. Sa langue, qui est parfois un peu molle, est singulièrement rythmique. Sa phrase se déroule presque toujours avec une harmonie charmante; c'est de la prose merveilleusement cadencée.

[*Le Temps* (avril 1888).]

Auguste Vitu. — (*La Marchande de Sourires.*) La pièce de Mᵐᵉ Judith Gautier est imitée de plusieurs drames japonais, habilement fondus en une action unique...

J'ai indiqué rapidement les lignes principales de cette œuvre saisissante où l'églogue et l'élégie se mêlent à l'épopée. C'est un beau triomphe pour Mᵐᵉ Judith Gautier, la vaillante fille d'un père à jamais illustre dans les lettres françaises.

[*Le Figaro* (avril 1888).]

Henri Céard. — Avec *Le Livre de Jade* de Mᵐᵉ Judith Gautier, nous entrons plus profondément dans la connaissance des poètes chinois. Il paraît que le morceau délicieux où l'impératrice de la Chine traîne, parmi les rayons, sur son escalier de jade diamanté par la lune, les plis de sa robe de satin blanc, est une orchestration très adroite d'une poésie de Li-Taï-Pi et la traduction heureuse d'un morceau parfaitement authentique. Du reste, Mᵐᵉ Judith Gautier avait reçu les leçons et les conseils de Tin-Tong-Liu, un Chinois de pure souche qui lui avait révélé les beautés inconnues des écrivains de son pays.

[*L'Événement* (30 juin 1900).]

E.-J. — « Fleurs de luxe, de charme et de beauté, que l'on cultive encore aujourd'hui et qui seront bientôt les seuls vestiges du Japon splendide d'autrefois,... artificielles princesses choisies parmi les beautés les plus rares, élevées dans les raffinement du goût aristocratique, instruites des rites et de l'étiquette, savantes, virtuoses en tous les arts, jeunes, passionnées, enivrantes et... accessibles », ces Princesses d'amour, dans la cité d'amour, content et vivent des histoires d'amour évoquant les précieux décamérons et les merveilleuses « Mille et une nuits ». Et dans ce décor galant se déroule, comme brodée à fils de lune et de soleil sur la pourpre sombre d'un écran impérial, la chaste aventure de Hana-Dori, l'Oiseau-Fleur, la reine du Yosi-Wara.

Délicieusement conté, plutôt qu'il n'est écrit, avec toute la grâce et la gracilité d'un poète japonais qui serait un peintre délicat, ce roman atteste une fois de plus l'exclusive prédilection de Judith Gautier pour le prestigieux et immémorial Orient. Prisonnière de son temps et de son milieu, horrifiée par ce que nous appelons notre civilisation occidentale (agio, machinisme, canons perfectionnés), elle s'en évade pour revenir aux pays chatoyants de son rêve, la Perse antique, l'Égypte, l'Inde, le Céleste-Empire, le Royaume du Soleil-Levant. Mais l'œuvre de Judith Gautier n'est pas tissée que de songe. Nul érudit ne connaît mieux qu'elle, et plus à fond, cet Orient de jadis et d'aujourd'hui : pas un détail de costume, pas un trait de mœurs en ces pages de lumière polychrome qui ne soit conforme à ce qui fut, à ce qui est réellement. Non, certes, elle ne rêve pas seulement : on dirait plutôt qu'elle se ressouvient, et qu'en de successifs avatars, au bord des Ganges et des Peï-hos, elle vécut d'héroïques et voluptueuses et royales existences, dont les réminiscences magiques charment ses nostalgies d'exilée, et les nôtres...

[*La Vogue* (juillet 1900).]

GAUTIER (Théophile). [1811-1872.]

Les Poésies de Théophile Gautier (28 juillet 1830). – *Albertus ou l'Âme et le Péché* (1833). – *Les Jeune-France* (1833). – *Mademoiselle de Maupin* (1835). – *Fortunio* (1838). – *La Comédie de la Mort* (1838). – *Tra los montes* (1839). – *Une Larme du Diable* (1839). – *Gisèle*, ballet (1841). – *Un Voyage en Espagne* (1843). – *La Peri*, ballet (1843). – *Les Grotesques* (1844). – *Une Nuit de Cléopâtre* (1845). – *Premières poésies, Albertus ; la Comédie de la Mort ; les Intérieurs et les Paysages* (1845). – *Zigzags* (1845). – *Le Tricorne enchanté*, etc... (1845). – *La Turquie* (1846). – *La Juive de Constantine*, drame (1846). – *Jean et Jeannette* (1846). – *Le Roi Candaule* (1847). – *Les Roués innocents* (1847). – *Histoire des peintres*, en coll. avec Ch. Blanc (1847). – *Regardez, mais n'y touchez pas* (1847). – *Les Fêtes de Madrid* (1847). – *Partie carrée* (1851). – *Italia* (1852). – *Les Émaux et Camées* (1852). – *L'Art moderne* (1852). – *Les Beaux-Arts en Europe* (1852). – *Caprices et Zigzags* (1852). – *Aria Marcella* (1852). – *Gemma* (1854). – *Constantinople* (1854). – *Théâtre de poche* (1855). – *Le Roman de la Momie* (1856). – *Jettatura* (1857). – *Avatar* (1857). – *Sakountala*, ballet (1858). – *H. de Balzac* (1859). – *Les Vosges* (1860). – *Trésors d'art de la Russie* (1860-1863). – *Histoire de l'art théâtral en France depuis vingt-cinq ans* (1860). – *Le Capitaine Fracasse* (1863). – *Les dieux et les demi-dieux de la peinture*, avec A. Houssaye et P. de Saint-Victor (1863). – *Poésies nouvelles* (1863). – *Loin de Paris* (1864). – *La belle Jenny* (1864). – *Quand on voyage* (1865). – *La Peau de Tigre*, nouvelles (1865). – *Voyage en Russie* (1866). – *Spirite* (1866). – *Le Palais Pompéien de l'avenue Montaigne* (1866). – *Rapport sur le progrès des lettres*, en collaboration avec Sylvestre de Sacy, Paul Féval et Édouard Thiers (1868). – *Ménagerie intime* (1869). – *La Nature chez elle* (1870). – *Tableaux de siège* (1871). – *Théâtre : Mystères, comédies et ballets* (1872). – *Portraits contemporains* (1874). – *Histoire du romantisme* (1874). – *Portraits et Souvenirs littéraires* (1875).

– *Poésies complètes*, en 2 vol. (1876). – *L'Orient*, 2 vol. (1877). – *Fusains et Eaux-Fortes* (1880). – *Tableaux à la plume* (1880). – *Mademoiselle Dafné ; la Toison d'or*, etc. (1881). – *Guide de l'amateur au Musée du Louvre* (1882). – *Souvenirs de théâtre, d'art et de critique* (1883).

OPINIONS.

AUGUSTE DESPLACES. — Je regardais, tout à l'heure, sur la fenêtre en face de la mienne, un vase de fleurs qu'une jolie voisine avait exposé là au vent frais du matin. La tige, plantée dans le sable humide, différentes fleurs bizarrement assorties composaient ces gerbes aux vives couleurs... J'ai cru voir là une image assez fidèle de la poésie de M. Gautier. Dans son œuvre, en effet, plus d'une fleur svelte et capricieuse comme le chèvrefeuille s'entrelace à d'autres d'un coloris brillant comme l'œillet ou d'une senteur âcre comme le nénuphar ; mais sur tout le reste domine incessamment la pivoine, cette fleur monstrueuse et formidable, pour parler la langue familière à l'école dont M. Gautier est, après le maître, l'expression la plus distinguée.

[*Galerie des Poètes vivants* (1847).]

CHARLES BAUDELAIRE. — Gautier, c'est l'amour exclusif du Beau, avec toutes ses subdivisions, exprimé dans le langage le mieux approprié... Or, par son amour du Beau, amour immense, fécond, sans cesse rajeuni (mettez, par exemple, en parallèle les derniers feuilletons sur Pétersbourg et la Néva avec *Italia* ou *Tra los montes*), Théophile Gautier est un écrivain d'un mérite à la fois nouveau et unique. De celui-ci, on peut dire qu'il est, jusqu'à présent, sans doublure.

Pour parler dignement de l'outil qui sert si bien cette passion du Beau, je veux dire de son style, il me faudrait jouir de ressources pareilles, de cette connaissance de la langue qui n'est jamais en défaut, de ce magnifique dictionnaire dont les feuillets, remués par un souffle divin, s'ouvrent toujours juste pour laisser jaillir le mot propre, le mot unique, enfin de ce sentiment de l'ordre qui met chaque trait et chaque touche à sa place naturelle et n'omet aucune nuance. Si l'on réfléchit qu'à cette merveilleuse faculté Gautier unit une immense intelligence innée de la *correspondance* et du symbolisme universel, ce répertoire de toute métaphore, on comprendra qu'il puisse sans cesse, sans fatigue comme sans faute, définir l'attitude mystérieuse que les objets de la création tiennent devant le regard de l'homme... Il y a, dans le style de Théophile Gautier, une justesse qui ravit, qui étonne, et qui fait songer à ces miracles produits dans le jeu par une profonde science mathématique...

Nos voisins disent : Shakespeare et Gœthe ! Nous pouvons leur répondre : Victor Hugo et Théophile Gautier... Théophile Gautier a continué, *d'un côté*, la grande école de la mélancolie, créée par Chateaubriand. Sa mélancolie est même d'un caractère plus positif, plus charnel, et confinant quelquefois à la tristesse antique. Il y a des poèmes dans *La Comédie de la Mort* et parmi ceux inspirés par le séjour en Espagne, où se révèlent le vertige et l'horreur du néant. Relisez, par exemple, les morceaux sur Zurbaran et Valdès-Léal ; l'admirable paraphrase de la sentence inscrite sur le cadran de l'horloge d'Urrugne : *Vulnerant omnes, ultima necat ;*

enfin la prodigieuse symphonie qui s'appelle *Ténèbres*.

Je dis symphonie, parce que ce poème me fait quelquefois penser à Beethoven. Il arrive même, à ce poète, accusé de sensualité, de tomber en plein, tant sa mélancolie devient intense, dans la terreur catholique. *D'un autre côté*, il a introduit dans la poésie un élément nouveau, que j'appellerai la consolation par les arts, par tous les objets pittoresques qui réjouissent les yeux et amusent l'esprit. Dans ce sens, il a vraiment innové; il a fait dire au vers français plus qu'il n'avait dit jusqu'à présent; il a su l'agrémenter de mille détails faisant lumière et saillie et ne nuisant pas à la coupe de l'ensemble ou à la silhouette générale. Sa poésie, à la fois majestueuse et précieuse, marche magnifiquement, comme les personnes de cour en grande toilette.

[*Théophile Gautier*, notice littéraire précédée d'une lettre de Victor Hugo (1859).]

J. BARBEY D'AUREVILLY. — Il y a enfin une âme ici (dans *Émaux et Camées*), une âme ingénue et émue dans cet homme voué, disait-il, au procédé! Il a beau écrire *Diamant du cœur*, pour dire une larme et vouloir pétrifier tous ses pleurs pour en faire jaillir un rayon plus vif, dans son amour de l'étincelle, l'émotion est plus forte que sa volonté. Son titre est vaincu par son livre! Ce titre ne dit pas la moitié du livre qu'il nomme.

Il en dit le côté étincelant et sec. Il n'en dit pas le côté noyé, voilé et tendre. Les émaux ne se dissolvent pas. Le livre de M. Gautier devrait s'appeler plutôt *Perles fondues*, car, presque toutes ces perles de poésie, que l'esprit boit avec des voluptés de Cléopâtre, se fondent en larmes aux dernières strophes de chacune d'elles, et c'est là un charme, un charme meilleur que leur beauté!

[*Les Œuvres et les Hommes : les Poètes* (1852).]

SAINTE-BEUVE. — Son premier voyage en Espagne qui est de 1840, et qui fut, dans sa vie d'artiste, un événement, lui avait fourni des notes nouvelles, d'un ton riche et âpre, bien d'accord avec tout un côté de son talent; il y avait saisi l'occasion de retremper, de refrapper à neuf ses images et ses symboles; il n'était plus en peine désormais de savoir à quoi appliquer toutes les couleurs de sa palette. Son recueil de Poésies publié en 1845, par tout ce qu'il contient, et même avant le brillant appendice des *Émaux et Camées*, est une œuvre harmonieuse et pleine, un monde des plus variés et une sphère. Le poète a fait ce qu'il a voulu; il a réalisé son rêve d'art; il ne se borne nullement à décrire, comme on a trop dit, pas plus que, lorsqu'il a une idée ou un sentiment, il ne se contente de l'exprimer sous forme directe. Il nous a donné toute sa poétique dans une de ses plus belles pièces, *Le Triomphe de Pétrarque*, où il s'adresse, en finissant, aux initiés et aux poètes :

Sur l'autel idéal entretenez la flamme.
....
Comme un vase d'albâtre où l'on cache un flambeau,
Mettez l'idée au fond de la forme sculptée,
Et d'une lampe ardente éclairez le tombeau.

Quand je me remets à feuilleter et à parcourir en tous sens, comme je viens de le faire, ce recueil de vers de Gautier, qui mériterait, à lui seul, une étude à part, je m'étonne encore une fois qu'un tel poète n'ait pas encore reçu de tous, à ce titre, son entière louange et son renom...

J'aime infiniment mieux M. Gautier dans ses vers. Là, du moins, la forme est plus à sa place, et puis le sentiment n'en est jamais absent comme en prose. Je n'ai pas dit, de ses poésies, tout ce qu'elles suggéraient dans les détails; il y en a de charmants, ou qui le seraient si quelque trait à côté n'y faisait tache, ou s'ils n'étaient, en général, compromis et comme enveloppés dans le reflet, une fois reconnu, de l'ensemble... On aurait à louer chez M. Gautier quelques heureuses innovations métriques, par exemple, l'importation de la *terza rima*, de ce rythme de *La Divine Comédie* qui n'avait pas reparu dans notre poésie depuis le XVIᵉ siècle, et qui a droit d'y figurer par son caractère gravement approprié, surtout quand il s'agit de sujets toscans. — Tout à côté, on peut admirer à la loupe une fine miniature chinoise sur porcelaine du Japon. L'auteur est maître en ces jeux de forme et de contraste.

[*Nouveaux lundis*, tome VI (1866). — *Portraits contemporains* (1869).]

THÉODORE DE BANVILLE. — Dans cette tête brune, chevelue, aux joues larges et d'un pur contour, à la barbe légère, calme comme celle d'un lion, fière comme celle d'un dieu, aux yeux doux, profonds, infinis, où le front olympien abrite la connaissance et les images de toutes les choses, où le nez droit, large à sa naissance, est d'une noblesse sans égale, où sous la légère moustache, écartée avec grâce, les lèvres rouges, épaisses, d'une ligne merveilleusement unie, disent la joie tranquille des héros, dans cette noble tête aux sourcils paisibles, qui si magnifiquement repose sur ce col énergique de combattant victorieux, superbe dans ce blanc vêtement flottant et entr'ouvert sur lequel est négligemment noué un mouchoir aux raies de couleurs vives, — Phidias lui-même (qui savait bien les secrets de son art) ne serait pas arrivé à tailler une tête d'académicien à perruque verte, car il y a parfois un obstacle impérieux dans la nature des choses, et pour faire un marchand de parapluies ou un employé du Mont-de-Piété, vous n'auriez pas l'idée de prendre l'immortel Indra sur son char traîné par les coursiers d'azur, ni le Zeus-Clarios de Tégée, à la fois dieu de l'éther et de la lumière.

[*Camées parisiens* (1866).]

VICTOR HUGO :

Je te salue au seuil sévère du tombeau.
Va chercher le vrai, toi qui sus trouver le beau.
Monte l'âpre escalier. Du haut des sombres marches,
Du noir pont de l'abîme on entrevoit les arches ;
Va ! meurs ! la dernière heure est le dernier degré.
Pars, aigle, tu vas voir des gouffres à ton gré :
Tu vas voir l'absolu, le réel, le sublime.
Tu vas sentir le vent sinistre de la cime
Et l'éblouissement du prodige éternel.
Ton Olympe, tu vas le voir du haut du ciel,
Tu vas, du haut du vrai, voir l'humaine chimère,
Même celle de Job, même celle d'Homère,
Âme, et du haut de Dieu tu vas voir Jéhovah.
Monte, esprit ! Grandis, plane, ouvre tes ailes, va !

[*Tombeau de Théophile Gautier* (1873).]

ÉMILE BLÉMONT :

Fils d'un siècle énervé qui de mélancolie
Pleurait, comme un automne où meurt le son du cor,

Il fit hardiment boire à la France pâlie
Un grand coup de vin pur dans une coupe d'or.

[*Tombeau de Théophile Gautier* (1873).]

JULES CLARETIE :

Un jour, dans un sonnet magique de splendeur,
Il peignit les contours de la fleur de Hollande,
La tulipe superbe, altière, droite et grande,
Plus hautaine qu'un lis, — belle mais sans odeur.

Fière, et se blasonnant, *or avec pourpre en bande,*
Sa poésie était semblable à cette fleur,
Mais, tulipe embaumée où se cachait un pleur,
Elle avait le parfum exquis de la lavande.

Turc d'Athènes flânant sur notre boulevard,
Rimeur oriental et chercheur de hasard,
Lui, fils de Rabelais qui chérissait Homère,

Il errait, poursuivant, fidèle à tous ses dieux,
Sa beauté, — strophe ardente ou marbre radieux,
Où coulât le sang pur de la Gaule, sa mère !

[*Tombeau de Théophile Gautier* (1873).]

FRANÇOIS COPPÉE :

Maître, l'envieux n'a pu satisfaire
Sur toi son cruel et lâche désir.
Ton nom restera pareil à la sphère,
Qui n'a pas de point par où la saisir.

Pourtant, il fallait nier quelque chose
A l'œuvre parfaite où tu mis ton sceau.
Splendeur et parfum, c'est trop pour la rose,
Ailes et chansons, c'est trop pour l'oiseau.

Ils ont dit : Ces vers sont trop purs. Le mètre,
La rime et le style y sont sans défauts.
C'en est fait de l'art qui consiste à mettre
Une émotion sincère en vers faux.

Tu leur prodiguais tes odes nouvelles,
Embaumant l'Avril et couleur du ciel,
Eux, ils répétaient : Ces fleurs sont trop belles,
Tout cela doit être artificiel.

Et poussant bien fort de longs cris d'alarmes,
Ils t'ont refusé blessure et tourments,
Parce que ton sang, parce que tes larmes
Étaient des rubis et des diamants.

L'artiste grandit, la critique tombe.
Mais nous, tes fervents, ô maître vainqueur !
Nous voulons écrire aux murs de ta tombe,
Que ton clair génie eut aussi du cœur.

[*Tombeau de Théophile Gautier* (1873).]

EMMANUEL DES ESSARTS :

Qu'on proclame l'Aède éternisé parmi
Les maîtres du grand Art radieux et prospère,
J'adorerai Celui dont il fut dit : «le Père»
Et dont nous disions, fils respectueux : «l'Ami».

Mâle raison, courage ardemment affermi,
Qui, de rares vertus immuable exemplaire,
Vint embrasser Paris dans la chance contraire,
Et ne sut ni vouloir ni souffrir à demi ;

Être indulgent et bon, soulevant les poètes,
Tel qu'on voit Apollon sur un socle romain
Tenir un petit dieu d'ivoire dans sa main,

Et qui, plein de pudeur en ses fiertés muettes,
Voilait discrètement, hormis pour notre chœur,
Le plus beau, le plus pur des diamants, son cœur !

[*Tombeau de Théophile Gautier* (1873).]

ANATOLE FRANCE :

Gautier, doux enchanteur à la parole fière,
Habile à susciter les contours précieux
Des apparitions qui flottaient dans tes yeux,
Tu fis avec bonté ton œuvre de lumière.

[*Tombeau de Théophile Gautier* (1873).]

JOSÉ-MARIA DE HÉRÉDIA :

Sans craindre que jamais elle soit abattue
Dans un marbre ignoré, dans un divin métal,
Le Poète a sculpté lui-même sa statue.

Il peut rire du Temps et de l'homme brutal,
L'insulte de la ronce et l'injure de l'herbe
Ne sauraient ébranler son ferme piédestal.

Car ses mains ont dressé le monument superbe
A l'abri de la foudre, à l'abri du canon :
Il l'a taillé dans l'or harmonieux du Verbe.

Immortel et pareil à ce granit sans nom
Dont les siècles éteints ont légué la mémoire,
Il chante, dédaigneux de l'antique Memnon ;

Car ton soleil se lève et s'illumine, ô gloire !

[*Tombeau de Théophile Gautier* (1873).]

CATULLE MENDÈS :

Jeunes vierges, versez, avec de belles poses,
Versez des fleurs ! Celui qui dort dans ce tombeau
Aima d'un noble amour les vierges et les roses.

Jeune pâtre, conduis ton docile troupeau
Vers ce tertre ! Celui dont les lèvres closes
Paissait les rythmes d'or sur les hauteurs du Beau.

Sur ce front éclairé, vivant, d'apothéoses,
Allume, ardente nuit, ton multiple flambeau !
Cygnes, pour ce chanteur chantez, doux virtuoses !

Mais tous, vierges et fleurs, pâtres, étoile, oiseau,
Ne pleurez pas, malgré la plus juste des causes,
Car celui qui dort là dans un blême lambeau

Sut regarder sans pleurs les hommes et les choses.

[*Tombeau de Théophile Gautier* (1873).]

SULLY PRUDHOMME :

Maître, qui, du grand art levant le pur flambeau,
Pour consoler la chair besoigneuse et fragile,
Rendis sa gloire antique à cette exquise argile,
Ton corps va donc subir l'outrage du tombeau !

Ton âme a donc rejoint le somnolent troupeau
Des ombres sans désirs, où t'attendait Virgile,
Toi qui, né pour le jour d'où le trépas t'exile,
Faisais des Voluptés les prêtresses du Beau !

Ah ! les dieux (si les dieux y peuvent quelque chose)
Devraient ravir ce corps dans une apothéose,
D'incorruptible éther l'embaumer pour toujours ;

Et l'âme, l'envoyer dans la Nature entière
Savourer librement, éparse en la matière,
L'ivresse des couleurs et la paix des contours !

[*Tombeau de Théophile Gautier* (1873).]

AUGUSTE VACQUERIE :

Toi qu'on disait l'artiste ardent mais l'homme tiède,
Le rimeur égoïste et sourd à tous nos cris,
Le jour où l'Allemagne assiégea ce Paris
Haï des nations parce qu'il les précède,

Quand sachant que Paris difficilement cède
Et que, criblé, haché, broyé sous les débris,
Les obus n'obtiendraient de lui que son mépris,
L'Allemagne appela la famine à son aide,

Quand plusieurs étaient pris du goût de voyager,
Toi qui dans ce moment étais à l'étranger,
Chez des amis, avec une fille chérie,

Dans un libre pays, au bord d'un lac divin,
Pouvant vivre tranquille et manger à ta faim,
Tu choisis de venir mourir pour la patrie.

[*Tombeau de Théophile Gautier* (1873).]

LÉON DIERX :

SALUT FUNÈBRE.

Salut à toi, du fond de la vie éphémère,
Salut à toi qui vis dans l'immortalité.
Où, près de Gœthe assis, tu contemples Homère

Salut! Tu fus l'amant de la pure beauté!
Et dans ton cœur vibrant sous d'augustes présages
Tu lui bâtis d'avance un palais enchanté!

Jeune Grec exilé dans la laideur des âges,
Tu te ressouvenais, en pleurant, les retards
De la beauté qui fait se lever les vieux sages!

Songeur mélancolique en nos siècles bâtards,
Frère de Phidias, tu chantas loin d'Athènes,
Mélodieux martyr des confus avatars!

Salut! Tu fus l'amant des chimères lointaines!
Et tes yeux clairs cherchaient dans nos fleuves fangeux
Le reflet dont jadis ont frémi les fontaines!

Les Olympes toujours ont nos désirs pour jeux!
Mais tu fus le croyant qui voulut toujours croire,
A travers le bruit vain des peuples orageux.

Et c'est pourquoi d'en bas nous saluons ta gloire
Et ton rêve vainqueur de l'ennemi meurtrier,
Triomphal invité du Temple de Victoire!
....
[*Tombeau de Théophile Gautier* (1873).]

LECONTE DE LISLE :

Toi, dont les yeux erraient, altérés de lumière,
De la couleur divine au contour immortel,
Et de la chair vivante à la splendeur du ciel,
Dors en paix dans la nuit qui scelle la paupière!

Voir, entendre et sentir? Vent, fumée et poussière.
Aimer? La coupe d'or ne contient que du fiel.
Comme un dieu plein d'ennui qui déserte l'autel,
Rentre et disperse-toi dans l'immense matière.

Sur ton muet sépulcre et tes os consumés
Qu'un autre verse ou non les pleurs accoutumés;
Que ton siècle banal t'oublie ou te renomme;

Moi, je t'envie, au fond du tombeau calme et noir,
D'être affranchi de vivre, et de ne plus savoir
La honte de penser et l'horreur d'être un homme.
[*Tombeau de Théophile Gautier* (1873).]

SWINBURNE :

Pour mettre une couronne au front d'une chanson,
Il semblait qu'en passant son pied semât des roses,
Et que sa main cueillît comme des fleurs écloses
Les étoiles au fond du ciel en floraison.

Sa parole de marbre et d'or avait le son
Des clairons de l'été chassant les jours moroses;
Comme en Thrace Apollon banni des grands cieux roses,
Il regardait du cœur l'Olympe, sa maison.

Le soleil fut pour lui le soleil du vieux monde,
Et son œil recherchait dans les flots embrasés
Le sillon immortel d'où s'élança sur l'onde

Vénus que la mer molle enivrait de baisers;
Enfin, Dieu ressaisi de sa splendeur première,
Il trône, et son sépulcre est bâti de lumière.
[*Tombeau de Théophile Gautier* (1873).]

THÉODORE DE BANVILLE. — Si Gautier a été long-temps méconnu comme poète, c'est qu'en cette qualité il dut soutenir la lutte contre un trop redoutable rival, contre le Théophile Gautier prosateur, qui, vêtu des plus belles étoffes de l'Orient, savait construire les palais, susciter les plus enivrantes féeries, évoquer mille gracieuses figures de femmes, et qui, pareil à la jeune fille du conte, ne pouvait ouvrir ses lèvres sans en laisser tomber des saphirs, des rubis, des topazes, et les lumineuses transparences de mille diamants. Ce magicien-roi qui sait tout, à qui toutes les époques et tous les personnages de l'histoire sont familiers, et qui ressuscite les Égyptiennes du temps de Moïse, aussi bien que la lydienne Omphale, a trop souvent caché, derrière son manteau de pourpre, le ferme et délicat rimeur,

d'une pureté antique et d'une idéale délicatesse, qui, pareil à un statuaire grec, ne livre pas son âme, et pudiquement la laisse deviner à peine sous les blancheurs du marbre sacré.

Être accusé de manquer de cœur est le sort commun de tous les artistes non effrontés, qui ne font pas de leur cœur métier et marchandise, et qui ne l'accommodent pas en mélodie pour piano; peut-être faut-il qu'on soit resté simple et instinctif pour deviner l'être aimant et divinement tendre, en lisant *Le Triomphe de Pétrarque* et l'héroïque *Thermodon;* mais il me semble difficile que le premier venu puisse lire sans pleurer les strophes émues et déchirantes inspirées à Théophile Gautier par la mort de sa mère.

[*Mes Souvenirs* (1882).]

ÉMILE FAGUET. — On dirait une gageure. Un homme dépourvu d'idées, de sensibilité, d'imagination, et qui n'aime pas le lieu commun, se mêle d'écrire, et écrit toute sa vie : cela n'est pas très rare; mais il y réussit : cela est extraordinaire, ne s'est produit peut-être qu'une fois dans l'histoire de l'art, est infiniment curieux à étudier. C'est le cas de Théophile Gautier. Il est entré dans la littérature sans avoir absolument rien à nous dire. Le fond était nul. Pas une idée. D'idées philosophiques, ou historiques, ou morales, ne nous en préoccupons même pas... Gautier n'avait pas plus de sensibilité que d'idées... Dès que Gautier écrit plus de deux pages en vers, il est mortellement ennuyeux. Faites l'épreuve. Poussez un peu un admirateur de Gautier. Il vous citera toujours un ouvrage très court, un sonnet, ou la *Symphonie en blanc majeur,* qui est exquise, ou *Fatuité,* qui est magnifique, ou *Pastel,* qui est d'un sentiment délicat et d'une exécution parfaite. Mais les grandes compositions et les longues méditations des premières poésies (1830 845)? Il ne les a pas lues. Il y a très longtemps qu'elles n'existent plus... C'était un homme admirablement doué pour le style et à qui il n'a manqué que le fond... Les hommes qui aiment les idées ont, à son endroit, une espèce d'horreur. Je voudrais qu'ils reconnussent en lui au moins des dons peu communs de peintre à la plume, que tout au moins ils avouassent être en présence d'une merveilleuse vocation manquée. Il périra, je crois, tout entier.

[*Études littéraires sur le XIXᵉ siècle* (1887).]

JUDITH GAUTIER. — Cette splendide aurore de l'art nouveau qui se leva à la première d'*Hernani* et illumina les premiers pas du jeune poète, a été la lumière de toute sa vie! Victor Hugo a rayonné sur son esprit jusqu'au dernier jour, et son culte n'a jamais failli. «Sa main pâle ne laissa tomber l'encensoir que glacée.» Cette phrase, la dernière que sa plume ait tracée, était dite à propos de Delphine de Girardin; mais, comme elle s'applique bien à lui-même! Quelques mois avant sa mort, il écrivait encore, et ce qu'il écrivait avant de poser la plume pour jamais, c'était justement l'histoire de la première d'*Hernani.*

[*Souvenirs intimes (Le Temps,* 1890).]

MAXIME DU CAMP. — Toutes les pièces d'*Émaux et Camées* sont composées avec un art maître de soi, que nulle surprise ne peut dérouter et pour qui la poésie n'a pas de secret. Elles sont construites selon un plan déterminé dont l'auteur ne s'écarte pas; la rime. si difficile qu'elle peut se présenter, ne l'entraîne jamais hors de la voie qu'il s'est tracée, car il la force à obéir et elle obéit, venant, à point nommé, compléter sa pensée, selon la forme voulue et le rythme choisi... Dans ses poésies, aussi bien dans celles de la jeunesse que dans celles de l'âge mûr, Gautier a une qualité rare, si rare, que je ne la rencontre, à l'état permanent, que chez lui : je veux parler de la correction grammaticale... De tous ceux qui sont entrés dans la famille dont Gœthe, Schiller, Chateaubriand, Byron ont été les ancêtres, dont Victor Hugo a été le père, ceux-là seuls ont été supérieurs qui ont fait bande à part... J'ai déjà cité Théophile Gautier et Alfred de Musset, qui eurent à peine le temps d'être des disciples qu'ils étaient déjà des maîtres.

[*Théophile Gauthier* (1890).]

Eugène Lintilhac. — Après *La Comédie de la Mort*, véritable adieu au romantisme, il ouvre une voie nouvelle à l'art des vers. Il désencombre la poésie, qu'étouffait le *moi* lyrique. Il professe, pour la forme, un culte extraordinaire, fort heureux, en somme, puisque, grâce à lui, la raison reprend peu à peu sa place légitime, celle de frein dans les impulsions de l'imagination et de la sensibilité, et c'est là le vrai sens de la boutade : «Mes métaphores se tiennent, *tout est là*»; c'est beaucoup du moins; et comme on l'avait oublié autour de lui, Vigny et Sainte-Beuve exceptés!

[*Précis historique et critique de la littérature française* (1895).]

GAUTHIEZ (Pierre).

Les Voix errantes (1894). – *Les Herbes folles* (1895). – *Deux poèmes* (1896).

OPINION.

Joseph Castaigne. — Son lyrisme éclôt magnifiquement dans *le Sang Maudit*, poème symbolique sur le crime de Caïn...

[*L'Année des Poètes* (1894).]

GAY (Madame de Girardin, *dite* Delphine). [1804-1855.]

Essais poétiques (1824). – *Ourika*, élégie (1824). – *Hymne à Sainte Geneviève* (1825). – *Le Lorgnon* (1831). – *Contes d'une vieille Fille à ses neveux* (1832). – *Le Marquis de Pontanges* (1835). – *La Canne de M. de Balzac* (1836). – *Judith*, tragédie (1843). – *Cléopâtre*, tragédie (1847). – *C'est la faute du mari*, proverbe en vers (1850). – *Lady Tartufe* (1853). – *La Joie fait peur*, comédie (1853). – *Le Chapeau de l'horloger* (1854).

OPINIONS.

Antoine de Latour. — Ses compositions, remarquables par la vivacité d'esprit et une rare finesse d'observation, se distinguent aussi par une fleur d'élégance et une convenance de style qu'il faut admirer.

[*La Revue de Paris* (janvier 1834).]

Sainte-Beuve. — Madame de Girardin a fait, dans *Napoline*, un vers qui la trahit :

Ah! c'est que l'élégance est de la poésie.

Certes, je ne voudrais pas exclure de la poésie l'élégance, mais quand je vois celle-ci mise en première ligne, j'ai toujours peur que la façon, la *fashion*, ne prime la nature, et que l'enveloppe n'emporte le fond.

[*Causeries du lundi*, t. III (1852).]

Théodore de Banville. — Elle eut la majesté d'une reine. Et, en réalité, elle fut la reine du royaume le plus difficile à conquérir, le plus périlleux à gouverner, le plus impossible à conserver : reine de ce Paris épique, magnanime, railleur, excellent, qui fabrique la poésie de notre siècle et tout ce qui se nomme Esprit dans le monde entier. L'esprit! ne semblait-il pas qu'elle l'avait inventé, qu'elle en était la souveraine maîtresse et que, par pure bonté d'âme, elle en dispensait à ses amis la part qu'elle voulait bien leur laisser, sans toutefois appauvrir son rare et fabuleux trésor?

[*Camées parisiens* (1866).]

Édouard Fournier. — Ce qui restera de Mᵐᵉ de Girardin, avec ses deux petites pièces... (*La Joie fait peur* et *Le Chapeau d'un horloger*), ce sont quelques-uns de ses poèmes, dont celui qu'elle préférait, *Madeleine*, n'est malheureusement pas achevé, et quelques poésies, comme celle consacrée à la mort de la jeune Rémy, tombée parmi les victimes de l'attentat Fieschi.

[*Souvenirs poétiques de l'école romantique* (1880).]

GAYDA (Joseph).

L'Éternel féminin, poésies (1881). – *La Soif d'aimer* (1886).

OPINION.

Armand Silvestre. — La caractéristique de son talent n'échappera à aucun de ceux qui ouvriront son livre (*Éternel féminin*). Elle se peut définir en deux mots : l'amour délicat de la femme et la pieuse terreur de la beauté. — L'alcôve de Phryné ne le tente pas, et c'est Galatée qu'il poursuit volontiers sous les saules. Comme les bergers de Virgile, il aime avec les fleurs.

[*Anthologie des Poètes français du XIXᵉ siècle* (1887-1888).]

Marcel Fouquier. — *L'Éternel féminin*, de M. Joseph Gayda, est le premier livre d'un disciple original de M. Armand Silvestre. Dans ce volume j'ai noté un délicat sonnet sur Édel, cette Édel qu'a chantée M. Paul Bourget et à qui on pardonne tout, même d'avoir fait souffrir un poète :

Édel, je vois en toi, Danoise aux yeux si doux,
Cette amante qu'en rêve on adore à genoux,
Devant qui le désir reste muet et grave,

Tant du plus chaste amour on craint de la meurtrir,
Et qui semble une fleur exotique et suave
Qu'on n'ose point toucher, de peur de la flétrir.

[*Profils et Portraits* (1891).]

GENEVRAYE (Émilie-Adèle Monden, dame).

Rimes et raison (1886).

OPINION.

Émile Augier. — Aimez-vous la musique de Réber? Ne trouvez-vous pas qu'elle a un délicieux parfum de bon vieux temps, de roses séchées entre les feuillets d'un livre d'heures? Ne fait-elle point passer devant nous les grâces des printemps disparus, des tendresses écoulées, des jeunesses évanouies?

Eh bien, ces vers-là aussi sentent le bon vieux temps. Votre ami laisse aux aigles les sommets escarpés du Parnasse, il chante en plaine entre fauvettes et rossignols, sur le mode tempéré, moitié gai, moitié tendre, sans jamais forcer sa note.

[Lettre-Préface (1886).]

GÉRARD (André).

Les Jeunes Tendresses (1895).

OPINION.

Edmond Pilon. — M. André Gérard semble vouloir suivre la trace du bon poète Gabriel Vicaire. Sa jeunesse est franche, douce, amoureuse, et se rit dans un décor de camaïeu Watteau, jonché quelquefois de fleurs moroses du jardin d'ennui. M. Gérard a chanté exquisement, en enfant.

[*L'Ermitage* (janvier 1895).]

GÉRARDY (Paul).

Pages de joie (1893). − *Roseaux* (1898).

OPINIONS.

Stuart Merrill. — M. Gérardy nous tend ses délectables *Pages de joie*. J'ai dit toute l'admiration que je sentais pour ce jeune poète dont la pensée française se teinte si légèrement de germanisme.

[*L'Ermitage* (1893).]

Camille Mauclair. — M. Paul Gérardy est un des jeunes poètes belges le plus excellemment simple et chantant. Son premier volume était fort joli. Voici un recueil de mélodies douces et harmonieuses, où l'influence de Verlaine n'empêche point une très personnelle sensibilité, un tact frileux, quelque hésitation devant la vie, et beaucoup d'art. C'est charmant, en vérité, de voir venir de temps à autre de là-bas ces minces volumes de vers ingénus, pleins de musique, nimbant des sentiments simples d'une langue naïve, d'une authentique naïveté, avec le petit goût vif d'un don réel des ressources du vers. M. Gérardy est vraiment imprégné de la mélancolie demi-souriante des ciels mouillés du pays wallon.

[*Mercure de France* (octobre 1893).]

Henry Davray. — Sous le joli titre de *Roseaux*, M. Paul Gérardy a réuni les poèmes qu'il composa de 1892 à 1894. Il serait, semble-t-il, facile de retrouver, dans les premières divisions du volume, des influences assez marquées de ceux qui sont des plus grands parmi les poètes actuels, et l'influence aussi, d'un bout à l'autre, d'une culture et d'une

habitude de pensée germanique. Non que ce soit là une dépréciation, car il est bon que s'introduise et que s'affirme d'une façon toujours plus définitive, dans la poésie française, ce sens du symbole exprimant indirectement les choses et conservant toute l'ampleur et la profondeur de la signification des images synthétiques, des faits et des êtres transitoires et partiels.

Toutes les pièces que contient le volume de M. Paul Gérardy sont de courte haleine, trop courte parfois, mais l'habitude qu'on lui sent de la fréquentation des esprits philosophiques les plus abstraits, encore qu'elle gêne presque toujours l'émotion vivace et lyrique, l'aide à donner à ses poèmes une signification très vaste; quelquefois, à vrai dire, vague et brumeuse. Mais si son émotion est encore trop souvent purement intellectuelle, ce recueil permet de dire que M. Paul Gérardy est un vrai poète.

[*L'Ermitage* (décembre 1898).]

GÈRE (Charles de).

Pleurs (1893).

OPINION.

Émile Faguet. — J'ai lu avec de vrais plaisirs douloureux le volume de Charles de Gère intitulé : *Pleurs*. C'est le *Fauca mese* d'un cœur simple et droit, qui ignore les artifices et les surprises savantes de l'art raffiné, mais qui pleure franchement et simplement et qui fait pleurer avec lui. Sous cette forme et sans éclat, un sentiment d'une intensité singulière se fait comprendre et se fait aimer... Il y a beaucoup de vers, précis et forts venus du cœur, ingénus et francs, qui prennent l'âme et font jaillir la pitié, dans le livre touchant de M. de Gère.

[*La Revue Bleue* (21 octobre 1893).]

GERMAIN-LACOUR (J.).

Les Clairières (1888). − *Les Temples vides* (1891).

OPINION.

Charles Fuster. — Après ses premières poésies, si spirituellement émues, M. Germain-Lacour a haussé le ton. Il y a surtout de la pensée, de la pensée à la Sully Prudhomme, dans son nouveau recueil.

[*L'Année des Poètes* (1891).]

GHÉON (Henri).

La Chanson d'aube (1897). − *La Solitude de l'Été* (1898)

OPINIONS.

Charles Guérin. — M. Ghéon fait revivre en nous une foule de menues impressions quotidiennes que le souffle brutal des passions et de la douleur disperse, hélas ! à l'oubli. Et c'est pourquoi son livre, *Chansons d'aube*, est délicieux.

[*L'Ermitage* (septembre 1897).]

Tristan Klingsor. — M. Henri Ghéon est naturiste comme le fut M. Francis Jammes, comme l'est M. Jean Viollis, délicieusement.

[*L'Ermitage* (septembre 1897).]

ANDRÉ THEURIET. — M. Henri Ghéon est un amoureux de la nature, un poète qui sait bien voir et
souvent bien rendre les féeries et les enchantements
des prés et des bois... Dans ce livre, qui fleure
bon la terre et l'herbe fauchée, on ne regrette qu'un
métier plus habile et une musique moins élémentaire.

[*Le Journal* (15 juillet 1898).]

PIERRE QUILLARD. — *La Solitude de l'Été* : M. Henri
Ghéon est l'un de ces poètes qui retournent ou prétendent retourner à la nature, et s'il mène à bien
la série qu'il a commencée, il aura composé avec
une méthode presque didactique quelque chose
comme des *Géorgiques* françaises. L'ambition est
haute et périlleuse. On risque de voir la terre et
la campagne d'après les livres, à travers Virgile et
Lamartine, et de composer des paysages fictifs trop
semblables à ceux qu'ils décrivirent.

Il paraît vraiment, et par ces citations mêmes,
que l'âge du didactisme soit clos à jamais; c'est
une conception contradictoire que de prétendre en
même temps à l'exactitude scientifique et à la beauté
pittoresque qui est d'un autre ordre.

Je ne sais pas si André Chénier eût jamais
achevé son grand poème, dont quelques vers isolés
sont exquis, et M. Sully Prudhomme échoua, malgré
la haute noblesse de son esprit, dans une tentative
semblable.

M. Henri Ghéon, d'ailleurs, ne sacrifie que rarement par excessif désir de simplicité à la sécheresse des nomenclatures descriptives. Il a vu le
monde avec des yeux ingénus et avertis à la fois;
il sait les transformations des choses, la grande
loi des pourritures renaissant en des êtres nouveaux (cf. *Le Dépotoir*, l'un des plus beaux poèmes
du livre, trop long pour être cité en entier, et trop
homogène pour qu'on en détache un fragment);
mais il note aussi, comme le doit faire tout bon
poète, les apparences fugaces des objets et des
hommes, et les similitudes qui ne sont pas perçues
dès l'abord.

[*Mercure de France* (septembre 1898).]

ANDRÉ GIDE. — En Ghéon, aucune tristesse : c'est
une âme de cristal et d'or, pleine de sonorités merveilleuses. Tout ce qui la touche y retentit; rien ne
la laisse indifférente; pourtant, à travers tout, elle
reste la même. Tout l'émeut et rien ne la trouble;
le monde se revoit en elle dans une charmante,
vibrante et souriante harmonie. Aucune intervention
encore; sa poésie n'est que le récit d'un reflet...

[*L'Ermitage* (novembre 1898).]

GHIL (René).

Légendes d'âmes et de sang (1885). – *Traité du
verbe* (1886 et 1888). – *Le Geste ingénu*
(1887). – I. Dire du Mieux : *Le Meilleur
Devenir et le Geste ingénu* (1889). – *Méthode
évolutive instrumentiste d'une poésie ration-
nelle* (1889). – I. Dire du Mieux : *La Preuve
égoïste* (1890). – *En méthode à l'œuvre* (1891).
– I. Dire du Mieux : *Le Vœu de vivre* (1891-
1892-1893). – I. Dire du Mieux : *L'Ordre
altruiste* (1894-1895-1897).

STÉPHANE MALLARMÉ. — Il me rappelle des époques de moi-même au point que cela tient du miracle.

[*Le Traité du Verbe*, avant-dire (1886).]

TEODOR DE WYZEWA. — J'ai lu *le Geste ingénu*
avec le souci d'y percevoir l'instrumentation poétique. Balourdise native? défaut d'habitude? Je n'ai
rien perçu. L'abondance même des majuscules ne
m'a pas ému. Et je persiste à être gêné par une
imitation incessante de vers que j'aime, qui furent
toujours étrangers à toute instrumentation, et que
je retrouve ici déformés, vidés de leur intime raison
d'être, sans la moindre compensation musicale...

[*La Revue indépendante*, 1re série (1887).]

PAUL GINISTY. — M. René Ghil ne le cède guère à
M. Kahn, comme gardien d'un temple où n'entrent
que les initiés. Mais il doit y avoir de subtiles distinctions dans leurs théories, où je n'ose m'aventurer. M. René Ghil, lui, salue M. Stéphane Mallarmé
comme le prophète qui a révélé la bonne doctrine,
et il l'appelle «père et seigneur de l'or, des pierreries et des poissons». Son livre, *Le Geste ingénu*, se
plaît à de bizarres dispositions typographiques : au
bas d'une page blanche, par exemple, on trouve deux
vers, en caractères minuscules. Il paraît qu'il y a là
une intention profonde.

A son tour, M. René Ghil a un disciple, qui est
M. Stuart Merrill, et qui lui dédie *les Gammes*. Ces
poètes hiéroglyphiques paraissent remplis de bons
procédés les uns pour les autres. Je le dénonce
pourtant à l'indignation du groupe; quelques-uns de
ses vers sont presque écrits en simple français!

Dans son *Centon*, M. Ch. Viguier met aussi un peu
d'eau claire dans le vin mystérieux de l'école. Pas
trop, assurément; il est déjà loin, toutefois, du farouche et intransigeant M. Kahn!

[*L'Année littéraire* (7 juin 1887).]

PAUL VERLAINE. — Son «livre d'essais», pour parler
comme on voudrait qu'il parlât, lui a conquis l'attention admirative de tous compétents. Stéphane
Mallarmé particulièrement l'a discerné, qui écrivait
à l'auteur : «... Peu d'œuvres jeunes sont le fait
d'un esprit qui ait été, autant que le vôtre, de l'avant»,
et il lui prodigua les conseils, attirant son attention
sur *L'Harmonie* contenue en ces vers de la *Légende
d'âme et de sang*, «et ainsi, disait dernièrement
Ghil, me jeta dans la voie, ma voie, selon un sens
harmonique très développé en moi, qui me fait écrire
en compositeur plus qu'en littérateur».

[*Les Hommes d'aujourd'hui*.]

CHARLES MORICE. — A celui-ci exceptionnellement
soyons sévère, car il a fait tout ce qui était en lui
pour compromettre l'art qu'il croyait servir. Il fut
sincère, on n'en doit point douter, mais il fut trop
hâtif, ambitieux d'un titre et de ce bruit des journaux où le talent court des risques. D'ailleurs, je
sais de lui, dans ses *Légendes d'âme et de sang*, de
beaux vers.

[*La Littérature de tout à l'heure* (1889).]

REMY DE GOURMONT. — M. René Ghil est un poète
philosophique. Sa philosophie est une sorte de positivisme panthéiste et optimiste. Plus brièvement,

quoique peut-être avec moins de clarté, on pourrait appeler cela un positivisme mystique... Ce positivisme mystique est, à vrai dire, le positivisme même, celui de Comte et de ses plus fidèles disciples... Si M. René Ghil n'avait pas faussé comme à plaisir son talent et son instrument, il aurait pu être ce poète, celui qui dit au vaste peuple sa propre pensée, qui clarifie ses obscurs désirs. La langue dont a usé M. Ghil lui a rendu ce rôle impossible.

[*Le Livre des Masques*, 2ᵉ série (1898).]

PAUL LÉAUTAUD. — Son livre de débuts, *Légendes d'âme et de sang*, qui révélait un poète ne procédant d'aucun maître, et dont la préface, où il donnait les grandes lignes de l'œuvre qu'il méditait, laissait pressentir les théories de musique verbale que le *Traité du verbe* devait répandre avec éclat, d'un coup attira sur lui l'attention. C'est en rendant compte de ce premier livre que M. Édouard Rod, alors, écrivit : «M. René Ghil ne sera jamais banal». En 1886, parut pour la première fois le *Traité du verbe*, petite brochure d'une dizaine de pages, où M. René Ghil exposait sa théorie, encore spontanée et un peu incomplète, de l'instrumentation verbale, expression par lui créée et qui devint assez courante. Tantôt louangeuse et tantôt railleuse, toute la presse européenne s'occupa de cet ouvrage, dont deux nouvelles éditions, en 1887 et en 1888, achevèrent de faire connaître M. René Ghil et ses théories instrumentistes. C'est alors que, séduit par ces théories, M. Gaston Dubedat, en 1887, fonda les *Écrits pour l'Art*, petite revue qui parut jusqu'en décembre 1892 et où combattirent pour leurs idées les jeunes écrivains partisans de M. René Ghil, qui, dans l'édition du *Traité du verbe* publiée en 1888, avait exposé complètement et définitivement la philosophie de son œuvre, laquelle philosophie partait du transformisme et donnait comme substratum à l'idée poétique l'idée scientifique. Enfin, en 1889, avec *Le Meilleur Devenir* et *Le Geste ingénu*, dont il était paru une édition d'essai en 1888, M. René Ghil commença l'œuvre qu'il avait annoncée à ses débuts et qui, sous le titre général et rigoureux d'*Œuvre*, se divise en trois parties : *Dire du Mieux*. — *Dire des Sangs*. — *Dire de la Loi*, La première partie de cette œuvre, qui est aujourd'hui réalisée, compte cinq livres, lesquels se composent chacun d'un ou de plusieurs petits volumes paraissant à peu près chaque année. Et la deuxième partie est commencée avec *Le Pas humain*, publié en 1898. L'*Œuvre* est une. De même que tous les volumes se relient les uns aux autres, se font suite et se pénètrent par l'idée générale et les motifs musicaux, comme les instants d'un drame lyrique, de même tous les poèmes sont solidaires et se complètent, voix multiples pour un dire unique. C'est pourquoi ces poèmes n'ont point de titres, comme habituellement, mais simplement des numéros d'ordre, lesquels équivalent à des numéros de chapitre. Seuls, la marche et le mouvement des idées y marquent des sortes de strophes, un peu irrégulières, car la strophe ancienne est répudiée par M. René Ghil au même titre que les sylves de poèmes sans pensée générale et écrits uniquement selon l'inspiration. Le rêve scientifique domine cette œuvre, où l'auteur, dans son écriture, veut synthétiser les différentes formes d'art : littéraire, musicale, picturale et plastique.

[*Poètes d'aujourd'hui* (1900).]

GIDE (André).

Les Cahiers d'André Walter (1891). — *Les Poésies d'André Walter* (1892). — *Le Traité du Narcisse* (1892). — *Le Voyage d'Urien* (1893). — *La Tentative amoureuse* (1894). — *Paludes* (1895). — *Les Nourritures terrestres* (1897). — *Le Prométhée mal enchaîné* (1899). — *Le Roi Candaule* (1900). — *Saül* (1900). — *De l'Influence en littérature.*

OPINIONS.

CAMILLE MAUCLAIR. — Il dit, comme une chose de tous les jours, le navrement de «tous les jours», et je crois bien que, depuis Laforgue, personne n'avait eu cette façon exquisement désespérée et paisiblement prête aux larmes de trahir sa lassitude de l'ordinaire et du prévu.

[*Mercure de France* (juillet 1895).]

MAURICE LE BLOND. — Je pourrais citer de jeunes auteurs... qui n'ont pas plus de vingt-cinq ans, et qui tentent en France des poèmes de vie et de nature comme M. André Gide, qui est un délicieux génie.

[*Essai sur le naturisme*, Avertissement (1896).]

REMY DE GOURMONT. — Il y a un certain plaisir à ne pas s'être trompé au premier jugement porté sur le premier livre d'un inconnu, maintenant que M. Gide est devenu, après maintes œuvres spirituelles, l'un des plus lumineux lévites de l'église, avec autour du front et dans les yeux toutes visibles les flammes de l'intelligence et de la grâce, les temps sont proches où d'audacieux révélateurs inventeront son génie... Il mérite la gloire si aucun la mérita (la gloire est toujours injuste), puisqu'à l'originalité du talent le maître des esprits a voulu qu'en cet être singulier se joignit l'originalité de l'âme.

[*Le Livre des Masques*, 1ʳᵉ série (1896).]

HENRI GHÉON. — J'ai dit la raison philosophique des *Poésies d'André Walter*, et comment c'avait été la première tentative de Gide pour échapper à la vie banale et quotidienne, et pour réellement vivre en une foi. Qu'on ne les prenne pas cependant pour une œuvre philosophique... En pièces courtes composées de quatrains aux vers longs et inégaux comme des plaintes, discrets et sourds comme des soupirs, rimés souvent ou assonancés, et quelquefois en dissonance, se murmurent des désirs ou des inquiétudes; les paroles sont simples, douces, presque sans images;... il y a dans cette sobriété quelque chose de poignant, qui rappelle parfois les complaintes de Laforgue.

[*Mercure de France* (mai 1897).]

GIGLEUX (Émile).

Chants de Ménestrels (1893). — *Les troublants mystères* (1895). — *Les Frissons de l'Ombre* (1898). — *Quand les mots tremblent sur nos lèvres* (juin 1900).

OPINIONS.

CLÉMENT JANIN. — Je termine enfin par *Les Troublants mystères*, de M. Émile Gigleux, qui doit aimer

beaucoup Musset, à en juger par l'élégance de son
vers, son parti pris de rimes alternées, et le procédé
de développement de ses métaphores :

> Je te sens frissonner, ainsi que l'anémone,
> Quand l'haleine du vent, sur son beau sein voilé,
> Entr'ouvre à tous les yeux sa tremblante couronne,
> Et baise en le frôlant son calice étoilé.
> ....
>
> L'Anémone naquit du mélange du sang
> Que buvait lentement la féconde Cybèle,
> Et aux pleurs que versait Cypris en gémissant...
> Ami, vois-tu pâlir la vapeur violette... etc.

D'autres vers ont moins de nonchalance aimable
et se redressent, gemmés de pierreries, comme ceux
de M. de Hérédia. Il est possible que M. Gigleux ait
subi l'influence de ces deux maîtres, et je ne vois
point qu'il y ait à l'en blâmer, car le charme de
Musset allié à la vigueur nerveuse du poète des
Trophées ne peut manquer de donner un résultat qui
fasse honneur aux lettres françaises.

[*L'Événement* (19 mars 1895).]

Georges Rodenbach. — *Les Frissons de l'Ombre*,
livre d'une inspiration touffue et multicolore, d'un
lyrisme qui s'exprime en rythmes piaffants, en nobles
images.

[Lettre (1898).]

M. Gigleux est un poète qui a déjà produit
MM. Fernand Gregh et André Rivoire. On peut citer
son nom à côté des leurs et sur le même rang.

Son livre est plus qu'un joli recueil de poésies,
car toutes, plus philosophiques les unes que les
autres, donnent à penser, à rêver, tantôt avec désespoir, avec angoisse, tantôt avec tendresse.

[*L'Univers illustré* (1898).]

GILKIN (Iwan).

Stances dorées (1893). – *La Nuit* (1898). – *Le
Cerisier fleuri* (1899). – *Prométhée*, poème
dramatique (1899).

OPINIONS.

Valère Gille. — Un Raphaël noir, a-t-on pu dire.
Nul n'a mieux que lui incarné la lutte du bien et
du mal, des ténèbres et de la clarté, de la laideur
et de la beauté. Le poète de la douleur, le porte-
croix d'un monde vieillissant et maudit. Un cerveau
de mathématicien et une âme de prophète. Au fond,
un croyant révolté et un justicier terrible.

[*Portraits du prochain siècle* (1894).]

Pierre Quillard. — La connaissance plus précise
de la magie, la foi sincère au catholicisme ésotérique ne suffisent pas toujours à distinguer nettement des canons baudelairiens les poèmes de
M. Iwan Gilkin. Toutefois, par quelques pièces vraiment belles, on peut présumer qu'il s'affranchira
selon son désir... M. Iwan Gilkin mérite toujours
l'estime pour sa probe intransigeance et l'applaudissement quelquefois, ayant écrit, entre autres,
Arbre de Jessé, *Le Banquet* et *Roses saintes*, trois
morceaux de pleine et de parfaite eurythmie.

[*Mercure de France* (février 1898).]

J.-K. Huysmans. — Je viens de lire les hymnes
infernales de votre *Nuit*. Le livre contient vraiment
des pièces de premier ordre, des sonnets d'une
forme impérieuse, impeccable, comme personne
maintenant n'est de taille à en faire. *L'Amitié* est
magnifique à ce point de vue, et *Le Mauvais Jardinier*, *Le Mensonge* donnent la joie des choses décisives, pour jamais stables.

Puis il en est un d'idée réellement charmante,
très neuve, et tissée si joliment. Je veux parler de
ce délicieux *Dessert de fruits*, une véritable trouvaille. Mais il faudrait citer aussi les grandes et
sombres pièces, telles que l'*Eritis sicut Dii*, toute
l'offrande empoisonnée de ce satanium brûlant.

[Lettre (1898).]

Georges Barral. — Le plus brillant, le plus puissant des poètes contemporains de langue française.
J'ai nommé l'auteur de *La Nuit*, du *Cerisier fleuri*,
de *Prométhée*.

[Préface aux *Poèmes ingénus*, de Fernand Séverin
(1899).]

Paul Laur. — *La Nuit*, d'Iwan Gilkin, est la
première partie d'une trilogie. L'auteur «avoue en
tremblant — dans un court avertissement — qu'il
tente d'accomplir sur un plan lyrique le sublime
pèlerinage de l'Enfer, du Purgatoire et du Paradis».
Et le voilà en route. Sa Nuit : c'est l'Enfer. Il nous
donnera plus tard les deux compléments. Nous
souhaitons que cela soit bien vite. Iwan Gilkin,
par la forme, est parnassien; par la conception,
il procède évidemment de Baudelaire, mais avec
plus d'étendue, plus d'humanité, moins d'aigreur.
Il est surtout *lui* pour la pensée. La forme est impeccable; le vers est ample, harmonieux, solide. Il
y en a de magnifiques... *La Nuit* est une œuvre
faite pour ceux qui voient douloureusement fuir
l'ombre du temps, l'incertitude des choses, et qui,
lassés, exhalent la colère de leur mélancolie en
des songes et des harmonies où perce un oubli
des peines passées conduisant à un besoin de
repos dans l'obscurité, dans le silence, dans la
mort.

Et, contraste charmant, ne voilà-t-il pas que,
peu après, ce chantre sombre et tragique — pour
nous reposer sans doute — nous apporte un recueil
de vers si joliment baptisé *Le Cerisier fleuri*! Tout
le livre célèbre, dans la forme la plus ravissante,
les pensées d'amour et de joie, rimées en français
sur le mode anacréontique.

[Préface aux *Poèmes ingénus*, de Fernand Séverin
(1899).]

GILL (André). [1840-1885.]

La Muse à Bibi (1890).

OPINION.

Philippe Gille. — J'ai cité les préfaces fantaisistes de la nouvelle édition d'un petit livre intitulé :
La Muse à Bibi. De ce minuscule ouvrage de poésies, souvent volontairement risquées et vraiment
peu recommandables dans les couvents et dans les
lycées, j'extrais une pièce qui m'a paru charmante
de grâce et de forme; elle est écrite sans prétention
et rappelle par certains côtés la délicate manière de

Mürger et de Thiboust : *Le Chat botté*... Pas de nom d'auteur! «La Vénus de Milo n'en a pas davantage», comme dit le poète. Quel qu'il soit, on ne saurait lui reprocher de manquer de philosophie ni de charme.

Voilà ce que je disais quand a paru le recueil. Aujourd'hui que l'auteur est mort, j'ajoute que ce charmant petit poème était d'André Gill, le grand caricaturiste, qui a laissé d'exquises poésies manuscrites. J'en ai lu dernièrement quelques-unes, datées de la maison où il avait été enfermé et où sa raison s'est éteinte, première mort, qui devait de peu précéder la dernière, et je trouve regrettable qu'une main amie n'ait pas pris soin de réunir un jour ses œuvres éparses : lettres, nouvelles et poésies.

[*La Bataille littéraire* (1891).]

GILLE (Philippe).

Garanti dix ans, en collaboration avec Eug. Labiche (1874). - *Les 3o millions de Gladiator*, avec le même (1875). - *Pierrette et Jacquot*, avec J. Noriac (1876). - *Yedda*, ballet en trois actes (1879). - *L'Herbier*, poésies (1887). - *La Bataille littéraire*, cinq séries (1889-1893). - *Une Promenade à Versailles* (1892). - *Causeries sur l'art* (1894).- *Les Mercredis d'un critique* (1895). - *Causeries du mercredi* (1896). - *Ceux qu'on lit* (1897); un assez grand nombre de pièces de théâtre.

OPINIONS.

JULES TELLIER. — *L'Herbier*, de M. Philippe Gille, qui est, comme on sait, un petit chef-d'œuvre de grâce et de sensibilité.

[*Nos Poètes* (1888).]

PAUL GINISTY. — M. Philippe Gille demeure surtout un poète parisien, dans son *Herbier*, où il ne conserve pas que des fleurs desséchées : loin de là, les fleurs poétiques de ce charmant recueil ont l'éclat et les vives couleurs d'une moisson toute fraîche. S'il fait quelques excursions dans un domaine rustique, on sent toujours en lui le raffiné, en qui le spectacle de la nature éveille volontiers des sensations compliquées de comparaisons et de souvenirs. De là une saveur très particulière dans la tendance de prêter des sentiments aux choses. Puis ce sont des pièces d'une grâce familière et simple, où la mélancolie, comme avec une pudeur, sourit encore. C'est *L'Amour parti*, par exemple :

> Il n'est donc plus, ma pauvrette,
> Ce triste amour souffreteux.
> Le saint part avec la fête :
> Qu'il reçoive nos adieux!
>
> Bon Dieu! quelle triste mine
> Il nous faisait l'autre jour.
> Rien n'est plus laid, j'imagine,
> Que ne l'est un vieil amour.
>
> Il avait si grande envie
> De regrimper dans les cieux,
> Que nous n'avons pu, ma mie,
> Le retenir à nous deux !

Je parlais tout à l'heure des imitations de l'*Anthologie* grecque. M. Philippe Gille excelle dans ces courts poèmes, et le *Héros, Homère et son guide*,

Attente, sont de petits tableaux achevés sur une idée ingénieuse.

Le volume se termine par une pièce d'une plus haute envergure, *Claudion*, l'aventure d'un désespéré moderne qui a, à la fois, peur de la mort et horreur de la vie.

[*L'Année littéraire* (7 juin 1887).]

A.-L. — C'est par le naturel et la vérité que ses œuvres, même comiques, se sont fait remarquer. Publiciste et critique littéraire, la tournure légère et gauloise de son esprit ne semblait pas révéler en lui le véritable poète qu'il est.

[*Anthologie des Poètes français du XIXᵉ siècle* (1887).]

GILLE (Valère).

Le Château des merveilles (1893). - *La Cithare* (1898).

OPINIONS.

ALBERT GIRAUD. — Un des plus jeunes poètes du Parnasse belge de 1887. Son livre, *Le Château des merveilles*, — une série de poèmes jolis et musqués comme le nom de leur auteur, — apparaît comme une guirlande de fleurs minuscules pour une jolie fête de Lilliput. Qu'on se figure les madrigaux d'un Petit Poucet très précoce, dédiant des vers écrits, à la loupe, sur le pétale d'une rose, à la petite fille de l'Ogre.

[*Portraits du prochain siècle* (1894).]

THOMAS BRAUN. — Il nous en rappelle l'histoire, la légende et la mythologie, et ravive en nos âmes l'idée — est-elle juste ou fausse, je l'ignore? — que nous nous faisons de l'Hellade depuis que la chantèrent Chénier, Hérédia ou Marc Legrand. C'est près de ce dernier que se range M. Gille. Il excelle également à nous décrire en quelques vers, ciselés comme la coupe dont ils interprètent les reliefs et transparents comme l'atmosphère dont ils disent la douceur, un bouclier aux incrustations champêtres, des coquillages, des figuiers mûrs, un paysage au crépuscule.

[*Durendal* (1898).]

MARC LEGRAND. — «Lorsque nous contemplons l'antiquité avec le désir sincère de la prendre pour modèle, il nous semble que, dès ce moment seulement, nous comprenons notre dignité.» Ce mot de Gœthe se vérifie à lire le recueil que M. Valère Gille vient de publier pour la grande joie des lettrés. *La Cithare* est une glorification du génie libre et créateur de l'Hellade antique, soit que l'auteur célèbre Salamine,

> ... île aux beaux oliviers,
> Ô nourricière des colombes!

soit qu'il dessine en un sonnet, comme sur une stèle de marbre, la figure d'Euripide ou de Damœtas ; soit qu'il dépeigne Eros endormi,

> Et la blanche Artémis qui passe au fond des bois.

[*La Critique* (1898).]

PAUL LAUR. — Je mets au défi tout cœur de vingt ans que la vie n'a pas encore raccorni de lire *La Cithare* sans une émotion profonde. Et je sors de cette lecture tout parfumé d'antiquité, tout revivifié par l'audacieuse jeunesse du monde, moi qui en ai soixante.

> Aube, sourire immense, ô jeunesse du monde !
> Je te salue, ô paix solennelle et profonde !

Valère Gille, à l'exemple des grands poètes dont il est le fils et l'émule, débute en chaque morceau par l'invocation grecque, courte et puissante, saisissante et lumineuse. Ses pièces sont des tableaux délicats, fins, ambrés, pleins d'une lumière si pure, si lumineuse, que la Grèce tout entière nous apparaît dans sa splendeur première, telle que l'ont vue ses héros et ses poètes. Je ne puis résister au plaisir de citer la dédicace que le poète de *La Cithare* a placée en tête de son œuvre, avant que je puisse m'occuper du *Collier d'Opales*, incomparable florilège de poèmes d'amour. Voici cette dédicace : «Aux poètes Iwan Gilkin et Albert Giraud, à mes chers amis, en souvenir de notre campagne littéraire pour le triomphe de la tradition française en Belgique.» Voilà les sentiments qui se manifestent en pays belge pour la tradition française, et qu'il est si doux de lire en première page de beaux et bons livres écrits en pure et belle langue française.

[Préface aux *Poèmes ingénus*, de Fernand Séverin (1899).]

GINESTE (Raoul).

Le Rameau d'or (1887). – *Chattes et Chats*, avec une préface de P. Arène (1894).

OPINIONS.

MAURICE BOUCHOR. — Les deux dernières séries de poèmes, *Au coin du feu* et *Dans la rue*, sont peut-être les plus originales. Dans l'une, le poète a concentré sa rêverie : là, dans quelques échappées de philosophie mélancolique et résignée, apparaît peut-être mieux qu'ailleurs «la couleur de son âme». Dans l'autre, il ouvre ses yeux au spectacle de la rue, aux misères du peuple, non pas en badaud, ni flâneur misanthropique, ni même en pur artiste, mais en homme qui sait voir, comprendre et sentir, cela sans fade sentimentalité ni déclamation oiseuse.

[*Anthologie des Poètes français du XIXᵉ siècle* (1887-1888).]

PAUL ARÈNE. — Je ne veux m'occuper que des Chats de Gineste.

Avec quelle joie émue il les a chantés sous la triple incarnation familière, légendaire, satanique, — car, parfois, il en prend un au coin du foyer pour le conduire à la messe noire — s'attendrissant sur les vieux chats abandonnés à qui manque le mou mis en pâtée par les bonnes vieilles, composant des conseils aux plus jeunes, prenant paradoxalement parti pour eux contre leurs victimes ordinaires, le poisson rouge et le serin, les adorant en toute candeur quand ils sont dieux, composant à leur intention des cantiques, des litanies et songeant aux chats obstinément — car la féminité ne perd jamais ses droits — pour un rire félin de brune ou un bâillement rose de blonde.

Les charmantes heures passées ainsi à feuilleter ces vers parfois encore inachevés, là-haut, dans le pittoresque logis que Gineste s'est trouvé sur les plus hautes cimes de Belleville, avec son jardin en terrasse qu'un corbeau apprivoisé ravage et au tra-

vers duquel d'innombrables chats, génération sans cesse augmentée, se font les griffes en déchirant la fine écorce des genêts et des lilas.

[Préface aux *Chattes et Chats* (1894).]

GINISTY (Paul).

Idylles parisiennes, poèmes (1878). – *Manuel du parfait réserviste* (1882). – *La Fange* (1882). – *Les Rastaquouères* (1883). – *Paris à la loupe* (1883). – *La seconde nuit* (1884). – *Les Belles et les Bêtes* (1884). – *L'Amour à trois* (1884). – *Quand l'amour va, tout va*, nouvelles (1885). – *Le Dieu bibelot*, articles (1888). – *De Paris à Paris* (1888). – *L'Année littéraire* (depuis 1885). – *Crime et Châtiment*, drame, en collaboration avec Hugues Le Roux (1888). – *De Paris au cap Nord* (1892).

OPINION.

A. DE GUBERNATIS. — M. Ginisty est un lettré délicat ; il sait, par exemple, peindre, avec une recherche qui va jusqu'à la préciosité, «dans un boudoir tendu de satin crème», la Parisienne en peignoir de foulard, les pieds nus dans de petites mules cramoisies et fumant, le dos au sofa, des cigarettes de tabac jaune.

[*Les Écrivains du jour* (1888).]

GIRAUD (Albert).

Dernières Fêtes (1883). – *Le Scribe* (1883). – *Pierrot lunaire* (1884). – *Hors du siècle* (1888). – *Sous la Couronne ; Devant le Sphynx* (1894). – *Héros et Pierrots* (1898).

OPINIONS.

EDMOND PICARD. — «La *Forme* ! Il y a un âge où on ne voit que ça», me disait le lendemain Cladel, «comme il y en a un où on ne voit que l'Amour. J'aime ainsi ces jeunes... Cette nuit encore, je leur ai parlé de Baudelaire... C'est leur prototype... Albert Giraud, entre autres, y croit comme un nègre du Sénégal à son manitou. Il me plaît, ce Giraud : c'est un Saint-Just avec un filet de vinaigre, maigre et opiniâtre, tranchant, sans bruit. C'est fort beau ces vers qu'il nous a dits.» Et là-tonnant dans sa mémoire, il y rattrapait morceau par morceau et ajustait, comme on fait d'une porcelaine brisée, l'une ou l'autre pièce, par exemple, ce sonnet, que, quelques mois après, Catulle Mendès, le raffiné, notre hôte à son tour, admira autant que l'avait fait ce fils des sillons :

> Ta g'oire évoque en moi des navires houleux...
> Que de fiers conquérants aux gestes magnétiques
> Poussaient, dans l'infini des vierges Atlantiques,
> Vers les archipels d'or des lointains fabuleux.

(*N'a-qu'un-œil*, de Léon Cladel, préface (1884).]

HENRI VANDEPUTTE. — *Sous la Couronne* et *Devant le Sphynx* sont bien la continuation de *Hors du siècle*, en passant par les œuvres intermédiaires. Après cette clameur : «La haine de ce siècle aux enfants qui naîtront», aveu juvénile de son orgueil blessé et désormais misanthrope, le poète a marché vers les Bergames chimériques et clair de lunées,

et s'est reposé en le triomphe accalmi des dernières
fêtes. Là, son cœur semblait avoir trouvé une
demeure digne où reposer... Mais non, le poète
s'est remis en route vers le bonheur, toujours hors
de ce siècle. L'a-t-il trouvé? Ah! non, sans doute...
Voici qu'il pleure et sanglote en le mirage de ses
derniers vers. Le volume me semble le vitrail dont
il parle dans une pièce d'un volume antérieur, intitulée : *Résignation*. Il appelle son œuvre :

> Ces vers d'un méconnu, ces vers d'un résigné,
> Ces vers où ma douleur devient de la lumière,
> Ces vers où ma tendresse a longuement saigné
> Comme un soleil couchant dans l'or d'une verrière.

Et voyez! à peine se dit-il triste dans quelques
vers (*La Blessure étoilée*, *Les Vaines rencontres*);
c'est «le beau roi Charles IX» et Henri III qu'il
fait parler et pleurer. Il dessine ainsi, à grands
traits amples, la conception de ses personnages et
ses visions d'antan. Et il jette là-dessus ses couleurs
les plus ardentes et harmoniques.

Quelques pièces, comme *Déclin*, sont froides.

Quant à la forme du vers, — peut-être par trop
classiquement arrêtée, — tant discutée et attaquée,
je n'ai pas la prétention ridicule de la juger, rai-
sonnant : L'œuvre est-elle belle? Oui. Donc, pra-
tiquons le vers libre, s'il nous plait, laissons le
poète tranquille et admirons.

[*Stella* (janvier 1895).]

HUBERT KRAINS. — Peu de carrières artistiques
offrent l'exemple d'une rectitude aussi absolue que
celle de M. Albert Giraud. C'est un des poètes
qui aient pris pour guide la ligne droite. La poésie,
qui évoque si puissamment des idées de flânerie et
de vagabondage, s'est présentée devant lui comme
ces chemins d'or que font, entre la terre et le ciel,
les rayons du soleil couchant. Le pampre et le lierre
qui s'enroulent autour de son thyrse ne sont pas
des éléments parasitaires, mais des ornements qui
sortent de la tige même du javelot pour aller se
fondre dans sa pointe et la renforcer. Ses livres
n'existent pas l'un à côté de l'autre, mais ils s'engendrent mutuellement et se soutiennent par une
même idée. Sa pensée ne s'est pas éparpillée. L'âme
qui bat dans *Le Scribe*, c'est celle qui bat dans
Hors du siècle. Un même souffle et une même énergie
animent ces deux œuvres. Un même coup d'aile les
enlève. Mais la première — œuvre de départ —
est engluée de terre. Elle contient la gourme du
poète. Il arrive fréquemment qu'un prosateur débute
par un volume de vers, il est plus rare qu'un
poète débute par un volume de prose. M. Giraud,
qui a la religion de la poésie, aurait-il craint de
ne pouvoir se pardonner d'avoir écrit une œuvre
poétique imparfaite, ou est-ce simplement le hasard
qui a voulu qu'il jetât sa gourme en prose? En
tout cas, cela lui vaut de n'avoir aucun mauvais
volume de vers à son actif. Si l'on veut connaître
les scories d'un talent qui a toujours travaillé à
s'épurer, c'est dans les contes du *Scribe* qu'il faut
les chercher. On y trouvera une surabondance
d'énergie et de couleurs, une gymnastique un peu
folle, l'excès des qualités qui dominent dans son art.
Le Scribe, c'est la chrysalide du *Pierrot* éblouissant
qui va défiler dans les *Rondels bergamasques*.

C'est devant lui qu'il vient s'étendre dans la dernière partie de son dernier livre. Las d'avoir battu
inutilement et en tout sens les plaines enflammées
et vides du désert, il vient se coucher devant le

monstre de pierre et confesser l'inanité de ses désirs,
l'inanité de ses rêves, l'inanité de tout. Il s'incline
enfin devant le seul Dieu auquel il puisse logiquement rendre hommage, parce qu'il est comme lui
pétri de ténèbres. *L'Adoration des Mages*, *La Tentation de Botticelli* et surtout *Le Glaive* et *La Rose* sont
d'admirables offrandes expiatoires qui mettent aux
pieds du sphinx le cerveau du poète avec toutes
ses chimères et ses vaines splendeurs.

Comme beaucoup de penseurs de notre époque
indécise, M. Giraud souffre de l'obsession de l'absolu. Comme rien ne lui offrait autour de lui, ni
le monde matériel, ni les philosophies, ni les religions, il a tenté l'entreprise gigantesque de se le
forger lui-même. Il a cru que l'art possédait une
vertu intrinsèque qui consolait de tout, et il semble
tout d'abord avoir fait de l'art pour oublier, mais
bientôt repris par son dénom, — qui était sa vie et
sa flamme, — il en a poursuivi l'essence même et il
a voulu tâter de ses mains et presser contre son
cœur la pomme d'or dont les poètes s'étaient jusqu'à
présent contentés de sentir la folle caresse des rayons.
Après avoir manié pendant quelque temps le mar-
telet du joaillier et fabriqué de fins rondels, il a
pris le lourd marteau de Vulcain et, dans une auréole d'étincelles et de flammes, il s'est mis à façonner
son rêve à l'image de son âme.

[*La Société nouvelle* (décembre 1894).]

PAUL LAUR. — Albert Giraud est un poète rare et
hautain qui me semble doué d'une double personnalité. Dans la première partie de son recueil des
Héros et Pierrots, il s'enferme dans la tour d'ivoire
de ses pensées, et nous donne des poésies grandes,
belles, d'une ligne impeccable, dans lesquelles il
chante les passions les plus hautes, mais aussi les
plus personnelles. Dans la seconde partie consacrée
aux classiques Pierrots, de l'immortelle face italienne, c'est un jet perpétuel d'esprit, de saillies
alertes, vives, imprévues, toutes formulées dans
des rondels pétillants. Nous reviendrons sur ce recueil multiple, si curieux à plus d'un titre. D'un
côté, en effet, nous avons un caractère impérieux
et nostalgique, de l'autre, une âme badine, presque gamine.

[Préface aux *Poèmes ingénus*, de Fernand Séverin
(1899).]

GIRODIE (André).

La Tendresse! La Verduresse! Et à deux sous!
(1898).

OPINION.

GUSTAVE KAHN. — M. Girodie parle la langue du
Jules Laforgue des *Complaintes*, dans ses fantaisies
d'amoureux, lettré, prudent, compliqué... De
jolies pièces dans la série *Tendresses*, une bonne
pièce à Paul Verlaine, un amusant *Départ pour
Cythère*, ironique et familier comme il convient.

[*Revue Blanche* (1898).]

GLATIGNY (Joseph-Albert-Alexandre).
[1839-1873.]

Les Vignes folles (1857). - *L'Ombre de Callot*,
prologue en un acte et en vers (1863). - *Vers
les Saules*, comédie en un acte et en vers
(1864). - *Les Flèches d'or* (1864). - *Pès de*

Puyanne, drame en trois actes (1866). – *Prologue pour l'ouverture des Délassements-Comiques* (1867). – *Le Bois*, saynète (1868). – *Le Compliment à Molière* (Odéon, 1872). – *Le Singe*, comédie en un acte (1872). – *Gilles et Pasquins*, poème (1872). – *L'Illustre Brisacier*, drame en un acte (1873).

OPINIONS.

Théophile Gautier. — *Les Vignes folles* et *les Flèches d'or*, de Glatigny, dont plus d'une, comme le dit un illustre critique, porte haut et loin.

[*Rapport sur le progrès des lettres*, par MM. Sylvestre de Sacy, Paul Féval, Th. Gautier et Ed. Thierry (1868).]

Sainte-Beuve. — Albert Glatigny, un osé et un téméraire, qui après *les Vignes folles*, est venu lancer *les Flèches d'or*; quelques-unes portent loin. J'avais précédemment retenu de belles stances de lui sur Ronsard; je trouve, dans le dernier recueil, quelques notes douces, presque pures, *la Chanson ignorée*, les vers à *la Vallée du Denacre*. Je les remarque avec d'autant plus de plaisir que je m'y attendais moins.

[*Lundi, 12 juin 1865. Des nouveaux lundis* (1886).]

Théodore de Banville. — Né dans un village, arrivé presque à l'âge d'homme sans éducation et sans lettres, Albert Glatigny entrevit l'art pour la première fois sous cette forme sensible qui seule peut s'imposer aux esprits ignorants. Il en eut la première révélation en voyant jouer des comédiens de campagne; il les suivit, joua avec eux à la diable des mélodrames et des vaudevilles, et, sans y songer, apprit ainsi ce mécanisme de la scène et cet art matériel du théâtre, qui si souvent manquent aux poètes lyriques. Cependant, comme les hasards nécessaires arrivent toujours, les pérégrinations du comédien errant l'amenèrent à Alençon, où Malassis, l'éditeur artiste qui à ce moment-là n'habitait pas encore Paris, lui donna un recueil de vers quelconque d'un poète contemporain. Chose inouïe et vraiment prodigieuse! après avoir dévoré, relu ce livre par lequel il avait eu la révélation du vrai langage qu'il était destiné à parler, Glatigny fut du coup, immédiatement et tout de suite, l'admirable rimeur, l'étonnant forgeur de rythmes, l'ouvrier excellent victorieux de toutes les difficultés, l'ingénieux et subtil artiste qu'on a admiré dans *les Vignes folles*, dans *les Flèches d'or*, dans le *Fer Rouge*, dans *le Bois*, dans *Vers les Saules*, dans *l'Illustre Brisacier*. Chez lui, pas de ces hésitations et de ces tâtonnements par lesquels ont passé à leurs débuts tant d'écrivains en prose et en vers, qui plus tard sont devenus célèbres; au contraire, il sut en un moment, comme d'instinct et par révélation, ce métier laborieux, compliqué et difficile de la poésie, si divers et si inépuisable, qu'on met toute sa vie à l'apprendre. Ce qui constitue l'originalité curieuse et sans égale d'Albert Glatigny, c'est qu'il est non pas un poète de seconde main et en grande partie artificiel, comme ceux que produisent les civilisations très parfaites, mais, si ce mot peut rendre ma pensée, un poète primitif, pareil à ceux des âges anciens, et qui eût été poète, quand même on l'eût abandonné petit enfant, seul et nu dans une île déserte.

[*Anthologie des Poètes français du xixᵉ siècle* (1887).]

Anatole France. — Il laissait les vers brillants des *Vignes folles* et des *Flèches d'or*. Comme poète, Glatigny procède de Banville, avec une nuance d'originalité. Et en art, il faut saisir la nuance. L'œuvre de ce poète a son prix et sa valeur, et la municipalité de Lillebonne a été bien inspirée en honorant la mémoire de son enfant qui fut pauvre et qui, dans sa vie innocente, oublia tous ses maux en chantant des chansons.

[*La Vie littéraire*, 4ᵉ série (1892).]

Paul Bourget. — Albert Glatigny, la plus étrange figure littéraire qu'ait peut-être vue notre âge; un comédien errant et ronsardisant qui a aimé les vers comme on aime l'amour, et qui en est mort.

[*Études et Portraits* (1894).]

GODET (Philippe).

Le Cœur et les Yeux (1881).—*Les Réalités* (1886).

OPINION.

A.-L. — Auteur de plusieurs volumes de poésie dont les principaux sont *le Cœur et les yeux* et *les Réalités*, M. Godet a écrit des vers d'une couleur toute locale et d'un charme tantôt mélancolique, tantôt joyeux.

[*Anthologie des Poètes français du xiⁱᵉ siècle* (1887-1888).]

GODIN (Eugène).

La Cité Noire (1880). – *Chants de Belluaire* (1882). – *La Populace* (1886). – *La Lyre de Cahors* (1888).

OPINION.

A.-L. — Il a donné, en 1882, *Chants de Belluaire*, recueil de poésies enflammées, d'où s'exhale éloquemment le cri d'une âme juste, à jamais froissée par la brutalité des temps.

[*Anthologie des Poètes français du xiⁱᵉ siècle* (1887-1888).]

GOUDEAU (Émile).

Fleurs du Bitume (1878). – *Poèmes ironiques* (1884). – *La Revanche des Bêtes* (1884). – *Chansons de Paris et d'ailleurs* (1895). – *Poèmes parisiens : Fleurs du bitume, Ciels de lit, Vache enragée, Fins dernières, La Vie fâchée*, etc. (1897). – *La Graine humaine* (1899).

OPINIONS.

A.-L.—Après avoir publié ses poésies dans plusieurs journaux, M. Goudeau les a réunies en trois volumes intitulés : *Fleurs du Bitume*, *Poèmes ironiques* et *la Revanche des Bêtes*. Elles se distinguent toutes par une saveur originale et une grande franchise d'impression.

[*Anthologie des Poètes français du xiⁱᵉ siècle* (1887-1888).]

François Coppée. — Dans la retraite où je travaille, mon cher Goudeau, votre nouveau livre de vers, *Chansons de Paris et d'ailleurs*, m'apporte une bouffée des parfums de la grande ville et me transporte en imagination sur le boulevard Montmartre, par un après-midi ensoleillé, quand quelques consommateurs peu frileux s'installent aux terrasses des cafés, quand la fleuriste tortille ses bouquets près du kiosque et que l'atmosphère humide et tiède de l'avant-printemps sent l'absinthe et les violettes. Je viens de vous lire et j'en suis tout ragaillardi, car — rare exception chez nos contemporains — vous êtes un poète gai. Votre muse vous amuse — et nous amuse. Français de France, vous avez le rire clair de la race. « Violoncelles, fifres, mandolines », tels sont les titres des trois parties de votre ouvrage ; et j'ai fort bien entendu, en effet, votre *viola di gamba* gémir sa mélancolie et votre guitare bourdonner sous nos chansons d'amour. Mais le fifre est votre instrument de prédilection. Quand les pelotons de votre strophe défilent en grande tenue de parade, je l'entends toujours le fifre aigu, là-bas, en tête du régiment :

Le fifre siffle, siffle le fifre,

comme vous dites dans une gentille onomatopée ; et voici que je me souviens aussi du curieux vers de Victor Hugo :

Les dentelles de son que le fifre découpe.

Oh ! comme vous avez raison de jouer du fifre, mon cher Goudeau. C'est la gaîté de l'armée en marche, et son sifflet court sur les baïonnettes comme un chant de pinsons sur les épis.

[*Le Journal* (5 mars 1896).]

JEAN DE MITTY. — Goudeau avait fondé les *Hydropathes*, cette réunion de poètes qui marque une date amusante dans les annales de l'art contemporain, et fait partie du premier *Chat-Noir*, ce milieu fécond qui fut, pour beaucoup, le tremplin de la célébrité.
Mais il y a mieux : il y a l'effort personnel d'Émile Goudeau, son labeur d'écrivain, sa pensée de poète. Il y a ses livres, où apparaît un esprit si divers et si complexe, souple et railleur, à la fois ironique et tendre, et original, parisien, délicat et frondeur, épris de fantaisie et de rêves bleus. Ce sont les *Fleurs du Bitume*, les *Poèmes ironiques*, les *Chansons de Paris et d'ailleurs*, *Corruptrice*, *le Froc*, *la Vache enragée*, tant d'autres encore, jusqu'au livre qui s'appelle *la Graine humaine*, paru, ces jours récents, en librairie.
Je veux dire les qualités certaines, l'honnête tenue littéraire, l'émotion de bel aloi que dégagent ces pages où Goudeau a mis le meilleur de son beau talent de conteur.
Je retrouve, dans *la Graine humaine*, la verve robuste, l'art léger et sain, et l'imagination souriante qui constituent la physionomie littéraire de Goudeau et lui assignent une des places en vue parmi les écrivains de tradition française.

[*Le Journal* (1899).]

GOUDEZKI (Jean).

Les Montmartroises (1895). — *Au Parnasse*, pièce en six tableaux (1896).

OPINION.

VALBEL. — Goudezki a publié un volume, *Les Montmartroises*, puis un volume de chansons et de

poésies, dans la note gauloise ; puis, dans la note sentimentale, *Les Vieilles Histoires*, et il prépare les *Chansons de Litières*, dont il a donné la primeur aux spectateurs du Chat-Noir.

[*Les Chansonniers et les Cabarets artistiques* [1895].]

GOUJON (Louis).

Les Gerbes déliées (1865).

OPINION.

SAINTE-BEUVE. — Les uns, comme M. J. Bailly, sont en train de se répandre, de semer leurs primeurs de poésie en maint journal ; ils n'ont pas jusqu'ici recueilli leurs gerbes ; d'autres, qui les avaient rassemblées et accumulées en silence, nous les versent à nos pieds pêle-mêle, sous ce titre même : *Les Gerbes déliées*, par Louis Goujon (1865). Je parcours le recueil : c'est tout un monde bourguignon, des souvenirs du cru, des amitiés d'enfance, des paysages naturels, de riches aspects qu'anime la Saône... Quelques stances sur la Beauce à M. Ernest Menault sentent le poète rural et l'odeur de la glèbe.

[*Lundi, 12 juin 1865. Des nouveaux lundis* (1886).]

GOURDON (Georges).

Les Pervenches (1879. — *Les Villageoises* (1887).

OPINION.

SULLY PRUDHOMME. — Une inspiration saine et familière sans vulgarité ; une gaîté toujours compatible avec la tendresse ; de l'élévation et une facture aisée du vers, telles sont les qualités qui distinguent cet ouvrage (*Les Villageoises*).

[*Anthologie des Poètes français du xixe siècle* (1887).]

GOURMONT (Remy de).

Merlette (1886). — *Sixtine* (1890). — *Chez les Lapons*, mœurs et coutumes (1890). — *Fleurs de jadis* (1893). — *Histoire tragique de la Princesse Phénissa* (1893). — *Histoires tragiques* (1893). — *Lilith* (1893). — *Théodat* (1893). — *Le Château singulier* (1894). — *Hiéroglyphes*, poèmes autographiés (1894). — *Phocas* (1894). — *L'Idéalisme* (1894). — *Proses moroses* (1894). — *Le Latin mystique* (1894). — *Les Litanies de la rose* (1895). — *Le Livre des Masques*, portraits symbolistes, 1re série (1896). — *Le Miracle de Théophile* (1896). — *Le Pèlerin du Silence* (1896). — *La Poésie populaire* (1896). — *Les Chevaux de Diomède* (1897). — *D'un pays lointain* (1897). — *Le Vieux Roi* (1897). — *Le Livre des Masques*, 2e série (1898). — *Les Saintes du Paradis*, petits poèmes (1898). — *Esthétique de la langue française* (1899). — *Le Songe d'une femme* (1899). — *Oraisons mauvaises* (1900).

OPINIONS.

PIERRE QUILLARD. — Remy de Gourmont, l'auteur de *Sixtine*, l'un des plus rares et des plus raffinés écrivains que je connaisse.

[*Enquête sur l'évolution littéraire*, p. 345 (1891).]

G. ALBERT AURIER. — Remy de Gourmont, cet esprit si rare qui vient de publier, sans qu'on s'en doute, un roman (*Sixtine*) qui est quasiment un chef-d'œuvre.

[*Enquête sur l'évolution littéraire*, p. 133 (1891).]

SAINT-GEORGES DE BOUHÉLIER. — *Le Latin mystique :* L'ouvrage que Remy de Gourmont architecture de forte et mémoriale façon, évoque un moyen âge incomparable à celui que plagie M. Duplessys : époque de larmes et de prières balbutiées avec ferveur au pied de la croix sanglante! époque d'amour et d'épouvante! époque de grandeur mignarde et compliquée, grandiose. Remy de Gourmont, peut-on dire, érigea une cathédrale où saint Ambroise, saint Bernard, Prudence, Sidoine Apollenaire, sainte Hildegarde, déroulent leurs hymnes liturgiques et les magnificences de leurs séquences.

[*L'Académie française* (février 1893).]

EDMOND PILON. — *Phocas :* Voici un petit livre, qui, par l'artistique couverture qui l'enferme et le format élégant de ses feuillets, non moins que par l'ironie douce et pieuse du sujet, mérite de prendre place à côté des *Histoires moroses*, des *Proses magiques*, du *Château singulier*. Je dirai plus : il y a ici des fragments dignes des plus beaux chapitres de l'Adorant (*Sixtine*)... Cela me confirme dans l'appréciation très digne que je me suis formée de M. de Gourmont, à savoir : que c'est un prosateur exquis qui a des douceurs de poète et des grandeurs de philosophe.

[*L'Ermitage* (1894).]

MARCEL SCHWOB. — De petites pages comme frottées de ciguë, entre lesquelles ont séché des brins d'ancolie, semées de mots suraigus et blêmes; des phrases aux contours rapides, semblables à de simples coups de pinceau qui suggèrent tous les gestes de la vie par une ligne grasse; des perversités promptes et acérées, et qui entrent en agonie dès qu'elles ont été conçues; un monde minuscule de drames brefs, haletants, qui tournoient follement ainsi que des petites toupies dans leurs derniers circuits; des sentiments éphémères comme les renouveaux lassés des fins de passion.

A cent ans de distance, M. Remy de Gourmont a enclos dans ce livre (*Proses moroses*) la science cruelle de l'âme et de la chair des Delaclos et des Sade (puisque, par infortune, ce mauvais écrivain est resté le meilleur représentant de son tour d'esprit); mais la perversité des *Proses moroses* est plus nuancée et plus variée.

[*Mercure de France* (juillet 1894).]

MAURICE LE BLOND. — M. de Gourmont constitue un cas précieux de mysticisme archéologique...

[*Essai sur le Naturisme* (1896).]

LOUIS PAYEN. — De même que dans la vie ordinaire nous nous plaisons à agrémenter d'un peu de beauté nos actes et nos pensées pour plaire à notre correspondant lointain, ainsi, dans *Le Songe d'une femme*, les personnages prennent des attitudes et cherchent à embellir mutuellement leur vie. L'art de l'auteur nous permet de retrouver leur véritable caractère derrière les phrases qu'ils écrivent. Il faut louer sans réserve le style de M. de Gourmont, d'une pureté et d'une souplesse admirables, la jo-liesse de ses descriptions, l'art avec lequel il sait choisir le détail qui doit frapper l'observateur.

[*Germinal* (15 février 1900).]

Y. RAMBOSSON. — Remy de Gourmont vient de publier à petit nombre et avec un rare souci de bibliophile quelques strophes amères, tourmentées et d'une sorte de perversité sacrilège, intitulées : *Oraisons mauvaises*.

[*Mercure de France* (1900).]

GRAMONT (Le comte Ferdinand de). [1815.]

Sonnets (1840). – *Poésies complètes de Pétrarque*, traduction (1842). – *Le livre de Job*, traduction (1843).

OPINIONS.

CHARLES ASSELINEAU. — M. de Gramont paraît avoir eu de bonne heure le don de la précision rythmique. Il est le seul des poètes contemporains et peut-être est-il le premier des poètes français qui ait osé s'attaquer aux difficultés de la Sextine... Cette poésie feuillue, plantureuse, a le parfum généreux de l'air des forêts, tout imprégné de saveurs âcres et salutaires; et dans sa couleur sombre et grave on peut retrouver aussi l'aspect sévère et grandiose des vieux chênes versant leur ombre grise sur les bruyères mélancoliques.

[*Bibliographie romantique* (1872).]

ÉDOUARD FOURNIER. — Le marquis de Belloy a fait une comédie charmante : *Pythias et Damon;* or, le comte Ferdinand de Gramont et lui furent deux amis comme l'étaient les héros de la pièce. Les premiers vers du marquis, par exemple, traduction remarquable du *Livre de Ruth*, parurent en 1843 dans le même volume que la traduction en vers du *Livre de Job* par le comte Ferdinand.

[*Souvenirs poétiques de l'école romantique* (1880).]

THÉODORE DE BANVILLE. — C'est un de nos poètes les plus savants et les plus délicats, M. le comte de Gramont, qui, d'après la Sextine italienne de Pétrarque, crée la Sextine française, en triomphant d'innombrables et de terribles difficultés. La première Sextine du comte de Gramont parut à la célèbre *Revue Parisienne* de Balzac, qui se faisant critique dans une telle circonstance, se chargea lui-même d'expliquer aux lecteurs ce que c'est qu'une sextine et de les édifier sur le goût impeccable et sur la prodigieuse habileté d'ouvrier qu'elle exige du poète.

[*Anthologie des Poètes français du xixᵉ siècle* (1887-1888).]

GRANDMOUGIN (Charles).

Les Siestes (1874). – *Prométhée*, drame en vers (1878). – *Nouvelles Poésies* (1880). – *Les Souvenirs d'Anvers* (1881). — *Poèmes d'amour* (1884). – *Rimes de combat* (1886). – *A pleines voiles* (1888). – *Le Christ* (1892). – *Les Heures divines* (1894). – *L'Empereur*, pièce en quatre actes (1893).

OPINIONS.

Marcel Fouquier. — M. Charles Grandmougin, le poète franc-comtois, nous a donné un drame épique en quatre actes : *L'Empereur Napoléon*. Je signale la scène entre l'empereur et Joséphine, à la veille du divorce; la scène entre Napoléon et le Pape; les scènes où, durant la campagne de France, il anime et il entraîne de son exemple les paysans patriotes, la rencontre enfin qu'il fait, à Sainte-Hélène, d'un brave homme de pêcheur qui vit avec les siens, sans souci des orages du monde et ignore jusqu'au nom du prisonnier. Cette dernière invention aurait charmé Hugo.

[*La Nouvelle Revue* (1896).]

Ernest Figurey. — Charles Grandmougin, l'auteur du *Christ*, est à la Franche-Comté ce que Brizeux fut à la Bretagne, ce que sont Jean Aicard à la Provence, Vicaire à la Bresse, Theuriet à la Lorraine. Il a chanté tour à tour la calme majesté de ses montagnes, le pittoresque de ses sites, le charme grandiose de ses forêts de sapins, les parfums et les reflets de ses vins capiteux, son amour du pays et de la liberté.

[*Rouen-Artiste* (1896).]

Jules Mazé. — Charles Grandmougin, artiste puissant, au talent souple et robuste, fait partie de la petite et glorieuse phalange des poètes qui relient notre époque d'industrie et de prose aux temps heureux qui virent éclore des œuvres immortelles. Sa muse est une libre fille de la nature. Tantôt vêtue de la bure champêtre, chaussée de sabots, elle folâtre dans la vallée des matins bleus, fredonnant des chants villageois simples et naïfs; tantôt, fièrement drapée dans le péplum antique et toujours séduisante, elle élève ses accents jusqu'au lyrisme le plus pur pour nous dire les souffrances d'Orphée; puis, soudain, elle nous apparaît farouche, enveloppée dans le drapeau tricolore, célébrant sur les cordes d'airain de sa lyre les victoires du grand empereur, ou, dans une robe de deuil, chantant douloureusement les malheurs de la France meurtrie.

[*Charles Grandmougin*, étude (1897).]

GRASSERIE (Raoul de la).

Les Pensées (1890).— *Les Rythmes* (1891).— *Les Formes* (1891).

OPINION.

F.-E. Adam. — Ce que veut le lecteur dans un volume de vers, c'est de la grâce, ce sont des sentiments, des émotions; c'est de la poésie, en un mot, et le livre de M. de la Grasserie (*Les Rythmes*) en déborde.

[*Préface aux Rythmes* (1891).]

GREGH (Fernand).

La Maison de l'Enfance (1896). — *La Beauté de vivre* (1900).

OPINIONS.

Maurice Le Blond. — Pourquoi chérissons-nous cette *Maison de l'Enfance*, et pourquoi des esprits aussi divers que M. Coppée, M. de Régnier ou M. Retté s'en sont-ils tour à tour épris? Est-ce seulement à cause de la joliveté des musiques qui s'y assourdissent, pour le charme effacé des images et des tableaux qui s'y évoquent? Peut-être. Quant à moi, si ce livre me passionne, c'est surtout parce qu'il résume une époque de vie et qu'il traduit, de manière quasi définitive, une heure sentimentale. Pudeur craintive des instants de puberté, pudeur, toute rose devant les roses et les lèvres, défaillances, souffrances voluptueuses qui ne siègent point dans l'âme, mais dont tout l'organisme semble être envahi; troubles puérils, sommeils lourds, rêves fleuris où chantent, silencieuses, les danses évanouies des temps jadis; c'est de ces émois-là que Fernand Gregh a composé son livre.

[*Revue Naturiste* (1896).]

François Coppée. — Je ne suis ni devin ni somnambule extra-lucide. Je ne sais pas si Fernand Gregh sera, un jour, un grand poète. Mais lisez *Rêve*, lisez *Voyages*, lisez tant d'autres pièces, sans oublier ce *Menuet*, déjà célèbre, et vous direz avec moi : «Voilà un vrai poète!...» Oui, Baudelaire, Verlaine, les influences?... C'est convenu, et j'entends d'ici clabauder les petits camarades. Mais le charme printanier, le parfum de jeunesse que ces poèmes de rêve et d'amour vous fourrent brusquement sous le nez, comme une de ces bottes de giroflées que la Parisienne achète dans la charrette à bras, au bord du trottoir, cela, c'est bien de Fernand Gregh, à lui tout seul, et c'est enivrant.

[*Le Journal* (3 décembre 1896).]

Léon Blum. — M. Gregh est un poète heureusement doué; c'est un travailleur qui aime son art; c'est un ouvrier habile. Il garde heureusement, pour en rajeunir la tradition classique, dont il est imbu, la trace des hardiesses récentes. On les retrouve en lui transparentes et filtrées. Au souvenir des poètes qui, depuis Hugo, ont rajeuni la lyre française, il n'a pas enrichi sa métrique mais plutôt son inspiration. Et si je disais de M. Gregh que sur des pensers des plus nouveaux il a fait des vers antiques, ce pédantisme de collège ne laisserait pas de marquer avec justesse son attitude et son goût.

Ce qui lui manque le plus, c'est à mon gré, et si l'on veut limiter le mot à son sens lyrique, l'inspiration. Il a plus de goût que de force, et plus de souplesse que de souffle. Il est exactement ce que M. Muhlfeld nommerait un élégiaque; et, par Desbordes-Valmore et Sainte-Beuve, il se rattache aux *minores* classiques; il excelle dans les pièces courtes où un sentiment léger peut laisser une image exacte et circonscrite. C'est un poète d'anthologie. Et par là il peut être assuré de laisser une œuvre et un nom.

[*Revue Blanche* (1er février 1897).]

Adolphe Retté. — M. Gregh appartient à cette famille d'esprits qu'épouvante la grande lumière de midi sur notre jardin des rythmes. Telle tendresse, telle fragilité de sentiments, dont Verlaine, M. Fernand Séverin, M. Stuart Merrill en ses *Petits Poèmes d'automne*, donnèrent de si parfaits exemples, veulent, pour s'épanouir, des parterres clos sous les fines brumes d'avril, le calme des crépuscules ou la candeur indécise du petit jour. C'est pourquoi les vers de M. Gregh chantent à mi-voix et racontent volontiers des souvenirs d'enfance quasi éteints et très exquis.

[*Aspects* (1897).]

PAUL LÉAUTAUD. — Déjà collaborateur à *la Revue de Paris*, M. Fernand Gregh, de son côté, y publia (nº du 1ᵉʳ février 1896) et sous le titre : Paul Verlaine, quelques pages au cours d ·squelles il reproduisait, en indiquant bien qu'il en était l'auteur, le court poème intitulé : *Menuet*, et qu'on trouvera après ces lignes. Et du temps passa. Et le jour vint pour M. Gaston Deschamps de réunir en volume, avec d'autres écrits, son article sur Paul Verlaine. Voulant sans doute l'augmenter de citations nouvelles, la critique du *Temps*, hâtivement, et peut-être même parmi la correction de ses épreuves, parcourut alors quelques-unes des études publiées sur le poète qu'il connaissait si mal. Et lisant les pages de *la Revue de Paris*, et prenant comme étant de Paul Verlaine le *Menuet* de M. Fernand Gregh, en le qualifiant de menu chef-d'œuvre, il l'inséra dans son article (*La Vie et les Livres*, 3ᵉ série). Erreur charmante, qui ne nuisait en rien au mort — tant le *Menuet* est le pastiche de la pièce : *Chanson d'automne* dans les *Poèmes Saturniens* — et qui devait être si bienfaisante pour le jeune écrivain un moment frustre. Car cette erreur, M. Fernand Gregh ne voulut point la permettre. Par une lettre rectificative adressée à *l'Écho de Paris* et parue dans ce journal au numéro du 3o août 1896, honnêtement il la révéla. Et tout de suite aussi, M. Fernand Gregh rassembla ses vers, les uns épars dans des revues, les autres épars en cartons, et nous offrit cette *Maison de l'enfance* d'un ton à la fois juvénile et grave, et qui, en révélant chez son auteur une grande habileté, donnait beaucoup d'espoir.

[*Poètes d'aujourd'hui* (1900).]

GRENIER (Édouard).

Petits Poèmes (1859). – *Poèmes dramatiques* (1861). – *Amicis* (1868). – *Francine* (1885).

OPINIONS.

PAUL STAPFER. — M. Grenier a, dans son style, la pureté racinienne ; il est un des rares survivants de l'école de Lamartine, mais il a plus de correction que le maître.

[*Le Temps* (10 avril 1873).]

JULES LEMAÎTRE. — Chacune de ses œuvres est un de ces rêves où l'on s'enferme et où l'on vit des mois et des ans, comme dans une tour enchantée... Il est le représentant distingué d'une génération d'esprits meilleure et plus saine que la nôtre. On ne sait si son œuvre nous intéresse plus par elle-même ou par les souvenirs qu'elle suscite ; mais le charme est réel. Toute la grande poésie romantique se réfléchit dans ses vers, non effacée, mais adoucie, comme dans une eau limpide.

[*Les Contemporains* (1886-1889).]

ÉMILE FAGUET. — Très souvent M. Grenier rappelle André Chénier. Voyez, dans sa *Mort du Juif-Errant*, qui est un curieux poème philosophique, comme il décrit et le personnage et les premiers moments de l'entrevue qu'il suppose avoir eue avec lui... N'est-ce pas la forme même teintée d'un léger archaïsme qu'André Chénier aimait si fort, et jusqu'à la périphrase d'un tour un peu trop élégant, n'est-elle pas celle dont André Chénier avait le culte un peu superstitieux ? Et de même dans l'agréable poème de

Macbel, qui renferme une idylle à demi réaliste très délicate (*La Grotte*), c'est l'influence de Musset que l'on sent, surtout au début. Mais de quel Musset ? Du Musset de *Mardoche*, du Musset «cavalier régence», comme on disait en 1840...

Tel, à son ordinaire, M. Édouard Grenier, un peu Régence, un peu Chénier, un peu Bernardin, mélange agréable de toutes les élégances un peu apprêtées et de toutes les tendresses un peu affinées en gentillesses mondaines du siècle le plus aimable et le plus aimant, à sa manière, qui se soit vu.

[*La Revue Bleue* (19 mai 1894).]

GUAITA (Stanislas de). [1861-1898.]

Oiseaux de passage (1881). – *La Muse Noire* (1883). – *Rosa Mystica* (1885).

OPINION.

RODOLPHE DARZENS. — *La Muse Noire*, recueil comprenant des poèmes d'un rythme sûr qui révèlent déjà, à travers l'admiration de l'auteur pour Baudelaire, une originalité curieuse, dont le caractère fut bientôt affirmé dans un livre ayant pour titre : *Rosa Mystica*, où des pensées d'un ordre élevé sont exprimées en fort beaux vers.

[*Anthologie des Poètes français du xixᵉ siècle* (1887-1888).]

GUÉRIN (Charles).

Fleurs de neige (1894). – *L'Art parjure* (1894). – *Joies grises* (1895). – *Georges Rodenbach* (1894). – *Le Sang des Crépuscules* (1896). – *Sonnets et un poème* (1897). – *Le Cœur solitaire* (1898). – *L'Éros funèbre* (1900). – *Le Semeur de cendres* (1901).

OPINIONS.

GEORGES RODENBACH. — Ils sont exquis de sentiment, de vocabulaire, d'image, ces vers choisis au hasard dans un livre soigné, et d'un métier sûr de lui-même, qui, sans rompre avec toute la tradition d'une prosodie fondée en raison, profite des acquêts nouveaux, aère l'alexandrin, ductilise le sonnet, embrume la rime jusqu'à l'assonance ; et ce n'est pas un des moindres charmes de ce poème que la netteté des impressions et des pensées en une forme fluide et flottante, comme qui dirait des figures de géométrie faites avec de la fumée.

[*La Nouvelle Revue* (1896).]

EDMOND PILON. — Dernièrement les allitérations nuancées préludèrent à la réforme finale : Verlaine d'abord, puis, proche miroir de ce *Sang des Crépuscules*, *Le Jardin de l'Infante*.

Variations et symphonies, préludes et andantes, en notes éparses, se groupent, par quatorzains. Un instant, les vers de M. Guérin rappellent le bruit que ferait le fuseau de Pénélope à tisser les voiles de pourpre : alors ils sont futiles ; mais, une autre fois, ils sont glorieux de rauques refrains ; ils évoquent les thèmes juvéniles de Beethoven.

Une Âme s'éveille, souffre et s'auréole de gloire. Il n'y a de méthode que celle — supérieure — de ses chants. L'adolescent Narcisse des *Joies grises*, l'androgyne déchu de *l'Art parjure*, est devenu, cette fois, en même temps que très humble et de plus en plus charmeur, somptueux. Le sceptre alourdit la main qui laissa choir l'archet, et, à ouïr les assonances frêles ou graves que le poète trouva, à se pénétrer de l'infinie délicatesse comme de l'écho sonore que dénote, voulu, le choix de ses mots, on se souvient, concis et formidables, de ces premiers poèmes orphiques dont le langage compliqué était, entre initiés, la parole par excellence.

[*Mercure de France* (mars 1896).]

ANDRÉ THEURIET. — Avec *le Cœur solitaire* nous nous élevons sur de plus hauts sommets et nous goûtons le charme d'une facture plus savante... Seulement, ici, il nous faut dire adieu à la joie de vivre... M. Charles Guérin est un désenchanté ; il appartient à cette génération saturée de science qui ne sait plus croire, qui ne peut plus aimer, et qui exhale en chants amers le regret de son impuissance. Du reste, la plainte de M. Guérin est particulièrement noble et éloquente ; je recommande à ceux qui ouvriront son livre la série des poèmes intitulés : *Fenêtres sur la vie*. L'inspiration en est fort belle, encore que mélancoliquement désabusée.

[*Le Journal* (15 juillet 1898).]

PIERRE QUILLARD. — Dès longtemps nous n'avons entendu célébrer avec une pareille intensité de passion la douceur et l'amertume de la chair sensuelle, le dégoût des heures vaines dépensées en futiles plaisirs et l'âpre volupté des déchéances consenties, simultanément ; dès longtemps aussi, on n'avait associé avec une telle plénitude l'universelle nature, dédaigneuse de nous, aux sursauts passagers de la fragile et magnifique humanité. Non certes que l'œuvre de M. Charles Guérin soit exempte de toute tare ; il advient que, par recherche de simplicité, la langue d'ordinaire imaginée s'appauvrisse étrangement en formules abstraites et banales :

Tristesse de l'esprit qui dissèque les lis
. . . .
Pour qui la volupté ne fut pas la luxure.

Mais ces défaillances sont peu fréquentes et jamais elles ne vont jusqu'à altérer gravement l'eurythmie générale d'un poème. Il est certes dangereux d'évoquer les noms sacrés et les œuvres définitives à propos de quelqu'un d'entre nous, fût-ce le meilleur, et cependant je voudrais redire que j'ai goûté ici, grâce à l'aisance du rythme et à l'art d'animer les choses familières d'une puissante vie intérieure, un peu du charme puissant et doux qui fait des *Contemplations* un livre à part en notre langue.

[*Mercure de France* (septembre 1898).]

PAUL LÉAUTAUD. — M. Charles Guérin, dans ses premiers livres, ne faisait guère pressentir le poète très sûr que nous a révélé *le Cœur solitaire*. Mais depuis cet ouvrage, une place lui est due parmi les meilleurs des jeunes poètes récents. Sans rappeler en rien M. Sully Prudhomme, de qui la poésie, de bonne heure, devint purement intellectuelle, M. Charles Guérin fait penser en même temps qu'il émotionne. Il excelle souvent à commencer un poème par des paroles à la fois musicales et son-

geuses et qui, le livre fermé, pleurent encore dans la mémoire :

Ô mon ami, mon vieil ami, mon seul ami,
Rappelle-toi nos soirs de tristesse parmi
L'ombre tiède et l'odeur des roses du Musée.

Beaucoup des morceaux contenus dans *le Cœur solitaire* débutent sur ce ton. On lira la pièce intitulée : *A Francis Jammes*, si parfaite, et à notre sens une des plus remarquables de la jeune poésie. Nous sommes sûr qu'il n'est personne qui, l'ayant lue, n'en retienne, pour la goûter encore, la tristesse harmonieuse et tendre.

[*Poètes d'aujourd'hui* (1900).]

GUÉRIN (Georges-Maurice de). [1810-1839.]

OEuvres : Journal, lettres et poèmes, précédés d'une étude biographique et littéraire de M. Sainte-Beuve (1862). – *Le Centaure*, avec frontispice de G. d'Espagnat et notice de Remy de Gourmont.

OPINIONS.

SAINTE-BEUVE. — L'originalité de Maurice de Guérin était dans un sentiment de la nature tel, qu'aucun poète ou peintre français ne l'a rendu à ce degré, sentiment non pas tant des détails que de l'ensemble et de l'universalité sacrée, sentiment de l'origine des choses et du principe souverain de la vie. L'auteur suppose qu'un être de cette race intermédiaire à l'homme et aux puissantes espèces animales, un centaure vieilli, raconte à un mortel curieux, à Mélampe, qui cherche la sagesse, et qui est venu l'interroger sur la vie des Centaures, les secrets de sa jeunesse et les impressions de vague bonheur et d'enivrement dans ses courses effrénées et vagabondes. Par cette fiction hardie, on est transporté tout d'abord dans un univers primitif, au sein d'une jeune nature, encore toute ruisselante de la vie et comme imprégnée du souffle des dieux. Jamais le sentiment mystérieux de l'âme des choses et de la vertu matinale de la nature, jamais la poétique et sauvage puissance qu'elle fait éprouver à qui s'y replonge et s'y abandonne éperdument, n'a été exprimée chez nous avec une telle âpreté de saveur, avec un tel grandiose et une précision si parfaite d'images.

[*Notice aux OEuvres de Maurice de Guérin* (1862).]

GEORGE SAND. — Georges Guérin ne fut ni ambitieux, ni cupide, ni vain. Ses lettres confidentielles, intimes et sublimes révélations à son ami le plus cher, montrent une résignation portée jusqu'à l'indifférence, en tout ce qui touche à la gloire éphémère des lettres... C'était une de ces âmes froissées par la réalité commune, tendrement éprises du beau et du vrai, douloureusement indignées contre leur propre insuffisance à le découvrir, vouées, en un mot, à ces mystérieuses souffrances dont René, Obermann et Werther offrent, sous des faces différentes, le résumé poétique. Les quinze lettres de Georges Guérin que nous avons entre les mains sont une monodie non moins touchante et non moins belle que les plus beaux poèmes psychologiques destinés et livrés à la publicité. Pour nous, elles ont un caractère plus sacré encore, car c'est le secret d'une tristesse naïve sans draperie, sans spectateurs et sans art; et il y a là une poésie naturelle, une grandeur instinctive, une élévation de style et d'idées, auxquelles n'arrivent pas les œuvres écrites en vue du public et retouchées sur les épreuves d'imprimerie... Il a été panthéiste à la manière de Gœthe sans le savoir, et peut-être s'est-il assez peu soucié des Grecs, peut-être n'a-t-il vu en eux que les dépositaires des mythes sacrés de Cybèle, sans trop se demander si leurs poètes avaient le don de la chanter mieux que lui. Son ambition n'est pas tant de la décrire que de la comprendre, et les derniers versets du *Centaure* révèlent assez le tourment d'une ardente imagination qui ne se contente pas des mots et des images, mais qui interroge avec ferveur les mystères de la création.

[*Revue des Deux-Mondes* (1840).]

REMY DE GOURMONT. — *Le Centaure* est à mettre parmi les plus belles et les plus précieuses pages de la langue française. C'est un poème et c'est un mystère. Maurice de Guérin, qui était un catholique, il est vrai, un peu inquiet, fut aussi, et à la même heure, un païen fervent. Car il y a de la ferveur et de l'amour dans son tremblement devant la nature. Il se livre vraiment aux dieux qu'il ne connaît pas et qui sont les dieux de son cœur; le Dieu qu'il connaît n'est que le dieu de sa raison.

[*Le Centaure*, préface (1900).]

GUERNE (Vicomte de).

Les Siècles morts. I. *L'Orient antique* (1890). — *Les Siècles morts.* II. *L'Orient grec* (1893). — *Les Siècles morts.* III. *L'Orient chrétien* (1897). — *Le Bois Sacré* (1898). — *Les Flûtes alternées* (1899).

OPINIONS.

LECONTE DE LISLE. — M. le vicomte de Guerne, dont nous venons de couronner à l'Académie les *Siècles morts*, une très belle œuvre. M. de Guerne est un vrai grand poète, le plus remarquable sans contredit dans la génération parnassienne.

[D'après l'*Enquête sur l'évolution littéraire*, p. 285 (1891).]

CAMILLE DOUCET. — Toutes les parties de cette œuvre (*Les Siècles morts, l'Orient antique*), qui témoigne d'une vaste érudition et d'un rare talent poétique, sont unies par des liens empruntés à l'histoire, tandis que chacune d'elles est caractérisée par un épisode bien choisi dont l'intérêt rehausse encore le charme élégant de la forme.

[*Rapport de M. Camille Doucet*, secrétaire perpétuel de l'Académie française, sur les concours de l'année 1891.]

PIERRE QUILLARD. — On crut d'abord que le vicomte de Guerne serait l'homme d'une œuvre unique et considérable, *Les Siècles morts*, où il a tenté d'inscrire la légende de quelques siècles, les plus lointains, de l'Orient, père des dieux féroces et des conquérants aussi féroces que les dieux; il avait successivement assoupli sa langue et ses rythmes à redire la Chaldée et l'Iran hiératique en des poèmes massifs et sonores et à exprimer ensuite les subtilités de la Gnose et de l'Hellénisme finissant et de la première théologie chrétienne, si proche des métaphysiques ingénieuses et extravagantes qui lui furent

contemporaines. Mais sa vie littéraire n'était point scellée dans la tombe des dieux disparus, et, par une métamorphose qui surprendra seulement les niais, le vicomte de Guerne s'est montré dès lors le poète le plus voisin de nous et le plus préoccupé, maintenant, du monde qui peine autour de lui vers les destins inconnus.

Très tardivement et très modestement aussi, au moment où il est de rite de ne parler de cet autre dieu mort qu'avec un léger sourire, il s'avoue l'un des épigones d'Hugo le Père, pour qui, tout jeune, enfermé dans un collège de l'Ile-de-France, ou mieux, comme il dit, «dans la cage de Loyola», il eut, impérieuse et inoubliable, la révélation de la poésie lyrique :

> Et soudain c'était dans nos ombres
> Un éblouissement pareil
> A celui des prisonniers sombres
> Qui remontent vers le soleil,
>
> Quand, frémissants, malgré le maître,
> Les pensums et ses *quos ego*,
> Nous voyons, ô rêve, apparaître
> Le quadrige éclatant d'Hugo...

et que le char auguste et sublime

> Nous emportait jusqu'aux étoiles
> Comme la boue à ses essieux !

Au seuil de l'antre, paré d'acanthes et de roses, les flûtes douces des pasteurs charment les vierges à l'œil bleu; mais, au dedans, la sombre nuit règne comme au cœur vaste et profond des hommes. Le vicomte de Guerne s'est assis d'abord parmi les chevriers; d'antiques idylles ont chanté par sa voix à l'aube, à midi, jusqu'au soir, non qu'il niât l'ombre où se débattent les spectres de misère et de douleur, et dans les conseils *A un jeune poète*, il souhaite qu'en pleine joie même l'œuvre s'assombrisse :

> Ainsi qu'une forêt où se taisent les nids,
> Tandis que, secoués de frissons infinis,
> Plus haut que l'ouragan qui hurle et se lamente,
> Les chênes orageux grondent dans la tourmente.

Et quand descend sur lui la grande ombre, une sorte de remords le prend pour les heures dépensées inutilement; la foule des hommes haletait de souffrance et il s'est tu :

> Et des peuples, maudits par des mères en larmes,
> Sans nombre, résignés, marchaient dans un bruit d'armes,
> De clameurs, de chevaux, de foudres, de remparts
> S'écroulant d'un seul bloc sur les gazons épars.
> Et le sang ruisselait des fronts, des seins, des bouches,
> Et les drapeaux claquaient en torsions farouches ;
> Et c'était des champs, des villes, des halliers
> La mort éperonnant l'essor des cavaliers.
> O terreur! Et c'était dans les faubourgs des villes
> L'égorgement des révoltes civiles;
> Et sur le noir amas des cadavres, parmi
> Les fanfares, les champs, les salves, à demi
> Divinisé, sacré, béni, splendide, un homme,
> — Qu'importe ! ô liberté ! le nom dont on le nomme,
> Consul, directeur, roi sauveur ? — apparaissait
> Et sur l'honneur aux fers, le droit qui fléchissait,
> La vertu polluée et la loi violée,
> La pensée arrachée à la nue étoilée,
> Silencieux posait son pied chaussé d'airain.
> ....
> Ah! cachez-moi, tombeaux, nuit, ombres vengeresses!

Pégase dompté sera maintenu dans l'abîme de la géhenne, jusqu'à ce que toute douleur ait cessé; de son poitrail éblouissant, il écartera les bourreaux et les monstres, et alors seulement, libre enfin, il bondira vers le ciel, salué dans son assomption par le cri des foules délivrées.

Tel est, en ses lignes générales, le beau livre du vicomte de Guerne. Les citations qu'on en a faites à dessein éviteront un commentaire superflu et de repousser, par exemple, la critique, autrement possible, que l'auteur se fût transformé de poète en professeur de morale : auquel cas, il est peu probable qu'il ait trouvé ici un accueil fort encourageant. C'est pour nous, au contraire, une vive joie de pouvoir admirer, dans un aîné, une aussi ferme conscience d'artiste qui ne défaut point aux plus périlleuses tentatives.

[*Mercure de France* (mai 1900).]

GUERROIS (Charles des).

Pro Patria (1883). – *Sonnets et Petits Poèmes* (1884). – *Nos Grandes Pages* (1884). – *La France héroïque* (1886). – *Timon d'Athènes* (1887). – *Au Pays des Épées* (1888). – *France toujours* (1890). – *Demi-Tons* (1892). – *Dans le monde de l'art* (1893). – *Virevoltes et Caronades* (1893). – *Poèmes de la cathédrale* (1895). – *Entre ciel et terre* (1895). – *Depuis* (1898).

OPINION.

CHARLES FUSTER. — On connaît le talent de M. des Guerrois, ce talent d'un grain serré, ce talent aux gemmes fines et solides. Nous le retrouvons, affiné et solidifié encore, étonnant de précision dans la forme, de hardiesse dans les raccourcis. Ses *Chansons et Rayons* sont, à la fois, un exemple de bon français et de latinité meilleure.

[*L'Année des Poètes* (1894).]

GUIARD (Théodore). [1817-1856.]

Lucioles (1837). *Théâtre complet de Sophocle*, traduction en vers français (1852).

OPINION.

CHARLES ASSELINEAU. — Ce qui appartient bien en propre à Guiard, c'est, de certaines pièces légères de forme et de sentiment, empreintes d'une naïveté de jeunesse campagnarde, *la Cordelle*, *Noël*, *la Promenade à l'étang*, et un charmant paysage du hameau de Saint-Père en Auxois, avec sa vieille église en ruines... Le succès des *Lucioles* ne dépassa point le cercle des amis et des camarades du poète.

[*Bibliographie romantique* (1872).]

GUIGOU (Paul). [1865-1896.]

Interrupta (1890).

OPINIONS.

FRANÇOIS COPPÉE. — Chez le vrai poète, on trouve, harmonieusement fondues, l'imagination de l'homme, la sensibilité de la femme et la candeur de l'enfant. La nature avait donné à Paul Guigou ce triple trésor. Aussi, quand il surmontait sa timidité et chassait sa vague tristesse de malade, inventait-il à chaque instant des paroles tour à tour enthousiastes, tendres et ingénues, qui donnaient à son entretien

un charme extrême. On retrouvera sans doute quelque chose de ce charme dans les pages de prose si délicate et dans les exquis poèmes qu'il a laissés. On y admirera de hautes et mélancoliques pensées, de douces effusions du cœur, un noble et pur souci de l'art et, parfois, une ironie pleine de grâce et de légèreté.

[*Préface à Interrupta* (1898).]

PAUL SOUCHON. — Poète, Paul Guigou appartiendrait à ce mouvement assez marqué qui sert de transition entre le Parnasse et le Symbolisme. Sa poésie tient encore à la poésie parnassienne pour sa forme et son souci plastique, mais elle est pénétrée d'intentions nouvelles et plus humaines. Le ton, chez Guigou, est toujours grave et profond. Il correspond à ce que nous avons de meilleur en nous : l'émotion de l'homme devant l'homme. Parfois, un certain sentiment religieux agrandit cette émotion et la verse sur le monde. Guigou avait du mystique en lui, et les plus lointaines significations des mythes ne lui étaient pas inconnues. Telles de ses pièces contiennent le frisson même qui devait agiter le païen antique devant la lumière du jour, et qui agite le chrétien moderne devant l'inconnu de son âme.

[*La Presse* (1898).]

GUILLAUMET (Édouard).

La Chanson de l'homme (1887).

OPINION.

ÉMILE-MICHELET. — Je dirai la chanson de l'Homme! s'est écrié le présent poète. Depuis l'effort vaincu de la Tour de Babel jusqu'à la mélancolie prévue de la Dernière Aurore, je choisirai, parmi les races, des types divers de l'être humain. Un salut pour les héros, une pichenette pour les fantoches, un culte pour les martyrs!

Et fut écrite cette *Chanson de l'Homme*, de tons variés. Le poète s'y livre franchement, sans pose. Sa muse est une luronne qui rêve, qui chante, qui philosophe et qui blague. Elle tend la main droite à Corinne et la gauche à Dorine.

... Il a simplement voulu dire sa chanson, et il en dira d'autres, parce qu'il aime son art; et s'il est une parole à lui prononcer, ne serait-ce pas celle de Silvia à Zanetto :

— Allez du côté de l'aurore!

[*Préface* (novembre 1887).]

GUILLOU (Jean Le).

Flûtes errantes (1897). – *Songes d'Armor* (1900).

OPINION.

PIERRE GUILLARD. — M. Jean Le Guillou, lors même qu'il se laissait aller au charme de la Provence, de l'Auvergne ou de la Normandie, célébrées sur ses *Flûtes errantes*, connut la nostalgie de la Bretagne natale. Le voici enchaîné à jamais par le «grand sortilège» de Myrdhinn et de Viviane, et il se donne tout entier «au pays du vent et de la nue...».

... Il est, dans les *Songes d'Armor*, plus d'un vers en demi-teinte, d'une exquise délicatesse.

[*Mercure de France* (mai 1900).]

GUIMBERTEAU (Léonce).

Le Devenir humain, poème (1897).

OPINIONS.

G.-T. — Ainsi que le titre l'indique, les poèmes de ce recueil sont une suite de cantiques à la gloire de l'homme, de l'Homme dernier-né des dieux, qui a vénéré autrefois, dans les religions sublimes, les beautés de sa propre pensée, et rend aujourd'hui à cette pensée même l'hommage qui lui est seul dû. On voit de quels systèmes moderne se réclame une telle philosophie; mais les vers de M. Guimberteau ne sont rien moins que la mise en œuvre d'un système; ils ont toute la liberté, et parfois la grandeur d'une confession personnelle. Ils valent par une sincérité profonde qui atteint à l'émotion. Ceux qui aiment les «Vers d'un Philosophe» de Guyau et les strophes d'Alfred de Vigny se plairont à lire ce livre, où, malgré quelques prosaïsmes, telles pages, les dernières, par exemple, sont empreintes d'une sobre beauté. En nos jours de vocalises musicales et de poésie toute de sensations, le vieil alexandrin classique, fruste et fort de sens, étonne presque comme une audace et charme comme un souvenir.

[*L'Art et la Vie* (1897).]

D. Cancalon. — Connaissez-vous un poète contemporain en possession, je ne dis pas d'une doctrine, mais simplement d'une pensée directrice qui donne à son œuvre, avec l'impulsion vers un but élevé, l'unité et la cohérence ?

Autant que je suis informé, il me semble bien que nos versificateurs les plus connus reflètent assez exactement le désarroi moral et intellectuel de notre temps.

Si nous admirons beaucoup M. Guimberteau, ce n'est pas par confraternité philosophique. Il n'est pas un poète positiviste; il appartient à une autre doctrine et avec une trop forte conviction pour se laisser accaparer. Il s'inspire surtout du panthéisme brahmanique, et tout particulièrement du système de Hegel et de son évolutionisme tout intellectuel.

Pour lui, le monde est fils de notre pensée et de notre volonté. La nature n'est qu'une forme de l'idée.

En dépit des contrastes et peut-être à cause de certains contrastes, c'est encore à Lucrèce que, par une affinité secrète, l'esprit se reporte le plus volontiers en lisant l'œuvre de M. Guimberteau.

[*La Revue Occidentale* (1ᵉʳ novembre 1897).]

GUIRAUD (Pierre-Marie-Thérèse-Alexandre, baron). [1788-1847.]

Élégies Savoyardes (1823). – *Poèmes et Chants élégiaques* (1824). – *Césaire*, roman (1830). – *Poésies dédiées à la jeunesse* (1836). – *Philosophie catholique de l'histoire* (1839-1841). – *Le Cloître de Villemartin*, recueil de poèmes (1843). – *Œuvres complètes*, 4 vol. (1845).

OPINIONS.

Ampère. — Le recueil de ses poésies offre des beautés vraies. Mais le public, sans méconnaître ses autres titres à la renommée, s'est pris d'une affection particulière pour son premier ouvrage; lui aussi il a eu sa *Pauvre fille*: l'*Élégie des petits Savoyards*... Trois courtes pièces de vers : *Le Départ*,

Paris, le Retour, forment, si le mot n'est pas trop ambitieux, une trilogie touchante. C'est tout un petit drame dont la scène est d'abord dans les montagnes.

[*Discours de réception à l'Académie française* (18 mai 1848).]

L. Louvet. — C'était la mode sous la Restauration de lire des vers dans les salons. Alexandre Soumet obtenait ainsi beaucoup de succès. Guiraud le suivait de loin. Son petit poème intitulé : *Élégies savoyardes*, vendu au profit des petits Savoyards... est encore populaire dans les écoles.

[*Nouvelle biographie générale*, t. XXII (1859).]

Jules Janin. — Le prêtre, le cloître, la chapelle, la première communion, le refuge, la semaine sainte, émotions du moment mêlées d'une façon intime aux émotions toutes personnelles, vous les retrouvez à peu près les mêmes dans tous les recueils de cette époque, mais jamais elles n'ont été plus vraies que dans les vers d'Alexandre Guiraud... A tout prendre, la vie de ce poète, si calme dans son travail, si recueilli dans son succès, si modeste dans son triomphe, fut une vie heureuse, facile, abondante, entourée d'estime, de bienveillance, d'amitié.

[*Dictionnaire de la conversation* (1861).]

Édouard Fournier. — C'est à l'ode, au poème, à l'élégie surtout qu'il se voua, il fit des vers sur tous les tons : il en eut pour les Hellènes, dont la délivrance était à la mode; pour le *Sacre* de Charles X ; pour les Anges, pour les Sœurs de charité, et surtout pour les petits Savoyards.

[*Souvenirs poétiques de l'école romantique* (1880).]

GUTTINGUER (Ulric). [1785-1866.]

Goffin ou les Mineurs sauvés (1812). – *Mélanges poétiques* (1826). – *Charles VII à Jumièges; Edith*, poèmes (1826). – *Recueil d'Élégies* (1829). – *Fables et méditations* (1837). – *Les Deux Ages du poète* (1844). – *Dernier Amour* (1852).

OPINIONS.

Alfred de Musset à Ulric Guttinguer :

Ulric, nul œil des mers n'a mesuré l'abîme,
Ni les héros plongeurs, ni les vieux matelots;
Le soleil vient briser ses rayons sur leur cime,
Comme un soldat vaincu brise ses javelots.

Ainsi nul œil, Ulric, n'a pénétré les ondes
De tes douleurs sans borne, ange du ciel tombé;
Tu portes dans ta tête et dans ton cœur deux mondes,
Quand le soir, près de moi, tu viens triste et courbé.

Mais laisse-moi du moins regarder dans ton âme,
Comme un enfant plaintif se penche vers les eaux ;
Toi, si plein, front plein des baisers de femme,
Moi, si jeune, enviant ta blessure et tes maux.

[*Les Contes d'Espagne et d'Italie* (1830).]

Charles Asselineau. — M. Ulric Guttinguer a été l'un de ces hérauts du réveil de notre poésie au commencement du siècle. L'importance de son rôle à cette époque nous est attestée par d'illustres témoignages : Victor Hugo lui a dédié une ode ; Sainte-Beuve a chanté *à lui* et *pour* lui ; et tout le monde connaît les vers que lui a adressés Alfred de Musset dans les *Contes d'Espagne et d'Italie*.

[*Bibliographie romantique* (1872).]

H

HAAG (Paul).

Le Livre d'un inconnu, publié sans nom d'auteur (1879).

OPINION.

THÉODORE DE BANVILLE. — Plus que tous les récents recueils de poèmes, il (*Le Livre d'un inconnu*) paraît répondre au véritable idéal actuel, car le poète s'y montre réaliste dans le beau sens du mot, et il est facile de voir que toutes ses descriptions sont vues, que tous les sentiments qu'il exprime ont été éprouvés et non supposés.

[Préface (1879).]

HANNON (Théodore).

Les 24 coups de sonnets (1877). – *Les Rimes de joie* (1884).

OPINIONS.

K.-H. — *Les 24 coups de sonnets* : Ce livre, composé de quelques feuilles de papier chamois, reliées entre elles par une couverture d'un rose qui se meurt, et imprimé avec une heureuse alternance de fleurons et de culs-de-lampe par le Jouaust du Brabant, Félix Collewaert, s'ouvre sur une belle eauforte enlevée à la manière de Rops, par le sonneur de ces clochettes d'or, Théodore Hannon. Esprit précieux, contourné, alambiqué parfois, mais toujours singulier et troublant, ce poète, épris d'un amour désordonné des mots, est à coup sûr l'un des plus étourdissants coloristes que je connaisse ! On dirait de ses sonnets des bouquets de pierreries dont les pieds tremperaient dans des vasques d'ivoire ciselées jusqu'à l'outrance par un artiste du Japon. Je voudrais citer quelques-unes des pièces de cet artiste étrange : *Paysage lorrain, Automne, Vieux Coin, Novembre, la Grosse Femme* ; faute de place, je me borne à transcrire ce très réjouissant et très bizarre triolet qui ferme le livre :

> Salamalec de gai sonneur
> Onc ne sera sonnet d'alarme !
> Lectrice, prenez en honneur
> Salamalec de gai sonneur.
> Pardonnez au carillonneur,
> A son audace, à son vacarme,
> Salamalec de gai sonneur
> Onc ne sera sonnet d'alarme !

[*La République des lettres* (18 février 1874).]

J.-K. HUYSMANS. — *Les Rimes de joie*, de M. Théodore Hannon, un poète de talent.

[*Certains* (1894).]

HARAUCOURT (Edmond).

La Légende des sexes, poèmes hystériques par le sire de Chamblay (Bruxelles, 1883). – *L'Ame nue*, poèmes (1885). – *Amis*, roman (1887). – *Schylok*, drame, adapté de Shakespeare (1889). – *La Passion*, poème dramatique (1890). – *Les Vikings*, poème (1890). – *Seul*, poèmes (1891). – *Héro et Léandre*, féerie en trois actes (1893). – *Aliénor*, opéra en cinq actes (1893-1894). – *Myriam*, drame en cinq actes (1894). – *Élisabeth*, drame en vers (1894). – *Don Juan*, drame en vers (1898). – *Jean Bart*, pièce (1900).

OPINIONS.

LECONTE DE LISLE. — *L'Ame nue* est un recueil de fort beaux poèmes où il a su exprimer de hautes conceptions en une langue noble et correcte, et prouver qu'il possédait, dans une parfaite concordance, un sens philosophique très averti, uni au sentiment de la nature et à celui du grand art. Son talent, si élevé déjà, ne peut manquer d'acquérir encore plus de certitude et d'éclat, à mesure qu'il illustrera d'images vivantes et colorées la ferme substance de ses vers.

[*Anthologie des Poètes français du xixe siècle* (1887-1888).]

JULES TELLIER. — M. Edmond Haraucourt est un poète très riche en idées. On me dira que, des idées, il n'est point si malaisé d'en acquérir et qu'il n'est pas si nécessaire qu'un poète en ait beaucoup. Mais, toutes celles qu'il a, M. Haraucourt les revêt d'une forme très haute et très fière. Et je crois bien que son *Ame nue* est aussi l'une des œuvres poétiques les plus remarquables de ces dernières années.

[*Nos poètes* (1888).]

CHARLES MORICE. — Edmond Haraucourt, dans une forme corroborée déjà par des pages de Baudelaire et de M. Leconte de Lisle, dans un esprit dont les pensées ne sont point neuves, sans religion, mais par une manière triste et forte d'être mystique avec matérialité, d'avoir une claire conscience de son projet, une claire vision de son but et de ses chemins, confine au futur, sans en être, mais se ressent du passé surtout en ces points où, par l'usage et peut-être l'abus des facultés rationnelles, il pressentait l'instant actuel. Car et plus encore dans son roman *Amis* que dans son livre de vers *Ame nue*, il avoue un retour, ce matérialiste, vers l'usage classique et spirituel de la pensée.

[*La littérature de tout à l'heure* (1889).]

MARCEL FOUQUIER. — M. Edmond Haraucourt a exposé, dans *l'Ame nue*, quelques-unes des théories du positivisme moderne avec une superbe ampleur de langage. Certains de ses vers font songer à Lucrèce que, dans ses *Blasphèmes*, M. Jean Richepin ne rappelle que lorsqu'il le traduit.

[*Profils et Portraits* (1881).]

CHARLES LE GOFFIC. — Il débuta, sous l'anonyme, en 1883, par un livre de vers intitulé : *La Légende des sexes*, poème hystérique par le sire de Chamblay ... C'est de la littérature sotadique, mais de la littérature pourtant. Nombre des pièces du volume purent reparaître dans *l'Ame nue* publiée deux ans plus tard avec un très vif succès et qui, en affirmant les qualités de force, de couleur et de pensée de M. Haraucourt, lui valut une place de choix parmi les nouveaux poètes.

[*La grande Encyclopédie*, t. XIX (1894).]

HENRY FOUQUIER. — Que le *Don Juan* de M. Haraucourt soit un succès d'argent ou un succès seulement littéraire, comme il paraît plus probable, il faut féliciter l'Odéon d'avoir donné une œuvre de belle tenue et écrite par un poète de grand mérite. Ceci l'emporte et doit l'emporter sur toutes les réserves que je serai forcé de faire tant sur l'œuvre elle-même que sur son interprétation. Le drame, pour donner d'abord mon impression d'ensemble, me paraît valoir, surtout par la facture des vers, qui sont souvent fort beaux ; la faiblesse, à mes yeux, c'est que M. Haraucourt, n'ayant pas pris de parti entre les différents Don Juan qui ont précédé le sien, la construction du drame s'en trouve un peu incohérente et le caractère du héros sans assez de netteté.

[*Le Figaro* (9 mars 1898).]

HAREL (Paul).

Sous les Pommiers (1879). − *Gousses d'ail et Fleurs de serpolet* (1881). − *Rimes de broche et d'épée* (1883).−*Aux Champs* (1886).−*Les Voix de la glèbe* (1867).

OPINIONS.

JULES TELLIER. — C'est la Normandie que chante M. Paul Harel, l'aubergiste poète dont l'Académie a récemment couronné les vers : *Aux Champs*.

[*Nos Poètes* (1888).]

ANTONY VALABRÈGUE. — *Les Voix de la glèbe*, de Paul Harel : un volume où nous avons remarqué tout d'abord un petit chef-d'œuvre de sentiment et d'imagination, *la Nuit de Noël*.

[*La Revue Bleue* (11 avril 1896).]

PHILIPPE GILLE. — De beaux vers, bien francs, bien sonnants, pleins de belles idées, voilà ce qu'on trouve dans *les Voix de la glèbe*, le nouveau livre de M. Paul Harel. La muse du poète n'a pas fixé son séjour dans le seul pays des rêveries ; bien qu'elle nous en rapporte de hautes inspirations, elle se plaît surtout aux choses, aux belles choses de la nature et ne dédaigne pas l'humour.

[*Causeries du mercredi* (1897).]

HAUSER (Fernand).

Le Château des rêves (1896).

OPINION.

ANTONY VALABRÈGUE. — Voici le caractère de la poésie de M. Fernand Hauser : elle est encore un peu tendre, mais elle nous offre beaucoup de verdeur, de délicatesse de sentiment, une allure gaie, une façon de parler affable et accorte.

[*La Revue Bleue* (2ᵉ semestre 1896).]

HELY (Léon).

Les Claires Matinées (1892).

OPINION.

FRANÇOIS COPPÉE. — En compagnie des vrais paysans de Millet, baigné de brumes limpides de Corot, vous attrapez au vol les pensées du semeur ; vous êtes un suiveur de troupeaux à clochettes, un écouteur de grillons ; les myosotis du bord du Morin vous sourient...

[*Préface aux Claires Matinées* (1892).]

HENNIQUE (Nicolette).

Des Rêves et des Choses (1900).

OPINION.

P.-Q. — La valeur de ce livre de Nicolette Hennique : *Des Rêves et des Choses*, est grande, car on y trouve quelque chose de nouveau ; et cette nouveauté, ce n'est ni la vigueur, ni la mélancolie, ni la beauté qui certes y abondent ; ce ne sont pas non plus les savantes expressions, ni les bons vers — toutes ces qualités ne font que mettre ce livre parmi les meilleurs — la vraie nouveauté qui ressort de l'ouvrage de Nicolette Hennique, c'est cet élément imprécis mais certain qui distingue les œuvres solides et qui, cette fois, nous dénote la naissance d'un nouveau caractère. *Des Rêves et des Choses* tracent déjà le profil net d'un poète aux rêves larges et audacieux, mais dont le beau regard profond caresse le contour des choses.

[*L'Hémicycle* (15 avril 1900).]

HÉRÉDIA (José-Maria de).

La Véridique Histoire de la conquête de la Nouvelle-Espagne, traduit de l'espagnol de Bernal Diaz del Castillo (1877-1887). − *Les trophées* (1893). − *La Nonne Alferez* (1894).

OPINIONS.

THÉOPHILE GAUTIER. — José-Maria de Hérédia, que son nom espagnol n'empêche pas de tourner de très beaux sonnets en notre langue.

[*Rapport sur le progrès des lettres*, par MM. Sylvestre de Sacy, Paul Féval, Th. Gautier et Éd. Thierry (1868).]

PAUL STAPFER. — M. José-Maria de Hérédia fait des vers presque aussi beaux que ceux de M. Leconte de Lisle, avec je ne sais quoi de plus ample, de plus chaud et de plus flottant ; un assez long fragment de poésie narrative et descriptive, *les Conquérants de l'or*, inséré dans le tome second du Parnasse contemporain, contient quelques pages splendides.

[*Le Temps* (28 mars 1873).]

JULES LEMAÎTRE. — Tandis que d'autres donnaient dans le mysticisme sensuel de Baudelaire ou dans le bouddhisme de Leconte de Lisle, et tandis que presque tous étaient profondément tristes, le sentiment que M. José-Maria de Hérédia exprimait de préférence, c'était je ne sais quelle joie héroïque de vivre par l'imagination à travers la nature et l'histoire magnifiées et glorifiées. En cela, il se rencontrait avec M. Théodore de Banville ; mais ce qui peut-être le distinguait entre tous, c'était la recherche de l'extrême précision dans l'extrême splendeur... M. José-Maria de Hérédia est un excellent ouvrier en vers, un des plus scrupuleux qu'on ait vus et qui apporte dans son respect de la forme quelque chose de la délicatesse de conscience et du point d'honneur d'un gentilhomme... Je ne lui demande qu'une chose : Qu'il continue de feuilleter le soir, avant de s'endormir, des catalogues d'épées, d'armures et de meubles anciens, rien de mieux; mais qu'il s'accoude plus souvent sur la roche moussue où rêve Sabinula.

[*Les Contemporains* (1886-1889).]

ANATOLE FRANCE. — On retrouve, dans ces merveilleux poèmes, la nature ardente et fleurie où s'écoula l'enfance du poète, l'âme des Conquistadors dont il descend, les purs souvenirs de la beauté antique qu'il évoque pieusement. Le sonnet, avant M. José-Maria de Hérédia, n'approchait pas de la richesse et de la grandeur que cet ouvrier poète lui a données.

[*La Vie littéraire* (1888-1889).]

CHARLES MORICE. — D'un rêve d'or et de sang, bellement théâtral, M. de Hérédia fait des poèmes sans pensées et pleins de mouvements et de couleur, des vers sonores et rudes.

[*La Littérature de tout à l'heure* (1889).]

STUART MERRILL. — Ces *Trophées* me semblent valoir moins par leur signification de la noblesse d'une âme que par celle d'une bien stérile victoire sur la seule matière de la poésie. L'or ne vaut pas par lui-même, mais par ce qu'il représente. Or, le trésor dont se sont rendus maîtres les Parnassiens — rimes riches, rythmes complexes, formes fixes — me fait souvent songer à ces anciennes monnaies qui n'ont plus aucune valeur de représentation. Et à toutes ces factices richesses je préférerais quelques vers inestimables de Ronsard, de Racine ou de Verlaine... Les sous-titres des *Trophées* indiquent assez que son souci fut plutôt celui d'un historien en vers que d'un véritable chanteur : *La Grèce et la Sicile, Rome et les Barbares, le Moyen Âge et la Renaissance, l'Orient et les Tropiques*. C'est, on le voit, une sorte de *Légende des siècles* en sonnets.

[*L'Ermitage* (janvier 1893).]

ÉMILE FAGUET. — Fanfares, cymbales trompettes et buccins! Voilà *les Trophées* de M. José-Maria de Hérédia qui se dressent, or sur or, flamboyants sur le ciel splendide. Lamartine disait qu'il mettait des lunettes bleues pour lire la prose de Saint-Victor. Qu'eût-il mis pour lire les vers de M. de Hérédia? Ce ne sont que ruissellements de joailleries luisantes et étincelantes et gerbes magnifiques de gemmes somptueuses. Il y a là comme une gageure, et elle est toujours gagnée; et il y a comme un parti pris de montrer que notre «gueuse fière», c'est à savoir la langue française, est capable, pour qui connaît ses ressources, des richesses de couleur et des richesses de sonorité les plus rares et les plus abondantes que jamais langue coloriée et langue sonore ait pu étaler; et ce parti pris, je suis enchanté que M. de Hérédia ait montré par le succès qu'on pouvait le prendre.

Couleurs et sonorités, ce n'est pas tout Hérédia, et je crois que je le montrerai, mais c'est bien ses deux qualités essentielles et les deux dons tout particuliers qu'il a reçus. Gauthier aurait été enchanté, lui qui aimait tant les «transpositions d'art», de ce poète rival, en un seul volume, du peintre le plus

éclatant et du musicien le plus puissant. Et il faut avouer que ce n'est pas peu de chose de voir, avec cette force et cette précision, le relief et l'éclat des objets, et d'entendre et de faire entendre avec l'instrument du vers tous les bruits majestueux, terribles ou caressants de la nature.

[*La Revue Bleue* (1ᵉʳ avril 1893).]

LUCIEN MUHLFELD. — Un des livres du siècle (*Les Trophées*) est éclos, ce m'est l'escompte d'une joie historique de m'en sentir contemporain. Comme nous, nous disons : «1857, l'année de *Bovary*, des *Fleurs du Mal*, des *Poésies barbares*, de *Fanny*», on dira seulement, mais c'est quelque chose : «1893», l'année des *Trophées*», et dans un tiers de siècle, j'espère, les nouveaux me permettront de mentir un peu sur ce 1893 et sur cette apparition des *Trophées*, avec la grâce délicate que les jeunes gens ont tant raison de garder un bon chroniqueur devenu mûr et qui se souvient tout haut.

[*Revue Blanche* (15 avril 1893).]

FERDINAND BRUNETIÈRE. — Le triomphe de M. de Hérédia, c'est la *couleur*, — si peut-être celui de M. Leconte de Lisle, son maître, serait plutôt la *lumière*; — et je ne crois pas que jamais vers aient mieux rendu que les siens la diversité des époques ou le changeant décor des lieux.

[*Évolution de la poésie lyrique* (1894).]

ALBERT GIRAUD. — Qui donc remplacerait, à l'heure actuelle, Leconte de Lisle, si ce n'est le pur et parfait poète des *Trophées*, M. José-Maria de Hérédia?

[*La Plume* (21 octobre 1894).]

RAOUL ROSIÈRES. — Les cent dix-huit sonnets des *Trophées* ne sont assurément pas tous de la même valeur. Il en est de pâles dont l'idée se révèle avec peine et ne semble pas valoir l'honneur de tant de soins. Il en est qui, faute d'une pensée assez abondante pour les emplir jusqu'au bout, laissent flotter à vide bien des vers. Il en est surtout de rudes, où les mots, trop violemment comprimés, grincent les uns contre les autres et saccadent mal à propos la strophe de rejet convulsif. Mais quelques-uns, alliant avec toute la virtuosité voulue la sûreté du dessin à la vigueur du coloris, sont sans aucun doute, pour la perfection du rendu, les plus beaux qui aient jamais été écrits en français.

[*La Revue Bleue* (1895).]

EUGÈNE LINTILHAC. — M. José-Maria de Hérédia, le prince de ces *sonnettistes* qu'a suscités Sainte-Beuve. Il a publié lentement des sonnets sonores, enfin recueillis dans *les Trophées*, qui, par la fermeté du dessin, l'éclat des tons et la puissance du modèle, suggèrent un plaisir esthétique rival de celui qui est propre aux arts plastiques, et qui donnent souvent par l'accord de l'idée et de la forme le sentiment même de la perfection.

[*Précis historique et critique de la littérature française* (1895).]

GASTON DESCHAMPS. — José-Maria de Hérédia ne me pardonnerait pas si je le louais aux dépens de son illustre maître. Pourtant je suis obligé de dire que ses vers attestent un plus vif souci d'exactitude et serrent davantage la vérité. Que voulez-vous? Quand on a été chartiste, on reste toujours ami des textes et des documents. Hérédia est un ancien élève de l'École des Chartes, tout comme MM. Gaston Paris et Paul Meyer. Il a fréquenté, tout jeune, les archives, les vieilles armures et les églises vénérables. Il s'est habitué à saisir d'une vue directe la figure du passé. Il s'est plu aux doctes dissertations, aux monographies, au recueil de parchemins, aux albums d'armoiries, aux glossaires. Il est demeuré grand lecteur de mémoires érudits, de brochures rares, de commentaires peu connus. Les sociétés savantes des départements lui ont fourni, plusieurs fois, des motifs de poésie : souvent une planche d'archéologie entrevue dans une bibliothèque, un pan de mur, une statue cassée qui gît dans l'herbe, un fragment de stèle, une guirlande de palmettes qui court sur une frise, se fixent dans son esprit, l'accompagnent partout, à pied et à cheval, en voiture ou en omnibus, au théâtre et dans le monde. Les jours passent, les semaines, les mois, parfois les années. La vision s'enrichit de lectures et de méditations nouvelles; elle attire des mots colorés et sonores; elle se vêt de pourpre, d'azur et d'or; elle se couvre de cristaux et d'aiguilles, comme ces branches de bois mort que l'on jette dans les mines de Harz. Brusquement elle éclate en une magnificence de phrases, en un triomphe de rimes; elle scintille, elle éblouit, elle émerveille. La poésie française compte un sonnet de plus... Successeur des poètes qui ont introduit l'Espagne en France, héritier d'une longue lignée qui va de Jean Chapelain à Pierre Corneille et d'Abel Hugo à Victor Hugo, l'auteur des *Trophées* se distingue cependant de tous ses devanciers par des traits qui lui sont personnels. Son *chartisme* n'a pas nui, tant s'en faut, à son esthétique. Les triomphes de la philologie l'ont émerveillé. Il a vu les profondeurs du passé magnifiquement illuminées par ces sciences très spéciales que le vulgaire ignore ou méprise, et qui sont d'admirables lampes de mineur : l'archéologie, l'épigraphie, la diplomatique. Il a compris que l'office et le bienfait de la littérature consistent surtout à ouvrir au public des trésors cachés et à faire entrer dans le domaine de tous ce qui était auparavant l'exclusive propriété de quelques spécialistes volontiers jaloux. Il a puisé à des sources mystérieuses et nouvelles. Ce Parnassien est un moderne.

[*La Vie et les Livres* (1896).]

JOACHIM GASQUET. — M. José-Maria de Hérédia, savant comme Ovide, en d'éclatants sonnets nous a donné l'émotion des siècles disparus. Les fêtes de sa mémoire couronnent des travaux pensifs. Il a su réduire l'abondance de ses sentiments aux strictes cadences d'où naît la splendeur classique. Comme un sanctuaire à disposé son livre. Chacun de ses purs autels cache un enseignement ésotérique. Ces vers parfaits sont le corps rythmique d'une divinité. Ainsi qu'une sonate plusieurs fois entendue, ils s'ouvrent soudain à la compréhension. Derrière leur sens précis réside leur beauté symbolique. Lorsqu'on a pénétré leur ordonnance intime, ils vous mettent dans l'état d'harmonie où l'on aime les morts mêlés aux vivants.

[*L'Effort* (15 janvier 1900).]

HÉROLD (A.-Ferdinand).

L'Exil de Harini (1888). – *La Légende de Sainte-Liberata* (1889). – *Les Pœans et les*

Thrènes (1890). – *La Joie de Maguelonne* (1891). – *Chevaleries sentimentales* (1893). – *Floriane et Persiant* (1894). – *L'Upanishad du grand Aranyaka* (1894). – *Paphnutius*, de Hrotsvitha (1895). – *Intermède pastoral* (1896). – *L'Anneau de Cakuntalâ*, de Kalidasa (1896). – *Le Livre de la Naissance, de la Vie et de la Mort de la Bienheureuse Vierge Marie* (1896). – *Les Perses*, tragédie, traduite d'Eschyle (1896). — *La Cloche engloutie*, de Gérard Hauptmann, traduction en français (1897). – *Images tendres et merveilleuses* (1897). – *Sâvitri*, comédie héroïque en deux actes et en vers (1899). – *Au hasard des Chemins* (1900).

OPINIONS.

STUART MERRILL. — Des *Pœans* et des *Thrènes* aux *Chevaleries sentimentales*, la route est longue et bellement bordée des plus rares fleurs de la poésie. Je ne m'étonnerais pourtant point que M. Hérold délaissât à l'avenir les roses et les lis pompeux dont s'est jusqu'ici illustré son passage pour les humbles corolles des vallées connues de tout le monde. Certains de ses poèmes ont l'amoureux et triste parfum des violettes et des pervenches.

[*L'Ermitage* (1893).]

VIÉLÉ-GRIFFIN. — Nous saluerons donc d'abord en M. Ferdinand Hérold — dont les hasards du flux littéraire nous mettent, ce mois, un admirable volume sous les yeux — un écrivain fécond, étranger aux étranges scrupules de la stérilisation préméditée, un écrivain qui, suivant son instinct, procéda... Avons-nous dit tout le bien que nous pensons de M. Hérold, âme droite et sereine, amant des formes eurythmiques, et de qui la phrase souple et légère ondoie d'une harmonie personnelle, adéquate à son rêve, et telle que son style, suivant le juste critérium de Paul Adam, peut être dit excellent.

[*Entretiens politiques et littéraires* (10 mai 1893).]

LUCIEN MUHLFELD. — Le bon poète, notre ami Ferdinand Hérold, n'abandonne pas l'artificiel des moyens âges. *Chevaleries sentimentales* est plein de vers, libres ou corrects, également beaux. Il est très adroit, Hérold, et pas paresseux; sa gloire est décidément insuffisante.

[*Revue Blanche* (octobre 1893).]

PIERRE LOUŸS. — M. Ferdinand Hérold n'est pas de la lignée de ces poètes français qui, André Chénier jadis, Henri de Régnier maintenant, recherchent avant tout le mot précis, l'épithète nouvelle, les accouplements imprévus. C'est affaire de méthode et de tempérament. Il aime à répandre sur ses vers une teinte plate à la Puvis de Chavannes, uniformément lumineuse et dont les ombres mêmes sont pâles. Ses personnages sont arrêtés dans le cadre d'une fresque tranquille. Ils sont beaux, mais sans le savoir; il faut les regarder longtemps pour découvrir dans cette atmosphère élyséenne un charme qui se dérobe et une grâce pleine de scrupules.

[*Mercure de France* (juin 1895).]

EDMOND PILON. — Comme Ovide composa ses *Héroïdes* sur quelques-unes des femmes légendaires de son temps, M. Hérold, dans ses *Chevaleries sentimentales*, nous avait présenté quelques médaillons de jolies reines, à côté de pièces moins définies et de très personnelle allure... Comme action psychique, le *Victorieux* est le pendant inverse de *Floriane et Persignant* (de l'allure chevaleresque de *Flore et Blanchefleur*, ce beau poème des trouvères du moyen âge qui inspira Boccace). Dans *Floriane*, c'était Persignant qui apportait la bonne parole et courbait l'orgueil de la reine. Ici, c'est Irène qui, au contraire, influe, par une puissance d'amour, sur la conversion humaine du héros. S'il y a parfois des réminiscences, le rythme général est, le plus souvent, scandé comme il faut et s'enfle au gré du dialogue, comme, sous le souffle des vents étésiens, des vols calmes de pluviers blancs.

[*L'Ermitage* (avril 1895).]

REMY DE GOURMONT. — M. Hérold est l'un des plus objectifs parmi les poètes nouveaux; il ne se raconte guère lui-même; il lui faut des thèmes étrangers à sa vie, et il en choisit même qui semblent étrangers à ses croyances; ses reines n'en sont pas moins belles ni ses saintes moins pures. On trouvera ces panneaux et ces vitraux dans le recueil intitulé : *Chevaleries sentimentales*, la plus importante et la plus caractéristique de ses œuvres.

[*Le Livre des Masques*, 1ʳᵉ série (1896).]

HERVILLY (Ernest d').

La Lanterne en verres de couleurs (1868). — *Les Baisers* (1872). — *Jeph Affagard* (1873). — *Le Harem* (1874). — *La Belle Saïnara*, comédie en un acte et en vers (1876). — *Le Bonhomme Misère*, comédie en trois actes et en vers (1878). — *Le Grand Saint-Antoine-de-Padoue* (1883). — *Les Bêtes à Paris* (1886). — *Héros légendaires* (1889). — *Aventures du Prince Frangipane* (1890). — *L'Ile des Parapluies* (1890). — *Trop grande* (1890). — *La Vision de l'Écolier puni* (1890). — *En Bouteille* (1893). — *Seule à treize ans* (1893). — *Les Chasseurs d'édredons* (1895). — *L'Hommage à Flipote* (1896). — *Au bout du monde!* (1897). *Notre ami Drolichon* (1898). — *A Cocagne!* (1898).

OPINIONS.

JEAN PROUVAIRE. — Tout Yeddo est à l'Odéon. C'est que le poète Kami est l'un des plus aimés parmi les poètes japonais, et l'on eût été navré si le succès n'avait pas épousé *la belle Saïnara*. Il l'a épousée, sans hésitations! Ç'a été un vrai coup de foudre, comme on dit dans l'Empire du soleil levant; et il l'épousera tous les soirs aussi longtemps que l'on voudra. Vous raconter la comédie d'Ernest d'Hervilly, si pimpante, si subtile, si japonaise, c'est-à-dire si parisienne, et qu'une mise en scène adorablement exotique pimente si vivement? A quoi bon? Vous irez la voir. Écoutez plu-

tôt ces vers que Kami récite en jouant de l'éventail :

> Lorsque tu baignes ton pied tendre
> Dans la rivière aux frais cailloux,
> Les beaux lys rosés font entendre
> Un long murmure de jaloux.

> Tes mains planent, sveltes et blanches,
> Sur les cordes des instruments,
> Comme un couple d'oiseaux charmants
> Qui se becquètent sur les branches.

> Et puis, les ongles de tes doigts,
> Chères et délicates choses,
> Ce sont les fins pétales roses
> De la fleur du pommier des bois.

[*La République des Lettres* (24 décembre 1876).]

A.-L. — Au théâtre, *La Belle Saïnara*, comédie en un acte et en vers, joint, comme certains de nos plus charmants tableaux de genre, la couleur locale japonaise à la couleur locale parisienne. C'est une figurine du boulevard sculptée sur jade. *Le Bonhomme Misère*, trois actes en vers, montre, dans un cadre de légende du moyen âge, que ce poète est aussi un philosophe à ses heures, mais qu'en somme c'est, chez lui, la poésie qui l'emporte.

[*Anthologie des Poètes français du XIXᵉ siècle* (1887-1888).]

ANTONY VALABRÈGUE. — M. Ernest d'Hervilly est un esprit complexe, un humoriste, un railleur et un excentrique. Il procède par bonds prestigieux, préoccupé de charmer et d'étonner, et il ne craint pas d'imiter le clown lyrique de M. Théodore de Banville, qui va rouler dans les étoiles. Cette diversité de caractère, ces bizarreries se mêlent à de vives qualités, à une verve intarissable, à de nombreuses saillies. Aucun ennui n'est à redouter avec M. d'Hervilly; il ne traverse pas de solitude desséchante; il nous conduit au hasard, c'est vrai : on a chance d'arriver, si on l'accompagne, dans quelque champ de foire peuplé de femmes sauvages et de créatures monstrueuses... Le poète n'a pas de préférences; il passe de l'Algérie à la Chine et du Sénégal au Groënland. Il a porté un jour ses rêves dans les polders de la Hollande... Après avoir applaudi *la Belle Saïnara*, nous aurions un extrême plaisir à écouter au Théâtre-Français cette autre comédie à l'affabulation ingénieuse, *la Fontaine des Beni-Menad*.

[*La Revue Bleue* (7 avril 1894).]

CHARLES LE GOFFIC. — Poète, il est l'auteur de *la Lanterne en verres de couleurs*; des *Baisers*; du *Harem*; du *Grand Saint-Antoine-de-Padoue*; des *Bêtes à Paris*. Ses vers ont du sens et de la grâce.

[*La grande Encyclopédie*, t. XX (1895).]

PIERRE ET PAUL. — D'Hervilly, dont le côté humoristique répondait à certaines exigences du public, a collaboré successivement à soixante-quinze journaux; il fut notamment l'homme aux gros souliers du *Diogène* et le cousin Jacques de *la Lune*, de *l'Éclipse* et du *Paris-Caprice*. Il a été pendant huit ans le Passant du *Rappel*.

Tout en fréquentant les sombres bureaux de rédaction et en vivant de la vie enfumée, poussiéreuse et énervante de Paris, il laissait son imagination s'envoler vers les pays lointains : amour boréal, amour africain, idylles chinoises et coloniales, tout le captivait, et son *Harem* n'est autre chose qu'un Tour du Monde en vingt-cinq parties. Ses strophes ont souvent la vaste allure de celles de Leconte de Lisle, mais leur majesté d'éléphant est tempérée par un humour très relevé.

Regardons sa négresse, par exemple :

Ses seins noirs et luisants dressés sur sa poitrine
Ont l'air de deux moitiés d'un boulet de canon ;
Aux coins de son nez plat, passé dans la narine,
Pendille — et c'est ma joie — un fragment de chaînon.

Ses cheveux courts, tressés, ont l'aspect de la laine ;
Sa prunelle se meut, noire sur un fond blanc
Humide, transparent comme la porcelaine,
Et son regard vous suit, placide, doux et lent.

Les membres sont ornés de bracelets de graines
Éclatantes ; elle a des joyaux plus coquets ;
Pour lui faire un manteau comme en portent les reines,
J'ai tué dans les bois plus de cent perroquets.

[*Les Hommes d'aujourd'hui.*]

HINZELIN (Émile).

Poèmes et Poètes (1891). – *Raisons de vivre* (1894). – *Le huitième Péché* (1895). – *Labour profond* (1897). – *Toute une année* (1898).

OPINION.

CHARLES FUSTER. — Ce recueil (*Poèmes et Poètes*) est assurément un des meilleurs de l'année. Nous y trouvons, en général, des poésies trop impersonnelles, et dont quelques-unes, très habiles, très artistiques, ont quelque froideur. Mais que de jolies choses... C'est *Adam chassé*, *le Charnier des Moines*, — un chef-d'œuvre pur, — c'est la délicate *Fleur de tout*, c'est le sonnet fantaisiste : *Si Dieu se mettait en grève*...

[*L'Année des Poètes* (1891).]

HIRSCH (Charles-Henry).

Légendes naïves (1894). – *Priscilla* (1895). – *Yvelaine* (1897). – *La Possession*, roman (1899).

OPINIONS.

PAUL FORT. — Le symbolisme clair de ses *Légendes naïves* dont l'expression, si je puis dire, serait très souvent la gravité mystique des fresques d'un Bernard, — et les «charmes certains» des fluides vierges de Denis — parfois.

[*Portraits du prochain siècle* (1894).]

EDMOND PILON. — M. Charles-Henry Hirsch est le délicat poète des *Légendes naïves*, court recueil où se précisaient déjà les tendances décidées de sa forme large et de ses vers, pareils, avec leurs frôlements de rimes, à de somptueuses et éteintes robes de princesses, dont seraient effacées les armoiries, à force de s'être promenées sous le soleil du soir, dans les jardins d'automne. Son nouveau poème dramatique (*Priscilla*) n'a pas démenti la promesse qu'il semblait s'être engagé à prendre, et le livre est des plus intéressants, qu'il nous envoie, pareil, sous son titre frêle comme un gazouillis de luscignoles, à quelque évocation de pays imprécis où se dérouleraient, sur des terrasses de rêve, des scènes imprévues et admirables tapisseries, subitement étalées pour la joie de nos yeux.

[*L'Ermitage* (septembre 1895).]

GUSTAVE KAHN. — M. Charles-Henry Hirsch possède les qualités que je prise le plus chez un poète, à mon sens les primordiales pour le rythmeur. C'est un indépendant et c'est un volontaire. Il taille ses statuettes en un marbre difficile, et s'il y a aux murs de son atelier les esquisses les plus nouvelles et les reproductions des plus récentes œuvres d'art connues, il sait les oublier quand il travaille... La beauté d'*Yvelaine* réside plus dans la forme, dans les heureuses et sobres métaphores et les précieuses analogies que dans son symbole même... M. C.-H. Hirsch se sert d'un alexandrin modifié quant aux jeux des rimes, et d'ailleurs fort souple.

[*Revue Blanche* (1897).]

HIRSCH (Paul-Armand).

Sonnets et Chansons (1895).

OPINION.

ALFRED MORTIER. — Il faut louer en ses vers le souci des méditations nobles, des souhaits généreux et l'âpreté parfois éloquente de ses strophes.

[*L'Idée libre* (1895).]

HOLLANDE (Eugène).

Beauté (1892).

OPINIONS.

LUCIEN MUHLFELD. — M. Hollande imprime :

J'ai connu que la vie est un rêve et fait peur,
A moins d'y découvrir le Dieu qui la pénètre ;
J'ai connu que ce Dieu c'est la Beauté, dont l'être
Se dérobe aux cœurs froids indignes du bonheur.

Et M. Sarcey conclut que, de son temps, les jeunes gens employaient mieux leur temps : ils prenaient des leçons de danse, l'hiver, et des bains froids, l'été. Et quand je vois la peine que se donne M. Hollande, deux cents pages durant, il m'est difficile de protester.

[*Revue Blanche* (février 1892).]

HENRY BÉRENGER. — En dehors et au-dessus des modes esthétiques actuelles, son imagination métaphysique, qui l'apparente à Schelley, lui suggéra des poèmes lyriques d'une noble et ferme tenue. C'est d'eux que Mallarmé a loué, en termes si justes, «la simplicité noblement nue». C'était, en un verbe de cristal aux armatures d'airain, la perpétuelle glorification de la Beauté qui pénètre toute vie et qu'on ne connaît bien que par l'amour et la pitié. Ainsi se composa lentement ce recueil de *Beauté*, qui parut en janvier 1892, et où éclatent ces chefs-d'œuvre symboliques : *Virginius* et *Hégésias*.

[*Portraits du prochain siècle* (1894).]

HOLMÈS (Mᵐᵉ Augusta).

In Exitu (1873). – *Héro et Léandre*, symphonie en un acte (1874). – *Andante pastoral* (1877). – *Lutèce* (1879). – *Les Argonautes* (1880). – *Les Sept Ivresses*, poème symphonique (1883).

– *Irlande*, symphonie (1885). – *Ode triomphale, Patrie* (1889). – *La Montagne Noire*, drame lyrique en quatre actes, paroles et musique (1895).

OPINIONS.

CAMILLE SAINT-SAËNS. — Mlle Augusta Holmès est une physionomie artistique des plus intéressantes. Elle vient d'affronter pour la première fois, je ne dirai pas les feux de la rampe, mais les lustres tout aussi redoutables d'une grande salle de concert; mais, depuis longtemps déjà, elle est connue, appréciée, classée... C'est plaisir de voir les fermes convictions, les consciences artistiques estimées à leur valeur. Il ne tenait qu'à Mlle Holmès d'entrer dans la voie des succès faciles... Loin de là; elle a dédaigné même les tentatives sérieuses de second ordre. Il lui fallait les larges plans, les vastes horizons d'une grande composition dessinée par elle-même comme poète et compositeur tout ensemble... Mlle Holmès a montré de très bonne heure les plus grandes dispositions poétiques et musicales. Elle a une originalité puissante, trop puissante peut-être, car cette qualité, poussée à l'extrême, la jette en dehors des sentiers battus, ce qui la condamne à marcher seule, sans guide et sans appui.

... Quoi qu'il en soit, son originalité a résisté à tout. Même quand elle cherche à imiter Wagner, Mlle Holmès est elle-même, comme Mozart restait Mozart quand il écrivait dans le style de Hændel. L'art est plein de ces fantaisies qui n'ont rien de dangereux pour les vraies natures.

[*Harmonie et Mélodie* (1885).]

UN MONSIEUR DE L'ORCHESTRE. — Il faut dire qu'il y a femme et femme. Mme Augusta Holmès, par son talent, par son caractère, par sa dévotion fanatique et désintéressée au grand art, justifie ce fétichisme. Cette glorification poétique et musicale de la Patrie c'est, en effet, elle seule qui l'a conçue. C'est elle qui l'a coulée dans le moule poétique et qui l'a revêtue de cette superbe pourpre musicale. Conception platonique et, dans sa pensée, inexécutable, qui serait sans doute demeurée inexécutable et platonique sans la baguette de cet enchanteur qui s'appelle M. Alphand.

[*Le Figaro* (12 septembre 1889).]

HOUDAILLE (Octave).

Les Possessions (1896).

OPINION.

ANTONY VALABRÈGUE. — Il y a, dans les vers de M. Houdaille, un sentimentalisme vif et primesautier. Ajoutez une pointe d'ironie, un peu de scepticisme et de désenchantement, comme chez quelques poètes anglais de notre siècle, comme dans l'*Illusion* de Jean Lahor.

[*La Revue Bleue* (11 avril 1896).]

HOUSSAYE (Arsène Housset, *dit* ARSÈNE). [1815-1895.]

Les Onze Maîtresses délaissées, roman (1840). – *Les Sentiers perdus*, poésies (1841). – *Les*

Caprices de la Marquise, un acte (1844). – *La Vertu de Rosine* (1844). – *La Poésie dans les bois* (1845). – *Histoire du quarante et unième fauteuil de l'Académie française* (1845). – *Romans, contes et voyages* (1846). – *Les Trois Sœurs* (1847). – *La Pantoufle de Cendrillon; le Voyage à ma fenêtre* (1851). – *La Comédie à la fenêtre*, un acte (1852). – *Sous la Régence et sous la Terreur* (1852). – *Le Repentir de Marion* (1854). – *Poèmes antiques* (1855). – *Le Violon de Franjolé* (1856). – *Le Duel à la Tour* (1856). – *Le Roi Voltaire* (1856). – *La Symphonie de Vingt ans* (1867). – *Le Chien perdu et la Femme fusillée* (1872). – *Cent et un sonnets* (1873). – *Roméo et Juliette*, comédie (1873). – *Lucie*, histoire d'une fille perdue (1873). – *Tragique aventure de bal masqué* (1873). – *La belle Rafaela* (1875). – *Les Mille et une Nuits parisiennes* (1876). – *Les Confessions*.

OPINIONS.

AUGUSTE DESPLACES. — *Les Sentiers perdus* eurent cela de particulier, que, paraissant à une époque où la poésie se préoccupait outre mesure de couleur et de rythme, ils osèrent se passer de tout cet art savant jusqu'à la raideur. Pour peindre ses fraîches vallées du Vermandois, M. Houssaye crut devoir s'en tenir à des teintes légères, comparables, suivant moi, à celles dont M. Camille Flers affecte les nuances de ses paysages.

[*Galerie des Poètes vivants* (1847).]

THÉOPHILE GAUTIER. — Arsène Houssaye ne s'est fixé sous la bannière d'aucun maître. Il n'est ni le soldat de Lamartine, ni de Victor Hugo, ni d'Alfred de Musset... Aujourd'hui, il peindra au pastel Ninon ou Cidalise; demain, d'une chaude couleur vénitienne, il fera le portrait de Violantes, la maîtresse du Titien. Si le caprice le prend de modeler en biscuit ou en porcelaine de Saxe un berger et une bergère rococo enguirlandés de fleurs, certes il ne se gêne pas. Mais, le groupe posé sur l'étagère, il n'y pense plus; le voilà qui sculpte en marbre une Diane chasseresse ou quelque figure mythologique dont la blancheur se détache d'un fond de fraîche verdure. Il quitte le salon de lumière pour s'enfoncer sous la verte obscurité des bois, et quand, au détour d'une allée ombreuse, il rencontre la Muse, il oublie de retourner à la ville, où l'attend quelque rendez-vous donné à une beauté d'Opéra.

[*Rapport sur le progrès des lettres*, par MM. Sylvestre de Sacy, Paul Féval, Th. Gauthier et Éd. Thierry (1868).]

MARCEL FOUQUIER. — Avant M. Th. de Banville et Laprade, M. A. Houssaye revint l'un des premiers aux bois et aux sources du Parnasse, au naturalisme des Grecs, immense et pur comme le lever d'une aurore. Vers 1840, il était à la fois néo-grec et romantique.

[*Profils et Portraits* (1891).]

JULES CLARETIE. — C'est un romantique d'une espèce particulière, un poète de la fantaisie et du caprice; admirateur de Hugo et de Sterne à la fois, voyageant à son gré à travers la vie, un indépendant qui court après les papillons et les libellules et qui trouvait, comme le peintre Chaplin, que le reste est dans la nature aussi bien que le bitume et l'ocre jaune. Arsène Houssaye aura été une figure très particulière, en un temps où les personnages semblent coulés dans de certains moules, uniformes. Il aura, jusqu'à la fin de sa vie, incarné une génération disparue, une jeunesse depuis longtemps défunte, la libre et élégante jeunesse des poètes de la rue du Doyenné, des Gérard de Nerval, des Gautier, des Nanteuil, des Camille Roqueplan. Cet octogénaire semblait n'avoir pas donné prise au temps :

> Sa barbe d'or jadis, de neige maintenant

gardait les reflets d'autrefois. Il y a déjà longtemps que Théophile Gautier avait dit de son ami : «L'hiver ne vient pas pour lui...». Sainte-Beuve avait dit d'Arsène Houssaye, que Gautier compare à Diaz : «C'est le poète des roses et de la jeunesse».

[*La Vie à Paris* (1896).]

HUBERT (Lucien).

En attendant mieux (1888). – *Rimes d'amour et d'épée* (1889).

OPINION.

FRÉDÉRIC BATAILLE. — Je viens de lire les jolis vers tout alertes et pleins de fraîcheur, de jeunesse et de charme naïf, où vous chantez d'une voix si chaude, si sincère et vibrante, l'amour et la patrie — la chanson des roses et celle des épées.

... Je ne suis que la voix franche de la sympathie qui vous dit de continuer à faire de bons vers.

[Préface (mai 1889).]

HUBERT (Paul).

Verbes mauves (1898). – *Aux tournants de la route* (1901).

OPINION.

GUSTAVE KAHN. — M. Paul Hubert sait trouver de jolies images. Mais il les sertit d'un vocabulaire maniéré et pas assez étendu. Il semble que ce poète n'aurait qu'à gagner à s'abandonner davantage, à devenir plus spontané, forme et fond, et que, dégagé de quelque afféterie, il apparaîtrait plus nettement ce qu'il est, un spirituel artiste.

[*Revue Blanche* (1898).]

HUGO (Victor-Marie). [1802-1885.]

Odes et Poésies diverses (1822). – *Bug-Jargal* (1826). – *Odes et Ballades* (1826). – *Cromwell*, préface et drame (1827). – *Les Orientales* (1829). – *Le Dernier Jour d'un condamné* (1829). – *Hernani* (1830). – *Marion Delorme* (1831). – *Notre-Dame de Paris* (1831). – *Les Feuilles d'automne* (1832). – *Le Roi s'amuse* (1832). – *Lucrèce Borgia* (1833). – *Marie Tudor* (1833). – *Étude sur Mirabeau* (1834). – *Claude Gueux* (1834). – *Les Chants du crépuscule* (1835). – *Angelo* (1835). – *Les Voix intérieures* (1837). – *Ruy Blas* (1838).

– *Les Rayons et les Ombres* (1840). – *Le Rhin* (1842). – *Les Burgraves* (1843). – *Napoléon le Petit* (1852). – *Les Châtiments* (1852). – *Les Contemplations* (1856). – *La Légende des siècles*, 1ʳᵉ partie (1859). – *Les Misérables* (1862). – *Littérature et philosophie mêlées* (1864). – *William Shakespeare* (1864). – *Les Chansons des Rues et des Bois* (1865). – *Les Travailleurs de la mer* (1866). – *L'Homme qui rit* (1869). – *Non!* pamphlet (1870). – *Actes et Paroles* (1872). – *L'Année terrible* (1872). – *Quatre-vingt-treize* (1873). – *La Légende des siècles*, 2ᵉ série (1877). – *L'Art d'être grand-père* (1877). – *Histoire d'un crime* (1877). – *Discours pour Voltaire* (1878). – *Le Pape* (1878). – *La Pitié suprême* (1879). – *L'Âne* (1880). – *Religion et Religions* (1880). – *Les Quatre Vents de l'Esprit* (1882). – *Torquemada* (1882). – *La Légende des siècles*, 3ᵉ série (1883). – *L'Archipel de la Manche* (1883). – *Le Théâtre en liberté* (1884). – *La fin de Satan* (1886). – *Théâtre en liberté : Prologue; La Grand'-mère; L'Épée; Mangeront-ils; Sur la lisière d'un bois; Les Gueux; Être aimé; La Forêt mouillée* (1886). – *Choses vues*, 1ʳᵉ série (1887). – *Toute la Lyre* (1888). – *Amy Robsart; Les Jumeaux* (1889). – *En Voyage; Alpes et Pyrénées* (1890). – *Dieu* (1891). – *Toute la Lyre*, 2ᵉ série (1893). – *Correspondance*, tome Iᵉʳ, de 1815 à 1835 (1896). – *Les Années funestes, 1852 à 1870* (1898). – *Choses vues*, 2ᵉ série (1899). – *Le Post-Scriptum de ma vie* (1901).

OPINIONS.

CHATEAUBRIAND. — J'ai retrouvé, Monsieur, dans votre *Ode sur Quiberon* le talent que j'ai remarqué dans les autres pour la poésie lyrique; elle est de plus extrêmement touchante, et elle m'a fait pleurer.

[Lettre (Berlin, le 20 mars 1821).]

ALEXANDRE SOUMET. — ... On est saisi d'une émotion qui va jusqu'aux larmes, lorsqu'on vient à se souvenir que de pareils vers sont l'ouvrage d'un jeune homme de 22 ans. Ah! que M. Victor Hugo ne désespère pas ainsi de lui-même, de son siècle et du pouvoir de la poésie. Qu'il rouvre les voiles du temple, et que, soutenue du redoutable esprit qui l'anime, sa muse combatte longtemps encore les penchants égoïstes et les révoltes intérieures de l'homme demeuré seul avec ses passions!

[Article sur les *Nouvelles Odes*, dans *La Muse française* (1824).]

ALEXANDRE SOUMET. — Je lis et je relis sans cesse votre *Cromwell*, cher et illustre Victor Hugo, tant il me paraît rempli de beautés les plus neuves et les plus hardies! Quoique, dans votre préface, vous nous traitiez impitoyablement de mousses et de lierres rampants, je n'en rendrai pas moins justice à votre aimable talent, et je parlerai de votre œuvre michelangesque comme je parlais autrefois de vos *Odes*.

[Lettre (1827).]

JAY. — Le drame de *Cromwell* n'a excité en moi d'autre sentiment que celui de la commisération pour un jeune homme né avec d'heureuses dispositions, d'un caractère très estimable, et qui, dans quelques productions lyriques, a montré un vrai talent.

[1827.]

L. BAOUR-LORMIAN :

Mais Boileau ne vit plus que par sa renommée !
Dans la tombe, avec lui, la Satire enfermée
Ne vient plus châtier de burlesques travers :
Avec impunité les Hugo font des vers...

[1829.]

PIERRE LEROUX (?). — La comparaison symbolique n'avait jamais été répandue dans des vers français avec beaucoup d'audace avant M. Hugo. C'est par là que le style de M. Hugo diffère essentiellement de celui de M. de Lamartine. Je ne sais si je m'abuse, mais il me semble que cette force de représenter tout en emblèmes, exagérée jusqu'au point de ne pouvoir souffrir l'abstraction, est le trait caractéristique de la poésie de M. Hugo. Il lui doit ses plus grandes beautés et ses défauts les plus saillants. C'est par là qu'il s'élève quelquefois à des effets jusqu'à présent inconnus; et c'est là aussi ce qui le fait tomber dans ce qu'on prendrait pour de misérables jeux de mots. On pourrait définir une partie de sa manière : la profusion du symbole. Avec cette tournure de génie, il devait être entraîné, même à son insu, vers l'étude du style oriental. Le sujet et jusqu'au titre de son dernier recueil sont un indice de son talent.

[*Le Globe*. — Article consacré aux *Orientales* (8 avril 1829).]

BRIFFAUD, CHÉRON, LAYA et SAUVE. — Quelque étendue que j'ai donnée à cette analyse (d'*Hernani*), elle ne peut donner qu'une idée imparfaite de la bizarrerie de cette conception et des vices de son exécution. Elle m'a semblé un tissu d'extravagances, auxquelles l'auteur s'efforce vainement de donner un caractère d'élévation, et qui ne sont que triviales et souvent grossières. Cette pièce abonde en inconvenances de toute nature. Le roi s'exprime souvent comme un bandit. Le bandit traite le roi comme un brigand. La fille d'un grand d'Espagne n'est qu'une dévergondée, sans dignité ni pudeur, etc. Toutefois, malgré tant de vices capitaux, je suis d'avis que non seulement il n'y a aucun inconvénient à autoriser la représentation de cette pièce, mais qu'il est d'une sage politique de n'en pas retrancher un seul mot. Il est bon que le public voie jusqu'à quel point d'égarement peut aller l'esprit humain affranchi de toute règle et de toute bienséance.

[*Rapport du comité du Théâtre-Français sur* HERNANI (23 octobre 1829).]

ARMAND CARREL. — Vienne le poète, dit M. Hugo; vienne l'homme qui inscrira son nom sur la colonne de la Révolution après ceux de Mirabeau et de Napoléon ! Les amis de M. Victor Hugo assurent que ce poète est venu, que ce troisième astre de gloire et de liberté a lui sur la patrie. N'ont-ils pas tressé les couronnes ? N'ont-ils pas cherché partout, dans les loges, dans les couloirs, dans les escaliers, ce glorieux rénovateur, qu'ils voulaient emporter sur leurs épaules, et qui s'enfuyait pour ne pas être étouffé dans son triomphe! M. Hugo ne s'en souvient plus. Il rend grâce à cette *jeunesse puissante* qui a

porté aide et faveur à l'ouvrage d'un jeune homme sincère et indépendant comme elle. Mais il a l'air de croire qu'elle s'est méprise dans son enthousiasme et que le véritable régénérateur de l'art n'est pas venu. Ainsi ce n'est pas lui encore qui peut accomplir cette révolution tant promise; ce n'est pas non plus l'élégant traducteur d'*Othello*, ni le désolé Joseph Delorme, ni l'admirable M. Musset, qui voit la lune au bout d'un clocher comme un point sur un i; ce n'est pas non plus l'infortuné Dovalle qui vient de mourir tout exprès pour tromper les grandes espérances qu'on fondait sur lui; un poète s'élèvera, plus étonnant que tout cela : M. Hugo ne dit pas quand...

Ce que nous avons dit à l'occasion d'*Hernani* s'appliquera à beaucoup de productions du même genre, et nous n'aurons plus à revenir sur la question principale : la liberté dans l'art réclamée au même titre que la liberté dans la société. Tout le mal est dans cette confusion, et M. Hugo est la preuve de toutes les extravagances auxquelles un homme capable de faire de belles choses peut être entraîné par elle.

[*National* (24 mars 1830).]

A. GRANIER DE CASSAGNAC. — Nous avons lu des articles où l'on reproche à M. Victor Hugo d'aller chercher son histoire dans des livres inconnus, au lieu de la prendre dans les ouvrages où tout le monde puise. En vérité, un reproche semblable est si insensé, qu'il nous en coûte d'y répondre. Cependant les critiques devraient considérer que, puisque eux-mêmes ils n'ont pas trouvé dans les histoires générales les détails de la vie des familles du moyen âge, c'est qu'il faut sans doute les aller chercher ailleurs. Les livres où ces détails se trouvent peuvent bien être inconnus d'eux, mais il ne suit pas de là qu'ils le soient de tout le monde... En engageant le Théâtre-Français à jouer toutes les œuvres des maîtres et toutes les pièces notables, depuis Rotrou, comme étude de l'art et de la langue française et comme introduction à la littérature dramatique d'aujourd'hui, nous avons rapporté le drame moderne à M. Victor Hugo parce qu'il en est non pas le seul, mais le principal soutien. Ce n'est pas nous qui voudrions ôter ni à M. Dumas, ni à M. de Vigny la part de gloire qui leur revient; mais M. de Vigny n'ayant fait que deux pièces, et M. Dumas s'étant donné des collaborateurs dans la plupart des siennes, à part même toute préférence littéraire et toute question d'école, M. Victor Hugo se trouve être celui des trois qui a le plus longuement et le plus sérieusement travaillé. Le drame actuel repose donc sur lui plus que sur tout autre. Nous n'avons pas voulu céler d'ailleurs que toutes nos sympathies sont pour M. Hugo, nos sympathies pour ses ouvrages, notre amitié pour sa personne. Nous ne croyons pas qu'il soit nécessaire de haïr quelqu'un pour lui rendre justice. Les amis de M. Victor Hugo, car la critique s'en préoccupe fort, ne sont pas gens pour cacher leurs affections ou leurs idées, parce qu'elles sont sincères, pures et réfléchies. Il y a d'ailleurs assez de périls littéraires à cette amitié pour qu'elle soit de bon goût et assez d'injure pour qu'elle soit sacrée.

[*Le Journal des Débats* (1830).]

ARMAND CARREL. — *Sur Hernani* : Peut-on dire que ce soit là l'honneur castillan ? Nous mettrions volontiers M. Hugo au défi de publier l'anecdote dont il s'est inspiré; et, si jamais il y a eu, en Espagne ou ailleurs, un sentiment général, une frénésie d'honneur qui puisse autoriser le cinquième acte d'*Hernani*, nous dirons que c'est une belle chose que cette catastrophe. En attendant, il nous sera permis de trouver que M. Hugo n'a peint que des insensés, et, malheureusement pour lui, des insensés conséquents avec eux-mêmes d'un bout de la pièce à l'autre. On ne peut attaquer par trop d'endroits à la fois une production pareille, quand on voit par la préface des *Consolations* (de Sainte-Beuve) la déplorable émulation qu'elle peut inspirer à un esprit délicat et naturellement juste.

[*National* (29 mars 1830).]

H. BALZAC. — Vous qui, par le privilège des Raphaël et des Pitt, étiez déjà grand poète à l'âge où les hommes sont encore si petits, vous avez, comme Chateaubriand, comme tous les vrais talents, lutté contre les envieux embusqués derrière les colonnes, ou tapis dans les souterrains du journal. Aussi désirai-je que votre nom glorieux aide à la victoire de cette œuvre que je vous dédie, et qui, selon certaines personnes, serait un acte de courage autant qu'une histoire pleine de vérité. Les journalistes n'eussent-ils donc pas appartenu, comme les marquis, les financiers, les médecins et les procureurs, à Molière et à son Théâtre? Pourquoi donc la Comédie humaine, qui *castigat ridendo mores*, excepterait-elle une puissance, quand la Presse parisienne n'en excepte aucune?

Je suis heureux, Monsieur, de pouvoir me dire aussi votre sincère admirateur et ami.

[Dédicace des *Deux Poètes*.]

GUSTAVE PLANCHE. — *Le Roi s'amuse* : Depuis dix ans, M. Hugo n'a pas innové moins hardiment dans la langue que dans les idées et les systèmes littéraires. Il a imprimé aux rimes une richesse oubliée depuis Ronsard, aux rythmes et aux césures des habitudes perdues depuis Régnier et Molière et retrouvées studieusement par André Chénier. Au mouvement, au mécanisme intérieur de la phraséologie française, il a rendu ces périodes amples et flottantes que le XVIIIᵉ siècle dédaignait, qui avaient été s'effaçant de plus en plus sous les petits mots, les petites railleries des salons de Mᵐᵉ Geoffrin. L'éclat pittoresque des images, l'heureuse alliance et l'habile entrelacement des sentiments familiers et des plus sublimes visions, que de merveilles n'a-t-il pas faites ! Nul homme parmi nous n'a été plus constant et plus progressif. La voie qu'il avait ouverte, il l'a suivie courageusement sous le feu croisé des moqueries et du dédain. D'année en année, il révélait une nouvelle face de son talent et en même temps un certain ordre d'idées. Chacun de ses ouvrages signale un perfectionnement très sensible dans l'instrument littéraire; mais tous, pourtant, sont empreints d'un commun caractère : ils procèdent plutôt de la pensée solitaire et recueillie, écoutant au-dedans d'elle-même les voies confuses de la rêverie et de l'imagination, que d'un besoin logique de systématiser sous la forme épique et dramatique les développements d'une passion observée dans la vie sociale ou d'une anecdote compliquée d'incidents variés. Dans le roman, dans le drame, comme dans l'ode, il est toujours le même. Il lui faut des contrastes heurtés qui fournissent au développement stratégique de ses rimes, de ses similitudes, de ses images, de

ses symboles, de magnifiques occasions, de périlleux triomphes. Pour le maniement de la langue, M. Hugo n'a pas de rival; il fait de notre idiome ce qu'il veut. Il le forge et le rend solide, âpre et rude comme le fer; il le trempe comme l'acier, le fond comme le bronze, le cisèle comme l'argent ou le marbre. Les lames de Tolède, les médailles florentines ne sont pas plus acérées ou plus délicates que les strophes qu'il lui plaît d'ouvrer.

[*Revue des Deux-Mondes* (1832).]

SAINTE-BEUVE. — *Les Chants du crépuscule* non seulement soutiennent à l'examen le renom lyrique de M. Hugo, mais doivent même l'accroître en quelque partie. Mainte pièce du recueil décèle chez lui des sources de tendresse élégiaque plus abondantes et plus vives qu'il n'en avait découvert jusqu'ici, quoique, même en cela, le grave et le sombre dominent. On suit, avec un intérêt respectueux, sinon affectueux, ce front sévère, opiniâtre, assiégé de doutes, d'ambitions, de pensées nocturnes qui le battent de leurs ailes. On contemple «cet homme au flanc blessé», saignant, mais debout dans son armure, et toujours puissant dans sa marche et dans sa parole. On le voit, rôdeur à l'œil dévorant, *au sourcil visionnaire*, comme Wordsworth a dit de Dante, tour à tour le long des grèves de l'Océan, dans les nefs désertes des églises au tomber du jour, ou gravissant les degrés des lugubres beffrois.

[*Critiques et portraits littéraires* (1832-1839).]

JULES JANIN. — Le quatrième acte de *Ruy Blas* est rempli de personnages hideux, de scènes bouffonnes, de barbarismes créés à plaisir.

[*Les Débats* (1838).]

GUSTAVE PLANCHE. — M. Hugo touche à une heure décisive; il a maintenant trente-six ans, et voici que l'autorité de son nom s'affaiblit de plus en plus... Lors même que l'auteur des *Orientales* s'enfermerait obstinément dans le système littéraire qu'il a fondé, et soutiendrait que la terre finit à l'horizon de son regard, son passage dans la littérature contemporaine mériterait cependant d'être signalé, sinon comme une ère de fécondité, du moins comme une crise salutaire... L'auteur, malgré sa jeunesse, appartient dès à présent à l'histoire littéraire. En poursuivant la voie où il est entré, il y a vingt ans, il n'arrivera jamais à surpasser les œuvres qu'il nous a données.

[*Portraits littéraires* (1838).]

THÉOPHILE GAUTIER. — Si l'on disait à de certaines gens que le poète qui ressemble le plus à Virgile c'est Victor Hugo dans *les Feuilles d'automne*, on passerait pour un fou ou pour un enragé. Rien n'est plus vrai pourtant. Tous les génies sont frères et forment, à travers les espaces et les siècles, une famille rayonnante et sacrée.

[*La Presse* (1839).]

THÉOPHILE GAUTIER. — Sur *les Burgraves* : Il y a chez M. Victor Hugo une qualité, la plus grande, la plus rare de toutes dans les arts : la force !... Il a cette violence et cette âpreté de style qui caractérisent Michel-Ange. Son génie est un génie mâle, — car le génie a un sexe : Raphaël est un génie féminin, ainsi que Racine; Corneille est un génie mâle. — Nul ne se rapproche davantage de la grandeur sauvage d'Eschyle. Job a des tirades qui ne seraient pas déplacées dans le *Prométhée enchaîné*. L'imprécation de Guanhumara, quand elle prend la nature à témoin de son serment de vengeance, est un des plus beaux morceaux de notre littérature : c'est l'ampleur de la poésie à toute volée de la tragédie antique, bien différente de la tragédie classique... Soutenir ainsi ce ton d'apogée, ce bel élan lyrique pendant trois grands actes, M. Hugo seul pouvait le faire aujourd'hui.

[*La Presse* (1843).]

CHARLES MAGNIN. — Croyez-vous que quand le vieil Eschyle clouait le Titan, martyr de la civilisation hellénique, sur la cime de je ne sais quel Caucase baigné par l'Océan, la Grèce, assise dans le théâtre de Bacchus, fit à l'auteur des objections géographiques ou se prit à le chicaner sur les invraisemblances de sa fable? La beauté idéale de la conception et la perfection des vers absolvaient le poète ; et, certes, la grandeur du tableau qui termine le premier acte des *Burgraves* aurait fait battre des mains à tout le peuple d'Athènes.

Cette œuvre, grande par la pensée, sévère par l'exécution, attachante mais trop compliquée par la fable, nous paraît ce que M. Hugo a tenté jusqu'ici sur la scène de plus grave et de plus élevé.

[*Revue des Deux-Mondes* (1843).]

AUGUSTE VACQUERIE. — Lorsque Marion rencontre Didier et qu'elle court après lui, c'est un amant et non un mari qu'elle demande. Mais Didier ne la connaît pas. En lui voyant le visage d'un ange, il s'imagine qu'elle en a l'âme aussi :

Là-haut, dans sa vertu, dans sa beauté première,
Veille, sans tache encore, un ange de lumière;
Un être chaste et doux, à qui sur les chemins,
Les passants à genoux devraient tendre les mains...

Marion ne comprend pas très bien ce langage, différent de celui qu'elle a entendu jusqu'à ce jour. Elle cherche ce que veut dire cette «théologie» et trouve Didier principalement singulier; mais cette singularité même l'attire. Quand elle comprend, un immense bouleversement se fait en elle. A la lueur de la révélation qui éclate dans les paroles de Didier, elle voit la vraie figure de son passé et en a honte. Elle se repent; elle veut remonter. En se comparant à une passion semblable, elle se sent à la fois rapetissée et grandie. Quoi! l'amour peut être une religion et elle peut être aimée! Il lui vient l'ambition d'être comme Didier la voit. — Chose profonde : le croyant fait le Dieu! La transformation commence. L'idée que Didier se fait de Marion devient Marion même. La vision se substitue par degrés à la réalité. Adam tire encore une fois Ève de son flanc.

[*L'Événement* (1849).]

GUSTAVE PLANCHE. — Victor Hugo dont le nom avait si rapidement grandi sous la Restauration, mais dont *les Orientales* avaient montré l'alliance malheureuse d'une habileté consommée et d'une pensée presque insaisissable, tant elle tenait peu de place dans les vers du poète, a répondu victorieusement à ce reproche, hélas! trop mérité, par *les Feuilles d'automne*. De tous les recueils lyriques de Victor Hugo, *les Feuilles d'automne* sont probablement le seul qui restera, car c'est le seul où se révèlent des pensées sérieuses.

[*Portraits littéraires* (1855).]

EDMOND DURANTY. — Hugo, un comédien de poésie, un esprit masqué où rien n'est sincère, pas même la vanité !... Ôtez à Hugo trente gros adjectifs, et toute sa poésie s'effondre comme un plafond auquel on enlève ses étais... Les femmes, il ne les aime pas; les enfants, il ne les comprend pas; la nature il ne la sent pas... Il dit d'une femme : «Elle me regarda de ce regard suprême qui reste à la beauté quand nous en triomphons». N'est-ce pas là du Delille? En politique, on croirait entendre M. Cabet ou un article du *Siècle*... Il m'est assez indifférent que Hugo *fasse bien les vers*; au jour de l'an, quand j'étais enfant, je m'inquiétais beaucoup des bonbons, peu du sac.

[*Le Réalisme* (1856).]

EDMOND TEXIER. — Jamais livre n'avait excité tant de curiosité ni de sympathie. Le jour de la mise en vente, les magasins de librairie étaient littéralement assiégés, et il n'a pas fallu plus de vingt-quatre heures pour que la première édition fût épuisée. A l'heure qu'il est, *Les Contemplations* sont dans toutes les mains; on dirait que le lecteur, dégoûté des rapsodies qui ont vu végéter ces dernières années si stériles, ait voulu se retremper dans ce grand fleuve qui prend sa source aux derniers jours de la Restauration et qui n'a cessé de rouler, à travers tous les événements heureux ou malheureux, glorieux ou funestes, ses flots de belles pensées et de beaux vers.

[*Le Siècle* (27 avril 1856).]

THÉOPHILE GAUTIER. — Pour cette génération, *Hernani* a été ce que fut *Le Cid* pour les contemporains de Corneille. Tout ce qui était jeune, vaillant, amoureux, poétique, en reçut le souffle. Ces belles exagérations héroïques et castillanes, cette superbe emphase espagnole, ce langage si fier et si hautain dans sa familiarité, ces images d'une étrangeté éblouissante, nous jetaient comme en extase et nous enivraient de leur poésie capiteuse. Le charme dure encore pour ceux qui furent alors captivés. Certes, l'auteur d'*Hernani* a fait des pièces aussi belles, plus complexes et plus dramatiques que celle-là peut-être; mais nulle n'exerça sur nous une pareille fascination. Il s'opérait un mouvement pareil à celui de la Renaissance. Une sève de vie nouvelle coulait impétueusement. Tout germait, tout bourgeonnait, tout éclatait à la fois. Des parfums vertigineux se dégageaient des fleurs, l'air grisait, on était fou de lyrisme et d'art. Il semblait qu'on vînt de retrouver le grand secret perdu; et cela était vrai, on avait retrouvé la poésie.

[*Histoire du romantisme* (1858).]

JULES JANIN. — A M. Victor Hugo revient l'honneur d'avoir écrit le plus rare et le plus touchant de tous les drames de ce siècle, *Marion de Lorme*.

[*Histoire de littérature dramatique* (1858).]

DÉSIRÉ NISARD. — L'histoire des ouvrages de M. Victor Hugo est l'histoire de livres éphémères, greffés sur des lieux communs du jour ou imités d'ouvrages analogues, où le mérite de l'invention n'appartient pas à M. Victor Hugo. Je n'en sache pas un dont la pensée lui soit propre; je n'en sache pas un où il ait crié le premier, du haut du mât de misaine : Italie ! Italie ! Il a quelquefois exploité les découvertes d'autrui; mais il n'a jamais rien découvert... Les meilleures pages de prose de

Notre-Dame de Paris ne sont pas meilleures que la préface de *Cromwell; les Feuilles d'automne* n'ont rien ajouté à la gloire des *Orientales; les Chants du crépuscule* sont indignes des *Feuilles d'automne;* toujours la dernière chose faite est la pire. On dirait que M. Victor Hugo a été condamné à n'être en effet qu'un *enfant de génie,* comme l'appelait M. de Chateaubriand. Les œuvres de l'homme font honte aux œuvres de l'enfant.

[*Études d'histoire et de littérature* (1859).]

CHARLES BAUDELAIRE. — Quand on se figure ce qu'était la poésie française avant que Victor Hugo apparût, et quel rajeunissement elle a subi depuis qu'il est venu; quand on s'imagine ce peu qu'elle eût été s'il n'était pas venu, combien de sentiments mystérieux et profonds, qui ont été exprimés, seraient restés muets; combien d'intelligences il a accouchées, combien d'hommes qui ont rayonné par lui seraient restés obscurs, il est impossible de ne pas le considérer comme un de ces esprits rares et providentiels qui opèrent, dans l'ordre littéraire, le salut de tous, comme d'autres dans l'ordre politique. Le mouvement créé par Victor Hugo se continue encore sous nos yeux. Qu'il ait été puissamment secondé, personne ne le nie; mais si, aujourd'hui, des hommes mûrs, des jeunes gens, des femmes du monde ont le sentiment de la belle poésie, de la poésie profondément rythmée et vivement colorée, si le goût public s'est haussé vers des jouissances qu'il avait oubliées, c'est à Victor Hugo qu'on le doit.

[*Les Poètes français,* recueil publié par Eug. Crépet (1861-1863).]

GEORGE SAND. — *William Shakespeare :* Il a écrit ce livre pour dire que la poésie est aussi nécessaire à l'homme que le pain.

[Cité dans le *Livre d'Or de Victor Hugo.*]

FRANCISQUE SARCEY. — J'ai toujours professé pour les drames de Victor Hugo une sympathie médiocre...

[*Le Temps* (1868).]

LOUIS ÉTIENNE. — *Les Chansons des Rues et des Bois,* la dernière cargaison poétique envoyée de Guernesey, ont été accueillies par une bourrasque, et pourtant plusieurs pièces originales ou ingénieuses et nombre détachées méritaient une plus heureuse traversée. Tout a été gâté par un fâcheux caprice qui déjà s'annonçait dans les recueils précédents, le mélange du grotesque et du lyrique. Les grands poètes sont de grands seigneurs; libres de déroger quelquefois, ils peuvent passer de Pindare à Rabelais, mais non dans la même chanson. L'enthousiasme et la gaudriole ne doivent pas, à notre avis, s'asseoir à la même table; la voix entrecoupée par les hoquets met les chastes muses en fuite. Qui doute que M. Victor Hugo, s'il eût été parmi nous, n'eût pas risqué cette fantaisie?

[*Revue des Deux-Mondes* (1869).]

GEORGE SAND. — Quand on pense à ce que vous aviez fait déjà en 1833! Vous aviez renouvelé l'ode; vouz aviez, dans la préface de *Cromwell,* donné le mot d'ordre à la révolution dramatique; vous aviez, le premier, révélé l'Orient dans les *Orientales,* le moyen âge dans *Notre-Dame de Paris.* Et depuis, que d'œuvres et que de chefs-d'œuvre! que d'idées

remuées! que de formes inventées! que de tentations, d'audaces et de découvertes! Et vous ne vous reposez pas!... Et on me dit que, dans le même moment où j'achève cette lettre, vous allumez votre lampe et vous vous remettez tranquille à votre œuvre commencée.

[Écrit le 2 février 1870, à propos de *Lucrèce Borgia.*]

CLÉMENT CARAGUEL. — Victor Hugo est entré à cette heure dans la glorieuse galerie des ancêtres littéraires, et ses drames prennent place l'un après l'autre parmi les chefs-d'œuvre classiques qui seront l'éternel honneur du genre humain. Après *Hernani,* voici *Ruy Blas* qui se classe dans le grand répertoire.

[*Journal des Débats* (7 avril 1879).]

ÉMILE ZOLA. — Victor Hugo, l'homme du siècle! Victor Hugo, le penseur, le philosophe, le savant du siècle! et cela au moment où il vient de publier l'*Âne,* cet incroyable galimatias, qui est comme une gageure tenue contre notre génie français! Mais, en vérité, aux plus mauvaises époques de notre littérature, dans les quintessences de l'hôtel de Rambouillet, dans les périphrases de l'école didactique, jamais, jamais, entendez-vous! on n'a accouché d'une œuvre plus baroque ni plus inutile.

[*Documents littéraires* (1881).]

ERNEST RENAN. — Onorate l'altissimo poeta.

[Quatre-vingt-troisième anniversaire de Victor Hugo, hommages recueillis au journal *Le Gil Blas,* par M. Catulle Mendès (1881) [1].]

M. BERTHELOT. — Ἐν τὸ πᾶν.

Un et tout; c'est le symbole de la science sacrée des anciens, et c'est aussi l'expression du génie de Victor Hugo.

ALPHONSE DAUDET. — Je me rappelle mon enfance. Que de fois, la nuit, couché avec mon frère, la bougie enveloppée d'un cornet en gros papier, de peur que la lumière ne nous trahît, j'ai veillé jusqu'au blanc de l'aube pour lire Victor Hugo. «Dormirez-vous à la fin!» nous criait papa Daudet, de la chambre voisine. On se taisait, le livre sous les draps; et quand, effrayés encore, nous reprenions la page interrompue, c'était divin ce mystère et ce tremblement.

P. PUVIS DE CHAVANNES. — Qui de nous, au souvenir lointain de quelque génie, n'a envie le sort de ceux qui l'avaient vu, approché, entendu? A plus forte raison, pour les races futures en sera-t-il ainsi de notre génération qui vénère Hugo dans le splendide épanouissement d'une gloire impérissable.

LECONTE DE LISLE.

Toi dont le nom sacré fait resplendir la cime,
De ce siècle géant que ta force a dompté,
Salut, Maître, debout sur ton œuvre sublime,
Dans ta vieillesse auguste et dans ta majesté!

PASTEUR. — L'Enfant Sublime, comme me l'a nommé Chateaubriand, a mérité d'être appelé le Sublime Vieillard.

Devant cette glorieuse longévité, la France donne un beau spectacle. Son acclamation est un cri de patriotisme.

_____

[1] Les soixante-treize morceaux suivants sont empruntés à la même source.

Teodor Aubanel :

Amelié de Prouvenço, o dous amelié blanc !
Sus sa tèsto de rèire èspoussas tremoulant
La floureson de nèu que Febrié vous douno !
Estello, d'amoundant mesclas à sa couronno
Lis niau li pu bèn, li raioun li mai pur
Lou pouèto immourtan trevo plus que l'azur.

Carol (Sa Majesté Charles Iᵉʳ, roi de Roumanie).
— Opes regum corda subditorum.

Vin-sa Doy :

Musset, tu n'auras plus à formuler ce vœu :
«Qui de nous, qui de nous va devenir un Dieu ?...

Émile Deschanel. — Magnitudo cum mansuetudine.

Joséphin Soulary :

Vienne le jour néfaste où, trompant notre appel
Et l'espoir des aubes prochaines,
Tu tomberas vaincu, sous le bras éternel
Qui brise tout, même les chênes ;

Nous sacrerons le sol où tu seras frappé,
Et l'on te verra, mort splendide,
Toi, si grand aujourd'hui par l'espace occupé,
Bien plus grand par ta place vide !

Wilkie Collins. — I offer the tribute of my respect the great writer, whose works ave worthy of his country, whose life is worthy of his works.

Théodore de Banville :

O Père des odes sans nombre,
Ton œuvre murmure, éternelle,
Comme une forêt pleine d'ombre ;
Et dans ta pensive prunelle,
Qui vit les deuils et les désastres,
S'épanouit le ciel, plein d'astres.

Jules Simon. — D'autres remercieront Victor Hugo de ses œuvres. Je le remercie de l'admiration unanime qu'elles inspirent. Tous les partis et tous les peuples applaudissent ensemble à sa gloire. De tous les spectacles que ce siècle nous a donnés, il n'y en a pas de plus consolant et de plus rassurant que celui-là.

A. Dumas fils. — Mon cher Maître, je ne sais pas comme vont s'y prendre ceux qui vous fêteront le 26 février pour vous dire en termes variés ce que tout le monde pense. Moi, je laisse de côté les mots et j'en reviens tout bonnement à ce que j'ai fait, il y a un demi-siècle, quand mon père m'a mené chez vous pour la première fois : je vous embrasse bien respectueusement et bien tendrement aussi.

Émile Zola. — Je salue en Victor Hugo le poète victorieux des anciens combats. L'honorer aujourd'hui d'un culte, c'est protester contre ceux qui l'ont hué autrefois ; c'est croire à la force éternelle et triomphante du génie.

Frédéric Mistral :

Lou Rose pouderons que toumbo di mountagno
En fasènt au soulèn courre soun tremoulun,
Abèuro lou pèu d'erbo l'aubre de castagno,
L'ameloun di brousiers e lou brau di palun.
E mai tu, vièi Hugo, dins toun grand revoulun,
Portes, i'a cinquanto an, l'engèni de la Franço,
L'abèurant d'esplendour, de voio, d'esperanço...
O Rose espetaclous, escampo longo-mai !
A toun lindau plantan lou mai.

Julia A. Daudet. — Tout ce que l'enfance a de larmes dans la clarté de ses yeux, de sourires dans la pureté de sa bouche entr'ouverte, Victor Hugo l'a exprimé, et dans une langue faite pour ce sujet exceptionnel, où son vaste élan se resserre, se maintient, arrive à la précaution d'une étreinte de grand-père, au respect attendri de je ne sais quel saint gigantesque soulevant l'enfant dans ses bras pour lui faire passer un ruisseau.

F. Liszt. — A Victor Hugo, le sublime poète de *Ce qu'on entend sur la montagne*, *Mazeppa*, *le Crucifix*, profonde et perpétuelle admiration.

H. Meilhac. — A Victor Hugo.

L'an 84 de son premier siècle d'immortalité.

Jean Richepin :

Ave, victor, morituri te salutant !
Toi qui sors en régnant de l'arène insultante
Où nous autres, tes fils, entrons en combattant
Donne-nous, pour braver le sort qui nous attend
La bénédiction douce et réconfortante
De tes mains où fleurit la palme qui nous tente !

V. Scheelcher. — Victor Hugo est un des plus grands génies qui, en éclairant le monde, ont honoré l'humanité. Il est le poète des hommes, des femmes, des enfants ; des vaillants, des bons, des proscrits, des déshérités et de tous ceux qui aiment.

Emilio Castelar. — Los nombres literarios que mas evocan la idea y el recuerdo de lo sublime asi en mi pensamiento como en mi memoria son Isaias Esquilo, Dante, Shakespeare, Calderon y Victor Hugo.

Juliette Adam. — Maître, vous avez la taille de ceux dont les vieux Grecs faisaient des dieux.

Votre amie, dont l'admiration s'accroît avec vos années.

Léon Cladel. — Si quelques lettrés parricides abhorrent ou feignent d'abhorrer **Hugo**, pour eux ainsi que pour tous ceux qui lui gardent une affection quasi filiale, il n'en est pas moins le grand papa !

Victor Balaguer, de la Academia Española. — Maestro de maestros y ensalzado en todas las linguas del universo mundo ; Victor Hugo es mas que un hombre y mas que un genio ; es toduvia mas que una idea : es todo un siglo.

Ph. Burty. — Je ne fais pas un choix dans votre œuvre, cher Maître.

Si j'ai plus souvent relu *les Contemplations*, c'est que, pendant les heures longues d'une veillée de mars au chevet d'une enfant adorée, les fenêtres ouvrant sur une nuit étoilée, j'ai reçu des *Contemplations* le soulagement le plus déchirante parmi les douleurs humaines.

Charles Garnier :

Il faut parler des forts quand on s'adresse aux Maîtres ;
Il faut parler des preux quand on s'adresse au Roi ;
Il faut parler du ciel quand on s'adresse aux prêtres ;
Il faut parler des Dieux quand on s'adresse à toi !

François Coppée :

Père, bénis tes fils versant d'heureuses larmes.
Maître, nous t'apportons notre prose ou nos vers.
Français, reçois les vœux de l'immense univers.
Drapeau, le régiment te présente les armes.

AUGUSTE VACQUERIE :

Ses deux glorieux noms commencent, ô mystère !
Victor comme Virgile et Hugo comme Homère.

SULLY PRUDHOMME :

Corneille t'envierait, car, vieux, il a pu croire
Qu'il voyait son laurier, de son vivant, périr ;
Toi, sans rival, bravant l'oubli, même illusoire,
Tu te sens immortel et vois ta jeune gloire
Accompagner tes jours et, chaque an, refleurir !

CARMEN SYLVA. — Ce ne sont que les sommets
altiers, couverts de neige, qui jettent des flammes
au soleil couchant.

E. REYER. — Victor Hugo m'écrivit de Jersey une
lettre de quatre pages sur papier pelure d'oignon
pour m'autoriser à mettre en musique sa *Vieille
Chanson du jeune temps.*

Je ne sais trop ce qu'est devenue la musique de
la chanson. Mais j'ai gardé la lettre.

HENRI ROCHEFORT. — Victor Hugo est en train de
devenir plagiaire. Ainsi il a écrit cet hémistiche :

Ce siècle avait deux ans...

Eh bien ! il va être obligé de l'écrire une seconde
fois.

FRANCISQUE SARCEY. — Le chemin est long de
Boileau à Victor Hugo ; j'ai mis pour ma part vingt-
cinq ans à le faire ; ce sont vingt-cinq ans bien employés.

PAUL BERT :

Part égale, ô penseurs, ici-bas vous est faite :
«Comment ?» dit le savant. «Pourquoi ?» dit le poète.

ÉMILE AUGIER. — Le XIXe siècle s'appellera-t-il le
siècle de Napoléon ou le siècle d'Hugo ? Les paris
sont ouverts.

R. DE SAINT-MARCEAUX. — Au maître sculpteur de
la pensée, un ouvrier du marbre.

GEORGES OHNET. — Ni prose ni vers pour célébrer le Maître. Sur une page blanche, son nom :
«Victor Hugo». Cela dit tout.

E. CARO. — L'hommage le plus digne d'un grand
poète n'est-ce pas l'obole offerte aux pauvres en son
nom ?

ÉDOUARD LOCKROY. — Victor Hugo est peut-être
le plus admirable et le plus glorieux des poètes ;
mais c'est assurément un décorateur et un ébé-
niste méconnu. Un de ses plus beaux ouvrages est
Hauteville-House.

AMBROISE THOMAS. — Je suis heureux de pouvoir
offrir à notre cher Grand Poète l'hommage de ma
vieille et profonde admiration.

J. MÉLINE. — Au plus grand peintre de la nature, l'Agriculture reconnaissante.

ANATOLE FRANCE :

Heureux qui, comme Adam entre les quatre fleuves,
Sut nommer par leur nom les choses qu'il sut voir !...

CATULLE MENDÈS :

Auguste et doux, serein comme un dieu sans athée,
Droit comme les Césars d'un vieil armorial,
Il tient ce siècle, ainsi qu'en sa main d'or gantée
Charlemagne portait le Globe impérial.

LÉON DIERX :

Après Homère, après le Dante, après Shakespeare,
Sur le trône sacré, par-dessus tous les rois,
Oh ! reste ! règne encore, en France, d'où tu vois
L'humanité te faire un immortel empire !
Et qu'un siècle nouveau, béni par toi, soupire
Dans le vieux monde enfin apaisé sous ta voix !

ARMAND SILVESTRE :

Hugo, gloire du nom dont un siècle est rempli,
Soleil illuminant le vol des météores,
Lampe vivante au seuil éternel de l'oubli,
Couchant dont la splendeur fait pâlir nos aurores !

A. LAISANT. — La gloire de Victor Hugo rayon-
nera sur le XIXe siècle et contribuera pour une forte
part à la solution des grands problèmes devant
lesquels le XIXe siècle est resté impuissant.

TAILLADE. — Victor Hugo, c'est la source intarissable et bienfaisante qui arrose et fertilise le vaste
champ de l'esprit humain.

CHARLES GOUNOD. — Pour dire tout ce qu'il aura
été, point ne sera besoin d'un maximum de six
lignes : il suffira de le nommer.

AURÉLIEN SCHOLL. — Victor Hugo ? le vent, la
mer, la foudre.

EDMOND GONDINET. — Il est allé si haut dans son
vol surhumain, qu'il semble que nos admirations et
nos enthousiasmes ne peuvent plus l'atteindre.

A. FALLIÈRES. — «... Il faut que la France entière présente un vaste ensemble, ou, pour mieux
dire, un vaste réseau d'ateliers intellectuels, gym-
nases, lycées, collèges, chaires, bibliothèques,
échauffant partout les vocations, éveillant partout
les aptitudes...»

Tel est le programme que traçait Victor Hugo
la tribune de l'Assemblée législative (1850). Ce sera
l'honneur de la République de l'avoir rempli.

PAUL MEURICE :

De l'œuvre qu'il conçoit à l'œuvre qu'il construit,
Ensemble il rêve, atteint, accomplit le prodige ;
L'oranger fait pousser à la fois sur sa tige
La fleur, le bouton et le fruit.

HENRI DE BORNIER. — Quand Shakespeare s'éteint,
Victor Hugo s'allume.

CHARLES LAURENT. — Je n'ai jamais entendu le
moineau chanter les louanges du rossignol. Sans
cela, je vous enverrais en deux trilles l'éloge de
Victor Hugo.

PIERRE VÉRON :

Quatre-vingt-trois !... Fin chiffre, imposant de noblesse.
Mais dans Victor Hugo doit-on compter les ans,
Puisque sa gloire et lui sont vieux d'une vieillesse
Que rajeunit chaque printemps ?

J. LEGOUVÉ. — Le *Moïse sauvé des eaux* marque
l'avènement de l'enfance dans la poésie lyrique.
Avec lui entrent dans l'ode, dans l'élégie, tous ces
Éliacins dont Victor Hugo est le *Joad*, car il les
couronne.

GEORGES LAFENESTRE :

Sur les fermes sommets des grandes Pyrénées,
Plus l'amas est profond des glaces enchaînées,
Plus pur est le regard qui fixe le soleil ;
Ainsi d'un feu plus clair tu rayonnes, ô Gloire,
Sur le front du génie, au plus haut de l'histoire,
Quand la neige des ans y dort son blanc sommeil !

EDMOND PICARD. — La vie humaine entière se reflète en votre œuvre. Pour toute joie, toute douleur, tout sacrifice, tout événement, elle a un chant qui exalte, console, explique ou fortifie. À l'homme moderne, incroyant et morose, elle est ce qu'est au mahométan le Coran, au chrétien la Bible.

HENRI DE LA POMMERAYE. — Victor Hugo a fait la plus admirable des *Poétiques* en écrivant le livre intitulé : *William Shakespeare*, dont la pensée féconde se résume en ces deux formules : l'Art pour le Progrès, le Beau utile.

Je salue en Victor Hugo le Maître généreux et sublime qui a proclamé «le devoir de la pensée humaine envers l'homme».

LOUIS ULBACH. — L'anniversaire de Victor Hugo, en remuant les cœurs, les unit. Combien d'ennemis qui se rapprochent pour fêter d'un même élan le grand génie fraternel qui les domine?

ARSÈNE HOUSSAYE. — Homère, Eschyle, Dante, Shakespeare, Molière, Hugo, ainsi soit-il!

JULES CLARETIE. — Ils sont aimés des dieux ceux qui, glorieux dès leur jeunesse et naissant avec leur siècle, incarnent en eux tous ses rayonnements et tous ses deuils, chantent ses grandeurs, célèbrent ses victoires, pansent ses blessures, le consolent de ses défaites, le relèvent et le vengent, et, vieillissant avec lui, se reposent au couchant de leur vie, dans leur immortalité. Mais quoi ! un seul homme aura eu cette destinée triomphante : c'est Victor Hugo, l'enfant sublime dans le sublime vieillard, Hugo, le grand Français — non, le grand humain !

ADOLPHE THALASSO. — Hugo n'appartient pas à la France seulement; comme Shakespeare et Molière, il appartient, par son génie, au monde entier.

WILLIAM MICHAEL ROSSETTI :

Soul of the loct and Kers of all the world.
With heart for all the world
Homage and love to thee fromall the world.

EUGÈNE MANUEL :

L'apaisement final t'a repris sans partage :
En toi tout s'est calmé chaque jour davantage;
Tout devient lac d'argent, clair azur, flot dompté.
Ton coucher de soleil semble une aube nouvelle;
On dirait que la loi du monde te révèle
Toujours plus de douceur, toujours plus de bonté!

JUDITH GAUTIER. — Maître bien-aimé, permettez-moi de vous offrir comme bouquet de fête ces cinq vers qui sont de vous et dont, paraît-il, je suis seule à me souvenir. Je les tiens de mon père. Vous les avez, disait-il, écrits avec un diamant, sur la vitre d'une auberge peu hospitalière :

Gargotier, chez qui l'on fricasse
Soupe maigre en vaisselle grasse,
On peut te dire en vérité :
Hure pour la mauvaise grâce,
Groin pour la malpropreté.

CHARLES DE MOÜY. — Du pays d'Eschyle et de Phidias, le Ministre de France en Grèce transmet à Victor Hugo le salut fraternel des poètes et des sculpteurs divins de l'Acropole.

HENRY MARET. — Ceux-là seuls qui peuvent choisir entre le lever du soleil derrière les montagnes de la Suisse ou son coucher étincelant dans les flots de l'Océan pourront aussi se prononcer entre les premiers vers de celui que Chateaubriand appela l'Enfant sublime et le poète de *la Légende* ou de *Torquemada*. Pour moi, je suis de ceux qui admirent simplement toute la marche du soleil et toutes les évolutions du génie.

JOSÉ-MARIA DE HÉRÉDIA.

La gloire t'a donné la jeunesse immortelle.

TOLA DORIAN :

Des fulgurants glaciers polaires
Jusqu'aux lacs bleus de Damanhour
Et des cryptes crépusculaires
Au sombre fleuve de l'Amour,
De toi seul veut se faire esclave
Cette âme en révolte... la Slave !

HENRY HOUSSAYE. — Ὁ χορὸς τῶν ποιητῶν ἦλθεν εἰς τὴν γέννησίν σου. Ὁ Ὅμηρος σὲ ὠνόμασεν υἱόν του. Ὁ Αἰσχυλος καὶ ὁ Πίνδαρος εἶπον : Ἀδελφέ μου.

EUGÈNE GUILLAUME. — Au Génie, qui, comme un témoin éternel et comme un prophète, a évoqué la nature et les temps, exprimé les aspirations infinies de l'humanité et, souverain maître de l'idée et de la forme, identifié avec la poésie la représentation intellectuelle de tous les arts.

NAZARE-AGA. — Voici ce que dit le poète Hafez pour vanter la beauté de la bien-aimée : «La beauté de la bien-aimée se passe de notre admiration imparfaite. Un beau visage n'a pas besoin du fard ou des grains de beauté».

Je répète le même vers pour dire que nos louanges sont imparfaites quand il s'agit de rendre hommage au génie du grand poète de notre siècle, l'illustre Victor Hugo.

[Quatre-vingt-troisième anniversaire de Victor Hugo, hommages recueillis au journal *Le Gil Blas*, par M. Catulle Mendès (1881).]

AUGUSTE BARBIER. — Que reste-t-il de lui? Une Babel immense peuplée de créatures monstrueuses ou étranges et sans vitalité réelle.

[*Souvenirs personnels* (1883).]

PAUL DE SAINT-VICTOR. — *La Légende des siècles* domine toute l'œuvre de Victor Hugo. Elle est le Beffroi de cette Cité mouvante et multiple, de toute forme et de tout âge, pleine de contrastes : où la Mosquée des *Orientales* s'arrondit, au milieu des flèches lyriques des *Feuilles d'automne* et des *Voix intérieures*, des *Rayons et des Ombres*, et des *Contemplations;* où le Paris des *Misérables* s'agite autour de la cathédrale de *Notre-Dame de Paris*, où le drame est représenté par tout un groupe tragique d'édifices, qui relient Aranjuez à la Tour de Londres, le Burg germanique au Louvre, la Renaissance italienne à la Décadence espagnole; où le prétoire des *Châtiments* donne sur les camps et sur les tranchées de *l'Année terrible*, cette cité fantastique que la mer baigne, que les astres sans cesse interrogés illuminent, que les champs et les forêts envahissent; où la nature, enfin, projette ses splendeurs et ses ténèbres, ses floraisons et ses éruptions, sur les luttes et les douleurs de l'humanité.

OEuvre démesurée, peuplée de types innombrables, et qui n'est pourtant qu'en partie visible; œuvre sans égale, qu'accroîtront presque de moitié les livres déjà terminés, en sortant de l'ombre, et que des plans tracés, et dont l'achèvement est promis à cette vieillesse invincible, prolongeront en tout sens. Nous ne l'entrevoyons encore aujourd'hui cette œuvre-là qu'à travers la poussière des combats qu'elle a soulevés. Que sera-ce, quand l'avenir l'aura pacifiée, lorsque le recul des années l'aura fixée dans l'harmonie et dans la lumière! Ce qu'on peut dire dès à présent, avec assurance, c'est que tous les temps nous envieront l'avènement et le règne, la présence et l'influence vivante d'un tel poète, et que tout un côté de notre siècle portera son nom.

[*Victor Hugo*, étude (1885).]

ERNEST RENAN. — M. Victor Hugo fut un très grand homme; ce fut surtout un homme extraordinaire, vraiment unique. Il semble qu'il fut créé par un décret supérieur et nominatif de l'Éternel. Toutes les catégories de l'histoire littéraire sont en lui déjouées............................

... M. Victor Hugo fut le plus illustre parmi ceux qui entreprirent de ramener aux plus hautes aspirations cette culture intellectuelle déprimée. Un souffle vraiment poétique le remplit; chez lui, tout est germe et sève de vie. Une singulière découverte coïncide avec celle de l'esprit nouveau, c'est que la langue française, qui semblait ne plus sembler bonne qu'à rimer des petits vers spirituels ou aimables, se trouva tout à coup vibrante, sonore, pleine d'éclat. Le poète qui vient d'ouvrir à l'imagination et au sentiment des voies nouvelles, révèle à la poésie française son harmonie. Ce qui n'était qu'une cloche de plomb devient entre ses mains un timbre d'acier.

La bataille fut gagnée. Qui voudrait aujourd'hui demander compte au général des manœuvres qu'il employa, des sacrifices qui furent les conditions du succès? Le général est obligé d'être égoïste. L'armée, c'est lui; et la personnalité, condamnable chez le reste des hommes, lui est imposée. M. Hugo était devenu un symbole, une affirmation, l'affirmation de l'idéalisme et de l'art libre. Il se devait à sa propre religion; il était comme un dieu qui serait en même temps son prêtre à lui-même. Sa haute art se prêtait à un tel rôle, qui eût été insupportable pour tout autre. C'était le moins libre des hommes, et cela ne lui pesait pas. Un grand instinct se faisait jour en lui. Il était comme un ressort du monde spirituel. Il n'avait pas le temps d'avoir du goût, et cela, d'ailleurs, lui eût peu servi. Sa politique devait être celle qui allait le mieux à sa bataille. Elle était, en réalité, subordonnée à ses grandes stratégies littéraires, et parfois elle dut en souffrir, comme toute chose de premier ordre qu'on réduit à l'état de chose secondaire et qu'on sacrifie à un but préféré. A mesure qu'il avançait dans la vie, le grand idéalisme qui l'avait toujours rempli s'élargissait, s'épurait. Il était de plus en plus pris de pitié pour les milliers d'êtres que la nature immole à ce qu'elle fait de grand. Éternel honneur de sa race! Partis des deux pôles opposés, M. Hugo et Voltaire se rencontrent dans l'amour de la justice et de l'humanité. Que se passera-t-il en 1985, quand le centenaire de Victor Hugo sera célébré à son tour? Devant les obscurités d'un avenir qui nous apparaît fermé de toutes parts, qui oserait le dire? Une seule chose est bien probable. Ce qui est resté de Voltaire restera de M. Hugo. Voltaire, au nom d'un admirable bon sens, proclame que l'on blasphème Dieu quand on croit servir sa cause en prêchant la haine. M. Hugo, au nom d'un instinct grandiose, proclame un père des êtres, en qui tous les êtres sont frères.

[*Victor Hugo* (1885).]

Victor Hugo est mort à une heure trente-cinq minutes.

Il fut le plus grand poète de notre siècle.

Il était fou depuis plus de trente ans.

Que sa folie lui serve d'excuse devant Dieu.

Plaignons ceux qui vont lui décerner l'apothéose et prions pour lui.

[Le journal *La Croix* (1885).]

PAUL DE SAINT-VICTOR. — *Marion de Lorme* : C'est le premier en date des drames du poète, et c'en est aussi le plus jeune. S'il n'a pas la fermeté magistrale, la certitude d'exécution souveraine, qui marquèrent bientôt toutes ses œuvres, il a le charme de la jeunesse, son enthousiasme ardent et tendre, une candeur grave, une foi profonde, la fleur du génie. On y sent la verdeur du printemps sacré, qui régnait alors. Un souffle lyrique y circule, les larmes y coulent comme la source vive.

[*Victor Hugo*, étude (1885).]

HENRI DE BORNIER. — Victor Hugo a écrit cette phrase dont on pourrait faire l'épigraphe de son théâtre : «*Dieu frappe l'homme, l'homme jette un cri : ce cri, c'est le drame.*»

Oui, c'est le drame, le drame de Victor Hugo surtout. Dans aucun temps, dans aucun pays, aucun poète n'a écouté de plus près, n'a reproduit avec plus de force ce cri de la douleur humaine. Chacune de ces œuvres tragiques semble porter le nom d'un champ de bataille : *Hernani* a l'aspect d'un combat étincelant sous le soleil de l'Espagne, dans quelque *sierra* désolée; *Ruy Blas* ressemble au choc de deux escadrons farouches plus avides de donner la mort que de trouver la victoire; *les Burgraves* ont la grandeur douloureuse et titanique des trilogies d'Eschyle.

[*Discours prononcé aux funérailles de Victor Hugo* (1885).]

HENRY HOUSSAYE. — Immense a été et est encore son action sur les lettres françaises. Tous ceux qui tiennent une plume aujourd'hui, les prosateurs comme les poètes, les journalistes comme les auteurs dramatiques, procèdent plus ou moins de lui. Ils se servent d'épithètes et d'images, ils ont des alliances de termes et des surprises de rimes, des tours de phrases et des formes de pensée qui sont des réminiscences inconscientes de Victor Hugo. Le style moderne est marqué à son empreinte. Son œuvre écrite dépasse, par le nombre des volumes, celle même de Voltaire et égale, par la puissance et l'éclat, celle des plus grands poètes.

[1885.]

LECONTE DE LISLE. — Quelles que soient les causes, les raisons, les influences qui ont modifié sa pensée; bien qu'il se soit mêlé ardemment aux luttes politiques et aux revendications sociales, Victor Hugo est, avant tout, et surtout, un grand et sublime poète, c'est-à-dire un irréprochable artiste, car les deux termes sont nécessairement identiques. Il a su transmuter la substance de tout en substance poétique, ce qui est la condition expresse et première de l'art, l'unique moyen d'échapper au didactisme rimé, cette négation absolue de toute poésie; il a forgé, soixante années durant, des vers d'or sur une enclume d'airain; sa vie entière a été un chant multiple et sonore où toutes les passions, toutes les tendresses, toutes les sensations, toutes les colères généreuses qui ont agité, ému, traversé l'âme humaine dans le cours de ce siècle, ont trouvé une expression souveraine. Il est de la race, désormais éteinte sans doute, des génies universels, de ceux qui n'ont point de mesure, parce qu'ils voient tout plus grand que nature; de ceux qui, se dégageant de haute lutte et par bonds des entraves communes, embrassent de jour en jour une plus large sphère par le débordement de leurs qualités natives et de leurs défauts non moins extraordinaires; de ceux qui cessent parfois d'être aisément compréhensibles, parce que l'envolée de leur imagination les emporte jusqu'à l'inconnaissable, et qu'ils sont possédés par elle plus qu'ils ne la possèdent et ne la dirigent; parce que leur âme contient une part de toutes les âmes; parce que les choses, enfin, n'existent et ne valent que par le cerveau qui les conçoit et par les yeux qui les contemplent.

[*Discours de réception à l'Académie française* (1885).]

JULES LEMAÎTRE. — L'âme de Hugo, et c'est tant pis pour moi, est trop étrangère à la mienne.

[Début de l'article sur *Victor Hugo*, dans les *Contemporains* (1886–1889).]

GUSTAVE FLAUBERT. — C'est maintenant une opinion généralement reçue dans la critique moderne que cette antithèse du corps et de l'âme qu'expose si savamment dans toutes ses œuvres le grand auteur de *Notre-Dame*. On a bien attaqué cet homme parce qu'il est grand et qu'il a fait des envieux. On fut étonné d'abord et l'on rougit ensuite de trouver devant soi un génie de la taille de ceux qu'on admire depuis des siècles; car l'orgueil humain n'aime pas à respecter les lauriers verts encore. Victor Hugo n'est-il pas aussi grand homme que Racine, Calderon, Lope de Vega et tant d'autres admirés depuis longtemps?

[*Correspondance*, 1re série, page 16 (1887).]

PAUL BOURGET. — C'est toute une langue nouvelle que Victor Hugo a ainsi façonnée pour l'usage des versificateurs, et cette langue a eu la fortune la plus extraordinaire. Un critique exercé pourrait presque à coup sûr, en présence d'un poème, déterminer s'il date d'avant ou d'après l'auteur des *Orientales*. Cette fortune s'explique par le fait que la révolution prosodique accomplie ainsi a coïncidé avec la plus grande révolution psychologique de notre âge.

[*Études et portraits* (1888).]

DÉSIRÉ NISARD. — Quand on parle de l'état des lettres dans la France contemporaine, on ne peut guère ne pas nommer M. Victor Hugo. Le nom intervint, en effet, dans les quelques paroles qui s'échangeaient entre mon auguste interlocuteur (Napoléon III) et moi : «Comprenez-vous, me dit

l'Empereur, d'un air à la fois grave et légèrement railleur, qu'un homme de ce mérite fasse des vers comme ceux-ci :

... J'en suis émerveillé
Comme l'eau qu'il secoue aveugle un chien mouillé» ?

[*Souvenirs et notes biographiques* (1888).]

EPHRAÏM MIKHAEL :

LA CÈNE.

Or maintenant, au fond du Palais ineffable,
Qui pour tapis a les espaces constellés,
Innombrables autour de la Divine Table
Les Poètes des temps futurs sont assemblés.

Avant qu'ils n'aillent par le Portique superbe
De l'Avenir se disperser dans l'univers,
Le Maître a convié pour la cène du Verbe
Ceux qui doivent porter aux nations les vers.

Le Maître, revêtu d'un manteau d'hyacinthe,
Trône à leur table; et, pour leur soif et pour leur faim,
Leur donne comme Christ la communion sainte
Sous l'espèce du pain symbolique et du vin :

«Prenez, dit-il, ô mes amis et mes apôtres,
Le pain qui rend fécond et le vin qui rend frère;
Pour que le Verbe issu de mon âme aille aux vôtres,
Prenez, mes fils, ceci c'est mon sang et ma chair!»

[*OEuvres d'Ephraïm Mikhael* (1890).]

STÉPHANE MALLARMÉ. — Hugo, dans sa tâche mystérieuse, rabattit toute la prose, philosophie, éloquence, histoire, au vers; et comme il était le vers personnellement, il confisqua, chez qui pense, discourt ou narre, presque le droit à s'énoncer. Monument en ce désert, avec le silence loin; dans une crypte, la divinité ainsi d'une majestueuse idée inconsciente, à savoir, que la forme appelée vers est simplement elle-même la littérature.

[*Vers et proses*, florilège (1893).]

ÉMILE FAGUET. — Il y a des gens, comme Sully Prudhomme, qui ont une âme en pétale de sensitive, qui se replie sur elle-même dès qu'on la touche. Il y en a, comme Coppée, qui ont une âme en ailes de moineau; qui va, légère, amusée, gouailleuse, tendre et gaie à la fois, se poser sur tous les arbres des squares et guetter les humbles joies et les humbles drames pour en faire une chanson. Victor Hugo avait une âme en tôle. L'incident, l'anecdote, l'événement tapaient dessus, et c'était une musique grave et douce ou un retentissement de tonnerre. Il avait un gong dans le cerveau.

[*Revue Bleue* (17 juin 1893).]

ÉMILE ZOLA. — Vous me demandez une page sur Victor Hugo. Une page, grand Dieu! mais c'est un volume qu'il faudrait écrire! Que voulez-vous que je dise en une page sur le plus Grand de nos poètes lyriques?

Et puis, *après les batailles* d'autrefois, je n'ai qu'à m'incliner.

Ces jours-ci, Catulle Mendès, qui est un grand honnête homme littéraire, en me donnant une belle et bonne poignée de main publique, a signé définitivement la paix.

Il a raison, il faut admirer et aimer, toute la force est là.

Malgré la légende, j'ai beaucoup aimé et beaucoup admiré Victor Hugo, et voici ce que j'écrivais il y a longtemps : «Quelle brusque et prodigieuse fanfare dans la langue que ces vers de Victor Hugo! Ils ont éclaté comme un chant de clairon, au milieu des mélopées sourdes et balbutiantes de la vieille école classique. C'était un souffle nouveau, une bouffée de grand air, un resplendissement de soleil. Pour mon compte, je ne puis les entendre sans que toute ma jeunesse me passe sur la face, ainsi qu'une caresse.

«Je les ai sus par cœur, je les ai jetés jadis aux échos des coins de Provence où j'ai grandi. Ils ont sonné pour moi, comme pour bien d'autres, le siècle de la liberté dans lequel nous entrons...»

Voilà la page que vous demandez, mon cher confrère, et je regrette simplement qu'elle ne soit pas plus complète et plus éloquente.

[*La Chronique de Paris* (2 juillet 1893).]

ANDRÉ FONTAINAS. — Analyser ce tome dernier de *Toute la Lyre*, qui en oserait tenter l'aventure ? La poésie de Victor Hugo est parce qu'elle est, voilà tout ; tout y est réinventé et créé à nouveau ; le sens du mystère et le sens du lyrisme par elle ont été restitués à la poésie française ; c'est d'elle que nous tirons notre existence, tous ; elle est l'air que chacun de nous respire : nous ne le saurions décomposer et vivre.

L'atmosphère hugolienne s'est accrue une fois encore à jamais, et notre enthousiasme, duquel ne saurait se définir la qualité. Simplement, c'est ici le lieu de saluer de nouveau l'universel Poète, le Maître et le Père.

[*Mercure de France* (septembre 1893).]

.... — Pendant la période romantique, ils (les juges littéraires) se bornaient à grossir la gloire unique de Victor Hugo. Quand les ouvrages mis en honneur s'intitulaient : *Les Burgraves*, *l'Homme qui rit* ou la *Légende des siècles*, c'était au mieux ; mais cela devenait néfaste quand, par la force d'habitude, on exaltait le feuilleton des *Misérables* ou les tartines politiques des *Châtiments*. Cependant on laissait dans l'ombre de subtils écrivains, comme Gérard de Nerval et Petrus Borel. Or, l'*Aurélia* est infiniment plus littéraire que *Notre-Dame de Paris*, et *Madame Putiphar* contient d'admirables essais d'ironisme, qu'il importe de savoir plutôt que les grands drames Hugoliens.

[*Entretiens politiques et littéraires* (25 octobre 1893).]

ÉMILE VERHAEREN :

Beau chevalier cuirassé de grands vers,
Serrés autour du cœur comme une armure,
Dont l'acier clair et les éclairs
Foudroient la nuit impure ;

Doux chevalier pour les très doux enfants
Dont vous baisiez les têtes
De cette bouche au loin tonnante aux ouragans
Et aux tempêtes ;

Noir chevalier songeur par les soirs merveilleux
Dont les feux immobiles
Brûlaient dans la parole et dans les yeux
Des soudaines Sybilles ;

Clair chevalier et moissonneur d'azur
Tantôt sur terre ou bien là-bas parmi les nues
Où vous glaniez des phrases inconnues
Pour définir le Dieu futur ;

De par ton œuvre ouverte ainsi qu'une arche
Devant l'humanité tragique ou triomphante,
Poète en qui songeait l'hiérophante,
Tu fus le rêve autour d'un monde en marche...

[*La Plume* (1893).]

HENRI DE RÉGNIER :

La grève grise, les durs rocs et les oiseaux
Accueillent ton grand flot, le brisent, et des ailes
Fouettent l'écume, par flocons, que tes querelles
Crient au cap accroupi face à face à tes eaux.

Tes tabulaires blocs sont récifs ou tombeaux ;
La vague expiatoire y meurtrit ses agnelles ;
Sa voix seule répond à l'écho que tu hèles,
Ô mer, tes algues sont des bronzes en lambeaux.

Les sirènes, jadis, aux soirs de l'Île heureuse,
Ont charmé le passant ailleurs, mais l'Exilé
D'ici n'a vu jaillir de la mer douloureuse
Que, seule à tel Destin farouche et flagellé,
La Muse véhémente avec l'âme en sa chair
Du vent mystérieux et de toute la Mer.

(Jersey, 1852-1870.)

[*La Plume* (1893).]

PAUL ADAM. — Victor Hugo, ce fut surtout le vulgarisateur d'un certain élan d'idées en honneur dans les milieux où il vivait... Il y eut dans son entourage des hommes comme Gérard de Nerval qui l'emportèrent sur lui en originalité et en intelligence... *Notre-Dame de Paris*, *les Châtiments* et tout le théâtre de Victor Hugo sont dignes de la portière.

[*La Plume* (1893).]

FERDINAND BRUNETIÈRE. — Dans la traduction comme dans l'analyse des sentiments un peu particuliers, délicats et subtils, il échouera presque toujours, faute précisément de délicatesse et de subtilité. Ses madrigaux, par exemple, auront communément quelque chose de gauche, de lourd, de pédantesque, de choquant quelquefois. Ses plaisanteries auront je ne sais quoi de pesant et de puéril ensemble, d'asséné plutôt que de lancé, de barbare, d'énorme, de mérovingien, si je puis ainsi dire ; — et c'est ainsi qu'on devait rire à la cour du roi Chilpéric.

[*L'Évolution de la Poésie lyrique en France au* XIXe *siècle*, 2 vol. (1894).]

LECONTE DE LISLE :

Dors, Maître, dans la paix de ta gloire ! Repose,
Cerveau prodigieux, d'où, pendant soixante ans,
Jaillit l'éruption des concerts éclatants !
Va ! La mort vénérable est ton apothéose !
Ton esprit immortel chante à travers les temps.
Pour planer à jamais dans la vie infinie,
Il brise comme un Dieu les tombeaux clos et sourds,
Il emplit l'avenir des Voix de ton génie,
Et la terre entendra ce torrent d'harmonie
Rouler de siècle en siècle en grandissant toujours !

[*Derniers Poèmes* (1895).]

PIERRE QUILLARD. — *Les Années funestes. Ab Jove principium !* Chaque fois qu'une œuvre nouvelle de Victor Hugo est divulguée, elle justifie l'admiration presque aveugle que lui ont vouée les poètes et donne raison à leur ferveur envers lui. L'heure était particulièrement propice pour publier ces poèmes contemporains des *Châtiments*. Jamais en notre langue, même chez d'Aubigné, l'invective ne se haussa à un tel ton lyrique ; l'injure brutale, le calembour grandiose, les coups de canne et les coups de bottes, les acrobaties formidables et sinistres, virtuosité de la haine frappant l'ennemi avec ses armes discourtoises, seraient simples jeux de pamphlétaire ; mais, ici, les Euménides mêmes hurlent dans les strophes et, selon son vœu, le poète n'est plus

... qu'un aspect irrité,
Une apparition d'ombre et de vérité !

[*Mercure de France* (septembre 1898).]

GEORGES RODENBACH. — *La Fin de Satan* est le sommet, le point culminant, de cette admirable œuvre posthume qui va se continuer encore, chaîne de montagnes infinissable sur l'horizon du siècle...

[*L'Élite* (1899).]

SAINT-GEORGES DE BOUHÉLIER. — Hugo a été un poète immense. Il n'est pas excessif de dire que s'il n'a pas tout fait, il a tout entrevu. Chacun de nous descend de lui par quelque point. Est-ce qu'il n'a pas chanté Pan ? C'était un de ces hommes énormes qui s'augmentent sans cesse de tout. Le théâtre, le roman, la poésie, l'histoire, il n'est pas un genre qu'il n'ait abordé ; il les a tous traités d'une façon supérieure... Dans l'ode, dans la méditation, dans l'épopée héroïque, Hugo a montré une force sans égale. Il avait quelque chose de primitif. Il ne souffrait aucune espèce d'intermédiaire entre l'univers et lui.

[*Le Figaro* (9 novembre 1901).]

PAUL ADAM. — Mon opinion n'a point varié, je l'avais seulement dite en une forme un peu rude. Je persiste à croire que les poèmes de Mallarmé et de Verlaine l'emportent de beaucoup en élévation de pensée et en force d'évocation sur la somme des productions hugoliennes.

[*Le Figaro* (1901).]

LÉON DESCHAMPS. — Victor Hugo, lorsqu'il entreprend la critique des autres, ne consent à parler que des hommes de génie, ses égaux. Aussi son unique procédé de critique, c'est l'extase. Le champ de ses admirations est très vaste. Voici la liste de ses auteurs favoris : Dante, Homère, Shakespeare, Eschyle, Isaïe, Tacite, dont il aime l'«obscurité sacrée», Molière, Pindare, Aristophane, Plaute, Corneille, Rabelais, La Fontaine, Salomon, Beaumarchais...

[*Le Temps* (1901).]

HUGUENIN (Pierre).

Les Idylles (1894).

OPINION.

CHARLES FUSTER. — Un livre naïf, tout frais, délicieusement juvénile. On n'est pas *jeune* avec plus de sincérité, ni avec plus de délicates nuances.

[*L'Année des Poètes* (1894).]

HUGUES (Clovis).

La Femme dans son état le plus intéressant (Marseille, 1870). - *La Petite Muse* (1874). - *Les Intransigeants* (1875). - *Poèmes de prison* (1875). - *Les Soirs de bataille* (1882). - *Les Jours de combat* (1883). - *Les Évocations* (1885). - *Madame Phaéton* (1888). - *Le Sommeil de Danton*, drame en cinq actes et en vers (1888). - *Monsieur le Gendarme* (1891). - *Le Bandit* (1892). - *Le Mauvais Larron* (1895). - *La Chanson de Jehanne d'Arc* (1899).

OPINIONS.

Les trois principales œuvres poétiques de M. Clovis Hugues sont : *Les Soirs de bataille* (1882), les *Jours de combat* (1883), les *Évocations* (1885). Partout le souffle est vibrant, la langue sonore, le rythme mouvementé et varié. En dehors des actualités sociales, les sujets qu'il préfère par contraste sont les plus doux : l'amour de la femme, la tendresse pour les enfants, et aussi la passion de la nature méridionale ensoleillée sous l'azur.

[*Anthologie des Poètes français du XIXe siècle* (1887-1888).]

ÉMILE FAGUET. — Disons simplement que pour ce genre de drame, *Le Sommeil de Danton*, il y a un cadre tout fait, dans lequel ils entrent tous, et qu'on ne peut guère modifier que dans des détails très secondaires. M. Hugues l'a compris et l'a pris ainsi tout bonnement, sans se marteler la cervelle ; et il n'a pas eu tort. Il a voulu seulement sur ce fond constant, éternel, et qui pourra servir bien souvent encore, tracer quelques caractères intéressants et jeter quelques beaux discours d'une brillante facture et d'une langue riche... Je serais donc content des «beaux discours», n'était qu'il y en a de trop et qu'ils sont trop longs. M. Hugues est un exubérant. Il ne brille point par la concision. Il devrait relire Saint-Just pour se corriger... C'est donc un drame oratoire que nous avons eu. Je ne fais nul fi du drame oratoire. Je sais bien que Corneille... parfaitement. Mais les temps ont marché. Les goûts ont bien changé quelque peu. Il est bien probable que si Corneille revenait au monde, il aurait le même génie, et que, tout de même, il ferait ses drames autrement.

[*Le Théâtre contemporain* (1888).]

PHILIPPE GILLE. — Le vers de M. Clovis Hugues est bien frappé, vigoureux, facile, richement rimé ; la pensée qui l'anime est généralement élevée, et nul n'a plus de grâce quand il s'agit de peindre le charme de la nature. Aussi n'est-ce point à la forme qu'il faut s'en prendre, mais parfois au fond même de l'idée. Malheureusement pour le poète, il ne peut pas, comme maître Jacques, retirer complètement son habit d'homme politique et devenir à son gré un autre personnage. Le type du poète-tribun, c'est Victor Hugo, et quoi qu'on fasse pour ne point lui ressembler, il est bien difficile de ne pas marcher parfois dans l'empreinte de ses pas, puisqu'on suit le même chemin. Ce qu'il faut souhaiter à M. Clovis Hugues, c'est justement de quitter le point de vue où s'est mis l'auteur des *Châtiments* et de *l'Année terrible*, pour que son originalité (il en a une) puisse se dégager complètement.

[*La Bataille littéraire*, 3e série (1891).]

JEAN DES FIGUES. — Quelle voix! claironnante, perçante, aiguë, vrillante, elle est marseillaise superlativement ! elle charrie l'odeur de goudron, de saumure et d'orange du Vieux-Port... C'est la bonne voix qui dit la bonne chanson. Elle a défendu âprement et avec des rires la cause du petit et du faible ; elle a prononcé les paroles d'espoir et de consolation ; elle s'est attendrie au souvenir du village natal dont elle a retrouvé tant de fois la parole familière et sonore ; elle s'est élevée jusqu'à l'ode et à la tragédie ; et lyrique, et magnifique, et bien française, elle vient de chanter l'épopée héroïque de notre Jeanne d'Arc.

[*La Cigale* (mars-juin 1900).]

I

IBELS (André).

Les Chansons colorées (1894). – *Les Cités futures* (1895). – *Critiques sentimentales* (1898).

OPINION.

ÉMILE STRAUSS. — M. André Ibels a bu aux coupes d'or des Chénier, des Verlaine, des Mallarmé. Sa lèvre en a retenu la saveur exquise et s'est parfumée de beauté; sa langue poétique est d'une souplesse remarquable par le charme des épithètes, la variété de composition et les rythmes cadencés. Ce sont des symphonies verbales, visions de nature d'où le sensualisme est banni. Nul abus de déclamations;

les Cités futures ne sont qu'incidemment œuvre de sociologue, le Poète domine le sujet.

[*La Critique* (5 avril 1896).]

ICRES (Jean-Louis-Marie-Fernand).

Les Fauves, publiés sous le pseudonyme de Crésy (1880). – *Les Farouches* (1885). – *Les Bouchers*, drame (1889). – *Perle*, roman (1889).

OPINION.

LÉON CLADEL. — Ses œuvres de début lui valurent les encouragements de ses aînés, qui le tenaient déjà pour un artiste de race et qui ne peuvent que l'applaudir sans restriction pour son dernier recueil de poésies : *Les Farouches*.

[*Anthologie des Poètes français du* xixᵉ *siècle* (1887-1888).]

J

JALOUX (Edmond).

Poèmes (1896). – *L'Agonie de l'Amour* (1899).

OPINION.

M. Edmond Jaloux, dont les charmants poèmes nous avaient laissés pleins d'une espérance attentive, nous montre aujourd'hui, dans *l'Agonie de l'Amour*, ses dons multiples et divers.

[*L'Ermitage* (mars 1900).]

JAMMES (Francis).

Six sonnets (1891). – *Vers* (1892). – *Vers* (1893). – *Vers* (1894). – *Un Jour* (1896). – *De l'Angélus de l'aube à l'Angélus du soir* (1898). – *Quatorze prières* (1898). – *La Naissance du Poète* (1898). – *Clara d'Ellébeuse*, ou l'histoire d'une ancienne jeune fille (1899). – *La Jeune Fille nue* (1899). – *Le Poète et l'Oiseau* (1899). – *Le Deuil des Primevères* (1901).

OPINIONS.

LOUIS DUMUR. — Cette mince plaquette se présente avec des allures mystérieuses bien particulières. Le nom de l'auteur est inconnu. Est-ce un pseudonyme? Et il semble que l'orthographe n'en est pas très rigoureuse : James serait plus exact. Le livre est dédié à Hubert Crackanthorpe et à Charles Lacoste :

«A toi, Crackanthorpe, déjà célèbre en ton pays, et qui a senti passer en toi le souffle de l'amour et de la pitié humaine (*sic*).»

«A toi, Lacoste, qui resteras peut-être dans l'ombre, simple et beau comme ce rosier que tu as peint au fond du vieux jardin triste.»

M. Hubert Crackanthorpe existe. C'est un jeune écrivain anglais qui a publié un volume de contes, très remarquable, paraît-il, un peu dans le goût de Maupassant, et intitulé : *Wreckage*. Le second dédicataire m'est inconnu.

Autres allures mystérieuses : ce petit livre, aux apparences anglaises, est imprimé à Orthez, dans les Basses-Pyrénées. Et les quelques mots écrits à la main à l'exemplaire que j'ai sous les yeux sont d'une graphologie de petite écolière maladroite. Le contenu n'est pas moins bizarre. Qu'on en juge :

Le pauvre pion doux si sale m'a dit : J'ai
bien mal aux yeux et le bras droit paralysé.
Bien sûr que le pauvre diable n'a pas de mère
pour le consoler doucement de sa misère.
Il vit comme cela, pion dans une boîte,
et passe parfois sur son front sa main moite...

[*Mercure de France* (1893).]

LUCIEN MUHLFELD. — *Vers*, par M. Francis Jammes, maladroits et touchants.

[*Revue Blanche* (octobre 1893).]

HENRI DE RÉGNIER. — Je serais fort embarrassé d'analyser *la Naissance du Poète*, de M. Francis Jammes et de dire ce qui en fait un poème beau, singulier et pathétique. Cela se sent et ne s'exprime guère, non plus qu'on expliquerait aisément en quoi M. Jammes est un poète tout à fait unique. Il n'écrit ni vers sonores ou martelés, ni strophes à combinaisons savantes; il n'est ni naturiste ni symboliste; son style est un mélange de précision et de gaucherie, l'une naturelle, l'autre voulue. Ce langage à la fois maladroit et exquis est un charme chez lui. On ne sait pourquoi tout d'abord, on ne sait pourquoi ensuite, mais il reste de tout ce qu'il écrit une impression profonde et qu'on n'oublie plus. Il ne parle que des choses les plus simples, les plus quotidiennes, les plus humbles, mais il en parle avec une grâce délicieuse, une émotion naïve, une exactitude qui les rend visibles et palpables. Il les évoque telles qu'il les a ressenties. C'est le poète le plus véridique que je sache. Sa sensibilité est d'une qualité particulière, il est grave et probe. Il vit en ce qui l'entoure. Le village qu'il peint est le village où il habite. Les oiseaux sont ses oiseaux, les blés ses blés, les roses ses roses. On est chez lui. C'est lui qui a écrit les véritables «intimités». Sa rêverie est locale. La nature est pour lui ce qu'il sent de la nature. S'il imagine, il laisse voir qu'il imagine, s'il se souvient, il indique qu'il se souvient. Nulle tromperie. Il aime les jeunes filles, les bons chiens, les cruches, l'herbe, l'eau, les maisons, les jardins, les puits, les coquillages, les coraux, les estampes démodées, les noms d'héroïnes des vieux romans, les Antilles, Paul et Virginie. Il aime tout. *La Naissance du Poète*, avec *Un Jour* et les *Vers*, lui composent une œuvre enviable, car elle a été pensée dans la solitude et dans le loisir.

[*Mercure de France* (mai 1897).]

FRANÇOIS COPPÉE. — De M. Francis Jammes nous avons déjà et nous espérons encore des idylles ingénues, de naïves pastorales. Ecoutez ceci : sont-ce des vers ? à peine. Mais c'est assurément de la poésie :

Où est ma mère? Dans la salle à manger où sentent bon les fruits.
Elle coud le linge blanc près des capucines.
C'est la mère douce aux cheveux gris dont tu es né.
Il y a un grand calme qui tombe de la vigne.
La chatte sur la pierre chaude s'étire
En bâillant ou roule au soleil son ventre blanc.
La chienne allongée allonge un museau pointant
Sur ses pattes allongées, courtes et frisées.
Le ciel clair comme l'air entre ses croisées.
Dieu te rendra bon comme les hommes
Et doux comme le miel, la mûre et les pommes
Où se collent les guêpes en or tout empêtrées.
Ta mère douce coud dans la salle à manger
Où sentent bon les fruits, près de ta fiancée.

Sans doute, cela est maladroit, bizarre, et l'on croit lire, n'est-ce pas, la traduction de quelque poète étranger. Cependant, faites disparaître quelques assonances et quelques répétitions de mots, tout à fait inutiles. Ne sentez-t-il pas une pénétrante impression de campagne et d'été, quelque chose de très fin et de très doux?

[*Le Journal* (7 octobre 1897).]

REMY DE GOURMONT. — Voici un poète bucolique. Il y a Virgile, et peut-être Racan, et un peu Segrais. Nulle sorte de poète n'est plus rare... Voilà donc un poète. Il est d'une sincérité presque déconcertante; mais non par naïveté, plutôt par orgueil. Il sait que, vus par lui, les paysages où il a vécu tressaillent sous son regard et que les chênes tout secoués parlent et que les rochers resplendissent comme des topazes. Alors il dit toute cette vie surnaturelle et toute l'autre, celle des heures où il ferme les yeux; et la nature et le rêve s'enlacent si discrètement, dans une ombre si bleue et avec des gestes si harmonieux, que les deux natures ne font qu'une seule ligne, une seule grâce...

[*Le Livre des Masques*, 2ᵉ série (1898).]

ANDRÉ THEURIET. — Je me suis souvent reproché d'avoir été un peu dur, dans un précédent article, pour ce débutant. Ma seule excuse c'est que je n'avais vu de lui qu'un morceau de fantaisie médiocre. La lecture de son recueil (*De l'Angélus de l'aube à l'Angélus du soir*) m'a fait changer d'avis. Il y a en F. Jammes l'étoffe d'un poète paysagiste et intime, auquel je prédis un franc succès lorsqu'il voudra bien s'astreindre aux lois de la rime et du vers nettement mesuré.

[*Le Journal* (15 juillet 1898).]

CHARLES MAURRAS. — Que M. Jammes prenne garde. Lafargue (qui, lui, avait une âme lyrique) a laissé un très petit nombre de poèmes, d'une singulière brièveté et dont chacun s'y forme un petit monde distinct. On n'a de Rimbaud que des débris, de Verlaine que des épaves. Tout est très fragmentaire. Or, le volume de M. Francis Jammes passe déjà les 300 pages; il compte plus de cent poèmes qui se ressemblent terriblement. Rien de fastidieux comme cette litanie de mornes gageures.

[*Revue encyclopédique* (23 juillet 1898).]

ANDRÉ GIDE. — Francis Jammes est un grand poète; il a l'audace la plus noble : celle de la simplicité. Il existe assez réellement lui-même pour pouvoir se passer d'adjuvants, des communes ressources littéraires; de sorte qu'on s'étonne d'abord, tant sa littérature emprunte peu à celle des autres.

[*L'Ermitage* (novembre 1898).]

GASTON DESCHAMPS. — Je ne voudrais pas brutaliser M. Francis Jammes, dont j'ai déjà loué le talent de prosateur. Souvent, parmi les jolis motifs de ses poèmes, j'ai pris plaisir à entendre tinter

L'harmonieux grelot du jeune agneau qui bêle.

Mais nos jeunes poètes ont une si fâcheuse tendance à marcher courbés, qu'on est obligé, quelquefois, de leur donner, sans malice, un amical coup de poing, afin de leur redresser leur taille.

[*Le Temps* (28 janvier 1900).]

PAUL LÉAUTAUD. — A écouter les poèmes contenus dans le volume : *De l'Angélus de l'aube à l'Angélus du soir*, poèmes dont la sincérité parfois touche à la naïveté et d'une notation directe souvent jusqu'au mot choquant, on respire un sentiment d'immense humilité devant la nature et de foi ingénue en Dieu. De tels vers semblent bien avoir été écrits, comme nous le confie çà et là, au cours du livre, M. Francis Jammes, dans une petite chambre ancienne, par des soirs de septembre lent et pur, devant un horizon de métairies et de campagnes, en compagnie du silence et de son seul cœur.

[*Poètes d'aujourd'hui* (1900).].

JAN (Ludovic).

Dans la Bruyère (1891).

OPINION.

CHARLES FUSTER. — Voici un recueil où tout n'est pas également remarquable, mais dont plusieurs morceaux rustiques, des vers de paysans, sont aussi des vers de grand poète.

[*L'Année des Poètes* (1891).]

JASMIN (Jaquou). [1798-1864.]

Le Charivari, poème burlesque (1825). – *Les Papillotes* (1835). – *L'Aveugle de Castel-Cuillé* (1836). – *Françonette* (1840). – *Marthe la Folle* (1844). – *Les Deux Frères jumeaux* (1845). – *La Semaine d'un fils* (1849).

OPINIONS.

ARMAND DE PONTMARTIN. — Tant qu'il s'est agi de Jasmin tout seul, on a dit : Jasmin a du génie, ce qui est rare, mais ce qui peut arriver à un Gascon et à un coiffeur, tout comme à un enfant de Mâcon ou de Paris. On a donc accepté sans restriction le génie de Jasmin, et, l'engouement de quelques salons se mettant de la partie, peu s'en est fallu qu'on ne le proclamât supérieur à Lamartine et à Victor Hugo.

[*Nouveaux samedis* (1865-1875).]

SAINTE-BEUVE. — Il n'est jamais plus heureux que lorsqu'il entend et qu'il peut emprunter d'un artisan ou d'un laboureur «un de ces mots qui en valent dix». C'est ainsi que ces poèmes mûrissent pendant des années avant de se produire au grand jour, selon le précepte d'Horace, que Jasmin a retrouvé à son usage, et c'est ainsi que ce poète du peuple, écrivant dans un patois populaire et pour des solennités publiques rappelant celles du moyen âge et de la Grèce, se trouve être, en définitive, plus qu'aucun de nos contemporains, de l'école d'Horace que je viens de nommer, de l'école de Théocrite, de celle de Gray et de tous ces charmants génies studieux qui visent dans chaque œuvre à la perfection.

FRANÇOIS GIMET. — Les créations de Jasmin se montrent fraîches et vives. La poésie en est d'un style franc et populaire; ses improvisations sont chaleureuses, et nous le saluons comme la France entière salua Béranger, auquel le poète agenais semble se rattacher.

[*Causeries littéraires* (1894).]

JAUBERT (Ernest).

La Couleur des heures (1893). – *Fleurs de symbole* (1896). – *Tel est pris*, un acte (1897).

OPINIONS.

CHARLES MORICE. — Si ce poète n'a pas de sensualité, peut-être, sans doute il ne manque ni d'intelligence, ni d'imagination.

[*La Littérature de tout à l'heure* (1889).]

ANDRÉ FONTAINAS. — Sans doute, avec une âpre étude des maîtres qu'il révère et une implacable sévérité pour lui-même, M. Jaubert arrivera à formuler, débarrassé de la lourdeur présente de son style, des sensations d'un art simple et tendre. Ce n'est que parce que son livre indique qu'il peut sûrement mieux et bien faire qu'il est ici exhorté à se débarrasser des défauts qu'il se connaît, à prendre pleine possession d'un talent possible. Il faut aussi qu'il se défie des poèmes traditionnels à forme fixe, dont l'on ne peut user qu'avec une souplesse de doigté,

une virtuosité vaine que je suis heureux pour ma part de lui pouvoir dénier, car les poètes, aujourd'hui, ont mieux à faire que s'attarder à pareilles bagatelles.

[*Mercure de France* (octobre 1893).]

ÉMILE BESNUS. — Rythmes, les formes, les sons et les nuances; rythmes, les mots et les idées. Quelques-uns le nient, beaucoup l'ignorent ou ne s'en soucient, mais certains le savent. Or, Jaubert est de ceux qui savent ces choses; et c'est cela la *Couleur des heures*.

[*L'Idée libre* (1893).]

JEANTET (Félix).

Les Plastiques (1887).

OPINIONS.

PAUL GINISTY. — M. Félix Jeantet est aussi, dans ses *Plastiques*, un ouvrier soucieux de la forme. Son vers est plein, robuste, très franc. C'est une chose très particulière, en vérité, que cette science du métier qu'ont même de très jeunes poètes, attentifs aux leçons données par les maîtres comme Théodore de Banville. Là à peu près ne saurait plus être supportable dans l'exécution matérielle du vers.

[*L'Année littéraire* (7 juin 1887).]

AUGUSTE DORCHAIN. — M. Jeantet est de ceux que la Femme obsède plus qu'elle ne les émeut; ses émotions, du moins, sont plus souvent esthétiques et sensuelles que morales. Toutefois, en quelques poèmes écrits sous la dictée du Souvenir, cette sensualité se tempère d'un sentiment exquis : ainsi dans ces *Yeux de velours* dont la tristesse mystérieuse enveloppe et fascine comme l'*Antonia* d'Hoffmann ou la *Ligeia* d'Edgar Poë. Et c'est encore en ces pages, nous semble-t-il, que le poète rend son plus profond hommage à la Beauté.

[*Anthologie des Poètes français du XIXe siècle* (1887-1888).]

JEHAN (Auguste).

Chants lyriques et profanes (1891).

OPINION.

PHILIPPE GILLE. — Ces chants ont le rare mérite d'être l'œuvre d'un poète convaincu. C'est à cette foi en le vrai et le beau qu'il doit ses meilleurs accents.

[*Le Figaro* (1894).]

JHOUNEY (Albert).

Les Lys noirs (1887). – *Le Royaume de Dieu* (1887). – *Le Livre du Jugement* (1889). – *L'Étoile sainte* (1890). – *L'Âme de la foi* (1890). – *Ésotérisme et Socialisme* (1893).

OPINIONS.

CHARLES MORICE. — Albert Jhouney, par la nature de son esprit orienté aux seules réalités absolues, est à merveille le poète pour qui la Beauté ne ressort que de la Vérité. C'est un nuptique, certes, et c'est même l'adepte des très hautes sciences qu'une triste mode est de railler sans les connaître. En elles, Jhouney trouva la certitude et la paix que tant d'autres cherchent vainement ailleurs.

[*La Littérature de tout à l'heure* (1889).]

CHARLES MAURRAS. — M. Albert Jhouney a été mis au monde au bord de la Méditerranée; mais son esprit a fleuri, j'imagine, dans la lecture de *l'Ancien testament*, de Lamartine et de Vigny. Là, il s'est accoutumé de bonne heure, comme l'homme de Spinoza, à ne rien concevoir si ce n'est sous forme de l'éternité. Il s'est gorgé de pensées amples, de périodes harmonieuses et graves. Il a appris l'art des saintes colères et le secret de ne point rire, même de soi. Puis l'Évangile lui a enseigné la douceur, l'amour des hommes.

JONCIÈRES (Léonce de).

L'Âme du Sphynx (1896). − *Tanagra* (1900).

OPINIONS.

PAUL PERRET. — M. Léonce de Joncières a longuement poli et caressé ses rimes très sévèrement choisies; son ouvrage est achevé depuis plusieurs années; avant de le livrer au public, il a voulu recueillir des avis et, s'il le pouvait, emporter des suffrages. Il en eut beaucoup, et surtout celui de Leconte de Lisle; aussi, dans sa reconnaissance, a-t-il dédié son livre à l'illustre mort.

[*La Liberté* (3 avril 1896).]

ARMAND SILVESTRE. — *L'Âme du Sphynx* est dans la pure tradition parnassienne, telle que Leconte de Lisle en fut la plus magistrale expression. C'est dire qu'on n'y trouve aucune des recherches nouvelles de rythmes et de consonnances auxquelles force nous est de nous intéresser, puisque les gens de grand talent s'y emploient. Il me faut bien avouer que les beaux vers sonores de M. de Joncières, coulés en un métal très pur et dans un moule d'une rigueur voulue, m'ont enchanté par leur musique, déjà connue peut-être, mais dont le temps ne m'a jamais lassé. C'est un merveilleux descriptif, et ses vers sont d'un peintre au moins autant que d'un poète. À la vieille terre d'Égypte, toujours mystérieuse au seuil des civilisations, nourricière des races spiritualistes invinciblement, gardienne des religions et des traditions augustes, il a emprunté le décor de ces courts poèmes et aussi la mélancolie qui, des grands yeux de pierre des sphynx, se répand encore sur l'humanité comme l'ombre du plus beau rêve que l'homme ait conçu. Dans chacun de ces vers d'une couleur ardente, dont l'envolée fait saigner, dans l'air, l'aile des ibis, on sent l'amour profond de la vieille race disparue et de ses superstitions admirables.

[*Le Journal* (18 avril 1896).]

PHILIPPE GILLE. — *L'Âme du Sphynx*, tel est le titre d'un volume de poésies que M. Léonce de Joncières vient de publier et qui contient de nom-

breux morceaux pleins de couleur et de force descriptive. Sans lui avoir rien emprunté, M. de Joncières a quelque chose de Théophile Gautier, et il est telle pièce, *l'Islam*, par exemple, qui pourraient, sans désavantage, prendre place dans le charmant petit livre célèbre sous le titre d'*Émaux et Camées*. L'auteur, un peintre de talent, est coloriste, et c'est à l'Orient qu'il a demandé la magie de son soleil et les sujets de ses belles envolées de poète.

[*Ceux qu'on lit* (1898).]

JOUY (Jules-Théodore-Louis). [1855.]

Les Chansons de l'année (1888). − *Les Chansons de bataille* (1889). − *La Chanson des joujoux* (1889). − *Les Refrains du Chat-Noir.*

OPINIONS.

PHILIPPE GILLE. — Je ne parlerai que d'un chansonnier, mais d'un chansonnier de race, de M. Jules Jouy, dont les succès ont commencé dans cette officine artistique qui s'appelle le petit théâtre de la rue Victor-Massé, et qui a produit les Caran d'Ache, Willette, Mac-Nab, Oscar Méténier et tant d'autres que le *Chat-Noir* revendique justement comme ses nourrissons.

M. Jules Jouy a beau dire dans un refrain :

> Les vieux, les vieux,
> Sont très ennuyeux,
> Qu'ils s'aiment entre eux !
> A bas les vieux !

il est de leur race, car ces vieux s'appellent Desaugiers, Béranger, Charles Gille, Pierre Dupont, Darcier, et j'ajoute : Auguste Barbier. Comme eux, il a le trait; comme eux, il est Français, éloquent, homme d'esprit, patriote et poète. Peut-être sa muse a-t-elle un peu trop sacrifié à la politique et l'accusera-t-on d'aller un tantinet vers les mécontents quand même, mais elle sait être variée et prendre ses impressions un peu partout. Le recueil intitulé : *Les Chansons de l'année*, est une sorte de journal chanté, où chaque sottise publique et privée est lestement rimée... Bien d'autres que M. Jules Jouy ont rimé depuis nombre d'années; mais j'ai dû le signaler comme celui qui, aujourd'hui que tout le monde a un peu ou beaucoup de talent, a apporté la seule chose rare, une note personnelle, qu'il s'agisse de «grand art» ou de chansons.

[*La Bataille littéraire* (1891).]

ANATOLE FRANCE. — M. Jules Jouy est presque populaire. Et c'est justice : il a l'ardeur, l'entrain, et, dans une langue très mêlée, de l'esprit et du trait. Je ne l'aime pas beaucoup quand il vise au sublime. Mais il est excellent dans l'ironie. Rappelez-vous *la Perquisition* et *les Manifestations boulangistes*, sur l'air de *la Légende de Saint-Nicolas*.

[*La Vie littéraire*, 3ᵉ série (1891).]

JULES CLARETIE. — Jules Jouy, c'est le satirique, le rimeur de chansons sociales, faisant de son refrain une fronde et de chaque couplet comme un pavé de barricade...

[*La Vie à Paris* (1895).]

K

KAHN (Gustave).

Les Palais nomades (1887). – *Chansons d'Amant* (1891). – *Domaine de fée* (1895). – *Le Roi fou* (1895). – *La Pluie et le Beau Temps* (1896). – *Le Livre d'Images* (1897). – *Premiers Poèmes*, avec une préface sur le vers libre (1897). – *Le Cirque solaire* (1898). – *Le Conte de l'Or et du Silence* (1898). – *Les Petites Âmes pressées* (1898). – *Les Fleurs de la Passion* (1900). – *L'Esthétique de la Rue* (1900).

OPINIONS.

TÉODOR DE WYZEWA. — M. Kahn est résolument un poète novateur, et son premier livre, *Les Palais nomades*, est un des plus agréables poèmes de ces temps. M. Kahn a, je crois, un système théorique complexe; mais ses vers suffisent à montrer le fondement de sa doctrine. Évidemment, il assigne à la poésie le rôle d'une musique spéciale, et la veut consacrée à l'expression d'états de l'âme spéciaux : de ces larges et troubles coulées d'images, par instants envahissant l'esprit, incapables d'être notées dans une prose, et constituant, pour la psychologie, l'essence même des émotions... La forme musicale de M. Kahn rappelle la mélodie fluide et comme tranquille de M. Verlaine, rendue seulement à sa pleine valeur poétique, par la suppression de toutes règles vaines et du stérile désir de raconter une histoire. Un livre ainsi conçu pourrait être un chef-d'œuvre.

[*La Revue indépendante* (1887).]

PAUL GINISTY. — J'arrive aux chercheurs d'une formule nouvelle qui, malgré les railleries, continuent à donner des vers d'une intelligence difficile pour les profanes. Ils mettent une si belle opiniâtreté à assurer qu'il y a quelque chose au fond de ces énigmes, qu'il faut bien, au moins, exposer leur système.

Le plus ardent de ces poètes un peu sibyllins est M. Gustave Kahn, l'auteur des *Palais nomades*, dont je cite, par curiosité, ces vers au hasard :

> Le mirage trompeur du toi que tu devais —
> Regards aux boulevards et sourires aux lacs
> Emmitouflé de tes lacs
> Terne je m'en vais (?)

M. Kahn estime que le poète doit travailler à l'aide de l'*intuition* et non à l'aide de l'acquit des littératures. Le poète doit, après avoir su, oublier, «être comme un ignorant pourvu d'excellents appareils pour clicher tout ce qui se passera en lui». Cette petite école cherche donc la forme la plus capable de rendre les tâtonnements, les changements de résolutions, les subites décisions qui sont l'«entrelacs» tracé actuellement par la plupart des cerveaux. Elle y réussit, comme vous voyez.

[*L'Année littéraire* (7 juin 1887).]

CHARLES MORICE. — Gustave Kahn a compris que, pour les projets qui s'imposent, ni la prose seule, ni les vers seuls ne suffisent. Il les mêle; c'est la loi du mélange qu'on peut critiquer, non pas le mélange même. Et il procède avec intelligence, combinant bien les faibles et les fortes; seulement il se maintient trop dans l'atmosphère pure du lyrisme, où détonne cet accent de prose qu'il indique pourtant expressément par la suppression de la capitale initiale, mais qu'il semble pourtant encore démentir par cette autre suppression des détails de la ponctuation.

[*La Littérature de tout à l'heure* (1889).]

ALBERT MOCKEL. — M. Gustave Kahn innova une strophe ondoyante et libre dont les vers appuyés sur des syllabes toniques créaient presque en sa perfection la réforme attendue; il ne leur manquait qu'un peu de force rythmique à telles places et une harmonie sonore plus ferme et plus continue que remplaçait d'ailleurs une heureuse harmonie de tons lumineux.

[*Propos de littérature* (1894).]

PAUL FORT. — *Domaine de fée* : un des plus beaux «Livres d'amour». (*Palais nomades, Chansons d'Amant*, aux yeux de tels nouveaux poètes : bibles.)

[*Mercure de France* (avril 1895).]

EDMOND PILON. — On oublie trop communément que M. Gustave Kahn est, avant qui que ce soit, le premier initiateur du vers libre. Je comprendrais la raison de cet ostracisme si l'œuvre qu'il avait donnée, au début, n'avait pas répondu à l'opinion qu'on se fit de sa réforme. Mais comme *les Palais nomades* restent une des plus imposantes parmi les productions souvent inégales de cette dernière génération poétique, l'oubli cessera, je pense, dès que l'injustice de nous-mêmes saura faire place à une moins craintive réserve.

La raison de ce «passer sous silence» vient-elle de ce que ce poète n'a pas, avant d'œuvrer, inscrit son dogmatique catéchisme en bons et dits statuts à l'usage des disciples fidèles et des assimilateurs habiles? Il se peut que cela y soit pour beaucoup.

M. Gustave Kahn a ouvert une voie et tracé un sillon vers des horizons de liberté; plusieurs bons poètes le suivirent dans cette louable tentative.

[*L'Ermitage* (avril 1895).]

REMY DE GOURMONT. — Ce poème de vingt-huit feuillets (*Domaine de fée*) est sans doute le plus délicieux livret de vers d'amour qui nous fut donné depuis *les Fêtes galantes* et, avec les *Chansons d'Amant*, les seuls vers peut-être de ces dernières années où le sentiment ose s'avouer en toute candeur, avec la grâce parfaite et touchante de la divine sincérité.

[*Le Livre des Masques*, 1ʳᵉ série (1896).]

CHARLES MAURRAS. — Précieux et commun tout ensemble, M. Kahn est assurément le plus prosaïque de nos poètes. Il use de la rime ou la rejette, c'est son droit. Et, chez lui, les rythmes impairs alternent avec les rythmes pairs : il en a bien la liberté. L'assonance lui plaît : qu'il assonne. L'allitération le charme, qu'il allitère. Je dirais volontiers à M. Gustave Kahn : «Fay ce que vouldras», si tout ce qu'il tente de faire, par une fâcheuse fortune, ne manquait. Rimés, assonancés, ou sans rimes ni assonances, allitérés ou non, de rythme impair ou pair, le sort ordinaire des vers de ce jeune poète est de ne point chanter; les mots dont se trouvent composés ces curieux vers se refusent au rythme. Ils ne se lient point les uns aux autres. Ils ne font point de chœur ni de danse commune.

[*Revue encyclopédique* (28 mars 1896).]

FR. VIÉLÉ-GRIFFIN. — M. Kahn lui-même, s'il ne nous offre pas aujourd'hui de ces étranges fleurs orientales à la tige flexible dont nous fûmes étonnés, a tressé dans l'ombre un bouquet composite, non sans grâce. Nous attendrons toutefois, pour parler plus longuement de M. Kahn, qu'il veuille «unir la clarté philosophique profonde du xviii° siècle à la riche ornementation romantique et les mettre au service d'idées imprévues»; tel est en effet son beau dessein, et insister aujourd'hui serait prématuré. Dans son dernier recueil, nous avons beaucoup goûté ce *Au pont des Morts* où la mâle et fougueuse influence de Verhaeren se laisse assez heureusement sentir. Mais quels que soient le talent et les projets littéraires de M. Kahn, sa «vaste ambition», il se risque, bien témérairement à notre sens, à interdire au poète de l'avenir l'usage de la symbolique gréco-latine; il effleure là des questions bien délicates d'atavisme et de culture, et nous devons faire toutes réserves de nos droits à disposer selon nos goûts de l'héritage aryen.

[*Mercure de France* (avril 1896).]

ALBERT ARNAY. — Il y a dans ce livre, *Limbes de lumières,* des choses légères et d'une séduction câlinante. *Bal des Poupées* est un petit chef-d'œuvre. *Des variations shakespeariennes* forment à telles œuvres du grand dramaturge un commentaire sagace et original. Parmi les pièces de cette «suite», qu'il nous agrée de voir placée en tête du livre, notons une *Cléopâtre* — de beauté étrangement nostalgique et dont les derniers vers ont la force pensive des paroles immuables. Le *lied* des trois cavaliers, dans sa simplicité dolente un peu, est si bien pour que s'endorme l'âme ou pour qu'elle rêve de voir, elle aussi, passer au tournant de la route l'ombre claire, la belle ombre pâle. *La Chanson de vieille mortalité* — dit l'alliance par les automnes et par les soirs des doux messagers de vie, «passés, venus, puis disparus». Mais nos préférences vont aux poèmes intitulés : *A Jour fermant,* sept notations dédiées à Léon Dierx — bouges marins, tempêtes sous le ciel bas, sites maritimes et d'hiver, vaisseaux appareillant vers les Atlantides... Très belle encore *la Finale,* où s'atteste plus particulièrement le caractère évocateur de cette poésie.

[*Le Réveil* (novembre 1896).]

GEORGES PIOCH. — *Domaine de Fée* demeurant pour moi l'œuvre la plus émouvante, parce que la plus passionnée et la plus humaine, de M. Gustave Kahn, j'aime *le Livre d'Images* comme celui par quoi s'est le plus complètement imposé à l'admira-

tion le talent neuf et nombreux de visions qui originalise son auteur parmi les premiers des poètes qui se révélèrent aux environs de 1884. Il est beau de toute la magie d'une imagination luxuriante, dont l'expansion toujours *en décor* charrie, jusqu'à s'en exaspérer parfois, des survivances légendaires, des miroitement de fastes, des éclats de féerie. Une douceur en émerge, c'est le *lied :* restitution d'humanité, définitive en sa musique suave et brève, où chante l'âme de banales et divines aventures plébéiennes ou de ces souvenirs que les héroïsmes, les joies ou les malheurs séculaires incrustent en le cœur des races ; le *lied,* dont l'adaptation au verbe français est le bien évident de M. Kahn, comme l'ode est celui de Hugo.

Ces images ne sont pas unicolores. Elles conservent la teinte des ciels selon l'indication desquels le poète les réalisa. C'est ainsi que *les Images d'Île de France* ont la joliesse, la grâce joyeuse et reposante d'un pays que nulle altitude, nulle onde somptueuse et courroucée ne magnifient ni n'attristent. Une courtoisie mélancolique, toute racinienne, discourt à la princesse Aricie. Des saxes légers, un Lancret, des musiques puériles et douces qu'on dirait de Dalayrac ou de Monsigny (*Poème XVIII°, Francœur et La Ramé, la Petite Sylvia, l'Âme de Manon, Au Meunier, Il était une bergère, le Miroir de Cydalise,* etc.) évoquent la frêle inconscience des heureux d'un siècle que devait finir la Révolution. Une *tabarinade* impudente et prometteuse, des images légendaires : *le Pont de Troyes* et *le Vieux Mendiant,* une *Affiche pour music-hall* de couleur violente, et ces mélancolies hautaines : *les Papillons du Temps, Alla Tzigane, le Souci, la Rencontre, la Destinée,* forment une liasse chatoyante et rose qui bruit suavement.

Je lui préfère pourtant *les Images du Rhin et Mosellanes,* la perle du livre, à mon avis.

[*La Critique* (20 mars 1898).]

A. VAN-BEVER. — L'œuvre de M. Gustave Kahn est aujourd'hui fort diverse, et pour écarter tout ce qui n'appartient pas à son labeur de poète, il est encore difficile, sinon impossible, d'esquisser en lignes hâtives ce qui fait le caractère particulier de sa physionomie. D'ailleurs, une page consacrée à des recueils tels que *Chansons d'amant, Domaine de Fée, la Pluie et le Beau Temps, le Livre d'Images,* ne nous dispenserait pas d'une étude sur le prosodiste, celui qui, après Jules Laforgue, tenta de régénérer, en faveur du vers libre, notre poétique si affaiblie aux mains des suprêmes parnassiens. Nous préférons clore cette déjà longue notice par quelques scrupuleuses indications bibliographiques, rappelant la collaboration de Gustave Kahn à *la Jeune Belgique,* au *Décadent,* à *la Basoche,* à *la Gazette anecdotique,* au *Paris littéraire,* à *la Vie moderne,* au *Réveil de Gand,* à *la Société nouvelle,* à *la Revue encyclopédique,* au *Monde moderne,* à *la Revue de Paris,* à la *Nouvelle Revue,* au *Livre d'Art,* à *l'Épreuve,* au *Supplément du Pan,* au *Mercure de France,* au *Journal,* à *l'Événement,* aux *Droits de l'Homme,* à *la Presse,* à *l'Almanach des poètes* (*Mercure de France,* 1896-1897), aux *Hommes d'aujourd'hui,* et à *la Revue Blanche* où, indépendamment de différentes études consacrées à Rodenbach, Anatole France, Émile Zola, Arthur Rimbaud, etc., il signe depuis plusieurs années la chronique des poèmes.

Est-il utile, pour conclure, de rappeler que M. Gus-

tave Kahn créa en 1897, avec M. Catulle Mendès,
à l'Odéon, ensuite au théâtre Antoine et au théâtre
Sarah-Bernhardt, des matinées de poètes où il tenta
de faire connaître les écrivains de la génération
ascendante ?

[*Poètes d'aujourd'hui* (1900).]

KARR (Alphonse). [1808-1890.]

Sous les tilleuls (1832). — *Une Heure trop tard*
(1833). — *Fa dièze* (1834). — *Vendredi soir*
(1835). — *Le Chemin le plus court* (1836).
— *Geneviève* (1838). — *Les Paysans illustres*
(1838). — *Civerley* (1838). — *Clotilde* (1839).
— *Les Guêpes* (1839-1849). — *Am. Raucher*
(1842). — *Hortense* (1842). — *Feu Breissier*
(1844). — *Geneviève* (1845). — *Voyage autour
de mon jardin* (1845). — *La famille Alain*
(1848). — *Clovis Gosselin* (1851). — *Les Fées
de la mer* (1851). — *Contes et Nouvelles* (1852).
— *Midi à quatorze heures* (1852). — *Pour ne pas
être treize* (1852). — *Une vérité par semaine*
(1852). — *Agathe et Cécile* (1853). — *Devant
les tisons* (1853). — *Les Femmes* (1853). —
Nouvelles Guêpes (1853-1855). — *Une Poignée
de vérités* (1853). — *Proverbes* (1853). — *Soirées de Sainte-Adresse* (1853). — *Histoire d'un
pion* (1854). — *Un Homme fort en théorie*
(1854). — *Dictionnaire du pécheur* (1855). —
La Main du diable (1855). — *La Pénélope
normande* (1855). — *Les Animaux nuisibles*
(1856). — *Histoires normandes* (1856). —
Lettres de mon jardin (1856). — *Promenades
hors de mon jardin* (1856). — *Rose et Jean*
(1857). — *Encore les Femmes* (1858). — *Menus propos* (1859). — *Roses noires et blanches*
(1859). — *Sous les orangers* (1859). — *En
fumant* (1861). — *Les Pleurs.* (1861). — *Trois
cents pages* (1861). — *De loin et de près*
(1862). — *Sur la plage* (1862). — *Sur la
peine de mort* (1864). — *Les Roses jaunes*, un
acte en vers (1867). — *L'Auberge de la vie*
(1869). — *Les Dents du Dragon* (1869). —
Les Gaietés romaines (1870). — *La Maison close*
(1871). — *La Queue d'or* (1872). — *Promenades au bord de la mer* (1874). — *La promenade des Anglais* (1874). — *Le Credo du jardinier* (1875). — *Dieu et Diable* (1875). — *Plus
ça change... plus c'est la même chose* (1875).
— *L'Art d'être heureux* (1876). — *L'Art d'être
malheureux* (1876). — *On demande un tyran*
(1876). — *L'esprit d'Alphonse Karr* (1877).
— *Notes d'un casanier* (1877). — *Bourdonne-
ments* (1880). — *Grain de bon sens* (1880). —
Pendant la pluie (1880). — *A l'encre verte*
(1881). — *Les Cailloux blancs* (1881). — *Les
points sur les I* (1882). — *Sous les pommiers*
(1882). — *A bas les masques* (1883). — *Dans
la lune* (1883). — *Au soleil* (1883). — *La
Soupe au caillou* (1884). — *Messieurs les assassins* (1885). — *Le règne des champignons*

(1885). — *Roses et Chardons* (1886). — *Le pot
aux roses* (1887). — *Les bêtes à bon Dieu*
(1889). — *Neline* (1890). — *La Maison de
l'ogre* (1890).

OPINIONS.

SAINTE-BEUVE. — Je concevrais plutôt encore une
indignation réelle, sincère, ardente, souvent injuste,
une vraie *Némésis*; mais ces guêpes, si acérées
qu'elles soient d'esprit, pourtant sans passion aucune, ces guêpes-là ne peuvent aller longtemps sans
se manquer à elles-mêmes. Comme tous les recueils
d'épigrammes, mais des meilleures, *les Guêpes* de
M. Karr n'échappent pas à l'épigraphe de Martial :
«Sunt bona, sunt quaedam mediocria», etc.; il suffit
qu'il y en ait de fort piquantes, en effet, et que l'auteur y fasse preuve en courant d'une grande science
ironique des choses. On voudrait voir tant d'esprit
et d'observation employé à d'autres fins. Et puis il
y a fort à craindre que ces *Guêpes* ne pullulent; on
parle déjà d'imitations; allons! *le Charivari* ne suffisait pas; nous aurons mouches et cousins par
nuées.

[*Lundi*, 1ᵉʳ février 1840.]

LAMARTINE.

Te souviens-tu du temps où tes *Guêpes* caustiques,
Abeilles bien plutôt des collines attiques,
De l'Hymète embaumé venaient chaque saison
Pétrir d'un suc d'esprit le miel de la raison ?
Ce miel, assaisonné du bon sens de la Grèce,
Ne cherchait le piquant qu'à travers la justesse.
Aristophane ou Sterne en eût été jaloux;
On y sentait leur sel, mais le tien est plus doux.
Ces insectes, volant en essaim d'étincelles,
Cachaient leur aiguillon sous l'éclair de leurs ailes;
A leur bourdonnement on souriait plutôt :
La grâce comme une huile en guérissait le mot !

C'était aussi le temps où, ces jouets de l'âme,
Tes romans s'effeuillaient sur des genoux de femme,
Et laissaient à leurs sens, ivres du titre seul,
L'indélébile odeur de la fleur du *Tilleul !*

[*Souvenirs et portraits* (1872).]

THÉODORE DE BANVILLE. — Tel que je l'ai vu à
Nice, il y a peu d'années encore, sous le noir plafond des rosiers qui s'étendait devant sa maison,
quel visage spirituel et robuste, tourmenté dans le
calme, exprimant bien la force herculéenne de celui
sur lequel la Sottise a toujours compté pour tuer
les monstres de ses marais et pour nettoyer ses
étables, en y faisant passer un furieux fleuve de bon
sens, qui emporte tout dans son flot rapide et sonore ! Le large front si ferme et hardi, sans bosses
vides ! bien découvert aux extrémités sous une chevelure drue, noire comme l'Érèbe et tondue de près,
les yeux non démesurément ouverts, mais lumineux,
sagaces, avec une étincelle de flamme et bien abrités sous leurs sourcils presque droits, le nez osseux,
torturé, à l'arête large, aux narines coupées très
hardiment, et s'enflant un peu au bout comme celui
des grands penseurs, les joues solides, hâlées par
le soleil et le vent de la mer, accusaient une énergie invincible, et la bouche ironique, bienveillante,
sensuelle, aux lèvres pourprées, éclatait de vie dans
une longue barbe ondoyante et tortueuse comme
celle de Clément Marot. Ensemble heureusement
accompagné par la cravate de soie blanche qui entoure son cou, et par la veste de velours noir qui
habille son corps d'athlète. Plus vrai encore fut
l'Alphonse Karr de la première jeunesse, maigre,

nerveux, vêtu d'une blanche robe de moine, irrité par le spectacle de la Bêtise humaine, et ne portant alors qu'une légère et noire moustache de Scaramouche, qui semblait ponctuer la poésie de son génie railleur, venu en droite ligne d'Aristophane. Aujourd'hui, après qu'il a neigé sur ce chêne formidable! Alphonse Karr ressemble au Pape des Sages, car sa très longue barbe, qu'il porte en éventail, est devenue blanche comme le plumage d'un cygne, et sur son visage quelques chères rides sont les coups de griffe que lui donne, en s'enfuyant, l'insaisissable chimère!

[*Camées parisiens* (1873).]

P. Larousse. — *Sous les tilleuls* eut un véritable succès. Ce premier ouvrage était originairement un poème ; bien conseillé, Alphonse Karr convertit des vers en prose et renonça dès lors à la poésie.

[*Dictionnaire Larousse.*]

KLINGSOR (Tristan).

Filles-Fleurs (1895). – *Squelettes fleuris* (1897). – *La Jalousie du Vizir*, conte (1899). – *L'Escarpolette* (1899).

OPINIONS.

Jean Lorrain. — ...Le joli livre de M. Tristan Klingsor, tout rempli de baladins, de fols, de princesses en robes orfévrées, la rose au corsage, Maud, Iseult, et de pages-fées et de pages-fleurs, exhale un parfum musqué et vieillot d'ancien missel. C'est bien le recueil d'un ramageur de ballades à la cour des Papes en Avignon, ou d'un ménestrel du royaume d'Arles, au temps de la comtesse de Die : cela chante, chatoie, frissonne et flamboie comme une étoffe de soie moirée de jadis, avec des cliquetis de joaillerie et une belle envolée d'oriflammes ; cela jase comme un jet d'eau, babille comme une mandoline et embaume comme une fleur : marjolaine et pimprenelle ; c'est à la fois sauvage, élégant et précieux, et c'est bien en mai neigeux d'amandiers ou en juin de flamme qu'il faut feuilleter, à l'heure de la sieste, avec la mer ensoleillée apparue entre les lamelles des persiennes closes, ces jolis lais et virelais qui fleurent la ruine, le thym, le passé et la brise du large...

[*Le Journal* (8 juin 1897).]

Henri de Régnier. — Poésie singulière, à la fois galante et funèbre, attifée et naïve, qui sent la marjolaine et le cyprès, mêlée de froissements de soie et de cliquetis d'ossements, chansons qui voltigent sur des drames latents, chansons parfumées d'amour et de mort, charmant et délicieux livre que ces *Squelettes fleuris* où M. Tristan Klingsor se montre un poète délicat et subtil, et, parmi les poètes nouveaux, l'un de ceux qui manient avec le plus de dextérité, d'invention et de bonheur le redoutable et difficile vers libre. Il le fait souple, élégant ; et M. Klingsor possède un métier très personnel qui n'est ni la soierie irisée de M. Vielé-Griffin, ni la bure puissante de M. Verhaeren, ni les mousselines à pois de Jules Laforgue, et qui a ses procédés propres et son secret. C'est pourquoi son livre mérite, après qu'on l'a lu pour le plaisir, pour tout ce qu'il contient de mélancolie et de grâce fébrile, d'être relu et étudié.

[*Le Mercure de France* (juin 1897).]

Robert de Souza. — M. Tristan Klingsor s'efforce d'être, comme son nom l'indique, un enchanteur. Il ressuscite sous quelques notes de vielle, de flageolet ou de cornemuse le souvenir des belles châtelaines et des pages qui hantent toujours les tours, croulantes encore sur la colline, au-dessus des chaumes. — C'est Izel :

> Doux musiciens, frôlez les harpes d'argent ;
> La reine Izel est couchée avec son page ;
> Doux musiciens, frôlez les harpes d'argent.

C'est Élise aux fuseaux :

> Des fuseaux se sont bercés à la croisée :
> C'est dame Élise aux fuseaux blonds reposée ;
> On viole une chanson sous la croisée...

Et le voici qui gratte d'un doigt un peu railleur une mandore :

> Au jardin joli
> Il y a des roses,
> Il y a des lis...
> Au jardin joli.
> Est-il un fol qui veuille
> Faire la jolie chose,
> Faire la jolie cueille
> Des roses ?
>
> Au jardin d'amour
> Il y a des lèvres,
> Beau page ou pastour...
> Au jardin d'amour.
>
> Est-il un fol qui veuille
> Faire le joli rêve,
> Faire la jolie cueille
> Des lèvres ?

[*La poésie populaire et le lyrisme sentimental* (1899).]

Pol Levengard. — M. Tristan Klingsor a une sûreté de rythme surprenante. Il aime les contes de fées et, petit Chaperon rouge, ma mère l'Oie, Peau-d'Âne repassent dans ses vers. Il aime aussi les chats et les souris. Et qu'ils lui inspirent de charmantes choses!

> Dors, mignon chat blanc, dors ;
> Reste à ronronner, reste couché
> Et ferme un peu tes yeux semés d'or ;
> Les souris montrent leur nez aux trous du plancher.
>
> Dors mignon chat blanc, mignon chat gris,
> Avec ton ruban de soie au cou ;
> Les souris vont venir, les jolies souris
> Que tu griffes à petits coups.
>
> Les souris aux yeux vifs d'émeraude
> Vont danser la ronde dans le buffet ;
> Dors, mignon chat blanc : les souris rôdent
> En minuscules pantoufles de fées.

[*La Terre nouvelle* (juin 1900).]

KRYSINSKA (Marie).

Rythmes pittoresques (1890). – *Joies errantes* (1894). – *Folle de son corps* (1896).

OPINIONS.

Fernand Hauser. — Mme Marie Krysinska, dans la littérature, occupera une place toute particulière, car personne, à moins de la plagier, ne pourra l'imiter.

Les Rythmes pittoresques tirent, en effet, toute leur intensité de l'âme de Mme Krysinska. Imprécis quant à la forme, solubles et souples comme des

lianes, chantants et harmonieux comme des improvisations musicales, ils resteront le seul exemple
d'une œuvre d'art parfaite, créée contrairement à
toutes formules.

[*Simple revue* (1894).]

RACHILDE. — Depuis longtemps, l'auteur nous
affirme qu'il a inventé le vers libre, et pour nouvelle preuve il nous offre une nouvelle série de
poèmes très en dehors des règles connues. Pourquoi
lui disputer cette gloire? Le vers libre est un charmant non-sens, un bégayement délicieux et baroque
convenant merveilleusement aux femmes poètes dont
la paresse instinctive est souvent synonyme de génie.
Ce que Jean Moréas (de l'école romane) aura cru
trouver en peinant terriblement sur les vieux bou-

quins de Ronsard et quelques dictionnaires ignorés,
Marie Krysinska ne peut-elle l'avoir découvert aussi
en jouant avec les frous-frous de sa jupe, les perles
d'un collier, le souvenir d'un rêve? Je ne vois nul
inconvénient à ce qu'une femme pousse la versification jusqu'à sa dernière licence! Les *Joies errantes*
sont jolies, capricantes comme des chèvres, montent
et descendent dans d'inextricables sentiers rocailleux,
broutent du même air indépendant le lotus bleu ou
la menthe sauvage. Je les aime, arrêtées mélancoliques au bord des flots, dans des marines tristes,
puis rebondissant dans des marines gaies, mais sans
explication, surtout, sans préface trop savante, car
moins une femme s'explique et plus elle est vraiment forte.

[*Mercure de France* (août 1894).]

L

LACAUSSADE (Auguste). [1817.]

Les Salaziennes (1839). — *OEuvres complètes
d'Ossian*, traduction (1842). — *Poèmes et
Paysages* (1852). — *Les Épaves* (1861). — *Les
Poésies de Leopardi*, adaptées en vers français
(1888).

OPINIONS.

SAINTE-BEUVE. — Un poète que j'apprécie infiniment et dont l'élévation est le caractère, M. Lacaussade, auteur d'une très bonne traduction d'Ossian
et d'un recueil de poésies qu'il est en train de surpasser, a su se faire une sorte de domaine à part.
Il est de l'île Bourbon, de l'une de ces îles du Tro-
pique, patrie à demi-orientale qu'a marquée Parny
dans ses chants et que nous a divinement rendue
Bernardin de Saint-Pierre. M. Lacaussade, qui sent
profondément cette nature tropicale, a mis sa muse
tout entière au service et à la disposition de son
pays bien-aimé. Jeune et déjà fait aux épreuves de
la vie, il prend l'homme avec tous ses sentiments
de père, d'époux, d'ami, et il le place dans le cadre
éblouissant des Tropiques.

[*Nouveaux lundis*, t. II (1864).]

THÉOPHILE GAUTIER. — La nature des tropiques
souvent décrite, rarement chantée, revit dans ces
paysages, presque tous empruntés à l'île Bourbon,
l'île natale du poète, l'une des plus belles des mers
de l'Inde. Ce que l'auteur de *Paul et Virginie* a
fait avec la langue de la prose, Lacaussade a pensé
qu'il pouvait le tenter avec la langue des vers. Il se
circonscrit et se renferme volontiers dans son île
comme Brizeux dans sa Bretagne. Il s'en est fait le
chantre tout filial. Il en dit avec amour les horizons,
le ciel, les savanes, les aspects tantôt riants, tantôt
sévères.

[*Rapport sur le progrès des lettres*, par MM..Sylvestre
de Sacy, Paul Féval, Th. Gautier et Ed. Thierry
(1868).]

LACHAMBEAUDIE (P.). [1806-1872.]

Essais poétiques (1829). — *Chansons nationales*
(1831). — *Le Médecin* (1838). — *Fables po-*

pulaires (1839). — *La Vapeur* (1846). — *Les
Fleurs de Villemomble* (1861). — *Fables et poésies nouvelles* (1864-1865). — *Proses et vers*
(1867).

OPINION.

SAINTE-BEUVE. — Les *Fables* de Lachambeaudie,
publiées dans un magnifique volume (1851), nous
avertissent que l'auteur est poète, homme de talent,
doué de facilité naturelle et sachant trouver des
moralités heureuses quand il ne les assujettit point
à des systèmes.

[*Causeries du lundi* (1857).]

LACOUR (Germain).

Sur tous les tons (1883). — *Avec des rimes* (1885).
— *Les Clairières* (1888).

OPINION.

AUGUSTE DORCHAIN. — Ce livre (*Les Clairières*),
dont la forme est savante, où perce même une
pointe de préciosité, exprime une âme de poète à la
fois souffrante et saine, spirituelle et mélancolique.
Rarement l'esprit va jusqu'à la gaîté, la mélancolie
jusqu'à la tristesse.

[*Anthologie des Poètes français du XIXᵉ siècle* (1887-
1888).]

LACROIX (Jules). [1809-1887.]

Traduction en vers des OEuvres de Juvénal (1840).
— *Les Pervenches*, poésies (1846). — *OEdipe-
Roi*, traduction (1862). — *Macbeth*, traduc-
tion (1877).

OPINIONS.

FRANCISQUE SARCEY. — Il est de mode aujourd'hui
d'adorer Shakespeare comme une sorte de majestueux fétiche, et Victor Hugo a donné le ton en disant
qu'il *admirait tout comme une brute*. Il faut pourtant
bien convenir que, parmi ces pièces, un très grand
nombre ne sont supportables qu'à la lecture, et que,
même parmi celles qui peuvent être le plus aisé-

ment transportées sur la scène, bien des parties nous étonnent et nous choquent. J'avoue que *le Roi Lear* me semble être une de celles qui étaient le moins faites pour être représentées... Remercions M. Jules Lacroix de nous avoir rendu possible, en les transportant au théâtre, les belles scènes du *Roi Lear*. Sa traduction est sobre et colorée; le vers marche d'une allure mâle et simple...

[*Le Temps* (1868).]

MAURICE TALMEYR. — *Macbeth* : Le traducteur M. Jules Lacroix n'en avait rien adouci, rien atténué, rien éteint par le badigeon académique; lui aussi «démuselait Shakespeare». Le public, tantôt respectueux, tantôt enthousiaste, tantôt anéanti, écouta, acclama et contempla le colossal chef-d'œuvre où l'échevelement de la fantaisie apparaît dans les profondeurs les plus sévères de la philosophie, où la nature est aussi humaine que l'homme, la mort aussi vivante que la vie.

[*La République des lettres* (6 mai 1877).]

S'il manque de souplesse et de couleur, il possède, par contre, de réelles qualités d'énergie. Bien que généralement d'une tonalité grise, il est parfois sombre et sculptural dans son vers, comme Mérimée dans sa prose.

[*Anthologie des Poètes français du xixᵉ siècle* (1887-1888).]

J.-J. WEISS. — L'éloge de la traduction de M. Jules Lacroix n'est plus à faire. M. Jules Lacroix a serré le texte de Sophocle d'aussi près que le permettaient la nature de l'alexandrin français et les exigences de la rime. S'il a, çà et là, atténué ou exagéré la pensée de Sophocle, c'est la faute de notre prosodie trop raide et de notre vocabulaire trop maigre; ce n'est pas la sienne. M. Jules Lacroix n'a pas la sobriété de Sophocle : il lui a dérobé quelque chose de sa munificence. Il a traduit notamment les chœurs dans une langue aussi riche et aussi colorée qu'elle est fidèle; M. Lacroix s'est tiré à sa gloire de ces chœurs, semés de tant d'écueils, et à son honneur de tout le reste.

[*Autour de la Comédie-Française* (1892).]

LAFAGETTE (Raoul). [1842-1897.]

Chants d'un montagnard (1869). – *Mélodies païennes* (1873). – *Les Accalmies* (1877). – *Les Aurores* (1880). – *Pics et Vallées* (1885). – *La Voix du Soir* (1890). – *De l'aube aux ténèbres* (1893). — *Les Symphonies pyrénéennes* (1897).

OPINIONS.

THÉODORE DE BANVILLE. — C'est un livre (*Pics et Vallées*) sain, robuste, d'une grande envolée, où l'on respire une brise parfumée, amère et fortifiante.

[*Anthologie des Poètes français du xixᵉ siècle* (1887-1888).]

CHARLES FUSTER. — L'auteur des *Chants d'un montagnard*, des *Mélodies païennes*, des *Accalmies*, des *Pics et Vallées*, s'est attristé brusquement. Comme Victor Hugo, dont il a la forme poétique et dont l'inspiration le pénètre, il adorait une enfant;

il l'a perdue. Presque tout ce recueil est consacré à sa douleur, tantôt révoltée, tantôt résignée.

[*L'Année des Poètes* (1893).]

LAFARGUE (Marc).

Le Jardin d'où l'on voit la vie (1897).

OPINIONS.

CAMILLE MARYX. — Les vers de M. Marc Lafargue se recommandent par leur grâce harmonieuse et facile. Je citerai particulièrement : *La Maison, Vieux Livres*, *le Jardin*, *Septembre*, *le Soir*, etc. Je déplore seulement que ce poète ait rompu avec la majuscule initiale du vers. Je sais bien que George Sand exprime déjà cette opinion dans ses *Impresions d'Italie*, mais, pour si respectable que m'apparaisse en d'autres matières littéraires le jugement de George Sand, je ne saurais me ranger à cet avis. De plus, la musicale oreille toulousaine de M. Lafargue devrait le mettre en garde contre une propension regrettable à compter le mot peuplier comme dissyllabique. Il est vrai que cette prosodie est facultative, que certains poètes l'emploient de préférence et que l'on en cite même des exemples chez Lamartine. C'est évidemment une question d'oreille, et la mienne, qui peut fort bien se tromper d'ailleurs, regrette que M. Marc Lafargue gâte ainsi un certain nombre d'effets pleins de charme.

[*La Province nouvelle* (1897).]

YVES BERTHOU. — Ses vers sont à la fois pleins de couleur et d'émotion. M. Lafargue a toujours le mot qui fait image; sa vision est précise. C'est un évocateur de premier ordre. Il voit en artiste et sent en poète. Sa poésie est fraîche et réconfortante comme l'air pur et les sources des montagnes de son pays.

[*La Trêve-Dieu* (1897).]

CHARLES GUÉRIN. — Ô charme unique de ce *Jardin d'où l'on voit la vie!* Mon cher Lafargue, vous ne savez pas combien votre petit livre nous a ému. Oui, votre vers est net, harmonieux, sonore, flexible; oui, vous savez en guirlandes parfaites entrelacer les mots, et cela, je l'admire, puisque vous n'avez pas vingt ans, mais avant tout j'aime votre âme si tendre, si délicate, pareille à

Une maison blanche où sèche du tilleul.

[*L'Ermitage* (septembre 1897).]

LAFAYETTE (CALEMARD de).

Le Poème des Champs (1863).

OPINION.

SAINTE-BEUVE. — J'ai parcouru jusqu'ici bien des tons, j'ai fait résonner bien des notes sur le vaste clavier de la poésie, et pourtant je n'ai pas encore abordé mon vrai sujet, celui qui m'a réellement mis cette fois en goût d'écrire, le *Poème des Champs*, de M. Calemard de Lafayette, un poème qui n'est sans doute pas de tout point parfait, mais qui est vrai, naturel, étudié et senti sur place, essentiellement champêtre en un mot, et dont un poète académicien, et non académique (M. Lebrun), m'a dit, en m'en recommandant la lecture : «Lisez jusqu'au bout; le miel n'est pas au bord, mais au fond du vase». J'ai, en effet, goûté le miel, et j'en veux faire part à tous!...

J'aime M. C. de Lafayette quand il nous dit heureusement en vers de ces choses qui ne semblaient pouvoir être dites qu'en prose, par les auteurs d'ouvrages d'agriculture, M. Léonce de Lavergne ou Arthur Young; quand, par exemple, il étudie l'étable et le bétail; quand il nous fait assister au premier essai de la nouvelle charrue, de l'instrument aratoire moderne qui a contre soi la routine et bien des jaloux; quand il nous décrit la race des bœufs du *mézenc* (montagne du pays), qui, au labour, craignent peu de rivaux et qui rendent au maître plus d'un office :

Le lait, le trait, la chair, c'est triple bénéfice.

[*Nouveaux lundis*, t. II (1864).]

LAFENESTRE (Georges).

Les Espérances (1863). – *Idylles et Chansons* (1873). – *L'Art vivant* (1881). – *Bartolomea*, roman (1882). – *Maîtres anciens* (1882). – *La Peinture italienne* (1885). – *La Vie et l'Œuvre du Titien* (1886).

OPINIONS.

THÉODORE DE BANVILLE. — Voici M. G. Lafenestre, un écrivain tout nouveau; son volume : *Les Espérances*, contient un sonnet sans défaut et un long poème, et le poème vaut le sonnet. Rarement, nous avons vu un si grand souffle, une inspiration si hautaine à la fois et si pure. La langue est ferme, précise, sonore, la pensée ailée. Pas de dissonances, partout une harmonie puissante et sobre. Si l'on pouvait reprocher quelque chose à M. Lafenestre, ce serait d'avoir écrit des poèmes avec la seule préoccupation du beau, sans songer un instant à la nécessité d'étonner, que la paresse des lecteurs modernes rend si implacable.

[*L'Artiste* (mars 1864).]

SAINTE-BEUVE. — Georges Lafenestre qu'on a fort salué pour ses *Espérances*, espérances (c'est bien le mot) pleines de fraîcheur, en effet, d'une sève abondante et riche, d'une fine grâce amoureuse.

[*Lundi, 12 juin 1865. Des nouveaux lundis* (1886).]

ANDRÉ THEURIET. — Georges Lafenestre a passé une partie de sa jeunesse en Touraine. C'est là, sans doute, au sein des spacieuses et lumineuses vallées de la Loire et du Cher, près de ces belles eaux où se reflètent les châteaux d'Amboise, de Langeais et de Chenonceaux, qu'il a subi inconsciemment l'influence des poètes et des artistes du XVIᵉ siècle. Son œuvre poétique garde de nombreuses traces de son séjour dans les molles et joyeuses campagnes tourangelles. Georges Lafenestre est un amoureux de la Renaissance, et l'Italie l'a de bonne heure attiré.

[*Anthologie des Poètes français du XIXᵉ siècle* (1887).]

PAUL VERLAINE. — Peu après la publication des *Espérances*, saluée non sans enthousiasme par la génération levante des poètes admirateurs de Le-

conte de Lisle et de Théodore de Banville, en dépit des fortes réminiscences de Musset qui s'y trouvait... Lafenestre collabora au Parnasse, où ses contributions eurent un très grand succès d'estime, bien juste. Il était désormais classé, non parmi les moindres, quelque chose comme entre Sully Prudhomme et Armand Silvestre.

Les recueils qui suivirent et qui s'intitulent : *La Clef des Champs*, *l'Ame en fête* et *la Chute des Rêves*, continuent, accentuent, portent à leur sommet de perfection les grandes qualités si brillamment inaugurées dans *les Espérances*.

[*Les Hommes d'aujourd'hui.*]

LAFORGUE (Jules). [1860-1887.]

Les Complaintes (1885). – *L'Imitation de Notre-Dame la Lune* (1886). – *Le Concile féerique* (1886). – *Moralités légendaires* (1887). – *Des Fleurs de bonne volonté* (dans *la Revue Indépendante*) [1888]. – *Vers inédits* (dans *la Revue Indépendante*) [1888].

OPINIONS.

TEODOR DE WYZEWA. — J'eusse désiré seulement qu'il pût — avant cette imbécile fuite, Dieu sait où — voir publiées en volume ses *Moralités légendaires*, délicates merveilles de grâce, de tendresse, d'ironie, et qu'il avait composées naguère si joyeusement, avec la certitude d'années enfin charitables. Je connais peu de livres, parmi tous ceux de notre temps et de notre âge, qui donnent, autant que celui-ci, l'impression d'une âme *géniale*, et je crois bien, en effet, que, parmi tous les jeunes artistes de sa génération, Laforgue seul a eu du génie.

[*La Revue Indépendante* (décembre 1887).]

CHARLES MORICE. — Jules Laforgue est comme unique, non point dans cette génération, mais dans la littérature... Je ne vois pas de psychologie plus aiguë et plus poétique, à la fois spéciale et généralisée, que celle de ces *Moralités légendaires*, plus précieuse encore que les vers des *Complaintes* et de *Notre-Dame la Lune*... Ce qu'il a fait, chanson qui vibre à l'écart du fusinage caricatural d'essence si purement artistique, c'est l'œuvre d'un sceptique sentimental, non sans force, certes, mais sans la sage folie d'espérer; c'est comme le sourire de ce visage charmant que personne n'oubliera, ce sourire qui comprenait tout.

[*La Littérature de tout à l'heure* (1889).]

FRANCIS VIELÉ-GRIFFIN. — A une génération dont la compréhension esthétique va de M. Stéphane Mallarmé à M. Paul Verlaine, où M. Édouard Dujardin coudoie M. Maurice Mœterlenck, où M. Gustave Kahn a pour voisins M. Henri de Regnier, M. Jean Moréas, M. Émile Verahren, M. Maurice Barrès, M. Paul Adam, à une génération qu'immortalisera Jules Laforgue, qu'importe, au surplus, la sensation de son existence ?

[*Entretiens politiques et littéraires* (1ᵉʳ novembre 1890).]

FRANCIS VIELÉ-GRIFFIN. — Pour nous, avec l'assentiment des meilleurs esprits et tout en gardant à

M. Moréas la sympathie qui se doit, nous dirons hautement aussi qu'un poète est né de ce dernier quart de siècle; il en est un dont les vers sont nouveaux après vingt lectures et suscitent toujours de nouvelles joies; qui eut le cœur simple et l'âme noble, et une finesse plus fine que celle même de M. Barrès et une intuition plus claire que celle même de M. Moréas; il n'est qu'un écrivain dont l'œuvre puisse être dite «chef-d'œuvre», et le seul compagnon que quelque dignité nous permette d'appeler initiateur, c'est Jules Laforgue.

[*Entretiens politiques et littéraires* (1ᵉʳ janvier 1891).]

PAUL ADAM. — Il faut mesurer notre effort à l'étalon de son art (de Gustave Flaubert); à celui encore de deux ou trois œuvres comme *le Satyre*, de Victor Hugo, *l'Ève future*, de Villiers de l'Isle-Adam, *les Moralités légendaires*, de Laforgue; et puis courageusement mettre les mains au travail de synthèse.

[Préface au *Mystère des foules* (1895).]

GUSTAVE KAHN. — *Les Complaintes* de Jules Laforgue parurent en 1885... C'était plein de philosophie personnelle, parfois satirique (dans le bon sens de la chose, et piquant aux travers généraux de l'espèce), plus cosmogonique qu'héroïque. Autorisé par son sujet, le poète négligeait l'habit noir traditionnel, élidait la voyelle du même droit qu'un vaudevilliste, sacrifiant quand il lui plaisait la rime à l'œil... *L'Imitation de Notre-Dame la Lune*, tantôt parlant à Séléné, tantôt à cette bonne lune, à une lune d'autres paysages, à des lunatiques, à des lunaires, d'un art plus concentré que *les Complaintes*, et semé au long de belles chansons personnelles sans égotisme, et de grands vers picturaux s'amoncelant aux petits détails... Et formulons, en terminant, que M. Jules Laforgue a apporté une note neuve de lyrisme...

[*Les Hommes d'aujourd'hui.*]

EMILE ZOLA. — Laforgue, mort jeune, si inconnu, si peu formulé, n'ayant laissé que des indications si peu précises, qu'il échappe lui à tout classement, une ombre de maître, l'ombre qui s'efface, qui ne fait que passer en laissant la place aux autres.

[*Le Figaro* (8 janvier 1896).]

EDMOND PILON. — Je ne saurais découvrir d'ancêtre direct à Jules Laforgue. Si Baudelaire l'étonna, de Nerval l'attendrit; si Sterne lui sembla certainement exquis, Cervantès dut lui paraître prodigieux, et, enfin, c'est Henri Heine, je pense, qui le dut initier à certaines délicatesses cruelles. Son esprit n'est pas non plus celui de l'atticisme hellène, et rien de la burlesque imagination du Nord ne vient le réjouir. C'est pourquoi j'estime que Laforgue est un écrivain vraiment français, de ceux pour qui Taine formula sans doute que les deux qualités dominantes étaient la *sobriété* et la *finesse*. Sobriété, finesse! voilà Laforgue en deux mots, nuancé pourtant d'un peu de ce regret léger qu'ont les Anglais atteints d'absentéisme...

[*L'Ermitage* (1896).]

MAURICE MAETERLINCK. — Il semble qu'avant Laforgue on n'ait jamais osé danser ni chanter sur la route de la vérité. Tout Laforgue se révèle dans des traits de ce genre. Dans *Lohengrin, fils de Parsifal*, le grand-prêtre, ami de Séléné, se lève, et se tournant vers les vierges assemblées «dans le silence polaire», il leur dit : «Mes sœurs, comme ces soirs vont décidément à votre beauté!» Eh bien, je vous affirme qu'à l'endroit où elle se trouve, cette petite phrase des faubourgs de la vie est plus conforme à je ne sais quel sourire auguste de notre âme que la page la plus éloquente sur la beauté des soirs... Un poète n'est jugé justement que par ceux qui l'entourent et par ceux qui le suivent. Et c'est pourquoi je crois que l'œuvre de Laforgue, devant laquelle s'inclinent les meilleurs d'entre nous, n'a pas à craindre de l'avenir...

[Introduction à l'*étude sur Jules Laforgue*, par Camille Mauclair (1896).]

CAMILLE MAUCLAIR. — Je tends simplement à expliquer que Laforgue attribuait au vers un usage essentiellement spéculatif, subjectif et intime, et réservait à la prose une objectivité plus grande, une intervention plus visible de la composition et des qualités littéraires. *Les Moralités légendaires* sont un livre, et les *Poèmes* ne sont, par son vœu, que des confidences murmurées un peu haut. Il est probable que, dans une anthologie des poètes depuis 1885, des morceaux comme *la Complainte des Nostalgies préhistoriques*, *la Complainte de la Lune en province*, celle du *Pauvre Corps humain*, celle de *l'Oubli des Morts*, tels lieds de *l'Imitation de Notre-Dame la Lune*, ou la pièce IX des *Derniers vers*, apparaîtraient comme de passionnés et poignants chefs-d'œuvre pour porter avec un parfait honneur le nom de Jules Laforgue. Mais partout, et dans les plus cursives piécettes, se révèlent les qualités qu'ils contiennent; et je crois que le vrai souvenir à donner à ce volume premier serait d'en garder dans sa mémoire quelques strophes qui sont des commencements de poèmes infinis, des débuts de sensations immortelles.

[*Jules Laforgue, étude avec une introduction de M. Maeterlinck* (1896).]

REMY DE GOURMONT. — De ses vers, beaucoup sont comme roussis par une glaciale affectation de naïveté, parler d'enfant trop chéri, de petite fille trop écoutée, — mais digne aussi d'un vrai besoin d'affection et d'une pure douceur de cœur, — adolescent de génie qui eût voulu encore poser sur les genoux de sa mère son «front équatorial», serre d'anomalies»; mais beaucoup ont la beauté des topazes flambées, la mélancolie des opales, la fraîcheur des pierres de lune, et telles pages... ont la grâce triste, mais tout de même consolante, des aveux éternels.

[*Le Livre des Masques*, 1ʳᵉ série (1896).]

LAHOR (Jean). *Voir* CAZALIS.

LAM (Frédéric).

Le Cab (1895).

OPINION.

Le titre est étrange; l'œuvre est âpre et douloureuse. Elle renferme des morceaux à longuement méditer et qui seraient malaisément imitables.

[*L'Année des Poètes* (1895).]

LAMARTINE (Alphonse-Marie-Louis **de**).
[1790-1869.]

Les premières méditations poétiques (1820). — *Nouvelles méditations poétiques* (1823). – *Harmonies poétiques et religieuses* (1830). – *Voyage en Orient* (1835). – *Jocelyn* (1836). – *La Chute d'un Ange* (1838). – *Recueillements poétiques* (1839). – *Histoire des Girondins* (1846). – *Trois mois au pouvoir* (1848). – *Histoire de la Révolution de février* (1849). – *Raphaël*, pages de la 20ᵉ année (1849). – *Confidences* (1849). – *Toussaint-Louverture*, drame (1850). – *Nouvelles confidences* (1851). – *Geneviève*, histoire d'une servante (1851). – *Le Tailleur de pierres de Saint-Point* (1851). – *Graziella* (1852). – *Histoire de la Restauration* (1851-1863). – *Nouveau voyage en Orient* (1853). – *Histoire de la Turquie* (1854). – *Histoire de la Russie* (1855). – *Vie des grands hommes* (1863-1866). – *Cours de littérature* (1856 et suivants). – *Fior d'Aliza* (1865). – *Balzac et ses œuvres* (1865). – *Benvenuto Cellini* (1865). – *Christophe Colomb* (1865). – *Civilisateurs et conquérants* (1865). – *Le Conseiller du peuple* (1865). – *Les Grands Hommes de l'Orient* (1865). – *Les Hommes de la Révolution* (1865). – *Vie de César* (1865). – *Vie du Tasse* (1866). – *J.-J. Rousseau* (1866). – *Gutenberg* (1866). – *Les Foyers du peuple* (1866). —— *Antoniella* (1867). – *Mémoires inédits* (1870). – *Poésies inédites* (1873). – – *Correspondance*, publiée par Madame Valentine de Lamartine (1875-1877).

OPINIONS.

Victor Hugo. — Voici donc enfin des poèmes d'un poète, des poésies qui sont de la poésie ! Je lus en entier ce livre singulier; je le relus encore, et, malgré les négligences, les néologismes, les répétitions et l'obscurité que je pus quelquefois y remarquer, je fus tenté de dire à l'auteur : «Courage, jeune homme ! vous êtes de ceux que Platon voulait combler d'honneurs et bannir de sa république. Vous devez vous attendre aussi à vous voir bannir de notre terre d'anarchie et d'ignorance, et il manquera à votre exil le triomphe que Platon accordait du moins au poète : les palmes, les fanfares et la couronne de fleurs.»

[*La Muse française* (mai 1820), à propos des *Méditations poétiques*.]

Sainte-Beuve. — Lamartine n'est pas un homme qui élabore et qui cherche : il ramasse, il sème, il moissonne sur sa route; il passe à côté, il néglige ou laisse tomber de ses mains; sa ressource surabondante est en lui; il ne veut que ce qui lui demeure facile et toujours présent. Simple et immense, paisiblement irrésistible, il lui a été donné d'unir la profusion des peintures naturelles, l'esprit d'élévation des spiritualistes fervents et l'ensemble des vérités en dépôt au fond des moindres cœurs. C'est

une sensibilité reposée, méditative, avec le goût des mouvements et des spectacles de la vie, le génie de la solitude avec l'amour des hommes, une ravissante volupté sous les dogmes de la morale universelle. Sa plus haute poésie traduit toujours le plus familier christianisme et s'interprète à son tour par lui. Son âme est comme l'idéal accompli de la généralité des âmes que l'ironie n'a pas desséchées, que la nouveauté n'enivre pas immodérément, que les agitations mondaines laissent encore délicates et libres. Et en même temps sa forme, la moins circonscrite, la moins matérielle, la plus diffusible des formes dont jamais langage humain ait revêtu une pensée de poète, est d'un symbole constant, partout lucide et immédiatement perceptible.

[*Portraits contemporains* (1832).]

Gustave Planche. — Malheureusement, l'incorrection et la prolixité ne sont pas les seuls ennemis de M. de Lamartine. Il ne se contente pas d'offenser la grammaire et de noyer sa pensée dans un océan de paroles inutiles; il néglige volontairement une qualité plus précieuse que la correction et la précision; il ne respecte pas l'analogie des images. Familiarisé depuis longtemps avec les ressources du style poétique, il abonde en tropes, en similitudes. Il a toujours au service de sa pensée une douzaine de figures dont chacune suffirait à défrayer plusieurs strophes. Au lieu de choisir parmi ces parures la plus riche ou la plus modeste, selon les besoins de la fête, il essaye successivement les rubis et les topazes, il jette sur les épaules de sa pensée un collier de perles qu'il n'attache pas, une rivière de saphirs et d'émeraudes qui ont le même sort, et toute cette prodigalité reste au-dessous de l'élégance.

[*A propos de Jocelyn* (1836).]

Victor Hugo. —- Vous avez fait un grand poème, mon ami. *La Chute d'un Ange* est une de vos plus majestueuses créations. Quel sera donc l'édifice, si ce ne sont là que les bas-reliefs ! Jamais le souffle de la nature n'a plus profondément pénétré et n'a plus largement remué de la base à la cime et jusque dans les moindres rameaux une œuvre d'art ! Je vous remercie de ces belles heures que je viens de passer tête-à-tête avec votre génie. Il me semble que j'ai une oreille faite pour votre voix. Aussi je ne vous admire pas seulement au fond de l'âme, mais du fond du cœur. Car lorsqu'on chante comme vous savez chanter, produire c'est charmer, et lorsqu'on écoute comme je sais écouter, admirer c'est aimer.

[Lettre (14 mai 1838).]

Auguste Vacquerie. — Je comprends que M. de Lamartine préfère la tragédie au drame. M. de Lamartine, — ceci ne l'offensera pas, — est lui-même un Racine; c'est un spiritualiste de l'art; c'est un poète platonique; la chair, la réalité, le fait lui répugnent. Le poète des *Méditations* a en horreur tout ce qui n'est pas poésie éthérée, regard noyé dans l'azur, ravissement dans l'espace.

[*Profils et grimaces* (1856).]

Désiré Nisard. — Que restera-t-il donc de M. de Lamartine ? *les Méditations*, quelques pièces des *Harmonies religieuses*, quelques morceaux de *Jocelyn*. Il restera une foule de ces vers admirables qui n'empêchent pas les poèmes d'être médiocres, et qui sont les dernières fleurs dont se parent les poésies mourantes; il restera le souvenir de grandes facultés poétiques, supérieures à ce qui en sera sorti; il restera le nom harmonieux et sonore d'un poète auquel son siècle aura été trop doux et la gloire trop facile, et en qui ses contemporains auront trop aimé leurs propres défauts.

[*Études d'histoire et de littérature* (1859).]

J. Barbey d'Aurevilly. — Lamartine, un sentimental souvent faux à travers quelques inspirations d'une passion sublime.

[*Le Nain Jaune* (1863).]

Paul de Saint-Victor. — Ce fut dans une gloire pure comme une aube que le génie de Lamartine se leva en 1820. Son début, au milieu de la littérature terne et desséchée de l'époque, eut la lumière d'une apparition. C'était le ciel rouvert sur la poésie, la flamme rallumée sur les autels de l'Amour; la source des larmes si longtemps glacée se remettait à jaillir. Le jeune poète se révélait, dès ce premier livre, comme le Psalmiste des générations nouvelles. Leurs rêveries secrètes, leurs sentiments inexprimés, leurs voix intérieures trouvaient en lui un divin organe. C'était le *Sunt lacrymæ rerum* de Virgile traduit en poèmes. Et quelle sublimité naturelle! quelle fraîcheur dans l'abondance ! quelle pureté de souffle ! quelle facilité dans l'essor ! quelle manière transparente et large de prendre et de refléter la nature! Au centre de ce ravissant mélange de cantiques et d'élégies rassemblés, *le Lac*, argenté par la lune, se dessinait dans son contour harmonieux, site unique entre tous ceux du monde poétique, chef-d'œuvre d'art et de cœur qui ne sera jamais surpassé.

[*Hommes et Dieux* (1867).]

Castagnary. — Cet homme qui, par deux fois, en 1820 avec *les Méditations*, en 1847 avec l'*Histoire des Girondins*, a renouvelé les consciences et jeté les esprits dans une direction nouvelle, me paraît grand entre tous. Ce n'est ni Alfred de Musset ni Victor Hugo qui eussent été de taille à cette besogne. Aussi, malgré une mode récente, j'ai l'habitude de laisser à Lamartine la première place parmi les poètes du siècle. *Le Lac*, quoique la langue en ait vieilli par endroits, me paraît un absolu chef-d'œuvre; et, pour l'unité, la simplicité, l'émotion, l'emporte à mes yeux sur la *Tristesse d'Olympio* et le *Souvenir*.

[*Le Nain Jaune* (1867).]

Madame Ackermann. — Lamartine a la note magnifique, mais rarement la note émue; celle-là, c'est le cœur qui la donne. Or, Lamartine n'a guère aimé. Les femmes n'ont été pour lui que des miroirs où il s'est regardé; il s'y est même trouvé très beau.

[*Pensées d'une solitaire.*]

Francisque Sarcey. — Jamais les beaux vers n'ont sauvé une pièce mal faite. Avez-vous vu *Toussaint-Louverture* de Lamartine? Le drame abondait en tirades magnifiques; la représentation n'en fut pas supportable. C'est qu'il ne suffit pas à des vers, écrits pour la scène, d'être admirables en soi, il faut qu'ils soient en situation et qu'ils aient le mouvement dramatique.

[*Le Temps* (26 février 1872).]

Philarète Chasles. — C'était la plus étonnante créature de Dieu, la plus instinctive, la moins apte à conduire les affaires ou à juger les hommes, la mieux douée pour s'élever, planer, ne pas même savoir qu'il planait, tomber dans un abîme et un gouffre de fautes, sans avoir conscience d'être tombé; sans vanité, car il se croyait et se voyait au-dessus de tout; sans orgueil, car il ne doutait nullement de sa divinité et y nageait librement, naturellement; sans principes car, étant Dieu, il renfermait tous les principes en lui-même; sans le moindre sentiment ridicule, car il pardonnait à tout le monde et se pardonnait à lui-même; un vrai miracle, une essence plutôt qu'un homme; une étoile plutôt qu'un drapeau; un arome plutôt qu'un poète, né pour faire couler en beaux discours, en beaux vers, même en actes charitables, en hardis essors, en spontanées tentatives, les trésors les plus faciles, les plus abondants d'éloquence, d'intelligence, de lyrisme, de formes heureuses, quoique trop fluides; de grâces inépuisables, non pas efféminées, mais manquant de concentration, de sol et de virilité réfléchie.

[*Mémoires*, t. II (1877).]

Auguste Barbier. — Peu d'êtres ont été aussi bien doués que M. de Lamartine. Il a eu en partage la beauté, le courage, la générosité, l'intelligence et le don poétique. A tous ces présents de la nature, il a joint d'heureux accidents de fortune; de bonne heure, il a attiré sur lui l'attention des hommes et conquis une place élevée dans le mouvement des lettres et de la politique; mais rien de parfaitement solide et de complètement initiateur n'est résulté de son action et de ses travaux. Il y avait en lui plus d'intuition que de réflexion, plus de sentiment que d'idée, plus d'impétuosité que de raison, en un mot, à mon sens, il a été, en politique, un philosophe, et en littérature, un merveilleux *improvisateur*, parfois sublime, le plus étonnant que la France ait jamais possédé, mais un improvisateur. Sainte-Beuve disait de lui : «Lamartine, *ignorant qui ne sait que son âme*». — Son père disait aussi : «*Mon fils est une girouette qui tourne lors même qu'il ne fait pas de vent*». Enfin Chateaubriand le traite avec une jalouse impertinence de *grand dadais*. Toutefois ces appellations très exagérées n'en donnent pas moins la clef de l'homme et de sa nature : *c'était un esprit mobile, imparfaitement instruit et présomptueux*.

[*Souvenirs personnels* (1883).]

Sully Prudhomme. — Le soupir des *Premières méditations* remplit tout à coup le vide des âmes élevées, comme l'ample et grave gémissement des orgues remplit soudain les hautes nefs et y change l'aspiration suppliante en extase. Tout ce qu'il y a de musical dans la versification française venait de subir une profonde rénovation. Le mouvement de la strophe était dans cette poésie le mouvement même de l'âme. Il semblait que l'art, pour la première fois, se passât d'artifice. C'était, pour ainsi dire, la respiration même du poète suspendue ou précipitée par ses souffrances ou ses joies, c'étaient les propres battements de son cœur ralentis ou hâtés par elles, qui, spontanément, scandaient et divisaient son vers. C'était le génie enfin : la nature même créant par sa créature.

La beauté musicale propre à la poésie de Lamartine, et qui la rend d'abord reconnaissable entre toutes les autres, va se dégageant de plus en plus pour éclater sans nul reste d'alliage classique dans les *Nouvelles méditations*, dans les *Harmonies*. Les œuvres que j'ai rappelées offraient toutes un caractère élégiaque; chacun y sentait avec gratitude le pur écho de ses propres tristesses. Combien de jeunes larmes coulèrent délicieusement sur les pages de ces beaux livres! La pensée novice, la croyance indécise, les premières amours rencontraient, dans la vague même des douleurs chantées, la plus caressante expression de leur inquiétude confuse. La langue aisée du poète ne tenait point la pensée à l'étroit, elle ouvrait des avenues au rêve. Il semblait craindre d'amoindrir l'ampleur des images en arrêtant trop les contours. L'épithète, chez lui, faite de grâce ou d'éclat, sans rigide précision, semblait jetée négligemment sur le nom comme une parure légère ou somptueuse flottant au vent de l'inspiration.

[*Discours à l'inauguration de la statue de Lamartine* (1886).]

Gustave Flaubert. — Comme c'est mauvais, *Jocelyn!* Relis-en; la quantité d'hémistiches tout faits, de vers à périphrases vides est incroyable. Quand il a à peindre les choses vulgaires de la vie, il est au-dessous du commun. C'est une détestable poésie, *inane*, sans souffle intérieur; ces phrases-là n'ont ni muscles ni sang, et quel singulier aperçu de l'existence humaine! quelles lunettes embrouillées!

[*Correspondance*, 2ᵉ série, p. 221 (1889).]

J. Lemaître. — De génie plus authentique et de vie plus belle que le génie et la vie de Lamartine, je n'en trouve point. Doucement élevé, en pleine campagne, par des femmes et par un prêtre romanesque, n'ayant pour livres que la Bible, Bernardin de Saint-Pierre et Chateaubriand, il s'en va rêver en Italie et se met à chanter. Et aussitôt les hommes reconnaissent que cette merveille leur est née : un poète vraiment inspiré, un poète comme ceux des âges antiques, ce «quelque chose de léger, d'ailé et de divin» dont parle Platon.

Ce poète, aussi peu «homme de lettres» qu'Homère, ce qu'il exprimait sans effort, c'étaient tous les beaux sentiments tristes et doux accumulés dans l'âme humaine depuis trois mille ans : l'amour chaste et rêveur, la sympathie pour la vie universelle, un désir de communion avec la nature, l'inquiétude devant son mystère, l'espoir ou la bonté du Dieu qu'elle révèle confusément; je ne sais quoi encore, un suave mélange de piété chrétienne, de songe platonicien, de voluptueuse et grave langueur.

Loué soit-il à jamais! On se fatigue des prouesses de la versification. On est las quelquefois du style plastique et de ses ciselures, du pittoresque à outrance, de la rhétorique impressionniste et de ses contournements.

C'est alors un délice, c'est un rafraîchissement inexprimable que ces vers jaillis d'une âme comme d'une source profonde et dont on ne sait «comment ils sont faits».

[*Les Contemporains*, 4ᵉ série (1899).]

Ch. de Pomairols. — Lamartine seul aurait eu la puissance nécessaire pour continuer, étendre le genre de littérature qu'il représentait. L'expression des sentiments généreux, où il avait trouvé son domaine, appartient uniquement au génie. Le talent, incapable de donner un suffisant relief aux sujets universels, s'en tient loin, afin de se signaler par l'originalité des nuances. Pour ce motif, une véritable

école ne pouvait pas sortir de l'inspiration lamartinienne. Lamartine eut, de son vivant, beaucoup d'imitateurs. Aucun de ces disciples n'a laissé un nom ni gardé une physionomie distincte à côté du maître. Il est remarquable que les seules poésies de quelque durée où l'on puisse reconnaître son influence soient des poésies écrites par des femmes. Les femmes aiment la spiritualité, la douceur ; elles n'ont pas besoin de revêtir leurs émotions d'un caractère exceptionnel, leur cœur étant très accessible à la poésie des sentiments communs; par là et par d'autres traits, il semble que l'âme du grand poète, qui avait exprimé ces choses avec tant de puissance, appartienne elle-même au type féminin, si l'on ajoute à ce type la force qui s'y joint pour former la figure de l'ange. Cette âme pure et forte n'a pas appris à d'autres le secret de ses chants ; mais elle ne cesse pas du moins d'être écoutée dans la région qu'elle préférait elle-même, où elle habitait avec persévérance, au foyer de familles, où s'entretiendront toujours les affections simples, et où se rallieront à jamais les sentiments universels.

[*Lamartine* (1893).]

Édouard Rod. — Lamartine fut essentiellement ou plutôt exclusivement poète et il eut, avec toutes les puissances, toutes les faiblesses du poète. Il semble vraiment que son âme ne lui ait pas appartenu : elle flottait au souffle des sensations, des sentiments, des idées, aérienne, inconsistante, légère et musicale. Peu lui importait que les vents vinssent du sud ou du nord, de l'est ou de l'occident, pourvu qu'ils la fissent vibrer ; peu lui importait qu'ils apportassent l'orage ou qu'ils balayassent le ciel de ses nuages. Il en écoutait l'harmonie qui, volontiers, lui paraissait divine ; il en notait les avis, sans efforts, tantôt comme «le roseau qui soupire», tantôt comme le chêne qui crie dans la tempête, allant du doute à la foi, de la mélancolie à la joie, ballotté entre les extrêmes, sans seulement s'en apercevoir. Les contemporains, ravis, écoutaient comme lui, comme lui se laissaient bercer, et si grand était le charme, qu'il éprouvait l'envie de diviniser cette lyre invisible toujours d'accord avec eux. La postérité subira-t-elle la même séduction?

Pas complètement, sans doute: le moment arrive toujours, même pour les poètes les plus admirés, où la réflexion reprend ses droits. Mais, si le temps a déjà emporté bien des pages d'une œuvre trop inégale, si d'autres inspirent d'insurmontables défiances et même des colères et des rancunes, il y en a pourtant, et beaucoup, qui ont conservé leur fraîcheur, leur éclat presque entiers.

[*Lamartine* (1893).]

Émile Deschanel. — Ce n'est pas sans émotion que nous avons abordé l'étude de cet être unique, dont la vie et l'œuvre sont un monde. Nous avons du moins la confiance que s'il apparaît parfois, dans son extrême complexité, un peu différent de celui auquel on s'était accoutumé, il n'en sera ni moins grand, ni moins attrayant, ni moins digne d'être aimé. Le drame est assez splendide et assez pathétique pour n'avoir pas à craindre l'analyse; les ombres ne sont pas des taches ; la réalité, en un un si noble sujet, ne détruit pas l'harmonie; et la vérité, même vue de près, est encore l'idéal.

« Il y a plus de réelle grandeur, disait Larmartine, dans une bonne action, que dans un beau

poème, ou une grande victoire. » Mieux que personne il pouvait comparer ces trois grandeurs, les
ayant réunies en lui. De plain-pied avec ies sommets,
il n'avait point à monter pour y atteindre. Jamais
rien de médiocre n'entra dans cet esprit ; jamais le
moindre grain de rancune ou de haine, même en
ce monde de haine et d'envie qu'on nomme la politique.

Doué de tous les dons souverains, — beauté, poésie, éloquence, courage, sens profond de l'avenir, et,
au-dessus du génie, la bonté, ce génie du cœur, —
Lamartine est un des plus nobles êtres qui aient
paru sous le ciel de France.

[*Lamartine*. Avant-Propos (1893).]

Paul Bourget. — Lorsqu'on reprend ses trois
grands recueils : Les *Premières* et les *Nouvelles
méditations*, puis les *Harmonies*, on demeure étonné
de ce flot ininterrompu de vers grandioses, qui
vont, qui passent, avec la facilité, avec l'amplitude,
avec la puissance d'un vaste fleuve répandu dans
une large plaine, et tour à tour coloré de tous les
reflets du ciel, rosé avec l'aurore, bleu avec le
midi, pourpre avec le soir, ténébreux sous la taciturne nuit. Cette imagination des états de l'âme, si
exclusivement dominatrice dans cette tête de songeur,
est la cause que ces poèmes expriment non pas une
âme individuelle et spéciale, mais l'Ame elle-
même, la Psyché vagabonde et nostalgique et son
dialogue immortel avec Dieu, avec l'Amour, avec la
Nature. Si le poète est incapable d'éteindre le Réel,
il est aussi affranchi de sa servitude, et le monde du
Rêve infini s'ouvre devant son essor... Aujourd'hui
que ces poèmes ont perdu, avec leur magie de nouveauté, le prestige que leur assurait une harmonie
profonde entre les aspirations du public et les inspirations de l'auteur, il est malaisé de ranger cette
œuvre, tour à tour trop admirée et trop négligée,
à sa place définitive. On est en droit de remarquer
que, parmi nos artistes modernes, Lamartine est
celui qui ressemble le plus aux grands rêveurs du
Nord, à un Schelley et à un Keats, par ce caractère d'une beauté poétique absolument étrangère à
tout ce qui n'est pas la poésie. Il y a du peintre
dans Victor Hugo, il y a de l'orateur dans Alfred
de Musset, il y a du philosophe dans Alfred de
Vigny. Chez Lamartine seul, aucun alliage n'est
venu déformer ou compléter, — comme on voudra, —
le génie primitif.

[*Études et portraits* (1894).]

Ferdinand Brunetière. — Depuis quelque temps
on découvre non seulement que le politique avait
vu plus loin qu'on ne croyait, mais encore que,
dans ses erreurs mêmes, il n'y avait rien eu que de
noble et de généreux comme lui, de libéral et de
prodigue, de magnifique et de fastueux. On convient
que l'orateur fut et demeurera l'un des plus éloquents dont se doive honorer l'histoire de la tribune
française. Et enfin, et surtout, ce que l'on reconnaît,
c'est que d'autres poètes ont eu peut-être d'autres
qualités, plus d'art et de métier, par exemple, ou
plus de passion ; ils ont encore été, ceux-ci, des
inventeurs plus originaux ou plus puissants, et
ceux-là, des âmes plus singulières ; mais nul, assurément, n'a été plus poète, si, dans la mesure où ce
mot de poésie exprime ce qu'il y a de plus élevé
dans l'idéal de l'humanité, nul ne l'a réalisé plus
pleinement, ou n'en a plus approché, sans effort

et sans application, naturellement, naïvement, par
le seul effet de son instinct ou de la loi de son être,
comme un grand fleuve coule selon sa pente.

[*Évolution de la Poésie lyrique* (1894).]

Gustave Larroumet. — A cette heure, nous sommes
fatigués des spectacles, nous avons admiré et ana-
lysé trop de tours d'adresse et de force : nous demandons des gestes sans étude, des attitudes simples ;
nous voulons voir un homme marchant sa marche
naturelle. Lamartine est cet homme. Il ne s'est
jamais travaillé ; il chantait comme l'on respire.
C'était son infériorité à l'égard de ses grands contemporains. Sa négligence croissante, sa pente peu
à peu abandonnée vers l'improvisation, — car il avait
commencé lui aussi non par la contrainte, mais
par l'étude, — avaient déçu l'admiration. Il ne se
renouvelait pas, et le monde prenait l'habitude de
chants toujours nouveaux. Mais, aujourd'hui, que
nous importent les années de décadence et l'amas
des œuvres sans relief ? Nous revenons aux *Méditations*, aux *Confidences*, à *Jocelyn*. Dans un petit
choix d'œuvres et de pièces, nous ramassons les
titres de Lamartine, et ces titres sont immortels,
comme l'âme et ses besoins, comme la poésie,
comme les sentiments qui en sont la source constante et qu'il a exprimés avec une force, une élévation, un charme que rien ne surpasse, que peut-
être rien n'égale.

[*Nouvelles Études de littérature* (1894).]

E. Zyrowski. — Qu'il est riche de sens ce mot
de Méditation, et qu'il exprime pleinement le caractère de l'œuvre lamartinienne ! Il suggère les plaisirs
et les mélancolies de la solitude et du silence, le
sens et le tourment de la destinée humaine, la peur
et le dégoût du monde, la langueur exquise des
rêveries, l'ivresse de la vie intérieure. De là ce chant
qui est la voix du cœur qui médite, un chant où
tout se dispose pour la complète libération de l'âme,
un chant où les émotions allégées semblent venir
du fond d'un rêve. La matière en est d'une extrême
ténuité ; elle échappe à la prise de la pensée comme
un nuage se dérobe à la pression de la main. C'est
le sentiment pur qui s'exprime dans l'atmosphère
qui lui convient ; c'est l'existence même de l'âme
qui se révèle à nous par la nature impalpable des
images, les subtiles associations de pensée et de mots.
L'hymne n'est qu'une méditation qui s'exalte, soit
à l'appel tumultueux des émotions intérieures, soit
devant le spectacle des embellissements que répand-
dent sur le monde la beauté et l'héroïsme. Mais
c'est toujours la voix intérieure, tour à tour douce
et triomphante ; et ainsi le poète de l'*Isolement*, du
Soir, du *Souvenir*, de l'*Automne* a été le chantre de
Bonaparte, de la *Marseillaise de la Paix* et de *Révolution*. Son génie se déploie dans l'harmonie et la
lumière, avec cet élan doux et magnifique qui est
le rythme naturel du lyrisme dans la poésie et dans
l'art.

[*Lamartine, poète lyrique* (1898).]

Georges Rodenbach. — Chaque fois qu'il a pris
parole : soit sur la page blanche où tombaient ses
poèmes spontanés ; soit à la tribune ; dans les rues,
les jours de révolution ; à l'Académie, où son discours de réception souleva d'un élan toutes les
questions du temps et de l'éternité, chaque fois,
ce fut vraiment «un concert», une voix plus qu'hu-

maine, une vaste musique rebelle aux subtilités, mais qui enveloppait toutes les âmes dans ses grands plis.

Et c'est ainsi qu'il semble devoir s'éterniser pour l'avenir : Lamartine est l'orgue de la poésie du siècle.

[*L'Élite* (1899).]

Hugues Rebell. — *La Chute d'un Ange* est l'œuvre la plus achevée de Lamartine, non pas, sans doute, qu'il l'ait travaillée plus que ses autres œuvres, mais parce que, nulle part comme en ce merveilleux poème, l'inspiration ne l'a emporté d'un élan plus continu et plus superbe. Il l'écrivit, dit-il, sans effort, comme en se jouant, pour se reposer de ses luttes politiques. Bien qu'il faille se méfier de la désinvolture affectée de Lamartine et des déclarations d'indifférence qu'il croit devoir faire, par bon ton, à l'égard de ses poésies, il est certain que *la Chute d'un Ange* est l'œuvre de son plaisir. Comment ne serait-ce pas, par excellence, l'œuvre sincère? La volonté y a si peu de part, que certains chants, le vⁱⁱⁱᵉ, notamment, sont composés de fragments que le poète n'a pas pris soin de relier ensemble. Mais si la composition en est fort lâche, les vers en sont d'une justesse et d'une plénitude admirables. Loin d'avoir changé de manière, Lamartine y réalise toute la perfection que son art pouvait promettre. Il est en effet à l'âge des chefs-d'œuvre, à cette maturité où le poète atteint toute sa puissance de conception et possède en même temps une expérience qui lui manquait dans ses premières années. Cette longue phrase lyrique, qu'aucun poète n'a su conduire mieux que lui, mais qui était souvent molle et traînante dans les *Méditations*, se déroule ici avec une ampleur, une force, une couleur inouïes, et avec de soudaines vivacités, des caprices de rythme et d'accent, des traits de vigueur surprenants dans la nonchalance majestueuse de l'ensemble, qui en font le plus varié, le plus élégant et le plus magnifique de tous les chants. C'est l'hymne large et radieux de la pleine mer, d'où se détache le bruit des brisants sur les rocs et la retombée gémissante de l'écume. Le vers qui apparaîtra quelques années plus tard dans *la Légende des siècles* de Victor Hugo est là, mais sans toutes les fantaisies et les clowneries qui nous feront regretter le modèle. Lisez, par exemple, *le Retour des pasteurs*.

[*La Plume* (1ᵉʳ juin 1900).]

LANTOINE (Albert).

Pierres d'Iris, vers et prose (1889). – *Elicuah* (1896). – *Les Mascouillat*, roman (1897). – *La Caserne* (1899).

OPINIONS.

Arsène Houssaye. — La poésie ne périra pas, faute de poètes. En voici un en prose et en vers. M. Albert Lantoine publie les *Pierres d'Iris*. Les petits poèmes en vers alternent avec les petits poèmes en prose, ciselés avec une délicatesse et un art exquis. Les néologismes, les tournures latines, les archaïsmes fournissent leurs ressources à l'auteur pour produire les tonalités les plus étranges et les plus diverses.

[*Grande Revue* (1889).]

Jean Lombard. — M. Albert Lantoine appartient à ce clan tout nouveau de poètes dont l'écriture-prose rivalise d'orfèvrerie nette avec l'écriture-vers en des pièces d'une fort jolie hardiesse... C'est de l'art rare, de l'art exquis, de l'art qu'on ne soulève pas à la pelle.

[*La France moderne* (1889).]

Aurélien Scholl. — Albert Lantoine est un nouveau venu; *Pierres d'Iris* nous l'avaient fait connaître, *Elicuah* le consacre. C'est, comme *Aphrodite*, un retour à l'antique, et, quoique plus brève, l'œuvre n'en est pas moins remarquable. C'est un poème en prose, plein de vie et haut en couleur : «Et un grand souffle d'amour passa sur Israël. Des femmes gémissent de volupté sous les étreintes des soldats. Et, dans les maisons, on entendit les vierges se plaindre comme des tourterelles».

[*Écho de Paris* (1896).]

LANTRAC (Daniel).

L'Imagier du soir et de l'ombre (1898).

OPINION.

Henri Davray. — M. Daniel Lantrac nous donne, sous le joli titre de : *L'Imagier du soir et de l'ombre*, de courtes pages qui éveillent singulièrement l'intérêt. «J'ai laissé venir à moi, dit-il, toutes les sensations et toutes les images; puis je fus guidé dans mon choix par l'instinct de mon cœur, comme je le suis dans l'obscurité par mes doigts habiles à reconnaître les objets familiers. Et, page par page, j'ai échenillé mon livre jusqu'à le réduire à ces minces feuillets, — comme on effeuille une marguerite, — afin qu'il répondît «beaucoup» à celui qui l'interrogera d'un œil bienveillant...». Et certes, il n'est pas besoin de bienveillance spéciale pour que ces pages répondent «beaucoup» à celui qui les lit; M. Daniel Lantrac a écrit de vrais poèmes en prose, en un style qui a juste assez d'imperfection pour faire bien augurer de l'écrivain, et une richesse d'images qui, peu à peu, appartiendra mieux à l'auteur.

[*L'Ermitage* (juin 1898).]

LAPAIRE (Hugues).

Vieux tableaux (1892). – *L'Annette* (1894). – *Au Pays du Berri* (1896). – *La Bonne Dame de Nohant*, en collaboration avec Firmin Roz (1897). – *Sainte Soulange* (1898). – *Noëls berriauds* (1899). – *Les Chansons berriaudes* (1899).

OPINIONS.

Armand Silvestre. — ... J'ai ouvert un livre de vers bien fait pour ajouter sa musique au parfum de ces fleurs lointaines. C'est un recueil de poésies, écrites en langage berrichon par M. Hugues Lapaire, sous ce titre : *Au Pays du Berri*. Ce me fut comme un voyage à ce coin de France où la mémoire de George Sand....., etc. J'avais entendu parler ainsi sur la place de Nohant... Tous ces échos-là chantaient encore plus près de mon cœur que de mon oreille. Beaucoup sont touchantes, de ces chansons du pays, et M. Hugues Lapaire y a vraiment fait œuvre de poète. N'est-elle pas la proche parente de la vieille haulmière de Villon cette «vieille, les pieds sur les landiers»?

[*Le Journal* (1896).]

MARCELLE TYNAIRE. — ... C'est l'heureuse fortune de M. Hugues Lapaire, d'avoir participé à la vie rustique du Berri, à l'âme populaire qu'il exprime comme son âme même, sans artifice et sans effort. Il a pénétré la crédulité, la bonhomie, la douceur narquoise du paysan de sa province, et les croquis qu'il nous en donna (*Au Pays du Berri*) ont autant de saveur et plus de vérité peut-être que les fresques magistrales de George Sand. Mais ce n'étaient que des essais et des ébauches. M. Lapaire nous offre une œuvre plus importante, qui montre son étroite parenté avec les poètes provinciaux du moyen âge, — et cette œuvre est bien près d'être un chef-d'œuvre. C'est la Mireille du Berry... Tel est ce poème (*Sainte Soulange*), exquis, pareil à un bouquet où l'églantine, la bruyère et un brin de buis bénit mêleraient leurs aromes. Il n'y a là pas un mot, pas une image que ne puisse comprendre le plus simple de ces laboureurs berrichons à qui M. Hugues Lapaire se plaît à lire ses vers. Il n'y a pas une page où le plus difficile des lettrés ne puisse trouver un rare plaisir. Je ne trouve pas que cette œuvre charmante ne reste populaire en Berri.

[*La Fronde* (1898).]

ANDRÉ THEURIET. — Sur ce banc de hêtre de la poésie rustique, je voudrais faire une petite place à M. Hugues Lapaire, auteur des *Chansons berriaudes*. M. Lapaire célèbre son Berry à la façon des chanteurs populaires et, pour se rapprocher mieux de la vérité, il le célèbre dans le patois local. Il y a de la sincérité et une franche saveur de terroir dans ce volume. On en jugera par les quelques strophes d'une pièce intitulée : *Le Cerisier*.

[*Le Journal* (1899).]

LAPOINTE (Savinien). [1812-...?.]

Une voix d'en bas (1844). — *Les Prolétariennes* (1848). - *La Baraque à Polichinelle* (1849). *Échos de la rue* (1850). - *Il était une fois* (1853). - *Mes Chansons* (1859).

· OPINION.

VINÇARD AÎNÉ. — Par Béranger, la chanson s'est complètement transformée et comme fond et comme forme. Savinien Lapointe était un enfant chéri de notre grand poète : aussi retrouve-t-on parfois dans l'élève, et très certainement à sa gloire, la manière naturelle, simple ou élevée quand il le faut, mais toujours populairement philosophique, qui distingue les œuvres du grand maître de la chanson de nos jours.

[*Étude* (1859).]

LAPRADE (Pierre-Marius-Victor-Richard de). [1812-1883.]

Les Parfums de Magdeleine, poème (1839). - *La Colère de Jésus* (1840). - *Psyché*, poème (1841). - *Odes et Poèmes* (1844). - *L'Age nouveau* (1847). - *Du sentiment de la na-*ture dans la poésie d'Homère (1848). - *Poèmes évangéliques* (1852). - *Les Symphonies* (1856). - *Idylles héroïques* (1858). - *Pernette*, poème (1868). - *Harmodius*, tragédie (1870). - *Poèmes civiques* (1873).

OPINIONS.

LAMARTINE. — Les vers de Laprade m'avaient semblé avoir la transparance sereine, profonde, étoilée, des songes de Platon. Ils m'avaient rappelé aussi Phidias, le sculpteur en marbre de Paros de la frise du Parthénon; ces vers solides et splendides comme le bloc taillé et poli par le ciseau de Phidias avaient à mes yeux la forme et l'éclat des marbres du Pentélique et un peu aussi de l'immobilité et de la majesté de ces marbres. La muse de Laprade était la plus divine des statues, mais une statue; le poète était le grand statuaire de notre siècle, un Canova en vers taillant la pensée en strophes, un sculpteur d'idées.

[*Cours familiers de littérature* (1856 et suiv.).]

SAINTE-BEUVE. — M. Victor de Laprade, par son poème de *Psyché* (1841), par celui d'*Éleusis* (1843), par les odes et les pièces qu'il a composées alors et depuis, s'est placé au premier rang dans l'ordre de la poésie platonique et philosophique. M. de Laprade possède au plus haut degré ce qui manque trop à des poètes de ce temps, distingués, mais courts; il a l'abondance, l'harmonie, le fleuve de l'expression; il est en vers comme un Ballanche plus clair et sans bégayement, comme un Jouffroy qui aurait reçu le verbe de poésie. Qu'il nous permette d'ajouter que la grandeur et l'élévation dont il fait preuve si aisément, et qui lui sont familières, amènent bientôt quelque froideur; il n'a pas assez d'émotion et de ces cris qui font songer qu'on est un homme ici-bas; il n'a pas assez de ce dont M. de Musset a trop.

[*Causeries du lundi* (1857).]

VILLEMAIN. — L'enthousiasme du beau ne peut-il pas donner l'inspiration, comme la charité donne l'héroïsme ? Ainsi nous ont frappé *les Symphonies* de M. de Laprade, œuvre de méditation et de candeur, mélange d'inductions métaphysiques, de sentiments austères avec tendresse, et de vives émotions empruntées au spectacle de la nature et rapprochées toujours des grandes vérités inscrites au cœur sur l'homme comme sur la voûte des cieux.

[*Choix d'études sur la littérature contemporaine* (1857).]

BARBEY D'AUREVILLY. — Il débuta dans la *Revue des Deux-Mondes* par un poème de *Psyché*, ennuyeux, même à la *Revue des Deux-Mondes* ! ! C'est phénoménal ! Puis il se jeta dans les *Idylles* montagnardes et dans des *Poèmes évangéliques*. Tout cela l'aurait laissé obscur à Lyon, faisant son cours pour les guides de la Suisse, si l'Académie n'avait voulu recruter une clameur de plus contre l'Empire. Enivré par le succès de sa réception, M. Laprade a payé son entrée à ses maîtres, et il leur a offert le bouquet de ses *Satires politiques*. L'évangile écœurant s'est cru la plume de fer rougi de Juvénal... Le fer rougi n'était qu'un fer à papillotes, qui brûla un peu l'oreille violette, si prompte à la colère, de M. Sainte-Beuve, lequel, raconte-t-on, — mais c'est un renseignement à prendre, — apporta un matin à l'Académie un morceau de bois pour répondre au fer. On eut grand'peine à désarmer M. Sainte-Beuve, qui se ressouvenait du parapluie dont il avait, dit-on, menacé un jour M. Villemain, place Saint-Sulpice, en l'appelant «le Thersite de la littérature». Ce jour-là, M. Laprade en fut quitte pour son frisson, et l'Académie, où il se passe de pareilles choses, pour sa dignité...

[*Les 4o médaillons de l'Académie.*]

FRANÇOIS COPPÉE. — Ceux qui auraient pu craindre qu'il s'attardât dans un panthéisme plein de poésie sans doute, mais un peu brumeux et incertain, qu'il restât absorbé dans le rêve mystique où le plongeait la contemplation de la nature, ont été bien vite rassurés. Ils ont vu l'auteur de *Psyché* et d'*Hermia* devenir délicieusement chrétien dans les *Poèmes évangéliques*, s'enflammer jusqu'à la satire pour la défense de sa foi et de ses convictions, unir dans *Pernette* le drame à l'idylle, trouver, pendant les désastres de l'invasion allemande, des accents inoubliables de douleur et de patriotisme, répandre enfin, dans le *Livre d'un père*, les mâles et charmantes tendresses de son cœur.

M. EDMOND BIRÉE. — Victor de Laprade a créé une forme nouvelle de poésie lyrique, c'est la *Symphonie*, où tous les rythmes, tous les mètres, toutes les voix, la voix de l'homme et celles de la nature, concourent à un même but : véritable poème lyrique qui ne saurait, sans doute, entrer en comparaison avec les grandes compositions de l'art musical, ni pour l'harmonie savante, ni pour le charme et l'éclat de la mélodie, mais qui a cette supériorité sur elles de traduire avec une admirable clarté les pensées et les sentiments de l'âme.

[*V. de Laprade, sa vie, ses œuvres* (1886).]

E. CARO. — C'est le désir de l'infini qui inspire *Psyché*; c'est l'idée du sacrifice qui inspire les *Poèmes évangéliques*. En ce sens, on peut dire que ces *Poèmes* continuent *Psyché* et lui donnent son véritable dénoûment. L'Amour céleste répond à l'appel désespéré de l'Amour humain. Il descend sur la terre et le sanctifie de son exemple, de ses paroles, de son sang de sa croix. La Charité, plus forte que le Désir, va donner à l'homme la mesure du sacrifice divin. Quelques-unes des scènes évangéliques sont reproduites avec un rare bonheur, dans un ton de forte simplicité et de grandeur calme... *Psyché*, qui est le Désir de l'Infini, les *Poèmes évangéliques*, qui sont la Charité, le Sacrifice, la Douleur, expriment presque au même titre l'idéalisme religieux chez M. de Laprade. Elles l'expriment sous la forme la plus complète et la plus achevée. Il serait inutile d'aller chercher d'ailleurs des témoignages surabondants. Partout nous trouverons le même sentiment, parlant en rythmes graves et amples, d'un ton pénétré, qui sait être solennel sans emphase, parce qu'il s'inspire du plus profond de la conviction humaine, à ce point où le cœur touche à la raison, où la foi du chrétien se confond avec la dialectique du philosophe. Mais ce qui est propre à certains poèmes, ce qui les marque d'un caractère à part, c'est la prédominance d'une sorte de piété attendrie, de vénération filiale pour la Nature.

Poètes et romanciers (1888).]

EMMANUEL DES ESSARTS. — Il faut avoir entendu parler de ce rôle que joua Victor de Laprade, par Théodore de Banville et par Leconte de Lisle lui-même, pour être persuadé que Laprade fut, à son moment, l'un des novateurs les plus actifs de notre siècle. La publication de *Psyché* marque une date dans l'histoire de la poésie française. Le romantisme, plus nourri qu'on ne croit de l'antiquité, l'avait abandonnée, au moins en apparence, par le choix des sujets et l'emportement du style. Victor de Laprade instituait le Romantisme classique. Il venait accomplir ce rêve d'André Chénier, traiter des sujets antiques avec une forme et une couleur grecques et revêtir de cette forme et de cette couleur des pensers nouveaux, en un mot interpréter poétiquement les mythes anciens.

[*La Revue Bleue* (2ᵉ semestre 1896).]

LA SALLE (Gabriel de).

Luttes stériles (1893).

OPINION.

ÉMILE PORTAL. — Son œuvre : un recueil de poèmes où, malgré le titre : *Luttes stériles*, s'affirment lyriquement un généreux amour de l'Humanité et l'invincible espérance du Mieux.

[*Portraits du prochain siècle* (1894).]

LAUTRÉAMONT (Comte de). [1846-1874.]

Les Chants de Maldoror, chant I (1868). — *Poésies* (1870). — *Les Chants de Maldoror*, chants II à VI (1874).

OPINION.

REMY DE GOURMONT. — C'était un jeune homme d'une originalité furieuse et inattendue, un génie malade et même franchement un génie fou. Les imbéciles deviennent fous et, dans leur folie, l'imbécillité demeure croupissante ou agitée; dans la folie d'un homme de génie, il reste souvent du génie : la forme de l'intelligence a été atteinte et non sa qualité; le fruit s'est écrasé en tombant, mais il a gardé tout son parfum et toute la saveur de sa pulpe, à peine trop mûre.

Telle fut l'aventure du prodigieux inconnu Isidore Ducasse, orné par lui-même de ce romantique pseudonyme : Comte de Lautréamont. Il naquit à Montevideo, en avril 1846, et mourut âgé de 28 ans, ayant publié *les Chants de Maldoror* et des *Poésies*. *Les Chants de Maldoror* sont un long poème en prose, dont les six premiers chants seuls furent écrits. Il est probable que Lautréamont, même vivant, ne l'eût pas continué. On sent, à mesure que s'achève la lecture du volume, que la conscience s'en va, s'en va, et quand elle lui est revenue, quelques mois avant de mourir, il rédige les *Poésies*, où, parmi de très curieux passages, se révèle l'état d'esprit d'un moribond, qui répète, en les défigurant dans la fièvre, ses plus lointains souvenirs, c'est-à-dire, pour cet enfant, les enseignements de ses professeurs !

Motifs de plus que ces chants surprennent. Ce

fut un magnifique coup de génie, presque inexplicable.

[*Le Livre des Masques*, 1ʳᵉ série (1896).]

LAUTREC (Gabriel de).

Poèmes en prose (1897). – *Préface sur l'humour* (1900).

OPINIONS.

MAURICE MAGRE. — M. Gabriel de Lautrec est un pur et sincère artiste. Je sais tels de ses poèmes en prose qui sont des chefs-d'œuvre d'harmonie et de rêve. Il est un poète et un créateur de visions; on a un charme infini à suivre ses romanesques fantaisies. Mais combien son talent gagnerait à ne pas se morceler, à nous donner une œuvre plus synthétique, plus une!

[*L'Effort* (décembre 1897).]

THOMAS BRAUN. — Tour à tour héroïque, légendaire, philosophe ou gamin, M. de Lautrec traverse la vie, une badine à la main, déjouant ses combinaisons, interprétant son sens occulte.

Qu'il décrive les voyageurs de Lybie, la grâce chétive des Watteau ou M. House aux trapèzes de sa bibliothèque, sa langue chaleureuse, exquise ou satirique nous charmera. C'est un petit Poë français.

[*Durendal* (1897).]

LAVERGNE (Antonin).

Les Paroles d'amour, avec préface de Frédéric Bataille (1893).

OPINION.

ÉMILE FAGUET. — *Les Paroles d'amour*, de M. Antonin Lavergne, m'ont plu par une certaine grâce facile et pourtant élégante, qui n'est pas commune chez les versificateurs d'aujourd'hui. Ce sont là un peu de vers comme on les faisait avant l'*anarchie* (j'appelle ainsi ces dix dernières années) et avant le *Parnasse*. Cela se place vers 1850 ou 1855; mais ce n'est pas dire, pour cela, qu'ils soient méprisables le moins du monde. Ils sont précieux avec sincérité et coquets avec naturel. On sent qu'ils ont été pensés comme ils ont été écrits et qu'ils sont bien tombés sur le papier selon les circonstances, au cours des jours», comme dit un sous-titre du volume.

[*La Revue Bleue* (21 octobre 1893).]

LEBEY (André).

Les Poésies de Sapphô, trad. (1894). – *La Scène*, un acte (1895). – *Le Cahier rose et noir* (1896). – *Chansons grises* (1896). – *Les Poèmes de l'amour et de la mort* (1898). – *Chansons mauves* (1899). – *Les Colonnes du temple* (1900).

OPINIONS.

ALBERT ARNAY. — On a reproché à M. André Lebey d'être un poète ennuyeux. Quelle erreur! Il est plutôt un des récents écrivains qui ont précisé certain état d'âme ou d'esprit dont souffrent bien des jeunes hommes de cette génération.

Avec des mérites divers, M. Lebey a bien dit ce qu'il voulait dire.

[*Le Réveil* (décembre 1896).]

M.-K. — Le temple sur les colonnes duquel M. André Lebey inscrit ses délicats poèmes est sans doute celui de la Vie intérieure. Ces colonnes, de styles variés, soutiennent les différentes parties de l'édifice; elles s'ornent d'images, de souvenirs, d'ex-voto, qui racontent l'histoire d'une âme et son voyage du Rêve à la Vie; car les premiers vers du recueil sont destinés au *Piédestal d'une statue du Rêve*, les derniers au *Piédestal d'une statue de la Vie*, et les vers intermédiaires iront décorer les autres colonnes du sanctuaire. M. André Lebey reste dans ce nouvel ouvrage le mélodiste et l'aquarelliste des *Chansons grises*, des *Chansons mauves*, des *Automnales;* il caresse délicieusement nos yeux et nos oreilles de sonorités et de tonalités harmonieuses, effacées, discrètes, dont nous subissons passivement le sortilège puissant et subtil.

Peut-être, cependant, le dessin du poème réclamait-il une pensée plus variée, un verbe plus net, une syntaxe plus sûre, une conception et une exécution plus volontaires et plus rigoureuses. Le marbre et la pierre ne s'accommodent point d'un ciseau défaillant ni d'une main capricieuse. Mais aussi le peintre et le musicien ne sont-ils point tenus de sculpter la pierre ou le marbre.

[*Iris* (mai 1900).]

LE BRAZ (Anatole).

Rancœurs (1892). – *La Chanson de la Bretagne* (1892). – *La Légende de la mort en Basse-Bretagne* (1893). – *Au Pays des pardons* (1895). – *Pâques d'Islande* (1897). – *Vieilles histoires* (1897).

OPINION.

GASTON DESCHAMPS. — Quand *la Chanson de Bretagne*, de M. Anatole le Braz, fut entendue à Paris, malgré le brouhaha de nos cohues, je sais des gens qui ont dit :

Enfin ! voici des vers qui sont d'un poète, d'un poète authentique, de quelqu'un dont l'âme est pieuse, douce, émue, voltigeante et chantante, prompte à la joie et prompte aux larmes, de quelqu'un qui ne ressemble pas aux autres hommes, qui n'est pas raisonnable, pratique, morose, ambitieux, qui va son chemin, loin des sentiers battus, vers des sommets bleus, aperçus en rêve dans une auréole de brumes dorées. Connaissez-vous M. Anatole Le Braz? Non. Non. Ni moi non plus. Il ne fait point partie du «Tout-Paris»... son petit livre a été imprimé en province, chez l'honnête Hyacinthe Caillère, place du Palais, à Rennes. L'auteur doit être, comme son livre et son éditeur, un brave homme de provincial; ses manières doivent être simples et ses mœurs pures... Est-il besoin d'ajouter qu'il n'appartient à aucune école, à aucune coterie de gens de lettres? Il est simplement un poète. C'est pourquoi je me permets, sans avoir la prétention de vouloir inscrire son nom au temple de Mémoire, de le recommander tout spécialement

à ceux qui sont las d'errer au bord de ces marécages de vers boiteux et de proses rampantes, qui
coassent incessamment : *Moi! Moi! Moi!* à ceux
qui veulent être délivrés de cette obsession par la
voix d'un chanteur dont les mélodies ont la vertu
d'endormir les soucis et d'apaiser le cœur souffrant
des hommes. Le Braz a écouté la voix plaintive des
Celtes morts, de la Bretagne agonisante ; il a
voulu nous conter les douces et amères confidences
qu'il a recueillies, le soir, quand le bruit du siècle
se taisait, près des calvaires désolés de Trégastel
et de Ploumanac'h.

[*La Vie et les livres,* 1ʳᵉ série (1894).]

LEBRUN (Pierre). [1785-1873.]

Coriolan, tragédie (1797). – *Jeanne d'Arc,
Ulysse* (1814). – *Marie-Stuart,* tragédie
(1820). – *Pallas* (1822). – *Le Cid d'Andalousie* (1825). – *Voyage en Grèce,* poèmes
(1828). – *OEuvres complètes* (1844).

OPINIONS.

BERNARD JULLIEN. — M. Lebrun a fait, en 1820,
1821, 1822, des odes sur Olympie, sur Ithaque, qu'il
venait de parcourir. Il a fait un poème lyrique assez
long, et divisé en douze paragraphes sur la mort
de Napoléon ; on n'y peut guère trouver que des
lieux communs sur cette grande gloire évanouie,
sur cette puissance éteinte, sur cette monarchie
exilée. Ç'a été l'écueil de presque tous les poètes qui
se sont exercés sur ce sujet ; ils n'ont trouvé à dire
que ce que tout le monde aurait dit comme eux.

[*Histoire de la Poésie à l'époque impériale* (1844).]

SAINTE-BEUVE. — On aurait tort de ne voir en
M. Lebrun qu'un homme de lettres et un homme de
talent s'essayant avec art, avec étude, avec élégance,
à des productions estimables et de transition. Il est
bien, en effet, un poète de transition et de l'époque
intermédiaire, en ce sens qu'il unit en lui plus d'un
ton de l'ancienne école et déjà de la nouvelle ; mais,
ce que je prétends, c'est que ce n'est nullement par
un procédé d'imitation ou par un goût de fusion
qu'il nous offre de tels produits de son talent, car
il est, il a été poète, sincèrement poète, de son cru
et pour son propre compte ; il en porte la marque,
le signe, au cœur et au front : il a la *verve.*

[*Causeries du lundi* (1866).]

THÉOPHILE GAUTIER. — Un poète qui, dès sa jeunesse avait pris un rôle élevé, un rôle de précurseur, et qui a su introduire du naturel et de la
fraîcheur dans une poésie qui jusque-là semblait
trop craindre ces mêmes qualités, l'auteur du *Cid
d'Andalousie* et du *Poème de la Grèce,* M. Lebrun,
en publiant en 1858 une édition complète de ses
œuvres, nous a montré, par quelques pièces de
vers charmantes, que, dès l'époque du premier Empire, il y avait bien des élans et des essors vers
ces heureuses oasis de poésie qu'on a découvertes
depuis et qu'il a été des premiers à pressentir,
comme les navigateurs devinent les terres prochaines
au souffle odorant des brises.

[*Rapport sur les progrès des lettres et des sciences,*
par MM. Sylvestre de Sacy, Paul Féval et
Th. Gautier (1868).]

ÉDOUARD FOURNIER. — Il échapperait à notre temps,
s'il était resté ce que son âge, — il naquit en 1785, —
voulait qu'il fût d'abord : un arrière-classique, un
poète de l'Empire, rimant des *Odes sur la Guerre de
Prusse, sur la Campagne de 1807* et des tragédies
telles qu'*Ulysse et Pallas, fils d'Évandre ;* mais il lui
appartient, par la part qu'il prit au mouvement
rénovateur, avec sa pièce de *Marie-Stuart* assez fièrement imitée de celle de Schiller et surtout avec
son brillant *Voyage en Grèce,* l'œuvre la plus sincère,
la plus vraie de couleur et la plus éclatante qui
ait été inspirée chez nous par la guerre des Hellènes.

[*Souvenirs poétiques de l'école romantique* (1880).]

ALEXANDRE DUMAS FILS. — Pierre Lebrun fut, en
littérature, ce qu'on appelle un homme de transition, la fin d'une phase et le commencement d'une
autre.

EUGÈNE LINTILHAC. — Parmi les lyriques, nous retrouvons l'inévitable Lebrun-Pindare qui se survit ;
son homonyme Pierre Lebrun, beaucoup plus sincère, qui, dans ses odes (*Au Vaisseau de l'Angleterre, Sur la Grande Armée, A Jeanne d'Arc, Sur
la Grèce,* etc...), se montre un précurseur direct,
quoique trop sage, de Béranger et de Victor Hugo...
Mais quels émules il eut en son temps ! Pour mesurer le vide de cette poésie officielle, le faux goût
de ces oripeaux mythologiques du *Style Empire,*
qu'on aille méditer cette chute d'une strophe du
temps, en face du bas-relief de l'Arc-de-Triomphe
où Napoléon est si lourdement couronné :

Et qui pourra prêter, pour tracer ton histoire,
Une plume à Clio ? — L'aile de la victoire !

[*Précis historique et critique de la littérature française* (1895).]

LE CARDONNEL (Louis).

Les Incantations. – (Journaux et revues de 1885-
1895.)

OPINIONS.

CHARLES MORICE. — Louis Le Cardonnel est, peut-
on croire, perdu pour la Poésie. Ce poète s'est fait
prêtre. Fallait-il que la preuve fût ainsi donnée de
la sincérité du nupticisme de la jeune Littérature ?
Le futur dira comme l'Église saura glorifier sa propre
vitalité ou témoignera de sa mort, en laissant le
poète très pur, qui ne peut être effacé déjà dans le
très pieux lévite, authentiquer sa foi par l'art
inoublié, ou en éteignant l'art et l'artiste.

[*La Littérature de tout à l'heure* (1889).]

ALPHONSE GERMAIN. — Ses dons merveilleux d'artiste, il ne lui suffit point de les concrétiser en
harmonies, il veut les faire servir à la gloire du
Créateur des Harmonies, il médite des poèmes qui
soient des doxologies. Les poètes, ses pairs, le
tiennent en haute estime ; les cérébraux, ses frères,
le disent un Esprit. Sont annoncées *les Incantations.*

[*Portraits du prochain siècle* (1894).]

E. VIGIÉ-LECOCQ. — Chez Le Cardonnel, seul, le
sentiment religieux atteint toute sa pureté ; mais
pureté très moderne encore, nerveuse nostalgie
d'une âme trop délicate pour les besognes serviles

à qui le cloître, seul, sied et qui, seule, peut comprendre toutes les joies spirituelles d'un silence claustral.

[*La Poésie contemporaine* (1896).]

LECLERCQ (Julien).

Strophes d'Amant (1890).

OPINION.

BENJAMIN SALVAT. — Dans *Strophes d'Amant*, fraternellement préfacées par G. Albert Aurier, de jolis vers sentimentaux : élégies de poète amoureux, blasphèmes ingénus, renouveaux d'espoirs, musiques de mélodies vagues, quelquefois chute dans le banal, par découragement dans la difficulté d'être simple.

[*Portraits du prochain siècle* (1894).]

LECLERCQ (Paul).

L'Ibis (1893). – *L'Étoile Rouge* (1898).

OPINIONS.

OCTAVE RAQUIN. — Nous donna, en un trop mince reliquaire, *Ibis*, cette sensation unique, je pense, de passer sans perceptible froissement des vers aux proses, réciproquement, et cela sans nul artifice de transition savante.

[*Portraits du prochain siècle* (1894).]

PIERRE QUILLARD. — *L'Étoile Rouge :* On connaissait de M. Paul Leclercq un court poème, *Ibis*, à quoi j'eusse reproché pour ma part quelque affectation d'ironique psychologie ; les pages nouvelles qu'il rassembla récemment ne sont pas écrites en lignes inégales, et cependant elles me valent le plaisir de les louer, pour l'harmonie rythmique de la langue et la grâce ingénieuse des images qui les assimilent à de véritables petits poèmes. Une lettre à Ibis, un conte légendaire, deux petites histoires orientales, je tiens l'une, *La Besace de toile bise*, pour parfaite en son genre, et une brève nouvelle de notre temps, *La Vieille à l'Araignée*, forment la première partie du livre ; et, déjà, j'indiquerai une différence dans la manière d'écrire de M. Paul Leclercq : *La Vieille à l'Araignée*, comme il convenait, n'est pas du tout dans le style des autres contes ; au lieu des images somptueuses et vagues, arbres en fleurs, joyaux de lumières, eaux transparentes et mobiles, on distinguera il un effort vers le trait précis, presque dur, de M. Jules Renard, et les comparaisons compliquées et géométriquement exactes où se plaît l'auteur de *Sourires pincés*.

[*Mercure de France* (mars 1898).]

LECONTE (Sébastien-Charles).

Salamine (1897). – *Le Bouclier d'Arès* (1897). – *L'Esprit qui passe* (1897). – *Les Bijoux de Marguerite* (1899).

GUSTAVE KAHN. — Le sujet de ce poème, car *l'Esprit qui passe* est bien une sorte d'épopée à la fois enchaînée et variée, c'est-à-dire composée de poèmes simplement juxtaposés d'après une unité de sujet,

de rythme et de mouvement, en somme la forme actuelle du poème, ce serait la vie en un poète de l'Esprit, se cherchant dans le passé pour prendre conscience de lui-même.

[*Revue Blanche* (septembre 1897).]

HENRI DEGRON. — M. Sébastien-Ch. Leconte est un puriste, un parnassien dans toute l'acception du mot... *Les Bijoux de Marguerite* renferment des morceaux d'une grande et large beauté : *Perséphone*, *l'Enlèvement*, *le Départ, la Défaite des fleurs* brillent d'une concision et d'une impeccabilité lyrique remarquables.

[*La Vogue* (15 juillet 1899).]

PIERRE QUILLARD. — Le faste violent et barbare des images apparente M. S.-C. Leconte beaucoup moins à André Chénier qu'au Leconte de Lisle du *Qaïn* et des *Érynnies*. Çà et là, la parenté apparaît plus directe qu'il ne sied ; je ne veux point parler de l'identité rythmique de certaines strophes, mais du mouvement même de l'imprécation des captifs ; cela rappelle trop l'anathème de Kasandra et l'emportement haineux du *Corbeau* et des *Siècles maudits*.

Ces réserves de détail ne m'empêchent pas d'admirer fort en son ensemble le livre de M. S.-C. Leconte et la maîtrise de son talent. Voilà de «simples études» très supérieures à nombre d'œuvres audacieusement proclamées irréprochables.

[*Mercure de France* (février 1898).]

LECONTE DE LISLE (Charles–Marie–René). [1818-1894.]

Les Poèmes antiques (1852). – *Les Poèmes et Poésies* (1854). – *Le Chemin de la Croix* (1859). – *Idylles de Théocrite*, trad. (1861). – *Odes anacréontiques*, trad. (1861). — *Les Poèmes barbares* (1862). – *Iliade*, trad. (1866). – *Odyssée*, trad. (1867). – *Hésiode*, trad. (1869). – *Les Hymnes orphiques*, trad. (1869). – *Le Catéchisme populaire républicain* (1871). – *OEuvres complètes d'Eschyle*, trad. (1872). – *Les Érinnyes*, tragédie (1872). – *OEuvres d'Horace*, trad. (1873). – *OEuvres de Sophocle*, trad. (1877). – *OEuvres d'Euripide*, trad. (1885). – *Les Poèmes tragiques* (1886). – *Discours de réception à l'Académie* (1885). – *L'Apollonide*, drame lyrique en trois parties et cinq tableaux (1888). – *Derniers poèmes* (1895).

OPINIONS.

SAINTE-BEUVE. — Un autre poète de l'île Bourbon (car cette race de créoles semble née pour le rêve et pour le chant), M. Leconte de Lisle, qui n'est encore apprécié que de quelques-uns, a un caractère des plus prononcés et des plus dignes entre les poètes de ce temps. Jeune, mais déjà mûr, d'un esprit ferme et haut, nourri des études antiques et de la lecture familière des poètes grecs, il a su en combiner l'imitation avec une pensée philosophique plus avancée et avec un sentiment très présent de la nature. Sa Grèce à lui, c'est celle d'Alexandrie, comme pour M. de Laprade ; et M. de Lisle l'élargit encore et la reporte plus haut vers l'Orient. On ne saurait rendre l'ampleur et le procédé habituel de cette poésie, si on ne l'a entendue dans son récitatif lent et majestueux; c'est un flot large et continu, une poésie amante de l'idéal et dont l'expression est toute faite aussi pour des lèvres harmonieuses et amies du nombre. Je pourrais en détacher des tableaux pleins de suavité et d'éblouissement : *Les Amours de Léda et du Cygne sur l'Eurotas*, *Le Jugement de Pâris sur l'Ida*, *Entre les trois déesses*; mais j'aime mieux, comme indication originale, donner la pièce intitulée : *Midi*. Le poète a voulu rendre l'impression profonde de cette heure immobile et brûlante sous les climats méridionaux, par exemple, dans la campagne romaine. C'est la gravité solennelle d'un paysage de Poussin, avec plus de lumière.

[*Nouveaux lundis* (1852).]

ARMAND DE PONTMARTIN. — Si M. Leconte de Lisle a le malheur de n'être pas chrétien, il aurait pu, du moins, s'abstenir d'un titre (*Dies iræ*) qui rappelle à toutes les mémoires la plus sublime, la plus terrible de nos prières funèbres; il aurait pu se souvenir que la poésie a mieux à faire qu'à enlever à la vie la croyance et l'espérance de la mort : ceci soit dit sans rien ôter au mérite de cette pièce où se traduit, d'une façon vraiment saisissante, non plus le désabusement humain dont parlait M. Sainte-Beuve, mais la désolation suprême qui en est la conséquence inévitable, et où M. Leconte de Lisle, destructeur impitoyable de ses propres idoles, semble avoir voulu écrire l'apocalypse du paganisme, aboutissant au vide, aux ténèbres, au chaos, à un je ne sais quoi qui n'a plus de nom dans aucune langue, comme dit Bossuet, un pauvre radoteur indigne de desservir les autels de Zeus, de Kronos, d'Arthémis et de Bhagavat!

[*Causeries littéraires* (1854).]

FRANCISQUE SARCEY. — J'arrive aux *Érinnyes* que nous appelions autrefois d'un terme plus simple et plus usité, *les Furies*. Mais va pour Érinnyes : le nom ne fait rien à la chose; il ne s'agit que de s'entendre. M. Leconte de Lisle, dont le nom est peu répandu dans la bourgeoisie, est fort connu des lettrés pour son volume des *Poèmes barbares*, pour ses traductions d'Homère et d'Eschyle. Il est le chef avoué d'une pléiade de jeunes poètes, dont plusieurs ont un nom. *Les Érinnyes* de M. Leconte de Lisle, c'est toujours cette vieille histoire de la race d'Agamemnon «qui ne finit jamais», suivant le mot du poète. M. Leconte de Lisle a pris, après tant d'autres, la fameuse *Orestie* d'Eschyle, et il en a traduit ou imité les deux premières parties : *L'Agamemnon* et les *Choéphores*; il a laissé de côté les *Euménides* qui étaient le couronnement de cette tragédie. Dumas, dans son *Orestie*, avait été plus audacieux : il avait tenté de donner la trilogie complète, et son drame se terminait, comme il convient, par l'acquittement d'Oreste, plaidant sa cause devant l'aéropage,

Les Érinnyes de M. Leconte de Lisle sont un retour prémédité, voulu, vers la sauvagerie farouche d'Eschyle. Que dis-je? un retour? M. Leconte de Lisle a renchéri sur l'horreur de son modèle. Il me rappelle Gringalet, à qui son maître visitant le fameux portefeuille, tout plein de billets de banque, demandait :

— Tu n'en as pas pris, au moins?

— Non, répondait-il simplement, j'en ai remis. M. Leconte de Lisle en a remis et beaucoup...

M. Leconte de Lisle insiste sur cette horrible situation d'un fils égorgeant sa mère. Ce sont des paquets de tirades que Clytemnestre et Oreste se renvoient, et quelles tirades! toutes pleines d'imprécations et de fureurs d'un côté comme de l'autre.

— Oh! comme c'est grec, me disait un voisin le soir de la première représentation! C'est même plus que grec : c'est barbare!

Jadis, on fardait Eschyle; M. Leconte de Lisle lui déchire le visage avec ses ongles, pour le montrer plus sanglant. Jadis, on le lisait à travers La Harpe; il semble que M. Leconte de Lisle l'ait vu surtout à travers le livre de Victor Hugo, qui s'est peint lui-même sous les traits prodigieux du vieux tragique grec. C'est à cette préoccupation qu'il faut attribuer les affectations de noms changées qui ont légèrement surpris le public et qui n'ont pas laissé de faire croire à un accès de charlatanisme. Est-il bien nécessaire d'appeler l'enfer *Adès?* Si vous faites tant que de prendre les mots grecs, prenez-en leur vraie forme et dites : *Azis*, qui est, à peu de chose près, la vraie prononciation!

Tendre poseidôn est ridicule.

Il se fait dans *les Érinnyes* une effroyable consommation de chiens, de serpents, de porcs, de taureaux, de tigres : c'est une étable et une ménagerie...

[*Le Temps* (13 janvier 1873).]

THÉODORE DE BANVILLE. — L'auteur des *Érinnyes* ne manque pas au premier devoir du poète, qui est d'être beau. Sa tête a un aspect guerrier et dominateur, et tant par la ferme ampleur que par le développement des joues, indique les appétits d'un conducteur d'hommes qui se nourrit de science et de pensées, comme il eût mangé sa part des bœufs entiers au temps d'Achille, et qui, s'il n'est qu'un buveur dans la réalité matérielle, peut vider d'un trait le grand verre, pareil à la coupe d'Hercule, dans lequel Rabelais nous verse la rouge vérité. Le front, très haut, se gonfle au-dessus des yeux en deux bosses qui ne font guère défaut dans les têtes des hommes de génie; les sourcils bien fournis sont très rapprochés des yeux, et ces yeux vifs, perçants, impérieux et spirituels sont comme embusqués au fond de deux cavernes sombres, d'où, avec impartialité, ils regardent passer tous les dieux. Le nez osseux est creusé à sa racine et, à l'extrémité, avance assez violemment avec des airs de glaive; la bouche rouge, charnue, que surmonte un plan net et hardi, est ferme, fière et malicieuse, très accentuée d'un pli railleur qui la termine; le menton légèrement avancé, gras et un peu court, se double déjà (pour exprimer que tout grand travailleur a quelque chose du moine cloîtré, ne fût-ce que l'isolement et la patience!) avant de se rattacher à un cou solide et pur comme une colonne de marbre. Lorsque, songeant à traduire Eschyle et à créer une *Orestie* française, Leconte de Lisle se promenait, en causant avec le vieux combattant de Salamine et de Platée, dans le pays idéal de la Tragédie, tout à coup il s'aperçut que son compagnon de voyage était chauve à ce point, que les tortues pouvaient prendre son crâne pour un rocher poli. Alors ne voulant pas humilier ce titan et, d'autre part, ne renonçant qu'à regret à un ornement dont l'indispensable beauté ne saurait être méconnue, il se résigna à prendre le parti de devenir chauve par devant, tout en gardant sur le derrière de la tête la richesse soyeuse et annelée d'une chevelure apollonienne.

[*Camées parisiens* (1873).]

Léon Dierx. — Ce qui frappe tout d'abord dans l'œuvre de Leconte Delisle, c'est la noblesse et l'ampleur constante du vers, sa couleur et sa précision, sa suprême harmonie. Tout d'abord aussi, il faut reconnaître que nul, à côté de la prodigieuse expansion de Victor Hugo, n'a su créer ainsi partout un nouvel idéal de puissance, de sérénité superbe et d'objectivité lumineuse. En second lieu, il est impossible de ne pas s'apercevoir du bénéfice considérable d'effet obtenu par une science magistrale de composition.

Maître de lui toujours, il ne se laisse jamais entraîner par sa propre effervescence. Il n'est pas de ceux qui, sous prétexte de *cœur,* de *sincérité* et de *passion,* se confient à ce qu'ils appellent l'*inspiration,* et arrivent trop souvent au délire, n'étant pas doublés d'un critique. Or, quoi qu'en puissent dire les fanatiques des défauts de Musset, ce charmant génie, c'est cette faculté de dédoublement, cette surveillance perpétuelle de la réflexion sur la sensation, qui fait la véritable inspiration.

Le caractère saillant de l'œuvre de Leconte de Lisle est le vaste plan, prémédité dès le début, et qui se révèle à mesure que l'on avance dans cette œuvre : l'étude du rôle assigné aux théogonies dans l'histoire des âges. C'est là certainement une vraie conception de génie qui se poursuit et se définit sans cesse, avec un triomphe de plus en plus convaincu. C'est elle qui donne aux poèmes de ce maître cette grande unité si rare dans les productions de l'esprit. Don magique de réflexion objective, puissance étonnante d'impersonnalité créatrice, telles sont les deux qualités principales qui lui ont permis d'élever ce monument poétique dont le caractère est sans précédent dans notre littérature, sans analogue nulle part. Et ainsi se déroulent devant le lecteur, dans leur souverain éclat, dans leur fidélité locale, dans leurs couleurs éblouissantes, ces poèmes merveilleux et si profondément originaux, où revivent tour à tour les religions mortes, et leurs luttes et leurs reflets sur les civilisations éteintes; où l'idée philosophique apparaît d'elle-même, sans jamais nuire à l'effet poétique, qui demeure toujours le premier but.

[*La République des lettres* (23 juillet 1876).]

Alexandre Dumas fils. — Si vous prenez *Le Lac* de Lamartine, *la Tristesse d'Olympio* de Victor Hugo, *le Souvenir* ou une des *Nuits,* celle que vous voudrez de Musset, vous aurez avec les chœurs d'*Athalie,* d'*Esther* et de *Polyeucte,* avec l'admirable traduction en vers de *l'Imitation* par Corneille, vous aurez à peu près le dernier mot de notre poésie d'amour terrestre et divin. C'est cela que vous venez combattre; c'est cela que vous venez renverser. Tentative comme une autre. Tout est permis quand la sincérité fait le fond, d'autant plus que ce que vous avez conseillé aux poètes nouveaux de faire, vous l'avez commencé vous-même, résolument, patiemment. Vous avez immolé en vous l'émotion personnelle, vaincu la passion, anéanti la sensation, étouffé le sentiment. Vous avez voulu dans votre œuvre que tout ce qui est de l'humain vous restât

étranger. Impassible, brillant et inaltérable comme l'antique miroir d'argent poli, vous avez vu passer et vous avez réfléti tels quels, les mondes, les faits, les âges, les choses extérieures. Les tentations ne vous ont point manqué cependant, si j'en crois le cri que vous avez laissé échapper dans *la Vipère.* C'est le seul. Vous ne voulez pas que le poète nous entretienne des choses de l'âme, trop intimes et trop vulgaires. Plus d'émotion, plus d'idéal; plus de sentiment, plus de foi; plus de battements de cœur, plus de larmes. Vous faites le ciel désert et la terre muette. Vous voulez rendre la vie à la poésie, et vous lui retirez ce qui est la vie même de l'Univers : l'amour, l'éternel amour. La nature matérielle, la science, la philosophie vous suffisent.

[*Réponse au discours de réception de M. Leconte de Lisle à l'Académie* (1885).]

Paul Bourget. — Sa poésie est, pour qui s'y abandonne, l'une des plus passionnées et des plus vivantes. Le mal du siècle, sous sa forme dernière, qui est le nihilisme moral, aura rencontré peu d'interprètes de cette âpreté d'accent. Mais c'est le mal du siècle tombé dans une nature intellectuelle, et c'est une poésie dont le tissu premier est une trame d'idées. Cela suffit à expliquer pourquoi *les Poèmes antiques* et *les Poèmes barbares* n'ont jamais obtenu de vogue parmi les lecteurs qui sont emprisonnés dans le domaine de la sensation, et pourquoi leur place est plus haute parmi ceux qui pensent; si haute, que la poésie contemporaine en est dominée tout entière. Ne devons-nous pas à ce fier poète l'inestimable, le divin présent : une révélation nouvelle de la Beauté?

[*Nouveaux essais de psychologie contemporaine* (1885).]

Jules Lemaître. — Des vers d'une splendeur précise, une sérénité imperturbable, voilà ce qui frappe tout d'abord chez M. Leconte de Lisle... Où Victor Hugo cherche des drames et montre le progrès de l'idée de justice, M. Leconte de Lisle ne voit que spectacles étranges et saisissants, qu'il reproduit avec une science consommée, sans que son émotion intervienne. On le lui a beaucoup reproché. Assurément, chaque lecteur est juge du plaisir qu'il prend, et je crains que M. Leconte de Lisle ne soit jamais populaire; mais on ne peut nier que les sociétés primitives, l'Inde, la Grèce, le monde celtique et celui du moyen âge ne revivent dans les grandes pages du poète avec leurs mœurs et leur pensée religieuse. Il n'est pas impossible de s'intéresser à ces évocations, encore que le magicien garde un singulier sang-froid. Elles enchantent l'imagination et satisfont le sens critique. Ces poèmes sont dignes du siècle de l'histoire... L'état d'esprit où nous met la poésie de M. Leconte de Lisle, une fois qu'on y est installé, est pour longtemps, je crois, à l'abri de la banalité, le domaine qu'elle exploite étant beaucoup moins épuisé que celui des passions et des affections humaines tant ressassées. De là, pour les initiés, l'attrait puissant des *Poèmes antiques* et des *Poèmes barbares.*

C'est peut-être un blasphème, et je le dis tout bas.

Mais il est des heures où *les Harmonies, les Contemplations* et *les Nuits* ne nous satisfont plus, où l'on est infâme au point de trouver que Lamartine fait *gnangnan,* que Hugo fait *boum-boum* et que les cris et les apostrophes de Musset sont d'un enfant.

Alors on peut se plaire dans Gautier, mais il y a mieux. Si l'on n'a pas le grand Flaubert sous la main, qu'on s'en console : il a encore trop d'entrailles. Qu'on ouvre Leconte de Lisle : on connaîtra pour un instant la vision sans souffrance et la sérénité des Olympiens ou des Satans apaisés.

[*Les Contemporains* (1886-1889).]

CHARLES MORICE. — A ce débordement des lâchetés et des nullités, M. Leconte de Lisle, avec un sens très sûr des nécessités du moment, opposa la forme châtiée, austèrement belle, et l'impassibilité morale. M. Leconte de Lisle est un grand artiste conscient, et son œuvre triste et haute a d'importants aspects de perfection.

[*La Littérature de tout à l'heure* (1889).]

PAUL VERLAINE. — En 1853 paraissaient *les Poèmes antiques* qui étonnèrent les lettrés et valurent à l'auteur de précieuses amitiés : Alfred de Vigny, Victor de Laprade, plus tard Baudelaire et Banville. Le poète, cependant peu riche, donnait ces leçons de haute littérature. Ce lui fut l'occasion toute naturelle de revoir ses classiques anciens, et de ces études d'homme sortit une traduction de *Théocrite* et d'*Anacréon*, dont la savoureuse littéralité fut un régal pour les délicats et mit hors de l'ombre ce nom que d'incessants travaux allaient rendre glorieux. Des poèmes évangéliques avaient précédé ; mais, en dépit de la forme magistrale, l'onction manquait ; on sentait que le poète était là sur un terrain étranger à sa pensée. Au contraire, les poèmes Védiques et Brahmaniques qui eurent lieu peu après, entremêlés de superbes paysages des îles et de tableaux d'animaux : *Les Éléphants*, *le Condor*, et cette terrible eau-forte, *les Chiens*, révélèrent un poète épris du néant par dégoût de la vie *moderne ;* ce qui n'empêcha pas le maître de donner bientôt toute sa mesure dans ce colossal livre des *Poèmes barbares*, études d'une *couleur inouïe* sur le Bas-Empire et le moyen âge. Puis, l'amour des anciens le reprit, et, en relativement peu d'années, il dota la littérature française d'immortelles traductions d'Homère, d'Hésiode, des tragiques grecs et de quelques latins : *Kaïn, le Lévrier de Magnus*, mille et un autre poèmes plus beaux les uns que les autres, en attendant son œuvre caressée, *les États du Diable*, attestaient que le poète vivait toujours et splendidement.

[*Les Hommes d'aujourd'hui.*]

ANATOLE FRANCE. — Pour M. Leconte de Lisle, l'action ce sont les vers. Quand il pense, il doute. Dès qu'il agit, il croit. Il ne se demande pas alors si un beau vers est une illusion dans l'éternelle illusion et si les images qu'il forme au moyen des mots et de leurs sons rentrent dans le sein de l'éternelle Maïa avant même d'en être sortis. Il ne raisonne plus, il croit, il voit, il sait. Il possède la foi et, avec elle, l'intolérance qui la suit de près. On ne sort jamais de soi-même. C'est une vérité commune à tout le monde, mais qui paraît plus sensible dans certaines natures dont l'originalité est nette et le caractère arrêté. La remarque est intéressante à faire à propos de l'œuvre de M. Leconte de Lisle. Ce poète impersonnel, qui s'est appliqué avec un héroïque entêtement à rester absent de son œuvre, comme Dieu de la création, qui n'a jamais soufflé mot de lui-même et de ce qui l'entoure, qui a voulu taire son âme et qui, cachant son propre

secret, rêva d'exprimer celui du monde, qui a fait parler les dieux, les vierges et les héros de tous les âges et de tous les temps, en s'efforçant de les maintenir dans leur passé profond, qui montre tour à tour, joyeux et fier de l'étrangeté de leur forme et de leur âme, Bhagavat, Cunacepa, Hypathie, Niobé, Tiphaine et Komor, Naboth, Quaïn, Néférou-ra, le barde de Temrah, Angantyr, Hialmar, Sigurd, Gudrune, Velleda, Nurmahal, Djihan-Ara, dom Guy, Mouça-el-Kébyr, Kenwarc'h, Mohàmed-ben-Amar-al-Mançour, l'abbé Hieronymus, la Xiména, les pirates malais et le condor des Cordillères, et le jaguar des pampas, et le colibri des collines, et les chiens du Cap, et les requins de l'Atlantique, ce poète, finalement, ne peint que lui, ne montre que sa propre pensée, et, seul présent dans son œuvre, ne révèle sous toutes ces formes qu'une chose : l'âme de Leconte de Lisle.

[*La Vie littéraire* (1892).]

FERDINAND BRUNETIÈRE. — Tout diffère dans *les Poèmes barbares* et dans cette *Légende des siècles*, à laquelle on les a si souvent comparés : l'inspiration, le dessin, la facture, le caractère, l'effet, la forme et le fond, le style et l'idée. Que s'il faut que l'un des deux poètes ait «imité» l'autre, vous vous rendrez compte, en passant, que c'est Victor Hugo, puisqu'il n'est venu qu'à la suite [1]. Et, pour toutes ces raisons, vous conclurez qu'on ne saurait mieux définir la part propre de M. Leconte de Lisle dans l'évolution de la poésie contemporaine qu'en disant qu'il y a réintégré le sens de l'épopée.

[*L'Évolution de la poésie lyrique* (1894).]

PIERRE QUILLARD. — L'un des plus stupides reproches que l'on eut coutume d'adresser à cette œuvre fut d'alléguer qu'elle n'allait pas au delà d'une facile beauté extérieure et purement formelle, et que toute véhémence et toute vie lui faisaient défaut ; et c'était un jeu familier à la basse critique de comparer les poèmes de Leconte de Lisle à de froides images de marbre que nul Prométhée n'aurait animées du feu divin.

Il n'agrée point maintenant de discuter et de faire en de telles opinions le départ entre la mauvaise foi et la sottise, qui, d'ailleurs, ne sont pas incompatibles et s'épanouissent volontiers dans les mêmes cervelles. Certes, le poète n'échappait point à la loi commune, et chacune de ces œuvres qu'il avait libérées du temps par sa volonté créatrice fut, à sa manière, une œuvre de circonstance, enfantée dans la douleur. Mais alors que d'autres se crurent quittes envers l'art et envers eux-mêmes quand ils eurent poussé tel quel le cri arraché à leur chair sanglante par le hasard des heures mauvaises, Leconte de Lisle se haussa toujours jusqu'à une parole d'humanité universelle et voulut que toute glose devînt inutile en éliminant de ses poèmes une allusion indiscrète aux événements particuliers qui leur avaient donné naissance, et, comme il refusait fièrement d'avertir et d'apitoyer, on déclara par arrêt sommaire que ses strophes étaient dénuées de sens et indigentes d'émotion.

Une telle esthétique, cependant, n'était point nou-

---

[1] Erreur matérielle. *Les Poèmes barbares* ont paru en 1862 ; les deux premiers volumes de *la Légende des siècles* ont paru en 1859. — En outre, remarquez que *les Burgraves*, où est visible, par la conception et le verbe, tout le génie épique de Hugo, datent de 1843.   C. M.

velle ni extraordinaire, et Gœthe ou Flaubert ne s'en fussent point émerveillés aussi aisément que le peut faire M. Alexandre Dumas. Loin de déceler que le poète eût été incapable de se donner à lui-même une explication du monde, elle révèle un effort héroïque pour projeter dans l'infini et dans l'éternel ce qui fut auparavant le tressaillement momentané de l'individu. Il ne s'agit plus dès lors d'une souffrance ou d'une joie simplement anecdotiques, mais la phrase ainsi proférée garde intacte à jamais sa valeur absolue et générale, parce qu'elle a révélé non point le médiocre caprice sentimental d'un homme quelconque, mais l'ensemble même de l'univers prenant conscience de soi, en une brusque fulguration, dans cette pensée individuelle.

[*Mercure de France* (août 1894).]

GASTON DESCHAMPS. — Dans un fragment très court, qui nous est parvenu du fond de l'antiquité grecque, et que l'on attribue à un musicien nommé Héraclite de Pont, on lit ceci : «L'harmonie dorienne a un caractère viril et magnifique; elle n'est point relâchée ni joyeuse, mais austère et puissante, sans formes variées et recherchées». Il semble que le poète altier des *Érinnyes*, le pieux traducteur d'Homère et d'Hésiode, songeait à cette définition du rythme dorien, lorsqu'il forgeait patiemment le métal rigide et sonore de ses vers... Il commença par être chrétien. Ses premiers poèmes, publiés à Rennes (où il étudiait le droit) aux environs de l'année 1840, dans une revue littéraire aujourd'hui introuvable, s'intitulaient, exotiquement, *Issa ben Marianna*, et étaient dédiés à Lamennais... Le recueil publié par lui en 1853 et intitulé : *Poèmes et poésies*, contient un chant très beau et vraiment chrétien : *La Passion*. Dès l'année 1860, *la Passion* disparut des œuvres de Leconte de Lisle. Le poète avait décidément renié ce qu'il avait adoré avec l'ardeur irréfléchie d'un jeune homme créole... Leconte de Lisle n'a pas cherché la notoriété, et il atteint la gloire qui est faite, pour une bonne part, de désintéressement et de dédain. Héritier, malgré sa gravité impassible, de la tradition romantique, il est allé d'instinct, et d'un effort continu, vers le sublime, ce qui vaut mieux, après tout, que de se résigner à déchoir... C'est lui qui a fermé la porte des temples déserts. C'est lui qui a enseveli dans la pourpre celle à qui les Muses ont accordé leur dernier sourire, cette savante et chaste Hypathie, que les chrétiens lapidèrent, jaloux de sa science et de sa beauté.

[*La Vie des livres*, 2ᵉ série (1895).]

LE CORBEILLER (Maurice).

La Nuit de juin (1887). — *La Révérence*, pantomime en un acte (1890). — *Les Fourches Caudines* (1890). — *Le Nid d'autrui*, comédie en trois actes (1892).

OPINION.

JULES LEMAÎTRE. — La Comédie-Française a célébré, pour la première fois, dimanche dernier, l'anniversaire d'Alfred de Musset. C'est une idée excellente. Je suis seulement étonné qu'on ne l'ait pas eue plus tôt. M. Maurice Le Corbeiller avait écrit, pour la circonstance, une scène élégante, en

prose et en vers, intitulée : *La Nuit de juin*... Dans ces vers, inspirés de Musset, à travers l'expression un peu flottante, quelque chose a passé de la grâce et de la tendresse du cher poète... M. Le Corbeiller n'en a pas moins le mérite d'avoir dit, je crois, et fort bien dit, dans les vers que j'ai cités, l'essentiel sur le génie d'Alfred de Musset.

[*Impressions de théâtre* (19 décembre 1887).]

LEDENT (Richard).

Les Entraves, drame en trois actes, en vers (1895). — *Le Petit Paroissien* (1897).

OPINION.

ALBERT ARNAY. — De M. Richard Ledent, ce drame en trois actes et en vers libre : *Les Entraves*. Le sujet même, si on veut le ramener à de très strictes proportions, ne dépasse pas les limites auxquelles se restreint le plus fréquent des faits divers. Sur cette donnée, que d'aucuns auraient volontiers compliquée ou d'épisodes secondaires ou de dissertations savantes, il a écrit une œuvre qu'il nous est bien difficile d'exactement apprécier. Banale, certes, elle n'est pas. Mais on ne peut pas dire non plus qu'elle revête le caractère d'étrangeté que l'auteur semble avoir voulu lui donner. L'effort est manifeste. Malheureusement, il n'aboutit qu'à demi.

[*Le Rêve* (1895).]

LEFÈVRE (André).

La Flûte de Pan. — La Lyre intime. — L'Épopée terrestre. — Les Bucoliques (traduction). — *De la Nature des choses*, de Lucrèce (traduction). — *La Grèce antique* (1900).

OPINIONS.

SAINTE-BEUVE. — M. André Lefèvre, avec cette pensée philosophique qu'il met en avant (la croyance à la vie des choses), est un artiste, un savant artiste de forme. Il prend, par exemple, le groupe de Léda; il lutte avec le marbre pour la pureté, la blancheur, la rondeur... On doit reconnaître, chez M. Lefèvre, une grande perfection de forme, des vers bien modelés, bien frappés, quoique un peu durs et trop accusés dans leur perfection même.

[*Nouveaux lundis*, t. II (1865).]

THÉOPHILE GAUTIER. — Après *la Flûte de Pan*, André Lefèvre a publié *la Lyre intime*, un second volume où sa verve, plus libre, plus personnelle, moins confondue dans le grand tout, s'est réchauffée et colorée comme la statue de Pygmalion quand le marbre blanc y prit les teintes roses de la chair. *La Lyre intime* vaut *la Flûte de Pan*, si même elle ne lui est supérieure, et les cordes répondent aussi bien aux doigts du poète que les roseaux joints avec de la cire résonnaient harmonieusement sous ses lèvres.

[*Rapport sur le progrès des lettres*, par MM. Sylvestre de Sacy, Paul Féval, Th. Gautier et Ed. Thierry (1868).]

PAUL STAPFER. — M. André Lefèvre a eu un courage qui l'honore : il a inauguré la poésie franche-

ment matérialiste et athée. C'est une tentative intéressante qui mériterait une étude à part; mais,
quoi qu'il en soit de sa valeur, elle est en avance
ou en retard sur l'époque, elle ne traduit pas exactement l'état de la conscience contemporaine.

[*Le Temps* (13 avril 1873).]

LEFÈVRE-DEUMIER (Jules). [1799-1857.]

*Le Parricide; Hommage aux mânes d'André Ché-
nier*, poèmes (1823). – *Le Clocher de Saint-
Marc*, recueil (1825). – *Les Confidences*
(1833). – *Vêpres de l'Abbaye du Val*, recueil
de poèmes (18..). – *Le Couvre-Feu* (1857).

OPINIONS.

AUGUSTE DESPLACES. — M. Jules Lefevre-Deumier
et M. H. de Latouche sont deux noms qui, par
beaucoup de voisinages, s'apparentent aux plus
dignes. Tous deux, esprits brûlants et agités, on̄t
proféré d'une voix forte de ces cris éloquents qui
partent des profondeurs d'une âme en proie à toutes
les orageuses anxiétés du poète.

[*Galerie des Poètes vivants* (1847).]

EUGÈNE CRÉPET. — Il a, dans ses volumineuses
œuvres, laissé d'admirables vers que les plus illustres
contemporains signeraient hardiment, et cependant
c'est à peine si son nom est sorti de cette pénombre
qui confine à l'oubli... Entre toutes ces pièces,
une surtout fut remarquée, c'est celle qui a pour
titre : *Hommage aux mânes d'André Chénier*, et qui
se termine par ces vers :

Adieu donc, jeune ami, que je n'ai pas connu,

un de ces vers-proverbes qui profitent plus au public qu'à leur auteur, car tout le monde s'en souvient et les cite, sans que personne puisse dire qui
les a écrits.

[*Les Poètes français*, recueil par Eug. Crépet
(1861-1863).]

ÉDOUARD FOURNIER. — Son *Hommage aux mânes
d'André Chénier* est une page éclatante, de laquelle
se détache ce beau vers qui est resté :

Adieu donc, jeune ami, que je n'ai pas connu.

[*Souvenirs poétiques de l'école romantique* (1880).]

LEGAY (Marcel).

Chansons douces et Chansons cruelles, avec préface de J. Richepin.

OPINION.

LÉON DUROCHER. — En dépit d'excursions hardies
sur le domaine de la prose en musique, j'estime
que Marcel Legay restera surtout comme un des
porte-drapeau de la chanson, comme une sorte de
Tyrtée montmartrois, un Tyrtée qui aurait ajouté à
la lyre d'airain la corde sensible, un Rouget de l'Isle
qui aurait épousé Mimi Pinson.

[*Les Hommes d'aujourd'hui*.]

LEGENDRE (Louis).

Célimène, comédie en un acte, en vers (1885).
– *Cynthia*, comédie en un acte, en vers
(1885). – *Beaucoup de bruit pour rien*, comédie en cinq actes, en vers, d'après Shakespeare (1887). – *Colibri*, un acte (1889).
– *Jean Darlot*, trois actes (1892). – *Ce que
disent les fleurs; le Son d'une âme*, poésies
(1896).

OPINION.

ANTONY VALABRÈGUE. — M. Louis Legendre, adap-
tateur habile de Shakespeare, et qui s'est fait connaître par des pièces jouées avec grand succès,
publie un volume de rimes aisées, spirituelles et
mondaines, qu'il appelle *le Son d'une âme*. Nous
avons, en M. Legendre, un causeur charmant;
c'est un voyageur, un cosmopolite toujours parisien
de race. Vous pourriez le comparer à M. Jacques
Normand, et nous sommes bien sûr que son volume
est fait pour être placé sur une table de salon.

[*La Revue Bleue* (11 avril 1896).]

LE GOFFIC (Charles).

Amour breton (1889). – *Traité de versification*
(1890). – *Les Romanciers d'aujourd'hui*(1890).
– *Chansons bretonnes* (1891). – *Le Crucifié
de Kéraliès* (1892). – *Le centenaire de Casimir Delavigne* (1893). – *Morceaux choisis des
écrivains havrais* (1894). – *Passé l'Amour*
(1895). – *Gens de mer* (1897). – *Morgane*
(1898). – *La Payse* (1898). – *Le Bois dormant* (1889-1899-1900).

OPINIONS.

ANATOLE FRANCE. — Au sortir des études, Charles
Le Goffic fit des vers, et ils parlaient d'amour, et
cet amour était breton. Il était tout Breton, puisque
celle qui l'inspirait avait grandi dans la lande, et
que celui qui l'éprouvait y mêlait du vague et le
goût de la mort. Le poète nous apprend que sa
bien-aimée, paysanne comme la Marie de Brizeux,
avait dix-huit ans et se nommait Anne-Marie...
Le poète semble bien croire que, si l'amour est
bon, la mort est meilleure. Il est sincère, mais il
se ravise presque aussitôt pour nous dire sur un ton
leste, avec Jean-Paul, que «l'amour, comme les
cailles, vient et s'en va aux temps chauds». Au
reste, je n'essayerai pas de chercher l'ordre et la
suite de ces petites pièces détachées qui composent
l'Amour breton, ni de rétablir le lien que le poète a
volontairement rompu. C'est à dessein qu'il a mêlé
l'ironie à la tendresse, la brutalité à l'idéalisme. Il
a voulu qu'on devinât le joyeux garçon à côté du
rêveur et le buveur auprès de l'amant... Comme
art, le poème de M. Le Goffic est rare, pur, achevé.

[*La Vie littéraire,* 4ᵉ série (1892).]

PAUL BOURGET. — Ces vers donnent une impression unique de grâce triste et souffrante. Cela est à
la fois très simple et très savant... Il n'y a que
Gabriel Vicaire et lui à toucher certaines cordes de
cet archet-là, celui d'un ménétrier de campagne qui
serait un grand violoniste aussi.

[Cité dans *les Hommes d'aujourd'hui*.]

CHARLES MAURRAS. — Si Le Goffic a profité de la divine aventure, je ne veux pas laisser aux seuls amis d'*Amour breton* la peine d'en décider, et ce n'est pas moi non plus qui irai l'assumer. Mais je voudrais dire la joie qui, le printemps dernier, envahit tous les épris de bons poèmes lorsque ces strophes sans reproches déroulèrent les vibrances et les ondulements de leur cantique. Le délicat psychologue des *Aveux* ne revenait pas d'étonnement ni d'émotion. Les vers de M. Le Goffic, disait Paul Bourget, «donnent une impression unique de grâce triste et souffrante. Cela est à la fois très simple et très savant... Il n'y a que Gabriel Vicaire et lui à toucher certaines cordes de cet archet-là, celui d'un ménétrier de campagne qui serait un grand violoniste aussi.» M. Bourget aurait pu ajouter que la note bretonne de Le Goffic est moins purement individuelle que la note bressane de Vicaire; ses deuils s agrandissent de tous les deuils de sa race, et c'est l'amour de tout un peuple qui soupire et gémit dans ses amours, un long chœur de Bretonnes et de Bretons accompagnant son sanglot des leurs, alentis à travers l'Océan immense :

> Les Bretonnes au cœur tendre
> Pleurent au bord de la mer,
> Les Bretons au cœur amer
> Sont trop loin pour les entendre.

Et l'idiome de Le Goffic est d'une perfection égale à celui que parle Vicaire : rien de hâtif, rien de laissé au hasard, de banalement «inspiré», n'y traîne, bien que tout y soit le retentissement élargi d'une voix de l'âme.

[*Les Hommes d'aujourd'hui.*]

LEGOUIS (Louis).

Les Sept Branches du candélabre (1898).

HENRI DAVRAY. — Les cent cinquante sonnets que M. Louis Legouis a réunis sous le titre de : *Les Sept Branches du candélabre,* doivent être, à cause de leur égale et constante perfection, le résultat d'un choix judicieux et éclairé dans un plus grand nombre. Si l'on admet qu'un sonnet sans défaut vaut seul un long poème, le livre de M. Legouis équivaut alors à une œuvre considérable. Mais la quantité énorme de ces sonnets fait clairement voir les défauts du genre, et l'on sait ce que fait naître l'uniformité. Pris un à un, chacun de ces sonnets fait plaisir à lire, et l'on peut sans difficulté reconnaître la tactique excellente de M. Legouis.

[*L'Ermitage* (juin 1898).]

LEGOUVÉ (Ernest).

La Découverte de l'Imprimerie, poème (1827). – *Max,* roman (1833). – *Les Vieillards,* poème (1834). – *Louise de Lignerolle,* drame en cinq actes (1838). – *Édith de Falsen,* roman (1840). – *Guerrero,* drame en cinq actes, en vers (1845). – *Adrienne Lecouvreur,* drame en cinq actes, avec Scribe (1849). – *Les Contes de la Reine de Navarre,* avec Scribe (1850). – *Par droit de conquéte,* trois actes

(1855). – *Médée,* tragédie en cinq actes (1856). – *Les Doigts de la fée,* comédie en cinq actes (1858). – *Le Pamphlet,* comédie en deux actes (1859). – *Béatrix ou la Madone de l'art,* drame en cinq actes (1861). – *La Cigale chez les Fourmis,* comédie en deux actes, avec Labiche (1876). – *La Fleur de Tlemcen,* comédie en un acte (1877). – *Anne de Kerviller,* drame en un acte (1879). – *La Matinée d'une étoile* (1882). – *Théâtre complet,* en vers, suivi de poésies (1882).

ÉDOUARD FOURNIER. — A dix-neuf ans, il préluda par un prix de poésie à l'Académie française; mais, sans beaucoup s'embarrasser de cette couronne classique, il se jeta résolument dans le romantisme pour lequel ses premiers gages furent : *Les Morts bizarres,* en 1832, et un poème d'un assez long souffle, *les Vieillards,* en 1834.

[*Souvenirs poétiques de l'école romantique* (1880).]

LEGRAND (Marc).

L'Âme antique, poèmes, avec une préface d'Emmanuel des Essarts et une lettre d'Émile Gebhart (1896).

RENÉ BOYLESVE. — Il avait l'âme si excellente en tous points, qu'une élite d'âmes poétiques, depuis au moins celle de Pindare jusqu'à une bonne part de celle de M. Leconte de Lisle, se la disputèrent et l'obtinrent. Elles y habitent, y reçoivent un culte pieux que solennisent des hymnes dignes d'elles, parlent elles-mêmes parfois par la voix de leur hôte, le payent du noble privilège de rester presque seul à posséder l'art du beau vers français.

[*Portraits du prochain siècle* (1894).]

CHARLES GUÉRIN. — J'estime *l'Âme antique,* parce que c'est un livre simple et de formes sereines; il n'apaisera point ceux qui sont tristes, pas plus qu'il n'inquiétera ceux qui sont calmes, mais il flattera les esprits classiques qui aiment la nature vue à travers les bons auteurs.

[*L'Ermitage* (février 1897).]

PHILIPPE GILLE. — Je signalerai d'abord, dans ce livre, *l'Âme antique,* d'élégantes et fidèles traductions, des imitations de poésies grecques d'Homère, Aristophane, Anacréon, Méléagre, de l'anthologie, d'épigrammes funéraires, descriptives et comiques, dans la poésie latine, de Virgile, Horace, Plaute, Martial, etc. Mais j'insisterai sur la partie moderne, la première du livre, où je trouve des pièces exquises de forme et qu'eût pu signer A. Chénier, telles que *Paternité, Panique, le Bouclier, l'Armure* et *Psyllis,* petite pièce inspirée par le chef-d'œuvre de Frémiet, *le Faune aux oursons* et *le Treizième travail,* véritable morceau d'anthologie.

[*Ceux qu'on lit* (1898).]

LE LASSEUR DE RANZAY (Louis).

Les Mouettes (1887).

OPINION.

José-Maria de Hérédia. — Dans le volume intitulé : *Les Mouettes*, de nobles inspirations, des vers d'une langue élégante et colorée, d'une facture solide, nous font très favorablement augurer de ce poète qui, après de si illustres devanciers, a tenté de trouver des formes nouvelles pour dire le charme de l'amour, la mélancolie du passé et la beauté des choses.

[*Anthologie des Poètes français du xixe siècle* (1887-1888).]

LE LORRAIN (Jacques).

Fleurs pâles (1896).

OPINION.

Antony Valabrègue. — Les *Fleurs pâles* de M. Jacques Le Lorrain, un poète savetier (?), un livre humoristique, parisien en diable, inégal, exagéré et violent, mais animé par une véritable verve.

[*La Revue Bleue* (11 avril 1896).]

LEMAÎTRE (Jules).

Les Médaillons (1880). – *Quomodo Cornelius...* thèse (1882). – *La Comédie après le théâtre de Molière et de Dancourt* (1882). – *Les Petites Orientales* (1883). – *Les Contemporains*, 1re série (1885). – *Sérénus, histoire d'un martyr* (1886). – *Les Contemporains*, 2e, 3e et 4e séries (1886-1889). – *Corneille et la Poétique d'Aristote* (1888). – *Impressions de théâtre*, 5e série (1888-1890). – *Dix Contes* (1889). – *Révoltée*, quatre actes (1889). – *Le Député Leveau* (1891). – *Mariage blanc* (1891). – *Flipote*, trois actes (1893). – *Impressions de théâtre*, 6e et 7e séries (1893). – *Les Rois* (1893). – *Impressions de théâtre*, 8e série (1894). – *Myrrha* (1894). – *L'Âge difficile*, trois actes (1895). – *Le Pardon*, trois actes (1895). – *Les Rois*, cinq actes (1895). – *La bonne Hélène*, deux actes (1896). – *Les Contemporains*, 6e série (1896). – *Impressions de théâtre*, 9e série (1896). – *Poésies* (1896). – *L'Aînée*, quatre actes (1898). – *Impressions de théâtre*, 10e série (1898).

OPINIONS.

A publié, en 1880, *les Médaillons*, recueil en vers, dont les meilleures pièces se recommandent par un mélange de sensibilité et d'ironie, que l'on retrouve avec plus de sûreté d'exécution dans *les Petites Orientales* (1882).

[*Anthologie des Poètes français du xixe siècle* (1887-1888).]

Julien Tellier. — Pendant son séjour au Havre, il avait écrit son premier livre de vers, *Les Médaillons*, qui parut en 1880 et n'excita pas l'attention qu'il méritait. Il contenait des vers d'amour, d'une sensualité de tête tout à fait curieuse et personnelle, des «exercices» dans le genre parnassien, dont quelques-uns au moins (*L'Élégie verte*, par

exemple, ou certaines ballades) sont de simples merveilles d'esprit et d'habileté technique, et enfin des sonnets sur les classiques français, où le futur critique des *Contemporains* est déjà tout entier, et qui tiennent à la fois du chef-d'œuvre et du tour de force. D'Algérie, Lemaître rapporta un second recueil, *les Petites Orientales* (1883), supérieur au premier, et de beaucoup. Il y avait en effet dans *les Médaillons*, au milieu de pièces de premier ordre, des inégalités et des hasards (qui, d'ailleurs, donnaient au livre un air de jeunesse, et n'étaient pas déplaisants), trop d'habiletés faciles, de «belles chevilles» et de bric-à-brac parnassien. *Les Petites Orientales* sont la perfection même. Il serait embarrassant de décider lequel est le plus délicieux, des descriptions algériennes qui forment la première moitié du volume, ou des subtiles pièces d'analyse psychologique qui composent la seconde. Il faudra bien qu'on rende un jour à l'auteur pleine justice à ce livre excellent, qu'on le mette tout à côté de ceux de France, pour la délicatesse et la savante simplicité de la forme, et qu'on reconnaisse en Lemaître un des plus remarquables artistes en vers de ce temps.

[*Les Hommes d'aujourd'hui.*]

Charles Morice. — J'ai dit ce que valent les vers de M. Lemaître, j'ajoute qu'ils valent un peu plus que le Sully Prudhomme tendre qu'il imite, parce qu'il imite aussi Théophile Gautier.

[*La littérature de tout à l'heure* (1889).]

Marcel Fouquier. — Il publiait deux recueils de poésies : *Les Médaillons* et *les Petites Orientales*. *Les Médaillons*, un premier volume de vers, écrit par un lettré, mais à un âge où l'on aime toutes les rimes comme on aime toutes les femmes ; *les Petites Orientales*, une suite de paysages d'*Algérie*, d'une couleur intense, d'un détail bariolé et fin. Quelques pièces, sans rapport au titre, rappellent les analyses de M. Sully Prudhomme. Entre le poète des *Solitudes* et M. J. Lemaître, il y a d'ailleurs une grande sympathie intellectuelle. M. Sully Prudhomme est uniquement épris de la vérité, il la cherche avec cette passion généreuse qui lui a dicté *la Justice*. M. J. Lemaître semble surtout amoureux de la vraisemblance.

[*Profils et Portraits* (1891).]

LEMERCIER (Eugène).

La Vie en chansons. – *Chansons ironiques.*

OPINION.

Horace Valbel. — C'est un poète-chansonnier dans toute l'acception du mot, qui sait composer des chansons satiriques, mordantes, vécues, mais toujours gaies et, fort heureusement, dépourvues d'un cynisme affecté.

[*Les Chansonniers et les Cabarets artistiques* (1895).]

LEMERCIER (Népomucène). [1771-1840.]

Méléagre, tragédie (1792). – *Clarisse Harlowe*, drame en vers (1795). – *Le Tartufe révolutionnaire*, parodie (1795). – *Le Lévite d'Éphraïm* (1796). – *Agamemnon* (1797). – *La Prude*, comédie (1797). – *Les Quatre Métamorphoses* (1799). – *Ophis*, tragédie (1799). – *Pinto*, comédie (1800). – *Homère et Alexandre*, poème (1801). – *Les Trois Fanatiques; Un de mes songes; les Âges français*, poème en quinze chants (1803). – *Isule et Orovèse*, tragédie (1803). – *Beaudoin*, tragédie (1808). – *La Comédie romaine*, pièce en vers libres (1808). – *Christophe Colomb* (1809). – *L'Atlantiade ou la Théogonie newtonienne* (1812). – *Le Frère et la Sœur jumeaux* (1816). – *Charlemagne*, tragédie (1816). – *Le Faux Bonhomme* (1817). – *Mérovéide*, poème en quatorze chants (1818). – *Saint-Louis*, tragédie (1818). – *Panhypocrisiade ou la Comédie infernale du XVIᵉ siècle* (1819-1832). – *Moïse*, poème en cinq chants (1820). – *Clovis*, tragédie en cinq actes (1820). – *La Démence de Charles VI*, tragédie (1820). – *Frédégonde et Brunehaut*, tragédie (1821). – *Le Corrupteur*, comédie (1822). – *Les Martyrs de Souly* (1825). – *Le Chant héroïque des matelots grecs* (1825). – *Hérologues ou les Chants du Poète-Roi* (1824-1825). – *Camille ou Rome sauvée*, tragédie (1826). – *Richelieu ou la Journée des Dupes* (1828). – *Caïn ou le premier meurtre* (1829). – *Almanty ou le Mariage sacrilège*, roman (1833). – *L'Héroïne de Montpellier*, drame (1837).

OPINIONS.

MARIE-JOSEPH CHÉNIER. — L'auteur de la tragédie d'*Agamemnon*, M. Lemercier, s'est essayé plusieurs fois dans le genre de la comédie. L'idée de son *Pinto* est singulière. Présenter au point de vue comique, et dans la partie secrète, une des révolutions qui changent les États, telle est l'intention de l'auteur. Peut-être l'événement choisi ne s'y prêtait pas beaucoup. Le Portugal délivré de ses oppresseurs avec tant de courage et d'activité ; une révolution durable et complètement faite en quelques heures ; une seule victime, Vasconcellos ; la multitude agissante, et soudain le calme rendu à cette multitude redevenue corps de nation : tout cela ne paraissait guère susceptible de ridicule. La duchesse de Bragance, qui parut si digne du trône que son époux lui dut en partie ; le brave Alméida, véritable chef de l'entreprise, et qui, bien plus que Pinto, en détermina le succès ; le cardinal de Richelieu la favorisait de loin, non pour servir la nation portugaise, mais pour affaiblir la monarchie espagnole ; des noms, des caractères, des motifs, des résultats d'un tel ordre, étaient dignes de la tragédie. Aussi, dans l'ouvrage dont nous parlons, la scène où Pinto vient rassurer les conjurés saisis d'une terreur panique et donne le signal de l'attaque est de beaucoup la meilleure, précisément parce qu'elle est tragique : elle est tragique parce qu'elle est essentielle au sujet. En ces derniers temps, le même écrivain, dans sa comédie de *Plaute*, a imité quelques scènes de Plaute lui-même. Mais une conception ingénieuse, et qui appartient à M. Lemercier, c'est de représenter le poète comique conduisant une

intrigue réelle, faisant agir des personnages et les peignant à mesure qu'ils agissent. L'esclave d'un meunier fonde la comédie latine.

[*Tableau historique de l'état et des progrès de la littérature française depuis 1789* (édit. de 1834).]

DE SALVANDY. — Lemercier soutint sans plainte et sans faste l'inimitié du chef de l'Empire. Ses vertus étaient simples parce qu'elles ne lui coûtaient pas. Mais quelle misère que, Napoléon devenu maître du monde, Lemercier voie toutes les amertumes empoisonner sa vie ; qu'incrédule envers l'empereur, il doive marcher de revers en revers, comme l'empereur de triomphes en triomphes ; qu'il finisse par être attaqué jusque dans les débris de sa fortune ! Il fut réduit un moment à vivre avec dix-sept sous par jour, et ses amis même l'ignorèrent : il était de ces hommes qu'on croit toujours riches parce qu'ils sont dignes. Interdit du théâtre, il s'était jeté dans les sciences et avait composé l'*Atlantide ;* pauvre, il monta dans la chaire de l'Athénée ; il dota les lettres françaises de ce *Cours de littérature* qui est un des plus beaux monuments que la science de l'antiquité ait élevés parmi nous.

[*Discours à l'Académie française* (1841).]

VICTOR HUGO. — Il mena la vie mondaine et littéraire. Il étudia et partagea, en souriant parfois, les mœurs de cette époque du Directoire qui est après Robespierre ce que la Régence est après Louis XIV ; le tumulte joyeux d'une nation intelligente échappée à l'ennui ou à la peur ; l'esprit, la gaîté et la licence protestant par une orgie, ici, contre la tristesse d'un despotisme dévot, là, contre l'abrutissement d'une tyrannie puritaine. M. Lemercier, célèbre alors par le succès d'*Agamemnon*, recherha tous les hommes d'élite de ce temps et en fut recherché. Il connut Écouchard-Lebrun chez Ducis, comme il avait connu André Chénier chez Mᵐᵉ Pourrat. Lebrun l'aimait tant, qu'il n'a pas fait une seule épigramme contre lui. Le duc de Fitz-James et le prince de Talleyrand, Mᵐᵉ de Lameth et M. de Florian, la duchesse d'Aiguillon et Mᵐᵉ Tallien, Bernardin de Saint-Pierre et Mᵐᵉ de Staël lui firent fête et l'accueillirent. Beaumarchais voulut être son éditeur, comme, vingt ans plus tard, Dupuytren voulut être son professeur. Déjà placé trop haut pour descendre aux exclusions de partis, de plain-pied avec tout ce qui était supérieur, il devint en même temps l'ami de David, qui avait jugé le roi, et de Delisle, qui l'avait pleuré. C'est ainsi qu'en ces années-là, de ces échanges d'idées avec tant de natures diverses, de la contemplation des mœurs et de l'observation des individus, naquirent et se développèrent dans M. Lemercier, pour faire face à toutes les rencontres de la vie, deux hommes, — deux hommes libres, — un homme politique indépendant, un homme littéraire original...

[*Discours de réception à l'Académie française* (2 juin 1841).]

CHARLES NODIER. — Il y a dans cette œuvre (*La Panhypocrisiade*) tout ce qu'il fallait de ridicule pour gâter toutes les épopées de tous les siècles et, à côté de cela, tout ce qu'il fallait d'inspiration pour fonder une grande réputation littéraire. Ce chaos monstrueux de vers étonnés de se rencontrer ensemble rappelle de temps en temps ce que le goût a de plus pur, ce que la verve a de plus vigoureux. Tel hémistiche, tel vers, telle période ne seraient pas désavoués par les grands maîtres. C'est quelquefois Rabelais, Aristophane, Lucien, Milton, *disjecti membra poetæ*, à travers le fatras d'un parodiste de Chapelain. Ouvrez le livre, vous avez retrouvé l'auteur d'*Agamemnon*, et l'on peut se contenter à moins. Une page de plus et vous aurez beau le chercher, vous serez réduit à dire comme le bon abbé de Chaulieu : *C'est quelqu'un de l'Académie.*

[*Dictionnaire de la conversation* (1842).]

DE PONGERVILLE. — On reconnaîtra que Lemercier possédait une partie des éminentes qualités du grand écrivain, mais qu'il lui manquait le sentiment exquis, le goût qui en dirige l'emploi; il méconnut trop souvent la précision harmonieuse du langage, la beauté des formes qui donnent la vie et la durée aux créations idéales. Sa verve facile, sa capricieuse fécondité n'ont produit que peu de fruits durables; dispersant ses ressources, il a perdu en valeur ce qu'il gagnait en étendue. Quoi qu'il en soit, il a conquis sa place parmi les hommes considérables d'une époque de désordre et de transition littéraire.

[*Biographie générale* (1843).]

HIPPOLYTE BABOU. — Népomucène Lemercier fut un enfant sublime. À l'âge de seize ans, il était applaudi au théâtre par la reine Marie-Antoinette; à l'âge de vingt-cinq ans, il avait les suffrages du public tout entier. Génie surabondant et incomplet, coureur infatigable d'aventures littéraires, novateur en ébullition perpétuelle, il fut, sous le Directoire et le Consulat, une espèce de Lemierre agrandi, qui marqua vigoureusement sa trace au débouché de toutes les avenues qui mènent du XVIIIᵉ siècle au XIXᵉ siècle. Quoique très attaché à la tradition classique, il poursuivit en tout sens l'inconnu et le nouveau, tantôt avec une inquiétude nerveuse, tantôt avec une décision clairvoyante et virile. «Le génie fait sa langue», disait-il, et les épigraphes de ses œuvres prouvent qu'il ne craignait ni les difficultés ni les injustices : *Me raris juvat auribus placere... incedo per ignes!*

[*Les Poètes français*, publiés par Eug. Crépet (1861-1863).]

PHILARÈTE CHASLES. — Népomucème Lemercier, le probe et vigoureux poète.

[*Mémoires*, t. II (1877).]

ÉDOUARD FOURNIER. — Quand vint la guerre des Hellènes, Lemercier y apporta ses hymnes de combat; il publia une belle et fière traduction des *Chants héroïques des montagnards et matelots grecs*. On voit ainsi qu'il était de toutes les inspirations du moment; que, par tous les côtés, il s'était fait jour vers la jeune école. Il refusait cependant de la reconnaître. A sa mort, il en était encore l'ennemi déclaré.

[*Souvenirs poétiques de l'école romantique* (1880).]

LE MOUËL (Eugène-Louis-Hyacinthe-Mathurin).

Feuilles au vent (1879). — *Bonnes Gens de Bretagne* (1887). — *Une Revanche* (1889). — *Stances à Brizeux* (1889). — *Ma Petite Ville* (1890). — *Le Nain goémon* (1890). — *Enfants Bretons* (1891). — *Fleur de blé noir* (1893). — *Les trois gros Messieurs Mirabelle* (1893). — *Kémener*, trois actes (1894). — *Guillaume Friquet* (1896).

OPINIONS.

A. DE PONTMARTIN. — M. Le Mouël, tout en parlant, comme Brizeux, le français le plus pur, nous donne la sensation de la poésie bretonne aussi complète, aussi intense que s'il parlait bas-breton. Toute la Bretagne est là, la Bretagne des *Bonnes Gens*.

Doué d'un tempérament vraiment littéraire, M. Le Mouël possède deux qualités maîtresses en poésie : le mouvement et la sincérité. Dans son premier recueil paru au cours de sa vingtième année, il avait déjà montré un talent sympathique et consciencieux. Son deuxième volume a prouvé, en outre, qu'il sait joindre au charme des expressions la beauté des images.

[*Anthologie des Poètes français du xixᵉ siècle* (1887-1888).]

CAMILLE DOUCET. — Ce recueil (*Enfants Bretons*) est presque un poème. Distincts par le rythme et par l'étendue, mais reliés entre eux par le même objet d'observation et d'attendrissement qui est l'enfance en Bretagne, chacun des morceaux qu'il contient contribue à former un charmant ensemble qui fait honneur à la sincérité du poète, à son esprit et à son cœur.

[*Rapport de M. Camille Doucet, secrétaire perpétuel de l'Académie française, sur les concours de l'année 1891.*]

ANDRÉ THEURIET. — M. Le Mouël est franchement Breton. Il l'est dans sa tendre et pénétrante mélancolie; il l'est par son amour pour la mer, par son goût pour les contes de lutins et d'ogres qu'on se plaît à débiter gaillardement après avoir bu un pichet de cidre.

[Cité dans *l'Année des Poètes* (1893).]

LEMOYNE (Camille-André).

Stella Maris. — *Ecce Homo.* — *Renoncement*, poésies (1860). — *Les Sauterelles de Jean de Saintonge* (1863). — *Les Roses d'antan* (1865). — *Les Charmeuses* (1867). — *Poésies* (1855-1870 ; 1871-1883 ; 1884-1890). — *Une Idylle normande*, roman (1874). — *Alice d'Evran* (1876). — *Les Légendes des bois et Chansons marines* (1890). — *Fleurs du Soir* (1893).

OPINIONS.

SAINTE-BEUVE. — *Les Roses d'antan*, de M. André Lemoyne, renferment des pièces parfaites de limpidité et de sentiment; j'ai des raisons pour recommander celle qui a pour titre : *L'Étoile du Berger.*

[*Lundi, 12 juin 1865. Des nouveaux lundis* (1886).]

THÉOPHILE GAUTIER. — Les vers d'André Lemoyne, d'un sentiment si tendre, d'une exécution si délicate et si artiste.

[*Rapport sur le progrès des lettres*, par MM. Sylvestre de Sacy, Paul Féval, Th. Gautier et Ed. Thierry (1868).]

Paul Stapfer. — M. André Lemoyne mérite une mention spéciale parmi les fins ouvriers du style. C'est l'alouette du Parnasse ; ses notes sont peu variées, mais elles sont d'une justesse et d'une pureté exquises. Son bagage poétique est si mince, qu'il surnagera peut-être sur le flot des âges, comme une tablette de matière légère, pendant que les gros volumes sombreront. M. Lemoyne s'est fait une originalité, parmi les poètes descriptifs, par l'exactitude piquante des moindres détails de ses paysages.

[*Le Temps* (10 avril 1873).]

Philippe Gille. — Ce n'est qu'avec une extrême réserve que nous accueillons les poètes ; la raison en est, hélas! que beaucoup de ceux qui croient avoir reçu «l'influence secrète» n'écrivent en vers que de la prose, en se créant des difficultés pour rimer! Heureusement, cette fois, il s'agit d'un bel et bon ouvrage, de l'œuvre d'un véritable poète, des *Légendes des Bois* et *Chansons marines*, de M. André Lemoyne.

Nous citerons ces strophes :

....

Les chiens déconcertés renoncent à la piste :
Voici l'heure paisible où finissent les jours ;
Libre vers son refuge, il monte grave et triste...

A l'horizon lointain expirent les abois,
Sur les chênes dormants la nuit remet son voile...
Lui qui ne verra plus l'aurore dans les bois,
Donne un dernier regard à la première étoile...

C'est un sentiment profond de la nature qui donne de tels accents et qui fait que le lecteur croit voir le tableau que le poète a tracé.

[*La Bataille littéraire*, 2ᵉ série (1890).]

LEPELLETIER (Edmond).

Soleils noirs et Soleils roses (1887).

OPINION.

E. Ledrain. — Comment la mélancolie du milieu de la vie ne l'aurait-elle pas touché? Ses vers en sont souvent tout pénétrés et attendris. Mais ce qu'il a religieusement gardé de sa première ferveur, c'est le souci de la perfection, du mot vif et juste, de la rime neuve et riche, c'est-à-dire l'horreur de toute banalité. En cela, il est parnassien jusqu'au fanatisme, et il ne permettrait pas facilement à quelques-uns d'adorer dans une autre chapelle que la sienne.

[*Anthologie des Poètes français du* xixᵉ *siècle* (1887-1888).]

LÉPINE (Madeleine).

La Bien-Aimée (1894).

OPINION.

A.-B. — *La Bien-Aimée*, c'est l'immortelle poésie. Vers elle montent le pur encens de la poétesse et son appel éploré, en strophes légères, harmonieuses, vêtues de nuages, auréolées d'azur.

[*L'Année des Poètes* (1894).]

LERAMBERT.

Poésies (1856).

OPINION.

Sainte-Beuve. — M. Lerambert, homme distingué, des plus instruits, formé dès l'enfance aux meilleures études, initié à la littérature anglaise, a exprimé, dans un volume de *Poésies*, des sentiments personnels vrais et délicats, entremêlés d'imitations bien choisies de poètes étrangers. Lui aussi, il a aimé, il a souffert, et il chante. Je lis avec plaisir son recueil : tout ce qui est sincère porte en soi son charme. Mais sa souffrance, à lui, est plutôt languissante et mélancolique qu'ardente et passionnée.

[*Nouveaux lundis*, t. II (1864).]

LE ROY (Grégoire).

Mon cœur pleure d'autrefois (1889).

OPINION.

Albert Mockel. — La pensée est constamment présentée par une image. Chez M. Le Roy, par exemple, c'est une fenêtre où deux mains apparaissent en un geste d'énigme ; mais au lieu de donner à penser qu'il évoque ainsi un moment du cœur humain, ce poète a cru devoir en avertir dès les premiers mots, et en spécifiant qu'il s'agit des *mains de la Mort*.

[*Propos de littérature* (1894).]

LESUEUR (Jeanne-Loiseau, *dit* Daniel).

Fleurs d'Avril (1882). – *Un mystérieux amour* (1886).

OPINION.

E. Ledrain. — Penseur et artiste, elle fait preuve, pareillement, surtout dans la partie philosophique d'*Un mystérieux amour*, de connaissances aussi précises qu'étendues. Deux sonnets : *La lutte pour l'existence* et *La voix des morts*, résument, sous la forme la plus belle, deux théories qu'exposent moins sûrement les longs volumes des philosophes de profession. Schopenhauer avait trouvé son poète en Mᵐᵉ Ackermann ; Darwin possède le sien, inférieur à nul autre, en Mˡˡᵉ Loiseau, qui, après avoir débuté par des vers gracieux, *Fleurs d'Avril*, a trouvé sa voie dans *Un mystérieux amour*.

[*Anthologie des Poètes français du* xixᵉ *siècle* (1887-1888).]

LETALLE (Abel).

Les Croyances (1896).

OPINION.

Philippe Gille. — Un recueil intéressant, fait d'idées élevées, énoncées en une forme irréprochable.

[*Le Figaro* (1896).]

LE VAVASSEUR (Gustave). [1819-1896.]

Napoléon (1840). – *Vers* (1843). – *Vie de Pierre Corneille* (1843). – *Poésies fugitives* (1846). – *Dix mois de révolution* (1847). – *Farces et Moralités* (1850). – *Les trois frères Eudes*

(1855). – *Etudes d'après nature* (1864). – *Inter Amicos* (1866). – *La Rime* (1875). – *Dans les Herbages* (1876). – *Les vingt-huit jours* (1882). – *Poésies complètes* (1889).

OPINIONS.

THÉOPHILE GAUTIER. — ...Les poésies de Gustave Le Vavasseur d'une saveur toute normande et qui fourniraient bien des fleurs à une anthologie.

> [*Rapport sur le progrès des lettres*, par MM. Sylvestre de Sacy, Paul Féval, Th. Gautier et Ed. Thierry (1868).]

CHARLES BAUDELAIRE. — Gustave Le Vavasseur a toujours aimé passionnément les tours de force. Une difficulté a pour lui toutes les séductions d'une nymphe. L'obstacle le ravit; la pointe et le jeu de mots l'enivrent; il n'y a pas de musique qui lui soit plus agréable que celle de la rime triplée, quadruplée, multipliée. Il est *naïvement compliqué*. Je n'ai jamais vu d'homme si pompeusement et si franchement normand.

> [*L'Art romantique* (1868).]

JULES CLARETIE. — Le Vavasseur, qui meurt septuagénaire, avait eu ses heures de poésie en sa jeunesse verdoyante comme les haies de son pays normand. Il avait chanté ce que Flaubert a décrit. Il fut, avec Philippe de Chennevières, l'auteur des *Contes de Jean de Falaise*, d'un groupe d'esprits rares qui forma un moment une sorte de petite école dont la Normandie aurait le droit d'être fière et qui eût fait plus de bruit si les gens du pays du cidre étaient aussi retentissants et ardents et hardis que les félibres méridionaux. Les recueils de Prarond ont des vers délicieux; je n'ai pas sous la main *Dans les herbages*, de Gustave Le Vavasseur. J'en pourrais citer des pièces achevées.

> [*La Vie à Paris* (1896).]

REMY DE GOURMONT. — Il restera toujours un peu de lumière autour de ce nom, Gustave Le Vavasseur, puisque Baudelaire l'écrivit en des pages qui ne périront pas. Dans la série des médaillons appelée *Réflexions sur quelques-uns de nos contemporains*, Le Vavasseur vient le dixième et le dernier, après Leconte de Lisle, et c'est le seul des dix qui soit demeuré presque inconnu. Comme on ne peut supposer que Baudelaire ait crayonné son portrait par pure amitié, il faut admettre qu'il avait plus d'intelligence que de talent et qu'il fit, au temps de sa jeunesse, des promesses pour lui impossibles à tenir. Ou bien fut-il un dédaigneux?

> [*Mercure de France* (octobre 1896).]

LEVENGARD (Paul).

Les Pourpres mystiques (1899).

OPINIONS.

GUSTAVE KAHN. — ...Il faut louer chez M. Paul Levengard, encore un peu trop vassal pour sa direction littéraire de Charles Baudelaire, les prémices d'une très réelle habileté rythmique et une sûre cadence du vers que possèdent à ce degré peu de débutants.

> [*Revue Blanche* (1ᵉʳ août 1899).]

EDWARD SANSOT-ORLAND. — *Les Pourpres mystiques* sont d'un mysticisme essentiellement païen, et toute l'ardeur des vingt ans y flamboie dans un déchaînement superbe qui nous emporte avec le poète parmi les luxures indéfiniment renaissantes — jusqu'à la mort, car la mort se dresse au chevet des couches affaissées par les ruts. Inégales de valeur sont les pièces qui composent *les Pourpres mystiques*, car plusieurs d'entre elles témoignent de quelque négligence dans le fond autant que dans la forme; mais ce livre est une belle promesse.

> [*Anthologie-Revue* (juillet 1899).]

PIERRE QUILLARD. — *Les Pourpres mystiques* : L'une des pièces du recueil est épigraphiée des vers de Verlaine :

> Dans un palais soie et or, en Ecbatane.

Une autre, du *Prélude*, est consacrée à la glorification de Baudelaire : deux bons patrons à invoquer avant de courir les hasards de la vie littéraire. Il ne semble pas cependant que M. Paul Levengard doive toujours s'inspirer d'eux : bien qu'il ait, quoique tardivement, aimé le ciel triste de Lyon, sa ville natale, il est surtout attiré par l'éclatante, l'écrasante splendeur de l'Orient, inconnu et pressenti. Esther, macérée dans les aromates, lui est plus proche qu'Hélène, fille de Léda et du cygne, et l'implacable soleil, le Baal dévorateur, plutôt qu'Apollon ou le pâle Galiléen, recevra son hommage orgueilleux, en versets d'une belle et forte langue.

> [*Mercure de France* (avril 1900).]

LEYGUES (Georges).

Le Coffret brisé (1882). – *La Lyre d'airain*, ouvrage couronné par l'Académie française (1883).

OPINIONS.

M. LOUIS TIERCELIN :

> Vous m'avez dit : «Mes vers aimés
> Avec des fleurs sont enfermés
> Dans ce coffret que je vous livre.
> Jadis, le poète amoureux
> Rêvait vainement pour eux
> La blanche floraison du livre.
>
> Mais à quoi bon ? Depuis longtemps,
> Les chanteurs d'amour, de printemps,
> D'idéal et de fantaisie
> Ne sont plus écoutés ni lus,
> Et l'on compte trop peu d'élus
> Dans le ciel de la poésie...
>
> Prenez donc ce coffret où dort
> Mon passé, cher et jeune mort,
> Fleuri de lis et d'asphodèles,
> Et dans quelque abîme profond,
> Au fond, poète, jusqu'au fond,
> Jetez-le de vos mains fidèles!...»

Et moi, je vous ai dit : «Vous avez blasphémé!
Ô vous qui reniez le Dieu de la jeunesse
Et qui croyez pouvoir, sans qu'un jour il renaisse,
Enfermer au tombeau l'Immortel tant aimé!...

Gardez donc le trésor que votre main m'offrait.
Ces parfums d'idéal et ces fleurs d'Espérance
Sont les baumes divins de l'humaine souffrance;
Aussi nous briserons ensemble ce coffret,

Et, soudain, s'échappant de leur prison muette,
Pareils à des oiseaux délivrés, vos beaux vers,
Emporteront, au vol de leurs rythmes ouverts,
Plus haut, toujours plus haut, la chanson du poète!»

> [Prélude au *Coffret brisé* (1882).]

MAXIME GAUCHER. — Il contenait de fort jolies choses, ce coffret. Des idylles gracieuses, des paysages où vous avez ajouté à la nature ce qu'y voyait votre imagination, des chants d'amour qui sont comme parfumés de senteurs printanières. Quels sont vos ancêtres? Ronsard? du Bellay et surtout André Chénier. Vous êtes moins grec que lui; le Parthénon vous inspire moins que les minarets et les pagodes; mais, chez vous comme chez lui, l'accent païen, la note franche et libre, l'expression de la sainte nature sans réticences et sans voiles pudiques. Un peu plus de manière cependant et on sent plus l'art. Voulez-vous que je vous donne votre définition? Un André Chénier *Théodore-de-Banvillisé*. Ce mélange n'est pas sans saveur. Voulez-vous une autre définition encore? Une flûte de Pan revue par Érard.

[*La Revue politique et littéraire* (17 février 1883).]

CAMILLE DOUCET. — À côté de la corde lyrique, la corde patriotique est celle qui vibre le plus sur cette *Lyre d'airain* dont les mâles accents sont faits pour remuer les cœurs. Sous toutes les formes et à chaque page se trahit la pensée intime et la constante préoccupation d'un poète blessé qui, ne songeant qu'à la patrie, pleure sur elle et pour elle espère.

[*Rapport sur les concours de l'année 1884.*]

E. LEDRAIN. — Dans toute son œuvre, M. Leygues ne s'est, semble-t-il, proposé pour objet que de plaire à la petite tribu des délicats. Même quand il chante en beaux vers dans *la Lyre d'airain* la patrie vaincue, il s'abstient de tout cri désordonné, de tout ce qui pourrait blesser l'oreille sensible d'un homme de goût.

[*Anthologie des Poètes français du xixᵉ siècle* (1887-1888).]

LIÉGARD (Stéphen).

Les Abeilles d'or, chants impériaux (1859). – *Le Verger d'Isaure* (1870). – *Une Visite aux Monts Maudits* (1872). – *Au Pays de Luchon* (1874). – *Livingstone*, poème (1876). – *Les Grands Cœurs*, vers (1882). – *Au caprice de la plume* (1884). – *La Côte d'Azur* (1887). – *Rêves et Combats* (1892).

OPINIONS.

V. DELAPORTE. — C'est une guirlande de quarante-cinq poèmes qui répondent bien au double titre : *Rêves et Combats*, inspiré par le double amour des lettres et de la France; avant de chanter les combats de son pays, il en défendit avec vigueur les intérêts comme orateur et député de la Moselle.

[*L'Année des Poètes* (1892).]

ÉMILE TROLLIET. — Ce Lamartinien, Stéphen Liégard, est en somme moins près de Lamartine ou de Virgile que d'un Victor de Laprade, par exemple. Pas assez de sensibilité, et d'autre part, pas assez de sérénité. *Les Grands Cœurs* sont dédiés à un publiciste plus vaillant qu'équitable; et l'œuvre se ressent çà et là de la dédicace. Et j'ajoute : pas assez de personnalité. Trop de pièces, non de *commande* bien entendu, mais de *circonstances*. Trop de toasts portés dans les banquets et de poèmes rapportés de l'Institut ou des Jeux floraux. Il est bien démodé, le «verger d'Isaure» !

Mais, après tout, c'est peut-être notre faute si nos préférences ne vont plus au genre académique et aux poètes lauréats. Poète lauréat, Pindare en était un; Malherbe en était un; et Tennyson en était un autre. Stéphen Liégard a donc de qui tenir, et d'illustres garants. Et, en définitive, qu'importe l'occasion des vers, pourvu qu'ils soient bons? Et ceux de Stéphen Liégard, sans être toujours assez frémissants, sont toujours de bons vers, et souvent des vers fortifiants, cueillis sur l'âpre coteau des vertus, ou des vers splendides, cueillis sur la «Côte d'Azur», pour rappeler l'expression qui sert de titre à l'un de ses volumes en prose, qu'il a créée, je crois, et qui a fait fortune.

[*La Revue Idéaliste* (décembre 1899).]

LOMBARD (Jean). [1854-1891.]

Adel, la Révolte future, poème (1888). – *L'Agonie*, roman (1889). – *Byzance*, roman (1890). – *Loïs Majorès*, roman (1900). – *Un Volontaire de 92* (1900).

OPINIONS.

OCTAVE MIRBEAU. — Un puissant et probe écrivain, un esprit hanté par des rêves grandioses et des visions superbes, un de ceux, très rares, en qui se confiait notre espoir, Jean Lombard, l'auteur de *l'Agonie* et de *Byzance*, est mort. Il est mort dans une inexprimable misère, sans laisser, à la maison, de quoi acheter un cercueil, sans laisser de quoi acheter un morceau de pain à ceux qui lui survivent...

..... être élu, en ce qui a brûlé une des plus belles flammes de la pensée de ce temps.........

....

D'origine ouvrière, Jean Lombard s'était fait tout seul. — ..... Jean Lombard avait gardé de son origine prolétaire, affinée par un prodigieux labeur intellectuel, par un âpre désir de savoir, par de tourmentantes facultés de sentir; il avait gardé la foi carrée du peuple, son enthousiasme robuste, son entêtement brutal, sa certitude simpliste en l'avenir des bienfaisantes justices.

[*Préface de l'Agonie* (1889).]

ALFRED VALETTE. — En même temps qu'il dirigeait et rédigeait des revues et des journaux auxquels collaborèrent presque tous les jeunes gens de lettres parisiens, il composait *Adel*, poème de *la Révolte future*... Puis publiait *Loïs Majorès*, roman de mœurs politiques provinciales, et deux autres romans d'un travail énorme, deux vastes poèmes en prose plutôt, qui reconstituent, l'un, *l'Agonie*, la Rome décadente d'Héliogabale, l'autre, *Byzance*, le monde oriental sous Constantin Copronyme.

[*Mercure de France* (août 1891).]

LOMON (Charles).

Jean d'Acier, drame en vers (1877).

OPINION.

J.-P. — A la Comédie-Française (30 avril 1877), troisième représentation de *Jean d'Acier*, par M. Charles Lomon, un drame qui est un drame, et en vers qui sont des vers. Ce qu'on peut dire contre l'action de cette pièce, je le sais! Elle a des rapports frappants avec *Quatre-Vingt-Treize*, de Victor Hugo, avec *Cadio*, de George Sand. Mais M. Charles Lomon est à l'âge des admirations passionnées, et la distance est peu grande d'admirer beaucoup à imiter un peu... D'ailleurs, il y a dans l'ouvrage de M. Charles Lomon de fort remarquables scènes qui n'appartiennent qu'à lui-même, et, en outre, lorsqu'il se souvient trop visiblement, il a une façon très personnelle de dramatiser ses souvenirs. Pour ce qui est des vers, ils sont loin, certes, de nous satisfaire entièrement; négligés en général, souvent mal bâtis, parfois incorrects, trop conformes, en un mot, aux habitudes d'une certaine école qui a pris pour devise : «Va comme je te pousse!». Mais n'importe! Ces vers-là n'ont rien de commun avec la poétique étroite et pseudo-classique de MM. Bornier et Parodi, rien de commun non plus avec la plate emphase et le patois rugueux de M. Paul Déroulède. Un souffle ardent et sincère les anime, les enfle, les emporte; çà et là, des distiques d'une fière et robuste venue.

[*La République des lettres* (6 mai 1877).]

LORIN (Georges).

L'Âme folle (1893). – *Pierrot voleur* (1895). – *Les Cigarettes* (1866).

OPINION.

PHILIPPE GILLE. — *Pierrot voleur*, c'est le titre d'une petite comédie en vers, charmante fantaisie qu'Antoine n'eut pas le temps de jouer au Théâtre-Libre, et qui fera certainement son chemin dans les salons avant de revenir au théâtre. Auteur : M. Georges Lorin.

[*Le Figaro* (9 janvier 1896).]

LORIOT (Florentin).

Oriens (1895).

OPINION.

ANTONY VALABRÈGUE. — M. Florentin Loriot nous parle de l'Orient; il décrit, dans une forme châtiée et presque impeccable, l'ancienne Égypte et la Judée. Il est allé en Palestine, il a visité les lieux saints en pèlerin ému. Il a rapporté, de ces voyages, des études idéales et cependant prises sur nature, de Jérusalem vue de divers côtés et du Temple dont le mur doré brille d'une lueur symbolique dès le lever du jour.

[*La Revue Bleue* (11 avril 1896).]

LORRAIN (Jean).

Le Sang des Dieux (1882). – *La Forêt bleue* (1883). – *Les Lepillier* (1885). – *Viviane* (1885). – *Modernités* (1885). – *Très Russe* (1886). – *Griseries* (1887). – *Dans l'Oratoire* (1888). – *Songeuse* (1891). – *Buveurs d'âmes* (1893). – *Sensations et Souvenirs* (1894). – *Yanthis* (1894). – *La Petite Classe* (1895). – *Le Conte du Bohémien* (1896). – *Une Femme par jour* (1896). – *Contes pour lire à la chandelle* (1897). – *Âmes d'automne* (1898). – *Histoire de masques* (1900). – *Madame Baringhel* (1900). – *M. de Phocas* (1901).

OPINIONS.

MARCEL FOUQUIER. — Dans *le Sang des Dieux*, de M. Jean Lorrain, il y a de bien beaux sonnets, celui d'*Hylas*, par exemple, qui a toute la pureté d'un marbre grec.

[*Profils et Portraits* (1891).]

ANATOLE FRANCE. — M. Jean Lorrain est un poète et un artiste. Les vers sont dans la tradition parnassienne, avec un goût de préraphaélisme et de mysticisme qui s'allie naturellement à tous les caprices et à toutes les fantaisies de l'âme moderne. Mais à ne connaître que sa prose, on sentirait encore qu'il est poète.

M. Jean Lorrain excelle à donner une poésie aux vieilles pierres et à faire chanter l'âme des maisons anciennes. Il aime les vieux parcs, les hautes charmilles, les allées en berceau, les quinconces déserts. Il pénètre le secret de leur mélancolie. Il devine le mystère des chambres hantées. En décrivant seulement quelque manoir normand, dont le toit d'ardoise et l'épi grêle sont cachés par les arbres, il donne le frisson.

[*La Vie littéraire* (1892).]

HENRY FOUQUIER. —*La Brocéliande*, de Jean Lorrain. C'est une légende bretonne dialoguée. Viviane, une courtisane galloise, l'éternel féminin, malmenée à la cour d'Artus, veut se venger en perdant l'ami d'Artus, le chevalier Myrdhis, que je pense être l'enchanteur Merlin qu'elle a trouvé dans la forêt de Brocéliande. Mais le vieux Myrdhis se défend bien d'abord et il enferme Viviane dans un cercle magique, après quoi elle va se venger des hommes par des moyens purement féminins qui sont les plus sûrs encore! Les vers de M. Jean Lorrain sont charmants.

[*Le Figaro* (8 janvier 1896).]

REMY DE GOURMONT. — À tous ces mérites qui font de M. Lorrain un des écrivains les plus particuliers d'aujourd'hui, il faut joindre celui de poète. En vers, il excelle encore à évoquer des paysages, des figures ou des figurines... Il y a beaucoup de fées parmi les vers de M. Lorrain. Toutes les fées couronnées de verveine ou «d'iris bleus coiffées» se promènent langoureuses et amoureuses dans les strophes de cette poésie lunaire.

[*Le Livre des Masques*, 2ᵉ série (1898).]

LOUŸS (Pierre).

Astarté (1892). – *Les Poésies de Méléagre* (1893). – *Léda* (1893). – *Chrysis* (1893). – *Scènes de la vie des courtisanes*, de Lucien (1894). – *Ariane* (1894). – *La Maison sur le Nil* (1894). – *Les Chansons de Bilitis* (1894). – *Aphrodite* (1896). – *La Femme et le Pantin* (1898). – *Les Aventures du roi Pausole* (1900).

OPINIONS.

A. FERDINAND HÉROLD. — Pierre Louÿs, qui devait plus tard traduire les poésies de Méléagre, l'auteur de la première anthologie grecque, s'est d'abord fait connaître comme directeur de la *Conque*, anthologie des plus jeunes poètes où lui-même publia des poèmes exquis. Ces poèmes, joints à quelques autres, forment maintenant le recueil intitulé : *Astarté*, qui est l'œuvre d'un artiste très subtil et très délicat.

[*Divers : Les Portraits du prochain siècle* (1894).]

CAMILLE MAUCLAIR. — Bilitis a chanté par son caprice des mélodies si admirables, que, les ayant notées, il s'est trouvé faire un livre auprès duquel il n'avait rien écrit. L'érudition, le détail technique de reconstitution ne blessent jamais ici. Le côté «bouquin» si odieux et presque inévitable est évité. C'est avec une netteté de composition absolue, dans la langue la plus savoureuse, la plus concise, la plus transparente sur les sensations aiguës que se déroule la vie, apparue par aspects familiers ou passionnels, de la petite courtisane grecque. Tout le séjour à Mitylène est plein de perversité et de la poésie saphique la plus étrange et la plus pleine de justesse dans l'observation de l'anormal que j'aie lue. Toute une psychologie troublante de l'interversion sexuelle se dessine là. Il faudrait citer toute cette période. M. Pierre Louys est tout à fait un poète : sa forme savante qui gênait l'émotion a soudain pu l'enserrer. Il a écrit là un des meilleurs livres d'art que cette génération ait donnés. Ce modeste recueil de chansons d'une petite morte est une œuvre.

[*Mercure de France* (avril 1895).]

FRANÇOIS COPPÉE. — «Vous n'avez pas lu *Aphrodite!* Alors qu'est-ce que vous faites entre vos repas? Sachez qu'on n'a rien écrit de plus parfait en prose française depuis *le Roman de la Momie* et depuis *Salammbô*. Soyez sûrs que les cendres de Gautier ont frémi de joie, à l'apparition de ce livre, et que, dans le paradis des lettrés, l'ombre de Flaubert hurle, à l'heure qu'il est, des phrases de Pierre Louys, les soumet à l'infaillible épreuve de son gueuloir, et qu'elles la subissent victorieusement... Enfin voilà donc un jeune, un vrai jeune — Pierre Louys n'a pas vingt-six ans, — qui nous donne un beau livre; un livre écrit dans une langue impeccable, avec les formules classiques et les mots de tout le monde, mais rénovés et rajeunis à force de goût et d'art; un livre très savant et où se révèle, à chaque page, une connaissance approfondie de l'antiquité et de la littérature grecque, mais sans pédantisme aucun et ne sentant jamais l'huile et l'effort; un livre dont la table contient sans doute un symbole ingénieux et poétique, mais un symbole parfaitement clair; un livre, enfin, qui est vraiment issu de notre tradition et animé de notre génie et dans lequel la beauté, la force et la grâce se montrent toujours en plein soleil, et inondées d'éclatante lumière!...»

[*Le Journal* (16 avril 1896).]

PAUL LÉAUTAUD. — Nous rappellerons également le succès du deuxième roman de M. Pierre Louys, *la Femme et le Pantin*, et des *Chansons de Bilitis*, où s'amusa si parfaitement son érudition. Seul, en effet, le génie charmant qui habite son front a inspiré à M. Pierre Louys ces poèmes à la fois luxurieux et tendres; et si, les donnant comme traduits du grec, il les attribua dédaigneusement à

Bilitis tant aimée et qui, pourtant, n'exista jamais, ce ne fut guère que par amusement de lettré, ou peut-être parce que ce nom aux syllabes chantantes l'emplissait de douceur. Pourtant, quand parurent *les Chansons de Bilitis*, on n'en crut pas moins à une traduction. Et M. Pierre Louys lui-même, en guise d'avant-propos aux Lectures antiques, que depuis quelque temps il publie régulièrement dans le *Mercure de France*, nous a conté qu'un savant professeur de faculté, ancien élève de l'École d'Athènes, et à qui il avait envoyé son ouvrage, lui répondit qu'il avait, avant lui, lu l'œuvre de Bilitis. Mais il nous faut achever cette notice. Après avoir admiré le romancier, on va pouvoir juger du poète. L'un et l'autre, d'ailleurs, se complètent et ne font qu'un. Et ceux-là qui ont aimé les romans de M. Pierre Louys ne pourront qu'étendre cet amour à ses poèmes, tant l'harmonie et la grâce sensuelle des phrases d'Aphrodite s'y retrouvent, avec le même souci de la forme et la même évocation aussi d'une beauté dont le culte semble s'être perdu.

[*Les Poètes d'aujourd'hui* (1900).]

LOY (Aimé de). [1798-1834.]

Feuilles au vent (1840).

OPINION.

SAINTE-BEUVE. — Il y a, dans les vers de Loy, souvent redondants, faibles de pensée, vulgaires d'éloges, je ne sais quoi de limpide, de naturel et de captivant à l'oreille et au cœur, qui fait comprendre qu'on l'ait aimé.

[*Revue des Deux-Mondes* (1840).]

LOYSON (Charles). [1791-1820.]

Poésies (1817). – *Épîtres et Élégies* (1819).

OPINIONS.

SAINTE-BEUVE. — Comme poète, M. Charles Loyson est juste un intermédiaire entre Millevoye et Lamartine, mais beaucoup plus rapproché de ce dernier par l'élévation et le spiritualisme habituel des sentiments. Les épîtres à M. Royer-Collard, à M. Maine de Biran sont déjà des méditations ébauchées et mieux qu'ébauchées... Voilà, ce me semble, de la belle poésie philosophique, s'il en fut; mais, chez Loyson, cette élévation rigoureuse dure peu d'ordinaire; la corde se détend et l'esprit se remet à jouer. Il est poète de sens, de sentiment et d'esprit, plutôt que de haute imagination.

[*Revue des Deux-Mondes* (1840).]

ANDRÉ THEURIET. — Sainte-Beuve a dit de Charles Loyson qu'il était un intermédiaire entre Millevoye et Lamartine, et il a ajouté avec raison «mais beaucoup plus rapproché de ce dernier par l'élévation et le spiritualisme habituel des sentiments». En effet, l'enclos poétique de Millevoye est singulièrement plus étroit que celui de Loyson; l'horizon en est plus bas et plus borné... Millevoye était pareil à l'une de ces feuilles d'automne qui, détachées de la branche, se balancent un moment dans l'air humide, puis retombent en tournoyant sur le sol. Le vol du poète de Château-Gontier est plus soutenu et plus haut.

[*Discours prononcé à l'inauguration du monument de Charles Loyson.* — *Le Temps* (2 octobre 1899).]

LUCAS (Hippolyte). [1807-1878.]

Poésies complètes (1891).

OPINION.

CHARLES FUSTER. — Cette réédition a été un des événements poétiques de l'année; elle classe définitivement M. Lucas parmi un de nos meilleurs élégiaques; ce fut le précurseur de Sully Prudhomme.

[*L'Année des Poètes* (1891).]

LUZEL (F.-M.).

Bepred Breizad (Toujours Breton), poésies bretonnes avec traduction française (1865).

OPINION.

SAINTE-BEUVE. — Je ne dirai que peu de chose d'un poète dont la langue m'échappe, M. Luzel, qui vient de publier un receuil de poésies bretonnes et en pur breton, avec traduction, il est vrai... Une pièce qui me paraît touchante de forme et de sentiment est celle que M. Luzel a consacrée à la mémoire de Brizieux, l'amoureux de *Marie*.

[*Lundi 3 juillet 1865. Des nouveaux lundis* (1886).]

M

MACAIGNE (Camille). [1843-1877.]

Les Roses fauchées (1884).

OPINION.

EMMANUEL DES ESSARTS. — C'était un poète, car il avait le don de voir vite et juste et de sentir avec intensité. Les sujets qu'il traite sont les thèmes éternels et qui toujours seront les plus fertiles en variations lyriques : les promenades à travers les champs et les bois, les charmants épisodes de la vie de famille. Quelques scènes de l'antiquité, les jeux de la fantaisie et jusqu'aux discrètes émotions du patriotisme.

[*Anthologie des Poètes français du XIXᵉ siècle* (1887-1888).]

MAC-NAB.

Poèmes mobiles (1890). – *Poèmes incongrus* (1887).

OPINIONS.

Mac-Nab a publié un très joli et très coquet volume pour lequel Coquelin cadet a écrit six pages de préface, et qui porte ce titre étrange : *Poèmes mobiles*. Les trouvailles et les fantaisies y pullulent, et l'on n'y compte pas moins de trente-sept pièces, presque toutes heureuses, réussies, débordantes de la gaîté et de l'originalité les plus pures.

[*Les Hommes d'aujourd'hui.*]

CLOVIS HUGUES. — Hugo disait de Baudelaire qu'il avait créé un frisson nouveau. On pourrait le dire aussi de Mac-Nab, avec cette différence que la sensation est à la fois douloureuse et gaie.

[*Préface aux Chansonniers de Paris.* Horace Valbel (1825).]

MADELEINE (Jacques).

La Richesse de la Muse (1882). – *L'Idylle éternelle* (1884). – *Livret de Vers anciens* (1884). – *Pierrot divin* (1887). – *Le Comte de la Rose* (1891). – *Brunettes, ou petits airs tendres* (1892). – *A l'Orée* (1899). – *Le Sourire*

d'Hellas (1899). – *Un Jour tout de rêve* (1900). – *La Petite Porte feuillue* (1900).

OPINIONS.

MAURICE BOUCHOR. — Il y a encore de l'incertitude chez M. Madeleine; mais il a su être sincère et jeune, c'est un musicien raffiné, et à des trouvailles très heureuses, la distinction lui est innée. Il nous joue de vraies mélodies, au lieu d'exécuter des variations sur la cinquième corde, ce qui est aussi désagréable à l'oreille que peu profitable à l'esprit.

[*Revue des Chefs-d'Œuvre et Curiosités littéraires.* (10 décembre 1887).]

MAURICE BARRÈS. — M. Jacques Madeleine aura une note à lui. Son volume intéresse; et ceux qui connaissent la collection Lemerre comprendront tout l'éloge que je mets en ce mot. *L'Idylle éternelle* a du charme, une des rares choses qu'on n'acquiert pas. Des pièces sont émues; toutes sont jeunes. La jeunesse et l'émotion font les minutes les plus exquises de l'artiste.

[*Les Taches d'encre* (5 novembre 1887).]

GEORGES COURTELINE. — Peu de personnes connaissent ce livre, *La Richesse de la Muse*, d'une réelle splendeur de langue, et que Jacques Madeleine dédaigne beaucoup trop, en son excès d'inquiétude artistique. Certes, il lui doit préférer, de beaucoup, la note émue et tendre de l'idylle éternelle, mais de là à en faire fi et à ne point la faire figurer dans ses productions (voir *le Conte de la Rose*, page 2), il y a un monde. Oui, on ne peut s'empêcher de penser que ce poète est un terrible homme, un peu bien dur pour lui-même et un peu bien sévère pour sa première née.

Pauvre *Richesse de la Muse*; je vous ai vu naître, mignonne... et peut-être est-il l'un des secrets motifs de la grosse tendresse que je vous porte. Je vous trouvais charmante, moi, et votre père vous aimait bien alors, car vous étiez le premier enfant né de lui. Mais voilà, d'autres sont venus depuis, des frères, des sœurs, toute une famille bien portante qui fait l'admiration des passants. Et comme vous n'êtes pas la plus belle, on a honte de vous, un peu; et lorsqu'on promène les autres par la ville, joyeusement endimanchés, on vous oublie à la maison, petite Cendrillon que vous êtes... *Richesse de la Muse,* ma chère, fille aînée de mon plus vieil ami, on est injuste avec vous. Vous êtes une enfant de belle venue, anémique ni laide, je vous le jure. Que ne compté-je dans ma vie la gloire d'en avoir fait une qui vous ressemble!

[*Le Nouvel Écho* (1er octobre 1892).]

Gustave Kahn. — M. Jacques Madeleine nous donne en vers précis, trop précis, parfois jusqu'à la sécheresse, de jolies sensations de forêt. Elles sont, parfois, mieux que jolies. Dans un autre livre qu'il publie concurremment, il chante la beauté grecque avec une certitude d'érudition qui, moins stricte, serait des plus intéressantes. Dans ces deux volumes, il manque un je ne sais quoi; le poète se garde trop, s'observe trop, il surveille son lyrisme à la façon d'un grammairien, et je suis persuadé qu'il l'émonde trop. Des deux volumes, je préfère *A l'Orée* de beaucoup; j'aimerai mieux que la nature y fût chantée librement, au lieu d'être ainsi sévèrement modelée; mais en se contentant de ce qu'on y trouve, on se sent en contact avec de la poésie vraie, encore que nuancée, fond et rythme, à la façon d'un érudit, ce qui ne peut surprendre personne, étant donnée la sûre et modeste érudition dont M. Jacques Madeleine a déjà fourni maintes preuves.

[*Revue Blanche* (15 septembre 1899).]

Emmanuel des Essarts. — Jamais l'épithète d'*exquis,* que de nos jours on prodigue avec abus, ne s'est plus justement appliquée qu'à ce recueil embaumé par l'âme odorante de l'antiquité. Jamais la divine Hellade n'a été mieux comprise, mieux pénétrée, et n'a suggéré plus définitive expression de sa grâce et de sa force souveraine. Tout est accompli, parfait, ambrosien, comme la Muse antique, dans cet adorable volume.

M. Jacques Madeleine est bien un des meilleurs fils de cette Grèce maternelle, car on a rarement dédié à notre Mère auguste un temple plus pur et plus radieux que ce Parthénon de la poésie.

[*Revue des Poètes* (octobre 1899).]

Pierre Quillard. — *Le Sourire d'Hellas* : Un hymne homérique, le huitième, bref comme une épigramme, honore Aphrodite : «... Sur son désirable visage toujours elle sourit et elle porte la désirable fleur». M. Jacques Madeleine a pu, sans téméraire vanité, inscrire au-dessous du titre les paroles grecques du poète inconnu et entrelacer à ses strophes les textes mêmes qui les ont inspirées. Il sied de garder la mesure quand je veux avouer quel délice fut, imprimé pour un trop petit nombre d'élus par un artiste de Fontainebleau, *A l'Orée* de la forêt, ce volume exquis entre tous; et cependant, à ne point mentir, il faut affirmer que jamais, sauf par les compagnons de la Pléiade et André Chénier, Hellas ne revécut ainsi en syllabes françaises, avec son sourire et sa grâce «plus belle encor que la beauté». Ne cherchez point ici la farouche terreur qui émane de la grande tuerie odysséenne, ni la tragique grandiloquence d'Eschyle, ni le rire énorme et obscène d'Aristophane, mais la simplicité, la bonhomie presque, la sensualité délicate, l'amour de la lumière, la clémence d'un monde heureux, la divine eurythmie des gestes et des attitudes naturelles et nobles. Dans une invocation à Daphné, M. Jacques

Madeleine réclame gentiment «un brin du grand laurier». ...Un brin, non, mais tout un vert rameau des arbres saints qui, dans la poudreuse Attique, triomphent toujours près de l'Ilissos desséché ou qui s'inclinent, les soirs de printemps, vers les femmes de Mégare dansant au crépuscule, sinueuses, aimables et fières comme leurs aïeules du temps d'Hélène et comme les libres strophes de M. Jacques Madeleine en leurs savantes et souples évolutions.

[*Mercure de France* (janvier 1900).]

MADDUS (Jean).

Jours gris et Jours bleus (1900).

OPINION.

Armand Sylvestre. — Maddus se présente avec une auréole lumineuse de sincérité dans les impressions et de tendresse pour les êtres et pour les choses. Je me le représente sous la robe blanche d'Orphée, l'iris hiératique, cueilli sur le tombeau d'Eurydice, à la main, de cette Eurydice éternelle qui fut le rêve chaste, éperdu et ensoleillé de nos vingt ans.

Il m'a été doux de rendre hommage à cette Muse simple, croyante et toujours inspirée, éprise de tout ce qui mérite, seul, un regret de la vie : l'Amour et les fleurs.

[*Préface* (novembre 1899).]

MAETERLINCK (Maurice).

Serres chaudes (1889). — *La Princesse Maleine* (1889). — *Les Aveugles; l'Intruse* (1890). — *L'Ornement des Noces spirituelles, de Ruysbræck* (1891). — *Les Sept Princesses* (1891). — *Pelléas et Mélisande* (1892). — *Alladine et Palomides; Intérieur; La Mort de Tintagiles* (1894). — *Annabella, de John Ford* (1894). — *Les Disciples à Saïs et les Fragments de Novalis* (1895). — *Le Trésor des humbles* (1896). — *Aglavaine et Sélysette* (1896). — *La Sagesse et la Destinée* (1898). — *Douze chansons* (1899). — *La Vie des abeilles* (1901).

OPINIONS.

Octave Mirbeau. — Je ne sais rien de M. Maurice Maeterlinck. Je ne sais d'où il est et comment il est. S'il est vieux ou jeune, riche ou pauvre, je ne le sais. Je sais seulement qu'aucun homme n'est plus inconnu que lui, et je sais aussi qu'il a fait un chef-d'œuvre, non pas un chef-d'œuvre étiqueté chef-d'œuvre à l'avance, comme en publient tous les jours nos jeunes maîtres, chantés sur tous les tons de la glapissante lyre — ou plutôt de la glapissante flûte contemporaine; mais un admirable et pur et éternel chef-d'œuvre, un chef-d'œuvre qui suffit à immortaliser un nom et à faire bénir ce nom par tous les affamés du beau et du grand; un chef-d'œuvre comme les artistes honnêtes et tourmentés, parfois, aux heures d'enthousiasme, ont rêvé d'en écrire un et comme ils n'en ont écrit aucun jusqu'ici. Enfin M. Maurice Maeterlinck nous a donné l'œuvre la plus géniale de ce temps, et la plus extraordinaire et la plus naïve aussi, comparable, — et oserai-je le dire? — supérieure en beauté à ce qu'il y a de plus beau dans Shakespeare. Cette œuvre s'appelle *la Princesse Maleine*.

[*Le Figaro* (24 août 1890).]

LUCIEN MUHLFELD. — M. Maeterlinck est le plus intérieur des intérieurs. C'est le vrai mystique, le seul mystique d'aujourd'hui. Ses premiers essais, *Serres chaudes*, n'étaient que d'un baudelairien assoupi. Mais *la Princesse Maleine* et surtout *les Aveugles* et surtout *l'Intruse* sont d'un particulier mysticisme. Brièvement, le mysticisme de M. Maeterlinck se caractérise en ceci : qu'il s'exprime en phrases très claires, très simples, mais à double ou à triple sens, dont de plus en plus lointains sans cesser jamais d'être cohérents, et de s'emplifier les uns par les autres. De la sorte, le lecteur finit par s'effrayer de chaque mot, car auprès d'aucun il n'a plus la sécurité d'une banalité plane, il n'est plus certain qu'il ne cache pas le plus terrifiant mystère. C'est là excellemment un procédé de fantastique. M. Maeterlinck n'est pas un simple fantastique, et cet art n'est chez lui qu'une méthode, plus au juste une expression naturelle de son tempérament. Il est effrayant, comme Banville était réjouissant. Son mysticisme traduit par un sens extérieur presque insignifiant, mais symbolique à plusieurs puissances, affecte une forme artistique d'une remarquable pureté, et dont la traduction, par Baudelaire, des Histoires Extraordinaires est l'évident prototype. Poe, le Poe de la *Maison Usher*, est à coup sûr son maître familier; aussi Villiers et aussi les primitifs et les mystiques.

[*Revue Blanche* (novembre 1891).]

CHARLES DELCHEVALERIE. — Les personnages des *Sept Princesses* se meuvent selon la philosophie développée déjà dans *l'Intruse* et dans les *Aveugles;* un malheur plane sur cette salle : la reine, âme de femme, en a la prescience; le vieux roi, en son entendement obscurci par la vie, n'en perçoit plus les présages; le prince en a comme une vague conscience, âme d'enfant encore, il est terni déjà par le monde extérieur, il participe des deux âmes du roi et de la reine. Et sans avoir peut-être cette unité dans la gradation qui produisit de si énormes effets dans les deux drames précédents, les scènes sont menées vers le but avec une puissance magistrale.

Mais ce qu'il faut louer spécialement dans les pages récentes, c'est la claire noblesse des plastiques.

A ce point de vue, ni Maleine, ni les sœurs, dans *l'Intruse*, ni la jeune aveugle, ne nous suscitèrent aussi rare vision de beauté que le sommeil clos des sept sœurs, le surnaturel réveil et le cortège tragique d'Ursule morte. Cela seul, avec le décor général, suffirait à faire des *Sept Princesses* une œuvre d'essentielle noblesse et de grandeur.

Venu après les autres, ce drame me semble devoir prendre sa place logique entre *la Princesse Maleine* et *l'Intruse*, et je ne serai pas étonné qu'il ait été conçu dans la période de transition qui sépare ces deux étapes.

L'atmosphère relative des *Sept Princesses* rappelle *la Princesse Maleine;* d'autre part, *les Sept Princesses*, sans être tout à fait, comme *la Princesse Maleine*, une suite d'accidents, une tranche d'histoire légendaire, n'est pas non plus le simple fait normal de *l'Intruse* ou des *Aveugles*. De même aussi, l'œuvre nouvelle est moins enfoncée vers l'absolu, moins baignée des vents de l'infini que les deux drames qui la précédèrent, et l'épisode des voix lointaines, du chant des

matelots sur le navire qui s'éloigne, semble avoir été écrit dans le souci d'élargir le cadre comme un peu envoûté de la fable. C'est, quelle qu'en soit la signification, un rappel aux choses du dehors, une voix qui arrive du monde; cela ne fait pas partie intégrante du drame; ces voix ne traversent pas l'œuvre comme tel souffle qui, dans *les Aveugles*, courbe toutes les têtes; ici, à tel instant, le roi et la reine se doivent distraire du spectacle de la salle pour jeter les yeux vers ces hommes.

[*Floréal* (janvier 1892).]

A. FONTAINAS. — Sans doute, il serait possible d'établir d'étranges ou de naturelles affinités avec tels des dramaturges qui l'ont précédé, mais l'on ne pourrait nier à M. Maeterlinck de s'être créé une spéciale vision et de nous avoir intéressés à nous-mêmes par des moyens jusqu'à lui ignorés. On retrouverait chez les Grecs, dans Shakespeare et encore dans Ibsen, les indications théoriques ou des réalisations qui furent peut-être l'origine et la cause de cette particulière et désormais triomphante formule esthétique qui est celle de ses drames; mais n'eût-ce été que de les coordonner et d'en tirer tous les effets virtuels, la gloire de M. Maeterlinck serait assez enviable. Il y a plus : il y a l'apport d'une émotion artistique de qualité spontanée et neuve, il y a l'emploi d'une phrase dont l'apparence simple est un miroir profond d'attitudes séculaires et de pensées accumulées, héritage perpétuel que se transmettront à jamais les âmes. Il y a la force du mystère et de l'inconnu qui, sur les choses et les habitudes quotidiennes, pèse d'un poids inexorable et dont nul n'a le soupçon; il y a la révélation entrevue de ce que l'on sent confusément et de ce qu'on redoute, de ce qui dans la vie est la raison d'être : de la vie ou la vie elle-même, ou mieux, comme le disait M. Maeterlinck lui-même au sujet du théâtre d'Ibsen (*Figaro*, 2 avril 1894), on y reconnaît «je ne sais quelle présence, quelle puissance ou quel dieu qui vit avec moi dans ma chambre... quelque chose de la vie rattachée à ses sources et à ses mystères par des liens que je n'ai l'occasion ni la force d'apercevoir tous les jours.

[*Mercure de France* (juillet 1894).]

CAMILLE MAUCLAIR. — J'observerai la dualité de cet esprit. Comme celui de Poe, il est également apte à la construction d'œuvres tangibles et saisissantes et à la spéculation abstraite, conciliation naturelle chez lui, et si difficile aux autres esprits : c'est l'intellectuel complet. Il semble pourtant préférer la dissertation métaphysique à la réalisation littéraire directe où il a trouvé la célébrité. Son évolution l'y entraîne; et cet homme, qui a commencé par être né parfait artiste de légendes, finira par renoncer aux drames et aux œuvres imaginatives pour se consacrer exclusivement aux sciences morales. Ce qu'il en a esquissé présage un métaphysicien peut-être inattendu de l'Europe intellectuelle, un surprenant continuateur de la philosophie imagée et artiste du Carlyle. Je répète que M. Maurice Maeterlinck est un homme de génie authentique, un très grand phénomène de puissance mentale à la fin du XIXᵉ siècle. L'enthousiaste Mirbeau l'approche à tort de Shakespeare, avec qui il n'a nulle affinité intellectuelle. La vraie figure à qui fait songer M. Maeterlink, au-dessus de la vaine littérature, j'ose dire que c'est Marc-Aurèle.

[*Les Hommes d'aujourd'hui*]

EDMOND PILON. — Les poèmes des *Serres chaudes* ne contiennent pas d'exubérances outrées ; ils détaillent simplement de petits faits et de petites impressions. Le grand souffle de l'Amour n'y est pas parvenu encore à sa pitié humaine. Tout s'y trouve comme restreint à l'exil d'une prison artificielle où il ferait extraordinairement froid. Je n'aimerais pas à y demeurer. L'atmosphère qu'on y respire est étouffante à l'excès. Tout ne peut se transfigurer que par la façon avec laquelle on envisage. Et, ici, les voix qu'on entend ont de telles plaintes. Il y bêle tant d'agneaux destinés aux hécatombes, de pauvres malades y pullulent en telle affluence, et aussi tant de mélancolie y flotte.

La plupart de ces poèmes seraient plutôt des canevas d'œuvres plus étendues, plus tard réalisées en drames. Le poète recueille ses petites tristesses et ses petites joies. Il se fait observateur minutieux, et il semblerait qu'il veuille jusqu'à leurs plus imperceptibles nuances étudier les fleurs minuscules et les fillettes hâves, les atomes incorporels presque, ou encore les nomades ! ou déjà les âmes ! Il recherche, pour en orner sa beauté intérieure, les parures les plus habituelles et les décors les plus communs. C'est que de la mortification de tant de calamités, il retirera tant de récompense et de satisfaction, plus tard, lorsqu'il aura compati. Son âme, ainsi que celle de sainte Catherine de Sienne, saura s'éduquer au voisinage banal et familier de chaque jour et de chaque endroit, et, peu à peu, dans la parole d'un enfant, dans les réflexions du petit Allan, du petit Yniold, ou du petit Tintagiles, il découvrira des trésors de bonté infinis et des fortunes d'amour inépuisable. Il en aura appris, auprès d'eux, plus qu'auprès «de La Rochefoucauld ou de Stendhal». Et cela, parce que, dans l'entretien et la compagnie de ces enfants, il se sera trouvé plus proche de ce qui est impérissable. Aussi, dans *la Quenouille et la Besace* s'y exprimera-t-il avec moins de pessimisme que dans *les Serres chaudes* avec moins de poésie artificielle et avec des refrains de complaintes plus délicates, plus douces, plus émouvantes.

[*Mercure de France* (avril 1896).]

ROBERT DE SOUZA. — Voici un poète qui n'a pas voulu que l'âme de la châtelaine ne fût pas celle de la bergère, l'âme du pâtre celle de l'artisan ; il dépouilla la chanson de ses attaches locales, et c'est l'âme, l'universelle âme humaine qui chante, dénudée de tout ce qui n'est pas elle seule, partout semblable à elle-même, éternellement. Le rythme fait le décor ; l'intensité des formes populaires suffit à toute caractérisation sans que la profondeur du sentiment y perde de son étendue. Mais ces chansons, au premier abord, saisissent par la vue de leur simplicité : pas la moindre épingle ne brille au nœud d'un voile.

[*Le poème populaire et le lyrisme sentimental* (1899).]

MAGNIER (Achille).

L'Ame vibrante (1893).

OPINION.

Vers portant un indiscutable cachet d'originalité et de sincérité douloureuse, avec quelque chose de poignant, parfois de déchirant, qui vous va à l'âme.

[*L'année des Poètes* (1893).]

MAGRE (André).

Éveils (1895). – *Poèmes de la Solitude* (1899).

OPINIONS.

HENRI GHÉON. — Les *Poèmes de la Solitude*, de M. André Magre, aussi volontairement mélancolique et intime que son frère est sonore et oratoire ; j'ai fort goûté la finesse des impressions d'enfance.

[*L'Ermitage* (mai 1899).]

LOUIS RAYMOND. — La poésie d'André Magre est toute de délicatesse et de grâce mélancolique. Une enfance, une adolescence, les premières joies et les premières tristesses de la Chair, décrites en de successifs états d'âmes, d'une subtilité d'analyse et d'un art infinis, tel est ce livre d'où se dégage un charme enveloppant et profondément émouvant, parce qu'il est fait de sincérité et que l'on sent, par delà les musiques charmeuses des mots, passer un intense frisson de vie.

Je voudrais pouvoir citer plusieurs de ces pages exquises qu'il faut lire et aimer et dans lesquelles nous retrouvons tous un peu de nous-mêmes, car elles sont, fixées par un véritable poète, les minutes fugitives d'amour, de souffrance et de joies de nos enfances et de nos vingt ans, aujourd'hui déjà devenus de lointains passés. J'ai beaucoup aimé les poèmes d'André Magre, je les ai souvent relus et, dans ma mémoire, le livre fermé, chantent encore ces strophes d'une si délicieuse mélancolie :

Tu viens, je te connais, ne me dis pas ton nom ;
L'ombre est chaude, il fait bon de mots de femme.
Tu mentirais à me parler, vois-tu. Prenons
Tout ce silence et tout ce rêve pour notre âme.
L'air de ce soir, ma mie, est étrangement doux.
Je n'ai pas vu tes yeux, je n'ai pas vu ta bouche ;
N'allume pas la lampe au moins, il serait fou
De ne plus te trouver alors que je te touche.

[*Germinal* (15 juin 1899).]

MAGRE (Maurice).

Éveils (1895). – *La Chanson des hommes* (1898). – *Le Poème de la Jeunesse* (1901).

OPINIONS.

HENRI DE RÉGNIER. — M. Maurice Magre est un poète de grand talent ; ses vers nous révèlent une nature charmante et un génie harmonieux et doux.

[*Mercure de France* (novembre 1896).]

PIERRE QUILLARD. — Le livre de M. Maurice Magre est-il tel qu'il sera aimé surtout par ceux qui ont gardé le goût de l'éloquence latine et des amples développements lyriques sur des thèmes éternels. Il se peut que les sujets soient modernes ; ils sont traités d'après les traditions antiques. Le rythme en est abondant et facile, non sans un peu de monotonie dans l'emploi de l'alexandrin trop régulièrement coupé en hémistiches ou en ternaires. Que si j'avais un reproche à adresser à M. Maurice Magre, ce serait plutôt de ne pas se soucier toujours de la précision des termes, faute d'observation directe et parce que son art est d'ordre surtout décoratif,

comme en cette strophe peu respectueuse de la
flore littorale :

> Appareillons pour l'archipel aux îles blanches,
> Où de brunes cités, le long des vagues, penchent
> Leurs jardins clairs, fleuris d'algues et de goémons.

Qu'importent les objections de détail qui ne prévalent pas contre le robuste chant d'une voix pure,
jamais lasse et préférable à toutes les gloses, un
peu malignes peut-être, mais qui me furent inspirées par une très vive estime pour l'œuvre passée
et une très vive espérance que l'œuvre future lui
sera supérieure encore !

[*Mercure de France* (septembre 1898).]

PAUL SOUCHON. — Maurice Magre est un lyrique
simple, large et naturel. Il a jeté un premier regard
sur le monde, et il décrit sa vision avec sincérité.
Et cette vision, pour être celle d'un enfant, vive
mais sans profondeur, n'en est pas moins attachante.
S'il nous parle des campagnes, c'est pour les louer,
et des villes, pour les flétrir. Sa connaissance de
l'homme est légère. Mais, malgré tout, il nous faut
applaudir à sa naïveté et à son charme.

[*La Presse* (1898).]

A. VAN BEVER. — En 1895, M. Maurice Magre,
en collaboration avec son frère André, fit imprimer
sa première œuvre, *Éveils*, plaquette de vers à laquelle succéda une pièce lyrique, représentée sur
le théâtre du Capitole (Toulouse, 27 avril 1896).
Enfin, en 1898, il réunit divers poèmes épars dans
des revues et les publia sous ce titre : *La Chanson
des hommes*. Ce recueil, contenant à peu près en
entier son bagage poétique, offre la plus souriante
promesse d'avenir.

« J'ai mis dans ce livre, dit-il, ma foi à la vie,
à la bonté des hommes... Puisse-t-il aller à tous
ceux qui cherchent comme moi les routes de l'existence future. Trop heureux serais-je si, une seule
fois, dans une pauvre maison, mes vers portaient
quelque douceur à un cœur simple. »

[*Poètes d'aujourd'hui* (1900).]

MALLARMÉ (Stéphane). [1842-1898.)

L'après-midi d'un Faune (1877). – *Petite Philologie* (1878). – *Les Dieux antiques*, nouvelle mythologie (1880). – *Yatuk*, roman
anglais, précédé d'une préface (1880). –
Poésies, édition photolithographiée (1887).
– *Les Poèmes d'Edgar Poé* (trad.). – *Vers et
Prose* (florilège). – *Les Divagations* (1897).

OPINIONS.

PAUL VERLAINE. — M. Barbey d'Aurevilly publia
contre nous, dans le *Nain Jaune*, une série d'articles où l'esprit le plus enragé ne le cédait qu'à la
cruauté la plus exquise ; le « médaillonnet » consacré
à Mallarmé fut particulièrement joli, mais d'une injustice qui révolta chacun et entre nous pirement que
toutes blessures personnelles. Qu'importent d'ailleurs,
qu'importent surtout encore ces torts de l'opinion à
Stéphane Mallarmé et à ceux qui l'aiment comme
il faut l'aimer (ou le détester) immensément !

[*Les Poètes maudits* (1884).]

FRANÇOIS COPPÉE. — M. Catulle Mendès a dit,
avec finesse, dans sa *Légende du Parnasse contemporain*, que M. Stéphane Mallarmé était ce qu'on
appelle au collège un « auteur très difficile ». Il est,
en effet, plus aisé de sentir le charme pénétrant et
mystérieux de M. Mallarmé que de définir et d'analyser ce charme. Lorsque tant de contemporains
font de la peinture avec des mots, voici un poète
qui s'en sert pour faire de la musique.

[*Anthologie des Poètes français du XIXᵉ siècle*
(1887-1888).]

FRANCIS VIELÉ-GRIFFIN. — Nous ne croyons pas que
M. Stéphane Mallarmé ait jamais eu l'ambition de
régenter les lettres ; ce poète est si peu le chef
théorique, autocrate et partial des « phalanges symbolistes », qu'il professe à la fois une espèce de culte
outré pour les vieux fantômes de Théodore de Banville, pour les magniloquences crispées de M. Verhaeren et pour les lents, doux poèmes à robes
lâches de M. de Regnier.

. . . .

Or nous vous en voulons, oh ! si peu ! d'une chose :
c'est d'avoir, en reculant la ligne d'ombre vers les
hautes ténèbres intellectuelles, suscité à nos esprits
qui vous ont suivi quelque crépusculaire illusion
d'un radieux midi ; c'est d'avoir, levant, d'un geste,
nos yeux vers l'éblouissement interdit de l'absolu,
d'avoir obscurci en nous le sens de la clarté.

[*Entretiens politiques et littéraires* (août 1891).]

LUCIEN MUHLFELD. — Aujourd'hui, quelle est au
juste l'influence particulière de ce poète ? Je distin-
guerai les imbéciles et les rares. Ceux-là, ne comprenant pas, croient l'objet obscur et « font obscur ».
Ils sont contournés, affectés, incohérents, alors que
le maître est tout ingéniosité, grâce et ordre. Différent, ils le soupçonnent méprisant et, voulant
imiter ce qu'ils devinent, se fabriquent des partis
pris : cependant qu'il n'est pas sorti de sa générale
bonté, même pour les fustiger, ces petits. Il y a
aussi quelques autres, dignes. Ils savent combien
la forme de Mallarmé le traduit fidèlement, simplement, qu'il est modèle de pensée libre, hardie,
harmonieuse, d'expression originale, non professeur d'un procédé. Pour ceux-là, je demande une
publication intégrale et soignée au bon libraire
Edmond Deman. Et tout de même, il faut remer-
cier le présent éditeur et le poète qui l'autorisa et
qui nous donna la joie d'une couverture fraîche
portant son nom.

Notre Père, hosanna du jardin de nos limbes.

[*Revue Blanche* (25 février 1893).]

CAMILLE MAUCLAIR. — L'œuvre de M. Mallarmé,
sa théorie du symbole, mot appelé à une si étrange
et triomphante fortune ! ses théories sur le théâtre
suprême, sur l'union de l'art et de la morale, tout
cela rayonne dans ses écrits d'une telle irradiation,
que je ne saurais sans altération vous en parler.
Un volume même serait fastidieux sur ces choses.
Elles peuvent résumer leur but dans un des vers
du maître : « Donner un sens plus pur aux mots de
la tribu ». Elles vivent, dès à présent, par la profonde
impression qu'elles produisirent sur un grand nombre
d'esprits contemporains. C'est un fait facile à constater, M. Mallarmé, par ses articles, ses œuvres
fragmentaires et ses causeries, a été le grand édu-

cateur de l'art métaphysique de ces dernières années, et ce seul rôle explique les polémiques et les sympathies, sa situation spéciale, son renom de hautaine et noble intégrité.

[*Conférences sur Stéphane Mallarmé* (1893).]

ACHILLE DELAROCHE. — Pour la première fois depuis Racine (on n'oublie pas André Chénier, Vigny, Baudelaire, qui le furent par hasard), le poète se révéla maître, non héraut servile de l'inspiration, la dominant, la dirigeant à son gré vers le but assigné. Il conçut le poème une musique, non l'inarticulé balbutiement dont chaque flot sonore meurt perpétuellement au seuil de l'inexprimé, mais la vraie, l'idéale musique abstraite, dégageant le rythme épars des choses, douant d'authencité, par la création divine du langage, notre séjour au sein des apparences fugaces. Et pour traduire le frémissement intime du rêve, au lieu de la vulgaire élocution banale, il se réserva le droit de refondre, en un alliage neuf, inouï, absolu, les vieux vocables discrédités.

[*La Plume* (1893).]

FERDINAND BRUNETIÈRE. — D'autres raisons nous ont empêché de parler de M. Stéphane Mallarmé, dont la première est celle-ci, qu'en dépit de ses exégètes, nous n'avons pas pu réussir encore à le comprendre. Mais cela viendra peut-être.

[*L'Évolution de la poésie lyrique* (1894).]

THÉODOR DE WYZEWA. — A mesure que je sens mieux l'obscurité des poésies de M. Mallarmé, je devine mieux et j'admire davantage les causes qui rendent parfois ses poèmes si obscurs. Si M. Mallarmé a cessé d'être clair, après l'avoir été dans les magnifiques poèmes de sa première manière, c'est qu'il a voulu employer un fragment de la mélodie totale du poème à des fins plus hautes. Il a rêvé d'une poésie où seraient harmonieusement fondus les ordres les plus variés d'émotions et d'idées. A chacun de ses vers, pour ainsi dire, il s'est efforcé d'attacher plusieurs sens superposés. Chacun de ses vers, dans son intention, devait être à la fois une image plastique, l'expression d'une pensée, l'énoncé d'un sentiment et un symbole philosophique; il devait encore être une mélodie et aussi un fragment de la mélodie totale du poème; soumis avec cela aux règles de la prosodie la plus stricte, de manière à former un parfait ensemble, et comme la transfiguration artistique d'un état d'âme complet.

C'est la plus noble tentative qu'on ait faite jamais pour consacrer la poésie, pour lui assurer définitivement une fonction supérieure, au-dessus de ces insuffisances, des à peu près, des banalités de la prose. Et si maintes nuances nous échappent fatalement, entre tant de nuances diverses, nous percevons cependant la grandeur de l'ensemble. Un charme délicat nous pénètre, un subtil parfum, une légère coulée de sons doux et purs.

[*Nos Maîtres* (1895).]

REMY DE GOURMONT. — Avec Verlaine, M. Stéphane Mallarmé est le poète qui a eu l'influence la plus directe sur les poètes d'aujourd'hui. Tous deux furent parnassiens et d'abord baudelairiens... On a bien dit de lui qu'il était difficile comme Perse ou Martial. Oui, et pareil à l'homme d'Anderses, qui tissait d'invisibles fils, M. Mallarmé assemble des gemmes

colorées par son rêve et dont notre soin n'arrive pas toujours à deviner l'éclat. Mais il serait absurde de supposer qu'il est incompréhensible; le jeu de citer tels vers, obscurs par leur isolement, n'est pas loyal, car, même fragmentée, la poésie de M. Mallarmé, quand elle est belle, le demeure incomparablement.

[*Le Livre des Masques*, 1re série (1896).]

MAURICE LE BLOND. — Quant à la forme poétique dont il usa pour parfaire de beaux poèmes comme *Apparition*, *les Fleurs* ou ce fragment d'*Hérodiade* que jamais il n'eut l'audace et la foi d'achever, ce serait une grossière erreur de croire qu'elle lui appartient en propre. Il en a trouvé de superbes et antérieurs modèles chez un poète de sa généraration, je veux parler de ce nostalgique et mélodieux Léon Dierx. Ces meilleures mélopées où l'alexandrin s'enroule en courbes molles et longuement modulées, ces graves poèmes où, par analogie des métaphores et l'harmonieuse combinaison des consonances, la parole parvient à des effets symphoniques, ce fut Léon Dierx qui en découvrit la musique.

[*Essai sur le Naturisme* (1896).]

ADOLPHE RETTÉ. — M. Mallarmé n'est ni un grand penseur ni un grand poète. En lui se résume et se concrète l'épuisement d'une école dominée par la folie intempérante de la forme. Il a trop cru aux mots, et les mots l'ont perdu. Il est le Rhéteur décadent par excellence. Enfin, on ne saurait trop le répéter, il nous apprit *comment il ne faut pas écrire*.

[*Aspects* (1897).]

PAUL ADAM. — Quel courage plus magnifique fut que celui dont Stéphane Mallarmé donna l'exemple! Écrivain savant, il eût pu, par des histoires sur le cœur des femmes adultères, se saisir de la faveur publique, de l'argent, de la renommée.

Autour de lui, ses amis ont triomphé, les uns par l'art, les autres par le mensonge de l'art. Il eut, lui, le culte de la pensée au point d'y sacrifier tout bonheur. Analysant à l'extrême la force des mots, il concentra sous chacun le plus d'expression par le travail d'un esprit généralisateur que nul ne put égaler. Il y a, par le monde, sept ou huit mathématiciens d'une grande force intellectuelle. Personne autre ne peut résoudre les problèmes qu'ils se proposent entre eux. Cependant on ne méprise pas ces mathématiciens.

Les littérateurs du boulevard raillaient, au contraire, l'œuvre de Mallarmé, bien qu'elle fût analogue à celle de ces calculateurs. Avec la plus noble vaillance, il supporta ces railleries. Il accepta qu'elles écartassent de lui, pour toujours, le public qui achète les livres. Professeur, il enseigna, afin de conserver sa belle indépendance, l'anglais aux enfants d'un collège. Rien ne le détourna de pâtir. Il approfondit ses méditations.

Il créa des pensées miraculeuses, des types de métaphores qui résument en les éclairant toutes les philosophies. Nous l'aimâmes, en petit nombre. Il s'en satisfaisait, indulgent aux livres simples de ses adversaires dont il exaltait les mérites si différents de ses vertus. Lui n'eut même pas, comme l'explorateur, l'action pour s'éblouir et se croire, un instant, près de vaincre. Entre sa femme et sa fille, deux grands caractères, il vécut, doux, accueillant et paisible. Il fut mieux qu'un héros, il fut un saint.

[*Le Journal* (19 septembre 1898).]

PAUL et VICTOR MARGUERITTE. — Cet homme qui vient de mourir, et que les jeunes gens avaient appelé durant sa vie le prince des poètes, était vraiment un prince. Il l'était de par sa nature élégante et hautaine, qui donnait tant de grâce fière au moindre de ses gestes, tant de finesse à son sourire, tant d'autorité à son beau regard lumineux. Il l'était de par cette maîtrise de soi, empreinte à chaque ligne de son œuvre comme à chaque ride de son front; de par cette aristocratie absolue qui le faisait vivre à l'écart et qui, à peine surgissait-il en quelque réunion, le désignait, le consacrait. Il l'était de par tout son être exquis et rare.

[*L'Echo de Paris* (17 septembre 1898).]

ALBERT MOCKEL. — Le poète restreignait peu à peu les éléments sensibles de son œuvre. On a pu le lui reprocher. Mais il reprenait ainsi, en les conduisant, il est vrai, à l'extrême, les traditions les plus anciennes des lettres françaises. Le Romantisme, né d'influences étrangères comme la Pléiade autrefois, avait enrichi la Poésie d'une multitude de couleurs et de formes, d'une harmonie plus sonore et d'une émotion nouvelle. Mais la tradition française est plus sobre quant aux moyens extérieurs, et moins sentimentale que logicienne. L'art de Stéphane Mallarmé est, avant toutes choses, une logique.

[*Stéphane Mallarmé : Un héros* (1899).]

JOACHIM GASQUET. — Le monde est fait pour aboutir à un beau livre, a dit Stéphane Mallarmé. Je ne l'oublie pas. Il est presque inutile cependant de faire remarquer que ce n'est point dans ce sens que je parle. La vraie bombe, c'est le livre, a-t-il dit aussi. La *réalité* du Chant, pour moi, est autre. Mallarmé, par le spectacle prométhéen d'un immense génie foudroyé, nous a donné le goût de l'héroïsme et l'impérieux besoin de la victoire. Une part de sa stérilité lui vient de cette sorte d'aristocratie anarchique qui, comme à Baudelaire, comme à Villiers de l'Isle-Adam, lui fit concevoir le dédain de certaines actions nécessaires.

[*L'Effort* (10 janvier 1900).]

MALOSSE (Louis).

Les Chimériques (1898).

OPINION.

ÉMILE FAGUET. — Je parlerai de M. Louis Malosse pour dire qu'il a quelquefois le souffle épique et une largeur de facture qui est assez rare. La plupart de ses poèmes sont des récits qui rappellent la manière de *la Légende des siècles*, et ce mélange de l'épique et du lyrique qui est une des conquêtes et qui fut un des charmes du XIXe siècle. Tels sont *Dalila, le Vandale, la Croisade d'amour*, qui sont d'un vrai mérite. Je parlerai de M. Louis Malosse pour dire que, quelquefois, chez lui, le fragment épique s'élève aisément à la hauteur d'un poème philosophique et alors ne manque pas d'une réelle grandeur.

[*La Revue Bleue* (21 octobre 1893).]

MANIVET (Paul).

Le Glas de l'âme (1886). — *Des sonnets* (1888).

OPINION.

A.-L. — Après avoir fait représenter avec succès plusieurs comédies en vers... il s'est révélé sonnettiste d'une réelle originalité... Joséphin Soulary, le maître du genre, fait au dernier volume de M. Manivet l'honneur d'une préface, où il dit : «C'est de grand cœur que je salue en vous, non pas un élève qui aspire à me suivre comme vous prétendez l'être, mais un émule que son talent place *ex æquo* à mon côté, dans le petit coin lumineux dont mes contemporains veulent bien me permettre la jouissance...»

[*Anthologie des Poètes français du* xixe *siècle* (1887-1888).]

MANUEL (Eugène). [1823-1901.]

Pages intimes, poèmes (1866). - *Les Ouvriers*, drame en un acte et en vers (1870). - *Pendant la guerre*, poésies (1871). - *L'Absent*, drame (1873). - *En voyage*, poésie (1890). - *Poésies de l'école et du foyer* (1892).

OPINIONS.

FRANCISQUE SARCEY. — La Comédie-Française a donné un drame en un acte et en vers qui se nomme : *Les Ouvriers*. Il est de M. Manuel. M. Manuel s'était déjà fait connaître du public qui aime la poésie par un volume dont le titre indique les tendances et l'esprit : *Pages intimes*. Il y avait, dans ce recueil, des pièces tout à fait supérieures, d'un sentiment exquis, d'une langue à la fois sévère et doucement colorée, d'un rythme ferme et harmonieux. Où l'auteur avait le mieux réussi, c'était en traduisant les joies intimes et les tristesses discrètes du foyer, les grandeurs et les misères morales de la vie domestique dans notre civilisation bourgeoise. *Les Ouvriers* continueront cette veine en l'agrandissant.

[*Le Temps* (février 1870).]

PAUL STAPFER. — La langue de M. Manuel a la franchise et la vigueur; Boileau, qui aimait les antithèses, n'a jamais rien trouvé d'aussi beau comme alliance et opposition de mots que ces deux vers sur une fille de quinze ans que le vice précoce va rendre mère :

Elle portait effrontément
Le poids sacré de cette honte.

[*Le Temps* (10 avril 1873).]

EMMANUEL DES ESSARTS. — Le dernier ou plùtôt le plus récent ouvrage de M. Manuel, *En voyage*, nous montre le talent du poète sous ses trois aspects : sentimental, populaire, patriotique, avec sa triple puissance d'élégie, de narration et de lyrisme. C'est comme une symphonie du voyage où revient, ainsi qu'un motif principal, l'évocation de la compagne, de la Muse du foyer. Ce sentiment, comme tous ceux que l'auteur a mis en œuvre, est exprimé toujours avec une rare délicatesse, une véritable finesse de nuances.

[*Anthologie des Poètes français du* xixe *siècle* (1887-1888).]

E. CARO. — M. Manuel n'est pas un réaliste, et je l'en félicite. Il a une secrète horreur pour les vulgarités et les trivialités à la mode. Sa muse n'a rien de commun avec celle qui trône aux carrefours et qui va mendier parmi les foules une popularité détestable, celle des gros mots et des idées basses. Une lumière idéale enveloppe sa poésie et jette son voile d'or sur les réalités de la vie ou de la nature. Il y a comme deux courants distincts, dans la poésie de M. Manuel : l'un vient du fond d'une vie sincère, souvent troublée, mais plus forte que ses troubles, et d'une âme virilement attachée au devoir, défendue, par lui, contre les lâches défaillances ; l'autre vient, non plus de ces profondeurs émues de l'existence humaine, mais des hauteurs de la pensée pure, de ces sommets sacrés où l'esprit se sent plus voisin de l'infini. Bien que l'une de ces inspirations domine, elles se rencontrent, à plusieurs reprises, sans se confondre, dans l'émotion du poète : chacune a son contre-coup distinct dans l'âme du lecteur.

[*Poètes et romanciers* (1888).]

MARC (Gabriel).

Soleils d'octobre (1868). – *Sonnets parisiens* (1875). – *Poèmes d'Auvergne* (1882).

OPINIONS.

AUGUSTE DORCHAIN. — Les *Sonnets parisiens* sont des caprices funambulesques et de spirituelles fantaisies. Dans les *Poèmes d'Auvergne*, le poète oublie momentanément Paris et chante, dans une langue simple et robuste, les paysages, les mœurs, les traditions de son cher pays natal, apportant ainsi, comme il le dit lui-même, «une pierre nouvelle à l'édifice inachevé, mais en pleine construction, de nos poèmes de province».

[*Anthologie des Poètes français du XIXᵉ siècle* (1887-1888).]

CHARLES MORICE. — C'est pourtant le petit mérite de M. Gabriel Marc d'avoir fidèlement copié l'Auvergne et les Auvergnats.

[*La littérature de tout à l'heure* (1889).]

MARÈS (Roland de).

Les Ariettes douloureuses (1893). – *En Barbarie* (1895). – *L'Ame d'autrefois* (1895).

OPINION.

HENRI MAZEL. — «La poésie, a dit Stuart Merrill, est d'une saine et suave jeunesse parée de fleurs un peu pâles et alanguies d'une mélancolie à laquelle il faut croire sans trop s'apitoyer.» C'est bien, en effet, ce qu'indique le titre de son premier volume, à la fois riant et plaintif, *les Ariettes douloureuses*, contre-partie de la sérénade de Don Juan où les pizzicati de la mandoline enguirlandent et gouaillent le sentimental du chant d'amour.

[*Portraits du prochain siècle* (1894).]

MARGUERITTE (Victor).

Brins de lilas (1883). – *La Chanson de la mer* (1884). – *La Pariétaire*, avec Paul Margueritte. – *Le Carnaval de Venise*, avec Paul Margueritte. – *Poum*, avec Paul Margueritte. – *Le Désastre*. – *La Double Méprise*, 4 actes en vers, trad. de Calderon (1898). – *Au fil de l'heure* (1898). –

Femmes nouvelles (1899). – *Les tronçons du glaive*, avec Paul Margueritte (1900). – *Les Braves Gens*, avec Paul Margueritte (1901).

OPINIONS.

RODOLPHE DARZENS. — Victor Margueritte fit preuve d'une grande précocité en publiant, à dix-sept ans, un recueil de vers, *Brins de lilas* (1883) et l'année suivante, *la Chanson de la mer*, toutes poésies où la perfection de la forme et la science du rythme s'allient à l'élévation des pensées et au charme des expressions.

[*Anthologie des Poètes français du XIXᵉ siècle* (1887-1888).]

HENRI DAVRAY. — Dans son volume de poèmes, *Au Fil de l'heure*, M. Victor Margueritte a réuni l'ensemble de son œuvre poétique. La première partie : *La maison du Passé* indique, par une certaine attitude lassée et pessimiste, l'état des esprits à l'époque où furent écrites les pièces qui la composent. Néanmoins il y a, ici et là, et surtout dans la *Gerbe dénouée*, comme un effort de s'affranchir de cet état morose et maladif ; les *Chansons Moraves* sont d'une inspiration toute différente et pleine de charme. Cette tendance à mieux comprendre la vie s'accentue dans *Sous le Soleil*, pour s'affirmer définitivement dans le *Parc enchanté* et *Bouquet d'Avril*. Dans *La Belle au bois dormant*, le poète récrit en fort jolis vers le vieux conte féerique allégorisant sous ces personnages de fiction naïve l'amour et la vie dans leur beauté simple. Et l'on sent à travers tout le volume, malgré, certainesfois, de la monotonie et trop peu de liberté, une imagination délicate, un goût très sûr, un talent souple, qui vous font aimer le poète discret et tendre qu'est M. Victor Margueritte.

[*L'Ermitage* (août 1898).]

PIERRE QUILLARD. — Dans le présent recueil, la partie la plus récente et qui donne le mieux l'idée de son talent délicat et grave, *le Parc enchanté*, est composée sur le plan d'une allégorie mentale à qui s'appliquerait fort exactement la parole ancienne de Stanislas de Guaita ; ce sont des poèmes hautains et mélancoliques, d'une rare harmonie linéaire et symétrique, non sans parenté avec les belles ordonnances où se complait maintenant M. Henri de Régnier ; et si les allées rectilignes en leur sévère majesté en imposent d'abord par leur charme un peu triste, la lumière des aubes et des crépuscules s'y joue à souhait et dans le même décor fait alterner de changeantes images qui sont toute la vie et l'âme du poète, projetée hors de lui et lui apparaissant par un mirage dont il n'est pas dupe sous les formes multiples de son rêve.

[*Mercure de France* (septembre 1898).]

MARIÈTON (Paul).

Souvenance (1884). – *La Pléiade lyonnaise* (1894). – *La Viole d'amour* (1886). – *Hellas* (1888). – *La Terre provençale* (1890). – *Le Livre de mélancolie* (1896). – *Une histoire d'amour* (1897). – *Jasmin* (1898).

OPINIONS.

E. LEDRAIN. — Pas de violence, rien d'exubérant chez le poète, lequel montre plus de délicatesse que d'ardeur et se plaît dans les tons adoucis et fins. Ce qui domine en lui, c'est un goût parfait que blesse toute crudité de mots, toute contorsion de phrase, tout geste désordonné. Au fond, il appartient beaucoup plus, par les habitudes littéraires et la tendresse du sentiment, à son pays natal qu'à sa terre d'adoption. Qu'il ne s'en plaigne pas! L'idéal lyonnais — nous ne savons quelle douceur rayonnante répandue là-bas chez les hommes et surtout chez les femmes — se marque bien, sinon dans la personne, du moins dans l'œuvre poétique et même dans la prose de M. Mariéton.

[*Anthologie des Poètes français du xixᵉ siècle* (1887-1888).]

Antony Valabrègue. — Évidemment, M. Paul Mariéton ne peut être un pessimiste. Pourquoi alors ce titre : *Le Livre de mélancolie*, donné à un recueil de vers? C'est que le poète a conservé au mot que nous discutons ici un sens devenu déjà un peu ancien. M. Mariéton est mélancolique, non point comme un moderne, comme M. Rollinat ou M. Georges Rodenbach, par exemple, mais à la façon de Ronsard ou de Du Bellay. Il se laisse aller à un courant de vague et douce tristesse, il s'absorbe dans des pensers amers, parce qu'une image de femme revient se dresser devant lui... Nous retrouvons, chez M. Mariéton, un habile ciseleur, un «médailleur» d'éducation italienne. Il sait, lui aussi, donner une façon achevée à ses émaux et camées. Nous reconnaissons qu'il a la faculté de sertir de charmantes rimes, et il arrive à se rapprocher des meilleurs sectateurs de M. José-Maria de Hérédia.

[*La Revue Bleue* (2ᵉ semestre 1896).]

MARION (Joseph).

Le Poème de l'âme (1896).

OPINION.

Charles Fuster. — C'est toute la vie d'une âme, d'une âme de poète assoiffée d'idéal, débordant de tendresse; — ce sont ses aspirations, ses rêves, ses douleurs.

[*L'Année des Poètes* (1896).]

MARIOTTE (Émile).

Les Déchirements, poésies (1886). – *Diwân* (1896).

OPINION.

François Coppée :

Les hommes, qui sont tous plus ou moins malheureux,
N'ont pour les pleurs rythmés qu'une pitié distraite.
Ta plainte est éloquente et la leur est muette.
Leur orgueil n'aime pas qu'on gémisse pour eux.

Oui, plus d'un doutera de tes tourments affreux,
Devant ton noir chagrin détournera la tête,
Dira : «Larmes d'enfant! Désespoir de poète!»
Et laissera tomber ton rêve douloureux.

Du moins, ô pauvre ami foudroyé dans l'orage,
Qui souffres et combats avec tant de courage,
Je veux, comme un témoin, paraître à ton côté,

Et dire à tous, devant ton œuvre triste et pure,
En me portant garant de ta sincérité :
«Vous entendez le cri; moi, j'ai vu la blessure!»

[*Préface aux Déchirements* (mai 1886).]

MARLOW (Georges).

L'Âme en exil (1895).

OPINION.

Edmond Pilon. — M. Georges Marlow est un poète de vieilles cloches et de nuances éteintes; il est l'halluciné veilleur de lampes et le doux faiseur de guirlandes. Il aime la tiédeur des dentelles, et le charme conventuel des monastères l'attire. Ce n'est pas un rude et un sonore, comme le Verhaeren des *Moines*, mais un méditatif délicat et sensible, comme le sont un peu Max Elskamp, Henri Barbusse, Paul Alériel, Victor Remonchamps... M. Marlow a su tirer un parti peu banal et très charmant de l'octosyllabique.

[*L'Ermitage* (1895).]

MARMIER (Xavier).

Esquisses poétiques (1831). – *Poésies d'un voyageur* (1834-1878).

OPINION.

M. Marmier a publié deux volumes de vers : *Esquisses poétiques* (1831) et *Poésies d'un voyageur* (1834-1878). Ces deux recueils suffisent à lui donner une place originale parmi les poètes de sa génération. De la précision, un tour bien particulier, une note véritablement attendrie, voilà ce que l'on constatera.

[*Anthologie des Poètes français du xixᵉ siècle* (1887-1888).]

MARROT (Paul).

Le Chemin du rire (1880). – *Le Paradis moderne* (1883). – *Mystères physiques* (1887), première partie d'un livre philosophique : *Le Livre des chaînes*.

OPINION.

Maurice Vaucaire. — Dans les poésies de Paul Marrot, et surtout dans ce dernier livre, se trouvent fondus les éléments d'un tempérament complexe : à côté de vers d'une tonalité parfois âpre, frappés de touches figuratives, s'en déroulent d'autres d'une familiarité ironique ou mélancolique très particulière. Cette poésie, pleine de sursauts, nourrie de trouvailles d'expressions, d'observations spécialement physiologiques, éclate parfois en des cris d'humanité pénétrants. Le poète y parle de la nature, de l'homme, des bêtes, avec des accents attendris et sincères dans leur conviction robuste.

[*Anthologie des Poètes français du xixᵉ siècle* (1887-1888).]

MARSOLLEAU (Louis).

Les Baisers perdus (1886). – *L'Amour et la Vie.* — *Son petit cœur*, comédie en un acte, en vers (1891). – *Le Bandeau de Psyché*, comédie en un acte, en vers (1894). – *Les Grimaces de Paris*, revue en 3 actes, avec Courteline (1894). – *Scènes vécues* (1894). – *La Revue automobile* (1896). – *Mais quelqu'un troubla la fête* (1900).

OPINIONS.

E. Ledrain. — Nature étrange où les dons les plus divers se mêlent et se confondent, M. Marsolleau nous apparaît comme un voluptueux et un sentimental. La chair et l'âme se font entendre à la fois dans son livre très personnel et où le poète s'est mis lui-même tout entier sans arrière-pensée, avec la sincérité de sa jeunesse. A côté des images ardentes et de la folie d'amour, on rencontre des délicatesses qui vont presque jusqu'au madrigal ou à la mièvrerie la plus raffinée. Avec des mots ingénieux, M. Marsolleau sait rendre les situations les plus osées et les passions les plus hardies.

[*Anthologie des Poètes français du xixe siècle* (1887-1888).]

Paul Zahori. — Louis Marsolleau, c'est l'auteur des *Baisers perdus;* c'est le chansonnier de la *Bataille;* c'est le «patronet» de la *Petite République;* c'est un Breton absolument parisianisé et pourvu du don rare : il démolit — en riant et d'un mot — les imbéciles les plus graves. Nous avons raison de goûter son esprit d'enfer et la délicatesse de son ironie, parfois lyrique, plus rarement sentimentale.

[*La Petite République Socialiste* (juin 1900).]

Laurent Tailhade. — Louis Marsolleau qui, si vigoureusement, fit entendre aux oreilles du mufle agrégé en société la trompette vengeresse de l'immanente justice et des prochaines revendications.

[*La Petite République Socialiste* (17 juin 1900).]

MARTEL (Tancrède).

Les Fiançailles de Villon, un acte en vers. - *Les Folles Ballades* (1879). - *La Main aux dames*, contes (1885). - *L'Homme à l'hermine*, roman (1886). - *Les Poèmes à tous crins* (1887). - *La Parpaillote*, roman (1888).

OPINIONS.

Jean Richepin. — Tancrède Marcel est un vrai poète gaulois; sa langue est fraîche, gaie, naturelle. Le mot précis, l'épithète imprévue, le refrain piquant, le vers lancé comme à pleine voix, il a tout ce qui fait le charme de ce délicieux poème si français, la ballade.

[*Anthologie des poètes français du xixe siècle* (1887-1888).]

Marcel Fouquier. — J'aurais été heureux de dire tout le plaisir que m'ont causé les *Folles Ballades* de M. Tancrède Martel, le plus jeune de la bande des «vivants» qui a «Banville pour capitaine», mais qui porte fièrement, lyriquement aussi, sa bannière au fort de la mêlée. M. Tancrède Martel a, dans plusieurs de ses *Folles Ballades,* montré autant de philosophie que d'humour, de verve, de variété. Il est un joyeux, facétieux et audacieux rimeur.

[*Profils et Portraits* (1891).]

MARTIN (Nicolas). [1814-1878.]

Sonnets et Chansons (1841). - *France et Allemagne* (1842). - *Fragment du Livre des harmonies de la famille* (1847). - *Ariel* (1851). - *Le Presbytère* (1863).

OPINIONS.

Auguste Desplaces. — Ses stances, toujours faciles, sont traversées de voix claires, de lueurs et d'aromes qui chatoient, embaument et modulent à l'envi. Jamais, en lui, rien de gourmé et de pédantesque : on n'a pas une allure plus dégagée.

[*Galerie des Poètes vivants* (1847).]

Sainte-Beuve. — M. N. Martin, l'auteur d'une *Gerbe* (1850) et l'un des poètes du groupe de M. Arsène Houssaye, mêle à son inspiration française une veine de poésie allemande; il a un sentiment domestique et naturel qui lui est familier, et l'on dirait qu'il a eu autrefois une des sylphides des bords du Rhin pour marraine.

[*Les lundis* (1851-1862).]

Théophile Gautier. — La *Mariska,* de Nicolas Martin, cet esprit à la fois si allemand et si français, qui éclaire son talent d'un rayon bleu de lune germanique.

[*Rapport sur le Progrès des Lettres,* par MM. Sylvestre de Sacy, Paul Féval, Th. Gautier et Ed. Thierry (1888).]

MARYLLIS (Paul).

Fleurs gasconnes (1895).

OPINION.

E.-P. — Les *Fleurs gasconnes* de M. Paul Maryllis sont fraîches comme tels bouquets de terroir qu'on eût aimé respirer avec des souvenirs d'enfance retrouvés, et leur franche allure agreste vaut par la simplicité.

[*L'Ermitage* (octobre 1895).]

MAS (François).

Les Mignardises (1894).

OPINION.

Charles Fuster. — Un rêve de poudre de riz, de parfums, d'éventails ambrés, de marquises, de fines coquettes qui sauraient être des amoureuses.

[*L'Année des Poètes* (1894).]

MASSONI (Pierre).

Les Joies prochaines (1896). - *Lætitia* (1899).

OPINION.

Henri Degron. — Un gros livre respectable. Titre latin *Lætitia*. L'auteur, M. S.-Pierre Massoni, un Corse, sans doute, si j'en juge par sa *Légende de Cyrnos*, un des beaux poèmes dudit livre. Je n'analyserai point cet ouvrage, mais, en passant, qu'il me soit permis d'en louer la claire ordonnance, ses qualités pures et bien lyriques.

[*La Vogue* (15 décembre 1899).]

MATHIEU (Gustave). [1808-1877.]

Parfums, chants et couleurs (1877).

OPINIONS.

André Lemoyne. — Pour résumer en quelques mots l'impression sur les œuvres du poète, nous dirons que sa muse, très française et souvent gauloise, nous apparaît comme une svelte et riche meunière, dont le moulin commande un petit cours d'eau, frais, voisin de la mer; la belle paysanne peut suivre de l'œil la grande courbe du goéland dans son vol et saluer de regards amis l'émeraude filante du martin-pêcheur sous les saules vert cendré.

[*Anthologie des Poètes français du* xixᵉ *siècle* (1887-1888).]

PAUL ARÈNE. — Païen avant tout, Gustave Mathieu aime et fait aimer la vie. Il chante l'amour, il chante le vin, certes, mais sans ivrognerie, sans gaudriole. Le vin, pour lui, c'est l'antique Dyonisos, le dieu généreux et vainqueur, soutien de nos travaux, consolateur de nos tristesses. Ses amours ont à la fois le parfum rustique et la marque parisienne. On dirait de sa muse une de ces belles filles de campagne qui, venues dans la grande ville, s'y affinent, s'y font élégantes, tout en gardant de leur origine un je ne sais quoi de naïf.

[Cité par H. Avenel. — *Chansons et Chansonniers* (1890).]

MAUCLAIR (Camille).

Eleusis (1894). – *Stéphane Mallarmé* (1894). – *Sonatines d'automne* (1895). – *Couronne de clarté* (1895). – *Jules Laforgue* (1896). – *Les Clefs d'or* (1896). – *L'Orient vierge* (1897). – *L'Ennemie des rêves* (1899).

OPINIONS.

MAURICE BEAUBOURG. — Camille Mauclair vient de publier *Éleusis*, notes d'esthétique parues chez l'éditeur Perrin. Il annonce *Couronne de clarté*. Il y a aussi un volume presque de ces poésies éparses (*Sonatines d'automne*) dans différentes publications, parmi lesquelles ces inoubliables vers libres publiés par *la Revue Blanche*.

[*Portraits du prochain siècle* (1894).]

ÉMILE LECOMTE. — «On trouvera dans ce recueil, *Sonatines d'automne*, des notations sentimentales, des lieds, des historiettes violentes et étranges, et parfois, presque tout simplement des sanglots... Un homme se joue de petites sonates à lui-même, dans la nonchalance de l'automne.»

Impossible de mieux caractériser ce savoureux recueil que par cet avant-dire de l'auteur même. Et que c'est bien cela! Des mélodies, des ballades, des complaintes, des litanies, des hymnes et des prières, simples, douces, susurrées au crépuscule automnal par un jeune poète, avec je ne sais quoi de troublant, d'imprécis, de mystérieux, et surtout d'étrangement mélancolique mais résigné.

Il n'a été question, dit modestement M. Mauclair, que de faire en ces vers un peu de musique. Mais comme une âme, élue pour la mélancolie comme celle du poète, est dolemment bercée par ces «mélodies oublieuses», en lesquelles fidèlement se répercutent ses chants, ses soupirs et ses sanglots!

[*La Nervie* (novembre 1894).]

EDMOND PILON. — Nous avons goûté un peu de mélodieuse et de maladive somnolence aux vers de M. Mauclair, *Sonatines d'automne*. Au retour d'Eleusis,

le philosophe se repose et se distrait. Cela est louable surtout quand la distraction est prise d'une façon aussi mystérieuse et aussi attirante.

[*L'Ermitage* (1895).]

PAUL LÉAUTAUD. — Supérieurement intelligent et même surtout intelligent — et par là nous entendons : compréhensif plutôt que créateur — et d'une précocité remarquable, et sur laquelle renseignera suffisamment la liste de ses ouvrages, M. Camille Mauclair, littérairement, a touché à tout, et l'on peut dire qu'il n'est pas de beautés ni d'idées qu'il n'ait goûtées et comprises, ni de façons de sentir et de penser auxquelles il ne se soit prêté pour nous en donner ensuite, soit en des poèmes, soit en des conférences, soit en des essais de métaphysique ou d'esthétique, soit en des études de critique, soit encore en des romans ou en des contes, sa notation propre et toujours intéressante.

[*Poètes d'aujourd'hui* (1900).]

MAUPASSANT (Guy de). [1850-1893.]

Des Vers (1880). – *La Maison Tellier* (1881).– *Mademoiselle Fifi* (1882). – *Contes de la Bécasse* (1883). – *Une Vie* (1883). – *Clair de lune* (1883). – *Au Soleil* (1884). – *Les Sœurs Rondoli* (1884). – *Bel-Ami* (1885). – *Yvette* (1885). – *Contes de jour et de la nuit* (1885). – *Contes et nouvelles* (1885). – *La Petite Rogue* (1886). – *Monsieur Parent* (1886). – *Toine* (1886). – *Mont-Oriol* (1887). – *Le Horla* (1887).– *Pierre et Jean* (1888). – *Sur l'eau* (1888). – *Le Rosier de Madame Husson* (1888). – *La Main gauche* (1889). – *Fort comme la mort* (1889). – *L'inutile beauté* (1890). – *Notre Cœur* (1890). – *La Vie errante* (1890). – *Musotte* (1891).

OPINIONS.

A.-L. — Le maître prosateur qui a écrit de si charmantes nouvelles, *Marocca, Boule de suif, l'Héritage*, a débuté dans les lettres sous une étoile heureuse. Disciple bien-aimé de Gustave Flaubert, il a gardé les belles notes réalistes du mâle écrivain normand, et, pour sa part, ce quelque chose en plus, la vie dans le dialogue et le grand art du raccourci. Comme poète, il n'a donné qu'un volume ayant pour simple titres : *Des Vers*.

[*Anthologie des Poèmes français du* xixᵉ *siècle* (1887-1888).]

J.-MARIA DE HÉRÉDIA. — La terre normande est féconde. A peine la mort a-t-elle abattu le vieil arbre (Gustave Flaubert), que repousse un surgeon vigoureux. En cette même année, Guy de Maupassant publia *Boule de suif* et *Des Vers*. Ce titre fut judicieusement choisi. Ce sont en effet des vers, d'excellents vers que ceux d'*Au bord de l'eau* et de *Vénus rustique*, d'une allure aisée, construits solidement et exactement rimés; mais ce ne sont point des vers de poète. Ce jugement, qui peut paraître sévère, est celui que Maupassant lui-même a porté sur cet unique essai.

[*Le Journal* (28 mai 1900).]

MELVIL (Francis). [1845–...]

Poèmes héroïques.

OPINION.

M. Mézières. — C'est le recueil posthume du noble écrivain disparu... Ces vers, si pleins, si forts, font penser à la poésie, toute virile, de Mme Ackermann.

[*Anthologie des Poètes français du XIXe siècle* (1887-1888).]

MÉNARD (Louis).

Prométhée délivré, traduction en vers (1843). *Prologue d'une révolution* (1848). — *Poèmes* (1855). — *De la Morale avant les philosophes* (1860). — *De Sacra poesi Græcorum* (1860). *Le Polythéisme hellénique* (1863). — *Hermès Trismégiste*, traduction (1886). — *Rêveries d'un païen mistique*, première édition (1876). *Histoire des anciens peuples de l'Orient* (1882). — *Histoire des Israélites d'après l'Exégèse biblique* (1883).— *Histoire des Grecs* (1884 et 1886). — *Rêveries d'un païen mistique* (1886 et 1895, nouvelle édition contenant les poèmes). — *La Vie future et le Culte des morts* (1892). — *Études sur les origines du Christianisme* (1893). — *Exégèse biblique* (1894). — *Lettres d'un mort* (1895). — *Les Questions sociales dans l'antiquité* (1898). — *La seconde République* (1898). — *Simbolique religieuse* (1898). — *Religion et Filosofie de l'Égypte* (1899).

OPINIONS.

J. Michelet. — *De la Morale avant les philosophes* : Un petit livre admirable de force et de bon sens.

[*Bible de l'humanité* (1864).]

Maurice Barrès. — J'aimerais relire certaine préface que M. Boutroux a mise à l'*Histoire de la philosophie allemande*, de Zeller, ou les pages de Jules Soury sur la *Délia de Tibulle*, ou les *Rêveries d'un païen mistique*, de Louis Ménard.

[Cité dans l'*Enquête sur l'Évolution littéraire*, p. 20 (1891).]

Pierre Quillard. — *Thaïs* est un conte délicieux, même quand on a lu *Hroswitha abbesse de Gandersheim*, la *Tentation de saint Antoine* et les *Rêveries d'un païen mistique*, de Louis Ménard, avec qui *Thaïs* est bien étroitement apparenté.

[Cité dans l'*Enquête sur l' Évolution littéraire*, p. 344 (1894).]

Louis Ménard, — «Outre les rêveries en prose, j'ai ajouté à cete édicion de mes poèmes qelques sonets psicologiques, et deus ou trois pages sédicieuses que l'imprimeur avait remplacées par des lignes de points quand on n'avait pas la liberté de la presse. Je ne pouvais alors imprimer quelques vers politiques q'en leur donnant un titre latin, et j'ai glissé sous le nom de *Cremutius Cordus* ma protestacion contre les uit milions de vois qi ont voté l'empire. Toutes les autres pièces de vers se trouvaient dans l'édicion précédente, depuis longtemps épuisée, dont la pré-

face se terminait par les lignes suivantes : «Je publie «ce volume de vers qui ne sera suivi d'aucun autre, «comme on éleverait un cénotafe à sa jeunesse. Q'il «éveille l'atencion ou qu'il passe inaperçu, au fond «de ma retraite je ne le saurai pas. Engagé dans «les voies de la science, j'ai quitté la poésie pour n'i «jamais revenir, et si, contre mon atente, la critique «jète les ieus sur ce livre, èle peut le considérer «comme une œuvre posthume».

[*Poèmes et rêveries d'un païen mistique*, p. 8 (1895).]

MENDÈS (Catulle).

Le Roman d'une nuit (1863). – *Philoméla*, livre lyrique (1864). – *Histoires d'amour*, nouvelles (1868). – *Hespérus*, poème, avec un dessin de G. Doré (1869). – *Sternlose Næchte* (*Nuits sans étoiles*), de E. Glaser (trad.), (1869). – *Contes épiques*, avec un dessin de Claudius Popelin (1870). – *La Colère d'un franc-tireur*, poème (1871). – *Odelette guerrière* (1871). – *Les soixante-treize journées de la Commune* (1891). – *La Part du Roi*, comédie en un acte et en vers (1872). – *Les Frères d'armes*, drame (1873). – *Poésies*, 1re série : *Le Soleil de minuit*, *Soirs moroses*, *Contes épiques*, *Intermède*, *Hespérus*, *Philoméla*, *Sonnets*, *Panteleïa*, *Pagode*, *Sérénades*, avec portrait (1876). – *Justice*, drame en trois actes, en prose (1877). – *Le Capitaine Fracasse*, opéra-comique en trois actes et six tableaux, d'après le roman de Th. Gautier, musique de Pessard (1878). – *La Vie et la Mort d'un clown : la demoiselle en or*, roman (1879). – *La Vie et la Mort d'un clown : la petite Impératrice*, roman (1879). – *Les Mères ennemies*, roman (1880). – *La Divine Aventure*, en collaboration avec Richard Lesclide (1881). – *Le Roi vierge*, roman contemporain (1881). – *Le Crime du vieux Blas*, nouvelle (1882). – *Monstres parisiens*, 1re série (1882). – *L'Amour qui pleure et l'Amour qui rit*, nouvelles (1883). – *Les Folies amoureuses*, nouvelles, réédition (1883). – *Le Roman d'une nuit*, réédition (1883). – *Les Boudoirs de verre*, contes (1884). – *Jeunes Filles*, nouvelles (1884). – *Jupe courte*, contes (1884). – *La Légende du Parnasse contemporain* (1884). – *Les Mères ennemies*, drame en trois parties (1883). – *Les Contes du rouet* (1885). – *Le Fin du fin ou Conseils à un jeune homme qui se destine à l'amour* (1885). – *Les Iles d'amour* (1885). – *Lila et Colette*, contes (1885). – *Monstres parisiens*, 2e série (1885). – *Poésies*, nouvelle édition en sept volumes, augmentée de soixante-douze poésies nouvelles (1885). – *Le Rose et le Noir* (1885). – *Tous les Baisers*, 4e vol. (1884-1885). – *Contes choisis* (1886). – *Gwendoline*, opéra en deux actes et trois tableaux, musique d'Emmanuel Chabrier. – *Lesbia*, nouvelle (1886). – *Un Miracle de Notre-*

Dame, conte de Noël (1886). – *Pour les belles personnes*, nouvelles (1886). – *Richard Wagner* (1886). – *Toutes les Amoureuses*, nouvelles (1886). – *Les Trois Chansons : La Chanson qui rit, la Chanson qui pleure, la Chanson qui rêve* (1886). – *Zo'har*, roman contemporain (1886). – *Le Châtiment*, drame en une scène, en vers (1887). – *L'Homme tout nu*, roman (1887). – *Pour lire au couvent*, contes (1887). – *La Première Maîtresse*, roman contemporain (1887). – *Robe montante*, nouvelles (1887). – *Le Roman rouge* (1887). – *Tendrement*, nouvelles (1887). – *L'Envers des Feuilles*, contes (1888). – *Grande Maguet*, roman contemporain (1888). – *Les Oiseaux bleus*, contes (1888). – *Les plus jolies chansons du pays de France*, chansons tendres, choisies par Catulle Mendès, notées par Chabrier et Gouzien (1888). – *Pour lire au bain*, contes (1888). – *Le Souper des pleureuses*, contes (1888). – *Les Belles du monde : Gitanas, Javanaises, Égyptiennes, Sénégalaises*, avec R. Darzens (1889). – *Le Bonheur des autres*, nouvelles (1889). – *Le Calendrier républicain*, avec Richard Lesclide (1889-1890). – *L'Infidèle*, nouvelles (1889). – *Isoline*, conte des fées en dix tableaux, musique de Messager (1889). – *Le Cruel Berceau*, nouvelle (1889). – *La Vie sérieuse*, contes (1889). – *Le Confessionnal*, contes chuchotés (1890). – *Méphistophéla*, roman contemporain (1890). – *Pierre le Véridique*, roman (1890). – *La Princesse nue*, nouvelles (1890). – *La Femme enfant*, roman contemporain (1891). – *Les Petites Fées en l'air*, contes (1891). – *Pour dire devant le monde*, monologues et poésies (1891). – *Jeunes Filles*, réédition (1892). – *Les Poésies de Catulle Mendès*, trois volumes (1892). – *La Messe rose*, contes (1892). – *Lieds de France* (1892). – *Luscignole*, roman (1892). – *Les Joyeuses Commères de Paris*, scènes de la vie moderne, avec G. Courteline (1892). – *Les Meilleurs Contes* (1892). – *Isoline-Isolin*, contes (1893). – *Le Docteur Blanc*, mimodrame fantastique (1893). – *Le Soleil de Paris*, nouvelles (1893). – *Nouveaux Contes de jadis* (1893). – *Poésies nouvelles* (1893). – *Ghéa*, poème dramatique de Von Goldschmidt, mis en français par Catulle Mendès (1893). – *L'Art d'aimer* (1894). – *La Maison de la Vieille*, roman contemporain (1894). – *Verger fleuri*, roman (1894). – *L'Enfant amoureux*, nouvelles (1895). – *La Grive des Vignes*, poésies (1895). – *Le Chemin du Cœur*, contes (1895). – *Rue des Filles-Dieu, 56, ou l'Heautonparatéroumène*, nouvelle (1895). – *L'Art au théâtre* (1896). – *Gog*, roman contemporain (1897). – *Chand d'habits*, pantomime (1896). – *Arc-en-ciel et Sourcil rouge*, nouvelle (1897). – *Contes choisis* (1897). – *L'Art au théâtre* (1897). – *Le Procès des roses*, pantomime (1897). – *Petits poèmes russes mis en vers français* (1897). – *L'Évangile de l'Enfance de N.-S. J.-C.* (1897). – *Le Chercheur de tares*, roman contemporain (1898). – *Les Idylles galantes*, contes (1898). – *Médée*, drame antique, en trois actes (1898). – *La Reine Fiammette*, conte dramatique, en six actes, en vers (1898). – *Le Cygne*, ballet-pantomime (1899). – *Briséis*, drame musical, avec E. Mikhaël et Em. Chabrier (1899). – *Farces* (1899). – *Les Braises du cendrier*, poésies (1900). – *L'Art au théâtre*, troisième volume (1900).

OPINIONS [1].

THÉODORE DE BANVILLE. — *Philoméla!* un nom, un mot si doux, si triste à la fois, qu'il donne presque l'idée, en effet, de ce chant poignant et délicieux dont les nuits d'été s'enivrent et dont le poète emprunte les notes enflammées pour faire parler l'ineffable et pour traduire la langue mystérieuse de l'amour :

> Deux monts plus vastes que l'Hécla
> Surplombent la pâle contrée
> Où mon désespoir s'éveilla.
>
> Solitude qu'un rêve crée !
> Jamais l'aube n'étincela
> Dans cette ombre démesurée.
>
> La nuit ! la nuit ! rien au delà !
> Seule une voix monte, éplorée ;
> Ô ténèbres, écoutez-la.
>
> C'est ton chant qu'emporte Borée,
> Ton chant où mon cri se mêla,
> Éternelle désespérée,
>
> Philoméla ! Philoméla !

Tel est l'excellent et charmant morceau par lequel s'ouvre le livre lyrique de M. Catulle Mendès. N'y reconnaît-on pas tout de suite l'artiste savant et le poète de race! Autre temps, autres chansons, dit Henri Heine ; et nous ne manquons pas de chansons en ce moment-ci, sans oublier les chansons de Mˡˡᵉ Thérésa, célèbres au même titre que *J'ai un pied qui r'mue*, et que *Ah! zut alors, si Nadar est malade ;* sous des décors bleus et autour des *aquariums* du moderne Parnasse, ce ne sont que gloussements et piaillements de toutes sortes ; mais le chant du rossignol est assurément devenu le plus rare de tous ; aussi l'hymne tendrement éploré de la nouvelle *Philoméla* a-t-il singulièrement stupéfié les premiers philistins qui l'ont entendu. On connaît la charmante anecdote de ce paysan disant avec fureur : «Je n'ai pas pu dormir ; il y avait là une canaille de rossignol qui n'a fait que *gueuler* toute la nuit !» Peu s'en faut que le rossignol évoqué par le jeune et gracieux poète, M. Catulle Mendès, n'ait été injurié encore plus durement que celui-là.

[*L'Artiste* (1ᵉʳ février 1864).]

NESTOR ROQUEPLAN. — La *Philoméla* de M. Catulle Mendès est un des livres les plus singuliers qu'il nous ait été donné de lire... La muse de M. Mendès cher-

[1] L'auteur du *Rapport sur le mouvement poétique français*, ayant cru devoir, au cours de son travail, se borner à de rares mentions de ses propres ouvrages, il a paru nécessaire de reproduire ici un assez grand nombre des appréciations dont son œuvre a été l'objet.

che le beau et la lumière, et tombe dans le mal et dans la nuit, non involontairement et par imprudence, mais de propos délibéré. C'est un des aspects de son esthétique. De là, un effet crépusculaire et fantastique, effrayant et attrayant.

[*Le Constitutionnel* (15 février 1864).]

Théodore de Banville. — Avec son jeune visage apollonien, et son menton ombragé d'un léger duvet frissonnant que n'a jamais touché le rasoir, rien n'empêcherait ce jeune poète d'avoir été le prince Charmant d'un des contes de Mme d'Aulnoy, ou mieux encore d'avoir été dans la Sicile sacrée, à l'ombre des grêles cyprès et du lierre noir, Damoitas ou le bouvier Daphnis, jouant de la syrinx et chantant une chanson bucolique alternée, si ses yeux perçants et calmes, et sa lèvre féminine, résolue, d'une grâce un peu dédaigneuse, n'indiquaient tous les appétits modernes d'un héros de Balzac. Son front droit, bien construit, que les sourcils coupent d'une ligne horizontale, est couronné d'une chevelure blonde démesurée, frisée naturellement, et longue comme une perruque à la Louis XIV. C'est sans doute d'une pareille chevelure dorée, ensoleillée et lumineuse qu'était coiffé le fils de la muse Calliope, quand cet excellent musicien déménageait les arbres tout venus par un procédé élégant et économique dont il n'a malheureusement pas légué le secret à nos jardiniers actuels.

[*Camées parisiens* (1866).]

Théophile Gautier. — M. Catulle Mendès s'est lassé très vite de ces allures tapageuses et de cette gaminerie poétique... Il explique maintenant les mystères du Lotus, fait dialoguer Yami et Yama, célèbre l'enfant Krichna et chante Kamadêva en vers d'une rare perfection de forme, malgré la difficulté d'enchâsser dans le rythme ces vastes noms indiens qui ressemblent aux joyaux énormes dont sont ornés les caparaçons d'éléphants.

[*Rapport sur le progrès des lettres*, par MM. Sylvestre de Sacy, Paul Féval, Th. Gautier et Ed. Thierry (1868).]

Francisque Sarcey. — C'est une énigme (*La Révolte*, de Villiers de l'Isle-Adam), un rébus, un casse-tête qui vient de Chine, comme la poésie de M. Catulle Mendès.

[*Le Temps* (1870).]

Barbey d'Aurévilly. — Ce n'est pas tout à fait une «part de roi» que M. Catulle Mendès a prise hier soir dans la littérature dramatique du Théâtre-Français; mais, ma foi, cela semblait presque celle d'un petit Dauphin... qui grandira et qui sera peut-être un jour, qui sait? aimé comme un roi!...

[*Le Figaro* (23 juin 1872).]

Francisque Sarcey. — La Comédie-Française donnait *La Part du Roi*, une saynète en vers de M. Catulle Mendès. M. Catulle Mendès est un des plus jeunes adeptes de la nouvelle école poétique. Il a un nom, et je crois que les Parnassiens le regardent comme un des saints les plus authentiques et les plus révérés de leur petite chapelle. Je crains qu'il n'en soit de la poésie des imitateurs de Hugo au théâtre comme de la musique des imitateurs de Wagner. L'Opéra-Comique nous convie à la représentation de *Djamileh*. Point de livret, une musique

très distinguée et d'un tour parfaitement moderne. Mais sans mélodie, difficile à comprendre à d'autres qu'à des initiés; pleine de détails curieux et fouillés; mais ennuyeuse, oh! mais ennuyeuse!... *La Part du Roi* est la *Djamileh* du Théâtre-Français. Du même au même.

[*Le Temps* (24 juin 1872).]

Guy de Maupassant.— *Les Poésies de Catulle Mendès*: Il est si rare de rencontrer un livre qu'on aime parce qu'on y retrouve tout ce qui vous plaît, et la forme et la pensée, et toutes ces préoccupations d'artiste que beaucoup de poètes ne soupçonnent même pas.

[*Lettres* (1876).]

Paul Roche. — Jamais nous n'avons vu, au théâtre, de drame aussi malsain et aussi dangereux (*Justice*). Jamais nous n'avons assisté à une représentation aussi lamentablement désolante... Que la censure, puisque cette institution existe, ait toléré la mise en scène d'un spectacle si bien fait pour énerver les âmes, pour leur donner l'admiration de ce crime qu'on a raison d'appeler le plus grand de tous, puisqu'il est le seul dont on ne puisse se repentir, — que la censure, disons-nous, se soit associée, en la laissant jouer, à cette sanctification du suicide, qu'elle ait donné son visa officiel à cette sorte d'hymne de la mort volontaire, et qu'elle ait permis qu'on la représentât comme une œuvre suprême d'honneur et même de religion, c'est là un acte sans excuse et contre lequel nous demandons une répression éclatante.

[*Le Gaulois* (mars 1877).]

Émile Zola. — M. Catulle Mendès est une figure littéraire fort intéressante. Pendant les dernières années de l'Empire, il a été le centre du seul groupe poétique qui ait poussé après la grande floraison de 1830. Je ne lui donne pas le nom de maître ni celui de chef d'école. Il s'honore lui-même d'être le simple lieutenant des poètes ses aînés; il s'incline en disciple fervent devant MM. Victor Hugo, Leconte de Lisle, Théodore de Banville, et s'est efforcé avant tout de maintenir la discipline parmi les jeunes poètes qu'il a su, depuis près de quinze ans, réunir autour de sa personne.

Rien de plus digne d'ailleurs. Le groupe auquel on a donné au moment le nom de «parnassien» représentait, en somme, toute la poésie jeune sous le second Empire. Tandis que les chroniqueurs pullulaient, que tous les nouveaux débarqués couraient à la publicité bruyante, il y avait, dans un coin de Paris, un salon littéraire, celui de M. Catulle Mendès, où l'on vivait dans l'amour des lettres. Je ne veux pas examiner si cet amour revêtait d'étranges formes d'idolâtrie. La petite chapelle était peut-être une cellule étroite où le génie français agonisait. Mais cet amour était quand même de l'amour, et rien n'est plus beau comme d'aimer les lettres, de se réfugier même sous terre pour les adorer, lorsque la grande foule les ignore et les dédaigne.

Depuis quinze ans, il n'est donc pas un poète qui soit arrivé à Paris sans entrer fatalement dans le cercle de M. Catulle Mendès. Je ne dis point que le groupe professât des idées communes. On s'entendait sur la supériorité de la forme poétique, on en arrivait à préférer M. Leconte de Lisle à M. Victor Hugo, parce que le vers du premier était plus impeccable que le vers du second. Mais chacun gardait, à part soi, son tempérament, et il y avait bien des schismes dans cette église. Je n'ai d'ailleurs pas à raconter ce mouvement poétique, qui a copié en petit et dans l'obscurité le large mouvement de 1830. Je veux simplement établir dans quel milieu M. Catulle Mendès a vécu.

Ses théories sont que l'idéal est le réel, que la légende l'emporte sur l'histoire, que le passé est le vrai domaine du poète et du romancier. Ce sont là des opinions aussi respectables que les opinions contraires. Seulement, lorsque M. Catulle Mendès aborde un sujet moderne et accepte ainsi notre milieu contemporain, il a certainement tort de le faire sans modifier ses croyances. Dans un sujet moderne, l'idéal n'est plus le réel, et cet idéal devient un singulier embarras. Pour obtenir du réel, il faut surtout avoir du réel plein les mains. Selon moi, *Justice* est l'œuvre d'un poète qui n'a pas songé à couper ses ailes, et que ses ailes font trébucher. Nous retrouvons là le chef de groupe, grandi dans un cénacle, avec le clou d'une idée fixe enfoncé dans le crâne... Le grand défaut de *Justice* est d'être une création en l'air, tout comme s'il s'agissait d'un poème... A quoi bon une thèse lorsque la vie suffit? Comment M. Catulle Mendès, qui est avant tout un homme d'art, a-t-il pu vouloir descendre jusqu'à jouer le rôle d'un moraliste?...

Voilà toute la vérité. Je la devais à M. Catulle Mendès, qui est un esprit distingué dont je fais le plus grand cas. Je la lui devais, d'autant plus que nous sommes dans deux camps opposés, et que toute complaisance de ma part aurait pu faire croire que je le traitais en adversaire peu sérieux.

[*Le Bien Public* (mars 1877).]

FRANCISQUE SARCEY. — *Justice*... Mais c'est là le contraire du théâtre !... M. Catulle Mendès appartient à une école qui prétend renouveler l'art dramatique, qui affiche le mépris des anciennes conventions et ne tient nul compte des critiques. Cela est plus commode que d'apprendre le métier, qui est difficile.

[*Le Temps* (mars 1877).]

THÉODORE DE BANVILLE. — Quant à l'idée du drame *Justice*, elle a la gloire et aussi le tort, si je la comprends bien, d'être une idée purement abstraite, que l'auteur a traduite matériellement, cela va sans dire, sans quoi il n'eût pas fait une pièce de théâtre, mais qui, néanmoins, force le spectateur à lever les yeux un peu plus haut que le niveau ordinaire de la vie. Cette idée, voici comment, pour être clair, je la formulerais sous la forme d'un axiome : «La Justice absolue est, par sa nature même, essentiellement idéale et divine; la Justice humaine ne peut et ne doit agir que d'une manière relative, et sans tenir compte de ce qui jetterait le trouble dans ses indispensables règles, car la société doit songer avant tout à sa conservation...» Telle est à peu près la situation de Valentin; il a de toute façon et sous toutes les formes offensé les hommes et le devoir humain; c'est Dieu seul qu'il a quelquefois essayé de satisfaire; aussi est-ce seulement à Dieu qu'il peut demander la pitié, qui, dans l'ordre divin est la même chose que la justice. Et la plus tendre et consolante justice ne lui est pas refusée, car, chassé de la vie et forcé de se réfugier hors de la vie, il goûte la mort la plus délicieuse dans les bras de la vierge qu'il aime, et qui, non attendue, vient le surprendre et s'enfermer avec lui dans l'air de sa chambre close, qu'un subtil poison a rendu enivrant et meurtrier. Ah ! sans doute, Valentin veut persuader à Geneviève qu'elle doit fuir, le laisser expirer seul; mais n'a-t-elle pas trop beau jeu à lui dire :

Toi !.. tu n'as pas le cœur d'une épouse chrétienne,
Tu ne sais pas aimer comme aime une Silva.

...Cette longue scène, mouvementée, émouvante, pleine de surprises et de péripéties qui se passent dans la pensée et n'en sont que plus réelles (car rien de matériel n'est vrai), est une élégie tragique de la plus grande beauté, écrite d'un style précis dans l'idéal et dans le raffinement, et qui, à elle seule, accueillie comme elle l'a été par mille bravos enthousiastes, eût suffi à établir la réputation d'un écrivain. On en garde dans l'esprit quelque chose comme une de ces frémissantes apothéoses que M. Catulle Mendès lui-même a su rendre visibles, par la magie des mots, dans son beau poème d'*Hespérus*.

[*Le National* (1877).]

ALPHONSE DAUDET. — Ce qu'il faut surtout louer dans l'œuvre de M. Catulle Mendès (*Justice*), c'est la forme littéraire dont il a su la revêtir. A part quelques expressions qui conviennent plus au livre qu'au théâtre et sont trop raffinées pour dépasser la rampe, toute la pièce est écrite dans une très belle langue pleine de pensées et d'images. Nous avons entendu dire que ce n'était point là le style du théâtre; mais tel n'est pas notre sentiment. Sous le prétexte de faire parler les gens à la scène comme ils parlent dans la vie, on nous a depuis longtemps habitués à toutes les trivialités, à tous les bégaiements de la phrase, et il faut savoir gré aux écrivains qui protestent contre cette tradition funeste à la littérature dramatique.

[*Le Journal officiel* (mars 1877).]

Mᵐᵉ ALPHONSE DAUDET.—M. Catulle Mendès vient de publier un beau volume in-8°, contenant toutes ses œuvres, depuis les premiers vers du poète, au rythme élégant, à la vive allure, légèrement inspiré de Th. de Banville, jusqu'aux *Poèmes épiques* d'un si fier langage, jusqu'à *Hespérus* et au *Soleil de minuit* où l'auteur donne complètement sa note originale. M. Catulle Mendès est un artiste merveilleux; il possède la science du mot élevé et juste et sait toujours maintenir son inspiration à la hauteur où il la place; il a trouvé, surtout dans les *Poèmes épiques*, des vers superbes et qui s'imposent à la mémoire, de ces vers qui semblent écrits dans le texte en caractères plus gros, tellement l'œil s'arrête sur eux, attiré par la forme des mots, leur arrangement, tout ce qui fait le dessin d'un beau vers avant que la musique en soit intelligible.

[*Impressions de nature et d'art* (1879).]

AUGUSTE VITU. — *Les Mères ennemies* : Cette situation émouvante et neuve est d'un irrésistible effet. Quelles que soient mes réserves sur ce qui va suivre, je me plais à dire qu'une pareille scène aussi largement conçue que hardiment exécutée atteste la présence, chez M. Catulle Mendès, de hautes facultés littéraires qui permettent de tout espérer de lui..... C'est un plaisir pour moi de constater le succès éclatant d'une œuvre incomplète mais de haute valeur, intéressante, élevée, pathétique, servie par un style magistral auquel on ne saurait reprocher que son excessive vérité de facture et l'abus de détails trop amoureusement caressés.

[*Le Figaro* (novembre 1882).]

FRANCISQUE SARCEY. — Tel est le drame bizarre, incomplet (*Les Mères ennemies*), incohérent, où éclatent deux ou trois belles scènes d'opéra, à travers des inexpériences et des puérilités singulières. Le style est d'une facture très savante, mais il est laborieux et tendu. Sa simplicité même en est voulue, avec des affectations de profondeur ou de sublimité.

[*Le Temps* (20 novembre 1882).]

STÉPHANE MALLARMÉ. — Vous êtes le seul à avoir fait le poème proprement dit (*Hespérus*), qui a plusieurs centaines de vers, le seul de nous autres; et pas qu'une fois. Or, c'est la forme suprême, incontestablement; et celle qui prouve son homme. Je vous félicite beaucoup. Tenir une heure durant quelqu'un sous le charme d'une histoire rare et magnifique dite en paroles rythmées, voilà ce qui ne vous est pas étranger, et à quoi vous avez droit été, cela, avec l'incroyable talent que vous mettez partout, vous fait dès aujourd'hui une place à part; et, *Les poésies de Catulle Mendès*, ce titre signifie parfaitement ce qu'il dit.

[Lettres (8 décembre 1885).]

STANISLAS DE GUAITA. — *Hespérus*, ce poème rayonnant de toutes les splendeurs de l'illuminisme svedenborgien, est unique dans notre langue. Là, Catulle Mendès est grandiose dans le mysticisme; ailleurs, il est beau de mâle énergie. Ses *lieders* sont d'un charme félin et d'une perverse innocence vraiment irrésistibles. — Que dire encore? Il a parcouru toutes les notes du clavier, mais d'un clavier à lui, au timbre imprévu, puissant et mièvre.

[*Rosa Mystica*, préface (1884).]

OCTAVE MIRBEAU. — La psychologie littéraire de M. Catulle Mendès, malgré les apparentes complications que suppose la diversité de son œuvre, est aisée à fixer. Elle se résume en un mot et un fait, lesquels n'ont besoin d'être expliqués, parce qu'ils portent en eux une évidence et une certitude. M. Catulle Mendès est un poète. Depuis les *Contes épiques* aux larges envols; depuis le mystérieux et métaphysique *Hespérus*; depuis les boréales splendeurs et les saignantes neiges du *Soleil de minuit*; depuis *Pagode*, évoquant l'immémoriale énigme des farouches divinités de l'Inde, accroupies parmi les flammes, au fond des temples et tout embrasées d'or, où les strophes ont des sonorités de gong et des rythmes inquiétants de danses sacrées; depuis les rires ailés, les mélancoliques sourires et les grâces attendries de l'*Intermède*; depuis les *Soirs moroses*, où sont pleurés, avec quelle magnifique et douloureuse tristesse, les lassitudes, les souffrances, les effrois de l'amour et du doute, jusqu'aux modernes paysages dans lesquels la *Grande Maguet* dresse sa terrible silhouette de sorcière sublime, M. Mendès a fait œuvre de poète. Poète en ses drames que gonfle un souffle énorme d'épopée; poète en ses études de critique, où il dit l'âme et le prodigieux génie de Wagner; poète en ses fantaisies légères d'un jour le

jour, harmonieuses et composées ainsi que des sonnets, en ses contes galants où, sous les fleurs de perversité et les voluptés féériques et précieuses des boudoirs percent parfois le piquant d'une ironie et l'amer d'un désenchantement; poète en ses romans, surtout avec Zohar, aux baisers maudits, même avec *la Première maîtresse*, et qui ne craint pas de descendre jusque dans le sombre enfer contemporain de nos avilissements d'amour, tout arrive à son cerveau en sensations, en visions de poète, tout, sous sa plume, se transforme en images de poète, exorbitées et glorieuses, la nature, l'homme, aussi bien que la légende et que le rêve.

[*Le Figaro* (29 juin 1888).]

JULES TELLIER. — Il y a des pièces, dans son œuvre, où il est lui, vraiment; et elles sont délicieuses. Je ne crois pas qu'il ait d'égaux dans le rondel, dans le sonnet, dans le madrigal, dans les chansons d'amour, dans ce qu'on nommait autrefois «les petits genres». Il est admirable dans les bagatelles; et s'il y a un «sublime» du joli, comme La Bruyère n'était pas loin de le penser, il est sûr qu'il l'a souvent atteint.

[*Nos Poètes* (1888).]

PAUL HERVIEU. — Il faut avoir dans les veines le plus pur sang de littérature pour engendrer *Zohar* ou *Grande Maguet*, ou *la Femme enfant* de l'admirable poète qu'est M. Catulle Mendès.

[Cité dans l'*Enquête sur l'évolution littéraire* (1891).]

MARCEL FOUQUIER. — M. Catulle Mendès est un poète toujours; il n'est jamais plus poète que si, dans l'expression d'une délicate pensée ou d'un sentiment héroïque, il consent à être simple. Il n'y consent pas souvent. Mais tel qu'il est, avec sa multiple virtuosité, c'est un grand classique de la Décadence.

[*Profils et Portraits* (1891).]

ANONYME. — M. Catulle Mendès, soucieux de ne pas laisser les lecteurs de l'*Écho de Paris* privés de poésie, après leur avoir offert exceptionnellement G. Rodenbach et E. Haraucourt, éprouve le besoin de rimer, avec moins de génie et plus de chevilles, si c'est possible, que feu M. de Banville, des odelettes sur des traits d'actualité, ou des sujets voluptueux, mais d'une sûre vacuité.

[*Entretiens politiques et littéraires* (mai 1891).]

ALBERT SAMAIN. — Un charmeur; une grâce légère, brillante, enlaçante, sensuelle, parfumée, quelque chose comme «du rosolio sucé dans une flûte mousseline», ainsi qu'il l'a écrit lui-même dans une adorable petite pièce. Cela simplement? Non point. Une hautaine clameur d'épopée aussi, et de fulgurantes parades avec l'épée à deux mains héritée du Charlemagne du romantisme. C'est avec ce côté héroïque de la poésie du maître que les deux premiers volumes nous font refaire connaissance, et il faut proclamer qu'*Hespérus*, les *Contes épiques*, le *Soleil de minuit*, les *Soirs moroses* sont de très nobles poèmes, de perfection achevée, d'imagination flambante et grandiose. Dans le troisième volume, Catulle Mendès paraît avoir abandonné un peu le mode épique pour se livrer à la confection des plus délicates orfèvreries. Tous ces rondels, villanelles, odelettes sont d'un pimpant, d'un scintillant, d'un chatoyant merveilleux. Impossible d'aller plus loin dans l'assemblement mélodieux des rimes, dans la virtuosité menue et fleurie du badinage. C'est l'enchantement du joli; et le poète serait sans conteste le premier si la poésie n'avait d'autre mission que de briller comme un bijou. Mais quelque lassitude se mêle à cette ivresse quasi physique; et après toute cette débauche de gentillesses fondantes, de strophes musquées, d'odelettes glacées à la framboise, on aspire violemment après le verre d'eau pure d'une simple émotion. L'émotion : voilà ce que Catulle Mendès semble avoir souci de fuir à tout prix.

[*Mercure de France* (novembre 1892).]

ANATOLE FRANCE. — M. Catulle Mendès est un voluptueux; mais il est aussi et surtout un mystique. S'il a parfois soufflé à l'oreille de Ninon des secrets que Ninon elle-même ignorait et qui la firent rougir jusqu'au lobe délicat de ses oreilles, il a dit dans *Hespérus* la joie du renoncement et annoncé *l'Évangile de l'Enfance*. S'il faut absolument chercher la figure de ce poète excellent dans l'iconographie chrétienne, j'arrangerai tout peut-être en choisissant cette figure des catacombes où l'on voit le Christ en Orphée charmant les animaux des sons de sa lyre. La lyre mystique et fée n'a livré tous ses secrets qu'à M. Catulle Mendès. Il est poète et toujours poète, et quand il écrit des romans, c'est Apollon chez Balzac.

[*La Vie littéraire* (1892).]

PAUL VERLAINE. — J'ai reçu avant-hier les trois volumes de vos poésies complètes et je sors de les relire. Je connaissais la plupart de ces beaux vers, quelques-uns depuis presque mon enfance, car je vous *suis* depuis la *Revue Fantaisiste*, mais quel plaisir sans pair que de faire connaissance à nouveau avec eux ! Quant à ceux très rares, que je ne savais pas encore et qui datent des époques où j'étais absent de France et de toute littérature, je les ai dévorés et redévorés à belles et bonnes dents : aussi, ce régal !

J'aime *Philoméla* de jeunesse, si je puis ainsi parler, aussi les *Sérénades*, aussi les *Soirs moroses*. J'admire en toute ferveur néo-parnassienne la *Pagode*, qui fut jadis l'œuf d'un gros volume à finir, Mendès, à finir ! le *Livre des Dieux*, si ma mémoire est bonne. *Hespérus* est un mystérieux et si lumineux chef-d'œuvre et le *Soleil de minuit* votre note peut-être la plus forte avec les *Contes épiques*.

Vous avouerai-je maintenant que j'adore votre troisième volume, surtout les heureusement si nombreux poèmes d'amour et de joie? Cette prédilection me vient-elle de ce que, moi aussi, j'éprouve, plus qu'au milieu d'une carrière si aventureuse et parfois douloureuse, comme un regain d'adolescence dans cet été comme de la Saint-Martin où j'entre quelque peu fourbu, mais si plein de bonne volonté !...

[Lettre (13 septembre 1892).]

BERNARD LAZARE. — ... M. Catulle Mendès qui n'a certainement jamais voulu exprimer, soit dans ses vers, soit dans sa prose, la moindre idée.

[*Entretiens politiques et littéraires* (25 mars 1893).]

GUY DE MAUPASSANT. — Le poète aux intentions mystérieuses, frère d'Edgar Poë et de Marivaux, compliqué comme personne et dont la plume, soit qu'il fasse des vers, soit qu'il écrive en prose, est souple et changeante à l'infini.

[*Le Gil-Blas* (1893).]

AD. — Le poème de *Gwendoline* est dû à la plume de M. Catulle Mendès. C'est assez dire que nous n'avons pas affaire à l'habituel et plat livret si souvent subi. M. Catulle Mendès a écrit des vers chauds, colorés, d'un rythme très habilement varié, et il a offert au musicien des situations intéressantes, dramatiques, passionnées... M. Emmanuel Chabrier a tiré un admirable parti de ces situations si franches et si claires. Sa musique, joyeuse et passionnée tour à tour, s'adapte à tous les contours du poème. Elle le souligne, elle le soulève jusqu'à produire cette émotion intense et sincère que, seules, procurent les grandes œuvres. Rarement l'école française nous a donné un exemple plus complet de ce que peut l'inspiration unie à la science. Car il faut entendre et réentendre *Gwendoline* pour en connaître à fond les merveilles harmonieuses.

[*Le Temps* (29 décembre 1893).]

PIERRE VEBER. — À coup sûr les pantomimes de M. Catulle Mendès garderont leur charme précieux et spécieux de petits poèmes animés. Lorsque, de leur propre poids, *les Mères ennemies* seront tombées au fond de l'oubli, *le Docteur Blanc* surnagera.

[*Revue Blanche* (15 avril 1893).]

LÉON DAUDET. — Le principal élément de beauté dans la littérature c'est la puissance vitale. Balzac nous paraît dominateur par ces accumulations de faits soutenus par des pyramides d'idées qui donnent à chacun de ses romans une force égale aux drames de Shakespeare. Honneur à ceux dont l'œuvre nous accable, nous pétrit, laisse notre mémoire bouillonnante et même fatiguée !...

C'est une magie de cet ordre qui met hors de pair le nouveau livre de M. Catulle Mendès : *La Maison de la Vieille*.

... Le style de M. Mendès est d'une prodigieuse adresse. À toutes les audaces et tous les détours; sa rapidité est frénétique. Ce sont des enfilades d'incidentes dont la série ne se perd et des abréviations d'une saveur aiguë. On y trouve avec joie des élans lyriques. Le lyrisme dispose d'effets sublimes dont notre époque s'est privée ou ne sait pourquoi, par une vague crainte du ridicule qui a paralysé bien des écrivains.

... M. Mendès ne craint pas de se mêler à la multitude qu'il a créée, insultant les uns, louant les autres, consolant, bravant et cravachant. Marcher dans le sens de la nature tout est là. Le reste n'est que contrefaçon. Un vigoureux talent, une observation perpétuelle, une ardeur alerte, voilà ce qu'on remarque dans *la Maison de la Vieille;* et qu'on ne croie pas que ce livre est décousu; malgré son grouillement, il est systématique et construit de main d'ouvrier.

[*La Nouvelle Revue* (juillet 1894).]

PAUL BOURGET. — C'était M. Mendès lui-même, avec la prestigieuse souplesse d'un talent qui a su se hausser jusqu'à la plus noble puissance épique dans son poème suédenborgien d'*Hespérus*, digne pendant poétique de la *Séraphita* de Balzac.

[*Études et Portraits* (1894).]

LUCIEN MUHLFELD. — Dans *Rue des Filles-Dieu, 56*, M. Mendès s'est exercé à une petite histoire de psychologie morbide. Il a excellé dans la finesse d'analyse comme dans le décor et le lyrisme. Le Poë de la *Lettre volée*, le Maupassant des derniers contes revivent ici, mais en désinvolture pittoresque. Et ce n'est pas un des moindres tours de force du presti-digitateur Catulle Mendès que d'avoir, — amalga-mant en adroit romantique le cocasse et le tragique, — tenté et réussi un *Cauchemar amusant*.

[*Revue Blanche* (juin 1895).]

PAUL VERLAINE. — *Philoméla* me transportait par sa malice initiale et sa miraculeuse outrance dans l'ordonnance magistrale du rythme dur et sûr et de la rime toujours correcte sans grimace inutile vers une richesse bête.

[*Confession* (1895).]

EDMOND ROSTAND. — Sur *la Grive des vignes* :

Ah ! poète, merci du livre
Qu'aujourd'hui le facteur me livre !
Vive ta Grive qui s'enivre !

Et merci, puisque tu m'as mis
Parmi ceux qui, de tes amis,
N'auront pas reçu d'un commis

Aux noires manches de lustrine
Le volume à couleur citrine
Qui fut l'honneur de sa vitrine.

Donc, ta Grive, elle exorcisa,
Lorsque déjà je songeais à
Mourir de mon influenza,

Ces menus démons, les microbes !
Je renais ; mal, tu te dérobes ;
J'entends des murmures de robes ;

Je suis frôlé par des frissons ;
Les murs des chambres, mes prisons,
Se peignent d'heureux horizons ;

Les rires tintent, en clarines,
Je vois des lèvres purpurines,
Au diable les antipyrines !

Le jus qui ta Grive soûla
Et dont encore, au bec, elle a,
Vaut mieux que du vin de kola.

Crois donc à ma reconnaissance,
Car tes vers, élixir, essence,
Ont hâté ma convalescence.

Vive ta Grive dont la voix
A des refrains qu'un Génevois
Pourrait parfois trouver grivois !

Il suffira d'un jour pour qu'elle
Attire une longue séquelle
Chez Charpentier et chez Fasquelle.

Ces vers légers, qu'ils sont profonds !
Qu'ils sont tendres, ces vers bouffons !
Vraiment nous nous ébouriffons !

Cette folle Grive des vignes
A chaque page, par d'insignes
Délicatesses, tu la signes.

Et que tu dises Eleutho,
Ou quelque belle de Watteau,
Ou Jeanne, du dernier bateau ;

Que ton marteau d'or pur concasse
Du sucre sur quelque cocasse
Ou que, dans une dédicace,

Tu divinises la Sarah
Que Paris perdit, mais qu'il r'a,
La Seule qui toujours sera ;

(Car Elle fut, en sa cathèdre,
Gismonde, Izëyl sous son cèdre,
Et, sous son laurier-rose, Phèdre !)

Que tu décrives tout un kiss
Avec un tel *Ne quid nimis*
Que pourrait te lire une miss,

Ou qu'à Ponchon lorsqu'il balance
Son *demi-sans-faux-col* par l'anse,
Tu donnes le prix d'excellence ;

Que tu racontes, en tes *Jeux,*
Non lassé par cinq corps neigeux,
Le page six fois courageux,

Ou sertisses des confidences
En de fins rondels, et cadences
Des mots sur de vieux airs de danses ;

Que tu nous montres Pierrot, vif,
Sautant jusqu'à la lune, et... pif !
L'enfilant du bout de son pif,

Ou Peppa qui s'embobeline
Dans une pâle manteline ;
Que du jeune et cher Courteline

Tu nous chantes le juste los,
Ou que tu piques jusqu'à l'os
Brunetière et Monsieur Buloz ;

Toujours ta grâce reste sûre ;
Tu jongles sans une blessure
A l'Art noble ; ton goût rassure ;

Tu fais toujours, divin pervers,
Loucher tous les poètes vers
La perfection de ton vers ;

Car il est le tissu qui : tulle
(Mot vraiment ailé), s'intitule,
Moins léger que ton vers, Catulle !

La taille même de Brandès,
Elle est, en sa souplesse d'S,
Moins souple que ton vers, Mendès !

Vive donc votre ivresse, et vive
Votre chant, Madame la Grive,
Par qui la guérison m'arrive !

Oui, selon les ordres dictés,
Par le poète à vos gaîtés,
Vous riez et vous culbutez ;

Nulle pudeur ne vous endeuille,
Et votre bec, aux vignes, cueille
Le grain toujours, jamais la feuille ;

Vous culbutez et vous riez
Dans les soirs de pourpre striés
Qui pour nous sont tous fériés...

Mais, clairs accords, gammes de lyres,
Zigzags de Sylphes en délires,
Quelles culbutes et quels rires !

Ah ! pour que vos rires soient tels,
Il faut qu'aux pampres immortels
Votre bec ait mis ses coutels !

Et c'est sur les célestes buttes,
Le nectar même que vous bûtes,
Grive, pour faire ces culbutes !

[*Journal* (23 février 1895).]

PAUL ADAM. — *Gog* ne le cède point à *l'Assom-moir* pour exprimer le tumulte et l'agitation des foules ; *la Maison de la Vieille* est bien supérieure à *l'Œuvre*, pour dire en quel terreau peut éclore la mentalité, et de quelles forces mises en faisceau par le hasard de la faim et de la sympathie se forme une phalange alerte pour gagner à l'assaut des esprits le verger de la bonne soif. Autant que *la Faute de l'abbé Mouret* ou *la Joie de vivre*, le *Roi vierge* fit saisir aux mains actives l'inanité char-mante des chapeaux de rêve. Mais si Zola détruit de loin sans offrir à ses milices la consolation du pillage, Mendès apprit aux jeunes hommes à savou-rer le plaisir sur les ruines de l'hypocrisie et der-rière la déroute du mensonge. Il y a dans *Gog* moins de tristesse que de gaîté puissante, quasi rabelaisienne. Les hommes se ruent aux femmes, à l'argent, à la nourriture, au trône et à Dieu en se grisant de fanfares ou de voix d'orgues. Nous ne sentons pas le besoin de les plaindre. Leur vie est intense. Ils cueillent à toutes treilles.

Ils récoltent chacun selon son effort. Ils sont sur l'ennemi. Ils en vivent. Ils ne l'anéantissent pas seulement. A la tête de ses voluptueuses, de ses satyres, de ses bohèmes, de ses rois extatiques, de ses moines hallucinés, Mendès est lui-même le Christ de cet assaut qui crie aux troupes : « Frappez et on vous ouvrira ».

Son geste enthousiaste rejette en arrière sa chevelure d'archange dont les boucles se mêlent, dans l'élan, aux bouts battants de sa cravate lâche en soie blanche.

De ses épaules les habits volent, manteaux où s'engouffrerait le vent contraire à sa course victorieuse. Il entraîne. Il pleure de joie. Il excite. Il répand et il embrasse. Il brandit son épée. Il escalade l'échelle de soie. Il chante la mélodie de cent rimes. Il pourfend et il s'indigne. C'est un tourbillon chatoyant de vigueurs juvéniles, multiples et différentes, mirées aux yeux innombrables des amoureuses.

[*Revue Blanche* (15 mai 1896).]

RACHILDE. — *Gog :* Enamourés tous les deux des choses du divin, ces deux esprits si opposés, Villiers et Catulle Mendès, en même temps amis intimes et adversaires l'un à l'autre également redoutables, liés normalement par la parité de leur merveilleuse puissance de travail, et non moins normalement séparés par leur différente compréhension du mystère, ces deux hommes terribles pouvaient seuls, au monde des lettres, concevoir la terrible idée d'une substitution de Dieu. Villiers est mort; assez tôt pour demeurer, selon le jugement égoïste des jeunes générations, le génie pur par excellence. Mendès vit; toujours battant l'enclume de diamant de la pensée romantique, il continue la belle tradition du poème-légende, et, peut-être, pour cela surtout que sa poigne implacablement vigoureuse fait jaillir encore l'étincelle divine, nombre de jeunes ont l'air de lui reprocher de rester... après l'*Autre*. Ce n'est pas logique. *Gog* contient une idée géniale. Il *fallait donc* écrire ce livre. Puisque Villiers est mort, pourquoi voudrait-on que Mendès ne l'eût pas écrit?

[*Mercure de France* (mai 1896).]

GUSTAVE KAHN. — C'est parallèlement aux romans de MM. de Goncourt, Daudet et Zola qu'il faut étudier les romans de Catulle Mendès. Le roman romanesque où se plaît M. Anatole France est d'autre nature, et, s'il est bien distinct du roman naturaliste, il l'est au moins autant de *la Maison de la Vieille*, de *la Première maîtresse* ou de *Gog*. Le roman de M. France est en général bien fait, fin, réticent, ironique, suggestif; il n'a jamais la forte coulée, le brouhaha ordonné, l'harmonie complexe d'un roman de Mendès.

Dans les premières œuvres, mettons hors de pair *Pierre le Véridique;* avec sa langue contournée, précieuse, sa surcharge presque d'expressions d'atmosphère et de mots chronologiques, il reste la meilleure évocation que nous ayons de l'ancienne civilisation de langue d'oc, avant l'invasion du Nord.

Les personnages en sont peut-être mièvres, mais vivants, gais ou douloureux, probables, en place

plus sans doute que des personnages de tapisseries au geste lent parce que figé, d'un procédé trop immobile. Dans *le Roi vierge*, il faut choisir, pour lui rendre justice, le beau personnage de Gloriane et l'agile silhouette de Brascassou relevé de toute sa louche agilité, cette statue de chair vive, cette reine d'opéra. La première vision de Gloriane, dans la ville de Navarre où les cheveux d'or flambent dans le plus ensoleillé des décors, doit être retenue. Ce n'est point que des beautés ne se trouvent éparses dans les premiers romans de Mendès. Il y a, au travers des histoires du *Clown Papiol*, une belle symphonie de Paris; de jolis contes dans les *Folies amoureuses*, des scènes héroïques dans *les Mères ennemies;* mais ce sont promesses et prémices à côté des dernières réalisations : *la Maison de la Vieille* et *Gog*.

[*Revue Blanche* (1er avril 1896).]

A. FERDINAND HÉROLD. — *Chand d'habits* est une œuvre puissante, aimable quelquefois, le plus souvent terrible, et, au dénouement, grandiose. Plusieurs scènes en sont vraiment belles : la scène, entre autres, où, à contempler le sabre qu'il a dérobé, par jeu, au Marchand d'habits, Pierrot conçoit l'idée du meurtre, et celle où, tandis qu'il tient enlacée Musidora, lui apparait le spectre de l'homme assassiné. Tout le troisième tableau est d'un tragique terrible et majestueux. Comme pantomime, *Chand d'habits* nous semble un chef-d'œuvre.

[*Mercure de France* (juin 1896).]

GEORGES COURTELINE. — Du temps que j'étais écolier, cancre invétéré de rhétorique en ce petit collège de Meaux que déjà le poète Jacques Madeleine émerveillait de ses sonnets, si on était venu me dire qu'un jour je présenterais au public un livre de Catulle Mendès, j'eusse haussé les épaules et répondu « vous me faites rire », sans l'ombre d'une hésitation. Je devais pourtant connaître cet honneur. C'est à l'humble auteur de *Lidoire* que l'auteur de *Panteleia*, des *Mères ennemies* et de tant d'autres chefs-d'œuvre absolus en leur perfection a daigné confier la préface du très beau livre que voici, et si je m'étonne modérément, de ce témoignage nouveau d'une amitié capable de tout, je sens défaillir au fond de moi, de stupéfaction et d'orgueil, le rhétoricien de jadis.

Vu à travers la majesté d'*Imprécations d'Agar*, à travers la splendeur de *Pierre le Véridique*, où les phrases sont pareilles à de frêles guirlandes tressées de pâquerettes, de boutons d'or, de myosotis et de toutes petites roses, Mendès m'apparaissait comme une espèce de dieu, tout en rayons, planant au-dessus de la foule. Je me l'imaginais claustré, ainsi qu'un simple Fils du Ciel, au fond d'un farouche lyrisme, où il vivait, muet solitaire, refusé aux regards des profanes; car je ne doutais pas qu'il se tînt à l'écart de la conversation des hommes, faite, selon moi, pour écœurer de nausées son absolutisme hautain de chantre éternellement visité par la Muse. Candeurs de la seizième année, ingénues et saugrenues!... C'est sous ces apparences dénuées de complications que je me représentais l'être exquis, de douceur et de simplicité, qui devait devenir non seulement le plus fidèle de mes amis, mais encore le plus délicieux et le plus jeune de mes camarades.

....

J'écrivais ces lignes l'an dernier. En ajoutant comme je le faisais : « Il y a d'ailleurs tout à attendre du cerveau extraordinaire qui enfanta tant de merveilles», je savais ce que je disais, et, à la fois, je ne croyais pas si bien dire ; n'ayant pas lieu de supposer qu'à quelques semaines de là l'événement donnerait raison — avec quel retentissement ! — à ma perspicacité.

C'est en effet, au mois de mai 1895, que Mendès publia son premier compte rendu dramatique : un compte rendu qui fut un compte réglé à je ne sais plus quelle opérette dont la célébrité égalait la niaiserie, en vingt lignes qui riaient comme des folles, faisaient des blagues comme des rapins et montraient leurs derrières comme des femmes mariées. Trois jours plus tard, en trois épaisses colonnes accouchées entre messe et vêpres, d'un jet, sous l'impérieuse et furibonde poussée de N.-D. l'Inspiration, il déshabillait les Demi-Vierges d'une main accoutumée à ce genre d'exercice, et livrait, superbe d'audace, à l'effarement de l'aréopage, leur nudité délicate et scabreuse. L'article fit un beau tapage, tombé dans la mare aux grenouilles de la critique contemporaine, où quatre crétins, onze ratés, deux prophètes, huit philosophes, revenus des erreurs de ce monde, et soixante-quatorze bons garçons équitablement partagés entre la crainte de peiner un ami et le désir bien légitime de ne pas compromettre leurs titres à la réception d'un lever de rideau, disputaient à notre Bon Oncle l'honneur de rectifier le tir. Ces messieurs s'entre-regardèrent, puis, à l'instar du marquis Ubilla au troisième acte de Ruy-Blas :

Fils, dirent-ils, nous avons un maître.

C'était cent fois mon avis ; et tout Paris, déjà, le partageait avec moi, saluant en ce dernier venu le triomphe du premier arrivé.

Ainsi tient dans le creux de la main l'historique de cet Art au Théâtre dont notre ami Eugène Fasquelle lance aujourd'hui la première édition, qui sera suivie de tant d'autres : livre extraordinairement nouveau, tout à fait beau, je le répète, débordant de bonne foi, ce qui est bien, et de foi, ce qui est encore mieux, et où alternent avec un égal bonheur les envolées et les culbutes, les coups d'aile et les coups de bâton. Cent fois digne du grand artiste qui l'emplit non seulement de sa verve charmante, mais encore de son radieux, de son lumineux bon sens, il m'apparaît comme une des expressions les plus définitives de son génie et de sa noblesse, car il n'en est pas une page, il n'en est pas une ligne, un mot, qui ne hurle, ne chante, ne proclame le triomphe et la gloire des Lettres !

[L'Art au Théâtre, préface (1897).]

CHARLES-HENRY HIRSCH. — Les traditions généreuses qui sont un legs du romantisme revivent par vous, Monsieur Mendès ! La voix qui inspirait les admirables critiques de Théophile Gautier dicte aujourd'hui vos articles. Vous y recherchez la vérité, vous y vivez pour le triomphe de l'Idéal avec une passion que nos confrères ni leur «prince» n'ont connue ; avec une érudition qui humilie même les ignorants et avec ce vrai Bon Sens qui se défend d'être l'opinion moyenne, car il appartient aussi aux poètes !

Quand vous êtes né aux lettres, Hugo, radieux, était déjà le Maître vénéré, le Père accueillant. Il vous fallait un héros, comme à Byron : vous avez, l'un des premiers, reconnu le génie de Richard Wagner ; son apothéose éblouissante n'est pas le moindre de vos titres à la gratitude des artistes et à la gloire qu'elle vous donne !

[Discours prononcé à la soirée offerte à M. Catulle Mendès par les jeunes écrivains (22 avril 1897).]

PAUL GINISTY. — Votre enthousiasme est communicatif, vous faites jaillir la flamme partout... Vous avez vu avec quel entrain, quel zèle, je dirai aussi quelle joie, les artistes de l'Odéon se sont voués à l'œuvre qui était entreprise, en donnant plus que leur talent, leur âme, retrouvant cette ivresse sainte de la poésie que vous savez si noblement inspirer, car vous croyez avec raison qu'il y a un prestige magique dans la beauté du vers. C'est pourquoi, si simplement, sans nul artifice de mise en scène, sans qu'ils offrissent le moindre spectacle, nos samedis populaires de poésie ont si bien réussi.

[Discours prononcé à la soirée offerte par les jeunes écrivains (22 avril 1897).]

FERNAND WEYL. — Quand parut le premier poème de Catulle Mendès, Sainte-Beuve, un peu effrayé et très certainement séduit, résuma son jugement en cette exclamation : Miel et poison ! Nous ne sommes plus habitués à cette forme de critique ; mais Sainte-Beuve ne manquait pas de perspicacité. L'originalité de Catulle Mendès, c'est d'être un poète à la fois doux et brutal, tendre et cruel, naïf et pervers ; toute son œuvre, romans, vers, drames et comédies, atteste ce contraste : il aime les fleurs et les oiseaux, l'air pur, le ciel bleu, la nature claire des contes de fées, mais il se complaît aussi à la vue des Parisiennes en pantalon de dentelles et dont les jupons frissonnent de blancheur. Il évoqua amoureusement Jo, Lo et Zo et défendit contre tous l'œuvre de Wagner. Il aima à la fois la rudesse des temps barbares, la civilisation affinée de l'antique Grèce et la gracieuse décadence de Paris ; son intelligence et ses sens vibrèrent à toutes les beautés, et s'il nous est cher, c'est parce qu'il ne se confina pas en une manière, parce qu'il fut toujours un artiste sincère et bien vivant. Jamais il ne méprisa une tentative et un effort ; et toujours il jugea avec modération les nouveautés, même celles qu'il ne comprenait pas. N'ayant pas, comme tant d'autres, une foi absolue en l'infaillibilité de son esprit, il cherche patiemment à s'initier aux ouvrages qui lui sont mystérieux.

[La Revue d'Art dramatique (1898).]

HENRY FOUQUIER. — Médée est l'œuvre noble d'un poète qui croit à l'étude des passions éternelles transportées dans le monde de la légende, s'exprimant en une belle langue, dramatique et lyrique à la fois, interprétée, et j'ajoute : mise en scène par une tragédienne et une artiste incomparables, peut encore plaire à un public très désorienté et le rallier à une pure œuvre d'art. Croire ceci, c'est déjà bien. Faire du rêve une réalité par le succès, c'est mieux encore ; et je ne cache pas la joie que j'éprouve à entendre applaudir un drame qui ne cherche pas à réussir en offrant à la foule incertaine et qu'il faut chercher à ramener vers les sommets, l'appât de quelque curiosité vulgaire.

[Le Figaro (29 octobre 1898).]

Francisque Sarcey. — (Sur *Médée*.) Le drame de M. Catulle Mendès vaut moins par l'intérêt du poème, par l'étude psychologique des sentiments et des caractères que par un grand sens du pittoresque et en même temps par un emportement extraordinaire de passion physique. La langue en est somptueuse, éclatante, un peu précieuse et obscure par endroits ; le vers est toujours d'un maître ouvrier qui possède et manie avec une incomparable habileté tous les secrets du rythme..

[*Le Temps* (31 octobre 1898).]

Lucien Muhlfeld. — ... Ah! que j'applaudis M. Mendès qu'il n'y ait point en sa *Médée* trop de «beaux vers», vous savez des alexandrins lapidaires (et si faciles!) qui rebondissent comme un aérolithe dans un champ de betteraves. *Médée* est d'une beauté poétique continue et harmonieuse. L'ouvrier de conscience et de savoir unique qui «instrumenta» ce poème, en modula les chants suivants la variété infinie des sentiments qu'il voulait exprimer. Selon le mouvement du drame, le vers jaillit violent tour à tour ou badin, ou sensuel, ou dramatique, ou cruel, ou familier, ou légendaire.

[*L'Écho de Paris* (octobre 1898).]

Robert Gangnat. — Telle est la tragédie d'Euripide, telle est aussi la *Médée* de M. Mendès, qui a traduit les emportements et les désolations de l'enchanteresse légendaire en une langue poétique d'une réelle puissance et d'une richesse d'images infinie. Les vers ne sont peut-être pas toujours d'une clarté absolue, mais, même en ces quelques passages où la pensée du poète apparaît un peu confuse et parée de métaphores trop éclatantes, le rythme et l'harmonie y demeurent d'un charme si prenant, que nous subissons une impression sans songer à l'approfondir.

[*Le Matin* (octobre 1898).]

Émile Faguet. — (*Médée*.) M. Mendès a suivi pas à pas Euripide, et pourtant il a trouvé une péripétie centrale qui change complètement la marche de l'action et qui donne à la tragédie comme un coup de barre et à la fois une direction nouvelle et une impulsion et qui ranime l'intérêt au moment où il commençait à languir. Oh! ce n'est rien, c'est très simple, mais il fallait s'en aviser. C'est l'œuf célèbre... Il y a une autre manière d'être original, c'est d'écrire bien. La pièce de M. Catulle Mendès est souvent écrite en très beaux vers. Il y en a de vraiment tragiques, de ces vers condensés et forts qui frappent le public en plein contact et le font tressaillir.

[*Les Débats* (octobre 1898).]

Henry Fouquier. — La *Reine Fiammette* : C'est œuvre d'artiste et de poète que l'œuvre dont je dois parler aujourd'hui, et je n'en cache pas ma joie... Non que le métier en soit absent, car le drame est bien établi. Mais il n'est que la charpente où s'étaye le discours du poète, qui est toujours charmant, souvent admirable.

[*Le Figaro* (7 décembre 1898).]

Francisque Sarcey. — (Sur la *Reine Fiammette*.)
....
..... Mais voilà que pendant deux actes, deux interminables actes, Catulle Mendès accumule un tas de noires horreurs! La politique, l'odieuse poli-

tique entre en cause, et l'Inquisition et le pape! Mais laissez-moi tranquille. Il ne s'agit pas de tout ça! Comment, sarpejeu! je suis là, bien en train de me divertir; je ris avec cette gentille petite reine, je m'amuse de tous ces complots d'opéra-comique, et puis voilà que tout à coup, sans me dire gare, vous affectez de prendre au tragique ces aimables fantaisies de poète amoureux d'amour et de gaîté! Oh non, non, cent fois non! Je vous quitte ; bien le bonsoir, mon cher Mendès, bien le bonsoir !

[*Le Temps* (12 décembre 1898).]

Lucien Muhlfeld. — Je suis sûr que la *Reine Fiammette* est le chef-d'œuvre dramatique des Parnassiens. Aussi bien *Fiammette* n'est-il pas tout à fait un drame; c'est un jeu, un «conte dramatique», mais ce jeu est «prenant», on s'y passionne mieux qu'aux mélos dûment machinés.

Il ne faut pas seulement reconnaître que *Fiammette* est le meilleur conte qu'un artiste ait porté à la scène, il faut dire que c'est le seul qu'on écoute avec un plaisir vrai et sans une minute d'effort. *Fiammette*, c'est l'Italie en sa Renaissance, rêvée par un poète. Ces tapisseries aux soies vives, c'est les scènes de Mendès; cette musique ailée, c'est les vers de Mendès.

[*L'Écho de Paris* (décembre 1898).]

Saint-Georges de Bouhélier. — M. Catulle Mendès me semble aussi adroit, aussi preste, aussi prestigieux, aussi riche et aussi prodigue que le Théodore de Banville des *Odes funambulesques* et de *Dans la fournaise*. Je ne vois pas par quel côté il peut lui être inférieur. La grandeur des dons, le nombre des notions, la finesse du rythme, la variété des sujets, la surabondance de l'esprit, la grâce alerte et piquante, la joie, la frénésie, l'éloquence, la gaîté, la bouffonnerie loquace, les profusions d'un style imagé et sonore, et par-dessus tout la sûreté technique, font de M. Catulle Mendès l'égal du Banville des *Odes* et du Gautier des critiques, des romans et des poèmes.

[*La Revue Naturiste* (février 1900).]

MÉRAT (Albert).

Avril, mai, juin, en collaboration avec Léon Valade (1863). — *Les Chimères* (1866). — *L'Intermezzo*, poème imité de H. Heine, en collaboration avec Léon Valade (1868). — *L'Idole* (1869). — *Les Souvenirs* (1872). — *L'Adieu* (1873). — *Les Villes de marbre* (1874). — *Printemps passé* (1875). — *Au fil de l'eau* (1877). — *Poèmes de Paris* (1880). — *Poésies d'Albert Mérat* (1898).

OPINIONS.

Paul Stapfer. — M. Albert Mérat excelle à produire, avec l'harmonie prestigieuse des mots, l'illusion des choses; il semble à première vue qu'une idée habite des sonnets si élégamment construits.

[*Le Temps* (28 mars 1873).]

Théodore de Banville. — Sous ce titre : *Poèmes de Paris*, M. Albert Mérat vient de publier un nouveau volume de vers, fins, délicats, légers et, de plus, amusants! ce qui n'est pas un mince mérite. M. Albert Mérat, parisien jusque dans la moelle des os, est ardemment, épris de la modernité; il connaît sa ville jusque dans les moindres recoins, l'été, l'hiver, le matin, le soir, sous la pluie, sous le soleil. Il sait la voir et la peindre en artiste.

Depuis ses premiers recueils, il a marché à pas de géant; maintenant son vers, précis et correct, a toujours le ton juste, le mot décisif qui ouvre un monde d'idées et de rêves, et la netteté d'expression qui est le signe et comme la marque du bon ouvrier. Ses poèmes, composés avec science et certitude, ont cela de très remarquable, qu'ils contiennent tout ce qui convient au sujet et pas une syllabe de plus. Le poète a su, et il n'y a pas de courage plus rare, se priver de tout ce qui serait développement superflu et ornement inutile; mais chacune de ses strophes se termine par un trait vif et brillant comme une pointe de flèche, et indispensable quand on parle à des Français, pour qui tout doit être spirituel! M. Albert Mérat sait par cœur le Paris vivant, élégant, gracieux, élégiaque, amoureux, pittoresque; si j'avais à lui adresser un reproche à propos de Paris, ce serait de n'en avoir pas assez vu le côté inouï, prodigieux et grandiose.

[*Le National* (12 avril 1880).]

EMMANUEL DES ESSARTS. — Par ce volume excellent (*Au fil de l'eau*) comme par l'ensemble de son œuvre, Albert Mérat a conquis sa place au premier rang des jeunes poètes. Ce n'est pas un narrateur tel que Coppée, un psychologue comme Sully Prudhomme, comme Silvestre, un alexandrin pénétré de «modernité»; c'est, en poésie, un peintre de genre et de paysage, encadrant ses tableaux dans les quatrains de la stance ou du sonnet. Il a semé des chefs-d'œuvre dans tous ses recueils et déployé dans son art une certitude, une souplesse qu'aucun autre n'a dépassées.

[*Anthologie des Poètes français du* xixe *siècle* (1887-1888).]

MARCEL FOUQUIER. — M. Mérat a publié *les Chimères, les Villes de marbre*, que l'Académie française orna de son vert laurier, *Au fil de l'eau* et les *Poèmes de Paris*. Ce sont, à mon gré, deux livres tout à fait exquis, que le bon La Fontaine, parisien et flâneur s'il en fût, aurait à brûle-pourpoint proposés à l'admiration des «honnêtes gens» de sa connaissance, dans la rue.

M. Mérat aime Paris à la folie.

Comme il l'aime et comme il le connaît! En se promenant, sans autre compagne même que sa rêverie ou cette vague musique que les poètes écoutent en leur cœur, dans le bruit et le silence des choses, comme il regarde, comme il devine tout, comme tout l'intéresse, l'émeut des mille détails de la vie qui passe! Une femme entre à l'église et prie en sa grâce de parisienne agenouillée : sait-elle, saura-t-elle jamais qu'un poète l'a vue ainsi et qu'il a pensé, en la voyant, à la divine douceur mystique de l'Évangile? Elle monte les Champs-Élysées dans son coupé, à l'heure du lac : sait-elle que le poète l'a reconnue et, à cette minute, dans la lumière d'or du jour qui meurt, sincèrement et mélancoliquement aimée? Une fleur aperçue dans un terrain vague ou sur le rebord d'une fenêtre, à un étage proche du ciel, un coin joyeux du faubourg, un pauvre intérieur étudié d'un coup d'œil qui en fait sentir la noire misère, un enterrement par la pluie, tout est bon aux rêves

du poète. Sa journée est faite de ces riens insaisissables à d'autres, et sa vie. Ce qu'il a vu il le peint avec une adorable vérité d'observation.

[*La France* (5 janvier 1888).]

MERCŒUR (Élisa). [1809-1835.]

Poésies (1827). – *Poésies* (1829). – *Poésies* (1843).

OPINION.

L. LOUVET. — Les vers d'Élisa Mercœur ont de l'originalité; son style a de la naïveté, de la grâce, de la sensibilité, de la chaleur, mais quelquefois de l'inégalité et de l'obscurité. L'amour de la gloire l'anime, mais on lui reproche d'étaler de l'érudition.

[*Nouvelle Biographie générale* (1865).]

MERRILL (Stuart).

Les Gammes (1887). – *Pastels en prose* (1890). – *Les Fastes* (1891). – *Les Petits Poèmes d'automne* (1895). – *Poèmes* (les *Gammes; les Fastes; Petits Poèmes d'automne; le Jeu des Épées*) [1897]. – *Les Quatre Saisons* (1900).

OPINIONS.

ALBERT MOCKEL. — Stuart Merrill a la science de la ligne décisive, comme il sait onduler toutes les souplesses d'une attitude; mais, il faut le remarquer, ses formes sont presque toujours en équilibre statique, telles que les fortes et nobles créations de Constantin Meunier, par exemple; le geste, chez lui, peut s'immobiliser indéfiniment, par cela même qu'il indique plus souvent un état qu'une action, et donne mieux l'impression de la chose qui dure. De plus, si sa ligne est ferme, le trait n'a jamais de dures arêtes, et c'est bien comme les œuvres de peintres italiens; dont les formes très précises ne se découpent jamais cependant avec sécheresse, mais sont harmoniées sur un fond qui participe de leur vie.

Les Fastes ont de l'éclat surtout, mais leur beauté procède encore de plusieurs autres qualités parfois opposées, depuis la douceur nacrée de Watteau jusqu'à la force qui tend les muscles. Et, puisqu'il est toujours bon d'user de comparaisons lorsqu'il s'agit d'un poète, je voudrais dire encore combien je songeais à Stuart Merrill en feuilletant l'album de Walter Crane : *Princesse Belle-Étoile*.

Ce qui frappe en Stuart Merrill, après la lumière dont il inonde son vers, c'est le sens du légendaire avec le don de suggérer. Ses personnages, nettement accusés comme ceux des gothiques de Cologne, restent pourtant lointains comme eux, et le rêve qui les entoure se communique à nous par l'enchantement de la musique.

[*La Wallonie* (1891).]

EDMOND PILON. — Après M. Mallarmé, mais d'une façon lucide, autrement, M. Merrill est. de tous les poètes «mélodistes» de la génération hautaine qui s'est levée, un des plus purs et certainement le plus musical. Pourtant, de cette forme compliquée un peu, sa personnalité n'a pas souffert. C'est que son éducation, formée à toutes les universelles beautés, s'est compliquée, dans l'adoration, à Bayreuth, de Wagner; en Allemagne et en Italie, des très merveilleux primitifs; à Londres, des préraphaélites; et, en France, de la lecture approfondie de Verlaine, de Villiers, de Dierx, de Hugo, de Baudelaire. M. Merrill fut d'abord le frère d'armes des premiers poètes symbolistes, et il reste l'ami de MM. de Regnier, Vielé-Griffin, Verhaeren et Retté. Américain d'origine, il est bien le compatriote de ce suprême et grand Edgar Poë, de celui qui osa penser que la poésie était la création rythmique de la beauté, lorsqu'il écrivit que cette beauté était une des conditions de la parfaite vie «au même titre que la vertu et la vérité».

[*Le Courrier français* (1895).]

REMY DE GOURMONT. — Le poète des *Fastes* dit, par le choix seul de ce mot, la belle franchise d'une âme riche et d'un talent généreux. Ses vers, un peu dorés, un peu bruyants, éclatent et sonnent vraiment pour des jours de fête et de fastueuses parades, et quand les jeux du soleil s'éteignent, voici des torches allumées dans la nuit pour éclairer le somptueux cortège des femmes surnaturelles... Après de si éclatantes trompettes, *les Petits Poèmes d'automne*, le bruit du rouet, un son de cloche, un air de flûte dans un ton de clair de lune : c'est l'assoupissement et le rêve attristé par le silence des choses et l'incertitude des heures... M. Stuart Merrill ne s'est pas embarqué en vain, le jour qu'il voulut traverser les Atlantiques, pour venir courtiser la fière poésie française et lui planter une fleur dans les cheveux.

[*Le Livre des Masques*, 1ʳᵉ série (1896).]

LOUIS DE SAINT-JACQUES. — Il est bien entendu que je ne fais pas un grief à M. Merrill d'avoir le souffle court, je le note seulement. Il ne pourra déchaîner ni des orages ni des tempêtes, il ne bouleversera pas, il n'aura rien d'impétueux ni de lyrique. Mais les souffles courts peuvent plaire, si l'on sait en tirer parti. On les modulera en soupirs, qui ne sont pas sans charme, en mélodies tendres, en plaintes frêles. Et ce seront alors des chansons douces, comme d'une teinte effacée, des ballets de Lulli où sourient de mièvres marquises, des brises ailées et des caresses, toute une savante combinaison de syllabes fondues, atténuées, prolongées ou redoublées, des divertissements verbaux exécutés par un rêveur légèrement triste qui fermerait les yeux pour ne pas être distrait par les choses réelles et mieux rêver les rêves qu'il a élus. Non content de ces variations souvent exquises, M. Merrill donne parfois de la trompette. Mais il s'y essouffle vite : le temps d'un sonnet héroïque ou de quelques strophes éclatantes, et c'est tout. Que ce soit pour *les Gammes*, *les Fastes*, *les Poèmes d'automne* ou *le Jeu des épées*, invariablement il procède de façon qu'en chacun de ces recueils la pièce terminale soit la plus longue : or, elles ne le sont jamais beaucoup. On y sent vite que M. Merrill ne saurait aller très loin et que bientôt l'essoufflement lui serrera la gorge, et cela ne manque jamais.

[*La Plume* (1897).]

YVES BERTHOU. — Les vers de Stuart Merrill ont les riches colorations des ciels d'aube et de crépuscule et des ciels nuageux à l'heure des levers de lune. Ils ont l'éclatante sonorité des fanfares. Mais ils ont aussi l'émotion qui vivifie. L'imagination magnifique de ce poète évoque les héros et les pâles princesses de la légende et les fait passer sur de somptueux décors. Et ce sont aussi des âmes voilées errant dans des paysages brumeux.

[*La Trève-Dieu* (1897).]

TRISTAN KLINGSOR. — Ce dernier recueil (*Les Petits Poèmes d'automne*) nous montrait M. Stuart Merrill sous un jour nouveau et mélancolique. Il y avait transcrit le charme secret des souvenirs, toute la poésie cachée de l'automne et la tristesse discrète de l'amour oublié. Quelques-uns de ces petits poèmes, *Au temps de la mort des marjolaines*, entre autres, sont parmi les plus délicieux que je connaisse. Ils font un peu songer à l'adorable *Intermezzo*, de Heine, mais sans cette nuance d'ironie légère qu'on trouve sans cesse chez l'écrivain allemand. Au contraire de ce qu'on pourrait croire du reste, la spontanéité de l'inspiration ne gêna jamais l'habileté de M. Stuart Merrill. Au lieu d'y perdre, le vers y gagna en douceur et en musique. Devenu plus subtil et plus délicat, son talent se laissa moins voir et devint par là même plus étonnant. Presque toujours la construction de la phrase parallèlement à l'ordre des sensations, le rythme, les sonorités de voyelles et de consonnes, tout cela s'unit harmonieusement pour suggérer une image... *Le Jeu des épées* qui termine la première série des poèmes de M. Stuart Merrill est composé de pièces écrites à des époques assez distantes, pour qu'on y trouve réunies toutes les qualités, qui caractérisent chacun des livres précédents. Seul, le magnifique *Chant de Satan* semble indiquer la volonté décisive du poète de se hausser à un art plus violent et plus puissant. C'est du reste ce que montrent aussi quelques fragments de son œuvre future des *Quatre Saisons*. Ce qu'on y voit encore, c'est un retour vers la campagne, vers la maison de douce solitude... Après avoir chanté les plus glorieuses des légendes dans *les Fastes*, puis la douceur de l'automne avec *les Petits Poèmes*, le voici qui chante simplement la beauté des choses.

[*L'Ermitage* (1898).]

GEORGES PIOCH. — Parce qu'il participe de la vie par cet amour qui souffre et jouit d'homme à femme, parce qu'il la surpasse en bonté et la domine par le pardon, ce livre (*Les Quatre Saisons*), qui nous vient avec le printemps, peut-il être admiré et chéri comme le commentaire généreux d'une année ; mieux même : de l'Année... Le goût littéraire y cueille des joies rares : celles qu'un art hautain et délicat procure et que fortifie le rayonnement d'une libre pensée ; celles, aussi, d'une surprise. Docile à l'exemple de presque tous les poètes et, de psus, excipant de la supériorité esthétique des joyaux, *les Gammes*, *les Fastes*, *le Jeu des épées*, et ce délicieux cantique païen : *Petits Poèmes d'automne*, M. Stuart Merrill aurait pu refaire ses premiers livres. C'eût été bien. Il ne l'a point voulu. C'est mieux. Son inspiration, apparaît-il, se recueillit en une maison de bon accueil, sise sur la lisière d'un menu village et que veille la gloire sonore, aromatique et ténébreuse d'une forêt :

C'est ici la maison de douce solitude
Dont le vantail de bois ne s'entr'ouvre, discret,
Comme à l'appel de Dieu, qu'au cri d'inquiétude
Du vagabond venu du fond de la forêt.

Au gré des saisons, elle musa de la nature proche
à l'humanité ambiante, épelant des âmes au miroir
peu limpide des faces frustes, pénétrant les tâches
du village, son trantran passif, héroïsant les piètres
festins qui s'y accomplissent, et les confrontant,
pour un résultat de magnification harmonieuse,
avec l'autorité némorale.

Quelquefois, le poète se retourne par le souvenir
et l'angoisse devers la grande ville quittée. Et c'est
alors, en lui, comme un remords. Sans doute, est-il,
là-bas, des tâches nécessaires, — révolte, gestes de
justice, — qu'il ne faut point délaisser :

> Ô mon Dieu, je m'agenouille au coin du feu ;
> Et j'ose vous demander où est mon vrai devoir :
> Est-ce dans la joie de votre création, ô Dieu,
> Ou là-bas dans la ville où le soleil est noir ?

Ou bien son rêve s'élance «vers les villes qu'on
ne voit pas encore à l'horizon». Alors, c'est en lui
la révolte de cette spontanéité, que j'ose qualifier
de contre-nature et contre-Dieu, qui chante en lui
et l'a voué depuis toujours à l'amour, à la bonté.
Grondante en ces admirables poèmes : *On se bat au
bout du monde*, *Le veilleur des graines*, en d'autres
encore ; elle s'affirme en celui-ci, *Les poings à la
porte*, — le plus beau du livre, à mon avis, —
comme la signification suprême de l'effort poétique
de M. Stuart Merrill ; la dernière altitude idéale
qu'il a gravie et où il veut se maintenir :

> J'irai, heureux de croire à mon âme,
> Sous le signe céleste de ténèbres et de flammes,
> Qui annonce la vie ou la mort aux veilleurs,
> Détruire, pour les rebâtir, les remparts trop vieux,
> Où se déferleront, demain, les étendards de Dieu.

Tout cela, et l'intimité d'amour qui l'adoucit et
l'éclaire de ses grâces, M. Stuart Merill le confie
par le moyen d'un verbe, moins brillant, certes,
que celui des *Gammes* et des *Fastes*, mais d'une
authenticité presque impeccable et qui, toute singularité inutile élaguée, se déroule dans une perpétuelle euphonie.

[*Germinal* (1er mai 1900).]

A. Van Bever. — Disciple fervent de la Beauté,
il le fut non moins de la Justice, et pendant que
ses vers, en France, faisaient le charme d'une élite,
il organisait les groupes socialistes américains à
New-York. Magicien fastueux, faisant revivre dans
des décors d'enchantement les gracieuses figurines
des légendes abolies, il prenait sa part dans la vie
contemporaine en lui apportant une idée de consolation. Depuis, M. Stuart Merril s'est éloigné de la
lutte ; plus impérieusement enfermé dans son art,
— sans renier toutefois ses convictions, — il a tenu
à s'affirmer, par ses visions et son rythme, celui
que d'aucuns avaient pressenti. La nécessité de s'exprimer noblement ne tend-elle point d'ailleurs à la
réalisation d'un grand rêve social, puisqu'elle impose la plus grande part de perfection humaine.

[*Poètes d'aujourd'hui* (1900).]

MÉRY (Joseph). [1798-1865.]

Napoléon en Égypte, avec Barthélemy (1828).
— *Le Fils de l'homme*, avec Barthélemy (1829).
— *Waterloo*, avec Barthélemy (1829). —
Œuvres poétiques de Barthélemy et Méry,
4 vol. (1831). — *Les Douze journées de la Ré-*
volution, avec Barthélemy (1833-1835).
Héva ; la Floride ; la Guerre de Nizam (1843-
1847). — *Le Chariot de terre cuite, du roi
Soudraka*, adaptation avec G. de Nerval (1850).
— *Les uns et les autres*, souvenirs contem-
porains (1864).

OPINIONS.

Auguste Desplaces. — Pas plus que l'auteur de
la *Némésis*, on ne doit omettre le spirituel poète
Méry. Le grand ressort de ce talent-là, c'est l'esprit,
un esprit souple, toujours dispos, plein de saillies
et de couleur.

[*Galerie des poètes vivants* (1847).]

Alexandre Dumas. — Barthélemy est de haute
taille, Méry de taille ordinaire ; Barthélemy est
froid comme une glace, Méry ardent comme la
flamme ; Barthélemy muet et concentré, Méry loquace et tout en dehors ; Barthélemy manque d'esprit dans la conversation, Méry est une cascade de
mots, un paquet d'étincelles, un feu d'artifice.

[*Souvenirs de 1830 à 1842* (1854).]

Philoxène Boyer. — C'est d'Ovide que descend
ce charmeur ! En vain, un témoignage qui a force
d'oracle lui confère la dignité d'une généalogie
plus mémorable encore en vain, Hugo lui-même
consacre

> ... Méry, le poète charmant
> Que Marseille la Grecque, heureuse et noble ville,
> Blonde fille d'Homère, a fait fils de Virgile.

Je résiste cette fois, cette fois seulement, à l'autorité irrésistible... D'Ovide à Méry, au contraire,
c'est l'identité qui certifie la parenté. Chez tous
deux, l'art des vers est un don gratuit et naturel ;
pour tous deux, «diversité, c'est la devise» ; ils cour-
tisent, en passant, Melpomène ; ils décorent leurs
impressions de voyage des ornements de la métrique
et du bel esprit ; ils brassent et rebrassent en mille
façons leurs imaginations amoureuses, et, dans
leurs livres galants, comme dans les rues d'Abdère
affolée, résonnent les litanies voluptueuses de «Cupidon, prince des hommes et des dieux» ; diseurs
raffinés, railleurs aisés, complimenteurs faciles,
tous deux fuient la solitude, s'égaient à répandre
leurs qualités aimables, et s'évertuent à propager,
devant les assemblées brillantes, le mérite et la
renommée de leurs contemporains et de leurs prédécesseurs.

[*Crépet, les Poètes français* (1863).]

Édouard Fournier. — C'est en Italie qu'il alla
dépenser sa verve. La part qu'il avait prise au
beau poème de *Napoléon en Égypte*, et à celui du
Fils de l'homme, lui avaient acquis toutes les sympathies des Bonaparte de Florence et de Rome. Il
fut leur hôte et leur enchanteur. Que de vers il
éparpilla sous ce beau ciel, que d'improvisations à
chaque coin de cette terre bénie, où il semblait
aller comme le féerique épagneul des contes de
La Fontaine, qui court en secouant des pierreries !

[*Souvenirs poétiques de l'école romantique* (1880).]

MESTRALLET (Jean-Marie).

Poèmes vécus (1888). — *L'Allée des Saules*
(1900).

Jean Lombard. — Ce sont là des vers sensitifs et d'une certaine allure de sincérité qui plaît et charme malgré soi, que ceux de ce volume tout nouvellement paru. M. J.-M. Mestrallet ne se montre ni absolument décadent ni tout à fait parnassien; il tient une place entre les deux formules de l'art poétique actuel, et même il ajoute à ces formules quelque chose d'intime dont la douceur sied.

[*La Célébrité contemporaine* (décembre 1888).]

Frédéric Loliée. — C'est l'amour qui remplit les *Poèmes vécus* de M. Jean-Marie Mestrallet. Vécus; en effet, ils le paraissent, ils doivent l'avoir été. Là respire non pas la vie matérielle, mais celle d'un cœur aimant, mélancolique et désillusionné. Dans la première partie : *Une Aimée* et *Jours mauvais*, M. Mestrallet a trop poussé au noir la note de sa désillusion ; il tombe, par instant, dans un pessimisme exagéré. Cependant plusieurs pièces déjà sont charmantes, en particulier divers sonnets et pièces fugitives, légers tableaux de tendresse intime, qu'enveloppe un certain vague triste et poétique.

[*Polybiblion* (mai 1889).]

Paul et Victor Margueritte. — Toutes les qualités qu'on peut apprécier dans le premier livre de M. Mestrallet, on les retrouve, mais frappées au coin d'une maîtrise plus sûre, plus nette, plus sobre, dans *l'Allée des Saules*. Il y a moins de soleil, moins de clarté diffuse dans ce second recueil, mais le crépuscule y prend plus de profondeur, les ombres mélancoliques du soir y traînent plus de recueillement. La douleur est venue, et, avec elle, l'âme s'est libérée, agrandie. Elle sort plus belle du creuset terrible; elle rend maintenant un son de métal, affreusement triste, mais singulièrement pur; elle s'exprime avec candeur, franchise et simplicité.

Et ce n'est pas seulement l'âme qui a gagné en largeur et en élévation, c'est la technique même, la prosodie du poète qui sont parvenues à leur parfait développement, à ce point où, entre la pensée et l'expression, il y a fusion absolue.

[*La Revue hebdomadaire* (2 juin 1900).]

MESUREUR (Amélie Dewailly, Mme Gustave).

Nos Enfants, poésies, avec lettre–préface de F. Coppée (1885). – *Rimes roses* (1895).

E. Ledrain. — Quelle forme précieuse et familière bien appropriée au sujet, dans *Nos-Enfants*! Quel art de relever et de fixer les petites choses; les plus minces détails de la vie enfantine! Chacun de ces tableautins est un chef-d'œuvre d'observation, de naturel, d'esprit parisien. Nulle part de l'effort; partout de la grâce.

[*Anthologie des Poètes français au xix° siècle* (1887-1888).]

MEUNIER (Alexandre).

Ghislaine (1897). – *La Bagatelle*, comédie en un acte (1900).

Maurice Magre. — *Ghislaine* est un drame cruel et sombre dont les situations sont empreintes parfois de tragiques beautés.

[*L'Effort* (décembre 1897).]

MEURICE (Paul).

Falstaff, drame en cinq actes, avec Vacquerie et Th. Gautier (1842). - *Le Capitaine Parole*, un acte en vers, avec Vacquerie (1843). – *Antigone*, tragédie en cinq actes, avec Vacquerie, d'après Sophocle (1844). - *Hamlet*, tragédie en cinq actes en vers, avec Dumas et Maquet, d'après Shakespeare (1847). – *Benvenuto Cellini*, drame en cinq actes (1852). – *Paris*, drame en cinq actes (1855). – *Fanfan la Tulipe*, drame en cinq actes (1858). – *Le Maître d'école*, drame en cinq actes, avec F. Lemaître (1858). – *Le Roi de Bohême et ses six châteaux* (1859). – *Les Beaux Messieurs de Bois-Doré*, drame en cinq actes, avec George Sand (1862). – *François les Bas bleus*, drame en sept actes (1863). – *Le Drac*, trois actes, avec George Sand (1864). – *Le Pavillon des amours*, avec V. Vernier (1864). – *Les deux Diane*, drame en cinq actes (1865). – *La Vie nouvelle*, comédie en cinq actes (1867). – *Les Misérables*, drame en cinq actes, avec Victor et Charles Hugo (1870). – *La Brésilienne*, drame en cinq actes, avec Mathey (1878). – – *Quatre-vingt-treize*, drame en 12 tableaux, d'après Victor Hugo (1881). – *Le Songe d'une nuit d'été*, féérie (1886). – *Struensée*, drame en cinq actes et en vers (1898).

Alfred Barbou. — L'œuvre de Paul Meurice restera. Elle est simple, concise et forte. Le style clair, vigoureux, dégage nettement la pensée; l'action va droit au but. Point de détours; rien d'inutile. C'est le romantisme et son éclat, le réalisme vrai. L'étude humaine est à la fois passionnée et fidèle. Le disciple de Hugo a su mériter d'être appelé maître à son tour.

Laborieux, infatigable, Paul Meurice a fait une besogne gigantesque. En même temps qu'il s'est occupé avec un zèle de tous les instants des publications du poète de France, il n'a cessé de produire lui-même. Le récit de l'emploi de ses journées serait un récit merveilleux; je ne crois pas qu'il se souvienne d'une heure inutilement employée.

Il est à la fois un grand écrivain et un grand caractère. Fondateur de *l'Événement* de 1848, il a payé de neuf mois de prison cette audace, et pendant toute la durée du second Empire il s'est montré au premier rang parmi les inflexibles défenseurs du droit violé. Resté en France, il allait chaque année à Guernesey porter à l'exilé les nouvelles et les fleurs de la France. Et quand il fut possible de recommencer la bataille de la liberté, il se retrouva sur la brèche parmi les rédacteurs du *Rappel*, à côté de son ami Vacquerie.

Ce fut une belle lutte, on s'en souvient.

Quand les jours meilleurs furent venus, Meurice ne cessa pas de travailler; au contraire. Il avait créé des drames d'une puissance prodigieuse; il avait écrit par centaines ces pages que les journaux recueillent et que l'acheteur disperse; il continua sa tâche et s'imposa, par respect et par reconnaissance, une tâche effroyable : la publication de l'édition *ne varietur* de Victor Hugo.

Plus d'une fois, Paul Meurice mit au théâtre des romans du maître avec un soin pieux. Mais il était réservé à l'ami de Victor Hugo l'honneur, nous dirons même la gloire, de mettre à la scène *Quatre-vingt-treize*.

[*Les Hommes d'aujourd'hui.*]

Victor Hugo. — ... Paul Meurice, un esprit lumineux et fier, un des plus nobles hommes de notre temps... De nos jours, l'écrivain doit être au besoin un combattant; malheur au talent à travers lequel on ne voit pas une conscience! Une poésie doit être une vertu. Paul Meurice est une de ces âmes transparentes au fond desquelles on voit le devoir...

[*Depuis l'Exil* (1874).]

MEUSY (Victor).

Chansons d'hier et d'aujourd'hui (1889). — *Chansons modernes* (1891).

OPINION.

Anatole France. — M. Meusy parle aussi l'argot parisien; mais ses personnages sont moins séparés de la société que ceux de M. Bruant... Ils font de la politique... J'estime la muse de Victor Meusy.

[*La Vie littéraire*, 3ᵉ série (1891).]

MICHEL (Henri).

Les Chants de la Vie (1897).

OPINION.

Paul Souchon. — M. Henri Michel appartiendrait par ses goûts à un groupe de poètes contemporains auxquels il n'a manqué, pour être originaux, qu'une moindre abondance et un choix plus précieux dans leurs images. Je veux parler de Maurice Bouchor, de Jean Richepin et aussi de ces morts d'hier, Jules Tellier et Paul Guigou, ravis trop tôt à leurs amis et à la poésie. Mais M. Henri Michel a su mieux qu'eux réserver son originalité. Elle est tout entière dans sa sobriété, dans ce courage et cette modestie qui lui ont fait sacrifier tant de vers et hésiter si longtemps à en publier quelques-uns. Sa poésie a gagné en force et en signification ce qu'elle a perdu en diffusion et en banalité.

[*Le Geste* (décembre 1897).]

MICHELET (Victor-Émile).

L'Ésotérisme dans l'art (1900). — *Holwennioul, conte* (1900). — *Contes surhumains* (1900). — *Contes aventureux* (1900).

OPINIONS.

Léon Bazalgette. — Un caractère général de ses vers et de sa prose, c'est la mystérieuse mélodie intérieure dont l'accompagnent les échos de sa pensée, qu'elle soit magnétiquement attirée par l'éternel féminin des choses ou enivrée par le flamboiement de l'abstrait.

[*Portraits du prochain siècle* (1894).]

Louis Ernault. — Parmi les *Contes surhumains* qui, presque tous, sont des poèmes en prose, figure un poème en vers : *La Détresse d'Hercule*.

Je sais que viendra l'heure où j'étreindrai mon rêve,
Mais avec des bras morts, peut-être, ou si lassés!»

Un recueil de vers de l'auteur est d'ailleurs annoncé pour paraître sous ce titre : *la Porte d'Or*. Les lecteurs des *Contes surhumains* auront été déjà conduits jusqu'aux soubassements premiers du Portique : ils en attendront avec impatience l'édification absolue.

[*L'Humanité Nouvelle* (février 1900).]

MIKHAËL (Ephraïm). [1866-1890.]

L'Automne (1886). — *La Fiancée de Corinthe*, avec B. Lazare (1888). — *Le Cor fleuri*, féérie en un acte, en vers (1889). — *Poésies*, poèmes en prose (1890). — *Briséis*, avec Catulle Mendès (1897).

OPINIONS.

Teodor de Wyzewa. — Ephraïm Mikhaël est respectueux des prosodies traditionnelles : il a pour M. Leconte de Lisle et pour tous nos maîtres une déférence louable. Ses vers sont même, si l'on veut, des musiques; mais ces musiques ne sont pas sagement enchaînées pour former des symphonies totales et pour traduire des émotions définies. Ils me plaisent seulement comme les improvisations d'un pianiste.

[*La Revue indépendante* (1887).]

Edmond Pilon. — Le Parnasse fut une école de forme, et, dans cette forme, Mikhaël eut la gloire de modeler une pensée nouvelle; il eut la noble intuition d'en ôter toutes les images extérieures, de s'affranchir de toutes les mythologies et d'y couler, comme un bronze divin, l'émotion de son rêve, la poignante sensation de ses désirs et de ses espoirs.

[*L'Ermitage* (1894).]

Pierre Quillard. — Écarter le voile d'ombre, rompre par des paroles de gloire le sépulcral silence où dort celui qui jugeait également futiles, en présence de l'éternité, l'ostentation de l'orgueil et la plainte lâche de l'ennui, quelle main l'oserait, et quelle voix profanatrice?

Qu'il sommeille donc le poète dont la mémoire nous défend des félonies envers l'art et envers les hommes, et que nul ne révèle l'intime trésor de cette âme fière et douce, douloureuse de se sentir recluse en soi-même par un trop noble amour des êtres vivants, des lueurs et des frissons qui troublent d'inquiétudes passagères la terre et le ciel, et des immuables étoiles qu'il avait entrevues!

Du moins, nos voix pieuses ne tairont point leur ferveur pour le chant qui subsiste après les lèvres closes et les cordes de la lyre brisées. Par lui et de lui, hors des maternelles ténèbres qui gardent en leur sein la splendeur latente de tous les astres, intègre et neuve, une vierge immortelle est née.

Les couronnes et les guirlandes que nous avons suspendues aux portes de sa demeure taciturne se faneront avec nous, quand nous nous abîmerons à notre tour dans la grande nuit. Mais elle ne cessera point, dans les âges futurs, de retenir les hommes, charmés au crépuscule par son émouvante beauté, et qui pleureront avec elle que son chant, chaque soir, s'achève en un sanglot de deuil.

[*L'Effort* (avril 1897).]

HENRI DE RÉGNIER :

SUR UN VERS D'EPHRAIM MIKHAËL.

Vers le marbre funèbre où ta cendre repose,
Ton ombre transparente et divine revient
Voir le sombre laurier survivre aux rouges roses
Dont la jeunesse ardente embauma ses deux mains.

La fleur fraîche a péri, mais la feuille éternelle
Verdoie, et tu souris, poète, et tu entends
Chanter, échos amis de ta voix fraternelle,
«Les ueurs de syrinx épars dans le printemps».

[*L'Effort* (avril 1897).]

EMMANUEL DELBOUSQUET. — Il fut de ceux-là que la mort arrête en pleine conquête et qui tombent sans avoir connu leur gloire. Son nom demeure en quelques mémoires, gravé religieusement, mais aucun n'a songé, à la fin de cette période littéraire, à lui offrir une part des palmes cueillies le plus noblement. Il laissa pourtant une œuvre glorieuse, encore qu'inachevée, où puisèrent, trop impunément peut-être, puisqu'il n'était plus là pour la garder jalousement, ceux qui suivirent la trace altière de ses pas pour moissonner ses posthumes floraisons.

[*L'Effort* (avril 1897).]

REMY DE GOURMONT. — Puisqu'il ne nous laissa que de trop brèves pages, l'œuvre seulement de quelques années; puisqu'il est mort à l'âge où plus d'un beau génie dormait encore, parfum inconnu, dans le calice fermé de la fleur, Mikhaël ne devrait pas être jugé, mais seulement aimé... Parallèlement à ses poèmes, Mikhaël avait écrit des contes en prose; ils tiennent dans le petit volume des *Œuvres*, juste autant, juste aussi peu de place que les vers... Il suffit d'avoir écrit ce peu de vers et ce peu de prose : la postérité n'en demanderait pas davantage, s'il y avait encore place pour les préférés des dieux dans le musée que nous enrichissons vainement pour elle et que les barbares futurs n'auront peut-être jamais la curiosité d'ouvrir.

[*Le Livre des Masques*, 2⁰ série (1898).]

A. VAN BEVER. — Il mourut brusquement le 5 mai 1890, laissant, outre des poèmes en prose et des notations publiés dans divers périodiques, un drame inédit, *Briséis*, écrit en collaboration avec M. Catulle Mendès.

Le premier acte de cette œuvre, mis en musique par Emmanuel Chabrier, fut interprété, pour la première fois, le dimanche 31 janvier 1897, aux Concerts Lamoureux. Par une singulière fatalité, M. Catulle Mendès seul put recueillir l'enthousiasme du public. Un souffle de mort avait fauché à son tour le musicien, et ce souvenir funèbre ajouta, semble-t-il, à l'émotion poignante du drame...

Poète né au pays du soleil, Ephraïm Mikhaël a la mélancolie des hommes du Nord; sa prescience

de la mort obsède parfois. Quoique influencé par ceux du Parnasse agonisant, il apporta dans son art une pensée modelée sur une forme nouvelle, et celui qui fut couronné pour le poème *Florimond* au concours de *l'Écho de Paris* (décembre 1889) n'eût pas tardé, — ses derniers vers en témoignent, — à participer à l'œuvre originale de son temps.

[*Poètes d'aujourd'hui* (1900).]

MILLANVOYE (Bertrand-Casimir).

Le Dîner de Pierrot, comédie en un acte, en vers, avec J. Truffier (1881). - *Régine*, comédie en quatre actes (1885). - *Le D*ʳ *Mirimus*, avec Cressonnois (1891). - *Le Dîner de Pierrot*, opéra-comique en un acte (1893). - *La Double Épreuve*, comédie en un acte, avec Endel (1894). - *La Nuit blanche*, pantomime (1894).

OPINION.

L.-K. — C'est un bien délicieux petit acte que ce *Dîner de Pierrot* dû à la collaboration de MM. Truffier et Bertrand Millanvoye. Toute la verve banvillesque, unie à la grâce de la comédie italienne, s'y donne libre cours. C'est amusant, fin et précieux.

[*Le Mascarille* (1881).]

MILLEVOYE (Charles-Hubert). [1782-1816.]

Les Plaisirs du poète, suivi de poésies fugitives (1801). - *Armand*, ou les tourments de l'imagination et de l'amour (1802). - *Étrenne aux sots* (1802). - *Satire des romans du jour* (1803). - *L'Amour maternel*, poème (1805). - *L'Indépendance de l'homme de lettres* (1805). - *La Bataille d'Austerlitz*, poème (1806). - *L'Invention poétique* (1806). - *Le Voyageur* (1807). - *Belzunce ou la Peste de Marseille*, suivi de poèmes (1808). - *Les Bucoliques*, trad. du latin (1809). - *Hermann et Thusnelda*, poésie lyrique (1810). - *Les Embellissements de Paris* (1811). - *La Mort de Rotrou* (1811). - *Charlemagne*, poème en dix chants (1812). - *Élégies*, suivies d'*Emma et Eginard* (1812). - *Goffin*, ou le héros liégeois (1812). - *Poésies diverses* (1812). - *Alfred*, poème (1815).

OPINIONS.

MARIE-JOSEPH CHÉNIER. — M. Millevoye, le même dont nous venons de parler, vient de donner au public un nouveau recueil de ses poésies. Il est dans ce recueil un nouvel ouvrage qui mérite beaucoup d'estime à plusieurs égards : c'est un petit poème intitulé: *Belzunce ou la Peste de Marseille*. On y désirerait plus de variété, une ordonnance plus imposante, des épisodes plus touchants et mieux conçus; mais on y trouve de la gravité, de l'élégance, de l'harmonie, d'énergiques tableaux.

[*Tableau historique de l'état et des progrès de la littérature française depuis 1789* (édit. de 1834).]

Bernard Jullien. — Millevoye, poète digne à plusieurs égards de l'attention de la postérité, s'est exercé assez souvent dans la narration poétique, et malheureusement il l'a toujours fait sans le moindre succès; tellement que si l'on voulait juger de son mérite par ses travaux dans ce genre, on le mettrait avec raison au rang de ceux dont le nom est devenu ridicule.

[*Histoire de la poésie à l'époque impériale* (1844).]

De Pongerville. — Millevoye, cependant, ne s'élève au premier rang que dans l'élégie, le fabliau, la poésie délicatement érotique où l'esprit est toujours l'intermède de la volupté. Que de naturel et de grâce dans *Emma et Éginard!* Chaque mère dans *l'Amour maternel* ne croit-elle pas entendre le cri de son propre cœur! Quoi de plus touchant que *l'Anniversaire* où le poète déplore la mort de son père! L'élégie fut-elle jamais plus attendrissante que dans *la Demeure abandonnée, le Poète mourant, le Souvenir, la Promesse, l'Inquiétude, le Bois détruit, la Chute des feuilles?*

[*Biographie générale* (1845).]

Charles Nodier. — Cette persévérance dans ce qu'on appelait la voie classique, cette servilité d'imitation que l'on apprenait au collège, une prétention plus déplorable encore, et c'était, à la vérité, la seule dont ce brillant esprit se fût jamais avisé, celle de surprendre, par des riens cadencés comme on en rimait alors, le suffrage routinier d'un auditoire académique, empêchèrent Millevoye de parvenir à tous les succès auxquels il pouvait prétendre.

[*La Revue de Paris* (1846).]

Charles Asselineau. — Malgré tant de défauts, malgré tant de faiblesses, le nom de Millevoye vivra. Il vivra comme celui de Rouget de l'Isle, moins bon poète que lui, mais qui, dans un jour d'orage, put montrer à tous son visage à la clarté pénétrante de l'éclair. Petits ou grands, c'est quelque chose de trouver une *Marseillaise :* Millevoye a trouvé la *Marseillaise* des mélancoliques.

[*Bibliographie romantique* (1872).]

MILLIEN (Achille).

La Moisson (1860). - *Chants agrestes* (1862). - *Premières poésies* (1859-1863). - *Les Poèmes de la Nuit* (1864). - *Musettes et Clairons* (1866). - *Légendes d'aujourd'hui* (1870). - *Nouvelles poésies* (1864-1873). - *Voix des ruines* (1874). - *Poèmes et Sonnets* (1879). - *Chez nous* (1896).

OPINIONS.

Sainte-Beuve. — Parmi ceux que la Bourgogne revendique, M. Achille Millien est, ce me semble, un des plus sincères, des plus franchement agrestes.

[*Lundis* (12 juin 1865).]

A.-L. — Dans ses poèmes descriptifs, bien que rentrant un peu trop dans le travail technique de la flore agreste et des travaux divers de la campagne, il a cependant bien rendu les scènes de la vie rurale, parfois avec émotion, toujours avec sincérité.

[*Anthologie des Poètes français du xixe siècle* (1887-1888).]

MILOSZ (O.-W.).

Le Poème des Décadences (1899).

OPINIONS.

Paul Fort. — Il y a là des tons de luxure à la Swinburne, d'étranges et mystérieuses mélancolies à la Edgar Poë, du Verlaine, du Régnier peut-être; mais c'est surtout du M. O.-W. Milosz... Le titre de son poème ne m'a guère plu; ses poèmes m'ont enchanté.

[*Le Journal* (17 janvier 1900).]

Louis Payen. — M. O.-W. Milosz est un nouveau venu parmi les jeunes poètes; son volume est tout à fait remarquable. Avec un art très sûr, il manie le vers régulier comme le vers libre. Son verbe est sonore, précis, harmonieux, ses images rares et justes. Sa mélancolie hautaine et fière se teinte parfois d'ironie et de colères contenues. Il nous dit les tristesses d'amour avec un sourire infléchi d'amertume, les beautés et les hontes des décadences, en spectateur impassible.

Je voudrais lui laisser la parole le plus longtemps possible, c'est d'ailleurs le meilleur moyen de le faire apprécier de mes lecteurs. Voici de beaux vers :

Jette cet or de deuil où tes lèvres touchèrent,
dans le miroir du sang, le reflet de leur fleur
mélodieuse et douce à blesser!
La vie d'un sage ne vaut pas, ma Salomé,
ta danse d'Orient sauvage comme la chair,
et ta bouche couleur de meurtre, et tes seins couleur de désert.
. . . .
Et nous qui connaissons la certitude unique,
Salomé, des instincts, nous te donnons nos cœurs
aux battements plus forts que, les soirs de panique,
l'appel désespéré des airains de douleur,
et nous voulons qu'au vent soulevé par la robe,
et par ta chevelure éclaboussée de fleurs
se déchire enfin la fumée
de l'Idéal et des Labeurs.

Ô Salomé de nos hontes, Salomé!

Voilà des vers que je suis heureux de louer. M. Milosz prend avec eux bonne place parmi les poètes dont nous attendons beaucoup pour l'avenir.

[*Germinal* (1er mai 1900).]

MISTRAL (Frédéric).

Li Meissoun, poème en quatre chants (1848). - *Mirèio*, poème en douze chants (1859). - *Calendau*, poème en douze chants (1867). - *Lis Isclo d'or* (*Les Îles d'or*), poésies (1875). - *Nerto*, poème. - *La Rèino Jano*, tragédie provençale (1890). - *Le Poème du Rhône* (1897).

OPINIONS.

A. de Lamartine. — Tout le récit (*Mirèio*) est écrit, à peu près comme les chants du Tasse, en stances rimées de sept vers inégaux dans leur régularité. Ces stances sonnent mélodieusement à l'oreille, comme des grelots d'argent aux pieds des danseuses de l'Orient. Les vers varient leurs hémistiches et leur repos pour laisser respirer le lecteur, ils se re- lèvent aux derniers vers de la stance pour remettre l'oreille en route et pour dire, comme le coursier de Job : Allons!

Ces vers sont mâles comme le latin, femelles comme l'italien, transparents pour le français comme des mots de famille qui se reconnaissent à travers quelque différence d'accent. Je pourrais vous les donner ici dans leur belle langue originale, mais j'aime mieux vous les traduire en m'aidant de la naïve traduction en pur français classique faite par le poète lui-même. Nul ne sait mieux ce qu'il a voulu dire; notre français à nous serait un miroir terne de son œuvre : le sien à lui est un miroir vivant. A nous deux nous répondrons mieux aux nécessités des deux langues... Ne vous étonnez pas de la simplicité antique et presque triviale du début : il chante pour le village avec accompagne- ment de la flûte au lieu de la lyre. Arrière la trom- pette de l'épopée héroïque! C'est l'épopée des villa- geois, c'est la muse de la veillée qu'il invoque... Mais n'allons pas plus avant : nous enlèverions aux lecteurs futurs de ce poète des chaumières l'intérêt qui s'attache à tout dénouement. Laissons-leur la curiosité, ce viatique des longues routes, dans la lecture comme dans le drame. Ce dénouement est triste comme deux lis couchés dans le même vase après un débordement du Rhône dans les jardins de la Crau.

En ceci, le poète nous semble manquer de cette habileté manuelle de composition qui a manqué à Virgile dans l'*Énéide* et qui n'a manqué jamais ni au Tasse ni à l'Arioste. Mais, si la composition pouvait être plus riche de combinaisons drama- tiques, la poésie ne pouvait pas être plus neuve, plus pathétique, plus colorée, plus saisissante de détails. Cela est écrit dans le cœur avec des larmes, comme dans l'oreille avec des sons, comme dans les yeux avec des images. A chaque stance, le souffle s'arrête dans la poitrine et l'esprit se repose par un point d'admiration! L'écho de ces stances est un perpétuel applaudissement de l'âme et de l'imagi- nation qui vous suit de la première à la dernière stance, comme, en marchant dans la grotte sonore de Vaucluse, chaque pas est renvoyé par un écho, chaque goutte d'eau qui tombe est une mélodie.

Ah! nous avons lu, depuis que nos cheveux blan- chissent sur des pages, bien des poètes de toutes les langues et de tous les siècles. Bien des génies littéraires morts ou vivants ont évoqué, dans leurs œuvres, leur âme ou leur imagination devant nos yeux pendant des nuits de pensive insomnie sur leurs livres; nous avons ressenti, en les lisant, des voluptés inénarrables, bien des fêtes solitaires de l'imagination. Parmi ces grands esprits morts ou vivants, il y en a dont le génie est aussi élevé que la voûte du ciel, aussi profond que l'abîme du cœur humain, aussi étendu que la pensée humaine; mais, nous l'avouons hautement, à l'exception d'Homère, nous n'en avons lu aucun qui ait eu pour nous un charme plus inattendu, plus naïf, plus émané de la pure nature, que le poète villageois de Mail- lane... Si nous étions riche, si nous étions ministre de l'instruction publique ou si nous étions seulement membre influent d'une de ces associations qui se donnent charitablement la mission de répandre ce qu'on appelle les bons livres dans les mansardes et dans les chaumières, nous ferions imprimer à six

millions d'exemplaires le petit poème épique dont nous venons de donner une si brève et si impar- faite analyse et nous l'enverrions gratuitement, par une nuée de facteurs ruraux, à toutes les portes où il y a une mère de famille, un fils, un vieillard, un enfant capable d'épeler ce catéchisme de senti- ment, de poésie et de vertu, que le paysan de Maillane vient de donner à la Provence, à la France et bientôt à l'Europe.

[Cours familier de littérature (1859).]

J. BARBEY D'AUREVILLY. — Le poème de M. Fré- déric Mistral, qui n'en serait pas moins ce qu'il est, quand il serait signé par le Gazonal de Balzac, n'existe, comme toutes les œuvres vraiment poétiques, que par le détail, l'observation, le rendu et l'in- tensité du détail. Les artistes, comme Dieu, font quelque chose de rien. Le rien dont M. Frédéric Mistral a tiré sa colossale idylle est l'amour de la fille d'une fermière pour un pauvre vannier, à qui ses parents la refusent en mariage. De désespoir, cette fille, qui s'appelle Mirèio, va aux Saintes pour leur demander assistance, et elle meurt dans la chapelle même des Saintes des fatigues de son pè- lerinage. Tel est le fond du poème, tel est le motif de roman ou de romance qui, par le détail, devient épique et qui fait jaillir de la pensée du poète tout un monde grandiose, passionné, héroïque, infini, où passent des lueurs à la Corrège sur des lignes à la Michel-Ange!... Partout, à toutes les places de son poème, le poète de *Mirèio* ressemble à quelque beau lutteur qui garderait, comme un jeune dieu, sur ses muscles, lustrés par la lutte, des reflets d'aurore. Depuis André Chénier, on n'a rien vu, — si ce n'est les chants grecs publiés par Fauriel, — d'une telle pureté de galbe antique, rien de plus gracieux et de plus fort dans le sens le plus juste de ces deux mots, qui expriment les deux grandes faces de tout art et de toute pensée. Le poète de *Mirèio* est un André Chénier, mais c'est un André Chénier gigantesque qui ne tiendrait pas dans les *Quadri* où tient le génie du premier. Il y étoufferait. Grec, comme André Chénier, par le génie, l'auteur de *Mirèio* a, sur André, tombé de son berceau byzantin dans le paganisme de son siècle, l'avan- tage immense d'être chrétien, comme ces pasteurs de la Provence dont il nous peint les mœurs et nous illumine les légendes. A la fleur du laurier rose, aimé de Chénier et cueilli au bord de l'Eu- rotas, il marie l'aubépine sanglante du Calvaire.

[Les Œuvres et les Hommes : les Poètes (1862).]

THÉOPHILE GAUTIER. — Chacun a lu *Mirèio*, ce poème plein d'azur et de soleil, où les paysages et les mœurs du Midi sont peints de couleurs si chaudes et si lumineuses, où l'amour s'exprime avec la can- deur passionnée d'une idylle de Théocrite, dans un dialecte qui, pour la douceur, l'harmonie, le nombre et la richesse, ne le cède en rien au grec et au latin. Le succès a été plus grand qu'on n'eût osé l'espérer pour un livre écrit en une langue inconnue de la plupart des lecteurs; mais Frédéric Mistral, qui sait aussi le français, avait accompagné son texte d'une version excellente et presque tout le charme se conservait comme dans ces *Lieder* de Henri Heine traduits par lui-même. *Calendau* est une légende sur l'histoire de Provence, qui, pour la conduite du récit, l'intérêt des épisodes, l'éclat des peintures, le relief et la grandeur des personnages mis en action, l'allure héroïque du style, mérite à juste titre le nom d'épopée.

[*Rapport sur le progrès des lettres*, par MM. Sylvestre de Sacy, Paul Féval, Th. Gautier et Ed. Thierry (1868).]

Saint-René Taillandier. — Ce fut une poésie rustique, une poésie franche et robuste qui éclata sur les lèvres de Frédéric Mistral. Il eut l'ambition d'écrire les Géorgiques de son pays. Virgile, Homère, Hésiode, s'associaient dans sa pensée aux scènes qui avaient enchanté son enfance. Il retrouvait sans efforts la tradition des âges primitifs. Quelques pièces dispersées çà et là, tantôt de belles imitations virgiliennes, tantôt des peintures directement inspirées de la nature provençale, furent ses premiers essais... Personne, disions-nous, ne regrette plus que lui la mollesse d'idées et de style qui a été si fatale au génie de ses aïeux. Il ne renonce pas à l'élégance, mais quel sentiment hardi de la réalité, quelle énergie redoutable dans ses peintures, soit qu'il chante la *Belle d'août* et qu'avec une grâce funèbre il associe toute la nature éplorée aux malheurs de son héroïne; — soit que, dans l'étrange pièce intitulée : *Amarum*, il attaque le débauché, le secoue, le flagelle, et l'enferme, épouvanté, au fond du sépulcre infect; — soit que, devant un épi de folle avoine, son ironie vengeresse châtie l'oisiveté insolente, toujours il y a chez lui une pensée généreuse, une imagination agreste, un langage imprégné des plus franches odeurs du terroir. S'il nous était permis de nous citer nous-même, nous rappellerions quel pronostic nous avait inspiré dès 1852 la vigueur de ces premières ébauches. C'est alors que nous disions avec confiance : «Ce qui a pu être pour d'autres une simple farandole est pour lui une chose grave. Il est un de ceux qui ont pris le plus à cœur la restauration du pur langage d'autrefois. Si cette école s'organise avec suite et produit d'heureux fruits, ce sera en grande partie à M. Frédéric Mistral qu'en reviendra l'honneur.»

Il serait bien superflu de rappeler avec quel éclat les deux poèmes de *Mireille* et de *Calendal*, le premier surtout, justifièrent ces pressentiments. On pouvait attendre beaucoup du jeune maître chanteur sans concevoir des espérances si hautes. Un vrai poète était né, un poète dont la littérature française devait s'honorer autant que la littérature provençale.

[*Les destinées de la nouvelle poésie provença'e* (1876).]

Paul Mariéton. — Le plus glorieux de ces disciples de la nature, l'un des plus jeunes aussi, Frédéric Mistral, est né en 1830 d'une famille de riches paysans vivant sur leurs terres à Maillane, dans cette plaine aux larges horizons qui s'étend d'Avignon à la mer, barrée en son milieu par la chaîne bleue des Alpilles. Mistral est resté fidèle aux mœurs patriarcales de ses aïeux : et bien de ceux qui l'ont rencontré entre Château-Renard et Saint-Rémy, courant les champs avec sa badine et son feutre à larges bords, ont pu ne pas se douter qu'ils croisaient un poète dont la gloire est universelle.

[*Poètes provençaux contemporains* (1888).]

Charles Maurras. — Mistral est né à Maillane. C'est là qu'il séjourne. Dans sa petite maison claire,

à volets gris, d'où se découvrent les Alpilles violettes, il a écrit tous ses chefs-d'œuvre, sauf *Mireille* qu'il composa dans le *mas* paternel. C'est de là qu'il gouverne le Félibrige, sorte d'Église nationale, dont les pontifes, étant poètes, sont souvent peu traitables. Mais à l'intelligence sereine et puissante du noble Gœthe, Mistral joint un flair politique très aiguisé. C'est donc sa volonté qui, bien heureusement, s'impose au Félibrige, en même temps que son art souverain.

[*La Plume* (1er juillet 1891).]

M. Jean Carrère. — J'aimerais mieux, je le déclare, que son œuvre eût été écrite dans la langue de Bossuet et de Racine, la plus belle, sans conteste, avec celles de Virgile et de Platon. Mais, en ce temps où d'incessantes invasions de barbares ont fait perdre au parler de nos aïeux la lumière et la pureté qu'il devait jadis à ses origines helléno-romaines, j'estime que M. Frédéric Mistral est le seul, parmi les illustres, qui soit demeuré fidèle à l'harmonieuse tradition des siècles de beauté. Et, quelque admiration personnelle que je professe pour les œuvres si splendides, si hautaines ou si pénétrantes de MM. de Hérédia, Mallarmé et Verlaine, je n'en persiste pas moins à accorder à un poète de la Provence la palme des poètes français.

[*La Plume* (31 octobre 1894).]

Remy de Gourmont. — *Mistral à l'Académie.* — Pourquoi pas aussi Etchegaray et Caducci? De ces mêmes, qui louent l'heureux patoisant, quels cris si l'on proposait en compétition à ce Français qui écrit en provençal, un «Étranger» qui écrit en français : un grand poète appelé Verhaeren? Quels cris! Ils oublient Leibnitz, Rousseau et quelques autres, — mais comme ils disent en leur langage : «La Patrie avant tout! Nous voulons des poètes «français! Nous voulons Mistral!»

[*Mercure de France* (août 1896).]

M. Paul Souchon. — L'influence de M. Frédéric Mistral dépasse heureusement le Félibrige. La clarté de ses vers et le noble exemple de sa vie impressionnent tous les jeunes gens que le Midi produit en rangs pressés et qui, portant au cœur l'amour de la patrie natale, s'aventurent cependant dans la littérature française vivifiée et embellie de leur lumineuse vigueur. Pour nous tous en effet, gascons, languedociens, provençaux, le Midi ne peut plus avoir d'expression verbale particulière. Notre origine ne saurait nous condamner à user d'une langue morte ou mourante, mais elle nous pousse à l'admiration du beau monument qui perpétuera des vocables qui s'en vont et l'image d'un peuple harmonieux.

[*Le Geste* (avril 1898).]

Georges Rodenbach. — Le Midi a appelé Mistral magnifiquement l'Empereur du Soleil. C'est que, en effet, il règne sur cette Provence à qui il a donné conscience d'elle-même. Son œuvre est un miroir où elle se reconnaît. C'est en cela qu'il est un grand poète, ce qui ne veut pas dire seulement, quant à lui, un grand écrivain de vers. Il apparaît une figure presque unique en Europe, aujourd'hui, non seulement par son œuvre, mais par sa vie, ses attitudes, tous les gestes de sa pensée, son influence sur une race entière, ce je ne sais quoi, ce fluide, ce halo dont sa tête et son nom s'auréolent. C'est-à-dire que Mistral est plus qu'un poète. Il est la poésie même avec son caractère d'éternité.

[*L'Élite* (1899).]

LÉON DAUDET. — Et la grande gloire de ce siècle sera non pas le romantisme, exaltation certes, mais exaltation trop verbale, exaltation à lacunes, exaltation congestive où la trajectoire des mots dépasse la trajectoire des idées. La grande gloire de ce siècle sera le lyrisme, fécond et fort, qui ferme l'anneau de la science et de l'art, de la tradition et de l'analyse, de la race et de l'individu, le lyrisme éperdu de leur Gœthe, de notre Frédéric Mistral.

[*Le Journal* (26 mai 1900).]

MITHOUARD (Adrien).

Le Récital mystique (1894). – *L'Iris exaspéré* (1895). – *Les Impossibles Noces* (1896). – *Le Pauvre Pêcheur* (1899). – *Le Tourment de l'unité* (1901).

OPINIONS.

FRANCIS VIELÉ-GRIFFIN. — M. Mithouard est aussi un philosophe, mais de foi catholique; on connaît son *Récital mystique* et son *Iris*. Les visions qu'il évoque aujourd'hui en trois poèmes sont étranges et captivantes. L'antinomie humaine que symbolisent les époux larmes et rires, le doute et la foi, la prière et le blasphème, se lèvent face à face, pour les éternelles épousailles, au chœur d'une cathédrale d'un double style contrarié, avec, sur leurs lèvres, le oui jamais prononcé. Ce poème est le plus important et le plus heureux du recueil. La forme de M. Mithouard, sonore ou allitérée en douceur, coupée un peu capricieusement à notre sens, est essentiellement romantique, colorée, heurtée parfois, inégale d'intérêt, mais d'une imagerie abondante et nouvelle.

[*Mercure de France* (juin 1896).]

HENRI DEGRON. — Nous connaissions M. Adrien Mithouard comme un artiste délicat et subtil. Son dernier volume, *Le Pauvre Pêcheur,* est en tous points digne de son talent brodé d'humilité pieuse et de sincérité admirable. Ce n'est ni l'imagerie charmante de Max Elskamp, ni la gravité triste de Verlaine. Mais ses prières sont simples et belles.

[*La Vogue* (15 juillet 1899).]

MOCKEL (Albert).

Chantefable un peu naïve, poème. – *Quelques livres.* – *Propos de littérature* (1894). – *Émile Verhaeren* (1895). – *Stéphane Mallarmé, un héros* (1899).

OPINIONS.

ALBERT GIRAUD. — L'œuvre de M. Albert Mockel est dédiée à Elsa, la fiancée du chevalier au Cygne. Elle est conçue et réalisée dans des teintes blanches et liliales. L'éveil peureux d'un cœur vierge aux premiers émois de l'amour, à l'amour de l'amour,

le culte enfantin et noble de «la petite Elle», la floraison puérile du printemps autour de l'éclosion printanière d'une âme, tels sont les principaux motifs sur lesquels M. Albert Mockel a jeté de fines et légères orchestrations prosodiques. Le vers de *Chantefable un peu naïve* s'enroule en arabesques autour de ces thèmes légers. Il s'assonne et il s'allitère avec des délicatesses précieuses, que savourent les oreilles praticiennes. On dirait la chanson d'une fontaine cachée sous les feuilles. L'impression dominante, malgré quelques appels de cor, guerriers et légendaires, est l'*ingénuité*. *Chantefable un peu naïve* pourrait s'appeler : *Au Pays des fées.*

[*La Jeune Belgique* (décembre 1891).]

CHARLES DELCHEVALERIE. — L'œuvre de M. Mockel est, avant tout, neuve. Jamais, je crois, on n'a vu un livre de début, un livre de jeune, conçu d'une façon aussi nette, aussi logique dans le fond comme dans la forme, poursuivant à travers les stades successifs de l'idée un but, culminant et lumineux, vers lequel toute page s'oriente. C'est ici le livre d'un artiste qui, connaissant toutes les formules, s'est créé lui-même la technique propre à définir son rêve et discutable seulement dans l'emploi qu'il en a fait. Et c'est dans toutes ces manières personnelles de concevoir et d'exprimer qu'il faut chercher le secret d'un charme qui, dans *Chantefable un peu naïve*, attire tout d'abord, le charme d'une gracile fleur inconnue.

Il faut louer hautement, aussi, avant d'aller plus avant, la pure atmosphère où l'auteur s'est tenu de la première à la dernière page. A part un passage d'un attrait trop extérieur, dans le prologue, — et sur lequel je reviendrai, — tout le livre est baigné des ondes d'une pureté presque hautaine, si elle n'était un peu naïve. Rien n'y arrive aux sens qu'à travers la pensée, rien n'y palpite que pour un triomphe d'art, tout y est essentiellement intellectuel. Un recul de légende irise et transfigure la matérialité des choses, nulle couleur n'est externe, toute clarté s'effuse avec la spiritualité d'un feu de gemme.

[*Revue Blanche* (25 mars 1892).]

A.-FERDINAND HÉROLD. — Mockel donna sa *Chantefable un peu naïve*, poème d'une grâce ingénue et compliquée à la fois; la langue en est curieusement travaillée et les vers, très musicaux, y ont des sonorités expressives et des rythmes heureusement variés. Et, çà et là, s'y introduisent des sortes de chansons populaires et qui ravissent.

[*Portraits du prochain siècle* (1894).]

MONNERON (Frédéric). [1813-1837.]

Poésies, publiées à Lausanne (1837).

OPINION.

Fils d'un pasteur vaudois, Frédéric Monneron est mort à l'âge de vingt-quatre ans, laissant des vers qui «ne sont que des fragments inachevés et comme des souffles épars de son âme», mais qui cependant dénotent qu'il y avait en lui le germe d'un vrai poète.

[*Anthologie des Poètes français du XIXᵉ siècle* (1887-1888).]

MONNIER (Marc). [1829-1885.]

Les Comédies de Marionnettes (1853). – *Récits et Monologues* (1880).

OPINION.

E. LEDRAIN. — Personne n'a le trait plus gaulois que M. Marc Monnier. C'est que nul non plus ne s'est nourri, comme lui, des grands maîtres du XVIIe et surtout du XVIe siècle. Pas de clinquant, ni de faux métal dans ses poèmes : cela sonne juste et ferme. On trouve ces qualités dans son œuvre, soit qu'il se livre à son goût particulier pour le rire, soit qu'il s'abandonne à des inspirations plus douces et quelquefois même à une certaine mélancolie.

[*Anthologie des Poètes français du XIXe siècle* (1887-1888).]

MONSELET (Charles). [1825-1888.]

Rétif de la Bretonne (1854). – *Figurines parisiennes* (1854). – *Les Vignes du Seigneur* (1855). – *Bordeaux artiste* (1855). – *Les Chemises rouges* (1857). – *La Cuisinière poétique* (1859). – *Le Musée sacré de Paris* (1859). – *Les Trois Gendarmes* (1860). – *Théâtre du Figaro* (1861). – *Les Galanteries du XVIIIe siècle* (1862). – *L'Argent maudit* (1862). – *Chansonnettes des rues et des bois* (1865). – *Almanach gourmand* (1865). – *De Montmartre à Séville* (1865). – *L'Amour et le Plaisir* (1865). – *François Soleil* (1866). – *Portraits après décès* (1866). – *Physionomies parisiennes* (1868). – *Les Premières Représentations célèbres* (1869). – *Les Créanciers* (1870). – *La Lorgnette littéraire* (1871). – *Les Frères Chantemesse* (1872). – *Les Femmes qui font des scènes* (1872). – *Marie et Ferdinand* (1873). – *Panier fleuri* (1873). – *Gastronomie* (1874). – *Les Amours du temps passé* (1875). – *Scènes de la vie cruelle* (1876). – *Lettres gourmandes* (1877). – *Poésies complètes* (1881). – *Monsieur de Cupidon* (1882). – *Mon Dernier né* (1883). – *L'Argent maudit* (1884). – *Petits Mémoires littéraires* (1885). *Oubliés et dédaignés* (1886). – *Les Amours du temps passé* (1887). – *De A à Z* (1888). – *Poésies* (1889).

OPINIONS.

JULES BARBEY D'AUREVILLY. — Je connaissais le Monselet de tout le monde, le Monselet du journal, du théâtre, du café, du restaurant, le Monselet du boulevard et de Paris, le Monselet légendaire, celui qu'on a représenté les ailes au dos, comme Cupidon, parce qu'il a écrit *M. de Cupidon*... Je connaissais le Monselet de la gaîté, de la bonne humeur, de la grâce nonchalante, la pierre à feu qu'on peut battre éternellement du briquet pour en tirer d'infatigables étincelles..., mais je ne connaissais pas le Monselet intime, — le Monselet du Monselet, — la quintessence de l'essence, et c'est ce livre, intitulé tout uniment et tout simplement : *Poésies complètes de Charles Monselet*, qui me l'a fait connaître, qui m'a appris l'autre Monselet dont je

ne connaissais que la moitié... Un poète, un poète de plus parmi les vrais poètes, voilà ce qu'apprend ce recueil des *Poésies complètes* de Monselet, réunissant tous les rayons éparpillés de son talent et nous faisant choisir entre tous celui qui plaît davantage, le plus pénétrant et le plus pur... Certes, on savait bien, bien longtemps avant ce recueil, que Monselet était un chanteur plein de verve et de fantaisie... Il était plus que cela, et ce dernier recueil le met à sa place, parmi les touchants.

[*Les Œuvres et les Hommes : les Poètes* (1862).]

SAINTE-BEUVE. — Monselet a une qualité précieuse : il est dans la veine française. Il a du bon esprit d'autrefois, de ce qu'avait Colnet.

[*Nouveaux lundis* (1863).]

MONTCORIN (E. de).

Au coin du feu (1894).

OPINION.

SULLY PRUDHOMME. — C'est le foyer, c'est la famille, tout lien patriarcal ou fraternel entre les âmes que vous vous plaisez à célébrer.

[Préface *Au coin du feu* (1894).]

MONTÉGUT (Maurice).

La Bohème sentimentale (1874). – *Le Roman tragique*, 1re partie (1875). – *Lady Tempest*, drame en vers (1879). – *Les Noces noires*, drame en vers (1880). – *Poésies complètes* (1882). – *L'Arétin*, drame en vers (1886). – *La Faute des Autres* (1886). – *L'Île Muette* (1887). – *L'Œuvre du Mal* (1888). – *Romantique Folie* (1889). – *Les dix Monsieur Dubois* (1890). – *Déjeuners de soleil* (1891). – *Don Juan à Lesbos* (1892). – *Le Mur* (1892). – *Le Bouchon de paille* (1893). – *Madame Tout le Monde* (1893). – *Feuilles à l'envers* (1894). – *Mademoiselle Personne* (1894). – *Dernier Cri* (1895). – *Les Contes de la chandelle* (1896). – *Le Geste* (1896). – *Les Détraqués* (1897). – *La Fraude* (1900).

OPINION.

MAXIME GAUCHER. — Il y a dans les vers de M. Montégut un talent réel, de l'énergie, du souffle, une voix qui a son accent personnel alors même qu'elle exprime, elle aussi, des idées et des sentiments d'emprunt. Les défauts sont de ceux qui disparaissent avec les années ; les qualités sont de celles que l'art et l'effort seraient impuissants à acquérir, un don des privilégiés et la marque des élus.

[*La Revue Bleue* (1882).]

MONTESQUIOU-FEZENSAC (Comte Robert de).

Les Chauves-Souris (1893). – *Les Autels privilégiés*, études (1894). – *Le Chef des Odeurs suaves* (1894). – *Le Parcours du Rêve au Souvenir* (1895). – *Les Hortensias bleus* (1896). – *Les Perles rouges*, sonnets (1899).

OPINIONS.

René Doumic. — Ce que M. de Montesquiou possède en propre et ce qu'il ne viendra à l'esprit de personne de lui contester, c'est une admirable fertilité. Chacun des deux volumes qu'il a publiés contient environ six mille vers. Et ce ne sont que des fragments.

[*Les Jeunes* (1895).]

Philippe Gille. — C'est dans la *Salammbô* de Flaubert, à côté de l'*Annonciateur des Lunes*, que l'auteur des *Chauves-Souris*, M. de Montesquiou-Fezensac, a choisi le titre de son volume de vers. Le nom de *Chef des Odeurs suaves* qu'il lui a donné ne saurait être mieux placé qu'en tête d'un livre de poésies qui ne chantent que les fleurs, nous en fait encore respirer les parfums au delà de leurs petites vies, et nous les fait suivre jusque dans le vol de leurs âmes légères.

Le Chef des Odeurs suaves contient près de deux cents petits poèmes, et j'avoue qu'avant d'en avoir lu le premier vers, je pensai involontairement à ce grenadier qui, voyant se précipiter sur son bataillon d'innombrables ennemis, mâchonne dans sa moustache le légendaire : «Ils sont trop!» La vérité est qu'ils sont beaucoup, mais non pas trop, car tous offrent un intérêt particulier. En effet, la marque distinctive du talent de M. de Montesquiou étant l'horreur de la banalité, nous n'avons pas à redouter la lassitude qu'amène l'uniformité. Certes, il la fuit, cette banalité, serait-ce parfois aux dépens de la clarté, de la régularité, de la forme; tant pis pour les césures, pour les rimes, il s'élance résolument, cingle sans pitié son Pégase fin de siècle et arrive au but; enfant de race habitué à réaliser tous ses caprices, les obstacles ne comptent pas pour lui; rien ne l'arrête, il forge les mots que la langue ne lui donne pas, prend ses aspirations parfois d'une assonance ou d'une consonance, mais il dit tout ce qui lui vient à la tête, et, s'il y passe des choses un peu surprenantes, il y passe aussi, et le plus souvent, d'exquises...

L'idée maîtresse du *Chef des Odeurs suaves*, la dominante de cette œuvre de délicat, de raffiné, c'est l'influence qu'exercent sur nos sens les objets qui nous environnent.

[*Les mercredis d'un critique* (1895).]

Remy de Gourmont. — Avec la moitié des *Hortensias bleus*, on ferait un tome, encore très dense, qui serait presque tout entier de fine ou de fière ou de douce poésie.

[*Le Livre des Masques*, 1ʳᵉ série (1896).]

Gustave Kahn. — Des *Hortensias bleus* n'émane point cette franche hilarité qui saisissait le lecteur du *Parcours du Rêve au Souvenir*. C'est moins tortillé, moins clownesque, il y a moins d'accidents autour des cerceaux de papier, moins de gauches culbutes. Ce livre appelle plutôt le sourire. Au *Parcours du Rêve au Souvenir*, nous assistions à ce spectacle d'un brave homme qui se croit devenu Ariel, et qui n'est qu'un triste homme-orchestre, empêtré dans sa grosse caisse, ses cymbales et son chapeau-chinois, dans les rues provinciales de quelque Brie-Comte-Robert; ce n'est pas moi qui invente que ce poète se croit transformé en Ariel, c'est lui qui le dit sans pose. C'est moi qui le vois en homme-orchestre et je ne suis pas le seul.

M. de Montesquiou est un très mauvais poète. Comment se fait-il que sa nullité agace plus que d'autres nullités? Parce qu'elle est plus profonde? non, mais parce qu'elle est plus maniérée. Il y a quelque chose de spécialement irritant à voir ces gros volumes vides; on sent fort bien que l'auteur a tout recueilli, même les moindres bredouilles de sa plume, pour faire une massivité d'élégances à nous étonner. Il jacasse indiscrètement au long de la poésie et jamais on ne vit plus infatigable babil. On l'a traité d'amateur, et combien à tort, c'est le plus laborieux des diseurs de rien. Il entasse du vide, et c'est ce soin de sa parade, cette façon d'offrir entre deux doigts la moindre des sornettes comme une perle, incomparablement précieuse puisqu'elle vient de lui, qui complique d'irritation l'ennui qu'il vous fait subir.

[*Revue Blanche* (année 1896).]

A. Van Bever. — Il débuta en 1892, avec *les Chauves-Souris*, clairs-obscurs, recueil de sensations savamment interprétées. La critique en a été violente, parfois injuste, et, disons-le, la réputation de M. de Montesquiou fut faite de contradictions. Certains le classèrent parmi les poètes amateurs; on se fût extasié devant de courtes pièces dérobées à quelque album, on ne lui pardonna par la publication d'une œuvre qui s'impose, ne serait-ce que par la richesse de son vocabulaire. Parurent ensuite : *Le Chef des Odeurs suaves*, «poème dont les fleurs et les parfums groupés en symboles forment le sujet varié», *Le Parcours du Rêve au Souvenir*, «multiples feuillets recueillis au long des voyages du poète», *Les Hortensias bleus*, «modulations alternativement fortes et délicates», *Les Perles rouges*, 93 sonnets sur Versailles, qui font revivre, en lui gardant la grâce de sa vieillesse surannée, le grand siècle aboli.

Ajoutons encore deux volumes de prose, *Roseaux pensants* et *Autels privilégiés*, où, par un goût très rare, l'auteur se plaît à évoquer des physionomies d'artistes oubliés ou méconnus.

Dans l'un de ces ouvrages, M. de Montesquiou a réimprimé en partie le texte d'un petit volume, *Félicité*, par lui publié antérieurement sur Marceline Desbordes-Valmore. Et ce sera certainement un de ses titres à la reconnaissance du siècle que d'avoir, par ses écrits, par ses conférences et par sa participation aux fêtes de Douai, contribué à la résurrection littéraire de cette femme de génie.

[*Poètes d'aujourd'hui* (1900).]

MONTGOMÉRY (Madame de).

Rondels (1896).

OPINION.

Charles Fuster. — Ce recueil (*Rondels*) dénote une extraordinaire souplesse de talent.

[*L'Année des Poètes* (1896).]

MONTLAUR (E. de).

La Vie et le Rêve (1864).

OPINION.

Sainte-Beuve. — Comment ne pas donner un souvenir amical et reconnaissant à un ancien et fidèle amateur, contemporain de nos jeunes années, M. E. de Montlaur, esprit élégant, cultivé, nourri du suc des poètes et qui, sous ce titre, *La Vie et le Rêve* (1864), a recueilli des impressions légères ou touchantes, des esquisses de voyage, des lettres en vers, tout un album, image des goûts et des sentiments les plus délicats.

[*Lundis* (12 juin 1865).]

MONTOYA (Gabriel). [1894.]

Les Armes de la femme, poèmes. – *Chansons naives et perverses* (1895).

OPINION.

Jules Lemaître. — Comme Loïsa Puget, M. Montoya ne met guère dans ses chansons que des fleurs, des parfums, des brises, du bleu, des soupirs et des baisers... Mais ses fleurs sont entêtantes, et ses baisers sont ardents et même ils mordent. M. Montoya, venu de Perpignan, est, autant dire, un Espagnol...

[*Le Journal des Débats* (1895).]

MORÉAS (Jean).

Les Syrtes (1884). – *Les Cantilènes* (1886). – *Le Pèlerin passionné* (1890). – *Le Pèlerin passionné*, édition augmentée (1892). – *Eriphyle* (1894). – *Iphigénie*, tragédie (1900). – *Stances* (1900).

OPINIONS.

Gustave Kahn. — M. Moréas est, avec M. Jules Laforgue, celui qui s'est le plus nettement formulé, parmi ces poètes si bizarrement, naguère, affublés de l'épithète de décadents; sa poésie peut être partielle et trop exclusivement plastique, mais elle reste une sonore manifestation d'art.

[1886.]

Félix Fénéon. — Des poètes d'aujourd'hui, nul n'a mieux méprisé l'arbitraire des décrets qui régissent la prosodie. A côté de l'alexandrin traditionnel, assoupli par les romantiques et purifié par les parnassiens, Paul Verlaine avait le dodécapode tripartite; mais Moréas répudie toute règle préétablie pour la contexture de ses vers, ne veut pas les jalonner d'équidistantes césures : apparente révolte, qui n'est qu'une soumission plus féale aux lois de la logique, et qui l'astreint à calculer, pour chaque vers, une corrélation entre la position des syllabes toniques, la donnée thématique et les intervalles.

[*Les Hommes d'aujourd'hui.*]

Maurice Barrès. — J'aime beaucoup Moréas et je fais grand cas de son talent; c'est un artiste qui joint aux préoccupations du symbole le plus grand souci de la forme de la langue qu'il voudrait renouveler et, en cela, il prolonge les parnassiens.

[Cité dans l'*Enquête sur l'évolution littéraire* (1891).]

Anatole France. — M. Jean Moréas est une des sept étoiles de la nouvelle pléiade. Je le tiens pour le Ronsard du symbolisme. Il en voulut être aussi le Du Bellay et lança, en 1885, un manifeste qui

rappelle quelque peu la *Deffense et illustration de la langue françoise*, de 1549. Il y montra plus de curiosité d'art et de goût de forme que d'esprit critique et de philosophie... Son livre, son *Pèlerin passionné*, vaut qu'on en parle, d'abord parce qu'on y trouve çà et là de l'aimable et même de l'exquis... Pour ma part, la prosodie de M. Jean Moréas déconcerte un peu mon goût sans trop le blesser. Elle contente assez ma raison :

> Et mon cœur en secret me dit qu'il y consent.

Quant à sa langue, à dire vrai, il faut l'apprendre. Elle est insolite et parfois insolente. Elle abonde en archaïsmes. Mais, sur ce point encore, qui est le grand point, je ne voudrais pas être plus conservateur que de raison et me brouiller avec l'avenir... Je ne sais si aujourd'hui nous pensons bien, j'en doute un peu; mais, certes, nous pensons beaucoup ou du moins nous pensons à beaucoup de choses et nous faisons un horrible gâchis de mots. M. Jean Moréas, qui est philologue et curieux de langage, n'invente pas un grand nombre de termes; mais il en restaure beaucoup, en sorte que ses vers, pleins de vocables pris dans les vieux auteurs, ressemblent à la maison gallo-romaine de Garnier, où l'on voyait des fûts de colonnes antiques et des débris d'architraves. Il en résulte un ensemble amusant et bizarre. Paul Verlaine l'a appelé :

> Routier de l'époque insigne,
> Violant des vilanelles.

Et il est vrai qu'il est de l'époque insigne et qu'il semble toujours habillé d'un pourpoint de velours. Je lui ferai une querelle. Il est obscur. Et l'on sent bien qu'il n'est pas obscur naturellement. Tout de suite, au contraire, il met la main sur le terme exact, sur l'image nette, sur la forme précise. Et pourtant, il est obscur. Il l'est, parce qu'il veut l'être; et s'il le veut, c'est que son esthétique le veut. Au reste, tout est relatif; pour un symboliste, il est limpide.

Mais ne vous y trompez pas; avec tous les défauts et tous les travers de son école, il est artiste, il est poète; il a un tour à lui, un style, un goût, une façon de voir et de sentir.

[*La Vie littéraire*, 4e série (1892).]

Hugues Rebell. — Jean Moréas a retrouvé le chant pur des ancêtres! Tandis que la plupart ont l'air de chercher des trésors dans une chambre obscure, Jean Moréas s'en va au soleil cueillir les fleurs des champs. Sa conception d'un poème dont chaque vers n'est pas seulement intéressant par lui-même, mais concourt à une harmonie d'ensemble, il l'a réalisée dans son admirable *Pèlerin passionné*, fort et gracieux tour à tour comme le savent être les maîtres, plein d'une inspiration noble et naturelle.

[*Portraits du prochain siècle* (1894).]

Remy de Gourmont. — Lorsqu'il appela un de ses poèmes *Le Pèlerin passionné*, il donna de lui-même et de son rôle, et de ses jeux parmi nous, une idée excellente et d'un symbolisme très raisonnable. Il y a de belles choses dans ce *Pèlerin*, il y en a de belles dans *les Syrtes*, il y en a d'admirables ou de délicieuses, et que (pour ma part) je relirai toujours avec joie, dans *les Cantilènes*, mais puisque M. Moréas, ayant changé de manière, répudie ces primitives œuvres, je n'insisterai pas. Il reste *Eriphyle*, mince recueil fait d'un poème et de quatre «sylves», le tout dans le goût de la Renaissance et destiné à être le cahier d'exemples où les jeunes «Romans» aiguillonnés aussi par les invectives un peu intempérantes de M. Charles Maurras doivent étudier l'art classique de faire difficilement des vers faciles... M. Moréas a beau, comme sa Phébé, prendre des visages divers et même couvrir sa face de masques, on le reconnaît toujours entre ses frères : c'est un poète.

[*Le Livre des Masques*, 1re série (1896).]

MAURICE LE BLOND. — Lorsque M. Moréas nous entretient du Pinde ou de l'Eurotas, en termes si délicieux qu'ils puisse s'exprimer, cela nous émotionne médiocrement. C'est que ces vestiges de l'antiquité grecque et de l'esprit hellène ne constituent qu'une minime partie de notre patrimoine intellectuel. Il est d'autres traditions que nous ne devons point sacrifier.

[*Essai sur le naturisme*, préface (1896).]

LIONEL DES RIEUX. — La mort de Verlaine est un événement fâcheux et qu'il convient de regretter avec les Muses.

Mais un si funeste hasard ne change rien à des sentiments que je nourris depuis plusieurs années : aujourd'hui comme hier, M. Jean Moréas, à mon avis, demeure le premier poète français.

[*La Plume* (février 1896).]

RENÉ BOYLESVE. — Le seul homme actuellement doué du privilège d'écrire le beau vers français est Jean Moréas.

[*La Plume* (février 1896).]

CHARLES MAURRAS. — Depuis l'apparition du *Pèlerin passionné*, et surtout depuis les retouches essentielles qu'il a faites à ce beau livre, Jean Moréas, mon maître et mon ami, m'est le signe vivant de la poésie nationale. Il en porte la destinée, et on lui saura gré de l'excellente influence qu'il a prise sur ses disciples et dont je tiens à nommer au moins M. Raymond de la Tailhède. Jean Moréas nous fait remonter à nos sources. Cet heureux Athénien, après nous avoir restauré plus d'un genre lyrique, l'ode, la chanson, l'épigramme, l'épître, même la satire et surtout l'élégie qu'il a rendue si belle, nous promet une tragédie : la première représentation d'une nouvelle *Iphigénie*, imitée d'Euripide, dont quelques scènes achevées courent déjà de main en main, verra tous ces instincts classiques, refoulés depuis soixante ans aux veines de la France, prendre enfin leur revanche du désastre de *Hernani*.

[*La Plume* (février 1896).]

PAUL SOUCHON. — Je ne crains pas de le déclarer : un grand poète nous est né, un chef-d'œuvre a vu le jour avec le siècle. Comme il y a poète et poète, chef-d'œuvre et chef-d'œuvre, M. Jean Moréas est un lyrique et son livre un recueil d'élégies. Ne demandez donc à M. Moréas que de se chanter lui-même et à ses *Stances* que de se moduler selon des tons graves et mélancoliques. Vous serez alors de mon avis et, comme moi, ému, charmé et conquis.

Par quelles grâces particulières M. Jean Moréas, qui frise la cinquantaine, qui a traversé, outre des mers et des nations, les marais du Décadentisme, du Symbolisme et du Romanisme, pour venir jusqu'à nous, qui a fait se méprendre sur son compte tant de monde et lui-même, nous apporte-t-il ces *Stances* si humaines, si pures, si élevées, qu'elles en sont divines? Sans doute, par les mêmes grâces qui retinrent silencieuse jusqu'à quarante ans la lyre du bon La Fontaine, puis la firent frémir avec harmonie et suavité.

Qu'importe d'ailleurs, et laissons à d'autres le soin d'expliquer pareille transformation ou d'en rechercher les indications dans les précédents ouvrages de M. Moréas, au travers des bizarreries, des futilités, des absurdités et des essais de toutes sortes.

Une fleur est là, respirons-la.

Chaque *Stance* (il y en a cinquante au plus, de huit à douze vers) est comme un pleur cristallisé. Quel assemblage de pierres rares! Nous n'avions jusqu'ici en France aucun exemple de cette poésie. C'est le souffle de Sappho et des élégiaques grecs et latins, Alcée, Alcman, Simonide, Catulle et Tibulle, que nous apporte et que nous rend M. Moréas.

Le souffle et non plus les expressions, comme au temps du *Pèlerin passionné*. Il est allé cette fois à la source de la vie, et comme la main qu'il tendait était sincère, la source ne lui a pas refusé son onde.

[*Iris* (juillet 1900).]

MOREAU (Hégésippe). [1810-1838.]

Le Myosotis (1838).

OPINIONS.

SAINTE-BEUVE. — Si l'on considère aujourd'hui le talent et les poésies d'Hégésippe Moreau de sang-froid et sans autre préoccupation que celle de l'art et de la vérité, voici ce qu'on trouvera, ce me semble : Moreau est un poète; il l'est par le cœur, par l'imagination, par le style, mais, chez lui, rien de tout cela, lorsqu'il mourut, n'était tout à fait achevé et accompli. Ces trois parties essentielles du poète n'étaient pas arrivées à une pleine et entière fusion. Il allait, selon toutes probabilités, s'il avait vécu, devenir un maître, mais il ne l'était pas encore. Trois imitations chez lui sont visibles et se font sentir tour à tour : celle d'André Chénier dans les ïambes, celle surtout de Barthélemy dans la satire et celle de Béranger dans la chanson.

[*La Revue des Deux-Mondes* (1838).]

FÉLIX PYAT. — Il chanta sans profit, sans salaire, la misère seule avait entendu, la misère seule répondit; la misère le marqua pour être abattu. Il devait être de la multitude des poètes qu'elle emporte pour un ou deux qu'elle laisse vivre; il ne pouvait, en effet, comme les deux seuls hommes qui de nos jours ont bénéficié de leurs vers, attendre le bon plaisir de la renommée et la forcer à la longue de coter ses rimes au marché.

[*Étude* (1839).]

CHARLES BAUDELAIRE. — Un poncif romantique, collé, non pas amalgamé à un poncif dramatique. Tout en lui n'est que poncifs réunis et voiturés ensemble. Tout cela ne fait pas une société, c'est-à-dire un tout, mais quelque chose comme une cargaison d'omnibus. Victor Hugo, Alfred de Musset, Barbier et Barthélemy lui fournissent tour à tour son contingent. Il emprunte à Boileau sa forme symétrique, sèche, dure, mais éclatante. Il nous ramène l'antique périphrase de Delille, vieille prétentieuse inutile qui se pavane fort singulièrement au milieu des images dévergondées et crues de l'école de 1830. De temps en temps il s'égaye et s'enivre classiquement, selon la méthode usitée au Caveau, ou bien découpe des sentiments lyriques en couplets, à la manière de Béranger et de Désaugiers; il réussit presque aussi bien qu'eux l'ode à compartiments.

[*L'Art romantique* (1868).]

Théodore de Banville. — Il fut un élégiaque inspiré à la grande source de Théocrite. Aussi est-il de ceux dont le nom se ravive et la fête revient au temps où fleurit l'aubépine. L'oubli ne lui prendra que sa politique et ses regains de Béranger.

[*Mes Souvenirs* (1882).]

Arsène Houssaye. — Hégésippe, c'était Diogène qui avait bu le vin de son tonneau avant de s'y loger et qui le roulait de la maison de Périclès au réduit de Laïs; mais ce Diogène allait reposer son cynisme au pays de ses rêves; il mangeait le pain de la fermière; il se penchait sur le miroir enchanté de la Voulzie, et cueillait sur la rive ce myosotis qui est son âme et qui sera son souvenir.

[*Confessions* (1885).]

Charles Grandmougin. — Comme l'a remarqué fort bien Sainte-Beuve, Hégésippe Moreau rappelle André Chénier dans les ïambes, Barthélemy dans la satire et Béranger dans la chanson. Ce qui n'enlève rien à sa personnalité où la fraîcheur et la grâce se mêlent aux fortes inspirations. La célèbre pièce sur la Voulzie respire une mélancolie, un désenchantement et un sentiment de la nature qui n'ont pas vieilli et qui contrastent avec l'âpreté de ses satires politiques de haut style et richement ornées à la rime de ces fameuses «consonnes d'appui» que Banville a tant réclamées plus tard.

[*La grande Encyclopédie* (1892).]

MORHARDT (Mathias).

Hénor (1890). – *Le Livre de Marguerite* (1896).

OPINIONS.

Charles Morice. — Il a fait de très beaux vers, d'une étrange et métallique sonorité, vers bardés de grands mots inflexibles, adverbes et verbes préférés, qui prêtent à la page de vers une attitude raide qui est un caractère. C'est un platonicien très entêté, ainsi qu'il faut. Et c'est aussi un sentimental, non pas tant délicat que sincère, pénétrant, ému.

[*La Littérature de tout à l'heure* (1889).]

Louis Dumur. — Vit dans un grand et colossal azur, où retentissent de magnifiques vocables, où flamboient tous les soleils, que troublent de fastueuses tempêtes et que rassérènent des paix ineffables. Lorsqu'il consent à descendre des hauteurs absolues où se complaît son rêve (*Hénor*, le *Livre*

de *Marguerite, Madame la Reine,* etc.), il devient le plus charmant causeur, l'esprit le plus délié, le critique d'art le mieux informé.

[*Portraits du prochain siècle* (1894).]

Francis Vielé-Griffin. — *Le Livre de Marguerite* est comme la *Bonne Chanson* de M. Mathias Morhardt; livre d'amour chaste, ardent et discret; malgré la langue pas toujours assez sûre, à notre gré, le rythme comme parlé des strophes berce et entraîne de l'inquiétude à la joie, du rêve au baiser. Le poète s'est émerveillé de vivre en mots qui le confessent délicat et doux, ayant la pudeur de sa joie, la reconnaissance d'aimer; ce livre est une parole basse, dite pour une seule et dont le hasard d'une surprise involontaire nous a fait le confident indulgent. Nous y voyons aussi la confession d'un Faust que l'amour de Marguerite aurait régénéré, le drame simple de la vie révélé par l'amour d'où le personnage de Méphistophélès a été biffé.

[*Mercure de France* (avril 1896).]

MORICE (Charles).

Paul Verlaine, l'homme et l'œuvre (1885). – *La Littérature de tout à l'heure* (1889). – *Chérubin,* trois actes (1891). – *Du Sens religieux de la poésie* (1893). – *Opinions* (1895). – *Almanach de prose et de vers pour* 1897. – *L'Esprit belge* (1899). – *Auguste Rodin* (1900). – *Le Rêve de vivre,* poèmes (1900).

OPINIONS.

G.-Albert Aurier. — Charles Morice est un merveilleux poète et très conscient et très épris de son art.

[D'après l'*Enquête sur l'évolution littéraire*, p. 133 (1891).]

Émile Zola. — Il y a bientôt dix ans que des amis disaient : «Le plus grand poète de ces temps-ci, c'est Charles Morice ! Vous verrez, vous verrez.» Eh bien, j'ai attendu, je n'ai rien vu; j'ai lu de lui un volume de critique, *La Littérature de tout à l'heure,* qui est une œuvre de rhéteur ingénieuse, mais pleine de partis pris ridicules. Et c'est tout.

[D'après l'*Enquête sur l'évolution littéraire*, p. 172 (1891).]

François Coppée. — Quand Charles Morice fait des vers, je ne les comprends pas; quand il écrit *la Littérature de tout à l'heure,* il est d'une clarté admirable, et il y a, là dedans, des pages sur Pascal et le xviie siècle, qui sont tout à fait de premier ordre.

[D'après l'*Enquête sur l'évolution littéraire*, p. 319 (1891).]

MORTIER (Alfred).

La Vaine Aventure (1895).

OPINION.

Edmond Pilon. — Évidemment, des analogies avec les belles œuvres de M. Verlaine et aussi avec le livre de M. Édouard Dubus : *Les violons sont partis.* Mais il vaut mieux cette bonne parenté qu'une originalité consistant en clowneries de

rimes et en pauvretés d'idées. On y fleure la ber-
gamote comme à l'autre siècle et l'on y prend des
baisers dans les menuets. Pour n'être pas neuve,
cette petite fête ne laisse pas d'être agréable, et nous
ne serons jamais las de retourner aux Trianons
jolis, où nous passons tous, inévitablement, comme
nous passâmes, jadis, par les chevaliers et les
départs pour la Terre-Sainte. Pour ma part, je ne
cesserai de raffoler comme un jeune muguet de ce
vieux Versailles,

> Ni des mots cambrés, Tircis et Watteau
> Sur le talon haut de tel concetto.

[*L'Ermitage* (1895).]

MOUREY (Gabriel).

Les Voix éparses (1883). – *Flammes mortes*
(1888). – *Poèmes complets d'Edgar Poë*, tra-
duction (1891). – *Lawn Tennis* (1891). –
L'Automne, trois actes, en collaboration avec
Paul Adam (1893). – *L'Embarquement pour
ailleurs* (1893). — *Passé le Détroit* (1895).
– *Les Brisants* (1896). – *L'OEuvre nuptial*
(1896). – *Trois Cœurs*, un acte (1897). –
Cœurs en détresse (1898). – *Les Arts de la
Vie et le Règne de la Laideur* (1899).

OPINIONS.

Après maints incendies où elles léchaient des
images d'un dessin maigre, singulier et net, les
flammes de M. Gabriel Mourey se calment, et cette
dernière partie de son livre s'apparente au *Coffret
de Santal* et aux *Romances sans paroles*, vers de
huit, neuf, onze, douze, treize syllabes.

[*La Revue Indépendante* (juin 1888).]

JULES BOIS. — C'est le rêve de l'amour, éclos
d'un cœur aux délicatesses féminines, que M. Gabriel Mourey a traduit dans ses *Flammes mortes*,
avec le vocable rare d'un moderniste exquisement
inspiré.

[*Le Constitutionnel* (juillet 1888).]

JEAN LOMBARD. — Un poète d'un charme alan-
guissant, d'un esprit plutôt septentrional que chauffé
à blanc par nos soleils méridionaux, telles sont les
Flammes mortes de M. Gabriel Mourey... M. Gabriel Mourey décèle avant tout une originalité de
premier aloi en ce livre que nous aurions aimé
cependant un peu moins morbide, mais qui n'en
reste pas moins comme la manifestation d'une âme
inquiète d'artiste, cherchant même au delà des concepts et des idées de notre si alambiquée civilisation.

[*La Célébrité contemporaine* (avril 1889).)

MURGER (Henri). [1822-1861.]

Scènes de la vie de Bohême (1851). – *Le Pays latin*
(1851). – *Scènes de la Vie de jeunesse* (1851).
– *Le Bonhomme jadis*, un acte (1852). –
Propos de Ville et Propos de Théâtre (1853
et 1859). – *Scènes de campagne* (1854). –
Le Roman de toutes les femmes (1854). – *Ballades et Fantaisies* (1854). – *Le Sabot Rouge*
(1860). – *Le Serment d'Horace* (1860). –
Les Nuits d'hiver (1861).

OPINIONS.

BARBEY D'AURÉVILLY. — Le caractère du talent de
M. Murger, c'est *le bas âge éternel!* Quoi qu'il ait
écrit, vers ou prose, ce n'est pas un talent achevé,
venu à bien, ayant son aboutissement et sa plénitude. Ses meilleurs endroits sont toujours les
ébauches faciles, assez gracieuses dans leur facilité, d'un homme qui, peut-être, sera un artiste
demain... En parcourant ces pages incorrectes et
lâchées, et ces vers dans lesquels l'émotion ne peut
sauver le langage, on a senti que cette langue de
poète *avait le filet*... On ne le lui coupa pas et jamais
il ne se l'arracha... Dans ses *Nuits d'hiver* comme
dans sa *Vie de Bohême*, il n'a pas plus d'inspiration
personnelle qu'il n'a de style à lui. Ce vin des
autres qu'on lui a versé, il l'a bu... dans sa main,
quelquefois avec assez de grâce (toujours l'enfant
et rien de plus!), mais les quelques gouttes qui
ne sont pas tombées de cette coupe du pauvre ne
lui ont jamais échauffé le front, pour lui communiquer la chaleur profonde, la vraie vie et la fécondité.

[*Les OEuvres et les Hommes* : *les Poètes* (1862).]

THÉOPHILE GAUTIER. — Avec Murger s'en va l'originalité la plus brillante qu'ait produite *le Petit
Journal*; car c'est là qu'il a fait ses premières
armes et qu'ont paru d'abord les *Scènes de la vie
de Bohême* qui sous forme de livre et de pièce
devaient obtenir un si vif succès. Murger résume
en lui une époque littéraire. Il a peint avec un
verve, un esprit et un sentiment qu'on ne dépas-
sera pas, les mœurs exceptionnelles et fantasques
d'une jeunesse qui, depuis, s'est peut-être un peu
trop corrigée.

[*Anthologie des Poètes français du XIXᵉ siècle*
(1887).]

MUSSET (Louis-Charles-Alfred de). [1810-
1857.]

Contes d'Espagne et d'Italie (1830). – *Un Spec-
tacle dans un fauteuil* (1832). – *La Confes-
sion d'un enfant du siècle*, roman (1836). –
Poésies complètes : 1ʳᵉ partie, *Contes d'Espagne
et d'Italie* (1830); poésies diverses: 2ᵉ partie,
Un Spectacle dans un fauteuil; 3ᵉ partie,
Poésies nouvelles (1835-1840). – *Les Deux
Maîtresses; Frédéric et Bernerette* (1840). –
Comédies et Proverbes (1840-1848-1851),
contenant : *André del Sarto; Lorenzaccio;
Les Caprices de Marianne; Fantasio; On ne
badine pas avec l'amour; Une Nuit vénitienne
ou les Noces de Laurette; La Quenouille de
Barberine; Le Chandelier; Il ne faut jurer de
rien; Un Caprice*. – Dans une deuxième édition (1857) sont ajoutés : *Il faut qu'une
porte soit ouverte ou fermée; Louison; On ne
saurait penser à tout; Carmosine; Bettine*. –
Nouvelles (1841-1846) : *Les Deux Maîtresses;
Emmeline; Le Fils du Titien; Frédéric et Bernerette; Croisilles; Margot*. – *Nouvelles*, avec
M. Paul de Musset (1848). Deux des quatre
nouvelles contenues dans ce volume : *Pierre
et Camille; Le Secret de Javotte*, sont d'Alfred

de Musset. — *L'Habit vert*, proverbe en un acte, avec M. Émile Augier (1849). — *Louison*, comédie en deux actes et en vers (1849). — *Poésies nouvelles* (1850). — *OEuvres posthumes* (1860).

OPINIONS.

SAINTE-BEUVE. — Quelles sont, dans les pièces de poésie composées depuis 1819 jusqu'en 1830, celles qui se peuvent relire aujourd'hui avec émotion, avec plaisir? Je pose la question seulement et n'ai garde de la trancher, ni de suivre de près cette ligne légère, sensible pourtant, qui, chez les illustres les plus sûrs d'eux-mêmes, sépare déjà le mort du vif. Poètes de ce temps-ci, vous êtes trois ou quatre qui vous disputez le sceptre, qui vous croyez chacun le premier! Qui sait celui qui aura le dernier mot auprès de nos neveux indifférents. Rien ne subsistera de complet des poètes de ce temps. M. de Musset n'échappera point à ce destin dont il n'aura peut-être point tant à se plaindre; car il y a de lui des accents qui iront d'autant plus loin, on peut le croire, et qui perceront d'autant mieux les temps, qu'ils y arriveront sans accompagnement et sans mélange. Ces accents sont ceux de la passion pure, et c'est dans ses *Nuits de mai et d'octobre* qu'il les a surtout exhalés.

[*Causeries du lundi* (1852).]

SAINTE-BEUVE. — Gœthe, dès sa jeunesse et dès le temps de Werther, s'apprêtait à vivre plus de quatre-vingts ans. Pour Alfred de Musset, la poésie était le contraire; sa poésie, c'était lui-même, il s'y était rivé tout entier; il s'y précipitait à corps perdu; c'était son âme juvénile, c'était sa chair et son sang qui s'écoulait; et quand il avait jeté aux autres ces lambeaux, ces membres éblouissants du poète qui semblaient parfois des membres de Phaéton et d'un jeune dieu (se rappeler les magnifiques apostrophes et invocations de Rolla), il gardait son lambeau à lui, son cœur saignant, son cœur brûlant et ennuyé. Que ne prenait-il pas patience? Tout serait venu en sa saison. Mais il avait hâte de condenser et de dévorer les saisons.

Après les jeux de la passion que devenait cette enfance, elle-même pourtant, elle vint, la passion en personne : nous le savons; elle éclaira un moment ce génie si bien fait pour elle. elle le ravagea... Il a dû à ces heures d'orage et de douloureuse agonie de laisser échapper en quelques nuits immortelles des accents qui ont fait vibrer les cœurs, et que rien n'abolira. Tant qu'il y aura une France et une poésie française, les flammes de Musset vivront comme vivent les flammes de Sapho.

[*Portraits littéraires* (1862).]

AUGUSTE VACQUERIE. — Un adolescent imberbe et gracieux, qui aspire à la force et qui n'y arrive pas, tel est Alfred de Musset comme homme, — et comme poète. Auguste Préault l'a très spirituellement appelé «Mademoiselle Byron»; le mot est juste et lui restera. Toutes les qualités féminines légères, délicates, fragiles, souffrantes; ce qu'on entendait par de l'aristocratie quand le mot avait un sens : la gracilité de ces héritiers élégants et maladifs en qui s'éteignent les familles nobles; charmant, touchant, oui, — grand, non. On est grand quand, à travers les huées, les colères et les trahisons, on donne à

l'art et à la société une forme nouvelle, quand, par le livre ou par l'action, et mieux par les deux ensemble, on ouvre une porte fermée de l'avenir, quand on entre le premier dans l'inconnu, quand on est le conducteur d'un demi-siècle. Alfred de Musset conduire un siècle? Il n'a pas pu le suivre!

[*Profils et Grimaces* (1856).]

LAMARTINE. — Alfred de Musset, soit qu'il éprouvât lui-même cette *fastidiosité* du sublime et du sérieux, soit qu'il comprît que la France demandait une autre musique de l'âme ou des sens à ses jeunes poètes, ne songea pas un seul instant à nous imiter. Il toucha du premier coup sur son instrument des cordes de jeunesse, de sensibilité d'esprit, d'ironie de cœur, qui se moquaient hardiment de nous et du monde. Ces vers faisaient, dans le concert poétique de 1828, le même effet que l'oiseau moqueur fait à la complainte du rossignol dans les forêts vierges d'Amérique, ou que les *castagnettes* font à l'orgue dans une cathédrale vibrante des soupirs pieux d'une multitude agenouillée devant des autels.

[*Cours familier de littérature* (1856-1868).]

HIPPOLYTE TAINE. — Nous le savons tous par cœur. Il est mort et il nous semble que tous les jours nous l'entendons parler. Une causerie d'artistes qui plaisantent dans un atelier, une belle jeune fille qui se penche au théâtre sur le bord de sa loge, une rue lavée par la pluie où luisent les pavés noircis, une fraîche matinée riante dans les bois de Fontainebleau, il n'y a rien qui ne nous le rende présent et comme vivant une seconde fois. Y eut-il jamais accent plus vibrant et plus vrai? Celui-là au moins n'a jamais menti. Il n'a dit que ce qu'il sentait, et il l'a dit comme il le sentait. Il a pensé tout haut. Il a fait la confession de tout le monde. On ne l'a point admiré, on l'a aimé; c'était plus qu'un poète, c'était un homme. Chacun retrouvait en lui ses propres sentiments, les plus fugitifs, les plus intimes; il s'abandonnait, il se donnait, il avait les dernières des vertus qui nous restent, la générosité et la sincérité. Et il avait le plus précieux des dons qui puissent séduire une civilisation vieillie, la jeunesse. Comme il a parlé «de cette chaude jeunesse, arbre à la rude écorce, qui couvre tout de son ombre, horizons et chemins!» Avec quelle fougue a-t-il lancé et entrechoqué l'amour, la jalousie, la soif du plaisir, toutes les impétueuses passions qui montent avec les ondées d'un sang vierge du plus profond d'un jeune cœur! Quelqu'un les a-t-il plus ressenties? Il en a été trop plein, il s'y est livré, il s'en est enivré. Il s'est lâché à travers la vie comme un cheval de race, cabré dans la campagne, que l'odeur des plantes et la magnifique nouveauté du vaste ciel précipitent à pleine poitrine dans des courses folles qui brisent tout et vont le briser. Il a trop demandé aux choses; il a voulu d'un trait, âprement et avidement, savourer toute la vie: il ne l'a point cueillie, il ne l'a point goûtée; il l'a arrachée comme une grappe et pressée, et froissée, et tordue; et il est resté les mains salies, aussi altéré que devant. Alors ont éclaté ces sanglots qui ont retenti dans tous les cœurs. Quoi! si jeune et déjà si las! Tant de dons précieux, un esprit si fin, un tact si délicat, une fantaisie si mobile et si riche, une gloire si précoce, un si soudain épanouissement de beauté et de génie, et au même instant les angoisses, le dégoût, les larmes et les cris! Quel mélange! Du même geste il adore et il maudit. L'éternelle illusion, l'invincible expérience sont en lui côte à côte pour se combattre et se déchirer. Il est devenu vieillard, et il est demeuré jeune homme; il est poète et il est sceptique. La Muse et sa beauté pacifique, la Nature et sa fraîcheur immortelle, l'Amour et son bienheureux sourire, tout l'essaim de visions divines passe à peine devant ses yeux qu'on voit accourir, parmi les malédictions et les sarcasmes, tous les spectres de la débauche et de la mort. Comme un homme, au milieu d'une fête, qui boit dans une coupe ciselée, debout, à la première place, parmi les applaudissements et les fanfares, les yeux riants, la joie au fond du cœur, échauffé et vivifié par le vin généreux qui descend dans sa poitrine et que subitement on voit pâlir; il y avait du poison au fond de la coupe; il tombe et râle; ses pieds convulsifs battent les tapis de soie, et tous les convives effarés regardent. Voilà ce que nous avons senti le jour où le plus aimé, le plus brillant d'entre nous, a tout d'un coup palpité d'une atteinte invisible, s'est abattu avec un hoquet funèbre parmi les splendeurs et les gaietés menteuses de notre banquet.

[*Alfred de Musset* (1857).]

THÉODORE DE BANVILLE. — Je voudrais le montrer non tel que l'a dessiné Gavarni en cette lithographie exquise où le dandy-poète, déjà fatigué de la lutte, pâli par les veilles, ferme à demi ses yeux et regarde tristement le fantôme de la vie; — mais fier, charmant, jeune, beau comme dans le médaillon où David conserva l'image de son enfance adorable, et tel qu'il apparut à cette soirée chez Charles Nodier, où il lut pour la première fois les *Contes d'Espagne et d'Italie*, et d'où il sortit célèbre. Sans barbe alors, tout resplendissant d'une grâce juvénile, ce nez aquilin trop long et trop busqué, d'un caractère si étrange et hardi, ces yeux ingénus et profonds, cette petite bouche aux lèvres amoureuses, faites pour les baisers, ce puissant menton byronien, et surtout ce large front modelé par le génie, et cette épaisse, énorme, violente, fabuleuse chevelure blonde, tordue et retombant en onde frémissante, lui donnent l'aspect d'un jeune dieu. Le cou long, charnu, démesuré, est d'un lutteur, et, en effet, le poète de *Rolla* avait été doué de la vigueur héroïque, pour que la Passion et la Douleur, ses vraies amantes implacablement chéries, eussent de quoi s'acharner sur leur proie.

[*Camées parisiens* (1866).]

ÉMILE ZOLA. — Musset a continué la grande race des écrivains français. Il est de la haute lignée de Rabelais, de Montaigne et de La Fontaine. S'il semble s'être drapé, à ses débuts, dans les guenilles romantiques, on croirait aujourd'hui qu'il a pris ce costume de carnaval pour se moquer de la littérature échevelée du temps. Le génie français, avec sa pondération, sa logique, sa netteté si fine et si harmonique, était le fond même de ce poète aux débuts tapageurs. Il a parlé ensuite une langue d'une pureté et d'une douceur incomparables. Il vivra éternellement, parce qu'il a beaucoup aimé et beaucoup pleuré.

[*Documents littéraires; études et portraits* (1881).]

ALEXANDRE DUMAS FILS. — Il a pris la place qui lui était due dans la postérité, entre Horace et Plutarque, entre Calderon et Beaumarchais. L'auteur de *Faust* l'appelle mon frère, l'auteur d'*Hamlet* l'appelle mon fils, et toutes les femmes de France, méritant vraiment le nom de femmes, ont un volume de lui sous les coussins où elles rêvent.

[*Préfaces.*]

AUGUSTE BARBIER. — C'était une nature poétique des mieux douées qui a été avariée par sa liaison avec Stendhal et Mérimée. Ces amitiés, à mon sens, lui ont nui plus qu'elles ne lui ont profité. De là son scepticisme, ses airs de pose et parfois son cynisme, qui jurait avec son élégance naturelle. L'invention chez lui n'était pas des plus fortes; vous retrouvez dans toutes ses œuvres les traces de bien des auteurs, Shakespeare, Byron, Calderon, Schiller, puis Boccace, La Fontaine, Regnier, Ronsard, Marivaux, Béranger et tous nos vieux conteurs; ce qui faisait dire à une femme d'esprit : *Quand je lis M. de Musset, je crois toujours avoir lu cela quelque part*. Mais ces traces-là chez lui sont enveloppées de tant de grâce, d'esprit et de désinvolture, qu'on se croit en présence de créations propres à l'auteur.

[*Souvenirs personnels* (1883).]

MADAME ACKERMANN. — Musset pèche par la composition. Ses poésies sont décousues; on les dirait faites de pièces et de morceaux! Mais quels morceaux! C'est du cristal, de l'or, du diamant, ou plutôt c'est un métal à lui et sorti de ses entrailles, fluide, transparent, brûlant.

[*Pensées d'une solitaire* (1883).]

JULES LEMAÎTRE. — Quand on a dit de Musset qu'il est «le poète de l'amour et de la jeunesse», cela paraît court, et pourtant il n'y a pas grand'chose à ajouter. (Il est vrai qu'on peut alors développer le contenu de ces mots «jeunesse et amour», et que cela ne laisse pas d'être long.) Si l'on remarque ensuite que ce qui distingue Musset des élégiaques anciens, tels que Catulle ou Properce, et des modernes, tels que Ronsard, Chénier et Parny, c'est qu'il a surtout exprimé ce qu'il y a de tristesse dans l'amour, le *Surgit amari aliquid* du vieux Lucrèce, et aussi dans l'éternel inassouvissement du désir, l'éternelle illusion renaissante; ou encore que la mélancolie de l'amour lui a été parfois un acheminement aux mélancolies intellectuelles de son siècle, on sera loin d'avoir tout dit. Et si l'on constate enfin qu'il a été l'un des hommes les plus impressionnables de ce temps et un des plus spirituels; qu'il a été le plus sincère des écrivains, et le plus gracieux; — qu'il nous prend à la fois par le charme aisé d'un esprit de pure lignée française et par la profondeur et la vérité du sentiment et de la passion...; il me semble qu'il ne restera plus rien à faire qu'à le relire.

[*Impressions de théâtre* (1888).]

GUSTAVE FLAUBERT. — Musset aura été un charmant jeune homme et puis un vieillard, mais rien de planté, de rassis, de carré, de sérieux dans son talent (comme existence, j'entends); c'est qu'hélas le vice n'est pas plus fécond que la vertu; il ne faut être ni l'un ni l'autre, ni vicieux, ni vertueux, mais au-dessus de tout cela. Ce que j'ai trouvé de plus sot et que l'ivresse même n'excuse pas, c'est la fureur à propos de la croix. C'est de la stupidité lyrique en action, et puis c'est tellement voulu et si peu senti.

[*Correspondance*, 2ᵉ série, p. 121 (1889).]

Émile Faguet. — Musset a touché au génie par la profondeur et la puissance de sa sensibilité, comme d'autres par la force de l'imagination. Il n'y a atteint que rarement, et la raison en est simple. La passion est dans l'homme une des grandes sources d'art, comme toutes les forces qu'il a en lui. Mais, d'abord, elle s'épuise très vite, et, d'autre part, pour arriver à l'expression artistique, il faut qu'elle se rencontre en nous avec des facultés, des ressources, des talents, qui, d'ordinaire, ne sont pas du même âge qu'elle. C'est dans la jeunesse qu'on sent très vivement et c'est dans l'âge mûr qu'on sait son métier de poète. C'est pour cette cause que nous avons tant de vers d'amour écrits par des jeunes gens qui sont ridicules et tant de vers d'amour écrits par des quadragénaires qui sont agréables, mais froids. Aux uns, c'est l'exécution qui manque, aux autres, le fonds. Tout a servi à Musset pour que la rencontre nécessaire de l'art et de la matière se produisît; sa précocité, sa candeur, son aptitude, malheureuse d'ailleurs, précieuse ici, à rester enfant.

Il a su faire de beaux vers de très bonne heure; et, encore adolescent de cœur assez avant dans la vie, il a eu toute l'ardeur de la passion quand il avait tout le talent pour la peindre.

[*Études littéraires sur le xixᵉ siècle* (1887).]

Gustave Larroumet. — Il n'y a pas une pièce de Scribe qui ne soit supérieure cómme conduite et tour de main aux meilleures comédies de Musset. Pourtant, quelle différence entre *Lorenzaccio* et *Bertrand et Raton*, entre *Il ne faut jurer de rien* et *Bataille de dames* !

C'est, du reste, Musset qui, dans *Une Soirée perdue*, à propos du *Misanthrope*, a le mieux marqué la différence essentielle des deux théâtres, le théâtre d'intrigue et le théâtre de pensée, le théâtre qui amuse et celui qui émeut, en montrant le prix d'une pièce comme *le Misanthrope* au regard de celles qui visent avant tout à «servir à point un dénouement bien écrit», du théâtre qui se tient au niveau de la vie ou s'élève au-dessus d'elle, en comparaison de celui qui atteint son but :

> Si l'intrigue, enlacée et roulée en feston,
> Tourne comme un rébus autour d'un mirliton.

[*Le Temps* (25 septembre 1899).]

N

NADAUD (Gustave). [1820-1893.]

Recueil de chansons (1857). – *Chansons à dire* (1886).

OPINIONS.

Sainte-Beuve. — Je ne conseille pas le *Recueil* des chansons de M. Nadaud trop à l'usage du quartier latin et de la Closerie des Lilas.

[*Causeries du lundi*.]

Armand Silvestre. — La chanson trouva dans Nadaud un défenseur qui eut, pour cette noble tâche, tout le talent et tout l'esprit nécessaire, plus une foi robuste en un genre dont aucune des délicatesses ne lui échappa.

[*La Plume* (1893).]

Ch. Alexandre. — Nous avons rêvé souvent des chansons nouvelles pour notre temps nouveau, des chansons agitées des grandes inquiétudes et des grands désirs comme les âmes de notre âge. Béranger, vers la fin, et Pierre Dupont ont trouvé parfois cette poésie désirée. Nadaud, lui, se tient à l'écart de la mêlée; sa poésie, aux goûts calmes, pêche à la ligne, prend les goujons et regarde sans trouble passer le fleuve des révolutions... La joie n'est pas le chant complet du monde, le plaisir n'est pas l'amour, l'esprit n'est pas la liberté. La douleur, l'amour et la liberté veulent aussi leur part. Quand on a fait le *Voyage aérien*, le *Message* et l'*Improvisateur de Sorrente*, on est digne de les chanter.

[*Étude* (1894).]

NAPOL LE PYRÉNÉEN (Napoléon Peyrat). [1809-1881.]

Roland (1833).

OPINIONS.

Charles Asselineau. — En lisant cette pièce (*Roland*), d'une exécution magistrale, la parenté d'idées et d'intentions du poète avec l'auteur des *Orientales* est évidente. Il y a de l'ode à *Grenade* dans les premières strophes; la suite rappelle la *Bataille perdue*. Les images riches et correctes sont frappantes de vérité... Voilà bien l'art de 1833, l'art d'enchâsser savamment l'image dans le vers et de tout combiner pour l'effet, et le son, et la figure, et le rythme, et la coupe, et la place, et l'enjambement. L'atteindre ainsi du premier coup et dans sa perfection était certes la preuve d'un talent et d'une intelligence peu ordinaires; et c'est pourquoi nous avons tenu à recueillir, parmi les chefs-d'œuvre de cette époque, cette épave d'un poète qui ne vivait plus, depuis longtemps, que dans la mémoire des dilettantes.

[*Les Poètes français*, recueil par Eugène Crépet (1861-1863).]

Édouard Fournier. — Il en fut pour lui comme pour Polonius. Quand parut, en 1833, le magnifique morceau intitulé : *Roland*, et signé Napol le Pyrénéen, on se demanda quel grand poète se cachait sous ce masque. On ne le sut que trente ans plus tard.

[*Souvenirs poétiques de l'école romantique* (1880).]

NARDIN (Georges).

Les Horizons bleus (1880).

OPINION.

A.-L. — M. Georges Nardin a publié diverses études ou critiques d'art et des articles à *la Revue contemporaine*. Il s'est fait connaître dans le monde poétique par un recueil de vers, *les Horizons bleus* (1880), volume plein de promesses, où nous avons particulièrement remarqué *les Digitales* et *les Violettes*, strophes de jeunesse d'un sentiment pur et d'une heureuse allure.

[*Anthologie des Poètes français du xixᵉ siècle* (1888).]

NAU (John-Antoine).

Au Seuil de l'Espoir (1897).

OPINION.

GUSTAVE KAHN. — C'est un nom à retenir que celui de M. John-Antoine Nau, qui, sous ce titre banal, *Au Seuil de l'Espoir*, nous apporte un poème serré, massif et concis, infiniment plus près de la forme possible du roman en vers que celui de M. Roussel. D'ailleurs, M. John-Antoine Nau n'a point de prétention au roman, et son livre se présente sans explications préalables d'aucune sorte. Un poète qui a aimé une femme belle et intelligente, un poète que les hasards de la vie ont fait marin, se rappelle et évoque, autour de sa première maîtresse, les errantes amours de sa vie d'escales, et les confronte, et cherche tout ce qu'il y eut en tous ces caprices et ces amourettes de traces de son plus profond sentiment.

[*Revue Blanche* (1897).]

NED (Édouard).

Poèmes catholiques (1897). — *Mon jardin fleuri* (1898).

OPINIONS.

MAURICE PERRÈS. — En lisant ses vers où il a semé des perles de douceur et d'harmonie, on a l'impression que donnerait un orchestre magique caché dans un *jardin fleuri* et qui enchanterait en mélodies puissantes la merveilleuse richesse et les parfums troublants.

[*L'OEuvre* (1898).]

YVES BERTHOU. — Voici des poèmes exclusivement catholiques. Mais M. Édouard Ned est avant tout personnel. On ne peut lui reprocher de marcher dans les traces des pas d'un aîné. En toute simplicité il dit sa foi, ses douleurs, ses terreurs, ses regrets, ses dégoûts et ses espoirs. Il ne se contente pas de gémir, il maudit avec véhémence. Ce n'est pas un combattant vaincu avant d'avoir vu le feu. Ses vers ne veulent pas éblouir, mais on reconnaît qu'il ne tiendrait qu'à lui d'être plus artiste. — Nous lui savons gré, quant à nous, de la sincérité. — Je crois fermement que M. Ned, qui a une âme très vibrante, très poétique, nous donnera des œuvres.

[*La Trêve-Dieu* (1898).]

NERVAL (Gérard LABRUNIE, *dit* de).
[1808-1855.]

Napoléon et la France guerrière, élégies nationales (1826). — *La Mort de Talma*, élégie nationale (1826). — *L'Académie ou les Membres introuvables*, comédie satirique (1826). — *Napoléon et Talma*, élégies nationales, en vers libres (1826). — *M. Dentscourt ou le Cuisinier grand homme*, tableau politique à propos de lentilles (un acte en vers), publié sous le nom de M. Beuglant, poète, ami de Cadet-Roussel (1826). — *Élégies nationales et Satires politiques* (1827). — *Faust*, tragédie de Gœthe, nouvelle traduction complète en prose et en vers (1828). — Le même ouvrage, suivi du *Second Faust* et d'un choix de ballades et de poésies de Gœthe, Schiller, Bürger, Klopstock, Schubert, Kœrner, Uhland, etc. (1840). — *Couronne poétique de Béranger* (Paris, 1828). — *Le Peuple*, ode (1830). — *Nos adieux à la Chambre des députés de l'an 1830 ou Allez-vous-en, vieux mandataires*, par le père Gérard, patriote de 1798, ancien décoré de la prise de la Bastille, couplets (1831). — *Lénore*, traduite de Bürger (1835). — *Piquilo*, opéra-comique, en collaboration avec M. Alexandre Dumas (1837). — *L'Alchimiste*, drame en 5 actes et en vers, avec M. Alexandre Dumas (1839). — *Leo Burckart*, drame en 5 actes, en prose, avec M. Alexandre Dumas (1839). — *Scènes de la vie orientale* (1848-1850). — *Les Monténégrins*, opéra-comique en 3 actes, en collaboration avec M. Alboize (1849). — *Le Chariot d'enfant*, drame en vers, en 5 actes et 7 tableaux, traduit du drame indien du roi Soudraka, en collaboration avec M. Méry (1850). — *Les Nuits de Ramazan* (1850). — *Les Faux Saulniers*, histoire de l'abbé de Bucquoy (1851). — *L'Imagier de Harlem ou la Découverte de l'imprimerie*, drame-légende en 5 actes et 10 tableaux, en prose et en vers, en collaboration avec MM. Méry et Bernard Lopez (1852). — *Contes et Facéties* (1852). — *Lorély*, souvenirs d'Allemagne, contenant : *Lorély ou Loreley, la Fée du Rhin; A Jules Janin; Sensations d'un voyageur enthousiaste; Souvenirs de Thuringe; Scènes de la vie allemande; Léo Burckart; Rhin et Flandre* (1852). — *Les Illuminés ou les Précurseurs du socialisme* (1852). — *Petits Châteaux de Bohême*, prose et poésies (1853). — *Les Filles du feu* (1854). — *Promenade autour de Paris* (1855). — *Misanthropie et repentir*, drame en 5 actes, en prose, de Kotzebue, traduction (1855). — *La Bohême galante* (1856). — *Le Marquis de Fayolle*, avec M. Édouard Gorges (1856). — *Voyage en Orient* (1856). — *Les Chimères et les Cydalises*, poèmes, avec notice de R. de Gourmont (1897).

OPINIONS.

ÉDOUARD THIERRY. — Il lisait toujours et s'efforçait rarement de produire; mais ce qu'il écrivait était simple et excellent, ingénieux avec le plus grand air de naturel, et spirituel sans se piquer de le paraître... Tout cela est précis et délicat, ingénieux et sincère, toujours intéressant, toujours original, mais de cette originalité vraie et qui s'ignore, plein de ce charme funeste, et qui ne fut mauvais qu'à lui-même, l'enchantement du rêve répandu sur la vie.

[*La Revue française* (1856).]

PAUL DE SAINT-VICTOR. — La poésie n'était pas pour lui ce qu'elle est, ce qu'elle doit être pour les autres, une lyre qu'on prend et qu'on pose pour vaquer aux choses extérieures; elle était le souffle, l'essence, la respiration même de sa nature.

[*La Revue de Paris* (1858).]

CHARLES ASSELINEAU. — Gérard avait des idées particulières sur la poétique. Il s'inquiétait beaucoup de la prosodie des peuples étrangers, de ceux surtout qui ont une langue accentuée, notée, comme les Allemands, les Arabes, etc. L'application de la poésie à la musique le tourmentait aussi beaucoup. Les vers chantés dans ses opéras-comiques sont très travaillés. Toutefois on peut conclure du soin avec lequel il recueillait les chants populaires de sa province (le Valois), tous ces petits poèmes où les soldats, les forestiers, les matelots ont exprimé leurs passions ou leurs rêves, qu'il faisait plus de cas, en poésie, du sentiment que de l'art. Il prétendait que l'assonance peut suppléer la rime, — la rime surtout était un *grand obstacle à la popularité des poésies, en ce qu'elle rendait le récit poétique lourd et ennuyeux.*

[*La Revue fantaisiste* (1862).]

CHAMFLEURY. — Timide dans la vie, Gérard offrait une certaine résistance intérieure, et quoiqu'il vécût en bonne camaraderie avec la bande de Petrus Borel et qu'il fût admis à l'honneur suprême de fournir une épigraphe au tapageur volume des *Rhapsodies*, Gérard appartenait à la littérature claire, obtenant les effets plus par le sentiment que par une palette chargée de couleurs. Ses amis pouvaient à leur aise réaliser avec l'art secondaire de la peinture; lui se contentait de presser doucement son cœur pour en faire jaillir de tendres souvenirs.

[*Les Vignettes romantiques* (1882).]

CHARLES MORICE. — Il créa le vers de songe en ce petit nombre de sonnets merveilleux que plusieurs de nos poètes contemporains ne rappellent pas aussi souvent qu'ils s'en souviennent :

Je suis le ténébreux, le veuf, l'inconsolé.

[*La Littérature de tout à l'heure* (1889).]

YVES BERTHOU. — Heureuse idée vraiment qu'a eue là M. Remy de Gourmont de nous montrer Gérard de Nerval comme un précurseur du symbolisme. Car c'est bien ainsi qu'il nous apparaît avec ces *Cydalises*, pour lesquelles le maître écrivain a écrit une préface. Il n'y a pas à dire, ces vers semblent être écrits de ce matin par un symboliste demeuré respectueux de la forme. Voici quelques pierres rares, choisies par un artiste, que la poésie

trouvera digne d'embellir sa parure. Si mesuré que soit un tel hommage, heureux celui qui peut le faire à ses amours.

[*La Trève-Dieu* (1897).]

NEUFVILLE (Frédéric de).

Le Jeu sanglant (1896).

OPINION.

GUSTAVE KAHN. — *Le Jeu sanglant*, de M. Frédéric de Neufville, ambitionne d'être comparé à une joyeuse et turbulente sortie d'écoliers; sans doute; mais il n'y a que de vagues indications dans ce jeune ébrouement, quelques pièces sobres, mais si de circonstance.

[*Revue Blanche* (1896).]

NICOLAS (Georges).

Brins d'œuvre (1896).

OPINION.

CH. FUSTER. — M. Georges Nicolas est un travailleur, qui se fait gloire d'être plébéien, mais qui a une bien délicate aristocratie de cœur et d'esprit.

[*L'Année des Poètes* (1896).]

NODIER (Charles). [1783-1844.]

Pensées de Shakespeare, extraits de ses ouvrages (1801). – *Le Dernier Chapitre de mon roman* (1803). – *Le Peintre de Saltzbourg, suivi des Méditations du cloître* (1803). – *Les Essais d'un jeune barde* (1804). – *Les Tristes, ou les Mélanges, tirés de la tablette d'un suicidé* (1806). – *Stella ou les Proscrits* (1808). – *Archéologie ou Système universel et raisonné des langues* (1816). – *Questions de littérature légale; plagiat, supercheries* (1812). – *Dictionnaire de la langue écrite* (1813). – *Histoire des sociétés secrètes de l'armée* (1815). – *Jean Sbogar* (1818). – *Thérèse Aubert* (1819). – *Adèle* (1820). – *Voyages pittoresques et romantiques dans l'ancienne France* (1820). – *Smana ou les Démons de la nuit* (1821). – *Bertram ou le Château de Saint-Aldobrand* (1821). – *Trilby, ou le Lutin d'Argail* (1822). – *Mélanges tirés d'une petite bibliothèque* (1829). – *Histoire du roi de Bohême et de ses sept châteaux* (1830). – *La Fée aux miettes, roman imaginaire* (1832). – *Mademoiselle de Marsan* (1832). – *Souvenirs de jeunesse* (1832). – *La Neuvaine de la Chandeleur; Lydie* (1839). – *Trésor des fèves et fleur des pois; le Génie bonhomme; Histoire du chien de Brisquet* (1844).

OPINIONS.

VICTOR HUGO. — Il nous rendait quelque chose de La Fontaine.

[*Littérature et philosophie mêlées* (1834).]

PROSPER MÉRIMÉE. — Si l'on se rappelle à quel degré Nodier possédait la connaissance grammaticale, ses origines et ses transformations, on déplore amèrement qu'il n'ait pas laissé après lui quelqu'un de ces grands ouvrages dans lesquels la science du passé devient la règle du présent et le guide de l'avenir. Il ne suffit pas, a dit La Rochefoucauld, d'avoir de grandes qualités, il faut en avoir l'économie. Cette économie a manqué peut-être à Nodier : esclave du caprice, pressé souvent par la nécessité, il travaillait au jour le jour, cédant sans cesse aux sollicitations des libraires, qui osent tout demander à un homme dont la bonté ne savait rien refuser. Modeste jusqu'à l'humilité, sa seule faute fut de ne pas employer tous les dons précieux qu'il avait reçus en partage. La postérité, dont il ne s'est point assez occupé, conservera sa mémoire; la faveur qui, de nos jours, accueillit ses ouvrages ne les abandonnera pas : le moyen d'être sévère pour celui qu'on ne peut lire sans l'aimer !

[*Discours de réception à l'Académie française* (1844).]

LAMARTINE. — Charles Nodier était l'ami né de toute gloire. Aimer le grand, c'était son état. Il ne se sentait de niveau qu'avec les sommets. Son indolence l'empêchait de produire lui-même ces œuvres achevées, mais il était capable de tout ce qu'il admirait. Il se contentait de jouer avec son génie et avec sa sensibilité, comme un enfant avec l'écrin de sa mère. Il perdait les pierres précieuses comme le sable.

Cette incurie de sa richesse le rendait le *Diderot*, mais le *Diderot* sans charlatanisme et sans déclamation de notre époque. Nous nous aimions pour notre cœur et non pour nos talents. C'était un de ces hommes du coin du feu, un génie familier, un confident de toutes les âmes dont la perte ne paraît pas faire un si grand vide que les grandes renommées. Mais ce vide se creuse toujours davantage. Il est dans le cœur.

[*Cours familier de littérature* (1856-1868).]

PHILOXÈNE BOYER. — Charles Nodier, qui joua les mille et un personnages de la vie du lettré, aima les vers par-dessus tous les autres divertissements de sa pensée. Fort jeune, il savait diriger le quadrige de l'ode, déployer dans l'air libre les ailes brûlantes du dithyrambe; les strophes du *Poète malheureux* sont animées d'un large souffle et la *Napoléone* vaudrait qu'on s'en souvînt, quand bien même Napoléon n'aurait pas voulu faire connaissance à Sainte-Hélène avec toutes les œuvres de son jeune ennemi. En avançant dans la vie, il modula, sur un ton plus humble, des inspirations plus charmantes. Contes, fables, romances, imitations ossianiques, pastiches du moyen âge, il multiplia les preuves d'un génie facile qui se révélait mieux encore dans les pièces fugitives, où, de sa voix allanguie, il retraçait la fuite des ans, la légère mélancolie des choses et les songes de ses derniers sommeils, qui rajeunissaient pour lui tant de chers fantômes couronnés d'ancolies et de roses !

[*Les Poètes français*, recueil publié par Eugène Crépet (1861-1863).]

J. MICHELET. — Le chercheur infatigable de notre vieille littérature, le hardi précurseur de la nouvelle.

[*Histoire du XIXe siècle.* — Nouvelle édition , 1880.]

NOËL (Alexis).

Les Sensualités (1891).

OPINION.

CH. FUSTER. — Ce livre renferme des pièces brûlantes qui ne démentent pas son titre, mais auxquelles nous préférons certains morceaux tout fugitifs, tout simples et tout charmants.

[*L'Année des Poètes* (1891).]

NOLHAC (Pierre de).

Paysages d'Auvergne (1888). – *Paysages de France et d'Italie* (1894).

OPINIONS.

FRÉDÉRIC PLESSIS. — Peu soucieux de la publicité, il n'a encore fait imprimer de vers que ses *Paysages d'Auvergne* (1888), petit livre destiné aux seuls amis. Dans ce recueil, comme en quelques pièces qu'il a données à différentes revues, on trouve une connaissance délicate de la langue, une belle ampleur de rythme, et, sous une forme artistique et sévère, un sentiment philosophique et religieux de la destinée.

[*Anthologie des Poètes français du XIXe siècle* (1887-1888).]

ANTONY VALABRÈGUE. — M. de Nolhac faisait partie, il y a une quinzaine d'années, d'un groupe de jeunes esprits attirés pour la plupart vers le haut enseignement, et qui, comme M. Frédéric Plessis, n'en cultivait pas moins la poésie sous une forme historique et savante. C'était la poésie d'études, pour ainsi parler. La nature avait bien sa part, à côté de ces recherches intellectuelles, mais elle était vue et traduite comme dans une églogue antique : on retrouvait le lettré aux champs... Comme fruit de cette première période, nous avons eu de M. de Nolhac, en tant que poète, une plaquette tirée à petit nombre pour quelques intimes, *Paysages d'Auvergne*. Nous retrouvons ces morceaux dans le volume publié aujourd'hui : *Paysages de France et d'Italie*. Par ce que nous avons déjà dit des premières aptitudes de l'auteur, de son éducation, de son séjour au delà des Alpes, on voit que ce livre renferme, à tous les points de vue, une condensation bien complète.

[*La Revue Bleue* (22 septembre 1894).]

GUSTAVE LARROUMET. — Ce poète a regardé la nature française et italienne avec cette sorte de mélancolie que donne l'étude de l'histoire; à vivre avec les morts, on aime d'autant plus les vivants, mais on contracte comme une tristesse reconnaissante qui, dans les choses du présent, fait toujours leur part à ceux qui y ont laissé leur trace, en y imprimant une beauté matérielle ou morale dont ils ne jouissaient plus... Vous trouverez encore dans ces vers de lettré et d'artiste de curieux essais métriques. Il était naturel qu'à ces deux titres, M. de Nolhac fût attiré par des recherches où il y a de la science et de l'art.

[*Études de littérature et d'art* (1895).]

NORMAND (Jacques).

Les Tablettes d'un mobile (1871). — *L'Émigrant alsacien* (1873). — *Le Troisième larron*, comédie en un acte, en vers (1875). — *Beaumarchais*, à-propos en vers (1877). — *A tire d'aile* (1878). — *Les Écrevisses* (1879). — *La Poésie de la Science*, poème (1879). — *L'Amiral*, comédie en trois actes et en vers (1880). — *Paravents de salons et de tréteaux*, *fantaisies de salon et de théâtre* (1881). — *L'Auréole*, comédie en un acte et en vers (1882). — *Les Moineaux francs* (1887). — *Le Réveil* (1888). — *Musotte*, pièce en trois actes, en collaboration avec Guy de Maupassant (1891). — *La Muse qui trotte* (1894). — *Soleils d'hiver* (1897). — *Douceur de croire*, pièce en trois actes et en vers (1899).

OPINIONS.

PAUL GINISTY. — *Les Moineaux francs* de M. Jacques Normand, malgré la grâce de certaines pièces, ne sont guère qu'un livre d'amateur. Il y a là trop de dédain de la règle étroite, trop d'indépendance à se plier au joug religieusement accepté par les vrais artistes. La langue est aussi trop facile, trop quelconque; on voit là des marquises avoir «l'œil sympathique et fin», par exemple, et ne pas craindre de se servir, à la rime, de l'adjectif «incontestable». La belle humeur et la gaîté ne font point défaut, assurément, dans ce recueil, mais quelques plaisanteries, comme celles sur Schopenhauer, ne sont-elles pas déjà bien démodées ?

[*L'Année littéraire* (7 juin 1887).]

ANTONY VALABRÈGUE. — M. Jacques Normand est un chroniqueur en vers, à la verve facile et coulante; c'est un poète de salon, qui a recueilli maints succès, et dont quelques morceaux sont devenus célèbres dès la première récitation.

[*La Revue Bleue* (25 août 1894).]

ADOLPHE BRISSON. — Il ne faudrait pas juger M. Jacques Normand sur *les Écrevisses*, *le Fou Rire*, *le Chapeau*, *le Baptême d'Antoine* et autres monologues qui ont fait pendant dix ans, et qui font encore, j'en suis sûr, le délice des salons bourgeois.

Il vaut mieux que cela. D'abord il a écrit, avec Guy de Maupassant, *Musotte*, une des pièces les plus sincères que nous ayons applaudies depuis dix ans. J'ajouterai que, comme versificateur, Jacques Normand n'est pas le premier venu. Sans doute, il n'a pas le lyrisme supérieur des grands poètes, l'éclat de Leconte de Lisle, la grâce pénétrante de Sully Prudhomme, la virtuosité de Richepin; mais il circule sous ces strophes comme un air de belle humeur, de santé et de gaîté cavalière.

[*Portraits intimes*, 1re série (1894).]

SULLY PRUDHOMME. — La mesure de vos vers n'emprunte rien aux innovations récentes. Je ne saurais m'en plaindre: j'appartiens, par mes maîtres, au passé. Vous y demeurez également fidèle. Vous pensez comme moi, sans doute, qu'il n'y a rien eu d'arbitraire dans la préférence accordée par l'oreille à certaines combinaisons harmonieuses que lui offrait le langage spontané.

[Lettre-préface à la *Muse qui trotte* (1894).]

PHILIPPE GILLE. — *La Muse qui trotte*, ce titre alerte et léger, est celui d'un volume de poésies de M. Jacques Normand. C'est par l'extrême facilité, l'élégance native, la recherche du naturel, que se recommande le vers de M. Jacques Normand. Outre le mérite de la facture, on trouvera, dans *la Muse qui trotte*, une suite de petits tableaux mondains et parisiens d'une saisissante vérité.

[*Les mercredis d'un critique* (1895).]

NOUVEAU (Germain).

Les Valentines (inédit).

OPINION.

LOUIS DENISE. — A son retour de la Palestine où il avait passé quelques années, Nouveau fut accueilli à Paris par un amour que le long isolement subi lui fit accepter avec une joie enfantine, une adorable reconnaissance. *Les Valentines* furent composées à cette époque. Écrits pour une femme, ces vers ne s'adressent en réalité qu'à elle seule. Elle en est le sujet et l'objet. Toutes ses grâces, toutes ses vertus, toutes ses perfections y sont détaillées et célébrées par une imagination jamais à court, avec une merveilleuse abondance et une infinie variété.

[*Mercure de France* (1891).]

O

OLIVAINT (Maurice).

Fleurs du Mé-Kong (1894). — *Les Fleurs de Corail* (1899).

OPINIONS.

ANTONY VALABRÈGUE. — Ce livre, *les Fleurs du Mé-Kong*, est un recueil léger, agréable et qu'on lit avec plaisir. Dans sa poésie à la note adoucie, M. Olivaint nous semble, au demeurant, un éclectique, et nous ne saurions dire, après avoir lu ce volume, si, dans d'autres œuvres, il sera fidèle à l'Extrême-Orient.

[*La Revue Bleue* (7 avril 1894).]

OLIVIER (Juste). [1807-1876.]

Chansons lointaines (1847). — *Histoires périlleuses* (1850). — *Luce Léonard* (1856). — *Héléna* (1861). — *Le Pré aux noisettes* (1863). — *Donald* (1865). — *Sentiers de montagne* (1874).

OPINION.

SAINTE-BEUVE. — M. Juste Olivier, de Lausanne, est un talent mûr, fidèle à la dignité de l'art. Après avoir chanté dans sa jeunesse des refrains qu'ont répété les échos de l'Helvétie, il a pris, en veillissant, une vocation de plus en plus prononcée pour la poésie intérieure et morale. Il a donné, il y a quelques années, un récit cadencé, *Héléna* ; aujourd'hui, c'est *Donald* (1865), l'histoire d'un employé, d'un industriel intelligent devenu un homme politique probe, incorruptible, au cœur d'or et d'airain, qui résiste à toutes les tentations, à force de conscience.

[*Nouveaux lundis* (1865).]

ORBAN (Victor).

L'Orient et les Tropiques (1895).

OPINION.

Ch. Fuster. — L'auteur est bien certainement, après Heredia et sur ses traces, un des plus parfaits artistes de ce temps. Ses paysages orientaux forment des sonnets impeccables, serrés, colorés, où chaque mot est nécessaire et complète la teinte générale.

[*L'Année des Poètes* (1895).]

ORDINAIRE (Dyonis). [1826-1896.]

Dictionnaire de Mythologie (1866). – *Rhétorique nouvelle* (1866). – *Les Régents de collège* (1873). – *Mes Rimes* (1878). – *Lettres aux Jésuites* (1883).

OPINION.

J. Weiss. — Nourrisson d'Horace et de Rabelais, M. Ordinaire n'est pas un simple imitateur qui s'adonne à l'artificiel et fait de l'anachronisme. Il est de son temps; il a l'*humour*; il a le sentiment pur et frais de la nature. Dans *Mes Rimes*, tout est de verve, de flamme et de mouvement. Qui sait si ce petit livre n'émergera pas sur les ans. La Fare et le chevalier Bertin n'ont-il pas survécu ? M. Ordinaire a désormais son coin dans l'histoire des lettres. Pas bien large ce coin, ni bien haut! mais il est bien à lui.

[*Anthologie des Poètes français du xixᵉ siècle* (1887-1888).]

P

PAILLERON (Édouard).

Les Parasites, satires en vers (1860). – *Le Parasite*, un acte, en vers (1860). – *Le Mur mitoyen*, deux actes, en vers (1861). – *Le Dernier Quartier*, deux actes, en vers (1863). – *Le Second Mouvement*, trois actes, en vers (1865). – *Le Monde où l'on s'amuse*, trois actes, en prose (1868). – *Les Faux Ménages*, quatre actes, en vers (1869). – *Prière pour la France*, poème (1871). – *Hélène*, trois actes, en vers (1872). – *L'Autre Motif*, un acte, en prose (1872). – *Petite Pluie*, un acte, (1875). – *L'Étincelle*, un acte (1879). – *L'Âge Ingrat*, trois actes (1879). – *Le Chevalier Trumeau*, un acte, en vers (1880). – *Pendant le Bal*, un acte, en vers (1881). – *Le Monde où l'on s'ennuie*, trois actes, en prose (1881). – *Le Narcotique*, un acte, en vers (1882). – *La Poupée*, recueil de vers (1884). – *Discours Académiques* (1886). – *La Souris*, trois actes (1887). – *Amours et Haines*, poésies (1888). – *Émile Augier* (1889). – *Cabotins !* quatre actes (1894). – *Pièces et Morceaux* (1897).

OPINIONS.

J.-J. Weiss. — Nous possédons de lui un volume de vers, *Amours et Haines*, qu'il a publié en 1869, quand il était déjà lancé en pleine carrière. On y surprend bien sa mollesse de travail. M. Pailleron est poète; ce ne serait pas la peine de s'occuper de lui s'il ne l'était pas. On peut donc recueillir dans ce volume une demi-douzaine de pièces qui sont inspirées et où l'accent ni le mot ne font défaillance à l'inspiration. Les trois pièces, *l'Accusé*, *la Morte*, *Celles-là*, réunies sous le nom de *Histoires tristes*, nous révèlent en M. Pailleron,

avec une source première de philosophie qui ne s'est point tarie, une faculté d'ironie, concentrée et pathétique, dont on ne retrouve guère la trace dans son théâtre. Les cruautés indifférentes de la nature et de la société y palpitent. Dans le tableau d'un prétoire de police correctionnelle, tous les détails sont d'une réalité pittoresque et âpre :

> Un Christ au-dessus d'eux regardait tout cela ;
> En face, tout debout, l'homme se tenait là,
> Son mouchoir à la main pour cacher sa figure ;
> C'était un pauvre diable à la tête un peu dure ;
> Il avait l'air stupide et sombre, il parlait bas ;
> Il était sous le coup de cet écrasement
> De démentir des gens ayant fait leurs études !

Cela est tout ensemble vu, imaginé, exprimé. Je recommande également au lecteur les pièces : *Au Bal*, *la Tombe*, *le Jardin*, fusées fébriles de sentiment mondain ou sensations de la vie de tous les jours. La majeure partie du volume (idylles légères, graves et mélancoliques, écrites en strophes variées) ne contient que des amours sans flamme et des haines pâles, des à-peu-près de mélancolie et d'allégresse, des choses presque senties et pas du tout rendues. On est d'abord alléché par le sujet: *la Hêtrée*, *les Brumes*, *la Belle-Gelée*, *l'Hirondelle*, *le Rhône*. Ce sont là des moments de la nature faits pour le poète ! De tels titres, tombant sous nos yeux, dans un de ces nids d'acide carbonique que nous appelons à Paris un beau troisième sur une belle avenue, nous communiquent soudain les mêmes élans vers l'être qui agitaient Charles Bovary, dans sa chambre d'étudiant de Rouen. «... En face, au delà des toits, le grand ciel pur s'étendait avec le soleil rouge se couchant. Qu'il devait faire bon là-bas! Quelle fraîcheur sous la hêtrée! Et il ouvrait les narines pour aspirer les bonnes odeurs de la campagne, qui ne venaient pas jusqu'à lui...» Hélas! il nous faut vite refouler nos élans. M. Pailleron non plus ne fait pas venir jusqu'à nous les bonnes odeurs de la campagne.

[*Le Théâtre et les Mœurs* (1889).]

PHILIPPE GILLE :

Pour être homme d'esprit; on n'est pas moins poète.

Ce vers (c'en est un!) m'est inspiré par la vue d'un volume de poésies signées Édouard Pailleron, de l'Académie française. Évidemment, *Le Monde où l'on s'ennuie* ne semble pas, au premier abord, sortir de la même plume que ce recueil intitulé : *Amours et Haines*, et pourtant, en y regardant bien, on trouvera des tournures d'esprit, une façon de voir, piquante même dans le lyrisme, qui démontrent bien que l'auteur dramatique et le poète ne font qu'un.

[*La Bataille littéraire* (1891).]

MARCEL FOUQUIER. — M. Édouard Pailleron se révélait auteur dramatique avec *le Parasite* et poète avec *les Parasites*. Dans ce premier volume de vers, le poète fait un peu trop claquer le fouet de Juvénal. Le second volume de vers de M. Pailleron, *Amours et Haines*, paru en 1869, vaut bien mieux, et pour le fonds et par le tour. Plusieurs pièces ont un joli accent ému et personnel (L'*Aveu*, *le Jardin*). La série intitulée : *Histoires tristes*, annonce déjà les *Humbles* de M. F. Coppée. Et cet amant bourru du naturel, Alceste, aurait peut-être donné tous les sonnets d'Oronte pour cette petite chanson que je vais vous dire :

> C'était en avril, un dimanche,
> Oui, un dimanche,
> J'étais heureux.
> Vous aviez une robe blanche
> Et deux gentils brins de pervenche,
> Oui, de pervenche,
> Dans les cheveux...

... A la fin du *Théâtre chez Madame*, il a publié (depuis) plusieurs sonnets d'une désespérance absolument bouddhique.

Dans un, le poète s'écrie :

> *Tu n'as qu'un seul moyen d'avoir raison : sois mort.*

Un autre a pour titre : *Nirvâna*. Que nous sommes loin de la blonde Isabelle et de Marton la brune.... écrivain de grand talent, d'un intarissable esprit, bien français et bon Français (en 1870 M. Pailleron s'engagea, et les vers de *la Prière pour la France*, datés de 1871, sont très beaux).

[*Profils et Portraits* (1891).]

PARODI (Dominique-Alexandre). [1840-1901.]

Passions et Idées, poésies (1865). − *Nouvelles Messéniennes*, chants patriotiques (1867). − *Ulm le Parricide*, drame en cinq actes et en vers (1870). − *Rome vaincue*, tragédie en cinq actes et en vers (1872). − *Séphora*, poème biblique en deux actes (1877). − *Le Triomphe de la paix*, ode symphonique (1878). − *Cris de la chair et de l'âme*, poésies (1883). − *La Jeunesse de François I er*, drame en cinq actes et en vers (1884). − *L'Inflexible*, drame en cinq actes, en prose (1884). − *Le Théâtre en France* : la tragédie, la comédie, le drame, les lacunes (1885). − *La Reine Juana* (1893).

OPINIONS.

FRANCISQUE SARCEY. — Il y a beaucoup de talent, mais beaucoup de talent dans cette œuvre nouvelle (*Ulm le Parricide*) d'un jeune homme inconnu.

[*Le Temps* (1870).)

FRANCISQUE SARCEY. — Il est vraiment beau, très beau le quatrième acte d'*Ulm le Parricide* Voulez-vous que je vous en parle, bien que vous ne deviez probablement jamais le voir. Ulm a tué, au troisième acte, son père, le roi du Scandinave, dont il était héritier; il y avait chez lui une effroyable ambition de régner; est-ce ambition qu'il faut lire? Non, le terme est trop noble pour cette nature farouche, entière, emportée par l'instinct sauvage de la brute. C'est un besoin, c'est une envie; le voilà maître du trône et au comble de ses vœux, et alors il se passe dans son être quelque chose d'extraordinaire. Vous rappelez-vous le *Caïn* de Victor Hugo dans *la Légende des Siècles* ? Caïn, après avoir assassiné son père, est tourmenté de remords; mais le remords est pour cet homme primitif et barbare fort différent de ce qu'il est pour nous. Ce n'est pas un sentiment : c'est un poids réel, une douleur causée par un je ne sais quoi de caché, d'invisible, mais que l'on doit pouvoir arracher de la plaie comme un trait de la blessure... Aussi le remords pour Caïn prend-il la forme d'un œil qui brille au fond des cieux, et qui demeure fixé sur le meurtrier. Caïn voit toujours cet œil qui le regarde; il pousse des cris de colère et ses fils étendent des toiles entre sa tête et le ciel; puis ils bâtissent des tours dont ils épaississent les murs; puis ils construisent un caveau d'airain.

Et le soir ils lançaient des flèches aux étoiles.

Quel vers! Superbe, étincelant, plein de sens et d'une poésie merveilleuse d'expression ! Et à chaque fois qu'ils ont cru ainsi intercepter à leur père la vue de cet œil vengeur, Caïn leur répond d'une voie sombre : l'œil est toujours là !

Eh bien ! cette hardiesse à rejeter un sentiment intime, un chagrin de l'âme, un remords de la conscience, M. Parodi l'a porté à la scène. Ulm non plus que Caïn ne comprend rien au tourment dont il souffre. Pour lui, c'est une ulcère, c'est une blessure qui saigne et qui l'irrite. M. Parodi est Italien de naissance et je ne sais s'il est venu en France de très bonne heure. Il est donc assez naturel qu'il ne manie pas notre hexamètre avec aisance. Il y a, en effet, bien souvent dans son style quelque chose de pénible et de martelé. Mais que de fois aussi le vers jaillit plein, sonore, tout d'une venue, éclatant de franchise et de verve.

[*Le Temps* (12 février 1872).]

PHILIPPE GILLE. — L'auteur de *Rome vaincue*, M. Alexandre Parodi, a publié une œuvre dramatique en deux parties, intitulée : *Séphora*. C'est un poème biblique qui a pour personnages : Adam, Gad, Tubal, etc. et Caïn lui-même. L'action est intéressante malgré la sévérité du sujet, et M. Parodi a écrit de sa meilleure plume de beaux vers dont je ne puis donner autant d'extraits que je voudrais... Adam se met à la recherche de Caïn, et c'est là qu'est l'intérêt dramatique du beau poème de M. Parodi. Il ne faut pas chercher à comparer cette œuvre dramatique au beau poème de Victor Hugo sur le même sujet ; le maître est le maître ; mais un sentiment vrai appartient à tous, et cette pensée du pardon pour Caïn est aussi personnelle à M. Parodi qu'à l'auteur des *Contemplations*.

[*La Bataille littéraire* (1889).]

JACQUES DU TILLET. — Le drame de M. Parodi est pavé de bonnes intentions. Le sujet est d'une grandeur singulière, et d'avoir osé s'y attaquer seulement n'est pas d'un esprit médiocre. Il faut une réelle puissance aujourd'hui et une admirable conscience artistique pour tenter un drame qui n'a rien de commun avec les drames à la mode, qui n'est ni «populaire» ni «sentimental», et dont l'intérêt a pour mobiles les sentiments les plus nobles et les plus élevés. Malheureusement, si les aspirations de M. Parodi sont respectables et admirables, son «exécution» est bien insuffisante; et s'il possède incontestablement le don dramatique, il en usa parfois avec une maladresse déconcertante... Il me faut parler de ce qu'il y a de plus fâcheux dans *la Reine Juana* : du style. Il est déplorable, il faut bien l'avouer.

[*La Revue Bleue* (13 mai 1893).]

PATÉ (Lucien).

Lacrymæ rerum (1871). – *Mélodies intimes* (1874). – *A Molière* (1876). – *A Corneille* (1876). – *Poésies* (1879). – *La Statue de Niepce* (1885). – *A François Rude* (1886). – *Le Centenaire de Lamartine* (1890). – *Poèmes de Bourgogne* (1889). – *Le Sol sacré* (1896).

OPINIONS.

PAUL STAPFER. — M. Lucien Paté fait de bons vers et même de beaux vers ; la dernière page du *Marronier de Bagatelle* est d'un grand style ; mais il a plutôt la grâce classique, et, dans son recueil *Lacrymæ rerum*, j'aime surtout les petits vers.

> J'ai dit au bois toute ma peine,
> Et le bois en a soupiré ;
> J'ai dit mon mal à la fontaine,
> Et la fontaine en a pleuré.

[*Le Temps* (10 avril 1873).]

PAUL PIONIS. — Je viens de lire ce livre de poésie, *Le Sol sacré*, de poésie qui chante et qui claironne, qui chante avec les cloches l'amour du pays natal, qui claironne avec les fanfares la charge pour la défense du *sol sacré*. Et, en vérité, je ne sais à quel chant donner la préférence.

[*L'Année des Poètes* (1896).]

PHILIPPE GILLE. — Sous ce titre : *Le Sol sacré*, M. Lucien Pâté vient de faire paraître un livre plein de beaux vers et de hautes pensées ; ce sont, pour la plupart, des pièces où il chante la France et ses gloires qui composent un volume dont je voudrais citer bien des morceaux... Parmi les pièces les plus émouvantes de ce recueil de belles inspirations, je signalerai, entre bien d'autres : *Le Berceau*, *la Mort de Démosthène*.

[*Ceux qu'on lit* (1898).]

PATER (René).

La Tragédie de la Mort (1899).

OPINION.

PIERRE QUILLARD. — M. Pierre Louys, dans la courte préface où il présente M. René Pater au public, se demande «si la prose, le plus beau de tous les langages, le style polymorphe par excellence, n'eût point été entre ses mains une matière plus précieuse encore» que le vers libre. Je ne serais point éloigné de penser comme M. Pierre Louys, n'était qu'écrite en prose, *la Tragédie de la Mort* eût échappé à une critique et que je n'aurais pas eu le très vif plaisir de saluer le nouveau venu qui promet d'être un bon écrivain.

[*Mercure de France* (juin 1900).]

PAYEN (Louis).

Vers la vie (1898). – *Tiphaine*, épisode dramatique, musique de V. Neuville (1899). – *A l'ombre du Portique*, poèmes (1900). – *Persée*, poème (1901).

OPINIONS.

EDMOND PILON. — M. Louis Payen ordonne ses poèmes avec un beau luxe et chacune de ses strophes se déroule avec l'heureuse ondulation de la mer. Il est fait pour chanter la luxure, les fruits qu'on cueille à l'automne et les instants où la mort, aussi belle que l'amour, se confond avec lui. Son poème sur *Antinoüs* est peut-être, dans ce sens, le meilleur qu'il ait donné.

[*L'Art littéraire* (1900).]

ÉMILE FAGUET. — M. Louis Payen vise à la forme «spacieuse et marmoréenne», et très souvent il y atteint. Je ne serais pas étonné qu'il allât très loin dans une voie qui malheureusement est trop connue et qui n'est vraiment glorieuse que pour ceux qui l'ont ouverte ou qui l'ont retrouvée après un long oubli. Tout coup vaille ; et la beauté de la forme vaut par elle-même. Il est donné à peu près à tout le monde de concevoir le poème de *Jason* ; il n'est donné qu'à un très petit nombre de l'écrire comme M. Payen.

Et je goûte encore plus le court poème *Sur la mer*. Il me semble que la grande impression de solitude infinie a trouvé ici sa vraie forme, ou tout au moins une forme qui l'exprime approximativement encore, mais presque aussi fidèlement que possible. ... M. Louis Payen a le sens poétique. Il est doué. Je lui souhaite bon voyage au pays des sirènes et belles rêveries *à l'ombre du Portique*.

[*La Revue Bleue* (1901).]

E. SANSOT-ORLAND. — Ce n'est ni dans l'éclat des midis embrasés, ni dans les lignes nettes des horizons classiques que M. Louis Payen aime à évoquer les mythes familiers à tant de lyres surannées. Les rayons d'Hélios offusquent ses regards, son âme s'intimide des nudités diurnes et ne s'épanouit, semble-t-il, qu'à travers les fraîcheurs de la nuit ou de crépusculaires décors. Les dieux et les héros n'évoluent pour lui que dans le vague des pénombres, et ce n'est que sous les voiles de Cypris qu'il ose entrevoir les étreintes des courtisans et des éphèbes. Très rares, en effet, sont les poèmes de ce beau recueil où le décor essentiel ne s'estompe de nuit ou de crépuscule. On songe, en le lisant, à un Carrière poète. Sans doute, ce n'est point sous de tels aspects de mélancolie qu'un païen véritable pouvait concevoir les divines légendes, ce sont là plutôt des nostalgies païennes, comme aurait pu en évoquer un cerveau chrétien du v⁰ siècle dans les pénombres attristées des cryptes romanes. Est-ce là une critique? Non, mais plutôt un éloge, car la personnalité du poète ressort plus grande d'une telle vision. Et ce n'est pas encore assez pour M. Payen, car, à défaut d'autre mérite, il aurait celui de connaître à fond son métier de poète. Nul n'a mieux que lui le don des beaux vers.

[*La Vogue* (1901).]

STUART MERRILL. — Le premier recueil de M. Louis Payen, *A l'ombre du Portique*, est le gage de belles œuvres à venir. Un admirable poète s'y annonce, je ne crains pas de l'affirmer. Aucun jeune homme ne m'a davantage étonné par la sûreté précoce de son métier. Et me voici réduit à ne pas trouver de défauts dans un livre où, pourtant, nulle difficulté de langage ni de métrique n'est éludée. M. Louis Payen a vraiment tous les dons que la plupart des poètes n'acquièrent qu'après un pénible apprentissage.

… Il me semble dans certains poèmes sentir la fugace influence d'André Chénier, d'Albert Samain ou d'Henri de Régnier. Mais peut-être la similarité des sujets entraine-t-elle celle de l'expression. Toujours est-il que cette critique, que je formule à peine, s'évanouit devant la série de poèmes intitulés «Dialogues dans l'ombre». Une âme passionnée, sensible et païenne s'y débat contre ce que les aïeux lui ont légué de religieux, de mystique et de contraint. Voici vraiment souffrir et se plaindre un poète.

[*La Plume* (1901).]

PAYSANT (Achille).

En Famille. – *Vers Dieu* (1899).

OPINION.

ÉMILLE TROLLIET. — Vers Dieu par la famille : voilà tout Achille Paysant. Son premier livre était intitulé : *En Famille*; le second, obligatoirement, doit s'appeler : *Vers Dieu*. D'autres vont à Dieu par la grande route métaphysique et lyrique. Paysant, dont l'élan manque un peu d'envergure et la strophe un peu d'ampleur, y va par tous les petits sentiers du sentiment, sentiers jonchés d'ailleurs de toutes les petites fleurs des champs. Ô les fleurettes, les mille fleurettes des prés, des eaux et des bois! elles embaumaient son premier volume, elles embaumeront le deuxième.

[*La Revue Idéaliste* (1ᵉʳ décembre 1899).]

PÉCONTAL (Siméon). [1798-1872.]

Ballades et Légendes (1846). – *La Divine Odyssée* (1866).

OPINION.

BARBEY D'AURÉVILLY. — C'est un poète ému, sincère, d'une nuance charmante, — et puisque la poésie est l'intensité, — intense à la manière des poètes de nuance, dont l'intensité, à l'ordre inverse des poètes de relief et d'énergie, est la transparence et la morbidesse. Ce n'est pas un poète sans défauts; et les siens, nous les connaissons et nous les lui dirons : c'est le prosaïsme et l'enfantillage, les deux écueils naturels du genre de composition qu'il a adopté.

[*Les OEuvres et les Hommes : les Poètes* (1862).]

PENQUER (Mᵐᵉ Auguste).

Les Révélations poétiques (1865).

OPINION.

SAINTE-BEUVE. — De vous je ne parlerai non plus, harmonieux poète de la vie domestique et des joies du *Foyer* (*les Chants du foyer*), Madame Auguste Penquer, qui avez, depuis, étendu votre vol et enhardi votre essor dans *les Révélations poétiques* (1865); âme et lyre également bien douées, à la note large et pleine, aux cordes sensibles et nombreuses ; que rien de particulièrement breton ne distingue, si ce n'est l'amour du pays natal ; qui avez mérité d'être saluée comme une jeune sœur de ceux que vous nommez «le Cygne de Mâcon» et «l'Aigle de Guernesey», et qui n'avez qu'à vous garder d'un éblouissement trop lyrique en présence des demi-dieux. Traversez un moment leur sphère, mais pour rentrer bientôt dans la vôtre ; restez la muse du foyer toujours, avec ce je ne sais quoi de raisonnable et de modéré jusque dans l'essor, avec la mesure du cadre qui donne un fonds solide aux couleurs. C'est quand vous êtes dans ces tons justes que vous me semblez le plus vous-même et qu'il me plait surtout de vous reconnaître. Quelle plus jolie pièce dans ce dernier recueil que celle qui a titre : *La Belle petite Mendiante*, et, dans le recueil précédent, que cette autre pièce sur un chien mort d'ennui après le départ de sa maîtresse ? J'aimerai à les citer et, pourtant, je passe.

[*Nouveaux lundis* (1865).]

PERREY (François).

Les folles Navrances (1898).

OPINION.

PIERRE QUILLARD. — Il me paraît avoir un sens très affiné des paysages, et j'ai goûté beaucoup une suite de sonnets, *Au fil de l'eau*, dont j'aime à détacher trois vers en l'honneur du crépuscule :

Doucement l'heure s'envole, mélancolique,
Le jour descend et la brume devient mystique ;
Il semblerait qu'un grand lis noir vient de fleurir.

[*Mercure de France* (1898).]

PERTHUIS (Comte de).

Le Désert de Syrie (1896).

OPINION.

CH. FUSTER. — L'Orient est plus que jamais d'actualité. On a donc lu et on lira encore beaucoup le sérieux et beau livre de M. le comte de Perthuis.

[*L'Année des Poètes* (1896).]

PESQUIDOUX (Joseph de).

Premiers vers (1896).

OPINION.

PAUL PIONIS. — Je dois convenir, après avoir lu ce livre, que le proverbe si connu : «Bon sang ne peut mentir», ne saurait être mieux appliqué qu'à l'auteur de ces poésies fraîches comme les fleurs d'avril, mais à l'allure martiale et chevaleresque comme celle des anciens preux.

[*L'Année des Poètes* (1896).]

PEYREFORT (Émile).

Les Intermèdes (1885). – *La Vision* (1887).

OPINIONS.

PAUL GINISTY. — Je ne connaissais point le nom de M. Émile Peyrefort. Il semble devoir conquérir facilement une place à part parmi les nouveaux venus. Il y a dans son livre qui s'appelle *la Vision*, une singulière perfection de forme. M. Peyrefort cisèle le vers et le martèle avec une merveilleuse sûreté. L'inspiration est surtout grave, élevée, altière, recueillie. Au milieu de poèmes philosophiques, il y a, tout à coup, des éclairs de paysages lumineux: *Au large*, *Matinée de mars*, *Nuit d'été*. Si c'est un début que ce volume de M. Peyrefort, il est tout à fait remarquable.

[*L'Année littéraire* (7 juin 1887).]

A.-L. — M. Peyrefort se rattache à M. Leconte de Lisle, par M. José-Maria de Hérédia. Il a toutefois moins de somptuosité que ce dernier, mais plus d'à-preté peut-être et parfois une teinte de mélancolie.

[*Anthologie des Poètes français du xixᵉ siècle* (1888).]

MARCEL FOUQUIER. — M. E. Peyrefort n'a publié encore qu'une plaquette de vers, *les Intermèdes*. C'est une série de paysages, souvent très fins de tons, qui s'enfuient délicatement dans de très lointaines perspectives. Parfois le poète y prodigue les images trop éclatantes. De préférence, M. E. Peyrefort peint des couchers du soleil, et surtout des couchers de soleil sur la mer. Il a senti profondément l'austère poésie de la mer, son attirance magique, ses splendeurs sauvages. Ce n'est pas dans ces pièces-là qu'il faut chercher querelle au poète pour abuser des mots de lumière et des épithètes qui chantent. Mais, dans de plus modestes *quadri*, vues de pâturages normands, prises au détour d'un sentier fleuri d'églantines, avec, au fond, des arbres qui bleuissent, il y a quelques papillotages de ton qui font ressembler cette Normandie à un multicolore paysage de songe aux environs d'Yeddo... Ce qui manque un peu à M. Peyrefort ce sont les ombres et les demi-teintes. Mais, malgré cet excès de coloris, *les Intermèdes* n'ont point passé inaperçus. Le prochain volume de M. Peyrefort (*la Vision*) sera, je crois, très remarqué.

PICHAT (Laurent). [1823-1886.]

Les Voyageurs, poésies, en collaboration avec Léon Chevreau (1844). – *Les Libres Paroles* (1847). – *Les Chroniques rimées* (1850). – *Cartes sur table*, nouvelles (1855). – *La Païenne*, roman (1857). – *La Sibylle*, roman (1859). – *Gaston*, roman (1860). – *Les Poètes* (1862). – *Le Secret de Polichinelle*, roman (1862).

OPINIONS.

SAINTE-BEUVE. — M. Laurent Pichat s'est fait remarquer par ses *Libres Paroles* (1847), où il a trouvé, pour l'expression de ses sentiments, de ses doutes, de ses interrogations généreuses, plus d'une action et d'un cri où l'on surprend comme un écho de Byron.

[*Causeries du lundi* (1852).]

ANDRÉ THEURIET. — M. Laurent Pichat est une figure sympathique. Caractère chevaleresque, âme à la fois rêveuse et active, rien de ce qui est beau ne lui est indifférent. Il aime l'art et la liberté; les causes désespérées l'attirent... Le livre est le reflet de l'homme; on trouve dans ses vers les mêmes qualités d'élévation et de générosité; la pensée n'y est jamais étroite ou banale; les strophes s'élancent fièrement vers l'idéal et peignent bien cette vaillante nature de poète polémiste et de penseur.

[*Anthologie des Poètes français du xixᵉ siècle* (1887-1888).]

JULES BARBEY D'AURÉVILLY. — Dieu, qu'ils nient fous, ces athées, a encore pour lui de plus grands génies qu'eux. Laurent Pichat vient, parmi eux, de gagner sa place, — mais, il faut en convenir, Baudelaire, la mâle Ackermann, et, plus près de nous, Jean Richepin, l'auteur de la *Chanson des Gueux*, Richepin qui rirait bien de Pichat avec sa religion du progrès, qui n'est que du christianisme déplacé, sont des blasphémateurs d'un autre poing montré au ciel et d'un autre calibre de passion impie que Pichat, l'*égorgeur de songes*, comme il s'appelle et le pleureur sur les légendes religieuses auxquelles il a cru, et que, du fond de sa stérile et vide raison, il a l'air de regretter encore... Quoique l'auteur des *Réveils* n'en ait, que je sache, jamais recommencé d'aussi beaux, il y en a pourtant d'autres qu'on lit après ceux-là et qui dénotent une puissance de variété singulière dans l'inspiration et dans l'originalité... C'est dans de tels vers et par de tels vers que Laurent Pichat, l'athée et le démocrate, reconquiert son blason de poète. C'est par là qu'il rentre dans la plénitude et la pureté de sa nature, trop longtemps faussée, et qu'on oublie les idées qu'on déteste et que souvent il exprime, pour ne se souvenir que des sentiments qu'on adore.

[*Les OEuvres et les Hommes* (1889).]

Poète de combat, tel nous apparaît Laurent Pichat dans sa personne et sa politique, dans sa vie et dans ses écrits.

Poète de combat, il l'est dans la poésie mâle et sobre, élégante et lamartinienne des *Libres Paroles*, des *Chroniques rimées*, d'*Avant le jour*. Poète de combat, il l'est dans ses romans et ses nouvelles de haut goût et de psychologie supérieure, où il traduit sans phrases ni sermon, spar la simple analyse des âmes et des choses, l'incessante préoccupation de son esprit généreux.

[*Les Hommes d'aujourd'hui*.]

PIEDAGNEL (Alexandre).

Avril (1877). – *Hier* (1882). – *En route* (1885).

OPINIONS.

FRANÇOIS COPPÉE. — M. Piedagnel est un poète idyllique de beaucoup de talent; son *Avril* est plein de poésie, de jeunesse et de grâce.

[*Anthologie des Poètes français du xixᵉ siècle* (1887-1888).]

SULLY PRUDHOMME. — J'ai lu l'excellent recueil de poésies: *En Route*, avec le plus vif plaisir, car j'y ai rouvé, dans son expression achevée, tout le talent pur et solide de l'auteur.

[*Anthologie des Petits français du xixᵉ siècle* (1887-1888.)]

PIGEON (Amédée).

Les deux Amours (1876). - *L'Allemagne de M. de Bismark* (1885). - *La Confession de Mᵐᵉ de Weyre* (1886). - *Une Femme jalouse* (1888). - *Un Ami du peuple* (1896).

OPINION.

JULES TELLIER. — Le livre, à la fois très pur et très maladif (*Les deux Amours*) où M. Pigeon a dit toutes les grandes douleurs des petites âmes, nous apparaît comme un «document» unique sur une certaine crise d'adolescence. Il est vraiment le livre de la quinzième année. Qui l'a lu enfant ne l'oubliera plus. Et il gardera à travers la vie sa pitié pour le poète qui fut le confident de sa première tristesse.

[*Nos Poètes* (1888).]

PILON (Edmond).

Les Poèmes de mes soirs (1896). - *La Maison d'exil* (1898).

OPINIONS.

ALBERT ARNAY. — Il y a dans ses poèmes d'étranges sonorités et des accords d'intimité berceuse comme des voix d'amante, de sœur ou de mère au crépuscule des chambres. Il a des trouvailles d'expressions, des oppositions de tons dénotant. Il est précis et contourné. Il suggère avec des grâces prudentes ou inquiètes. Il se tient au bord de la douleur, au seuil de la joie. Il incline vers l'eau morte du souvenir le songe mélancolique des ses yeux; mais parfois, levant vers les horizons prochains sa jeune tête volontaire, il éperd des mots d'espoir, de matin et de soleil.

Parmi *les Poèmes de mes soirs*, nous citerons les *Élégies*, dédiées à Stuart Merrill. Il me paraît que M. Edmond Pilon y a plus particulièrement accordé au diapason des heures extérieures le dessin puéril ou altier d'une naissante destinée.

[*Le Réveil* (1896).]

HENRI DE RÉGNIER. — M. Edmond Pilon a publié des vers d'une complication ingénieuse et d'une belle arabesque décorative et sentimentale.

[*Mercure de France* (1896).]

GUSTAVE KAHN. — M. Edmond Pilon est un poète qui sait ordonner un beau luxe et qui sait faire agir en peu de gestes ses personnages. Il excelle évidemment à composer un décor. Celui de son livre meut des attributs païens, néo-grecs, néo-alexandrins, si l'on veut, que Puvis de Chavannes a créés autour de certaines de ses figures silencieuses, cette atmosphère de bois sacré qu'il a su transcrire sans en effriter la brume religieuse. C'est non loin d'un bois semblable que sont la maison de bois noir, la maison dans la forêt et la maison en fleurs, d'où M. Pilon a vu venir vers lui, graves et souriants, les anges, les saintes femmes, l'enfant des flèches et ses vendangeurs d'automne. Mais je m'attarde à ces *Poèmes de mes soirs*, et déjà dans de jeunes revues Edmond Pilon publie

les premiers vers de sa *Maison d'exil*, plus libres, plus francs encore et plus aimables que ceux des *Poèmes de mes soirs*, et qui détruisent les légères critiques qu'on pourrait adresser à son premier livre, puisque dépassées.

[*Revue Blanche* (1896).]

LIONEL DES RIEUX. — S'il vous plaît de voir un appareillage vraiment miraculeux, je vous ouvrirai le livre (*Les Poèmes de mes soirs*) à la première page :

Appareillons vers l'horizon clair des étoiles,
Parmi les boucliers qui jonchent les galères,
Carguons la vergue autour du mât, *carguons* les voiles.

Je vous assure qu'il y a, non point *larguons*, mais *carguons*. Le navire marche donc avec des voiles repliées. Et vous trouvez ce miracle très poétique. Mais quelques vers plus loin, M. Pilon parle de

Toutes ces voiles qui s'étalent sur l'eau brune.

Les voiles n'étaient donc pas carguées? Ce n'était donc pas un miracle? Et (peut-être) vous ne comprenez plus.

Mais ne vous inquiétez pas de toutes ces erreurs. Elles ne sont pas de M. Pilon. Car, sans doute, M. Pilon a des humanités. Tournez plutôt quelques pages, vous rencontrerez parfois un joli vers, parfois même une strophe heureusement rythmée. Et ce sont là des beautés qui appartiennent bien à M. Pilon. Je regrette simplement qu'elles soient aussi rares.

[*L'Ermitage* (1896).]

YVES BERTHOU. — M. Pilon possède une exquise sensibilité. Sa poésie est douce ou tiède; elle est comme parfumée. On en est pénétré comme de la bonté du soleil par un après-midi de printemps dans les champs de colzas en fleur. Mais nous sera-t-il permis de déclarer à ce bon poète que nous préférons à ses vers libres, — à sa prose rythmée, si l'on veut, — les beaux vers larges, si pleins, que nous connaissons de lui; car M. Pilon est l'un des poètes, de plus en plus rares, qui gardent au vers la plénitude qui contribue pour beaucoup à sa beauté... La voix de M. Edmond Pilon est une caresse continuelle pour la petite fée qui embellit sa *Maison d'exil*.

[*La Trève-Dieu* (1898).]

MAURICE PERRÈS. — Le vers libre pour donner au lecteur l'impression musicale et le frisson du grand art doit être manié avec une dextérité rare et une haute conscience d'artiste. M. Edmond Pilon n'y a point failli.

Sa *Maison d'exil* est celle où l'on voudrait vivre, où on aimerait s'isoler avec ses espoirs, ses souvenirs, réalisés dans l'éternelle fiancée. Le monde extérieur et banal n'existerait plus et on vivrait une vie de rêve, d'idéal... et de poète.

[*L'OEuvre* (1898).]

STÉPHANE MALLARMÉ. — Merci pour la lecture de la *Maison d'exil* : j'y trouve des accords exquis d'âme et de forme, dans tant de sérénité. Vous ne mettez jamais pour rien le doigt sur plusieurs touches successives.

[*Lettre* (1898).]

FRANCIS JAMMES. — Vous êtes de ceux qui marchent sous la lueur mystérieuse de la vérité. Et vous savez, Keats l'a dit : «La vérité c'est la beauté». Dès la dédicace : *Tous les baisers*, etc..., j'ai vu ce qu'était votre livre et mon cœur a reconnu la poésie et, tendrement, à vous lire, il fleurissait. Il y a, dans ce livre, plusieurs poésies qui m'ont ému comme une feuille ; il y a *la Petite fiancée*, qui est un chef-d'œuvre de grâce, de simple émotion, de vérité, *Voici la lampe sainte*, *Fiançailles*, *Réveil* et tant d'autres.

[Lettre (1898).]

PIOCH (Georges).

La Légende blasphémée (1897). — *Toi* (1897). — *Le Jour qu'on aime* (1898). — *Instants de Ville* (1898).

OPINIONS.

CHARLES MAX. — Il nous est rare de trouver une œuvre en vers où s'affirme le souffle de pureté d'une idée créatrice.

M. Georges Pioch vient d'exaucer notre désir, et j'affirmerai ici, en toute sincérité de cœur et d'esprit, que mon plaisir fut grand à la lecture de ces œuvres : *Toi* ; *la Légende blasphémée*.

J'ai ressenti une joie d'âme, une beauté de cœur, une sincérité de gestes, d'actes, de grâce devant ce petit livre qu'est *Toi*, de beauté et de bonté si pure, douce et grave...

Si nous passons à *la Légende blasphémée*, le chant du poète se change en un cri d'orgueil et de gloire, en une force et une vaillance de son être rebelle aux codes, aux lois, aux disciplines. C'est l'Amoureux des «libres devenirs», c'est l'Amant de la Liberté, c'est le compagnon qui, dans le geste et l'ampleur de sa voix, de son chant, clame son dédain des vaines rhétoriques, des vaines formules de Vie. C'est l'amoureux splendide des sincères éternités, c'est le chantre des gueux, des vierges, des amantes, des poètes et des martyrs. C'est le Génie qui se fait Verbe, et dans son vers l'on sent une force d'airain, l'on sent le glaive qu'accompagne une lyre d'or, son flamboiement qui s'écarlate, qui devient rouge de sang, rouge de Vie, et le poète passe, la tête altière, la gloire dans les yeux, splendide, à la conquête des Paradis futurs où viendront se rafraîchir de pureté et se baigner de beauté les souffrants, les esclaves, ceux qui demain seront les Hommes !

Ce livre est beau, c'est un cri d'amour, c'est un cœur qui vibre d'immensité, c'est une âme éprise de la musique des êtres et des choses, c'est l'œuvre véritable, l'œuvre d'un poète, l'œuvre d'un Homme, et nous remercions M. Georges Pioch des heures de lyrisme et de beauté qu'il nous a données par ses deux œuvres.

[*L'Enclos* (1897).]

ROGER LE BRUN. — Ce ne sont donc pas les mièvres loisirs du boulevardier, les frivolités des «Fives o' clock tea» que M. Georges Pioch a voulu célébrer en ces *Instants de Ville* ; ce sont, au contraire, les routes austères et tristes de la ville du peuple de l'ouvrier, — et c'est avec des traits ordinairement exacts et souvent profonds que le poète

évoque les aspects et les états des milieux ouvriers : tantôt c'est la rue, tandis que

Le matin, morne et clair, sonne comme une enclume.

Tantôt c'est l'atelier avec ses rangs pressés d'ouvrières actives à chiffonner les soies :

Ô leur rêve de luxe et de femmes parées
Musant parmi la fièvre amante des éloges !
Il envenime d'impossible.
Leurs souhaits d'air fleuri tendus vers les dimanches...
Leurs fronts lourds et pâles se penchent,
Et leurs regards, résignés, poursuivent
Leur jeunesse qui s'effiloque
Avec les Orients découpés par leurs doigts.

On voit par ces citations que M. Pioch n'est pas un banal poète ; bientôt, sans doute, il sera quelqu'un.

[*Anthologie-Revue* (avril 1899).]

PIERRE QUILLARD. — Si M. Georges Pioch ne satisfait pas entièrement en son nouveau livre : *Instants de Ville*, c'est qu'il n'a pas toujours évité avec assez de soin le fait divers, y joignit-il des considérations morales qui l'élèvent tout au plus au rang de chronique. Je voudrais pouvoir effacer à tout le moins deux «suicides» et quelques «dialogues».

Il lui resterait alors d'avoir tenté de fixer en enluminures symboliques la beauté latente des usines, des gares et des arbres captifs agonisant dans les murailles urbaines. Une grande et fraternelle pitié l'émeut pour les hommes et pour les choses, dont l'inconscience est presque égale et qui périraient sans jamais dévoiler leurs mystérieuses splendeurs, si les poètes ne savaient pas les paroles révélatrices.

La surprise verbale contribue au plaisir esthétique à condition de n'être pas trop violente, et je ferai, après tout, moins reproche à M. Georges Pioch de quelques façons de dire presque banales que de barbares et inutiles néologismes. A quoi il objecterait à bon droit que, parmi ces mots nouveaux, un survivra peut-être et que personne ne peut présumer sans témérité quelle est l'aptitude des vocables à ne pas succomber dans la lutte pour l'existence.

[*Mercure de France* (février 1899).]

PIONIS (Paul).

La Chanson de Mignonne (1893).

OPINION.

C.-H. — C'est un poème de nature et d'amour de la plus jolie impression de sincérité que nous a donné M. Pionis dans *la Chanson de Mignonne*.

[*La Revue Moderne* (1893).]

PITTIÉ (Francis). [1829-1886.]

Le Roman de la vingtième année, poème (1882). — *A travers la vie*, poésies (1885).

OPINION.

ANDRÉ LEMOYNE. — *Le Roman de la vingtième année* donne bien au lecteur une vraie sensation de printemps, et, comme une bouffée d'avril, vous parle d'églantiers et d'aubépines en fleurs. En parcourant les pages heureuses de ce petit volume, on reconnaît que l'auteur appartient à la famille littéraire de Brizeux, de Charles Dovalle et d'Hégésippe Moreau, dont les vers discrètement émus chantent longtemps dans la mémoire.

[*Anthologie des Poètes français du xixᵉ siècle* (1887).]

PITTIÉ (Victor).

Les Jeunes Chansons (1887). – *Poèmes Algériens* (1900).

OPINION.

Rodolphe Darzens. M. Victor Pittié, en 1883, publia *les Jeunes Chansons*. Ce volume contient des poèmes pleins d'une grâce franchement juvénile comme celle des vierges de seize ans, et d'un parfum de tendresse naissante pareil à celui des fleurs nouvelles au printemps.

[*Anthologie des Poètes français du xixᵉ siècle* (1887-1888).]

PLESSIS (Frédéric).

La Lampe d'argile (1885). – *Études sur Properce* (1886). – *La lampe d'argile* (1886). – *Traité de métrique grecque et latine* (1889). – *Angèle de Blindes* (1896). – *Le Mariage de Léonie* (1897). – *Vesper* (1897).

OPINIONS.

Paul Ginisty. — *La Lampe d'argile*, de M. Frédéric Plessis, est sans doute d'une lecture moins mondaine, et ce volume ne traînera peut-être pas, comme les *Moineaux francs*, sur une table de salon, mais il impose l'estime. L'expression y a une ampleur qui va souvent jusqu'à la majesté. M. Plessis est volontiers tour à tour romain et grec, et les abeilles d'or de l'Hellade se plaisent sur ses livres, éprises de la sainte antiquité.

[*L'Année littéraire* (7 juin 1887).]

Anatole France. — J'entend par bien aimer les vers, en aimer peu, n'en aimer que d'exquis et sentir ce qu'ils contiennent d'âme et de destinée; car les plus belles formes ne valent que par l'esprit qui les anime. Que ceux qui aiment ainsi les vers lisent le livre de M. Frédéric Plessis. Ils y embrasseront la plus heureuse partie d'une vie, la fleur de quinze années d'études, de rêves et d'amour.

[*La Vie littéraire* (1891).]

Marcel Fouquier. — M. Frédéric Plessis est un vrai poète, un des poètes de ce siècle qui ont l'intelligence la plus profonde, la plus subtile de l'âme antique. S'il eût vécu à Rome, à la jolie époque, j'imagine volontiers, comme la chose la plus naturelle du monde, qu'il eût été le confident de Properce, ainsi que Properce était le confident de son ami Gallus. M. Frédéric Plessis a proclamé Properce un des grands poètes de Rome. Là-dessus, je pense tout à fait comme lui.

[*Profils et Portraits* (1891).]

PLESSYS (Maurice du).

Le Premier Livre pastoral (1892).

OPINIONS.

Ernest Raynaud. — L'auteur a mis quelque coquetterie à parfaire ce livre : *Premier Livre pastoral*, en peu de mois, pour confondre ceux qui l'accusaient d'impuissance. S'il y paraît à quelques réminiscences décadentes, nous n'en revendiquons pas moins cette œuvre pour issue de la règle romane, et c'est à juste titre que sa couverture s'orne la première de l'image de la Déesse où, pour nous, s'identifient la Pallas grecque et la Minerve latine.

Au sortir de la boue et des marécages de la littérature décadente, nous retrouvons dans ce livre l'air salubre et vivifiant des purs sommets. Toutes les pages volent balayées d'un souffle vraiment épique. A l'encontre de Moréas, qui est davantage un élégiaque, Maurice du Plessys s'emploie à imiter, autant qu'il est en lui, les fougueuses hardiesses de Pindare. Il s'élance, à sa suite, dans les régions du pur lyrisme, et l'audace règle seule son vol aventureux. Il a sorti des ruines d'Alcée et de Stésichore des joyaux d'un éclat sans pareil. Son style frémit de tout l'or rapporté d'explorations lointaines. Il aime les rivages délaissés; il a ramené de l'oubli les dépouilles opulentes de Rousseau le Pindarique, et il a rendu tributaire jusqu'à notre Lebrun.

L'éloquence est l'une des vertus de ce poète, qui s'y applique avec la conviction qu'écrire bien dans sa langue est encore la meilleure manière de penser juste. Il a raison. Comment la forme saurait-elle être dissoluble de l'idée ? Comment saurait-il y avoir des idées véridiques exprimées dans une langue fausse ? Comment une langue véridique saurait-elle masquer l'Erreur ?

[*Mercure de France* (novembre 1892).]

Lucien Muhlfeld. — M. Maurice du Plessys est le digne disciple de

L'Athénien honneur des Gaules, Moréas!

Vraiment, M. du Plessys me conquiert par le soin unique à choisir les vocables et les sonorités, à les collectionner, à les rassortir, à les enchâsser. Il est lyrique sincère et il a souci du parfait. Que veut-on davantage?

[*Revue Blanche* (novembre 1892).]

Hugues Rebell. — Les poèmes du *Premier Livre pastoral* sont vraiment d'une belle et forte venue. Parmi les poètes romans, Maurice du Plessys est le plus latin du groupe; j'entends par là qu'il possède, plus encore que le don rythmique, celui de l'expression énergique, de l'image large et précise.

[*Portraits du prochain siècle* (1894).]

POLONIUS (Jean, *ou* X. Labenski). [1790-1855.]

Poésies (1827). – *Empédocle* (vision poétique), suivi d'autres poésies (1829).

OPINIONS.

Sainte-Beuve. — Jean Polonius n'est pas un précurseur de Lamartine; il l'a suivi et peut servir très distinctement à représenter la quantité d'esprits distingués, d'âmes nobles et sensibles qui le rappellent avec pureté dans leurs accents... La langue poétique intermédiaire dans laquelle Jean Polonius se produisit, a cela d'avantageux qu'elle est noble, saine, pure, dégagée des pompons de la vieille mythologie, et encore exempte de l'attirail d'images qui a succédé; ses inconvénients, quand le génie de l'inventeur ne la relève pas fréquemment, sont une certaine monotonie et langueur, une lumière peu variée, quelque chose d'assez pareil à ces blancs soleils du Nord, sitôt que l'été rapide a succédé.

[*Revue des Deux-Mondes* (1840).]

CHARLES ASSELINEAU. — Dans *Empédocle*, Labenski a conquis une place, et la doit garder entre Auguste Barbier dont il fut un jour l'émule, Barbier, plus passionné et plus véhément sans doute, mais auprès de qui il se soutient fermement dans sa gravité philosophique, — et Lamartine dont il fut mieux que l'élève.

[*Les Poètes français*, recueil publié par Eugène Crépet (1861-1863).]

ÉDOUARD FOURNIER. — Quand parurent dans les recueils, dans les keepsakes de 1827 à 1829, des vers d'une fort belle allure et d'un grand sentiment, signés *Jean Polonius*, le monde des poètes fut assez vivement surpris. Rien n'y révélait un étranger; la langue était des plus pures, le vers ferme et sonore. Il n'y avait d'étrange que la signature étrangère. Que cachait-elle? Qu'était-ce que ce nom de Polonius? Un demi-masque, derrière lequel se dissimulait un noble polonais, le comte Xavier Labenski.

[*Souvenirs poétiques de l'école romantique* (1880).]

POMAIROLS (Charles de).

La Vie meilleure (1879). – *Rêves et pensées* (1881). – *La Nature et l'Âme* (1887). – *Lamartine* (1889). – *Regards intimes* (1895).

OPINIONS.

SULLY PRUDHOMME. — La poésie de M. de Pomairols, par ses sources mêmes, est essentiellement moderne. Elles est un fidèle miroir de l'état intellectuel et moral d'un homme de haute et délicate culture à notre époque en France. Elle charme par une tendresse discrète et grave, par une grande profondeur d'analyse et par une aspiration constante vers le plus noble idéal.

[*Anthologie des Poètes français du XIXe siècle* (1887-1888).]

CH.-M. — Voici un philosophe, un savant, tout ce qu'on voudra d'excellent, sauf que je ne voici point un poète. Je m'empresse d'ajouter que j'estime en M. Pomairols un des esprits les plus élevés de ce temps. Il a des clartés personnelles, et son livre sur Lamartine, par exemple, donne en bien des pages le frisson du chef-d'œuvre. Mais qu'y faire? Ses vers sont ennuyeux !

[*L'Idée libre* (1895).]

CHARLES MAURRAS. — A force de considérer la structure profonde de sa terre, le poète des *Regards intimes* a senti ses propres regards se détacher de lui et lui revenir aussitôt comme des regards

étrangers. Les choses d'alentour lui semblent maintenant tenir fixés sur lui des yeux tendres, profonds, dont les rayons descendent aux entrailles de sa pensée. Ces choses apparaissent pensantes et sentantes. Et leurs pensées règnent sur lui. Elles disposent de tout le plan de sa vie.

[*Revue encyclopédique* (1er juin 1895).]

POMMIER (Victor-Louis-Amédée). [1804-1877.]

L'Expédition de Russie (1827). – *Poésies* (1832). – *Premières Armes* (1832). – *La République ou le Livre de Sang* (1836-1837). – *Les Assassins* (1837). – *Océanides et Fantaisies* (1839). – *Crâneries et Dette de cœur* (1842). – *Colères*, poésies (1844). – *Sonnets sur le Salon* (1851). – *L'Enfer*, poème catholique (1853). – *Les Russes* (1854). – *Colifichets et Jeux de rimes* (1860).

OPINIONS.

J. BARBEY D'AURÉVILLY. — Il est des poètes comme, par exemple, M. de Lamartine, dont je serais au désespoir de diminuer la grandeur, qui n'ont pour ainsi dire qu'une âme de profil; mais celle du poète qui a osé écrire *l'Enfer* après Dante et qui vient de chanter Paris, est une âme de face, largement ouverte à toutes les émotions et à tous les contrastes, qui sait rire jusqu'aux larmes et pleurer jusqu'au rire, comme pas un de nous ! Cette puissance du rire qu'a M. Pommier, tout autant que la puissance de s'attendrir et de s'indigner, Balzac, ce rieur profond, l'avait remarquée. Lui qui ne savait pas écrire en vers, comme par une revanche de la nature, aux regrets d'avoir fait un pareil colosse, s'était associé M. Amédée Pommier pour écrire les comédies qu'il pensait, et ils en composèrent même une ensemble, essai curieux, intitulé : *Monsieur Orgon !* Or, c'est cette puissance du rire qui fait, du poète lyrico-satirique qu'est au fond M. Amédée Pommier, un talent très distinct et très particulier entre tous, dans cette époque qui ne sait pas rire et où les plus grands poètes, Victor Hugo, de Vigny, Lamartine, Auguste Barbier, si tristes ou du moins si graves, qu'ils semblent avoir changé le génie français.

[*Les Œuvres et les Hommes : les Poètes* (1862).]

ÉDOUARD FOURNIER. — Poète complexe, et pour ainsi dire poète double, qui sut se tenir entre les deux écoles, pour profiter de l'une et de l'autre. Romantique, il se permit toutes les excentricités du genre, enchérit même sur ses néologismes par de beaucoup plus téméraires, dignes de Du Bartas, tels que «le flot *rumoreux extuant*, les rocs *fluctisonnants*, les fleurs *immarcescibles*, etc...». Classique, il se fit plus calme, dirigea correctement le *Journal des Arts agricoles*, exécuta d'honnêtes traductions pour la collection Panckouke, professa un cours de littérature très sage à l'Athénée; et, d'une inspiration régulière et rangée, concourut, sans tapage, aux prix de vers ou de prose proposés par l'Académie française.

[*Souvenirs poétiques de l'école romantique* (1880).]

ALPHONSE DAUDET. — Amédée Pommier, un merveilleux artisan en mots et en rimes, l'ami des Dondey et des Pétrus Borel, l'auteur de *l'Enfer*, de *Crâneries* et *Dette de cœur*, beaux livres aux titres flamboyants, régal des lettrés, effroi des académies, et pleins de vers bruyants et colorés comme une volière d'oiseaux des tropiques… C'est en collaboration avec Amédée Pommier que Balzac, toujours tourmenté de l'idée d'écrire une grande comédie classique, avait entrepris *Orgon*, cinq actes en vers, faisant suite à *Tartufe*.

[*Trente ans de Paris* (1888).]

PONCHON (Raoul).

Gazettes rimées, *au* Courrier français *et au* Journal.

OPINIONS.

MAURICE BOUCHOR. — Pour avoir la joie d'écrire un nom qui m'est cher et qui, je pense, n'a pas figuré encore dans votre enquête, je déclare que je donnerais toutes les productions à moi connues de nos symbolistes, pour n'importe laquelle des chroniques rimées de Raoul Ponchon.

[*Lettre* dans *l'Enquête sur l'Évolution littéraire* (1891).]

PAUL VERLAINE. — Raoul Ponchon est un poète très original, un écrivain absolument soi, descendant, c'est clair, d'une tradition, ainsi que tous, du reste, mais d'une tradition «de la première», française en diable, avec tout le diable au corps et tout l'esprit au diable, d'un bon diable tendre aux pauvres diables et diablement spirituel, coloré, musical, joli comme tout, fin comme l'ambre, léger, tel Ariel, et amusant, tel Puck, bon rimeur (j'ai mes idées sur la Rime, et quand je dis «bon rimeur», je m'entends à merveille, et c'est de ma part le suprême éloge), excellent versificateur aussi (je m'entends encore), un écrivain, enfin, tout saveur, un poète tout sympathie !

J'ai parlé des ascendants littéraires de Raoul Ponchon. A quoi bon des noms ? Pourtant, Villon et Marot, La Fontaine, puis Banville et Glatigny se commémorent ici de fait et de droit. Ponchon a aussi de Monselet certaines grâces, et c'est tout. Rien en lui, après des incontestables rapports avec des esprits congénères, que de pleinement «genuine». Son funambulesque n'est jamais souvent satirique et parfois doux-amer comme celui de Banville, non plus que sa finesse en quoi que ce soit épicurienne, à la façon d'ailleurs exquise de Monselet. Non, sa belle humeur éclate toute en belle humeur, sans plus, et s'il rit ou sourit, c'est virtuellement et bien pour le plaisir. D'où, pour moi, le poète *sui generis* et général en lui, le poète par excellence et de préférence, le poète pur et simple, si vous aimez mieux. Il n'est dans ses vers ni évidemment préoccupé de théories esthétiques, ni agité de passions politiques, ni mû par des principes de morale… ou de contraire, je me hâte de le dire pour rassurer tout le monde. La raillerie dont il use, toute pittoresque, atteint sans blesser, non qu'il n'ait souvent de bonnes étrivières au service des sottises par trop indignes d'indulgence et de toutes les laideurs. Nulle ironie dans le sens méchant et triste du mot. Une sérénité divine, pour ainsi parler, règne dans ses *Chroniques rimées* et

solides de nombre et de son, d'un si savoureux beau français qui donne comme l'impression du faire robuste et râblé de maître Nicolas Boileau-Despréaux. Son calme regard passe en revue, non sans quelque hautaine goguenardise, courses et salons, audiences et séances, obsèques et premières, retenant tous détails nécessaires sans négliger d'aucune sorte l'ensemble à brosser largement.

L'amour même, et cette bonne chère de bonne compagnie qui entre trop peut-être dans la réputation de Ponchon auprès de ce monde qui côtoie le monde littéraire proprement dit, notre poète ne les célèbre qu'en artiste impeccable, très convaincu de son sujet, mais le dominant, et par conséquent apportant tout le sang-froid désirable dans la confection de ses délicieuses pièces de plaisant déduit et de crevailles. Son talent très fier ne souffre rien que d'absolument choisi au plus fin fond des considérables sensualités dont il s'agit, et vous serez ravis des deux preuves que voici de ce que j'avance là.

[*Les Hommes d'aujourd'hui.*]

CHARLES FRÉMINE :

Toi qui soupes d'un rêve et d'une fleur déjeunes,
Toujours l'âme à la joie et la lèvre au cruchon,
Nul barde, dans la gloire et le respect des jeunes,
Ne s'élance plus haut que toi, Raoul Ponchon.

[*La Plume* (31 octobre 1894).]

PONSARD (François). [1814-1867.]

Manfred, de lord Byron, traduction (1837). — *Lucrèce*, tragédie (1843). — *Agnès de Méranie* (1846). — *Charlotte Corday* (1850). — *Horace et Lydie*, comédie (1851). — *Ulysse*, tragédie avec chœurs, prologue et épilogue (1852). — *L'Honneur et l'Argent* (1853). — *La Bourse*, comédie (1856). — *La Bourse*, cinq actes (1856). — *Ce qui plaît aux femmes*, trilogie (1860). — *Le Lion amoureux*, cinq actes (1866). — *Galilée*, trois actes (1867).

OPINIONS.

AUGUSTE DESPLACES. — Parce que M. Vacquerie aurait décoché sur *Agnès* des flèches bigarrées, il en faudrait conclure qu'*Agnès* est un bon ouvrage ? La beauté de cette tragédie serait la conséquence obligée des métaphores à tous crins d'un adversaire ? Voilà qui est assez peu logique pour un homme de tant de bon sens : on peut écrire en métaphores très rassises, on peut ne pas hanter la Place-Royale, et n'en pas moins refuser son suffrage à son *Agnès* qui n'a point succombé, comme il le voudrait établir, sous les attaques intolérables de l'école nouvelle, mais qui a péri très justement par l'absence des qualités qui donnent la vie et font la gloire.

[*Galerie des poètes vivants* (1847).]

ARMAND DE PONTMARTIN. — Honneur à M. Ponsard ! L'originalité et la gloire de son œuvre est justement d'avoir ramené vers les vérités fortes et salubres nos esprits égarés dans l'invraisemblable, le paradoxal et l'impossible, d'avoir exprimé ces vérités immortelles dans un style ferme, net, franc, de bonne école et de bonne race, d'avoir fait circuler dans les veines de la comédie moderne, après tant de fièvres et de langueurs, un reste de ce sang vigoureux et pur qui semblait tari depuis les maîtres, et de n'avoir pas craint de nous paraître banal pour être plus sûr d'être vrai.

[*Causeries littéraires* (1854).]

LAMARTINE. — Ponsard qui retrouvait le neuf dans l'antique.

[*Cours familier de littérature* (1856 et suiv.).]

BARBEY D'AUREVILLY. — Oh! lui, lui, il est à sa place à l'Académie! Il est de la race des Viennet. Comme M. Viennet, il peut s'appeler la Fosse, Saurin, du Belloy, la Touche, c'est-à-dire du nom de tous les gens de lettres qui ont bâti des tragédies! La première de ces choses qui l'a *posé*, comme on dit, et sur le souvenir de laquelle il vit toujours, fut *Lucrèce*, imitation grossière et faible, dans le détail et dans le style, de Corneille et d'André Chénier. Il est des mains qui ne respectent rien. Les mains lourdes et gourdes de M. Ponsard traînant sur la pourpre romaine du vieux Corneille et sur les diaphanes albâtres grecs d'André Chénier! c'était à faire crier «A bas!» à tous ceux qui ont le respect des belles choses. Eh bien, cela n'indigna personne dans les maisons où, pendant dix-huit mois, Vadius triomphant et pudibond, M. Ponsard alla lire sa tragédie tous les soirs! Le comité de l'Odéon, composé de têtes si fortes, fut séduit par ce succès de société, qui éclata aussi un succès de réaction!... On était las des excès du romantisme, et la vieille rengaine classique parut neuve. M. Ponsard fut proclamé le *poète du bon sens* parce qu'il était le poète de la vulgarité, ces deux choses qu'en France nous confondons toujours.

[*Les quarante médaillons de l'Académie* (1863).]

JOSEPH AUTRAN :

THÉÂTRE DE PONSARD :

Lucrèce : Par ses familiarités charmantes, la langue de *Lucrèce* s'écarte, en maints endroits, du langage consacré; non loin de certains vers dont la grâce exquise émane d'André Chénier, d'autres surviennent qui, dans leur franche et verte allure, apportent un souvenir de comédie.

Agnès de Méranie : A *Lucrèce*, sujet classique dans un cadre à demi-romantique, succède Agnès de Méranie, sujet romantique dans un cadre malheureusement trop classique. Ce fut l'erreur du poète; il oublia qu'une page de notre histoire empruntée aux annales du moyen âge, — et quel tableau magnifique! — ne pouvait se développer à l'aise que dans un large cadre. Le drame populaire s'accommode mal des unités. Renfermé dans leur enceinte, il y tourne sur lui-même comme un lion dans sa cage. Que n'eût pas été cet ouvrage, qui abonde d'ailleurs en beautés de premier ordre et à qui toute justice n'a pas été rendue, si le poète, en l'écrivant, n'eût pas senti peser sur lui sa précoce gloire de chef de l'école de bon sens?

Charlotte Corday : Ce n'est pas seulement la beauté des vers qu'il convient d'admirer dans le drame de *Charlotte Corday*, c'est aussi, et surtout,

l'intelligence d'une époque, le sens intime et profond de la couleur historique.

L'Honneur et l'Argent : Le sujet est à peu près celui de *Timon d'Athènes*. Un homme dans la fortune, fêté, adulé, entouré d'amis; la ruine survient, et ce même homme se voit abandonné de tous. On rencontre également dans *Timon d'Athènes* un certain philosophe chagrin, du nom d'Apémantus, qui s'en va en disant à chacun son fait et exhalant à chaque pas sa sagesse bourrue. Le Rodolphe de M. Ponsard n'est peut-être pas sans parenté avec ce rude censeur. S'il a aussi quelques traits de notre immortel *Misanthrope*, faut-il s'en étonner? «Le Misanthrope est à recommencer tous les cinquante ans.» C'est Diderot qui l'a dit.

Le Lion amoureux : La passion parle dans cette pièce, l'amour, ce phénomène devenu si rare au théâtre!

[*Discours* (1867).)]

CUVILLIER-FLEURY. — M. Ponsard mérite de figurer au premier rang des poètes qui ont le mieux traduit les idées de notre temps, sans les outrer, sans s'y asservir. Ce fut une erreur de croire, quand sonna son heure, qu'un chef d'école était venu. Mais on le crut, et comme nous sommes un pays qui aime, quoi qu'on en dise, à être mené, on applaudit à ce jeune maître qui semblait avoir caché une férule sous le manteau de Melpomène et qui débutait traîtreusement dans le drame par une imitation de Tite-Live.

[*Discours* (1867).]

JULES LEMAÎTRE. — La reprise du *Lion Amoureux* (authéâtre de l'Odéon) nous a montré, une fois de plus, que l'honnête Ponsard, tant raillé, est un bon et solide auteur dramatique, un de ceux qui parlent le mieux aux plus honorables instincts de la foule, un de ceux qui savent, le plus habilement et le plus naïvement à la fois, lui enseigner l'histoire simplifiée, lui donner les plus nobles et les plus claires leçons de vertu, lui développer les plus beaux traits de «morale en action», et la renvoyer, après un dénouement heureux, satisfaite, tranquille et toute pleine de bons sentiments dont elle se sait gré. Et tout cela, Ponsard ne le fait point par jeu ni avec le scepticisme d'un écrivain astucieux qui connaît son public, il le fait avec une conviction et une simplicité absolues. La probité et la candeur respirent dans son théâtre mi-héroïque et mi-bourgeois et en font presque toute la poésie. Il a, du reste, de la lucidité et de la largeur dans la composition. L'action se déploie lentement, régulièrement, — honnêtement (c'est le mot qui revient toujours lorsqu'on parle de lui). Ses vers, assez souvent gauches et gris, surtout quand il s'agit d'exprimer les détails de la vie extérieure, s'affermissent singulièrement pour traduire les beaux lieux communs de la morale, les sentiments généreux ou les généreuses pensées. Ils sont rudes et sans nul éclat d'images; mais la langue en est saine, robuste et probe. On lui a joué, de son vivant, le mauvais tour de l'opposer à Victor Hugo et de le sacrer chef de l'«école du bon sens». C'était un peu ridicule, et pourtant... Si Victor Hugo reste au théâtre, comme ailleurs, un incomparable poète lyrique, la vérité vraie, c'est qu'un drame du bon Ponsard n'est en aucune façon plus ennuyeux, à

la scène, que *Marion Delorme* ou *le Roi s'amuse*.
Au contraire !

[*Impressions de théâtre* (10 janvier 1887).]

POPELIN (Claudius). [1825-1892.]

L'Art du potier (1861). – *L'Émail des peintres*
(1866). – *L'Art de l'émail* (1868). – *Les vieux
arts du feu* (1869). – *Cinq Octaves de sonnets*
(1875). – *Le Songe de Polyphile*, trad. (1880).
– *Hist. d'avant-hier*, poème (1886). – *Un Livre
de sonnets* (1888). – *Poésies complètes* (1889).

OPINIONS.

A.-L. — C'est par un volume de vers, *Cinq Octaves
de sonnets*, que Claudius Popelin appartient à cette
Anthologie. On y trouve les qualités de précision et
de style qui lui ont fait une place à part dans le
monde artistique.

[*Anthologie des poètes français du XIXe siècle* (1887-
1888).]

Remy de Gourmont. — Claudius Popelin fut un poète
de bonne volonté — non tout à fait un vrai poète.
Le vrai poète est avant tout un grammairien (un
philologue) ; le lexique est sa lyre : il doit en connaître toutes les ressources et n'ignorer même ni le
terme le plus nouveau ni le plus désuet. Si sa science
s'étend aux langues anciennes, il est mieux armé
encore, car il a rendu esclaves un plus grand nombre de mots, et, qu'il s'en serve ou pas, ils demeurent serfs et enrichissent le domaine du poète. Quant
aux poètes ignorants, ils sont médiocres dès qu'ils
n'ont pas de génie : ils sont Lamartine ou Grandmougin.

Le grammairien (au sens ancien du mot) est le
savant par excellence ; il dénombre les signes, les
classe et établit les rapports qu'ils peuvent avoir
entre eux ; le poète surajouté au grammairien apporte
à la besogne la qualité primordiale qui donne la vie
aux choses, l'imagination, — et le vrai poète apparaît : qu'il n'ait qu'un peu de talent, il est poète ; il
peut créer, et il crée, — en proportion de l'autorité
qu'il a sur les signes.

Claudius Popelin n'avait pas sur les signes une
bien décisive autorité, mais il était poète ; seul, il
prouverait le beau sonnet d'une si pure forme classique :

> La très sévère loi du flux et du reflux
> S'impose inéluctable, et le lierre s'enroule
> Aux colonnes.....

[*Mercure de France* (avril 1894).]

Pierre de Bouchaud. — Somme toute, c'est l'artiste qui a dominé chez lui et lui a dicté ses moindres pensées, en poésie, où les mots : gloire,
patrie, amour, bonheur, souffrance (toute la vie),
reviennent sans cesse sous sa plume, sauvés de la
vulgarité par le charme d'une langue nerveuse,
colorée, et par de beaux élans d'enthousiasme,
transformés par la magie d'un talent sensitif,
fécond, impressionnable, précisément parce qu'il
provient d'une nature artiste, revêtus enfin du
majestueux vêtement en style imagé, toujours
respectueux de la forme.

[*Claudius Popelin*, étude (1894).]

POTTECHER (Maurice).

Rimes perdues, poésies, sous le pseudonyme de
Claude Alitte (1890). – *La Peine de l'Esprit*,
drame philosophique (1891). – *Le Chemin
du Mensonge*, légendes, nouvelles et contes
(1894, réédité 1898). – *Le Diable marchand
de goutte*, pièce en trois actes (1895). –
Morteville, drame en trois actes (1896). – *Le
Sotré de Noël*, farce rustique en trois actes, en
collaboration avec Richard Auvray (1897). –
Liberté, drame en trois parties. – *Le Lundi
de la Pentecôte*, comédie en un acte (1898).
– *Chacun cherche son trésor*, comédie en trois
actes, en vers et en prose, musique de Lucien
Michelot (1899). – *Le Théâtre du Peuple*, renaissance et destinée du théâtre populaire
(1899). – *L'Exil d'Aristide*, conte (1899).
– *Le Chemin du Repos*, poèmes (1890-1900)
[1900].

OPINIONS.

Émile Faguet. — C'est un poème encore, quoique écrit *presque* entièrement en prose, que *la Peine
de l'Esprit*, par M. Maurice Pottecher. *La Peine de
l'Esprit*, c'est notre histoire à tous, l'histoire de
l'homme entre les séductions de l'idéal et les
attractions de la réalité. Franz est un idéaliste qui
devient sorcier, par exaltation d'idéalisme ; car
l'idéalisme affolé mène à tout. Franz, donc, est un
sorcier qui évoque l'âme des roses et va se promener
avec elle dans les azurs, à travers les sphères. Ce
sont beaux voyages. Mais aussi Franz est un homme
qui... qui n'aime pas Lydia, la petite tzigane,
fi donc ! un idéaliste ! mais qui n'éprouve pas trop
d'ennui à être aimé d'elle. Et voilà l'homme. Un
être qui patauge entre Anthousia, âme des roses,
et Lydia, bohémienne devenue cocotte. Voilà
l'homme ! Mon Dieu, c'est cela, à peu près.

Cette conception, assez nettement suivie, donne
matière à des contrastes entre l'idéal et la réalité
qui soutiennent l'intérêt. Le livre, court du reste,
est amusant. Vous entendez bien que la partie la
mieux venue, c'est la partie réaliste. Naturellement.
L'Enfer du Dante sera toujours plus intéressant que
le Paradis. La raison en est qu'il est plus accessible. *Facilis descensus Averni*. L'Enfer de M. Pottecher, c'est notre monde à nous. C'est un enfer burlesque. M. Pottecher le croque assez joliment. La
scène de Franz, le sorcier, devant le tribunal correc-
tionnel, le réquisitoire du procureur, le résumé et
l'interrogatoire du président sont tout à fait réussis.
Au fond, M. Pottecher est un réaliste comique,
qui, enivré de *Faust*, a voulu faire un poème
divino-burlesque. La partie burlesque est la meilleure,
parce que nous sommes très enclins à rêver l'idéal
et très impuissants, d'ordinaire, à le réaliser. Tout
compte fait, M. Pottecher a du talent. C'est l'essentiel.

[*La Revue Bleue* (5 décembre 1891).]

Henri Gauthier-Villars. — *La Peine de l'Esprit*
raconte le tourment d'un *Faust* contemporain, et
c'est un bonheur que le mal du *Rêve* soit incurable.

M. Maurice Pottecher est un poète philosophe ;
son drame philosophique plaira aux penseurs, car

il fait penser, ce qui n'est jamais vulgaire. — Et n'y a-t-il pas là un vaillant effort?

[*Revue de la littérature moderne* (15 janvier 1892).]

ALFRED MORTIER. — Dans tels poèmes, dans certains de ses contes, j'ai trouvé un artiste magnifiant ses pensées dans la forme large et belle d'un symbole en intime communion avec la nature profondément sentie et non à l'aide des artificiels joyaux dont parent l'Idée tant de modernes poètes.

[*Portraits du prochain siècle* (1894).]

HENRI BARBUSSE. — A Bussang, au pied des montagnes des Vosges, à mi-côte d'une hauteur verte magnifiquement encadrée d'un décor d'éléments, s'ouvre simple et grandiose, avec des airs d'horizon, la scène du *Théâtre du Peuple*. Le fondateur de ce théâtre, qui s'est réservé la difficile tâche de le fournir de pièces et de jouer celles-ci avec des amis, est M. Maurice Pottecher. M. Pottecher est un jeune écrivain qui s'était fait connaître naguère par des œuvres délicates et charmantes. Depuis, la tendresse de cette âme de poète s'est élargie en un sentiment de sympathie et de sollicitude sociales. Il a pensé qu'il serait bon d'attirer vers des spectacles simples, sains, moralisateurs, la foule des travailleurs des champs, des paysans, des pauvres, qui n'ont trop souvent rien de beau à se mettre sous les yeux. Il y a déjà quatre ans, si je ne me trompe, que cette entreprise désintéressée a commencé. Déjà ont été représentées sur la montagne de Bussang des œuvres telles que le *Diable marchand de goutte* et *Morteville*, la première dirigée contre les méfaits de l'alcoolisme, la seconde montrant les excès de la civilisation aux prises avec les défauts de la barbarie.

Cette année, l'auditoire de plus de trois mille personnes a applaudi un drame : *Liberté*, drame social se personnifiant dans un drame intime. La scène se passe au moment de la Révolution, dans un village. On y apprend à la fois la nouvelle des grands événements qui agitent Paris, et celle de l'invasion étrangère. C'est alors que se déchaîne l'antagonisme entre un vieux paysan, Jacques Souhait, routinier, fortement imbu des préjugés, et son fils François, joyeux du souffle printanier des idées nouvelles. Un meurtre commis par ce dernier, pour la bonne cause, aggrave la situation, qui se résout au mieux dans la patriotique exaltation d'un appel de tous aux armes, pour la France en danger.

Le genre comique n'a pas été négligé à Bussang : un acte amusant, le *Lundi de la Pentecôte,* a mis en joie les spectateurs avec les aventures de divers personnages auxquels la dive bouteille a fait oublier une vieille amitié ; tout finit bien d'ailleurs : réconciliation et mariage remettent les choses en état et rectifient à jamais le fâcheux zigzag que l'ivrognerie a fait faire à l'amitié de ces braves gens.

La théorie dramatique de M. Pottecher consiste à prendre une idée générale et à la symboliser, ainsi que son contraire, dans des personnages qui naturellement se choquent et de la conduite desquels on peut voir sortir les conséquences bonnes ou mauvaises des idées représentées. Ces idées sont choisies parmi les plus simples, les plus générales et surtout les plus à la portée du peuple. La foule assiste, pour ainsi dire, au grand spectacle de la bataille de ses instincts bons et mauvais. Elle est le principal, le seul acteur de «son» théâtre.

[*La Revue du Palais* (1899).]

POTTIER (Eugène). [. . . -1887.]

Quel est le fou? – Chants révolutionnaires (1898).

OPINION.

LUCIEN DESCAVES. — Je viens de relire les deux recueils de chansons : *Quel est le fou?* et *Chants révolutionnaires,* publiés, combien tard et avec quelle peine! par les amis et admirateurs d'Eugène Pottier, à la tête desquels Gustave Nadaud...

Ce qu'il chantait en 48, il le chantait encore trente ans plus tard, et son dernier soupir, comme ses premiers cris, fut d'apitoiement sur ceux qui souffrent, dans les bagnes du travail. Cette *Propagande des Chansons,* à laquelle le reconnaissait Gustave Nadaud, après trente-cinq ans de séparation, et qui faisait dire à Pierre Dupont : «En voilà un qui nous *dégote* tous!», cette *Propagande des Chansons,* Eugène Pottier employa toute sa vie à réaliser, sans, hélas! y parvenir.

Tandis que le café-concert abrutissait la masse avec des refrains idiots, Pottier, en exil ou à l'écart, obscur, oublié, jetait aux quatre murs de sa chambre ces chansons de bataille, de revendication et de miséricorde : *Jean Misère, Jean Lebras, Don Quichotte, Madeleine et Marie, Ce que dit le pain, Le Chômage, Tu ne sais donc rien, Chacun vit de son métier, Le Jour du terme, L'Insurgé, La Sacoche, Elle n'est pas morte,* et cet émouvant *Contremaître de fabrique,* perdu dans ses œuvres posthumes...

Yvette Guilbert peut convoquer le ban et l'arrière-ban de ses fournisseurs de tragique, reprendre Jules Jouy et faire appel à ses émules, elle aura de la peine à découvrir quelque chose qui atteigne au pathétique du *Fils de la fange,* des trois simples strophes intitulées : *Déjà,* ou du refrain, moins ignoré, si douloureux, si poignant, si pareil à un glas dans la bouche de *Jean Misère :*

> Ah! mais,
> Ça ne finira donc jamais!...

On demandait naguère, pour sa tombe, du bronze... Qu'à cela ne tienne : son œuvre fournit la matière.

[*L'Aurore* (1899).]

POUSSIN (Alfred).

Versiculets (1887).

OPINIONS.

JEAN RICHEPIN. — Il nous lut de ses vers. Cela n'avait pas les savantes ciselures auxquelles nous attachions tant de prix. Mais cela n'était pas quelconque non plus. Il y avait là une simplicité, une bonhomie, qui n'étaient pas sans saveur. Témoin, *La Jument morte.* Cette pièce fut son sonnet d'Arvers. On la lui fit dire et redire dans tous les cafés et toutes les brasseries du quartier.

[*Préface aux Versiculets* (1892).]

ALFRED VALLETTE. — Chez Poussin, le rêveur absorbe l'homme, ceci tue cela : c'est un rêveur incurable et seulement un rêveur. Agir lui demande de tels efforts, qu'un unique petit livre est l'ouvrage de son existence entière. Or, indifférent au monde extérieur et au train des choses, ce perpétuel contemplatif, toujours sincère, naïf aussi, est bien, lui, l'homme de son œuvre. Les *Versiculets* sont le reflet ou mieux la quintessence de sa vie.

[Notice aux *Versiculets* (1892).]

PRAROND (Ernest). [1821-1865.]

Vers (1843). – *Fables* (1847). – *Contes* (1849). – *Fables politiques* (1849). – *Paroles sans musique* (1855).

OPINION.

ANATOLE FRANCE. — M. Philippe de Chennevières loue en bon style la manière de Prarond, «le tour délié de sa phrase, le ton net, gai, coloré de son mot, sa pointe comique». Il ajoute que le véritable caractère du poète d'Abbeville est la bonhomie, «la leste bonhomie des vieux conteurs du nord de la France».

Cela était écrit en 1862. M. Prarond s'est fait, depuis, une nouvelle manière, savante, compliquée, remarquablement originale. Les connaisseurs aimeront ces vers pleins d'aperçus nouveaux, de tours étranges, d'expressions créées, dans lesquels le bizarre même a sa franchise et son naturel; ils goûteront ces fruits de forte saveur sous une écorce parfois étrange et rude.

[*Anthologie des Poètes français du XIXe siècle* (1887).]

PRIVAS (Xavier, *alias* ANTOINE TARAVEL).

Chansons chimériques (1897).

OPINIONS.

PIERRE TRIMOUILLAT. — Voici un an à peine, dans une de ses intéressantes conférences sur la chanson faites à la Bodinière devant le public choisi et délicat qui y fréquente, où les jolies femmes sont en majorité, M. Maurice Lefèvre présentait un chansonnier nouveau. Mlle Félicia Mallet interprétait de lui deux véritables petits bijoux littéraires, chacun d'un genre très différent, qui valurent à cette grande artiste un tel succès, — d'abord d'exquise gaîté, puis de sincère émotion, — qu'elle dut recommencer entièrement et le *Noël de Pierrot* et la *Fête des Morts*.

M. Maurice Lefèvre, résumant l'impression générale, disait, en nommant l'auteur de ces deux poèmes : «Xavier Privas, un nom à retenir...».

[*Les Hommes d'aujourd'hui.*]

YVES BERTHOU. — La philosophie de M. Xavier Privas est souriante comme sa figure épanouie. Voici le chansonnier gaulois aimant le franc rire, aimant aussi parfois à faire perler une larme, car, après, le rire en semble d'autant plus doux. Il manie l'ironie avec habileté et avec esprit.

[*La Trêve-Dieu* (1897).]

E. LEDRAIN. — Jamais il n'a fait aux petites passions du public le moindre sacrifice. Jusqu'ici,

depuis Béranger, les chansonniers s'étaient signalés par la grivoiserie, par un certain cynisme même, et par des attaques politiques, des recherches populacières, qui les faisaient singulièrement mépriser des honnêtes gens. Rien de pareil chez M. Privas; pas une souillure dans son œuvre. Je défie que l'on aperçoive dans son répertoire la moindre tache, la moindre concession à la grosse polissonnerie, et à la grosse bêtise de la foule. Non seulement il s'est gardé de flatter la bête qui est toujours prête à s'éveiller dans tout homme et aussi dans toute femme, mais encore il a fait de sa chanson une chose vraiment morale. Il excite, quand il se met au piano et que de sa belle voix, forte et bien timbrée il accompagne les notes, tout ce qu'il y a de meilleur au fond de nous-mêmes.

Il relève de Baudelaire, d'un Baudelaire fort artiste, fort sombre, mais moins les descentes dans les charniers et dans les putréfactions morbides. C'est à Baudelaire *pastor sé*, soigneusement filtré à travers les plus puissants appareils, que fait songer M. Xavier Privas.

[*La Nouvelle Revue* (août 1899).]

PYAT (Félix). [1810-1889.]

Les Deux Serruriers, pièce en cinq actes (1841). – *Cédric le Norvégien*, pièce en cinq actes (1842). – *Mathilde*, pièce en cinq actes (1842). – *M. Jules Janin jugé par lui-même*, (1844). – *Diogène*, pièce en cinq actes (1846). – *Le Chiffonnier de Paris*, pièce en cinq actes (1847). – *Lettres d'un proscrit* (1851). – *Loisirs d'un proscrit* (1851). – *Le Proscrit et la France* (1869). — *Les Inassermentés* (1870). – *L'Homme de peine*, drame en cinq actes (1885). – *La Folle d'Ostende* (1886).

OPINION.

THÉODORE DE BANVILLE. — J'ai connu un Félix Pyat qui n'est plus celui de l'histoire, mais c'est celui-là qui est le vrai. C'était en 1846 : j'appris que l'auteur d'*Ango* et des *Deux Serruriers* venait de composer un *Diogène*, une comédie athénienne; j'étais fou, comme je le suis encore, de tout ce qui touche à la Grèce maternelle, et, avec la confiance de la jeunesse qui ne doute de rien, j'allais trouver Pyat, que je n'avais jamais vu, et je lui dis combien je serais heureux de connaître sa pièce. Il habitait alors une auberge des environs de Paris. C'est là qu'il me lut *Diogène*, à une table de cabaret, sous une allée de lilas; la comédie lyrique, satirique, aristophanesque, infiniment jeune et audacieuse m'intéressa extrêmement, et la personnalité de l'auteur encore plus.

[*Mes Souvenirs* (1882).]

Q

QUELLIEN (Narcisse).

Loin de Bretagne (1886). – *L'Argot en Basse-Bretagne* (1886). – *Sur la tombe de Brizeux* (1888). – *Chansons et Danses des Bretons* (1889). – *La Bretagne Armoricaine* (1890). – *Annaïk*, poésies bretonnes (1890). – *Bretons de Paris* (1893). – *Breiz*, poésies bretonnes (1898). – *Contes et Nouvelles* (1898).

OPINIONS.

ERNEST RENAN. — Mon jeune compatriote et ami, M. Quellien, poète breton, d'une verve si originale, le seul homme de notre temps chez lequel j'aie trouvé la faculté de créer des mythes.

[*Souvenirs d'enfance et de jeunesse* (1883).]

YVES LEJEAN. — Celui que, dans l'enquête de M. Huret, M. Gabriel Vicaire a si justement nommé «l'excellent poète breton», Narcisse Quellien, se rattache à ce groupe si délicieusement provincial des Le Braz, des Le Mouel et des Le Goffic. C'est bien l'âme armoricaine, avec l'inspiration de ses légendes et de sa foi, qui anime les chants de son biniou rustique. A l'entendre, on croirait que renaissent, avec les histoires du temps de la duchesse Anne, tous les exquis poèmes d'un passé d'amour simple et de simple croyance. Toutefois le ton local ne s'y hausse que rarement vers l'épopée. L'élégie, l'élégie voilée et nostalgique à la Brizeux ou à la Corbière, inspire le plus souvent sa muse. L'auteur d'*Annaïk* est bien du pays des matelots et des bardes. C'est un simple et c'est un sincère.

[*La Bretagne-Artiste* (1890).]

QUET (Édouard).

Plaintes du cœur (1895).

OPINION.

CH. FUSTER. — L'auteur ne se plaindra pas longtemps : il a du talent, un talent délicat, au charme communicatif; c'est ce qu'il faut pour être heureux.

[*L'Année des Poètes* (1896).]

QUILLARD (Pierre).

La Fille aux mains coupées (1886). – *Étude phonétique et morphologique sur la langue de Théocrite dans les «Syracusaines»*, avec M. Collière (1888). – *La Gloire du Verbe* (1890). – *L'Antre des nymphes, de Porphyre*, trad. (1893). – *Le Livre des mystères, de Jamblique*, trad. (1895). – *Lettres rustiques de Claudius Ælianus*, trad. (1895). – *Philoktétès de Sophocle* (1896). – *La Lyre héroïque et dolente*, poème (1897). – *L'Assassinat du Père Salvatore* (1897). – *Le Monument Henry* (1899). – *Les Mimes d'Hérondas*, trad. (1900).

OPINIONS.

A.-FERDINAND HEROLD. — Pierre Quillard n'avait publié que peu de vers, lorsque, avec Ephraïm Mikhaël et quelques autres, il fonda une intéressante revue littéraire : *La Pléiade*. C'est là que parut *La Fille aux mains coupées*, un mystère où, à des vers lyriques, sonores et doux, variés de rythmes et riches d'images, étaient mêlées des proses descriptives, savantes et harmonieuses. Depuis lors, Pierre Quillard a donné *La Gloire du Verbe*, un recueil de beaux poèmes qui symbolisent la suite des idées et des visions d'un homme qui rêve et qui pense.

[*Portraits du prochain siècle* (1894).]

REMY DE GOURMONT. — M. Pierre Quillard a réuni ses premières poésies sous un titre qui serait, pour plus d'un, présomptueux : *La Gloire du Verbe*. Oser cela, c'est être sûr de soi, c'est avoir la conscience d'une maîtrise, c'est affirmer tout au moins que, venant après Leconte de Lisle et après M. de Hérédia, on ne faiblira pas en un métier qui demande, avec la splendeur de l'imagination, une certaine sûreté de main.

[*Le Livre des Masques*, 1ʳᵉ série (1896).]

GASTON DESCHAMPS. — *La Lyre héroïque et dolente* est martelée d'un plectre sûr par M. Pierre Quillard, dont les rimes quelquefois semblent forgées sur l'enclume cyclopéenne de Leconte de Lisle.

[*Le Temps* (1897).]

GUSTAVE KAHN. — M. Pierre Quillard réunit sous ce titre : *La Lyre héroïque et dolente*, ses courts lieder et ses évocations longues autour de deux poèmes dramatiques, *l'Errante* et *la Fille aux mains coupées*, déjà depuis longtemps connus et même représentés. M. Pierre Quillard est le plus caractéristique des poètes qui, tout en restant, pour la forme et le rythme, absolument fidèles à la technique parnassienne, se retrempent, pour le fond, dans les nouveaux courants poétiques. Tout en souhaitant que M. Pierre Quillard s'évade de ce musée aux blanches figures antiques dont il étudie et retrace sans cesse les immobilités, il faut convenir qu'il a le don du vers condensé et de l'image évocatrice, mais évocatrice du passé. Qualités et défauts de cet art se trouvent pour le mieux synthétisés, pour son point de départ, d'un vers trop martelé, aux timbres uniformes, dans *l'Aventurier*, et pour son point d'arrivée, au *Jardin de Cassiopée*, vers plus libres, plus larges, mieux disposés. Il serait injuste aussi de ne point signaler comme une page élevée et robuste les derniers vers de *l'Errante*. Tout le livre de M. Pierre Quillard porte d'ailleurs la marque d'une haute et noble ambition d'art.

[*Revue Blanche* (15 novembre 1897).]

HENRI DE RÉGNIER. — M. Pierre Quillard est fortement nourri des belles-lettres antiques, aussi a-t-il droit plus que tout autre d'intituler ainsi son livre; mais il aime et connaît l'antiquité assez pour ne pas la réduire à des pastiches, à la façon littérale de cette bonne École Romaine. Il a pris à la fréquentation des Muses helléniques et latines une gravité harmonieuse et hautaine, un reflet lumineux et calme. Lisez ses belles élégies héroïques : *le Dieu mort, Ruines, les Vaines Images*, qui sont Psyché, Hymnis et Chrysarion, *le Jardin de Cassiopée, la Chambre d'amour*, et goûtez-en la beauté amère et sereine, l'âcre et doux parfum, la cadence sonore. Elles disent l'Amour, la Mort et le Temps, elles exhalent une mélancolie stoïque et païenne; elles sentent la rose et le cyprès; il y rôde une odeur de Bois sacré.

M. Pierre Quillard en a célébré les «farouches clairières» dans un de ses plus beaux poèmes légendaires. M. Quillard a écrit quelques grandes fresques mouvementées, d'un dessin hardi, d'une couleur sobre. On connaît *l'Aventurier, le Prince d'Avalon, les Voix impérissables* et d'autres encore, d'une imagination puissante, d'une fougue concise et d'une précieuse matière verbale. Ce sont des vers d'un poète très conscient et très réfléchi, et qui forment, si l'on peut dire, les colonnes du livre de M. Quillard. C'est un beau fronton, et les figures qui y sont sculptées valent par l'ampleur du geste et la robuste musculature. Des fleurs poussent aussi aux marches du temple. J'en ai respiré d'exquises.

[*Mercure de France* (1897).]

PAUL LÉAUTAUD. — En 1891, M. Pierre Quillard commença sa collaboration au *Mercure de France*, reparu depuis un an, et où il devait donner tour à tour des poèmes, des pages de prose, et ces études de littérature et de critique qui vont de Stéphane Mallarmé à Georges Clémenceau, en passant par Laurent Tailhade, Bernard Lazare, Henri de Régnier, Anatole France, Paul Adam, José-Maria de Hérédia, Remy de Gourmont, Théodor de Wyzewa, Albert Samain, Rachilde, Leconte de Lisle, André Fontainas, Henri Barbusse, Émile Zola et Gustave Geffroy, et qu'il n'a point encore réunies en volume. En 1893, M. Pierre Quillard partit pour Constantinople, où il fut, jusqu'en 1896, professeur au collège arménien catholique Saint-Grégoire l'Illuminateur et à l'École centrale de Galata. C'est pendant ce séjour en Orient, où il devait retourner, en 1897, suivre, pour le compte du journal *l'Illustration*, les opérations de la guerre gréco-turque, qu'il écrivit *l'Errante*, poème dialogué et qui fut représenté au Théâtre de l'Œuvre, en mai 1896, et la plupart de ces pièces sous le titre général : *Les Vaines Images*, si pures, si harmonieuses, d'une beauté tout ensemble orgueilleuse et désabusée.

[*Poètes d'aujourd'hui* (1900).]

QUINET (Edgar). [1803-1857.]

La Philosophie de l'Histoire de Herder (1827). – *De la Grèce moderne* (1830). – *Ahasvérus* (1833). – *Napoléon*, poème (1836). – *Prométhée*, poème (1838). – *Allemagne et Italie* (1839). – *L'Épopée indienne* (1839). – *De Indiæ, poëseos* (1839). – *Le Génie des Religions* (1842). – *Les Jésuites* (1843). – *Mes Vacances en Espagne* (1846). – *Révolutions d'Italie* (1848). – *Les Esclaves*, poème dramatique (1853). – *Fondation de la République des Provinces-Unies* (1844). – *Merlin l'Enchanteur* (1860). – *Le Livre de l'Exilé* (1875).

OPINIONS.

BARBEY D'AURÉVILLY. — Tout le monde le sait, M. Edgar Quinet *fait* dans l'épopée. Si ce n'est pas un poète épique, ni même un poète du tout par le résultat, c'est un travailleur en épopée, infortuné, mais acharné, du moins. On fait ce qu'on peut. M. Quinet a toujours cru pouvoir beaucoup. Il n'a jamais pris pour lui le mot insolent et cruel, trop accepté, comme tant de mots : «Les Français n'ont pas la tête épique». Lui, il'a toujours cru qu'il l'avait. Il est vrai que, d'esprit, M. Quinet n'est pas Français. C'est un Allemand, né en France, dont l'érudition est allemande, la science allemande et qui a la naïveté allemande de croire nous donner des poèmes épiques en français.

[*Les Œuvres et les Hommes : les Poètes* (1862).]

VICTOR HUGO. — Edgar Quinet est un sommet. La clarté sereine du vrai est sur le front de ce penseur. C'est pourquoi je le salue... L'œuvre d'Edgar Quinet est illustre et vaste. Elle a le double aspect, ce qu'on pourrait appeler le double versant, politique et littéraire, et par conséquent la double utilité dont notre siècle a besoin; d'un côté le droit, de l'autre l'art; d'un côté l'absolu, de l'autre l'idéal... Le style d'Edgar Quinet est robuste et grave, ce qui ne l'empêche pas d'être pénétrant. On ne sait quoi d'affectueux lui concilie le lecteur. Une profondeur mêlée de bonté fait l'autorité de cet écrivain. On l'aime. Quinet est un de ces philosophes qui se font comprendre jusqu'à se faire obéir. C'est un sage parce que c'est un juste. Le poète, en lui, s'ajoutait à l'historien...

[*Discours prononcé aux obsèques d'Edgar Quinet* (29 mars 1875).]

R

RAIMES (Gaston de).

Les Croyances perdues (1882). – *L'Âme inquiète* (1884). – *Marins de France* (1889). – *Soldats de France* (1892-1896).

OPINION.

E. LEDRAIN. — M. de Raimes est avant tout un artiste consciencieux, très épris de la forme, romantique et parnassien à l'excès. Une belle rime lui paraît, comme à M. de Banville, au moins égale, sinon supérieure à une grande idée.

[*Anthologie des Poètes français du XIX⁰ siècle* (1887-1888).]

RAMBERT (Eugène). [1830-1886.]

Poésies (1874). – *Dernières poésies* (1877).

ÉDOUARD GRENIER. — Toute sa poésie n'est qu'un hymne, un chant d'amour pour la Suisse... Fils d'un simple vigneron des environs de Clarens, il se fait gloire de son humble origine :

Je suis né paysan et je le resterai.

Il était sincère en le disant; mais le premier hémistiche seul est vrai. Il est devenu lettré, instituteur, professeur, écrivain et poète; il ne lui est rien resté du paysan, si ce n'est l'amour de la terre natale et le goût de la vie simple :

Je reste vigneron et paysan dans l'âme,

écrit-il encore plus tard. Il est le représentant, comme Frédéric Bataille chez nous, de ces natures naïves et fortes, nées parmi les pasteurs et les villageois, qui s'élèvent peu à peu par le travail et la méditation jusqu'aux plus hautes régions de la pensée, et à qui la poésie ouvre son domaine enchanté, trop souvent fermé aux heureux de ce monde...

[*La Revue Bleue* (17 août 1895).]

RAMBOSSON (Yvanhoé).

Le Verger doré (1896). – *Jules Valadon*, critique (1897). – *La Fin de la vie*, critique (1897). – *La Forêt magique*, poème (1898). – *Actes* (1899).

STUART MERRILL. — Le vers de M. Rambosson est très personnel; je crois même qu'il a trouvé une nouvelle forme musicale du verbe. Il aime à conglomérer des vers d'égale quantité, qui marquent le rythme fondamental, puis, à en rompre soudain l'harmonie par des crescendo ou des decrescendo inquiétants, à tromper l'oreille, délicieuse torture, par la continuelle surprise de notes inattendues et inappariées. M. Rambosson ne néglige jamais la rime, motivée comme point de repère, et multiplie, tour à tour tonnantes ou murmurantes, terribles ou cajoleuses, les assonances et les allitérations. Une citation ne peut suffire à donner un exemple de cette manière, non plus qu'un fragment de symphonie ne révèle l'intention d'un musicien...

Jusqu'ici, j'ai beaucoup plus parlé de la forme que du fond du livre de M. Rambosson. A vrai dire, *le Verger doré* n'est pas une œuvre composée en vue d'une fin logique, mais ce que M. Mallarmé appelle si gracieusement un florilège. Un avant-propos nous en avertit : «Le manque de continuité dans la facture du présent volume me paraît point s'expliquer. Or, les poèmes du *Verger doré* furent écrits à des dates diverses; quelques-uns, lorsque l'auteur était dans sa quinzième année». Je regrette que M. Rambosson n'ait pas cru devoir nous présenter ses poèmes dans l'apparente incohérence de leur chronologie; il a préféré les motiver par des sous-titres qualificatifs : *Dans le Bruit du Vent; Ritournelles de Viore*, d'*Âme d'Orgueil*, d'*Âme légendaire*, etc.

Cependant il est permis de saisir l'âme de M. Rambosson par ce qu'elle a de spécial, par le frisson nouveau dont elle nous émeut. Or, elle me semble se distinguer par un double sens de la guerre et du mystère; elle est splendidement combative et délicieusement peureuse; elle se rue sans crainte à la bataille et tremble au murmure d'une feuille au vent.

[*La Plume* (avril 1896).]

RAMEAU (Jean).

Poèmes fantasques (1882). – *La Vie et la Mort* (1886). – *Fantasmagories* (1887). – *La Chanson des Étoiles* (1888). – *Possédée d'amour* (1889). – *La Marguerite de 300 mètres* (1890). – *Moune* (1890). – *Nature* (1891). – *Simple roman* (1891). – *Mademoiselle Azur* (1893). – *La Mascarade* (1893). – *La Chevelure de Madeleine* (1894). – *La Rose de Grenade* (1894). – *Yan* (1894). – *L'Amant honoraire* (1895). – *Âme fleurie* (1896). – *Le Cœur de Régine* (1896). – *La Demoiselle à l'ombrelle mauve* (1897). – *Les Féeries* (1897). – *Plus que de l'amour* (1898). – *Le Dernier Bateau* (1900).

FERNAND LAFARGUE. — M. Rameau a une rare connaissance du rythme et, par-dessus tout, un souffle de grand poète panthéiste qui donne son âme aux choses de la Nature, les rend vivantes comme l'homme et chante passionnément l'éternelle vigueur de l'existence universelle.

[Cité dans l'*Anthologie des Poètes français du XIXe siècle* (1887-1888).]

A.-L. — Bien que jeune, M. Jean Rameau a témoigné qu'il est à la fois un artiste et un penseur. Doué d'une réelle originalité, il a, comme l'a fort bien dit un critique, une rare connaissance du rythme et, par-dessus tout, un souffle de grand poète panthéiste qui donne son âme aux choses de la Nature, les rend vivantes comme l'homme et chante passionnément l'éternelle vigueur de l'existense universelle.

[*Anthologie des Poètes français du XIXe siècle* (1887–1888).]

MARCEL FOUQUIER. — M. Jean Rameau est un poète romantique d'un vol puissant et qui, sans efforts, plane aux sommets du lyrisme. C'est un poète à qui il faut crier : «Casse-cou», dans les hauteurs.

[*Profils et Portraits* (1891).]

PHILIPPE GILLE. — Un vrai poète, Jean Rameau, vient de publier *la Chanson des Étoiles*, un de ses plus beaux livres. Des vers ne se discutent pas, et la prose est mal venue à vouloir en reproduire l'impression; mieux vaut en donner un échantillon. Entre autres poésies de premier ordre, je citerai celle-ci : *Ressemblance*.

[*La Bataille littéraire* (1891).]

PHILIPPE GILLE. — Dans *le Satyre*, que Jean Rameau vient de publier, je trouve un peu de tout, et surtout de la poésie, bien que le livre soit un roman écrit en vile prose. Malgré lui, M. Jean Rameau chante quand il veut parler, et c'est tant mieux, ses accents n'en sont que plus pénétrants.

[*La Bataille littéraire* (1891).]

RATISBONNE (Louis). [1829-1900.]

La Divine Comédie, traduction (1857).

OPINION.

THÉOPHILE GAUTIER. — Louis Ratisbonne tient une place importante dans la littérature poétique; il est capable de labeur et d'inspiration. En ce siècle hâtif qu'effrayent les longues besognes, à moins que ce ne soient d'interminables romans bâclés au jour le jour, il faut un singulier courage et une patience d'enthousiasme extraordinaire pour traduire en vers, avec une fidélité scrupuleuse qui n'exclut pas l'élégance, tout l'enfer de *la Divine Comédie*, depuis le premier cercle jusqu'au dernier.

[*Rapport sur le progrès des lettres*, par MM. Sylvestre de Sacy, Paul Féval, Th. Gautier et Éd. Thierry (1868).]

RAYMOND (Louis).

L'Automne du cœur (1894). – *Le Livre d'heures du souvenir* (1896). – *Sur les Chemins au crépuscule* (1899).

OPINION.

LOUIS PAYEN. — Après une retraite profitable, Louis Raymond nous donne des poèmes plus parfaits et plus personnels que les précédents. Dans *l'Automne du cœur* et le *Livre d'heures du souvenir* qui révélaient l'âme tendre du poète, nous avions aimé une mélancolie douce que paraît la délicatesse du verbe. C'étaient des vers tendres et émus qui chantent encore dans nos mémoires. Aujourd'hui, nous retrouvons dans *Sur les chemins au crépuscule* les mêmes qualités, mais arrivées à un épanouissement plus complet encore. Parti du vers classique et parnassien, Louis Raymond est arrivé, selon l'évolution normale, au vers libre. Et de l'emploi de ce moule sévère, indispensable au début, il a gardé l'habitude d'enserrer la pensée dans une forme étroite et exacte, de ne point se laisser aller, comme y invite le vers libre, à ajouter au thème principal des ornements inutiles. Il s'est efforcé vers l'idéal de la poésie actuelle : couler sa pensée dans un moule adéquat.

C'est une âme tendre et sentimentale qui se promène sur les chemins au crépuscule, à l'heure où le jour se fond dans la nuit, où les lointains s'imprécisent, où la mélancolie du silence courbe la pensée. Elle se promène en des paysages d'automne et d'hiver, des paysages attendris où nulle joie trop vive n'éclate, où seul le souvenir des tristesses passées éveille quelque souffrance douce. Elle rencontre des passantes tristes et lasses aussi, et le poète s'arrête quelques instants près de ses sœurs maladives pour leur faire partager sa mélancolie, puis repart sur le chemin triste.

Je cueille au passage :

> Et il y a je ne sais quelle cloche
> qui tinte obstinément dans le silence,
> à bord de quelque navire en partance.
> Là-bas, dans le port tout proche,
> il y a je ne sais quelle cloche
> qui tinte ses notes éteintes,
> obstinément, dans le silence.

Voilà une strophe parfaite : les syllabes sourdes s'unissent et s'allongent infiniment; et s'évoque une ville triste, au ciel de suie, avec des maisons oua-

tées de brume que déchire sourdement par instants une cloche qui *tinte ses notes éteintes*.

[*Germinal* (1889).]

RAYNAUD (Ernest).

Le Bocage (1895. – *Le Signe* (1896). – *La Tour d'Ivoire* (1900).

OPINIONS.

CHARLES MASSON. — Nul mieux que M. Raynaud n'a noté le charme triste du souvenir. Il a la nostalgie du passé. Il a chanté Versailles et les Trianons en sonnets admirables. Il évoque les choses d'autrefois avec puissance. Il anime les statues; il s'entretient avec les ruines, le silence. Les marbres qu'il touche semblent reprendre vie comme sous la baguette d'une fée...

[*La Presse* (1900).]

LOUIS TIERCELIN. — Elle est située en un plaisant domaine, cette *Tour d'Ivoire*, et le maître qui s'y enferme l'a remplie de tout ce qui peut caresser son regard et charmer sa pensée. C'est un électrique ce jeune maître, et je l'en loue; son goût d'artiste est capable de s'émouvoir aux plus diverses beautés et va de l'antique au moderne, de Falguière à Verlaine, de Saint-Cloud à Chislehurst, et de la gloire à l'amour...

[*L'Hermine* (1900).]

J.-M. SIMON. — Enfin voici des vers, de vrais vers! Peu d'œuvres possèdent à un plus haut degré une telle richesse de coloris, une plus fine pureté de lignes, une plus délicate originalité dans les idées. *La Tour d'Ivoire*, c'est l'âme antique, le génie grec avec je ne sais quoi de latin qui captive et berce. Chaque poème de *la Tour d'Ivoire* est un tableau et pourrait se rendre à la façon de Fragonard et de Watteau.

[*La Renaissance* (1900.)]

READ (Henri-Charles). [1857-1876.]

Poésies posthumes (1876).

OPINIONS.

MAXIME DUCAMP. — L'enfant qui a fait de tels vers à l'âge de dix-sept ans était un poète. Ernest Renan a écrit : «La nature est d'une insensibilité absolue, d'une immoralité transcendante». Oui, et cette immoralité s'étale dans toute son horreur lorsque l'on voit disparaître des créatures à peine écloses à la vie et si particulièrement douées... Les lettrés peuvent pleurer la mort de Charles Read : il eût été un des leurs et non l'un des moins vaillants.

[*Souvenirs littéraires* (1882-1883).]

E. LEDRAIN. — C'est la poésie latine qui s'est tenue auprès du berceau de Henri-Charles Read. En effet, ce qui distingue ses vers, n'est-ce pas la nuance toute virgilienne des adjectifs ? Personne, parmi les plus habiles ne l'a peut-être égalé dans l'art antique de choisir les épithètes. Il sait rendre avec des mots et des tours latins exquis sa mélancolie toute moderne et sa pensée toute personnelle.

[*Anthologie des Poètes français du xixᵉ siècle* (1887-1888).]

PHILIPPE GILLE. — Voici une nouvelle édition des *Poésies* d'Henri-Charles Read, ce poète mort à l'âge de dix-neuf ans et laissant déjà une œuvre qui peut donner la mesure de la perte que les lettres ont fait en sa personne.

[*Causeries du mercredi* (1897).]

REBELL (Hugues).

Les Chants de la Pluie et du Soleil (1894). – *Le Magasin d'auréoles* (1896). – *La Clef de Saint-Pierre*, ballet (1897). – *La Nichina*, roman (1897). – *La Femme qui a connu l'empereur* (1898). – *La Câlineuse*, roman (1899).

OPINIONS.

CAMILLE MAUCLAIR. — M. Hugues Rebell est un esprit délicat et avisé dont je n'aime presque jamais les conclusions, mais dont toutes les manifestations m'intéressent. Il soutient avec une vive intelligence et une finesse habile au paradoxe des causes souvent bizarres, excessives, difficiles, et il voyage de l'audace à la routine, du subtil au violent, du précieux au déréglé, avec autorité parfois, avec grâce souvent, avec talent toujours. Je crois que c'est bien un des esprits qui me sont le plus *antipathiques*, — me fais-je comprendre? — et pourtant ses argumentations me plaisent toujours, surtout quand elles servent une assertion qui m'irrite. En somme, M. Rebell est quelqu'un et c'est tout ce qu'il faut : l'essentiel n'est peut-être pas de ne point se tromper, mais d'avoir sa façon à soi de se tromper, et quand on est soi, on a raison.

M. Rebell s'est épris de l'individualisme absolu de Nietsche et est allé vers une aristocratie cruelle, un paganisme esthétique et violent, un matérialisme jouisseur qui l'entraîne de plus en plus. Je pense qu'il se fait exprès plus «grossier» que nature. *Les Chants de la Pluie et du Soleil*, visiblement inspirés de Whitman quant à leur sentiment de modernité lyrique, renferment des proses vraiment belles, d'une élévation et d'une énergie saine, d'un éclat d'images qui intéresseront les artistes. L'ensemble est un peu trop voulu, littéraire, systématique, et l'on sent que l'écrivain met souvent ses métaphores vives au service de son esprit hésitant. La langue de M. Rebell se porte mieux que sa pensée; mais c'est un écrivain à considérer et à estimer, dont les défauts mêmes sont savoureux.

[*Mercure de France* (août 1894).]

EDMOND PILON. — Le style impeccable de M. Rebell nous a charmé et nous a donné cette très rare réjouissance de la Force contemplée. Si, parfois, il se souvient des quelques prosaïsmes de Walt-Whitman (*A une locomotive*), il rappelle, par contre, la pureté douce de Keats. Une louable parité l'attire vers Jean Moréas. M. Moréas est un des bons poètes de ce temps, et celui qui dans ses *Chants de la Pluie et du Soleil* fait surgir si splendidement nue de la mer féconde Vénus Anadiomène, celui-là est plus apte que quiconque à comprendre cet Hellène et à saisir les nuances de celui qui, — s'il fut archaïque, — ne se ferma pas entièrement aux voix naturelles de la vie et aux chants très modestes des pâtres près des sources jonchées d'asphodèle. M. Rebell doit exagérer, — par dilettantisme lo-

gique à ses principes, — son insouciance. Que ne laisse-t-il ?oujours son cœur souffrir simplement, sincèrement, comme il fit une fois sur *la Jolie Morte?* Le rythme suave de cette pièce et de plusieurs autres nous a retenu longtemps. Quelques-unes des pages où l'auteur oublie tout à fait les préoccupations étrangères à l'art ont l'exquise fraîcheur d'un bouquet de violettes qu'une amoureuse aurait tressé, et cela lui fait pardonner sa violence envers «les hommes» qu'on a élevés «pour la mélancolie et qui ont arboré le chagrin avec orgueil».

[*L'Art littéraire* (nov.-déc. 1894).]

RENÉ BOYLESVE. — Toutes les fois qu'il sera question de cet élargissement, de cette aeration, de cette humanisation de la poésie, on devra se reporter aux magnifiques *Chants de la Pluie et du Soleil*, de Hugues Rebell, qui me paraissent, en ce sens, le plus fort mouvement initial.

[*L'Ermitage* (mars 1898).]

REBOUL (Jean). [1796-1864.]

Poésies (1836-1840). – *Le Dernier Jour* (1839). – *Poésies nouvelles* (1846). – *Le Martyre de Vivia* (1850). – *Les Traditionnelles* (1857). – *Dernières poésies* (1865).

OPINIONS.

LAMARTINE. — Ces poètes du soleil ne pleurent même pas comme nous; leurs larmes brillent comme des ondées pleines de lumière, pleines d'espérance, parce qu'elles sont pleines de religion. Voyez *Reboul*, dans son enfant mort au berceau! Voyez *Jasmin*, dans son fils de maçon tué à l'ouvrage ou dans son Aveugle! Voyez *Mistral*, dans sa mort des deux Amants !

[*Cours familier de littérature* (1856-1868).]

CHATEAUBRIAND. — Je me défiais de ces ouvriers-poètes qui ne sont ordinairement ni poètes ni ouvriers : réparation à M. Reboul. Je l'ai trouvé dans sa boulangerie; je me suis adressé à lui sans savoir à qui je parlais, ne le distinguant pas de ses compagnons de Cérès. Il a pris mon nom et je m'acquittai qu'il allait voir si la personne que je demandais était chez elle. Il est revenu bientôt après et s'est fait connaître; il m'a mené dans son magasin; nous avons circulé dans un labyrinthe de sacs de farine, et nous sommes grimpés par une espèce d'échelle dans un petit réduit, comme dans la chambre haute d'un moulin à vent. Là, nous nous sommes assis et nous avons causé. J'étais heureux comme dans mon grenier à Londres et plus heureux que dans mon fauteuil de ministre à Paris. M. Reboul a tiré d'une commode un manuscrit et m'a lu des vers énergiques d'un poème qu'il composa sur *le Dernier Jour*. Je l'ai félicité de sa religion et de son talent.

[*Les Mémoires d'outre-tombe* (éd. de 1860).]

VALERY VERNIER. — Un autre patron littéraire de Jean Reboul fut M. Alexandre Dumas. On ne douta plus à Paris du mérite de l'artisan-poète, après que l'auteur des *Impressions de voyage* eut, en quatre pages spirituelles et attendries, montré le boulanger dans sa boutique et le chantre dans son sanctuaire. Le sincère enthousiasme de notre brave conteur gagna tout le monde, et chacun, allant à Nîmes, se proposait de voir Reboul avant les Arènes, ce géant romain! le guide les montrait à Dumas tandis qu'il se rendait chez le poète : «Merci, je ne les vois pas!» répondit le spirituel voyageur.

[*Les Poètes français*, recueil publié par Eug. Crépet (1861-1863).]

REBOUX (Paul).

Matinales (1897). – *Les Iris noirs* (1898).

OPINION.

André Theuriet. — Je tiens à signaler, comme nous apportant une charmante espérance, les poésies de M. Paul Reboux, un harmonieux enfant qui n'a pas encore atteint sa vingtième année, et qu'il a gracieusement appelées *Matinales*. Elles ont, dans leur fraîcheur juvénile, mieux et plus que la beauté du diable qui, comme on le sait, passe très vite. En bien des pages, déjà, apparaît l'inspiration originale.

[*Le Journal* (7 octobre 1897).]

REDONNEL (Paul).

Les Chansons éternelles (1895).

OPINIONS.

Louis-Xavier de Ricard. — De poète plus moderne que Paul Redonnel il n'y en a certes pas, — et pourtant il est en même temps la survivance, en ses qualités intimes d'artiste, des troubadours de la grande époque, — supposez Guiraut de Borneilh et Arnaut Daniel se rencontrant en Marcabru.

[*Portraits du prochain siècle* (1894).]

Han Ryner. — Paul Redonnel est un des talents les plus personnels et les plus complets que je connaisse : personnel souvent jusqu'à l'étrangeté; complet et complexe parfois jusqu'à la complication.

Je salue en deux sortes de poèmes une sincérité égale : dans les uns, le poète, ému de sa merveilleuse diversité, exprime avec fougue ou en souriant chacun de ses aspects, chacun de ses moments, se réjouissant surtout à ce qu'il y a d'extrême en lui. Dans les autres, conscient du centre de lui-même, il se dessine d'une ligne nette et simple. Malgré leur beauté de composition, c'est parmi les premières œuvres qu'on doit classer *les Chansons éternelles*.

Les Chansons éternelles forment une ligne parabolique dont les deux côtés vont se perdre dans l'infini. Paul Redonnel croit à la multiplicité des existences. Directement, il ne dit qu'un fragment d'une vie. Mais, aux premiers pas, quelques éclairs illuminent brusques les ombres antérieures, et bien des cris d'espoir ou d'effroi nous avertiront que le point d'arrêt de l'artiste n'est pas à l'homme un but final et que, pour lointain, l'horizon aperçu n'est encore qu'une limite illusoire.

Le livre se divise en trois parties que j'appellerais volontiers, — les destinées sont des comètes, — la sortie de l'ombre interstellaire, le passage dans la lumière, la rentrée dans l'ombre. Jadis, à première lecture, je préférai le centre du livre, tout de précision et de vie pleine. Aujourd'hui, mieux regardée et mieux comprise, c'est l'œuvre entière que j'aime en sa beauté diverse et savante, en la haute signification de son ensemble.

Étrange et admirable conception où s'expriment à la fois les besoins latins de clarté et les inquiétudes orientales ou hercyniennes d'infini; ici, c'est d'en bas que vient la lumière. Le centre de l'œuvre est un abîme, l'abîme de la matière. Et les lueurs intenses, jolies par endroits, brutalement infernales ailleurs, grimpent étranges, clairs-obscurs et pénombres, songes et cauchemars, au tournant de deux escaliers ténébreux et qui n'ont point de sommet : celui par lequel on dévale à l'actuelle existence, celui qui en remonte.

[*La Plume* (1898).]

Henry Davray. — Dans *les Chansons éternelles*, M. Paul Redonnel donne l'ensemble de son œuvre ; et son œuvre résulte entièrement et exclusivement de sa vie, de son humanité; c'est un livre souffert, livre d'art et de vie. Je ne parlerai donc pas autrement de cette œuvre, et ne veux en trancher aucun détail ni fragment, pas plus que je ne puis offrir un pouce de la stature, ni un seul jour de l'âge du poète. Vous ne feriez avec lui une suffisante accointance, ni avec son œuvre. Puis-je expliquer ce qui est inexplicable ? Dois-je m'aventurer imprudemment à la poursuite d'un motif fragmentaire des *Chansons éternelles*, alors qu'il me suffit d'ouvrir mes oreilles de bonne volonté pour saisir la symphonie entière, avec tout ce qu'elle a de grand et de puissant et tout ce qu'elle peut avoir d'incohérences et de heurts, nécessaires sans doute à l'élan qui entraîne l'homme et l'œuvre ?

[*L'Ermitage* (décembre 1898).]

RÉGNIER (Henri de).

Lendemains (1885). – *Apaisements* (1886). – *Sites* (1887). – *Épisodes* (1888). – *Poèmes anciens et romanesques* (1890). – *Épisodes, sites et sonnets* (1891). – *Tel qu'en songe* (1892). – *Contes à soi-même* (1893). – *Le Bosquet de Psyché* (1894). – *Le Trèfle noir* (1895). – *Aréthuse* (1895).– *Poèmes* (1887-1892 (1896). – *Les Jeux rustiques et divins* (1897). – *La Canne de jaspe* (1897). – *Le Trèfle blanc*(1899). – *Premiers Poèmes* (1899). *La Double Maîtresse* (1900). – *Les Médailles d'argile* (1900). – *Les Amants singuliers* (1901).

OPINIONS.

Charles Morice. — Henri de Régnier reflète en des grâces lyriques, en des gestes de jeunesse puissante et qui, parfois, se veut laisser croire lasse, tous les désirs d'art de ce temps, les reflète sans tous expressément les réaliser. Avec une sorte de hautaine indifférence à tout ce qui n'est pas le chant, sans avoir destiné de monument, il cueille comme d'harmonieuses fleurs ses pensées et ses sentiments les plus beaux, les plus dignes de la gloire des vers.

[*La Littérature de tout à l'heure* (1889).]

CAMILLE MAUCLAIR. — A Pise, au Campo-Santo, attardé devant les fresques de Benozzo Gozzoli, si Schelley avait pu lire, au retour, les *Poèmes anciens et romanesques*, *Tel qu'en songe* ou les *Contes à soi-même*, il eût cru retrouver sa propre vision écrite là dans une nuit d'inconscience; car, si le poète dont je parle présentement a, seul et sans effort dans notre époque d'art, recréé les grandes traditions décoratives de la pure beauté florentine, il n'y enclôt pas une beauté froide, mais la souffrance passionnée de son âme d'outre-mer.

[*Portraits du prochain siècle* (1894).]

HENRI ALBERT. — *La Gardienne* : En un décor de rêve, par un soir d'automne, dans une contrée septentrionale, tandis qu'à l'horizon vaporeux planent des nuées de tristesse et que le paysage tout entier s'enveloppe de silence et de grisaille, le Maître sort de la forêt mélancolique et s'approche, le front bas, de l'antique manoir de ses jeunes années. Les frères d'armes l'ont suivi jusque-là. Ils contemplent avec lui les ruines du passé; ils savent qu'en se retrouvant là, le Maître oubliera la vie d'apparence et d'action qu'avec eux il a menée, qu'il ne lui en restera que des regrets.

Amis! mon soir en pleurs retourne à son matin...

Ils le laissent, car, au milieu des débris de son moi d'autrefois, il retrouvera le solitaire bonheur que la fuite hors du rêve lui avait fait perdre. Maintenant il se rappelle; lentement se réédifient en son esprit les ruines dont la désolation l'entoure. Il revoit le passé, et, dans cette vision rétrospective des joies d'alors, pendant que s'efface le présent, apparaît la Gardienne de son adolescence, la chimère qui jadis emplissait son être tout entière, celle qui jamais ne se désouvint de lui-même quand il errait au plus fort de la mêlée humaine, oublieux d'espérances plus hautes :

Je suis la même encor, si ton âme est la même
Que celle que l'Espoir aventurait au pli
De sa bannière haute, et je reste l'emblème
Du passé qui résiste à travers ton oubli.

Il rentre en l'éternel abri, l'âme vieillie peut-être, mais se confiant «aux mains de son destin», renonciateur de l'éphémère réalité.

Ceci tout entier, en de magnifiques vers de M. Henri de Régnier, se psalmodiait lentement sur le devant de l'orchestre. A la voix large et puissante de M. Lugné Poë (le Maître) répondaient les intonations molles et caressantes de Mˡˡᵉ Lara (la Gardienne). Et sur la scène, derrière un voile de gaze, tels de véritables personnages de songe, s'agitaient des fantoccini, mimant les paroles prononcées par les acteurs, représentations allégoriques des entités verbales. Chacun pouvait retrouver en ce spectacle les emblèmes de propres pensées secrètement enfouies, d'espoirs, de désillusions et de rêves, et tous ceux qui sont «affligés d'âme» écoutaient en silence cette étrange symphonie, évoquant, dans un décor presque quelconque, les symboles qui convenaient à leur bon plaisir. Les autres firent du bruit : cela les regarde; mais les «rêveurs», et ils étaient nombreux dans la salle ce soir-là, voulurent couvrir d'applaudissements les intempestives interruptions. Cela détruisit l'illusion. Pourtant, ceux qui furent troublés dans leur re-

cueillement reliront pieusement *La Gardienne* dans l'admirable volume qu'est *Tel qu'en songe*.

[*Mercure de France* (août 1894).]

ALBERT MOCKEL. — M. de Regnier est surtout un droit et pur artiste; son vers a des lignes bien tracées, des couleurs transparentes et rares disposées avec justesse; il démontre une grande probité d'écriture, un idéal d'art austère, la volonté d'un homme qui garde haut sa conscience. La strophe, arrêtée à des limites assez précises, reste presque toujours harmonieuse, et ses éléments convergent vers un centre d'impression. Je crois pourtant qu'il y a là moins les effets d'un assidu travail que l'expansion naturelle de généreux dons lyriques. Avec son vocabulaire opulent et varié, d'où surgissent à chaque phrase les mots strictement choisis, avec sa claire vision de paysages fondus, ses images dorées, ses plastiques ondulantes ou sévères, M. de Régnier a le goût qui distingue, élit, compare et dispose; il a l'instinct souverain de l'ordonnance qui assigne à ses poèmes la solidité du verbe immobilisé comme un marbre. Cependant, par une défaillance peut-être de la volonté, cela ne va pas toujours jusqu'à l'ininterrompue continuité des formes, jusqu'à leur cohésion décisive en l'unité du livre ou même de chaque poème, — j'y ai fait allusion en même temps qu'à sa tendance vers l'allégorie; et, marquée d'un défaut qu'on dirait contraire, cette expression rigoureuse et sûre peut amener de la monotonie. On la désirerait, à certaines places, secouée de plus de nouveauté, vivifiée par des trouvailles; et, si elle devait ne chercher que sa propre beauté, s'arrêter à la seule splendeur de ses lignes sculpturales, il faudrait (mais je cherche ici par trop la petite bête!) qu'elle acquît une plus totale fermeté, qu'un labeur patient achevât ce que les dons innés commencèrent, que l'artiste arrachât les quelques négligences laissées par le poète. — Que ce fût, par exemple, la trame élastique et indéchirable des vers de Stéphane Mallarmé ou l'infrangible et sonore métal frappé du sceau de Hérédia; que ce fût aussi l'impeccable et classique syntaxe des Trophées, ou cette autre syntaxe d'une intellectuelle logique, souple, fuyante mais impressive, étroitement serrée et pourtant impalpable, qui étonne et séduit dans l'*Après-Midi d'un faune* ou dans *Hérodiade*.

Pas plus que M. Stéphane Mallarmé, M. de Régnier n'a voulu borner à la forme ses désirs; il est, pour penser ainsi, trop poète. Mais les visions qu'il rêve se prêtent, on le dirait, d'elles-mêmes à l'harmonie. — Une fée le toucha de sa baguette fleurie lorsqu'il naquit, et de cette caresse enchantée ses yeux s'ouvrirent à la Beauté. Pour lui, le sens des belles formes n'a pas dû être, comme chez d'autres, développé par l'étude, la comparaison, la «mesure» de toutes choses qui se fait en nous vers l'adolescence; il a compris sans doute l'eurythmie aux premiers mots qu'il ouït prononcer, au paysage dont s'éblouit son regard d'enfant. On se reporte, en le lisant, à l'exclamation d'Ovide : *quidquid scribere conabar versus erat*, tant il semble que le simple délice d'écrire et la facilité inconsciente à modeler les courbes de la Parole ont suffi, dans une âme attirée vers le songe, pour tracer ces strophes aux lignes justes.

Pour tout ce qui est forme, M. de Régnier ne doit se défier que de sa facilité même, si elle est bien telle que je l'ai supposée ici — et rendre parfait ce qui l'est presque. De toute la génération qui vient, il est peut-être à ce point de vue celui qui a le plus approché du définitif; ses vers s'arrêtent lorsqu'il sied, chaque parole comme chaque strophe s'incline vers ses limites naturelles, et le poème s'érige par ses propres forces.

[*Propos de littérature* (1894).]

RENÉ DOUMIC. — Celui-ci semble bien entre ses compagnons d'âge être le plus richement doué. Il a fait de très beaux vers, remarquables par l'éclat et la sonorité... M. de Régnier a ce don de l'expression imagée et chantante où on reconnaît le poète. Il a commencé par subir la discipline parnassienne, et il s'en souvient jusque dans son dernier recueil, où telle vision antique fait songer à quelque pastiche de Ronsard. Il a fréquenté chez Leconte de Lisle et chez M. de Hérédia avant de prendre M. Mallarmé pour maître et pour émule M. Vielé-Griffin; c'est chez lui qu'on voit le mieux la fusion des traditions d'hier avec les plus récentes influences.

[*Les Jeunes* (1895).]

EDMOND PILON. — Tour à tour guerrier ou idyllique, sonore de bruits de bataille ou humilié de bucolique bonheur, M. de Régnier se complaît dans un monde de lances antiques et de miroirs aussi bien que dans de frais décors de campagnes frustes et fraîches, à l'image de celles où Horace et André Chénier se perdirent plus d'une fois. C'est dire que cet écrivain, préoccupé d'une philosophie élevée et grave, comme préoccupé constamment de la recherche des plus hautes raisons des choses et comme alourdi du legs glorieux d'aïeux féodaux, ne dédaigne point les beautés calmes de la nature, ni la simplicité touchante des prairies. Et bien qu'il soit le barde qui tressa le poème harmonieux d'*Aréthuse* et qui inscrivit, en exergue, au-dessus des treize portes de la Ville, les routes différentes des passions, il est aussi le faune naïf qui éveilla, sous ses doigts inspirés, les voix des *Roseaux de la flûte* et de la *Corbeille des heures*.

[*L'Ermitage* (1895).]

ADOLPHE RETTÉ. — M. de Régnier est certainement de tous les poètes contemporains celui qui décèle le plus d'élégance, de mesure et de noblesse. Il ignore — parfois à l'excès — les sursauts, les clameurs et toute violence. Chez lui, l'émotion — en général un peu froide — se revêt d'une expression lointaine, comme légendaire. On dirait, de ses poèmes, de suaves médaillons dont le temps adoucit les contours ou d'immémoriales tapisseries aux nuances très fines, ravies du palais de quelque Belle au bois dormant qu'il réveilla pour en faire son amie. Son art possède un charme lent qui s'insinue sans jamais *saisir*. On goûte plus de joie à le relire qu'à le lire pour la première fois.

[*Aspects* (1896).]

REMY DE GOURMONT. — M. de Régnier est un poète mélancolique et somptueux : les deux mots qui éclatent le plus souvent dans ses vers sont les mots *or* et *mort*, et il est des poèmes où revient, jusqu'à faire peur, l'insistance de cette rime automnale et royale... M. de Régnier sait dire en vers des choses d'une beauté infinie; il note d'indéfinis-

sables nuances de rêve, d'imperceptibles apparitions, de fugitifs décors; une main nue qui s'appuie un peu crispée sur une table de marbre, un fruit qui oscille sous le vent et qui tombe, un étang abandonné, ces riens lui suffisent, et le poème surgit, parfait et pur. Son vers est très évocateur ; en quelques syllabes, il nous impose sa vision.

[*Le Livre des Masques*, 1re série (1896).]

GASTON DESCHAMPS. — Il serait parfaitement vain de vouloir analyser la mélancolie de cette poésie subtile et précieuse... Le songeur qui a fait chanter sous ses doigts, en mélodies lointaines et langoureuses, les *Flûtes d'Avril et de Septembre* est un des deux ou trois hommes qui gardent pieusement, dans nos cohues affairées et ahuries, le culte de la Beauté. Il sait les affinités mystérieuses par où la nature éternelle répond à notre cœur fragile. De l'aspect accidentel des choses, il étend sa vue à tout ce qui, dans le temps et dans l'espace, réjouit d'amour ou poigne d'angoisse l'âme tragique et douce de l'humanité. C'est la marque des vrais poètes et de tous ceux qui n'ont pas attendu la venue de M. Mallarmé pour être ingénument symbolistes. Et enfin le poème de *L'Homme et la Sirène*, quoi qu'on pense de la polymorphie, enferme, sous des apparences compliquées, un sens très simple et très beau.

[*La Vie et les Livres* (1896).]

STÉPHANE MALLARMÉ. — Le poète d'un tact aigu qui considère cet alexandrin toujours comme le joyau définitif, mais à ne sortir épée, fleur, que peu et selon quelque motif prémédité, y touche comme pudiquement ou se joue à l'entour; il en octroie de voisins accords, avant de le donner superbe et nu, laissant son doigté défaillir contre la onzième syllabe ou se propager jusqu'à une treizième maintes fois. M. Henri de Régnier excelle à ces accompagnements, de son invention, je sais, discrète et fière comme le génie qu'il instaura et révélatrice du tout transitoire chez les exécutants devant l'instrument héréditaire. Autre chose ou simplement le contraire, se décèle une mutinerie, exprès, en la vacance du vieux moule fatigué, quand Jules Laforgue, pour le début, nous initia au charme certain du vers faux.

[*Divagations* (1897).]

GUSTAVE KAHN. — Voici une réimpression de M. Henri de Régnier, *Aréthuse*, etc. J'ai dit, lorsque a paru pour la première fois ce livre, qu'il me semblait une défaillance parmi les œuvres de ce poète. Je n'ai point changé d'avis; *Aréthuse* est accompagnée, outre *Les Roseaux de la flûte*, de nouveaux poèmes qui ne valent pas mieux; c'est longuet, languissant, monotone et, sauf la *Corbeille des heures*, dont l'intérêt m'échappe, néo-grec comme la Bourse.

[*Revue Blanche* (1er avril 1897).]

PIERRE QUILLARD. — D'aucuns attentifs seulement aux apparences extérieures de l'art ont affecté de ne voir en M. de Régnier qu'un très fastueux arrangeur de décors et lui ont reproché, non sans acrimonie, de se plaire aux personnes et aux paysages fabuleux ou héraldiques; on lui a objecté les chevaliers, les licornes, les satyres et les sirènes, l'or des armures, la pourpre des simarres et les pierreries inquiétantes du lapidaire. Presque personne n'eut l'élémentaire bonne foi de reconnaître que son talent est beaucoup moins simple que ne l'ont déclaré des critiques ineptes ou malveillants. Des éléments très contraires s'y mêlent harmonieusement ou dominent en certaines périodes d'une manière presque exclusive; il a, pour parler par métaphore, un goût double et contradictoire pour les ordonnances symétriques des jardins à la française et pour la beauté romanesque des parcs anglais; et en réalité, malgré l'élection qu'il fit surtout d'époques antiques ou médiévales, ses vraies parentés, à les résumer en deux noms, seraient, par exemple, Racine et Tennyson; il hésite presque toujours entre la régularité stricte jusqu'à une sorte d'austérité et la fantaisie plus libre de la pensée et du rythme. Dans les *Sites* et dans *Épisodes*, cette lutte intime entre des instincts opposés se trahit plus nettement que dans les œuvres postérieures où la maîtrise technique est absolue. Ici, M. Henri de Régnier n'a pas encore abandonné l'alexandrin; il a voulu le libérer et le désarticuler, et parfois le vers est presque détruit, tandis qu'ailleurs, au contraire, les syllabes s'en dénombrent avec une exactitude qui serait monotone, sans les brusques dissonances voisines. Il en est de la composition comme du rythme : moins amples, ce sont déjà les allégories des *Poèmes anciens et romanesques*, de *Tel qu'en songe* et de *L'Homme et la Sirène*, à côté, les élégies, modulées à mi-voix, qui alternent en strophes plus mystérieuses avec les grands poèmes.

[*Mercure de France* (février 1899).]

PAUL LÉAUTAUD. — Depuis *Lutèce*, où il débuta vers 1885, jusqu'à *La Vogue* (nouvelle série, 1899), M. Henri de Régnier a collaboré à presque toutes les «petites revues» tant françaises que belges, que suscita le mouvement dit «symboliste», et l'on trouvera en fin de ces lignes l'état à peu près complet de cette collaboration. Assidu alors du «jour» de Leconte de Lisle, M. Henri de Régnier, selon les justes expressions de M. Francis Vielé-Griffin, son compagnon de route et qu'il faut compter également parmi eux, fut aussi de «ces jeunes hommes qui, guidés par leur seule foi dans l'Art, s'en furent chercher Verlaine au fond de la cour Saint-François, blottie sous le chemin de fer de Vincennes, pour l'escorter de leurs acclamations vers la gloire haute que donne l'élite; qui montèrent, chaque semaine, la rue de Rome, porter l'hommage de leur respect et de leur dévouement à Stéphane Mallarmé, hautainement isolé dans son rêve; qui entourèrent Léon Dierx d'une déférence sans défaillance et firent à Villiers de l'Isle-Adam, courbé par la vie, une couronne de leurs enthousiasmes». Bien que grande, la réputation de M. Henri de Régnier est un peu récente. Quand fut représenté, en juillet 1894, au théâtre de l'Œuvre, son poème, *La Gardienne*, il n'était guère connu que des lettrés. Mais les choses, depuis, ont changé. De même que ceux-là qui troublèrent par leur sottise l'audition de ce poème dont on peut dire sans exagération qu'il est admirable, rougiraient aujourd'hui d'en ignorer l'auteur; de même, M. Jules Lemaître a tout à fait oublié de réimprimer dans l'un de ses volumes : *Impressions de théâtre*, le feuilleton un peu négligé qu'il écrivit alors au *Journal des Débats*. Et si M. Anatole France, quand parut *Tel qu'en songe* et qu'il rédigeait au *Temps* sa *Vie littéraire*, garda un silence qui surprit, M. Gaston Deschamps, à chaque nouveau livre que publie M. Henri de Régnier, lui consacre

maintenant dans le même journal un article souvent abondant et toujours élogieux. Mais tout cela c'est l'un des «recommencements» de l'histoire littéraire, et nous n'y insisterons pas. Nous ne reproduirons non plus nul passage des articles parus sur M. Henri de Régnier. Quand on a écrit les *Poèmes anciens et romanesques*, *La Gardienne* et ce livre : *Aréthuse*, beau tout entier, quand on a écrit *Le Vase*, *Les Roseaux de la flûte* et cette pièce : *La Couronne*, dans *Les Médailles d'argile*, quand on a dressé tant de beautés souples, harmonieuses et mélancoliques, on est un grand poète; et que d'aucuns le nient ou bien le reconnaissent, cela n'importe pas. Et ces mots, nous les inscrivons avec tranquillité.

[*Poètes d'aujourd'hui* (1900).]

RÉJA (Marcel).

La Vie héroïque (1897). — *Ballets et Variations* (1898).

OPINION.

HENRY DAVRAY. — Un précédent volume, *La Vie héroïque*, avait révélé M. Marcel Réja comme un singulier artiste et un esprit volontaire et puissant. Les *Ballets et Variations* qu'il vient de publier confirmeront et accentueront encore cette opinion. Préoccupé de la signification du mouvement et des formes, M. Marcel Réja a voulu fixer la symbolique de la danse, du moins d'après sa personnelle conception.

Il faut lire ses *Ballets et Variations* pour se rendre compte du résultat obtenu : tout geste et toute attitude a une puissance d'expression en raison de telle cadence et de tel rythme; la danse et le ballet, rudimentaires encore, sont les moyens par lesquels peut s'exprimer la vie, toute la vie. En un *Prélude*, dédié en juste hommage à M. Mallarmé, M. Marcel Réja explique succinctement et clairement, sous l'apparence fictive, ce qu'il a voulu faire, et tente de guider celui qui voudra lire ses proses multiformes et somptueuses. Tout d'abord, il raconte les *Sujets*, qui sont les danses élémentaires, polka, valse, gavotte, menuet et pavane; puis les *Coryphées*, où il démontre ses théories et en indique toutes les applications possibles; enfin, dans les *Variations* et les *Ballets*, il développe magnifiquement ses primordiales données et fait mouvoir magiquement la vie, toute la vie. Quelques-uns, parmi ces courts chapitres, qui sont des aspects divers du Πάντα ρεῖ, atteignent une perfection rare, et chacun d'eux donne curieusement l'impression immédiate du décor fallacieux du théâtre, de l'éblouissement des verroteries et des oripeaux, de la fictive et décevante richesse des mises en scène; avec, au delà et après, la nette perception des choses éternelles et immuables que signifient ces apparences, ces attitudes, ces gestes momentanés et incessamment changeants. Le style de M. Réja et son vocabulaire s'adaptent remarquablement à ce genre de littérature, et quand on s'y est habitué, ils aident à comprendre d'une façon définitive cette œuvre originale et considérable, pour laquelle Henri Héran a dessiné une superbe couverture.

[*L'Hermitage* (août 1898).]

REMOUCHAMPS (Victor).

Les Aspirations (1893).

OPINIONS.

STUART MERRILL. — Je voudrais citer des poèmes entiers où M. Remouchamps, en une langue cadencée au rythme de sa pensée, nous dit les affres et les espoirs de son âme. Mais vraiment je ne puis détacher la moindre phrase de l'ensemble de l'œuvre. *Les Aspirations* ne sont autre chose qu'un roman spirituel : elles ont l'unité et la nécessité.

[*L'Ermitage* (1893).]

ROLAND DE MARÈS. — L'auteur des *Aspirations*, un livre qu'on pourrait définir : *Les Mémoires du Rêve*. D'ailleurs, il pourrait prendre pour devise l'admirable mot de Shakespeare : *Rien pour moi n'existe, sauf ce qui n'existe pas.*

[*Portraits du prochain siècle* (1894).]

RENAUD (Armand). [1836-1894.]

Les Poèmes de l'amour (1862). – *Les Caprices de boudoir* (1864). – *Les Pensées tristes* (1865). – *Les Nuits persanes* (1870). – *Recueil intime* (1881). – *Les Drames du peuple* (1885).

OPINIONS.

SAINTE-BEUVE. — Armand Renaud, après s'être terriblement risqué aux ardentes peintures d'une imagination aiguë et raffinée, en est venu à chanter ses propres chants, à pleurer ses propres larmes; maître achevé du rythme, de recherches en caprice, et après avoir épuisé la coupe, il a trouvé des accents vraiment passionnés et profonds.

[*Lundi, 12 juin 1865. Des nouveaux lundis* (t. X).]

EMILE DESCHANEL. — La plupart des fleurs qui composent le volume des *Nuits Persanes,* fleurs exotiques cueillies dans les riches forêts de Djelaleddin-Roum l'extatique, de Saadi le bienheureux et de Ferdouci le céleste, sont d'un parfum toujours agréable, toujours étrange et parfois enivrant. Elles brillent des molles clartés de la lune, ou bien elles renvoient les traits d'or de ce divin ami des Persans, le Soleil ! D'autres s'épanouissent dans les gouffres sombres, d'autres dans les clartés mystiques.

[*Œuvres littéraires.*]

JULES CLARETIE. — Armand Renaud fut souvent un poète délicat et souvent puissant qui eut souvent son heure de célébrité. Sa part d'influence dans le mouvement littéraire d'où sortit, voilà quelques années, une renaissance de la poésie... Il écrivit un volume dont qui mérite de rester, *Les Drames du peuple,* et le poète de la *Justice,* M. Sully Prudhomme mit en tête de ces pages affamées d'idéal et de pitié une éloquente étude littéraire. Ce fut, je pense, le dernier volume d'Armand Renaud; mais il résumait toute sa pensée dans ces éloquents appels au patriotisme et au pardon.

[*La Vie à Paris* (1895).]

GASTON DESCHAMPS. — Parmi les poètes célèbres en 1865, l'auteur des *Poésies de Joseph Delorme* citait premièrement M. Armand Renaud, qui venait de publier, chez Dentu, chez Sartorius et chez Ha-

chette, des *Poèmes de l'amour,* des *Caprices de boudoir* et des *Pensées tristes.* Sainte-Beuve, subtilement, discernait dans l'œuvre de ce poète trois «manières» très différentes. D'abord, M. Armand Renaud s'était «inspiré aux hautes sources étrangères», et avait «moissonné la passion en toute littérature et en tout pays». Ensuite M. Armand Renaud s'était «terriblement risqué aux ardentes peintures d'une imagination aiguë». Enfin M. Armand Renaud, «pleurant ses propres larmes», avait «épuisé la coupe». Sans vouloir contrister personne, il est permis de dire que, de cette coupe épuisée, il ne reste plus guère que cinq strophes, sauvées du naufrage par une citation de Sainte-Beuve et inspirées à M. Armand Renaud, dans un bal masqué, par une dame déguisée en lune.

[*Le Temps* (28 janvier 1900).]

RENCY (Georges).

Vie (1896). – *Madeleine* (1898).

OPINION.

ALBERT FLEURY. — Si M. Rency ne nous donne point l'impression de la vie, il nous clame réellement des hymnes de vie, d'un horizon de joie immense. Et cela est d'accord en tout avec soi-même du commencement à la fin du recueil. Des vers, certes, et de fort beaux, qui sans être absolument libres, ne s'embarrassent pas d'un «art poétique» de congrégation. La phrase est vibrante et il y a telles strophes qu'on peut, sans audace, estimer d'une absolue beauté. Je voudrais en citer presque tous les vers, tant je trouve en chacun une grâce particulière.

[*Revue Naturiste* (1896).]

RESSÉGUIER (Jules, comte de). [1789-1862.]

Tableaux poétiques (1828-1829). – *Almaria* (1835). – *Les Prismes poétiques* (1838). – *Dernières poésies* (1864).

OPINION.

AUGUSTE DESPLACES. — L'aile nacrée du papillon qui chatoie au soleil, l'écharpe d'Iris déployée sur les monts, pourraient offrir une idée assez juste de la poésie scintillante et miroitante de M. de Rességuier. La muse d' M. Barbier se plait dans la foule; celle de M. Houssaye, sœur d'Amaryllis, court volontiers les bois; celle de M. de Rességuier habite un boudoir. C'est une fille de bonne maison qui ne hait pas les paillettes sur sa basquine, les perles dans ses cheveux, les riches guipures sur son épaule, l'ambre et le benjoin dans sa cassolette.

[*Galerie des Poètes vivants* (1847).]

RETTÉ (Adolphe).

Cloches en la Nuit (1889). – *Thulé des Brumes* (1891). – *Paradoxe sur l'amour* (1892). – *Une Belle Dame passa* (1893). – *Réflexions sur l'Anarchie* (1894). – *Trois Dialogues noc-*

turnes (1895). − *L'Archipel en fleurs* (1895).
− *Similitudes* (1896). − *La Forêt bruissante*
(1896). − *Campagne première* (1897). − *Aspects*, critiques (1897). − *Idylles diaboliques*
(1898). − *Œuvres complètes*, tome I. *Poésie*
(1898). − *Œuvres complètes*, tome II. *Prose*
(1899).' − *La Seule Nuit* (1899).

OPINIONS.

ALFRED VALLETTE. — M. Adolphe Retté présente
cette anomalie d'être à la fois un poète qui a vraiment le don et un critique qui a vraiment le sens
critique; il a de plus la qualité rare de dire beaucoup, sinon tout, en très peu de place, et cependant sans sécheresse.

[*Écho de Paris illustré* (1893-1894).]

ANDRÉ RUIJTERS. — M. Retté a, des choses, une
vision un peu atténuée. Il a l'air toujours de regarder la vie à travers du souvenir. Sa poésie, en
général, est douce, endolorie parfois de mélancolie et tout humectée de charme. Inégal mais
artiste, M. Retté s'affirme poète et poète libre, ne
se réclamant que de la loi essentielle et unique :
le Rythme.

[*Le Coq rouge* (1895).]

EDMOND PILON. — M. Retté a la nostalgie de
l'eau. Que ce soit la mer merveilleuse, tout enguirlandée de varechs et de madrépores, comme une
galaxie d'étoiles roses; que ce soit le fleuve, où
tant de fois il admira rouler le Bateau Ivre; que
ce soit le lac plat, ou

Autre décor, une eau de songe à jamais grise,

que ce soit la source bruissante en cascatelles
d'écume, ou la fontaine de girandes lumineuses,
ses yeux avides de cliquetis et de clarté s'amusent
puérilement des perles blanches et des cristallines
paroles grêles des gouttes d'eau. Les buccins et les
nautiles de mer, les holoturies nacrées, s'étoilent
de phosphorescences pour le tenter, et les spongites d'ambre et d'écailles, comme des bras, des
lèvres ou des sexes, s'extravasent sous ses regards
avides de profondeurs, de villes sous-marines et
de solitudes impolluées où des formes glissent.
Ainsi :

Et vainqueurs de l'amour nous allons sur la mer...
Vers des flots caressés d'un murmure de voiles
S'abolissaient languissamment des chants d'oiselles...
Ô gracile unisson de nuit, de lune et d'eau,
Vagules mémorant des morts frêles de flûtes !
Vois : la rive en la brume assourdit ses volutes...
Barque sillant très lentement l'eau musicale...
Au bruit doux des roseaux, par l'ennui de la brise,
La cascade sanglote and mon âme se grise...

Et puis encore la *Sérénade* sur la rivière; et puis
la *Chanson pour la Dame de la mer;* et puis, ce qui
est peut-être une des plus belles d'entre les belles
saxifrages de ces flores marines, la radieuse *Anadyomène*, où ce vers lumineux comme un lever
d'avril sur les grèves :

Mais la mer souriait comme une jeune fille.

Mais un nuage passe, le soleil, discret, se couche ;
voici le soir, et le pilote, que les clartés mourantes
des phares inquiètent, repense au départ :

J'ai délaissé la ville adverse pour voguer
Parmi les océans d'orage et de péril...

Ces qualités de nature large et de pure lumière

font du livre de M. Retté quelque chose comme
une apparition d'Antilles flottantes, de banquises
de glaces reflétées, que les lucioles et les colibris, du vol de leurs ailes, poussent vers les Florides.

[*L'Ermitage* (1895).]

FRANCIS VIELÉ-GRIFFIN. — M. Adolphe Retté est
un homme généreux et primesautier en même temps
qu'un des meilleurs poètes de sa génération ; son
beau livre, miroir de son caractère, est primesautier et généreux. De son talent de poète il a voulu
faire une arme justicière, traduisant en une œuvre
dialoguée et dramatique sa vision de la régénération sociale. La philosophie humanitaire de M. Retté
est l'anarchisme, doctrine souvent discutée durant
ces dernières années et que notre incompétence
politique est inapte à analyser utilement. Aussi
toute une partie de ce poème, la meilleure peut-être au gré de son auteur, échappe-t-elle à notre
appréciation. Nous avons suivi Jacques Simple en
poète; avec lui, nous avons rencontré le Sphynx,
Jésus-Christ, les Salamandres, la Vieille Fée, le
Barbare, les Thaumaturges, les Rois; et la Forêt,
qui symbolise l'erreur, une fois franchie, nous
avons abordé en Arcadie, où chante la joie définitive; or nous avons écouté, sans plus, l'émotion
verbale de ses chansons. Mais toujours — tant
la philosophie sociale et la littérature se confondent en ce beau livre — nous demeurons gêné
pour louer, à l'exclusion des généreuses déclamations du Héros, telles strophes descriptives,
tels paysages, tels rythmes, et la difficulté se fait
insurmontable.

[*Mercure de France* (juin 1896).]

REMY DE GOURMONT. — C'est de la littérature
anarchiste qui serait en même temps de la littérature, tout court; un poème et un exposé de doctrine; un rêve et un manuel; mais le poème et le
rêve sont dominants. Le défaut de ce drame prodromique, c'est son excessive clarté; on lui a, je
crois, reproché le contraire de n'être pas assez
«direct». Singulière esthétique, car, enfin, la reproduction directe de la vie ou, comme ici, du possible est œuvre de science et non d'art, — à
moins qu'on ne tolère cette enseigne : photographie
artistique. *Similitudes* nous emmène dans le possible, mais par de trop possibles sentiers; trop
clair, c'est aussi trop simple, trop comme le désire
l'auteur, qui ne daigne compter qu'avec son rêve et
de toutes les contradictoires tendances de l'humanité n'en admet qu'une, enfin victorieuse, celle qui
lui plaît. On jugera mieux ce poème, écrit en une
prose comme déshabillée de tout l'inutile, lorsque
les rêvasseries des Sébastien Faure n'intéresseront
plus que la pathologie mentale; de toutes les déclamations de plusieurs déments ou faibles d'esprit,
il demeurera, avec le souvenir d'une période d'aberration, renouveau des fraticelles, des camisards,
des flagellants ou des hurleurs, — qu'un poète aura
bien voulu se joindre à ces jeux et mener ces danses
au son de belles phrases, agitées lentement comme
des saules par le vent du matin; et croyant détruire, M. Retté aura créé : l'état d'esprit anarchiste — de l'optimisme anarchiste — ne sera
peut-être connu dans trente ans que par *Similitudes.* Il n'est pas resté, digne d'être lu, un seul
écrit saint-simonien; voici un écrit anarchiste auquel
je souhaite d'être durablement représentatif, car,

après toutes mes critiques, je l'avoue, sa lecture m'enchanta.

[*Mercure de France* (mars 1896).]

ALBERT ARNAY. — On a colporté beaucoup de mal au sujet de M. Adolphe Retté et de *La Forêt bruissante*. Il paraît qu'il a défendu dans ces pages, comme dans d'autres d'ailleurs, des idées qui troublent la sieste des bonnes gens. Ma foi, je veux n'en rien savoir. Mais ce que je sais, c'est que l'œuvre est belle, ardente, enthousiaste, que c'est l'œuvre d'un homme et qu'il faut en vanter la fierté, la sincérité, l'harmonieuse simplicité. Il n'y est rien qui ne soit d'une nécessaire éloquence. Et comme ces strophes s'allient étroitement ! Des leitmotives se jouent de page en page. Des chœurs répètent les bonnes paroles. Aux cris de douleur, à l'amertume des souffrances premières, la saine et sainte joie succède, chantée par toutes les lyres d'une conscience droite et haute.

Des êtres passent en ce poème — et ils vivent de tout cela de très humain qu'ils ont en eux. Ce ne sont pas des fantoches débitant d'une voix monotone et affadissant des mirlitonneries pour demoiselles en mal de rêve.

[*Le Réveil* (1896).]

JOACHIM GASQUET. — M. Adolphe Retté nous donne l'exemple de tout ce que peut la force du sang. La richesse de celui-ci, qui commande à sa volonté, lui vient de ses aïeux. On le sait, l'auteur de *Campagne première* n'a pas commencé par célébrer le soleil. Des anges pervers modelaient ses strophes. Ses cloches véritablement, comme nous l'indiquait le titre d'un de ses anciens volumes, sonnaient dans la nuit. Le flamboiement de l'alcool brûlait dans ces ténèbres ; il y avait déjà, je ne veux pas l'oublier, des pages délicieuses ou ravagées de sauvages passions et qui donnaient le goût de grands rêves nocturnes, dans les brumes de sa flottante *Thulé*. La figure shakespearienne du Pauvre s'y dessinait déjà. Mais un jour il a suivi le conseil d'Éva, il a quitté toutes les villes. Les roses l'appelaient aussi. A Fontainebleau, il vit en pleine forêt. Il a retrouvé ses ancêtres. Son calme jardin s'ouvre sur le ciel vaste. Il a oublié Paris. De nouveau, au fond de ses veines, il a entendu, enfermée dans de beaux rythmes, la parole d'antiques choses. De tranquilles lumières sont entrées dans son cœur et veulent en sortir ayant pris une voix.

M. Adolphe Retté nous a livré, dans des pages que je ne me lasserai jamais de lire, le simple secret de la composition de ses derniers livres. La nature est sa seule école. Il entend la terre. Il écoute la pluie. Les arbres lui dictent ses poèmes. Le ciel est plein d'oiseaux. Le vent lui apporte ses rimes. Le murmure des étoiles tombe sur les moissons. Le poète se perd tout entier, flotte dans ces divins bruits. Les substances prennent les traits de son visage et de son émotion, elles se groupent dans son organisme, elles s'ordonnent dans son sang, elles trouvent une bouche pour y chanter. Tous les mots qui s'échappent alors de ses lèvres, comme les abeilles de cette ruche humaine en travail, sont les vieux mots de la terre natale, tout parfumés du miel de la patrie. Car ce qu'il ne dit pas, ce que nous devinons, ce sont les inflexibles règles de vie consciencieuse que ce libre esprit a su se découvrir, qui l'ont pacifié, qui l'ont am-

plifié, et l'ont naturellement amené jusqu'au cœur de la race. Ce coin chevelu de la France, où il vit, est sa Gastine. Chaque fois que M. Adolphe Retté nous parle des plantes, il est admirable. Des pieds à la tête, son ode frémit comme un peuplier. Son *Hymne aux arbres*, grave, naïf, solennel, contient le mystère des bois. De hautes roches, dans ses vers, sont caressées par les branches pesantes des chênes, des femmes rêvent sous les platanes, des bêtes s'éveillent dans les halliers. Il connaît, comme Pan, toutes les essences des solitudes végétales. Il admire les parfums épouser les lueurs. Un jour religieux baigne la forêt qui bruit.

[*L'Effort* (15 janvier 1900).]

A. VAN BEVER. — L'œuvre de M. Adolphe Retté présente des aspects divers. Depuis l'apparition de son premier recueil, *Cloches en la nuit* (avril 1889), jusqu'à la réalisation de ses derniers poèmes — *Campagne première* — il paraît avoir accompli une lente évolution. Fixé à Guermantes (Seine-et-Marne) en 1894 — après une condamnation pour outrage à l'autorité, — nous l'avons vu, élargissant le domaine de son esthétique, accueillir des idées nouvelles, s'éprendre des formes de la Nature au point de dédaigner ce qu'il avait naguère et avec passion défendu. Qu'apporta cette brusque réaction dans un art qui fut lui-même rénovateur? On ne saurait encore le dire. D'aucuns préfèrent ses premiers vers, un peu dépourvus pourtant de la véritable angoisse humaine, aux chants plus larges, mais âpres et trop frustes, où il s'essaie à devenir le chantre de la Terre. Malgré la robustesse de ses conceptions et sa fécondité, M. Adolphe Retté n'en demeure pas moins le poète de ses anciennes visions.

[*Poètes d'aujourd'hui* (1900).]

REYNAUD (Charles).

Les Épîtres, Contes et Pastorales (1854).

OPINION.

ARMAND DE PONTMARTIN. — Après les grandes dates poétiques, il en est d'autres qui occupent heureusement les intervalles, rompent la prescription et sont comme des anneaux plus modestes rattachant entre eux les anneaux d'or ; *Les Épîtres, Contes et Pastorales* méritent de ces premiers rangs parmi ces aimables intermédiaires. Des recueils comme celui-là et comme deux ou trois autres qui ont paru récemment sont en poésie, entre la glorieuse époque de la Restauration et le poète inconnu qui entraînera sur ses pas la génération nouvelle, ce que sont en musique les doux accents de *Lucia*, les mélancoliques soupirs de Bellini, les délicieux refrains d'Auber, entre *Guillaume Tell* et le musicien à venir qui nous consolera du silence de Rossini.

[*Causeries littéraires* (1854).]

RIBAUX (Adolphe).

Feuilles de lierre (1881). — *Vers l'Idéal* (1884). — *Contes de printemps et d'automne* (1886). — *Rosaire d'amour* (1887). — *Le Noël du vieux*

Wolff (1887). – *Nos Paysans* (1890). –
Pierrot sculpteur, 1ᵉʳ acte (1888). – *Le Re-
nouveau*, 1 acte en vers (1889). – *Contes
pour tous* (1893). – *L'Arbre de Noël* (1894).
– *Le Cœur ne vieillit pas* (1894). – *Julia
Alpinula*, 5 actes (1894). – *Bouquet d'Italie*
(1894). – *Nouveaux Contes pour tous* (1895).
– *Le Roman d'un jardin* (1895). – *Charles le
Téméraire*, drame, 9 tableaux (1897). –
Jeunes et Vieux (1897). – *Coquelicots* (1898).

OPINION.

M. Auguste Dorchain. — *Rosaire d'amour* témoigne d'une évolution notable. Plus sûr de sa
forme, l'auteur a vu Paris et puisé à de nouvelles
sources d'inspiration sans laisser tarir les anciennes.

[*Anthologie des Poètes français du xixᵉ siècle*
(1888).]

RICARD (Louis-Xavier de).

Les Chants de l'aube (1862). – *La Résurrection
de la Pologne* (1863). – *Ciel, rue et foyer*
(1865). – *Le Fédéralisme* (1878). – *L'Idée
latine* (1878). – *La Conversion d'une bourgeoise* (1879). — *Un Poète national*, Aug.
Fourès (1888). – *L'Esprit politique de la réforme* (1893). – *Dans l'autre monde* (1897).
– *La Catalane*, drame (1899).

OPINIONS.

Théophile Gautier. — Dans le même recueil sont
groupés MM. *Louis-Xavier de Ricard*, Henry Winter,
Robert Luzarche, etc., toute une bande de jeunes
poètes de la dernière heure qui rêvent, cherchent,
essayent, travaillent de toute leur âme et de toute
leur force, et ont au moins ce mérite de ne pas
désespérer d'un art que semble abandonner le public.
Il serait bien difficile de caractériser, à moins de
nombreuses citations, la manière et le type de chacun de ces jeunes écrivains, dont l'originalité n'est
pas encore dégagée des premières incertitudes.

[*Rapport sur le progrès des lettres*, par MM. Sylvestre de Sacy, Paul Féval, Th. Gauthier et
Ed. Thierry (1868).]

Emmanuel des Essarts. — Ses livres, pénétrés
d'idées humanitaires, expriment, dans une langue
mâle et hardie, souvent pleine d'ampleur, les tendances et les aspirations les plus généreuses de
notre siècle. Le poète se rattache à la fois à Leconte
de Lisle et à Lamartine, pour la solennité du
rythme et l'harmonie continue de la phrase. Il s'est
distingué par des élans fréquents d'indignation et
de passion virile.

[*Anthologie des Poètes français du xixᵉ siècle*
(1887).]

RICHARD (Maurice).

La Rose (1895).

OPINION.

Charles Guérin. — M. Richard, dans un poème
liminaire, prie le critique d'être indulgent; on n'a
besoin que d'être juste avec un poète qui sut
trouver ces très beaux vers français (il s'agit d'un
lion) :

> Les larges gouttes d'or qui forment ses prunelles
> Semblent vouloir saisir et renfermer en elles
> L'image du soleil à son dernier rayon

et une délicieuse ballade latine où je note ceci :

> Vita fugacior rosâ
> Quae floret mysteriosa
> In valle Tempe frondosâ.

[*L'Ermitage* (juin 1897).]

RICHEPIN (Jacques).

La Reine de Tyr, drame en vers (1899). – *La
Cavalière*, drame en vers (1901).

OPINION.

A.-Ferdinand Hérold. — Il semble que M. Jacques
Richepin ait emprunté *La Cavalière* à quelque histoire espagnole, imaginaire, peut-être même réelle :
Mira de Amescua, l'héroïne de la pièce, est un peu
parente de cette Rosaura dont les aventures nous
sont contées par Calderon dans *La Vie est un songe*,
et aussi de cette Catalina de Erauso dont, il y a
quelques années, M. José-Maria de Hérédia nous
fit connaître, par une merveilleuse traduction, les
étranges mémoires. Cela est à la louange de M. Jacques
Richepin : son drame donne l'impression d'être vraiment espagnol.
La Cavalière a les défauts des modèles que, sans
doute, a choisis l'auteur. La psychologie des personnages, bien que, parfois, elle soit subtile, n'en est
pas moins un peu superficielle. Mais *La Cavalière* a
aussi les qualités de ses modèles. L'intrigue en est ingénieuse, et elle est conduite avec aisance et vivacité.
M. Jacques Richepin sait nous exposer clairement
des situations compliquées, et nous suivons, sans
peine aucune, les aventures héroïques et amoureuses
de Mira, de Lorenzo, de Cristobal. La pièce ne
languit pas un instant, et le mouvement y est tel,
que, parfois, nous avons l'illusion de la vie. On sent
que *La Cavalière* a été écrite avec une ardeur toute
juvénile, et que l'auteur fut le premier à s'amuser
de ce qu'il imaginait. Il y a, dans *La Cavalière*, des
épisodes pittoresques habilement amenés et qui sont
faits pour plaire; et, ce qui vaut mieux encore, on
y trouve, dans le second et dans le quatrième acte
surtout, des scènes d'une heureuse invention, et
qui sont traitées avec tact et délicatesse.
Les vers de M. Jacques Richepin ne sont pas
encore très personnels, le rythme en est parfois incertain; mais, souvent, ils sont loin d'être maladroits, et l'on pourrait citer tels couplets de *La Cavalière* dont la sonorité est très bonne. Et ce n'est
pas nous qui blâmerons M. Jacques Richepin d'avoir,
dans ses alexandrins, admis des hiatus on ne peut
plus sensés.
En somme, on est en droit, après *La Cavalière*,
d'augurer fort bien de l'avenir dramatique de
M. Jacques Richepin.

[*Mercure de France* (mars 1901).]

RICHEPIN (Jean).

Les Étapes d'un réfractaire (1872). – *Madame André*, roman (1874). – *La Chanson des Gueux* (1876). – *Les Caresses* (1877). – *Les Morts bizarres* (1877). – *Césarine* (1880). – *La Glu*, roman (1881). – *Nana-Sahib*, drame en cinq actes, en vers (1882). – *La Glu*, drame en cinq actes (1883). – *Miarka, la fille à l'ourse* (1883). – *Macbeth*, drame de Shaskespearc en 9 tableaux et en prose (1884). – *Sophie Monnier* (1884). – *Les Blasphèmes* (1884). – *La Mer* (1885). – *Monsieur Scapin*, drame en 3 actes, en vers (1886). – *Braves Gens* (1888). – *Le Flibustier*, drame en 3 actes, en vers (1888). – *Le Cadet*, roman (1890). – *Truandailles* (1898). – *Le Mage*, drame lyrique avec musique de Massenet (1891). – *Par le Glaive*, en 5 actes et en vers (1892). – *La Miseloque* (1892). – *L'Aimé*, roman (1893). – *La Mer*, poésie (1894). – *Mes Paradis*, poésie (1894). – *Vers la Joie*, conte en 5 actes (1894). – *Flamboche*, roman (1895). – *Les Grandes Amoureuses* (1896). – *Théâtre chimérique* (1896). – *Le Chemineau*, 5 actes (1897). – *Le Chien de garde*, 5 actes (1898). – *Contes de la décadence romaine* (1898). – *La Martyre*, 5 actes (1898). – *Les Truands* (1899). – *La Gitane* (1899).

OPINIONS.

Jules Lemaître. — Il y a deux hommes en M. Richepin. Peut-être les deux hommes n'en font-ils qu'un au fond; mais je n'ai pas le loisir de le chercher aujourd'hui et je m'en tiens aux superficies. M. Richepin est d'abord un très grand rhétoricien, un surprenant écrivain en vers, tout nourri de la moelle des classiques, qui sait suivre et développer une idée, et qui sait écrire, quand il le veut, dans la langue de Villon, de Régnier et de Regnard, et dans d'autres langues encore. Mais en même temps, M. Richepin est un révolté, un insurgé, un contempteur des bourgeois et même des Aryas en général, un homme qui «a les os fins, un torse d'écuyer et le mépris des lois», bref, un Touranien. Or il me semble, sauf erreur, que c'est l'habile rhétoricien, d'une netteté d'esprit toute aryenne, qui a écrit presque entièrement les deux premiers actes, et que le Touranien a mis la main au dernier plus qu'il n'aurait fallu...

On voit ici en plein ce qu'il y a d'un peu puéril parmi le beau génie naturel de M. Jean Richepin... C'est égal, un large coup de ciseau dans *Monsieur Scapin* et quelques raccords, nous aurions un joli pendant au *Beau Léandre* de Banville, ce chef-d'œuvre.

[*Impressions de théâtre* (1886).]

Tancrède Martel. — Ceux qui, comme le grand et vigoureux poète de *La Chanson des Gueux*, ont voué leur existence entière aux flammes d'un art élevé, savent seuls ce qu'il y a de bonheur dans l'enfantement laborieux d'une œuvre préférée. Enfin, nous l'avons, ce livre sur *La Mer*, ce beau livre autour duquel il se mène grand tapage, un peu grâce à la personnalité puissante de son auteur. Mérite-t-il tous les éloges que les rares délicats critiques lui ont adressés? Nous apporte-t-il des émotions nouvelles et saines? Pour nous, nous n'hésitons pas à le déclarer : cette série de poèmes sur la Mer nous apparaît comme une des plus saisissantes, des plus personnelles conceptions lyriques de ces dernières années, et nous rangeons le volume, dans nos préférences, tout à côte de *La Chanson des Gueux*, — ce qui n'est pas peu dire.

Dans *La Mer*, la sincérité éclate, mêlée à nous ne savons quelle explosion d'extase pour les choses qui représentent le mieux la Beauté. La Beauté, c'est-à-dire cette fougue, cette insolence, cette majesté si particulières à l'Océan. Car le flot a ses amoureux et toujours aura ses poètes. La mer, la mer impénétrable, depuis qu'elle arrache tant de cris de délire et d'enthousiasme à l'homme, la mer garde toujours pour ses fervents comme une réserve de nouveaux et mystérieux attraits. Il y avait donc quelque orgueil à prendre cette belle et adorée maîtresse à la crinière de ses algues; il y avait un magnifique courage à chanter les harmonies si diverses, si nuancées, partant si rebelles à l'expression, de l'Océan. Cet orgueil, Jean Richepin l'a eu; ce courage, il l'a senti vibrer en lui. Après Michelet, après Victor Hugo, *La Mer* nous donne ce que nous exigeons des poètes : une interprétation personnelle, nouvelle, variée, de la nature. Que les esprits chagrins ou superficiels pâlissent de cet aveu, peu nous importe ! Jean Richepin a vécu son œuvre et, en maints endroits, elle vous prend assez aux entrailles pour qu'on ne puisse mettre en doute le noble sentiment artistique qui l'a inspirée.

[*Le Passant* (1886j).]

Jules Lemaître. — A propos du *Flibustier*. Et pourquoi M. Jean Richepin ne serait-il pas vertueux ? pourquoi ne serait-il pas idyllique, honnête et doux ? pourquoi refuserait-on à ce Touranien apaisé le droit de nous conter une berquinade touchante, cordiale et mélancolique? Et si cette berquinade est, par là-dessus, pittoresque et savoureuse, si elle est tout imprégnée de sel marin, toute pénétrée d'une odeur d'algues, toute traversée par les grands souffles salubres qui viennent du large, irons-nous chicaner sur notre plaisir ? Irons-nous dire : «Oui, les vers sont beaux; oui, tout l'accessoire est d'excellente qualité; mais qui donc eût attendu de l'auteur de *La Chanson des Gueux* un drame aussi innocent ? Cela me désoriente et me scandalise que le poète des *Blasphèmes* ait eu le front de nous montrer de si braves gens, des âmes si vraiment religieuses et si entièrement soumises à la loi du devoir. Ce poète nous a trompés. Il n'est plus révolté du tout; ses flibustiers sont des moutons, c'est nous qu'il flibuste, si j'ose m'exprimer ainsi. Horreur! Il y a dans son drame des passages qui font songer à *Michel et Christine* de M. Scribe, le moins Touranien des hommes. Cela est-il supportable?»

Pour moi, je l'avoue, je n'en suis pas allé chercher si long. J'ai pris la comédie de M. Jean Richepin pour ce qu'elle est, et j'en ai joui comme d'une jolie histoire sentimentale, vraie à demi et merveilleusement encadrée. Et j'ai songé : «Admirons les effets de la grâce divine, ou simplement peut-être de cette douceur, de cet assagissement, de cette résignation, de cette sérénité qu'apporte l'expérience aux âmes belles et généreuses. Si Maurice

Bouchor fait sa prière à tous les dieux, voilà que l'homme aux yeux d'or et à la peau cuivrée, qui a si savamment rugi *Les Blasphèmes*, s'attendrit à son tour, et qu'il se penche avec respect sur de bonnes âmes, aryennes jusqu'à la plus scrupuleuse vertu... Je vais maintenant guetter *Le Courrier français*. Un de ces jours, nous aurons la joie de constater l'éveil du sentiment religieux chez Raoul Ponchon.

[*Impressions de théâtre* (1888).]

ÉMILE FAGUET. — Loin de moi la pensée de protester contre le beau succès que le public n'a point marchandé à M. Richepin. Dans l'applaudissement chaleureux dont il a été salué, il faut voir le goût passionné de la poésie et de l'éloquence, et une sorte de reconnaissance exprimée par des lettres à un homme qui peut se tromper sur l'agencement d'un drame, mais qui a le feu sacré, l'enthousiasme entêté pour les belles sonorités et les beaux rythmes, et qui manie la langue poétique comme personne, à ma connaissance, ne sait faire en ce moment. Je voudrais y voir une petite amende honorable au public qui n'a pas fait aux beaux poèmes de *La Mer*, très mêlés, je sais bien, mais où l'on trouve des choses exquises, de véritables petits chefs-d'œuvre, un accueil aussi empressé qu'ils le méritaient. M. Richepin, très jeune encore, a tout un beau passé poétique, et il est une magnifique espérance. Parbleu, ce n'est pas une affaire : il a ce qui ne s'acquiert pas ; il liera mieux sa charpente dramatique une autre fois.

[*Le Théâtre contemporain* (1888).]

JULES BARBEY D'AURÉVILLY. — On peut être trompé, surtout en fait d'âmes, dans ce monde épais et sans transparence, mais, jusqu'à nouvel ordre, il me fait l'effet d'en avoir une, ce monsieur Richepin. Il me fait, lui le Villonesque et le Rabelaisien, l'effet d'avoir ce que n'avaient ni Villon, ce polisson auquel ce diable de Louis XI, si bon diable, épargna la corde, ni Rabelais, cet impitoyable génie du rire à outrance, qui aurait eu tout s'il avait eu du cœur ! Le poète de *La Chanson des Gueux* ne les peint pas que de *par dehors,* pour le seul plaisir de faire du pittoresque. Malgré l'osé, le cru, et même le cynique, à quelques endroits, de sa peinture, ce n'est nullement un réaliste de nos jours. Il est mieux que cela. Il a l'âme ouverte à tous les sentiments de la vie, et il les mêle — et fougueusement — à ses peintures. Il sait s'incarner dans les gueux qu'il peint. Mais il n'a pas, malheureusement, il faut bien le dire, le seul sentiment qui l'aurait mis au-dessus de ses peintures, le sentiment qui lui aurait fait rencontrer cette originalité que Villon, Rabelais et Régnier ne pouvaient pas lui donner. Il n'a pas le sentiment chrétien. — Je veux pourtant vous dire ce qu'il est, ce talent qui aurait dû monter jusqu'au génie pour être digne du sujet qu'il n'a pas craint d'aborder. Incontestablement, ce talent est très grand. L'homme qui chante ainsi est un poète. Il a la passion, l'expression, la palpitation du poète...

Quand, après *La Chanson des Gueux,* M. Jean Richepin publia son volume des *Blasphèmes,* on put voir clairement pourquoi il avait oublié le Christianisme et son influence sur les pauvres dont il écrivait l'histoire. C'est que M. Jean Richepin, bien loin d'être un chrétien, était un athée et un athée

qui s'en vantait avec emphase. On aurait pu dire de son livre ce qu'on dit un jour de l'affreux Richard Cœur-de-Lion : *«Prenez garde à vous, le diable est déchaîné!»*... Le livre des *Blasphèmes* est la conséquence très simple de l'état général des esprits. D'invention, il n'a pas la moindre originalité, et, socialement, il ne suppose aucun courage. Si son siècle n'était pas ce qu'il est, M. Richepin n'aurait pensé un livre ; mais il est de son siècle, il le connaît... et il l'a chanté.

[*Les Œuvres et les Hommes : les Poètes* (1889).]

MARCEL FOUQUIER. — *La Chanson des Gueux* fut un succès. Ce n'est pas que bien des pièces du livre, surtout celles écrites en argot, ne soient d'assez faciles exercices de rhétoricien qui s'encanaille en l'honneur de Villon ou qui n'est point mécontent de dépasser l'auteur des *Réfractaires* sur le chemin frayé par lui. Mais je ne veux en rien rabaisser le mérite ni l'originalité du poète. Il a peint avec verve, parfois avec vérité, les gueux des champs et les gueux des faubourgs. Il a aussi gravé des eaux-fortes d'une attaque franche de curieuses vues de Paris, terrains vagues blancs de gravats et rôtis de soleil, va-et-vient pressé de la foule au travers des rues, où tremblotent des clartés vagues dans la brume, à la pointe de l'hiver.

[*Profils et Portraits* (1891).]

LUCIEN MUHLFELD. — M. Jean Richepin continue les drames de Victor Hugo ; ce n'est pas une raison pour aller voir *Par le Glaive.* — C'est ennuyeux, mais il y a de beaux vers. — Pardon, c'est ennuyeux, mais les vers ne valent rien. Démonétisés depuis cinquante ans.

[*Revue Blanche* (février 1892).]

PHILIPPE GILLE. — Le livre de M. Jean Richepin : *Mes Paradis,* se divise en trois parties : *Viatiques, Dans les Remous, Les Îles d'or.* Les deux premières se composent de pièces dans lesquelles on retrouvera toute l'énergie, la liberté d'allure des *Blasphèmes,* bien que les tendances en soient diamétralement opposées ; c'est la tolérance qui, cette fois, est la note dominante du livre. Quant aux *Îles d'or,* il est nécessaire, pour naviguer dans leur archipel, d'être muni d'un pilote. Disons tout d'abord que la conclusion de l'œuvre est qu'il y a, dans chaque individu, des milliers de «moi» et qu'il est fou d'espérer pouvoir les réduire à un seul, absolu, unique ; il ne faut, par conséquent, pas chercher *un* paradis, mais *des* paradis sans nombre ; le poète nous les montre dans *Les Îles d'or,* qui ne sont autre chose que les bonheurs épars qu'il est permis à chacun de conquérir ou de rêver... On retrouve, dans ce volume, écrit avec une prodigieuse facilité, toutes les brillantes qualités du grand producteur qu'est M. Richepin ; un critique lui souhaitait dernièrement plus de méditation, plus d'hésitation avant de lancer un ouvrage : pièce, roman ou poème ; moi je conseillerai à M. Richepin de prendre acte de ce conseil bienveillant, mais de n'en point profiter. Il a l'abondance, il a le jet, c'est le don exceptionnel, important en art.

[*Les mercredis d'un critique* (1895).]

GUSTAVE KAHN. — Le *Théâtre chimérique* de M. Jean Richepin n'est pas seulement chimérique, ce n'est pas du théâtre du tout. D'ailleurs, M. Richepin a dû, ce jour-là, prendre le mot théâtre dans une de ses vieilles acceptions, — théâtre de l'Europe..., théâtre des curiosités de... Cette réserve faite (elle est sans importance), toutes ces saynètes, qui se jouent elles-mêmes dans un cerveau de littérateur, cette indignation contre le bourgeois non artiste qui soulevait déjà le poète de la *Chanson des Gueux*... C'est cette haine qui inspire les saynètes où Polichinelle triomphe de Pierrot, dans cette gamme de la concurrence vitale qui s'appelle la peinture des portraits, en démontrant la supériorité du miroir où l'on se voit, de ses yeux prévenus, sur la tenace recherche technique et le souci de pittoresque et de caractère qu'un peintre peut posséder. C'est une ironie de philosophe qui inspire Pied, valet de Faust, enseignant au savant docteur les sciences de l'ignorance et de la nature. *Le Pilori* est une parade vivement enlevée, et il y a une belle allure dans l'intermède philosophique intitulé : *Propriété littéraire*. C'en est assez pour faire lire avec plaisir ce livre tourmenté. Car M. Jean Richepin est un des esprits les plus tourmentés de l'heure présente. Malgré l'apparence calme d'une philosophie nihiliste dont Pierrot, dans la conférence même qui termine ce volume, nous donne la formule familière et abrégée, M. Richepin est un inquiet. Cela se sent à ses articles, à ses livres; et son besoin de se renouveler s'affirme par tout un travail pour la présentation de l'idée; que ce travail soit d'apparence clownesque comme ici, sérieux comme entre d'autres choses de lui, il n'en existe pas moins, précieux à constater. C'est intéressant et surtout méritoire; ce n'est pas un chef-d'œuvre, ce *Théâtre chimérique*, tant s'en faut; mais c'est un livre vigoureux; et puisque nous parlons ici de M. Richepin, je voudrais réveiller le souvenir d'un roman de lui, très ferme, très curieux en son originalité réussie, *Le Cadet*, un roman de la terre et de la propriété, qui n'est peut-être pas considéré par tous à sa vraie valeur.

[*Revue Blanche* (1ᵉʳ novembre 1896).]

ROMAIN COOLUS. — Si, pour mon humble part, je n'aime guère *Le Chemineau* dont le romantisme conventionnel, le touranisme d'imagerie et les paradoxes ruraux me déconcertent, je ne puis m'empêcher d'être joyeux du succès qu'il a obtenu, parce que les pires erreurs de Richepin sont encore des erreurs de poète, d'emballé, d'homme capable de se passionner pour un tas de choses indifférentes à un tas de gens; et cela est extrêmement sympathique. On a l'impression d'écouter les confidences d'un tout jeune homme qui déborde d'enthousiasme, et il n'est pas d'enthousiasme si ingénu dont on ne finisse par subir la contagion — un peu. Ce jeune homme, naïf et délicieux, croit encore comme le Callot de M. Cain aux Bohémiens, comme Richepin aux Chemineaux. Un homme qui va sur la grand'route et qui n'a rien, rien que le mystérieux trésor de l'aventure, c'est toute l'Indépendance, toute la Chimère, la Vie libre et la Joie, en un mot la Poésie totale. Illusion attendrissante, qu'il serait cruel peut-être de faire évanouir ! Laissons le poète des Gueux croire et les foules avec lui à ces chemineaux vertueux qui proclament leurs devoirs paternels et se souviennent vingt ans après des filles qu'ils engrossèrent. Respectons les joies simples des simples et ne médisons pas des albums d'Épinal en qui leurs âmes trouvent, malgré tout, des motifs de rêve et de désintéressement.

Et puis, quoi que l'on puisse dire contre la rhétorique verbeuse de Richepin et le fâcheux lyrisme de ses paysans hétéroclites, il faut encore lui avoir quelque reconnaissance de retenir des spectateurs aux œuvres dramatiques en vers. Non que je croie à la renaissance possible du grand drame à la Hugo, tel que l'ont pratiqué, les derniers, Coppée et Richepin, de pâles Borniers et d'effacés Parodis. Mais Banville aura des successeurs, et le théâtre verra fleurir des œuvres lyriques fantaisistes, tendres et farces simultanément, qui peut-être n'auraient plus de public si des entreprises comme *Le Chemineau* ne maintenaient en appétit de rythmes et d'images les attentions contemporaines.

[*Revue Blanche* (1ᵉʳ mars 1897).]

FRANCISQUE SARCEY. — (*Le Chemineau*.) L'Odéon nous a donné *Le Chemineau*, drame en vers, de M. Jean Richepin. C'est une œuvre considérable...

Le Chemineau a obtenu le premier jour un succès étourdissant... J'ai rarement vu une salle plus emballée. Peut-être les publics qui viendront après nous voir *Le Chemineau* auront-ils l'admiration plus calme. Mais je serais bien étonné s'ils ne trouvaient pas de quoi s'y plaire...

Il est délicieux, il est exquis, ce premier acte; tout parfumé de l'odeur des blés qu'on coupe, tout égayé des chansons qui voltigent dans l'air, tout illuminé de poésie. Enfin ! la voilà donc, cette charmante, cette idéale langue du vers appliquée de nouveau aux détails de la vie rustique, et appliquée avec un art merveilleux par un incomparable virtuose. Comme ce vers est simple tout ensemble et savoureux ! comme il relève par l'image ou par le rythme la familiarité voulue de l'expression ! C'est un enchantement que ce style, qui reste franc et aisé, tout en étant très composite.

Vous ne sauriez croire quel en a été l'effet sur le public de l'Odéon. Nous étions tous charmés. Voilà bien longtemps que je dis qu'au théâtre le Français n'aime au fond que le drame en vers et le vaudeville ! Jamais cette vérité n'a été mieux prouvée que l'autre jour.

[*Le Temps* (février 1897).]

HENRY FOUQUIER. — ... J'ai même entendu qualifier *Le Chemineau* de livret d'opéra-comique et d'exercice de rhétorique. Je veux bien. Seulement, c'est une bonne rhétorique, et j'aime mieux une bonne déclamation de rhétorique qu'une œuvre de génie manquée. Et le public a été de cet avis.

... Ceci forme un petit drame simple, exquis par sa simplicité même. Ce ne sont que des tableaux de la vie champêtre, un peu arrangés par un Florian romantique, mais délicieux, une fois qu'on est entré dans une convention qui n'est même pas plus de la convention que celles du théâtre «rosse». J'aime moins les derniers actes.

... *Le Chemineau* n'en reste pas moins une œuvre intéressante, d'un joli travail, qui sera écoutée avec plaisir par ceux à qui les pures lettres suffisent pour l'intérêt d'une soirée.

[*Le Figaro* (février 1897).]

ROBERT DE SOUZA. — M. Jean Richepin sut, en se servant des éléments traditionnels, donner à certaines de ses poésies la verdeur et le mouvement qui conviennent. C'est par ce côté surtout qu'il marquera comme poète original. Il nous le découvre moins dans sa *Chanson des Gueux*, si heureusement renouvelée ces temps-ci par *Les Soliloques du pauvre*, de M. Jehan Rictus, que dans certaines pages des *Blasphèmes* et de *Mer*. Mais il ne rend que le mouvement extérieur avec des développements trop suivis et trop longs, des strophes tout en gestes, pour ainsi dire, où sont loin de paraître les jolies sentimentalités et les traits mystérieux du lyrisme rustique.

[*La poésie populaire et le lyrisme sentimental* (1899).]

RICQUEBOURG (Jean).

Les Chères Visions (1900).

OPINION.

PIERRE QUILLARD. — Leconte de Lisle se serait plu aux tierces rimes ironiques et féroces de *La Justice du Mandarin*, aux paysages et aux animaux étudiés et décrits en traits sobres et durs, et aux belles strophes où la pensée métaphysique se laisse apercevoir seulement sous un voile d'images éclatantes.

[*Mercure de France* (mars 1900).]

RICTUS (Gabriel RANDON, *dit* Jehan).

Les Soliloques du pauvre (1897). — *Doléances* (1900).

OPINIONS.

GEORGES OUDINOT. — Cette première et somptueuse édition des *Soliloques du pauvre*, déjà connus, d'ailleurs, dans certains cabarets artistiques de Montmartre, où l'auteur lui-même les interprétait devant l'équivoque public familier, apparaît justement à l'heure des inutiles discussions de journaux sur... la charité chrétienne.

Cette œuvre, très haute, dont je n'ai cité qu'un fragment (car on trouvera dans le livre bien d'autres chapitres semblables), ne peut se comparer, comme quelques critiques l'ont maladroitement fait, aux chansons de Richepin ou de Bruant; elle est, en sa langue pittoresque, un réquisitoire heureux contre l'iniquité des Forts et des Puissants, une leçon à l'usage d'une société soi-disant chrétienne, dont la conscience semble dormir en toute sécurité au milieu d'un bourbier...

[*La Province nouvelle* (juillet 1897).]

REMY DE GOURMONT. — *Les Soliloques du pauvre* exigeaient peut-être un peu d'argot, qui qui, familier à tous, est sur la limite de la vraie langue; pourquoi en avoir rendu la lecture si ardue à qui n'a pas fréquenté les milieux où l'on parle pour n'être pas compris de ces «mess» «flics» ou «cognes»?... Tout cela ne m'empêche pas de reconnaître le talent très particulier de Jehan Rictus. Il a créé un genre et un type; cela vaut la peine qu'on lui fasse quelques concessions et qu'on se départisse, mais pour lui seul, d'une rigueur sans laquelle la langue française, déjà si bafouée, deviendrait la servante des bateleurs et des turlupins.

[*Le Livre des Masques*, 11e série (1898).]

RIENZI (Emma di).

Éternelle chanson (1895).

OPINION.

FERNAND HAUSER. — Mme Emma di Rienzi est un poète de l'Amour. Elle ne cherche pas à produire des effets par des artifices de style. Cela lui est inutile. Elle n'a qu'à faire parler son cœur, et les effets sont produits.

[*L'Année des Poètes* (1895).]

RIEUX (Lionel des).

Le Chœur des muses. (1893). – *Les Prestiges de l'onde* (1894). – *Les Amours de Lyristès* (1895). – *La Toison d'or* (1897). – *Les Colombes d'Aphrodite* (1898).

OPINIONS.

EDMOND PILON. — M. Lionel des Rieux a donné là un petit recueil, *Les Amours de Lyristès*, que nous ne saurions mieux comparer qu'à un collier de perles colorées, pêchées par quelque marin heureux dans un golfe d'Ionie. Il s'y affirme poète délicat, et j'estime que *Les Amours de Lyristès* brillent d'un éclat assez limpide pour laisser juger de la conscience et de la fantaisie de celui qui les enchâssa dans un écrin de rimes futiles. Et puis, M. des Rieux a su apporter tant de probité à la reconstitution de ses petites scènes grecques, que, vraiment, on ne saurait lui en vouloir de son archaïsme cherché, et qu'on doit seulement se contenter de sourire de la 'satisfaction tout à fait jeune et de sain érotisme qu'avec bonheur et discrétion il a trouvée pour nous...

[*L'Ermitage* (octobre 1895).]

HENRY DAVRAY. — Peut-on tenir rigueur, à quelqu'un qui fait bien les vers, de n'être pas un poète ? Faut-il se montrer bien difficile et exiger de l'émotion et de la vie de quelqu'un qui a du goût, de l'habileté et de la délicatesse dans l'expression des sujets qu'il choisit ? Peut-être que si M. Lionel des Rieux tentait d'exprimer avec ses réelles et particulières qualités d'autres sujets, aurait-il quelque chance d'intéresser d'une autre manière. Jusqu'à présent, il s'est borné à des *d'après l'antique*, et même quand il ne nomme pas celui qu'il imite, on se rappelle avoir lu ses poèmes chez tel ou tel classique. Son présent volume, *Les Colombes d'Aphrodite*, est un parfait exercice de rhétoricien, avec des recherches attardées de langage et une affectation d'antimodernisme qui est moderne tout de même. Ce sont là d'excellents exercices préparatoires pour le jour où M. des Rieux *aura de l'émotion;* et l'on parle de supprimer les études classiques !

[*L'Ermitage* (août 1898).]

RIMBAUD (Arthur). [1854-1891.]

La Saison en enfer (1873). – *Les Illuminations*, avec préface de Paul Verlaine (1886). – *Reliquaire*, avec préface de Darzens (édition saisie) [1891]. – Poèmes : *Les Illuminations*, la *Saison en enfer*, notice par Paul Verlaine (1892). – *Poésies complètes* (1896). – *Œuvres de Jean-Arthur Rimbaud* (1898). – *Lettres de Jean-Arthur Rimbaud* (1899).

OPINIONS.

PAUL VERLAINE. — La muse de M. Arthur Rimbaud prend tous les tons, pince toutes les cordes de la harpe, gratte toutes celles de la guitare et caresse le rebec d'un archet agile s'il en fût... Bien des exemples de grâce exquisement perverse ou chaste à vous ravir en extase nous tentent, mais les limites normales de ce second essai déjà long nous font une loi de passer outre à tant de délicats miracles, et nous entrerons sans plus de retard dans l'empire de la Force splendide où nous convie le magicien avec son *Bateau Ivre*.

[*Les Poètes maudits* (1884).]

F. BRUNETIÈRE. — Un autre encore, qui fut un temps l'honneur de cette école, pour ne pas dire le phénomène, M. Rimbaud, je crois, a disparu un jour brusquement; peut-être, après avoir étonné les Baudelairiens eux-mêmes par la splendeur de sa corruption et la profondeur de son incompréhensibilité, vend-il quelque part, aujourd'hui, en province ou par delà les mers, de la flanelle ou du molleton. N'est-ce pas ainsi ou à peu près que Schaunard a fini ce mois-ci ?

[*La Revue des Deux-Mondes.*]

CHARLES MORICE. — Un poète eut la prose et le vers : M. Arthur Rimbaud. Il a, comme dit admirablement M. Verlaine, à qui nous devons de le connaître, « l'empire de la force splendide ». Le *Bateau Ivre* et les *Premières Communions* sont, dans des genres très différents, des miracles sans pairs.

[*La Littérature de tout à l'heure* (1889).]

JULES LEMAÎTRE. — Si l'on vous disait que ce misérable Arthur Rimbaud a cru, par la plus lourde des erreurs, que la voyelle U était verte, vous n'auriez peut-être pas le courage de vous indigner; car il paraît également possible qu'elle soit verte, bleue, blanche, violette et même couleur de hanneton, de cuisse de nymphe émue ou de fraise écrasée.

[*Nos Contemporains.*]

ADOLPHE RETTÉ. — Ces deux poèmes : *Bateau Ivre* et les *Premières Communions,* donnent, avec quelques pages tirées du fatras des *Illuminations* et particulièrement avec une *Saison en enfer*, la dominante de la symphonie terrible que se joua Rimbaud. S'ils font vibrer en nous plusieurs des fibres les plus essentielles de l'âme, c'est parce que, pénétrant loin sous les sentiments émoussés dont nous revêtons d'habitude les plus humains de nos désirs, ils chantent l'hymne de la Nature raillant l'Inconnaissable. Naturellement, un tel effort de rébellion, un tel coït entre l'orgueil et la sauvagerie intime de notre être, s'achève en tristesse. C'est la mélancolie terminale du *Bateau Ivre :* «Voici, j'ai remué, parmi des cataractes d'éclairs et de parfums, un océan de passions; et maintenant je ne veux plus que m'endormir au crépuscule, comme une nacelle disloquée sur un étang froid.»
Mais que lui importait à ce Rimbaud? Il avait vécu; il avait sucé de ses fortes lèvres rouges tous les fruits de l'Arbre fatidique; il avait été un homme à l'âge où les autres hommes sortent de l'enfance; il était vieux à l'âge où les autres hommes sont mûrs... Il relut *Sagesse*, sourit, se laissa oindre d'huiles consacrées, puis, ramenant le drap par-

dessus sa tête, il s'en alla, rassasié de tout, dans la nuit sans étoiles.

[*Aspects* (1897).]

STÉPHANE MALLARMÉ. — Le *Bateau Ivre*... Ce chef-d'œuvre.

[*Divagations* (1897).]

PATERNE BERRICHON. — Dans Charleville, un ou deux mois après son retour, il concevra et rimera ce *Bateau Ivre*, visionnaire déjà et prophétique totalement; chef-d'œuvre orageux, terrible aussi et doux et tout, qui forme comme le symbole de la vie même du poète.

[*La Vie de Jean-Arthur Rimbaud* (1898).]

GUSTAVE KAHN. — Sans doute, Rimbaud était au courant des phénomènes d'audition colorée; peut-être connaissait-il par sa propre expérience ces phénomènes. Je ne suis pas assez sûr de la date exacte du *Sonnet des Voyelles* pour avancer autrement qu'en hypothèse que : Rimbaud a parfaitement pu écrire ce sonnet, non en province, mais à Paris; que, s'il l'a écrit à Paris, un de ses premiers amis dans cette ville ayant été Charles Cros, très au fait de toutes ces questions, il a pu contrôler, avec la science, réelle et imaginative à la fois, de Charles Cros, certaines idées à lui, se clarifier certains rapprochements à lui personnels, noter un son et une couleur. Les vers du sonnet sont très beaux — tous font image. Rimbaud n'y attache pas d'autre importance, puisqu'on ne retrouve plus de notation selon cette théorie dans ses autres écrits. Ce sonnet est un amusant paradoxe détaillant une des correspondances *possibles* des choses, et, à ce titre, il est beau et curieux. Ce n'est pas la faute de Rimbaud si des esprits lourds, fâcheusement logiques, s'en sont fait une méthode plutôt divertissante; c'est encore moins sa faute si on a attribué à ce sonnet, dans son œuvre et en n'importe quel sens, une importance exorbitante.

[*Revue Blanche* (août 1898).]

GEORGES RODENBACH. — Rimbaud, à qui Victor Hugo avait imposé les mains en proclamant : «Shakespeare enfant», possédait en réalité un prodigieux instinct de poète, qu'il dédaigna et perdit en des exodes et des trafics lointains. A peine avait-il jeté, dans l'exaltation étrange de ses vingt ans, quelques ébauches de génie sur le papier. On connaît Les *Illuminations*, ses proses qui ont la fièvre, ses cantilènes impressionnables comme des lustres.
Rimbaud qui était un révolté, ayant la haine de la vieille Europe, où son ciel est rectiligne, et partant pour du «nouveau» dans son *Bateau Ivre*, aurait été un révolté aussi contre les vieilles prosodies.

[*L'Élite* (1899).]

A. VAN BEVER. — Rimbaud laisse un bagage poétique fort restreint, et qui date de sa prime jeunesse. Néanmoins, la grande originalité de ses poèmes jointe à la maîtrise de son procédé font de lui un des précurseurs de la poétique nouvelle. Les heures de son enfance furent troublées et permirent à la légende qui se forma autour de son nom de le représenter comme une sorte de personnage dégradé par une certaine perversion. Depuis peu, des biographes autorisés, entre autres M. Paterne Berrichon, — à qui nous devons la documentation serrée de ces lignes, — ont fait justice d'une telle calomnieuse invention. Nature violente, exprimant toutes les aspirations et — cyniquement — jusqu'aux pires faiblesses de la nature humaine, Arthur Rimbaud, s'il ne s'est point purifié par le verbe, s'est régénéré dans l'action.

[*Poètes d'aujourd'hui* (1900).]

RIOM (Mᵐᵉ A.).

Les Adieux (1894).

OPINION.

Eugène Manuel. — C'est, à l'âge du recueillement, le long regard jeté en arrière, le salut attristé à tout ce qu'aima l'épouse, la mère, l'aïeule.

[*Préface aux Adieux* (1894).]

RIOTOR (Léon).

Le Pêcheur d'anguilles (1894). - *L'Ami inconnu* (1895). - *Le Pressentiment* (1895). - *Les Raisons de Pasqualin* (1895). - *Le Sceptique loyal* (1895). - *Sur deux nomarques de lettres* (1895). - *Le Sage Empereur* (1895). - *Sur Puvis de Chavannes* (1896). - *Fidelia* (1897). - *La Vocation merveilleuse* (1898). - *Le Mannequin* (1900).

OPINIONS.

Louis Denise. — Léon Riotor publie sous ce titre : *Le Pêcheur d'anguilles,* une fort belle légende hollandaise, qu'il a traitée en une suite de tableaux parfaitement adaptés à l'agencement du sujet primitif. En dehors du récit et seulement par l'allure générale de l'œuvre, cela fait penser à *L'Albertus,* de Théophile Gautier. Mais si Riotor a une affection marquée pour les rythmes réguliers, il ne lui répugne pas, le cas échéant, et s'il croit y trouver un effet, d'utiliser les libertés récemment conquises sur la métrique.

Nous aimons à féliciter l'auteur de ne s'être pas borné à une plaquette de quelques sonnets plus ou moins harmonieusement groupés, mais de nous avoir donné un vrai poème.

[*Mercure de France* (avril 1894).]

Philippe Gille. — Sous ce titre : *Le Pêcheur d'anguilles,* M. Léon Riotor a fait paraître un poème inspiré par une légende ou un lied en prose qui pourrait bien venir des brumes de la Hollande : non pas que ce poème manque de clarté, mais à cause du charme particulier à ces bords des mers du Nord qui semble s'en dégager. La légende de M. Léon Riotor se déroule comme une longue fresque d'Holbein ; dans ce défilé mystique, la mort joue le grand rôle. Le pauvre pêcheur, qui fait rêver à celui de Puvis de Chavannes, l'appelle comme fait le Bûcheron de La Fontaine, comme lui aussi, trouve qu'elle vient trop tôt. C'est, par le détail de ses tableaux, la variété des scènes qu'il représente, que vit ce poème qui renferme de remarquables passages.

[*Les mercredis d'un critique* (1895).]

RIVET (Fernand).

Les Adorations (1896).

OPINION.

Charles Fuster. — Ce livre, on le sent, est d'un tout jeune homme, encore à l'âge des grands enthousiasmes. Il y a de la ferveur et du mysticisme dans sa poésie, très harmonieuse, très large et très lyrique.

[*L'Année des Poètes* (1896).]

RIVET (Gustave).

Les Voix perdues (1873).

OPINION.

Philippe Gille. — Je tiens à signaler une très remarquable pièce, je devrais dire un poème, que M. Gustave Rivet vient de publier dans un journal où se sont produits tant de véritables poètes : *Le Chat Noir...* qui vient de publier le *Petit Testament d'Hector Lestraz, escholier de Paris,* par M. Gustave Rivet. En quarante strophes, l'auteur nous a fait passer par toutes les sensations de l'homme qui, lassé de la vie, s'est décidé à en trancher le fil lui-même. Et cela sans contorsions de vers, de rimes pauvres par leur richesse, rien qu'en laissant parler en lui la nature.

[*La Bataille littéraire* (1891).]

RIVOIRE (André).

Les Vierges (1895). - *Berthe aux grands pieds* (1899). - *Le Songe de l'Amour* (1900).

OPINIONS.

Edmond Pilon. — Son livre, *Vierges,* compte de beaux passages et est écrit en délicates demi-teintes et en précieux quatrains fort travaillés. Des silhouettes de jeunes filles y défilent, en pâles théories, et ce n'est pas toujours sans mélodie qu'elles y parlent avec des voix claires.

[*L'Ermitage* (novembre 1895).]

Pierre Quillard. — *Le Songe de l'Amour :* Ce sont ici des vers de l'amour, de plusieurs amours qui n'en sont qu'un, à cause du poète qui en ressentit la joie inquiète, réticente et farouche, se donnant et se reprenant avec une égale bonne foi et une égale fierté d'indépendance ; s'il a souffert, il n'a pas fait souffrir ; et, sans être dupe outre mesure du songe qu'il s'était créé, il a voulu en perpétuer l'illusion, parce qu'elle était noble, cruelle et douce. En plein émoi sensuel, il a réservé toute une part close de sa vie :

Tes bras mystérieux ne sont pas un collier
Et notre vie à deux reste une solitude.

Puis il s'est abandonné à réfléchir sa propre douleur dans le miroir amer d'une autre âme blessée comme la sienne. Toujours entre lui et les diverses formes de femmes devinées à travers ses poèmes, un être un peu fictif s'interpose et se substitue, plus

âpre et plus incertain. Il n'est point aisé de déterminer le genre de plaisir que l'on éprouve au commerce de ces poèmes très simples et très compli-
qués, et, sans doute, quelques strophes détachées
en feront, mieux que toute paraphrase, goûter la
grâce amère :

> Ici, près de la porte où je t'avais suivie,
> J'ai possédé longtemps ton visage anxieux.
> Nous nous sommes aimés des lèvres et des yeux ;
> J'ai voulu qu'un désir t'accompagne en ta vie.

> Et pour être moins seul, je pense à tout cela,
> Aux chers baisers qui font plus pâle ton sourire ;
> Je prépare des mots que je n'ai pas su dire,
> Et que je trouve en moi dès que tu n'es plus là.

> Ma main, qui tremble encor de t'avoir caressée,
> Parfois sent vivre en elle un contour frissonnant ;
> Et dans le grand lit sombre et vide maintenant
> La forme de ton corps est à peine effacée.

[*Mercure de France* (avril 1900).]

ROCHA (Ida).

Rêves et Souvenirs (1896).

OPINION.

CHARLES FUSTER. — Ce livre est un des plus pénétrants qu'une femme poète ait jamais écrits.
Il sera désormais impossible de former l'anthologie
des femmes poètes sans accorder à Mᵐᵉ Ida Rocha
une belle place.

[*L'Année des Poètes* (1896).]

ROCHER (Edmond).

La Chanson des Yeux verts (1897). – *Les Édens*
(1898).

OPINION.

ÉMILE STRAUSS. — Sur un avis appréciatif de l'art
poétique de M. Edmond Rocher, il est en *Les Édens*
(et lire la jolie inspiration *Les Saules*) de délicieuses
motilités, des évolutions choisies et délicates. Sur la
variété des sujets d'allure vive ou de douleur, les
syllabes passent ou glissent sur des musiques diverses, par elles évoquées. Ce sont cueillies les pensées
qui cheminent aux heures moroses ou roses de la vie,
celles qui font sourire dans les larmes, rayons filtrés
par les lourds nuages d'orage, venant illuminer et
vivifier l'âme. Certes, M. Edmond Rocher n'a pu
intégralement dégager l'influence des grands édu-
queurs, mais il est en lui, par delà ses bonnes volontés, une âme intéressante et neuve.

[*La Critique* (20 mars 1898).]

ROCHER (Georges).

Frissons et Caresses (1897).

OPINION.

P.-H.-T. — M. G. Rocher s'inspire directement des
Romantiques et des Parnassiens. Il respecte scrupuleusement les règles de la Prosodie... Sa Muse

aime les paysages tendres et roses... Ce ne sont,
dans ses vers, que liserons, papillons dorés :

> Près du ruisseau paisible où les nénufars d'or
> Flirtent avec les libellules.

Et même la tristesse des heures mélancoliques
s'emprint dans les poésies de M. Rocher d'une câline
et caressante douceur.

[*L'Essor* (mars 1898).]

RODENBACH (Georges). [1855-1898.]

Le Foyer et les Champs (1877). – *Les Tristesses*
(1879). – *La Mer élégante* (1881). – *L'Hiver
mondain* (1884). – *La Jeunesse blanche* (1886).
– *Du Silence* (1888). – *L'Art en exil* (1889).
– *Le Règne du silence* (1891). – *Bruges-la-Morte*
(1892). – *Le Voyage dans les yeux* (1893).
– *Le Voile*, un acte, en vers (1894). – *Musée
de béguines* (1894). – *La Vocation* (1895). –
Les Vierges (1895). – *Les Tombeaux* (1895).
– *Les Vies encloses* (1896). – *Le Carillonneur*
(1897). – *L'Arbre* (1898). – *Le Miroir du
ciel natal* (1896). – *L'Élite* (1899).

OPINIONS.

FRANÇOIS COPPÉE. — Les amateurs de poésie intime et de modernité — il y en a beaucoup en nous
comptant — apprécieront fort *La Mer élégante*, car
c'est l'œuvre d'un sentimental et d'un raffiné.

[*Anthologie des Poètes français du xixᵉ siècle* (1887-
1888).]

GASTON DESCHAMPS. — L'auteur de *La Vie des
chambres*, du *Cœur de l'eau*, des *Cloches du dimanche* et de *Au fil de l'âme* murmure si bas, si bas,
ses chansons tristes, que souvent sa voix hésite,
s'éteint et que sa pensée fuit, dans un clair-obscur
de limbes. Je me demande avec inquiétude ce que
va dire le lecteur bien portant de cette poésie débile, anémiée, valétudinaire, voilée de crêpes...
Cela est fait pour être susurré en sourdine, dans
une chambre close, près du lit blanc d'une convalescente, parmi des meubles vieux, bien rangés,
sous un rameau de buis bénit, tandis que le tic-tac
monotone d'une vieille pendule semble la palpitation légère des heures qui dépérissent et meurent
comme nous... Pour moi, je le déclare, au risque
de scandaliser les Voltairiens, cette mélodie en mineur ne me déplaît pas. A mesure que je l'écoute
pleurer, il semble qu'on s'en aille je ne sais où,
sans secousse et sans heurt, que le *moi* s'éparpille
goutte à goutte, perdu en pluies, évaporé en brouillards. Les lettrés de Rome, au temps des mauvais
empereurs, auraient peut-être savouré cette forme
délicieuse du suicide.

[*La Vie et les Livres*, 2ᵉ série (1895).]

GUSTAVE KAHN. — M. Rodenbach nous satisfait
par ses condensations de mots lorsqu'il dépeint,
par exemple, des eaux :

> Une eau candide où le matin se clarifie
> Comme si l'Univers cessait au fil de l'âme,

ou définit des yeux :

> Reliquaires du sang de tous les soirs tombants

ou bien

> Sites où chaque automne a légué de ses brumes.

Il a de même donné d'un peu longues, un peu insistantes, mais intéressantes sensations sur les vitres où meurt le soir, sur les malades à la fenêtre; c'est souvent ténu, aigu et délicat. Mais il nous est difficile de goûter ses *Lignes dans la main*.

Le procédé est ici trop visible : réunir en une seule pièce, pour les décrire, toutes les variétés de mains, malgré la solidité du travail rhétorique, apparaît de l'énumération trop voulue et pas très utile. C'est quand il parle des eaux calmes, des eaux presque mortes, et qu'il assimile les silencieux aquariums aux cerveaux humains, où les idées glissent ou rampent, où les actinies s'entr'ouvrent un instant, c'est par le détail heureux qu'il est poète.

Maintenant, il faut dire que cette technique de l'alexandrin, il est vrai, admettant des coupes diverses, a dû contribuer à fausser l'expression de quelques aspects de ses idées; ses rimes, et comment pourrait-il en être autrement? faussant parfois d'une sonorité lourde ses essais de fluide et ductile poésie.

M. Georges Rodenbach est un des meilleurs écrivains belges qui soient venus se servir de notre langue, et l'acquisition pour la littérature française est bonne.

[*Revue Blanche* (1896).]

CHARLES MAURRAS. — J'ai lu ce «poème» des *Vies encloses*. Il n'y a rien d'aussi prodigieusement ennuyeux. Non, le registre d'aucune littérature n'offre le souvenir d'un si complet, d'un si exact, ni d'un si glorieux alambic de l'ennui! Et cependant, à chaque page, M. Rodenbach imagine un nouveau moyen d'être mauvais d'une façon recherchée et curieuse, d'écrire mal, de rythmer de travers avec mille soins délicats.

[*Revue Encyclopédique* (28 mars 1896).]

FRANCIS VIELÉ-GRIFFIN. — C'est un art indubitablement mièvre, fluide et décadent que professe l'auteur de l'*Aquarium mental;* l'aberration esthétique que dénote, seul, le choix d'un pareil titre, l'a mené loin — trop loin, pour que cette notice reste, comme nous l'eussions souhaitée, totalement élogieuse.

M. Rodenbach, que nous n'avons pas l'honneur de connaître, serait-il collectionneur? Invinciblement, son œuvre fait songer à quelque patient Hollandais, grand créateur de tulipes, colleur de timbres-poste, et qui, dans ses vitrines jalonnées d'insectes rares, en serait venu, maniaque mégalomane, à piquer d'abondance, sur le liège des coléoptères de hasard, de vagues cloportes, de banales araignées, des feuilles mortes, que sais-je? des mouches! et qui grouperait dans tels tiroirs à compartiments — entre un cristal alpestre, une perle grise et du minerai d'argent — des cailloux, de la ferraille, et tout un assortiment de boutons de chemise.

[*Mercure de France* (mai 1896).]

CHARLES MERKI. — On doit la vérité aux morts, dit-on; j'ai trop souvent regretté de voir Rodenbach s'en tenir à Bruges-la-Morte et à ses puérilités exquises cependant, pour ne pas le dire une fois. Sa fin prématurée, d'ailleurs, vient témoigner par lui-même, et aujourd'hui je puis penser qu'après tout j'ai pu mal le comprendre... Toute l'œuvre de Rodenbach atteste sa préoccupation de mourir jeune

et la crainte de ne rien laisser de sa vie et de ses émotions. «Seigneur, s'écriait-il déjà aux pages de *La Jeunesse blanche*, donnez-moi cet espoir de revivre

Dans la mélancolique éternité du livre.»

[*Mercure de France* (1898).]

EDMOND PILON. — Elles parurent bien faibles et très hésitantes les voix tremblantes des vierges de Bruges et de Malines, à côté du robuste plain-chant que scandaient les chœurs des *Moines* de Verhaeren. Pourtant, elles furent si charmantes! On les aima quelquefois pour la douceur berceuse de leurs inflexions, on les écouta à cause de l'apaisement que cela donnait, à cause des beaux vers dont la musique imprécise charmait.

[*La Vogue* (1899).]

PAUL LÉAUTAUD. — Achevée depuis si peu de temps, la vie de Georges Rodenbach n'a pas besoin d'être rappelée longuement. On sait le rang qu'il s'était conquis par son talent et l'estime que lui avait méritée sa belle tenue littéraire. Après avoir vu ses débuts encouragés et soutenus, il nous semble bien, par M. François Coppée, toujours favorable aux jeunes poètes, il était devenu le familier du grand écrivain Edmond de Goncourt. Mais ce n'est pas seulement parmi les maîtres que Georges Rodenbach comptait des sympathies, et sa collaboration fréquente aux jeunes Revues montre combien les nouveaux venus goûtaient son œuvre. On lira plus haut la liste de ses ouvrages. Déjà nombreux et très variés, ils avaient fondé solidement sa réputation. Ce n'est pourtant pas là toute son œuvre. De nombreux articles, en effet, et des contes, qu'il écrivit et publia dans des journaux et dans des revues, demeurent épars. Et de même qu'un comité de littérateurs s'occupe d'élever à Bruges un monument au poète de qui le nom est pour jamais lié à celui de cette ville, il faut souhaiter que soient rassemblés tous ces éléments complémentaires de l'œuvre de Georges Rodenbach.

[*Poètes d'aujourd'hui* (1900).]

ROIDOT (Prosper).

Aubes et Crépuscules (1898).

OPINION.

MAURICE PERRÈS. — Encore des vers libres, mais si suaves aussi, d'une tendresse et d'une naïveté si pénétrantes! On dirait une âme d'enfant qui traduirait avec une simplicité candide ses éveils à la lumière, ses sensations d'*aube*, et qui, peu à peu, verrait s'évanouir tous ses rêves dans le *crépuscule* de la vie qui passe.

[*L'Œuvre* (1898).]

ROINARD (P.-N.).

Nos Plaies (1886). – *Six Étages* (1890). – *Les Miroirs* (1898).

OPINION.

JULIEN LECLERCQ. — Des drames qui sont des poèmes et des poèmes qui sont des drames; des chants, chœurs de cœurs où le sien, triste et sage, s'impose et organise.

[*Portraits du prochain siècle* (1894).]

ROLLAND (Amédée).

Matutina (1855). – *Le Fond du verre* (1856). – *Le Marchand malgré lui* (1858). – *Le Parvenu* (1860). – *Cadet-Roussel* (1863). – *La Comédie de la mort* (1866).

OPINIONS.

ANDRÉ LEMOINE. — Amédée Rolland nous appartient comme l'auteur de deux recueils lyriques : *Matutina* et *Le Fond du verre*, ouvrages spirituels, faciles, mais dans lesquels on trouve plus d'étrangeté que d'originalité.

[*Anthologie des poètes français du* XIXᵉ *siècle* (1887-1888).]

A. BERSIER. — Il y a, dans son *Poème de la mort*, au milieu de beaucoup d'enflure et de déclamation, quelques tableaux sincères et frappants, les uns par l'énergie, les autres par le genre. C'est le premier et le dernier grand effort épique d'Amédée Rolland et son œuvre vraie.

[*Anthologie des poètes français du* XIXᵉ *siècle* (1887-1888).]

ROLLINAT (Maurice).

Dans les Brandes (1877). – *Les Névroses* (1883). – *L'Abîme* (1886). – *La Nature* (1892). – *Le Livre de la nature* (1893). – *Les Apparitions, vers* (1896).

OPINIONS.

ROBERT DE BONNIÈRES. — Ce n'est pas que M. Maurice Rollinat n'ait une manière de talent et de sincérité. Il y a du talent dans ses paysages de Berri, qu'il a publiés voilà trois ou quatre ans, sous ce titre : *Les Brandes*. Il en reste des traces dans quelques poèmes des *Névroses*, par *Le Petit Lièvre*, par exemple, et *La Vache au taureau*, qui est d'un naturalisme assez ferme. Quant à la sincérité, j'y veux croire. M. Maurice Rollinat s'est fait une éducation ; il s'est entraîné, comme on dit. Il s'est appliqué au sport du crime et de la peur, et maintenant il se croit, de bonne foi, le dernier des scélérats. Il s'en est fait la tête même, tant il a embrouillé méchamment les mèches longues de ses cheveux, et tant il veut donner le regard louche.

Il voit «ramper dans son enfer le meurtre, le viol, le vol, le parricide!» Il entend «Satan cogner dans son cœur».

Et si l'on recherche dans le livre du poète la raison d'un si mauvais état de conscience, et sur la face de l'acteur, pourquoi il se convulse, élève sa moustache en découvrant la bouche, cligne des yeux terribles, montre les dents et prend un air de tigre pour chanter les papillons, on voit que cette raison est la femme.

M. Maurice Rollinat, qui est jeune, a donné son cœur à cinq ou six dames qui l'ont ravagé. Il nous confie ses mésaventures amoureuses :

Je me livre en pâture aux ventouses des filles ;
Mais raffinant alors sa tortuosité,
La fièvre tourne en moi ses plus creusantes vrilles.

Mais aussi quelles amies il va choisir ! c'est :

Une dame au teint mortuaire
Dont les cheveux sont des serpents
Et dont la robe est un suaire.

C'est une dame dont :

. . . Les cheveux si longs, plus noirs que le remords,
Retombaient mollement sur son vivant squelette.

C'est une morte embaumée :

L'apothicaire, avec une certaine gomme,
Parvint à la pétrifier.

Et M. Maurice Rollinat contemplait «la très chère momie».

Il eut aussi de l'amitié pour une certaine demoiselle squelette, et pour une pauvre buveuse «d'absinthe» qui était toujours «enceinte».

On était de meilleure humeur autrefois; on n'exigeait point que les femmes, pour plaire, fussent «décomposées». On préférait les avoir fraîches. On disait un teint de lis et de roses. Maintenant, le madrigal est de dire un teint vert, et l'on veut voir sur les joues des femmes la poésie excitante de la Morgue et des filets de Saint-Cloud.

[*Mémoires d'aujourd'hui* (1885).]

STANISLAS DE GUAITA. — M. Maurice Rollinat, un baudelairien plus baudelairien que Baudelaire, raffine encore sur les plus étranges sensations, mais s'en explique très clairement; et, pour être d'une alarmante acuité, ses *Névroses* n'en sont pas moins accessibles — sinon supportables — à tous les nerfs. Je pense, au reste, qu'en reprenant trop filialement les traditions d'Edgar Poë et de Baudelaire, M. Rollinat a mis, en son œuvre macabre, beaucoup de lui.

[*Préface à Rosa Mystica* (1885).]

CHARLES BUET. — Maurice Rollinat, qu'on a comparé à Edgar Poë, à Baudelaire, à Hoffmann et à Chopin, n'est ni l'un ni l'autre de ces poètes et de ces musiciens, avec lesquels il n'a que de lointaines affinités. Il est *lui*, et c'est assez.

D'une puissante originalité, d'un esprit profondément imbu des plus hautes pensées, il chante les désenchantements de la vie, les horreurs de la mort, la paix du sépulcre, les espérances futures, les déchirements du remords. La musique avec laquelle il interprète *La Mort des pauvres, La Cloche fêlée, Le Flambeau vivant, L'Idéal*, de ce grand Baudelaire que je vis mourir, n'appartient assurément à aucune école «conservatoiresque», dit-il lui-même en son langage singulièrement imagé. C'est le cri de l'âme, c'est l'envolée de la conscience, c'est une mélodie *extra-humaine*, toute de sensation, de raffinement, qui parle aux cœurs ensevelis dans le scepticisme égoïste du siècle, et qui fait, sous sa joie aiguë, jaillir la douleur. Comme poète, il est moins étrange peut-être, mais non moins puissant. Il a publié le premier recueil de tout nourrisson des muses : *Dans les Brandes*. Mais il a, chez Charpentier, un beau volume, *Les Névroses*, qui devrait être dédié à Monseigneur Satan.

[*Médaillons et Camées* (1885).]

GUSTAVE GEFFROY. — La critique qui devait si bien, plus tard, songer à Baudelaire, aurait dû signaler la part d'imitation de Mᵐᵉ Sand, et, surtout, dire la sincérité de ces impressions, la profondeur d'action de cette poésie de terroir. Pour

Baudelaire, dont l'influence peut, en effet se constater dans certaines pièces macabres des *Névroses*, il ne masque nullement la personnalité de Rollinat qui le suit chronologiquement, comme Baudelaire suit Edgard Poë. Il est des affinités d'esprit et des rencontres sincères. D'ailleurs, toute la partie naturiste de l'œuvre de Rollinat est absolument conçue en dehors de l'inspiration du grand poète des *Fleurs du mal*, qui ne vit pas la nature et rêva d'artificiels jardins où croîtraient des flores métalliques. Les pages des *Névroses*, intitulées : *Les Refuges*, où toutes les sèves et toutes les forces agissantes se résument dans des pièces telles que *La Vache au taureau*, ces pages affirment une vision directe et une conception individuelle des choses.

[*Anthologie des Poètes français du XIXᵉ siècle* (1887-1888).]

CHARLES MORICE. — M. Maurice Rollinat est la plus intéressante victime de cet instant mauvais. C'est un musicien d'originalité étrange, aussi un très sincère et intuitif peintre de la nature, des plaines profondes où l'œil s'hallucine d'infini, des maisons tristes aux tristes hôtes, des banalités inquiétantes d'une ferme ou d'une métairie, du petit monde bourbeux et féroce d'une mare, des grenouilles, des crapauds. Parmi ces bêtes, ces choses e tces gens simples, M. Rollinat est un poète. Paris l'a tué. Ce poète simple a voulu s'y compliquer et, comme son essence était d'être simple, compliqué il a cessé d'être ; d'où *Les Névroses*.

[*La Littérature de tout à l'heure* (1889).]

JULES BARBEY D'AUREVILLY. — L'auteur de ces poésies (*Les Névroses*) a inventé pour elles une musique qui fait ouvrir des ailes de feu à ses vers et qui enlève fougueusement, comme sur un hippogriffe, ses auditeurs fanatisés. Il est musicien comme il est poète, et ce n'est pas tout : il est acteur comme il est musicien. Il joue ses vers, il les dit et il les articule aussi bien qu'il les chante.

...M. Maurice Rollinat a fait avec ses poésies ce que Baudelaire, à son âge, faisait avec les siennes... Inférieur à Baudelaire pour la correction lucide et la patience de la lime qui le font irréprochable, Rollinat pourrait bien lui être supérieur, ainsi qu'à Edgard Poë, par la sincérité et la profondeur de son diabolisme. Poë a souvent mêlé au sien bien de la mathématique et de la mécanique américaine, et Baudelaire, du versificateur. Il avait ramassé, chez Théophile Gautier, le petit marteau avec lequel on martèle les vers, par dehors... Le mérite de M. Rollinat, c'est de ne laisser personne tranquille, c'est de tourmenter violemment les imaginations. Ses *Névroses* sont contagieuses ; elles donnent réellement des névroses à ceux qui parlent d'elles.

... Les *Névroses* forment un volume de poésies — faut-il dire lyriques ou élégiaques ? — d'une intensité d'accentuation qui les sauve de la monotonie. C'est par l'intensité prodigieuse de l'accent que ce livre échappe au reproche d'uniformité dans la couleur. Il trouve, dans sa profondeur, de la variété... Ces poésies, qui expriment des états d'âme effroyablement exceptionnels, ne sont pas le collier vulgairement enfilé de la plupart des recueils de poésies, et elles forment dans l'enchaînement de leurs tableaux comme une construction réfléchie et presque grandiose. Les *Névroses* se divisent en cinq livres : *Les Âmes*, *Les Luxures*, *Les Refuges*, *Les Spectres* et

Les Ténèbres. Comme on le voit, c'est le côté noir de la vie, réfléchi dans l'âme d'un poète qui l'assombrit encore. Les imbéciles sans âme et à chair de poule facilement horripilée ont reproché à M. Rollinat, comme un abominable parti pris, le sinistre de ses inspirations. C'était aussi bête que de lui reprocher d'avoir les cheveux noirs... Le démoniaque dans le talent, voilà ce qu'est M. Maurice Rollinat en ses *Névroses*.

[*Les OEuvres et les Hommes* (1889).]

RONCHAUD (L. de). [1821-1887.]

Les Heures (1842). — *Les Comédies philosophiques ; Poèmes dramatiques* (1883). – *Poèmes de la mort* (1887).

OPINIONS.

E. LEDRAIN. — Lamartine et l'art grec, tels ont été les deux maîtres de M. de Ronchaud, qui est à la fois un savant et un lettré. Toutefois ses œuvres portent bien la marque de son propre esprit. Il s'est inspiré du grand poète et de la belle Grèce, mais sans renoncer à être personnel.

[*Anthologie des Poètes français du XIXᵉ siècle* (1887-1888).]

PAUL GINISTY. — M. de Ronchaud, lui, a déjà à son acquit les *Poèmes dramatiques*. Ses *Poèmes de la mort* attestent sa fidélité à un art sévère, au culte respectueux de la rime, à un procédé qui ne laisse rien au hasard. Sa *Mort du Centaure*, drame lyrique, œuvre désintéressée et volontairement injouable, contient particulièrement de superbes morceaux.

[*L'Année littéraire* (7 juin 1887).]

ROPARTZ (J.-G.).

Adagiettos (1888). – *Chevauchées* (1891).

OPINION.

PHILIPPE GILLE. — M. Ropartz, à qui je trouve un air de famille avec les romantiques d'autrefois, de la bonne époque, de par ses *Chevauchées*, etc.

[*La Bataille littéraire* (1891).]

ROSTAND (Edmond).

Le Gant rouge (1888). – *Les Musardises*, poésies (1890). — *Les Romanesques*, pièce en trois actes, en vers (1894). – *La Princesse lointaine*, pièce en quatre actes, en vers (1895). – *La Samaritaine*, évangile en trois tableaux, en vers (1897). – *Cyrano de Bergerac*, comédie héroïque en cinq actes, en vers (1897). – *L'Aiglon*, drame en six actes, en vers (1900).

OPINIONS.

JULES LEMAÎTRE. — Je ne vous dis pas que l'idée des *Romanesques* soit neuve de tout point ; mais l'exécution en a paru supérieure. C'est très brillant, tout pétillant d'esprit et, par endroit, tout éclatant d'une gaîté large et aisée. On vous prie de ne point confondre cela avec la petite chose grêle qu'est le traditionnel bijou odéonien. Mais il y a déjà, dans *les Romanesques*, de la maîtrise. L'alliance y est naturelle et heureuse du comique et du lyrisme.

[*Impressions de théâtre* (1895).]

FRANCISQUE SARCEY. — Telle est *La Princesse lointaine*, dont le premier et le dernier acte ont plu par le pittoresque de la mise en scène, dont le second et le troisième ont fatigué par leur longueur et leur subtilité. Quant à la langue et aux vers, vous avez pu en juger! Nous sommes loin des *Romanesques; la déception a été cruelle!

[*Le Temps* (8 avril 1895).]

JULES LEMAÎTRE. — Dans *La Princesse lointaine*, je me plaindrais seulement un peu des anachronismes de style. Le tour de force exquis, c'eût été, je crois, d'exprimer des idées et des «états d'âme» d'à présent, sans avoir recours au lexique de nos psychologues, et par les locutions très simples qui convenaient à un conte bleu. Mais, au reste, l'auteur demeure un poète de très grand talent. Il a la souplesse, l'esprit, la grâce, la couleur, l'imagination fleurie et la langueur mièvre, quand il veut, et même, quand il lui plaît, la précision, la force, et presque partout des rimes ingénieuses et belles.

[*Impressions de théâtre* (1896).]

HENRY BAUËR. — Hier, sur la scène de la Porte-Saint-Martin, devant le public transporté d'enthousiasme, un grand poète héroï-comique a pris sa place dans la littérature dramatique contemporaine, et cette place n'est pas seulement l'une des premières parmi les princes du verbe lyrique, sentimental et fantaisiste, c'est la première. Dès son début, par *Les Romanesques*, Edmond Rostand s'était prouvé poète comique; puis il avait fait vibrer la corde d'airain d'un geste de grâce et d'amour dans *La Princesse lointaine* et dans l'exquis poème : *La Samaritaine*. Cette fois, il dépasse toute prévision, il s'élève d'un merveilleux coup d'ailes et plane sur notre admiration! Quel triomphe en une soirée! Il a l'idée frappée dans le métal sonore de l'expression; il a l'imagination et l'image qui s'envole comme un oiseau versicolore; il a l'intelligence qui se communique à la foule par un verbe éclatant; il a l'art dont les délicats sont ravis et charmés; il a la force et la sensibilité, l'abondance et la variété, la fantaisie et l'esprit, l'émotion et l'éclat de rire, le panache et la petite fleur bleue. Il a la flamme, l'action et la virtuosité : il a 29 ans !

[*L'Écho de Paris* (30 décembre 1897).]

GASTON DESCHAMPS. — Nul syndicat ne peut aliéner l'indépendance de M. Rostand, ni brider sa fantaisie. Comme ces trouvères d'antan qui allaient de ville en ville, le nez au vent, plume au chapeau, il répugne aux enrôlements et aux étiquettes. Il ne fut point mage avec M. Joséphin Péladan, ni romaniste avec M. Jean Moréas, ni «zutiste» avec MM. Charles Cros et Goudeau, ni mystique, ni satanique avec les disciples attardés de Charles Baudelaire. Il n'est pas catalogué dans le livre sibyllin où M. Charles Morice annonça (en 1888) une *Littérature de tout à l'heure* qui a mis dix ans à ne pas venir. Les garçons du café François Ier ne l'ont pas entendu vaticiner autour de l'absinthe de Verlaine. Il n'a pas signé de manifestes retentissants. Il n'a pas «éreinté», en de minces plaquettes, ses maîtres, ses concurrents ou ses amis. Il est presque unique

en son genre. Il a fait des vers tout simplement. Il en a fait beaucoup. Il en fait toujours. Il en a fait assez pour mériter d'apercevoir ces premiers rayons de gloire que le marquis de Vauvenargues comparait aux premiers feux de l'aurore.

[*Le Temps* (1897).]

FRANCISQUE SARCEY. — Un poète nous est né, et ce qui me charme encore davantage, c'est que ce poète est un homme de théâtre... *Cyrano de Bergerac* est une très belle œuvre, et le succès d'enthousiasme en a été si prodigieux, que, pour trouver quelque chose de pareil, il faut remonter jusqu'aux récits que nous ont faits, des premières représentations de Victor Hugo, les témoins oculaires. C'est une œuvre de charmante poésie, mais c'est surtout et avant tout une œuvre de théâtre. La pièce abonde en morceaux de bravoure, en motifs spirituellement traités, en tirades brillantes; mais tout y est en scène; nous avons mis la main sur un auteur dramatique, sur un homme qui a le don. Et ce qui m'enchante plus encore, c'est que cet auteur dramatique est de veine française. Il nous rapporte, du fond des derniers siècles, le vers de Scarron et de Regnard; il le manie en homme qui s'est imprégné de Victor Hugo et de Banville; mais il ne les imite point; tout ce qu'il écrit jaillit de source et a le tour moderne. Il est aisé, il est clair, il a le mouvement et la mesure, toutes les qualités qui distinguent notre race. Quel bonheur ! quel bonheur! Nous allons donc être débarrassés et des brouillards scandinaves et des études psychologiques trop minutieuses, et des brutalités voulues du drame réaliste. Voilà le joyeux soleil de la vieille Gaule qui, après une longue nuit, remonte à l'horizon. Cela fait plaisir, cela rafraîchit le sang !

[*Le Temps* (1897).]

JULES LEMAÎTRE. — Cet «évangile» (*La Samaritaine*), féminin et samaritain, a quelque chose aussi de provençal et même de napolitain. Les vers, colorés, souples jolis même dans leurs négligences, — trop jolis, — sentent en maint passage l'improvisateur brillant, fils des pays du soleil. C'est l'Évangile mis en vers par un poète de cours d'amour, par un troubadour du temps de la reine Jeanne.

[*Impressions de théâtre* (1898).]

AUGUSTIN THIERRY. — C'est avec une sorte de respect religieux, avec un peu de ce frisson auguste dont l'âme frémit à l'étude des grandes manifestations de la pensée humaine : *Œdipe roi*, *Hamlet*, le *Cid*, *Andromaque*, *Faust*, *Hernani*, que j'abordai celle de ce nouveau chef-d'œuvre : *Cyrano de Bergerac*.

Las ! il me faut l'avouer, au risque de passer pour le Zoïle de l'Homère, que n'est point M. Rostand, mon espérance s'est trouvée quelque peu déçue...

«Si cette comédie, écrivit le plus ironiquement subtil de tous nos critiques, j'ai nommé M. Jules Lemaître, devait ouvrir le xxe siècle, c'est donc que le xxe siècle serait condamné à quelque rabâchage.»

Le mot est cruel dans sa dureté voulue; avouons pourtant qu'il n'est point sans justesse. Or, c'est précisément ce «rabâchage», mais un «rabâchage» bien fait cette fois, délicatement œuvré et surtout, ah ! surtout! *opportunément* présenté, qui assura la réussite triomphale de M. Rostand.

[*Le Jour* (14 février 1898).]

A. Ferdinand Hérold. — De *Cyrano de Bergerac*, pièce en cinq actes et en vers, de M. Edmond Rostond, on ne peut dire grand'chose. A la représentation de cette œuvre eût été préférable une reprise du *Bossu* ou de quelque autre mélodrame conçu dans la même poétique que la pièce de M. Rostand, mais plus ingénieusement imaginé et moins déplorablement écrit. Dans *Cyrano de Bergerac*, une intrigue quelconque (elle ne commence, d'ailleurs, qu'au second acte) relie entre eux les épisodes nécessaires aux pièces de cape et d'épée : duel, escalade de balcon, mariage secret, bataille, etc. Il y a aussi l'aventure du mari qui doit partir pour la guerre la nuit même de ses noces. Un personnage providentiel est là pour intervenir sans cesse en faveur des amants ; ainsi qu'il sied, d'ailleurs, il est lui-même amoureux de l'héroïne, mais comme il est laid et comme son amour est sans espoir, il ne cherche qu'à faire le bonheur de celle qui ne le comprend pas. Ce personnage s'appelle *Cyrano de Bergerac* ; M. Rostand aurait pu lui donner aussi bien un autre nom, Lagardère ou d'Artagnan. Cela même eût mieux valu : l'auteur n'eût pas été tenté de défigurer, en un médiocre récit, l'étonnante *Histoire comique des États et Empires de la Lune*, et n'eût pas commis les interminables plaisanteries sur le nez de son héros. M. Rostand, d'ailleurs, ne semble pas très bien savoir à quelle époque vécut Cyrano : Cyrano, mort en 1655, a toujours ignoré, sans doute, l'emprunt que, dans les *Fourberies de Scapin*, jouées en 1671, Molière fit au *Pédant joué* ; et il est peu probable qu'il ait dédaigné d'être

> Dans les petits papiers du Mercure François,

fondé en 1672.

Pour les autres personnages, ils sont plus banals encore que Cyrano ; ils n'existent pour ainsi dire pas, et si, par hasard, M. Rostand les fait agir ou parler, il ne se préoccupe jamais que ce soit avec logique.

Il faut, pourtant, être juste envers M. Edmond Rostand, et lui reconnaître un talent singulier ; il est un art, en effet, qu'a perfectionné l'auteur de *la Princesse Lointaine*, de la *Samaritaine* et de *Cyrano de Bergerac* : c'est l'art de mal écrire.

M. Edmond Rostand est le plus excellent cacographe dont puissent, aujourd'hui, s'enorgueillir les lettres françaises.

[*Mercure de France* (février 1898).]

Jules Lemaître. — Le *Cyrano* de M. Rostand n'est pas seulement délicieux, il a eu l'esprit de venir à propos. Je vois à l'énormité de son succès deux causes, dont l'une (la plus forte) est son excellence et dont l'autre est, sans doute, une lassitude du public et comme un rassasiement, après tant d'études psychologiques, tant d'historiettes d'adultères parisiens, tant de pièces féministes, socialistes, scandinaves ; toutes œuvres dont je ne pense, *à priori*, aucun mal, et parmi lesquelles il y en a peut-être qui contiennent autant de substance morale que ce radieux Cyrano, mais moins délectables à coup sûr, et dont on nous avait accablés ces derniers temps. Joignez que Cyrano a bénéficié même de nos discordes civiles.

[*Impressions de théâtre* (1898).]

Jules Claretie. — M. Edmond Rostand nous apporta *Les Romanesques*, et l'on se rappelle l'effet de surprise heureuse que firent sur les spectateurs ces vers amoureux, ces vers délicieux murmurés par deux fiancés de dix-huit ans, à l'ombre d'un vieux mur, sous la joubarbe et les aristoloches. Ce fut une vision de jeunesse et de tendresse sous la rose lumière de la lune, et Sylvette et Percinet avaient comme des héros échappés de la forêt de Shakespeare, avec leurs caracos de satin et leurs habits de soie : Roméo écolier et Juliette colombinette. Et quelle langue si allègrement française, comme d'un Regnard qui eût mis en alexandrins la prose de Marivaux !

[*Le Journal* (7 mars 1900).]

Lucien Muhlfeld. — Tel est, au strict et vain résumé, cet *Aiglon*, le chef-d'œuvre incontestablement, de M. Edmond Rostand. C'est fait avec rien, dirait Flambeau, et comme il ajouterait : « Ça fiche tout par terre». Il est inouï qu'un drame captive et éveille l'attention sans amour, sans intrigue, avec la seule beauté des caractères et des pensées, avec la magie des vers.

Je ne sache pas, depuis *Hamlet*, caractère plus touchant en sa pureté, en ses audaces, surtout en son renoncement, type plus séduisant et plus précaire que celui du duc de Reichstadt. Nous ne verrons plus autrement qu'en son pourpoint immaculé le fils du César et nous nous étonnerons de n'avoir pas toujours rêvé à son étoile si claire, sitôt éteinte. Près de l'enfant, vivant, mourant, Flambeau incarne l'épopée impériale ; il est l'héroïsme populaire qui ne s'éteint pas, il est terrible, il est joyeux, il est charmant. Metternich, en contraste, montre l'homme des calculs et des diplomaties qui spécula sur les héroïsmes et les victoires et les défaites, tandis que Marie-Louise, l'insouciance, la frivolité, assiste, sans les voir, à l'épopée du père, à l'élégie du fils. Tous sont complémentaires, harmonieux, inoubliables.

… M. Rostand, à un égal degré, possède les deux vertus romaines de l'imagination : l'abondance et le choix. Il ne donne rien que de topique, et il le donne avec une prodigalité qui effraye. Son ingéniosité, cette forme industrieuse du génie, est aussi subtile que son inspiration est vaste et spontanée. Il asservit le pittoresque à exprimer, visible et désirable, la pensée.

L'Aiglon, qui est un triomphe, est encore et avant tout un grand succès poétique. Le plus glorieux théâtre toujours fut en vers… M. Rostand, poète et dramaturge, écrit ses vers pour le théâtre. Il me semble que c'est son devoir. Je ne contristerai aucun poète contemporain, en affirmant que nul ne réalise ce devoir avec son absolue maîtrise. Ne nous y trompons point : si le succès de M. Rostand excède tout autre, c'est au prestige de la poésie qu'il le doit. Entre nous, c'est justice : ce qu'il fait est autrement difficile que ce que nous faisons tous, nous autres… Indéfiniment, des bravos sanctionneront la gloire de *l'Aiglon* qui se leva, ce soir, si haute, si pure, extraordinaire.

[*L'Écho de Paris* (mars 1900).]

Jules Claretie. — Cette future première édition de *l'Aiglon*, encore dans les limbes de l'imprimerie, deviendra aussi précieuse, — si elle paraît jamais, — que l'édition princeps, ou plutôt l'unique édition des *Musardises*, le premier recueil de vers publié par l'auteur de *Cyrano*, il y a tout juste dix ans, et qui est parfaitement introuvable. Je n'avais même jamais lu, il y a quelques jours, ces *Musardises*, vainement cherchées et demandées par moi à Alphonse Lemerre, qui les publia à leur heure. Il m'a été donné de connaître enfin ces premiers vers, et j'y ai goûté un singulier plaisir On m'a affirmé qu'en les signalant au public, un critique de *la Revue Bleue*, dont on ne m'a pas dit le nom, avait écrit : «Je salue un vrai poète, peut-être un futur grand poète !» Je n'ai souvenir ni de l'article, ni du critique. Mais je me demande ce que j'aurais auguré de l'avenir de l'auteur des *Musardises*, s'il m'eût fallu faire obligatoirement, à propos de ce premier volume, quelque prédiction.

Rien de plus malaisé et de plus décevant que le métier de prophète ; mais il est des astronomes littéraires qui se piquent volontiers de découvrir les étoiles. Visiblement, dès son premier volume, M. Edmond Rostand avait le rayon. L'étoile était là. Le jeune poète, seul, eût pu douter de lui-même. Il dédiait ses vers aux raillés, aux déshérités, à ceux qu'insulte le public et qu'on appelle des ratés. Et, timide, hésitant devant la grande bataille littéraire, doutant du succès et doutant de soi-même, il se demandait, poète de vingt ans, en ses heures d'angoisses, s'il n'était pas, comme tant de pauvres diables partis pour la conquête des Toisons d'or et rentrés au logis trempés par la pluie, crottés par la boue, Colletets de la triste Bohème, un impuissant lui aussi, un demi-poète, un songe-creux, un raté !

> Je pense à vous, ô pauvres hères,
> A vous dont peut-être ce soir
> Je partagerai les misères,
> Parmi lesquels j'irai m'asseoir.
>
> Et très longuement j'envisage,
> Pour savoir si j'ai le cœur fort,
> Pour m'assurer de mon courage,
> La tristesse de votre sort.

[*Le Journal* (29 septembre 1900).]

RAITIF DE LA BRETONNE (Jean Lorrain). — Déjà, dans *la Princesse lointaine*, M. Rostand nous avait révélé sa science parfaite du solécisme ; dans le fameux sonnet à Mme Sarah Bernhardt, qu'il détailla avec un art consommé de comédien, et qui fit le tour du monde, le sonnet de :

> Reine de l'attitude et princesse du geste,

nous trouvions cet absolu barbarisme :

> En écoutant ta voix, nous devenons incestes.

Incestes pour incestueux, ce qui est du français de Basque espagnol ; or, M. Rostand abuse, il n'est que Marseillais.

Alors, qu'est-ce que ce jeune académicien, dont chaque strophe contient au moins quatre fautes de rançais, trois calembours et une calembredaine, et comment a-t-on pu monter aussi puissamment le coup au public ?

[*Le Journal* (19 octobre 1901).]

GUSTAVE LARROUMET. — Nous avions été trop indulgents et trop sévères pour *l'Aiglon*. Il vaut plus et mieux que *Cyrano de Bergerac*, auquel il fut préféré et sacrifié. L'inspiration poétique y est plus haute et moins égale, la facture dramatique plus vigoureuse et moins adroite. Au total, le progrès est grand d'une pièce à l'autre, et le talent s'y élargit. *L'Aiglon* est long et touffu ; mais comme je préfère cette prodigalité au défaut contraire : l'économie !

Improvisateur, a-t-on dit de M. Rostand, et faiseur de morceaux. Il est toujours facile de dénigrer le plus incontestable mérite en substituant à la définition de ses qualités celle des défauts qui en sont l'excès. Le vrai et le juste seraient, au contraire, de dire que, depuis Victor Hugo, nous n'avions pas eu au théâtre une forme lyrique plus jaillissante et plus vigoureuse, plus dorée et plus étincelante. Et il y a ici plus de dramatique que dans le théâtre de Victor Hugo, si volontaire et si peu spontané. Cette force lyrique et dramatique ne se gouverne pas et va dans l'excès ; elle donne souvent sur ses deux écueils : le précieux caché et le facile des situations. Mais, loin qu'il y ait décadence et faiblesse de *Cyrano* à *l'Aiglon*, le progrès de force et d'invention est éclatant.

Que M. Rostand consente à se brider lui-même et à se tenir en main. Son Pégase pointe et parade, mais il n'est certes pas poussif, comme s'est empressé de le proclamer «le monstre aux yeux verts qui se nourrit de lui-même» : l'Envie.

[*Le Temps* (20 octobre 1901).]

ROSTAND (Rosemonde GÉRARD, Mme).
Les Pipeaux (1889).

OPINION.

JULES CLARETIE. — Rosemonde Gérard, c'est Mme Edmond Rostand, et ses *Pipeaux* sont un des volumes de vers que je rouvre avec le plus de plaisir quand je veux, par les temps de neige, sentir le parfum des lilas.

— Elle a beaucoup de talent, Rosemonde Gérard, me disait Leconte de Lisle, à l'Académie, et ses airs de pipeaux ont de lointains échos de la flûte de Mozart.

[*Le Journal* (7 mars 1900).]

ROUFF (Marcel).
Les Hautaines, poésies (1897).

OPINION.

ARMAND SILVESTRE. — Je ne dirai pas que j'en trouve tous les vers bons, mais tous sont des vers de poète. Ils ont le charme mystérieux des choses qu'on ne mesure pas d'un coup d'œil et dont le sens se devine mieux qu'il ne s'analyse.

[*Préface* (novembre 1897).]

ROUGER (Henri).
Chants et Poèmes (1895).

OPINION.

GASTON DESCHAMPS. — En un temps de dilettantisme blasé, M. Henri Rouger croit obstinément à la poésie. Il l'aime d'un cœur soumis et fidèle. Il ne lui doit rien que des extases et des souffrances. C'est assez pour que son âme solitaire soit pénétrée d'une infinie gratitude... Comme tous les poètes, il a regardé longtemps la magnificence des floraisons printanières. Et d'abord il en a eu peur. Il a cru entendre distinctement la voix indifférente de la nature... Mais voici que le cœur irrité du poète s'apaise, et qu'une vision soudaine de la vie universelle où s'entre-croise éternellement l'échange des souffles, des formes et des âmes, vient calmer son esprit, prêt désormais à accepter, à bénir presque l'inévitable loi qui enchaîne les effets et les causes... Ce premier essai paraît annoncer un poète visionnaire et philosophe. Voilà une bonne nouvelle qui vient fort à propos, puisque M. Sully Prudhomme, au grand regret de ses amis, ne fait plus de vers.

[*La Vie et les Livres*, 2ᵉ série (1895).]

ROUMANILLE (1818-1891).

Li Margarideto (1847). – *La Campano mountado* (1857). – *Lis Oubreto* (1859). – *Lou Mège de Cucugnan* (1863). – *Li entarro chin* (1874). – *Conte provençau* (1884).

OPINIONS.

ARMAND DE PONTMARTIN. — Je connais peu d'existences plus pures et plus nobles que celle de Roumanille. Pendant les années d'agitation et d'angoisses qui suivirent la Révolution de février, et où la fièvre démocratique, chauffée au feu des imaginations méridionales, propageait, dans nos campagnes, sous leurs formes les plus brutales, toutes les théories communistes, Roumanille, fils d'un jardinier et modeste employé dans une imprimerie d'Avignon, renonçant aux douces familiarités de sa muse bien-aimée, se mit à écrire, en provençal, de petits livres populaires qui firent plus, dans nos départements, pour la cause de l'ordre et du bon sens, que toutes les publications. Rien n'égalait la verve, la sève, l'entrain tour à tour sérieux et goguenard de ces écrits de Roumanille : *Li Club* (les Clubs), *Li partejaire* (les Partageux), *Quand dévé, fau paga* (Quand vous devez, il faut payer), *Un rouge et un blanc*, *La Férigoulo* (le Thym)... Aujourd'hui, Roumanille nous offre deux nouveaux poèmes : *Li Sounjarello* (les Rêveuses) et *La Part dau bon Diéu* (La Part du bon Dieu).

Rien de plus frais et de plus touchant que *Li Sounjarello*. C'est fête au village, une fête méridionale, qui a pour orchestre le tambourin, et pour lustre le soleil... *La Part dau bon Diéu* touche de plus près encore à cette morale domestique et familière où excelle Roumanille, et qui donne à l'ensemble de ses ouvrages le caractère d'un enseignement populaire... Plusieurs de nos *illustres*, édités à son de trompe par nos plus bruyants journaux, auraient à profiter de son exemple. C'est parce que cet exemple est particulièrement salutaire en un temps de désarroi et de lassitude comme le nôtre, que j'ai cru pouvoir donner à Roumanille une place dans ma modeste galerie, et montrer en lui, non pas le troubadour de légende, d'opéra-comique et de vignette, mais l'homme de bien, le poète de talent, se résignant à parler la langue de ceux qu'il veut convertir, et à renfermer sa popularité dans un étroit espace, pour la rendre plus utile et plus solide.

[*Causeries littéraires* (1854).]

SAINT-RENÉ TAILLANDIER. — L'honneur de M. Joseph Roumanille est d'avoir senti avec tant de vivacité la douleur et la honte de cette situation. Il a compris que la langue natale était avilie, et il a conçu le dessein de la réhabiliter. Ce dessein est devenu la tâche de toute sa vie ; grande tâche et vraiment patriotique ! Il travaillait pour son père et sa mère, il travaillait aussi pour toutes les familles de la campagne, pour tous les ménages des *mas*. «Du Rhône aux Alpes et de la Durance à la mer,

cembien d'amis inconnus, se disait-il, accueilleront ces pages que je vais leur envoyer !» Voilà comment M. Joseph Roumanille pnblia son premier recueil de poésies provençales, *Li Margarideto*. Ces pâquerettes, comme il les appelle, c'étaient des fleurs du jardin de Saint-Remy, fleurs toutes simples, mais toutes fraîches, fleurs de saine pensée comme de gai savoir, offrande et appel adressé du fond du *Mas des pommiers* à tout le peuple de Provence.

L'offrande fut reçue avec grande joie, et l'appel retentit de tous côtés. En fait de poésie et d'art, il ne faut que réussir une bonne fois pour créer tout un courant d'idées, inspiration chez les uns, imitation chez les autres. M. Roumanille obtint ce succès du premier coup ; et comme, en toute occasion, il continua de chanter, ici un conte joyeux, là une élégie, comme il joignait d'ailleurs à cette œuvre de rénovation poétique un apostolat social et défendait les vieilles mœurs au milieu des fièvres de 1848, il devint bientôt le chef d'un travail d'esprit qui fut un véritable événement, pour la Provence, durant plusieurs années,

[*Les destinées de la nouvelle poésie provençale* (1876).]

PAUL MARIÉTON. — Avant Mistral, Joseph Roumanille, son précurseur, se servant de la langue vulgaire pour n'être compris de son milieu de naissance (1845), trouvait, nouveau Malherbe, des accents littéraires dans un idiome qui ne servait plus qu'à traduire des grossièretés ou des thèmes burlesques. Le premier, il avait osé s'attendrir en provençal, tout en riant parfois.

[*La Terre provençale* (1890).]

CHARLES MAURRAS. — Roumanille était né au pied de ces deux purs chefs-d'œuvre de l'art grec que le peuple et les savants appellent *les Antiques*. Mais Roumanille ne fut pas un antique : c'était un vivant et presque un réaliste, un légitimiste catholique et un légitimiste militant ; il correspondait avec Henri V et, dans un journal avignonnais, *La Commune*, il combattit avec acharnement le fouriérisme et le socialisme qui étaient en vogue vers 1848. L'ironie socratique de ces petits dialogues provençaux ne sera point égalée. Elle eut une grande influence sur les populations du Comtat et des Bouches-du-Rhône. Roumanille était un homme d'action. Ayant combattu les *partageux*, il fonda le félibrige. C'est lui qui, avec Mistral, rallia les poètes, renouvela la langue et poblia *L'Armana prouvençau*, dont le succès annuel ne s'épuise point. Poète, Roumanille laisse des merveilles : *Li Margarideto* et *Li Sounjarello*, qui ravissent les pauvres gens. Pour ses proses, dont Arène et Daudet ont traduit les plus curieuses, elles sont l'expression absolue et parfaite de l'âme de sa race.

[*La Plume* (1ᵉʳ juillet 1891).]

ROUQUÈS (Amédée).

L'Aube juvénile (1897). – *Pour Elle* (1900).

OPINIONS.

FERNAND GREGH. — *L'Aube juvénile* est le titre de la dernière pièce, qui est aussi la plus longue : dialogue symbolique entre *l'Enfant en robe grise*, représentant la jeunesse rêveuse et triste du poète, et *l'Enfant en robe de pourpre*, qui incarne son invincible espoir. Regrets et espérance, c'est tout le cœur de l'adolescent, et c'est tout ce livre, où s'avoue avec une ingénuité qui fait penser à Verlaine, en hésitant, mais avec de beaux éclats soudains, une âme à la fois simple et romanesque, mélancolique et ardente.

[*Revue de Paris* (15 avril 1897).]

HENRI DE RÉGNIER. — Ce que je préfère du livre de M. Rouquès, ce sont ses pièces de rythmes variés, impressions brèves d'un dessin concis et d'une musique fine. Le vers y est net et léger, prompt, ailé. Il s'y combine en strophes très vivantes. Je crois que M. Rouquès sera conduit tout naturellement au vers libre par ces essais heureux qui y tendent. Il y trouvera maintes ressources, et je ne doute pas qu'il en use pour son plaisir et pour le nôtre.

[*Mercure de France* (mai 1897).]

GASTON DESCHAMPS. — On remarque, chez l'auteur de cette jolie lamentation, outre une remarquable habileté verbale et une possession précoce du métier, la recherche de certaines rimes qui auraient scandalisé Boileau et Quicherat. Il ne pousse pas la licence jusqu'à l'extension indéfinie de ces vers de quinze pieds, dont l'indiscrète longueur a failli éloigner de M. Fernand Gregh les suffrages de l'Académie. Il ne tombe point dans les «polymorphies» où vagabondent *les Palais nomades* de M. Gustave Kahn. Il n'imite pas les «laisses rythmiques» où s'ébauchent *les Squelettes fleuris* de M. Tristan Klingsor. *Les Reposoirs de la procession*, signifiés en d'irrégulières prosodies par M. Saint-Pol Roux-le-Magnifique, ne le hantent pas, non plus que *le Verger doré* de M. Yvanhoë Rambosson... Mais il ne déteste pas les vers affligés d'une certaine boiterie mélancolique :

Des cloches et des hymnes chantent dans mon cœur...
....

Dans les agrès allègres voltige un vol blanc
D'hirondelles amies, et la frêle chaloupe
Berce à la vague les fleurs lasses de sa poupe
Dans un cortège impérial de goélands...

M. Amédée Rouquès énerve volontiers l'ancien hémistiche. Il casse avec plaisir les ailes du vieil alexandrin, et il savoure je ne sais quelle volupté néronienne à voir sa victime panteler au ras du sol comme un oiseau blessé :

Des voix confuses passent à travers la brume....
....

Ce pendant qu'au ciel tranquille un soleil pâlot.
Sommeillait, qui parfois laissait errer sa bouche
A la cime fuyante et sonore du flot.
Les goélands ne savaient plus les cris farouches.

Il pleut beaucoup dans les poèmes de M. Amédée Rouquès, presque autant que sur les béguinages de M. Georges Rodenbach.

[*Le Temps* (31 octobre 1897).]

ROUSSEL (Raymond).

La Doublure, roman en vers (1897).

OPINION.

GUSTAVE KAHN. — Le roman en vers n'avait plus guère tenté personne depuis *l'Edel* de Paul Bourget, et pas même Bourget lui-même ; d'ailleurs *Edel*, comme *l'Olivier* de François Coppée, est plutôt une

nouvelle qu'un roman en vers. M. Raymond Boussel, l'auteur de *la Doublure*, tient à ce que ses lecteurs appellent son livre un roman.

[*Revue Blanche* (1897).]

ROUTIER (Gaston).

Lélio (1891).

OPINION.

CH. FUSTER. — Cette œuvre à la Musset, très passionnée et, on le sent, très sincère, est précédée d'une préface où l'auteur fait le procès des symbolistes. Il a, en effet, le vers très lucide, très vif et très français.

[*L'Année des Poètes* (1891).]

ROUVRAY (Étienne).

Poèmes de l'Irréel (1894).

OPINION.

JOSEPH CASTAIGNE. — Il a voulu saisir l'insaisissable et il y a réussi. Il a erré «dans le verger de son âme, sur les rebords du jour où le rêve chemine» et en est revenu avec des vers tout en nuances, d'un art raffiné.

[*L'Année des Poètes* (1894).]

RUIJTERS (André).

Douze petits nocturnes (1896). – *Les Oiseaux dans la cage* (1896). – *A eux deux* (1896). – *La Musique et la Vie* (1897). – *Les Mains gantées et les Pieds nus* (1898).– *Les Jardins d'Armide* (1899). – *Les Escales galantes* (1900).

OPINIONS.

GEORGES EEKHOUD. — M. André Ruijters a publié comme maiden book une plaquette de *Douze petits nocturnes*. Ce sont de jolies piécettes intimistes, d'une grande fraîcheur de sentiment, quoique d'une mélancolie assez précoce qui en augmente peut-être le charme ; tout jeune encore, M. Ruijters n'a point l'étourderie, la pétulance et le rire de ses années ; son idyllisme n'est point emprunté ou appris par cœur, le poète est bel et bien amoureux et ce qu'il écrit, il a dû vivement l'éprouver.

[*Le Coq rouge* (janvier 1896).]

HENRI VAN DE PUTTE. — *Douze petits nocturnes*, la première œuvre, n'est que l'expansion mélodieuse de ces sentiments d'une pureté et d'une grandeur très douces. Des vers y sont faibles, mais il n'importe, puisque la plupart sont suaves, chuchoteurs et intimes.

[*L'Art jeune* (1896).]

MAURICE LE BLOND. — Un des efforts, le plus estimable à mon avis, chez ce poète, est celui de mettre toujours au diapason du paysage la gamme de ses sentiments. Il n'y réussit pas toujours, mais en avoir senti la nécessité, c'est déjà bien joli.

Pour résumer : dans une anthologie, où l'on se jouerait à réunir quelques poèmes des soirs, et où *Apparition*, de Stéphane Mallarmé, *Soir d'octobre* et *Nuit de juin*, de Léon Dierx, resteraient d'incontestables chefs-d'œuvre, un petit *Nocturne*, de M. Ruijters, y figurerait sans trop choquer.

[*Revue Naturiste* (1896).]

S

SABATIER (Antoine).

Casques fleuris (Lyon, 1895). – *Le Baiser de Jean* (Lyon, 1898). – *La Manola*, poème (Lyon, 1898). – *Fleurs de mes jours* (1900).

OPINIONS.

MARC LEGRAND. — Il s'adonne de préférence aux sonnets couplés, telles deux délicates burettes soudées où sont exactement dosées ses qualités : archaïsme pittoresque et grâce hautaine.

[*Les Portraits du prochain siècle* (1894).]

MAURICE PERRÈS. — *La Manola* est un conte des temps jadis, un poème à la fois burlesque, tragique et satirique, où l'auteur nous montre qu'il est un adroit rimeur selon Banville. Il nous fait parfois sourire par sa verve sémillante et sa froide ironie, mais il ne nous émeut point.

[*L'OEuvre* (1898).]

SAINT-CYR (Charles de).

Les Frissons (1897).

OPINION.

YVES BERTHOU. — *Les Frissons* sont réellement ceux d'une âme noble qui vit intensément. Vivre, c'est souffrir. La tristesse de M. de Saint-Cyr est celle que l'on aime. Le poète ne geint pas dans les carrefours, en s'accompagnant d'une guitare, la chanson de tout le monde. Dans une salle inaccessible d'un château solitaire et ruiné, un inconnu fait encore sangloter les cordes d'un instrument exténué.

[*La Trêve-Dieu* (1897).]

SAINTE - BEUVE (Charles - Augustin). [1804-1869.]

Tableau de la poésie française au XVIe *siècle, et OEuvres choisies de Ronsard avec notices, notes et commentaires* (1828). – *Vie, poésies et pensées de Joseph Delorme* (1829). – *Les Consolations* (1830). – *Volupté*, roman (1834). – *Pensées d'Août* (1837). – *Poésies complètes* (1840). – *Portraits littéraires* (1839, 1841, 1844). – *Histoire de Port-Royal* (1840-1862). – *Portraits de femme* (1844). – *Portraits contemporains* (1846). – *Causeries du lundi* (1851-1857). – *Étude sur Virgile* (Paris, 1857). – *Nouveaux lundis* (Paris, 1863).

OPINIONS.

VICTOR HUGO. — Poète, dans ce siècle où la poésie est si haute, si puissante et si féconde, entre la messénienne épique et l'élégie lyrique, entre Casimir Delavigne qui est si noble et Lamartine qui est si grand, vous avez su, dans le demi-jour, dé-

couvrir un sentier qui est le vôtre et créer une élégie qui est vous-même. Vous avez donné à certains épanchements de l'âme un accent nouveau.

[*Réponse au discours de réception de M. Sainte-Beuve à l'Académie* (27 février 1845).]

AUGUSTE DESPLACE. — M. Sainte-Beuve est, à vrai dire, un Protée en poésie. La lune a moins de phases que sa pensée. Le signalement que vous aurez donné de lui à propos de *Joseph Delorme* ne s'appliquera plus à l'auteur des *Consolations*, et moins encore à celui des *Pensées d'Août*. Nul n'a besoin de commentateurs pour reconnaître que ces trois faces d'un même talent sont des transformations successives, que ces trois fruits d'un même rameau sont d'une saveur et d'une valeur différentes.

[*Galerie des Poètes vivants* (1847).]

LAMARTINE. — On a raillé ses *Consolations*, poésies un peu étranges, mais les plus pénétrantes qui aient été écrites en français depuis qu'on pleure en France. Quant à moi, je ne puis les relire sans attendrissement. Attendrir, n'est-ce pas plus qu'éblouir? Si Werther avait écrit un poème la veille de sa mort, ce serait certainement celui-là. C'est la poésie de la maladie; hélas! la maladie n'est-elle pas un état de l'âme pour lequel Dieu devait créer sa poésie et son poète? Sainte-Beuve fut ce poète de la nostalgie de l'âme sur la terre. Que les bien portants le raillent; quant à moi, je suis malade et je le relis. Depuis, il a laissé les vers; il a donné à la prose des inflexions, des contours, des *inattendus* d'expression, des finesses et des souplesses qui rendent son style semblable à des chuchotements inarticulés entre des êtres dont la langue seule serait le tact. Il a écrit à la loupe, il a rendu visibles des mondes sur un brin d'herbe, il a miniaturé le cœur humain; il a été le Rembrandt des demi-jours et des demi-nuances. Il a efféminé le style à force d'analyser la sensation.

[*Cours familier de littérature* (1856-1868).]

BARBEY D'AUREVILLY. — Certes, c'est un homme d'esprit, et même n'est ce que j'en puis dire de mieux. Je m'obstine à soutenir qu'il a eu un jour du génie — du génie, malade, il est vrai — dans *Joseph Delorme*, mais il n'a recommencé jamais. Depuis ce jour, unique dans sa vie, il a eu beaucoup de talent, noyé dans un bavardage inondant, car il a dans la plume ce prurit albumineux que M. Thiers a sur la langue... M. Sainte-Beuve aime cette Sainte-Périne de professeurs qu'on appelle l'Académie, et il y va tous les jours de séance, pour y pédantiser un peu... et pour y chercher provision de commérages et de petits scandales qu'il saura distiller plus tard.

[*Les OEuvres et les Hommes : les Poètes* (1862).]

DE PONTMARTIN. — Sa laideur l'a rendu méchant, son insuffisance comme poète l'a jeté dans la critique, et ses passions réactionnaires contre 48 l'ont fait sénateur.

[*Nouveaux Samedis* (1865-1875).]

PHILARÈTE CHASLES. — Pour l'étude complexe des variétés de l'humanité, M. Sainte-Beuve aujourd'hui n'a pas d'égal. Il est de l'école de Montaigne, Shakespeare, Tacite, Saint-Simon; école longtemps négligée et redoutée en France... De Mme Roland à la princesse des Ursins, de Ronsard au pauvre Conrard, de Catinat à M. de Broglie, de Chapelain à Shakespeare, notre homme, avec une facilité prodigieuse, fait glisser le courant de sa lumière électrique. Il quitte Baïf, revient à Mme Gwetchine, se repose avec Théophile Gautier, caresse l'antiquité, coquette avec la nouveauté, effleure tout, illumine tout, ne se contredit jamais, se modifie sans cesse, fait étinceler les points saillants, arrive aux profondeurs, ne s'y attarde pas, et ne s'arrête que si un scrupule de millésime ou une erreur de nom propre le met en désarroi.

[*Mémoires*, II (1877).]

ÉDOUARD FOURNIER. — C'est moins par un essor d'inspiration que par un effort de volonté que celui-ci fut poète. L'esprit critique le dominait trop pour qu'il eût sincèrement le génie que la Poésie exige. Chez lui, quoi qu'il ait fait, et quoi qu'il ait dit, — car pour aucun de ses ouvrages il ne montra une susceptibilité plus chatouilleuse que pour ses ouvrages en vers, — ce ne fut que chose d'imitation et «voulue».

[*Souvenirs poétiques de l'école romantique* (1880).]

THÉODORE DE BANVILLE. — Ce poète, qui, quand il était jeune, n'a pu obtenir rien de ce qu'il désirait, si ce n'est le don d'écrire de beaux vers, a tout obtenu dans son âge mûr : popularité, gloire, honneurs et même la santé, car le succès, le contentement intérieur, la joie du devoir accompli ont éclairé sa tête naguère souffrante, poli l'ivoire de ses joues, allumé son regard et rendu ses lèvres aussi spirituelles, ses fiers sourcils — qui, très victorieusement, le dispensent de toute chevelure — aussi beaux que ceux de Boileau. D'ailleurs, dans le paradis des poètes, ce critique-poète qui a si bien connu, pénétré et peint de main de maître le XVIIe siècle, n'aura-t-il pas le droit, si cela lui convient, de s'asseoir à côté de ses maîtres, et de porter, comme eux, pour achever d'ennoblir son nez tout moderne, la majestueuse perruque blonde à la Louis XIV?

[*Camées parisiens* (1886).]

SAINTE-CROIX (Camille de).

La Mauvaise Aventure (1885). - *Contempler*, roman (1887). - *Mœurs littéraires* (1890). - *Double Mère*, roman (1891). - *Amours de vierges*, roman (1891). - *Cent Contes secs* (1895). - *Manon Roland*, avec Émile Bergerat (1896). - *La Burgonde*, avec Émile Bergerat et Paul Vidal (1899). - *Noir, Blanc, Rose*, un acte, en vers (1899). - *Pantalonie*, roman (1900). - *Les Fiancés d'Enguelbourg*, cinq actes, en vers (1900). - *Le Justicier*, opéra en trois actes, avec Henri Signoret, musique de Léon Honnoré (1901).

OPINIONS.

PAUL MARGUERITTE. — Camille de Sainte-Croix ne nous laisse aucun doute sur la manière dont il en-

tend son rôle, tout accidentel et fortuit, de polémiste. Ce n'est point pour lui une fonction, une de ces places de jurés-experts comme l'entendent messieurs les critiques; il ne sent là qu'une occasion de dire, au hasard de l'actualité, ce qu'il voit «dans ses faits journaliers de la vie des lettres de Paris». Il le dit vite, net et clair. Sa crânerie est faite d'élégance. Injuste, ou plutôt extrême, comme les passionnés, au nom de la justice et pour l'amour d'elle, il n'a rien de pédant, de nuageux, de flottant. Il sait ce qu'il aime et ce qu'il déteste: son patron, s'il en avait un, serait saint Barbey d'Aurévilly.

[*Mercure de France* (août 1891).]

HENRI DEGRON. — *Pantalonie* est un livre merveilleux. Il me serait impossible de vous raconter en détail les multiples aventures qui se déroulent en ce livre, de vous présenter tous les personnages que M. Camille de Sainte-Croix met en scène... Port-Lazulie est une ville située sur l'un des versants du Mont-Pantalon. Tout le monde y est heureux. Le roi de la contrée est Phlemmar, centième du nom, sa femme, la délicieuse reine Crédulie, leur premier ministre, Domito... Et si vous voulez savoir comment Métapanta, fils de Gupor, président d'une république voisine, — celle de Négocie, — et mari d'Ingénie, fille du grand savant Rhadinouard, s'y prit, pour embêter les tranquilles Lazuliens, et à un tel point, que les Négociens veulent conquérir leur pays, vous n'avez qu'à lire le volume. Vous passerez les heures les plus exquises.

Ce que je puis affirmer cependant, c'est la beauté de l'œuvre de M. Camille de Sainte-Croix, œuvre dont il n'est pas difficile de dégager la portée morale, de tirer tous les enseignements possibles. Tout y est irréel, fictif, bouffon, cocasse, légendaire. D'un côté, le rêve, presque l'idéal; de l'autre, la vie malpropre, avec tous les gestes de ces pantins qui s'appellent des hommes. Livre «révolutionnaire», soit. Mais avant tout, livre pensé par un très probe artiste, conçu par un écrivain de race et d'un fier talent; brodé de toute une adorable fantaisie. Les trouvailles ingénieuses y abondent, sans compter les drôleries les plus imprévues qui donnent l'éclat de rire, les originalités les plus exquises qui y fourmillent, l'érudition la plus parfaite mise au service de l'esprit le plus mordant, le plus incisif. Ah! que tous les grands de la terre y sont arrangés de la belle manière! Et comme nos mœurs contemporaines y sont traitées ainsi qu'il convient! C'est du *cravachat ridendo mores!*...

[*La Plume* (1er juillet 1900).]

SAINT-GEORGES DE BOUHÉLIER.

L'Annonciation (1894). - *La Vie héroïque des aventuriers, des poètes, des rois et des artisans. (Théorie du pathétique pour servir d'introduction à une tragédie ou à un roman)* [1895]. - *La Résurrection des Dieux* (*Théorie du paysage*) [1895]. - *Discours sur la mort de Narcisse ou l'impérieuse métamorphose* (*Théorie de l'amour*) [1895]. - *L'Hiver en méditation ou les Passe-Temps de Clarisse*, suivi d'un opuscule sur Hugo, Richard Wagner, Zola et la Poésie nationale (1896). -

Eglé ou les Concerts champêtres, suivi d'un épithalame (1897. – *La Route noire* (1900). – *La Tragédie du nouveau Christ* (1901).

OPINIONS.

MAURICE LE BLOND. — C'est précisément à cause de sa vision générale de l'Univers, que M. de Bou-hélier ne s'est pas limité à ce strict impressionnisme littéraire, où semblent se complaire les jeunes hommes actuels. Pour lui, l'art est inséparable de la religion, et il veut en faire rayonner l'éclat sacré. Il a su synthétiser ses impressions et aboutir à un art d'éternité.

[*Essai sur le Naturisme* (1896).]

JOACHIM GASQUET. — Gœthe a dit : «L'homme est un entretien de la nature avec Dieu». Si l'art est l'expression parfaite, l'écho religieux de cet entretien, M. Saint-Georges de Bouhélier est un artiste comme je les rêve. Il sait et a la pudeur d'ignorer; il a cherché les lois, mais, pour être in-nocent comme le monde, il les oublie, et son âme ainsi est suave et forte, et mieux que le vent son chant coule dans la lumière les invisibles semences et conduit sur nos fronts les bienfaits de l'au-rore.

[*Les Mois dorés* (1896).]

PIERRE QUILLARD. — M. de Bouhélier a le droit d'écrire, sans nous suggérer d'ironie, «Dieu et le brin de paille», parce que rien ne s'offre à lui que sous les espèces du pathétique; il sait fort bien re-connaître dans le paysan qui jette le blé au sillon une manière de héros, et telles pages, *Le Départ après les moissons,* indiquent simplement et sûre-ment la très ancienne tragédie des adieux sans retour. Il serait temps, semble-t-il, que l'homme capable d'écrire cent lignes comme celles-là voulût bien surseoir à ses méditations éthiques et esthéti-ques et parfaire l'œuvre qu'il nous doit. Il est ad-venu que l'on s'offusquât des extraordinaires appré-ciations qu'il formule à l'égard des morts et des vivants. Il n'y faut point, je crois, attribuer de ma-lignité; mais cette critique de matamore sur un ton oublié depuis M. de Scudéry et Cyrano de Bergerac se fait pardonner son impertinence, parfois absurde, par une fougue juvénile et tumultueuse, trop rare pour ne point se conquérir les plus bienveillantes sympathies. C'est là l'innocente liesse d'un faune adolescent, un peu saoul de soi, si j'ose dire, et d'un soi qui n'est point vulgaire; car M. de Bou-hélier concilie sans peine l'admiration et l'injure envers le même écrivain, et on ne sait trop ce qui domine en lui à l'égard de Shakespeare, de Hugo ou de M. Zola. Mais son ivresse est d'un lettré farci de littérature — s'il était le strict «naturiste» qu'il dit, à quoi bon transposer en des livres son émotion — et il n'est pas sans charme de retrouver en lui, par les réminiscences qui s'y font jour, un culte tacite et éclectique pour les poètes et les penseurs les plus divers; Denis Diderot, Michelet et Hugo lui ensei-gnèrent à construire les phrases désordonnées seu-lement en apparence; Emerson et Carlyle inspirè-rent son louable amour pour les paysans et les héros; il n'ignore ni le Barrès du *Jardin de Bérénice,* ni le Taine de la *Littérature anglaise,* et quand il écrit : «Des liserons sonnent et un coq luit» ou qu'il ap-pelle les abeilles «les petites splendeurs des campa-

gnes», je ne sais pas oublier les métaphores chères au magnifique Saint-Pol-Roux. Le meilleur hom-mage qu'un écrivain puisse adresser à ses aînés, n'est-ce point, en somme, de s'avouer leur hoir par d'aussi explicites emprunts au trésor qu'ils léguèrent ?

[*Mercure de France* (décembre 1896).]

LOUIS DE SAINT-JACQUES. — ..... En effet, non seulement le rythme de M. de Bouhélier manque d'assurance, mais encore, parfois, il ne lui appar-tient pas. Magre, Viollis, Signoret et surtout Abadie ont énormément servi à l'auteur d'*Eglé.* Il leur emprunte, à chacun, la qualité particulière de leur lyrisme, voire même des expressions qui leur sont propres, au point que, par exemple, lue isolément, la strophe que je signale serait attribuée au poète des *Voix de la Montagne.* Ces imita-tions, pour être fortuites, n'en sont pas moins fâ-cheuses.

[*La Plume* (1897).]

JEAN VIOLLIS. — Saint-Georges de Bouhélier nous donne son premier livre de vers. L'œuvre a deux parties bien marquées : c'est d'abord une brusque et rythmique allégorie, où les forces naturelles con-cordent à représenter les moments, les saisons. Un adolescent s'intéresse avec anxiété à figurer l'attente de l'Amour dans un décor propice, par le frisson des vents, l'éclat grondant des cieux, des danses langoureuses, bondissantes, selon que son désir s'attendrit ou s'emporte; cet adolescent s'exaspère de son attente; d'où l'espèce d'abattement de cer-tains chants où il l'exprime, et leur exagération lyrique parfois. Mais il va reposer cette fougue im-précise, cet héroïsme abondant et fané sur un unique objet qui réunit tous les charmes épars : l'*Épithalame* est donc d'une harmonie calme et pro-portionnée; la fièvre d'amour qui l'anime contribue même à cette paix. La confuse tendresse qui trou-blait l'esprit d'un jeune homme n'a plus besoin, pour s'exprimer, d'emprunter une mythologie rus-tique, mais trouve sa raison comme son but dans la femme qu'il sut élire; c'est une destinée qui se fixe et définitivement s'attache; il est heureux qu'une aussi favorable aventure nous ait valu de beaux vers.

[*L'Effort* (décembre 1897).]

ÉMILE ZOLA. — *Lettre à M. Maurice Le Blond,* à propos du collège d'esthétique moderne. — Je n'ai jamais été pour un enseignement esthétique quel-conque, et je suis convaincu que le génie pousse tout seul, pour l'unique besogne qu'il juge bonne. Mais j'entends bien que, loin de vouloir imposer une règle et des formules aux individualités, votre ambition est simplement de les susciter, de les éclaircir, de leur donner comme une atmosphère de sympathie et d'enthousiasme qui bat leur pleine flo-raison.

Et c'est pourquoi je suis avec vous, de toute ma fraternité littéraire. Ce qui me ravit dans votre ten-tative, c'est que j'y vois un règne nouveau de l'évo-lution qui transforme en ce moment notre petit monde des lettres et des arts. Tout un réveil met debout la jeunesse; elle refuse de s'enfermer davan-tage dans la tour d'ivoire, où ses aînés se sont mor-fondus si longtemps, en attendant que sœur Anne, la vérité de demain, parût à l'horizon. Un souffle a passé, un besoin de hâter la justice, de vivre la vie vraie, pour réaliser le plus de bonheur possible. Et les voilà dans la plaine, résolus à l'action, les voilà en marche, sentant bien qu'il ne suffit plus d'attendre, mais qu'il faut avancer sans cesse, si l'on veut aller par delà les horizons, jusqu'à l'infini.

[*Revue Naturiste* (janvier 1901).]

MAURICE LE BLOND. — Le *Christ* de Bouhélier est une création extraordinaire. Il fallait le don verbal et la sublimité de pensée propres à un pareil poète pour en réaliser aussi parfaitement la figure.

[*Revue Naturiste* (mars 1901).]

GUSTAVE CHARPENTIER. — Je salue le jeune prophète en qui s'affirment les espérances, toute l'âme généreuse et volontaire de la jeunesse présente.

[*Toast au banquet Bouhélier* (mai 1901).]

SAINT-MAUR (Hector de).

Le Livre de Job (1861). – *Le Psautier* (1866). – *Le Dernier Chant* (1855-1875).

OPINION.

JULES BARBEY D'AUREVILLY. — Pourquoi *Le Dernier Chant?*... Je n'ai pas aimé ce titre, qui semblait une démission et une menace de silence. Mais les poètes ont parfois de ces mélancoliques coquetteries, pour toucher et amener à eux les imaginations... Saint-Maur eut cette originalité des plus rares que, parmi les poètes de notre époque, ces féroces et sonores amoureux du bruit, il ne se pressa pas avec la renommée. Il savait qu'il avait le temps... Elégiaque, lyrique et comique! Voilà les trois faces qui sont les trois profondeurs du talent de Saint-Maur. Ce n'est point du tout un monocorde. C'est, au contraire, le nombre des cordes qui fait la force de sa lyre. On parle toujours des sept cordes de la lyre... mais je crois que la sienne en a plus de sept. Imagination très étendue et très sensible, qui a sous ses mains un clavier énorme et qui monte et descend en un clin d'œil la gamme de tous les sentiments. D'aucuns vous diront qu'il est éclectique en poésie, mais ne les croyez pas ! Il est vrai. Il est sincère. Il ne *choisit* rien; il *éprouve* tout. Il n'est pas plus éclectique que la harpe éolienne tendue aux vents dans les rameaux d'un amandier, et qui gémit d'un autre ton à tous les souffles passant à travers elle! Saint-Maur est le plus vrai des poètes, comme il était le plus vrai des hommes; et c'est sa vérité qui fait sa puissance.

Les Œuvres et les Hommes : les Poètes (1863).]

SAINT-MAURICE (Remy).

Les Arlequinades (1892).

OPINION.

CHARLES FUSTER. — Il y a bien du factice et du clinquant dans ce livre, à la forme bien littéraire d'ailleurs et à la langue étincelante de paillettes.

[*L'Année des Poètes* (1892).]

SAINT-PAUL (Albert).

Scènes de bal (1889). – *Pétales de nacre* (1891).

OPINION.

ACHILLE DELAROCHE. — Son œuvre, encore peu volumineuse, vaut surtout par la qualité et le met au rang des meilleurs. *Scènes de bal,* en des décors de Boucher et de Watteau, évoquaient les chères ombres du siècle passé. *Pétales de nacre,* exotiques, au contraire, nous firent voyager en d'exquis paysages japonais, parmi les mousmés de légende.

[*Portraits du prochain siècle* (1894.)]

SAINT-POL-ROUX.

L'Âme noire du Prieur blanc (1893). – *Épilogue des Saisons humaines* (1893). – *Les Reposoirs de la Procession* (1894). – *La Dame à la faulx* (1899). – *La Rose et les Épines du chemin* (1901).

OPINIONS.

CHARLES-HENRY HIRSCH. — Je me borne à seulement dire mon extrême joie d'avoir suivi, avec M. Saint-Paul-Roux, la Procession qu'imagina son rêve, — et mon ravissement au spectacle des splendides reposoirs que son art sincère édifia... Il sera celui qu'il a défini, le Poète : l'entière humanité dans un seul homme, — car il marche, hautain, à la conquête de l'avenir, en semant, avec le geste large des forts, à la volée, le bon grain d'où naîtront des fleurs éternelles comme les pierreries.

Et, d'avoir lu ces pages de clarté, j'ai gardé l'âme éblouie comme au passage d'une gloire lumineuse d'archange, telle qu'on peut la songer d'après l'or, le rouge et le bleu des images naïves, peintes pieusement autrefois.

[*Mercure de France* (avril 1894).]

LOUIS LORMEL. — L'Univers est une catastrophe tranquille; le poète démêle, cherche ce qui respire à peine sous les décombres et le ramène à la surface de la vie. Ainsi, en cette note, l'auteur élucide l'œuvre : glose de la Nature, parmi le pèlerinage de la Vie. Et chaque reposoir semble nous offrir le symbole d'une divinité nouvelle. Comme Victor Hugo, M. Saint-Pol-Roux est un panthéiste. Cet éloge semblera faible à vos yeux — bons snobs qui préférez Baudelaire au «génial bafouilleur». Mais dire que — païen est, malgré son bon vouloir, nullement métaphysique — l'auteur des *Reposoirs* est notre Victor Hugo, c'est dire qu'il est, à notre sens, de cette demi-douzaine d'écrivains nouveaux qui sont les maîtres du Futur et dont les moins contestés sont Henri de Régnier et... et qui? Et puis ces poèmes en prose sont d'une langue neuve et bigarrée où tout se traduit en images : style qu'on imiterait mal. (Le portrait en tête du volume : d'un Lohengrin écossais.)

[*L'Art littéraire* (juin 1894).]

CAMILLE MAUCLAIR. — Un berger ivre de soleil et de thym, mais dont les moutons auraient égaré leurs bêlements sur le chemin de la lumineuse Damas, c'est peut-être tout Saint-Pol-Roux, poète simple à la ferveur gaie, en qui se recèle un adorateur farouche de la Pourpre... Voici un homme au cœur vrai; pour qui le monde visible existe, tumultueux traîneur d'images de pierreries dans la sèche politesse de nos logiques latines, j'ai dit ailleurs : le Monticelli des lettres.

[*Portraits du prochain siècle* (1894).]

LUCIEN MUHLFELD. — *Les Reposoirs de la Procession* sont de belles pensées, de belles métaphores, de belles phrases. Ce sont des images, des images riches. Même aux esquisses qu'il s'amuse à rendre, Saint-Pol-Roux met toute sa palette, et quelle palette!

[*Revue blanche* (février 1894).]

EMMANUEL SIGNORET. — Saint-Pol-Roux n'est point, comme Jean Moréas, un parfait écrivain. Mais je salue en lui toutes les fougues et tout le ruissellement de sang et d'or des hommes de génie. Sa parole est évocatrice et s'épanche — tonnante et éblouie — comme un torrent qui tombe de haut.

[*La Plume* (1896).]

REMY DE GOURMONT. — L'un des plus féconds et les plus étonnants inventeurs d'images et de métaphores... *Le Pèlerinage de sainte Anne*, écrit tout entier en images, est pur de toute souillure, et les métaphores, comme le voulait Théophile Gautier, s'y déroulent multiples, mais logiques et très bien entre elles : c'est le type et la merveille du poème en prose rythmée et assonancée. Dans le même tome, *le Nocturne*, dédié à M. Huysmans, n'est qu'un vain chapelet d'incohérentes catachrèses : les idées y sont dévorées par une troupe affreuse de bêtes. Mais *l'Autopsie de la vieille fille*, malgré une faute de ton, mais *Calvaire immémorial*, mais *l'Âme saisissable*, sont des chefs-d'œuvre. M. Saint-Pol-Roux joue d'une cithare dont les cordes sont parfois trop tendues : il suffirait d'un tour de clef pour que nos oreilles soient toujours profondément réjouies.

[*Le Livre des Masques* (1896).]

EDMOND PILON. — M. Saint-Pol-Roux a écrit la tragédie de la Mort d'une autre façon que M. Maeterlinck. L'auteur de ,*l'Intruse* n'avait fait qu'allusion, celui de *la Dame à la Faulx*, au contraire, insiste sur la présence effective de la Camarde; il en fait le personnage réel, palpable, principal de son livre. Ainsi Holbein, peignant d'un pinceau profond, les bas-reliefs de sa Danse Macabre, ainsi le maître de la Mort de Marie et les naïfs poètes du moyen âge! Un souffle de désespérance, d'épouvante et de deuil passe sur les chapitres de cette œuvre comme un grand envol d'oiseaux de nuit.

Divine? Magnus? Les deux plutôt. La Vie triomphe de la Mort, la Mort de la Vie; puis la Vie elle-même renait de la Mort, et c'est le spectacle éternel de Faust à Axel! Œuvre touffue, ardente, éloquente, lumineuse, tragique, *la Dame à la Faulx*, plutôt poème dramatique que drame, vaut par une langue d'un rythme heureux se mesurant bien aux épisodes. Certains passages, comme le dialogue de Magnus et de la Dame à travers l'huis du Manoir, les scènes de l'Université, du Carnaval, la Kermesse finale de la Mort, sont d'une sublime inspiration, d'une portée poétique. Le divin, l'abject, l'éclatant, le sombre, le rire, les larmes, l'espoir, le doute, le meurtre, l'amour, se partagent les mul-

tiples scènes de ce grand ouvrage qui en contient de superbes. Ainsi la scène III du sixième tableau où la Communion des Amants :

> Simples comme la brise des vallons et de la mer,
> Simples comme l'aurore et comme l'eau de source...

Le style imagé, coloré, souple et neuf convient étroitement à ce sujet d'humanité large. *La Dame à la Faulx* fait époque. Peu louangée actuellement, elle défrayera les propos de la critique future. Nul, depuis Villiers de l'Isle-Adam, n'a donné plus complètement que dans cette œuvre l'impression du «génie». Ce jugement d'un poète ami est le nôtre aussi. Aussi celui qu'adoptera l'avenir.

[*La Vogue* (1899).]

PAUL ADAM. — *La Dame à la Faulx* marque la plupart des heures historiques, comme dans le symbole naïf des vieilles pendules. Un oiselet, se trompant à voir ce bras sec ainsi qu'une branche d'hiver, s'y perche, puis se réfugie au centre de la cage vide du thorax, pour y palpiter à la place d'un cœur, pour y expirer un parfum de compassion, de joie vivante et d'amour. Qu'un admirable poète, Saint-Pol-Roux, ait inventé cette image et fait, autour, bondir les passions d'une tragédie, c'est un espoir d'humanité rêveuse. *La Dame à la Faulx* besogne éternellement parmi les œuvres, les peuples, les hommes et les vœux des races, afin de faciliter la tâche des devins.

[*Le Journal* (16 janvier 1900).]

HENRI DEGRON. — Tout net, il me plait d'affirmer la Beauté grande de cette œuvre, qui est la manifestation dramatique (théâtre idéaliste) la plus importante de ces quinze dernières années. Cette œuvre fera date — ainsi l'a écrit justement M. Edmond Pilon. — Œuvre humaine, essentiellement d'Amour et de Vie!... Le souffle tragique de Mort qui la traverse dit assez qu'au-dessus d'elle encore, il y a la Beauté, l'Immortalité. Nos actions, seules, ne sont rien; les pensées, seules, demeurent.

Ah! *la Dame à la Faulx* n'est pas un livre où toutes les *tranches* de vie vous sont servies à petites doses, où les faits et gestes d'un chacun... sont notées exactement, psychologiquement... Non, mieux encore, plus grand encore! car, au milieu d'un décor superbe et d'irréel, des personnages magnifiés passent, se meuvent, parlent, s'aiment et souffrent. Toutes les rafales humaines se déchaînent en ce livre, en lequel murmurent aussi — arpèges très exquis — des bruits de baisers, des musiques de violes, des gouttes de rosée qui tombent!... Ajoutez à cela un style étonnant, extraordinaire! Vers d'une inouïe beauté, d'une longueur comme sans fin, d'un raccourci charmant, s'entremêlant en un désordre merveilleux. Chaos qui s'ordonne au fur et à mesure que la pensée s'affirme! Métaphores d'une originalité profonde, images se suivant, se culbutant, pour après s'éteindre sur des phrases en lesquelles ont passé des torrents d'harmonie. Tout un flux, tout un reflux d'ondes jolies et lentes, grondantes et apaisées. Marée montante, d'où émergent les rubis et les émeraudes, et dont les flots aux embruns échevelés battent le phare où brille, fulgure l'étoile de Beauté claire!

[*La Plume* (1900).]

Louis Dumur. — M. Saint-Pol-Roux est un magicien de l'image. Il a le don, violent comme un instinct, de transformer l'univers en un grouillement prodigieux de phantasmes significatifs. A sa voix, tout s'anime, tout prend corps; les monstres surgissent de partout, apocalyptiques, hurlant chacun son symbole; la nature inanimée se gonfle, se tord et, prise d'enfantement, accouche d'une création horrifique; on s'effare; on roule de cauchemar en cauchemar; on se croit dans une autre planète; et, tout à coup, au brusque déclic d'une métaphore, à un détour de phrase, à un mot, on s'aperçoit qu'il s'agit au fond de choses très simples dans le décor de l'éternelle poésie. L'homme s'appelle *Magnus*; la femme, identifiée avec la vie, n'est autre que *Divine; Elle*, c'est la mort, *la Dame à la Faulx*. Le drame se joue entre ces trois entités, grandiose, hallucinant, mais sans autre complexité essentielle que celle qu'on imagine de suite à la seule énonciation des personnages. Magnus aime Divine et va s'unir à elle; survient la terrible Dame, qui le voit, le veut, l'envoûte par la séduction de ses divers avatars, et finalement... le fauche. C'est le drame de la mort, et par conséquent, si l'on veut, celui de la vie, mais de la vie toujours en face de la mort, donc seulement celui de la mort, quoi qu'en dise M. Saint-Pol-Roux dans sa préface... Je dirai seulement à ceux qu'étonna déjà la verve estomirante de l'auteur des *Reposoirs de la Procession* : lisez *la Dame à la Faulx*, c'est de beaucoup ce qu'il a fait de plus fort. M. Saint-Pol-Roux est le dernier des grands romantiques, soignons-le. Burger, le poète de la ballade de *Lenore*, saluerait en lui son plus authentique disciple, qui le dépasse d'ailleurs de cent coudées — ou plutôt, pour rester dans la note, de cent cubitus.

[*Mercure de France* (mai 1900).]

SAISSET (Frédéric).

Les Soirs d'ombre et d'or (1898).

OPINION.

Henry Davray. — Il y a dans *les Soirs d'ombre et d'or*, de M. Frédéric Saisset, de très réelles qualités, le plus souvent dissimulées et gênées par des hésitations, des indécisions, des appréhensions, et l'on sent trop que le poète doute de soi-même et ne parvient pas à se libérer de certaines influences malgré des efforts continuels, mais sans hardiesse.

[*L'Ermitage* (juin 1898).]

SAMAIN (Albert). [1859-1900.]

Au Jardin de l'Infante (1893). – *Aux Flancs du Vase* (1898). – *Le Chariot d'or* (1901).

OPINIONS.

François Coppée. — M. Albert Samain est un poète d'automne et de crépuscule, un poète de douce et morbide langueur, de noble tristesse. On respire tout le long de son livre l'odeur faible et mélancolique, le parfum d'adieu des chrysanthèmes à la Saint-Martin... Je crois bien que M. Albert Samain, qui a peut-être lu mes *Intimités*, doit beaucoup, héréditairement, à Baudelaire, à Verlaine et

à ce symphonique et mystérieux Mallarmé que Mendès a spirituellement appelé un «auteur difficile», et qui n'en est pas moins pour beaucoup de «jeunes» un chef d'école.

[*Le Journal* (1893).]

Pierre Quillard. — Parmi les arbres d'un parc automnal que l'imminence de la mort pare d'une beauté touchante et solennelle, sur des eaux lentes parfumées au crépuscule de pâles roses et de violettes pâles, près d'une seigneuriale demeure qui s'écroule au milieu des hautes herbes et atteste une existence dix fois séculaire par l'effondrement des majestueuses salles romanes et des étroits boudoirs, encore tendus de molles étoffes en lambeaux, là et point ailleurs, il faut se réciter d'une voix mélancolique et fière les vers de M. Albert Samain. J'en sais peu d'aussi inquiets et d'aussi farouches, et l'approche même d'une admiration trop curieuse risquerait d'en faire brusquement cesser le chant pur et surnaturel, ainsi que s'enfuirait loin des profanes un vol de cygnes offensés.

[*Mercure de France* (octobre 1893).]

Lucien Muhlfeld. — M. Albert Samain (*Au Jardin de l'Infante*) est plus inégal (que M. Ferdinand Hérold) avec peut-être un sentiment plus intense. Mais, pour sûr, M. Coppée a déjà écrit : «et c'était comme une musique qui se fane», et M. de Hérédia n'eût pas écrit : «la mer Thyrrhénienne aux langueurs amicales».

[*Revue Blanche* (octobre 1893).]

Alfred Vallette. — Un modeste et un fort, doué de la qualité la plus rare qui soit : l'intelligence. Un fort, parce que, pouvant acquérir de bonne heure, en publiant plusieurs milliers de très beaux vers qu'il cache, la réputation d'un bon poète, il a eu le courage de les rejeter de son œuvre et d'attendre qu'il se fût dégagé des influences directes... Âme extraordinairement vibrante, exquise voyageuse qui s'envole, frêle et rapide, vers les solitudes de l'éther, et, parvenue aux confins dont elle a l'éternelle nostalgie, défaillante à mourir devant l'atmosphère si rare, se grise et se pâme à ouïr des chants et des musiques que nul n'entendit.

[*Portraits du prochain siècle* (1894).]

Mme Tola Dorian. — Le grand poète de demain? Sans hésitation, Albert Samain, à condition qu'il tienne les promesses de son livre superbe : *Au Jardin de l'Infante*.

[*La Plume* (31 octobre 1894.)]

Remy de Gourmont. — Quand elles savent par cœur ce qu'il y a de pur dans Verlaine, les jeunes femmes d'aujourd'hui et de demain s'en vont rêver *Au Jardin de l'Infante*. Avec tout ce qu'il doit à l'auteur des *Fêtes Galantes* (il lui doit moins qu'on ne pourrait croire), Albert Samain est l'un des poètes les plus originaux, et le plus charmant, et le plus délicat, et le plus suave des poètes.

[*Le Livre des Masques* (1896).]

A. Van Bever. — Indépendamment d'une nouvelle édition d'*Au Jardin de l'Infante*, augmentée d'une partie inédite, M. Albert Samain a publié un autre volume, *Aux Flancs du Vase*, suite de poèmes qui offrent l'aspect imagé d'habiles modelages selon le goût antique. On lui doit encore quelques rares pages semées dans des Revues, *La Revue des Deux-Mondes*, *Mercure de France*, *La Revue hebdomadaire*, où furent recueillis des contes en prose fort peu connus : *Xanthis ou la Vitrine sentimentale* (17 décembre 1892), *Divine Bontemps* (11 mai 1895), *Hyalis, le petit faune aux yeux bleus* (20 juin 1896).

[*Poètes d'aujourd'hui* (1900).]

SANSREFUS (Gaston).

Visions et Chimères (1900).

OPINION.

ARMAND SILVESTRE. — Sur tous les rivages, le poète nous entraîne, et partout ce lui est l'occasion d'un paysage merveilleusement juste, d'une impression pleine de couleur. Car c'est surtout par ces dons de peintre et de voyant que le livre de M. Gaston Sansrefus se recommande.

[*Préface* (novembre 1899).]

SARDOU (Victorien).

La Taverne des Étudiants (1854). – *Les Gens nerveux* (1859). – *Les Pattes de mouche* (1860). – *Piccolino* (1861). – *La Perle noire* (1862). – *Les Ganaches* (1862). – *Les Femmes fortes* (1862). – *L'Écureuil* (1862). – *Nos Intimes* (1862). – *La Papillonne* (1862). – *Bataille d'amour* (1863). – *Les Diables noirs* (1863). – *Le Dégel* (1864). – *Don Quichotte* (1864). – *Les Pommes du voisin* (1864). – *Les Vieux Garçons* (1865). – *La Famille Benoîton* (1865). – *Nos Bons Villageois* (1866). – *Maison neuve* (1866). – *Séraphine* (1868). – *Patrie* (1869). – *Fernande* (1870). – *Le Roi Carotte* (1872). – *Rabagas* (1872). – *L'Oncle Sam* (1873). – *Ferréol* (1875). – *Dora* (1877). – *Les Bourgeois de Pont-Arcy* (1878). – *Daniel Rochat* (1880). – *Divorçons* (1880). – *Odette* (1881). – *Fédora* (1882). – *Théodora* (1884). – *Georgette* (1885). – *Le Crocodile* (1886). – *La Tosca* (1887). – *Marquise* (1889). – *Belle-Maman* (1889). – *Cléopâtre* (1890). – *Thermidor* 1891). – *Spiritisme* (1898).

OPINION.

THÉODORE DE BANVILLE. — En dépit de la légende, Victorien Sardou ne ressemble pas plus au général Bonaparte que M. de Girardin ne ressemble à Napoléon, empereur. Un poète trop peu connu, Jules Lefèvre-Deumier, a écrit cet admirable vers : «On meurt en plein bonheur de son malheur passé!» Sardou ne meurt pas, Dieu merci! mais sa tête pâle, souffrante, ses yeux enfoncés et inquiets, sa bouche tourmentée, son grand front plein d'orages montrent clairement que, riche, heureux enfin, maître de son succès et de son art, propriétaire d'un beau château et d'un nom qui voltige sur les bouches des hommes, roi absolu du théâtre du Gymnase et du théâtre du Vaudeville, assez affermi dans sa tyrannie légitime pour pouvoir ne faire qu'une bouchée d'Edgard Poë et de Cervantes, et pour contraindre les poètes morts à lui gagner les droits d'auteur, — il ressent encore les souffrances passées du temps où les directeurs de spectacles, aujourd'hui ses esclaves! lui refusaient ses pièces. Il semble qu'il soit sorti meurtri de sa lutte avec cette pieuvre énorme et horrible appelée le Travail littéraire, et ses beaux cheveux sont de ceux qui consolent les gens chauves d'être chauves, car on voit que cette noire, lourde, charmante et fabuleuse chevelure le dévore!

[*Camées parisiens* (1866).]

SARRAZIN (Gabriel).

Mémoires d'un Centaure (1891.)

OPINION.

ANTONIN BUNAND. — Il se révèle entièrement dans ces récents *Mémoires d'un Centaure*, poème qui, tout en exprimant, par son panthéisme de consolation et de sérénité, un original et très généreux sens de la vie et de ses fins, renoue, en sa forme, la noble tradition de prose enrythmée, aux graves ondes symphoniques, des Chateaubriand, des Ballanche, des Sénancour, des Maurice de Guérin.

[*Portraits du prochain siècle* (1894).]

SCHEFFER (Robert).

Sommeil (1891). – *Ombres et Mirages* (1892). – *Misère royale* (1893). – *L'Idylle d'un prince* (1894). – *Le Chemin nuptial* (1895). – *La Chanson de Néos* (1897). – *Le Prince Narcisse* (1897). – *Grève d'amour* (1898).

OPINIONS.

HENRI DE RÉGNIER. — C'est sur une terre rouge de Phrygie que M. Robert Scheffer a gravé les épigrammes amoureuses et douloureuses de sa *Chanson de Néos*. Elles disent le cruel amour. Vers étranges et singuliers, chansons qui sanglotent, voix qui mord, mélancolie et passion qu'exaltent l'eau qui passe, la feuille qui tombe, la rose qui saigne, l'étoile qui descend. Éros et Thanatos. Je vois ce livret aux mains nerveuses de quelque prince Narcisse, celui dont M. Scheffer vient de conter l'histoire énigmatique et minutieusement bizarre.

[*Mercure de France* (mai 1897).]

GUSTAVE KAHN. — M. Scheffer nous invite à entendre *la Chanson de Néos*... Ses vers sont précieux; ils évoquent autour d'une figure de femme des écharpes aux nuances indécises, et le luxe passager de pierres éphémères.

[*Revue Blanche* (1897).]

SCHURÉ (Édouard).

Histoire du lied en Allemagne (1868). – *L'Alsace* (1871). – *Le Drame musical* (1875). – *Les Chants de la Montagne* (1877). – *Mélidona* (1879). – *La Légende de l'Alsace*, vers (1884).

– *Les Grands Initiés* (1889). – *Vercingétorix*, 5 actes, en vers (1887). – *La Vie mystique*, vers (1894). – *L'Ange et la Sphynge* (1896). – *Sanctuaires d'Orient* (1898).

OPINIONS.

REMY DE GOURMONT. — Il a plu à M. Schuré de mettre en vers ses impressions et ses rêveries religieuses, que son plaisir soit respecté. Le sujet qu'il a choisi «prête à la poésie» et, en effet, il y a de la poésie dans ce tome, de la plus haute, de la plus mystérieuse, — mais la forme en est impersonnelle. C'est de la versification souvent heureuse, pleine, harmonieuse, mais qui manque de relief, de vie originale. Une connaissance sûre des mythes anciens, des idées, de l'enthousiasme, de l'éloquence : tels, je pense, les mérites de cette *Vie Mystique*, œuvre d'un philosophe, sinon d'un poète.

[*Mercure de France* (juillet 1894).]

HENRY BÉRENGER. — Visiblement, le symbolisme légendaire où atteignit Wagner dans ses plus belles œuvres a été l'atmosphère génératrice du symbolisme historique réalisé par Schuré dans son *Théâtre de l'Âme*. Édouard Schuré a fait sur l'histoire un travail de sublimation analogue à celui que Richard Wagner avait fait sur la légende. De même que «Richard Wagner n'est pas entré dans la légende en savant ou en curieux, mais en créateur», de même que Richard Wagner, «rejetant les aventures sans fin et tous les accessoires du roman, se place du premier bond au centre même du mythe et de ce point générateur recrée de fond en comble les caractères et l'organisme de son drame», de même enfin «qu'en restituant au mythe sa grandeur primitive, son coloris orignal, il sait y approprier les passions et les sentiments qui sont les nôtres, parce qu'ils sont éternels, et subordonner le tout à une idée philosophique», — de même Édouard Schuré dégage d'une époque historique ses éléments essentiels, lui recrée une émouvante jeunesse, et la fixe en cet état dans l'imagination humaine. Et si, dans cette résurrection créatrice par le symbole, Édouard Schuré s'avance plus loin que Richard Wagner, s'il invente des personnages-types alors que Richard Wagner transfigure seulement les types légendaires, c'est que la légende se prête plus directement que l'histoire au symbolisme. «Dans l'histoire, en effet, rien ne s'achève, rien n'est complet. L'homme, bon ou mauvais, y agit rarement selon sa vraie nature ; mille liens l'étouffent, mille hasards l'éparpillent. Dans le mythe, au contraire, de grands types se dessinent en traits plastiques, leurs actions glorifient l'essence de l'humanité, et les vérités profondes reluisent à travers le merveilleux comme sous un voile étincelant de lumière.» Pour extraire de l'histoire le même diamant que de la légende, pour en dégager «l'essence de l'humanité», il faut donc des alambics plus puissants, un foyer plus concentré, une transmutation plus énergique...

Il n'y a donc pas lieu de confondre le symbolisme historique du *Théâtre de l'Âme* avec le symbolisme légendaire du drame wagnérien. L'un et l'autre ont leur empire, leur raison, leur beauté. Ce sont des frères qui se complètent sans se confondre. Et si l'un est venu après l'autre, il ne lui ressemble que pour s'en mieux distinguer.

[*La Revue d'Art dramatique* (juin 1900).]

SCHWOB (Marcel).

Cœur double (1892). – *Le Roi au masque d'or* (1893). – *Mimes* (1894). – *Le Livre de Monelle* (1894). – *Annabella et Giovanni*, conférences (1895). – *La Croisade des enfants* (1896). – *Spicilège* (1896). – *Moll Flanders*, traduit de Daniel de Foë (1896). – *Les Vies imaginaires* (1897). – *Hamlet*, traduit de Shakespeare avec Eug. Morand (1899).

OPINIONS.

ANATOLE FRANCE. — Une nouvelle bien faite est le régal des connaisseurs et le contentement des difficiles. C'est l'élixir et la quintessence. C'est l'onguent précieux. Aussi je ne crois pas donner une médiocre louange à M. Marcel Schwob en disant qu'il vient de publier un excellent recueil de nouvelles.

M. Marcel Schwob, comme un nouvel Apulée, affecte volontiers le ton d'un myste littéraire. Il ne lui déplait pas qu'au banquet des Muses les torches soient fumeuses. Je crois même qu'il serait un peu fâché si j'avais pénétré trop facilement les mystères de son éthique et les silencieuses orgies de son esthétique.

Mais il n'y a que M. Marcel Schwob pour écrire tout jeune des récits d'un ton si ferme, d'une marche si sûre, d'un sentiment si puissant. Il nous avait promis la Terreur et la Pitié. J'ai senti la terreur. M. Marcel Schwob est, dès aujourd'hui, un maître dans l'art de soulever tous les fantômes de la peur et de donner à qui l'écoute un frisson nouveau.

On peut dire de lui, comme d'Ulysse, qu'il est subtil et qu'il connaît les mœurs diverses des hommes. Il y a, dans ses contes, des tableaux de tous les temps, depuis l'époque de la pierre polie jusqu'à nos jours. M. Marcel Schwob a un goût spécial, une prédilection pour les êtres très simples, héros ou criminels, en qui les idées se projettent sans nuances, en tons vifs et crus. Il aime le crime pour ce qu'il a de pittoresque. Il a fait de la dernière nuit de Cartouche à la Courtille un tableau à la manière de Jeaurat, le peintre ordinaire de Mam'selle Javotte et de Mam'selle Manon, avec je ne sais quoi d'exquis que n'a pas Jeaurat. Et dans ses études de nos boulevards extérieurs, M. Marcel Schwob rappelle les croquis de Rafaëlli, qu'il passe en poésie mélancolique et perverse.

[*L'Écho de Paris* (1892).]

LUCIEN MUHLFELD. — Ceux qui regrettent qu'on ait retrouvé seulement une dizaine des *Mimes* du poète Hérodas, liront avec plaisir les *Mimes* de Marcel Schwob, continueront de goûter un savant plaisir. Le pastiche est fidèle, et en même temps ingénieux. M. Schwob, plus artiste à coup sûr qu'Hérodas, met dans ses récits une poésie et une mélancolie qui manquaient au poète de l'île de Cos, lequel était volontiers jovial et «réaliste». Les dialogues de nos écrivains d'observation satirique, de la lignée d'Henri Monnier, voilà assez exactement l'analogue de la littérature d'Hérodas. Mais les cadres, les sujets, et jusqu'aux tons de conversation du poète antique, voilà ce que s'est assimilé Marcel Schwob, avec l'aisance charmante d'un talent averti, patient et heureux.

[*Revue Blanche* (juin 1894).]

Maurice Maeterlinck. — C'est bien neuf et bien beau d'avoir eu l'idée et le courage de commencer par l'âme. Tout ce qui suit passe sur le fond solennel et lumineux d'une autre vie; et il n'y a plus de parole sans portée ni d'attitude sans conséquences. Et les voici, les fillettes mystérieuses, tout imprégnées de l'odeur de leur âme et si humainement inexplicables!... La petite écolière des *Crabes*, qui vit déjà sournoisement comme elle vivra toujours; *la petite femme de Barbe-Bleue*, qui méchamment griffe les pavots verts et qui attend le glaive dans le pressentiment adorable et complet de toutes les voluptés. Et l'extraordinaire petite Madge, la fille du moulin, qui en trois gestes et trois paroles nous révèle une vie presque aussi fantasquement profonde que celle de la miraculeuse Hilde d'Ibsen. Madge à la vie aiguë est peut-être la reine des Monelle. Elle semble sortir des sources mêmes de la femme, toute mouillée encore de la rosée originelle de la sainte hystérie si perversement bonne... Puis Bargette, qui descend les fleuves à la recherche d'un paradis et qui résume toutes les déceptions de ses sœurs, dans son cri d'oiseau qui s'envole. Et Buchette et Jeanie, qui regarde en dedans, et Ilsée, Ilsée qui est l'apparition la plus essentielle que je sache; et Marjolaine qui, la nuit, jette des grains de sable contre les sept cruches multicolores et pleines de rêves, et Cice, la petite sœur de Cendrillon, Cice et son chat qui attendent le prince; et Lily, puis Monelle qui revient... Je ne puis tout citer de ces pages, les plus parfaites qui soient dans nos littératures, les plus simples et les plus religieusement profondes qu'il m'ait été donné de lire, et qui, par je ne sais quel sortilège admirable, semblent flotter sans cesse entre deux éternités indécises... Je ne puis tout citer; mais, cependant, *la Fuite de Monelle*, cette *Fuite de Monelle* qui est un chef-d'œuvre d'une incomparable douceur, et sa *patience* et son *royaume* et sa *résurrection*, lorsque ce livre se renferme sur d'autres paroles de l'enfant, qui entourent d'âme toute l'œuvre, comme les vieilles villes étaient entourées d'eau...

[*Mercure de France* (août 1894).]

SÉGALLAS (Anaïs) [1814-...?].

Les Algériennes (1831). — *Les Oiseaux de passage* (1836). — *Enfantines* (1844). — *La Femme* (1847). — *Nos Bons Parisiens* (1865). — *Les Mystères de la maison* (1865). — *Poésies pour tous* (1866). — *Les Magiciennes d'aujourd'hui* (1869). — *La Vie de feu* (1875). — *Les Mariages dangereux* (1878). — *Les Rieurs de Paris* (1880). — *Les Romans du Wagon* (1883). — *Les Jeunes Gens à marier* (1886).

OPINION.

Auguste Desplaces. — Le vers de Mᵐᵉ Ségallas a pour qualité distinctive qu'il ne respire pas du tout le métier; c'est un vers chanté bien plus qu'un vers écrit. Quoiqu'elle ait dans sa manière du précieux, du brillanté et peut-être aussi du clinquant, ses strophes se déroulent avec une facilité d'allure qui donne souvent le change à l'esprit et fait croire au naturel.

[*Galerie des Poètes vivants* (1847).]

SEGARD (Achille).

Hymnes profanes (1895). — *Le Départ à l'aventure* (1897).

OPINION.

Pierre Quillard. — *Le Départ à l'aventure* : Sonnets de quelqu'un qui a lu beaucoup Verlaine et Hérédia, poèmes d'intention symbolique, images d'Italie et de Flandre, le recueil de M. Achille Segard n'est guère homogène, sauf en ceci qu'il révèle partout le noble soin d'un homme très lettré et la détresse d'une âme inquiète. Je ne lui reprocherai pas, quant à moi, de s'en tenir presque intégralement à la rythmique traditionnelle, mais plutôt de s'en tenir aussi à des formes de pensée trop prévues.

[*Mercure de France* (mars 1898).]

SÉVERIN (Fernand).

Le Lis (1892). — *Le Don d'enfance* (1894). — *Un Chant dans l'ombre* (1895). — *Poèmes ingénus* (1899).

OPINIONS.

Albert Giraud. — Le meilleur poète français de la Wallonie, le seul qui eût exprimé dans une forme classique la sensibilité de sa race et l'âme de son pays. Au sens noble du mot, un élégiaque. Les poèmes de Fernand Séverin font penser aux Champs-Élysées du chevalier Glück. De beaux vers doux et tristes y passent enlacés, comme des ombres heureuses. Cet écrivain s'est révélé maître de sa forme dans son livre de début : *Le Lis*. Sa seconde œuvre, *Le Don d'enfance*, renferme quelques-uns des plus purs et des plus doux poèmes qui aient été écrits depuis dix ans.

[*Portraits du prochain siècle* (1894).]

Albert Mockel. — Un poète exquis, M. Fernand Séverin, arrivé des bords de la Meuse se fixer à Bruxelles, y modula des vers d'une enchanteresse candeur.

[*Propos de littérature* (1894).]

Edmond Pilon. — Certes, comme on l'a écrit, les vers de M. Fernand Séverin font souvenir de ceux de Racine et de Shelley, de Chénier et de Keats et quelquefois de ceux de Lamartine; mais, comme la déplorable bien que judicieuse manière de comparer une œuvre peinte à une œuvre écrite prévaut quelquefois et exprime d'une façon plus exacte les beautés qui les caractérisent, il nous semblerait donner une idée des poèmes de M. Séverin à ceux qui les ignoreraient, en les priant d'admirer les beaux dessins de Prud'hon. Comme il nous parut que cela était assez juste en soi, nous maintiendrons, à l'avantage de M. Séverin, le parallèle entre son *Chant dans l'ombre* et le décor de «Psyché enlevée par les Amours» et «l'Amour au tombeau». L'auteur du *Don d'enfance* a le sens délicat de l'idylle et de l'églogue; sa forme, d'une pureté limpide, s'harmonise étroitement avec ces genres virgiliens, et il sait en tirer de mélodieuses gammes claires. On s'imaginerait volontiers, après avoir fermé son livre, se réveiller d'un beau rêve qu'on aurait fait, au crépuscule, au bord d'une source pure où, tout le temps, aurait murmuré dans les roseaux une nymphe au doux langage. Certes, que Daphnis se dérobant aux bras de Chloé devait se ressouvenir de telles paroles!

De clairs paysages de nature jeune, un crépuscule sur un bois d'avril, des plaintes d'oiseaux parmi les branches, une forêt effeuillée par la brise, des processions pieuses de jeunes filles dans un lointain discret, et puis les sanglots et les joies d'une âme fraîche et calme, voilà tous les aspects qu'a présentés, à notre vue, le poète du *Lis* dans son récent ouvrage. Sa lyre est enguirlandée d'un laurier qui — pour n'être pas héroïque — n'en est pas moins verdoyant de candide jeunesse. Et ils sont rares, ceux-là qui savent aujourd'hui bercer notre tristesse déçue et nos luttes avides

D'un chant simple et nouveau comme le bruit des feuilles...

[*L'Ermitage* (octobre 1895).]

GEORGES BARRAL. — Les trois parties des *Poèmes ingénus* de Fernand Séverin modulent délicieusement l'amour aux aveux chastement chuchotés et chantent harmonieusement les douces rêveries d'une âme sereine et solitaire. Dans les deux premières, l'inspiration est païenne; dans la troisième, le sentiment chrétien domine. L'élégance et la pureté de la versification, la tendresse et la sincérité du fonds séduiront les intelligences distinguées de notre époque, beaucoup plus nombreuses qu'on le pense, et qui sont avides de beauté virginale et de radieuse sensibilité. La triple série de ces nobles poèmes (1887 à 1889) synthétise le poétique fruit de toute une jeunesse vouée au grand art.

[Préface aux *Poèmes ingénus* (1899).]

SIEFFERT (Louisa). [1845-1877.]

Rayons perdus (1868). — *Les Stoïques* (1870). — *Les Saintes Colères* (1871). — *Comédies romanesques* (1872).

OPINIONS.

CHARLES ASSELINEAU. — C'est un poète sincère et nous l'en félicitons, car cette sincérité est la marque d'une âme fière et loyale, de la chaleur du cœur et de l'innocence de l'esprit.

[*Bibliographie romantique.*]

M. PAUL MARIÉTON. — Une existence douloureuse secouée d'exaltations, de déceptions sans nombre faiblement compensées par la vision lointaine d'une gloire désirée et qui tarde à venir, voilà la vie, voilà la poésie de Louisa Sieffert.

[*La Pléiade lyonnaise* (1884).]

SIGNORET (Emmanuel). [1872-1901.]

Le Livre de l'Amitié (1891). — *Daphné* (1894). — *Vers dorés* (1896). — *La Souffrance des Eaux* (1899). — *Le Tombeau de Stéphane Mallarmé* (1899).

OPINIONS.

ADOLPHE RETTÉ. — M. Signoret — on ne saurait trop le répéter — est un lyrique. Il a confiance

en son rythme au point d'y enclore, de mille ingénieuses correspondances, son âme tout entière, telle qu'elle s'éveille aux souffles de la nature et de l'amour. Confiance superbe, orgueil louable d'un jeune homme qui ne s'éperd pas en de vaines lamentations, mais aime la vie parce qu'il se sent de force à l'incarner toute un jour. Ce petit livre, *Daphné*, qu'on ne s'y méprenne point, vaut plus qu'une promesse. D'autres diront les scories, relèveront les imperfections, je veux simplement signaler aux curieux de la Beauté que voici des vers sincères, noblement émus, ne devant rien à personne, je veux proclamer, avec grande allégresse, qu'un bon poète de plus nous est né.

[*La Plume* (31 octobre 1894).]

EDMOND PILON. — La *Daphné* d'André Chénier me laissa l'impression d'une douce bucolique à la joie innocente, mais la *Daphné* de M. Signoret m'a fait frémir davantage de l'absolue grandeur des œuvres fortes. M. Signoret vient de donner tout simplement ce que son enthousiasme et son talent promettaient. Et combien peu feront ainsi, hélas! La plupart des bons poètes symbolistes, et non des moindres, avaient enfermé leur rêve et leur inspiration en une certaine quantité d'images limitées autour desquelles leur génie broda de radieuses et superbes variations. Chez la plupart, un dédain de la Nature se montra visiblement, dédain justifié, il est vrai, par la décadence réaliste, mais dédain quand même. M. Signoret, lui, arrive et, sans se soucier des insanités qui purent contaminer la beauté des choses, il chante, les bois, les eaux, les nuages, les roses, toutes banales vérités qui ont cependant la sublimité éternelle de Dieu et qui sont les prototypes primitifs des fortes œuvres des hauts génies, depuis Virgile jusqu'au vicomte de Chateaubriand et au divin vieux maître Camille Corot. Très longtemps, M. Signoret se laissa aller à une éducation mystique et à une éducation païenne qui, corroborées ensemble, unissaient trop souvent Cypris à Marie. C'était l'éveil héroïque de l'adolescent. Aujourd'hui, l'intensité des vers dorés n'est plus : un son de flûte, grave et doux, sort seul des lèvres du pâtre. Il y a de belles Étoiles au ciel, l'Enfant baigne dans la source la blancheur de ses pieds, les statues se découpent sur l'émeraude du Parc et le Poète chante, tantôt à voix hautaine et vibrante, si forte qu'elle briserait bien Syrinx et si douce, parfois, qu'elle ferait pleurer de joie les choses.

[*L'Ermitage* (1895).]

ALCIDE BONNEAU. — Les conceptions de M. Signoret sont toutes pénétrées de cet amour intense de la nature qui fait qu'on s'identifie avec elle, qu'on la sent vivante et qu'on lui prête une âme, comme les anciens, aux vieux chênes, aux sources, aux rochers... Les divinités mythologiques sont ici bien chez elles, dans leurs paysages familiers; on les y attend, et l'on serait étonné de ne pas les y voir.

[*Revue encyclopédique* (1er février 1895).]

PAUL SOUCHON. — Issu d'une tige rustique, instruit de la belle antiquité sous un climat facile et comparable à celui qui régissait Athènes et Rome, ayant pris un long contact, à Paris, avec l'âme française et les jeunes hommes de sa génération, retiré maintenant dans la solitude et le bonheur, aux bords de la mer, M. Signoret accomplit son destin qui est de nourrir ses livres de notions et d'émotions réelles. Sensible, il est touché par tout ce qui a un caractère de beauté, il le revêt, puis s'en détache et court aux autres. Sincère, il n'attend pas que l'analyse des critiques s'applique à ses œuvres et les définisse, il en fait lui-même la louange. Homme, il a épousé toutes les croyances des hommes et leurs espoirs. Le lyrisme jusqu'à présent l'a satisfait, car il exprima l'ivresse qu'il avait de lui-même. Mais je crois que M. Signoret appliquera encore ailleurs ses dons éminents. Nous attendons beaucoup de ce jeune homme, et il serait téméraire de prévoir jusqu'où il portera ses réalisations.

[*Sur le Trimard* (23 février 1898).]

CALIXTE TOESCA. — Ici la splendeur sans défaut de la *Symphonie* initiale, sa profondeur d'accent et de pensée, l'harmonie parfaite et formidable de son mouvement s'allient aux grâces divines de la *Fontaine des Muses* pour faire de cette œuvre le plus beau des monuments. À ceux qui comprennent l'importance des suprêmes œuvres d'art au point de vue de l'évolution, je conseille, en attendant *Jacinthus*, d'étudier avec moi les richesses si variées et si pures que contient cette œuvre nouvelle du plus grand poète des temps modernes et peut-être de tous les temps.

[Préface au *Tombeau de Mallarmé*(1899).]

EDWARD SANSOT-ORLAND. — *La Souffrance des Eaux*, d'Emmanuel Signoret, est une œuvre qu'il nous plaît de saluer avec une admiration toute spéciale et comparable à celle qui pouvait emplir l'âme d'un Athénien quand un marbre nouveau de Praxitèle ou de Phidias s'érigeait sur l'Acropole et s'imposait au peuple comme une manifestation divine. La place me fait défaut pour analyser dignement ce beau volume. Mais il ne faudrait le regretter que si l'œuvre était moins belle : les éternels chefs-d'œuvre sont au-dessus de la critique; ils sont beaux parce qu'ils sont beaux. Ceux qui sentent la beauté n'ont pas besoin qu'on la leur explique ; il suffit qu'ils la regardent. *La Souffrance des Eaux* est un de ces chefs-d'œuvre éternels devant lesquels on reste ébloui, presque aveuglé...

[*Anthologie-Revue* (février 1899).]

JOACHIM GASQUET. — M. Emmanuel Signoret est parmi nous celui qui a les dons poétiques les plus grands et les mieux ordonnés. Il est poète avant tout. La poésie le possède tout entier. Sa langue est d'une pureté incomparable. Il a toute la maîtrise de son métier. Ses poèmes sont achevés avec une perfection que n'ont jamais atteinte ni les maîtres parnassiens, ni aucun de nos poètes. Ils étonnent comme un marbre antique couvert de feuillages et dont la pureté est plus belle que celle des feuilles et des fleurs. Ils sont d'une beauté si générale, qu'ils peuvent incarner les émotions les plus diverses; ils peuvent même paraître vides; on peut rêver devant eux comme devant les plus magnifiques paysages; la perfection de leur forme peut répondre à toutes les exigences de la raison. Pourtant ils sont tous tournés du même côté, ils reçoivent du même endroit la lumière, leur face à

tous regarde l'Orient. Ils expriment bien un des caractères essentiels de notre race, ce goût que nous avons de l'ordre et de l'achevé, cet amour de la clarté.

[*Le Pays de France* (avril 1899).]

PIERRE QUILLARD. — Par M. Emmanuel Signoret, nous connaissons à nouveau les jours d'Apollonios et de Callimaque, où les lyriques mêlaient aux odes triomphales le cri violent de leurs haines et de leurs sarcasmes... Les nouvelles strophes de M. Emmanuel Signoret égalent en fougue harmonieuse toutes celles qu'il chanta jamais; et c'est une grande tristesse de penser que la vie est dure à ce poète épris de lumière et de beauté, qui, dans la pire détresse matérielle, invente encore, pour notre joie, des formes magnifiques et charmantes.

[*Mercure de France* (juin 1900).]

A. VAN BEVER. — M. Emmanuel Signoret est né à Lançon (Bouches-du-Rhône), le 14 mars 1872. Son enfance s'écoula paisible au village natal, «mélange de maisons blanches sur une colline, d'ormeaux et de pins sous un ciel implacablement bleu...». Les notes qu'il nous communique nous le révèlent comme une nature ardente et passionnée, mêlant le lyrisme méridional à je ne sais quel fatalisme exaspéré. Un long séjour à Aix-en-Provence, où il fit ses études, et de nombreux voyages en Italie (de 1896 à 1899) entretinrent en lui une exaltation qui, jusqu'à ce jour, ne s'est pas contenu et forme en quelque sorte le caractère de son talent, — de son génie, écrirait-il.

Il vint à Paris et, avide de gloire, ambitieux d'amitiés célèbres, se mêla fiévreusement à tous les groupements. Les petites revues l'accueillirent, et il fonda, en janvier 1890, *le Saint-Graal*, périodique qu'il continue à rédiger seul et où sont recueillies la plupart de ses productions. M. Emmanuel Signoret a publié plusieurs volumes de vers. L'un d'eux, *La Souffrance des Eaux*, a été remarqué par l'Académie française, qui a couronné son auteur en juillet 1899.

L'œuvre de M. Emmanuel Signoret est riche d'expression et, si l'on sait lui pardonner un déplorable abus de fausse joaillerie, de sonorités assourdissantes, d'images futiles et désordonnées, ses poèmes peuvent offrir de remarquables dons d'évocation.

[*Poètes d'aujourd'hui* (1900).]

SILVESTRE (Paul-Armand). [1839-1900.]

Rimes neuves et vieilles avec une préface de Georges Sand (1866). — *Les Renaissances* (1870). — *La Gloire du souvenir* (1872). — *Poésies : les Amours, la Vie, l'Amour* (1866-1874). — *La Chanson des heures* (1874-1878). — *Dimitri*, opéra en 5 actes (1876). — *Les Ailes d'or* (1878-1880). — *Myrrha*, saynète romaine (1880). — *Monsieur*, comédie-bouffe en 3 actes (1880). — *Le Pays des Roses* (1880-1882). — *Galante Aventure*, opéra-comique en 3 actes (1882). — *Le Chemin des Étoiles* (1882-1885). — *Les Malheurs du commandant Laripète* (1882). — *Les Farces de mon ami Jacques* (1882). — *Mémoires d'un galopin*

(1882). – *Le Péché d'Ève* (1882). – *Pour
faire rire* (1882). – *Le Filleul du Docteur
Frousse-Cadet* (1882). – *Mme Dandin et
Mlle Phryné* (1883). – *Les Bêtises de mon Oncle*
(1883). – *Contes grassouillets* (1883). – *Chroniques du temps passé* (1883). – *Aline*, 1 acte,
en vers (1883). – *Henri VIII*, opéra en
4 actes et 6 tableaux (1883). – *En pleine
fantaisie* (1884). – *Contes pantagruéliques*
(1884). – *Le Livre des joyeusetés* (1884). –
Histoires belles et honnestes (1884). – *Pedro
de Zanalea*, opéra en 4 actes (1884). – *La
Tési*, 4 actes (1884). – *Le Dessus du panier*
(1885). – *Les Cas difficiles* (1885). – *Contes
à la comtesse* (1885). – *Contes de derrière les
fagots* (1886). – *Histoires inconvenantes* (1887).
– *Le Livre des fantaisies* (1887). – *Gauloiseries
nouvelles* (1888). – *Au pays du rire* (1888).
– *Fabliaux gaillards* (1888). – *Jocelyn*, opéra
en 4 actes (1888). – *Roses d'octobre* (1884-
1889). – *L'Or des couchants* (1889-1892). –
Contes à la brune (1889). – *Contes audacieux*
(1890). – *Histoires joviales* (1890). – *Contes
salés* (1891). – *Le célèbre Cadet-Bitard* (1891).
– *Sapho*, pièce en 1 acte, en vers (1891). –
Le Commandant Laripète, opérette-bouffe en
4 tableaux (1891). – *Grisélidis*, comédie en
3 actes, en vers libres, avec Eugène Morand
(1891). – *Portraits et souvenirs* (1886-1891).
– *Histoires extravagantes* (1892). – *Pour les
Amants* (1892). – *Le Nu au Salon* (1888 à
1892). – *Les Drames sacrés* (1893). – *Amours
folâtres* (1893). – *Contes désopilants* (1893).
– *Facéties galantes* (1893). – *Histoires abraca-
dabrantes* (1893). – *Le Nu au Salon* (1893).
– *Sapho*, 1 acte, en vers (1893). – *Fantaisies galantes* (1894). – *La Cosake* (1894). –
Nouvelles Gaudrioles (1894). – *Le Nu au Salon*
(1894). – *Veillées joviales* (1894). – *Chroniques du temps passé* (1895). – *Fariboles
amusantes* (1895). – *Histoires gaies* (1895). –
Les Aurores lointaines (1895). – *Les Cas difficiles* (1895). – *Le Nu au Salon* (1895). –
Le Passe-Temps des farceurs (1895). – *Contes
au gros sel* (1896). – *Contes irrévérencieux*
(1896). – *Contes tragiques et sentimentaux*
(1896). – *Le Nu au Salon* (1896). – *La Plante
enchantée* (1896). – *Récits de belle humeur*
(1896). – *La Sculpture aux Salons* (1896).
– *Trente Sonnets pour Mme Bartet* (1896). –
Les Veillées galantes (1896). – *Au Fil du rire*
(1897). – *Chemin de Croix* (12 poèmes) (1897).
– *Contes grassouillets* (1897). – *Le Nu au
Salon* (1897). – *Le Petit Art d'aimer* (1897).
– *La Sculpture au Salon* (1897). – *Tristan
de Lionois*, 3 actes, 7 tableaux, en vers (1897).
– *Belles Histoires d'amour* (1898). – *Les
Contes de l'Archer* (1898). – *Histoires gau-
loises* (1898). – *Le Nu au Salon* (1898). –
La Sculpture aux Salons (1898). – *Les Ten-
dresses*, poésies (1898).

OPINIONS.

GEORGE SAND. — Les chants que voici (*Rimes
neuves et vieilles*) sont des cris d'appel jetés sur la
route. Ils sont remarquablement harmonieux et saisissants. Ils sont l'accent ému des impressions fortes,
et le chantre qui les dit est un artiste éminent, on
le voit et on le sent du reste. Souhaitons-lui longue
haleine et bon courage. Nous avons lu ses vers en
épreuves; nous [ne savions pas encore son nom :
notre admiration n'est donc pas un acte de complaisance.

[Préface aux *Rimes neuves et vieilles* (1866).]

PAUL STAPFER. — La poésie de M. Armand Silvestre est surtout une musique; comme la musique,
elle est perceptible aux sens et à l'âme plutôt qu'à
l'entendement; on dirait que cet artiste s'est trompé
sur l'espèce d'instrument que la nature avait préparé pour lui : il semblait fait pour noter ses sensations et ses rêves dans la langue de Schumann,
et M. Massenet, en mettant ses vers en musique, a
restitué à sa pensée sa vraie forme.

[*Le Temps* (28 mars 1873).]

CHARLES MORICE. — M. Armand Silvestre, en qui
le prosateur se rendrait injuste pour le poète, —
le poète éperdu de seul lyrisme, — a écrit, dans
les Paysages métaphysiques notamment, quelques-uns
des plus beaux vers que je sache. Le titre même
de cette première partie du recueil de M. Silvestre
indique comme ce chanteur, qui laissa depuis la
sensualité déborder dans son œuvre, avait le sentiment juste des voies nouvelles.

[*La Littérature de tout à l'heure* (1889).]

MARCEL FOUQUIER. — Dans *les Renaissances*, lorsque
le poète s'interroge, c'est pour savoir le mot de sa
destinée. Dans les murmures de la création, il écoute
le chant des morts, dont il sent passer l'âme dans
l'air qu'il respire, dans la lumière si douce et pure,
par les matins où se fleurissent les prés de toutes
les couleurs du printemps. Dans tout cela, pas le
plus petit mot drôle : un lyrisme soutenu, soutenu
très haut, des images grandioses, de vagues effusions panthéistiques, un sublime voyage sur la
croupe d'une chimère, des aurores aux couchants,
l'héroïque chevauchée d'un rêveur sur le cheval ailé
des *Mille et une nuits*. *Les Renaissances* sont des
poésies d'un éclat oriental. Imaginez un Lamartine
persan.

[*Profils et Portraits* (1891).]

JULES LEMAÎTRE. — Les lecteurs du *Gil Blas*, qui
se délectent deux ou trois fois par semaine aux
amours de l'ami Jacques et aux aventures du commandant Laripète, ont-ils lu *les Renaissances*, *les
Paysages métaphysiques* et *les Ailes d'or*, et soup-
çonnent-ils que M. Silvestre a été l'un des plus
lyriques, des plus envolés, des plus mystiques et
des mieux sonnants parmi les lévites du Parnasse?
Se doutent-ils qu'il y eut jadis chez cet étonnant
fumiste de table d'hôte, chez ce grand et gros
garçon taillé en Hercule qui courait, il y a quelques années la foire au pain d'épice, relevant le
«caleçon» des lutteurs, (c'est le gant de ces gen-
tilshommes), et sollicitant les faveurs des femmes

géantes visitées par l'empereur d'Autriche, se doutent-ils qu'il y a peut-être encore chez ce Panurge bien en chair un Indou, un Grec, un Alexandrin?... Jean-Jacques raconte que, tout enfant, il allait se poster, à la promenade, sur le passage des femmes et que, là, il trouvait un plaisir obscur, mais très vif, à mettre bas ses chausses. «Ce que je montrais, ajoute-t-il, ce n'était pas le côté honteux, c'était le côté ridicule.» C'est ce dernier côté qu'étale M. Armand Silvestre avec une complaisance jamais lasse et une joie jamais ralentie. C'est le champ circulaire où il s'est délicieusement confiné. L'ampleur charnue de l'ordinaire interlocuteur de M. Purgon, l'instrument des matassins de Molière, les bruits malséants qui d'après Flaubert, «faisaient pâlir les pontifes d'Égypte», inspirent à M. Silvestre des gaîtés hebdomadaires et bien surprenantes... Quand on ne tiendrait aucun compte du talent qui éclate dans ses poésies lyriques, M. Armand Silvestre garderait cette originalité d'avoir fait vibrer les deux cordes extrêmes de la Lyre, la corde d'argent et la corde de boyau... (l'épithète est dans Rabelais); et son œuvre double n'en serait pas moins un commentaire inattendu de la pensée de Pascal sur l'homme ange et bête.

[*Les Contemporains* (1891).]

ANATOLE FRANCE. — Le monde poétique de M. Armand Silvestre est impalpable, impondérable. Les personnages qu'il crée dans ses magnifiques sonnets sont affranchis du temps et de l'espace. Et, par un contraste singulier, ce monde diaphane est un monde sensuel; la passion qui règne dans ces espaces éthérés est la passion de la chair. C'est le miracle de ce poète : il fait subir aux corps une sorte de transsubstantiation et tire de la volupté physique un mysticisme exalté. Je me figure quelques-unes des très belles strophes de M. Silvestre écrites en grec, à Alexandrie, et lues dans la fièvre par quelques disciples de Porphyre ou de Jamblique, et j'imagine que plus d'un aurait saisi dans ces vers des sens symboliques et métaphysiques. Les enthousiastes (il n'en manquait pas alors) eussent salué en l'amante du poète une nouvelle Sophia ; *les Renaissances* et *la Gloire du souvenir*, venues à cette heure de l'humanité, eussent donné naissance à une doctrine hermétique.

A un certain degré d'exaltation, le mystique et le sensuel sont amenés à échanger leur domaine. Sainte Thérèse donne à l'amour de Dieu les caractères d'un amour physique, et M. Armand Silvestre prête à la volupté charnelle la noblesse des voluptés idéales.

[*La Vie littéraire* (1892).]

HENRI DE RÉGNIER. — La lamentable *Sapho* qu'on a représentée, l'autre soir, toute de rhétorique vide et de faible emphase, a eu raison de faire le «saut fatal», et n'entraîne-t-elle pas avec elle et à sa suite, emblématiquement, la «poésie parnassienne», dont elle est un excellent modèle.

Pauvre Parnasse, à qui MM. Stéphane Mallarmé et Verlaine nuisirent tant en s'en séparant jadis, et sur le tombeau délaissé de qui M. José-Maria de Hérédia vient, d'une main hautaine et définitive, d'ériger la pompe magnifique de ces admirables trophées.

[*Entretiens politiques et littéraires* (25 mars 1893).]

PIERRE VEBER. — *Drames sacrés.* — M. Silvestre est le plus naturel des humoristes ; il n'a pas son pareil pour nous faire rire avec la moindre des choses, un rectum, un sphincter, un intestin grêle, des légumes et des déjections, moins encore, un nombril et ses dépendances : avec ça, il vous trousse un petit conte gaillard. Mais si on lui confie de plus amples sujets, il devient impayable. M. Jogand, au temps où il était encore Taxil, semblait moins drôle, je vous assure. M. Silvestre obtient des effets comiques d'une fantaisie irrésistible lorsqu'il glorifie le fils de Dieu. Égarés par la solennité voulue des tirades, par la monotonie des alexandrins blafards, par le pathos des imprécations, les critiques ont cru que c'était sérieux. M. Silvestre doit être bien affligé de n'avoir pas été compris.

[*Revue Blanche* (15 avril 1893).]

SOMVEILLE (Léon).

Ardeurs folles (1893).

OPINION.

CH. FUSTER. — Il n'y a dans ce livre que de l'amour, amour heureux et fidèle, puis amour triste, mais fidèle encore.

[*L'Année des Poètes* (1893).]

SOUBEYRE (Émile).

Le Royaume d'Ève (1895).

OPINION.

EDMOND PILON. — M. Soubeyre, de par son *Royaume d'Ève*, s'offre à nous comme un poète de talent, et l'inexpérience qu'il montre quelquefois n'est que le précoce retour des beautés qu'il découvre. Son volume est un jardin radieux tout fleuri de jolis vers et de beaux poèmes. Il y pousse de somptueuses et d'édéniques guirlandes. C'est bien là le paradis charmeur foulé par les pieds de Lilith, plein de perversités, débordant de joie et que le mensonge triste n'a pas encore fané. En une suite de strophes ciselées et de sonnets heureux, M. Soubeyre a su marquer toutes les étapes amoureuses de ce grand pays qu'est celui de la Femme.

[*L'Ermitage* (octobre 1895).]

SOUCHON (Paul).

Les Élévations poétiques (1898). – *Hymne aux Muses* (1900).

OPINIONS.

LÉON BAILBY. — L'auteur a choisi pour ses premiers vers un beau titre, simple, qui rappelle un peu le titre fameux des *Méditations* de Lamartine. Mais cela n'est pas pour déplaire. Dans la recherche de «modernisme» et de nouveau où tant de jeunes gens font aujourd'hui consister le talent, il est rare qu'ils rencontrent l'originalité. M. Souchon la trouve tout naturellement, grâce à une langue souple et pure, à des images d'une belle et touchante sérénité. Il y a dans la grâce souriante et apaisée de sa poésie comme un ressouvenir très doux d'André Chénier. Et je ne sais pas de plus bel éloge.

[*La Presse* (juin 1898).]

GEORGES PIOCH. — Ma lecture des *Élévations poétiques* me confirme le talent sonore de M. Paul Souchon que m'avaient déjà révélé quelques jolis poèmes lus çà et là, en diverses revues. C'est un long cri ensoleillé et fleuri, un cri adorant éperdu vers la joie; l'émanation harmonieuse et durable du jour, béni par le poète, où l'Épouse

Comme une jeune aurore entra dans la maison.

Ce livre mire des ciels de Provence et vibre de leur chaleur généreuse. Le poète y chante le labeur sacré des hommes, plus soucieux, semble-t-il, d'en exalter l'éternité que d'en constater, selon un récent procédé, l'apparence et d'en énumérer les détails.

[*La Critique* (5 septembre 1898).]

CHARLES MAURRAS. — Il y a dans cette joie, dont l'expression semble exagérer la vivacité, il y a, si je ne me trompe, un arrière-fond d'élégie ; et, de plus, au ton familier du discours, en dépit de la solennité de l'alexandrin, se dessine, dans une forme vague encore, comme une aspiration au système d'une poésie plus intime, l'idée d'un retour à Parny… Mais voilà qui va me rendre odieux à la jeune lyre des *Élévations poétiques*.

[*Revue Encyclopédique* (14 janvier 1899).]

SOULARY (Joseph-Marie, dit JOSÉPHIN). [1815-1891.]

A travers Champs, les Cinq Cordes du luth (1838). – *Les Éphémères* (1re série, 1846). – *Les Éphémères* (2e série, 1857). – *Sonnets humoristiques* (1858). – *Les Figulines* (1862). – *Les Diables bleus* (1870). – *Pendant l'Invasion* (1870). – *La Chasse aux mouches d'or* (1876). – *Les Rimes ironiques* (1877). – *Un grand Homme qui attend*, comédie en 2 actes et en vers (1879). – *La Lune rousse*, comédie en 2 actes, en prose (1879). – *OEuvres poétiques* (1872-1883). – *Promenades autour d'un tiroir* (1886).

OPINIONS.

LÉON DE WAILLY. — M. Soulary a deux mérites à mes yeux, deux grands mérites, quoique négatifs : il n'est pas éloquent, et il n'est pas abondant. On s'est plaint, jadis, des avocats en politique; et en poésie, donc!… Dieu merci, les vers, chez lui, ne coulent pas de source. Ce qui coule de source, c'est de l'eau claire, et ses vers à lui sont nourris de pensées. Il n'est pas un mot qui n'ait sa valeur, qui n'ait été soigneusement, curieusement cherché, mais presque toujours heureusement trouvé. M. Soulary est un fin ciseleur; ce sera le Benvenuto Cellini du sonnet.

[*Crépet. — Les Poètes français* (1863).]

SAINTE-BEUVE. — M. Soulary possède à merveille la langue poétique de la Renaissance, et, grâce à l'emploi d'un vocabulaire très large, mais toujours choisi, il a trouvé moyen de dire, en cette gêne du sonnet, tout ce qu'il sent, ce qu'il aime ou ce qu'il n'aime pas, tout ce qui lui passe par le cœur, l'esprit ou l'humeur, son impression de chaque jour, de chaque instant. Le plus souvent, ce sont de petits drames, de petites compositions achevées qui sont parvenues, on ne sait comment, à se loger dans cette fiole à étroite encolure. Il est difficile, dit-on vulgairement, de faire entrer Paris dans une bouteille. Eh bien, ce tour de force, le magicien Soulary l'accomplit, et il vous met en quatorze vers symétriquement contournés et strangulés des mondes de pensées, de passions, et de boutades; le tout dans une stricte et parfaite mesure. Il a comparé très joliment cette opération difficile de mettre dans un sonnet un peu plus qu'il ne peut tenir, et sans pourtant le faire craquer, à cette difficulté de toilette bien connue des dames et qui consiste à passer une robe juste et collante. Comme Voiture qui fait un rondeau tout en disant qu'il n'en viendra jamais à bout, M. Soulary a fait son sonnet en commençant par dire : *Je n'y entrerai pas!*

Mais on conçoit pourtant, quand on voit ce travail et cette sueur pour entrer, que jamais les grands poètes de ce temps-ci n'aient fait de sonnets. Ceux de Musset sont irréguliers. Lamartine ni Hugo n'en ont fait d'aucune sorte, Vigny non plus. Les cygnes et les aigles, à vouloir entrer dans cette cage, y auraient cassé leurs ailes.

[*Nouveaux lundis* (1865).]

SAINT-RENÉ TAILLANDIER. — Nous n'avons pas affaire à un imitateur de Lamartine ou de Victor Hugo; rien ne le rattache non plus à l'école gauloise de Béranger, à l'école aristocratique d'Alfred de Vigny, à l'école humaine de Barbier ou de Brizeux. Le seul des maîtres chanteurs de nos jours avec lequel on puisse lui découvrir certaines affinités, c'est l'auteur de *Rolla ;* mais que de métamorphoses ils ont subi, ces emprunts involontaires !… Un sonnet ! Oui, cette forme curieuse, bizarre, ce jouet charmant, mais qui n'est qu'un jouet, est le mode préféré, que dis-je? le mode unique des inspirations de M. Joséphin Soulary. Benvenuto de la rime, il cisèle ses petites coupes dans le bois ou dans la pierre avec une dextérité merveilleuse. Voulez-vous une larme de la rosée du matin dans la coque de noix de Titania? Aimez-vous mieux une goutte de fine essence, le philtre de l'ivresse, le breuvage de l'oubli, ou bien un peu de ce poison que distillent les joies d'ici-bas? Voici des aiguières de tout prix : celles-ci sont faites avec les pierres dures que taillent si patiemment les mosaïstes de Florence, celles-là sont de chêne ou d'érable. Voulez-vous des médaillons de jeunes filles, tout un musée de figures, de figurines, de silhouettes ? Le magasin de l'orfèvre est richement pourvu.

[*La Revue de Paris* (1868).]

PAUL MARIÉTON. — Il est le seul de l'école dite «plastique» qui ne soit jamais tombé dans le convenu… Pour quiconque est las des rêveries fades et malsaines, des étrangetés creuses ou des sonorités romantiques, Soulary sera toujours le prince des sonnettistes et, en tous cas, l'un des plus puissants virtuoses de notre langue poétique.

[*La Pléiade lyonnaise* (1884).]

SOULIÉ (Frédéric). [1800-1847.]

Les Amours françaises (1824). – Roméo et Juliette (1828). – Christine à Fontainebleau, drame en vers (1829). – Une Nuit du duc de Montfort (1830). – Nobles et Bourgeois (1831). – La famille de Lusigny (1831). – Les Deux Cadavres (1832). – Le Port de Créteil (1833). – L'Homme à la blouse (1833). – Le Roi de Sicile (1833). – Une Aventure sous Charles IX (1834). – Le Magnétisme (1834). – Le Vicomte de Béziers (1834). – Les Deux Reines (1835). – Le comte de Toulouse (1835). – Le Conseiller d'État (1835). – L'homme de lettres (1838). – Le Proscrit (1839). – Correspondance (1839). – Le Maître d'École (1839). – Diane de Chivry (1839). – Le Lion amoureux (1839). – Le Fils de la folle (1839). – L'Ouvrier (1840). – Un rêve d'amour (1840). – La Chambrière (1840). – Les Mémoires du Diable (1840). – Confession générale (1841-1845). – Le Maître d'École (1841). – Eulalie Pontois (1842). – Marguerite (1842). – Gaétan (1842). – Les Prétendus (1843). – Les Amants de Murcie (1844). – Le Château de Walstein (1844). – Au jour le jour (1844). – Les Talismans (1845). – Les Étudiants (1845). – La Closerie des Genêts (1846). – Les Drames inconnus (1846). – Les Aventures d'un cadet de famille (1846). – La Comtesse de Mourion (1847). – Huit jours au château (1847).

OPINIONS.

Victor Hugo. — Dans ses drames, dans ses romans, dans ses poèmes, Frédéric Soulié a toujours été l'esprit sérieux qui tend vers une idée et qui s'est donné une mission. En cette grande épopée littéraire, où le génie, chose qu'on n'avait point vue encore, disons-le à l'honneur de notre temps, ne se sépare jamais de l'indépendance, Frédéric Soulié était de ceux qui ne se courbent que pour prêter l'oreille à leur conscience et qui honorent le talent par la dignité.

[Discours prononcé aux funérailles de Frédéric Soulié (27 septembre 1847).]

Michaud. — Frédéric Soulié avait consacré ses loisirs à la composition de quelques essais poétiques qu'il publia à Paris sous le titre d'Amours françaises. Si le véritable public prêta peu d'attention à cette première œuvre de Soulié, il n'en fut pas de même du monde littéraire qui, à cette époque, était à l'affût des moindres publications poétiques. Une simple pièce de vers, une élégie, un sonnet, faisaient remarquer l'auteur, et il était admis partout. Dès ce moment, Soulié fut connu; il se mit en rapport avec quelques renommées déjà établies, en même temps qu'il se lia d'intimité avec de jeunes poètes comme lui.

[Biographie universelle (1864).]

SOUMET (Alexandre). [1788-1845.]

Le Fanatisme, poème (1808). – L'Incrédulité, poème (1810). – Les Embellissements de Paris, poème (1812). – La Découverte de la vaccine, poème (1815). – Les derniers moments de Bayard (1815). – Oraison funèbre de Louis XVI (1817). – Cléopâtre, tragédie (1824). – Jeanne d'Arc (1825). – Pharamond, opéra (1825). – Le Siège de Corinthe (1826). – Les Macchabées (1826). – Émilia, drame (1827). – Élisabeth de France (1828). – Une Fête de Néron (1829). – Norma (1831). – La Divine Épopée (1840). – Le Gladiateur, tragédie (1841). – Le Chêne du Roi, tragédie (1841).

OPINIONS.

M. Vitet. — Plus est grand le vice du sujet (la Divine Épopée), plus nous admirons la puissance du poète qui parvient presque à le faire oublier. Cette prédilection pour les beautés de la forme poussée jusqu'à une sorte d'insouciance pour la solidité du fond, nous la retrouvons à des degrés divers dans tous les ouvrages de l'auteur.

[Cours de littérature (1840).]

Philarète Chasles. — Poète des derniers temps, qui semble enivré de sons et de lumière, de pensées métaphysiques qu'il transforme en images et de créations gigantesques qui le séduisent et le ravissent, nul ne ressemble plus à Claudien que M. Soumet. Il semble qu'il veuille se charmer l'oreille en versant à flots les vocables inconnus : «L'Avonis, le Métantès, l'Osmonde, le Méloflore, l'Avira, le Cymophane, l'Argyrose, l'Amphisbène, le Lophire, l'Aurone, l'Æstiale, le Coldor». Homme de talent et de verve, doué d'un sentiment poétique grandiose, extérieur et sonore, il ne manquait ni de majesté ni de puissance, mais peut-être de simplicité et de profondeur.

[Revue française (année 1856, t. IV).]

Léon de Wailly. — L'intention, qui est presque tout dans l'ordre moral, ne compte pour rien dans l'ordre intellectuel; l'art ne s'occupe que des résultats obtenus. Alexandre Soumet eut le tort de ne pas se faire ces objections si simples, de prendre pour mesure de sa capacité, je ne dirai pas la présomption, le mot est trop dur, mais le trop de confiance de son caractère. Avec un sentiment plus juste, plus raisonnable de sa vocation, il n'eût pas causé à ceux qui l'ont connu et aimé, — c'est presque un pléonasme, — le chagrin de le voir, malgré une somme considérable d'efforts, de savoir-faire et de mérite, placé, en fin de compte, au-dessous d'écrivains qui, nés avec moins d'ambition et dans des circonstances plus propices, ont su, quoique très moins doués sous beaucoup de rapports, acquérir des titres plus réels, plus durables à l'estime de la postérité.

[Les Poètes français, sous la direction d'Eugène Crépet (1861-1863).]

Édouard Fournier. — Soumet était une victime du Romantisme. Vainement s'y était-il jeté avec sa fougue ordinaire et avait-il figuré des premiers dans la rédaction du Conservateur et de la Muse française; des liens le rattachaient à l'ancienne école, qui l'empêchaient de marcher avec la nouvelle. Il était en avant de ses aînés, mais plus en arrière encore de ses cadets. Les littératures, comme la politique, ont leur tiers parti, dont le sort inévitable est celui de toutes les choses de transition : ils s'effacent peu à peu et disparaissent.

[*Souvenirs pratiques de l'école romantique* (1880).]

SOUVESTRE (Émile). [1808-1846].

Rêves poétiques (1830). – *Les Derniers Bretons* (1835-1837). – *Le Finistère en 1836* (1836). – *Le Foyer breton* (1844).

OPINION.

CHARTON. — Il ne voyait dans les lettres qu'un moyen de satisfaire sa passion la plus ardente, celle de se rendre utile selon ses facultés, en exprimant les sentiments généreux dont son cœur était plein, en défendant les vérités de l'ordre moral proscrites, reniées, oubliées, au milieu des entraînements matériels du siècle. Là était réellement sa vocation.

[*Biographie générale* (1852).]

SOUZA (Robert de).

Fumerolles (1894). – *Le Rythme poétique* (1895). – *Almanach des Poètes* (1896-1897 et 1898), sous la direction de Robert de Souza. – *Sources vers le fleuve* (1897). – *La Poésie populaire et le Lyrisme sentimental* (1899).

OPINIONS.

JEAN VIOLLIS. — J'ai vainement cherché quelque intérêt de rythme ou de pensée dans le copieux recueil de M. Robert de Souza. Cela m'étonne d'autant plus, que je suis le premier à reconnaître chez l'auteur une réelle compétence sur la théorie critique du rythme et du vers. D'où vient que M. de Souza réalise si faiblement ce qu'il conçoit avec une si rare habileté ? Cet exemple nous prouve encore que Poésie et Poétique sont deux objets fort différents. M. de Souza serait sage de borner son ambition.

[*L'Effort* (mars 1898).]

YVES BERTHOU. — Sa muse n'a pas la grâce maniérée et mélancolique de celle de M. de Régnier, se plaisant dans les jardins symétriques, la fraîcheur saine et juvénile de celle de M. Vielé-Griffin, passionnée pour les prairies et pour les fleuves; elle va gravement par le monde, sa curiosité recherchant de plus vastes horizons ; elle s'attarde parfois au récit des légendes et des faits glorieux; elle interroge les terres, les eaux, les nuées et les bois ; elle écoute les voix mystérieuses de l'univers et les appels douloureux des hommes.

[*La Trêve-Dieu* (1898).]

THOMAS BRAUN. — Naïve, archaïque, enluminée, cette gaucherie d'écriture nous charme lorsqu'elle interprète les chansons de gestes de telles Histoires de France, — elle ne suffit pas à nous lasser d'autres légendes ou récits, comme *la Huche*, *l'Embaumeur* et *les Accordailles*, dont les trouvailles charmantes et les images délicieuses relèvent l'intérêt ; mais elle devient insupportable dans les descriptions d'une nature sentimentale ou même philosophique.

[*Durendal* (1898).]

STEENS (Achille).

La Voix de l'Aurore (1895).

OPINION.

CHARLES FUSTER. — Nul septicisme, ni rien qui y ressemble : c'est du lyrisme, de l'ardente conviction et, à mainte page, de l'élégance enflammée.

[*L'Année des Poètes* (1895).]

STIÉVENARD (Marthe).

Idéal (1891).

OPINION.

CHARLES FUSTER. — Les opinions les plus diverses ont été exprimées au sujet de ce livre ; c'est dire, en tout cas, que l'on en a parlé.

[*L'Année des Poètes* (1891).]

STRADA (Gabriel-Jules DELARUE, *dit* de).

Le Dogme social (1861). – *Séparation des pouvoirs spirituel et temporel* (1862). – *Lettres à M. E. de Girardin* (1863). – *Essai d'un Ultimum Organum* (1865). – *Philosophie méthodique* (1867). – *L'Europe sauvée et la Fédération* (1868). – *L'Épopée humaine* : *La Mort des Dieux* (1866); *la Mêlée des races* (1874); *la Genèse universelle* (1890); *le Premier Pontife* (1890); *les Races* (1890); *Premier Cycle des civilisations : Sardanapale* (1891); *Deuxième Cycle de la civilisation : Jésus* (1892). – *Charlemagne* (1893). – *La Pallas des peuples* (1893). – *Abeylar* (1894). – *La Loi de l'histoire* (1894). – *Jeanne d'Arc* (1895). – *Borgia* (1896). – *Jésus et l'Ère de la science* (1896). – *Philippe le Bel* (1896). – *Don Juan* (1897). – *Pascal et Descartes* (1897). – *Rabelais* (1897). – *La Religion de la science et l'Esprit pur* (1897). – *Ultimum Organum* (1897).

OPINIONS.

JEAN-PAUL CLARENS. — Un prodigieux savant, un immense penseur, un incomparable poète vient de surgir au déclin de notre siècle pour l'illustrer magnifiquement et le résumer dans des tendances caractéristiques et des impérissables conquêtes. J. de Strada, hier encore inconnu, et génie entrant aujourd'hui vivant dans l'Immortalité, nous offre les premiers fragments d'une œuvre géante, d'une épopée colossale qui sera pour notre pays le pendant de l'œuvre de Dante pour l'Italie du XIVe siècle, avec cette différence que *la Divine Comédie* a seulement quinze mille vers, tandis que *l'Épopée humaine* en a déjà cent mille et en aura quatre fois autant. Nous doutions-nous, au milieu des agitations stériles de notre vie artificielle et tourmentée, qu'un homme extraordinaire, isolé depuis plus de quarante années dans le silence et la méditation, avait su s'élever un monument qui, par sa splendeur et sa vérité, domine la mêlée de nos passions, de nos luttes et de nos médiocrités tapageuses, comme les Pyramides surplombent de leur hauteur écrasante les sables mouvants et les simouns du désert ?

[*Étude sur Strada* (1893).]

LÉON DESCHAMPS. — Cinq volumes de science pure, quatre volumes de science sociale, quinze volumes de poésie, telle est l'œuvre publiée de Strada, notoirement inconnue du public. Pourquoi ces ténèbres sur ce nom ? M. Strada est d'une autre époque : travailleur acharné, comme Zola, il n'a pas, comme ce dernier, l'intuition de l'humanité future, il se contente de croire en la science, divinité de l'Erreur ; il est naturaliste métaphysique !

[*La Plume* (15 septembre 1893).]

REMY DE GOURMONT. — *L'Épopée humaine*, de M. Strada, évolue en trois cycles ; chaque cycle réclame trois tomes ; chaque tome absorbe 11,574 mauvais vers ; nous en sommes au tome XI ; ci : 127,314 alexandrins. L'œuvre sera complète en 190,971 (lisez cent quatre-vingt-dix mille neuf cent soixante et onze vers), et alors M. Strada en sera pour sa crampe, car son *Épopée* est d'une médiocrité qui surprend de la part de l'auteur jadis estimé de l'*Ultimum Organum*. La réputation d'un beau philosophe s'écroule dans le ridicule. M. Strada, comme poète, est bien au-dessous des légendaires qui travaillaient pour des papillotes abolies.

[*Mercure de France* (avril 1894).]

GABRIEL DE LA SALLE. — Presque sur la même ligne que Leconte de Lisle, je ne vois qu'un seul poète : J. de Strada. Mais J. de Strada n'atteindra pas à la gloire dont vous parlez, à la gloire imminente. Son front, qu'il n'incline point, n'est pas fait pour recevoir le laurier des mains de ceux qui le tressent en couronnes. Il ne commandera pas non plus au respect, parce qu'il ne sut pas, — ou ne voulut pas, — donner à son art la forme impeccable devant laquelle s'agenouillent si dévotement les jeunes, je ne vois das des gloriolaux de si charmants et de si vains poètes. Et, pourtant, quel étrange et quel puissant génie que celui de l'auteur de l'*Épopée humaine !*

J. de Strada, comme Leconte de Lisle, est un *témoin* qui raconte le passé et qui communique aux faits un peu du phosphore que son génie lui a mis aux doigts, de ce phosphore dont parle Joubert. Aujourd'hui, se disputant la palme de gloire, je ne vois das des gloriolaux. Voyez-vous, je crois à un interrègne. Le sceptre que Victor Hugo et Leconte de Lisle ont laissé tomber, personne ne le ramassera : il serait trop lourd à porter. L'Art va se traîner, image fidèle de notre décadente époque, jusqu'au réveil.

[*La Plume* (31 octobre 1894).]

FRANCIS VIELÉ-GRIFFIN. — Devons-nous aborder à la légère le nouveau volume de M. Strada ? dire que nous l'avons mal lu et, aussitôt, pour nous justifier de cette apparente négligence, qu'il dévoile une absence de style et de tact poétique que nous serions en droit d'exiger d'un poète ? Mais M. Strada est un philosophe et un historien, et l'examen d'une telle épopée est au-dessus de notre compétence.

[*Mercure de France* (avril 1896).]

SULLY PRUDHOMME.

Stances et Poèmes (1865). — *Les Épreuves, les Écuries d'Augias,* croquis italiens (1866-1868). — *Le premier livre de Lucrèce,* traduction avec une préface (1866). — *Les Solitudes* (1869). — *Impressions de la guerre, les Destins, la Révolte des fleurs* (1872). — *La France* (1874). — *Les vaines tendresses* (1875). — *La Justice* (1878). — *Le Prisme* (1886). — *Le Bonheur* (1888). — *L'Expression dans les beaux-arts* (1890). — *Réflexions sur l'art des vers* (1892). — *Les Solitudes* (1894). — *OEuvres de prose* (1898). — *Sonnet à Alfred de Vigny* (1898). — *Testament poétique* (1901).

OPINIONS.

THÉOPHILE GAUTIER. — Dans son premier volume, qui date de 1865 et qui porte le titre de *Stances et Poèmes,* les moindres pièces ont ce mérite d'être composées, d'avoir un commencement, un milieu et une fin, de tendre à un but, d'exprimer une idée précise… Dès les premières pages du livre, on rencontre une pièce charmante, d'une fraîcheur d'idée et d'une délicatesse d'exécution qu'on ne saurait trop louer et qui est comme la note caractéristique du poète : *Le Vase brisé…* C'est bien là, en effet, la poésie de M. Sully Prudhomme : un vase de cristal bien taillé et transparent où baigne une fleur et d'où l'eau s'échappe comme une larme.

[*Rapports sur le progrès des lettres et des sciences,* par MM. de Sacy, Paul Féval et Théophile Gautier (1868).]

JULES LEMAÎTRE. — Une réflexion nous vient était-ce bien la peine de tant reprocher à Musset sa tristesse et son inertie ? Y a-t-il donc tant de joie dans l'œuvre de Sully Prudhomme ? Qu'a-t-il fait cet apôtre de l'action, que ronger son cœur et écrire d'admirables vers ? Il est vrai que ce travail en vaut un autre. Et puis, s'il n'est pas arrivé à une vue des choses beaucoup plus consolante que l'auteur de *Rolla,* au moins est-ce par des voies très différentes ; sa mélancolie est d'une autre nature, moins vague et moins lâche, plus consciente de ces choses, plus digne d'un homme… M. Sully Prudhomme me semble avoir apporté à l'expression de l'amour le même renouvellement qu'à celle des autres sentiments poétiques… Son imagination est d'ailleurs des plus belles, et sous ses formes brèves, des plus puissantes qu'on ait vues. S'il est vrai qu'une des facultés qui font les grands poètes c'est de saisir entre le monde moral et le monde matériel beaucoup plus de rapports et de plus inattendus que ne fait le commun des hommes, M. Sully Prudhomme est au premier rang. Près de la moitié des sonnets des *Épreuves* (on peut compter) sont des images, des métaphores sobrement développées et toutes surprenantes de justesse et de grâce ou de grandeur. Ses autres recueils offrent le même genre de richesse. J'ose dire que, parmi nos poètes, il est, avec Victor Hugo, dans un goût très différent, le plus grand trouveur de symboles.

[*Les Contemporains* (1886-1889).]

CHARLES MORICE. — M. Sully Prudhomme n'est pas un poète. Des trois actes qui décomposent l'action esthétique (Pensée, Idée, Expression)', il n'accomplit que le premier. Même il l'accomplit très insuffisamment, ses abstractions se maintenant toujours dans les vieilles généralisations. Quant au «poète» sentimental, qui est l'autre face de ce «poète» philosophe, je pense qu'il a déjà rejoint dans l'ingrate mémoire des hommes les faiseurs de romances du premier Empire, et Reboul et Dupaty; ses tendresses sucrées, sirupeuses, sont vaines en effet, et cet amant eut sans doute toujours la tête chenue. On dit qu'il y a encore en M. Sully Prudhomme un poète lyrique chargé de dire des vers officiels devant les statues nouvelles : Baour-Lormian l'attend au seuil du Paradis.

[*La Littérature de tout à l'heure* (1889).]

ANATOLE FRANCE. — M. Gaston Paris disait, dans un banquet, à M. Sully Prudhomme, son ami : «Vous avez mérité la sympathie et la reconnaissance de tous ceux qui lurent vos vers dans leur jeunesse : vous les avez aidés à aimer».

M. Sully Prudhomme a accompli cette mission délicate avec un bonheur mérité. Il avait, pour y réussir, non seulement les dons mystérieux du poète, mais encore une absolue sincérité, une inflexible douceur, une pitié sans faiblesse, et cette candeur, cette simplicité sur lesquelles son scepticisme philosophique s'élève comme sur deux ailes dans les hautes régions où jadis la foi ravissait les mystiques. On chercherait en vain un confident plus noble et plus doux des fautes du cœur et de l'esprit, un consolateur plus austère et plus tendre, un meilleur ami. Son athéisme est si pieux, qu'il a semblé chrétien à certaines personnes croyantes. Son désespoir est si vertueux, qu'il ressemble à l'espérance pour ceux qui font de l'espérance une vertu. C'est une heureuse illusion que celle des âmes simples qui croient que ce poète est religieux; n'a-t-il pas gardé de la religion la seule chose essentielle : l'amour et le respect de l'homme ?

[*La Vie littéraire* (1892).]

LUCIEN MULHFELD. — Après un «bref coup d'œil en arrière» et un exposé de chic des origines de la poésie, M. Sully Prudhomme conclut que le vers, d'après la contribution capitale qu'il doit au génie de V. Hugo, a reçu tout son complément, a épuisé tout le progrès que sa nature comportait. «S'il en était ainsi, c'est qu'il n'en faut plus faire», que vous concluriez; M. Prudhomme opine qu'il sied refaire indéfiniment les mêmes. On s'en doutait. Ce n'est pas un reproche, au moins. Car qui contraint de lire les vers de M. Sully Prudhomme? Et de quel droit en aurais-je privé un charmant jeune homme de Lausanne qui vient de me confier qu'il a «appris à sentir» dans les vers de cet aède ?

[*Revue Blanche* (25 avril 1892).]

PAUL BOURGET. — M. Sully Prudhomme, ce rêveur adorable dont les vers ont le charme d'un regard et d'une voix, — un regard où passent des larmes , une voix où flotte un soupir.

[*Études et Portraits* (1894).]

FERDINAND BRUNETIÈRE. — Sully Prudhomme a éclairé d'une lumière nouvelle, dont le charme est fait de ce qu'elle a d'incertain et de rapide, «notre cœur faible et sombre». Ses confessions nous ont révélé des parties de nous-mêmes inconnues à nous-mêmes. Et, dans des vers un peu abstraits, mais par cela même presque immatériels, — qui ont naturellement d'autant plus d'âme qu'ils ont moins de corps, — il a réussi à traduire ce que vous me permettrez d'appeler l'aurore ou le crépuscule des sentiments, leurs commencements d'être et leurs agonies doucement finissantes.

[*Évolution de la Poésie lyrique* (1894).]

PAUL VERLAINE. — De quelques années plus jeune que lui, je n'avais guère produit que de l'inédit et je restai timide devant l'auteur déjà connu de ces *Stances et Poèmes* qui, avec *Philoméla*, de Catulle Mendès, et *les Vignes folles*, de ce regretté Glatigny, constituèrent les fiers débuts de la Renaissance poétique d'alors et d'aujourd'hui. J'admirais beaucoup ces vers un peu maigres, mais d'une correction des plus plaisantes en cette période de jeunes poètes lâchés, lamartiniens sans génie, hugolâtres sans talents, mussetistes, qui n'avaient du maître que l'envers de sa paresse divine. De plus, un vrai souci du rythme et de la rime éclatait partout dans le compact volume qui avait mis immédiatement en page l'auteur et ses livres suivants. Je me souviens très nettement de l'effet des plus puissants produit sur moi par la pièce sur un arbre traversant en chariot le faubourg Saint-Antoine :

On redevient sauvage à l'odeur des forêts!

et par celle où la Crucifixion était dessinée comme d'un trait sec, on croirait dur sinon cruel.

C'est dans ce recueil que se trouve le fameux *Vase brisé*, qui a dû faire le malheur de Sully Prudhomme, tant cette très jolie bluette fut, dès le principe, exaltée par un public imbécile, au détriment de tant de beautés infiniment plus remarquables.

Peu de temps après, Lemerre imprima les *Épreuves*, du même poète. C'était un recueil très curieux de sonnets surtout philosophiques. Le formiste s'y fonçait et quelque couleur animait la dialectique, d'ailleurs captivante, qui donnait le ton au petit volume. J'en ai retenu, entre mille autres, ce vers sur Spinoza :

Paisible, il polissait des verres de lunettes ,

et ceux-ci :

Étoile du berger, c'est toi qui, la première,
M'as fait examiner mes prières du soir.

Plusieurs autres recueils où le souffle s'élargissait en même temps que la couleur toujours un peu grise, (de parti pris peut-être), s'enflammait ou du moins s'allumait, succédèrent à ces beaux essais. Ces productions sont trop connues évidemment des lecteurs de ces biographies sommaires pour les énumérer ou en citer quelque chose. Laissez-moi toutefois rappeler à votre mémoire enchantée cette superbe pièce intitulée : *Les Écuries d'Augias*. La force du style ne le cède ici qu'au pittoresque des détails. Laissez-moi n'en sortir qu'un vers :

La moisissure rose aux écailles d'argent.

[*Les Hommes d'aujourd'hui.*]

REMY DE GOURMONT. — *Poètes lauréats.* — Tout comme le Royaume-Uni, la République française a ses poètes lauréats, des espèces de poètes lauréats. Elle a Prudhomme, elle a Silvestre, elle a Aicard, elle a Coppée. Au centenaire de l'Institut, Jean Aicard mugissait et Prudhomme coassait. Celui-ci est vraiment effrayant ; c'est bien le poète officiel, le poète qui manque aux comices de *Madame Bovary ;* il est inférieur à tout ; les sous-préfectures recèlent des bardes moins désuets ; il est honteux ; il est augiesque.

[*Mercure de France* (décembre 1895).]

PAUL MONCEAUX. — Les poèmes de M. Sully Prudhomme, si différents d'aspect et d'esprit, marquent simplement les diverses étapes de sa pensée philosophique. Cette philosophie amère, faite de science exacte, d'aspirations brisées, de résignation, de foi douloureuse à la vertu du sacrifice, s'est comme transposée dans son imagination de poète. Il en est résulté une œuvre originale, complexe, très solide, mais très mélancolique. Évidemment, toutes ces doctrines n'ont rien de réconfortant ; elles proclament trop nettement la vanité de nos efforts ; elles sèment la douleur jusque sur le chemin de l'héroïsme et de l'idéal. C'est pour cela que le poète est pensif et qu'il est triste.

[*La Revue Bleue* (4 janvier 1896).]

JOACHIM GASQUET. — M. Sully Prudhomme, avec ses poèmes, *la Justice, le Bonheur,* a voulu, et cet effort mérite tous les éloges, faire entrer dans les solides cadres de ses dogmes moraux et de ses conceptions sociales, la matière frémissante d'une riche sensibilité que tout ébranle, que tout froisse et meurtrit. Il y a en lui quelque chose de la

sobre puissance de Lucrèce. Parfois, d'austères élans l'emportent. Après la guerre, il put s'écrier :

> O peuple futur, qui tressailles
> Aux flancs des femmes d'aujourd'hui,
> Ton printemps sort des funérailles,
> Souviens-toi que tu sors de lui.

Voilà une de ces strophes qui pétrissent réellement la substance de la race. La voix des enfants, plus tard, a un accent qui vient de là. Je ne me fais pas une autre conception des chants dorés.

[*L'Effort* (15 janvier 1900).]

SURYA (Jean).

Peines de cœur (1891).

OPINION.

CHARLES FUSTER. — Voilà un livre dont nous n'acceptons pas toutes les innovations prosodiques ; mais il renferme, dans le ton et les rythmes chers à Verlaine, de bien exquise poésie.

[*L'Année des Poètes* (1891).]

SUTTER-LAUMANN.

Les Routes (1886).

OPINION.

E. LEDRAIN. — Il reste à M. Laumann d'avoir adoré la mer avec sa grande tristesse, mieux peut-être qu'aucun de nos contemporains. Il lui a voué un culte d'autant plus profond que la lamentation des flots répond davantage à l'état de son propre cœur. Nul n'a rendu avec plus d'émotion et de talent l'éternel gémissement qui soulève le sein de l'Atlantique.

[*Anthologie des Poètes français du xixᵉ siècle* (1887-1888).]

T

TACONET (Maurice).

L'Aurore des Temps nouveaux (1897).

OPINION.

CHARLES FUSTER. — L'œuvre est courte, mais rien n'y manque, et l'on ne saurait en distraire une ligne. Elle révèle à la fois un érudit, un puriste et un poète mystique sans affectation.

[*L'Année des Poètes* (1897).]

TAILHADE (Laurent).

Le Jardin des Rêves (1880). – *Un Dizain de sonnets* (1882). – *Au Pays du mufle* (1891). –*Vitraux* (1894). – *Venise sauvée,* conférence (1895). – *Terre latine* (1897). – *Terre latine* (1898). – *A travers les Groins* (1899). – *La Pâque socialiste,* conférence (1899). – *L'Ennemi du peuple,* conférence (1900).

OPINION.

THÉODORE DE BANVILLE. — Voici un des plus beaux et des plus curieux livres de poèmes qui

aient été écrits depuis longtemps (*Le Jardin des Rêves*), un livre qui s'impose à l'attention, car il est bien de ce temps, de cette heure même, et il contient au plus haut degré les qualités essentielles à la jeune génération artiste et poète, c'est-à-dire, à la fois, la délicatesse la plus raffinée et la plus excessive, et le paroxysme, l'intensité, la prodigieuse splendeur de la couleur éblouie.

[*Préface au Jardin des Rêves* (1880).]

HENRI DE RÉGNIER. — A la bassesse d'une époque, comme est la nôtre, contraire à tout propos de faste et d'élégance, M. Tailhade a répondu par des poèmes où il donnait la stature de son âme et fixait à jamais son rêve en des vers sonores, précis et coruscants.

[*Portraits du prochain siècle* (1894).]

REMY DE GOURMONT. — Ayant écrit *Vitraux,* poèmes qu'un mysticisme dédaigneux pimentait singulièrement, et cette *Terre latine,* prose d'une si émouvante beauté, pages parfaites et uniques, d'une pureté de style presque douloureuse, M. Tailhade se rend tout à coup célèbre et redouté par les cruelles et excessives satires qu'il appela, souvenir et témoins d'un voyage que nous faisons tous sans fruit, *Au Pays du mufle.*

[*Le Livre des Masques* (1896).]

CHARLES MORICE. — Laurent Tailhade est un païen mystique, un sensuel spiritualisant. Il tient de M. de Banville, de M. Armand Silvestre, du soleil et des hymnes religieuses. Moins appartiendrait-il à la génération nouvelle qu'à celle des Parnassiens, croirait-on d'abord, à le lire. Mais, chez lui, les joailleries du Parnasse prennent un autre accent, éblouissant, puis qui inquiète. Des mysticités douteuses et trop parées, une madone telle que l'eût priée Baudelaire, mais combien plus sombre d'avoir oublié de l'être, combien plus triste de sourire ainsi… C'est surtout par les couleurs de son inspiration, par ce lyrisme mystique et sensuel qui, à ce degré, n'est que de ce siècle, que Laurent Tailhade nous appartient.

[*La Littérature de tout à l'heure* (1899).]

TRISTAN KLINGSOR. — *A travers les Groins* : Ce n'est pas ici du poète rare des *Vitraux* qu'il s'agit, mais de celui du *Pays du mufle.* Il prodigue la cocasserie d'un style enrichi d'épithètes inattendues pour lancer ses invectives cinglantes, et personne comme lui ne saurait atteindre au biscornu cruel d'un octosyllabe ou d'un alexandrin parfait, et cette perfection leur confère la durée d'une marque au fer rouge. Certes les horions pleuvent un peu de tous côtés, et l'on eût pu désirer que quelques-uns fussent épargnés. Mais quelle maîtrise de forme en somme, et quelles joies, inavouées parfois, à rouvrir ce «livre précieux de haine comme un écrin, aux poisons»…

[*La Vogue* (1899).]

PAUL LÉAUTAUD. — Malgré tant de points parfaits où la modernité s'allie au grand passé que nous tous portons en nous, où «l'harmonie, la grâce du paysage, le charme virgilien, loin de nuire à l'originalité de l'auteur, y ajoutent encore», et qui sont d'une langue et d'un rythme admirables, c'est surtout comme poète satirique que M. Laurent Tailhade est connu. Son *Au Pays du mufle,* «qui n'a pas besoin d'être recommandé aux lettrés», ainsi que l'a dit le préfacier, M. Armand Silvestre, et où, tantôt en des quatorzains et tantôt en des ballades, les uns et les autres d'une écriture et d'une musique jamais faiblissantes, tant de gens notoires, la sottise actuelle et une certaine presse étaient fouaillés vigoureusement, est resté célèbre par les colères qu'il souleva. Les nombreux duels aussi qu'attirèrent à M. Laurent Tailhade sa verve et ses féroces objurgations ne sont pas moins connus. Et l'on sait aussi comme se vengèrent courageusement, le bafouant en l'insultant quand il fut blessé, le 4 avril 1894, au restaurant Foyot, par l'explosion d'une bombe d'anarchiste, les éminents illettrés qu'auparavant, dans son livre et dans sa conférence au Théâtre de l'Œuvre, lors de la représentation d'*Un Ennemi du peuple,* il avait fustigés sans qu'ils aient alors osé répondre. Il semble pourtant aujourd'hui que ces plaisirs retentissants soient achevés, et que le petit livre : *A travers les Groins,* que le poète écrivit au cours d'une affaire qui fit récemment quelque bruit, doive rester sa dernière expression dans 'n genre où il s'illustra.

[*Poètes d'aujourd'hui* (1900).]

TAILHÈDE (Raymond de la).

De la Métamorphose des fontaines (1895).

OPINION.

HUGUES REBELL. — M. Raymond de la Tailhède n'a encore publié que quelques poèmes, et cependant ils révèlent une âme si noble de poète et un art si parfait, qu'on ne peut hésiter à le placer au premier rang. — Le mouvement, l'enthousiasme, l'audace sûre des tours font, de ses vers, les plus magnifiques qui soient.

[*Portraits du prochain siècle* (1894).]

J.-R. DE BROUSSE. — Raymond de la Tailhède, encore que ce ne soit là que son premier livre, est hautement connu parmi les poètes d'aujourd'hui. Une sylve du *Pèlerin passionné* le salue en ces termes : «Gentil esprit, l'honneur des muses bien parées…» Maurice Du Plessys lui voue un sonnet, dont ce premier vers : «La gloire t'a béni dès l'aube de tes ailes…» Ernest Raynaud, dans son récent *Bocage,* dit ses louanges plusieurs fois, et maint critique, — Anatole France, par exemple, — a écrit en son honneur.

Nous avions donc le droit d'attendre beaucoup de M. de la Tailhède. — Voici la victoire. Le livre ouvert par le principal poème qui a donné son titre au volume entier, contient, en outre, quatre odes, quatre sonnets et trois hymnes.

La première et la seconde *Ode à Jean Moréas,* l'*Ode à Du Plessys* et l'*Ode à Maurras* sont nobles et belles. D'une grande fierté de pensée et d'une large majesté de rythme, elles s'avancent en une triomphale et sereine démarche, comme Junon dans l'Énéide. — Le mouvement, tantôt lent, tantôt rapide, l'inspiration toujours hautement lyrique, l'éclat des images et l'adéquate beauté de l'élocution leur donnent une perfection puissante. — Si elles rappellent, pour vrai, la grandeur des odes malherbiennes, elles sont néanmoins d'une originalité absolument personnelle.

Ainsi une strophe de l'*Ode à Du Plessys* :

> Que fleurisse à présent le thyrse, et que la rose
> Se mêle dans la coupe au vin des immortels.
> Il nous est réservé d'avoir des honneurs tels,
> Plessys, sur toute chose.

Les sonnets ne ressemblent à aucun de ceux écrits jusqu'à ce jour; ni classiques, ni madrigalesques, ni romantiques, ni parnassiens, ils ont leur propre signe. Très sûrement conduits et d'un fort échafaudage, i' en voilent le labeur sous de magnifiques couleurs et sous une haute éloquence. Ils me font l'effet de ce bouclier d'Achille longuement et péniblement forgé par Vulcain, où l'œil étonné des guerriers voyait des pampres et de douces scènes bucoliques rehaussés dans l'or splendide du métal.

Quant aux hymnes, je louerai d'abord M. de la Tailhède de ce qu'il a relevé, de chez nos maîtres de la Pléiade, ce mode héroïque perdu. — Il l'a fait avec gloire. Ce que j'ai dit des odes, je le dirai mêmement pour les hymnes, n'y ajoutant que ceci : c'est qu'on sent dans ces derniers un souffle plus pindarique encore, et que les clameurs triomphales y retentissent superbement, telles dans les vers (*Hymne pour la Victoire*).

[*Essais de Jeunes* (avril 1895).]

CARLES MAURRAS. — Je crois qu'on sentira dans ce livre profond et clair : *De la Métamorphose des Fontaines*, les deux traits essentiels du génie de M. de la Tailhède : c'est la force lyrique, d'une part, et, d'autre part, un sentiment d'admiration et d'étonnement religieux devant le secret de la nature des choses. Le premier trait paraît, comme de juste, plus sensible dans les odes, les hymnes, les sonnets. Là, le jeune poète me semble apporter tout simplement à nos lettres ce genre de poésie qui leur manquait, au témoignage des meilleurs juges du XVIIᵉ siècle. Lorsque Boileau ou Fénelon regrettaient que nous n'eussions, ni chez Malherbe, ni même chez Ronsard, des odes pindariques avec la promptitude d'images et d'inversions, avec le mouvement et la flamme du modèle grec, ce n'était pas un Hugo ni un Lamartine qu'appelaient leurs souhaits, c'était M. Raymond de la Tailhède.

[*La Revue Encyclopédique* (1ᵉʳ mai 1895).]

ADOLPHE RETTÉ. — Je garderai toujours le souvenir de la joie que je ressentis à la lecture des premiers vers de M. de la Tailhède. Il est si désespérément rare qu'on rencontre un grand poète parmi la tourbe qui s'agite sur cette grande route fangeuse : la littérature contemporaine, que, sans le connaître, je vouai à celui-ci de la reconnaissance pour m'avoir aussi splendidement évoqué la Beauté. Aussi, est-ce avec un sentiment de surprise presque douloureux que j'ai assisté à l'emprise de la rhétorique sur M. de la Tailhède. Quoi! suivre la houlette de M. Moréas, bon poète mais pasteur déplorable au surplus, prêter l'oreille aux sottes homélies de patoisants accourus de la Cannebière pour convertir Paris aux rites burlesques du Félibrige, c'est à cela que devait aboutir un si merveilleux départ?

[*La Plume* (15 mai 1895).]

M. PAUL SOUCHON. — M. Raymond de la Tailhède, sitôt après le *Tombeau de Jules Tellier*, changea non seulement d'inspiration, mais de cœur, pourrait-on dire. Il rencontra M. Moréas et subit, avec une faiblesse heureuse, sa tyrannie. Nul n'était moins fait que lui pour supporter la sécheresse des leçons et l'ennui de la chose enseignée. Il fut entamé tout de suite et profondément. Lui qui était tout émotion et trouvait là seulement son originalité, il s'astreignit à des sujets froids, ambitieux et ressassés, qu'il rendit sans lumière. L'apparition d'un nouveau poème marquait pour lui la perte d'une qualité. De la *Métamorphose des fontaines* aux *Odes*, aux *Sonnets* et aux *Hymnes*, qui se trouvent dans le même volume, on peut suivre l'agonie de son beau talent.

[*Critique des Poètes* (1897).]

A. VAN BEVER. — La poésie de M. Raymond de la Tailhède est froide, impassible, exprimant un art lent, aux expressions mesurées, pondérées comme les paroles d'un vieillard ; elle ne peut que nous faire regretter l'habile chanteur qu'elle nous cèle. Dans cette œuvre malheureusement parcimonieuse, de rares beautés s'imposent, parterre de fleurs qui s'inclinent à mourir et regrettent parmi les marbres d'automne une terre ensoleillée qu'elles n'ont point connue.

[*Poètes d'aujourd'hui* (1900).]

TALLEYRAND-PÉRIGORD (Maurice de).

Au Pays du Silence (1895).

OPINION.

CH. FUSTER. — L'auteur, gentilhomme, mais nullement un amateur, aurait pu, en revenant du désert, nous en faire à l'infini des descriptions subtiles et nuancées. Mais, avant tout, c'est un penseur, un penseur hardi, ne reculant pas devant la logique, même cruelle, de sa pensée.

[*L'Année des Poètes* (1895).]

TASTU (Sabine-Casimire-Amable Voiart, dame). [1798-1885.]

Poésies (1826). — *Poésies nouvelles* (1834). — *Œuvres poétiques* (1837).

OPINIONS.

Mᵐᵉ DESBORDES-VALMORE. — Je vous ai dit ma pensée sur Madame Tastu : je l'aime d'une estime profonde. C'est une âme pure et distinguée, qui lutte avec une tristesse paisible contre sa laborieuse destinée. Son talent est, comme sa vertu, sans une tache...

[*Lettre* (du 7 février 1837).]

SAINTE-BEUVE. — Il y a dans la manière de Madame Tastu «la nuance d'animation ménagée; la blanche pâleur, si tendre et si vivante, où le vers est, pour la pensée, comme le voile de Saphoronie, sans trop la couvrir et sans trop la montrer; la grâce modeste qui s'efface pudiquement d'elle-même, et enfin cette gloire discrète, tempérée de mystère qui est, à mon sens, la plus belle pour une femme-poète.

[*Les Lundis.*]

ÉDOUARD FOURNIER. — La muse la plus idéalement pure, comme talent et comme caractère, de toute l'époque romantique.

[*Souvenirs poétiques de l'école romantique* (1880).]

TELLIER (Jules). [1863-1889.]

Nos poètes (1888). — *Reliques de Jules Tellier* (1892).

OPINIONS.

ANATOLE FRANCE. — Il laisse des vers, dont quelques-uns seront placés dans les anthologies, à côté de ceux de Frédéric Plessis, qu'il admirait. Et Jules Tellier sera accueilli parmi les petits poètes qui ont des qualités que les grands n'ont point. Si les *minores* de l'antiquité étaient perdus, la couronne de la Muse hellénique serait dépouillée de ses fleurs les plus fines. Les grands poètes sont pour tout le monde, les petits poètes jouissent d'un sort bien enviable encore : ils sont destinés au plaisir des délicats. Il ne me convient pas d'être tranchant en matière de goût. Mais il me semble que la *Prière* de Jules Tellier à la mort est un poème que nos anthologistes pourraient dès aujourd'hui recueillir.

[*La Vie littéraire*, 4ᵃ série (1892).]

Maurice Barrès. — En juin 1889 est mort un jeune homme de vingt-six ans, M. Jules Tellier, surpris par une maladie au cours d'un voyage d'agrément. Sa vie trop brève et les circonstances ne lui ont pas permis de se faire connaître du public, mais cet inconnu doit être considéré comme un des logiciens du sentiment les plus extraordinaires que compte notre littérature... Il a sombré, ne laissant dans l'histoire littéraire, pour indiquer la place qu'il méritait, que cinq ou six cents lignes ! Quelques gouttes d'huile ballottées sur la mer. Les meilleurs ayant lu cela célébreront M. Jules Tellier dans leur mémoire et diront : ce jeune homme a pris en soi une conscience nette de ces mêmes ardeurs que nous ressentons, et il les a congelées dans des paroles harmonieuses.

[Préface à : *Du Sang, de la Volupté et de la Mort* (1894).]

Paul Guigou. — Malgré deux ou trois morceaux de premier ordre, des morceaux tels qu'ils sacrent un poète, malgré de rares qualités d'expression et un instinct délicat du rythme, je dis sans hésitation que Tellier a été moins poète dans ses vers que dans sa prose. Je trouve que la poésie de Tellier a parfois quelque chose de trop net, de trop visible et d'un peu sec. L'idée, toujours fine et poétique, y est exprimée avec exactitude, avec beaucoup de propriété, mais sans mystère. Les mots disent littéralement ce qu'ils disent, et rien de plus. Il manque autour d'eux ce je ne sais quoi qui les baigne comme d'un fluide pénétrant et fait qu'ils se prolongent en notre esprit et le mènent de rêve en rêve. Évidemment, l'écrivain en vers était gêné par l'extrême délicatesse du critique.

Interrupta (1898).]

TERNISIEN (Victor).

Chants candides (1898).

OPINION.

Ernest La Jeunesse. — Ternisien a intitulé son livre : *Chants candides*. C'est une prétention et c'est une ambition. Ces chants ne sont pas candides, ils sont pleins, ils sont savants, ils disent tout, ils sont gros de tout ; ces vers et cette prose sont lourds, électriquement, de tout ce qui fait l'humanité et de la divinité ; de la gravité et du rêve est née, voici longtemps et pour être immortelle, la Beauté.

[*Préface* (1898).]

TÉRY (Gustave).

A ceux qui vont partir (1895).

OPINION.

Gaston Deschamps. — Le poème de M. Gustave Téry n'est, d'un bout à l'autre, qu'une litanie d'amour mystique et de douleur. Cela est moins monotone que les paperasses documentaires par où le roman expérimental entreprit de mettre à nu, interminablement, l'humaine bestialité.

[*La Vie et les Livres* (1895).]

TESSIL (Paul-Henri).

Les Frissons de vie (1899).

OPINION.

Robert Scheffer. — M. Paul-Henri Tessil nous affirme en la préface de ses *Frissons de vie* que nous allons «vers un horizon de bonté, de douceur, de vie simple et lumineuse». Et «revêtus de tuniques souples et blanches, les jeunes poètes agitent leurs âmes ainsi que des étendards où ils convient les hommes à la fête de beauté». Voilà qui va des mieux. Et comme le volume débute par ce vers délicieux :

> Le ciel est doux comme un myosotis dans l'herbe,

je veux croire que M. Tessil dit vrai, puisqu'il dit bien. Je ne lui reprocherai point son inutile couplet sur :

> L'amant du verbe
> Rare et bizarre,
> Blafard, cafard ! etc.

et le louerai, au contraire, d'assembler pour magnifier la nature de chantantes couleurs.

[*La Vogue* (4 avril 1899).]

THEURIET (André).

Le Chemin des bois (1867). — *Les Paysans de l'Argonne* (1792-1871). — *Le Bleu et le Noir*, poème (1873). — *Mademoiselle Guignon* (1874). — *Le Mariage de Gérard* (1875). — *La Fortune d'Angèle* (1876). — *Raymonde* (1877). — *Nos Enfants* (1878). — *Sous-Bois* (1878). — *Les Nids* (1879). — *Les Fils Maugars* (1879). — *La Maison des deux Barbeaux* (1879). — *Toute seule* (1880). — *Madame Véronique* (1880). — *Sauvageonne* (1880). — *Les Enchantements de la forêt* (1881). — *Les Mauvais Ménages* (1882). — *Madame Heurteloup* (1882). — *Le Journal de Tristan* (1883). — *Michel Verneuil* (1883). — *Le Secret de Gertrude* (1883). — *Tante Aurélie* (1884). — *Nouvelles* (1884). — *Eusèbe Lombard* (1885). — *Les Œillets de Kerlaz* (1885). — *Péché mortel* (1885). — *Hélène* (1886). — *Contes pour les jeunes et les vieux* (1886). — *Contes de la vie de tous les jours* (1887). — *L'Affaire Froideville* (1887). — *Contes de la vie intime* (1888). — *Amour d'automne* (1888). — *L'Amoureux de la Préfète* (1889). — *Deux Sœurs* (1889). — *Contes pour les soirs d'hiver* (1889). — *Reine des Bois* (1890). — *L'Oncle Scipion* (1890). — *Le Bracelet de Turquoises* (1890). — *Charme dangereux* (1891). — *Jeunes et vieilles barbes* (1892). — *La Chanoinesse* (1893). — *L'Abbé Daniel* (1893). — *Surprises d'amour* (1893). — *Contes forestiers* (1894). — *Jardin d'automne*, poésies (1894). — *Nos Oiseaux* (1894). — *Paternité* (1894). — *Rose-Lise* (1894). — *Contes tendres* (1895). — *Flavie* (1895). — *Madame Véronique* (1895). — *Contes de la Primevère* (1895). — *Années de printemps* (1896). — *Cœurs meurtris* (1896).

– Fleur de Nice (1896). *– Josette* (1896). *– Poésies* (1896). *– Boisfleury* (1897). *– Deuil de veuve* (1897). *– Lilia* (1897). *– Philomène* (1897). *– Dans les Roses* (1898). *– Lis sauvage* (1898). *– Le Refuge* (1898). *– Le Secret de Gertrude* (1898). *– La Vie rustique* (1898). *– Dorine* (1899). *– Fleurs de cyclamens* (1899). *– La Vie rustique* (1899). *– Nos Oiseaux* (1899). *– Villa Frangeville* (1899).

OPINIONS.

THÉOPHILE GAUTIER. — C'est un talent fin, discret, un peu timide que celui de Theuriet; il a la fraîcheur, l'ombre et le silence des bois, et les figures qui animent ses paysages glissent sans faire de bruit comme sur des tapis de mousse, mais elles vous laissent leur souvenir et elles vous apparaissent sur un fond de verdure, dorées par un oblique rayon de soleil. Il y a chez Theuriet quelque chose qui rappelle la sincérité émue et la grâce attendrie d'Hégésippe Moreau dans *la Fermière.*

[*Rapport sur le progrès des lettres,* par MM. de Sacy, Paul Féval et Théophile Gautier (1868).]

PAUL STAPFER. — Ce qui fait l'incomparable beauté du *Lac* de Lamartine, c'est l'humanité, c'est l'amour qui vivifie et illumine le tableau. M. André Theuriet l'a compris, et ses délicieux paysages des bois, tout imprégnés de la senteur forestière, sont animés d'un sentiment profond qui s'élève parfois jusqu'au pathétique; quelques-unes de ses églogues sont de véritables petits drames dont la concision augmente le tragique effet.

[*Le Temps* (13 avril 1873).]

ANDRÉ LEMOYNE. — Ce qui ressort surtout des poèmes d'André Theuriet, c'est l'amour de la nature forestière, l'intime souvenir de la vie campagnarde et, en même temps, une pitié profonde pour les souffrants, les déshérités de ce monde qui vont courbés sur la glèbe ou errants sur les routes, à l'heure où le soir tombe et quand s'illumine dans la nuit la fenêtre des heureux.

[*Anthologie des Poètes français du XIXᵉ siècle* (1887-1888).]

ADOLPHE BRISSON. — On pourrait, à ce qu'il me semble, rapprocher le talent descriptif d'André Theuriet du génie limpide, gracieux et tendre de Jules Breton. L'un et l'autre aiment la nature, la contemplent du même œil et l'idéalisent en la copiant. Leur pinceau est souvent ému, mais il n'oublie jamais de demeurer élégant, et leurs plus belles œuvres sont merveilleusement correctes et pures.

M. André Theuriet a publié des vers délicieux... En compose-t-il encore ?... Un jour viendra (plus tard, dans beaucoup d'années) où M. Theuriet, las de marier éternellement Raoul avec Angélique, laissera reposer sa plume de romancier; il reprendra sa plume de poète, il ira passer quelques mois dans le jardin de sa grand'tante tout fleuri d'œillets et de roses trémières, et il en rapportera un petit volume de vers qui, — je vous le prédis, — sera un chef-d'œuvre.

[*Portraits intimes* (1894).]

ANTONY VALABRÈGUE. — Il y a quelques années, c'était le *Livre de la Payse* que M. Theuriet nous donnait, en recueillant, dans des strophes d'un tour achevé, ses impressions et ses souvenirs de tous genres. Aujourd'hui, nous avons le *Jardin d'automne,* des pensées d'arrière-saison pour ainsi dire, des effets du soir de la vie. Mais, si des rayons paisibles et calmes indiquent déjà le doux déclin de la fin septembre, ces clartés indécises, ces lueurs pâlissantes et qui luttent encore, nous laissent voir, malgré tout, un dernier épanouissement qui conserve sa force et son énergie... L'intimité qui anime les vers de M. Theuriet, nous la retrouvons, marquée d'une façon originale, dans certaines pages où le poète nous conduit dans sa maison de Talloire, en Savoie, et dans sa retraite de Nice, où il a déjà passé plus d'un hiver.

[*La Revue Bleue* (19 janvier 1895).]

THIBAUDET (Albert).

Le Cygne rouge (1897).

OPINION.

GUSTAVE KAHN. — Le livre de M. Thibaudet, *Le Cygne rouge,* n'est ni très beau, ni parfait, mais il y a de belles qualités, d'abord la cohésion et ensuite l'indépendance... Le drame de M Thibaudet est en prose avec des intermèdes de vers; j'aime mieux sa prose que ses vers, rythmiquement lourds, malgré d'heureuses rencontres de métaphores et une solidité oratoire.

[*Revue Blanche* (1897).]

TIERCELIN (Louis).

L'Occasion fait le larron, comédie (1867). *– L'Habit ne fait pas le moine* (1868). *– Les Asphodèles,* poésies (1873). *– L'Oasis* (1880). *– Un Voyage de noces,* comédie en vers (1880). *– Primevère,* poème (1881). *– Stances à Corneille* (1882). *– Corneille et Rotrou,* comédie en vers (1884). *– Les Anniversaires* (1887). *– Le Rire de Molière,* comédie en vers (1888). *– La Mort de Brizeux* (1888). *– Le Parnasse breton contemporain* (1889). *– Le Grand Ferré* (1891). *– Les Cloches,* poésies (1892). *– Une Soirée à l'Hôtel de Bourgogne* (1892). *– La Bretagne qui croit* (1894). *– Le Diable couturier* (1894). *– Trois Drames en vers* (1894). *–L'Abbé Corneille,* un acte (1895). *–L'Epreuve,* un acte (1896). *– Sur La Harpe* (1897).

OPINIONS.

A.-L. — En 1873, M. Tiercelin publia son premier volume de vers : *Les Asphodèles,* œuvre qui, dit un critique, «est éclose dans l'atmosphère très catholique de l'ancienne famille bretonne à laquelle appartenait le poète, et qui est comme le pur reflet de ses impressions premières. Il a donné ensuite deux autres recueils : *L'Oasis* (1880) où il s'est montré profondément tendre et humain, et *les Anniversaires* (1887), qui révèlent une réelle puissance poétique et une grande souplesse de rythme.

[*Anthologie des Poètes français du XIXᵉ siècle* (1887-1888).]

A. Ferdinand Hérold. — Les vers de M. Tiercelin rappellent ceux de M. François Coppée, c'est-à-dire qu'ils sont moins mauvais que ceux de M. Parodi ; la facture de ses drames rappelle celle de *Severo Torelli* ou des *Jacobites* : c'est dire que les procédés des dramaturges de la période romantique y sont pastichés moins mal que dans *Par le Glaive* ; aussi, comme M. Tiercelin, nous ne comprenons guère «pourquoi ils n'ont été représentés ni à l'Odéon, ni à la Comédie-Française».

[*Mercure de France* (octobre 1894).]

Yves Berthou. — M. Tiercelin reste fidèle aux règles du Parnasse. Ses vers se distinguent toujours par leur forme impeccable : richesse de la rime, perfection du rythme. Le poète est convaincu, — et il le prouve du reste, — qu'il n'est point de nuance, si subtile soit-elle, qu'on ne puisse rendre et pour ainsi dire faire toucher au moyen des mètres consacrés que le vrai poète sait toujours modeler sur la pensée.

[*La Trève-Dieu* (1897).]

TINCHANT (Albert). [1870-1892.]
Les Sérénités (1890).

OPINION.

Marcel Fouquier. — *Les Sérénités*, de M. Albert Tinchant, ne sont pas un banal début. Mais M. Tinchant aime trop Musset, car il l'aime à la folie. Pour les jeunes poètes, *Namouna* est le plus dangereux des livres de chevet.

[*Profils et Portraits* (1891).]

TISSEUR (Les frères Barthélemy, Jean, Alexandre et Clair).

Barthélemy Tisseur.
Poésies (1885).

Jean Tisseur.
Poésies (1885).

Clair Tisseur.
Les Vieilleries lyonnaises (1879). – *Le Testament d'un Lyonnais au xvii*e *siècle* (1879). – *Marie Lucrèce* (1880). – *Souvenirs lyonnais* (1881). – *Benoît Poncet* (1882). – *Noël satirique* (1882). – *Oisivetés du sieur de Puitspelu* (1882). – *Des Verbes dans le patois lyonnais* (1883). – *Humble Essai de phonétique lyonnaise* (1885). – *Les Histoires de Puitspelu* (1886). – *Dictionnaire du patois lyonnais* (1887-1890). – *Pauca Paucis*, poésies (1889). – *Modestes Observations sur l'art de versifier* (1893).

OPINIONS.

M. Paul Mariéton. — Les œuvres poétiques de Jean Tisseur, plus volontaires qu'inspirées, se ressentent d'une préoccupation commune aux grands écrivains lyonnais. Seuls, Pierre Dupont et Louïsa Sieffert y ont échappé. C'est une contexture de forme, une recherche de prosodie qui paralyse les coups d'ailes.

[*La Pléiade lyonnaise* (1884).]

Anatole France. — Il y eut à Lyon quatre frères Tisseur : Barthélemy, Jean, Alexandre et Clair. Trois d'entre eux sont poètes et le quatrième, Alexandre, a un vif sentiment de la poésie et de l'art. Ils vécurent modestes et honorés dans leur ville. Barthélemy mourut jeune, en 1843. Jean passa en faisant le bien. Il fut, pendant quarante ans, secrétaire de la Chambre de commerce de Lyon. Alexandre et Clair vivent encore. Ce dernier est architecte. C'est le meilleur poète de cette rare famille. Il a écrit avec une abondante simplicité la vie de son frère Jean. Celui-ci avait, dans ses vieux jours, commencé la biographie de Barthélemy, laquelle fut terminée par Alexandre. Ces vies d'hommes obscurs et bons ont un charme exquis. On y respire un parfum de sympathie et je ne sais quoi de doux, de simple, de pur, qui ne se sent pas dans les biographies des personnages illustres.

[*La Vie littéraire* (III, 1891).]

Remy de Gourmont. — Le beau nom de poète, Clair Tisseur, et que noblement lyonnais! On en connut déjà un de ce nom, Jean Tisseur, dont les vers furent publiés en ce même Lyon, l'an 1885. Ce volume donne : d'abord de sévères poèmes antiques, puis des rêves intimes, des notations philosophiques ; — puis une seconde série où se retrouveront les mêmes inspirations, mais exprimées avec moins de rigidité et d'heureux manquements aux règles surannées (et même ridicules) de la poésie classico-romantique, — règles faites pour une langue dont la prononciation a varié. Dans cette seconde partie, la plus curieuse, d'une œuvre toujours distinguée, nous avons lu de jolies transpositions de dits populaires, écrites sans doute pendant «la saison des renoncules d'or».

[*Mercure de France* (juillet 1894).]

Louis Aurenche. — Nous faisons la connaissance des quatre frères Tisseur : Barthélemy, un sensitif et un amoureux ; Jean, savant et poète, plus savant que poète ; Alexandre, voyageur à la narration colorée, et enfin le dernier disparu, Clair, le plus poète des quatre, littérateur du plus haut mérite, d'un parfait et pur hellénisme, dans l'œuvre duquel se joue doucement un rayon de l'art antique. Il reste original même à côté d'André Chénier, auquel, du reste, sa modestie bien connue l'eût empêché de s'égaler.

[*La Terre Nouvelle* (mars 1900).]

TOISOUL (Arthur).
Mai (1896). – *Opéra* (1896). – *Images de Dieu* (1898).

OPINIONS.

Albert Arnay. — M. Arthur Toisoul, qui signait naguère un premier livre de vers, vient de publier dans la collection du *Coq rouge* une œuvrette en prose (*Opéra*), délicieusement rythmée et d'attitude très spéciale. La claire chanson enthousiaste que voilà a la toujours enivrante joie du printemps, de l'été, de l'automne, et la gravité prometteuse de l'hiver! Ou plutôt nous comparerons ceci à telles fresques de Kate Greenaway. L'on sait que d'aucunes sont d'une beauté indiscutable.

[*Le Réveil* (1896).]

GEORGES RENCY. — Arthur Toisoul qui, avant *Opéra*, cette douce merveille, avait publié déjà *Mai*, livre de pure grâce et de délicate beauté, dont on a trop peu, oh! oui, bien trop peu parlé.

[*L'Art jeune* (1896).]

TORY (André).

Toi, poème (1894).

OPINION.

EDMOND HARAUCOURT. — C'est l'éternel refrain d'amour, mais qui, dans sa forme, apparaît moderne en ceci, qu'il constitue un type de cette condensation, de cette synthèse qui sont devenues le besoin moderne.... *Toi*, c'est l'éternelle fiancée, celle qui meurt avec chacun de nos baisers, et qui revit avec chacun de nos désirs, le mirage consolant vers lequel nous marchons sans lassitude, qui fait notre désert moins nu et notre solitude presque aimée. Mais la vierge attendue ne sera jamais nôtre, car l'idéal qu'on touche ne serait plus un idéal, et la nature est clémente en ceci, qu'elle nous leurre d'espérance, sans permettre la possession qui nous tuerait l'espérance.

[*Préface* (1894).]

TOURNEFORT (Paul de).

Voix de la Plaine, des Monts et de la Mer (1893).

OPINION.

CHARLES FUSTER. — M. de Tournefort est revenu, ici, à la poésie intime, mais surtout au lyrisme de fort bon aloi.

[*L'Année des Poètes* (1893).]

TRARIEUX (Gabriel).

La Chanson du prodigue (1892). – *La Retraite de la Vie* (1894). – *Nuit d'avril à Céos*, un acte (1894). – *La Coupe de Thulé* (1895). – *Pygmalion et Daphné*, un acte (1898). – *Joseph d'Arimathée*, trois actes (1898). – *Les Vaincus : Hypathie, Savonarole* (1900). – *Sur la foi des Étoiles* (1900).

OPINIONS.

PHILIPPE GILLE. — C'est le livre d'un esprit élevé, d'un poète sincère, que celui que M. Gabriel Trarieux intitule : *La Retraite de la Vie*. Dans ce poème, car le volume n'en contient qu'un, l'auteur a fait un adieu au monde social pour se retirer dans la nature, pour vivre loin des humains et laisser errer ses rêves des cimes des montagnes aux profondeurs des mers, des abîmes du ciel à ceux de la terre. Bien qu'il se soucie plus de l'idée, de la pensée, que de la forme dans laquelle elle tombe, ce de quoi on ne saurait trop le louer, son vers est naturellement harmonieux et élégant.

[*Les mercredis d'un critique* (1895).]

CAMILLE LE SENNE. — Le dernier spectacle des Escholiers se composait de deux pièces dont la première mérite un rappel à des titres divers, c'est *Pygmalion et Daphné*, un acte en vers libres, de M. Gabriel Trarieux, avec cette épigraphe tirée des *Idylles du Roi*, de Tennynon : «Man dreams of fame, while woman wakes to love».

Les classiques purs, les attardés du Romantisme et les traditionnels du Parnasse professent la même horreur bruyante pour le vers libre, le vers sans rime, le vers amorphe, tel que l'écrit M. Gabriel Trarieux. Il faut cependant reconnaître que, bien manié, il a du charme, de la grâce, une souplesse enveloppante. Écoutez Pygmalion racontant comment sa Daphné (la Galatée antique) est devenue femme.

> ...C'était un soir, dans la cité...
> Une cité lointaine en des montagnes bleues
> Où les maisons sont des palais... C'était un soir...
> J'avais sculpté dans le carrare une statue
> Pour le temple du dieu Soleil, — si merveilleuse
> Que le peuple venu pour la voir s'était mis
> A deux genoux, ainsi qu'on fait pour les déesses,
> Puis, en silence, était sorti... Et j'étais seul...

[*Le Siècle* (21 mars 1898).]

ÉMILE FAGUET. — *Joseph d'Arimathée* n'est pas précisément un drame, c'est une étude psychologique très attentive et très fine sur l'état d'esprit des premiers adeptes d'une religion et sur la manière dont un sentiment religieux se forme et se développe peu à peu dans les âmes... J'ai déjà dit qu'il n'est point du tout dramatique, et qu'il ne pourra jamais, au théâtre, soutenir et retenir l'intérêt d'un public un peu nombreux; mais, comme étude psychologique, *Joseph d'Arimathée* est excellent... Il s'y trouve de grandes, de profondes beautés.

[*Le Journal des Débats* (18 avril 1898).]

TREZENICK (Léo).

Les Gouailleuses, poésies (1882). – *L'Art de se faire aimer* (1883). – *Les Hirsutes* (1883). – *Proses décadentes* (1886). – *Les Gens qui s'amusent* (1886). – *Coquebins* (1887). – *La Jupe* (1887). – *En jouant du mirliton* (1889). – *Ma Province* (1889). – *La Confession d'un fou* (1890). – *L'Assassinat de la vieille dame* (1894). – *Le nombril de M. Aubertin* (1897). – *Le Ménage Rousseau* (1898).

OPINION.

P.-J. — Non sans talent, Léo Trezenick, qui appartient à cette école mi-chatnoiresque et mi-décadente qui ne sut pas très bien se fixer entre le mont des Martyrs et celui de Sainte-Geneviève, a publié plusieurs livres d'une fantaisie curieuse. Il y a de beaux vers dans les *Gouailleuses*.

[*L'Art et la Plume* (1889).]

TRIMOUILLAT (Pierre).

Chansons et Monologues.

OPINIONS.

LÉON DESCHAMPS. — Spirituel comme treize bossus, fluet, barbichu, menu et tant soit peu étrange, — tient donc, par l'imprévu de ses méplats, de Roquelaure, Littré et Wolff. A fait *Gras et Maigres* pour se venger d'être trois fois moins épais que Sarah Bernhardt. Quand on le regarde, pâlit; quand on l'écoute, grandit, et quand on l'en prie, ténorise assez désagréablement des choses agréablement modernistes. A *la Plume*, au *Chat-Noir*, partout, ne rencontre que des sympathies. Rime des élégies 1850, compose des drôleries 1912 et chansonne tout, même sa pauvreté et les concierges!

[*La Plume* (1894).]

ALEXANDRE BOUTIQUE. — Bon sens et logique, ces frère et sœur... syntaxe remarquable et, par conséquent, clarté... recherche du trait de caractère, de préférence à la charge vaudevillesque et aux ridicules de pure extériorité... Tous mots trouvant le mot et ne cousinant point avec le calembour, ce parent pauvre... enfin, ce que tant de chansonniers négligent, — sans préjudice d'ailleurs pour leur succès à l'interprétation : une composition rigoureuse tenant compte de trois points, sans quoi il n'est pas d'œuvre en aucun genre, depuis l'article jusqu'au drame ; une facture éloignant toute idée de ces nuls couplets dits, — ô ironie! — *de facture*, et qui fait d'une chanson un tout homogène et complet, auquel on ne pourrait ajouter, dont on ne saurait retrancher rien... Telles sont les qualités du chansonnier Pierre Trimouillat.

Ses défauts! Une prosodie admettant l'inversion chère aux classiques ; un rythme et parfois des rimes trop respectueux de deux cents ans de tradition... Mais soyons juste! Trimouillat en tire souvent un élément comique de plus.

[*Le Parisien de Paris* (novembre 1897).]

PAUL THOMAS. — Esprit malin de l'observation caustique, il vous présente les hommes et les choses à travers l'ironie aimable de ses spirituels monologues et de ses chansons divertissantes. Il se laisse rarement tenter par le fait-divers de l'actualité, préférant employer son talent à la critique des choses moins éphémères. Mais, soit qu'il anéantisse les illusions de l'électeur en composant ses *Gouvernants* et son *Reliquaire électoral*, soit qu'il oppose dans *l'Argent* les désagréments de la pauvreté aux avantages de la richesse, la forme de ses vers est toujours très soignée.

Trimouillat est un des bons poètes-chansonniers qui écrivent en français, et s'il emploie dans ses poèmes modernistes quelques formules un peu trop XVIIe siècle, c'est à Molière qu'il les doit; on ne peut donc lui en faire un crime.

[*Notice sur Trimouillat* (1899).]

TROLLIET (Émile).

Les Tendresses et les Cultes (1886). – *L'Âme d'un résigné* (1895). – *La Route fraternelle* (1900).

OPINION.

GABRIEL SARRAZIN. — Depuis les meilleurs recueils de M. Sully Prudhomme, de M. Auguste Dorchain et de M. Frédéric Plessis (pour nommer ceux de nos poètes vivants qui, semblables à M. Trolliet, semblent plutôt désireux de se rattacher à la tradition classique), nous n'avons peut-être pas lu de vers témoignant d'une inspiration aussi élevée et d'une âme aussi généreuse. Avec ce recueil qu'il intitule : *La Route fraternelle*, l'auteur, M. Émile Trolliet, prend une très noble place parmi les poètes contemporains.

J'entends encore Charles de Pomairols me dire,

en parlant d'Édouard Schuré : «Il est, par excellence, l'Idéaliste».

A mon tour, j'applique le terme à M. Trolliet.

La première partie du volume est intitulée : *L'Aube nouvelle*. Il faudrait en citer presque toutes les pièces, dont plusieurs sont superbes : *Le lac de Génésareth*, *Les sept cordes de l'Harmonie*, *Le Banquet de l'Idéal*, *Un vrai mot divin*. Et que de belles choses aussi dans le reste du volume !

[*La Terre Nouvelle* (mars 1900).]

TRUFFIER (Jules).

La Corde au cou, avec André Gill (1876). – *Petit Jean* (1878). – *Sous les Frises* (1879). – *Trilles galants* (1880). – *Les Papillottes*, comédie, avec M. Léon Valade (1883). – *Saute Marquis!* (1883). – *Confiance!* (1885). – *Les Statues* (1885). – *La Phèdre de Pradon* (1886). – *Le Privilège de Gargantua* (1887). – *Le Chien du Curé* (1888). – *Le Papillon*, comédie en un acte, en vers, avec M. Bilhaud (1889). – *Saint Nicolas* (1889). – *Page d'histoire* (1896). – *Fleurs d'avril*, comédie en un acte, en vers, avec Gabriel Vicaire (1890). – *Le Nº 7* (1891). – *Vendredi* (1891). – *On demande des quêteuses*, avec Émile Blémont (1892). – *Les Deux Palémon* (1897).

OPINION.

A.-L. — Jules Truffier est né à Paris, le 25 février 1856; le poète Léon Valade nous apprend en quel endroit :

> Si tu n'es pas bourré de prose
> Et de raison comme un greffier,
> Tête d'un rayon bleu férue,
> C'est pour être né dans la rue
> De la Lune, ô pâle Truffier !

Entré au Conservatoire en 1871, il obtint, deux ans après, le 1er accessit de comédie et débuta à l'Odéon. En 1875, il passa à la Comédie dont il est actuellement sociétaire. Poète léger qui s'adonne facilement au madrigal et aux comédies ; il a publié trois volumes de poésies.

[*Anthologie des Poètes français du XIXe siècle* (1887-1888).]

TURQUETY (Édouard). [1807-1867.]

Primavera (1840). – *Les Représentants en déroute* (1852). – *Fleurs à Marie* (1845). – *Poésies religieuses* (1858). – *Amour et Foi* (1861). – *Acte de foi*, poésies (1868).

OPINION.

AUGUSTE DESPLACES. — Sans doute, la manière de M. Turquety est élégante et gracieuse, mais ce n'est pas cette élégance polie à la pierre ponce dont parlent Catulle et Ovide :

> Exactus tenui pumice versus eat.

Les stances tombent avec mollesse et harmonie ; son style est imagé et facile ; sa muse se drape d'armements qui peuvent éblouir les yeux, mais la cambrure n'y est pas.

[*Galerie des Poètes vivants* (1847).]

V

VACARESCO (Hélène).

Les Chants d'amour (1886). – *L'Âme sereine* (1896).

OPINIONS.

CHARLES DE POMAIROL. — Venue d'un pays, loin-tain du moins par la distance, Mˡˡᵉ Vacaresco n'est pas du tout étrangère aux formes que revêt notre poésie dans le moment actuel; elle connaît et accepte toutes les exigences d'une prosodie qui ne fut jamais plus rigoureuse. Elle ne s'y soumet d'ailleurs que pour mettre mieux en relief une ori-ginalité d'ailleurs très vive.

[*Anthologie des Poètes français du xixᵉ siècle* (1887-1888).]

MARCEL FOUQUIER. — *Les Chants d'amour,* de Mˡˡᵉ H. Vacaresco, ne mentent pas à leur titre. Que de jolis vers j'ai lus dans ce volume; et lire un joli vers, c'est, pour citer un vers de Mˡˡᵉ Vacaresco, qui est joli, respirer au passage

Le parfum d'une fleur dans le jardin d'un roi.

[*Profils et Portraits* (1891).]

LÉON BARRACAND. — Les âmes mélancoliques ont une heure, une saison qu'elles préfèrent, — l'heure où se lève l'astre des nuits, la triste et douce saison d'automne. Aussi les nocturnes abondent chez Mˡˡᵉ Vacaresco, et les tableaux d'arrière-saison où les feuilles tombent, où s'alanguissent et se fanent les fleurs, et aussi les paysages d'hiver, les effets de neige où se plaisent ceux dont la pensée méditative aime à se replier sur elle-même. La nature, appa-raissant brusquement au cours de ses pages, y met un infini de perspective, un témoin solennel, tou-jours mystérieux et présent. Et tout cela lui prête des douceurs de dire inimitables.

[*La Revue Bleue* (2ᵉ semestre, 1896).]

VACQUERIE (Auguste). [1819-1895.]

L'Enfer de l'Esprit, poésies (1840). – *Les Demi-Teintes* (1845). – *Drames de la grève,* poésies (1855). – *Profils et Grimaces* (1856). – *Sou-vent Homme varie,* comédie en vers (1859). – *Les Funérailles de l'honneur,* drame en cinq actes (1862). – *Jean Baudry,* comédie en quatre actes (1863). – *Les Miettes de l'his-toire* (1863). – *Le Fils,* comédie en quatre actes (1866). – *Mes premières années de Paris* (1872). – *Tragaldabas* (1874). – *Au-jourd'hui et demain* (1875). – *Le Théâtre d'Auguste Vacquerie* (1879). – *Formosa,* drame en quatre actes et en vers (1888). – *Jalousie,* drame en quatre actes (1888). – *Futura,* poèmes philosophiques et humani-taires (1890).

OPINIONS.

LOUIS ULBACH. — Un journaliste n'ayant d'autre ambition que son journal, s'y renfermant par hon-neur et par fierté, refusant tout, ne se prêtant à

aucune vanité de place, de ruban, de tribune, dé-pensant dans un labeur quotidien, mais non routi-nier, toujours nouveau et toujours égal, de l'esprit, de la logique, de l'éloquence, de la poésie, sans tarir aucune source. Voilà le phénomène devenu très rare et voilà précisément l'originalité d'A. Vacquerie.

[*Biographie d'Aug. Vacquerie* (1883).]

JULES LEMAÎTRE. — J'ai pris le plus vif plaisir à la représentation de *Souvent Homme varie.* La forme de cette comédie élégante m'a donné beaucoup à penser sur ce que c'est que le Romantisme, et le fond m'a donné beaucoup à penser sur ce que c'est que l'Amour. Et j'ai vu que je ne savais ni l'un ni l'autre... Quand on n'a pas lu M. Vacquerie, on est tenté de le prendre pour un romantique intransi-geant, d'autant plus qu'il a été longtemps le disciple du chef de l'école romantique, ou qu'il s'est donné pour tel (avec une modestie qui l'honore), et que les disciples ont, comme on sait, l'habitude d'exagérer les défauts des maîtres. Or, nous sommes ici loin de compte. Nous trouvons dans *Souvent Homme varie,* à peu près tous les caractères qu'on attribue d'ordi-naire aux œuvres de la littérature classique... J'ose-rai dire que *Souvent Homme varie* est une fantaisie très sévèrement composée et déduite presque sans caprice, par un esprit très lucide et très raisonnable. Le style même n'a point l'intempérance que vous pourriez supposer chez un si fervent adorateur de Victor Hugo. Il est net, court, concis, un peu labo-rieux, un peu heurté, avec quelque chose d'anguleux et de sec, et, si je puis dire, des arêtes d'un luisant un peu froid. De rares couplets font exception et rappellent un moment que le romantisme a pourtant passé par là... pour le reste (je ne vous livre là qu'une impression), le style et la versification de M. Vacquerie m'ont très souvent fait songer à la façon fine et sèche de certaines comédies (trop peu con-nues), de qui?... Mon Dieu, de Dufresny, si vous voulez le savoir.

[*Impressions de théâtre* (1888).]

ANATOLE FRANCE. — *Futura* est un poème largement, pleinement, abondamment optimiste, et qui conclut au triomphe prochain et définitif du bien, au règne de Dieu sur la terre...

Un souffle de bonté passe sur ce grand poème. Je plaindrais ceux qui ne seraient pas touchés de la douce majesté de cette scène finale où se dresse en plein air une table à laquelle s'assied la foule des malheureux, une table servie dont on ne voit pas les bouts. Si cette image semble le rêve d'un autre âge, j'en suis fâché pour le nôtre.

[*La Vie littéraire* (1891).]

PHILIPPE GILLE. — Sous ce titre : *Depuis,* M. Au-guste Vacquerie a fait paraître un recueil de pièces de vers qui est, en même temps qu'une œuvre poé-tique considérable, une sorte d'autobiographie, comme il le dit dans une courte préface. Bien que ne commençant son récit qu'à la Révolution de fé-vrier, l'auteur remonte parfois, par la pensée, aux premiers jours de cette belle et forte amitié qui l'a lié à Paul Meurice et que ni les années ni les tra-verses de la vie n'ont jamais altérée un seul jour;

toute une pièce dédiée à M. Paul Meurice rappelle ces grandes crises littéraires de leur jeunesse; d'un œil plus froid aujourd'hui, le grand défenseur du romantisme considère ces jours de lutte pour les *Burgraves* et l'arrivée de Ponsard, posé imprudemment par «l'école du bon sens» en adversaire de Victor Hugo; Ponsard, dit M. Vacquerie, ne s'aperçut pas tout de suite que cet amour pour lui n'était que de la haine pour Victor Hugo :

.....Un jour n'étant pas bête,
Il le vit, le dit tout haut, étant honnête.
Mais alors il était l'ennemi. Sans arrêt
Nous cognâmes. L'envie à son aide accourait.
Des gens dont le public vénérait les perruques
Glorifiaient «l'art sobre et continent». — Eunuques !
Leur criai-je en colère, et, dans l'ardeur du feu,
Les dévôts n'étaient bien frappés que dans leur dieu.
Je maltraitai Racine et j'eus tort, à vrai dire,
Mais c'est que nous étions enragés de Shakespeare
Qu'ils insultaient; car nous, dès notre premier jour,
Nos haines n'ont jamais été que de l'amour.

Je signalerai encore d'autres superbes parties de cette œuvre : la pièce du *Cimetière de Villequier*, un chef-d'œuvre de tendresse; *l'Arbre*, une des plus belles conceptions du poète... Je m'arrête, renvoyant le lecteur à ce livre plein de hautes pensées, de l'amour de l'humanité et de la justice.

[*Les mercredis d'un critique* (1895).]

JULES CLARETIE. — Vacquerie, en quelque endroit qu'il fût et quelque genre qu'il abordât, était partout un maître. Son style a la solidité, la vigueur de la belle langue classique, avec un éclat, une couleur, un mouvement tout modernes. Lisant beaucoup, connaissant tout, lettré jusqu'aux ongles, Vacquerie était, en même temps qu'un curieux d'art et un passionné de lettres, un travailleur infatigable, admirable... Toute cette existence fut un exemple... Les lettres françaises garderont, en leur histoire, une place glorieuse à ce disciple qui fut un maître, à ce poète qui, pour avoir marché dans le sillon du grand remueur de mots, de formes et de rythmes de ce siècle et de tous les siècles, n'en a pas moins fait sa gerbe, lui aussi !

[*La Vie à Paris* (1895).]

VALABRÈGUE (Antony).

Les Petits Poèmes parisiens (1880). - *Claude Gillot* (1883). - *La Chanson de l'Hiver* (1890). *Les Princesses Artistes* (1888). - *Le Dormoir* (1891). - *L'Art français en Allemagne* (1895). - *Madame Falconnet* (1898).

OPINION.

AUGUSTE DIÉTRICH. — Poète intime et bien moderne, M. Antony Valabrègue a sa place dans ce groupe d'écrivains qui se sont attachés tout spécialement à décrire Paris et ses aspects pittoresques, sa vie, ses amours, ses plaisirs en même temps que la campagne environnante et les bois à la fois mystérieux et bruyants de la banlieue. Ses sujets de prédilection sont les tableaux parisiens et les croquis rustiques : il aime à nous montrer les menus détails d'un intérieur paisible; il adore le plein air, les courses à travers champs, les haltes au cabaret et sous la tonnelle, les dîners sur l'herbe; enfin, toutes les échappées rurales.

[*Anthologie des Poètes français du* XIX*e sièc'e* (1887-1888).]

VALADE (Léon). [1841-1883.]

Avril, Mai, Juin, avec Albert Mérat (1863). - *L'Intermezzo*, de H. Heine, traduit en français avec Albert Mérat. - *A mi-côte* (1874). - *L'Affaire Arlequin* (1882). - *Les Papillottes* (1883). - *Poésies* (1886). - *Raisons du moins fort* (1889). - *Poésies posthumes* (1890).

OPINIONS.

SAINTE-BEUVE. — Sous le titre : *Avril, Mai, Juin*, j'ai reçu, il y a deux ans, un recueil de sonnets où deux jeunes amis se sont mis à chanter de concert tout un printemps et sans livrer au public leurs noms; je ne les ai moi-même appris qu'à grand'peine (Léon Valade et Albert Mérat). Le recueil est très vif, spirituel et malin. Mais peut-on s'étonner si cela échappe et si le gazouillement meurt sous la feuillée où il se dérobe.

[*Lundi, 12 juin 1865. Des nouveaux lundis* (1886).]

STANISLAS DE GUAITA. — Quelques rares se sont montrés fidèles à la tradition de Banville des *Odes funambulesques* : tel, le délicat virtuose Léon Valade. Pour gracieux et doucement mélancolique que soient les gazouillis sentimentaux de ce frêle artiste, il vaut plus, peut-être, par ses «Gazettes rimées».

[*Préface à* Rosa Mystica (1885).]

CAMILLE PELLETAN. — Léon Valade n'a été, de son vivant, jugé à toute sa valeur que par un groupe restreint d'amis et de lettrés. Il n'a jamais cherché la renommée; on pourrait presque dire qu'il l'a fuie; et peut-être, cependant, tel qui a fait tout d'abord un gros tapage autour de son nom laissera-t-il, après lui, beaucoup moins que ce poète. Il a enfermé, d'une main singulièrement délicate, des sentiments exquis dans des vers achevés; il faut autre chose dans le bruit du moment, mais cela suffit pour rester.

[*Anthologie des Poètes français du* XIX*e siècle* (1887).]

LÉON BARRACAND. — De cette école poétique qui a pris, dans l'histoire littéraire, le nom de *Parnasse*, M. Albert Mérat fut un des premiers et non des moins illustres tenants et représentants. Son ami, son Ménechme son frère, Léon Valade, marquait le pas avec lui, et tous deux, gonfalonniers abrités sous la même oriflamme, s'avançaient superbement.

[*Le Moniteur Universel* (25 février 1898).]

VALANDRÉ (Marie de).

Au Bord de la vie (1885).

OPINION.

PAUL MARIÉTON. — Une âme charmante, ingénieuse aussi, palpite dans les vers pleins de franchise et de simplicité qui composent ce livre (*Au bord de la vie*) portant un titre donné à l'auteur par Joséphin Soulary, dont le nom est inscrit au premier feuillet comme une invocation tutélaire au fronton d'un petit temple grec. On peut dire qu'un frais atticisme est répandu sur toutes les pièces du recueil, parfois éloquentes de l'accent convaincu d'idéal des œuvres saines de la jeunesse, parfois délicieuses et fraîches comme une première rosée de mai; c'est à ces dernières qu'il faut demander le secret de la personnalité de l'auteur.

[*Anthologie des Poètes français du xix° siècle* (1887-1888).]

VALÉRY (Paul).

Introduction à la méthode de Léonard de Vinci (1895). — *Poèmes* (dans les Jeunes Revues, de 1891 à 1897).

OPINIONS.

PAUL SOUCHON. — M. Paul Valéry est le représentant d'un art d'exception, d'une poésie restreinte à une élite et à l'expression de beautés mystérieuses... M. Valéry est le joaillier des princes. Sa poésie restera comme un beau danger, attirant et souvent fatal. On n'isole pas impunément de la vie l'essence de toute beauté... Nous rêvons, je crois, d'un autre art, plus large, plus humain, avec des libres correspondances dans la nature et dans l'homme. La poésie doit nous exprimer tout entiers : passions, douleurs et joies mêlées, aspirations, désirs, actions confondus, dans les limites que lui marque le goût, faculté qui préside au choix, l'acte esthétique par excellence... M. Valéry fut doué d'un goût trop étroit qui, naturellement, l'éloigna de la poésie même. De tous ces vers répandus avec détachement dans diverses Revues, il se dégage un charme spécial et une originalité évidente. Le charme est bref, l'originalité précieuse et cherchée; mais ces qualités sont si rares chez les poètes qui entourent le trône de lassitude où de Mallarmé rêve du Symbolisme!

[*Le Geste* (12 décembre 1897).]

PAUL LÉAUTAUD. — M. Paul-Ambroise Valéry, qui est né à Cette (Hérault) le 30 octobre 1871, jusqu'ici n'a guère écrit que pour ses amis et dans des Revues fermées, comme *La Conque*, de M. Pierre Louys, et *Le Centaure*, dont il fut l'un des fondateurs. La plupart des poèmes qu'on va lire et que leur auteur maintenant considère comme des plaisirs depuis longtemps décolorés, furent composés de 1889 à 1895 et parurent dans les diverses Revues dont on trouvera plus bas la nomenclature. Depuis, M. Paul Valéry a plutôt peu écrit. C'est à peine si de temps à autre, dans le *Mercure de France*, on voit son nom au bas d'études dont le titre «Méthodes» est significatif des abstractions et spéculations mathématiques où s'est jeté son esprit. M. Paul Valéry, en effet, s'adonne depuis quelques années à des recherches extra-littéraires et qu'il est malaisé de définir, car elles semblent se fonder sur une confusion préméditée des méthodes des sciences exactes et des instincts artistiques. Mais ces recherches n'ont encore fait l'objet d'aucune publication de la part de leur auteur, et seules les méthodes données au *Mercure de France* par M. Paul Valéry demeurent pour renseigner sur ses intentions d'écrivain.

[*Poètes d'aujourd'hui* (1900).]

VALETTE (Charles).

Poésies de Charles Valette (1870).

OPINION.

E. RUBEN. — Dans un temps où la mode d'aujourd'hui fait si bien justice de la mode d'hier, on a pu parfaitement se hasarder à publier les poésies de Charles Valette, non seulement celles qui ont paru à une époque déjà reculée, mais encore celles qui étaient restées manuscrites. Le présent recueil contient un certain nombre de pièces écrites en 1874, c'est-à-dire il y a dix-sept ans, et l'on remarquera que, loin d'avoir vieilli, elles sont éclatantes de fraîcheur. J'y retrouve bien l'ami que j'ai perdu, le jeune poète aimable, fin, délicat, mais mutin, vif et fougueux à ses heures, l'écrivain chevaleresque et galant sans mignardise, joyeux sans forfanterie, mélancolique sans affectation, mais quelle que soit son humeur, toujours honnête et ne cessant de protester contre l'égoïsme, la sottise et toutes les mauvaises passions du siècle.

[*Préface aux Poésies de Charles Valette* (1870).]

VAN DE PUTTE (Henri).

L'Homme jeune (1896). — *Les Heures harmonieuses*, en collaboration avec G. Rency (1897). — *Les Poèmes confiants* (1898).

OPINIONS.

MAURICE PERRÈS. — Après avoir lu *les Poèmes confiants*, je ne suis pas loin de penser, avec M. Necislas Golberg, que le «vers libre restera toujours le journalisme poétique. Il n'a ni la sonorité ni la synthèse nécessaire pour forger les éclairs et porter les tempêtes. Il est fait pour des rêveries qu'on chantera et les évocations de petites gentillesses».

Les Poèmes confiants sont, plutôt que des vers, des sourires, des soupirs, des impressions fugaces devant les choses éphémères et fragiles. Les oiseaux, les fleurs, les parfums, les aveux d'amour naïfs et tendres, tout y murmure, tout y ronronne des ritournelles qui nous captivent par leur joliesse vague et rêveuse, par leur charme délicat et juvénil.

Quel dommage qu'il ne demeure de tout cela qu'une impression confuse, une impression de vision et de rêve!...

[*L'Œuvre* (avril 1898).]

HENRY DAVRAY. — Faut-il reprocher à M. Henri Van de Putte d'intituler sa plaquette : *Poèmes confiants?* car, à cause de cette confiance, on est plutôt disposé à ne pas lui tenir rigueur de tout ce qui se trouve dedans de mauvais, de négligé, d'agaçant. Il faut, en effet, une certaine confiance pour offrir naïvement cette vingtaine de poèmes tels qu'ils sont là. Il ne suffit pas d'avoir un don charmant parfois d'exubérance balbutiante, une sensibilité délicate et puérile, faut-il encore avoir assez d'art pour que leur expression puisse prétendre à quelque beauté, à quelque harmonie. M. Van de Putte manque trop souvent de goût artistique pour que ses poèmes atteignent à la perfection qu'on leur voudrait voir et que lui-même leur suppose.

[*L'Ermitage* (juin 1898).]

VAN LERBERGHE (Charles).

Entrevisions (1898). — *Les Flaireurs* (1899).

OPINIONS.

Valère Gille. — Les quelques vers de Charles Van Lerberghe sont trop peu connus. Ce sont de fines tapisseries où, sur fond d'argent, se devine un dessin de légende un peu pâle et comme déjà effacé. La ligne en est d'une pureté admirable alors même qu'elle se complique savamment, et la couleur en est adorablement fanée. On dirait que le poète habite un château de fées, depuis des siècles abandonné et que le seul silence des salles désertes l'a convié aux rêves très doux d'autrefois. Peut-être aussi, a-t-il, comme Villiers de l'Isle-Adam, frissonné de terreur aux bruits insolites d'une vie occulte et traduit cette angoisse et cette épouvante dans le drame : *Les Flaireurs*.

[*Portraits du prochain siècle* (1894.)]

Gustave Kahn. — Ce poète est une des originales figures de la littérature de ce temps. Doué d'un esprit souple, neuf, avisé, curieux, extraordinairement compréhensif, amoureux de nouveauté, aidé d'une très solide érudition, il est affligé d'une excessive modestie, d'une timidité violente, oppressive, qui est cause que ce subtil artiste est un des producteurs les moins actifs de cette heure. On sait qu'il fut, avec Maurice Maeterlinck, le trouveur de cette sorte de drame singulier, bizarre si l'on veut, mais mental, mais intelligent, de ces marches d'aveugles à travers des forêts tragiques, ces arrivées lentes ou brusques, inéluctables toujours, de la mort, qui forment un des titres du symbolisme, un de ses apports les plus incontestés. M. Charles Van Lerberghe nous donna *les Flaireurs*, et puis se tut. Pas complètement pourtant. De temps en temps il donnait à une Revue quelque court poème. Ce sont ces vers qu'il nous offre, et je crois qu'ils n'y sont pas tous, et qu'un esprit critique trop scrupuleux, trop rigoureux envers soi-même, a restreint les pages du livre et que tout n'y est pas. Encore dans les poèmes réunis peut-on regretter souvent que l'auteur, trop sévère envers son lyrisme, soit souvent demeuré trop sobre, se soit contenu à l'excès, et certains poèmes paraissent avoir été privés de développements utiles. Il est vrai que, parfois, ils y gagnent toute une valeur suggestive, que ce sont comme quelques beaux accords frappés, comme une phrase initiale donnée dont on nous laisse libre de nous figurer le développement. M. Van Lerberghe note ainsi sur l'amour, l'ingénuité de l'amour, sur la mort, sur l'attente de l'espérance de la découverte, des lieds imprécis et charmants, où les syllabes semblent du silence enchanté, et c'est ainsi : *La Ménagère, Dans la pénombre* (un poème de seize absolument charmant), *La Barque d'or* que connaissent bien les lettrés :

> Mais une qui était blonde,
> Qui dormait à l'avant,
> Dont les cheveux tombaient dans l'onde,
> Comme du soleil levant
> Nous rapportait sous ses paupières
> La lumière.

Et encore *L'Aumône* et cette courte pièce :

> Au temps des mûres, ils ont chanté
> Mes lèvres qui cèdent
> Et mes longs cheveux, tièdes
> Comme une pluie d'été.
> Au temps des vignes, ils ont chanté
> Mes yeux entreclos qui rayonnent,
> Mes yeux alanguis et voilés
> Comme des ciels d'automne.

> J'ai toutes les saveurs et toutes les lueurs,
> Je suis souple comme une liane.
> Mes seins ont la courbe gracieuse des flammes
> Et des fleurs.

Ces courtes pièces sont peut-être les meilleures du livre. Les plus longues ne sont pas bien longues. Une idée se développe en ce qu'elle a d'essentiel avec quelques touches de décor, quelques métaphores simples, et c'est tout. Mais c'est d'un grand art.

[*Revue Blanche* (1er mars 1898).]

Henri Davray. — Malgré son titre : *Entrevisions*, d'une pas très heureuse recherche, le livre de M. Charles Van Lerberghe laisse l'impression d'une œuvre très noble et très pure. D'une beauté constante, il est néanmoins varié à la fois d'inspiration et de technique. Le tempérament du poète persiste sous ses multiples aspects et à travers ses manifestations les plus diverses ; son âme n'est ni violente, ni véhémente : réservée, lointaine, insaisissable presque, elle laisse cependant parvenir jusqu'à elle les émotions de la vie, qu'elle ressent intimement, mais adoucies et purifiées, et c'est avec un art parfait que le poète les exprime et les réalise avec un luxe simple de mots et d'images. Il a embelli son âme de toute la Beauté intérieure, et son âme a transformé en beauté tout ce qu'il lui a donné ; elle lui a fait trouver en lui-même «une possibilité particulière de vie supérieure dans l'humble et inévitable réalité quotidienne», et c'est cette vie profonde que le poète a vécu et dont il nous révèle la précieuse essence en ce beau livre de poèmes. Il est difficile de citer : ce serait indiquer des préférences impossibles. Chacun de ces poèmes contient le si peu de choses qu'il faut «pour encourager la beauté dans une âme», et il faut se laisser mener, s'abandonner entièrement pour la joie de comprendre en toute simplicité, et de sentir profondément toute la tranquille beauté, toute la silencieuse activité de l'âme du poète.

[*L'Ermitage* (juin 1898).]

VANOR (Georges).

Mes Paradis (1889).

OPINION.

Jacques de Gachons. — Lorsque ce trouvère quitta sa viole, douce à vêtir les rêves de précises couleurs, il oublia toute naïveté, et ses yeux virent le monde, hier dédaigné pour les envols paradisiaques. Poète, puis journaliste, George Vanor fut cela très précieusement, et ceci farouchement symboliste de la première heure...

[*Portraits du prochain siècle* (1894).]

VAUCAIRE (Maurice).

Arc-en-ciel (1885). — *Effets de théâtre* (1886). — *Parcs et Boudoirs* (1887). — *Est-ce vivre ?* (1889). — *Le Carrosse du Saint-Sacrement* (1893). — *Le Poète et le Financier* (1893). — *Valet de cœur* (1893). — *L'Encrier de la Petite Vertu* (1894). — *Petits Chagrins* (1894).

– *Le Panier d'argenterie* (1895). – *Paul et Virginie* (1895). – *Vingt Masques* (1895). – *Chipette* (1897). – *Le Danger d'être aimé* (1897). – *Le Petit Chagrin* (1899).

OPINIONS.

A.-L. — La caractéristique du poète se dégage fort nettement de ces volumes qu'animent un rythme nerveux et un coloris personnel. Ses vers impressionnent par ce sentiment philosophique et cette mélancolie latente qui sont l'essence des œuvres modernistes.

[*Anthologie des Poètes français du xixᵉ siècle* (1887-1888).]

PHILIPPE GILLE. — M. Maurice Vaucaire a fait paraître un recueil de poésies sous le titre singulier : *Le Panier d'argenterie;* on n'y trouve ni panier, ni argenterie, mais une suite de délicats petits poèmes sur l'amour, quelques-unes des joies qu'il donne et des plus nombreuses déceptions qu'il cause... Il ne faut voir du poète que ses vers, et ne leur demander ni d'où ils viennent ni où ils vont; ils ne nous donnent le plus souvent que la moitié d'un secret; soyons assez discrets pour ne pas exiger l'autre; leur métier est de nous charmer, et ceux-ci ont fait le leur.

[*Causerie du mercredi* (1897).]

VAUDÈRE (Jane de la).

Évocations (1893).

OPINION.

CHARLES FUSTER. — Son livre abonde en passion, en couleur intense, en cris de volupté ou de douleur.

[*L'Année des Poètes* (1893).]

VELLAY (Charles).

Au lieu de vivre (1896).

OPINIONS.

HENRI DE RÉGNIER. — M. Charles Vellay, pour son livre de début, nous donne, dans *Au lieu de vivre*, un recueil de beaux poèmes, graves et gracieux, d'un sûr métier et d'une pensée mélancolique. Chaque poème se développe harmonieusement en strophes d'un juste équilibre et d'un langage orné. La préface de son livre témoigne d'un noble désir et ses vers sont d'un poète.

[*Mercure de France* (décembre 1896).]

CHARLES GUÉRIN. — Ces poèmes sont généralement beaux et graves. On doit beaucoup espérer de M. Charles Vellay.

[*L'Ermitage* (juin 1897).]

VENANCOURT (Daniel de).

Les Adolescents (1891). – *Le Devoir suprême* (1895).

OPINIONS.

JEAN APPLETON. — Les vers de M. de Venancourt sont d'une souplesse et d'une facilité in-croyables. Sa poésie un peu vague a la grâce mystérieuse d'un conte bleu.

[*L'Année des Poètes* (1891).]

ROBERT DE SOUZA. — Il est souvent d'une mauvaise indication pour un poète de présenter ses vers sous un titre de moraliste. Je crois ainsi que l'auteur du *Devoir suprême* eût gagné à ne pas emprunter le sien à M. Desjardins, car le malheur veut que l'appréhension soit justifiée.

«Le devoir suprême, dit une phrase de la lettre-préface, c'est de vivre, c'est de réaliser la fraternité par des actes, c'est de s'employer pour la cause des ignorants et des abusés.» Et les vers disent ensuite :

> Ceux-là seuls ont vaincu la mort
> Qui, meurtris et vaillants quand même
> Et grands jusqu'à l'oubli du sort,
> Poursuivaient leur devoir suprême!

Ce n'est peut-être point d'une illustration suffisante.

Mais M. Daniel de Venancourt est sans doute encore en cette phase de transformation où l'on confond la noblesse de l'idée avec la pensée poétique, l'amplification oratoire et doctrinale avec le développement lyrique. S'il est poète, cela lui passera. Et cela n'empêche que déjà, dans une forme très osée, il sait manier avec souplesse les rythmes lamartiniens. Puis de tout le recueil j'extrais ce vers délicieux, qui suffirait à notre espoir :

> Vos paroles d'amour enseignent la lumière...

[*Mercure de France* (mai 1895).]

VERCHIN (A.).

Heures tristes (1896).

OPINIONS.

CHARLES FUSTER. — C'est le livre d'un poète breton, qui aime son pays et qui en a gardé toutes les fortes et naïves croyances, la simplicité et la la grandeur.

[*L'Année des Poètes* (1896).]

PHILIPPE GILLE. — C'est un livre de poésies émues, clairement exprimées, que celui que M. A. Verchin publie sous le titre d'*Heures tristes.* L'auteur est breton, il aime sa terre natale et il la chante pieusement, en parlant comme un enfant parle de sa mère.

[*Ceux qu'on lit* (1898).]

VERHAEREN (Émile).

Les Flamandes (1883). – *Contes de minuit.* – *Les Moines* (1886). – *Les Soirs* (1887). – *Les Débâcles* (1888). – *Les Flambeaux noirs* (1890). – *Au Bord de la route.* – *Les Apparus dans mes chemins* (1891). – *Les Villages illusoires* (1893). – *Les Campagnes hallucinées* (1894). – *Les Villes tentaculaires* (1895). – *L'Almanach* (1895). – *Poèmes,* 1ʳᵉ série (1895). – *Poèmes,* 2ᵉ série (1896). – *Poèmes,* 3ᵉ série (1897). – *Les Heures claires* (1897).

— *Les Aubes* (1898). — *Les Visages de la vie* (1898). — *Le Cloître* (1900). — *Petites Légendes* (1901).

OPINIONS.

LÉON PASCHAL. — Ses vers, ils sont d'une hantise despotique et ce charme hallucine le cerveau comme un alcool. Maints littérateurs ont été fourvoyés par cette domination subie peut-être à contre-cœur, mais subie quand même. C'est qu'Émile Verhaeren a le don d'incruster sa pensée, il crée dans l'âme un monde d'impressions étranges dont l'esprit se ressouvient avec une netteté jamais atténuée ; elles s'imposent, revivent ainsi que des flammes soudaines ou bien encore font dévier vos sensations originales. Peu lui importe d'approfondir, mais la fougue gigantifie ses conceptions et dans la grandeur du poème les détails paraissent des ciselures. Des visions d'insomnie, des douleurs d'inconscience qui souffre s'évoquent ; des lointains surgissent fabuleux d'or. Après un instant de méditation rêveuse, ces images isolées s'enchaînent, et, sur un tréteau chimérique, se dessine un profil d'homme. Je le vois derrière le treillis de ses vers, voûté, hagard un peu, avec des yeux comme des étoiles qui agonisent. Il gesticule sous un ciel d'orage, se macérant de souffrance par effroi des splendeurs de la chair, et dans l'œuvre entière du grand Verhaeren, nulle strophe ne déforme ce Faust sculpté grandiose au regard du lecteur. Les mysticités enthousiastes des *Moines* se sont éteintes. Désormais ses yeux sondent l'immensité des cieux mornes :

Vers tes éternités mes yeux lèvent leurs flammes...

Le farouche s'immobilise en des pensées pleureuses d'anciens rêves, et ce Faust dont chaque poème est un prestigieux monologue, incarne l'esprit d'un demi-siècle.
Les Débâcles ont une énergie de blasphème qui captive.

[*Floréal* (janvier 1892).]

LUCIEN MUHLFELD. — M. Émile Verhaeren est le plus talentueux artiste dans la pléiade trop nombreuse des poètes résidant en Belgique. *Les Campagnes hallucinées* sont *un livre* en vers, non un recueil de pièces, originalité déjà tout à fait louable. Départ de la ville vers les plaines, les champs, les mendiants, les fièvres et les chansons aux étapes du chemin ; retour à la ville tentaculaire. Plus tourmentée que la poésie de Vielé-Griffin, et d'une émotion plus âcre, elle est d'une prosodie curieuse, voulue, marquée de contrainte.
Quoique bien des strophes soient baudelairiennes, et ces vers mêmes du genre Auguste Barbier :

Elle portait une loque de manteau roux
Avec de grands boutons de veste militaire,
Un bicorne piqué d'un plumet réfractaire
Et des bottes jusqu'aux genoux,

les Campagnes hallucinées sont, mieux que tous les Rollinats, d'originaux poèmes de nerfs, de compassion et de révolte.

[*Revue Blanche* (novembre 1893).]

ALBERT MOCKEL. — J'admire en Verhaeren un magique trouveur d'images, d'images héroïques,

ardentes, supérieures à l'homme et qui pourtant l'expriment. Elles sont à la fois mornes et splendides.

[*Étude sur Émile Verhaeven* (1895).]

FRANCIS VIELÉ-GRIFFIN. — Pour Verhaeren, aujourd'hui en plein épanouissement de son beau génie, le titre de *grand poète* est un strict qualificatif.

[*Préface à une étude sur Émile Verhaeren*, par Albert Mockel (1895).]

HENRI DE RÉGNIER. — Je dirai donc tout uniment qu'Émile Verhaeren est une des plus fortes imaginations de notre temps et un savant et un inventif écrivain. Ceux qui le connaissent savent déjà tout cela, les autres l'apprendront vite s'ils ont quelque bonne foi et s'ils se laissent entraîner à travers *les Campagnes hallucinées* et *les Villages illusoires*, vers ces *Apparus dans les chemins* dont le poète a dressé les silhouettes grandioses et mornes ; visions d'un tempérament original, langue d'une saveur âprement territoriale, métrique personnelle où le vers se résout librement en dominante par un octosyllabe à rime proche, se contracte davantage ou se dilate en expansions justes et sonores.

[*Revue Blanche* (1er mars 1895).]

ALBERT ARNAY. — Il est en quelque sorte impossible de ne pas répéter, en parlant de M. Émile Verhaeren, des choses que le moins curieux des lecteurs n'ait déjà lues et relues. Il y a notamment une étude de M. Albert Mockel, et celui-ci laisse peu à glaner aux critiques venant après lui. Le second volume de *Poèmes* est d'ailleurs une réédition de ces trois cahiers antérieurs : *Les Soirs*, *les Débâcles*, *les Flambeaux noirs*.
Les Soirs, en leur variété tumultueuse ou morne, laissent la même forte et magistrale impression. Que ce soit dans la campagne flamande ou à Londres, sous le ciel de gel ou sous le ciel empli de cloches, par les plaines ou par les rues, ces soirs propagent leur énigme autoritaire ; ils attardent une ombre perfide où quelque chose qu'on ne sait pas, qu'on n'entend pas, enlace et rampe. Par les hasards, un cœur s'épeure, un esprit s'inquiète, une vie souffre, et entend, goutte à goutte, tomber son propre arrêt à l'infini hostile des horizons. Et ce n'est pas le mystère tel que nous le firent connaître maints poètes. C'est ce qu'il y a d'inéluctable, de terrible. C'est aussi l'effort d'une âme, au-dessus des contingences, vers ce qui l'appelle, l'oppresse, la domine !
Mais *les Débâcles* ! Il n'est pas possible de dire avec de pauvres mots plus de détresse morale, plus de poignante et d'annihilante souffrance d'être. Voici le carrefour où les grand'routes des sentiments et des pensées, — et du destin se rejoignent. Celui qui y est arrivé s'affole de sa solitude, de son doute, — ce doute qui le fait presque se renier lui-même. Il voudrait s'anéantir, s'abîmer enfin, à jamais, pour toujours. Il veut que rien ne persiste de ce qui l'animait aux saisons claires. Il appelle la folie, il appelle la mort. «L'absurdité grandit comme une fleur fatale», grandit davantage aux jardins pleins d'odeurs mortelles de son cerveau, — et, impitoyablement, il y répand de nouveaux poisons. Le paroxysme de cette lutte contre ce qui voudrait aspirer encore les effluves enivrantes de la vitalité première est inexprimable. On ne peut

que le subir. On est là soi-même, blotti contre son âme dont l'inquiétude s'accélère en frissons ardents.

Et voici que dans la nuit s'allument seuls, toutes autres clartés tues, *les Flambeaux noirs*. La première partie du livre porte le sous-titre : *Décors liminaires;* la seconde : *Déformation morale;* la dernière : *Projection extérieure.* Et c'est cela. Après le monde moral, le monde, en tant que représentation de vie, sera, — pour «l'halluciné de la forêt des Ombres» errant aux dédales de la ville toute de palais noirs, de tours d'effroi, errant par les brouillards, errant à travers les fumées — l'ombre d'une ombre. Heures lointaines, à présent comme un mirage quand s'élucide une accalmie, heures défuntes de l'unanime vœu de joie, du fervent vœu de foi! L'écho même s'en est évanoui, par delà la tempête cognant les «blocs de rocs». La raison est morte, — morte de trop savoir, et elle s'en va où vont les mortes, aux engloutissantes vagues d'éternité!

Que dire encore, sinon que ce triptyque est l'œuvre la plus véhémente, la plus forte, la plus sincèrement tragique de ce temps. Il ne la faut comparer à aucune autre, — sinon à d'autres de M. Verhaeren lui-même. Il faut l'admirer simplement, entièrement, sans y chercher des imperfections qui ne sont qu'apparentes, sans s'arrêter à de prétendues tares qu'elle ne saurait ne pas avoir. Est-ce qu'on discute la flamme, l'éclair, la tempête? Ceux-là sont à plaindre ceux qui ne considèrent en ces poèmes que la valeur isolée d'un vers, d'un mot, qui ne comprennent pas, — ou ne veulent pas comprendre, — que le vrai poète, comme le dit M. Georges Mesnil, est celui qui écrit directement. Comment se peut-il que d'aucuns aient même osé nier, — ou renier, — le maître écrivain dont nous parlons et se soient si peu respectés qu'ils oublièrent qu'une telle œuvre et un tel homme imposent tout au moins le respect?...

[*Le Réveil* (1896).]

Georges Rency. — *Les Heures claires* nous révèlent un Verhaeren inconnu, soupçonné seulement dans quelques pièces des *Apparus dans mes chemins.* Sa violence divine s'est muée en douceur. Il chante simplement celle qu'il aime, très simplement, avec une ardeur simple et une ferveur latente, sans romanesque, ni sentimentalité, ni emphase, car son amour est simple. Le beau jardin, l'éternel Éden les entoure, son amante et lui, et il dit doucement la beauté, la bonté de l'aimée; il la remercie d'être venue à lui; il énumère les joies de cœur et de chair qu'elle lui donne; il célèbre le bonheur qu'ils goûtent tous deux à «être fous de confiance». Tout le monde a pensé, tout le monde a senti, tout le monde a vécu ces choses : personne, jamais, ne les avait dites. Ces accents sont vraiment universels, vraiment inentendus, et le rythme, d'une sûreté absolue, traduit magnifiquement l'allégresse d'aimer.

[*L'Art jeune* (1896).]

Camille Lemonnier. — Dans le cirque en proie aux mimes et aux histrions, parmi nos mièvres langues de rhéteurs, Verhaeren est le Barbare méprisant des esthétiques byzantines et qui pousse une clameur d'art sauvage. Ses vers se congestionnent de fracas rauques et lourds; ils évoquent des gongs de beffrois, des tumultes de laminoirs, des ronfle-

ments de meules, de puissants chariots roulant dans un port. Ils ont des polychromies d'or et de pourpres, brasiers flambants où furent concassés des vitraux et des pierreries, où rutilent du soleil et du sang. Instinctif, spontané, touffu, tourmenté, irréductible, le poète se propose le violateur du briseur des vases sacrés. Il apparaît, dans le tourbillon de ses images, un grand ingénu violent.

Mais ce n'est encore là que de la littérature, et une telle âme échappe aux procédés par lesquels on voudrait la définir. Elle va plus haut et plus loin; c'est sa beauté de défier les esprits symétriques qui, pour la comprendre, se souviennent encore d'eux-mêmes. Elle est grande de tous les excès qui la font dissemblable des autres; elle a le vertige de ne ressembler à aucune; et elle demeure, dans sa grandeur, infiniment solitaire et triste. Par là, elle échappe à la mesure; ceux qui espérèrent l'amoindrir en la mesurant n'aboutirent qu'à mieux faire sentir qu'elle les dépassait... Verhaeren s'apparente à la famille des Tragiques. Il est hanté par le mystère perpétuellement et les destinées. Il a les pleurs de la douleur, il en a bien plus «les abois». Elle est l'Isis noire de ses cryptes, gemmée des lourdes et précieuses joailleries de sa terreur et de son adoration.

[*L'Art jeune* (15 mars 1896).]

Ch. Maurras. — Peut-être cet aveu va-t-il réjouir M. Verhaeren : je confesse qu'il a une manière de nature et de tempérament. Que n'est-il né ailleurs que dans le genre humain! Il eût fait un beau buffle ou un noble poulain, ou un éléphant distingué, s'il est vrai que la réputation de sagesse décernée jadis à ce dernier animal soit complètement usurpée. Quel barrit! quelles pétarades! quels maîtres coups de corne administrés au goût, à la raison, au sens véritable des choses! Avec cela, quelle logique d'animal ou d'enfant terrible! quel prodigieux aveuglement universel!

[*La Revue Encyclopédique* (28 mars 1896).]

Remy de Gourmont. — M. Verhaeren paraît un fils direct de Victor Hugo, surtout en ses premiers œuvres; même après son évolution vers une poésie plus librement fiévreuse, il est encore resté romantique; appliqué à son génie, ce mot garde toute sa splendeur et toute son éloquence.

[*Le Livre des Masques* (1896).]

Henri Ghéon. — On put craindre que l'art dramatique de M. Émile Verhaeren ne fût excessivement romantique et extérieur, tant ses dons verbaux l'y disposaient. Le titre seul de son drame (*Les Moines*) évoquait quelque nouveau *Torquemada* tout en ardeurs extra-humaines, en paradisiaques ou bien infernales visions, en azur et en flammes. Et les personnages, se figurait-on, vivraient d'une vie différente de celle des autres hommes : leur extase dissiperait nos pauvres, mais si passionnantes psychologies; et même au théâtre on attendait un poème brûlant où éclaterait seul le génie du poète des *Villes tentaculaires* reprenant ses lointaines évocations de *Moines*...

On se trompait. Voici un drame de pensée, d'humanité et de psychologie.

[*L'Ermitage* (1900).]

A. Van Bever. — M. Émile Verhaeren est né à Saint-Amand, près Anvers, le 21 mai 18... Une partie de son enfance s'écoula en plein pays flamand, au bord de l'Escaut. Des années d'étude l'exilèrent à Bruxelles et à Gand jusqu'en 1877. Étudiant à l'Université de Louvain, en guise de début, il fonda, avec quelques amis, un petit journal : *La Semaine*, qui ne tarda point à être supprimé par l'autorité académique. Il se fit inscrire ensuite au barreau de Bruxelles, où il ne fit qu'un court séjour. En 1883, il publia *les Flamandes*, pages où sont recueillies les impressions de la terre natale, puis contribua, par de saines études dans *l'Art Moderne*, *la Jeune Belgique*, *la Société nouvelle*, *la Wallonie*, à la renaissance des lettres belges. Cette première période est débordante de vie ; en même temps qu'il mène une campagne en faveur des peintres impressionnistes, il livre d'autres œuvres où sont fixées d'admirables notations de peintre, dignes d'un fils instinctif des vieux maîtres flamands.

Ce 'sont les *Contes de minuit*, puis les *Moines*, suite de poèmes conçus à Forges (dans le Hainaut), offrant la plus puissante révélation de son tempérament fait d'un mysticisme âpre et d'un réalisme violent. Entre 1887 et 1891, traversant une crise physiquement maladive, il écrit *les Soirs*, *les Débâcles*, *les Flambeaux noirs*, « abrupte et puissante trilogie trahissant ce que les heures mauvaises lui ont enseigné de lui-même » : *les Soirs*, la peine du corps infirmé par la douleur ; *les Débâcles*, la détresse de l'âme que le mal envahit et révolte. Avec *les Flambeaux noirs*, la crise paraît s'atténuer ; la convalescence survient, mensongère, promettant plus d'espoir qu'en n'en peuvent saisir le cerveau affaibli, le corps terrassé. La maladie a bien laissé sa flétrissure, creusant des rides en sillons où le désespoir est semé, mais l'âme se reprend soudain à aimer. Le poète gardera une amertume qui transfigurera son verbe, l'illuminera parfois d'une lueur farouche, alors que le vent du rythme emportera ses strophes. Son vers se martellera, puis, prompt à exprimer toute sa pensée, se disloquera, se repliera sur lui-même pour repartir d'un élan prodigieux. Il aura créé un mode d'expression qui lui demeurera propre. *Les Apparus dans mes chemins*, *les Campagnes hallucinées*, *les Villages illusoires*, d'autres poèmes encore, affirmeront cette manière d'un réalisme sainement interprété, parfois évocatoire.

[*Poètes d'aujourd'hui* (1900).]

Georges Polti. — Si d'autres présentent toutes les élégances dont la langue française soit capable comme l'expression exacte de leur âme raffinée, et raniment, une fois de plus, la légende wagnérienne, Watteau ou l'antiquité (à la façon du bon Gautier), Verhaeren, — moins symboliste d'ailleurs, n'en déplaise au classement en vogue, que naturaliste, — a crié, dans des strophes dont lui ont appris le rythme les tempêtes, la nouvelle, la paroxysmatique clameur du farouche siècle qui se lève. Son apparent inachèvement le fait parallèle d'un Rodin ou d'un Carrière ; comme eux, il a repoussé du pied derrière lui les joliesses, les « exquisités » habiles. Salut au poète de mcm !

[*L'Humanité nouvelle* (juillet 1900).]

VERLAINE (Paul). [1844-1896].

Poèmes saturniens (1867). – *Fêtes galantes* (1869). – *La Bonne Chanson* (1870). – *Romances sans paroles* (1874). – *Sagesse* (1881). – *Jadis et Naguère* (1884). – *Les Poètes maudits* (Corbière, Rimbaud, Mallarmé, etc.) [1884]. – *Louise Leclercq*, prose (1886). – *Mémoires d'un veuf* (1886). – *Amour* (1888). – *Parallèlement* (1889). – *Dédicaces* (1890). – *Bonheur* (1891). – *Les Uns et les Autres* (1891). – *Chansons pour elle* (1891). – *Mes Hôpitaux* (1891). – *Liturgies intimes* (1892). – *Odes en son honneur* (1893). – *Mes Prisons* (1893). – *Élégies* (1893). – *Dans les Limbes* (1893). – *Dédicaces* (1894). – *Épigrammes* (1894). – *Confessions* (1895). – *Chair* (1896). – *Invectives* (1896). – *Correspondance* (1897).

OPINIONS.

Edmond Lepelletier. — Parmi les jeunes poètes qui ont le plus contribué au puissant renouveau poétique de ces dernières années, M. Paul Verlaine a été l'un des plus remarqués dès son début. Ses *Poèmes saturniens* ont attiré l'attention de tous ceux que préoccupe encore un beau vers, un sonnet bien établi, un heureux choix de mots, de rimes et de rythmes servant à l'exécution d'un beau poème. Le talent original de M. Paul Verlaine s'affirme davantage aujourd'hui dans un petit volume homogène et artistique, parfait d'un bout à l'autre, par la conception et l'exécution. C'est une série de petits tableaux, genre Watteau, peints à la plume par l'auteur des *Poèmes saturniens* et accrochés à la vitrine du libraire Lemerre, avec cette enseigne affriolante : *Fêtes galantes*.

[*Études* (1869).]

Charles Morice. — Il y a du mysticisme dans *les Fêtes galantes*, il y a du sensualisme dans *Sagesse*. Et c'est en l'union même de ces deux aspirations que consiste la modernité de Verlaine. Les efforts contradictoires de sa vie, — vers la pureté et vers le plaisir, — se coalisent en l'effort de sa pensée, quand sonne l'heure de lui donner la forme artistique, avec une intensité qui le met à part de tous les Modernes (à ce point de vue) et qu'il doit sans doute à sa naïve énergie de vivre... N'ayant que ses passions pour matière de son art, plus factice et plus lâche, il n'eût, comme la plupart de nos poètes français, accumulé que des rimes, sans unité d'ensemble : son instinct vital l'a sauvé, l'Instinct triomphant qui n'a pas seulement soumis l'intelligence, mais qui, par un miracle, se l'est assimilée, se spiritualisant vers elle, la matérialisant vers lui, *réalisant* (au sens étymologique du mot) l'Idéal, et puis, pour le conquérir, *s'ingéniant*, sans laisser jamais l'imagination se prendre à d'autres mirages que ceux de la vie elle-même, tels qu'ils sont peints par le hasard, sur le rideau de nos désirs. Contre cette loi, le poète n'est pas sans s'être rebellé, mais, en somme, il la subit, et le drame de sa vie lui a fait la douloureuse atmosphère nécessaire au drame de son œuvre, —

le simple duel du rêve et de la vie, de l'esprit et de la chair.

[*Paul Verlaine, l'homme et l'œuvre* (1885).]

JULES LEMAÎTRE. — La poésie de M. Verlaine représente pour moi le dernier degré soit d'inconscience, soit de raffinement, que mon esprit infirme puisse admettre. Au delà tout m'échappe : c'est le bégayement de la folie ; c'est la nuit noire ; c'est, comme dit Baudelaire, le vent de l'imbécillité qui passe sur nos fronts. Parfois, ce vent souffle, et parfois cette nuit s'épanche à travers l'œuvre de M. Verlaine ; mais d'assez grandes parties restent compréhensibles ; et puisque les ahuris du symbolisme le considèrent comme un maître et un initiateur, peut-être qu'en écoutant celles de ses chansons qui offrent encore un sens à l'esprit, nous aurons quelque soupçon de ce que prétendent faire ces adolescents ténébreux et doux... M. Paul Verlaine a des sens de malade, mais une âme d'enfant ; il a un charme naïf dans la langueur maladive ; c'est un décadent qui est surtout un pr.-mitif.

[*Les Contemporains* (1886-1889).]

HENRY FOUQUIER. — En quelques-unes de ses œuvres il a montré du talent. Ce talent ne le met pas à l'abri de la platitude ou de l'obscurité...

[*Le Figaro* (24 mai 1891).]

ANATOLE FRANCE. — A le voir on dirait un sorcier de village. Le crâne nu, cuivré, bossué comme un antique chaudron, l'œil petit, oblique et luisant, la face camuse, la narine enflée, il ressemble, avec sa barbe courte, rare et dure, à un Socrate sans philosophie et sans la possession de soi-même.

Il a l'air à la fois farouche et câlin, sauvage et familier. Un Socrate instinctif, ou mieux, un faune, un satyre, un être à demi brute, à demi dieu, qui s'effraye comme une force naturelle qui n'est soumise à aucune loi connue. Oh! oui, c'est un vagabond, un vieux vagabond des routes et des faubourgs!

Dans un récit nouvellement traduit par M. E. Jaubert, le comte Tolstoï nous dit l'histoire d'un pauvre musicien ivrogne et vagabond qui exprime avec son violon tout ce qu'on peut imaginer du ciel. Après avoir erré toute une nuit d'hiver, le divin misérable tombe mourant dans la neige. Alors une voix lui dit : «Tu es le meilleur et le plus heureux». Si j'étais Russe, du moins si j'étais un saint et un prophète russe, je sens qu'après avoir lu *Sagesse* je dirais au pauvre poète aujourd'hui couché dans un lit d'hôpital : «Tu as failli, mais tu as confessé ta faute. Tu fus un malheureux, mais tu n'a jamais menti. Pauvre Samaritain, à travers ton babil d'enfant et tes hoquets de malade, il t'a été donné de prononcer des paroles célestes. Nous sommes des Pharisiens. Tu es le meilleur et le plus heureux.»

[*La Vie littéraire* (1892).]

FRANCIS VIELÉ-GRIFFIN. — M. Verlaine est toujours admirable, la sûreté de son tact d'écrivain égale la délicatesse de son oreille ; ses *Liturgies intimes* valent ses vers d'hier, comme les vaudront ceux de

demain. Il est peut-être le seul dont nous puissions dire cela avec assurance, car, poète, il domine cette époque indéniablement.

[*Entretiens politiques et littéraires* (1892).]

FERDINAND BRUNETIÈRE. — Nos symbolistes, je le sais bien, se réclament volontiers de lui. Mais c'est lui qui n'a rien d'eux, ou presque rien, si jamais poète ne fut plus «personnel», — à la façon de Baudelaire dans quelques-unes de ses pièces, de Musset, de Saint-Beuve, de Mme Desbordes-Valmore, — et qu'ainsi, pour nous, dans l'évolution de la poésie contemporaine, il doive plutôt représenter l'exaspération de la poésie intime qu'une certaine sérénité qui nous semble inséparable de la définition même du symbolisme.

[*La Revue des Deux-Mondes* (1892).]

EDWIG LACHMANN. — Paul Verlaine est né à Metz. L'intériorité toute allemande qui s'exprime dans la plupart de ses poésies confirme la signification que l'on attribue à l'influence locale sur le développement des artistes. Le mélange de race des populations lorraines permet peut-être la supposition que du sang germain coule dans les veines du poète. On peut même prétendre que Verlaine est le seul Français ayant dans ses vers cette intimité profonde et émouvante que l'Allemand considère comme le signe particulier du lyrisme, comme elle se retrouve, par exemple, dans les chansons populaires ou les poésies lyriques de pur sentiment de Gœthe.

[Cet article, écrit pour un grand public allemand, fut publié fragmentairement par le *National Zeitung*, de Berlin. Il nous a paru intéressant de le reproduire en entier pour marquer la place qu'on accorde en Allemagne à notre plus grand poète lyrique.

[*Entretiens politiques et littéraires* (10 décembre 1893).]

GASTON DESCHAMPS. — Un mauvais sujet qui fut un brave homme ; — un pauvre diable qui faisait des vers comme un ange ; — un bohème qui donne l'idée d'un vrai poète ; — un Villon buveur d'absinthe ; — un Hégésippe Moreau moins geignard ; — un La Fontaine dénué de sérénité ; — un Henri Heine moins cosmopolite... tout cela avec un curieux mélange de Parny, de Dorat, de Pigault-Lebrun. Telles sont les images, évidemment incomplètes, qui me viennent à l'esprit au moment où j'évoque le crâne chauve, la barbe hirsute, les petits yeux obliques, le nez kalmouk, le visage ravagé, l'âme sensuelle et dolente de Paul Verlaine...

Il a donné du jour, de l'air, et une sorte de fluidité frémissante aux vers et à la strophe, qu'avait durcie et glacée la discipline des Parnassiens. Sa prosodie imprécise a rendu plus musicale la poésie française, qui se surchargeait de couleurs pittoresques et se raidissait en structures architecturales. Il brisa les contours arrêtés où s'emprisonnait notre lyrisme. Par lui, les rythmes furent amollis, assouplis, mués en cadences berceuses. Sa phrase ondoyante se fond en douceurs câlines ou s'amortit en plaintes sourdes. Ce fut un mélodiste subtil et vague. Sa vision est souvent complexe, embrouillée, baignée de mystère, comme la réalité vivante. Il a passionné une poésie qui risquait de se sécher dans les œuvres immobiles et brillantes des Impassibles. Il a contribué à réconcilier la littérature avec la vie.

[*La Vie et les Livres* (1896).]

FRANÇOIS COPPÉE. — Verlaine a créé une poésie qui est bien à lui, une poésie d'une inspiration à la fois naïve et subtile, toute en nuances, évocatrice des plus délicates vibrations des nerfs, des plus fugitifs échos des cœurs; une poésie très naturelle cependant, jaillie de source, parfois même presque populaire, une poésie où les rythmes libres et brisés gardent une harmonie délicieuse, où les strophes tournoient et chantent comme une ronde enfantine, où les vers, — qui restent des vers et parmi les plus exquis, — sont déjà de la musique. Et dans cette inimitable poésie, il nous a dit toutes ses ardeurs, toutes ses fautes, tous ses remords, toutes ses tendresses, tous ses rêves, et nous a montré son âme si troublée mais si ingénue.

[*Discours prononcé aux obsèques de Paul Verlaine* (10 janvier 1896).]

MAURICE BARRÈS. — Paul Verlaine n'avait point de fonctions officielles, ni de richesses, ni de camaraderies puissantes. Il n'était pas de l'Académie, pas même au titre d'officier. C'était un exilé, et qui se consolait de son exil très simplement, avec les premiers de l'Académie Saint-Jacques ou avec les derniers «arrivés» de la littérature.

Cette figure populaire, nous n'aurons plus le bonheur de la rencontrer. Mais ce qui était en lui d'essentiel, c'était la puissance de sentir, l'accent communicatif de ses douleurs, ses audaces très sûres à la française et ces beautés tendres et déchirantes qui n'ont d'analogue que, dans un autre art, «l'Embarquement pour Cythère».

Verlaine, qui se relie à François Villon par tant de génies libres et charmants, nous aide à comprendre une des directions principales du type français.

Désormais, sa pensée ne disparaîtra plus de l'ensemble des pensées qui constituent l'héritage national.

[*Discours prononcé aux obsèques de Paul Verlaine* (10 janvier 1896).]

CAMILLE MAUCLAIR. — Verlaine a apporté ici le *lied*, créé une littérature d'ingénuité sentimentale, ennobli l'aveu individuel, mêlé la musique à l'émotion des lettres, donné l'exemple d'un génie se jouant librement, lumineux, tragique ou tendre, puéril et profond, énonçant le moi avec une multiplicité verbale inattendue. Il ne peut guère influer au sens strict, tant ses inventions rythmiques et sa langue s'adaptaient à lui-même. Mais il influera émotionnellement, et, je crois, pour jusqu'à la fin du parler de France.

[*La Plume* (février 1896).]

CHARLES MAURRAS. — Verlaine laisse un grand nom; mais je ne sais s'il laisse une œuvre. Il est vrai que, sauf les plaquettes publiées à la fin de sa vie, il n'a pas fait, à proprement parler, de mauvais livre. Tous ses livres sont distingués. Il y a du bon dans les *Poèmes saturniens* et jusque dans *Bonheur*. Mais, non plus, il ne lui est jamais arrivé de rien soutenir de parfait. Je doute qu'il y ait au-

cun de ses poèmes, et même aucune de ses strophes qui se lie jusqu'au bout. Je mets à part sa prose, prose d'humeur, parfois piquante; elle fait toutes les grimaces, elle a donc tous les caractères, hormis, je pense, les caractères de la beauté.

[*La Plume* (février 1896).]

HUGUES REBELL. — J'aime le génie gracieux, subtil et sensuel qui apparaît dans l'œuvre de Paul Verlaine, des *Poèmes saturniens* à *Bonheur*, surtout dans les premiers recueils et dans *Parallèlement*. Ce dernier livre contient peut être les plus belles pièces du poète, celles où son vers, — qui n'a pas toujours cette assurance, — a le plus d'élan, de force et de vigueur. Quant aux poème de *Sagesse* et d'*Amour* dont on s'est plu à louer le naïf christianisme, j'avoue les goûter fort peu. J'estime que si le mensonge produit parfois dans l'existence d'agréables comédies, la sincérité est absolument nécessaire en art. Un faune, plein de malice et d'esprit, déguisé en frère mendiant, disant qu'il a la foi du charbonnier et, à force de le dire, finissant par le croire, me donne un spectacle qui ne me touche guère, et devant lequel j'abandonne volontiers les amateurs de conversions faciles et de fausse simplicité.

[*La Plume* (février 1896).]

ADOLPHE RETTÉ. — Verlaine fut un poète qui croyait ce qu'il disait. A l'écart d'une troupe de virtuoses : les Parnassiens voués aux apparences, soucieux de sonorités verbales, exaltant de la même encre aujourd'hui le Bouddha et demain Apollon, dignitaires de cet empire du néant : l'Art pour l'Art, il écoutait la vie hurler, rire ou se plaindre dans son âme. Il ne choisissait pas les sujets de ses poèmes; il était inapte à disposer froidement les parties d'une œuvre en vue d'un idéal préconçu; l'objectif l'émouvait peu. Esprit inconscient et magnifique ainsi qu'une force naturelle, il chantait ses vers *parce qu'il ne pouvait pas faire autrement*.

[*La Plume* (février 1896).]

JEAN RAMEAU. — Les meilleurs vers de P. Verlaine, mon cher confrère! Oserai-je dire que ce sont ceux qu'il écrivit, il y a vingt-cinq ans, au temps où personne ne parlait de lui? Depuis lors, — heureusement pour sa gloire! — il en a fait beaucoup de mauvais, et c'est pourquoi on va lui dresser quelques statues.

Son influence? Le pauvre homme n'en avait guère personnellement; mais ses bruyants admirateurs n'en manquent pas, il faut le reconnaître, et, grâce à eux, la langue française est en train de devenir un adorable bafouillis de nègres.

[*La Plume* (février 1896).]

JEAN RICHEPIN. — Mystique, sensuel, cynique, galant, gamin, bonhomme, Verlaine me charme toujours. Je ne saurais le préférer ici ou là. Avec sincère et plein renoncement à toute critique, sans autre souci que d'admirer et de jouir, j'aime Verlaine en bloc, comme on doit aimer, me semble-t-il, un grand poète qu'on aime vraiment.

[*La Plume* (février 1896).]

CHARLES VAN LERBERGHE. — La meilleurs partie de l'œuvre de Verlaine me paraît être celle où il fut dans toute la candeur de son âme, dans toute sa simple grâce charmante, cette sorte de Villon ingénu et repentant qu'il sut être jusque dans la vie.

Celle aussi toute abandonnée et naïvement enfantine, où il fut si vrai de dire de lui ce que disait Schopenhauer : «Le génie a un caractère enfantin».

Et ne pourrais-je croire qu'il fut dans l'évolution littéraire comme le père spirituel d'un de vos deux plus grand poètes : M. Francis Vielé-Griffin ; de même que M. Stéphane Mallarmé pourrait être celui de M. Henri de Régnier ?

S'il faut que notre admiration et notre sympathie choisissent parmi les poètes un nom comme un symbole, c'est de celui de M. Stéphane Mallarmé que les miennes font choix. Son œuvre n'est pas malheureusement considérable, mais des poèmes comme l'*Après-Midi d'un Faune*, *Hérodiade* et quelques autres sont d'une beauté nouvelle, splendide, inoubliable. Celui qui les a écrits est un maître, un père de notre art, et je l'aime comme je l'admire.

[*La Plume* (février 1896).]

Maurice Beaubourg. — Je ne saurais absolument vous dire quelles sont les meilleures parties de l'œuvre de Paul Verlaine. C'est une aussi grande joie pour moi de relire *Sagesse* que *les Fêtes galantes*, et *Jadis et Naguère* qu'*Amour* ou *Parallèlement*. Je crois qu'il faut connaître tout Verlaine pour pouvoir l'aimer autant qu'il mérite d'être aimé, et je ne choisis pas.

Quant à son rôle dans «l'évolution littéraire», il me semble qu'il est peut-être le génie le plus purement français, le plus primesautier et le plus doux depuis l'auteur de la fable des *Deux Pigeons*. Seulement, comme c'est en même temps un poète inouï de douleur, d'ironie et de passion, je crois que je l'aime encore pour bien d'autres motifs que ses deux ancêtres, Jean de La Fontaine et Villon.

Je sais maintenant que Paul Verlaine avait tenu la plus grande et la plus juste place dans l'admiration et la sympathie des écrivains nouveaux. Vous dites qu'il y succéda à Leconte de Lisle. Je me rappelle bien, moi, que nous l'y avions mis du vivant même de ce dernier.

[*La Plume* (février 1896).]

Albert Fleury. — *Sagesse* : Oh! l'admirable et éternel chef-d'œuvre d'un qui comprit enfin que l'être humain demande autre chose que les jouissances et les souffrances de la vie, et que tout ne réside pas à murmurer de courantes tendresses, si profondes soient-elles,

> . . . . . Car qu'est-ce qui nous accompagne,
> Et vraiment quand la mort viendra, que reste-t-il ?

C'est là que son apaisement se résorbe et qu'il se comprend réellement ; c'est plein du vague parfum des encensoirs, après avoir contemplé la face pâle des Christs blêmes, qu'il proclame la toute douceur des grands amours :

> Allez, rien n'est meilleur à l'âme
> Que de faire une âme moins triste !

Et c'est la profonde prière du fils égaré : «Ô mon Dieu, vous m'avez blessé d'amour» puis la contrition : «Je ne veux plus aimer que ma mère Marie», enfin le grand baiser de la suprême paix. Quelle

messe vaudra celle de ce cœur qui s'offre tout entier, brûlant, extasié, sur l'autel de son repentir ?

[*La Renaissance idéaliste* (1896).]

Paul Souchon. — Qui de nous ne se trouve dans Verlaine? Les mystiques, les luxurieux, les sentimentaux, les impassibles même ont leurs poèmes préférés. Mais les amants trouvent dans tous ses livres leur plaisir. Verlaine restera, en effet, un poète de l'amour et le témoin des formes que ce sentiment a revêtues chez nous. Après les grandes rêveries de Lamartine et de Musset devant la femme, après leurs généreuses confusions du monde et de la divinité au sein de l'amante, le poète de la *Bonne Chanson* nous a ramenés sur la terre, dans la tiède atmosphère des vivants, parmi des fleurs familières et mortelles. Il a montré la femme telle qu'elle est, mais sans amertume, et même l'exaltation de ses défauts en est devenue belle. Il a parlé de la chair avec frénésie, des baisers avec ivresse, sachant bien que là était le charme souverain de l'amour. La réalité, si bien comprise et invoquée, ne lui a pas ménagé ses rayons et sa splendeur. Il a vécu comme un enfant toujours étonné et, malgré sa mort, son souvenir est un de ceux qui n'attristent pas.

[*Critique des Poètes* (1897).]

Émile Verhaeren. — Depuis la mort de Victor Hugo, ce fut celle de Paul Verlaine qui frappa le plus profondément les Lettres françaises. Pourtant, avaient disparu avant lui et Théodore de Banville et Leconte de Lisle.

Théodore de Banville fut un poète ironique et burlesque, autant qu'ingénu et merveilleux. Un luxe frais, des bijoux de rosée, des perles d'eau sur les fleurs, exaltent son jardin d'art. Arlequin multicolore, que l'on dirait vêtu d'un jeu de cartes, y décapite avec sa batte des pousses et des branches. Colombine y rit et les échos simples et purs vibrent quand elle gouaille. Pierrot y passe maquillé, saupoudré de farine, de sucre ou de neige, et mire son visage blanc dans une fontaine translucide. La nature et l'artifice se coudoient en ce domaine exquis.

Malheureusement, ce n'est qu'à mi-côte du Parnasse que ces personnages évoluent ; ce n'est qu'à mi-côte de l'idéal séjour que ces fêtes de fraîcheur se déploient. Les grandes cimes les dominent.

Leconte de Lisle se construisit un temple solennel et rectiligne. Angles lourds; blocs énormes. Ses poèmes s'en échappent comme des oracles. Ses monologues sont des vaticinations lentes, pondérées, superbes. Les théogonies et les légendes se vivifient à son souffle. Des systèmes et des codes de morale sont doués de sa magnificence lyrique. Philosophe, mythologue, historien, il reste assez bellement et spontanément poète pour charger de science les grandes ailes tendues de ses strophes et les soulever quand même jusqu'au soleil.

Malheureusement, son puissant monument de vers et de poèmes se trouve trop près de cette montagne démesurée qu'est Victor Hugo, et la *Légende des siècles* fait peser son ombre sur les *Poèmes antiques et barbares*.

Quelle que soit donc la valeur de Banville et de Leconte de Lisle, ils apparaissent tributaires; ils ne brillent point suffisamment d'un feu personnel ; ils sont soit les pairs, soit les vassaux magnifiques de celui qui fut l'énorme poète de notre siècle et qui tint aussi, comme Charlemagne, l'image d'un monde entre ses mains.

Tout autre se prouve Paul Verlaine. Si *les Poèmes saturniens* sont encore imprégnés de traditions parnassiennes, si *les Fêtes galantes* semblent dériver de *la Fête chez Thérèse* qu'ordonna Victor Hugo dans ses *Contemplations*, *les Romances sans paroles* et surtout *Sagesse* s'affirment indépendants dans la littérature française. Ces œuvres ne sont pas sujettes : elles sont reines. Elles vivent d'un art inédit et spécial; elles haussent celui qui les écrivit au-dessus des deux poètes dont nous avons parlé.

L'œuvre totale de Paul Verlaine est l'histoire d'un combat. Lui-même l'a constaté. La chair et l'esprit se sont disputé son âme. La lutte fut celle que tous subissent et subiront, jusqu'au jour où l'esprit chrétien s'affaiblissant de plus en plus, l'accord des deux antiques adversaires rendra la paix et l'unité à la conscience humaine. Verlaine n'a jamais connu le calme. Il est rejeté de la douleur vers le repentir, du plaisir vers l'expiation, de la joie vers la tristesse et la contrition. Son être est secoué par l'angoisse ou rasséréné par la prière; il est brûlant toujours soit de vices, soit de vertus. Flammes rouges ou lueurs blanches le ravagent ou l'illuminent de leurs brûlures ou de leurs clartés. Il est homme profondément autant qu'il est chrétien. Et c'est sa nature double qu'en grand il a exprimée, chantée et immortalisée.

J'ai dit «grand poète». Je voudrais prouver que Paul Verlaine mérite ce haut titre.

Un grand poète est celui qui mêle sa personnalité si profondément à la Beauté, qu'il imprime à celle-ci une attitude nouvelle et désormais éternelle. D'abord il semble ne confesser, n'extérioriser, n'exalter que lui-même, mais il se trouve que cet être choisi est tellement d'accord avec les idées de son siècle, avec l'incessante évolution de l'humanité, qu'il s'affirme : la conscience de tous. Il y a communion, échange, harmonie. Il y a individualité et universalité confondues. Il y a création et reconnaissance; offre et acceptation.

Parfois, les grands poètes se succèdent comme des antithèses.

Victor Hugo fut un peintre et un rêveur. Il matérialisa la langue. Il traita la phrase en ronde bosse, en accusa les creux et les reliefs et la vêtit de couleurs éclatantes.

Il fouilla les dictionnaires pour y trouver des mots pareils aux pierres et aux métaux. Les tons riches et électriques chatoyèrent. Une fusion de teintes violentes crispa ses strophes en crinières d'incendie. Souvent le peintre devenait sculpteur. Et la cavalcade des vers vêtus d'acier et d'éclair parcourut, au son des cors, les vallées sonores du romantisme.

Dans les pays de la Pensée, il trouva l'Utopie assise sur sa montagne. Il lui prit la main, la conduisit vers son œuvre et la mêla aux personnages de ses drames et de ses romans. Elle partagea son exil à Guernesey. Elle parcourut avec lui les sites de la mer et se mira dans le miroir illimité des vagues. Elle fut bientôt la seule voix qu'il écouta, et, les jours qu'il appareillait vers son rêve d'égalité et de fraternité, elle se penchait comme une chimère à l'avant de son navire, le corps hardi,

les yeux fixes, la voix grande, les mains et les seins levés vers les fêtes humaines de l'avenir.

Paul Verlaine fut, au contraire, un musicien et un émotionnel. Il spiritualisa la langue; les nuances, les flexions, les fragilités des phrases le tentèrent. Il en composa d'exquises, de fluides, de ténues.

Elles semblaient à peine un remuement dans l'air; un son de flûte dans l'ombre, au clair de lune; une fuite de robe soyeuse dans le vent; un frisson de verres et de cristaux sur une étagère. Parfois, elles contenaient uniquement le geste souple de deux mains qui se joignent. La pureté, la transparence et l'innocence des choses furent rendues. De l'âme humaine, Paul Verlaine explora les profondeurs, soit douces, soit ardentes. Il étudia quelques vices de décadence; il célébra la tendresse intime et silencieuse. Il chanta surtout le mysticisme.

Cette exaltation violente et sacrée, cette fusion du cœur dans les brasiers du cœur d'un Dieu, cet amour gratuit, affolé, absolu, au delà de l'enfer et du ciel, au delà de toute idée de récompense ou de châtiment, cette transe divine n'avaient jamais été traduits ainsi, ni dans la littérature française ni dans aucune littérature moderne. Les effrois, les cris d'une sainte Thérèse d'Avila, les adorations d'un saint François-d'Assise s'affirment avant tout ascétiques et la poésie ne peut qu'accessoirement les réclamer. Il en est de même des versets de l'Imitation du Christ et des écrits quiétistes de cette admirable Mme Guyon. Quant aux dissertations philosophiques d'un Fabre d'Olivet ou d'un Louis de Saint-Martin, on les classera parmi les doctrines et les recherches.

Ce sera l'originale gloire de Paul Verlaine d'avoir conçu, vécu et bâti une œuvre d'art, qui, à elle seule, reflète, en l'agrandissant, la renaissance d'idéalité et de foi dont ces dernières années ont vu s'épanouir la floraison.

[*Revue Blanche* (15 avril 1897).]

Edmond Pilon :

La bonne Vierge-Vénus et la Vénus-Marie
Se penchent, se désolent, sanglotent et prient
Sur ton tombeau plus blanc que celui des colombes;
De l'Olympe, du Pélion, du Paradis,
Des anges, des satyres et des séraphins prient
Pour le pauvre homme bon et le poète parti
Vers les églises d'encens et les riches prairies
Où la harpe entremêle à la flûte fleurie
Des rythmes de prière à des chansons d'orgie;

Ta vie toute pareille à celle du pèlerin,
Dont la violente jeunesse grisée d'amour et de vin
Avance peu à peu vers la prière des anges,
Aboutit, — ô Verlaine, — à ce tombeau étrange
Bâti des impuretés de la jeunesse ardente
Et des strophes liliales de tes poèmes chrétiens;

Te voici, à présent, couché dans la prairie;
Mais la rouge parsiflore à la fleur de Marie
Enlace, malgré tout, sa passion orgueilleuse
Aux tiges de la pensée et des fleurs religieuses
Que placeront des amis, que sèmeront des fidèles
Et que planteront de beaux anges avec leurs ailes...
La couronne d'épines et la couronne de roses,
Le bâton de Tannhauser et la houlette des fêtes
Que Watteau dessina, pour toi, voici deux siècles,
S'emmêlent sur ton ombre tourmentée et posent
Leur symbolique trophée au bord de ton silence...

Verlaine, ton tombeau est un tombeau étrange
Que veillent à la fois les amours et les anges...

[*La Vogue* (15 juin 1900).]

VERMERSCH (Eugène). [1843-1876.]

Le Testament du sieur Vermersch (1862). –
Galerie de tableaux.

OPINION.

AUGUSTE VITU. — On a de lui des ouvrages nombreux et très divers, dont le plus remarquable,
pour lequel il emprunta la forme créée au XVᵉ siècle
par François Villon, est intitulé : *Le Testament du
sieur Vermersch.* Le talent du versificateur se montrait à un degré rare chez ce jeune homme doué
d'une vive intelligence et d'une étonnante facilité.
Malheureusement pour lui, le milieu dans lequel il
se trouva plongé dès son arrivée à Paris l'entraîna
vers les tristes voies de la politique, qui fit de lui
le rédacteur en chef et l'inspirateur du *Père Duchêne*
pendant les journées sanglantes de la Commune.

[*Anthologie des Poètes français du XIXᵉ siècle* (1887-
1888).]

VERNEMOUZE (Arsène).

Poésies (1900).

OPINION.

CAMILLE DE SAINTE-CROIX. — Diverses poésies d'Arsène Vernemouze, en dialecte auvergnat, avaient
valu déjà à son auteur de sincères hommages dans
le monde félibre. Il donne aujourd'hui, chez Stock,
un recueil de vers très finement français, de forme,
— mais toujours auvergnat de cœur. — Ce sont des
impressions de pays, croquis de mœurs, traits de
légendes, scènes de nature, études d'animaux familiers ou sauvages.
Comme Maurice Rollinat, mais avec une originalité qui n'emprunte rien au poète des *Brandes*, Arsène Vernemouze est un animalier adroit et pittoresque. Deux sonnets donneront une idée des deux
aspects de sa manière : l'ingéniosité dans la composition picturale et la délicatesse dans l'observation
physiologique.

LE CANARD SAUVAGE.

Il est, au fond des bois, parmi les mousses d'or
Qui frangent les contours de sa vasque de pierre
— Tel un œil sous les cils d'une blonde paupière —

Il y flotte des glands tombés et du bois mort.
Parfois, le soir, cette eau sans vie et sans lumière,
Au bruit d'un pas furtif parti d'une clairière,
Brusquement se réveille et tressaille. — Il en sort

Tout effaré, le cou raidi, criant d'angoisse
Emmi les rameaux nus, qu'il éclabousse et froisse,
Un canard au jabot de moire, — vert et bleu.

Sur le ciel qu'un rayon de couchant ensanglante,
Il s'enlève, véloce et lourd, l'aile sifflante —
Cependant que, dans l'ombre, éclate un coup de feu.

[*La Petite République socialiste* (4 septembre 1900).]

VERNIER (Valery).

Aline (1857).

OPINIONS.

SAINTE-BEUVE. — Une pièce de M. Valery Vernier, *Vingt Ans tous les deux*, serait assurément connue et célèbre si, par impossible, on la supposait
transmise de l'antiquité et retrouvée à la fin de

quelque manuscrit de l'Anthologie ; on y verrait une
sorte de pendant et de contre-partie de l'*Oaristys.*

[*Lundi, 3 juillet 1865. Des nouveaux lundis* (1886).]

A.-L. — M. Valery Vernier donna en 1857
Aline, roman en vers, dont la critique a justement
loué la délicatesse et la grâce attendrie.

[*Anthologie des Poètes français du XIXᵉ siècle* (1887-
1888).]

VÉROLA (Paul).

Les Gens qui m'intimident (1886). – *Les Accouplements* (1887). – *Exempté* (1888). – *Les
Orages* (1889). – *Les Baisers morts* (1893).
– *Les Horizons* (1895). – *L'École de l'Idéal,*
trois actes, en vers. (1895). – *Rama*, trois
actes, en vers (1898).

OPINION.

D.-M. — Les quelques brèves citations que l'exposition de ce drame (*Rama*) m'a permis de faire
se louent hautement d'elles-mêmes. Elles sont des
modèles pour tous et même, oserai-je dire, pour
M. Vérola qui, s'il avait toujours été aussi heureux,
n'aurait écrit rien de moins qu'un pur chef-d'œuvre.
Maints passages de *l'École de l'Idéal* et la plupart
des poèmes des *Horizons* m'avaient déjà incité à
dire, ici et ailleurs, que la langue et le talent de
M. Vérola trouveraient bientôt leur épanouissement
si le poète retournait sans arrière-pensée à la tradition classique. Ce retour est maintenant opéré :
la souplesse, l'aisance, la simplicité des vers de
M. Vérola, le dégagement de sa personnalité, la
clarté et l'élévation de sa pensée, la belle ordonnance de ses conceptions, tout témoigne enfin que,
bon poète et bon écrivain, il ne tardera plus à
goûter une estime et une admiration unanimes.

VEUILLOT (Louis). [1813-1883.]

Pierre Saintive (1840). – *Le Pèlerinage de Suisse.*
(1841). – *Rome et Laurette* (1841). – *Lettre
à M. Villemain* (1843). – *La Liberté d'enseignement* (1844). – *Les Libres-Penseurs* (1848).
– *Vie de la B. Germaine Cousin* (1854). – *Corbris et d'Aubecourt* (1854). – *Le Droit du Seigneur* (1854). – *Saint Vincent de Paul* (1854).
– *Les Français en Algérie* (1854). – *La Légalité* (1854). – *Le Lendemain de la victoire*
(1855). – *La Guerre et l'Homme de guerre*
(1855). – *Mélanges* (1856-1858). – *Le Parti
catholique* (1856). – *Agnès de Lauvens* (1857).
– *L'Honnête Femme* (1858). – *Petite Philosophie*
(1858). – *De quelques erreurs sur la papauté*
(1859). – *Çà et là* (1859). – *Deux Commen-
saux du cardinal Dubois* (1861). – *Mélanges*
(2ᵉ série, 1861). – *Le Pape et la Diplomatie*
(1861). – *Le Parfum de Rome* (1861). – *Waterloo* (1861). – *L'Esclave Vindex* (1862). –
Historiettes et Fantaisies (1862). – *Notice sur
Charles Sainte-Foi* (1862). – *Le Fils de Giboyer, de M. E. Augier* (1863). – *Satires* (1863).
– *S. S. Pie IX* (1863). – *Vie de N. S. Jésus-*

Christ (1864). – *Le Guêpier italien* (1865).
– *A propos de la guerre* (1866). – *L'Illusion libérale* (1866). – *Les Odeurs de Paris* (1866).
– *Célébrités catholiques contemporaines* (1869).
– *Corbris et d'Aubecourt* (1869). – *Les Couleuvres* (1869). – *La Liberté du Concile* (1870).
– *Les Filles de Babylone*, en vers (1871). – *La Légalité* (1871). – *Paris pendant les deux sièges* (1871). – *La République de tout le monde* (1871). – *Dialogues socialistes* (1872).
– *L'Honnête Femme* (1872). – *Rome pendant le Concile* (1872). – *Mélanges* (3ᵉ série, 1875).
– *Molière et Bourdaloue* (1877). – *Œuvres poétiques* (1878).

OPINIONS.

DE BOISSIÈRE. — M. Veuillot, qui est très chrétien, a baptisé ses vers du nom symbolique de couleuvres : il a raison ; ils rampent et ne mordent pas.

[*Cité par le Dictionnaire Larousse.*]

PIERRE LAROUSSE. — Sans instruction, sans idées, aucune force d'esprit, il a conquis le rang qu'il occupe par son zèle dévorant et son talent de polémiste. Toutefois ce talent, si on l'examine de près, consiste surtout dans des raffinements de méchanceté. Quant à son style, il a de la verve, de l'éclat, d'heureuses trouvailles de mots, mais il tend de plus en plus à tomber dans l'afféterie, dans la recherche, et il abonde en incorrections d'autant plus frappantes que M. Veuillot parle des lettrés en cuistre et en pédant.

[*Dictionnaire Larousse.*]

VEYRAT (J.-Pierre). [1810-1844.]

Les Italiennes (1832). – *La Coupe de l'Exil* (1844). – *Stations poétiques à l'abbaye de Hᵗᵉ-Combe* (1847).

OPINION.

SAINTE-BEUVE. — Si je voulais chercher quelques traces ou indices du talent de Veyrat à cet âge de vingt-deux ans, je les trouverais plutôt dans ses *Italiennes*, poésies politiques dont il ne se donnait que comme l'éditeur (1832). Sa personnalité politique s'y dessine mieux que dans les termes généraux de la satire... La meilleure pièce des *Italiennes* est celle que l'auteur adresse à Chateaubriand... Veyrat n'est pas seulement une des figures poétiques, c'est une des âmes, un des témoins de ce temps-ci : un Donoso Cortès de la Savoie... Sa lyre et son âme, sa vie et son œuvre sont une même chose. A peine rentré dans son pays et rapatrié, il s'occupa à recueillir et à publier les pièces de vers des dernières saisons, sous ce titre : *La Coupe de l'Exil* (1844). Le recueil s'ouvre par une ode à Dieu. Il est toujours très difficile de parler à Dieu autrement que dans la prière, en disant son *Pater* ou en s'écriant : *Altitudo!* Ordinairement, le poète chrétien classique s'inspire de David et des Psaumes, la haute source première, et il les paraphrase plus ou moins en adaptant le chant à sa voix : ainsi fait Racine, ainsi fait Le Franc, ainsi fait Lamartine, ainsi fait Veyrat.

[*Lundi, 19 juin 1865. Des nouveaux lundis* (1886).]

VICAIRE (Gabriel). [1848-1900.]

Émaux Bressans (1884). – *Les Déliquescences d'Adoré Floupette*, poète décadent, en collaboration avec M. Henri Beauclair (1885). – *Le Miracle de Saint-Nicolas* (1888). – *Quatre-vingt-neuf* (1889). – *Marie-Madeleine* (1889).
– *Fleurs d'avril*, un acte (1890). – *L'Heure enchantée* (1890). – *Ballade du Bon-Vivant* (1891). – *Cinq Ballades* (1891). – *A la Bonne Franquette* (1892). – *Rosette en Paradis* (1892). – *Au Bois joli* (1893). – *La Farce du Mari refondu* (1897). – *Le Clos des Fées* (1897).

OPINIONS.

ANDRÉ THEURIET. — Il est des titres qui donnent des promesses que parfois le livre ne tient guère. On ne fera pas ce reproche aux *Poèmes Bressans* de M. Gabriel Vicaire. Ils sont pleins de vie, de santé et de belle humeur. L'auteur, au rebours de beaucoup de ses confrères, s'exprime dans une langue ferme et savoureuse dont la sobriété et la gaîté font songer aux chansons populaires. Il s'exhale de son volume une bonne odeur d'herbe et de blé mûr, et sa poésie a le charme de tout ce qui est sincère et humain.

[*Anthologie des Poètes français du xixᵉ siècle* (1887-1888).]

ANATOLE FRANCE. — Le recueil s'appelle : *Émaux Bressans*. Vous savez que la ville de Bourg fait commerce de saboterie et de bijouterie. Ces bagues et ces croix de Jeannette sont des émaux bressans, bijoux rustiques... M. Vicaire a pris ces joyaux galants et rustiques pour emblèmes de ses petits poèmes paysans, d'une jovialité parfois attendrie. Et il y a beaucoup de croix de Jeannette dans ces bijoux poétiques. Le poète a beaucoup de goût pour ses payses. C'est l'amoureux des trente-six mille vierges bressanes. Mais on sent bien qu'il les aime en chansons et que son amour, comme on dit, ne leur fait pas de mal. A l'en croire, il est aussi grand buveur et grand mangeur qu'il est vert-galant. Comme son confrère et ami Maurice Bouchor, il se rue en cuisine...

[*La Vie littéraire* (1891).]

CHARLES LE GOFFIC. — Gabriel Vicaire a été, il est encore, pour bien des gens, «le poète de la Bresse». C'est à la fois pour eux sa qualité et sa définition. On peut trouver la définition tout au moins un peu étroite, et même appliquée à l'auteur des seuls *Émaux Bressans*. Le poète de la Bresse, il l'est sans contredit. Mais déjà et dès cette première œuvre, il dépasse son sujet ; il le remplit tout et par delà. Rare exemple d'une œuvre qui tient plus que ses promesses et supérieure à son titre ! Aux *Émaux Bressans* sont venus s'ajouter les *Déliquescences d'Adoré Floupette*, le *Miracle de Saint-Nicolas*, *Fleurs d'avril*, *l'Heure enchantée*, *A la Bonne Franquette* et, tout récemment, *le Bois-Joli*. Continuer, après de tels livres, à ne voir dans Gabriel Vicaire qu'une façon de «poète du clocher», ce serait vraiment tenir à trop peu de prix les qualités de finesse, d'abandon, de bonhomie délicate, de verve gracieuse et franche, répandues d'un bout à l'autre de son œuvre; ce serait oublier surtout qu'elles ont passé jusqu'ici «pour le fonds même des poètes de bonne race gauloise», qu'elles ont servi à distinguer tour à tour nos vieux «fableors» anonymes du moyen âge et leurs héritiers directs : Jean de Meung, Villon, Marot, Régnier, La Fontaine, et qu'en fin de compte celui-là n'occupe point un rang ordinaire dans notre littérature qui, ayant des précédents, suivant l'expression de La Bruyère, «le jeu, le tour et la naïveté, vient relier entre eux et nous la tradition si fâcheusement interrompue».

[*La Revue Bleue* (18 août 1894).]

Gustave Kahn. — La muse de M. Gabriel Vicaire s'en va, comme plusieurs autres muses, remplir sa cruche à la fontaine d'où coule intarissable le beau flot d'argent de la chanson populaire, et elle écoute les oiselets qui pépient autour de la source sacrée. Il semble que, quand elle revient au logis du poète, elle pose sa cruche à côté d'un broc de clairet, un peu faible, mais savoureux, sentant fort son terroir, pas traître, sans ivresse profonde, sans bouquet complexe (en tout cas, c'est du vrai vin), que le poète a été chercher dans son cellier; et il tend tour à tour à son lecteur le gobelet de vin et le verre d'eau. C'est bon et c'est frais. Il n'a tort que quand il coupe eau et vin, c'est alors d'un plaisir moins franc.

Les uns ont choisi dans notre vieux fonds populaire les attitudes douloureuses, les enfantines désespérances, les cris brefs et naïfs des souffrances profondes. Le folklore a ses idyllistes, ses dramaturges, ses élégiaques; presque tous transposant. M. Vicaire transpose aussi; mais il recherche le ton bonhomme, le ton bonne femme de la vieille poésie (et c'est une note personnelle). Cette vieille poésie est pour lui pédestre et légère, à cotillon court joliment et sobrement rayé.

Si l'on admet ce point de vue, admissible s'il n'est pas généralisé à l'excès, si on reproche en passant à M. Vicaire de mettre au service de cette chanson vivace une technique trop immobile, on peut se plaire et beaucoup à l'histoire de Fleurette, à celle du Joli Rossignol qui languit pour une rose et renaquit à la joie grâce à une jolie clochette, et surtout goûter le curieux travail d'art de Rainouart au Tinel, un exemple de fabliau renouvelé, alerte et naïf, volontairement exhaussé de quelques expansions lyriques peut-être un peu bien brèves; mais enfin, cela, en son but, tel quel, est réussi.

[*Revue Blanche* (15 novembre 1897).]

Robert de Souza. — M. Gabriel Vicaire est, aujourd'hui, le vrai poète folkloriste traditionnel, accomplissant pour la poésie ce que réalise pour la musique M. Julien Tiersot, à qui nous devions, ces années passées, de jolies auditions de rondes enfantines. Certains titres de ses volumes : *Au Bois joli*, *le Clos des Fées*, indiquent, à eux seuls, les tendances de son imagination. Et nul n'a mieux décrit le charme de la poésie populaire : «Le vers sans doute est boiteux, dit-il, il court cependant. Le rythme ne se distingue pas toujours aisément; on peut être sûr qu'il existe. La rime est remplacée par l'assonance; mais la musique n'y perd jamais rien. Les pieds varient à l'infini. Qu'importe ? Il semble qu'on ait affaire à une matière malléable, presque fluide, capable de s'allonger ou de se res-

treindre à volonté. Les syllabes trop nombreuses se tassent d'elles-mêmes.» Or, comment, avec une appréciation si délicate, M. Gabriel Vicaire s'est-il contenté d'un instrument sec et coupant comme l'effilé vers classique qui rase net les herbes folles fleurissantes, tond en boulingrins les prairies naturelles ?

[*La Poésie populaire et le lyrisme sentimental* (1899).]

VIELÉ-GRIFFIN (Francis).

Cueille d'Avril (1885). – *Les Cygnes* (1885-1886). – *Ancœus*, poème (1886-1887). – *Joies* (1889). – *Les Cygnes*, nouveaux poèmes (1890-1891). – *Diptyque* (*Le Porcher*, *Eurythmie*) [1893]. – *La Chevauchée d'Yeldis* (1893). – *Swanhilde*, poème dramatique (1893). – *Palài* (1894). – *Laus Veneris*, trad. de Swinburne (1895). – *Le Rire de Mélissa* (1896). – *Poèmes et Poésies* (1896). – *La Clarté de Vie* (*Chansons à l'ombre*, *Au gré de l'heure*, *In memoriam*, *En Arcadie*) [1897]. – *Phocas le Jardinier* (1898). – *La Légende ailée de Wieland le Forgeron* (1899).

OPINIONS.

Adolphe Retté. — Il faut louer la technique que M. Vielé-Griffin mit au service de ses concepts. Elle comporte le vers libre dans toute sa logique et toute sa difficulté, laquelle n'est pas minime. Le vers libre, tel que le pratiquent quelques-uns des poètes de ce temps, exige un rythme parfait et rigoureusement adéquat à l'émotion que le poète veut exprimer.

[*La Plume* (1893).]

Paul Adam. — Vielé-Griffin, le plus rythmique des poètes nouveaux, est toujours le Saxon aux images simples reculées dans les vapeurs légères des horizons septentrionaux.

[*Entretiens politiques et littéraires* (1893).]

Lucien Muhlfeld. — *Grands poètes*. — Je commence à savoir par cœur la *Chevauchée d'Yeldis*, les cent pages de vers données en 1893 par M. Francis Vielé-Griffin, sans avoir exprimé encore à l'auteur, reconnaissance puérile et honnête, quelle sereine joie j'emporte toujours avec moi, ne me séparant guère de sa petite plaquette. Vielé-Griffin me semble, à cette heure, l'un des trois poètes qui ont acquis la maîtrise du vers libre, sans même les traditions fontainiennes ou molièresques, du vers libre moderne et décidément démailloté. Je parlerai d'un des deux autres tout à l'heure, et mes lecteurs savent bien le troisième, familiers du charme original des *Palais Nomades*, plus parfait des *Chansons d'Amant*.

M. Kahn, il faut bien le reconnaître, fut l'initiateur, théoricien et exécutant, d'une poétique dont M. Stéphane Mallarmé avait donné le goût et guidé l'intuition. Et il reste, Dieu merci, très capable d'en fournir les plus belles réalisations. Il ne lui manque jusqu'ici que de donner à ses lieds un caractère de consistance et de nécessité. Avec une verve poétique moins ardente, M. Vielé-Griffin a

peut-être déjà composé d'inattaquables chefs-
d'œuvre... — Tel, c'est un grand poète, qu'on
sache.

[*Revue Blanche* (novembre 1893).]

André Fontainas. — L'action, sans surchargés
d'inutiles ornements, court rapide et noble, en vers
énergiques ou assouplis selon l'hymne qu'ils chantent ;
de brutale fureur, de dédain hautain ou d'amour
qui s'éveille, le drame est puissant et fort beau, en
dépit d'un défaut d'unité trop apparent : de *Swanhilde* renonciatrice et superbe, de *Swanhilde* que
l'amour attendrit, s'est, brusquement après l'*épisode,*
déplacé l'intérêt pour se fixer au deuil et aux seules
douleurs d'une mère.

[*Mercure de France* (juillet 1894).]

René Doumic. — Cet Américain transplanté en
Touraine n'a pas du tout la même façon que nous
de lier ses idées. Ou plutôt idées, souvenirs, émotions, impressions, ce dont il se soucie le moins,
c'est de les relier ; il les laisse se relier au hasard
ou peut-être au gré d'on ne sait quelles associations
très subtiles et qui échappent. On essaie d'abord
de comprendre, ce qui, pour nous autres, Français
de France, est toujours la première démarche de
notre esprit, jusqu'à ce qu'on ait compris qu'il n'y
a rien à comprendre et qu'il faut plutôt se laisser
bercer par une mélodie qui n'est pas sans charme.
Ce sont des choses incohérentes et douces.

[*Les Jeunes* (1895).]

Alcide Bonneau. — M. Vielé-Griffin est assurément l'un des plus studieux parmi les jeunes
poètes. Pourquoi gâte-t-il, au moins pour nous, ce
qu'il a d'érudition et de talent, en se servant de
cette vague façon d'écrire qui tient de la prose et
des vers sans en être ni l'un ni l'autre, contrairement à l'affirmation de M. Jourdain ?

[*La Revue Encyclopédique* (1ᵉʳ février 1895).]

Remy de Gourmont. — M. Vielé-Griffin n'a usé
que discrètement de la poésie populaire, — cette
poésie de si peu d'art qu'elle semble incréée, —
mais il n'eût été moins discret qu'il n'en eût pas mé-
susé, car il en a le sentiment et le respect... Je
ne parle pas de la part très importante qu'il a eue
dans la difficile conquête du vers libre ; mon impression est plus générale et plus profonde, et doit
s'entendre non seulement de la forme, mais de
l'essence de son art : il y a, par Francis Vielé-
Griffin, quelque chose de nouveau dans la poésie
française.

[*Le Livre des Masques* (1896).]

André Ruijters. — Griffin est le poète de l'am-
biance, exprimant les choses par les impalpables
immatérialités qui flottent autour d'elles. D'un paysage, il ressent l'âme, avant d'en avoir vu les traits.
Il aime regarder les yeux fermés et deviner les
fleurs à leurs parfums... Et c'est cela qui a élargi
son panthéisme en une intense et compréhensive
affection pour toute chose. La petite parcelle de vie
qui bat au cœur d'une plante n'est-elle pas identique à celle qui vibre en nous ? Aussi, jamais chez
aucun écrivain les rapports entre la nature et l'art
n'ont-ils paru si harmoniques et fonciers. La nature,
dont le vrai rôle est d'être toujours le rythme de
l'art, apparaît réellement chez lui inspiratrice di-

vine, source et mère d'émotion, en qui convergent
toute chanson et tout cœur.

[*L'Art Jeune* (15 janvier 1896).]

Maurice Le Blond. — Voici le petits-fils de Walt
Whitman. Il nous est arrivé par delà l'Atlantique,
de parages lointains, et avec une façon spéciale de
frissonner... M. Francis Vielé-Griffin est encore et
surtout un poète allégorique.

[*Essai sur le Naturisme* (1896).]

Edmond Pilon. — Durant une heure d'abattement,
Jules Laforgue a écrit : «Jo voudrais trouver des
pensées belles comme des regards. Malheureusement, ma nature répugne au mensonge, qu'il doive
être bleu ou noir». M. Francis Vielé-Griffin, lui, a
toujours trouvé des pensées belles comme des
regards. Et, pourtant, il n'a jamais menti. C'est
que le don de sa grâce ne devait pas tarir et que
sa jeunesse devait survivre à ses années. Où Laforgue a éprouvé de la crainte et s'est replié sur soi-
même, M. Vielé-Griffin, lui, au contraire, s'est
épanché et a souri. Laforgue n'a su que s'étonner,
devant les existences environnantes ; M. Vielé-Griffin,
inversement, s'est créé tout de suite une existence
à part et individuelle. Laforgue considérait les choses
avec finesse et avec un exquis abandon. M. Vielé-
Griffin ne les considère pas du tout ; il se tourne
simplement vers les paysages ; il en admire l'ensemble et il essaye de s'harmoniser le plus possible
avec le décor qu'il y découvre. Alors que Verhaeren
s'enthousiasme devant l'action, lui livre, sans
plus, à la naturelle extase devant les sites. Nous
ne pouvons pas les comprendre de la même façon,
ni les envisager avec le même esprit. Ils sont les
plus sensibles de tous ceux qui ont parlé auprès
de nous, et, entre eux pourtant, il y a des dis-
tances profondes. Je sais que cela dépend des patries et que cela dépend des races, je me soumets
à l'atavisme qui les différencie. Aux jours de révolte, de colère et d'héroïque beauté, c'est le premier qu'on lira ; aux heures d'apaisement, d'aveux
et de délices, c'est le second qui conviera avec
plus de charme. Un mot caractériserait volontiers
adjectivement l'œuvre du poète Yeldis et en mar-
querait davantage et plus étroitement le côté le plus
général : la poésie de M. Vielé-Griffin est euryth-
mique. S'il s'est confiné, maintes fois, dans un
charmant cottage anglais où, je suis sûr, il s'est
plu à relire, par instants, Wordsworth et Shelley,
s'il a tressailli, je pense, aux rauques échos des
Niebelungen, le plus souvent il a rêvé de côtes
sablonneuses et de rivages bleus où Corine, Pindare, Mélissa et Ancæus errèrent sous la constel-
lante clarté des cabires amicaux !

[*La Société Nouvelle* (novembre 1896).]

Charles Guérin. — Ah ! de quelle limpide et
réconfortante beauté il est, ce livre, *la Clarté de
Vie !* Et comme on est heureux de l'aimer !
M. Vielé-Griffin y sut allier la plus simple et la
plus sincère inspiration rustique à un art d'autant
plus parfait qu'il se dissimule.

> Que la Vie est sainte et bonne,
> Que tout est juste et tout est bien...

Voilà le cri d'amour qui se prolonge en écho de
page en page, monotone et divers, assourdi ou
sonore, comme une mélodie infinie.

Ce livre procure une grande ivresse qui n'est

point amère ni voluptueuse; qu'on l'approche de son âme, on y entendra l'immense respiration de la vie : ainsi le coquillage redit à l'oreille l'immortel murmure de la mer.

Analyser *Clarté de Vie* serait le relire, et je ne sais le juger que par des images.

De même qu'une goutte d'essence de foin coupé évoque magiquement les soirs profonds de juin et de septembre, ainsi la *Clarté de Vie* en un volume recèle le paysage changeant de l'année :

Il mène l'Année alerte
Au long des méandres divers...

Le vers de M. Griffin chantant est léger, lumineux.

[*L'Ermitage* (septembre 1897).]

JEAN VIOLLIS. — Sous ce titre : *La Clarté de Vie*, Francis Vielé-Griffin réunit ses derniers poèmes. Cette œuvre le couronne et définit son geste et son regard. J'ai su connaître là toute la grâce tourangelle, sa ligne heureuse et grave, et sa mollesse lumineuse. Vielé-Griffin exprime avec un sourire d'aisance et de plénitude l'enchantement de ce pays où des prairies, une courbe de fleuve, une ligne de peupliers suffisent par le jeu de la lumière au décor le plus émouvant. Je crois son âme souple, obligeante et docile ; elle se rend de bonne grâce aux sollicitations du paysage, et leur contact ne me semble jamais brutal, soit que le décor informe son âme, soit qu'il repose aux principes extérieurs son allégresse préférable ou son souci. Son pays modela sa joie, il exprime la joie de son pays ; le décor offrit au poète le don et la variété de son spectacle ; il me paraît que c'est en lui que le poète a retrouvé l'enseignement du vieux potier et le rire de Mélissa. Vielé-Griffin aurait, je crois, et par l'effet de son aisance d'abandon, aussi bien pénétré l'âpre rêverie des landes bretonnes, la sécheresse ardente de Provence, ou l'enthousiasme du Rouergue qui bondit aux torrents et se fige aux rudes rochers.

Tel que lui-même et le hasard l'ont fait, Griffin est le mieux amical de tous les poètes ; son œuvre est toujours accueillante et certaine dans son sourire. On n'en saurait trop dire la louange et conseiller le bienfaisant repos.

[*L'Effort* (octobre 1897).]

ANONYME. Sur *La Légende ailée de Wieland le Forgeron*. — Les lecteurs de *l'Ermitage* en eurent la primeur : aussi ne leur apprendrai-je rien en proclamant l'importance particulière de ce «poème». Car «poème» il y a. — On «en» écrit de moins en moins : le lyrisme quotidien a fragmenté l'inspiration ; le sonnet a donné le goût des petites choses, et la paresse aidant, celle du lecteur comme celle du poète... Oublie-t-on que les grands lyriques de tous les temps, ou presque, d'Hésiode à Shelley, s'attachèrent à des œuvres de longue haleine, auxquelles ils doivent exclusivement de subsister ? Point tout le monde peut-être, et M. Francis Vielé-Griffin semble les vouloir suivre dans cette voie. Je ne vois guère que lui qui puisse à cette heure y prétendre. Car il a toujours soumis ses libres dons d'image, de vie, de rythme et d'émotion, à une pensée souveraine, qui donne une raison à chaque création, chaque élan, chaque mot de sa belle inspiration momentanée.

L'Ermitage (1900).]

JOACHIM GASQUET. — M. Francis Vielé-Griffin, je l'aime sans jamais l'avoir vu, parce qu'il est tout entier dans ses chants. Je ne m'imagine pas un être plus radical, une nature d'homme plus loyale et plus spontanée. Certainement, ce solide esprit eût été un de nos plus grands chantres français s'il fût né, par un long soir d'été, sur une des rives de cette Loire qu'il chérit et où il fait son plus habituel séjour. Peut-être les nymphes du fleuve eussent vu alors se renouveler le printemps de la Pléiade. Nous n'aurions pas eu d'école romane. En tout cas, M. Francis Vielé-Griffin s'est emparé de tout ce qu'il y a de fécond pour l'âme du voyageur dans notre Touraine actuelle ; il la fait revivre dans ses poèmes avec une grâce touchante, il lui donne une figure émue ; mais souvent les rythmes essentiels lui manquent, qui eussent pu ajouter quelques sourires immortels à la vieille nourrice de Rabelais, de Ronsard, de Descartes et de Balzac. D'anciennes racines ne le lient point à ce sol, ni à ce splendide parler auquel, avec une noble humilité, il a dédié son livre le mieux achevé. Il y a parfois un heurt, un arrêt rauque dans la légère harmonie de ses pensées chantantes ; il ne vient pas d'ailleurs. Ce profond poète, aux ressources exquises, nous touche, malgré tout, plutôt par des qualités de philosophe. Son émotion est trop générale, n'est pas contenue dans les limites d'une sensibilité ethnique ; elle ne s'exprime pas selon des nombres certains. La plupart des sentiments dont il a reçu l'héritage sont trop universels encore pour qu'il puisse les dire selon les saintes règles d'une prosodie que des siècles ont formée et dans laquelle, poème à poème, s'est révélée toute l'âme d'un peuple dans sa précision victorieuse.

[*L'Effort* (15 janvier 1900).]

A. VAN BEVER. — M. François Vielé-Griffin ne s'est point seulement, — comme tant d'autres, — consacré à l'unique conception du vers libre ; l'asservissant à ses besoins, de ce principe rénovateur fait jaillir une œuvre féconde. Remontant aux sources ingénues de la Beauté, modelant sa pensée selon son rythme, il s'est révélé l'interprète de la vie intense, mêlant je ne sais quel sourire attendri à la mélancolie de paysages dont on pressent la décrépitude à l'heure des vents d'automne.

[*Poètes d'aujourd'hui* (1900).]

VIENNET (1777-1868).

L'Austerlide (1808). - *Épîtres et Satires* (1815-1830). - *Le Siège de Damas* (1825). - *Sédim* (1826). - *La Philippide* (1828). - *La Franciade* (1863). - *Clovis, Alexandre, Achille, Sigismond de Bourgogne, Arbogaste, Les Péruviens, Michel Brémond*, drames (1813 à 1825). - *La Course à l'héritage, La Migraine*, comédies (1813 à 1825). - *Les Serments* (1839). - *Fables* (1842). - *Selma*, 1 acte, en vers (1859).

OPINIONS.

SAINTE-BEUVE. — La fable fleurit, comme on sait, et elle a dû même une sorte de reverdissement à l'intervention de M. Viennet, qui a aiguisé les siennes par l'épigramme politique.

[*Les lundis.*]

BERNARD JULLIEN. — On peut faire à Viennet un reproche grave et qui, malheureusement, peut lui être adressé souvent : il a le défaut d'enchâsser dans ses vers, selon le besoin de la rime ou de la mesure, des mots dont il ne semble pas comprendre le sens, tant ils sont en contradiction avec ce qui précède ou ce qui suit ; quand il dit, par exemple, que la gazette se guinde au ton de l'épopée, en *usurpant l'euphémisme et l'onomatopée,* c'est pis qu'une cheville, c'est un non-sens.

[*Histoire de la Poésie à l'époque impériale* (1844).]

VIERSET (Auguste).

Vers les Lointains (1898).

OPINION.

GUSTAVE KAHN. — C'est un livre de paysages, paysages visités, paysages vus à travers la peinture, d'une forme parnassienne, aimable, correcte, sans grande largeur, mais non sans agrément en sa précision. Des dizains descriptifs nous montrent le désert, les nomades au seuil rouge et noir de leurs tentes, des femmes en prière sous les dattiers en fleurs ; des sonnets racontent des écrans japonais ; on a l'impression d'un album où des notes rapides ont été, après coup, rehaussées d'un minutieux travail d'aquarelliste.

[*Revue Blanche* (1ᵉʳ mars 1898).]

VIGNIER (Charles).

Centon 1888).

OPINION.

CHARLES MORICE. — Vignier est un des artistes doués du sentiment le plus aristocratique de l'art, que je sache. Sans l'avoir prouvé par des œuvres, — car ses vers, ainsi que l'avoue leur titre, ne sont guère qu'admirables pastiches, — il sait.

[*La Littérature de tout à l'heure* (1889).]

VIGNY (Alfred-Victor, comte de). [1797-1863.]

Poésies (Paris, 1822). – *Eloa ou la Sœur des Anges* (1824). – *Poèmes antiques et modernes* (1826–1837). – *Cinq-Mars ou une Conjuration sous Louis XIII* (1826, 2 volumes). - *Othello,* avec préface (1829). – *La Maréchale d'Ancre,* jouée à l'Odéon (1831). – *Chatterton* (1835). – *Stello* (1832). – *Servitude et Grandeur militaire* (1835). – *Les Destinées* (1864). – *Le Journal d'un poète* (1865).

OPINIONS.

VICTOR-M. HUGO. — Il nous semble incontestable que le talent de M. de Vigny a singulièrement grandi depuis l'apparition d'*Héléna.* De graves négligences dans l'ordonnance de ce poème, l'incohérence des détails, l'obscurité de l'ensemble, les singularités d'un système de versification qui a bien

sa grâce et sa douceur, mais qui a aussi ses défauts particuliers, toutes ces taches que des critiques, à la vérité bien sévères, avaient remarquées dans la première publication de M. de Vigny, ne peuvent être reprochées à la seconde. La belle imagination de l'auteur s'est fortifiée en se purifiant ; son style, sans rien perdre de sa flexibilité, de sa fraîcheur et de son éclat, a perdu les défauts qui le déparaient.

[*La Muse française* (1824).]

LAMARTINE. — Il y eut en ce temps-là un autre grand poète, Alfred de Vigny, qui chanta sur des modes nouveaux des poèmes *non prius audita* en France. Les grèves d'Écosse, Terre d'Ossian, n'ont pas plus de mélodies dans leurs vagues que ses vers ; et son Moïse a des coups de ciseau du Moïse de Michel-Ange. C'est, de plus, un de ces hommes sans tache qui se placent sur l'isoloir de leur poésie pour éviter le coudoiement des foules. Il faut regarder en haut pour les voir. Je l'aimai de l'amitié qu'on a pour un beau ciel. Il y a de l'éther bleu vague et sans fond dans son talent.

[*Cours familier de littérature.*]

GUSTAVE PLANCHE. — *Stello* marque dans son talent une phase inattendue. C'est, à mon sens, le plus personnel, le plus spontané de ses livres, au moins en ce qui regarde la pensée ; car le style de *Stello* est plus châtié, plus condensé, plus volontaire que celui de *Cinq-Mars.* Quelquefois même on regrette que l'auteur ne se soit pas contenté d'une première et soudaine expression. Il a voulu mettre de l'art dans chaque page, dans chaque phrase et presque dans chaque mot. Peut-être eût-il mieux fait d'être moins sévère pour lui-même, et se livrer plus souvent aux caprices de l'inspiration.

[*Portraits littéraires* (1832).]

SAINTE-BEUVE. — M. de Vigny n'a pas été seulement dans *Stello* et dans *Chatterton* le plus fin, le plus délié, le plus émouvant monographe et peintre de cette incurable maladie de l'artiste aux époques comme la nôtre, il a été et il est poète ; il a commencé par être poète pur, enthousiaste, confiant, poète d'une poésie blonde et ingénue. Ce scalpel qu'il tient si bien, qu'il dirige si sûrement le long des moindres nervures du cœur ou du front, il l'a pris tard, après l'épée, après la harpe ; il a tenté d'être, entre tous ceux de son âge, poète antique, barde biblique, chevalier trouvère. Quelle blessure profonde l'a donc fait se détourner ? Comment l'affection, le mal sacré de l'art, la science successive de la vie, ont-elles, par degrés, amené en lui cette transformation, ou du moins cette alliance du poète au savant, de celui qui chante à celui qui analyse ?

[*Portraits contemporains* (1835).]

J. BARBEY D'AUREVILLY. — *Eloa !* voilà la poésie de M. Alfred de Vigny, le fond incommutable de son génie, l'âme qui a rayonné, — pressentiment ou souvenir, — dans tout ce qu'il a écrit et tout ce qu'il écrira jamais, s'il écrit encore ! Quelle fatalité bénie ! Il y a de l'*Eloa* dans tout ce qu'a fait M. de Vigny, mais il y en a et il devait surtout y en avoir dans ses *Poèmes,* parce que, dans ses *Poèmes,* M. de Vigny n'est qu'un pur poète. N'être qu'un pur poète ! Réduction des molécules de l'homme qui le fait passagèrement divin

[*Les Œuvres et les Hommes : les Poètes* (1862).]

THÉODORE DE BANVILLE. — Dans la vie de tout poète, il y a toujours un grand côté symbolique. Celui-ci a porté sur ses traits, purs comme ceux d'un Grec du temps de Périclès, élégants comme ceux d'un prince d'Angleterre, la distinction que tous les poètes ont dans leur âme. Il fut comme un signe vivant et visible de notre noblesse. Ce profil si doux, si arrêté pourtant, si pur, — ces yeux innocents et braves, cette longue et angélique chevelure blonde, allaient bien au gentilhomme, au guerrier qui fut de notre race, et qui jetait son manteau de comte sur le corps débile et nu des poètes morts à l'hôpital. Grand artiste, il fut aussi un gentilhomme et un homme, partout fidèle! L'épée et la plume étaient dignes de sa main loyale; s'il souffrit toujours, si c'est parce qu'il ne voulut jamais rester étranger à la misère des siens, et nulle mauvaise pensée ne troubla l'ineffable sincérité de son beau sourire !

[*Camées parisiens* (1866).]

ANATOLE FRANCE. — Vigny était patient. Il portait longtemps une idée dans sa tête, sans en précipiter l'enfantement, et il ne la livrait au jour que sous une forme harmonieuse et parfaite. Cette forme, il en revêtait ses conceptions avec bonheur, mais non sans travail. Il exécutait lentement et laborieusement, non certes pour un souci puéril et inintelligent de la forme, mais par un respect profond pour l'idée qui veut des vêtements décents et honnêtes...

[*Alfred de Vigny* (1868).]

ANATOLE FRANCE.— L'âme d'Alfred de Vigny était profondément religieuse et même un peu mystique. Le poète méditait de donner à un nouveau recueil le titre d'*Élévation*, qui, par une mystérieuse ressemblance des mots, impliquait l'idée d'un office divin. Il y avait en lui du prêtre; il avait l'hiératisme qui peut entrer dans une âme moderne, la conscience du sacerdoce qu'exerce l'intelligence. Aussi un poète comme Vigny n'est-il pas vraiment un prêtre de la nouvelle loi, un initiateur? Sa foi se bornait à un petit nombre de convictions négatives lentement amassées et sur lesquelles il asseyait un désespoir calme. Ayant cherché Dieu dans la nature et ne l'ayant pas trouvé, il voulait que l'être humain se tînt seul et debout, ayant son Dieu présent en lui : l'Honneur.

Le sage, selon lui, ne devait pas s'obstiner d'appeler sans cesse un Dieu toujours caché ou toujours absent...

Le comte Alfred de Vigny, à partir de 1835, garda le silence. Il se retira «dans sa tour d'ivoire», et là, sur le plus haut degré, baigné de ciel, il continuait son œuvre; il écrivait *les Destinées*, poèmes philosophiques plus graves peut-être encore, plus sévères que les *Poèmes antiques et modernes*. Le penseur a mûri, il est dans toute la force de sa virilité stoïque, et le poète n'est ni desséché ni refroidi; seulement il a revêtu la sombre parure des jours de bataille; il a mis, sur la tunique d'or, une cuirasse d'airain pour le grand combat contre les destinées et contre les dieux. C'est dans le tranquille accomplissement de ce travail suprême que le poète achevait sa vie et son œuvre.

[*Alfred de Vigny*, étude (1868).]

ARMAND SILVESTRE. — Je viens de relire l'œuvre considérable d'Alfred de Vigny et je suis tout entier à l'impression élevée, vivifiante qui s'en dégage. J'habite encore les sommets neigeux où m'a conduit sa pensée et d'où apparaît comme étouffé dans une brume sanglante. Le vol de l'aigle est resté dans mon oreille, mais mes yeux en cherchent vainement le sillage aérien. Mon guide a disparu en me livrant à l'effroi des solitudes. Il est vraiment peu honorable pour ce siècle que les désespoirs hautains de cette grande âme y aient trouvé si peu d'échos, tandis que les douleurs égoïstes de Musset l'ont empli de leur harmonieuse monotonie. N'est-ce donc pas un grand spectacle que celui de cette noble souffrance parfois consolée par la pitié et toujours relevée par le pardon? Que sont les imprécations vaines, auprès de ces deux vers de la *Colère de Samson* :

Toujours ce compagnon dont le cœur n'est pas sûr :
La femme, enfant malade et douze fois impur !

Sans contester un instant le génie de l'auteur de la *Nuit de mai* et des *Stances à Lamartine*, j'ai souvent été, malgré moi, révolté de cette longue colère contre un impérissable souvenir, et je reconnaissais mal un poète à cette haine inutile. Qui donc ose se plaindre d'avoir aimé? Tout Musset, le seul grand, celui des *Poésies nouvelles*, est pourtant dans cette plainte sans grandeur. Que l'esprit d'Alfred de Vigny se mesure à une plus haute douleur! Son mal ne l'isole pas de celui des autres hommes, et c'est leur sang qu'il jette avec le sien à la face des dieux, en accusant l'implacable destinée. Il se fait leur avocat devant le grand juge, et la fierté de ses accents lui vient de ce qu'il parle au nom de l'humanité tout entière, dont les plaies saignent à son propre cœur. Ah! celui-là est bien un poète qui porte en soi le grand fardeau des souffrances communes, dont les indignations naissent d'une pensée invinciblement paternelle, en qui se résume l'angoisse d'un siècle ou l'inquiétude d'une race ! Tel m'apparaît Alfred de Vigny dans l'apparente sincérité de son génie.

[*La République des Lettres* (11 février 1877).]

THÉODORE DE BANVILLE. — Non seulement il était un soldat, un gentilhomme, un comte, mais il paraissait tout cela et voulait le paraître, non certes par une vaine gloriole, mais par amour pour les poètes pauvres et misérables de tous les âges, dont il s'était fait le représentant et l'avocat, et parce qu'il forçait ainsi le stupide vulgaire à les honorer dans sa personne irréprochable. Alfred de Vigny, ce fut là un des côtés les plus saisissants de son originalité, sentit mieux que personne combien les poètes à travers le temps revivent en ceux qui leur succèdent et sont solidaires les uns des autres.

[*Mes Souvenirs* (1882).]

AUGUSTE BARBIER. — M. de Vigny, littérateur honnête et sans charlatanisme, avait un sincère amour de l'art. Il n'en a jamais fait un instrument de fortune et de popularité. Il commença le mouvement romantique avec Soumet, Guiraud et Deschamps dans la *Muse française*; il peut être mis au nombre des précurseurs; M. Hugo, plus jeune, est venu après.

[*Souvenirs personnels* (1883).]

E. CARO. — M. de Vigny est, parmi les poètes de ce temps-ci, le moins préoccupé de se mettre en scène lui-même. Il repousse avec une sorte de pudeur virile la tentation d'amuser les désœuvrés des secrets de sa vie ou des mystères de son cœur... l'art est toujours chez lui, en un sens, philosophique... Chacun de ses poèmes : *Moïse, Eloa*, n'est, si l'on veut bien le prendre, qu'un admirable symbole... C'est une succession de petits ou de grands drames dont chaque partie se relie par une pensée unique, mais l'artiste, nulle part, ne se sacrifie au penseur ; il garde tous ses droits, nous enivre et s'enivre lui-même de poésie, orne d'une grâce infinie chaque détail. La conception nous arrive d'autant plus vive, nette, éclatante, qu'elle est comme matérialisée (ou, en un sens, idéalisée) dans une image, dans un tableau. Voyez la *Mort du Loup*.

Le poète a ressenti profondément l'inquiétude et l'émotion de son temps. Il s'y est abandonné sans réserve. Le Doute l'a envahi, terrassé, dominé. Mais, du moins, dans cette victoire du Doute, il n'a pas perdu le sentiment de la grandeur du Dieu auquel il ne croit plus. On relira éternellement cette page du *Mont des Oliviers*, et, à travers ces beaux vers et ces magnifiques pensées, on peut entendre comme le sanglot viril du poète. Pour moi, quand le désespoir s'exprime si hautement et si fièrement, je ne me reconnais pas le droit de le condamner. Ces tristesses sublimes du poète, succédant à de longs silences, ont un accent de sincérité qui ne trompe pas. Partout où la souffrance est vraie, il y a de la grandeur.

[*Poètes et romanciers* (1888).]

FRANCIS VIELÉ-GRIFFIN. — Le vers de Hugo a été inventé par de Vigny.

[*Entretiens politiques et littéraires* (sept. 1891).]

FERDINAND BRUNETIÈRE. — Son inspiration toujours très haute et très noble — je ne dis pas très pure, ni très chaste — manque d'abondance et de facilité. Presque toujours gênée, l'exécution de Vigny, souvent brillante et toujours élégante, n'a pas moins quelque chose d'habituellement pénible et de laborieux, de heurté, de guindé. L'inspiration y est courte. Ni les images, ni les mots ne s'empressent d'eux-mêmes à son service, ou n'obéissent à l'appel de sa pensée, mais il lui faut les attendre ou les chercher ; et il ne les trouve pas toujours. Son expression, parfois incorrecte, est plus souvent encore obscure, trop elliptique ou trop dense, embarrassée, trop inégale à la grandeur ou à la délicatesse des idées qu'elle voudrait traduire. Et, d'une manière générale, jusque dans ses plus belles pièces, — jusque dans *Eloa*, jusque dans sa *Maison du Berger*, — sa liberté de poète est perpétuellement entravée par je ne sais quelle hésitation ou quelle impuissance d'artiste.

[*Évolution de la Poésie lyrique* (1894).]

PAUL BOURGET. — Après les poésies, après les romans, voici que paraît *le Journal d'un Poète*, ce précieux recueil de pensées intimes, choisies, avec un tact irréprochable, dans les papiers de l'écrivain mort, par M. Louis Ratisbonne. L'occasion est bonne à la critique pour revenir une fois encore sur l'auteur de *Moïse*, d'*Eloa*, de la *Maison du Berger*, de la *Mort du Loup* et de la *Colère de Samson*, — poèmes d'une beauté inaltérée, et qui brillent, sous notre ciel littéraire d'aujourd'hui, avec une douce clarté de lointaines étoiles. La gloire

de de Vigny n'a-t-elle pas, elle aussi, un charme d'étoile, par son éclat discret, son mystère, sa hauteur sereine et sa pureté ? Plusieurs poètes lui sont supérieurs par la puissance, et plusieurs par la renommée. Aucun ne l'égale en aristocratie. Il fut, par essence, un génie rare. Mais ce don de la rareté, dangereux autant que séduisant, ne dégénéra pas chez lui en manière. Le scrupule moral le protégea contre cet excès de ses qualités. Il dit quelque part, dans son *Journal* : «Le malheur des écrivains est qu'ils s'embarrassent peu de dire vrai, pourvu qu'ils disent. *Il est temps de ne chercher les paroles que dans sa conscience...*» La phrase que j'ai soulignée pourrait servir d'épigraphe à toutes les parties de son œuvre. Il a gagné de doubler son aristocratie native d'une étoffe vivante d'humanité. Cette poésie, d'une forme de choix, se trouve ne pas être un travail d'exception et de byzantinisme. Je voudrais essayer de montrer, en m'en tenant aux cinq morceaux dont j'ai cité les titres, en quoi ces œuvres d'un art raffiné traduisent quelques-unes des plus profondes aspirations de l'âme contemporaine. Ce n'est pas que les autres poèmes d'Alfred de Vigny n'abondent en fragments magnifiques, comme ses livres de prose en pages très distinguées. Mais les cinq poèmes dont je parle sont la portion la plus nécessaire, la plus inévitable de ses ouvrages, et ils suffisent à évoquer en ses maîtresses lignes cette physionomie d'un des plus nobles artistes qui aient vécu parmi nous.

[*Études et Portraits* (1894).]

VILLEHERVÉ (Robert de la).

Premières Poésies (1877). – *La Chanson des Roses* (1882). – *Le Gars Perrier* (1886). – *La Princesse Pâle* (1889). – *Toute la Comédie* (1889). – *Les Armes fleuries* (1892). – *Impressions de l'assassiné* (1894). – *Lysistraté* (1896).

OPINIONS.

THÉODORE DE BANVILLE. — Votre volume, *Premières poésies*, a été pour moi un ravissement et aussi une très heureuse surprise, car c'est la première fois depuis très longtemps que se révèle un poète véritablement artiste et sachant son métier. Vous êtes mille fois trop modeste en vous disant mon disciple; mais nous sommes étroitement parents, vous et moi, par l'admiration des maîtres, par l'amour du travail achevé et par le soin de la perfection. Vous pouvez et vous devez prendre place, dès à présent, parmi les poètes qu'on écoute ; car vous avez un talent achevé et maître de lui.

[*Lettre publiée par* «*La République des Lettres*» *du* 11 février 1877.]

K.-H. — M. Robert de la Villehervé est un poète vrai. La force du rêve, vivante et splendide, soit dans le charme du souvenir, soit dans le sentiment des heures présentes, soit dans la prévision de celles qui viendront, se dégage de ses vers avec délicatesse et grandeur. M. de la Villehervé a pour maître direct Théodore de Banville, mais il a aussi comme une ancienne parenté avec Sainte-Beuve. Par moments encore, mais moins fréquente, apparaît la manière de Baudelaire. Je ne dis pas cela pour amoindrir le talent du poète nouveau, mais au contraire pour le bien caractériser. D'ailleurs, on me comprendra quand on aura lu le sonnet suivant, qui est une merveille :

Quand nous serons vieux, étendus parmi
D'antiques coussins à fleurs démodées,
Nous échangerons nos vieilles idées
En parlant tout bas d'un ton endormi.

Nous souviendra-t-il alors, mon ami,
Des lyres jadis toujours accordées,
Du scintillement des rimes brodées
Et des chants rêvés écrits à demi?

Nous serons si vieux ! Et vous, très caustique,
Et moi, très profond, nous prendrons du thé,
Sans rire, en faisant de la politique.

Mais ce fier sonnet, que j'ai bien chanté,
Gardera le nom dont je le décore
Et dans ce temps-là sera jeune encore.

Je recommande encore, avec une admiration toute particulière : le *Sonnet prologue*, les vers *À Célimène*, *Un Soir*, le délicieux rondel intitulé : *Calme plat*, *Mythologie*, où revivent les grandes déesses, *Crépuscule*, *le Retour de Marielle*, *Vers le Jardin*, très délicates terzo-rimes, et des vers bien langoureux et bien tristes aussi, *la Fleur de Larmes* et encore *le Masque;* presque tout enfin.... M. de la Villehervé un noble poète à qui manquera peut-être un applaudissement bruyant de la foule, mais non pas certes l'estime et l'admiration des gens de goût.

[*La République des Lettres* (4 mars 1877).]

Pierre et Paul. — On peut estimer à vingt mille vers au moins le bagage lyrique de la Villehervé. Aussi n'est-il point classé dans l'*Anthologie des Poètes du xixᵉ siècle* (Alphonse Lemerre, éditeur), ayant cela de commun avec Catulle Mendès, Louis Ménard, Raoul Ponchon et plusieurs autres.... Dans son si remarquable volume: *Nos Poètes*, le regretté Jules Tellier, récemment, rendait un enthousiaste hommage au maître écrivain de *la Nuit*, lui assignait une place au premier rang parmi ceux qui auront eu la gloire de jeter un suprême et éblouissant éclat sur la fin de ce siècle grandiose.

[*Les Hommes d'aujourd'hui.*]

VILLEROY (Auguste).

Hérakléa, drame en trois actes, en vers (1896).

OPINIONS.

Francisque Sarcey. — Nous n'avons pas de chance décidément cette année avec le théâtre à côté... *Hérakléa* est une des œuvres les plus authentiquement médiocres et les plus mortellement ennuyeuses que j'aie entendues depuis longtemps.

[*Le Temps* (23 mars 1896).]

A.-Ferdinand Hérold. — Il sied de louer M. Auguste Villeroy du noble effort qu'il a tenté. Son drame, grave et austère, doit lui concilier la sympathie de ceux qui tendent à faire du théâtre un exemple d'actions hautaines et morales. M. Villeroy connaît la tragédie antique et, bien qu'il n'emploie pas le chœur, sa pièce est construite un peu

comme celles que la Grèce nous a léguées; et même, à en juger par certaine indication qui suit, dans la pièce imprimée, la liste des personnages, il semble que M. Villeroy estime possible la représentation d'*Hérakléa* sur une scène bâtie à la manière des scènes antiques. M. Villeroy connaît encore les classiques français, et nous serions étonné si, parmi eux, Corneille n'avait pas sa prédilection. Ceux de ses héros qu'il donne en exemple s'asservissent à ce qu'ils pensent leur devoir, et ils aiment à formuler, en des alexandrins abstraits, des maximes morales. Aussi ne faut-il pas s'étonner que le drame de M. Auguste Villeroy soit, au début, assez froid; mais, dans la suite, il est des scènes où il s'anime et éveille, chez les spectateurs, une émotion sereine.

L'action d'*Hérakléa* est des plus simples. Chrysopolis, capitale de l'empire du Couchant, est, depuis de longs jours, assiégée par les Barbares; le peuple demande qu'on se rende, et peut-être l'empereur Héklésias, affaibli par l'âge et les travaux, aurait-il cédé, si sa fille Hérakléa n'était là, sans cesse, pour le rappeler à l'effort et à la résistance. Tandis que, des fils de l'empereur, l'un, Chéréas, toujours indécis, essaye d'oublier, en faisant des vers, la chute qui menace Chrysopolis, et l'autre Théodore, insouciant et léger, oublie les malheurs de la patrie en courant au cirque et en fréquentant chez les courtisanes, Hérakléa, fière et pure, prie les Dieux, honore les vertus anciennes et pousse à la lutte acharnée. C'est elle que l'empereur écoute, et il déclare qu'il résistera aux Barbares. Priscus, prince du Sénat, l'invite à se rendre; Xéniclès, préfet des légions, lui annonce que l'armée refuse de sortir; Chrysès, le grand-prêtre, vient proclamer que les Dieux ordonnent d'ouvrir aux Barbares : Hérakléa renie les Dieux, qui conseillent la lâcheté, et l'empereur, après un moment de défaillance, repousse ceux qui veulent la reddition. Le peuple alors se rebelle, et Théodore lui-même, pour l'apaiser, le mène ouvrir aux Barbares les portes de Chrysopolis. Et tandis que tous, peuple, Sénat, armée, se précipitent avec joie vers les vainqueurs, l'empereur et sa fille se frappent et meurent, libres encore, et léguant aux Barbares l'exemple d'êtres qui, jusqu'au bout, ont eu foi en une idée, et qui n'ont voulu se soumettre à aucun esclavage.

Telle est l'action d'*Hérakléa.* M. Villeroy n'a point essayé de parer son drame d'ornements superflus. Aucune intrigue secondaire ne vient l'embarrasser; il n'y a jamais que peu d'acteurs en scène, et l'auteur n'a point cherché à séduire le spectateur par le pittoresque des détails. Le défaut d'une œuvre dramatique ainsi conçue peut être de manquer de mouvement : quand, dans un drame, on néglige le mouvement extérieur, il faut, nous semble-t-il, montrer, presque à chaque réplique, que croissent ou diminuent les passions des personnages; ainsi le drame reste vivant, d'un mouvement passionnel. Peut-être la pièce de M. Villeroy languit-elle à certains moments; la gradation des sentiments n'est pas toujours assez marquée; mais il est des scènes bien animées et vraiment dramatiques : celle, par exemple, qui termine le second acte, où Hérakléa cesse de croire aux Dieux, et, bravant le grand-prêtre Chrysès, décide l'empereur à agir contre la volonté de tous.

[*Mercure de France* (avril 1896).]

VILLIERS DE L'ISLE-ADAM (Auguste de). [1838-1889.]

Premières Poésies (1856-1858). – *Isis* (1862). – *La Révolte* (1870). – *Le Nouveau Monde*, drame en 5 actes (1880). – *Contes cruels* (1883). – *Akédysseril* (1886). – *L'Amour suprême* (1886). – *L'Ève future* (1886). – *Tribulat Bonhomet* (1887). – *Elën. – Morgane.* – *Histoires insolites* (1888). – *Nouveaux contes cruels* (1888). – *Le Secret de l'Échafaud* (1888). – *Axël* (1890). – *Chez les Passants* (1890).

OPINIONS.

Francisque Sarcey. — Le Vaudeville a donné cette semaine une pièce en un acte de M. Villiers de l'Isle-Adam; elle a pour titre : *Une Révolte.* — *Une Révolte*, c'est une énigme, un rébus, un casse-tête qui vient de Chine, comme la poésie de M. Catulle Mendès. — J'ai donné à cette petite œuvre plus d'attention qu'elle n'en mérite par elle-même. Mais elle est le manifeste d'une école très encombrante et qui en impose aux jeunes gens par le bruit qu'elle fait autour de ses adeptes. Il est bon de montrer au public le néant de ses théories dramatiques et de mettre sa conscience en repos. Il a eu toute raison de s'ennuyer à *la Révolte* et il a dormi dans les règles aux *Deux Douleurs.*

[*Le Temps* (1870).]

J.-K. Huysmans. — ... Alors il s'adressait à Villiers de l'Isle-Adam, dans l'œuvre éparse duquel il notait des observations encore séditieuses, des vibrations encore spasmodiques, mais qui ne dardaient plus, à l'exception de sa *Claire Lenoir*, une si bouleversante horreur... Ce conte dérivait évidemment de ceux d'Edgard Poë, dont il s'appropriait la discussion pointilleuse et l'épouvante.

Il en était de même de *l'Intersigne* qui avait été plus tard réuni aux *Contes cruels*, un recueil d'un indiscutable talent, dans lequel se trouve *Véra*, une nouvelle que Des Esseintes considérait comme un petit chef-d'œuvre.

Ici l'hallucination était empreinte d'une tendresse exquise; ce n'étaient plus les ténébreux mirages de l'auteur américain, c'était une vision tiède et fleurie presque céleste; c'était, dans un genre identique, le contrepied de Béatrice et de Sigeia, ces mornes et blancs fantômes engendrés par l'inexorable cauchemar du noir opium.

Cette nouvelle mettait aussi en jeu les opérations de la volonté, mais elle ne traitait plus de ses affaiblissements et de ses défaites sous l'aspect de la peur; elle étudiait, au contraire, ses exaltations sous l'impulsion d'une conviction tournée à l'idée fixe; elle démontrait sa puissance qui parvenait même à saturer l'atmosphère, à imposer sa foi aux choses ambiantes... Mais, dans le tempérament de Villiers, un autre coin, bien autrement perçant, bien autrement net, existait, un coin de plaisanterie noire et de raillerie féroce; ce n'étaient plus alors les paradoxales mystifications d'Edgard Poë, c'était un bafouage d'un comique lugubre, tel qu'en ragea Swift. Une série de pièces : *Les Demoiselles de Bienfilâtre*, *l'Affichage céleste*, *la Machine à gloire*, *le Plus beau dîner du monde*, décelaient un esprit de goguenardise singulièrement inventif et âcre. Toute

l'ordure des idées utilitaires, toute l'ignominie du siècle étaient glorifiées en des pièces dont la poignante ironie transportait Des Esseintes.

[Dans *À Rebours*.]

Paul Verlaine :

Tu nous fuis comme fuit le soleil sous la mer
Derrière un rideau lourd de pourpres léthargiques,
Las d'avoir splendi seul sur les ombres tragiques,
De la terre sans verbe et de l'aveugle éther.

Tu pars, âme chrétienne, on m'a dit résignée,
Parce que tu savais que ton Dieu préparait
Une fête enfin claire à ton cœur sans secret,
Une amour toute flamme à ton amour ignée.

Nous restons pour encore un peu de temps ici,
Conservant ta mémoire en notre espoir transi,
Tels les mourants savourent l'huile du Saint Chrême.

Villiers, sois envié comme il aurait fallu
Par tes frères impatients du jour suprême
Où saluer en toi la gloire d'un élu.

[*Dédicaces* (1889).]

Remy de Gourmont. — Comme littérature, *Axël* est le grand œuvre de Villiers, d'une radieuse gloire verbale, d'une richesse d'art plus éblouissante que toutes les pierreries qui ruissellent dans les cryptes du burg d'Avërsperg. Ce sont des phrases d'une spiritualité douloureuse, comme Villiers seul sut en concevoir : «Vous serez la fiancée amère de ce soir nuptial...». — «Sara, souviens-toi de nos roses dans l'allée des sépultures...» Et en une alternance de telles musiques, avec les versets sacrés, tout le livre se déroule. Pour celui qui déploya de pareils rêves, voilures gonflées vers l'infini, la vie quotidienne n'existait que très peu : il ne lui fut ni pauvre, ni malade, ni dédaigné; mais royalement riche, comme Axël, jeune et fort comme Axël, et comme Axël aimé de Sara, l'énigmatique princesse. C'est la perpétuelle revanche des grands idéalistes, ignorés de la foule, — et le plus d'un de leurs amis, — qu'en réalité ils habitent un autre monde, un monde créé par eux-mêmes, simplement évoqué par de simples paroles, car «tout verbe, dans le cercle de son action, crée ce qu'il exprime». Grâce à ce sortilège, Villiers dompta les mauvaises aventures où d'autres auraient sombré, et il lui fut accordé d'écrire ces drames et ces contes, ces ironies et ces lyrismes par lesquels il demeure pour nous, amis de la première ou de la dernière heure, le maître inoubliable et absolu.

[*Mercure de France* (mars 1890).]

Gustave Guiches. — Ce n'est qu'à partir des *Contes cruels* que le talent de Villiers acquiert la magnifique plénitude de son expression. De grandioses symboles comme *Vox populi*, *l'Impatience de la foule*, s'y dressent tout à coup à côté de profondes visions d'au delà de *Véra*, de *l'Intersigne*, des railleries aiguës, sinistres ou gravement lyriques des *Demoiselles de Bienfilâtre*, de *la Machine à gloire*, du fantaisiste humour qui distingue *le Plus beau dîner du monde*, *l'Affichage céleste*, etc... Les *Contes cruels* signalent avec une admirable netteté les deux courants que suit la pensée de Villiers : l'un positif, affirmant les croyances mystiques, les aspirations idéales; l'autre négatif, dissolvant, aux acides d'une raillerie puissante, la dureté du temps présent abhorré du rêveur...

Par sa fidélité, jamais démentie, aux formules de l'idéal romantique, Villiers de l'Isle-Adam s'est condamné à rester étranger aux courants novateurs de la littérature. Mais il a ouvert au rêve de larges et splendides voies. Sa pensée se projette au-dessus des êtres et des choses, franchit les réalités physiques et rapporte les visions des au-delà entrevus. Ou bien elle se replie sur elle-même, se concentre sur le monde matériel et exprime en ironies vengeresses la cruauté de ses désenchantements. Et sa pensée toujours obéit à cette double action.

Sa phrase a la musique et la couleur de cette vie étrange qui l'anime. Ses périodes sont amples, solennelles, et la passion du mystère qui se révèle à chacune des lignes de ses livres, n'en obscurcit jamais la lumineuse limpidité.

L'influence de Villiers de l'Isle-Adam sur la littérature contemporaine est de beaucoup inférieure à celle exercée par MM. de Goncourt. Daudet, Zola, Huysmans, etc... On la retrouve dans les générations qui suivent le naturalisme et qui s'efforcent de réagir par des tendances soit psychologiques, soit simplement idéalistes, contre l'exclusivisme de la documentation. Ces derniers placent Villiers à l'avant-garde des réactions spiritualistes et le considèrent comme une des plus hautes et des plus éloquentes protestations du rêve dans les temps actuels.

Nul mieux que lui n'a d'ailleurs défini, — dans ce passage dont l'application est tout autre, — la nature de son talent :

« — Hélas! dit un de ses personnages, nous sommes pareils à ces cristaux puissants où dort, en Orient, le pur esprit des roses mortes, et qui sont hermétiquement voilés d'une triple enveloppe de cire, d'or et de parchemin. »

Une seule larme de leur essence conservée ainsi dans la grande amphore précieuse (fortune de toute une race et que l'on se transmet par héritage, comme un trésor sacré tout béni par les aïeux) suffit à pénétrer bien des mesures d'eau claire. Et celles-ci, à leur tour, suffisent pour embaumer bien des demeures, bien des tombeaux, durant de longues années!... Mais nous ne sommes pas pareils (et c'est là notre crime) à ces flacons remplis de banals parfums, tristes et stériles fioles qu'on dédaigne le plus souvent de refermer, et dont la vertu s'aigrit ou s'évente à tous les souffles qui passent.

[*La Nouvelle Revue* (mai 1890).]

HENRY BORDEAUX. — Les vers de Villiers de l'Isle-Adam n'ont point toujours cette secrète correspondance du rêve intérieur et du rêve exprimé; il est visible, par endroits, que des lectures ont puissamment agi sur lui. Mais quand on songe à sa grande jeunesse et quand on lit certaines strophes toutes frissonnantes d'inquiétude et de tristesse, on ne peut s'empêcher de penser au grand génie futur de ce jeune homme qui débute par des souffrances de doute et d'immenses désirs de foi, et dont la dernière parole écrite fut vraisemblablement celle-ci ajoutée au bas du manuscrit retouché d'*Axël* : *Ce qui est, c'est croire.*

TEODOR DE WYZEWA. — ...Villiers de l'Isle-Adam, le plus admirable des musiciens des mots, parfait dominateur des sonorités verbales, et dont les poèmes ont le charme mystérieux et subtil de mélodies infiniment pures.

[*Nos Maîtres* (1895).]

GEORGES RODENBACH. — Son œuvre aussi, dont sa conversation n'était que comme «le premier état», mélange à la raillerie la plus cruelle la plus haute éloquence. Villiers écrivain, comme Villiers causeur, est un grand orateur, et certains discours, dans *Axël*, dans *Akédysseril*, sont comparables aux plus belles harangues de Tacite ou d'Homère. Son style est toujours nombreux, d'une allure presque classique; souvent, il s'agrandit encore, se sculpte en formes amples. On s'étonne alors que l'ironie, cette grimace, s'encadre dans l'éloquence, cette force souveraine. Cela fait songer aux images grotesques que forment parfois les grands rochers...

[*L'Élite* (1899).]

VIOLLIS (Jean).

Soleil couchant (1894). – *La Guirlande des jours* (1896). – *L'Émoi* (1897). – *La Récompense* (1901).

OPINIONS.

GEORGES RENCY. — «Il faut y voir seulement l'expression sincère d'émotions différentes selon la grâce et la variété des jours.» — «Ils sont la guirlande, un peu frivole, d'une adolescence studieuse et contemplative.» Et, il est vrai, ces vers ne sont que cela, mais c'est assez pour qu'ils soient délicieux. Un charme de fraîcheur y passe comme une eau d'avril, une âme jeune et délicate y dit sa joie devant les moindres choses de la vie. Ils sont d'un vrai poète.

[*L'Art Jeune* (1895).]

MAURICE LE BLOND. — Jean Viollis nous avoue avoir passé dans la solitude «une adolescence studieuse et méditative». Il a médité sur son destin futur : je pense que voilà une admirable occupation pour un jeune homme. Mais il n'a pas négligé les chansons ! Il lui a plu d'inscrire, en de fraîches bucoliques, les palpitations de son âme selon les saisons et les jours, et de restreindre, en quelques strophes aux charmantes cadences, l'émotion de ces heures décisives où l'homme et le paysage semblent plus étroitement communier.

[*Revue Naturiste* (1896).]

ALBERT ARNAY. — M. Viollis s'en tient presque exclusivement aux règles ordinaires de la poésie parnassienne, mais il a lu Verlaine et ne l'a pas retenu au point de l'imiter. Ces poèmes sont d'un optimisme égoïste. L'auteur aime moins la vie que sa vie. Selon le mot d'Eliacin Greeves, «l'espoir lui sourit comme un jour de congé» et sa langueur est surtout faite d'impatience.

[*Le Réveil* (1896).]

W

WARNERY (Henri).

Poésies (1886). - *Sur l'Alpe* (1894). - *Le Chemin d'espérance* (1899).

OPINION.

A.-L. — Ses premières œuvres sont quelquefois d'un sentiment trop juvénile et d'une forme encore hésitante. Mais la pensée et le style vont se raffermissant de page en page, et l'on trouve dans son dernier livre un langage où l'éclat s'unit à l'ampleur.

[*Anthologie des Poètes français du xixe siècle* (1887-1888).]

WISMES (Gaëtan de).

La Chanson du pays (1895). - *Heures paisibles* (1896).

OPINION.

CHARLES FUSTER. — Ces poésies, si chantantes et si fraîches, ont dû être écrites dans la paix des champs devant le sourire des choses.

[*L'Année des Poètes* (1896).]

X

XANROF (Léon).

Rive gauche, plaquette (1887). - *Chansons sans gêne* (1889).

OPINIONS.

JULES LEMAÎTRE. — Des morceaux d'orphéon, des poésies récitées, presque des fables. J'ai noté au passage une chanson excellente et qui est bien une chanson d'étudiants. Elle commence ainsi :

> J'abit' ru' d' l'École' de Méd'cine,
> Au premier, tout comme un bourgeois...

Cette chanson m'a donné l'impression très vive de ce qui a remplacé la botte de paille des basochiens de la rue du Fouarre; la chambre garnie de la Rive gauche, l'acajou écaillé du lit disjoint, le tapis pelé, les draps de coton trop étroits et toujours moites, les serviettes pelucheuses, la cuvette fêlée, l'odeur qui monte de la cour, et toute cette misère égayée parfois d'un punch ou d'un passage de jupe pas chère.

[*Le Journal des Débats* (1888).]

FRANCISQUE SARCEY. — M. Xanrof dit fort bien ses chansons, avec beaucoup de bonne humeur, sans prétention ni pose, mais elles sont encore, pour la plupart, agréables à lire. L'éditeur a eu l'attention de mettre la musique, et ce sont, en général, des airs très faciles improvisés par M. Xanrof lui-même, qui, comme Nadaud et d'autres chansonniers de notre temps, fait à la fois la musique et les paroles. — Xanrof excelle dans la scie d'atelier; rien de plus drôle que sa *Devanture*, etc...

[*Le XIXe Siècle* (1889).]

ANATOLE FRANCE. — M. Léon Xanrof a composé la *Ballade du Vitriolé*, et je lui en sais un gré infini. C'est un ouvrage plein de philosophie où l'on ad-mire en même temps l'enchaînement des crimes et la fatalité que rien n'élude... C'est par sa morale que M. Léon Xanrof est surtout grand, neuf et magnifique. Méditez à cet égard la chanson des *Quatre-z-étudiants*, qui est un pur chef-d'œuvre. Ces quatre-z-étudiants oublièrent leurs études avec une demoiselle de Bullier. Quand vinrent les vacances, leurs parents leur firent des reproches et leur enjoignirent de suivre exactement les cours à la rentrée. Les quatre-z-étudiants obéirent :

> Ils se r'mir'ent à l'étude
> Avec acharnement.
> N'avaient pas l'habitude,
> Sont morts au bout d'un an.

Quelle leçon pour les parents ! Cette histoire ne passerait-elle pas, en mélancolie, l'aventure douloureuse de Juliette et de Roméo ? M. Xanrof n'est-il pas un sublime moraliste, et l'école du Chat-Noir une grande école ?

[*La Vie littéraire*, 3e série (1891).]

JULES CLARETIE. — Xanrof, lui, m'apparaît comme une sorte d'étudiant narquois chantant, d'une jolie voix ironique, les feintes gaîtés parisiennes, les *Déjeuners de soleil* de la passion et les amours d'une minute. Il y a du Murger dans Xanrof, dont la muse a passé les ponts mais naquit au quartier latin, comme Mimi-Pinson et Musette.

[*La Vie à Paris* (1895).]

PHILIPPE GILLE. — ... M. L. Xanrof dont on sait le talent fin, le tour ingénieux. Son recueil est intitulé : *Chansons ironiques*. L'ironie est, en effet, la marque de l'esprit de M. Xanrof; il faut être Parisien achevé pour comprendre tout ce qu'il y a de gai sous son aspect sérieux, de délicat sous son réalisme voulu et d'observation dans ses croquis instantanés.

[*Ceux qu'on lit* (1898).]

Y

YANN NIBOR.

Chansons et Récits de la mer (1893). — *Nos Matelots* (1895). — *Gens de mer* (1897).

OPINIONS.

Yves Hoüel. — Nibor, c'est toute la mer avec ses rires de vagues et ses sanglots de brises, ses galets roulés avec les cadavres et les petits bateaux qui partent, à l'aube, décroissant lentement aux yeux agrandis des mères et des fiancés... Nibor, c'est l'Armorique des «gars» et des «payses». C'est un poète, un naïf et un vrai.

[*La Bretagne artiste* (1895).]

Jules Claretie. — C'était à la veille du 14 juillet. La foule était grande autour du cabaret breton, près des murailles grises de l'hostellerie de la duchesse Anne. Debout sur l'estrade improvisée, comme en une fête de village, le barde Léon Durocher, entre deux sonneurs de biniou, donnait le signal des chansons de Bretagne, et tandis qu'on chantait là quelque refrain d'Armorique, *l'Angelus de la mer*, ou *le Gilet breton*, de Durocher, *la Ronde des Châtaigniers*, de Théodore Botrel, ou *la Boîte de Chine*, de Yann Nibor, il me semblait, regardant les spectateurs attablés autour du cabaret en plein air, que j'assistais vraiment à quelque Pardon de Bretagne.

[*Le Journal* (1900).]

Z

ZOLA (Émile).

Contes à Ninon (1864). — *La Confession de Claude* (1865). — *Mes Haines* (1866). — *Mon Salon* (1866). — *Le Vœu d'une morte* (1866). — *Thérèse Raquin* (1867). — *Édouard Manet* (1867). — *Madeleine Férat* (1868). — *Les Mystères de Marseille* (1868). — *La Fortune des Rougon* (1871). — *La Curée* (1872). — *Le Ventre de Paris* (1873). — *Les Héritiers Rabourdin* (1874). — *Nouveaux Contes à Ninon* (1874). — *La Conquête de Plassans* (1874). — *La Faute de l'abbé Mouret* (1875). — *Son Excellence Eugène Rougon* (1876). — *L'Assommoir* (1877). — *Une Page d'amour* (1878). — *La République et la Littérature* (1879). — *Nana* (1880). — *Le Roman expérimental* (1880). — *Les Soirées de Médan* (1880). — *Documents littéraires* (1881). — *Le Naturalisme au théâtre* (1881). — *Nos Auteurs dramatiques* (1881). — *Les Romanciers nationalistes* (1881). — *Une Campagne* (1882). — *Vers inédits*, publiés par Paul Alexis (1882). — *Le Capitaine Burle* (1882). — *Au Bonheur des Dames* (1883). — *Pot-Bouille* (1883). — *Naïs Micoulin* (1883). — *La Joie de vivre* (1884). — *Germinal* (1885). — *L'Œuvre* (1886). — *La Terre* (1887). — *Renée*, pièce en cinq actes (1887). — *Le Rêve* (1888). — *La Bête humaine* (1890). — *L'Argent* (1891). — *La Débâcle* (1893). — *Le Docteur Pascal* (1893). — *Lourdes* (1894). — *Rome* (1896). — *Mes-*

sidor, musique d'Alfred Bruneau (1897). — *Nouvelle campagne* (1897). — *Paris* (1898). — *Fécondité* (1899). — *Travail* (1901). — *L'Ouragan*, musique d'Alfred Bruneau (1901).

OPINIONS.

M. Paul Alexis. — Il s'aperçut un beau matin qu'en réunissant ses trois poèmes, il avait un volume de début, un volume de vers. *Rodolpho*, c'était l'enfer, l'enfer de l'amour! l'*Aérienne*, le purgatoire! *Paolo*, le ciel! Dans sa pensée, cela formait donc un tout complet, une sorte de cycle poétique auquel il donna un titre général : *L'Amoureuse comédie*. Plus qu'à trouver un éditeur! Le chercha-t-il réellement, cet éditeur? Timide comme il l'était encore, vivant en dehors du monde littéraire, il se contenta, je crois, de le rêver.

[*Étude sur Émile Zola* (1882).]

Émile Zola. — Je n'ai pu relire mes vers sans sourire. Ils sont bien faibles et de seconde main, pas plus mauvais pourtant que les vers des hommes de mon âge qui s'obstinent à rimer. Ma seule vanité est d'avoir eu conscience de ma médiocrité de poète et de m'être courageusement mis à la besogne du siècle, avec le rude outil de la prose. A vingt ans, il est beau de prendre une telle décision, surtout avant d'avoir pu se débarrasser des imitations fatales. Si donc mes vers doivent servir ici à quelque chose, je souhaite qu'ils fassent rentrer en eux les poètes inutiles, n'ayant pas le génie nécessaire pour se dégager de la formule romantique, et qu'ils les décident à être de braves prosateurs, tout bêtement.

[*Lettre à M. Paul Alexis.* — *Émile Zola*, par P. Alexis (1882).]

Th. de Banville. — Comédie frivole, amusante, spirituelle, exquise, écrite en vers délicieux. Le succès a été absolu ; il peut durer longtemps et même toujours, car je ne vois pas pourquoi cette bluette s'userait plus vite qu'un diamant ou une perle.

[*Le National* (1879).]

AURIAC (Victor d') [complément à l'article Victor d'Auriac, p. 11 du dictionnaire].

OPINIONS.

Gustave Kahn. — C'est un charmant conte bleu, pénétré de lyrisme et de tendresse, que vient d'écrire M. Victor d'Auriac.

[*Le Petit Bleu.*]

Yves Michel. — Le monde en grandissant a enlaidi la Beauté, sali l'Amour. La pudeur a sali le nu en le couvrant de son hypocrite voile. En des vers d'une impeccable facture, d'où s'exhale un doux souffle de lyrisme païen, Victor Dauriac chante les charmes et le prix de l'Amour-Bonté d'Astarté. Il dégage le culte de cette déesse de tout le patras immonde sous lequel ont tenté de l'étouffer l'égoïsme, les fausses hontes, la jalousie. Les conventions vicieuses ont formé comme une gangue à ce pur joyau qui est l'amour libre et serein. Le souffle du poète est assez puissant pour nous faire souvenir de notre Éden et vouloir que nous soyons assez forts pour briser nos chaînes, afin de revivre des vies plus intensivement belles.

Beaucoup des strophes enchâssées dans ce volume seraient à citer et à commenter longuement. L'auteur y a mis beaucoup d'amour, de pitié et de lui-même. On goûte à respirer ces lambeaux de vie je ne sais quelle saine ivresse qui vous rend plus pur et moins las.

[*Le Cri du quartier.*]

Daniel de Venancourt. — Par son livre récent, M. Victor d'Auriac prouve qu'il a droit, lui aussi, au titre de païen philosophe. Dans notre Paris moderne, il songe à restaurer solennellement le temple d'Astarté, la souveraine et tutélaire déesse de l'Amour. Dès maintenant, en attendant que le temple soit rebâti, il nous rend la doctrine et nous rappelle le culte.

Qui ne se laisserait persuader par ces beaux vers, d'une forme si souple, d'un accent si vibrant, d'un langage à la fois si expressif et si mesuré? Avant tout, M. Victor d'Auriac a fait œuvre d'artiste, de poète. Il a dédaigné un grossier succès. Et puis, s'il dit les joies de la passion, il n'en sait point les amertumes. Dans son évocation des amants légendaires, il n'a pas oublié ceux qui souffrirent.

[*Le Penseur.*]

René Le Royer. — Son œuvre, d'ailleurs, par le souci de la forme et par le bonheur de l'expression autant que par l'inspiration se rattache à la grande tradition classique.

Je regrette de n'être pas assez qualifié pour en faire ressortir les qualités techniques, mais, dans *Angers-Artiste*, il me serait, j'imagine, indiscret d'en prétendre avertir les lecteurs. Ils auront remarqué d'eux-mêmes que si le poète est sobre d'images, celles qu'il emploie sont singulièrement pittoresques et font étroitement corps avec la trame du style. Ils auront aussi noté, je crois, la souplesse de la phrase qui se moule sur l'idée, l'ampleur de la période poétique et surtout la qualité rare de la langue, qui joint l'exactitude à la vigueur, la précision à la couleur.

...M. d'Auriac fit partie de cette jeune garde poétique qui veilla les dépouilles de V. Hugo. Il est resté digne de cet honneur, on le voit, car son exemple nous assure qu'aujourd'hui comme jadis, il en est parmi nous pour transmettre aux générations prochaines, après l'avoir tenu haut et ferme, le flambeau qu'ils reçurent des maîtres expirants : *Et quasi cursores vitae lampada tradunt.*

[*Angers-Art'ste.*]

AVÈZE (André).

Chants de l'Amour et de la Mort (1898).

OPINION.

Louis de Saint-Jacques. — Quelques marivaudages sont jolis et l'influence de Verlaine s'y manifeste, comme aussi celle de Baudelaire en d'autres pièces plus ou moins macabres ou faisandées. Plus tard, M. Avèze sera plus sain et son talent plus homogène.

[*La Plume* (1898).]

B

BARRÉ (Frédéric).

Chansons de vingt ans (1865). – *De l'Art en France* (1866). – *Poésies pour Alceste* (1869). – *Rimes d'escolier* (1867).

OPINION.

Armand Renaud. — La haute note ne se trouve guère chez M. Barré; ce qui semble être plutôt dans sa nature, c'est la note tendre, gracieuse ou spirituelle. Il fait peu penser, il charme, il attendrit, il amuse; il est éminemment français, il tient plus à Marot qu'à Ronsard, à Parny plus qu'à André Chénier, à Hégésippe Moreau plus qu'à Gautier, à

un *humour* nuancé de sentiment plus qu'au lyrisme. Dans la forme, la rime est en général soignée, l'expression souvent heureuse.... En résumé, ce volume a une qualité spéciale : la grâce. C'est une gerbe de fleurs, et de fleurs telles, qu'elles font compter pour l'avenir sur de bons fruits.

[*Revue française* (1865).]

BATAILLE (Charles).

Les Nouveaux Mondes, poèmes périodiques. – *Le Monde interlope* (1859). – *Le Mouvement italien* (1860). – *Les Drames de village* (1862). – *Le Cas de M. de Mirecourt* (1862).

SUPPLÉMENT

AU

DICTIONNAIRE BIBLIOGRAPHIQUE

ET CRITIQUE

DES PRINCIPAUX POÈTES FRANCAIS

DU XIXᴱ SIÈCLE.

A

ARLAY (P. d').

Feuilles éparses (1893).

OPINION.

ARMAND SILVESTRE. — La grande délicatesse des impressions féminines trouve naturellement sa place dans un art dont les procédés sont, pour ainsi parler, immatériels et ne sont qu'une expression vivante de la pensée.

[Préface (1893).]

ARNOULD (Edmond).

Sonnets et poèmes (1861).

OPINION.

G. VAPEREAU. — Tel est le recueil des poésies posthumes de M. Arnould, livre d'inspirations nobles et d'émotions honnêtes. Malgré quelques faiblesses, la langue s'y montre d'ordinaire à la hauteur des sentiments. Le volume entier est digne de l'accueil qu'il a obtenu, et quelques fragments méritent peut-être de survivre aux suffrages du moment.

[*Année littéraire* (1861).]

ARTOIS (Armand d').

La Guerre de Cent ans, drame en 5 actes, en vers, en collaboration avec François Coppée (1878). – *La Chanson du Printemps*, comédie en 1 acte, en vers (1879). – *La Princesse Falconi*, drame en un acte, en vers (1884). – *Portia*, drame en 5 actes, en vers (inédit).

OPINIONS.

J. CLARETIE. — Il y a des vers charmants, d couplets exquis dans cette *Chanson du Printem*, vraiment jeune et fraîche, de M. d'Artois, un po qui a signé avec Coppée un des beaux drames q le patriotisme ait inspirés : *la Guerre de Cent a*

[*La Presse* (1879).]

PAUL DE SAINT-VICTOR. — L'imitation d'Alfred Musset est sensible dans les vers amoureux M. d'Artois. On me dit qu'il y a des années que gracieux opuscule attendait sa représentation. Ir ginez un oiseau-mouche qui mettrait dix ans à ṛ cer sa coque.

[*Le Moniteur* (1879).]

ARMAND SILVESTRE. — Armand d'Artois, qui a si avec Coppée un magnifique drame : *la Guerre Cent ans*, appartient à la jeune école qui se honneur de savoir son métier. *La Chanson du P temps* a le double mérite de charmer tout le mc et de satisfaire les délicats. De vrais vers, me gneurs, lyriques et tissés en rayons de soleil !

[*L'Estafette* (1879).]

AUGUSTE VITU. — M. d'Artois a le vers fa large et expressif.

[*Le Figaro* (1879).]

FOURCAUD. — Vingt morceaux ciselés comme joyaux se détachent en vives couleurs sur la t légère. Banville et Coppée sont les maître M. d'Artois, mais il a des bonheurs d'expres des pavoisements d'images et des musique rythmes qui lui appartiennent.

[*La Vie moderne* (1879).]

Laurent-Pictat. — La poésie de M. Bataille est cavalière et moqueuse, énergique par instants, railleuse en apparence, triste au fond.... Un je ne sais quoi de plus ferait de ces poèmes des satires vivantes et vraies.

[*La Correspondance littéraire* (1859).]

BEAUFILS (Édouard).

Les Chrysanthèmes (1890). – *Les Houles* (1893).

OPINIONS.

Gustave Geffroy. — Il est artiste à la manière des Parnassiens, il proclame pour ses maîtres Leconte de Lisle et J.-M. de Hérédia, mais il ajoute des subtilités et des alanguissements, il raffine sur les éruditions et cherche des comparaisons et des chatoiements d'une plastique parfois puérile. Il arrive que son vers, exaspéré dans le vague, s'évapore et que, dans son art, la sève se disperse en vrilles compliquées et ne se condense pas en fruits. Mais c'est toujours une musique cadencée sonore ou lointaine, et l'on écoute ces vers comme les instruments d'un orchestre.

[*La Justice* (août 1890).]

A. de G. — Édouard Beaufils publie aujourd'hui *les Houles*, chez Lemerre. C'est un livre de sentiment délicat, de forme exquise, tout imprégné de saveur bretonne.

[*L'Universel illustré* (mars 1894).]

Louis Tiercelin. — Au demeurant, Édouard Beaufils est aujourd'hui en pleine possession de son instrument. Les hardiesses trop jeunes des *Chrysanthèmes* ont disparu. Pureté et précision de langage, science de la phrase et du rythme, harmonie des périodes et mélodie des vers, tout cela est

maintenant d'une perfection à peu près absolue. Ce qu'on pourrait lui reprocher, si l'on tenait à lui faire une chicane, ce serait de nous trop montrer la grâce (toutefois moins morbide que jadis) de son talent et de ne point assez souvent nous en faire sentir la puissance.

[*L'Hermine* (juillet 1894).]

BERRICHON (Paterne).

Le Vin maudit (1890). – *La Vie de Jean-Arthur Rimbaud* (1897). – *Lettre d'Arthur Rimbaud*, avec introduction et notes par Paterne Berrichon (1899).

OPINION.

Francis Vielé-Griffin. — M. Berrichon use d'une prosodie strictement parnassienne... Il est nettement un réactionnaire; au surplus, la langue de ce poète est d'une latinité ardue et rappelle celle des néologues d'il y a dix ans.

[*Mercure de France* (1890).]

BIDERAN (Henri de).

Nobles acanthes (1899).

OPINION.

Raymond de la Taillède. — Les *Nobles acanthes* sont d'une belle ordonnance. L'on y sent, à mesure que chaque poème se lève, la fierté qui sert aux jeux des Muses... Le poète a pénétré assez loin dans son rêve pour le conduire à sa guise et dans la manière des grands peintres et des grands sculpteurs, pour se pencher sur la courbe de la chair, l'imprégner de cette ivresse, l'y plonger et l'y perdre.

[*La Plume* (1899).]

C

CARJAT (Étienne).

Artiste et citoyen (1883).

OPINION.

Victor Hugo. — Vos strophes, mon cher Carjat, me touchent vivement. Elles sont belles, ceci est pour tout le monde, et elles sont bonnes, ceci est pour moi. Beauté et bonté, ce sera le double caractère de votre livre.

Je vous envoie tous mes vœux de succès, et je me sens d'avance heureux de vous féliciter et de vous applaudir.

[Lettre-préface (1883).]

CLERGET (Fernand).

Les Tourmentés (1891).

OPINION.

Léon Deschamps. — C'est un homme qui a souffert, aimé, vécu, pleuré et chanté; c'est un homme

qui a été *tourmenté* et qui, naturel et simple, a écrit ce livre, sa plume trempée dans ses propres larmes, dans le sang de son cœur. S'il rime, ce n'est point seulement pour rimer; s'il possède une langue souple, ce n'est point pour faire une parade; si la forme, sous son inspiration, affecte parfois d'irrégulières allures, c'est parce que la pensée le commande ainsi.

[*La Plume* (octobre 1891).]

COOLUS (Romain).

(Complément à l'article Coolus, page 56 du Dictionnaire.)

OPINIONS.

Edmond Sée. — *Le Marquis de Carabas*, comédie féérique en trois actes, d'une prodigieuse cocasserie, d'une bien littéraire fantaisie, d'une virtuosité!... Œuvre exquise à relire.

[*La Presse* (1900).]

ADOLPHE ADERER. — Une fantaisie en vers où les aventures du héros du conte de Perrault sont plaisamment racontées en vers funambulesques.

[*Le Temps* (1900).]

CAMILLE DE SAINTE-CROIX. — Ainsi mis à la scène, le vieux conte de Perrault n'est plus tout à fait un conte pour bambins et bambines. Mais il y a dans le public de grands enfants qui s'appellent *messieurs* et *dames* et qui veulent être amusés. C'est pour eux que Romain Coolus a écrit ce conte bouffe en trois actes, ainsi que le poème dramatique : *Terris*, et cette fantômatique fantaisie, *le Sommeil du dimanche*, où se déroulent kaléidoscopiquement les tableaux des rêves susceptibles de hanter la cervelle d'un bureaucrate lyrique qui s'est endormi sur l'herbe, à Meudon, un jour de congé.

[*La Petite République* (1900).]

ANDRÉ RIVOIRE. — Avec toutes les ressources de la métrique moderne, M. Coolus a mis en vers libres le conte de Perrault et il en a fait tro's actes d'une fantaisie charmante et pittoresque. Il a rajeuni le vieux sujet, comme il a rajeuni les vieux rythmes. Les scènes surgissent, imprévues et légères, toutes compliquées de personnages innombrables.

[*Revue de Paris* (1900).]

THADÉE NATANSON. — Il produit un jeu savant et sonore de rythmes et de coupes, un désossement de mots, une gesticulation de vocables, des harmonies, des chutes, toute une orfèvrerie verbale.

[*Cri de Paris* (1900).]

PAUL MARROT. — Sous ce rapport, une pièce surprenante tirée également des contes de Perrault, c'est le *Marquis de Carabas* que vient de publier Romain Coolus. Je la cite parce qu'elle obtient en ce moment un gros succès de lecture et qu'elle peut servir de type du genre. Elle est réellement éblouissante de fantaisie, d'une richesse verbale incomparable. Voilà au moins un marquis de Carabas bien habillé, tout or et brocart, et bien fait pour plaire à la fille du roi! Avec cela, d'exquises malices et des trouvailles de scènes, un tour original. On comprend que l'on veuille éveiller les héros de la mère L'Oie dans la galerie du bon Perrault quand on a tout cela à leur offrir pour revivre une seconde vie. Autrement, il vaut mieux les laisser dormir dans le palais de la *Belle au Bois-Dormant*.

[*La Lanterne* (1900).]

COUTANCES (Edmond).

Fleurs de jeunesse (1890).

OPINION.

PAUL REDONNEL. — Ce sympathique artiste a composé, typographié et imprimé lui-même son œuvre : ses vers éloquents, suggestifs et débordants de rythme. Je les ai lus et je défie bien de ne pas les lire jusqu'au bout ceux qui auront la bonne fortune d'avoir les *Fleurs de jeunesse* entre les mains.

[*La Plume* (1890).]

D

DAGNIAUX (Jules).

Études asiatiques, en collaboration avec G. Houdron (1890). – *Le Retour*, de Henri Heine, traduction en vers français (1890). – *Nouveaux printemps; Angélique;* de Heine, traduction en vers français (1894).

OPINION.

SAINTE-CLAIRE. — *Le Retour*, grâce au talent de M. J. Dagniaux, le traducteur, est un des rares livres de vers que je puisse lire jusqu'au bout. C'est une œuvre de parfaite unité de composition... J'ai goûté une joie ineffable en lisant Henri Heine dans la traduction de J. Dagniaux, un poète qui aurait grand tort de s'en tenir à ce premier triomphe.

[*La Plume* (mai 1900).]

DAYROS (Jean).

Les Solitaires (1898).

OPINION.

HENRY-D. DAVRAY. — ...Et on lit, en s'apercevant que cette œuvre, qui se borne à vingt-cinq poèmes, a une importance considérable. C'est la vie de l'auteur telle qu'elle fut et telle qu'elle sera irrémissiblement, car l'œuvre est définitive, et c'est la vie aussi de beaucoup d'autres, de tous ces esprits supérieurs qui vivent la poésie sans jamais la pro-

duire; de tous ces rêveurs sublimes qui, montés si haut, ne voient plus et ne savent redescendre.

[*L'Ermitage* (1898).]

DELLA ROCA DE VERGALO.

Feuilles du Cœur (1876). – *Politique nouvelle* (1880). – *Le Livre des Incas*, poèmes (1880).

OPINIONS.

HENRI DE BORNIER. — Vous avez une note personnelle, ce qui est rare.

[*Lettre* (1880).]

STÉPHANE MALLARMÉ. — Avec quel intérêt profond j'ai lu votre beau livre!... Le seul petit reproche que je me permettrai de vous adresser, c'est d'avoir quelquefois poussé plus loin qu'on n'ose le faire ici même, certaines modes récentes d'unir les vers, qui tendent à supprimer l'hémistiche placé sur un mot rapide ou de son muet. Vous vous devez d'être plus sévère qu'aucun de nous sur ce point.

[*Lettre* (1880).]

SULLY PRUDHOMME. — Il m'est impossible de vous donner mon jugement, car je ne me sens pas compétent en matières de réformes de notre versification française. Je ne crois pas qu'elle soit née, telle qu'elle est, du caprice des poètes; elle me semble être un fruit naturel de notre langue.

[*Lettre* (1880).]

DELORME (Hugues.).

Pierrot Amoureux (1889). – *Pierrot Financier* (1891). – *La Mort d'Orphée*, légende en un acte en vers (1894). – *La Marchande de Pommes*, un acte en vers (1900).

OPINION.

Banville doit être ravi, et, dans les paradis parnassiens, Glatigny doit pouffer d'aise, à cause de la *Marchande de Pommes*, où M. Hugues Delorme, poète adroit et fantasque, d'une verve lyriquement farce, et d'un excellent art funambulesque, fait d'une métaphore un très amusant conte dialogué.

[*Le Journal.*]

DU COSTAL (Paul-Robert).

D'après nature (1882).

OPINION.

FRANÇOIS COPPÉE. — Vos poésies, toutes vibrantes de cette ardeur, de ce bel appétit de la vie qu'on ne possède qu'à votre âge, sont déjà l'œuvre d'un bon ouvrier, d'un artiste accompli. C'est une nécessité de dilettantisme. Il ne suffit pas de composer une jeune et fraîche chanson, il faut encore la chanter en parfait virtuose. On écoutera la vôtre...

[Préface (1881).]

E

ÉRASME (Henri).

Chemin de retour (1899).

OPINION.

ERNEST GAUBERT. — M. Gabriel Vicaire sans s'engager, très finement, présente le nouveau poète qui s'engage, lui, sur le *Chemin du retour* (déjà!) où l'on trouve des fleurs jolies, de la fraîcheur, de la musique pas nouvelle mais gentille, et des chansons un peu conventionnelles mais toujours charmantes et aussi des roses...

[*L'Aube méridionale* (1899).]

ESCHENAUER.

Poèmes et Sonnets (1893).

OPINION.

J.-L. C. — M. Eschenauer aborde avec un égal bonheur tous les genres depuis l'ode aux superbes

envolées lyriques, en passant par l'élégie tendre, jusqu'à la fable toute de fantaisie et d'humour; il sait fixer en un sonnet une impression de voyage; enfin ses *Iambes à André Chénier* sont les frères distingués de ceux du célèbre poète.

[*La Plume* (1893).]

ÉTIENNE (Aristide).

Bréviaire du cœur (1893).

OPINION.

LÉON DESCHAMPS. — Si votre âme est aimante et confiante, abandonnez-la tout entière au poète; laissez-la reposer au rythme alangui de ses vers; en un mot, supposez pendant une heure être en face d'un frère qui vous parle et de sa peine et de la vôtre; il fera naître la joie, la joie esthétique et souveraine, but de toute vraie poésie.

[*La Plume* (1893).]

F

FORMONT (Maxime).

Les Refuges (1890). – *Le Triomphe de la Rose* (1897). – *Volupté* (1899).

OPINION.

SAINTE-CLAIRE. — La manière de M. Formont rappelle un peu celle de l'auteur des *Poèmes Barbares*, même élévation de pensée, même richesse de langue, semblable impassibilité hautaine et sereine. Il y a dans ce livre des pages réellement belles.

[*La Plume* (1890).]

FREDON (Jean).

Aux Souffles du Vidourle (1899).

OPINION.

LOUIS PAYEN. — Ces poèmes sont délicieux, pimpants et frêles, comme certaines pages de Verlaine. M. Jean Fredon a écouté les voix de la nature et nous les écoutons chanter avec joie dans ces pages délicates. Tout n'y est point parfait encore, mais le charme est pénétrant de ces vers ailés.

[*Germinal* (1899).]

FOUCAULT (Maurice de).

Les Premières larmes (1865).

OPINION.

AUGUSTE LACAUSSADE. — *Les Premières larmes* de Maurice de Foucault sont celles que tout jeune cœur a versées, qu'il versera toujours sous les atteintes du divin Éros. Il ne faut pas se hâter de les essuyer, elles sèchent d'elles-mêmes assez vite au souffle de la vie. C'est la rosée sur la fleur. Ces gouttes de pluie matinales vont bien aux illusions de la jeunesse. Gardons-nous de vouloir consoler le poète.

[*Revue Française* (1865).]

FROGER (Adolphe).

A Genoux (1877)

OPINION.

A. D. — Les vers de M. Froger sont harmonieux et délicats. Il y a une émotion sincère dans ces poèmes et d'aimables nuances. Le poète connaît l'art subtil du vers, et l'on peut espérer de lui de belles œuvres.

[*L'Information littéraire* (1877).]

G

GARNIER (Charles).

Vittel-Revue, avec A. Dalsème (1884). – *Patembois*, un acte en vers libres (1885).

OPINION.

Raoul de Lussac. — MM. Charles Garnier (l'architecte!) et A. Dalsème viennent de donner avec un succès très vif une pièce intitulée : *Vittel-Revue*.
[*L'Écho des Villes d'eaux* (1884).]

GIRON (Aimé).

Nationales (1843). – *Le Sabot de Noël* (1863). – *Trois Jeunes Filles* (1864). – *Les Amours étranges*, poëmes (1864). – *Mystérieuses*, nouvelles (1865).

OPINIONS.

G. Vapereau. — La poésie de M. Giron ne paraît pas manquer de personnalité. Elle aurait de la grâce, du sentiment, quelquefois de l'éclat, mais elle n'est pas exempte de recherche, d'idées raffinées et de style précieux. Sa prose offre, avec les mêmes qualités, les mêmes défauts.
[*Année littéraire* (1864).]

GRAMONT (Louis de).

Britannicus et l'Intimé (1881). – *Othello* (1882). – *Documents humains* (1884). – *L'Idée fixe* (1885). – *Loulou* (1888). – *Rolande* (1888). – *Esclarmonde* (1889). – *La Locataire de madame Bion* (1891). – *Simone* (1892). – *Évangéline* (1895). – *Les Estampes* (1896). – *Vénus et Adonis* (1897). – *Astarté* (1901).

OPINIONS.

Edmond Stoullig. — M. de Gramont a rendu dans notre langue les paroles, les actions et les personnages du poète anglais (Shakespeare) ; et c'est là le plus bel éloge que l'on puisse lui faire. Je ne le chicanerai donc pas sur son vers heurté, sur ses enjambements démesurés, sur ses rimes bizarres ; l'original a ses heurts et ses bizarreries ; l'essentiel était de le rendre pantelant, puissant et hardi comme il est.
[*L'année théâtrale* (1882).]

L'œuvre (*Astarté*), en dépit du doute où elle nous laisse, a de belles qualités ; outre qu'elle est écrite d'un style aux nobles mots, aux rythmes largement onduleux, elle n'est pas dépourvue d'amplitude dans la chimère et de splendeur lumineuse.
[*Le Journal* (1900).]

J. du Tillet. — Le poème d'*Astarté* se distingue d'une manière assez marquée des ordinaires livrets d'opéra. Il est écrit, et ce n'est pas fréquent, en une langue claire, sobre, élégante, fort agréablement poétique. Et pourtant ce poème, où j'ai

plaisir à reconnaître des qualités qui ne sont point banales, me déplaît le plus complètement du monde. Il n'est pas seulement sensuel comme celui d'*Esclarmonde*, il est équivoque et gênant.
[*La Revue Bleue* (1900).]

GRANGENEUVE (Morand Du Puch *dit*).

Les Triolets à Nini (1876). – *Le Dindon de la farce* (1880). – *Amhra*, drame en cinq actes, en vers (1882).

OPINION.

Auguste Vitu. — Le drame, disons mieux, la tragédie de M. Grangeneuve a été écoutée avec une attention soutenue, avec une patiente bienveillance, due à la grandeur et au mérite de l'effort. Ce serait faire un singulier éloge d'une tragédie gauloise de la trouver amusante, et cet éloge, *Amhra* ne le mérite pas... On a salué au passage par des bravos frénétiques quelques vers sonores et enflammés... L'auteur des gracieux *Triolets à Nini* oublie trop souvent en écrivant pour le théâtre que si l'esprit et le cœur du spectateur doivent être satisfaits d'abord, ses oreilles ont aussi droit à quelques ménagements. L'Odéon, en montant l'œuvre inégale mais puissante d'un jeune poète, ferait son devoir littéraire.
[*Le Figaro* (30 novembre 1882).]

GRAS (Félix). [1844-1901.]

Li Carbonnié (les Charbonniers) [1876]. – *Toloza* (Toulouse) [1881]. – *Li Papalino* (Contes du temps des Papes) [1887]. – *Li Rouge dou Miejoux* (Les Rouges du Midi). – *Le Catéchisme du Bon Félibre*.

OPINIONS.

Agathon (Charles-Maurice). — M. Félix Gras est plein d'œuvres, s'il n'est plein de jours. C'est à peine s'il a atteint la cinquantaine, et le voici déjà l'auteur de deux grands poèmes de nature et d'histoire, *Li Carbounié* et *Toloza*, d'un admirable livre de vers lyriques, *Lou Roumancero provençal*, qui est son meilleur titre, et enfin d'un volume d'exquises nouvelles, *Li Papalino*, souvenir du vieux temps des papes que chérit tout Avignonnais...
... Mais ce sont les vers de M. Gras qui lui assurent, dans l'estime des félibres vivants, le premier rang après Mistral. Ce sont des vers couleur de sang et de flamme. Les anciens martyrs du Languedoc albigeois y sont nommés et célébrés avec amour. De belles formes de jeunes femmes en pleurs y paraissent au milieu des armes, dans le frisson des enthousiasmes et des colères.
Amants ou guerriers, auprès d'elles, les hommes passent fiers et fous de vengeance : «A mort, ils se battront pour charmer leurs haines», et, lorsqu'ils se tuent sans se battre, leur trahison, leur cruauté ne se montrent point sans des raffinements merveilleux.
[*Revue encyclopédique.*]

H

HAUSER (Fernand). Supplément à l'article Hauser, p. 123.

Les Pauvres Gens (1891). – *La Vieillesse de Pierrot* (1892). – *Le Château des Rêves* (1896). – *L'amoureuse Chasteté* (1897). – *Inceste d'âmes* (1897). – *La Comédienne* (1898).

OPINIONS.

PHILIPPE GILLE. — Le *Château des Rêves*, de M. Fernand Hauser, est un petit livre de poésies, œuvres d'un esprit délicat. De jolis tableaux, de douces évocations, une rare aisance dans l'emploi varié du mètre, une pensée agile et légère qui va se poser sur toutes choses et nous en apporte le suc, c'est ainsi qu'il faut, je crois, apprécier l'œuvre de M. Fernand Hauser.

[*Le Figaro* (1896).]

FRANÇOIS COPPÉE. — J'ai respiré avec grand plaisir, mon cher poète, vos poèmes si jeunes et si frais; et me voici tout fier et charmé que vous m'en ayez dédié quelques-uns.

J'aime beaucoup la libre et gracieuse inspiration, les rythmes légers et l'accent d'amour vrai de vos vers. Bravo et merci.

[*Lettre* (1896).]

ÉDOUARD PETIT. — M. Fernand Hauser qui connaît à fond les œuvres des *jeunes*, qui sait tous les secrets de toutes les *Écoles*, a eu l'art de ne se souvenir des audaces que se permettent les *nouveaux* que dans la mesure où elles ne sont pas déconcertantes et inharmoniques. Il se permet des licences pour les rimes. Il fait rimer des singuliers avec des pluriels. Mais aujourd'hui l'on n'y prend plus trop garde. Il se contente parfois de simples assonances, mais c'est chose coutumière!...

D'ailleurs, on a de quoi se consoler des *nouveautés* dont il pourrait se passer, car il a le sentiment du rythme, de la cadence, un art très personnel d'assembler les mots, une langue très chantante et musicale, et surtout il est clair...

Il semble qu'il ait un penchant, comme Richepin et comme avant lui Pierre Dupont, pour la chanson. Il y excelle, il a des chutes de couplets qui sont d'un maître...

[*L'Écho de la Semaine* (1896).]

HERMANT (Abel).

Les Mépris (1884). – *L'Amant exotique* (1891). – *Serge* (1891). – *Ermeline* (1892). – *Ce bon roy Henry* (illustrations de Job) [1894]. – *La Carrière* (1894). – *Les Confidences d'une aïeule* (1893). – *Le Disciple aimé* (1895). – *Eddy et Paddy* (1894). – *Le Frisson de Paris* (1895). – *La Meute*, quatre actes (1896). – *Deux Sphinx* (1896). – *Le Sceptre* (1896).

– *Les Transatlantiques* (1897). – *La Philippine* (1899). – *Le Char de l'État* (1900). – *L'Empreinte*, trois actes (1900).

OPINION.

ANONYME. — Il y a du talent dans le volume des *Mépris* de M. Abel Hermant et beaucoup de strophes fort bien venues. Nous regrettons cependant certaines notes qui déparent l'ensemble de la chanson et y détonnent trop de réalisme d'une certaine espèce qui n'est pas la plus haute ni la plus attrayante.

[*La jeune France* (1884).]

HOC (Jean d').

L'Aventure sentimentale (1900).

OPINION.

PIERRE QUILLARD. — La fougue est si loyalement jeune, qu'elle emporte avec soi, souvent, le rythme et la formule qu'il fallait et qu'après ce livre, où les défauts mêmes ne sont point vulgaires, on en peut espérer d'autres moins inégaux.

[*Mercure de France* (1900).]

HOUARD (Eugénie). [1864-1897.]

Une Âme, vers (1888). – *Drapeaux et Voiles* (1889). – *Sombres visions; Aurores brillantes* (1889). – *Une Âme*, poèmes posthumes (1891).

OPINION.

A. L. — Le vers dans ce volume (*Sombres visions*) est d'une belle ligne, d'un rythme sûr et toujours harmonieux; la strophe se déroule dans un beau mouvement avec nombre et limpidité; la pensée reste toujours d'une grande élévation, et c'est un mérite pour le jeune poète d'avoir souvent tenté des sujets austères et d'une noble émotion. L'auteur de ces poèmes me paraît être un des poètes dont on peut beaucoup espérer.

[*Le Réveil esthétique* (1889).]

HOUBRON (Georges).

Premières rimes (1886). – *Le Vin* (1889). – *Études antiques*, en collaboration avec J. Dagniaux (1890). – *Esquisses davosiennes* (1899). – *Chemin faisant* (1901).

OPINION.

JULES BRETON. — Vos vers ont le rythme, le nombre, la couleur, le caprice irisé et la mélancolie, même dans le rire...; et puis vous n'êtes pas de ceux qui méprisent la prosodie, croyant faire preuve d'originalité.

[*Préface de Chemin faisant* (1901).]

J

JOLIET (Charles).

Les Athéniennes, poèmes (1865). – Le roman de deux jeunes mariées (1869). – Une Reine de petite ville (1877). – Fanfinette (1885). – La Vicomtesse de Jussey (1875). – Diane (1878). – Roche d'or (1879). – Vipère (1880). – Aurore (1882).– Pénélope et Phrynée (1883). – Les Mains blanches (1883). – Le capitaine Harold (1884).– Mademoiselle Voland (1886). – Roman incohérent (1887). – Nouvelles Athéniennes (1866-1903), etc.

OPINION.

Anonyme. — Cette étude est prise sur le vif de nos mœurs contemporaines. *Pénélope et Phrynée*, réunis dans le même cadre, se meurent à travers l'intrigue d'une action rapide et passionnée, développée dans les décors de la vie de Paris et de la vie de province. Les types, hardiment desserrés, sont mis en scène avec cet humour qui, sans phrases et sans fausse sentimentalité, esquisse en traits mordants les comédies sinistres et les tragédies ridicules de la Grande Farce dont l'Éternel s'amuse.

[*Le Voltaire* (1881).]

L

LABORDES (Olivier).

Le Culte de la chair (1894).

OPINION.

Sainte-Claire. — D'une forme irréprochable et d'une inspiration enflammée par le désir, ces poèmes mériteraient mieux que deux lignes banales. Il y a longtemps que je n'ai lu d'aussi exquises pamoisons lyriques de poète se souvenant encore de la femme qu'il a possédée et non aimée et qui chante cette chair splendide qui lui valut tant de délices. En passant par l'esprit de M. Labordes, la chanson acquiert cette beauté faite de vie et d'art dont le secret appartient aux seuls vrais artistes.

[*La Plume* (1894).]

LARMANDIE (Léonce de).

Neiges d'antan (1877). – Les Épaves (1878). – La Traînée de sang (1880). – Les Phares (1882). – Le Carcan (1882). – Le Sang de l'âme (1885). – Errant (1887). – Les Holocaustes (1890). – La Chevauchée de la chimère : 1° Mes yeux d'enfant (1889); 2° L'Âge du fer (1891); 3° L'Âge du feu (1893). – La Montée au ciel : 1ᵉʳ degré, Le Sentier des larmes (1895); 2ᵉ degré, Le Chemin de la Croix (1896); 3ᵉ degré, Au delà (1896). – Mort d'Athalie (1901), et de nombreux volumes en prose.

OPINIONS.

Léon Dequillebecq. — Superbe en sa fierté, ce livre (*les Holocaustes*) est consacré à l'héroïsme. Il plaira, non tant par la forme que par l'idée dominatrice. C'est une œuvre mâle qu'anime un souffle continu. Il y aurait bien quelque chose à reprendre çà et là...

... A une telle hauteur, le poète ne doit-il pas tendre à la perfection même ?

[*La Plume* (février 1891).]

E. Ledrain. — Mais que l'on ne cherche pas dans ses vers les petits arrangements, les grelots sonores de la rime. On arrive à cela par un peu d'école et la lecture de deux ou trois modernes. M. de Larmandie est avant tout un tempérament : il y a là de la couleur ardente, de la lave qui coule toute brûlante; il n'y faut pas chercher seulement de la versification, mais de la réelle poésie. Nature d'artiste et de lutteur, M. de Larmandie est une des personnalités les plus dignes de tenter la critique.

[*La Presse* (1895).]

LATOUR-SAINT-YBARS.

Vallia, tragédie en cinq actes (1841). – Le Tribun de Palerme, cinq actes en prose (1842). – Virginie, tragédie en cinq actes (1845). – Le Vieux de la montagne, tragédie en cinq actes (1847). – Le Syrien, drame en cinq actes, en vers (1847). – Les Routiers, drame en cinq actes, en vers (1851). – Le droit Chemin, comédie en cinq actes, en vers (1859). – La Folle du logis, quatre actes en prose (1860). – Rosemonde, tragédie en un acte (1862).

OPINION.

Louis Enault. — Il manque tout ce qui fait la vie : je veux dire le mouvement, l'animation, le relief, la passion dans le cœur, le sang dans les veines, l'éclair dans les yeux. On dirait des personnages estompés dans le brouillard, qu'aucun rayon n'effleure et n'éclaire. C'est opaque, gris et terne. Jamais, dans aucune pièce, l'illusion ne m'a paru moins grande, et j'ai beau m'évertuer et gourmander ma foi paresseuse, je n'ai pu parvenir à croire que tous ces braves gens aient pensé, senti, aimé ou haï quelque chose ou quelqu'un.

[*Correspondance littéraire* (avril 1859).]

LOUBET (Joseph).

Le Père, drame en un acte (1898). – Les Roses qui saignent, poèmes provençaux (1900).

OPINIONS.

PIERRE DEVOLUY. — De la première à la dernière page de ce livre, vous entendrez retentir les sirventes les plus légitimes et les plus ardents, murmurer les chansons d'amour les plus passionnées et les plus berceuses. Un instinct de fierté familiale et patriarcale, un sentiment vigoureux et sagace du But idéal emplissent le volume. Aussi bien, tous les «amants» de la patrie d'Oc tressailleront de joie, car un vrai poète ici resplendit et s'affirme.

[Préface (1902).]

LOUIS PAYEN. — Aujourd'hui que M. Joseph Loubet a su retrouver le chemin de la terre familiale, qu'il a rejeté, comme de vains hochets, le fard littéraire, le chapeau melon du commis-voyageur en phrases et la jaquette usée de rimes du brumeux esthète, aujourd'hui qu'il a senti la force des racines qui l'attachaient au sol natal, il se réalise superbement dans la langue de son choix... Il la connaît. cette langue, dans ses épithètes les plus imagées, dans ses termes les plus rares ; il en use avec maîtrise, et soit qu'il l'emploie à nous dire la *Vision*, l'*Escapade*, deux beaux poèmes de pensée élevée, soit qu'il l'adoucisse pour raconter la *Veillée*, soit qu'il lui fasse clamer les trois nobles et rudes chansons qui terminent le recueil sur un cri de révolte et d'espérance en la beauté future, c'est toujours la précision pittoresque dans la grandeur, l'élévation de la pensée, la réalisation du lyrisme intérieur.

[*La Revue dorée.*]

M

MARCHAND (André).

Poésies intimes (1889).

OPINION.

JULES COUTURAT. — M. Marchand se révèle, au cours de son livre artiste, habile et charmant. De-ci, de-là, entre deux chansons à boire, des pièces à la solide facture, tendrement, sincèrement, naïvement émues, telles les stances : *A ma mère, A ma femme.*

[*La Plume* (juin 1889).]

MARIUS (Prosper).

Les Libellules (1876). - *Ronces et gratte-culs* (1885).

OPINION.

CHARLES MONSELET. — M. Prosper Marius a deux admirations dont on retrouve à chaque pas le reflet dans ses vers : Rabelais et Ronsard. De l'un il a le rire large et non vergogneux ; l'autre lui a communiqué l'ivresse de la nature, les mignardises de l'amour, sa phrase *emperruquée de lumière.*

[Préface (1885).]

MASSEBIAU (Alfred).

L'Or des Songes (1893).

OPINIONS.

ROGER IRÈNE. — C'est un livre écrit avec élégance mais assez de simplicité. Il fait souvent songer à la grâce somptueuse de sa main.

[*Revue provinciale* (1902).]

PIERRE FONS. — Tout imprégnés de symbolisme et d'une recherche de forme compliquée sont les poèmes que M. Massebiau offre à sa *Dame de Jadis ;* leur harmonie fine et contournée prolongea délicatement par instants nos rêves d'amour et de mélancolie, tandis que des paysages de vitraux, vagues et pour cela peut-être plus délicieux, se coloraient autour de nous.

[*L'Âme latine* (1902).]

MAURER (Théodore).

La Comédie italienne, poésies (1889). - *Les Femmes de Shakespeare* (1900).

OPINIONS.

LÉON DESCHAMPS. — Elle est exquise, cette comédie ; sous son allure vive et spirituelle, on sent qu'elle recèle des trésors de tendresses émues et de douce mélancolie. J'ose avouer que c'est le premier volume de vers que j'ai lu depuis longtemps jusqu'au bout et sans désemparer.

[*La Plume* (juin 1889).]

LOUIS PAYEN. — M. Maurer, en des vers souvent heureux, d'une langue attendrie et caressante parfois, parfois sonore, rude et pleine comme il convient, évoque les *Femmes de Shakespeare.* Il sait cueillir le geste évocateur, trouver le mot qui fait image. Soit qu'il chante les héroïnes, qu'il mette en vers le Cantique des cantiques, soit qu'il nous dise la *Chanson des Couleurs* ou ses *Caprices selon l'heure,* c'est toujours d'un art aimable et sûr.

[*Messidor* (1901).]

MÉRIOT (Henry).

Scabieuses (1880). - *Les Flûtes de jade* (1891).

OPINION.

JOSÉPHIN PÉLADAN. — M. Henry Mériot est un lyrique d'art ; mais outre l'âme exquisement bonne et enthousiaste jusqu'à de sublimes ingénuités, il doit peut-être un peu de son originalité à son métier... Ce prodigieux évocateur de richesses semble n'aimer dans la femme que l'âme de la matière ; et son goût somptuaire n'est pas le désir des précieux métaux, mais un entraînement de spiritualité vers la beauté dans la matière... Poète-joaillier, il sertit avec un soin infini, et autour de la sertissure il fleuronne, il gemmise, et bien il fait : la monture ne sera jamais assez belle, où il enserre pour y mirer le nôtre, son beau cœur.

[Préface pour *les Flûtes de jade* (1891).]

MICHEL (Louise).

A travers la vie (1888).

OPINION.

Paul Ginisty. — Cette farouche révolutionnaire a, au fond, des ingénuités d'enfant. Quand elle passe à un autre genre d'exercice que celui des manifestations anarchiques, elle est tout miel et tout sucre. Les hirondelles qui passent, les grillons qui chantent, et les soirs d'été et les feuilles qui tombent, et les bardes bretons. Toutes les vieilles guitares lui sont chères, et avec une simplicité presque touchante.

[*L'Année littéraire* (1888).]

MICHEL (Sextius).

Aurores et Couchants (1893).

OPINION.

Sainte-Claire. — L'auteur a des visions parfois, mais son esprit, cultivé comme un jardin ayant subi Le Nôtre, se refuse à les traduire dans leur originale beauté : l'universitaire domine le poète et le relègue à un plan secondaire.

[*La Plume* (1893).]

MILLAUD (Albert). [1844-1892.]

Fantaisies de jeunesse, poésies (1865). – *La petite Némésis,* 2 volumes (1869-1872). – *Voyages d'un fantaisiste* (1873). – *Le Péché véniel,* un acte en vers (1872). – *Niniche,* avec Hennequin (1878). – *La Roussotte,* 3 actes avec Meilhac (1881). – *La Femme à papa,* 3 actes avec Hennequin (1885). – *Egmont,* drame lyrique (1886).

OPINION.

Jules Richard. — Vous me demandez, mon cher Millaud, d'écrire une préface pour mettre en tête de votre *Petite Némésis.* Vraiment je suis très embarrassé de l'honneur que vous me faites..... Votre livre est fait, ma préface n'y changera rien ; — je ne puis décemment, sous la couverture où brille votre nom, me permettre d'écrire tout le bien que je pense de vos vers... Au milieu des cacophonies du moment, vous êtes la petite flûte ; — tous les jours, dans le *Figaro,* vous chantez *turlututu turlututu lonla turlututu,* et vous avez le plus grand succès. C'est que, comme disait la fée Suffrage, il n'y a d'éternel dans ce bas monde que la gaieté et l'ironie.

[Préface (1869).]

N

NAQUET (Félix).

Haute École (1885).

OPINION.

Paul Ginisty. — On a trouvé le vrai mot en disant de ce volume qu'il y a là «des choses fort distinguées». C'est l'œuvre d'un dilettante.

[*L'Année littéraire* (1885).]

NERVAT (Marie et Jacques).

Le Geste d'accueil (1900).

OPINION.

Henri Ghéon. — Ces poètes ont leurs voix unies comme leur vie ; on n'imagine pas collaboration plus émouvante et plus complète. Ils chantent leur tendresse quotidienne, la douceur familiale, les souvenirs d'enfance. C'est d'une poésie spontanée et sincère, qui remue délicieusement. Retenons les noms de Marie et Jacques Nervat ; ils sont parmi les derniers venus ceux de qui l'on doit beaucoup espérer.

[*L'Ermitage* (1900).]

P

PELADAN (Adrien).

Mélodie catholique (1841). – *Brises et Aquilons* (1856). – *Nouvelles brises et aquilons* (1859). – *Assises provinciales* (1862). – *Histoire de Jésus-Christ,* d'après la science (1865).

OPINION.

Laurent Pichat. — M. Peladan est un poète lyonnais... Il poursuit une tâche méritoire, la décentralisation littéraire... Les indignations de M. Peladan sont honnêtes ; plus de modération ajouterait à leur force... Cette muse suffoque. Il lui faudrait une chaire et l'usage de la prose.

[*La Correspondance littéraire* (janvier 1860).]

PÉLADAN (Joséphin).

Le Vice suprême (1884). – *Curieuse* (1885). – *L'initiation sentimentale* (1886). – *A cœur perdu* (1887). – *Islar* (1888). – *La Victoire du mari* (1889). – *Cœur en peine* (1889). – *L'Androgyne* (1890). – *La Gynandre* (1891). – *Le Panther* (1892). – *Typhonia* (1893.) – *Le dernier Bourbon* (1894). – *Le Fils des étoiles* (1894). – *Babylone* (1895). – *Le prince de Byzance* (1896). – *Prométhée,* trilogie (1896).

OPINIONS.

F. Champsaur. — Le sâr Péladan a beaucoup de talent, et sa tragédie, même dans ce décor de baraque, a de la *grandeur wagnérienne.*

[*Le Journal* (1894).]

VICTOR DE COTTENS. — La langue en est toujours sonore, harmonieuse, prose rythmée qui a les envolées du vers et non la monotonie de l'alexandrin tragique. *Babylone* est certainement une œuvre forte et nouvelle. M. Péladan est certainement mage en l'art d'écrire des poésies superbes.

[*Le Voltaire* (1894).]

ANONYME. — La scène des faux dieux surtout a produit un irrésistible effet... Le Sâr a grand tort de ne point faire de vaudeville; il réussirait infailliblement.

[*Le Monde artiste* (1894).]

JACQUES DES GACHONS. — Et à chaque pas, de merveilleuses sentences, de sublimes tableaux, une langue belle et harmonieuse. C'est l'œuvre d'un poète et d'un penseur.

[*L'Ermitage* (1894).]

ÉMILE BORNCREF. — Votre tentative était hardie, beaucoup plus hardie que celle de Leconte de Lisle, qui n'a eu qu'à traduire et à réduire une trilogie complète du même auteur : il l'a fait non sans succès. Le public a bien accueilli les *Érinnyes*. Pourquoi n'accueillerait-il pas le *Prométhée*, dont la portée est beaucoup plus haute? A moins donc qu'il ne la trouve trop haute et ne s'avoue ainsi inférieur aux Athéniens d'il y a deux mille ans...

[Lettre (1894).]

PELLETIER (Abel).

Le Poème de la chair (1891).

OPINION.

CAMILLE MAUCLAIR. — Voici enfin, parmi les jongleries du Verbe trahissant l'impuissance de penser et les abdications pessimistes d'une jeunesse sans énergie, un livre sain et viril, où l'auteur a exprimé, en une langue sobre et pourtant pleine de trouvailles, des idées personnelles sur un thème rebattu, idées dont il a su tirer de fières et consolantes conclusions.

[*La Plume* (1891).]

PESSONNEAUX (Marc).

A pleines voiles (1855). – *La Vie à ciel ouvert*, 2 volumes de poésies (1860).

OPINION.

LAURENT-PICHAT. — La forme poétique de M. Marc Pessonneaux est la même toujours, merveilleuse d'habileté, infinie dans ses ressources, trop coquette dans sa recherche de la vérité... L'entrée à Rio-Janeiro nous éblouit. M. Pessonneaux a fait là un tableau des plus grands, et aucun poète descriptif n'a tracé de plus riches pages.

[*La Correspondance littéraire* (1860).]

PORTO-RICHE (Georges de).

Prima verba, poésies (1872). – *Le Vertige*, un acte en vers (1873). – *Un drame sous Phi-lippe II* (1875). – *Tout n'est pas rose*, poésies (1877). – *Les deux fautes*, un acte (1879). – *Vanina*, fantaisie vénitienne en deux parties en vers (1879). — *Bonheur manqué*, carnet d'un amoureux (1889). – *La Chance de Françoise*, un acte (1889). – *L'Infidèle*, un acte en vers (1890). – *Amoureuse*, pièce en trois actes. – *Le Passé*, pièce en cinq actes (1898).

OPINIONS.

AUGUSTE VITU. — J'annonce tout d'abord que c'est un début éclatant et un succès mérité. M. de Porto-Riche n'était hier qu'un «jeune», aujourd'hui c'est un écrivain dramatique. Je le dis parce que je le pense, et suis heureux de le penser, parce que, en considération de qualités solides et rares, j'ai le droit de discuter le drame de M. Porto-Riche avec l'attention réfléchie et sévère qu'on doit aux œuvres d'un rang élevé. M. de Porto-Riche n'a plus qu'à faire de la menue monnaie des «encouragements»; la critique doit le traiter, non plus en débutant, avide d'indulgence, mais en homme de talent qui peut profiter des objections et des conseils. Le sujet de *Un drame sous Philippe II* est d'une extrême hardiesse et, sous certains rapports, presque aussi nouveau qu'il est hardi... M. Porto-Riche est *né* auteur dramatique; le travail et la réflexion le conduiront à une maturité précoce, et dès aujourd'hui le théâtre contemporain peut placer en lui des espérances qui, nous y comptons bien, ne seront pas déçues.

[*Le Figaro* (16 avril 1875).]

AUGUSTE VITU. — Je dois dire tout de suite que l'*Infidèle* est rimé et ciselé avec une rare perfection et que M. Georges de Porto-Riche n'avait rien fait jusqu'à présent d'aussi achevé, et j'ajoute que la salle, où l'aimable auteur de la *Chance de Françoise* ne comptait que des amis, a couvert l'*Infidèle* d'applaudissements enthousiastes.

[*Le Figaro* (23 avril 1890).]

UN MONSIEUR DE L'ORCHESTRE. — La carrière littéraire de l'auteur d'*Amoureuse*, quoique relativement courte, est déjà bien remplie, et son talent a subi, d'année en année, une évolution complète.

Ses premiers essais de théâtre et de poésie dénotent l'influence du romantisme. Ses dieux sont Alexandre Dumas et Victor Hugo. Puis, avec le temps et l'étude, ses qualités s'affinent, son vers se rapproche, par la forme et la pensée, de celui de Musset, un Musset moderne, psychologue, mais sans pédantisme, délaissant l'égoïsme sec pour un altruisme railleur, sardonique, un peu amer par boutade.

[*Le Figaro* (26 avril 1891).]

AUGUSTE VITU. — Il faut reconnaître, d'ailleurs, que plusieurs scènes entre les époux au premier et au second acte sont traitées avec largeur et que l'ensemble de l'ouvrage est défendu par de brillantes qualités littéraires.

[*Le Figaro* (avril 1891).]

A.-F. HÉROLD. — J'oublierai difficilement l'émotion que j'éprouvais quand je vis, à l'Odéon, le *Passé*, de M. Porto-Riche. Aujourd'hui, cette belle pièce nous est rendue à la Comédie-Française et, à la revoir, on éprouve une joie réelle, d'autant plus grande que M. de Porto-Riche, en auteur grave et consciencieux, a retravaillé la pièce, l'a améliorée encore; et l'on en sort convaincu qu'on a assisté à la représentation d'une des œuvres de maintenant qui ont le plus de chances d'être longtemps admirées.

[*Mercure de France* (1902).]

POTEZ (Henri).

Jean Bodel et le jeu de Saint-Nicolas (1893). – *Une Idylle en Flandre* (1894). – *Laon* (1895). – *Le Prêcheur converti*, un acte en collaboration avec J. Claretie (1896). – *Jours d'autrefois*, poésies (1896). – *L'Élégie en France avant le romantisme*, thèse française (1898). – *Le Puy de l'Assomption*, un acte en vers (1899).

OPINIONS.

ROBERT DE SOUZA. — L'ouvrage de M. Potez (*L'Élégie en France avant le romantisme*) est un des meilleurs que la critique littéraire nous ait depuis longtemps fournis.

[*Mercure de France* (1898).]

A.-M. GOSSEZ. — Le recueil *Jours d'autrefois* marque plutôt une étape qu'il ne représente le poète tout entier. Depuis, par sa vie et son œuvre, grâce à son séjour prolongé dans une petite ville provinciale, il s'est rapproché de la vérité humble, moins

littéraire, et aussi de l'homme, de son effort enthousiaste et patient.

[*Poètes du Nord* (1902).]

POULTIER (Eugène) [mort en 1868].

Dacryomélies, ou *Chants et Pleurs* (1858). – *Étoiles filantes* (1865).

OPINION.

G. VAPEREAU. — La tristesse poétique est ici toute personnelle et le poète se défend de la pensée d'avoir publié ces vers par vanité d'auteur. Écrit dans le recueillement de la douleur, c'est au recueillement de l'amitié que ces vers s'adressent.

[*L'Année littéraire* (1860).]

POUTHIER (Alfred).

Soliloques (1899).

OPINION.

PAUL VÉROLA. — Il a attendu qu'on lui imposât le public; certainement il a eu raison, car il nous aura ainsi donné d'emblée une œuvre sans faiblesse, une œuvre de poète mûr, qui a depuis longtemps trouvé sa voie. Son talent aura sur nous d'autant plus de prestige qu'il ne nous aura pas été donné d'assister à ses tâtonnements.

[*La Plume* (1899).]

R

RAMŒKERS (Georges).

Les Fêtes de l'été (1898).

OPINION.

ERNEST GAUBERT. — Il est très difficile de juger M. Ramœkers. C'est un art très spécial que le sien, et l'esprit de son œuvre m'est plutôt hostile. Mais, ne voulant pas être injuste, je reconnais qu'il a des qualités éminentes. Il est véhément, vigoureux, et les dernières pages de son recueil sont fort belles. Tout ce petit livre, d'ailleurs, dénote un poète sûr et sincère, et même si, comme moi, on ne croit plus, on doit louer l'auteur de l'avoir écrit.

[*L'Aube méridionale* (1898).]

REDELSPERGER (Jacques).

Pâquerette (1874). – *Nina la Tueuse*, un acte en vers avec Henri Meilhac (1876). – *Paris-Forain*, revue en vers. – *Vérités bonnes à dire*, poésies, etc.

OPINION.

L. P. — La poésie de M. Redelsperger est d'une légèreté pleine de grâce. Sa Muse mire sa beauté chiffonnée de Parisienne dans le miroir d'une eau claire, que son pied nu caresse furtivement sans en troubler la profondeur; et elle chante d'une voix malicieuse, habile et charmante.

[*Le Réveil esthétique* (1887).]

RENARD (Jules).

Les Étapes d'un petit Algérien dans la province d'Oran (1887). – *Crime de village* (1888). – *Sourires pincés* (1890). – *Coquecigrues* (1893). – *Deux Fables sans morale* (1893). – *La Lanterne sourde* (1893). – *Le Coureur de filles* (1894). – *Poil de carotte* (1894). – *Le Vigneron dans sa vigne* (1894). – *Histoires naturelles* (1896). – *La Maîtresse* (1896). – *Bucoliques* (1898). – *Le Plaisir de rompre*, un acte (1898). – *Poil de carotte*, un acte (1900).

OPINIONS.

SAINTE-CLAIRE. — Ses personnages, il les prend, les laisse et les reprend au gré d'une endiablée fantaisie qui n'a pas d'égale en France, présentement. Essayer de raconter ces ironiques vire-voltes d'esprit serait accomplir une folie.

[*La Plume* (1893).]

HENRI GHÉON. — Jules Renard peint par petites touches scrupuleuses et significatives; un geste indique une âme, et il a créé ainsi des paysans délicieux. Chaque mot est d'un styliste, chaque image d'un poète qui ne s'attacherait qu'à la sensation et briserait tous les liens qui le relient à l'âme. Mais cette sécheresse disparaît, tant la couleur est vive et l'impression juste; à force d'objectivation, une vie passe dans les choses et les anime. Et les enfants dont les conversations terminent le volume (*Buco-*

liques) sont des petits êtres très neufs et très vrais dans leur bizarrerie ; leur caquetage enchanté, leurs aventures anecdotiques retiennent.

[*L'Ermitage* (juillet 1898).]

A.-F. HÉROLD. — Il y a des livres qu'il n'est guère permis d'ignorer : *Poil de carotte* est de ceux-là. M. Jules Renard y raconte le martyre quotidien de l'enfant qui n'est pas aimé de sa famille, et tout le livre est d'une observation aiguë et tragique. M. Renard l'a condensé en une pièce qui est admirable. Il était facile à l'auteur, traitant un pareil sujet, de s'égarer en de vaines sensibleries et d'émouvoir par des moyens un peu grossiers. Homme délicat, écrivain parfait, M. Jules Renard a méprisé ces moyens : il n'y a pas, dans *Poil de carotte*, un mot qui ne soit juste, il n'y a pas une réplique qui soit banale ... On écoute, haletant, les phrases brèves que prononcent les personnages, on guette leur moindre geste ; tous les mots ont raison d'être dits, tous les signes ont une raison d'être faits, et l'on sent que, à en perdre un seul, on risquerait de perdre la suite du drame.

[*Mercure de France* (1900).]

RICHARD (Jacques). [1841-1861.]

Poésies (1885).

OPINION.

AUGUSTE DIETRICH. — Ses pièces ont beaucoup d'allure, de mouvement, surtout dans les débuts ; il y a du souffle dans ses strophes et ses stances, qui sont souvent d'un seul jet, sans point d'arrêt avant le vers final, comme l'exige un maître impeccable de la forme, un irréprochable musicien du rythme, M. Théodore de Banville ; son vers est plein, carré, solidement construit, en général plus remarquable par la ligne que par la couleur. Ses descriptions de la nature sont à la fois sobres et vivantes ; il lui suffit de quelques traits pour tracer un tableau... Enfin son originalité ne s'était pas encore complètement dégagée de l'imitation des maîtres illustres qui s'impose presque forcément à tout poète à son début... Encore quelques efforts, encore quelques combats livrés à la Muse, et il entrait en possession définitive de son talent.

[*Préface* (1885).]

ROUGER (Henri).

Poèmes fabuleux (1897).

OPINION.

ADOLPHE RETTÉ. — M. Rouger a le sens de la vision lyrique. Et son poème de *La Mer* est une chose vraiment de toute beauté. Quand M. Rouger aura compris qu'il n'est pas nécessaire de s'astreindre aux règles périmées, il abolira les chevilles qui gâtent, çà et là, son beau livre, et nous n'aurons plus rien à lui reprocher, car il est un remarquable lyrique.

[*La Plume* (1897).]

ROUX (Xavier).

Dialogue pochade (1891). – *Trop tard,* un acte en vers (1893). – *Rêve odéonien* (1898).

OPINIONS.

F. SARCEY. — C'est un dialogue tout pétillant de drôleries qui met aux prises un disciple de Coppée et un adepte du symbolisme.

[*Le XIX⁰ siècle* (mars 1891).]

ÉMILE FAGUET. — M. Xavier Roux a bien de l'esprit et fait bien joliment les vers et sa pièce est dextrement conduite. Qu'il se défie un peu de son adoration pour Banville, maître charmant, mais très dangereux à imiter. Sans flatterie, il n'a besoin d'imiter personne.

[*La Revue littéraire et critique* (juillet 1893).]

RUFFIN (Alfred).

Chats et nouveaux chats (1893).

OPINION.

SAINTE-CLAIRE. — M. Ruffin met la poésie au service des Raminagrobis. Avons-nous bien le droit de nous en plaindre ? Non, si nous lisons, comme je l'ai fait avec plaisir, le charmant volume du poète.

[*La Plume* (1893).]

S

SAINTINE (Joseph-Xavier BONIFACE, *dit*) [mort en 1865].

Picciola (1840). – *Les Métamorphoses de la femme* (1846). – *Chrisna* (1858). – *La Seconde Vie, rêves et rêveries* (1864).

OPINION.

G. VAPEREAU. — La *Seconde Vie* est et devait être un livre de fantaisie où le gracieux domine, comme on peut s'y attendre de la part de l'auteur de *Picciola*, mais où le bizarre et le terrible, le lugubre même ne font pas défaut, comme cela doit arriver dans toute imitation, même lointaine, du genre hoffmanesque... Je dois avertir sincèrement mes lecteurs que l'auteur de tant de gracieux romans réussit en général moins bien les vers que la prose.

[*L'Année littéraire* (1865).]

SAINT-SAËNS (Camille).

Rimes familières (1890).

OPINION.

PHILIPPE GILLE. — Poète et musicien, telles son les qualités que M. Camille Saint-Saëns peut faire graver par Stern sur ses cartes. Certains compositeurs diront qu'ils préfèrent ses vers à sa musique, et certains poètes disent qu'ils aiment mieux sa musique que ses vers; ce sont affaires de métier et de concurrence qui ne nous regardent point. Nous signalons son petit recueil : *Rimes familières*, comme intéressant à tous les points de vue ; la conviction et la flamme ressortent de toutes ses pièces, et je suis de ceux qui croient qu'il suffit d'être ému et de transmettre son émotion pour être poète.

[*Le Figaro* (janvier 1891).]

SCHOLL (Aurélien). [1833-1902.]

Lettres à mon domestique (1854). – *Les Esprits malades* (1855). – *Denise*, histoire bourgeoise, vers (1857). – *La Foire aux artistes* (1858). – *Claude le borgne* (1859). – *Les mauvais instincts* (1860). – *Les Amours de théâtre* (1863). – *Aventures romanesques* (1863). – *Scènes et mensonges parisiens* (1863). – *Les Gens tarés* (1864). – *Les Cris de paon* (1866). – *Dictionnaire féodal* (1869). – *La Danse des palmiers* (1873). – *Les Amours de cinq minutes* (1875). – *Le Procès de Jésus-Christ* (1877). – *Les Scandales du jour* (1878). – *Mémoires du trottoir* (1882). – *Les Nuits sanglantes* (1883). – *L'Esprit du boulevard*, trois séries (1886). – *Paris en caleçon* (1887). –

Paris aux cent coups (1888). – *L'Amour appris sans maître* (1891), etc.

OPINION.

Laurent-Pichat. — Nous retrouvons le charmant poème de *Denise*. L'auteur sait les réserves que nous avons faites et de quel applaudissement nous avons salué ces strophes. La passion qui les anime est mauvaise, mais le souffle en est énergique, et le vrai poète s'y révèle... Malgré l'ironie qui perce dans ces stances, le poète se montre miséricordieux. Dès que le talent de M. Scholl s'élève, le pardon arrive.

[*La Correspondance littéraire* (1860).]

SOUBISE (Camille).

Les Lunes bleues (1893).

OPINION.

Sainte-Claire. — M. Soubise a le sens de la beauté plastique, et ses vers s'en ressentent; une grande délicatesse d'expression, et sa poésie en devient d'une légèreté ailée.

[*La Plume* (mars 1893).]

T

THOMAS (Albert).

Lilas en fleur (1898).

OPINION.

Adolphe Retté. — Voici des vers pleins d'émotion

et de fraîcheur, où la sensation discrète et le sentiment amoureux s'allient en des strophes très simples et par cela même très pénétrantes... M. Albert Thomas est certainement un bon poète de qui l'on peut attendre beaucoup.

[*La Plume* (1898).]

V

VALVOR (Guy).

La Chanson du pauvre homme (1880). – *Rêves et rêveries* (1882). – *La Géhenne* (1888). – *Une Fille* (1893). – *La Jérusalem nouvelle* (1900), etc...

OPINION.

Alcide Bonneau. — L'auteur a dédié son volume «aux humbles, aux inconsolés, aux misérables, à tous ceux qui pleurent, à tous ceux qui souffrent dans l'attente de cet avenir meilleur qu'espère en vain et voit toujours fuir l'Humanité».

Cette «géhenne», c'est, avons-nous besoin de le dire? l'enfer parisien. M. Guy Valvor en a sondé les sombres profondeurs, et il nous rapporte de son excursion bon nombre de croquis, pris sur le vif, de bouges sordides, de ruelles aux masures croulantes, de galetas empestés. Il nous détaille l'épopée de la misère et du crime...

[*La Revue encyclopédique.*]

VIGUIER (Jules).

Blanche, poème (1895). – *Pour les âmes simples* (1902).

OPINION.

Richard Wemau. — Jour par jour, le poète a vécu ses vers, et ceci n'est réellement que la plainte de son âme souffrante, l'envolée de ses espoirs éteints puis ranimés, sa *vie*, en somme. C'est pourquoi quelques imperfections échappées dans le feu de l'inspiration, quelques termes surannés ne nous peuvent empêcher de préférer son langage à la correction sans âme de tel versificateur de tout repos, habile à saisir le vers à la mode, homme de métier, jamais poète.

[*La Revue provinciale* (1902).]

NOMENCLATURE CHRONOLOGIQUE
DES PRINCIPAUX POÈTES FRANÇAIS

DU XIXᴱ SIÈCLE.

Au moyen de cette nomenclature, d'après la date de leur première publication, de tous les poètes dont les noms figurent dans le Dictionnaire, le lecteur, en recourant de nom en nom au Dictionnaire lui-même, pourra se former un tableau successif et complet de la poésie française au xixᵉ siècle.

NOMENCLATURE CHRONOLOGIQUE[1].

[1] Dans l'impossibilité où nous nous sommes trouvé de déterminer à quelques jours près les dates des premières publications, nous avons classé les poètes, *dans chaque année*, selon l'ordre alphabétique.

1894.

1895.